JUS PUBLICUM

Beiträge zum Öffentlichen Recht

Band 287

Thomas Kleinlein

Grundrechtsföderalismus

Eine vergleichende Studie
zur Grundrechtsverwirklichung in
Mehrebenen-Strukturen
– Deutschland, USA und EU –

Mohr Siebeck

Thomas Kleinlein, geboren 1976; Studium der Rechtswissenschaft in München und Oxford; 2009 Promotion und 2016 Habilitation an der Goethe-Universität Frankfurt am Main; Eigene Stelle der Deutschen Forschungsgemeinschaft; 2014 und 2015 Forschungsaufenthalte an der Yale Law School und an der University of Michigan Law School; 2016 bis 2018 Lehrstuhlvertretungen an der Ludwig-Maximilians-Universität München, an der Humboldt-Universität zu Berlin und an der Friedrich-Schiller-Universität Jena; seit Februar 2018 Inhaber des Lehrstuhls für Öffentliches Recht, Völkerrecht, Europarecht und Rechtsvergleichung an der Friedrich-Schiller-Universität Jena.

orcid.org/0000-0003-1352-739X

ISBN 978-3-16-154816-1 / eISBN 978-3-16-154867-3
DOI 10.1628/978-3-16-154867-3

ISSN 0941-0503 (Jus Publicum)

Die Deutsche Nationalbibliothek verzeichnet diese Publikation in der Deutschen Nationalbibliographie; detaillierte bibliographische Daten sind über *http://dnb.dnb.de* abrufbar.

Das Buch wurde von Computersatz Staiger in Rottenburg/N. aus der Stempel-Garamond gesetzt, von Gulde Druck in Tübingen auf alterungsbeständiges Werkdruckpapier gedruckt und von der Buchbinderei Spinner gebunden.

Printed in Germany.

Vorwort

Dieses Buch ist die überarbeitete und aktualisierte Fassung meiner Habilitationsschrift, die im Wintersemester 2015/2016 vom Fachbereich Rechtswissenschaft der Goethe-Universität Frankfurt am Main angenommen wurde. Die vorliegende Fassung befindet sich nunmehr auf dem Stand von Januar 2019.

Meinem akademischen Lehrer, Stefan Kadelbach, möchte ich für viele anregende Gespräche, die stets gute Zusammenarbeit, für sein Vertrauen und seinen Zuspruch herzlich danken. Uwe Volkmann danke ich für die sehr zügige Erstellung seines anregenden und weiterführenden Zweitgutachtens. Daniel Halberstam erstellte zu meiner Freude ein Drittgutachten, das die Arbeit besonders eingehend würdigt.

Die Deutsche Forschungsgemeinschaft hat meine Forschung durch eine Eigene Stelle, die Finanzierung eines Aufenthalts an der University of Michigan in Ann Arbor und einen Druckkostenzuschuss gefördert. Dafür bin ich sehr dankbar. In Ann Arbor danke ich vor allem Daniel Halberstam für seine akademische Gastfreundschaft, viele gute Gespräche und die Förderung meines Forschungsvorhabens. Mit einem Feodor Lynen-Forschungsstipendium förderte die Alexander von Humboldt-Stiftung dankenswerterweise meinen Forschungsaufenthalt an der Yale Law School. Dort möchte ich Owen Fiss danken, der mein großzügiger wissenschaftlicher Gastgeber war, sowie Akhil Reed Amar, Heather Gerken und vor allem Judith Resnik, für ihr Interesse an einem fortgesetzten Gespräch und die Möglichkeit, gemeinsam mit ihr und Bilyana Petkova an der Yale Law School ein internationales »Symposium on Federalism and Fundamental Rights« zu organisieren.

Albert Ingold, Ulrike Lembke, Anna Katharina Mangold, Mehrdad Payandeh, Philipp Reimer und Benjamin Rusteberg begleiteten die Entstehung der Arbeit konstruktiv-kritisch in unserem »Frankfurter Habilitationskreis«. Mehrere Generationen studentischer Hilfskräfte am Lehrstuhl Kadelbach haben mich vor allem bei der Literaturbeschaffung unterstützt. Ihnen allen danke ich herzlich. Den Frankfurter Kolleginnen und Kollegen danke ich zudem für das angenehme und kollegiale Arbeitsumfeld. In Jena bin ich Susanne Prater, Jakob Freudenberger, Alexandra Konecny, Kristin Kowal, Jasper Mührel, Annemarie Wagner und Silke Weller für ihre Hilfe bei der Erstellung des Manuskripts für den Verlag verbunden. Dem Verlag Mohr Siebeck schließlich bin ich dankbar für die Aufnahme meiner Habilitationsschrift in die Schriftenreihe Jus Publicum und für die Geduld bis zur Abgabe des Manuskripts.

Angela Schwerdtfeger hat in der Endphase die Überarbeitung des Manuskripts auf wundervolle Weise begleitet. Meine Familie hat auch bei diesem wissenschaftlichen Vorhaben unbedingt auf das Gelingen vertraut und mich vorbehaltlos unterstützt und ermutigt.

Jena, im Januar 2019 Thomas Kleinlein

Inhaltsübersicht

Inhaltsverzeichnis

Abkürzungsverzeichnis

a.A.	anderer Ansicht
A.B.A. J.	American Bar Association Journal
a.F.	alte Fassung
Abg.	Abgeordnete/Abgeordneter
abgedr.	abgedruckt
ABl.	Amtsblatt
Abs.	Absatz
ACT	Australian Capital Territory
AEUV	Vertrag über die Arbeitsweise der Europäischen Union
AFDC	Aid to Families with Dependent Children
AfP	Zeitschrift für Fragen des Presse-, Urheber- und Werberechts
AG	Aktiengesellschaft
AJIL	American Journal of International Law
Alb. L. Rev.	Albany Law Review
Am.	Amendment
AmJJuris	American Journal of Jurisprudence
Am. J. Comp. L.	American Journal of Comparative Law
Am. Pol. Sci. Rev.	American Political Science Review
Anm.	Anmerkung
Annals Am. Acad. Pol. & Soc. Sci.	The Annals of the American Academy of Political and Social Science
Annu. Rev. Law. Soc. Sci.	Annual Review of Law and Social Science
AöR	Archiv des öffentlichen Rechts
ArbGG	Arbeitsgerichtsgesetz
Art.	Article/Artikel
Aufl.	Auflage
B.U. L. Rev.	Boston University Law Review
B.Y.B.I.L.	British Year Book of International Law
BadWürttStGH	Staatsgerichtshof für das Land Baden-Württemberg
BadWürttStGHG	Baden-Württembergisches Gesetz über den Staatsgerichtshof
BayPAG	Gesetz über die Aufgaben und Befugnisse der Bayerischen Staatlichen Polizei
BayStGH	Bayerischer Staatsgerichtshof
BayVBl.	Bayerische Verwaltungsblätter, Zeitschrift für öffentliches Recht und öffentliche Verwaltung
BayVerfGH	Bayerischer Verfassungsgerichtshof

BayVerfGHE	Entscheidungen des Bayerischen Verfassungsgerichtshofes
BayVerfGHG	Gesetz über den Bayerischen Verfassungsgerichtshof
Bbg	Brandenburg
BbgVerfGG	Gesetz über das Verfassungsgericht des Landes Brandenburg
Bd.	Band
BerlVerfGH	Verfassungsgerichtshof des Landes Berlin
BerlVerfGHG	Gesetz über den Verfassungsgerichtshof des Landes Berlin
Beschl.	Beschluss
Beschw.	Beschwerde
BGBl.	Bundesgesetzblatt
BGE	Entscheidungen des Schweizerischen Bundesgerichts
BGG	Bundesgesetz über das Bundesgericht
BRD	Bundesrepublik Deutschland
BremStGHG	Staatsgerichtshof der Freien Hansestadt Bremen
Brook. L. Rev.	Brooklyn Law Review
BT-Drs.	Drucksache des Deutschen Bundestags
BV	Bundesverfassung der Schweizerischen Eidgenossenschaft
BVerfG	Bundesverfassungsgericht
BVerfGE	Entscheidungen des Bundesverfassungsgerichts
BVerfGG	Gesetz über das Bundesverfassungsgericht
BW	Baden-Württemberg
BWVerfGHG	Gesetz über den Verfassungsgerichtshof des Landes Baden-Württemberg
Cal. Const.	Constitution of the State of California
Cal. L. Rev.	California Law Review
Cal. Rptr.	California Reporter
Cal.App.	California Appellate Reports 4th series
Cam. Law. J.	The Cambridge Law Journal
Can. Bar Rev.	The Canadian Bar Review
Can. J. Pol. Sci.	Canadian Journal of Political Science
Can. Pub. Admin.	Canadian Public Administration
Cato J.	Cato Journal
CCRF	Canadian Charter of Rights and Freedoms
CDU	Christlich Demokratische Union Deutschlands
CESifo Econ. Stud.	CESifo Economic Studies
CETS	Council of Europe Treaty Series
ch.	chapter
Cir.	Circuit
Cl.	Clause
CML Rev.	Common Market Law Review
Colo. Const.	Constitution of the State of Colorado
Colum. J. Eur. L.	Columbia Journal of European Law
Colum. J. Transnat'l L.	Columbia Journal of Transnational Law
Colum. L. Rev.	Columbia Law Review

Const.	Constitution
Const. Comment.	Constitutional Commentary
Cornell J. L. and Pub. Pol'y	Cornell Journal of Law and Public Policy
CQLR	Compilation of Québec Laws and Regulations
CSU	Christlich-Soziale Union in Bayern
Ct. App.	Court of Appeals
CYELS	The Cambridge Yearbook of European Legal Studies
d.h.	das heißt
DDR	Deutsche Demokratische Republik
Democracy J.	Democracy: A Journal of Ideas
DePaul L. Rev.	DePaul Law Review
DJZ	Deutsche Juristenzeitung
DOMA	Defense of Marriage Act
DÖV	Die öffentliche Verwaltung, Zeitschrift für Verwaltungsrecht und Verwaltungspolitik
Drake L. Rev.	Drake Law Review
DRiZ	Deutsche Richterzeitung
Drs.	Drucksache
DSVGO	Datenschutz-Grundverordnung
DtZ	Deutsch-Deutsche Rechtszeitschrift
Duke L.J.	Duke Law Journal
DV	Die Verwaltung
DVBl.	Deutsches Verwaltungsblatt
E. L. Rev.	European Law Review
e.A.	einstweilige Anordnung
E.H.R.L.R.	European Human Rights Law Review
ebd.	ebenda
EC	European Commission
ECHR	European Court of Human Rights
EG	Europäische Gemeinschaft
EGMR	Europäischer Gerichtshof für Menschenrechte
EGV	Vertrag zur Gründung der Europäischen Gemeinschaft
EJIL	European Journal of International Law
EJLS	European Journal of Legal Studies
ELJ	European Law Journal
ELR	European Law Reporter
Emory L.J.	Emory Law Journal
EMRK	Europäische Konvention für Menschenrechte
endg.	endgültig
Entsch.	Entscheidung
EPL	European Public Law
erg.	ergänzt
erw.	erweitert
ESVGH	Entscheidungssammlung des Hessischen und des Württembergisch-Badischen Verwaltungsgerichtshofs
EU	Europäische Union/European Union
EuConst	European Constitutional Law Review
EuG	Gericht der Europäischen Union

EuGH	Gerichtshof der Europäischen Union
EuGRZ	Europäische Grundrechte-Zeitschrift
EUP	European Union Politics
EuR	Europarecht
EuR-Bei	Europarecht Beiheft
EUV	Vertrag über die Europäische Union
EuZW	Europäische Zeitschrift für Wirtschaftsrecht
EWG	Europäische Wirtschaftsgemeinschaft
EWGV	Vertrag zur Gründung der Europäischen Wirtschaftsgemeinschaft
EYHR	European Yearbook on Human Rights
f.	folgende
F. Supp.	Federal Supplement
F.A.Z.	Frankfurter Allgemeine Zeitung
FamFG	Gesetz über das Verfahren in Familiensachen und in den Angelegenheiten der freiwilligen Gerichtsbarkeit
Feb.	February
ff.	fortfolgende
FG	Festgabe
FGO	Finanzgerichtsordnung
Fla. Const.	Constitution of the State of Florida
Fla. L. Rev.	Florida Law Review
Fn.	Fußnote
Fordham Int'l L.J.	Fordham International Law Journal
Fordham L. Rev.	Fordham Law Review
FS	Festschrift/Forum Strafvollzug: Zeitschrift für Strafvollzug und Straffälligenhilfe
G	Gesetz
GA	Generalanwalt/Generalanwältin
Ga.	Georgia
Ga. L. Rev.	Georgia Law Review
Ga. St. U. L. Rev.	Georgia State University Law Review
GBl.	Gesetzblatt
GbR	Gesellschaft bürgerlichen Rechts
geänd.	geändert
Geo. L. J.	Georgetown Law Journal
Geo. Mason L. Rev.	George Mason Law Review
Geo. Wash. L. Rev.	George Washington Law Review
GG	Grundgesetz
GK	Große Kammer
GLJ	German Law Journal
GRCh	Charta der Grundrechte der Europäischen Union
GS	Gedächtnisschrift
GVBl.	Gesetz- und Verordnungsblatt
HambVerfGG	Gesetz über das Hamburgische Verfassungsgericht
Harv. C.R.-C.L. L. Rev.	Harvard Civil Rights-Civil Liberties Law Review
Harv. J. L. & Pub. Pol'y	Harvard Journal of Law and Public Policy
Harv. J. on Legis.	Harvard Journal on Legislation

Harv. L. Rev.	Harvard Law Review
Harv.Int'l L.J.	Harvard International Law Journal
Hastings Const. L.Q.	Hastings Constitutional Law Quarterly
Hastings L. J.	Hastings Law Journal
Haw. Const.	Constitution of the State of Hawaii
HdbDStR	Handbuch des Deutschen Staatsrechts
Herv. TK	Hervorhebung Thomas Kleinlein
HessStGH	Staatsgerichtshof des Landes Hessen
HessStGHG	Gesetz über den Staatsgerichtshof des Landes Hessen
HGR	Handbuch der Grundrechte in Deutschland und Europa
How.	Howard's Supreme Court Reports
HRLR	Human Rights Law Review
Hrsg.	Herausgeber
HSOG	Hessisches Gesetz über die öffentliche Sicherheit und Ordnung
HStR	Handbuch des Staatsrechts der Bundesrepublik Deutschland
Hum Rights Rev	Human Rights Review
i.d.F.	in der Fassung
i.S.v.	im Sinne von
i.V.m.	in Verbindung mit
I•CON	International Journal of Constitutional Law
ILJ	Industrial Law Journal
Ind. L. Rev.	Indiana Law Review
Ind. L.J.	Indiana Law Journal
insb.	insbesondere
Int. Org.	International Organization
Int'l Soc.Sci.J.	International Social Science Journal
J. Legal Stud.	Journal of Legal Studies
J. Pol.	The Journal of Politics
J.D.E.	Journal de Droit Européen
J.E.P.P.	Journal of European Public Policy
J.L. & Pol.	Virginia Journal of Law and Politics
JA	Juristische Arbeitsblätter
JBl	Juristische Blätter
JCMS	Journal of Common Market Studies
JEL	Journal of Economic Literature
JITE	Journal of Institutional and Theoretical Economics
JLC	Journal of Law and Courts
JLEO	Journal of Law, Economics, and Organization
Johns.	Johnson
JöR	Jahrbuch des öffentlichen Rechts der Gegenwart
JöR N.F.	Jahrbuch des öffentlichen Rechts der Gegenwart. Neue Folge
JPE	Journal of Political Economy
JR	Juristische Rundschau
Jr.	Junior
JRP	Journal für Rechtspolitik

JURA	Juristische Ausbildung
JuS	Juristische Schulung
Just. Sys. J.	The Justice System Journal
JZ	Juristenzeitung
Kap.	Kapitel
KJ	Kritische Justiz
KOM	Dokument der Europäischen Kommission
KritV	Kritische Vierteljahresschrift für Gesetzgebung und Rechtswissenschaft
KV	Kantonsverfassung
Ky.	Kentucky
La. Ann.	Louisiana Annual Reports
La. L. Rev.	Louisiana Law Review
Law & Soc'y Rev.	Law & Society Review
lit.	Buchstabe
Living Rev. Euro. Gov.	Living Reviews in European Governance
LKV	Landes- und Kommunalverwaltung
LS	Legal Studies
LT-Drs.	Drucksachen des Landtags
LV	Landesverfassung
LVerfGE	Entscheidungen der Verfassungsgerichte der Länder
LVerfGG	Gesetz über das Landesverfassungsgericht
m.	mit
M.D. Fla.	United States District Court for the Middle District of Florida
m.N.	mit Nachweisen
m.w.N.	mit weiteren Nachweisen
m.W.v.	mit Wirkung vom
Manitoba Human Rights Act C.C.S.M. c.	Continuing Consolidation of the Statutes of Manitoba
Mar.	March
Melb. U. L. Rev.	Melbourne University Law Review
Mich.	Michigan
Mich. App.	Michigan Court of Appeals
Minn. L. Rev.	Minnesota Law Review
MJ	Maastricht Journal of European and Comparative Law
MLR	The Modern Law Review
Monash U. L. Rev.	Monash University Law Review
Mont. Const.	Constitution of the State of Montana
Mont. L. Rev.	Montana Law Review
MV	Mecklenburg-Vorpommern
MVVerfGG	Gesetz über das Landesverfassungsgericht Mecklenburg-Vorpommern
N.C. L. Rev.	North Carolina Law Review
N.J.	New Jersey
N.M. L. Rev.	New Mexico Law Review
N.W.2d	North Western Reporter, 2nd Series
N.Y. Sup. Ct.	New York State Supreme Court

N.Y.L. Sch. J. Hum. Rts.	New York Law School Journal of Human Rights
N.Y.L.Sch. L. Rev.	New York Law School Law Review
N.Y.U. Ann. Surv. Am. L.	New York University Annual Survey of American Law
N.Y.U. J. Int'l L. & Pol.	New York University Journal of International Law and Politics
N.Y.U. J.L. & Liberty	New York University Journal of Law & Liberty
N.Y.U. L. Rev.	New York University Law Review
n°	numéro
NCSL	National Conference of State Legislatures
NdsStGHG	Gesetz über den Niedersächsischen Staatsgerichtshof
NdsVBl.	Niedersächsische Verwaltungsblätter
New Commonwealth Q.	New Commonwealth Quarterly
NGA	National Governors' Association
Nichtannahmebeschl.	Nichtannahmebeschluss
NJ	Neue Justiz: Zeitschrift für Rechtsentwicklung und Rechtsprechung
NJW	Neue Juristische Wochenschrift
No.	number
NordÖR	Zeitschrift für öffentliches Recht in Norddeutschland
Notre Dame L. Rev.	Notre Dame Law Review
Nr.	Nummer
NRW	Nordrhein-Westfalen
NRWVerfGHG	Gesetz über den Verfassungsgerichtshof für das Land Nordrhein-Westfalen
NuR	Natur und Recht
NVwZ	Neue Zeitschrift für Verwaltungsrecht
NVwZ-RR	Neue Zeitschrift für Verwaltungsrecht, Rechtsprechungs-Report
Nw. U. L. Rev.	Northwestern University Law Review
o.J.	ohne Jahr
OJLS	Oxford Journal of Legal Studies
ÖJZ	Österreichische Juristen-Zeitung
Osgoode Hall L. J.	Osgoode Hall Law Journal
OVG	Oberverwaltungsgericht
OVGE	Entscheidungen der Oberverwaltungsgerichte für das Land Nordrhein-Westfalen in Münster sowie für die Länder Niedersachsen und Schleswig-Holstein in Lüneburg
Oxf. Rev. Econ. Pol.	Oxford Review of Economic Policy
Polish Y.B. Int'l L.	Polish Yearbook of International Law
PPACA	Patient Protection and Affordable Care Act
Pub. L. No.	Public Law Number
PVS	Politische Vierteljahresschrift
QJE	Quarterly Journal of Economics
QJPS	Quarterly Journal of Political Science
R.A.E. – L.E.A.	Revue des Affaires Européennes – Law & European Affairs
R.D.P.	Revue de droit public

R.I. Const.	Constitution of the State of Rhode Island and Providence Plantations
RCDP	Revista catalana de dret públic
RdA	Recht der Arbeit
RdC	Recueil des cours
REALaw	Review of European Administrative Law
RGBl.	Reichsgesetzblatt
RhlPf	Rheinland-Pfalz
RhPfVerfGHG	Landesgesetz über den Verfassungsgerichtshof Rheinland-Pfalz
RIDC	Revue internationale de droit comparé
RL	Richtlinie
Rn.	Randnummer
ROP	The Review of Politics
Rs.	Rechtssache
Rspr.	Rechtsprechung
RUDH	Revue universelle des droits de l'homme
Rutgers L.J.	Rutgers Law Journal
RV	Verfassung des Deutschen Reiches
S.	Seite/Seiten
s.	siehe
S. Afr. J. on Hum. Rts.	South African Journal on Human Rights
S. C. L. Rev.	South Carolina Law Review
S. Cal. L. Rev.	Southern California Law Review
S. Ct.	Supreme Court Reporter
S. Tex. L. Rev.	South Texas Law Review
s.a.	siehe auch
s.o.	siehe oben
SaarlVerfGH	Verfassungsgerichtshof des Saarlandes
SaarlVerfGHG	Gesetz über den Verfassungsgerichtshof des Saarlandes
SachsAnhVerfGHG	Gesetz über das Landesverfassungsgericht des Landes Sachsen-Anhalt
SächsVBl.	Sächsische Verwaltungsblätter: Zeitschrift für öffentliches Recht und öffentliche Verwaltung
SächsVerfGH	Verfassungsgerichtshof des Freistaates Sachsen
SächsVerfGHG	Gesetz über den Verfassungsgerichtshof des Freistaates Sachsen
SAPD	Studies in American Political Development
SchlHA	Schleswig-Holsteinische Anzeigen
Sect.	Section
Setan Hall L. Rev.	Seton Hall Law Review
SEV	Sammlung der Europäischen Verträge
SHLVerfGG	Gesetz über das Schleswig-Holsteinische Landesverfassungsgericht
Slg.	Sammlung
SOY	Social Philosophy and Policy
Sp.	Spalte
SPD	Sozialdemokratische Partei Deutschlands

st. Rspr.	ständige Rechtsprechung
Stan. J. Int'l L.	Stanford Journal of International Law
Stan. L. Rev.	Stanford Law Review
StAnz	Staatsanzeiger für das Land Hessen
Stat.	United States Statutes at Large
StGH	Staatsgerichtshof
StGHG	Gesetz über den Staatsgerichtshof
StPO	Strafprozessordnung
StWStP	Staatswissenschaften und Staatspraxis: rechts-, wirtschafts- und sozialwissenschaftliche Beiträge zum staatlichen Handeln
Sup. Ct. Rev.	Supreme Court Review
SZ	Süddeutsche Zeitung
Tex. Int'l L. J.	Texas International Law Journal
Tex. L. Rev.	Texas Law Review
ThürVBl.	Thüringer Verwaltungsblätter
ThürVerfGH	Thüringer Verfassungsgerichtshof
ThürVerfGHG	Gesetz über den Thüringer Verfassungsgerichtshof
TKG	Telekommunikationsgesetz
Tul. L. Rev.	Tulane Law Review
Tulsa L. Rev.	Tulsa Law Review
TvCR	Tijdschrift voor Constitutioneel Recht
u.	und
U. Balt. L. Rev.	University of Baltimore Law Review
U. Cin. L. Rev.	University of Cincinnati Law Review
U. Colo. L. Rev.	University of Colorado Law Review
U. Ill. L. Rev.	University of Illinois Law Review
U. Kan. L. Rev.	University of Kansas Law Review
U. Miami L. Rev.	University of Miami Law Review
U. Pa. J. Const. L.	University of Pennsylvania Journal of Constitutional Law
U. Pa. L. Rev.	University of Pennsylvania Law Review
U. Tol. L. Rev.	University of Toledo Law Review
u.a.	und andere/unter anderem
U.S. Const.	United States Constitution
U.S.C.	United States Code
UAbs.	Unterabsatz
UCLA L. Rev.	UCLA Law Review
UN	Vereinte Nationen
Urt.	Urteil
USA	Vereinigte Staaten von Amerika
v.	vom/von
v.a.	vor allem
Va. J. Int'l L.	Virginia Journal of International Law
Va. L. Rev.	Virginia Law Review
Val. U. L. Rev.	Valparaiso University Law Review
Vand. L. Rev.	Vanderbilt Law Review
VAWA	Violence Against Women Act

VBlBW	Verwaltungsblätter für Baden-Württemberg
verb. Rs.	verbundene Rechtssachen
VereinsG	Gesetz zur Regelung des öffentlichen Vereinsrechts
Verf.	Verfassung
VerfG MV	Landesverfassungsgericht Mecklenburg-Vorpommern
VerfGG	Gesetz über das Landesverfassungsgericht
VerfGH	Verfassungsgerichtshof
VerfGHG	Gesetz über den Verfassungsgerichtshof
VerwRspr	Verwaltungs-Rechtsprechung in Deutschland. Sammlung oberstrichterlicher Entscheidungen aus dem Verfassungs- und Verwaltungsrecht
VG	Verwaltungsgericht
VGH	Verwaltungsgerichtshof
vgl.	vergleiche
Vienna J. Int'l Const. L.	Vienna Journal on International Constitutional Law
Vill. L. Rev.	Villanova Law Review
VJWf	Vierteljahrshefte zur Wirtschaftsforschung
VO	Verordnung
Vol.	Volume
VRÜ	Verfassung und Recht in Übersee
Vt. Const.	Constitution of the State of Vermont
VVDStRL	Veröffentlichungen der Vereinigung der Deutschen Staatsrechtslehrer
VwGO	Verwaltungsgerichtsordnung
w.N.	weitere/weiteren Nachweise/Nachweisen
Wake Forest L. Rev	Wake Forest Law Review
Wash.	Washington
Wash. L. Rev.	Washington Law Review
Wis. L. Rev.	Wisconsin Law Review
Wm. & Mary L. Rev.	William and Mary Law Review
WPQ	The Western Political Quarterly
WRV	Weimarer Reichsverfassung
Yale J.L. & Human.	Yale Journal of Law and the Humanities
Yale L. J.	The Yale Law Journal
YEL	Yearbook of European Law
z.B.	zum Beispiel
ZaöRV	Zeitschrift für ausländisches öffentliches Recht und Völkerrecht
ZEuS	Zeitschrift für Europarechtliche Studien
ZfP N.F.	Zeitschrift für Politik, Neue Folge
ZfRV	Zeitschrift für Europarecht, internationales Privatrecht und Rechtsvergleichung
zit.	zitiert
ZJS	Zeitschrift für das juristische Studium
ZNR	Zeitschrift für Neuere Rechtsgeschichte
ZÖR	Zeitschrift für öffentliches Recht
ZPO	Zivilprozessordnung

ZRG GA	Zeitschrift der Savigny-Stiftung für Rechtsgeschichte (Germanistische Abteilung)
ZRP	Zeitschrift für Rechtspolitik
ZSE	Zeitschrift für Staats- und Europawissenschaften

Einführung

A. Problemstellung Grundrechtsjudikatur in Mehrebenen-Strukturen

In der Forschung ist weithin anerkannt, dass föderale Strukturen zu einer Stärkung des Grundrechtsschutzes durch Dynamisierung und Kontextualisierung beitragen können.[1] Freilich ist diese Erwartung nicht voraussetzungslos. Vervielfachte Grundrechtsordnungen in Mehrebenen-Strukturen führen keineswegs zwangsläufig zu einem inhaltlich besseren Grundrechtsschutz. Dem steht schon die praktische Einsicht entgegen, dass komplexere Strukturen auch zu Abstimmungsproblemen und Reibungsverlusten führen können. Eine doppelte Grundrechtsbindung an einzelstaatliche und föderale Grundrechte vermehrt auch die durch individuelle Rechtspositionen vermittelten »Vetomöglichkeiten« und kann zu einer unter Umständen fragwürdigen Schieflage zulasten von Allgemeininteressen führen.[2] Darüber hinaus wohnt dem Grundrechtsschutz in Mehrebenen-Strukturen nach verbreiteter Wahrnehmung generell eine deutliche Unitarisierungstendenz inne.[3] Sie erscheint nicht nur aus der Perspektive der Einzelstaaten problematisch, sondern gefährdet gerade auch das Potential föderaler Vielfalt für den Grundrechtsschutz im Gesamtsystem.

Aus der Komplexität des Verhältnisses von föderalen Strukturen und Grundrechtsschutz ergibt sich das Erkenntnisinteresse der vorliegenden Arbeit. Ihr Ziel ist es, vergleichend zu untersuchen, unter welchen konzeptionellen, dogmatischen und institutionellen Voraussetzungen vervielfachte Grundrechtsordnungen ein Optimierungspotential gegenüber einem zentralisierten Grundrechtsschutz entfalten können. Dabei sollen aus den Erfahrungen der Vereinig-

---

[1] S. zum Forschungsstand in der »political science of federalism« *J. Bednar*, Annu. Rev. Law. Soc. Sci. 7 (2011), S. 269 (274) m.N. S. zu den Wechselwirkungen zwischen föderaler Struktur und Menschenrechten auch *S. Besson*, in: S. Besson/E. M. Belser (Hrsg.), La Convention européenne des droits de l'homme et les cantons, 2014, S. 7 (10–12) sowie zum »local turn« in der Bürgerrechtsgesetzgebung s. *O. C. Johnson*, LCP 79 (2016) 3, S. 115.

[2] *B. Pirker*, Grundrechtsschutz im Unionsrecht zwischen Subsidiarität und Integration, 2018, S. 36.

[3] Vgl. ebd., S. 24; *N. Cariat*, La Charte des droits fondamentaux et l'équilibre constitutionnel entre l'Union européenne et les États membres, 2016, S. 908 f. kommt zu dem Ergebnis, dass die Grundrechtecharta die Gewaltenbalance zwischen EU und Mitgliedstaaten nicht verändert hat.

ten Staaten von Amerika und der Bundesrepublik Deutschland insbesondere Lehren für die Weiterentwicklung des Grundrechtsschutzes in der Europäischen Union gezogen und Erkenntnisse über die unterschiedlichen Potentiale für eine dialogische und pluralistische Grundrechtsjudikatur gewonnen werden.

Vor allem der Blick auf die USA legt nahe, dass die föderale Vielfalt von grundrechtlichen Gewährleistungen und Grundrechtsgerichten eine dynamische Anpassung des Freiheitsschutzes an veränderte grundrechtliche Gefährdungslagen und gesellschaftliche Anschauungen begünstigt.[4] Anders als in der Bundesrepublik sind in den USA von den *state supreme courts* wichtige Impulse für die Rechtsprechung auch in anderen Bundesstaaten der USA und auf Bundesebene ausgegangen.[5] Die Grundrechte der einzelstaatlichen Verfassungen und der Bundesverfassung dienen dabei auch als Projektionsflächen für konkurrierende Deutungen im Ringen um gesellschaftlich umstrittene Fragen wie gleichgeschlechtliche Ehe,[6] Schwangerschaftsabbruch[7] oder Sterbehilfe.[8]

In Deutschland wird der Grundrechtsföderalismus derzeit ausgebaut. Baden-Württemberg führte 2013,[9] Nordrhein-Westfalen zum 1.1.2019[10] eine Lan-

---

[4] *M. E. Solimine/J. L. Walker*, Respecting State Courts, 2000; *J. A. Gardner*, Interpreting State Constitutions, 2005; *R. A. Schapiro*, Polyphonic Federalism, 2009.

[5] S. aus der umfangreichen Literatur J. A. Gardner (Hrsg.), State Expansion of Federal Constitutional Liberties, 1999; *J. N. G. Cauthen*, Alb. L. Rev. 63 (2000), S. 1183; *R. A. Schapiro*, in: J. A. Gardner/J. Rossi (Hrsg.), New Frontiers of State Constitutional Law, 2011, S. 103. Ein viel zitiertes Beispiel hierfür ist die Änderung der Rechtsprechung des Obersten Gerichtshofs der Vereinigten Staaten zur Verfassungsmäßigkeit der sogenannten *sodomy laws*: U.S. Supreme Court, *Lawrence v. Texas*, 539 U.S. 558 (2003) in Abkehr von *Bowers v. Hardwick*, 478 U.S. 186 (1986). S. etwa Kentucky Supreme Court, *Commonwealth v. Wasson*, 842 S.W.2d 487, 493 f. (Ky. 1992); Supreme Court of Georgia, *Powell v. State*, 510 S.E.2d 18 (Ga. 1998).

[6] U.S. Supreme Court, *United States v. Windsor*, 570 U.S. 744 (2013); *Obergefell v. Hodges*, 135 S. Ct. 2584 (2015); vgl. *B. Soucek*, I•CON 15 (2017) 4, S. 1098; EuGH, Rs. C-673/16, *Coman u.a.*, Urt. v. 5.6.2018, ECLI:EU:C:2018:385 zum Aufenthaltsrecht für gleichgeschlechtliche Paare.

[7] U.S. Supreme Court, *Roe v. Wade*, 410 U.S. 113 (1973); BVerfGE 98, 265, 1 BvR 2306/96 u.a. – *Bayerisches Schwangerenhilfegesetz*; *M. Bothe*, in: H.-P. Schneider (Hrsg.), Das Grundgesetz in interdisziplinärer Betrachtung, 2001, S. 21.

[8] U.S. Supreme Court, *Vacco v. Quill*, 521 U.S. 793 (1997); *Washington v. Glucksberg*, 521 U.S. 702 (1997); »Recht auf Würde im Sterben« in Art. 8 Abs.1 Satz 1 LV Brandenburg und Art. 1 Abs.1 Satz 2 LV Thüringen; kritisch dazu *W. Kanther*, Die neuen Landesverfassungen im Lichte der Bundesverfassung, 14.7.1993, S. 200. Beim Bundesverfassungsgericht sind derzeit mehrere Verfassungsbeschwerden zum Verbot der geschäftsmäßigen Förderung der Selbsttötung (§ 217 StGB) anhängig, 2 BvR 2347/15 u.a., s. http://www.bundesverfassungsgericht.de/DE/Verfahren/Jahresvorausschau/vs_2018/vorausschau_2018_node.html, geprüft am 31.1.2019.

[9] Gesetz zur Einführung einer Landesverfassungsbeschwerde v. 13.11.2012, GBl. S. 569; s. dazu *T. Krappel*, VBlBW 34 (2013) 4, S. 121.

[10] Gesetz zur Änderung des Verfassungsgerichtshofgesetzes – Einführung der Individualbeschwerde zum Verfassungsgerichtshof v.12.7.2018, GVBl. S. 400.

desverfassungsbeschwerde ein. Gleichzeitig sind die Fallzahlen auch in den Verfahren der Verfassungsbeschwerde und der Popularklage etwa beim Bayerischen Verfassungsgerichtshof weiter rückläufig,[11] während die Zahl der beim Bundesverfassungsgericht eingehenden Verfassungsbeschwerden auf hohem Niveau stabil ist.[12]

Dennoch fehlt es an grundlegenden und systematischen Untersuchungen zum Verhältnis von Grund- und Menschenrechten und föderalen Strukturen. Das mag an der Staatsfixierung der Bundesstaatslehre[13] sowie daran liegen, dass die Theorie der Menschenrechte sich auf den Zusammenhang von Menschenrechten und Demokratie, nicht aber den Zusammenhang von Menschenrechten und föderaler Struktur konzentriert hat.[14] Zur Schließung dieser Lücke will die vorliegende Schrift beitragen.

Darüber hinaus soll die hier unternommene vergleichende Untersuchung praktisch verwertbare Erkenntnisse vor allem für den Grundrechtsschutz in der Europäischen Union vermitteln. Dieser weist die größte Entwicklungsoffenheit auf und ist schon lange Gegenstand umfangreicher Diskussionen. Aktuelle Defizite des Grundrechtsschutzes in der Europäischen Union (I.) lassen sich auf der Grundlage des Vergleichs als Ausdruck struktureller Probleme mit der föderalen Grundrechtsvielfalt deuten (II.). Zudem trägt der Vergleich zur Erklärung der unterschiedlichen Entwicklungen in den verglichenen Rechtsordnungen bei.

I. Kritik am Grundrechtsschutz in der Europäischen Union

Der Grundrechtsschutz in der Europäischen Union stößt trotz eines grundsätzlich anerkannten hohen Niveaus auf vielfältige Kritik, auch nachdem die Charta der Grundrechte mit dem Inkrafttreten des Vertrags von Lissabon rechtsverbindlich geworden ist. Kritisiert werden insbesondere ein unzureichender Grundrechtsschutz gegenüber den Unionsorganen (1.), systemische Defizite im Grundrechtsschutz bestimmter Mitgliedstaaten (2.), die Vernachlässigung sozialer Grundrechte (3.) und zugleich eine expansive Grundrechtsjudikatur des EuGH mit instrumentellen Tendenzen (4.).

---

[11] *J. F. Lindner*, BayVBl. 149 (2018) 1, S. 1 (1).

[12] https://www.bundesverfassungsgericht.de/DE/Verfahren/Jahresstatistiken/jahresstatistiken_node.html, geprüft am 31.1.2019.

[13] *O. Beaud*, RUDH 16 (2004) 1–4, S. 16 (17).

[14] *S. Besson*, in: S. Besson/E. M. Belser (Hrsg.), La Convention européenne des droits de l'homme et les cantons, 2014, S. 215 (221).

1. Grundrechtsschutz gegenüber den Unionsorganen

Im Fokus steht zunächst ein in den Augen der Kritiker nach wie vor unzureichender Grundrechtsschutz durch den EuGH gegenüber sekundärem Unionsrecht. Die Prüfung der Verhältnismäßigkeit von Grundrechtseingriffen falle gegenüber den Mitgliedstaaten strenger aus als gegenüber den Unionsorganen.[15] Diese Kritik reicht zurück bis zur »Bananenmarkt-Saga« zwischen deutschen Gerichten und dem EuGH.[16] Auch die »Zuckermarkt-Saga« in den neuen Mitgliedstaaten nach der Erweiterungsrunde der 1990er Jahre führen die Kritiker an. Als Konsequenz des Beitritts sei der Grundrechtsstandard im Hinblick auf den Schutz des Privateigentums abgesenkt worden.[17] In der Tat hat der EuGH in der Vergangenheit selten Sekundärrecht wegen einer Grundrechtsverletzung annulliert.[18] Allerdings gibt es Anzeichen, dass sich dies seit der Rechtsverbindlichkeit der Grundrechtecharta jedenfalls teilweise geändert hat. Neuere Entscheidungen signalisieren, dass der EuGH den Grundrechtsschutz ernst nimmt.[19] Das Urteil in der Rechtssache Digital Rights Ireland[20] ist nach der Rechtssache Test-Achats[21] überhaupt erst das zweite, das Richtlinienbestimmungen für mit den Unionsgrundrechten unvereinbar und ungültig erklärte. In der Rechtssache Schecke wurden erstmals zwei Verordnungsbestimmungen wegen Unvereinbarkeit mit den Grundrechten für ungültig erklärt.[22] Dabei führt der EuGH inzwischen auch eine ernstzunehmende Grundrechtskontrolle gegenüber Rechtsetzungsakten der Union selbst durch.[23] Der Fokus richtet sich dabei auf eine Kohärenz- und Konsistenzkontrolle sowie eine Überprüfung der Begründungsqualität des Unionsgesetzge-

---

15 *J. Coppel/A. O'Neill*, CML Rev. 29 (1992) 4, S. 669 (684 f.).

16 S. zur Bananenmarkt-Saga *U. Everling*, CML Rev. 33 (1996) 3, S. 401; *M. Zuleeg*, NJW 50 (1997) 18, S. 1201.

17 *A. Albi*, CML Rev. 47 (2010) 3, S. 791.

18 *S. Weatherill*, Law and Values in the European Union, 2016, S. 149–152; *U. R. Haltern*, Europarecht, Bd. 2, 3. Aufl. 2017, S. 577. Eine ernüchternde Bilanz hinsichtlich der Prüfung von Sekundärrecht an Unionsgrundrechten zieht *D. Chalmers*, in: M. P. Maduro/L. Azoulai (Hrsg.), The Past and Future of EU Law, 2010, S. 140 (142 f.).

19 *J. Kenner*, EYHR 3 (2011), S. 173.

20 EuGH, Rs. C-293/12 und C-594/12, *Digital Rights Ireland*, Urt. v. 8.4.2014, ECLI:EU:C:2014:238 – wegen Unvereinbarkeit mit dem Grundrecht auf Achtung des Privatlebens und des Schutzes personenbezogener Daten.

21 EuGH, Rs. C-236/09, *Test-Achats*, Slg. 2011, I-773 – wegen Unvereinbarkeit mit dem Grundsatz der Gleichbehandlung von Frauen und Männern.

22 EuGH, verb. Rs. C-92/09 und C-93/09, *Volker und Markus Schecke und Eifert*, Slg. 2010, I-11063 zur VO 1290/2005 über die Finanzierung der Gemeinsamen Agrarpolitik – wegen Unvereinbarkeit mit dem Grundrecht auf Achtung des Privatlebens und des Schutzes personenbezogener Daten; kritisch *A. Guckelberger*, EuZW 22 (2011) 4, S. 126.

23 S. zu dieser Entwicklung *W. Schroeder*, in: D. König/D. Uwer (Hrsg.), Grenzen europäischer Normgebung, 2015, S. 83.

bers. Positiv zu vermerken ist auch die ausführliche und differenzierte Grundrechtsprüfung einer Richtlinie in der Rechtssache Sky.[24]

Nichtsdestotrotz zeigen sich in verschiedenen Bereichen Defizite der Grundrechtsjudikatur des EuGH.[25] Ein Verstoß gegen rechtsstaatliche Grundsätze wird darin gesehen, dass der EuGH die Geheimhaltung von Verhaltensnormen zulässt, deren Einhaltung von den Rechtsunterworfenen gefordert wird.[26] Im Bereich des Datenschutzes wird moniert, dass sich der EuGH bei der Überprüfung der Vorratsdatenspeicherung zunächst auf Kompetenzüberlegungen konzentrierte und die von Irland nicht gerügte Grundrechtsverletzung nicht *proprio motu* prüfte.[27] Auch im Urteil in der Rechtssache Digital Rights Ireland, das die relevante Richtlinie 2006/24/EG für nichtig erklärte, beurteilte der EuGH die Vorratsdatenspeicherung per se nicht als grundrechtswidrig.[28] Kritisiert wurde an dem Urteil zudem, dass der EuGH weder die Grundrechtsbestimmungen der Verfassungen der Mitgliedstaaten noch die einschlägige Rechtsprechung mitgliedstaatlicher Gerichte zitierte.[29] An den Kopftuchurteilen des EuGH aus dem Jahr 2017 ist problematisch, dass sie unterschiedliche Sensibilitäten nur unzureichend beachten und strengere mitgliedstaatliche Diskriminierungsstandards unterlaufen, obschon die einschlägige Richtlinie 2000/78/EG nur eine Mindestharmonisierung vorsieht.[30]

Auch das vielbeachtete Urteil in der Rechtssache Kadi lassen Kritiker nicht als positive Ausnahme in der Grundrechtsjudikatur des EuGH gelten, da es in der Sache um UN-Sanktionen gehe.[31] Allerdings folgten auf Kadi einige Rechtssachen, in denen das Gericht und, in geringerem Umfang, auch der Gerichtshof

---

[24] EuGH, Rs. C-283/11, *Sky Österreich*, Urt. v. 22.1.2013, ECLI:EU:C:2013:28.

[25] *A. Albi*, Vienna J. Int'l Const. L. 9 (2015) 2, S. 151 (161–176). Zur Situation der Grundrechte in der EU in den Bereichen Terrorismusbekämpfung, Streikrecht und Recht auf Abtreibung *F. Fabbrini*, Fundamental Rights in Europe, 2014.

[26] EuGH, Rs. C-345/06, *Heinrich*, Slg. 2009, I-1659.

[27] EuGH, Rs. C-301/06, *Irland/Parlament und Rat*, Slg. 2009, I-593, Rn. 57; s. dazu u.a. *S. Simitis*, NJW 62 (2009) 25, S. 1782. Für eine Gesamtbewertung der Rechtsprechung des EuGH im Bereich des Datenschutzes s. *F. Fabbrini*, in: S. A. de Vries u.a. (Hrsg.), The EU Charter of Fundamental Rights as a Binding Instrument, 2015, S. 261; für eine Diskussion der Anwendung der Charta der Grundrechte »ex officio« s. *X. Groussot/G. T. Petursson*, in: S. A. de Vries u.a. (Hrsg.), The EU Charter of Fundamental Rights as a Binding Instrument, 2015, S. 135 (144–147).

[28] EuGH, verb. Rs. C-293/12 und C-594/12, *Digital Rights Ireland*, Urt. v. 8.4.2014, ECLI:EU:C:2014:238; vgl. dazu *J. Kühling*, NVwZ 33 (2014) 11, S. 681.

[29] *A. Albi*, Vienna J. Int'l Const. L. 9 (2015) 2, S. 151.

[30] EuGH, Rs. C-188/15, *Bougnaoui und ADDH*, Urt. v. 14.3.2017, ECLI:EU:C:2017:204; Rs. C-157/14, *G4S Secure Resolutions*, Urt. v. 17.3.2017, ECLI:EU:C:2017:203; Art. 8 der Richtlinie 2000/78/EG des Rates vom 27.11.2000 zur Festlegung eines allgemeinen Rahmens für die Verwirklichung der Gleichbehandlung in Beschäftigung und Beruf, ABl. L 202 v. 2.12.2000, S. 16; vgl. *C. D. Classen*, EuR 52 (2017) 3, S. 347 (348 f.).

[31] EuGH, verb. Rs. C-402/05 P und C-415/05 P, *Kadi und Al Barakaat International Foundation/Rat und Kommission*, Slg. 2008, I-6351.

eine Reihe von Verordnungen für nichtig erklärten, weil sie die Grundrechte von Terrorismusverdächtigen verletzten. Alle diese Entscheidungen stehen im spezifischen Kontext von Terrorismusbekämpfung und *smart sanctions*.[32]

In der Kritik steht aber vor allem die Rechtsprechung zum Europäischen Haftbefehl, der unter den Gesichtspunkten der Unschuldsvermutung,[33] des Grundsatzes *nullum crimen, nulla poena sine lege*[34] und der fairen Verfahrensgestaltung sowie insbesondere im Hinblick auf die Anforderungen an Verurteilungen *in absentia* problematisch ist.[35] Haftbefehl und Vorratsdatenspeicherung gelten als Konsequenzen einer auf europäischer Ebene verwirklichten »Krisenreaktionspolitik« der Mitgliedstaaten, die der eigentlich notwendigen öffentlichen Debatte entzogen war.[36]

2. Systemische Grundrechtsdefizite in einigen Mitgliedstaaten

Außerdem bestehen in einigen Mitgliedstaaten systemische Defizite im Grundrechtsschutz[37] und gravierende Mängel etwa bei den Rechten von Migranten und Minderheiten[38] oder der Medienfreiheit.[39] Beispiele für Grundrechtsdefizite in Mitgliedstaaten der EU sind die Ausweisung von Roma aus Frankreich,[40] die Defizite im griechischen Asylsystem,[41] das ungarische Medienge-

---

[32] S. zu Sanktionslisten der UN EuGH, verb. Rs. C-402/05 P und C-415/05 P, *Kadi und Al Barakaat International Foundation/Rat und Kommission*, Slg. 2008, I-6351; EuG, Rs. T-318/01, *Othman/Rat und Kommission*, Slg. 2009, II-1627; zu Sanktionslisten der EU s. u.a. EuG, Rs. T-327/03, *Al-Aqsa/Rat*, Slg. 2007 II-79; Rs. T-47/03 DEP, *Sison/Rat*, Slg. 2009 II-1483; EuGH, Rs. C-229/05 P, *PKK und KNK/Rat*, Slg. 2007 I-439; Rs. T-228/02, *Organisation des Modjahedines du peuple d'Iran/Rat*, Slg. 2006 II-4665; Rs. T-256/07, *People's Mojahedin Organization of Iran/Rat*, Slg. 2008, II-3019; Rs. T-284/08, *People's Mojahedin Organization of Iran/Rat*, Slg. 2008, II-3487; vgl. *T. Tridimas/G. Gari*, E. L. Rev. 35 (2010) 2, S. 131 (134).

[33] BVerfGE 113, 273, 2 BvR 2236/04 – *Europäischer Haftbefehl* (*Darkazanli*), abweichende Meinung des Richters Broß, S. 323 f., 327.

[34] Vgl. BVerfGE 113, 273 (309), 2 BvR 2236/04 – *Europäischer Haftbefehl* (*Darkazanli*); 140, 317 (342 ff.), 2 BvR 2735/14 – *Identitätskontrolle*: Recht auf Achtung des Schuldprinzips aus Art. 1 Abs. 1 i.V.m. Art. 23 Abs. 1 Satz 3 und Art. 79 Abs. 3 GG.

[35] S. u.a. EuGH, Rs. C-399/11, *Melloni*, Urt. v. 26.2.2013, ECLI:EU:C:2013:107.

[36] *A. Albi*, in: M. Claes u.a. (Hrsg.), Constitutional Conversations in Europe, 2013, S. 41 (58–61).

[37] *A. von Bogdandy/M. Ioannidis*, ZaöRV 74 (2014) 2, S. 283.

[38] *M. Dawson/E. Muir*, CML Rev. 48 (2011), S. 751.

[39] *A. von Bogdandy u.a.*, ZaöRV 72 (2012), S. 46 (46 f.).

[40] Europäische Kommission, Bericht 2010 über die Anwendung der Charta der Grundrechte der Europäischen Union, KOM(2011) 160 endg. vom 30.3.2011, S. 9.

[41] EGMR, Urt. (GK) v. 21.1.2011, *M.S.S. ./. Belgien und Griechenland*, Nr. 30696/09, EuGRZ 2011, 243, Rn. 358, 360 und 367; EuGH, verb. Rs. C-411/10 und C-493/10, *N. S. u.a.*, Slg. 2011, I-13905, Rn. 89; Europäische Kommission, Bericht 2013 über die Anwendung der Charta der Grundrechte der Europäischen Union, KOM(2014) 224 endgültig vom 14.4.2014, S. 7 f.

setz von 2010[42] oder das litauische Jugendschutzgesetz, das die Verbreitung von Informationen über Homosexualität untersagt.[43] Die gegenwärtige Situation des Rechtsstaats in Ungarn betrifft die Anwendung einer ganzen Reihe von Charta-Bestimmungen.[44] Der Grundrechte-Bericht 2017 der Agentur der Europäischen Union für Grundrechte benennt als die größten Herausforderungen, mit denen die EU und ihre Mitgliedstaaten beim Grundrechtsschutz konfrontiert sind, die Themenbereiche Gleichbehandlung und Nichtdiskriminierung, Rassismus, Fremdenfeindlichkeit und damit einhergehende Intoleranz, Integration der Roma, Asyl, Visa, Migration, Grenzen und Integration, Informationsgesellschaft, Privatsphäre und Datenschutz, Rechte des Kindes, Zugang zur Justiz einschließlich der Rechte der Opfer von Straftaten sowie die Entwicklungen bei der Umsetzung des Übereinkommens über die Rechte von Menschen mit Behinderungen.[45]

3. Vernachlässigung sozialer Grundrechte

Ein weiterer Kritikpunkt betrifft die Vernachlässigung sozialer Grundrechte in der Rechtsprechung des EuGH. Die Grundrechtecharta hat die sozialen Grundrechte gegenüber der Rechtsprechung des EuGH gestärkt (Titel IV: Solidarität). An den EuGH richtete sich daher insbesondere in der Finanzkrise die Erwartung, Austeritätsmaßnahmen als Eingriffe in die sozialen Grundrechte der Charta zu bewerten. Zu diesen Rechten zählen das Recht auf Kollektivverhandlungen und Kollektivmaßnahmen (Art. 28 GRCh); das Recht auf gerechte und angemessene Arbeitsbedingungen (Art. 31 GRCh) und ein Recht auf Zugang zu den Leistungen der sozialen Sicherheit und zu den sozialen Diensten, die in Fällen wie Mutterschaft, Krankheit, Arbeitsunfall, Pflegebedürftigkeit oder im Alter sowie bei Verlust des Arbeitsplatzes Schutz gewährleistet, nach Maßgabe des Unionsrechts und der einzelstaatlichen Rechtsvorschriften und Gepflogenheiten (Art. 34 GRCh). Weiterhin zählt dazu ein Recht auf Zugang zur Gesundheitsvorsorge und auf ärztliche Versorgung nach Maßgabe der einzelstaatlichen Rechtsvorschriften und Gepflogenheiten (Art. 35 GRCh).[46] Erschien die Finanzkrise geradezu als Bewährungsprobe für den Grundrechts-

---

[42] *C. Ladenburger*, in: J. Laffranque (Hrsg.), The Protection of Fundamental Rights Post Lisbon, 2012, S. 141 (158).

[43] Ebd., S. 158.

[44] Europäische Kommission, Jährlicher Bericht über die Anwendung der Charta der Grundrechte der Europäischen Union 2017, KOM(2018) 396 endg. vom 4.6.2018, S. 12 f.

[45] Agentur der Europäischen Union für Grundrechte, Grundrechte-Bericht 2017, http://fra.europa.eu/de/publication/2017/grundrechte-bericht-2017-fra-stellungnahmen, geprüft am 31.1.2019.

[46] *M. E. Salomon*, ELJ 21 (2015) 4, S. 521 (532).

schutz auf der Grundlage der Charta,[47] war die Anwendung sozialer Grundrechte jedoch lange Zeit nicht sichtbar.[48] Der EuGH nahm sie mit einer nicht unbedingt überzeugenden Begründung aus der Beurteilung des Europäischen Stabilitätsmechanismus ESM heraus[49] und bewertete Vorlagefragen als unzulässig, die Eingriffe in soziale Rechte infolge von Austeritätsmaßnahmen betrafen.[50] Dass sich der EuGH in diesen Fällen formaljuristisch für unzuständig erklärte, steht im Gegensatz zu seiner sonstigen Praxis, Vorlagefragen im Verfahren nach Art. 267 AEUV umzuformulieren, um seine Zuständigkeit zu begründen.[51] Ein Grund für diese ungewöhnliche Zurückhaltung ist wohl, dass im Fall des ESM große finanzielle Ressourcen auf dem Spiel standen und vor

---

[47] *U. R. Haltern*, Europarecht, Bd. 2, 3. Aufl. 2017, S. 619.

[48] *S. Robin-Olivier*, EuConst 14 (2018) 1, S. 96 (100); *A. Farahat/C. Krenn*, Der Staat 57 (2018) 3, S. 357 (369–371).

[49] EuGH, Rs. C-370/12, *Pringle*, Urt. v. 27.11.2012, ECLI:EU:C:2012:756, Rn. 179–182: Die Errichtung eines Stabilitätsmechanismus wie des ESM, für dessen Einrichtung der EUV und der AEUV keine spezielle Zuständigkeit einräumen, sei keine Ausführung des Rechts der Union durch die Mitgliedstaaten (Art. 51 Abs. 1 GRCh). Demgegenüber bezog sich Generalanwältin Kokott (Schlussanträge v. 26.10.2012, ECLI: EU:C:2012:675) auf die Bindung der Kommission an die Grundrechtecharta (Rn. 176) und ließ dahinstehen, ob auch die Mitgliedstaaten mit Blick auf die Tätigkeit des ESM an die Charta gebunden sind (Rn. 193). S. nun aber EuGH, verb. Rs. C-8/15 P bis C-10/15 P, *Ledra Advertising*, Urt. v. 20.9.2016, ECLI:EU:C:2016:701, Rn. 57–60: Anknüpfung an die Rolle der Kommission als »Hüterin der Verträge« gemäß Art. 17 Abs. 1 EUV.

[50] EuGH, Rs. C-434/11, *Corpul Naţional al Poliţiştilor*, Slg. 2011, I-196: offensichtliche Unzuständigkeit des EuGH für ein Vorabentscheidungsersuchen zur Vereinbarkeit von Gehaltskürzungen für im öffentlichen Dienst Beschäftigte in Rumänien mit Art. 17 GRCh; Rs. C-462/11, *Cozman*, Slg. 2011, I-197: offensichtliche Unzuständigkeit des EuGH für ein Vorabentscheidungsersuchen betreffend eine nationale Regelung, mit der eine Kürzung des Gehalts von im öffentlichen Dienst Beschäftigten eingeführt wird; Rs. C-134/12, *Corpul Naţional al Poliţiştilor*, Beschl. v. 10.5.2012, ECLI:EU:C:2012:288: offensichtliche Unzuständigkeit des EuGH für ein Vorabentscheidungsersuchen zur Vereinbarkeit von Gehaltskürzungen für im öffentlichen Dienst Beschäftigte in Rumänien mit Art. 17 Abs. 1, Art. 20 und Art. 21 GRCh; Rs. C-128/12, *Sindicato dos Bancários do Norte u.a.*, Beschl. v. 7.3.2013, ECLI:EU:C:2013:149: offensichtliche Unzuständigkeit des EuGH für ein Vorabentscheidungsersuchen betreffend eine portugiesische Regelung zu Gehaltskürzungen für bestimmte Arbeitnehmer im öffentlichen Sektor; Rs. C-361/07, *Polier*, Slg. 2008, I-6: offensichtliche Unzuständigkeit des EuGH; Rs. C-117/14, *Nisttahuz Poclava*, Urt. v. 5.2.2015, ECLI:EU:C:2015:60: keine Zuständigkeit des EuGH für die Beantwortung der Vorlagefragen betreffend eine spanische Regelung, die einen unbefristeten Arbeitsvertrag mit einer Probezeit von einem Jahr vorsieht. S. nun aber EuGH, Rs. C-64/16, *Associação Sindical dos Juízes Portugueses*, Urt. v. 22.2.2018, ECLI:EU:C:2018:117: Beantwortung der Frage zur Auslegung von Art. 19 Abs. 1 UAbs. 2 EUV und Art. 47 GRCh mit Blick auf die Kürzung der Bezüge portugiesischer Richter unter starker Betonung der Rechtsstaatlichkeit (Art. 2 EUV) vor dem Hintergrund des Rechtsstaatsdialogs mit Polen.

[51] Kritisch *C. Kilpatrick*, OJLS 35 (2015) 2, S. 325 (349); *B. de Witte*, in: M. González Pascual/A. Torres Pérez (Hrsg.), The Right to Family Life in the European Union, 2017, S. 29; *A. Torres Pérez*, I•CON 15 (2017) 4, S. 1080 (1084).

allem die nationalen Sozial- und Arbeitsstandards der Mitgliedstaaten betroffen waren.[52]

Keine Erwähnung finden die Unionsgrundrechte und die Grundrechtecharta auch in Urteilen zur Auslegung von Art. 3 Abs. 1 lit. a bis g der Entsenderichtlinie.[53] Hier ist ein Ausgleich zwischen der unternehmerischen Freiheit (Art. 16 GRCh) und dem Recht auf gerechte und angemessene Arbeitsbedingungen (Art. 31 GRCh) bereits von der demokratisch besser legitimierten Gesetzgebung gestaltet worden, sodass es gute Gründe für die Zurückhaltung des EuGH geben mag.[54] Dagegen argumentierte der EuGH bei der Auslegung von Art. 3 der Betriebsübergangs-Richtlinie,[55] dass in die Vertragsfreiheit des Erwerbers eines Betriebs, der an Kollektivverhandlungen nicht hat teilnehmen und seine Interessen nicht wirksam in den Vertrag hat einbringen können, so erheblich eingegriffen werde, dass eine solche Einschränkung den Wesensgehalt seines Rechts auf unternehmerische Freiheit (Art. 16 GRCh) beeinträchtigen könne, ohne auf Art. 31 GRCh überhaupt einzugehen.[56] Sowohl das Recht auf Unterrichtung und Anhörung der Arbeitnehmerinnen und Arbeitnehmer im Unternehmen (Art. 27 GRCh)[57] als auch den Anspruch jeder Arbeitnehmerin und jedes Arbeitnehmers auf Schutz vor ungerechtfertigter Entlassung (Art. 30 GRCh)[58] hat der EuGH relativ restriktiv ausgelegt, jedenfalls im Vergleich zur Europäischen Sozialcharta in der Auslegung des Europäischen Ausschusses für soziale Rechte.[59] Die Wirtschaftsgrundrechte wie Art. 16 GRCh haben in der Rechtsprechung des EuGH dagegen nach wie vor große Bedeutung.[60]

---

[52] *C. Barnard*, in: S. A. de Vries u.a. (Hrsg.), The EU Charter of Fundamental Rights as a Binding Instrument, 2015, S. 173 (175).

[53] Richtlinie 96/71/EG des Europäischen Parlaments und des Rates vom 16. Dezember 1996 über die Entsendung von Arbeitnehmern im Rahmen der Erbringung von Dienstleistungen, ABl. L 18 vom 21.1.1997 S. 1.

[54] EuGH, Rs. C-341/05, *Laval*, Slg. I-11767; Rs. C-346/06; *Rüffert*, Slg. 2008, I-1989; Rs. C-319/06, *Kommission/Luxemburg*, Slg. 2008, I-4323. Zustimmend *C. Barnard*, in: S. A. de Vries u.a. (Hrsg.), The EU Charter of Fundamental Rights as a Binding Instrument, 2015, S. 173 (181–183).

[55] Richtlinie 2001/23/EG des Rates vom 12. März 2001 zur Angleichung der Rechtsvorschriften der Mitgliedstaaten über die Wahrung von Ansprüchen der Arbeitnehmer beim Übergang von Unternehmen, Betrieben oder Unternehmens- oder Betriebsteilen, ABl. L 82 vom 22.3.2001, S. 16.

[56] EuGH, Rs. C-426/11, *Alemo-Herron u.a.*, Urt. v. 18.7.2013, ECLI:EU:C:2013:521, Rn. 31–36.

[57] EuGH, Rs. C-176/12, *Association de Médiation Sociale*, Urt. v. 15.1.2014, ECLI:EU:C:2014:2, Rn. 41–51: keine unmittelbare Anwendbarkeit von Art. 27 GRCh.

[58] EuGH, Rs. C-117/14, *Nisttahuz Poclava*, Urt. v. 5.2.2015, ECLI:EU:C:2015:60: Anwendungsbereich der Unionsgrundrechte verneint.

[59] *L. Jimena Quesada*, Social rights in the case-law of the Court of Justice of the European Union, 2017, https://rm.coe.int/168070391d, geprüft am 31.1.2019.

[60] *S. Robin-Olivier*, EuConst 14 (2018) 1, S. 96 (104–109).

4. Expansion und Instrumentalisierung der Unionsgrundrechte

Die Kritik am Grundrechtsschutz in der Europäischen Union rügt allerdings nicht nur Mängel im Schutz gegenüber Unionsorganen, systemische Defizite in einzelnen Mitgliedstaaten und vernachlässigte Grundrechte, sondern warnt zugleich vor einer »Expansion« der Unionsgrundrechte.[61] Sie dürfe nicht zu einem »weiteren potentiellen Spaltpilz in der Union« werden.[62] Die Grundrechtsjudikatur des EuGH marginalisiere den funktionierenden mitgliedstaatlichen Grundrechtsschutz und senke das Schutzniveau ab. Zugespitzt lautet die Kritik gar, Grundrechtsschutz durch den EuGH sei ein »Mythos«.[63] Die Rechtsprechung des EuGH habe die Grundrechte von Beginn an instrumentalisiert, um die Reichweite des Unionsrechts gegenüber den Mitgliedstaaten auszudehnen.[64] Der Grundrechtsschutz in der Union sei jedenfalls lange Zeit vor allem rhetorisch und weit von den mitgliedstaatlichen Standards entfernt gewesen. Erst in den Fällen Schmidberger und Omega seien Grundrechte nicht den Marktfreiheiten geopfert worden.[65]

II. Strukturelle Probleme und Potentiale föderaler Grundrechtsvielfalt

Die im vorstehenden Abschnitt dargelegten Kritikpunkte am Grundrechtsschutz in der Europäischen Union – Diskrepanz im Schutzniveau zwischen den Ebenen mit geringerer Kontrollintensität gegenüber den Unionsorganen, zwischen den Mitgliedstaaten divergierende Standards und Defizite gerade in Bereichen, in denen der europäischen Ebene Kompetenzen fehlen, wie hier den sozialen Grundrechten – sind Schwierigkeiten, die sich typischerweise in einer föderalen Struktur mit mehreren Grundrechtsordnungen stellen.[66] Aus der Dynamik der föderalen Struktur ergeben sich zudem strukturelle Probleme, die der Einheitsstaat in dieser Form nicht kennt. Zunächst droht eine Abwärtsspirale, wenn wechselseitige Anpassungsprozesse zur Verständigung auf den kleinsten gemeinsamen Nenner und damit zu Einbußen bei den materiellen Schutzstandards führen oder bestimmte Elemente der Grundrechtsdogmatik der ande-

---

[61] Vgl. *U. Volkmann*, in: FS Hufen, 2015, S. 127 (128) m.N. Zur Begründung einer Horizontalwirkung der Unionsgrundrechte durch den EuGH s.u., 4. Kapitel C.II.3.a).

[62] *R. Streinz*, in: FS Dauses, 2014, S. 429 (431).

[63] *S. Smismans*, JCMS 48 (2010) 1, S. 45.

[64] *J. Coppel/A. O'Neill*, CML Rev. 29 (1992) 4, S. 669; *A. Williams*, EU Human Rights Policies, 2004, S. 144–151 zum Beitrag des EuGH bei der Erfindung der Achtung der Menschenrechte als Gründungsprinzip der Union.

[65] *A. Albi*, Vienna J. Int'l Const. L. 9 (2015) 2, S. 151 (159).

[66] S. zur Gegenläufigkeit von föderalem Vorrang und Vorrang der Verfassung: *C. Schönberger*, in: FS Wahl, 2011, S. 385 (388–390).

ren Ebene nicht vermittelbar sind und unter Rechtfertigungsdruck geraten.[67] In der Tat wandten auch Skeptiker in der US-Literatur gegen eine Anwendung bundesrechtlicher Grundrechtsstandards gegenüber den Staaten ein, dass die situative Vielfalt in den Einzelstaaten zu Kompromissen zwinge, die die Bundesgrundrechte aufweichen und auch gegenüber der Zentralgewalt schwächen würden.[68] Jedenfalls ist die Rechtslage auch für den einzelnen Rechtsschutz suchenden Grundrechtsträger kompliziert, weil er in jedem Einzelfall erst klären muss, welche Grundrechte mit welchem Schutzstandard anwendbar und welche Gerichte zuständig sind.[69]

Jedoch sollen föderale Strukturen selbst über ein freiheitswahrendes Potential verfügen, als Folge der föderalen Gewaltenbalance, des föderalen Wettbewerbs oder der verbesserten Partizipation. Daher stellt sich auch die Frage nach dem Verhältnis von gerichtlichem Grundrechtsschutz und föderaler Struktur als Mechanismen der Freiheitssicherung. Im schlechtesten Fall ist von einer Antinomie des Grundrechtsföderalismus auszugehen: Zum einen bedroht eine effektive zentrale Grundrechtsgerichtsbarkeit die föderale Vielfalt durch die ihr immanente Unitarisierungstendenz und verschiebt das föderale Gleichgewicht möglicherweise derart, dass es keine freiheitsschützende Wirkung mehr zu entfalten vermag.[70] Zum anderen stellt eine föderale Zersplitterung eine Gefahr für die Effektivität des Grundrechtsschutzes dar, weil die föderale Vielfalt die Durchsetzung einheitlicher Standards und den individuellen Rechtsschutz erschwert.[71]

Föderale Differenzierung im Grundrechtsschutz ist überhaupt nur dort angemessen, wo Grundrechte über einen universellen menschenrechtlichen Kerngehalt hinausgehen. Ein Grundproblem der Rechtfertigung von Grundrechtsvielfalt formuliert Jean Condorcet bereits als Kritik an Montesquieu:

> Da Wahrheit, Vernunft, Gerechtigkeit, Menschenrechte, so wie das Interesse des Eigenthums, der Freiheit und der Sicherheit, allenthalben Dieselben sind, so steht nicht abzusehen, warum nicht alle Provinzen eines Staates, ja alle Staaten überhaupt, die nämlichen Strafgesetze, die nämlichen Civilgesetze, die nämlichen Handelsgesetze u.s.w. haben könnten. Ein gutes Gesetz muß für alle Menschen gut seyn; so wie ein wahrer Lehrsatz für sie alle wahr ist.[72]

---

[67] *H. Sauer*, in: N. Matz-Lück/M. Hong (Hrsg.), Grundrechte und Grundfreiheiten im Mehrebenensystem – Konkurrenzen und Interferenzen, 2012, S. 1 (3).

[68] Namentlich *H. J. Friendly*, Cal. L. Rev. 53 (1965) 4, S. 929 (937), Fn. 42; vgl. *A. R. Amar*, The Bill of Rights, 1998, S. 289 m.w.N. Zu Gegenbeispielen *M. Cappelletti*, The Judicial Process in Comparative Perspective, 1989, S. 342.

[69] *H. Sauer*, in: N. Matz-Lück/M. Hong (Hrsg.), Grundrechte und Grundfreiheiten im Mehrebenensystem – Konkurrenzen und Interferenzen, 2012, S. 1 (3)

[70] *J. F. Blumstein*, Vand. L. Rev. 47 (1994) 5, S. 1251 (1271 f.); *J. Woehrling*, in: FS Wildhaber, 2007, S. 895 (896); *S. Besson*, in: S. Besson/E. M. Belser (Hrsg.), La Convention européenne des droits de l'homme et les cantons, 2014, S. 7 (13).

[71] S. für die EU *F. Fabbrini*, Fundamental Rights in Europe, 2014, S. 2.

[72] *M. J. A. N. Condorcet Marquis de Caritat*, in: A. L. C. Destutt de Tracy (Hrsg.), Kritischer Commentar über Montesquieu's Geist der Gesetze, 1820/1821, S. 197 (218 f.).

Stellen wir uns Grundrechte lediglich als Positivierung universeller Menschenrechte vor, so ist eine föderale Differenzierung von vornherein ausgeschlossen.[73] Stehen Inhalt und Bedeutung der Grundrechte dagegen nicht von vornherein fest, so stärken föderale Strukturen den Grundrechtsschutz nicht nur dadurch, dass sie Differenzierungsmöglichkeiten schaffen. Sie können auch eine Verständigung über den Gehalt föderaler Grundrechte, eine Verstetigung des erzielten Konsenses, aber auch ein schrittweises Aufbrechen dieses Konsenses und eine neue Verständigung ermöglichen. Im besten Fall wirken gerichtlicher Grundrechtsschutz und föderale Strukturen demnach dynamisch zusammen. In der Realität bewegt sich das Verhältnis zwischen Grundrechtsschutz und föderaler Struktur zwischen diesen Polen der Antinomie und der Komplementarität, wie im Vergleich zu zeigen sein wird.

B. Grundrechtsföderalismus als Perspektive

In der Auseinandersetzung mit dieser Problemstellung der Grundrechtsjudikatur in Mehrebenen-Strukturen erprobt diese Arbeit eine Perspektive des Grundrechtsföderalismus. Diese Perspektive soll im folgenden Abschnitt zunächst zu Theorien des konstitutionellen Pluralismus in Beziehung gesetzt werden (I.), bevor ihre Anwendung gerade auf Grundrechtsgerichte erläutert wird (II.). Der Abschnitt schließt mit Überlegungen zur Verbindung von individualistischen und holistischen Ansätzen in einer erneuerten normativen Föderalismustheorie auf der Grundlage der Gleichursprünglichkeit von individueller und demokratischer Selbstbestimmung (III.).

I. Föderalismus und konstitutioneller Pluralismus

Die Perspektive des Grundrechtsföderalismus baut zunächst auf den Prämissen des konstitutionellen Pluralismus (*constitutional pluralism*) für die Europäische Union auf. Dieser bildet eine Alternative zu einem hierarchischen und souveränitätszentrierten Verständnis (1.) und wird in zahlreichen Varianten vertreten (2.). Als föderale Perspektive unterscheidet sich die Perspektive des Grundrechtsföderalismus vom Mainstream des *constitutional pluralism* durch einen spezifisch institutionellen Fokus auf die Grundrechtsgerichte (3.).[74]

---

[73] *M. E. Solimine/J. L. Walker*, Respecting State Courts, 2000, S. 18–20 mit einer Diskussion der Positionen von John Rawls, Ronald Dworkin, John Hart Ely, James Buchanan und Robert Bork.

[74] Vgl. *J. Komárek*, in: M. Avbelj/J. Komárek (Hrsg.), Constitutional Pluralism in the European Union and Beyond, 2012, S. 231.

1. Abgrenzung des Föderalismus und des konstitutionellen Pluralismus von einem souveränitätszentrierten Verständnis

Der konstitutionelle Pluralismus beschreibt für die Europäische Union die Besonderheit inkommensurabler Autonomiepostulate, die die EU sowohl von einem Bundesstaat als auch von einem Staatenbund herkömmlicher Begriffsprägung unterscheidet. Sowohl die mitgliedstaatlichen Rechtsordnungen als auch die Rechtsordnung der Union reklamieren für sich jeweils den Status rechtlicher Unabgeleitetheit.[75] Es konkurrieren also verschiedene Grundnormbehauptungen miteinander. Aus der Sicht des Pluralismus lassen sich die damit verbundenen konträren Präferenzen für souveräne Staatlichkeit oder europäischen Konstitutionalismus auch dauerhaft aushalten.[76] Damit kennzeichnet die Europäische Union ein »Schwebezustand«, der für Carl Schmitt zum Wesen des Bundes gehörte: Die Frage der Souveränität zwischen Bund und Gliedstaaten bleibt immer offen, »solange der Bund als solcher neben den Gliedstaaten als solchen existiert«.[77] Für Schmitt begründet dieser Schwebezustand die Fragilität des Bundes: Stelle sich die Frage der Superiorität im Konfliktfall, so könne nur eine Entität überleben. Die parallele Existenz von Bund und Ländern sei nur möglich, sofern der Konfliktfall ausgeschlossen sei.[78]

Pluralistische Vorstellungen setzen sich davon deutlich ab. Weder stellen sie eine Homogenität der Bundesmitglieder im Sinne Schmitts empirisch fest, noch würden sie sie affirmativ behandeln. Zu den zentralen normativen Merkmalen des pluralistischen Ansatzes zählt, dass er inkrementelle Veränderung und das Offenhalten grundlegender Fragen begrüßt.[79] Die hier gewählte föderale Perspektive teilt die Prämissen und normativen Bewertungen des Pluralismus. Ausgangspunkt der Betrachtung ist, wie im 1. Kapitel zu zeigen sein wird, ein materieller, institutioneller und prozeduraler Grundrechtspluralismus. Zudem schließt sich die föderale Perspektive der Einschätzung an, dass pluralistische Konzeptionen und Strukturen besser den multiplen Zugehörigkeitsgefühlen und Präferenzen in der postnationalen Gesellschaft entsprechen,[80] im Vergleich zu hierarchischen Ansätzen über eine bessere Anpassungsfähigkeit verfügen, Raum für Kontroversen eröffnen und *checks and balances* in der postnationalen

---

[75] *N. Walker*, MLR 65 (2002) 3, S. 317 (337); vgl. *M. Wendel*, Permeabilität im europäischen Verfassungsrecht, 2011, S. 17–19. Für eine pluralistische Konzeption der Grundrechte in der EU s. *K. Tuori*, in: S. Douglas-Scott/N. Hatzis (Hrsg.), Research Handbook on EU Law and Human Rights, 2017, S. 35.

[76] *D. Thym*, JZ 70 (2015) 2, S. 53 (62).

[77] *C. Schmitt*, Verfassungslehre, 9. Aufl. 2003, S. 371, 373.

[78] S. auch *E. Forsthoff*, Die öffentliche Körperschaft im Bundesstaat, 1931, S. 29; vgl. *W. Hempel*, Der demokratische Bundesstaat, 1969, S. 251–253.

[79] *N. Krisch*, MLR 71 (2008) 2, S. 183 (183).

[80] *N. Krisch*, in: G. de Búrca/J. H. H. Weiler (Hrsg.), The Worlds of European Constitutionalism, 2011, S. 203 (204).

Konstellation ermöglichen.[81] Zum ersten und zweiten Gesichtspunkt gehören auch Lernfähigkeit und Experimentierfreudigkeit, also zwei aus der Föderalismusdiskussion vertraute Argumente.[82]

Der konstitutionelle Pluralismus versteht sich als Alternative zu einem hierarchischen und souveränitätszentrierten Verständnis der Europäischen Union. Auf die EU angewandt bedeutet der tradierte Souveränitätsbegriff, dass entweder die Union oder aber die Mitgliedstaaten souverän sind.[83] Entweder ist die EU eine bloße internationale Organisation, oder sie muss einem Staat gleichkommen.[84] Deswegen ist der Souveränitätsbegriff aus Sicht mancher Autoren für die EU ohne Erklärungswert.[85] Kontextualisiert man den Begriff allerdings bereits in der historischen Rekonstruktion, so kann man zu einem Verständnis gelangen, das auch für die EU aussagekräftig ist. Souveränität wird danach bedingt, beschränkt, geteilt, »gepoolt« oder gemischt. Der Bruch ist weniger radikal, wenn Souveränität von vornherein nicht als natürliche Eigenschaft, sondern als bloßer Anspruch auf letztverbindliche und unabgeleitete Hoheitsgewalt verstanden wird.[86]

Gleichwohl wird diese Begrifflichkeit der EU nur bedingt gerecht, weil sich die Union durch besondere Merkmale von den traditionellen Formen Bundesstaat und Staatenbund abhebt. Diese besonderen Merkmale lassen eine Deutung der EU als einheitliche Rechtsordnung allein aus der Perspektive der Verfassungen souveräner Staaten wie im Staatenbund oder allein aus der Perspektive einer Unionsverfassung wie im Bundesstaat implausibel erscheinen. Der Anwendungsvorrang des Unionsrechts[87] lässt sich im Gegensatz zu einem Geltungsvorrang schlecht als Ableitungszusammenhang deuten und fügt sich daher nicht in das monistische Bild eines Stufenbaus der Rechtsordnung. Auch der EuGH anerkennt in ständiger Rechtsprechung die Eigenständigkeit der mitgliedstaatlichen Verfassungsordnungen als Rechtsetzungszentren mit eigenen Anerkennungsregeln.[88] Nicht zuletzt überwindet Art. 4 Abs. 2 EUV über die Achtung

---

[81] Ebd., S. 227 f.

[82] *C. F. Sabel/J. Zeitlin*, ELJ 14 (2008) 3, S. 271.

[83] *M. Avbelj*, Ratio Juris 27 (2014) 3, S. 344 (349).

[84] Vgl. *M. Loughlin*, The Idea of Public Law, 2004, S. 73.

[85] *C. Schönberger*, Unionsbürger, 2005, S. 109; *O. Beaud*, Théorie de la fédération, 2. Aufl. 2009, S. 89.

[86] *M. Avbelj*, Ratio Juris 27 (2014) 3, S. 344 (354 f.) m.N.

[87] EuGH, Rs. 6/64, *Costa/ENEL*, Slg. 1964, S. 1251, 1269 f.; Rs. 11/70, *Internationale Handelsgesellschaft*, Slg. 1970, S. 1125, Rn. 3 f.; Rs. C-213/89, *Factortame I*, Slg., 1990, I-2433, Rn. 18 ff.

[88] S. zu dieser Deutung von EuGH, Rs. 6/64, *Costa*, Slg. 1964, 1270; Rs. 11/70, *Internationale Handelsgesellschaft*, Slg. 1970, 1135; Rs. 106/77, *Simmenthal*, Slg. 1978, 643 f.; Rs. C-184/89, *Nimz*, Slg. 1991–I, 297 (321); Rs. C-358/95, *Morellato*, Slg. 1997–I, 1431 (1415) bereits *S. Kadelbach*, Allgemeines Verwaltungsrecht unter europäischem Einfluß, 1999, S. 219–221: »[k]ooperative Konkurrenz« und »beiderseitige[…] Autonomie der Rechtsordnungen«.

der »nationalen Identität« der Mitgliedstaaten die Vorstellung von einem absoluten Vorrang des Unionsrechts gegenüber nationalem Verfassungsrecht und ist damit ein weiterer Baustein einer pluralistischen Konzeption der Union.[89] Andererseits fügt sich die unmittelbare Wirkung des Unionsrechts nicht in ein dualistisches Verständnis des Verhältnisses von Unionsrecht und mitgliedstaatlichem Recht. Die Rückführung des Unionsrechts auf das nationale Recht kann allenfalls die innerstaatliche Geltung des Unionsrechts, seine »Geltung und Anwendung«,[90] in dem jeweiligen Mitgliedstaat erklären, nicht jedoch die Grundlage des Unionsrechts schlechthin bilden.[91] Das Unionsrecht ist nicht zu verstehen als bloße Summe kumulativ abgetretener Bereiche mitgliedstaatlicher Hoheitsgewalt.[92]

2. Varianten des konstitutionellen Pluralismus

Mittlerweile ist der *constitutional pluralism* fast schon zum vorherrschenden rechtstheoretischen Zugang zur europäischen Integration geworden.[93] Mit dieser Verbreiterung ist allerdings eine Diversifizierung des Ansatzes in eher gemäßigte,[94] integrative[95] oder konstitutionalistische[96] und radikaler pluralistische[97] Ansätze einhergegangen.[98] Für einen gemäßigten Ansatz findet der bereits beschriebene Pluralismus konkurrierender Grundnormen in der EU eine Parallele im *interpretive pluralism* oder *institutional pluralism*[99] der USA. Dort erheben Präsident, Kongress und Oberster Gerichtshof sowie die Bevölkerung selbst plausible Ansprüche auf eine letztverbindliche Verfassungsauslegung. Beide Formen des Pluralismus zeigen aus der Perspektive eines gemäßigten Ansatzes vergleichbare politische Dynamiken. Insbesondere verfügen die Akteure

---

89 *A. von Bogdandy/S. Schill*, CML Rev. 48 (2011) 5, S. 1417.

90 BVerfGE 89, 155 (190), 2 BvR 2134, 2159/92 – *Maastricht*.

91 *W. Schroeder*, Das Gemeinschaftsrechtssystem, 2002, S. 230.

92 *M. Wendel*, Permeabilität im europäischen Verfassungsrecht, 2011, S. 22 f. m.w.N.

93 *J. Baquero Cruz*, ELJ 14 (2008) 4, S. 389: »pluralist movement«. S. etwa *M. P. Maduro*, in: N. Walker (Hrsg.), Sovereignty in Transition, 2003, S. 501; *M. Kumm*, ELJ 11 (2005) 3, S. 262; *D. Halberstam*, in: J. L. Dunoff/J. P. Trachtman (Hrsg.), Ruling the World?, 2009, S. 326.

94 *N. MacCormick*, ELJ 1 (1995) 3, S. 259; *M. Kumm*, CML Rev. 36 (1999) 2, S. 351; *N. Walker*, MLR 65 (2002) 3, S. 317; *M. P. Maduro*, in: N. Walker (Hrsg.), Sovereignty in Transition, 2003, S. 501.

95 *D. Thym*, JZ 70 (2015) 2, S. 53 (63).

96 Unausgesprochen doch *N. Krisch*, Beyond Constitutionalism, 2010.

97 S. ursprünglich *N. MacCormick*, Questioning Sovereignty, 1999 sowie den Überblick bei M. Avbelj/J. Komárek (Hrsg.), Constitutional Pluralism in the European Union and Beyond, 2012.

98 *M. Avbelj*, GLJ 9 (2008) 1, S. 1. Für einen Überblick über eine Auswahl wichtiger Vertreter einer pluralistischen Konzeption s. *K. Jaklic*, Constitutional Pluralism in the EU, 2013.

99 *N. Krisch*, in: G. de Búrca/J. H. H. Weiler (Hrsg.), The Worlds of European Constitutionalism, 2011, S. 203 (222).

über vergleichbare Quellen politischer Autorität, um ihre Ansprüche zu untermauern, unabhängig davon, ob es sich – wie bei den konkurrierenden Grundnormen – um einen Pluralismus der Systeme oder nur der Interpretationsansprüche handelt.[100]

Für radikalere Ansätze besteht ein kategorischer Unterschied zwischen den Varianten des Pluralismus allerdings darin, dass der institutionelle Pluralismus innerhalb eines gemeinsamen Referenzrahmens operiert, während der Systempluralismus gerade keine gemeinsame rechtliche oder institutionelle Struktur kennt, sondern vielmehr divergierende Grundnormbehauptungen.[101] Gerade dieser Unterschied dürfte sich jedoch für die Analyse des Grundrechtsföderalismus als von eher theoretischer Bedeutung erweisen, erzeugt doch bereits die Grundrechtsmaterie in der Praxis in gewisser Weise einen gemeinsamen Referenzrahmen, der die Bedeutung der Grundnorm relativiert.

Die Vielfalt der Interpreten bildet sogar den Regelfall der Verfassungsinterpretation. In den USA entscheidet ein Gericht eine verfassungsrechtliche Streitfrage nur gelegentlich wirklich letztverbindlich. Bereits der Zugang zu den Bundesgerichten ist in den USA beschränkt. Eine verfassungsrechtliche Frage kann die Bundesgerichte nur erreichen, wenn ihre Beantwortung für die Entscheidung eines »case or controversy« (vgl. Art. III, Sect. 2, Cl. 1 U.S. Const.) erforderlich ist. Selbst dann kann es Jahre dauern, bis eine endgültige Entscheidung ergeht. Aber auch wenn ein Gericht ein Urteil ausgesprochen hat, wird der Urteilstext seinerseits zum Gegenstand vielfältiger Deutungs- und Rezeptionsprozesse. Weitere Äußerungen können die Vielfalt der Interpretationen auch nicht beenden. So ergibt sich ein unendlicher Diskurs über die Grenzen der Jurisdiktion und der richterlichen Entscheidungsgewalt hinweg.[102] So verstanden bietet der Pluralismus auch einen theoretischen Zugang zum Grundrechtsföderalismus unitarischer Bundesstaaten wie der Bundesrepublik Deutschland.

Abgesehen von den Parallelen zum *interpretive pluralism* oder *institutional pluralism* in den USA legt auch die US-amerikanische Bundesstaatslehre einen Vergleich zwischen EU und USA nahe. Hauptgrund dafür ist, dass sie im Gegensatz zur europäischen Tradition der Bundesstaatlichkeit Souveränität nicht für unteilbar hält und nicht auf die Frage nach dem Ort der Souveränität und die Alternativen von Bundesstaat und Staatenbund fixiert ist.[103] Eine solche Perspektive lässt sich gut auf die EU anwenden. In den USA ist die Frage nach der

---

[100] *D. Halberstam*, in: J. L. Dunoff/J. P. Trachtman (Hrsg.), Ruling the World?, 2009, S. 326 (331–336).

[101] *N. Krisch*, in: G. de Búrca/J. H. H. Weiler (Hrsg.), The Worlds of European Constitutionalism, 2011, S. 203 (222 f.).

[102] *P. W. Kahn*, Harv. L. Rev. 106 (1993) 5, S. 1147, S. 1163 f. für die USA; *M. Albers*, VVD StRL 71 (2012), S. 257 (265 f.) für Deutschland.

[103] *R. Schütze*, From Dual to Cooperative Federalism, 2009, S. 15, 47–58; *ders.*, in: M. Avbelj/J. Komárek (Hrsg.), Constitutional Pluralism in the European Union and Beyond, 2012, S. 185.

Souveränität keineswegs geradezu metaphysisch verstanden worden; vielmehr hat diese föderale Tradition die Idee der geteilten oder dualen Souveränität geradezu erfunden.[104] In der ersten Hälfte des 19. Jahrhunderts blieb die Frage nach der letztverbindlichen Hoheitsgewalt bis zum Bürgerkrieg unentschieden.[105] Seit dem Bürgerkrieg und der anschließenden Phase der *Reconstruction* besteht indes kein ernsthafter praktischer oder theoretischer Zweifel mehr am Vorrang des Bundesrechts. Die Bundesverfassung verbindet Bundesrecht und einzelstaatliches Recht zu einem einzigen Rechtssystem. Sofern dieses System Vielfalt zulässt, ordnet sie die Bundesverfassung als Rahmenordnung.[106] Allerdings bleibt das amerikanische Verständnis der Bundesstaatlichkeit einem pluralistischen Ansatz näher als das dominierend souveränitätsorientierte europäische Verständnis.

3. Abgrenzung der föderalen Perspektive vom konstitutionellen Pluralismus: Institutioneller Fokus

Von pluralistischen Ansätzen setzt sich die hier eingenommene Perspektive insofern ab, als sie einen speziellen Fokus auf die Probleme institutioneller Legitimität im Grundrechtsschutz richtet.[107] Zwar werfen auch pluralistische Ansätze Fragen der relativen institutionellen Legitimität auf.[108] Allerdings tritt bei traditionelleren *constitutional pluralists*, die sich auf verfassungsrechtliche Konflikte konzentrieren, die institutionelle Dimension des Pluralismus eher in den Hintergrund.[109] Die föderale Sichtweise, die dieser Studie zugrunde liegt, begreift die dogmatischen Figuren, über die Anwendungsbereiche, Kontrollmaßstäbe und Kontrollintensität definiert werden, gerade auch als Ausdruck der institutionellen Strukturen und Form der Interaktion der beteiligten Grundrechtsgerichte und geht damit über pluralistische Ansätze hinaus.[110]

Mit Grundrechtsföderalismus als Perspektive ist hier zunächst gemeint, dass eine Sichtweise auf die rechtlichen Strukturen von Gemeinwesen angestrebt wird, nicht eine kategoriale Unterscheidung von Staat und Föderation als un-

---

[104] Vgl. *A. de Tocqueville*, Über die Demokratie in Amerika (1835), 1976, 1. Band, I. Teil, 8. Buch, S. 186.

[105] *A. R. Amar*, Yale L. J. 96 (1987) 7, S. 1425 (1429–1466).

[106] *D. Halberstam*, in: J. L. Dunoff/J. P. Trachtman (Hrsg.), Ruling the World?, 2009, S. 326 (329 f.).

[107] Zu den Wurzeln des Pluralismus in der Theorie und Praxis des Föderalismus *N. Krisch*, Beyond Constitutionalism, 2010, S. 72 f.

[108] S. etwa *D. Halberstam*, in: M. Avbelj/J. Komárek (Hrsg.), Constitutional Pluralism in the European Union and Beyond, 2012, S. 85.

[109] *J. Komárek*, in: M. Avbelj/J. Komárek (Hrsg.), Constitutional Pluralism in the European Union and Beyond, 2012, S. 231 (238).

[110] Vgl. *J. Komárek*, in: M. Avbelj/ders. (Hg.), Constitutional Pluralism in the European Union and Beyond, 2012, S. 231 m.w.N.

terschiedliche »politische Formen« im Sinne von Olivier Beaud.[111] Die föderale Perspektive ist demnach eine spezifische Sichtweise, die für echte Föderationen und Bundesstaaten geeignet ist. Sie verhält sich zu einer souveränitätsorientierten Perspektive wie in einem Vexierbild. Föderale und souveränitätsorientierte Perspektive sind keine sich gegenseitig ausschließenden und nur für den (Bundes-)Staat einerseits und die echte Föderation andererseits geeigneten Perspektiven. Allerdings gibt es sowohl für die souveränitätsorientierte als auch für die föderale Perspektive jeweils ungeeignete Gegenstände. Für die souveränitätsorientierte Perspektive ist dies die echte Föderation,[112] für die föderale Perspektive der Einheitsstaat. Es geht also nicht um Staat und Föderation in Reinform oder als Kategorien, sondern um eine föderale Perspektive, angewandt auf föderative Elemente, die sich in Staaten wie Föderationen finden.

Die hier gewählte Perspektive ist föderalistisch anstatt bloß pluralistisch und trägt damit dem Ungleichgewicht Rechnung, das in föderalen Strukturen in aller Regel anzutreffen ist. In föderalen Strukturen besteht generell ein Trend zu Zentralisierung und Unitarisierung, der die einzelstaatliche Ebene tendenziell in eine unterlegene Position bringt. Dies gilt auch für die Landesverfassungsgerichte im Verhältnis zum Bundesverfassungsgericht, für die *state courts* im Verhältnis zu den *federal courts* und für die mitgliedstaatlichen Grundrechtsgerichte im Verhältnis zum EuGH. Die Kennzeichnung der Perspektive als föderalistisch impliziert keine normative Präferenz für die Einzelstaaten.[113] Mit neueren Ansätzen zum Föderalismus in den USA richtet sich der Fokus vielmehr auf die Gesamtstruktur des föderalen demokratischen Gemeinwesens.[114] Eine Analyse aus den Funktionsbedingungen der Demokratie heraus bedeutet umgekehrt auch keine Präferenz für Zentralisierung. Einzelstaat und Föderation werden nicht nur eindimensional im Sinne von mehr föderaler Integration oder mehr einzelstaatlicher Souveränität einander gegenübergestellt, weil auch die klassischen Dualismen Homogenität versus Diversität und Integration versus Souveränität für die Fragestellungen dieser Studie zu kurz greifen. Gerade zur Debatte über einen europäischen Konstitutionalismus wurde zu Recht kritisch angemerkt, dass sie in einem simplifizierenden Dualismus von Souveränitätswahrung und Kooperationsoffenheit gefangen ist.[115] Unitarisierung und

---

111 *O. Beaud*, Der Staat 35 (1996) 1, S. 45 (48).

112 *O. Beaud*, R.D.P. 114 (1998), S. 83.

113 So aber bei *O. Beaud*, Théorie de la fédération, 2. Aufl. 2009.

114 S. *H. K. Gerken*, Yale L. J. 123 (2014) 6, S. 1889 für einen Überblick unter dem Titel »Federalism as the New Nationalism«; *J. Bednar*, Annu. Rev. Law. Soc. Sci. 7 (2011), S. 269; s. auch *J. A. Gardner/J. Rossi*, in: J. A. Gardner/J. Rossi (Hrsg.), New Frontiers of State Constitutional Law, 2011, S. 1 (7).

115 *A. Albi*, in: M. Claes u.a. (Hrsg.), Constitutional Conversations in Europe, 2013, S. 41; *A. Albi*, Vienna J. Int'l Const. L. 9 (2015) 2, S. 151 (152–156) mit zahlreichen w.N. Albis Alternativvorschlag eines »substantive co-operative constitutionalism« (ebd., S. 63 f.) richtet den Fokus wiederum allein auf Rechte der Individuen.

Föderalisierung sollen jedoch nicht als Nullsummenspiel betrachtet werden, sondern unter dem Blickwinkel gerade des Mehrwerts der föderalen Strukturen für die Funktionsbedingungen eines demokratischen Gemeinwesens. Das bringt es mit sich, dass diese Perspektive, anders als eine auf die staatliche Souveränität fixierte Perspektive, von der demokratischen Regierungsform nicht zu lösen ist.

Zugleich will die hier gewählte Perspektive damit einer Hypostasierung föderaler Vielfalt entgehen, der andere Ansätze mehr oder weniger zu erliegen scheinen. In den USA heißt es bei konservativen Anhängern des Föderalismus, die Essenz der Bundesstaatlichkeit seien die »states' rights«,[116] die *dignity* und *sovereignty* der Einzelstaaten. Auch in Deutschland wird die Eigenstaatlichkeit der Länder betont,[117] jedoch in einem traditionellen Verständnis des Föderalismus auch, dass die Bundesstaatlichkeit die staatliche Organisationsform sei, in der historisch gewachsene regionale Eigenarten wie landsmannschaftliche, kulturelle, sprachliche und geographische Identitäten gewahrt würden.[118] Dabei wird nicht nur die Bundesstaatlichkeit zum Ausdruck überkommener Sonderheit. Vielmehr wird auch die jeweilige Ausgestaltung des Föderalismus in den einzelnen Bundesstaaten zum »Unikat« erklärt.[119] Diese statische, auf Bewahrung überkommener Tradition zielende Konzeption hypostasiert die Vielfalt, die im Föderalismus zum konservierenden Selbstzweck wird. Die dialektische Pointe daran ist, dass die Bundesstaatlichkeit auf diese Weise zum nationalen Kulturgut erklärt und auf die nationale Ebene gehoben wird. Vor allem aber wird sie damit zugleich einer Rationalisierung, Theoretisierung und auch dem Vergleich entzogen.[120] Der Föderalismus wird stattdessen auf die »Irrationalität der geschichtlich-politischen Eigenart« der Einzelstaaten[121] verkürzt.[122]

Ein potentieller Einwand gegen eine föderale Perspektive ergibt sich aus der Vieldeutigkeit des Föderalismusbegriffs. In den Begriffen des *federalism* einerseits und der *federation* andererseits klingen die Dimension der Weltanschauung

---

116 Vgl. *S. A. Barber*, The Fallacies of States' Rights, 2013; *S. A. Barber*, in: J. Fleming/J. T. Levy (Hrsg.), Federalism and Subsidiarity, 2014, S. 3 (3).

117 S. zu diesem Topos *C. Möllers*, Staat als Argument, 1. Aufl. 2000, S. 370–375.

118 Vgl. *H. Bauer*, DÖV 55 (2002) 20, S. 837 (838).

119 *J. Isensee*, in: HStR VI, 3. Aufl. 2008, § 126, Rn. 1–5: »[n]ationales Unikat«; *M. Jestaedt*, in: HStR II, 3. Aufl. 2004, § 29, Rn. 1.

120 S. zum Fehlen von Theorien mittlerer Reichweite in der deutschen Wissenschaft vom öffentlichen Recht *O. Lepsius*, I•CON 12 (2014) 3, S. 692 mit Bezug auf *R. K. Merton*, Social Theory and Social Structure, 1949.

121 *K. Hesse*, Der unitarische Bundesstaat, 1962, S. 8, 9 und 12. Es handelt sich dabei um ein Zitat aus *R. Smend*, in: Staatsrechtliche Abhandlungen und andere Aufsätze, 1994, S. 39 (59).

122 Tendenziell affirmativ dagegen *P. Badura*, Bitburger Gespräche, Jahrbuch 1999/II, S. 53 (55 f.): »Der Föderalismus [...] ist territorial und geschichtlich, nicht funktional bestimmt. Das ist natürlich nicht antithetisch gemeint. Das funktionale Ordnungsmuster kommt in der globalen Vielfalt föderativer Gestaltung [...], erhaltend und stützend, zur Geltung.«

und der institutionellen Struktur an.[123] Für die einen bedeutet Föderalismus oder *federalism* Zentralisierung, für die anderen das genaue Gegenteil.[124] In den USA und in der EU standen die *federalists* für einen engeren Zusammenschluss, während in der Schweiz oder in Deutschland Föderalismus mit einer Stärkung der Kantone und Länder konnotiert wird. In Frankreich oder Großbritannien sind diejenigen rar, die das Konzept des Föderalismus auf die EU anwenden wollen. Selbst Anhänger der politischen Idee einer Stärkung der EU scheuen das verpönte »F-word«.[125] Im Französischen löst der Begriff des Föderalismus bestenfalls ambivalente Konnotationen aus.[126]

Gleichzeitig erlaubt es gerade die Offenheit des Begriffs, ihn auch auf die EU anzuwenden. Allerdings ist die Einordnung der EU als Föderation oder Quasi-Föderation für diese Arbeit nicht zentral, weil es ja auf die Perspektive und nicht auf die Kategorisierung ankommen soll. Zudem liegt der Fokus auf den gerichtlichen Institutionen, deren institutionelle Position und Verhältnis zueinander in einer föderalen Perspektive analysiert werden sollen. Im Kern geht es also um einen Gerichtsföderalismus, wobei eine institutionelle Perspektive sogleich nahelegt, dass ein Fokus allein auf gerichtliche Akteure nicht zureichend sein kann.

II. Gerichtsföderalismus

Die Anwendung einer so verstandenen föderalen Perspektive gerade auf das Verhältnis der Grundrechtsgerichte in der Bundesrepublik, den Vereinigten Staaten und der Europäischen Union als ›Gerichtsföderalismus‹ oder ›judicial federalism‹ erscheint angemessen, weil dieses Verhältnis durch eine Offenheit gekennzeichnet ist, die sich so am besten verstehen lässt (1.).[127] Diese Perspektive auf die Grundrechtsgerichte überwindet eine Fixierung auf das »letzte Wort« und reflektiert die institutionelle Einbindung der Grundrechtsgerichte (2.).

---

[123] *P. King*, Federalism and federation, 2004; ihm folgend *O. Beaud*, Der Staat 35 (1996) 1, S. 45 (47); *K. Detterbeck*, in: K. Detterbeck u.a. (Hrsg.), Föderalismus in Deutschland, 2010, S. 31 (31).

[124] S. zur Vieldeutigkeit des Föderalismusbegriffs auch *J. Kincaid*, Publius 25 (1995) 2, S. 29 (30–32).

[125] *A. Auer*, J.E.P.P. 12 (2005) 3, S. 419 (427 f.).

[126] S. zur Erbschaft des Begriffs in Frankreich auch *R. Koselleck*, Transit, Europäische Revue 7 (1994), S. 63 (63).

[127] S. für einen speziellen Fokus auf die Rechtsprechungskompetenzen im europäischen Mehrebenensystem auch *M. Klatt*, Die praktische Konkordanz von Kompetenzen, 2014.

1. Verhältnis der Grundrechtsgerichte zueinander als Anknüpfungspunkt

Das Verhältnis der Gerichte, die eine Grundrechtskontrolle ausüben, ist nicht nur in der EU, sondern auch in den Bundesstaaten Deutschland und USA verfassungstextlich viel weniger definiert als etwa das Verhältnis der Gesetzgebungsorgane auf den verschiedenen Ebenen durch die föderalen Kompetenzkataloge. Zahlreiche Problemfelder des Verhältnisses der gliedstaatlichen zur bundesstaatlichen Verfassungsgerichtsbarkeit gelten noch Jahrzehnte nach Inkrafttreten des Grundgesetzes als nach wie vor offen, teils ungelöst, jedenfalls aber umstritten.[128] Dies betrifft im Besonderen die Abgrenzung der Zuständigkeiten von Bundesverfassungsgericht und Landesverfassungsgerichten, Joachim Burmeister zufolge die »am wenigsten geklärte Fundamentalfrage der Verfassungsgerichtsbarkeit überhaupt«.[129]

Zwischen den maßgeblichen Gerichten der Einzelstaaten und der föderalen Ebene besteht kein Instanzenzug, der durch den Gesetzgeber klar definiert wäre. Die Vorgaben für das Verhältnis der Grundrechtsgerichte beschränken sich im Wesentlichen auf die Definition von Entscheidungsmaßstäben und eine föderale Vorrangklausel. Allerdings wird weder durch den Vorrang des Bundesrechts noch durch ein Axiom der Trennung der Verfassungsräume das Funktionsverhältnis der Grundrechtsgerichte zueinander im Detail fixiert.

Die starke Rolle der Gerichte bei der Definition ihrer Jurisdiktion ist in den USA anerkannt.[130] Dort beruht die Jurisdiktion der Bundesgerichte zwar auf Gesetz, jedoch haben die Gerichte viel Raum für die Interpretation der Jurisdiktionsgewährungen beansprucht.[131] Die Lösungen, mit denen der *U.S. Supreme Court* Bundesgerichte und Gerichte der Einzelstaaten in ein System integriert hat, haben den Charakter einer unendlichen Serie von Kompromissen zwischen Anforderungen der Uniformität und der Diversität im föderalen System.[132]

---

128 *K.-G. Zierlein*, AöR 120 (1995) 2, S. 205 (209 f.).

129 *J. Burmeister*, in: C. Starck/K. Stern (Hrsg.), Landesverfassungsgerichtsbarkeit, Bd. 2, 1983, S. 399 (426); zustimmend *C. von Coelln*, Anwendung von Bundesrecht nach Maßgabe der Landesgrundrechte?, 2001, S. 35; *K. Stern*, in: D. Dörr (Hrsg.), Die Macht des Geistes, 2001, S. 143 (145); *H. Sauer*, Jurisdiktionskonflikte in Mehrebenensystemen, 2008, S. 143; s. auch *H. H. Klein*, in: FS Graßhof, 1998, S. 367 (369). Allgemeiner zum ungeklärten Verhältnis von Landes- und Bundesverfassung *M. Möstl*, AöR 130 (2005) 3, S. 350 (355) m.w.N.

130 *L. Greenhouse*, The U.S. Supreme Court, 2012, S. 1 f.; affirmativ im Kontext der sogenannten *abstention doctrines D. L. Shapiro*, N.Y.U. L. Rev. 60 (1985) 4, S. 543 (574); kritisch *M. H. Redish*, Yale L. J. 94 (1984) 1, S. 71 (74 f., 110–114) mit Blick auf die Gewaltenteilung; alternativ der Vorschlag von *M. Wells*, Ga. L. Rev. 19 (1985) 4, S. 1097 (1122 f.) für die Entwicklung eines *federal common law*.

131 *S. L. Bloch/V. C. Jackson*, Federalism, 2013, S. 153: »Jurisdiction as […] battlefield«; s. auch *A. L. LaCroix*, The Ideological Origins of American Federalism, 2010, S. 175–213, ch. 6.

132 *M. Cappelletti*, The Judicial Process in Comparative Perspective, 1989, S. 336.

Der Vorrang des föderalen Rechts findet also keine Entsprechung in einer Gerichtshierarchie zwischen Bundes- und einzelstaatlichen Grundrechtsgerichten, die den Untersuchungsgegenstand dieser Arbeit bilden. Ihnen ist es zu einem erheblichen Anteil selbst aufgegeben, ihr Verhältnis zueinander auszutarieren. Ausdruck des Ringens darum sind die dogmatischen Figuren, über die die Anwendungsbereiche der Grundrechte sowie Kontrollmaßstäbe und -dichte bestimmt werden.

Wegen dieser Offenheit des Föderalismus der Grundrechtsgerichte in der EU, in Deutschland und in den USA wird sich ein verfahrensbezogenes Verständnis des Föderalismus wie das Peter Lerches für die Problematik der Grundrechtsarchitektur als besonders anschlussfähig erweisen.[133] Der Verbund der Grundrechtsgerichte atmet die »Luft ursprünglicher Verfassungsgebung«, die Lerche als wesentlich für die Föderalstruktur betrachtet.[134] Auch die Grundrechtsgerichte trifft die »Last ständig erneuerter Einigung«. Zugleich können sie im Verbund möglicherweise »Legitimation durch fortwährendes Aufeinander-Einstellen« gewinnen.[135] In Übereinstimmung damit heben zudem Föderalismustheorien US-amerikanischer Provenienz die Entwicklungsoffenheit föderaler Strukturen hervor.[136] Intraföderale Beziehungen seien nicht dauerhaft festgelegt, sondern Gegenstand eines fortwährenden Aushandlungsprozesses der beteiligten Akteure.[137]

Gegenüber den im Föderalismus üblichen Mechanismen der Konfliktlösung zwischen den Ebenen ist die Ausgangslage allerdings insbesondere für Grundrechtsgerichte erschwert, die in der kontinentaleuropäischen Rechtstradition stehen: Wollen sie die mit der an sie gerichteten spezifischen Rationalitätserwartung verknüpfte Legitimität bewahren, müssen sie trotz möglicher Interessengegensätze als neutrale, nichtpolitische und unparteiische Akteure erscheinen. Weil den Gerichten die herkömmlichen Formen der – politischen – Konfliktlösung im Bundesstaat nicht zur Verfügung stehen, verbirgt sich hinter dem Begriff des »judicial federalism« eine innere Spannung zwischen Rechtsstaatlichkeit und Bundesstaatlichkeit, die grundlegend für das allgemeine Verständnis eines Grundrechtsgerichtsverbunds ist.

---

[133] Allgemein zum Verfahren als tragendem Aspekt des Föderalismus *P. Lerche*, VVDStRL 21 (1964), S. 66 (84–93).

[134] S. *P. Lerche*, VVDStRL 21 (1964), S. 66 (90). Das zeigt sich etwa in der Modifikation der Voraussetzungen einer Vorlage nach Art. 100 Abs. 1 GG in BVerfGE 73, 339, 2 BvR 197/83 – *Solange II*.

[135] Vgl. *P. Lerche*, VVDStRL 21 (1964), S. 66 (90).

[136] *T. J. Anton*, American Federalism and Public Policy, 1989, S. 208.

[137] *C. M. Rodríguez*, Yale L. J. 123 (2014) 6, S. 2094 (2095). S. für diese These, dass mit dem »Dreigestirn von nationalen Verfassungsgerichten, EuGH und EGMR inzwischen eine Form der inner-judikativen Gewaltenkontrolle eingeführt« sei, *O. Lepsius*, in: J. Masing u.a. (Hrsg.), Strukturfragen des Grundrechtsschutzes in Europa, 2015, S. 45 /48).

2. Überwindung der Fixierung auf das »letzte Wort« und Einbeziehung der institutionellen Einbindung der Grundrechtsgerichte

Eine föderale Perspektive auf die Grundrechtsgerichte zeichnet sich dadurch aus, dass sie die Trennung der (Grund-)Rechtsordnungen überwindet, ohne die Frage des Letztentscheidungsrechts zu klären.[138] Ihre Pointe liegt darin, dass sie die viel beschworene Frage nach dem »letzten Wort« offen lassen kann. Das Hauptaugenmerk liegt stattdessen auf den Rückkoppelungen und Interferenzen zwischen den Gerichten. Ansprüche auf das letzte Wort, etwa die Ultra vires- und Identitätskontrolle durch das Bundesverfassungsgericht,[139] sind für diese Perspektive dennoch von Bedeutung, weil sie die Interaktion der Gerichte prägen.

Auch und gerade mit Blick auf den gerichtlichen Grundrechtsschutz macht es sich diese Studie zur Aufgabe, eine Alternative zu einem verbreiteten staats- und souveränitätszentrierten Verständnis zu entwickeln.[140] Während eine souveränitätsorientierte Perspektive nach dem letzten Wort fragt, orientiert sich eine föderale Perspektive an Verfahren. Sie folgt der Einsicht, dass die wesentlichen Merkmale einer Struktur durch das Alltägliche und die Regelmäßigkeiten bestimmt werden, nicht durch die Ausnahmesituation.[141] Eine Ausnahmesituation ist aber gemeint, wenn das Bundesverfassungsgericht für sich das letzte Wort beansprucht. Die vom Bundesverfassungsgericht formulierten Grenzen des Vorrangs des Unionsrechts, die Solange-Formel für die Grundrechtskontrolle[142] und die

---

[138] Ohne Rückgriff auf den Begriff des Föderalismus auch *M. Wendel*, Permeabilität im europäischen Verfassungsrecht, 2011, S. 14–17; *D. Thym*, JZ 70 (2015) 2, S. 53 (59) in Abgrenzung von der weitergehenden Position von *I. Pernice*, VVDStRL 60 (2001), S. 148 (172–176) (»Europäischer Verfassungsverbund«) und unter Hinweis auf die Kritik von *M. Jestaedt*, in: GS Blomeyer, 2004, S. 637.

[139] BVerfGE 89, 155 (188), 2 BvR 2134, 2159/92 – *Maastricht*; 123, 267 (353–354), 2 BvE 2/08 u.a. – *Lissabon*; 126, 286 (302–307), 2 BvR 2661/06 – *Honeywell*; 140, 317, 2 BvR 2735/14 – *Identitätskontrolle*. S. dazu u.a. *S. Dietz*, AöR 142 (2017) 1, S. 78.

[140] Zur Kritik, ein staatszentriertes Verständnis der Grundrechte in Bundesstaaten wirke eher verdeckend als erhellend, s. *O. Beaud*, RUDH 16 (2004) 1–4, S. 16 (17 f.). Zur Antinomie von Föderalismus und Souveränität s. *O. Beaud*, Der Staat 35 (1996) 1, S. 45 (45–47).

[141] *J. H. H. Weiler*, in: G. de Búrca/J. H. H. Weiler (Hrsg.), The Worlds of European Constitutionalism, 2011, S. 8 (11), Fn. 4: »I have endlessly argued that the essential characteristic of the system is defined by the quotidian and regular rather than the exceptional.«; vgl. *D. Kochenov*, Polish Y.B. Int'l L. 33 (2013), S. 145 (158): »Not everybody has to be Schmittean«. S. zur auf den Ausnahmezustand bezogenen Souveränitätskonzeption bei Carl Schmitt und in der Staatsrechtslehre der Bundesrepublik *H. Hofmann*, Der Staat 44 (2005) 2, S. 171.

[142] BVerfGE 37, 271 (285), 2 BvL 52/71 – *Solange I*; 73, 339 (387), 2 BvR 197/83 – *Solange II*; 89, 155 (175), 2 BvR 2134, 2159/92 – *Maastricht*; 102, 147 (164), 2 BvL 1/97 – *Bananenmarktordnung*.

Ultra vires-Kontrolle[143] werden sehr zurückhaltend ausgeübt.[144] Auch im Hinblick auf die zunächst im Lissabon-Urteil entwickelte Identitätskontrolle[145] besteht nur eine geringe Gefahr, dass die Menschenwürde in der EU abgeschafft oder stark beschädigt wird.[146] Zudem ist das Problem des letzten Wortes in einer nicht-hierarchisch strukturierten Mehrebenen-Struktur »nur noch schwer, möglichweise gar nicht mehr zu beantworten«.[147] Bedeutende Richterpersönlichkeiten haben betont, dass man dem komplexen Zusammenspiel der Akteure in der Mehrebenen-Struktur der Grundrechtsjudikatur in der EU weder mit schlichten Über- und Unterordnungsvorstellungen noch mit einer »Letztentscheidungsrhetorik« gerecht werden könne.[148] An die Stelle des sprichwörtlichen Kampfes um das letzte Wort solle die gleichberechtigte Kooperation im europäischen Gerichtsverbund treten.[149]

Gegenüber einer Orientierung am letzten Wort als verfassungsrechtswissenschaftlichem Fokus sind gleich aus mehreren Gründen Vorbehalte angezeigt. Zunächst mag diese Ausrichtung vor allem aus der Binnenperspektive der entscheidenden Gerichte verständlich sein, die das letzte Wort als Ausdruck ihres Machtbewusstseins beanspruchen. Diese Anspruchsbehauptungen vermögen indes nicht die plurale Gesamtsituation zu erklären. Das liegt zum Zweiten daran, dass eine durch die letztverbindliche Interpretation der Verfassung bewirkte Finalität zwar eines der Ziele von Verfassungsgerichtsbarkeit überhaupt ist,[150] die Gerichte das letzte Wort aber nur im Konkreten, bezogen auf die

---

143 BVerfGE 89, 155 (188), 2 BvR 2134, 2159/92 – *Maastricht*; 123, 267 (353–357), 2 BvE 2/08 u.a. – *Lissabon*; 126, 286 (302–307), 2 BvR 2661/06 – *Honeywell*; 142, 123 (198–202), 2 BvR 2728/13 u.a. – *OMT-Programm*.

144 *G. Lübbe-Wolff*, YEL 30 (2011) 1, S. 86 (89): »ultra-cautiously« mit Bezug auf BVerfGE 126, 286, 2 BvR 2661/06 – *Honeywell*.

145 BVerfGE 123, 267 (344, 353 f.),), 2 BvE 2/08 u.a. – *Lissabon*; 125, 260 (322), 1 BvR 256, 263, 586/08 – *Vorratsdatenspeicherung*; 142, 123 (195–198), 2 BvR 2728/13 u.a. – *OMT-Programm*.

146 *G. Lübbe-Wolff*, YEL 30 (2011) 1, S. 86 (89); *H. Sauer*, in: N. Matz-Lück/M. Hong (Hrsg.), Grundrechte und Grundfreiheiten im Mehrebenensystem – Konkurrenzen und Interferenzen, 2012, S. 1 (59). Diese Einschätzung wird durch den Beschluss BVerfGE 140, 317, 2 BvR 2735/14 – *Identitätskontrolle* letztlich bestätigt: Zwar aktivierte das Bundesverfassungsgericht hier die Identitätskontrolle, der verfahrensgegenständliche Beschluss des Oberlandesgerichts Düsseldorf war allerdings insoweit nicht durch das Unionsrecht determiniert. Im Beschluss 2 BvR 424/17 v. 19.12.2017, bejahte das Bundesverfassungsgericht zwar knapp, dass die erhöhten Zulässigkeitsvoraussetzungen für die Durchführung einer Identitätskontrolle im konkreten Fall vorlagen (Rn. 34), nahm in der Begründetheitsprüfung (Rn. 35 ff.) aber ausschließlich eine Prüfung am Maßstab des Art. 101 Abs. 1 Satz 2 GG wegen der unterbliebenen Vorlage zum EuGH vor. S. dazu *A. Edenharter*, JZ 73 (2018) 6, S. 313.

147 *H. Sauer*, in: N. Matz-Lück/M. Hong (Hrsg.), Grundrechte und Grundfreiheiten im Mehrebenensystem – Konkurrenzen und Interferenzen, 2012, S. 1 (7).

148 *A. Voßkuhle*, NJW 66 (2013) 19, S. 1329 (1330).

149 *V. Skouris*, F.A.Z. v. 22.9.2011 Nr. 221, S. 8.

150 *A. Harding* u.a., in: A. Harding/P. Leyland (Hrsg.), Constitutional Courts, 2009,

konkrete Streitentscheidung, haben, nicht dagegen im Generellen, auf die Grundrechtsentwicklung insgesamt.[151] Schließlich blendet die Fixierung auf das letzte Wort aus, dass auch die Nichtigerklärung als scheinbar finaler Akt eines Gerichts einen neuen Prozess in Gang setzen kann, indem sie Reaktionen anderer Akteure hervorruft.[152] Gerichtsentscheidungen wirken zumindest potentiell auch als Katalysatoren[153] und stoßen demokratische Debatten an.

Der Blick auf den *judicial federalism* in den USA wird lehren, dass eine auf die Kooperation oder Konfrontation der Gerichte beschränkte Analyse allein nicht ausreichend ist. Ein aussagekräftiges Modell des Gerichtsföderalismus muss vielmehr die institutionelle Einbettung der Grundrechtsgerichte einbeziehen. In den USA wird seit langem ein Begründungsdefizit des sogenannten *New Judicial Federalism* kritisiert, das genau diese Vernachlässigung dieses institutionellen Gesichtspunkts betrifft: Der *New Judicial Federalism* könne nicht erklären, warum einzelstaatliche Gerichte einen weiterreichenden Grundrechtsschutz bewirken sollen als der *U.S. Supreme Court*.[154] Auch in Europa ist die Perspektive in der Regel verengt auf die Beziehungen zwischen den Gerichten unter Vernachlässigung ihrer institutionellen Einbettung in die Struktur der öffentlichen Gewalten.[155] Eine vergleichende Analyse dieser institutionellen Einbettung der Gerichte wird zur Erklärung beitragen, warum der Grundrechtspluralismus in den föderalen Strukturen der Bundesrepublik und der Europäischen Union faktisch weniger gut funktioniert und auch normativ weniger abgesichert ist.

Der Fokus auf die Gerichte und ihre institutionelle Einbettung relativiert dabei den Unterschied zwischen Systempluralismus und institutionellem Pluralismus einerseits und zwischen Bundesstaaten und der EU als nichtstaatlicher Quasi-Föderation andererseits noch weiter. Auf diese Weise wird der Vergleich zwischen den Bundesstaaten Bundesrepublik und Vereinigte Staaten mit der Europäischen Union für die Zwecke dieser Arbeit leichter möglich.

S. 1 (9). S. zur Bedeutung einheitlicher Auslegung auch *E. H. Caminker*, Stan. L. Rev. 46 (1994) 4, S. 817 (849–856).

151 *P. W. Kahn*, Harv. L. Rev. 106 (1993) 5, S. 1147 (1163 f.). Vgl. für das Bundesverfassungsgericht *P. Lerche*, in: FS 50 Jahre Bundesverfassungsgericht, Bd. 1, 2001, S. 333 (335 f.).

152 *B. Friedman*, Mich. L. Rev. 91 (1993) 4, S. 577; *M. van Hoecke*, Law as Communication, 2002, S. 172–178.

153 *B. Friedman*, Nw. U. L. Rev. 85 (1991) 2, S. 478; *J. Scott/S. Sturm*, Colum. J. Eur. L. 13 (2007) 3, S. 565.

154 Maßgeblich *P. W. Kahn*, Harv. L. Rev. 106 (1993) 5, S. 1147.

155 Kritik am exklusiven Fokus auf die gerichtlichen Institutionen auch bei *A. Albi*, EuConst 3 (2007) 1, S. 25 (65).

III. Föderalismustheorie: Zwei Dimensionen des Föderalismus

Die hier gewählte Perspektive des Grundrechtsföderalismus als Föderalismus institutionell eingebetteter Grundrechtsgerichte integriert zwei in der Literatur unterschiedene Dimensionen des Föderalismus (1.) und geht von der Gleichursprünglichkeit individueller und demokratischer Selbstbestimmung aus (2.).

1. Individuenzentrierte versus holistische Perspektive

In der rechtswissenschaftlichen Auseinandersetzung mit dem Föderalismus lassen sich zwei Ansätze unterscheiden. Sie kennzeichnet jeweils die Wahl ihres Ausgangspunkts und Interessenfokus. Besonders deutlich wird die Unterschiedlichkeit beider Ansätze für die rechtswissenschaftliche Theoriebildung zur Föderation in der direkten Auseinandersetzung zwischen Olivier Beaud und Elisabeth Zoller. Beaud betrachtet die Beziehungen zwischen der föderalen und der föderierten Ebene als zentralen Gegenstand der Theorie der Föderation und stellt dabei normativ die Gliedstaaten in den Mittelpunkt des föderalen Systems.[156] Demgegenüber denkt Zoller den Föderalismus vom Individuum aus: Ein einem Staat verbundenes Individuum stehe zugleich in unmittelbarer Beziehung zu einer Föderation. Entscheidend für den Erfolg eines föderalen Prozesses sei sodann, dass die föderale Ebene das Individuum unmittelbar adressiere und ihm Rechte zuerkenne. Allerdings dürften diese Bande zwischen Föderation und Individuum auch nicht zu eng werden:

> Une fédération d'Etats réussie doit atteindre l'individu, mais ne pas l'atteindre trop; elle doit lui donner suffisamment de raisons et de motifs pour développer chez lui un attachement à ce qu'elle represénte, mais sans couper pour autant les liens de rattachement qui l'unissent à son Etat.[157]

Zugleich erklärt Zoller den Föderalismus als evolutiven Prozess, dessen entscheidender Parameter die Stärke der unmittelbaren Verbindung zwischen Individuum und Föderation sei. Das Gleichgewicht der Bindungen des Individuums an Einzelstaat und Föderation, aber auch die Konkurrenz der Loyalitäten zu Einzelstaat und Föderation, zeigten sich in der doppelten Bürgerschaft. Zoller verbindet den Föderalismus mit einem Zuwachs von Rechten für das Individuum und einem Bedeutungswandel der Beziehungen zwischen Individuum und Einzelstaat einerseits und Individuum und föderaler Ebene andererseits und gewinnt so eine Perspektive auf die amerikanische Verfassungsgeschichte.

---

156 *O. Beaud*, Théorie de la fédération, 2. Aufl. 2009, S. 29 f., 197–199.

157 *E. Zoller*, RdC 294 (2002), S. 39 (150). S. auch *L. Robel/E. Zoller*, Les états des Noirs, 2000, S. 108 f.

Zudem erlaubt diese Sichtweise, Parallelen zwischen der Verfassungsgeschichte der USA und der EU zu ziehen.

Beaud wendet dagegen ein, in der Theorie des Föderalismus gehe es nicht in erster Linie um das Verhältnis zwischen Macht und Individuum, sondern um die Beziehungen zwischen föderaler und föderierter Ebene: »le principe fédéral n'est pas un principe individualiste, mais bien plutôt son contraire: c'est un principe ›holiste‹.«[158] Für Beaud ist die Unterscheidung zwischen Staat und Föderation notwendig.[159] Sie beruht auf dem Kriterium der Souveränität, wobei Staatlichkeit und Souveränität begrifflich verkoppelt sind. Die Souveränität liege beim Staat; souverän sei der Staat, nicht aber der Bund. Beaud wendet sich zugleich gegen die Dichotomie von Bundesstaat und Staatenbund. Die Föderation oder der Bund erscheinen so vor allem als Nicht-Staat. Mit dieser Definition *ex negativo* gelingt es Beaud indes gerade nicht, den Bund begrifflich vom Staat zu lösen. Vielmehr holt er die Staatlichkeit sozusagen durch die Hintertür wieder herein.[160] Schon aus diesem Grund wäre es überzeugender, die Frage nach der Staatlichkeit des Bundes offenzulassen.[161]

Mit der individuenzentrierten Sicht lässt sich der US-Bundesstaat besser erklären,[162] denn offensichtlich lässt sich das Individuum in der amerikanischen Tradition nicht ausklammern. Für die deutsche Tradition mag eine holistische Perspektive passender sein. Jedenfalls soll hier gezeigt werden, dass diese Ansätze zu eng gedacht sind, wenn man sie exklusiv versteht, dass sie sich aber ohnehin nicht gegenseitig ausschließen. Die Grundrechte wiederum sind ihrerseits sowohl ein Element des Verhältnisses von Staatsgewalt und Individuum als auch ein Element der Beziehung zwischen Einzelstaat und föderaler Ebene – als Gesichtspunkt der Homogenität im Bundesstaat und der Bundestreue, die die Einzelstaaten an den Bundesstaat binden.[163]

Die beiden durch Beaud und Zoller repräsentierten Perspektiven finden eine Entsprechung in zwei politikwissenschaftlichen Ansätzen, Föderalismus zu definieren.[164] Ein Definitionsansatz konzentriert sich auf die Kompetenzverteilung zwischen den Ebenen. In diese erste Kategorie fällt etwa William Rikers berühmte Definition des *federalism* als »political organization in which the activities of government are divided between regional governments and a central

[158] *O. Beaud*, Théorie de la fédération, 2. Aufl. 2009, S. 198.

[159] Ebd., S. 30.

[160] So auch die Kritik von *C. Möllers*, in: J. Masing/O. Jouanjan (Hrsg.), Terrorismusbekämpfung, Menschenrechtsschutz und Föderation, 2008, S. 141 (142 f.).

[161] Ebd., S. 142.

[162] A.A. *J. H. Choper*, Judicial Review and the National Political Process, 1980, S. 244: »... the assertion that federalism was meant to protect, or does in fact protect, individual constitutional freedoms akin to those conventionally so defined has no solid historical or logical basis.«

[163] *C. Fercot*, La protection des droits fondamentaux dans l'État fédéral, 2011, S. 47 f.

[164] Vgl. *J. Bednar*, Annu. Rev. Law. Soc. Sci. 7 (2011), S. 269 (270 f.).

government in such a way that each kind of government has some activities on which it makes final decisions.«[165] Der zweite Definitionsansatz orientiert sich am Verhältnis der Regierungen zur Öffentlichkeit oder Gesellschaft. Die Regierungen auf beiden Ebenen haben danach eine eigenständige Grundlage ihrer Hoheitsgewalt, die nicht vollständig auf Delegation von der anderen Ebene zurückzuführen ist.[166] Beide Ebenen verfügen über Gesetzgebungsgewalt mit unmittelbarem Zugriff auf Individuen. Zusammengefasst lauten die Kriterien: Aufgliederung des Territoriums mit verfassungsrechtlicher Absicherung, unabhängige Grundlage der Ausübung von Hoheitsgewalt und eigenständige Verantwortlichkeit sowie unmittelbare Wirkung jedenfalls in Teilbereichen der Politik.[167] Auch diese Parallelen zu Ansätzen in der Politikwissenschaft, die sich ihrerseits nicht gegenseitig ausschließen, sondern lediglich andere Akzente setzen, legen es nahe, dass sich individuenzentrierte und holistische Perspektive nicht ausschließen.

2. Verknüpfung beider Ansätze auf der Grundlage der Gleichursprünglichkeit von individueller und demokratischer Selbstbestimmung

Allerdings leidet die rechtswissenschaftliche Diskussion auf der Ebene einer allgemeinen Theorie der Föderation jedenfalls für das Erkenntnisinteresse dieser Arbeit, aber auch im Vergleich zur einschlägigen politikwissenschaftlichen Literatur unter einem Defizit. Sie konzentriert sich entweder auf das Verhältnis zwischen den einzelnen Ebenen, oder aber sie verengt die Perspektive auf die Position des Individuums im föderalen System. Auch die bereits vorgeschlagene Kombination beider Ansätze verkürzt die Problemstellung, weil sie das komplexe Verhältnis von individueller und demokratischer Autonomie auf mehreren Ebenen unnötig auf die genannten Aspekte reduziert. Zwischen dem Schutz der individuellen und der kollektiven Freiheit[168] bestehen Spannungen, aber

[165] *W. H. Riker*, in: F. I. Greenstein/N. W. Polsby (Hrsg.), Handbook of Political Science, 1975, S. 93 (101). S. auch *D. Halberstam*, in: K. E. Whittington u.a. (Hrsg.), The Oxford Handbook of Law and Politics, 2008, S. 142: »Federalism means the coexistence within a single polity of multiple levels of government each with constitutionally grounded claims to some degree of organizational autonomy and jurisdictional authority.« sowie *W. H. Riker*, Federalism, 1964, S. 11: »A constitution is federal if (1) two levels of government rule the same land and people, (2) each level has at least one area of action in which it is autonomous, and (3) there is some guarantee (even though only a statement in the constitution) of the autonomy of each government in its own sphere.«

[166] *A. Hamilton*, Federalist No. 15, in: J. E. Cooke (Hrsg.), The Federalist, 1961, S. 89; *R. L. Watts*, Comparing Federal Systems, 3. Aufl. 2008, S. 121.

[167] *J. Bednar*, The Robust Federation, 2009, S. 18 f.

[168] *J. Kincaid*, Publius 25 (1995) 2, S. 29 (38 f.).

auch in föderalen Strukturen zeigt sich, dass sie einander bedingen, ko-konstitutiv sind.[169]

Mit einem Ausgangspunkt bei der Gleichursprünglichkeit von individueller und demokratischer Selbstbestimmung lässt sich daher die normative Föderalismustheorie erneuern und die Perspektive auf den Grundrechtsföderalismus schärfen. Zudem lassen sich auf dieser Grundlage die Überlegungen zur freiheitswahrenden Funktion föderaler Strukturen ordnen, die im US-amerikanischen wie im deutschen Verfassungsrechtsdiskurs angestellt werden.

C. Gang der Untersuchung

Mit der nun geschärften Perspektive auf ihren Gegenstand nähert sich die Arbeit dem Grundrechtsföderalismus in sechs Kapiteln. Im 1. Kapitel wird die gemeinsame Konstellation des Grundrechtsföderalismus in der Bundesrepublik Deutschland, den Vereinigten Staaten von Amerika und der Europäischen Union analysiert. Diese Konstellation ist durch einen materiellen, institutionellen und prozeduralen Pluralismus geprägt und unterscheidet die drei Vergleichskandidaten zugleich von anderen Strukturen wie denen der Schweiz oder Kanadas.

Das 2. und 3. Kapitel wenden sich dem Verhältnis von Grundrechten und föderaler Struktur als Instrumenten des Freiheitsschutzes zu. Das 2. Kapitel geht dazu der US-amerikanischen und der deutschen Verfassungstradition nach und zeigt für verschiedene Phasen prägende Definitionen des Verhältnisses von Grundrechten und föderaler Struktur auf. Deutlich werden dabei zum einen die Unterschiede zwischen der (demokratiebezogenen) US-amerikanischen und der (rechtsstaatlichen) deutschen Föderalismustradition. Die Analyse der Verfassungstraditionen demonstriert zum anderen, dass zentraler Grundrechtsschutz nicht nur in einem Spannungsverhältnis mit föderaler Vielfalt steht. Sowohl Rechte als auch föderale Strukturen können in einer Art und Weise gehandhabt werden, dass sie sich gegenseitig verstärken oder in einem Kompensationsverhältnis stehen. Insbesondere kann zentraler Grundrechtsschutz die Bedingungen lokaler Demokratie verbessern und damit die lokale Ebene stärken (»empowerment«). Föderalismus ist also nicht im Sinne von *states' rights* zu verstehen, es geht nicht um Autonomie für »states qua states«.[170] Vielmehr muss die Autonomie der Einzelstaaten an Bedingungen geknüpft sein, um über eine verfassungstheoretische Legitimation jenseits der »Irrationalität«[171] des

---

[169] Vgl. zum Verhältnis von privater und öffentlicher Autonomie *J. Habermas*, Faktizität und Geltung, 1998, S. 112–134.

[170] Vgl. *J. Resnik*, in: J. Fleming/J. T. Levy (Hrsg.), Federalism and Subsidiarity, 2014, S. 363 (375) für die USA.

[171] *K. Hesse*, Der unitarische Bundesstaat, 1962, S. 8, 9 und 12 mit einem Zitat Rudolf Smends ebd., S. 59.

Parochialismus zu verfügen. Hier wird sich die soeben skizzierte Föderalismustheorie bewähren.

Im 3. Kapitel wird untersucht, wie die Freiheitssicherung durch föderale Strukturen nach dem aktuellen Stand der Forschung in den USA und in der Bundesrepublik beurteilt wird und welchen Limitierungen ein Freiheitsschutz allein durch föderale Strukturen im Vergleich zu den verschiedenen Dimensionen des Grundrechtsschutzes unterliegt. Dabei werden drei Wirkungsmechanismen unterschieden: die föderale Gewaltenbalance, die sich am jeweiligen Schema der Kompetenzverteilung in den USA und Deutschland orientiert, der Wettbewerb zwischen den Gemeinwesen und die Verbesserung von Repräsentation und Partizipation. Die einzelnen Modelle der Wirkungsweisen föderaler Strukturen zeigen alle mehr oder weniger explizite Bezüge zu Vorstellungen von Rechten, als Voraussetzung oder als Produkt der föderalen Strukturen. Als Zwischenfazit lässt sich daher nach dem 3. Kapitel festhalten, dass Rechte und Struktur nicht getrennt zu denken sind. Insbesondere können individuelle Rechte, die eine Ebene garantiert, Bedingungen der Autonomie einer anderen Ebene in der Struktur sein, gerade weil sie ein demokratisches »empowerment« bewirken können.

Die folgenden Kapitel wenden sich auf dieser Grundlage dem Verhältnis der Grundrechtsgerichte zu, dem Gerichtsföderalismus oder *judicial federalism*. Angesichts der tendenziell unterlegenen Stellung einzelstaatlicher Grundrechtsgerichte werden im Anschluss zunächst deren Spielräume untersucht. Das 4. Kapitel konzentriert sich auf den Vorrang des föderalen Rechts und das Verhältnis von föderaler und einzelstaatlicher Grundrechtsjudikatur als für diese Spielräume maßgebliche Faktoren.

Das 5. Kapitel arbeitet anhand der Rechtsprechung in den zu vergleichenden Verfassungsordnungen Leitbilder für eine »verdoppelte« Grundrechtsgerichtsbarkeit heraus, an denen sich die einzelstaatlichen Grundrechtsgerichte bei der Wahrnehmung bestehender Spielräume orientieren können. Geprägt werden die Leitbilder aber maßgeblich von den föderalen Gerichten. Vorgestellt werden die Leitbilder der Separation und der Redundanz. Die Separation soll durch Entflechtung Abstimmungsprobleme und Reibungsverluste vermeiden und für Transparenz, Vorhersehbarkeit, Berechenbarkeit, Kohärenz sowie eine effektive Ressourcennutzung sorgen. Das Leitbild der Redundanz steht demgegenüber für das Anliegen, die Funktionsprinzipien der föderalen Organisation im Verflechtungsföderalismus auf die Grundrechte und die Grundrechtsjudikatur zu übertragen. Auf diese Weise soll das mit Vielfalt, Konkurrenz und Diversität verknüpfte Innovationspotential einer dynamischen Interaktion der Grundrechtsgerichte genutzt werden.

Werden die Leitbilder der Separation und der Redundanz im 5. Kapitel analytisch gebraucht, so ist die Perspektive des 6. Kapitels normativ der föderalen Grundrechtsvielfalt verpflichtet. Es wendet sich den dogmatischen Figuren in der Rechtsprechung der zentralen Grundrechtsgerichte zu, die eine föderale Vielfalt in der Grundrechtsjudikatur ermöglichen sollen. Im Anschluss kehrt dieses Kapitel schließlich die Perspektive um und analysiert Strategien zur Stärkung der einzelstaatlichen Gerichte, die die föderale Balance zwischen den Grundrechtsgerichten und ihre Dialogfähigkeit zu verbessern helfen. Sowohl die zentralen als auch die einzelstaatlichen Grundrechtsgerichte zielen dabei entweder auf Separation oder würdigen das Potential der Redundanz.

Im Verlauf der Arbeit werden zwei zentrale Thesen entwickelt. Zunächst ist es für die tendenziell unterlegenen Gerichte auf einzelstaatlicher Ebene erfolgversprechender, nicht auf getrennte Verfassungsräume und eigenständige Zuständigkeitsbereiche zu drängen, wie sie den Status der deutschen Landesverfassungsgerichte definieren, aber auch der Wunschvorstellung des Bundesverfassungsgerichts für sein Verhältnis zum EuGH zu entsprechen scheinen. Das Potential der föderalen Strukturen liegt vielmehr in der Redundanz,[172] und zwar sowohl für die Grundrechtsentwicklung als auch für die Position der einzelstaatlichen Grundrechtsgerichte.

Zum Zweiten können sich in Abwesenheit einer strikten Trennung der Aufgabenbereiche die Kriterien für die Gewährung von Spielräumen an einem prozeduralen Ansatz mit der Unterscheidung zwischen Substanz und Prozess orientieren. Für den EuGH folgt ein entsprechender Vorschlag nicht nur aus der vergleichenden Analyse, sondern findet einen Anknüpfungspunkt auch in der neueren Rechtsprechung des EGMR zum Beurteilungsspielraum (*margin of appreciation*), die sich auf den EuGH übertragen lässt.

Die Rechtsprechung des EGMR verbindet prozedurale Kriterien und die Orientierung am europäischen Konsens in einer Weise, die auch für den EuGH als Grundrechtsgericht Legitimität stiftendes Potential bietet. Zwar besteht kein notwendiger Zusammenhang zwischen konsensorientierten Argumenten und einem prozeduralen Ansatz zur Bestimmung der *margin of appreciation*. Jedoch ist die Kombination aus konsensorientierten Argumenten und prozeduralem Ansatz zur Bestimmung der *margin of appreciation* mit Blick auf die demokratische Legitimation internationaler Grundrechtgerichte konsequent: Wie zu zeigen sein wird, ist das Vorgehen des EGMR Ausdruck einer Vision des demokratischen Konstitutionalismus und einer Kultur der Rechtfertigung. Damit bietet der EGMR ein – bei allen Unterschieden zwischen beiden Gerichten – auch für den EuGH anschlussfähiges Modell ›moderierter Redundanz‹, in dem sich individuelle und demokratische Selbstbestimmung auf den verschiedenen Ebenen konzeptionell miteinander verknüpfen lassen.

---

[172] Grundlegend *R. M. Cover*, Wm. & Mary L. Rev. 22 (1981) 4, S. 639; *R. M. Cover/T. A. Aleinikoff*, Yale L. J. 86 (1977) 6, S. 1035.

1. Kapitel

Die Struktur des Grundrechtsföderalismus

Für die Erforschung der Probleme der Grundrechtsjudikatur in Mehrebenen-Strukturen aus der Perspektive des Grundrechtsföderalismus bietet sich eine Vielzahl möglicher Vergleichskandidaten an. Daher ist es zunächst notwendig, die spezifischen Gemeinsamkeiten derjenigen (quasi-)föderalen Ordnungen zu erarbeiten, die Gegenstand der Untersuchung sind: deutscher Bundesstaat, Vereinigte Staaten von Amerika und Europäische Union. Diesen (quasi-)föderalen oder Mehrebenen-Strukturen ist eine Vervielfältigung des Grundrechtsschutzes gemeinsam: Neben der jeweiligen Bundesverfassung enthalten auch die gliedstaatlichen Verfassungen Grundrechtskataloge, die am Vorrang der Verfassung teilhaben. Die Grundrechtskataloge sind Entscheidungsmaßstab gliedstaatlicher Grundrechtsgerichte, die Gesetzgebungsakte verwerfen können und zu denen rechtsschutzsuchenden natürlichen und juristischen Personen ein Zugang eröffnet ist. Dieser – dreifache – Pluralismus der Grundrechtskataloge, Grundrechtsgerichte und Rechtsschutzwege begründet eine Gemeinsamkeit der Grundrechtsarchitekturen Deutschlands, der USA und der EU (A.). Zugleich grenzt er sie von anderen föderalen Strukturen, insbesondere denen der Schweiz und Kanadas ab (B.) und rechtfertigt damit die Auswahl der Vergleichskandidaten.

A. Gemeinsame Merkmale der zu vergleichenden föderalen Grundrechtsarchitekturen

Die Struktur des Grundrechtsföderalismus in Deutschland, den USA und Europa ist durch einen dreifachen, nämlich materiellen (I.), institutionellen (II.) und prozeduralen (III.) Grundrechtspluralismus gekennzeichnet. Mit dieser besonderen Konstellation sind zugleich die drei Voraussetzungen erfüllt, die den Grundrechtsschutz durch einzelstaatliche Grundrechtsgerichte überhaupt erst »praktisch« werden lassen: Erstens müssen Grundrechte geschriebener Teil der einzelstaatlichen Verfassungen sein, zweitens muss die Institution einer einzelstaatlichen Verfassungsgerichtsbarkeit eingerichtet sein und drittens muss dem Einzelnen ein individueller Rechtsweg wie die Verfassungsbeschwerde zur

Verfügung stehen.[1] Diese drei Dimensionen des Grundrechtsföderalismus in den zu vergleichenden Grundrechtsarchitekturen werden im Folgenden näher entfaltet.

I. Materieller Grundrechtspluralismus

Zunächst ist den drei zu vergleichenden Grundrechtsordnungen ein materieller Grundrechtspluralismus gemeinsam. Als materieller Grundrechtspluralismus soll im Rahmen dieser Arbeit die Besonderheit bezeichnet werden, dass Grundrechte auf föderaler und zusätzlich auf einzelstaatlicher Ebene (doppelt) gewährleistet werden. In Deutschland enthalten sowohl das Grundgesetz als auch die meisten Verfassungen der Länder Grundrechtsgewährleistungen. Die Landesverfassungen umfassen teilweise vom Grundgesetz nicht gewährleistete eigenständige Garantien oder unterscheiden sich in den Regelungs- und Schutzbereichen sowie den Grundrechtswirkungen vom Grundgesetz (1.). In den USA bilden nicht nur die ersten zehn Zusatzartikel zur Bundesverfassung eine *Bill of Rights*; auch sämtliche Bundesstaaten haben ihren eigenen Grundrechtskatalog. *Federal Bill of Rights* und *state bill of rights* unterscheiden sich bei Gewährleistungsgehalten und Grundrechtswirkungen erheblich. Die *state bill of rights* lassen sich sogar als Ausdruck einer eigenständigen, von der Bundesverfassung verschiedenen Verfassungstradition verstehen (2.). Im Verbund aus Europäischer Union und ihren Mitgliedstaaten ist der materielle Grundrechtspluralismus geradezu auf die Spitze getrieben. Die Rechtsordnung der EU kennt laut Art. 6 EUV mehrere Grundrechtsquellen. Die mitgliedstaatlichen Grundrechtsordnungen unterscheiden sich stärker als in den Vergleichsordnungen. Zudem sind die Mitgliedstaaten zum Teil selbst föderale Ordnungen, die ihrerseits wie die Bundesrepublik einen materiellen Grundrechtspluralismus kennen (3.).

1. Grundgesetz und Landesverfassungen in Deutschland

In Deutschland ergibt sich ein beschränkter materieller Grundrechtsföderalismus aus dem Nebeneinander der Grundrechtskataloge in Grundgesetz und Landesverfassungen [a)] mit im Grundgesetz nicht gewährleisteten eigenständigen Garantien des Landesverfassungsrechts [b)] sowie abweichenden Regelungs- und Schutzbereichen und Grundrechtswirkungen der Landesgrundrechte [c)].

---

[1] *H. Dreier*, Grundrechtsschutz durch Landesverfassungsgerichte, 2000, S. 8, 15 f.; s. auch *W. März*, in: H. Koch (Hrsg.), Recht zwischen Verfahren und materieller Wertung, 2005, S. 93 (102 f.).

a) Grundrechtskataloge in Grundgesetz und Landesverfassungen

In Deutschland werden die Grundrechte durch das Grundgesetz und die Verfassungen der Länder gewährleistet. Die Landesgrundrechte gelten als Ausdruck der Eigenstaatlichkeit der Länder, ihre »Grundrechtshoheit« als originärer und wesentlicher Bestandteil ihrer Verfassungshoheit.[2] Unterschiede bestehen insbesondere zwischen den verschiedenen Generationen von Landesverfassungen: Eigenständige Grundrechtskataloge sind in den vorkonstitutionellen Verfassungen Bayerns, Bremens, Hessens und von Rheinland-Pfalz sowie in den Verfassungen der »neuen« Bundesländer Brandenburg, Sachsen, Sachsen-Anhalt und Thüringen enthalten.[3] Dagegen rezipieren die Landesverfassungen Baden-Württembergs, Mecklenburg-Vorpommerns, Niedersachsens, Nordrhein-Westfalens und – seit 2008 – auch Schleswig-Holsteins die Grundrechte des Grundgesetzes mittels sogenannter Inkorporationsklauseln.[4] Allein die Verfassung der Freien und Hansestadt Hamburg ist ein reines Organisationsstatut.

b) Im Grundgesetz nicht gewährleistete eigenständige Garantien des Landesverfassungsrechts

Die materielle Eigenständigkeit der Landesverfassungen zeigt sich darin, dass sie teilweise im Grundgesetz nicht enthaltene Gewährleistungen umfassen, etwa ein Recht auf Arbeit,[5] Wohnung,[6] Bildung[7] oder Zugang zu (Umwelt-)

---

[2] *S. Korioth*, in: T. Maunz u.a. (Hrsg.), Grundgesetz-Kommentar, 2018, Art. 142, Rn. 22; s. auch *H. J. Boehl*, Verfassungsgebung im Bundesstaat, 1997, S. 164–234. Zur Eigenstaatlichkeit der deutschen Bundesländer s. BVerfGE 1, 14 (34), 2 BvG 1/51 – *Südweststaat*; 13, 54 (74 f.), 2 BvG 2/58 – *Neugliederung Hessen*; 72, 330 (385), 2 BvF 1/83 u.a. – *Finanzausgleich I*; *J. Isensee*, in: HStR VI, 3. Aufl. 2008, § 126, Rn. 80.

[3] Art. 98 ff. LV Bayern; Art. 6 ff. LV Berlin; Art. 5 ff. LV Brandenburg; Art. 1 ff. LV Bremen; Art. 1 ff. LV Hessen; Art. 1 ff. LV Rheinland-Pfalz; Art. 1 ff. LV Saarland; Art. 14 ff. LV Sachsen; Art. 4 ff. LV Sachsen-Anhalt; Art. 1 ff. LV Thüringen.

[4] Art. 2 Abs. 1 LV Baden-Württemberg; Art. 5 Abs. 3 LV Mecklenburg-Vorpommern; Art. 4 Abs. 1 LV Nordrhein-Westfalen; Art. 3 Abs. 2 LV Niedersachsen; Art. 2a LV Schleswig-Holstein. Art. 3 Abs. 3 LV Niedersachsen ist textidentisch mit Art. 3 Abs. 3 GG; Art. 4–6b LV Niedersachsen enthalten hingegen keine Grundrechte. S. zu Schleswig-Holstein *C. Nordmann*, NordÖR 12 (2009) 3, S. 97.

[5] Art. 37 Abs. 1 LV Baden-Württemberg; Art. 166 Abs. 2 LV Bayern; Art. 18 LV Berlin; Art. 48 LV Brandenburg; Art. 8 Abs. 1 LV Bremen; Art. 28 Abs. 2 LV Hessen; Art. 17 LV Mecklenburg-Vorpommern; Art. 6a LV Niedersachsen; Art. 24 Abs. 1–3 LV Nordrhein-Westfalen; Art. 45 Satz 2 LV Saarland; Art. 7 Abs. 1 LV Sachsen; Art. 39 LV Sachsen-Anhalt; Art. 36 LV Thüringen. Recht auf Kollektivverhandlungen; betriebliche und unternehmerische Mitbestimmung: Art. 169; 175 176 LV Bayern; Art. 25 LV Berlin; Art. 50; 51 LV Brandenburg; Art. 47; 48 LV Bremen; Art. 29, 36, 37 LV Hessen; Art. 26 LV NRW; Art. 54, 67 LV Rheinland-Pfalz; Art. 47, 57, 58 LV Saarland; Art. 37 LV Thüringen.

[6] Art. 106 Abs. 1 LV Bayern; Art. 28 LV Berlin; Art. 47 LV Brandenburg; Art. 14 Abs. 1 LV Bremen; Art. 6a LV Niedersachsen; Art. 7 Abs. 1 LV Sachsen; Art. 40 LV Sachsen-Anhalt; Art. 15 LV Thüringen.

[7] Art. 11 Abs. 1 LV Baden-Württemberg; Art. 20 Abs. 1 LV Berlin; Art. 29 Abs. 1 LV Bran-

Informationen.[8] Anders als das Grundgesetz formulieren zahlreiche Landesverfassungen soziale Grundrechte und programmatische Aussagen über die Gestaltung einzelner Lebensbereiche, insbesondere der Wirtschaft.[9] Verschiedene Landesverfassungen normieren die Ordnung des Gemeinschaftslebens mithilfe fundamentaler subjektiver Rechte, vor allem aber mit objektivrechtlichen Rechtsprinzipien, Staatszielen und Politikprogrammen, die in ihren Funktionen von den Grundrechten erheblich abweichen. Allerdings stehen sie mit den Grundrechten in einem Wirkungszusammenhang, soweit sie dem Schutz von Lebensbereichen dienen, die auch grundrechtlich abgesichert sind.[10] Diese Eigenheit des Landesverfassungsrechts findet sich sowohl – in der Tradition der Weimarer Verfassung[11] – in den frühen Landesverfassungen der Nachkriegszeit als auch in den Verfassungen der neuen Bundesländer.[12]

Gerade dort, wo entsprechende Bestimmungen im Grundgesetz fehlen, böte sich eine Chance für die Innovationskraft der Landesverfassungsgerichte und einen materiellen Grundrechtspluralismus.[13] Allerdings bewegen sich auch die Landesverfassungsgerichte in gewisser Weise in der Tradition der Rechtsprechung der Weimarer Zeit und deuten diese Bestimmungen im Sinne von – der gerichtlichen Nachprüfung nicht zugänglichen – Programmsätzen und – begrenzt justiziablen – Verfassungsaufträgen.[14]

Einen besonders umfangreichen Katalog sozialer Grundrechte enthält die Bayerische Verfassung von 1946, darunter das Recht auf eine angemessene Wohnung, das Recht auf eine den erkennbaren Fähigkeiten und der inneren Be-

---

denburg; Art. 27 Abs. 1 LV Bremen; Art. 4 Abs. 1 LV Niedersachsen; Art. 8 Abs. 1 LV Nordrhein-Westfalen; Art. 102 Abs. 1 Satz 1 LV Sachsen; Art. 20 LV Thüringen. In Baden-Württemberg hat jeder »junge« Mensch »ohne Rücksicht auf Herkunft oder wirtschaftliche Lage das Recht auf eine seiner Begabung entsprechende Erziehung und Ausbildung« (Art. 11 Abs. 1 LV Baden-Württemberg), und jeder Bewohner Bayerns hat einen »Anspruch darauf, eine seinen erkennbaren Fähigkeiten und seiner inneren Berufung entsprechende Ausbildung zu erhalten.« (Art. 128 Abs. 1 LV Bayern).

[8] Art. 2 LV Brandenburg; Art. 21, 39 Abs. 7 S. 3 LV Brandenburg; Art. 6 Abs. 3 LV Mecklenburg-Vorpommern; Art. 34 LV Sachsen; Art. 6 Abs. 2 Satz 1 LV Sachsen-Anhalt; Art. 33 LV Thüringen Zum Verhältnis zwischen besonderen Informationszugangsrechten der Länder und Umweltinformationsgesetz s. *R. Röger*, NuR 17 (1995) 4, S. 175.

[9] Ausführlicher Überblick zum erweiterten landesverfassungsrechtlichen Grundrechtsschutz bei *B. Wermeckes*, Der erweiterte Grundrechtsschutz in den Landesverfassungen, 2000, S. 121–237.

[10] *R. Grawert*, in: HGR III, 2009, § 81, Rn. 13 f.

[11] *H.-P. Benöhr*, F.A.Z. v. 7.4.1990, S. 15.

[12] *M. Bothe*, in: M. Dalibor u.a. (Hrsg.), Perspektiven des öffentlichen Rechts, 2011, S. 189 (196). Zu den neuen Bundesländern s. *J. Dietlein*, Die Grundrechte in den Verfassungen der neuen Bundesländer, 1993; *H. Riepe*, Soziale Grundrechte in den Verfassungen der Länder Brandenburg, Mecklenburg-Vorpommern, Sachsen, Sachsen-Anhalt und Thüringen, 1996.

[13] *M. Bothe*, in: F. Greß u.a. (Hrsg.), The American Federal System, 1994, S. 83 (88 f.).

[14] Zu Bayern und Hessen s. *H.-J. Papier*, in: C. Starck/K. Stern (Hrsg.), Landesverfassungsgerichtsbarkeit, 1983, Bd. 3, S. 319 (354–356); zu Bayern *J. F. Lindner*, in: J. F. Lindner u.a. (Hrsg.), Verfassung des Freistaates Bayern, 2. Aufl. 2017, Art. 106, Rn. 1.

rufung entsprechende Ausbildung und das Recht, sich durch Arbeit eine auskömmliche Existenz zu schaffen.[15] Nach der Rechtsprechung des Bayerischen Verfassungsgerichtshofs formuliert Art. 166 Abs. 2 LV Bayern allerdings lediglich einen Programmsatz. Ein subjektives »Recht der Arbeitswilligen und Arbeitsfähigen, die keine Arbeit finden können, [...] vom Staat Zuweisung von Arbeit zu verlangen, von deren Ertrag sie auskömmlich leben können«, könne aus dem Artikel nicht abgeleitet werden.[16] Der Hessische Staatsgerichtshof entschied 1971 zum Recht auf Arbeit aus Art. 28 Abs. 2 LV Hessen, dass es allenfalls die institutionelle Garantie einer Arbeitsvermittlung und einer Arbeitslosenversicherung zur Unterstützung der unfreiwillig Arbeitslosen darstelle.[17] Im Zusammenhang der Regelungen über den Lebensbereich Arbeit räumen die Landesverfassungen den Beschäftigten in Betrieben, Dienststellen und Einrichtungen des Landes überwiegend ein Mitbestimmungsrecht ein.[18] In Bayern, Bremen, Hessen, Rheinland-Pfalz und im Saarland ist ein Recht auf Urlaub, in Berlin ein Anspruch auf besonderen Schutz für alleinerziehende Frauen und Männer und für Frauen während der Schwangerschaft und nach der Geburt verfassungsrechtlich fixiert.[19]

Auch zum Recht auf Wohnung entschied der Bayerische Verfassungsgerichtshof, dass den Art. 106 Abs. 1, 125 Abs. 3, 126 LV Bayern keine subjektiv-öffentlichen Rechte auf eine angemessene Wohnung zu entnehmen seien, es sich vielmehr um bloße Programmsätze handele.[20] Demgegenüber prüfte der Hessische Staatsgerichtshof in seinem Urteil zum Hessischen Studienbeitragsgesetz eingehend die Vereinbarkeit des Gesetzes mit einem sozialen Grundrecht, der Garantie der »Schulgeldfreiheit« nach Art. 59 Abs. 1 LV Hessen, und zeigte die Grenzen der in dieser Bestimmung enthaltenen Ermächtigung zur gesetzgeberischen Ausgestaltung auf.[21]

In den Verfassungen der neuen Bundesländer sind die Anliegen, die für eine Verankerung als soziale Grundrechte in Betracht gekommen wären, von vornherein nicht als Rechte, sondern als Verfassungsaufträge formuliert. Diese Art der Normierung ist Ausdruck der Erfahrung, dass sich soziale Grundrechte in der alten Bundesrepublik als nur sehr eingeschränkt justiziabel erwiesen ha-

[15] Art. 106 Abs.1, Art. 128 Abs. 1, Art.166 Abs. 2 LV Bayern; s. dazu *G. Lübbe-Wolff*, JöR 53 (2005), S. 1 (4).

[16] BayVerfGH, Entsch. v. 28.10.1960, Vf. 83–VI-60, BayVerfGHE 13 [1960] II 141.

[17] Staatsgerichtshof des Landes Hessen, Beschl. v. 4.8.1971, P.St. 649, Rn. 38.

[18] Art. 175 LV Bayern; Art. 25 LV Berlin; Art. 50 LV Brandenburg; Art. 47 LV Bremen; Art. 38 LV Hessen; Art. 26 LV NRW; Art. 67 LV Rheinland-Pfalz; Art. 26 LV Sachsen; Art. 37 Abs. 3 LV Thüringen.

[19] Art. 174 Abs. 1 LV Bayern (Recht auf Erholung); Art. 56 LV Bremen; Art. 34 LV Hessen; Art. 57 Abs. 4 LV Rheinland-Pfalz; Art. 48 Abs. 2 LV Saarland; Art. 12 Abs. 7 LV Berlin.

[20] BayVerfGH, Entsch v. 12.7.1962, Vf. 87–VI-61, BayVerfGHE 15 [1962] II 49.

[21] HessStGH, Urt. v. 11.6.2008, P.St. 2133, 2158, NVwZ 2008, 883. Freilich sah der HessStGH diese Grenzen *in casu* nicht als verletzt an.

ben. In Mecklenburg-Vorpommern, Sachsen und Sachsen-Anhalt hat man die Verfassungsaufträge getrennt von den einklagbaren Freiheits- und Gleichheitsgrundrechten in separaten Verfassungsabschnitten untergebracht. Damit ist klargestellt, dass keine justiziablen Rechte formuliert werden.[22]

Neben dem überwiegend verbürgten Grundrecht auf Bildung[23] gewähren einige Landesverfassungen ein Grundrecht auf Zugang zu allen öffentlichen Bildungsanstalten. Bayern, Brandenburg, Bremen, Rheinland-Pfalz und Thüringen kennen ein Recht auf Begabtenförderung.[24] Die jüngsten Verfassungen sehen zudem spezielle Rechte auf Förderung für Behinderte und sozial Benachteiligte vor.[25] Die in sämtlichen Verfassungen der neuen Länder enthaltenen Ansprüche auf Zugang zu Informationen, die die natürliche Umwelt betreffen, entsprechen im Wesentlichen sowohl der Richtlinie 90/313/EWG[26] als auch dem zu ihrer Umsetzung ergangenen Umweltinformationsgesetz.[27]

Zu den im Grundgesetz nicht gewährleisteten eigenständigen Garantien des Landesverfassungsrechts zählt auch das vielzitierte, in Art. 141 Abs. 3 Satz 1 LV Bayern[28] verankerte und in ähnlicher Weise auch in Art. 10 Abs. 3 LV Sachsen[29] geregelte Recht auf den Genuss der Naturschönheiten und die Erholung in der freien Natur. Dabei handelt es sich um Grundrechte im Sinne subjektiver, einklagbarer Rechte des Einzelnen, nicht um bloße Staatsziele oder Programmsätze.[30] Art. 2 Abs. 2 LV Baden-Württemberg gewährt ein Menschenrecht auf Heimat, und Art. 16 LV Thüringen sichert ein Recht auf Obdach im Notfall.[31]

---

22 Abschnitt III LV Mecklenburg-Vorpommern (»Staatsziele«); Abschnitt 1 LV Sachsen (»Die Grundlagen des Staates«); 2. Hauptteil, 3. Abschnitt LV Sachsen-Anhalt (»Staatsziele«); s. *G. Lübbe-Wolff*, JöR 53 (2005), S. 1 (5).

23 Art. 11 Abs. 1 LV Baden-Württemberg; Art. 20 Abs. 1 LV Berlin; Art. 29 Abs. 1 LV Brandenburg; Art 27 Abs. 1 LV Bremen; Art. 8 Abs. 1 LV NRW; Art. 102 Abs. 1 Satz 1 LV Sachsen; Art 4 Abs. 1 LV Niedersachsen.

24 Art. 128 Abs.2 LV Bayern; Art. 29 Abs. 3 LV Brandenburg; Art. 27 Abs. 1 LV Bremen; Art. 31 Satz 2 LV Rheinland-Pfalz; Art. 20 Satz 3 LV Thüringen.

25 Art. 11, 22 Abs. 2 LV Berlin; Art. 12 Abs. 4, 26 Abs. 1 LV Brandenburg; Art. 17a LV Mecklenburg-Vorpommern; Art. 64 LV Rheinland-Pfalz; Art. 7 Abs. 2 LV Sachsen; Art. 38 LV Sachsen-Anhalt; Art. 2 Abs. 4, 20 LV Thüringen.

26 Richtlinie 90/313/EWG des Rates vom 7. Juni 1990 über den freien Zugang zu Informationen über die Umwelt, ABl. L 158 vom 23.6.1990, S. 56; s. nun Richtlinie 2003/4/EG des Europäischen Parlaments und des Rates vom 28. Januar 2003 über den Zugang der Öffentlichkeit zu Umweltinformationen und zur Aufhebung der Richtlinie 90/313/EWG des Rates, ABl. L 41 vom 14.2.2003, S. 26.

27 *B. Wermeckes*, Der erweiterte Grundrechtsschutz in den Landesverfassungen, 2000, S. 193.

28 *W. Rüfner*, in: C. Starck/K. Stern (Hrsg.), Landesverfassungsgerichtsbarkeit, Bd. 3, 1983, S. 247 (266–268).

29 Dazu *J. Isensee*, SächsVBl. 2 (1994) 1, S. 28 (30): »folkloristische Nischen«.

30 *W. Leisner*, Die bayerischen Grundrechte, 1968, S. 86; *J. Isensee*, SächsVBl. 2 (1994) 1, S. 28 (30).

31 *A. Stiens*, Chancen und Grenzen der Landesverfassungen im deutschen Bundesstaat der Gegenwart, 1997, S. 41 f.

Art. 4 Abs. 2 LV NRW,[32] Art. 12 Abs. 3 Satz 1 LV Bremen, Art. 2 Satz 2 und 3 LV Saarland regeln den Schutz personenbezogener Daten, wie ihn jetzt auch die Verfassungen der neuen Bundesländer kennen, die sich im Wesentlichen an den Formulierungen des Bundesverfassungsgerichts zum Recht auf informationelle Selbstbestimmung aus Art. 2 Abs. 1 GG i.V.m. Art. 1 Abs. 1 GG orientieren.[33]

Es zeigt sich also, dass die Bedeutung der eigenständigen Garantien der Landesverfassungen als Grundlage für einen materiellen Grundrechtspluralismus in der Bundesrepublik beschränkt ist: Die Landesverfassungsgerichte griffen in der Frühphase der Bundesrepublik die Chance für den Grundrechtspluralismus nicht auf, die ihnen Garantien der Landesverfassungen ohne Entsprechung im Grundgesetz boten. Vielmehr sorgten sie für eine Angleichung der Grundrechte in Bund und Ländern. Für die Verfassungen der neuen Bundesländer kam dem Grundgesetz bereits im Verfahren der Verfassungsgebung eine starke Orientierungswirkung zu.

c) Abweichende Regelungs- und Schutzbereiche sowie Grundrechtswirkungen

Außer durch Gewährleistung von im Grundgesetz nicht oder nicht ausdrücklich garantierten Rechten können die Landesverfassungen den Grundrechtsschutz auch erweitern, indem sie den Regelungs- oder Schutzbereich eines Grundrechts ausdehnen. So wird etwa der Schutz von Ehe und Familie ausdrücklich auf nichteheliche Lebensgemeinschaften erstreckt (Art. 26 Abs. 2 LV Brandenburg)[34] oder umfasst das Recht auf Leben und körperliche Unversehrtheit explizit die seelische Unversehrtheit (Art. 5 Abs. 2 LV Sachsen-Anhalt) oder die Würde im Sterben (Art. 8 Abs. 1 LV Brandenburg).[35] Auch kann die Grundrechtsträgerschaft erweitert sein. So ist etwa die Versammlungsfreiheit in einigen Landesverfassungen als Jedermann-Grundrecht formuliert,[36]

---

[32] S. zu diesem »Novum« in der Entwicklung des deutschen Verfassungsrechts *D. Grimm*, in: D. Grimm/H.-J. Papier (Hrsg.), Nordrhein-westfälisches Staats- und Verwaltungsrecht, 1986, S. 1 (54–58).

[33] Art. 11 Abs. 1 LV Brandenburg; Art. 6 Abs. 1 LV Mecklenburg-Vorpommern; Art. 6 Abs. 1 LV Sachsen-Anhalt; Art. 33 LV Sachsen; Art. 6 Abs. 2 LV Thüringen; s. dazu *E. Höfelmann*, Das Grundrecht auf informationelle Selbstbestimmung anhand der Ausgestaltung des Datenschutzrechts und der Grundrechtsnormen der Landesverfassungen, 1997.

[34] Zur Vereinbarkeit mit Art. 6 Abs. 1 GG s. *J. Dietlein*, DtZ 4 (1993) 5, S. 136; *U. Sacksofsky*, NVwZ 12 (1993) 3, S. 235 (237).

[35] Ebd., S. 237.

[36] Art. 113 LV Bayern (»[a]lle Bewohner Bayerns«); Art. 8 LV Berlin; Art. 16 LV Bremen (»allen Bewohnern der Freien Hansestadt Bremen«); Art. 23 Abs. 1 LV Brandenburg (zugleich allerdings nur als »politisches Gestaltungsrecht« eingeordnet); Art. 12 LV Rheinland-Pfalz; Art. 23 Abs. 1 LV Sachsen; Art. 12 Abs. 1 LV Sachsen-Anhalt (dort allerdings mit erweiterter Einschränkbarkeit bei Ausländern); Art. 10 LV Thüringen (»[j]eder Bürger«).

die Vereinigungsfreiheit,[37] die Freizügigkeit[38] oder die Berufsfreiheit[39] als Menschenrecht.

Im Landesverfassungsrecht können Begrenzungen des Grundrechtsschutzes entfallen oder strengere Voraussetzungen für die Einschränkbarkeit eines Grundrechts festgelegt werden. So kann etwa, anstelle eines nur einfachen Gesetzesvorbehalts im Grundgesetz, ein qualifizierter Gesetzesvorbehalt vorgesehen sein. Damit wird – allerdings nicht zwangsläufig – der effektive Garantiebereich des betreffenden Grundrechts erweitert. Art. 108 LV Bayern etwa kennt das beschränkende Erfordernis der Verfassungstreue des Art. 5 Abs. 3 Satz 2 GG bei der Lehrfreiheit nicht. Teilweise wird bei Freiheitsentziehungen die grundgesetzliche Frist zur richterlichen Vorführung bei Festnahmen von maximal 48 Stunden[40] auf äußerstenfalls 24 Stunden verkürzt.[41] Höhere Anforderungen stellen manche Landesverfassungen auch im Hinblick auf die Beschränkbarkeit des Brief-, Post- und Fernmeldegeheimnisses. Anders als Art. 10 Abs. 2 Satz 2 GG, der in bestimmten Fällen einen Ausschluss des Rechtswegs bei Eingriffen zulässt, verbürgen Brandenburg und Thüringen eine zumindest nachträgliche richterliche Kontrolle.[42] Art. 14 Abs. 2 LV Hessen sieht als Beschränkung der Versammlungsfreiheit nur die gesetzliche Begründung einer Anmeldepflicht vor, nicht aber einen weitergehenden Gesetzesvorbehalt wie Art. 8 Abs. 2 GG.[43] Den Grundrechten in den Landesverfassungen kommt zum Teil ausdrücklich Drittwirkung zu, so etwa dem Grundrecht auf freie Meinungsäußerung.[44] Das Bundesverfassungsgericht gelangte dahin erst mit der

---

[37] Art. 114 LV Bayern (»[a]lle Bewohner Bayerns«); Art. 9 LV Berlin; Art. 20 LV Brandenburg; Art. 17 LV Bremen (»allen Bewohnern der Freien Hansestadt Bremen«); Art. 13 LV Rheinland-Pfalz.

[38] Art. 17 LV Brandenburg (aber mit abgesenkter Eingriffsschwelle, weil auf eine Enumeration der möglichen Eingriffskonstellationen entsprechend Art. 11 Abs. 2 Halbsatz 2 GG verzichtet und das Grundrecht einem allgemeinen Gesetzesvorbehalt unterworfen wurde), vgl. *K. Stern*, Das Staatsrecht der Bundesrepublik Deutschland, Bd. III/2, 1994, § 93 IV 5; Art. 109 Abs. 1 LV Bayern (»[a]lle Bewohnern Bayerns«); Art. 18 LV Bremen (»jedem Bewohner der Freien Hansestadt Bremen«); Art. 6 LV Hessen.

[39] Art. 101 LV Bayern (allgemeine Handlungsfreiheit); Art. 12 LV Berlin; Art. 49 LV Brandenburg; Art. 8 LV Bremen; Art. 2 Abs. 1 LV Hessen (allgemeine Handlungsfreiheit); Art. 28 LV Sachsen.

[40] Nach Art. 104 Abs. 2 Satz 3 GG darf die Polizei »aus eigener Machtvollkommenheit« niemanden länger als »bis zum Ende des Tages nach dem Ergreifen« in eigenem Gewahrsam halten.

[41] Art. 9 Abs. 3 LV Brandenburg; Art. 19 Abs. 2 Satz 1 LV Hessen; Art. 4 Abs. 3 Satz 2 LV Thüringen.

[42] Art. 16 LV Brandenburg; Art. 7 Abs. 2 LV Thüringen.

[43] S. dazu *K. Lange*, in: HGR III, 2009, § 83, Rn. 18.

[44] Art. 110 Abs. 1 Satz 2 LV Bayern; Art. 11 Abs. 1 Satz 2 LV Hessen; Art. 10 Abs. 1 Satz 2 LV Rheinland-Pfalz. S. auch das Recht auf Genuss der Naturschönheiten und die Erholung in der freien Natur (Art. 141 Abs. 3 Satz 1 LV Bayern) oder das Aussperrungsverbot (Art. 29 Abs. 5 LV Hessen); vgl. *K. Lange*, in: HGR III, 2009, § 83, Rn. 16.

Entwicklung der Lehre von den Grundrechten als objektiver Wertordnung und deren Ausstrahlungswirkung.[45]

Allerdings sind auch Fälle der Mindergewährleistung zu verzeichnen. Die Versammlungsfreiheit etwa findet sich in Art. 23 LV Brandenburg im Abschnitt über politische Gestaltungsrechte und wäre daher, als politisches Recht verstanden, enger gefasst als in Art. 8 GG.[46] Freilich lässt sich auch überzeugend argumentieren, dass durch diese systematische Einordnung nur die besondere politische Bedeutung der Versammlungsfreiheit hervorgehoben werden sollte, gerade vor dem Hintergrund der konkreten historischen Erfahrung mit den Montagsdemonstrationen in der Endphase der DDR.[47] Während die Wissenschaftsfreiheit nach dem Text des Art. 5 Abs. 3 GG schrankenlos gewährt ist, unterliegen Forschungen nach Art. 31 Abs. 2 LV Brandenburg und in ähnlicher Weise auch nach Art. 10 Abs. 3 LV Sachsen-Anhalt gesetzlichen Beschränkungen, wenn sie geeignet sind, die Menschenwürde zu verletzen oder die natürlichen Lebensgrundlagen zu zerstören. Außerdem bestehen teilweise Notstandsvorbehalte und weitergehende Verwirkungsmöglichkeiten.[48]

Betrachtet man sowohl die im Grundgesetz nicht gewährleisteten eigenständigen Garantien des Landesverfassungsrechts als auch die abweichenden Regelungs- und Schutzbereiche, so wird deutlich, dass die Bedeutung des materiellen Grundrechtspluralismus in Deutschland vor allem in den Gewährleistungsdetails liegt.

2. Federal Bill of Rights *und* state bill of rights *in den USA*

Deutlich starker ausgeprägt ist der materielle Grundrechtsföderalismus in den USA, wo *Federal Bill of Rights* und *state bill of rights* [a)] sogar Ausdruck eigenständiger Verfassungstraditionen sind [b)] und signifikante Unterschiede bei Gewährleistungsgehalten und Grundrechtswirkungen aufweisen [c)].

a) Föderale und einzelstaatliche Grundrechtskataloge

In den USA ergibt sich die Konstellation eines materiellen Grundrechtsföderalismus aus der Koexistenz von *Federal Bill of Rights* und *state bill of rights*. Die ersten zehn Zusatzartikel der Bundesverfassung werden als *Bill of Rights* verstanden. Außerdem enthalten die Verfassungen der 50 Bundesstaaten jeweils eine *Bill of Rights* oder *Declaration of Rights*.[49]

---

[45] BVerfGE 7, 198 (205 ff.), 1 BvR 194/52 – *Lüth*.

[46] *J. Dietlein*, Die Grundrechte in den Verfassungen der neuen Bundesländer, 1993, S. 98–101.

[47] *J. Menzel*, Landesverfassungsrecht, 2002, S. 490; *K. Lange*, in: HGR III, 2009, § 83, Rn. 33.

[48] *K. Stern*, Das Staatsrecht der Bundesrepublik Deutschland, Bd. III/2, 1994, § 93 V 4.

[49] *R. F. Williams*, State Constitutional Law, 4. Aufl. 2006, S. 155.

Der Gewährleistungsgehalt der *Federal Bill of Rights* von 1791 ist im Vergleich zu modernen Grundrechtskatalogen kurz gefasst und inhaltlich sehr beschränkt.[50] Er umfasst vor allem die Meinungs-, Presse- und Versammlungsfreiheit (1. Zusatzartikel) sowie strafprozessuale Garantien (4., 5., 6. und 8. Zusatzartikel). Insbesondere der Redefreiheit kommt ein herausragender Status zu. Andere Gewährleistungen der *Bill of Rights* gelten teilweise als anachronistisch, wie das Recht, Waffen zu besitzen und zu tragen (2. Zusatzartikel) oder der Schutz vor der Einquartierung von Soldaten (3. Zusatzartikel). Im internationalen Vergleich fällt insbesondere die fehlende Gewährleistung der Geschlechtergleichheit[51] sowie wirtschaftlicher und sozialer Grundrechte, etwa der Berufsfreiheit, auf. Die sogenannte *Second Bill of Rights* des Präsidenten Franklin D. Roosevelt[52] umfasste u.a. ein Recht auf Wohnung, medizinische Versorgung, Arbeitslosenunterstützung und Nahrung, wurde aber nur durch gesetzgeberische Maßnahmen, nicht im Verfassungsrecht, umgesetzt.[53] Eine Besonderheit ist zudem die traditionell strikte Trennung von Staat und Kirche bei einem gleichzeitig vergleichsweise geringen Schutz der Religionsfreiheit.[54] Die Todesstrafe ist durch die Bundesverfassung nicht verboten.[55] Explizit formulierte Schranken kennen die Gewährleistungen nicht.[56] Der 9. Zusatzartikel, der die Zusatzartikel 1 bis 8 für nicht abschließend erklärt, spielt in der Praxis des *U.S. Supreme Court* so gut wie keine Rolle.[57]

Auch der ursprüngliche Verfassungstext enthält einige Grundrechtsgarantien, das Recht auf »writ of habeas corpus«, das Verbot des rückwirkenden Erlasses von Gesetzen und das Verbot der »bill of attainder«, Art. I Sect. 9 Cl. 2 und 3 U.S. Const. Weitere Grundrechte gewähren die nach dem Bürgerkrieg angefügten Zusatzartikel 13 bis 15 insbesondere mit dem Verbot von Sklaverei und Zwangsdienstbarkeit im 13. Zusatzartikel sowie mit der *Privileges or Immunities Clause*, der *Due Process Clause* und der *Equal Protection Clause* des 14. Zusatzartikels. Grundrechte im Sinne von Rechten und Garantien der Verfassung, die dem Bürger oder Menschen Freiheiten, Mitwirkungsrechte, soziale Rechte oder Gleichheitsrechte gewährleisten, sind daneben die sogenannten »fundamental rights«. Sie sind aus dem Grundsatz der »equal protection« und des »due process« des 14. Zusatzartikels entwickelt worden, so etwa der Schutz wirtschaftlicher Interessen (»economic liberties«), das Recht auf Privatsphäre (»right

---

[50] *C. L. Black*, A New Birth of Freedom, 1999, S. 2; *E. A. Young*, Yale L. J. 177 (2007) 3, S. 408 (422–426).

[51] S. zum 1982 gescheiterten *Equal Rights Amendment J. Neuwirth/G. Steinem*, Equal Means Equal, 2015.

[52] State of the Union Message to Congress, 11.1.1944.

[53] *C. R. Sunstein*, The Second Bill of Rights, 2004.

[54] *S. Gardbaum*, Mich. L. Rev. 107 (2008) 3, S. 391 (396).

[55] *D. Garland*, Peculiar Institution, 2010.

[56] Zusammenfassend *S. Gardbaum*, Mich. L. Rev. 107 (2008) 3, S. 391 (395 f.).

[57] S. zur Geschichte des 9. Zusatzartikels *D. A. Farber*, Retained by the People, 2007.

to privacy«),[58] über den 14. Zusatzartikel hinausgehend geschützte Gleichheitsinteressen sowie prozedurale Garantien.[59]

b) Verfassungen der Einzelstaaten als Ausdruck einer eigenständigen Verfassungstradition

Die Verfassungen der Einzelstaaten unterscheiden sich in Umfang und Regelungsinhalt grundsätzlich von der Bundesverfassung: Sie stehen für eine eigenständige, von der Bundesverfassung grundverschiedene Verfassungstradition.[60] Insgesamt haben die Grundrechtsbestimmungen der *state constitutions* trotz aller Unterschiede aufgrund ihrer gemeinsamen Geschichte untereinander mehr gemeinsam als mit der Bundesverfassung.[61] Diese horizontale Ähnlichkeit der *state constitutions* ist auch das Resultat vergleichender Studien der jeweiligen Verfassungsgeber.[62] Zudem zeugen untereinander ähnliche Bestimmungen in den *state constitutions* vom Einfluss der auf nationaler Ebene organisierten Interessengruppen wie Bauernverbänden, Gewerkschaften, Frauenrechtsbewegung, später Umweltschutzverbänden und zuletzt vor allem der Homosexuellenbewegung, die ihre Agenden auch in den Einzelstaaten verfolgen.[63]

Im Gegensatz zu den dürren Worten der Bundesverfassung geben sich manche *state constitutions* geradezu blumig. Bekanntes Beispiel dafür ist die Verfassung des Bundesstaates New York.[64] Sie enthält detaillierte Regelungen über Skipisten.[65] Zahlreiche der insgesamt 772 Zusatzartikel der Verfassung von Alabama, die als umfangreichstes Verfassungsdokument der Welt gilt,[66] sind der »operation of bingo games« in verschiedenen *counties* gewidmet. Die weit-

---

58 S. die Leitentscheidung U.S. Supreme Court, *Griswold v. Connecticut*, 381 U.S. 479, 485 (1965).

59 Vgl. zum Ganzen *W. Brugger*, Einführung in das öffentliche Recht der USA, 2. Aufl. 2001, S. 84.

60 *G. A. Tarr*, Understanding State Constitutions, 1998, S. 6: »dual constitutional tradition«; ebenso *R. F. Williams*, The Law of American State Constitutions, 2009, S. 2.

61 *J. Friesen*, State Constitutional Law, 4. Aufl. 2006, S. v.

62 *C. G. Fritz*, Rutgers L.J. 25 (1994) 4, S. 945 (976) für das 19. Jahrhundert; *E. J. Zackin*, Looking for Rights in All the Wrong Places, 2013, S. 2 f.

63 Ebd., S. 21 f.

64 Aus Anlass des 210. Jahrestages der Verfassung fasste die New York Times die Eigenarten dieses Verfassungstexts zusammen: »Many of the U.S. Constitution's grand generalities – about free speech, due process of law, equal protection of the laws – also grace New York's. [...] But those great phrases all but drown in fine print. Hundreds of pages concern things like railroad grade crossings, workmen's compensation and ski trails. Micro-management of the gambling industry, two pages' worth, follows the right of peaceable assembly.« (*J. P. MacKenzie*, New York Times v. 20.4.1987, S. A18).

65 Art. XIV N.Y. Const. Kritisch *J. A. Gardner*, Mich. L. Rev. 90 (1992) 4, S. 761 (819 f.). Zu dieser und vergleichbaren Bestimmungen s. auch *G. A. Tarr*, Understanding State Constitutions, 1998, S. 2 f.; *R. A. Schapiro*, Va. L. Rev. 84 (1998) 3, S. 389 (391); zum Hintergrund der Regelung *E. J. Zackin*, Looking for Rights in All the Wrong Places, 2013, S. 28–32.

66 *C. Robertson*, New York Times v. 31.10.2012, Online-Ausgabe.

schweifige Prosa der *state constitutions* reflektiert den jeweiligen Zeitgeist. Möglich ist dies, weil die *state constitutions* im Vergleich zur Bundesverfassung leicht abänderbar sind. Die häufige Änderung ist geradezu ein Kennzeichen der *state constitutions*. Einige der Verfassungen sind sehr alt, einige sogar älter als die Bundesverfassung, und häufig amendiert.[67]

Allerdings schränken die *state constitutions* die Grundrechtsvielfalt gegenüber der Bundesverfassung zum Teil explizit ein. Die Verfassungen von Florida und Kalifornien etwa sehen vor, dass bestimmte verfassungsrechtliche Garantien nur in Übereinstimmung mit bundesverfassungsrechtlichen Normen auszulegen sind.[68] Umgekehrt erlauben die Verfassungen der Bundesstaaten Kalifornien und Rhode Island ausdrücklich, ihre Grundrechtsgarantien unabhängig von der Bundesverfassung auszulegen.[69]

c) Unterschiede zwischen *Federal Bill of Rights* und *state bill of rights* bei Gewährleistungsgehalten und Grundrechtswirkungen

Die *state bill of rights* enthalten gelegentlich nicht justiziable Bestimmungen.[70] Häufig sind die Rechtegewährleistungen in den *state constitutions* spezifischer formuliert als in der Bundesverfassung. Das gilt etwa für das Verbot grausamer oder ungewöhnlicher Strafen, wie es im 8. Zusatzartikel zur Bundesverfassung auch in allgemeiner Form gewährleistet ist. Die Verfassungen von Alaska, Kalifornien, Florida, Hawaii und Montana enthalten ein geschriebenes *right to privacy*,[71] dessen ungeschriebenes Gegenstück auf Bundesebene Gegenstand lebhafter Auseinandersetzungen war.[72] Über die Bundesverfassung hinaus gewährleisten einzelstaatliche *Bills of Rights* das Recht auf Zugang zu den Gerich-

---

[67] *G. A. Tarr*, Understanding State Constitutions, 1998, S. 9–12; *R. F. Williams*, The Law of American State Constitutions, 2009, S. 13–98.

[68] Art. I, Sect. 7 (a) S. 2 Cal. Const.; Art. I, Sect. 12 Fla. Const. zu *searches and seizures*. S. *R. M. Howard* u.a., Law & Soc'y Rev. 40 (2006) 4, S. 845 (851).

[69] Art. I, Sect. 24 Cal. Const.; Art. I, Sect. 24 R.I. Const. S. *R. F. Utter*, Wash. L. Rev. 64 (1989) 1, S. 19 (38).

[70] *J. J. Dinan*, Keeping the People's Liberties, 1998, S. 5 f.; *J. J. Dinan*, in: M. Tushnet u.a. (Hrsg.), The Oxford Handbook of the U.S. Constitution, 2015, S. 863 (864, 867 f.).

[71] Art. I Sect. 22 Alaska Const.; Art. I Sect. 1 Cal. Const.; Art. I Sect. 23 Fla. Const.; Art. I Sect. 6 Haw. Const.; Art. II Sect. 10 Mont. Const.; vgl. *R. J. Holland* u.a., State Constitutional Law, 2010, S. 256, 667. Nach *G. A. Tarr*, Understanding State Constitutions, 1998, S. 13 (m.N.) enthalten insgesamt elf *state constitutions* ein explizites *right to privacy*. Sechs weitere *state constitutions* enthalten zwar kein eigenes *right to privacy*, schützen aber bestimmte Formen der Privatsphäre durch die Abschnitte über »search and seizure«.

[72] S. die Entscheidungen U.S. Supreme Court, *Griswold v. Connecticut*, 381 U.S. 479 (1965) (zum Verbot der Verwendung von Mitteln zur Empfängnisverhütung); *Roe v. Wade*, 410 U.S. 113 (1973) (zum Schwangerschaftsabbruch); *Lawrence v. Texas*, 539 U.S. 558 (2003) (zum gleichgeschlechtlichen Intimverkehr).

ten (*access to court*),[73] das Recht auf Freilassung gegen Kaution (*right to bail*),[74] Opferrechte im Strafverfahren[75] sowie ein Recht auf Bildung (*right to education*).[76] Seit 1971 wurden in 17 Staaten die Finanzierungsregeln des öffentlichen Schulwesens für nichtig erklärt, weil sie als Verletzungen eines Rechts auf angemessene öffentliche Ausbildung angesehen wurden.[77] Zunehmend gewähren die *state constitutions* auch ein Recht auf eine gesunde Umwelt (*right to a clean and healthy environment*).[78] Bestimmungen zum Umweltschutz enthalten insgesamt 34 *state constitutions*, die von Gesetzgebungs- und Verwaltungskompetenzen über Programmnormen (*policy statements*) bis zu individuellen Rechten reichen. Manche Verfassungen gewähren ein Jagd- und Fischereirecht,[79] einige schreiben staatliche Hilfe für Bedürftige (*aid for the needy*) vor.[80] Andere enthalten eine Garantie der Tarifautonomie (*collective bargaining rights*).

Auch Frauenrechte genießen den Schutz der *state constitutions*. Als der 19. Zusatzartikel ratifiziert wurde, hatten bereits elf Staaten im Westen das Wahlrecht für Frauen eingeführt. Während das *Equal Rights Amendment* zur Bundesverfassung scheiterte, weil nicht die erforderliche Zahl von Staaten zustimmte,[81] führten 15 Staaten *equal rights amendments* ein, die entweder ihre *equal protection clauses* ausdehnten und explizit auf *sex* oder *gender* bezogen oder aber sich an die Formulierung des vorgeschlagenen Bundeszusatzes anlehnten.[82]

---

[73] S. etwa Article I, § 21 Florida Const. Nach *G. A. Tarr*, Understanding State Constitutions, 1998, S. 13 (m.N.) gewährleisten 39 *state constitutions* den »access to a legal remedy to those who suffer injuries«.

[74] S. etwa Article I, § 14 Florida Const.; vgl. *T. C. Marks/J. F. Cooper*, State Constitutional Law in a Nutshell, 2. Aufl. 2003, S. 35–37.

[75] S. etwa Article I, § 22 New York Const.; vgl. *R. F. Williams*, in: G. A. Tarr/R. F. Williams (Hrsg.), State Constitutions for the Twenty-first Century, Bd. 3, 2006, S. 7 (20).

[76] Zur Zeit enthält jede einzelstaatliche Verfassung zumindest eine Bestimmung über das öffentliche Bildungswesen, vgl. *E. J. Zackin*, Looking for Rights in All the Wrong Places, 2013, S. 67.

[77] *L. J. Barker* u.a., Civil Liberties and the Constitution, 9. Aufl. 2011, S. 20.

[78] *E. J. Zackin*, Looking for Rights in All the Wrong Places, 2013, S. 150 f.

[79] S. etwa Article XI, § 13 Tennessee Const.

[80] S. etwa Article XII, § 3(3) Montana Const.; Article XVII, § 1 New York Const. 16 weitere *state constitutions* haben vergleichbare Bestimmungen: Alabama, California, Georgia, Hawaii, Idaho, Indiana, Kansas, Louisiana, Massachusetts, Mississippi, Montana, Nevada, North Carolina, Oklahoma, Texas, Utah und Wyoming; vgl. dazu *S. Gardbaum*, Mich. L. Rev. 107 (2008) 3, S. 391 (447); *R. J. Holland* u.a., State Constitutional Law, 2010, S. 731. S. zu den Debatten um Arbeitnehmer- und Gewerkschaftsrechte, soziale und wirtschaftliche Rechte sowie Rechte auf eine saubere und gesunde Umwelt auch *J. J. Dinan*, The American State Constitutional Tradition, 2006, S. 184–221.

[81] S. oben Fn. 51.

[82] *K. F. O'Neill*, N.Y.L. Sch. J. Hum. Rts. 11 (1993) 1, S. 1 (5, 56); *L. J. Barker* u.a., Civil Liberties and the Constitution, 9. Aufl. 2011, S. 20.

Im Gegensatz zur Bundesverfassung sprechen alle *state constitutions* soziale und wirtschaftliche Fragen an und enthalten eine Reihe positiver Rechte.[83] Positive Rechte – verstanden als Rechte, die Schutz auch vor vom Staat selbst nicht verursachten Gefahren gewähren und die vom Staat nicht nur ein Unterlassen, sondern aktives Tun verlangen[84] – gehören demnach über die Jahrhunderte hinweg durchaus zur amerikanischen Verfassungstradition.[85] Dadurch wird die internationale Sonderstellung der US-amerikanischen Bundesverfassung in dieser Hinsicht ein Stück weit relativiert.[86] Einige *state courts* verstanden die Gewährleistungen positiver Rechte in den *state constitutions* als Antriebsmoment für einen politisch natürlich nicht unumstrittenen sozialen Wandel.[87] Herausragende Beispiele für eine »aktivistische« Interpretation positiver Rechte sind die Rechtsprechung des *New Jersey Supreme Court* und des *California Supreme Court* im Bereich von Bildung und Bildungsfinanzierung.[88] Allerdings kommt positiven Rechten in der Praxis der Rechtsdurchsetzung bei weitem nicht die Bedeutung zu, die eine unbefangene Lektüre der Verfassungstexte nahelegt.[89]

Eine weitere Besonderheit der *state constitutions* ist, dass sie die *state action limitation*, also die Beschränkung der Horizontalwirkung der Verfassung, nicht übernehmen.[90] Die *state courts*, die dabei auch die bundesrechtliche *state action limitation*[91] nicht zu beachten brauchen, können sich bei der Entfaltung einer Horizontalwirkung verfassungsrechtlicher Wertungen zudem im Grenzbereich von *state common law* und *state constitutional law* bewegen, während die Bundesgerichte durch den engen Text der Bundesverfassung beschränkt werden. Die im *state common law* enthaltenen Wertungen tragen so zur Verwirklichung von Grundrechten bei.[92] Selbst in Bundesstaaten, die ein *state action require-*

---

[83] *B. Neuborne*, Rutgers L.J. 20 (1989) 4, S. 881; *H. Hershkoff*, Harv. L. Rev. 112 (1999) 6, S. 1131 (1135, 1138).

[84] S. zum Begriff und zur Kontroverse um die Unterscheidung zwischen negativen und positiven Rechten *E. J. Zackin*, Looking for Rights in All the Wrong Places, 2013, S. 39–47; zur Kritik s. auch *S. Holmes/C. R. Sunstein*, The Cost of Rights, 1999.

[85] *E. J. Zackin*, Looking for Rights in All the Wrong Places, 2013, S. 3, 11 f. *et passim*.

[86] *S. Gardbaum*, Mich. L. Rev. 107 (2008) 3, S. 391 (446); *E. J. Zackin*, Looking for Rights in All the Wrong Places, 2013, S. 8–10. Für eine einflussreiche, allerdings in vielerlei Hinsicht widerlegte Deutung der US-amerikanischen Arbeiterbewegung als ›liberal‹ im Lockeschen Sinne *L. Hartz*, The Liberal Tradition in America, 1955.

[87] *B. Neuborne*, Rutgers L.J. 20 (1989) 4, S. 881; *H. Hershkoff*, Harv. L. Rev. 112 (1999) 6, S. 1131; *D. B. Rodriguez*, in: J. A. Gardner/J. Rossi (Hrsg.), New Frontiers of State Constitutional Law, 2011, S. 61 (72 f.).

[88] S. etwa Supreme Court of California, *Serrano v. Priest*, 135 Cal. Rptr. 345 (1977); Supreme Court of New Jersey, *Robinson v. Cahill I*, 62 N.J. 473 (1973).

[89] *E. J. Zackin*, Looking for Rights in All the Wrong Places, 2013, S. 197.

[90] S. zu ›horizontal effect‹ als Begriff, der sowohl *state action doctrine* als auch Drittwirkung bezeichnen soll: *H. Hershkoff*, in: J. A. Gardner/J. Rossi (Hrsg.), New Frontiers of State Constitutional Law, 2011, S. 151 (151).

[91] S. insb. U.S. Supreme Court, *Shelley v. Kraemer*, 334 U.S. 1 (1948).

[92] *J. S. Kaye*, Rutgers L.J. 23 (1992) 4, S. 727 (738–750).

ment für die Anwendung der Grundrechte kennen, können die *state common law doctrines* des *contract law*, *tort law* und *property law* eine Auslegung und Anwendung verfassungsrechtlicher Normen in privaten Streitigkeiten ermöglichen.[93] Dazu dienen Rechtsfiguren des *state common law* wie das »public policy tort«, bei deren Anwendung sich die *state courts* unter anderem von Verfassungsnormen leiten lassen.[94] Außerdem leiten verfassungsrechtliche Wertungen die Auslegung privater Verträge. Das wohl wichtigste Einfallstor ist dabei die Figur des »implied covenant of good faith«.[95] Weniger zahlreich sind die Fälle, in denen im Rahmen des *state common law* das Eigentumsrecht von Grundstückseigentümern und das Recht der freien Meinungsäußerung ungebetener Gäste zum Ausgleich gebracht werden. Das *state common law* wird hilfsweise angewandt, etwa auch jenseits des Anwendungsbereichs einschlägiger Arbeitnehmerschutzbestimmungen im Arbeitsrecht.[96]

Insgesamt schlägt sich also die Unterschiedlichkeit der Verfassungstraditionen von Bund und Einzelstaaten deutlich in einem materiellen Grundrechtspluralismus in den USA nieder. Anders als in der Bundesrepublik zeigt sich die materielle Grundrechtsvielfalt in den USA in grundlegenden Unterschieden.

3. Europäische Grundrechte und Grundrechtsordnungen der Mitgliedstaaten

Auch in der Europäischen Union findet sich ein materieller Grundrechtspluralismus, der sich auf die Vielfalt der europäischen und mitgliedstaatlichen Grundrechtskataloge stützt [a)] und zum einen durch innovative Gewährleistungsgehalte der Charta der Grundrechte der Europäischen Union [b)], zum anderen durch die Unterschiede zwischen den Grundrechtsordnungen der Mitgliedstaaten [c)] geprägt wird.

---

93 *H. Hershkoff*, in: J. A. Gardner/J. Rossi (Hrsg.), New Frontiers of State Constitutional Law, 2011, S. 151 (151 f.).

94 S. etwa Washington Supreme Court, *Thompson v. St. Regis Paper Co.*, 685 P.2d 1081 (Wash. 1984); Illinois Supreme Court, *Palmateer v. Int'l. Harvester Co.*, 421 N.E.2d 876, 878 (Ill. 1981); Washington Supreme Court, *Roberts v. Dudley*, 993 P.2d 901, 911 (Wash. 2000) (state constitutional equality provisions); California Court of Appeal, *Phillips v. St. Mary Regional Medical Center*, 96 Cal.App.4th 218 (2002) (state constitutional equality provisions); vgl. *H. Hershkoff*, in: J. A. Gardner/J. Rossi (Hrsg.), New Frontiers of State Constitutional Law, 2011, S. 151 (156–159) m.w.N.

95 S. etwa Michigan Supreme Court, Toussaint v. Blue Cross & Blue Shield of Michigan, 292 N.W.2d 880 (Mich. 1980); vgl. *H. Hershkoff*, in: J. A. Gardner/J. Rossi (Hrsg.), New Frontiers of State Constitutional Law, 2011, S. 151 (159 f.).

96 S. etwa Supreme Court of New Jersey, *State v. Shack*, 277 A.2d 369 (N.J. 1971); *Uston v. Resort Int'l Hotel, Inc.*, 445 A.2d 370 (N.J. 1982); Supreme Court of Oregon, *Lloyd Corp. v. Whiffen*, 773 P.2d 1294 (Or. 1989); vgl. *H. Hershkoff*, in: J. A. Gardner/J. Rossi (Hrsg.), New Frontiers of State Constitutional Law, 2011, S. 151 (160–162, 169 f.).

a) Vielfalt europäischer und mitgliedstaatlicher Grundrechtskataloge

Auf europäischer Ebene sind Grundrechte nicht mehr nur als ungeschriebene allgemeine Grundsätze gewährleistet. Vielmehr ist die Charta der Grundrechte der Europäischen Union durch Art. 6 Abs. 1 UAbs. 1 Halbsatz 2 EUV dem europäischen Primärrecht gleichgestellt. Gemäß Art. 6 Abs. 3 EUV sind zudem die »Grundrechte, wie sie in der Europäischen Konvention zum Schutz der Menschenrechte und Grundfreiheiten gewährleistet sind und wie sie sich aus den gemeinsamen Verfassungsüberlieferungen der Mitgliedstaaten ergeben, als allgemeine Grundsätze Teil des Unionsrechts«. Schließlich ist in Art. 6 Abs. 2 EUV vorgesehen, dass die Union der Europäischen Konvention zum Schutz der Menschenrechte und Grundfreiheiten beitritt.

In der Europäischen Union kennen alle Mitgliedstaaten jedenfalls geschriebene Grundrechtsgewährleistungen.[97] Soweit das Verfassungsrecht wie im Falle

---

[97] S. die Länderberichte in *L. Prakke/C. Kortmann*, Constitutional Law of 15 EU Member States, 2004; J. Laffranque (Hrsg.), The Protection of Fundamental Rights Post Lisbon, 2012. Belgien: Art. 8 ff. Verf.; s. *V. Dujardin*, in: M. Verdussen/N. Bonbled (Hrsg.), Les droits constitutionnels en Belgique, 2011, S. 37; *P. Popelier*, in: P. Popelier u.a. (Hrsg.), Human rights protection in the European legal order, 2011, S. 149. Bulgarien: Art. 25 ff. Verf. Dänemark: Art. 70 ff. Verf. Deutschland: Art. 1 ff. GG. Estland: §§ 8 ff. der Verfassung. Finnland: Art. 6 ff. des Grundgesetzes (*perustuslaki*); s. *J. Köbler*, Die Konzeption der Grundrechte im finnischen Verfassungsrecht in rechtsvergleichender Sicht, 2009, S. 21–39. Frankreich: Erklärung der Menschen- und Bürgerrechte von 1789, Präambeln der Verfassungen von 1946 und 1958 sowie Einzelbestimmungen der Verfassung von 1958; Conseil constitutionnel, Décision no. 7144 DC v. 16.7.1971; s. *O. Jouanjan*, in: A. von Bogdandy u.a. (Hrsg.), Handbuch Ius Publicum Europaeum, 2007, S. 87 (144–146), Rn. 106–108; R. Cabrillac (Hrsg.), Libertés et droits fondamentaux, 2013, S. 13–22. Griechenland: Art. 4 ff. Verf.; s. *S.-I. G. Koutnatzis*, in: A. von Bogdandy u.a. (Hrsg.), Handbuch Ius Publicum Europaeum, 2007, S. 151 (196 f.), Rn. 97–99. Irland: Art. 40 ff. Verf. Italien: Art. 13 ff. Verf.; »unverletztliche Rechte«; s. *M. Dogliani/C. Pinelli*, in: A. von Bogdandy u.a. (Hrsg.), Handbuch Ius Publicum Europaeum, 2007, S. 273; *G. Martinico/O. Pollicino*, in: P. Popelier u.a. (Hrsg.), Human rights protection in the European legal order, 2011, S. 261. Kroatien: Art. 14 ff. Verf.; s. Editorial Comment, CML Rev. 49 (2012) 2, S. 481. Lettland: Art. 89 ff. Verf. Litauen: Art. 18 ff. Verf. Luxemburg: Art. 9 ff. Verf. Malta: Sect. 32 ff. Verf. Niederlande: Art. 1 ff. Verf.; s. *M. Claes/G. J. Leenknegt*, in: P. Popelier u.a. (Hrsg.), Human rights protection in the European legal order, 2011, S. 287. Österreich: Staatsgrundgesetz vom 21.12.1867, über die allgemeinen Rechte der Staatsbürger für die im Reichsrathe vertretenen Königreiche und Länder (eine der zahlreichen Grundrechtsquellen, s. i.Ü. die Ausführungen im Text). Polen: Art. 30 ff. Verf.; *P. Tuleja*, in: A. von Bogdandy u.a. (Hrsg.), Handbuch Ius Publicum Europaeum, 2007, S. 451 (465 f.), Rn. 27–30. Portugal: Art. 12 ff. Verf. Rumänien: Art. 15 ff. Verf. Schweden: Kap. 2. Verf.; s. *H.-H. Vogel*, in: A. von Bogdandy u.a. (Hrsg.), Handbuch Ius Publicum Europaeum, 2007, S. 507 (544), Rn. 85. Slowakei: Art. 11 ff. Verf. Slowenien: Art. 14 ff. Verf. Spanien: Art. 10 ff. Verf.; s. *M. Medina Guerrero*, in: A. von Bogdandy u.a. (Hrsg.), Handbuch Ius Publicum Europaeum, 2007, S. 625; *A.-L. Martínez-Pujalte/T. d. Domingo*, Los derechos fundamentales en el sistema constitucional, 2011; *E. Guillén López*, in: P. Popelier u.a. (Hrsg.), Human rights protection in the European legal order, 2011, S. 309. Tschechien: Charta der Grundrechte und -freiheiten i.V.m. Art. 112 Abs. 1 Verf. Ungarn: Art. 54 ff. Verf. Vereinigtes Königreich: Human Rights Act 1998. Zypern: Art. 6 ff. Verf.

Österreichs keinen eigenständigen Grundrechtskatalog umfasst, gilt die EMRK mit Verfassungsrang[98] oder jedenfalls wie der *Human Rights Act* des Vereinigten Königreichs als Gesetz mit besonderem Status.[99]

b) Innovationen der Grundrechtecharta

Über die bloße Vielfalt der Grundrechtsquellen hinaus wird der materielle Grundrechtspluralismus in der Europäischen Union durch innovative Gewährleistungsgehalte der Grundrechtecharta geprägt. Gegenüber den mitgliedstaatlichen Verfassungen und der EMRK wartete die Grundrechtecharta mit einigen Neuerungen auf: Am deutlichsten wird der inhaltliche Mehrwert der Charta im Bereich der Rechte der sogenannten dritten Generation, die weder in den Verfassungen der Mitgliedstaaten noch in den internationalen Menschenrechtsverträgen, denen die Mitgliedstaaten überwiegend beigetreten sind, eine vergleichbare Berücksichtigung erfahren. Art. 3 Abs. 2 GRCh zu Fragen der Bioethik etwa übernimmt wesentliche Elemente des Übereinkommens des Europarates über Menschenrechte und Biomedizin (Übereinkommen von Oviedo),[100] das bis heute von vielen Mitgliedstaaten nicht ratifiziert worden ist.[101] Ein Recht auf eine gute Verwaltung, wie es Art. 41 GRCh vorsieht, findet nur in wenigen neueren Verfassungen ausdrückliche Erwähnung.[102] Mit der Menschenwürdegarantie (Art. 1 GRCh), dem Schutz personenbezogener Daten (Art. 8 GRCh) und der Freiheit der Kunst und der Wissenschaft (Art. 13 GRCh) enthält die Charta auch Rechte, die sich nicht ausdrücklich in der EMRK finden, vom EGMR jedoch aus anderen Grundrechten der EMRK abgeleitet wurden.[103]

Bemerkenswert, zumal angesichts der unterschiedlichen Verfassungstraditionen der Mitgliedstaaten, sind auch die Gewährleistungen wirtschaftlicher und sozialer Grundrechte in der Charta. Die Charta gilt als das erste rechtsver-

---

[98] Art. II Nr. 7 des 59. Bundesverfassungsgesetzes vom 4. März 1964, mit dem Bestimmungen des Bundesverfassungsgesetzes in der Fassung von 1929 über Staatsverträge abgeändert und ergänzt werden, BGBl. 1964/59 v. 6.4.1964, S. 623. S. zu den innerstaatlichen Grundrechten im Übrigen, die in verschiedenen Gesetzen enthalten und nicht in einer zentralen Verfassungsurkunde oder einem einheitlichen, umfassenden Katalog zusammengefasst sind, *K. Pabel*, in: J. Laffranque (Hrsg.), The Protection of Fundamental Rights Post Lisbon, 2012, S. 219 (223–225).

[99] *B. Dickson*, in: P. Popelier u.a. (Hrsg.), Human rights protection in the European legal order, 2011, S. 343.

[100] Euorparat, Übereinkommen zum Schutz der Menschenrechte und der Menschenwürde im Hinblick auf die Anwendung von Biologie und Medizin v. 4.4.1997, SEV Nr. 164.

[101] S. zum Ratifkationsstand die Website des Vertragsbüros des Europarats, http://conventions.coe.int/Treaty/Commun/ChercheSig.asp?NT=164&CM=8&DF=10/07/2015&CL=GER, geprüft am 31.1.2019.

[102] *C. Ladenburger*, in: J. Laffranque (Hrsg.), The Protection of Fundamental Rights Post Lisbon, 2012, S. 141 (143).

[103] Vgl. *H. D. Jarass*, in: H. D. Jarass (Hrsg.), Charta der Grundrechte der Europäischen Union, 3. Aufl. 2016, Art. 52 GRC, Rn. 57.

bindliche internationale Instrument, das diese Rechte mit den klassischen bürgerlichen und politischen Rechten in einem einzigen Katalog vereinigt und sie demselben System der gerichtlichen Durchsetzung unterwirft. Um diesen Konsens zu erzielen und eine Dichotomie zwischen bürgerlichen und politischen Rechten einerseits und wirtschaftlichen und sozialen Rechten andererseits zu vermeiden, bedurfte es allerdings der Unterscheidung zwischen Rechten und Grundsätzen (Art. 52 Abs. 5 GRCh) und der Bezugnahme auf einzelstaatliche Rechtsvorschriften und Gepflogenheiten (Art. 52 Abs. 6 GRCh).[104] Die Grundrechtecharta anerkennt im Rahmen des mit »Solidarität« überschriebenen Titels IV ein Grundrecht auf Zugang zu Dienstleistungen von allgemeinem wirtschaftlichen Interesse (Art. 36 GRCh), das in einem gewissen Spannungsverhältnis zum marktwirtschaftlichen Modell eines unverfälschten Wettbewerbs steht. Das in Art. 37 und 38 GRCh verankerte hohe Niveau beim Umweltschutz und beim Verbraucherschutz bildet im EU-Sekundärrecht bereits dokumentierte Präferenzen auf grundrechtlicher Ebene ab.[105]

Am wenigsten innovativ ist die Charta im Bereich der bürgerlichen und politischen Rechte. Hier übernimmt sie häufig die Garantien der EMRK mit deren Bedeutung und Tragweite, Art. 52 Abs. 3 GRCh. Das wichtigste Beispiel für eine Neuerung der Charta in diesem Bereich ist das Recht auf einen wirksamen Rechtsbehelf und ein unparteiisches Gericht in Art. 47 GRCh. Die Charta verzichtet auf die in der EMRK angelegte Unterscheidung zwischen »zivilrechtlichen Ansprüche[n] und Verpflichtungen«, die dem Recht auf ein faires Verfahren nach Art. 6 EMRK unterfallen, und anderen Rechten, für die ein administrativer Rechtsbehelf genügt, um dem Recht auf wirksame Beschwerde nach Art. 13 EMRK zu entsprechen. Das mag heute selbstverständlich erscheinen, war es jedoch im Jahr 2000 angesichts des damaligen Entwicklungsstands der Rechtsprechung zu Art. 6 EMRK nicht.[106] Eine wesentliche Erweiterung gegenüber Art. 4 des Protokolls Nr. 7 zur EMRK[107] bedeutet die grenzüberschreitende Garantie des Rechts, wegen derselben Straftat nicht zweimal strafrechtlich verfolgt oder bestraft zu werden (*ne bis in idem*) in Art. 50 GRCh. Inzwischen hat der EGMR den Begriff des »idem« im Lichte der Rechtsprechung des EuGH fortentwickelt, sodass die Auslegung konvergiert.[108]

---

[104] G. Braibant (Hrsg.), La Charte des droits fondamentaux de l'Union européenne, 2001, S. 46; *C. Ladenburger*, in: J. Laffranque (Hrsg.), The Protection of Fundamental Rights Post Lisbon, 2012, S. 141 (143).

[105] *M. Herdegen*, in: HStR X, 3. Aufl. 2012, § 211, Rn. 7.

[106] EuGH, Rs. 222/84, *Johnston*, Slg. 1986, 1651, Rn. 18; Rs. 222/86, *Heylens*, Slg. 1987, 4097, Rn. 14; Rs. C-97/91, *Borelli*, Slg. 1992, I-6313, Rn. 14. Einmal hatte ein Generalanwalt explizit geäußert, dass dies über den EMRK-Standard hinausgehe, s. GA Colomer, Rs. C-65/95 und C-111/95, Slg. 1997, I-3343, Rn. 75.

[107] Protokoll Nr. 7 zur Konvention zum Schutze der Menschenrechte und Grundfreiheiten in der Fassung des Protokolls Nr. 11 v. 22.11.1984, SEV Nr. 117.

[108] EGMR (GK), *Sergey Zolotukhin ./. Russland*, Urt. v. 10.2. 2009, Nr. 14939/03, insb.

Schließlich enthält Art. 21 GRCh einen umfassenden Katalog von 17 Diskriminierungsverboten, der die Verbote aus Art. 14 EMRK und Art. 19 AEUV aufnimmt und um das Kriterium der genetischen Merkmale ergänzt.[109] Art. 21 GRCh erfasst damit deutlich mehr Unterscheidungskriterien als die speziellen Gleichheitssätze des Grundgesetzes. Beim Recht auf Gleichheit von Männern und Frauen lässt Art. 23 Abs. 2 GRCh in Anknüpfung an Art. 157 Abs. 4 AEUV spezifische Vergünstigungen für das »unterrepräsentierte Geschlecht« zu. Eigene Gewährleistungen widmet die Charta Kindern (Art. 24 GRCh) und älteren Menschen (Art. 25 GRCh) ebenso wie Menschen mit Behinderung (Art. 26 GRCh).[110]

Ausweislich des 6. Erwägungsgrunds des Protokolls über die Anwendung der Charta der Grundrechte der Europäischen Union auf Polen und das Vereinigte Königreich[111] bekräftigt die Charta die in der Union anerkannten Rechte, Freiheiten und Grundsätze und macht diese Rechte besser sichtbar, schafft indes keine neuen Rechte oder Grundsätze. Auch die vorstehenden Gewährleistungen, die als Innovation erscheinen, müssen nach dieser autoritativen Erklärung also bereits in allgemeinen Rechtsgrundsätzen des Unionsrechts anerkannt gewesen sein.[112]

c) Unterschiede zwischen den Grundrechtsordnungen der Mitgliedstaaten

Vor allem substantielle Unterschiede zwischen den Mitgliedstaaten in der Ausgestaltung des Grundrechtskatalogs und im Verständnis einzelner Grundrechte machen den materiellen Grundrechtspluralismus in der Europäischen Union aus. Die Art und Weise, wie Verfassungen die Grundrechte schützen, sind jeweils Ausdruck der Verfassungswerte, der Traditionen und der Rechtskultur.[113] Im deutschen Grundgesetz etwa kommt bekanntlich der Menschenwürdegarantie des Art. 1 als »Grundnorm«[114] eine herausgehobene Stellung zu. Die Berufsfreiheit genießt im internationalen Vergleich nach Art. 12 Abs. 1 GG eine besondere Stellung. Dagegen kennt das Grundgesetz kein ausdrückliches

---

Rn. 37, 79. Der EGMR bezog sich auf EuGH, Rs. C-367/05, *Kraaijenbrink*, Slg. 2007, I-6619. S. auch *S. Kadelbach*, in: O. Dörr u.a. (Hrsg.), EMRK/GG, 2. Aufl. 2013, Kapitel 29: Verbot der Mehrfachbestrafung, Rn. 18.

[109] *C. Ladenburger*, in: J. Laffranque (Hrsg.), The Protection of Fundamental Rights Post Lisbon, 2012, S. 141 (144 f.).

[110] *M. Herdegen*, in: HStR X, 3. Aufl. 2012, § 211, Rn. 7.

[111] Protokoll über die Anwendung der Charta der Grundrechte der Europäischen Union auf Polen und das Vereinigte Königreich v. 13.12.2007, ABl. C 306 vom 17.12.2007, S. 154.

[112] *C. Ladenburger*, in: J. Laffranque (Hrsg.), The Protection of Fundamental Rights Post Lisbon, 2012, S. 141 (145). S. für eine Synopse von deutschen und europäischen Grundrechten *N. Petersen*, Deutsches und Europäisches Verfassungsrecht II, 2019.

[113] *J. H. Gerards*, HRLR 2018 (1).

[114] BVerfGE 1, 97 (104), 1 BvR 220/51 (1951) – *Hinterbliebenenrente*.

Recht auf Privatheit und auch kein ausdrückliches Recht auf ein faires Verfahren.[115] Demgegenüber zeichnet sich die niederländische Verfassung durch ihre detaillierten Bestimmungen zum Recht auf Bildung aus (Art. 23 Grondwet). Die schwedische Verfassung betont den großen Wert der Meinungsfreiheit,[116] die irische Verfassung zollt dem Recht auf Leben des Ungeborenen und der traditionellen Familie besondere Anerkennung (Art. 40.3.3 Verf.). Das ungarische Grundgesetz wiederum spiegelt stark nationale Werte wider.[117]

Beispiele für in einigen Mitgliedstaaten vergleichsweise weniger geschützte Rechte sind das Recht auf Leben, das Recht auf Freiheit von Folter und Sklaverei in Dänemark oder der Schutz der Familie in Polen und Irland. In Polen prägt die verfassungsrechtliche Definition der monogamen und heterosexuellen Ehe[118] die Gerichtspraxis und bleibt so hinter Art. 8 EMRK zurück.[119] Das Recht auf Eheschließung ist etwa in Malta oder den Niederlanden nicht verfassungsrechtlich gewährleistet. Das Streikrecht der slowakischen Verfassung wird in der Gesetzgebung enger umgesetzt als es die Grundrechtecharta gewährleistet.[120] Soziale und wirtschaftliche Grundrechte werden in einer Reihe von Mitgliedstaaten, etwa in Irland, aber auch in Deutschland, nicht im selben Ausmaß gewährleistet wie nach der Grundrechtecharta. In struktureller Hinsicht wird das quasi-dualistische System in Ungarn als Hindernis für einen angemessenen Schutz von EMRK-Rechten gesehen. Es beschränkt die Gerichte auf Techniken der Konformauslegung.[121]

Andererseits werden einige Rechte in manchen Mitgliedstaaten besser geschützt als nach der Grundrechtecharta. So sind etwa in Irland das Leben des ungeborenen Kindes, das Recht auf ein *trial by jury* und die persönliche Ehre in besonderer Weise geschützt. In den Niederlanden und Deutschland besteht ein absolutes Verbot der Vorab-Zensur. In den Niederlanden ist das Recht auf Bildung und auf finanzielle Gleichbehandlung im Erziehungswesen besser geschützt. In Belgien, Tschechien, Ungarn und anderen Staaten genießen ethnische Minderheiten, Sprachminderheiten und kulturelle Minderheiten besonderen Schutz. In Slowenien definieren bestimmte Verfahrensrechte einen höhe-

115 *O. Lepsius*, in: J. Masing u.a. (Hrsg.), Strukturfragen des Grundrechtsschutzes in Europa, 2015, S. 45 (48–51).

116 Das Gesetz über die Meinungsfreiheit (*Yttrandefrihetsgrundlag*) hat in Schweden Verfassungsrang, vgl. dazu *I. Cameron/T. Bull*, in: J. H. Gerards/J. Fleuren (Hrsg.), Implementation of the European Convention on Human Rights and of the Judgments of the ECtHR in National Case-Law, 2014, S. 261.

117 *J. Fröhlich/L. Csink*, TvCR 3 (2012) 4, S. 424.

118 Art. 18 der polnischen Verfassung von 1997.

119 S. zur Öffnung der Ehe für gleichgeschlechtliche Paare in europäischen Staaten *F. Wollenschläger/D. Coester-Waltjen*, Ehe für Alle, 2018, S. 137–217.

120 *L. F. M. Besselink*, in: J. Laffranque (Hrsg.), The Protection of Fundamental Rights Post Lisbon, 2012, S. 63 (69 f.).

121 S. zur neuen Verfassung Ungarns den Bericht der Venedig-Kommission, Opinion no. 621/2011 vom 20.6.2011, CDL-AD(2011)016.

ren Standard als von Charta und EMRK gewährleistet. In Schottland führte jedenfalls bislang eine ungebührliche Verfahrensverzögerung zur Einstellung (»nullity«) des Verfahrens. In Luxemburg genießen *les droits naturels de la personne humaine et de la famille* einen besseren Schutz. Weitere Beispiele sind bestimmte wirtschaftliche und soziale Rechte in der Slowakei, in Tschechien, Polen, Bulgarien und anderen Staaten. In Spanien genießt das Verbot der Verurteilung in Abwesenheit einen besonderen Status, in Portugal ist das Recht auf gute Verwaltung besser geschützt.[122]

Unterschiedlich ausgeprägt sind etwa auch die Sensibilitäten im Umgang mit dem Datenschutz, wovon die umfangreiche Videobeobachtung im Vereinigten Königreich zeugt. Spezifika der deutschen Grundrechtsordnung liegen insbesondere in der Rundfunkfreiheit mit dem Gebot der Staatsferne des öffentlich-rechtlichen Rundfunks sowie in der Wissenschafts- und Kunstfreiheit. Bei der Religionsfreiheit steht der besondere Status, der ihr im Vereinigten Königreich und in Deutschland eingeräumt wird, im Kontrast zu den Restriktionen, denen das Leben nach religiösen Vorschriften in Frankreich ausgesetzt ist.[123]

Prägend für den materiellen Grundrechtspluralismus der EU sind damit vor allem die horizontalen Unterschiede zwischen den Grundrechtsordnungen der einzelnen Mitgliedstaaten.[124] Allerdings lässt sich auch eine harmonisierende Rolle der EMRK bei der Interpretation sowohl der Unionsgrundrechte als auch der nationalen Grundrechte konstatieren.[125] Zugleich sind in der EU die Grundrechtsebenen in besonderer Weise miteinander verknüpft. Zunächst waren die gemeinsamen Verfassungsüberlieferungen Rechtserkenntnisquelle. Sie haben in der Folge auch die Arbeiten des Grundrechtekonvents der EU mit angeleitet. Auch nach der Rechtsverbindlichkeit der Charta sind sie weiter von Belang, sei es über den Auslegungsgrundsatz des Art. 52 Abs. 4 GRCh oder bei der Fortschreibung der ungeschriebenen, richterrechtlich entwickelten Grundrechte als Teil der allgemeinen Rechtsgrundsätze (Art. 6 Abs. 3 EUV).[126]

---

[122] *L. F. M. Besselink*, in: J. Laffranque (Hrsg.), The Protection of Fundamental Rights Post Lisbon, 2012, S. 63 (70).

[123] Zu diesen Beispielen überblicksartig *C. D. Classen*, EuR 52 (2017) 3, S. 347 (347 f.).

[124] Für die rechtliche Durchdringung der Pressefreiheit, des allgemeinen Persönlichkeitsrechts und des Versammlungsrechts sowie des für die Grundrechtseinschränkung maßgeblichen Begriffs der »öffentlichen Sicherheit« s. auch *J. Masing*, JZ 70 (2015) 10, S. 477 (487).

[125] *C. D. Classen*, in: FS Müller-Graff, 2015, S. 1378 (1383); s. für die Grundrechtecharta Art. 52 Abs. 3 GRCh.

[126] *F. C. Mayer*, in: D. König/D. Uwer (Hrsg.), Grenzen europäischer Normgebung, 2015, S. 95.

II. Institutioneller Grundrechtspluralismus

Über den materiellen Grundrechtspluralismus hinaus besteht eine weitere Gemeinsamkeit der Verfassungsordnungen der Bundesrepublik, der Vereinigten Staaten und der Europäischen Union in einem institutionellen Grundrechtspluralismus: Die Befugnis zur Grundrechtskontrolle wird von Gerichten sowohl auf (quasi-)föderaler als auch auf einzelstaatlicher Ebene ausgeübt. Dabei stehen diese Gerichte nicht im Verhältnis hierarchischer Über- und Unterordnung zueinander, sondern bilden eine plurale Gerichtsstruktur.

Im Gegensatz zu den einzelnen Gerichtszweigen ist die Verfassungsgerichtsbarkeit von Bund und Ländern in Deutschland nicht hierarchisch angeordnet. Im deutschen Bundesstaat fungieren Bundesverfassungsgericht und die meisten Landesverfassungsgerichte als Grundrechtsgerichte, wobei Entscheidungen der Landesverfassungsgerichte nur eingeschränkt Gegenstand von Verfassungsbeschwerden zum Bundesverfassungsgericht sein können (1.). In den USA ist die vollständig ausgeprägte, doppelte Gerichtsbarkeit von Bund und Einzelstaaten sogar eines der herausragenden Merkmale des Bundesstaates. Das duale Justizsystem der USA kennt eine dezentrale Normenkontrolle; Entscheidungen der *state courts* unterliegen nur beschränkt der Kontrolle durch den *U.S. Supreme Court* (2.). Zwischen den Mitgliedstaaten der EU bestehen signifikante Unterschiede im Hinblick auf die Grundrechtskontrolle von Gesetzen und die Institutionen des gerichtlichen Grundrechtsschutzes. Auch hier lässt sich ein institutioneller Grundrechtspluralismus ausmachen: Mitgliedstaatliche Grundrechtsgerichte und der zunehmend als Grundrechtsgericht tätige EuGH stehen in einem nicht-hierarchischen Verhältnis. Im europäischen Grundrechtsföderalismus stehen sich nationale Verfassungsgerichtsbarkeit einerseits und der Verbund von EuGH und Fachgerichtsbarkeit andererseits einander gegenüber (3.).

Für den institutionellen Grundrechtsföderalismus sind nicht zuletzt die Ressourcen von Bedeutung, über die die jeweiligen Grundrechtsgerichte verfügen. Dazu ist festzuhalten, dass in den USA die Bundesgerichte besser ausgestattet sind als die meisten einzelstaatlichen Gerichte.[127] Außerdem ist das Budget der *state courts* haushaltsrechtlich nicht so abgesichert, dass ihre Unabhängigkeit in dieser Hinsicht gewährleistet wäre.[128] Die institutionellen Kapazitäten sind auch ein entscheidender limitierender Faktor für die deutschen Landesverfassungsgerichte. Sie sind zudem nicht mit hauptamtlichen Richtern besetzt[129] und verfügen nur sehr begrenzt über Mitarbeiterstäbe und sonstiges Personal.[130]

---

[127] *R. Wheeler*, in: A. Seibert-Fohr (Hrsg.), Judicial independence in Transition, 2012, S. 521 (556).

[128] *H. A. Linde*, Wm. & Mary L. Rev. 46 (2005) 4, S. 1273 (1286 f.).

[129] *M. Bothe*, in: F. Greß u.a. (Hrsg.), The American Federal System, 1994, S. 83 (84 f.).

[130] Ausführlich zur Stellung der Landesverfassungsrichter *K. F. Gärditz*, JöR 61 (2013), S. 449.

1. Bundesverfassungsgericht und Landesverfassungsgerichte

a) Landesverfassungsgerichtsbarkeit in allen Bundesländern

Seit der Errichtung des Schleswig-Holsteinischen Landesverfassungsgerichts im Jahre 2008 verfügen alle deutschen Bundesländer über eine eigene Landesverfassungsgerichtsbarkeit.[131] Die Gerichtsbezeichnungen variieren und lauten Verfassungsgericht, Landesverfassungsgericht, Verfassungsgerichtshof oder Staatsgerichtshof. Nach dem Grundgesetz steht es den Ländern frei, ob sie ein eigenes Landesverfassungsgericht einrichten.[132] Sie können, wie lange Zeit Schleswig-Holstein, auch von der Möglichkeit des Art. 99 GG Gebrauch machen und die Entscheidung bestimmter Landesverfassungsstreitigkeiten durch Landesgesetz dem Bundesverfassungsgericht zuweisen. Das Bundesverfassungsgericht betont, dass die Verfassungsgerichtsbarkeit der Länder in deren »Eigenstaatlichkeit« wurzelt und vom Grundgesetz in Art. 100 Abs. 1 und Abs. 3 GG explizit vorausgesetzt wird.[133] Die konkurrierende Gesetzgebungskompetenz des Bundes auf den Gebieten der Gerichtsverfassung und des gerichtlichen Verfahrens (Art. 74 Abs. 1 Nr. 1 GG) erstreckt sich gerade nicht auf die Verfassungsgerichtsbarkeit. Dies lässt sich Art. 94 Abs. 2 Satz 1 GG entnehmen, der dem Bund für die Bundesverfassungsgerichtsbarkeit das Recht der ausschließlichen Gesetzgebung zuweist.[134]

b) Verhältnis von Landesverfassungsgerichten und Bundesverfassungsgericht

Für den institutionellen Grundrechtspluralismus ist maßgeblich, dass sich das Verhältnis von Bundesverfassungsgericht und Landesverfassungsgerichten grundlegend vom Verhältnis zwischen Bundes- und Landesgerichten in den in Art. 95 Abs. 1 GG angelegten Gerichtszweigen unterscheidet. In der ordentlichen, Verwaltungs-, Finanz-, Arbeits- und Sozialgerichtsbarkeit bilden die Gerichte auf Länderebene den instanziellen Unterbau der in Art. 95 Abs. 1 GG genannten obersten Bundesgerichtshöfe.[135] Im Gegensatz dazu ist das Bundesverfassungsgericht den Landesverfassungsgerichten nicht instanzmäßig über-

[131] *C. Degenhart*, Staatsorganisationsrecht, 33. Aufl. 2017, S. 372, Rn. 896.

[132] *C. Hillgruber/C. Goos*, Verfassungsprozessrecht, 4. Aufl. 2015, S. 341, Rn. 918.

[133] BVerfGE 4, 178 (189), 1 BvO 1/54 – *Landesgesetze über die Verwaltungsgerichtsbarkeit*; 96, 345 (368 f.), 2 BvN 1/95 – *Landesverfassungsgerichte*. S. auch *H.-J. Papier*, in: H. Sodan (Hrsg.), Zehn Jahre Berliner Verfassungsgerichtsbarkeit, 2002, S. 19 (20); *M. Wallerath*, NdsVBl. 12 (2005) Sonderheft zum 50-jährigen Bestehen des Niedersächsischen Staatsgerichtshofs, S. 43 (44); *T. Groß*, in: FS Zezschwitz, 2005, S. 16 (22): »Teil der Verfassungsautonomie der Länder«; *H. Sodan*, LKV 20 (2010) 10, S. 440 (442); *A. Voßkuhle*, JöR N.F. 59 (2011), S. 215 (216): Einrichtung von Landesverfassungsgerichten als wichtiger Ausdruck der Verfassungsautonomie der Länder.

[134] BVerfGE 96, 345 (368), 2 BvN 1/95 – *Landesverfassungsgerichte*.

[135] *A. Hense*, in: HStR VI, 3. Aufl. 2008, § 137, Rn. 15, 33.

geordnet und bildet keine Revisionsinstanz über den Landesverfassungsgerichten.[136] Prägend für das Verhältnis von Bundesverfassungsgericht und Landesverfassungsgerichten ist vielmehr, dass Bund und Länder im Bundestaat die gemeinsame Pflicht trifft, die grundgesetzmäßige Ordnung in allen Teilen und Ebenen des Gesamtstaates zu wahren und herzustellen,[137] und diese Pflicht auch den Bereich der Verfassungsgerichtsbarkeit erfasst.[138] Prüfungsmaßstab des Bundesverfassungsgerichts ist dabei das Grundgesetz; die Landesverfassungsgerichte legen grundsätzlich ihre jeweilige Landesverfassung als Prüfungsmaßstab zugrunde.[139]

Entscheidungen der Landesverfassungsgerichte können zwar Gegenstand einer Verfassungsbeschwerde zum Bundesverfassungsgericht sein. Sie sind mit der Verfassungsbeschwerde nach Art. 93 Abs. 1 Nr. 4a GG, § 13 Nr. 8a BVerfGG, §§ 90–95 BVerfGG angreifbare Akte öffentlicher Gewalt.[140] Wegen der getrennten Funktionsbereiche von Bund und Ländern hat das Bundesverfassungsgericht jedoch einen Eingriff in ein Bundesgrundrecht verneint, wenn ein Landesgrundrecht einen weniger weiten Schutzbereich aufweist.[141] Die allgemeine Zuständigkeit des Bundesverfassungsgerichts ist ausgeschlossen, wenn die Beteiligten im Ausgangsverfahren nicht als Grundrechtsträger aufgetreten sind, sondern »gesetzlich bestimmte Funktionen im Verfassungsleben« eines Landes wahrgenommen haben.[142] Das Bundesverfassungsgericht kontrolliert

---

[136] BVerfGE 6, 445 (449), 2 BvR 1/57 – *Mandatsverlust*; 60, 175 (208), 2 BvH 1/82 u.a. – *Startbahn West*; 96, 231 (242–245), 2 BvR 389/94 – *Müllkonzept*.

[137] BVerfGE 8, 122 (138), 2 BvG 1/58 – *Volksbefragung Hessen*; 56, 298 (322), 2 BvR 584/76 u.a. – *Flugplatz Memmingen*.

[138] *C. Tietje*, AöR 124 (1999) 2, S. 282 (301) m.w.N. in Fn. 107; *M. Baldus*, in: Die Verfassungsgerichte der Länder Brandenburg, Mecklenburg-Vorpommern, Sachsen, Sachsen-Anhalt und Thüringen (Hrsg.), 20 Jahre Verfassungsgerichtsbarkeit in den neuen Ländern, 2014, S. 19 (47 f.).

[139] BVerfGE 103, 332 (350 f.), 2 BvK 1/00 – *Naturschutzgesetz Schleswig-Holstein* m.w.N.

[140] BVerfGE 85, 148 (157), 2 BvR 562/91 – *Wahlprüfungsumfang*; 96, 231 (242), 2 BvR 389/94 – *Müllkonzept*. Darauf bezieht sich die Aussage, das Bundesverfassungsgericht behalte auch gegenüber den Entscheidungen der Landesverfassungsgerichte »zumindest faktisch das letzte Wort«: *J. Dietlein*, AöR 120 (1995) 1, S. 1 (3) mit Bezug auf BVerfGE 6, 445 (447), 2 BvR 1/57 – *Mandatsverlust*; 24, 289 (294–299), 1 BvR 727/65 – *Schulgebet*; 30, 112 (119), 1 BvR 671, 672/65 – *Unterricht in Biblischer Geschichte*; 34, 81 (96), 2 BvR 912/71 – *Wahlgleichheit*; 69, 112 (115–116), 2 BvR 128/84 – *Tragweite des Normwiederholungsverbots*; *E. Schumann*, in: FS 50 Jahre Bayerischer Verfassungsgerichtshof, 1997, S. 201.

[141] BVerfG, Beschl. v. 19.4.1993, 1 BvR 744/91 – *Naturpark Oberer Bayerischer Wald*, NVwZ 1994, 59 (60); BVerfG, Beschl. v. 18.1.1996, 1 BvR 1375/95 – *Berufsbezeichnung »Tierheilpraktikerin«*, NJW 1996, 1464 (1464); Nichtannahmebeschl. v. 1.6.2009, 1 BvR 1096/05 – *Kehrbezirkseinteilungen*, Rn. 12–14; vgl. *H. Krieger*, NdsVBl. 17 (2010) 5, S. 134 (137).

[142] BVerfGE 6, 445 (449), 2 BvR 1/57 – *Mandatsverlust*; 30, 112 (122), 1 BvR 671, 672/65 – *Unterricht in Biblischer Geschichte*; 96, 231 (242), 2 BvR 389/94 – *Müllkonzept*. Demjenigen, der eigene Grundrechte verteidigt, stellt das BVerfG den Antragsteller im Popularklageverfahren nach Art. 98 S. 2 LV Bayern gleich: BVerfGE 13, 132 (140–142), 2 BvR 4/60 – *Bayerische Feiertage*; 96, 231 (243), 2 BvR 389/94 – *Müllkonzept*.

dann nicht, ob die Landesverfassungsgerichte im Verfahren dieser Verfassungsstreitigkeiten die grundrechtsgleichen Gewährleistungen beachtet haben, die sich auf das Verfahren des Landesverfassungsgerichts beziehen (Art. 101 Abs. 1 Satz 2, 103 Abs. 1 GG). Mit der Verfassungsbeschwerde zum Bundesverfassungsgericht kann zudem nicht gerügt werden, dass im Verfahren vor dem Landesverfassungsgericht diese grundrechtsgleichen Gewährleistungen verletzt worden seien, wenn das Landesverfassungsgericht in diesem Verfahren eine landesverfassungsrechtliche Streitigkeit in der Sache abschließend entschieden hat. Das Bundesverfassungsgericht begründet das damit, dass diese Überprüfung des Verfahrens einen unnötigen Übergriff auf die anerkannte Unantastbarkeit der Landesverfassungsgerichtsbarkeit bedeuten würde, solange die Länder die Homogenitätsanforderungen des Art. 28 Abs. 1 GG beachten.[143] Allerdings kann das Bundesverfassungsgericht überprüfen, ob ein Landesverfassungsgericht gegen das in Art. 3 Abs. 1 GG verankerte Willkürverbot verstoßen hat.[144]

2. U.S. Supreme Court *und* state supreme courts

a) Dezentrale Normenkontrolle im dualen Justizsystem

Auch in den USA besteht eine doppelte Struktur von Gerichten, die eine Grundrechtskontrolle durchführen. Das voll ausgeprägte duale Justizsystem in den Einzelstaaten und auf Bundesebene gilt als Alleinstellungsmerkmal der USA.[145] Das Bild von den *state courts* unterscheidet sich dabei wesentlich von dem der *federal courts*. Die Aufgaben der *state courts* sind weit gestreut. Anders als die Bundesgerichte haben sie für lange Zeit unter anderem Aufgaben wie die Nachlassverwaltung erfüllt. Sie nehmen auch legislative Aufgaben wahr und stellen etwa berufsständische Regeln für die Anwaltschaft oder Verhaltensregeln für Richter auf. *County judges* sitzen den *county commissions* vor und sind daher in administrative Aufgaben involviert.[146] Häufig kommt es sowohl zum informellen Austausch zwischen Richtern und Legislative als auch zur offiziellen Zusammenarbeit bei Gesetzesreformen.[147] Allerdings folgen auch viele *state courts* dem Modell des Art. III U.S. Const. und gleichen somit den Bundesgerichten.[148]

---

143 BVerfGE 96, 231 (243 f.), 2 BvR 389/94 – *Müllkonzept*. Ausführlich zu den Durchbrechungen des Trennungsgrundsatzes für die Verfassungsgerichtsebenen *E. Pohlreich*, in: Y. Becker/F. V. Lange (Hrsg.), Linien der Rechtsprechung des Bundesverfassungsgerichts, Bd. 3, 2014, S. 37 (45–62).

144 BVerfGE 60, 175 (209, 214), 2 BvH 1/82 u.a. – *Startbahn West*; BVerfG, Beschl. v. 31.3.2016, 2 BvR 1576/13, Rn. 48.

145 *R. L. Watts*, Rutgers L.J. 31 (2000) 4, S. 941 (955 f.); *J. A. Gardner/J. Rossi*, in: J. A. Gardner/J. Rossi (Hrsg.), New Frontiers of State Constitutional Law, 2011, S. 1.

146 *H. Hershkoff*, Harv. L. Rev. 114 (2001) 7, S. 1833, S. 1873; *H. A. Linde*, Wm. & Mary L. Rev. 46 (2005) 4, S. 1273 (1279).

147 Ebd., S. 1286.

148 *H. Hershkoff*, Harv. L. Rev. 114 (2001) 7, S. 1833 (1838).

Die Funktion der *judicial review* ist in den USA nicht auf Verfassungsgerichte konzentriert, sondern wird dezentral ausgeübt.[149] Grundsätzlich können sowohl Bundes- als auch einzelstaatliche Gerichte Hoheitsakte anhand von Verfassungsnormen überprüfen.[150] Die Errichtung eines *U.S. Supreme Court* ist in Art. III Sect. 1 U.S. Const. verfassungsrechtlich vorgeschrieben. Der Oberste Gerichtshof besteht aus einem Spruchkörper (»one supreme Court«) mit neun Richtern. Die in Art. III Sect. 1 U.S. Const. gleichfalls eröffnete Option zur Errichtung von unteren Bundesgerichten hat der Kongress wahrgenommen und 94 erstinstanzliche *District Courts* sowie 13 *Courts of Appeals* errichtet.[151] Daneben verfügen die einzelnen Bundesstaaten über eigene Gerichtssysteme, die sich im Aufbau durchaus voneinander unterscheiden, an deren Spitze sich zumeist aber ein ebenfalls *supreme court* genanntes oberstes Gericht findet. Die Gerichte der Einzelstaaten gelten als die »Arbeitspferde« der amerikanischen Justiz,[152] wie die Fallzahlen eindrucksvoll belegen.[153]

Den obersten Gerichtshöfen auf Bundes- und einzelstaatlicher Ebene kommt jeweils die Funktion eines obersten Rechtsmittelgerichts und eines Verfassungsgerichts zu. Die Zuständigkeit des *U.S. Supreme Court* erstreckt sich auf alle Sachbereiche einschließlich der Verfassungsgerichtsbarkeit. Die *judicial review* wird als diffuse Kontrolle oder Inzidentkontrolle durchgeführt. Der *U.S. Supreme Court* verfügt gemäß Art. III Sect. 2 Cl. 1 U.S. Const. über eine Reihe erstinstanzlicher Zuständigkeiten (»original jurisdiction«) und ist gemäß Art. III Sect. 2 Cl. 2 U.S. Const. Appellationsinstanz sowohl hinsichtlich der Rechtsauslegung als auch der Beweiswürdigung nach Maßgabe der vom Kongress zu bestimmenden Ausnahmen und Verfahrensregeln (»appellate jurisdiction«). Nach der bundesgesetzlichen Regelung ist der *U.S. Supreme Court* nicht nur Rechtsmittelgericht gegenüber den Bundesgerichten, den *Courts of Appeals* (28 U.S.C. § 1254) und den *District Courts* (28 U.S.C. §§ 1253, *direct appeal*),

---

[149] S. zum Begriff der zentralisierten und dezentralisierten Normenkontrolle, *M. Cappelletti*, Judicial Review in the Contemporary World, 1971, S. 46–68; zu den Idealtypen der zentralisierten, »europäischen« Rechtskontrolle und der dezentralisierten, »amerikanischen« Rechtskontrolle *A. Stone Sweet*, in: M. Rosenfeld/A. Sajó (Hrsg.), The Oxford Handbook of Comparative Constitutional Law, 2012, S. 816 (817–820). Zur Relativierung der Unterschiede zwischen dem amerikanischen und dem europäischen Modell der *judicial review* s. *A. Stone Sweet*, Mich. L. Rev. 101 (2003) 8, S. 2744.

[150] U.S. Supreme Court, *Marbury v. Madison*, 5 U.S. 137 (1803); *Martin v. Hunter's Lessee*, 14 U.S. (Wheat.) 304 (1816); *Cohens v. Virginia*, 19 U.S. 264 (1821); *Cooper v. Aaron*, 358 U.S. 1 (1958).

[151] S. http://www.uscourts.gov/about-federal-courts/court-role-and-structure, geprüft am 31.1.2019.

[152] *D. P. Kommers*, in: C. Starck/K. Stern (Hrsg.), Landesverfassungsgerichtsbarkeit, Bd. 1, 1983, S. 461 (470).

[153] S. *Court Statistics Project* von *National Center for State Courts* (*NCSC*) und *Conference of State Court Administrators* (*COSCA*): http://www.courtstatistics.org/, geprüft am 31.1.2019.

sondern auch gegenüber den obersten Gerichten der Einzelstaaten (28 U.S.C. § 1257). Nach 28 U.S.C. § 1257 lit. a kann im sogenannten *certiorari*-Verfahren unter anderem die Unvereinbarkeit von bundes- und einzelstaatlichen Gesetzen mit der Bundesverfassung gerügt werden.[154] Für die Annahme eines Falles zur Entscheidung im *certiorari*-Verfahren, die im freien Ermessen des *Supreme Court* steht, führt Verfahrensregel 10.1. des *Supreme Court* einige leitende Gesichtspunkte an, zu denen die Grundrechtsrelevanz nicht zählt.[155] Eine weitere Verknüpfung zwischen Bundesgerichten und einzelstaatlichen Gerichten besteht darin, dass die Bundesgerichte auf Anregung der Streitparteien und nach Maßgabe einzelstaatlicher Regelungen sogenannte *Certified Questions* an die *state supreme courts* richten können, wenn sie ausnahmsweise über entscheidungserhebliche Fragen des einzelstaatlichen Rechts befinden müssen.[156]

b) Verhältnis von Bundes- und einzelstaatlicher Gerichtsbarkeit

Trotz dieser Verknüpfungen bilden Bundes- und einzelstaatliche Gerichtsbarkeit keine integrierte Gerichtsstruktur. Soweit ein *state supreme court* seine Entscheidung auf *state grounds* gestützt hat, prüft der *U.S. Supreme Court* sie grundsätzlich nicht nach.[157] Den *state supreme courts* steht die alleinige Kompetenz zu, die Bestimmungen der jeweiligen *state constitution* letztverbindlich auszulegen.[158] Insoweit besteht also ein institutioneller Pluralismus. Die relative Unabhängigkeit der *state supreme courts* zeigt sich auch in der geringen Zahl von Fällen, die der *U.S. Supreme Court* insgesamt im *certiorari*-Verfahren entscheidet.[159]

Als Prüfungsmaßstab können die *state courts* sowohl die föderalen Grundrechte als auch die Grundrechte der jeweiligen *state constitution* heranziehen. Eine Grundrechtskontrolle können sie demnach auch anhand der Bundesverfassung als »supreme law of the land« (Art. VI Cl. 2 U.S. Const.) durchführen. Anders als die deutschen Landesverfassungsgerichte können sie damit un-

---

[154] 28 U.S. Code § 1257 lit. a lautet: »Final judgments or decrees rendered by the highest court of a State in which a decision could be had, may be reviewed by the Supreme Court by writ of certiorari where the validity of a treaty or statute of the United States is drawn in question or where the validity of a statute of any State is drawn in question on the ground of its being repugnant to the Constitution, treaties, or laws of the United States, or where any title, right, privilege, or immunity is specially set up or claimed under the Constitution or the treaties or statutes of, or any commission held or authority exercised under, the United States.«

[155] Rules of the Supreme Court of the United States, adopted September 27, 2017, effective November 13, 2017, https://www.supremecourt.gov/ctrules/scannedrules.aspx, geprüft am 31.1.2019; vgl. *F. M. Wilke*, JöR 63 (2015), S. 625 (632).

[156] *R. J. Holland* u.a., State Constitutional Law, 2010, S. 859.

[157] S. insb. U.S. Supreme Court, *Michigan v. Long*, 436 U.S. 1032 (1983).

[158] *R. F. Williams*, S. C. L. Rev. 35 (1984) 3, S. 353; *L. Friedman*, Hastings Const. L.Q. 28 (2000) 1, S. 93 (100).

[159] S. http://www.uscourts.gov/about-federal-courts/educational-resources/about-educational-outreach/activity-resources/supreme-1, geprüft am 31.1.2019: pro Jahr etwa 100 bis 150 aus mehr als 7.000 Fällen.

mittelbar zur Auslegung der Bundesverfassung beitragen, unterliegen insoweit dann allerdings der Appellationszuständigkeit des *U.S. Supreme Court* gemäß 28 U.S.C. § 1257. In der dualen Gerichtsstruktur der USA gibt es daher eine Vielzahl gerichtlicher Akteure, die Aussagen über Bedeutung und Inhalt von Verfassungsbestimmungen der verschiedenen Ebenen treffen.

Bundesgerichte und einzelstaatliche Gerichte bilden keine zwei vollkommen getrennte Systeme. Die Gerichte nehmen in pragmatischer Weise wechselseitige Anleihen und entwickeln mit dem »constitutional common law« einen gemeinsamen verfassungsrechtlichen Rechtskorpus. In prozeduraler Hinsicht nehmen sie mit *judicial comity* und *deference* aufeinander Rücksicht.[160]

3. Europäische Gerichte

Auch in der Mehrebenen-Struktur der Europäischen Union existiert eine institutionell pluralistische Grundrechtsgerichtsbarkeit.[161] Einerseits üben mitgliedstaatliche Gerichte eine Grundrechtskontrolle am Maßstab der mitgliedstaatlichen Grundrechtsordnungen aus, andererseits der EuGH in Kooperation mit den nationalen Gerichten am Maßstab der Unionsgrundrechte.

a) Grundrechtsgerichte in den Mitgliedstaaten

In den einzelnen EU-Staaten bestehen signifikante Unterschiede im Hinblick auf die Grundrechtskontrolle von Gesetzen und die Institutionen des gerichtlichen Grundrechtsschutzes. Dementsprechend unterscheidet sich auch die Ausgangsposition mitgliedstaatlicher Verfassungs- und Höchstgerichte in ihrem Verhältnis zum EuGH. Allerdings ist im Verlauf der Jahrzehnte der europäischen Integration eine gewisse Konvergenz zu verzeichnen: Als der EuGH die Doktrin vom Anwendungsvorrang entwickelte, verfügten nur zwei Mitgliedstaaten, Deutschland und Italien, über ein vollwertiges Verfassungsgericht.[162] Heute dagegen ist in vielen Mitgliedstaaten die Verfassungsgerichtsbarkeit eingerichtet und führt auch eine Grundrechtskontrolle durch.[163] Von 28 EU-Staaten verfügen 19 über ein Verfassungsgericht: Belgien, Bulgarien, Deutschland, Frankreich, Italien, Kroatien, Lettland, Litauen, Luxemburg,[164]

---

[160] *J. A. Gardner/J. Rossi*, in: J. A. Gardner/J. Rossi (Hrsg.), New Frontiers of State Constitutional Law, 2011, S. 1 (9).

[161] S. für einen Vergleich mit den USA bereits *K. Lenaerts*, Le juge et la Constitution aux États-Unis d'Amérique et dans l'ordre juridique européen, 1988.

[162] *C. J. Van de Heyning*, in: M. Claes u.a. (Hrsg.), Constitutional Conversations in Europe, 2013, S. 181 (194).

[163] S. zur »rights revolution in the courts of Europe« *M. S.-O.-L.'E. de Lasser*, Judicial Transformations, 2009.

[164] *N. Kuhn/E. Rousseaux*, RIDC 53 (2001) 2, S. 453.

Malta, Österreich, Polen, Portugal, Rumänien, Slowakei, Slowenien, Spanien, Tschechien und Ungarn.[165]

In den skandinavischen Ländern Dänemark und Schweden ist kein besonderes Verfassungsgericht eingerichtet, obgleich anerkannt ist, dass die Verfassung auch den Gesetzgeber bindet.[166] Die Verfassungsgerichtsbarkeit ist hier wie in den USA dezentral organisiert. Allerdings erklären die Gerichte in den nordischen Staaten nur sehr selten ein Gesetz für verfassungswidrig; in Schweden und Finnland enthält die Verfassung das ausdrückliche Erfordernis der Offensichtlichkeit.[167] Im Vereinigten Königreich findet eine Grundrechtskontrolle auf der Grundlage des *Human Rights Act* von 1998 dadurch statt, dass die Gerichte gemäß Sect. 4 eine sogenannte *declaration of incompatibility* aussprechen können.[168] Dagegen schließt die Verfassung der Niederlande explizit aus, dass Richter Gesetze als verfassungswidrig verwerfen (Art. 120 Grondwet). Estland, Irland, Griechenland und Zypern verfügen über ein System, das zentralisierte und dezentralisierte gerichtliche Verfassungskontrolle kombiniert.[169] Soweit die Unionsgrundrechte anwendbar sind, können mitgliedstaatliche Gerichte innerstaatliche Gesetze auch aufgrund ihrer Unvereinbarkeit mit Unionsgrundrechten für unanwendbar erklären. Steht den Gerichten eine darüber hinausgehende Verwerfungsbefugnis nicht oder nur eingeschränkt zu, so haben sie, anders als das Bundesverfassungsgericht, ein institutionelles Interesse an einem weiten Anwendungsbereich der Unionsgrundrechte.[170]

b) Der EuGH als Grundrechtsgericht

Der EuGH ist selbstverständlich kein spezialisiertes Grundrechtsgericht. Seit allerdings die Grundrechtecharta mit Inkrafttreten des Vertrags von Lissabon rechtsverbindlich geworden ist, hat der EuGH signifikant mehr Fälle mit Bezügen zu den Unionsgrundrechten zu entscheiden.[171] Die gestiegene Bedeutung der

---

[165] S. zu Mittel- und Osteuropa: Polen, Tschechien, Slowakei, Ungarn *W. Sadurski*, Rights Before Courts, 2. Aufl. 2014.

[166] *J. Husa*, Am. J. Comp. L. 48 (2000) 3, S. 345.

[167] Kap. 11 § 14 der Schwedischen Gesetzes über die Regierungsform von 1980; § 106 des Finnischen Grundgesetzes von 2000. S. zu Schweden auch *K. Åhman*, in: J. Nergelius/E. Kristoffersson (Hrsg.), Human Rights in Contemporary European Law, 2014, S. 75; zum »Swedish system of preview of legislation« *T. Bull*, in: T. Campbell u.a. (Hrsg.), The Legal Protection of Human Rights, 2011, S. 392; zu Finland *K. Tuori*, in: T. Campbell u.a. (Hrsg.), The Legal Protection of Human Rights, 2011, S. 365.

[168] *S. Gardbaum*, The New Commonwealth Model of Constitutionalism, 2013, S. 156–203.

[169] Vgl. *V. Ferreres Comella*, Constitutional Courts and Democratic Values, 2009, S. 4. S. auch *M. de Visser*, Constitutional Review in Europe, 2013.

[170] S. etwa UK Supreme Court, *The Rugby Football Union v Consolidated Information Services Limited*, Urt. v. 21.11.2012, [2012] UKSC 55; vgl. *M. Dawson*, The Governance of EU Fundamental Rights, 2017, S. 57.

[171] *G. de Búrca*, MJ 20 (2013) 2, S. 168 (169) mit Fallzahlen für den Zeitraum 2009 und 2012.

Unionsgrundrechte für die Rechtsprechung des Gerichtshofs ist allerdings nicht allein Resultat des rechtsverbindlichen und geschriebenen Grundrechtskatalogs. Das Unionsrecht betrifft insbesondere mit dem Raum der Freiheit, der Sicherheit und des Rechts und der Politik im Bereich Asyl und Einwanderung, aber auch im Rahmen der Gemeinsamen Außen- und Sicherheitspolitik[172] grundrechtssensible Bereiche.[173] Der Vertrag von Lissabon dehnte zudem die Zuständigkeit des EuGH so aus, dass die Befassung mit Grundrechtsfragen wahrscheinlicher wurde: Die Ausnahme des Raums der Freiheit, der Sicherheit und des Rechts vom Vorlageverfahren nach ex-Art. 68 EGV wurde aufgehoben.[174] Die Europäische Agentur für die operative Zusammenarbeit an den Außengrenzen (*European Agency for the Management of Operational Cooperation at the External Borders of the Member States of the European Union, FRONTEX*) und das Europäische Unterstützungsbüro für Asylfragen (*European Asylum Support Office, EASO*) stehen nun unter der Rechtskontrolle des Gerichtshofs. Nicht zuletzt verdeutlicht die Eilvorlage in Haftsachen gemäß Art. 267 Abs. 4 AEUV die neue Rolle des EuGH.[175] Die Entscheidungen des EuGH betreffen damit Bereiche wie das Asylrecht,[176] das Strafrecht[177] oder die Sozialpolitik.[178] In neuerer Zeit hat sich der EuGH gerade hinsichtlich des Datenschutzes und des Schutzes der Privatsphäre als Grundrechtsgericht profiliert.[179]

Als Grundrechtsgericht ist der EuGH in der Post-Lissabon-Ära in gewissem Umfang auch in dem Sinne tätig, dass er die beiden anderen Gewalten der Unionsebene, Legislative und Exekutive, der Grundrechtskontrolle unterzieht.[180] Folgt man einer optimistischen Einschätzung, so ist der EuGH auch deshalb auf einem guten Weg, sich zu einem überzeugenden Grundrechtsgericht zu entwickeln, weil er Ansätze zu einer gelungenen Grundrechtsdogma-

---

172 Zum Grundrechtsschutz im Bereich der europäischen Sicherheitspolitik *C. Grabenwarter*, EurR-Bei 2009, S. 53.

173 *G. de Búrca*, MJ 20 (2013) 2, S. 168 (169).

174 S. nunmehr Art. 276 AEUV, der den EuGH für nicht zuständig für mitgliedstaatliche Polizeimaßnahmen erklärt, sowie die auf fünf Jahre limitierte Übergangsregelung in Art. 10 des Protokolls über die Übergangsbestimmungen v. 13.12.2007, ABl. C 306 v. 17.12.2007, S. 159.

175 *S. Carrera* u.a., The Court of Justice of the European Union as a Fundamental Rights Tribunal, 2012, http://www.ceps.eu, geprüft am 31.1.2019, S. 6 f.

176 EuGH, verb. Rs. C-71/11, C-99/11, *Y und Z*, Urt. v. 5.9.2012, ECLI:EU:C:2012:518.

177 S. etwa EuGH, Rs. C-396/11, *Radu*, Urt. v. 29.1.2013, ECLI:EU:C:2013:39, zum europäischen Haftbefehl.

178 EuGH, Rs. C-271/08, *Kommission/Deutschland*, Slg. 2010, I-7091, zum Recht auf Kollektivverhandlungen nach Art. 28 GRCh.

179 EuGH, Rs. C-131/12, *Google Spain und Google*, Urt. v. 13.5.2014, ECLI:EU:C:2014:317; verb. Rs. C-293/12 und C-594/12, *Digital Rights Ireland*, Urt. v. 8.4.2014, ECLI:EU:C:2014:238; Rs. C-362/14, *Schrems*, Urt. v. 6.10.2015, ECLI:EU:C:2015:650.

180 S. Nachweise oben, Einführung, bei Fn. 18–24; vgl. *J. Kühling*, ZÖR 68 (2013) 3, S. 469 (472).

tik zeigt.[181] Zwar finden Grundrechte in einigen Fälle nur am Rande und teils auch nur in den Zusammenfassungen der Beteiligtenvorträge Erwähnung und bleiben ohne weitere Konsequenzen. In kartellrechtlichen Verfahren wird die Verletzung justizieller Rechte häufig so pauschal wie erfolglos behauptet. In zahlreichen Fällen sind die Grundrechte jedoch in den Entscheidungsgründen von tragender Bedeutung.[182]

c) Verhältnis von EuGH und mitgliedstaatlichen Gerichten

Soweit in den Mitgliedstaaten eine spezialisierte Verfassungsgerichtsbarkeit besteht, prägt die Gegenüberstellung von nationaler Verfassungsgerichtsbarkeit einerseits und dem Verbund von EuGH und Fachgerichtsbarkeit andererseits den institutionellen Grundrechtspluralismus. Aufgrund der Entscheidung des EuGH in der Rechtssache Simmenthal[183] verhelfen die nationalen Fachgerichte dem Anwendungsvorrang des Unionsrechts zur Durchsetzung und führen in diesem Rahmen eine dezentrale Grundrechtskontrolle am Maßstab der Unionsgrundrechte durch, soweit diese anwendbar sind.[184] Das Verhältnis zwischen EuGH und mitgliedstaatlichen Gerichten ist nicht-hierarchisch und erfüllt damit ein wesentliches Merkmal des in der Einführung definierten Gerichtsföderalismus. Insbesondere sind die mitgliedstaatlichen Gerichte, soweit sie eine Grundrechtskontrolle am Maßstab der mitgliedstaatlichen Grundrechtsordnung durchführen, nicht in einen hierarchischen Instanzenzug eingebettet, der zum EuGH führen würde. Die Koppelung erfolgt vielmehr vor allem über das Vorlageverfahren nach Art. 267 AEUV.[185] Zum kooperativen Verhältnis zwischen EuGH und mitgliedstaatlichen Gerichten trägt grundsätzlich auch der Umstand bei, dass der EuGH für die Durchsetzung des Unionsrechts auf die mitgliedstaatlichen Gerichte angewiesen ist. Ins Bild fügt sich schließlich auch der EGMR, dessen zukünftige Rolle für die Europäische Union und dessen institutionelles Verhältnis zum EuGH nach dem Beitrittsgutachten des EuGH derzeit wieder offen ist.[186]

---

[181] Ebd., S. 482.

[182] Ebd., S. 472 m.N.

[183] EuGH, Rs. C-106/77, *Simmenthal*, Slg. 1978, 629, Rn. 24.

[184] *D. Piqani*, in: B. de Witte u.a. (Hrsg.), National Courts and the EU Law, 2015, S. 26 (35).

[185] EuGH, Gutachten 1/09 v. 8.3.2011, *einheitliches Patentgerichtssystem*, Rn. 66: »Nach Art. 19 Abs. 1 EUV wachen der Gerichtshof und die Gerichte der Mitgliedstaaten über die Wahrung dieser Rechtsordnung und des Gerichtssystems der Union.«; Rs. C-583/11 P, *Inuit Tapiriit Kanatami u.a./Parlament und Rat*, Urt. v. 3.10.2013, ECLI:EU:C:2013:625, Rn. 90. S. auch *F. G. Jacobs*, Tex. Int'l L. J. 38 (2003) 3, S. 547 (548); *J. C. Cohen*, Am. J. Comp. L. 44 (1996) 3, S. 421: Vorlageverfahren »sanfter« als *appellate jurisdiction*.

[186] EuGH, Gutachten 2/13 v. 18.12.2014, *EMRK-Beitritt*.

Demnach ist der institutionelle Grundrechtspluralismus in den USA durch die Vielzahl der an der dezentralen Normenkontrolle im dualen Justizsystem beteiligten Gerichte am meisten ausgeprägt. Hinzu kommt ein Weiteres: In den USA ziehen die *state courts* sowohl die Grundrechte der Bundesverfassung als auch die der einzelstaatlichen Verfassungen als Prüfungsmaßstäbe heran. In der EU kommt es zu einer Verschränkung immerhin insoweit, als auch die mitgliedstaatlichen Fachgerichte – und teilweise auch die Verfassungsgerichte – die Unionsgrundrechte als Prüfungsmaßstab heranziehen. In Deutschland findet die Trennung der Verfassungsräume dagegen auch in den grundsätzlich exklusiven Prüfungsmaßstäben der Grundrechtsgerichte eine Entsprechung.

III. Prozeduraler Grundrechtspluralismus

Neben den materiellen und institutionellen Grundrechtspluralismus tritt schließlich in allen drei zu vergleichenden Rechtsordnungen die prozedurale Dimension des Grundrechtsföderalismus. Damit ist hier gemeint, dass für den einzelnen Grundrechtsträger mehrere Wege des gerichtlichen Grundrechtsschutzes zur Verfügung stehen. Allerdings hat der Einzelne nicht stets auch die Wahl zwischen den Verfahrenswegen. In Deutschland ist in der überwiegenden Zahl der Bundesländer gegen Akte der Landesgewalt die Verfassungsbeschwerde sowohl zum Bundesverfassungsgericht als auch zum jeweiligen Landesverfassungsgericht statthaft. Allerdings ist das Verhältnis beider Verfassungsbeschwerden in den einzelnen Bundesländern unterschiedlich ausgestaltet (1.). Der prozedurale Grundrechtspluralismus in den USA ist zum einen durch grundsätzliche Unterschiede beim Zugang zu Bundesgerichten und einzelstaatlichen Gerichten, zum anderen durch deren überlappende Zuständigkeiten gekennzeichnet. Einschränkungen des Pluralismus werden jedoch unter anderem durch die »souveräne Immunität« der Einzelstaaten begründet (2.). In der Europäischen Union ist eine Voraussetzung des prozeduralen Grundrechtspluralismus dadurch erfüllt, dass auch die mitgliedstaatlichen Rechtsordnungen Verfahren der Grundrechtsbeschwerde vorsehen. Allerdings sind die Möglichkeiten des Einzelnen beschränkt, Grundrechtsverletzungen durch Hoheitsakte der Union vom EuGH oder den Verfassungsgerichten auf ihre Grundrechtskonformität prüfen zu lassen. Prozeduraler Grundrechtspluralismus wird daher über die Fachgerichte vermittelt (3.).

1. Verfassungsbeschwerden zum Bundesverfassungsgericht und zu den Landesverfassungsgerichten

a) Verfassungsbeschwerden gegen Akte der Landesgewalt zum Bundesverfassungsgericht und zu den Landesverfassungsgerichten

In der Bundesrepublik Deutschland lässt sich eine Vielfalt der Verfahrenswege und damit ein prozeduraler Grundrechtsföderalismus im Sinne dieser Untersuchung beim Grundrechtsschutz gegenüber der Hoheitsgewalt der Länder erkennen. Der Einzelne, soweit er sich durch einen Akt der Landesgewalt in seinen Grundrechten verletzt sieht, hat grundsätzlich die Möglichkeit einer Verfassungsbeschwerde zum Bundesverfassungsgericht wie auch zu einem Landesverfassungsgericht.[187] Gemäß § 90 Abs. 3 BVerfGG bleibt das Recht unberührt, eine Verfassungsbeschwerde an das Landesverfassungsgericht nach dem Recht der Landesverfassung zu erheben. Mit dieser Bestimmung hat der Bundesgesetzgeber eine Verdoppelung des verfassungsgerichtlichen Individualrechtsschutzes zugelassen.[188] In prozeduraler Hinsicht schafft vor allem die Hürde des Annahmeverfahrens nach § 93a BVerfGG Raum für eine Erweiterung des verfassungsrechtlichen Individualrechtsschutzes durch Verfassungsbeschwerden zu den Landesverfassungsgerichten.

Wegen § 90 Abs. 3 BVerfGG ist die Landesverfassungsbeschwerde bundesrechtlich nicht subsidiär gegenüber der Verfassungsbeschwerde zum Bundesverfassungsgericht. Vielmehr bringt § 90 Abs. 3 BVerfGG zum Ausdruck, dass Bundes- und Landesverfassungsbeschwerde selbständig nebeneinander stehen.[189] Die Landesverfassungsbeschwerde gilt als außerordentlicher Rechtsbehelf,[190] ist außerhalb eines Instanzenzugs angesiedelt und zählt daher auch nicht zum Rechtsweg im Sinne von § 90 Abs. 2 Satz 1 BVerfGG.[191] Dies folgt richtigerweise auch schon daraus, dass dem Verfahren vor dem Bundesverfassungsgericht und dem Landesverfassungsgericht prozessual zwei unterschiedliche Streitgegenstände zugrunde liegen: Das Bundesverfassungsgericht wacht

---

187 S. zu den gemeinsamen Zulässigkeitshürden von Bundes- und Landesverfassungsbeschwerde *S. Detterbeck*, AöR 136 (2011) 2, S. 222.

188 Bundesministerium der Justiz (Hrsg.), Entlastung des Bundesverfassungsgerichts: Bericht der Kommission, 1998, S. 87.

189 BVerfG, Beschl. v. 18.1.1996, 1 BvR 1375/95, NJW 1996, S. 1464; *H. Bethge*, in: P. Kirchhof u.a. (Hrsg.), Steuerrecht, Verfassungsrecht, Finanzpolitik, 1994, S. 179 (191); *B.-O. Bryde*, NdsVBl. 12 (2005) Sonderheft zum 50-jährigen Bestehen des Niedersächsischen Staatsgerichtshofs, S. 5 (6).

190 BVerfGE 96, 345 (370), 2 BvN 1/95 – *Landesverfassungsgerichte*.

191 BVerfGE 32, 157 (162), 2 BvR 367/69 – *Stichtagsregelung*; 122, 190 (200 f.), 1 BvR 848/07 – *Gegenvorstellung/Verbot der Umgehung des Gegenanwalts*; BVerfG, Beschl. v. 18.1.1996, 1 BvR 1375/95, NJW 1996, S. 1464; BVerfG, Nichtannahmebeschluß v. 5.10.1996, 2 BvR 1630/96; BVerfG, Beschl. v. 30.3.1999, 2 BvR 514/99, Rn. 3; BVerfG, Nichtannahmebeschluß v. 1.6.2006, 1 BvR 1096/05 – *Kehrbezirkseinteilungen*, Rn. 10. Ferner *S. Ruppert*/*P. Sperlich*, in: D. C. Umbach u.a. (Hrsg.), Bundesverfassungsgerichtsgesetz, 2. Aufl. 2005, § 90, Rn. 113.

über die Wahrung des Grundgesetzes; die Landesverfassungsgerichte wachen im Grundsatz ausschließlich über die Wahrung der Landesverfassungen.[192]

Allerdings lässt sich aus dem Grundgesetz nicht herleiten, dass die Länder die Möglichkeit subjektiven verfassungsgerichtlichen Rechtsschutzes schaffen müssen.[193] Das entspricht dem Grundsatz, dass die Länder ihr Verfassungsrecht und ihre Verfassungsgerichtsbarkeit selbst ordnen können, soweit das Grundgesetz für die Verfassungen der Länder nichts anderes bestimmt.[194] Vor 1990 kannten dementsprechend nur Bayern, Hessen und das Saarland eine Landesverfassungsbeschwerde oder Grundrechtsklage.[195] Inzwischen haben zwölf von sechzehn Bundesländern eine Landesverfassungsbeschwerde eingeführt.[196] Lediglich Bremen, Hamburg, Niedersachsen und Schleswig-Holstein[197] verzichten darauf. Während die letztgenannten vier Bundesländer auch über keine eigenen Grundrechtskataloge verfügen, ist der Weg der Verfassungsbeschwerde in Bremen nicht eröffnet, obgleich die Verfassung einen Grundrechteteil umfasst. Zuletzt haben 2013 Baden-Württemberg und 2019 Nordrhein-Westfalen die Landesverfassungsbeschwerde zum Verfassungsgerichtshof eingeführt.[198] Die beiden Bundesländer eröffnen seither die Verfassungsbeschwerde zu ihrem Verfassungsgerichtshof, obgleich ihre Landesverfassungen keinen eigenen Grundrechteteil umfassen, sondern lediglich die Grundrechte des Grundgesetzes zum Bestandteil der Verfassung und zu unmittelbar geltendem Recht erklären (Art. 2 Abs. 1 LV Baden-Württemberg; Art. 4 Abs. 1 LV Nordrhein-Westfalen). In der hier verwendeten Terminologie besteht also in Baden-Württemberg und Nordrhein-Westfalen die Besonderheit, dass der prozedurale Grundrechtspluralismus nicht auf einem materiellen Grundrechtspluralismus basiert.

---

[192] *E. Schumann*, in: C. Starck/K. Stern (Hrsg.), Landesverfassungsgerichtsbarkeit, Bd. 2, 1983, S. 149 (193, 195); *J. Dietlein*, AöR 120 (1995) 1, S. 1 (26 f.). S. auch SaarlVerfGH, Urt. v. 2.5.1983, Lv 2–4/82, NVwZ 1983, S. 604 (605) – *Grundrecht auf Hochschulzugang nach saarländischem Verfassungsrecht.*

[193] BVerfG, Beschl. v. 18.7.2001, 2 BvR 2/01, NVwZ 2002, S. 73.

[194] BVerfGE 96, 345 (368 f.), 2 BvN 1/95 – *Landesverfassungsgerichte*; 103, 332 (350), 2 BvK 1/00 – *Naturschutzgesetz Schleswig-Holstein.*

[195] *H.-J. Papier*, in: H. Sodan (Hrsg.), Zehn Jahre Berliner Verfassungsgerichtsbarkeit, 2002, S. 19 (30).

[196] Überblick zu den Voraussetzungen der Landesverfassungsbeschwerde in den einzelnen Bundesländern bei *R. Zuck*, Das Recht der Verfassungsbeschwerde, 4. Aufl. 2013, Rn. 216–252.

[197] Zur Diskussion um die Einführung der Verfassungsbeschwerde in Schleswig-Holstein nach Einrichtung eines Landesverfassungsgerichts und der Einfügung einer ›Rezeptionsklausel‹ in die Landesverfassung *J. L. Backmann*, SchlHA 2009, S. 72; *J. L. Backmann*, NordÖR 12 (2009) 6, S. 229.

[198] Gesetz zur Einführung einer Landesverfassungsbeschwerde v. 13.11.2012, GBl. S. 569; s. dazu *T. Krappel*, VBlBW 34 (2013) 4, S. 121; Gesetz zur Änderung des Verfassungsgerichtshofgesetzes – Einführung der Individualverfassungsbeschwerde zum Verfassungsgerichtshof v. 21.7.2018, GVBl. S. 400.

Für Befürworter der Landesverfassungsbeschwerde ist es oft geradezu ein Wesensmerkmal der Eigenstaatlichkeit der Länder, dass sie nicht nur über eine Landesverfassung und ein Landesverfassungsgericht verfügen, sondern dort die Landesgrundrechte auch eingeklagt werden können.[199] Die Landesregierung von Baden-Württemberg sah sich 2012 gerade auch durch die im Zuge der Föderalismusreform von 2006 gewonnenen Handlungsspielräume der Länder veranlasst, den landesinternen Grundrechtsschutz durch Einführung einer Verfassungsbeschwerde zu stärken. In der Begründung ihres Gesetzesentwurfs hob die Landesregierung auch die Bedeutung der Landesverfassungsbeschwerde für einen effektiven Grundrechtsschutz und eine dynamische Verfassungsgerichtsbarkeit hervor.[200] Die Entwicklung seit 1949 zeigt, dass die Profilierung der Landesgrundrechte in der Tat von der Möglichkeit der Individualverfassungsbeschwerde zum Landesverfassungsgericht abhängt.[201] Es bedarf dazu nicht nur geschriebener Grundrechte als Bestandteil der Landesverfassung und der Institution einer Landesverfassungsgerichtsbarkeit, sondern auch des Instruments der Landesverfassungsbeschwerde.[202]

b) Regelungsmodelle für das Verhältnis zwischen Verfassungsbeschwerde zum Bundesverfassungsgericht und zum Landesverfassungsgericht

Das Verhältnis zwischen Verfassungsbeschwerde zum Bundesverfassungsgericht und zum Landesverfassungsgericht ist landesrechtlich unterschiedlich ausgestaltet. Grundsätzlich lassen sich drei Regelungsmodelle unterscheiden: Parallelität von landesrechtlicher Verfassungsbeschwerde und Verfassungsbeschwerde zum Bundesverfassungsgericht, sogenannte faktische Subsidiarität der Landesverfassungsbeschwerde und sogenannte rechtliche Subsidiarität der Landesverfassungsbeschwerde.

In Bayern, im Saarland, in Sachsen, Sachsen-Anhalt und Thüringen steht die Landesverfassungsbeschwerde als konkurrierender Rechtsbehelf gleichberechtigt neben der Bundesverfassungsbeschwerde, der parallel eingelegt werden kann. In Bayern ist die Individualverfassungsbeschwerde nur gegen Einzelakte von Behörden möglich (Art. 66, 120 LV Bayern, Art. 51–54 BayVerfGHG). Rechtsvorschriften können jedoch Gegenstand einer Popularklage sein (Art. 98 S. 4 LV Bayern, Art. 55 BayVerfGHG). Art. 120 LV Bayern erlaubt zwar aus-

---

[199] Vgl. *H.-P. Schneider*, NdsVBl. 12 (2005) Sonderheft zum 50-jährigen Bestehen des Niedersächsischen Staatsgerichtshofs, S. 26 (30) m.w.N.

[200] Landesregierung Baden-Württemberg, Gesetzentwurf der Landesregierung: Gesetz zur Einführung einer Landesverfassungsbeschwerde, 24.7.2012, Drs. 15/2153, S. 10.

[201] *S. Korioth*, in: T. Maunz u.a. (Hrsg.), Grundgesetz-Kommentar, 2018, Art. 142, Rn. 7.

[202] *H. Dreier*, Grundrechtsschutz durch Landesverfassungsgerichte, 2000, S. 8–16; im Anschluss daran *C. Fercot*, La protection des droits fondamentaux dans l'État fédéral, 2011, S. 47. Das Potential des doppelten prozessualen Schutzes für die doppelte Grundrechtsgarantie betont auch *E. Klein*, DVBl. 108 (1993) 24, S. 1329 (1333 f.).

drücklich nur eine Verfassungsbeschwerde gegen behördliche Akte. Allerdings kann gemäß Art. 51 Abs. 1 Satz 2 BayVerfGHG auch gegen die Handlung oder Unterlassung eines Gerichts Verfassungsbeschwerde erhoben werden. Diese Erweiterung der Zuständigkeit des Verfassungsgerichtshofs ist als besonderer dem Verfassungsgerichtshof zugewiesener Fall (Art. 67 LV Bayern) zu erklären.[203] Seit der Streichung der Subsidiaritätsregel des § 55 Abs. 3 SaarlVerfGHG a.F. ist im Saarland die Landesverfassungsbeschwerde parallel zur Verfassungsbeschwerde zum Bundesverfassungsgericht zulässig (Art. 97 Nr. 4 LV Saarland i.V.m. § 9 Nr. 13, §§ 55–61 SaarlVerfGHG). Auch die Verfassung des Freistaats Sachsen eröffnet die parallele Individualverfassungsbeschwerde gegen Gesetze und Einzelakte (Art. 81 Abs. 1 Nr. 4 LV Sachsen, §§ 27–31 SächsVerfGH). Dasselbe gilt für Thüringen (Art. 80 Abs. 1 Nr. 1 LV Thüringen, § 31 ff. ThürVerfGHG). Dagegen ist die Verfassungsbeschwerde zum Landesverfassungsgericht von Sachsen-Anhalt lediglich gegen Landesgesetze möglich (Rechtssatzverfassungsbeschwerde nach Art. 75 Nr. 6 LV Sachsen-Anhalt, §§ 2 Nr. 7, 47–50 SachsAnhVerfGHG).

In Baden-Württemberg, Berlin, Brandenburg, Hessen und Nordrhein-Westfalen ist die Landesverfassungsbeschwerde nur zulässig, soweit nicht Verfassungsbeschwerde zum Bundesverfassungsgericht erhoben ist oder wird (§ 55 Abs. 1 BWVerfGHG; Art. 84 Abs. 2 Nr. 5 LV Berlin; §§ 14 Nr. 6, 49 Abs. 1 BerlVerfGHG; Art. 6 Abs. 2, 113 Nr. 4 LV Brandenburg, §§ 12 Nr. 4, § 45 Abs. 1 BbgVerfGG; Art. 131 Abs. 3 LV Hessen, § 43 Abs. 1 Satz 2 HessStGHG; § 53 Abs. 1 NRWVerfGHG), und damit ›faktisch‹ subsidiär.[204]

Eine besondere Ausgestaltung der Landesverfassungsbeschwerde kennt Mecklenburg-Vorpommern. Die Landesverfassung und das Landesverfassungsgerichtsgesetz unterscheiden danach, ob sich die Verfassungsbeschwerde gegen ein Landesgesetz (Art. 53 Nr. 6 LV, § 11 Nr. 8, §§ 52–57 VerfGG) oder einen sonstigen Akt öffentlicher Gewalt (Art. 53 Nr. 7 LV, § 11 Nr. 9, §§ 58–64 VerfGG) richtet: Im Gegensatz zur Verfassungsbeschwerde gegen Landesgesetze ist die Landesverfassungsbeschwerde gegen sonstige Akte der öffentlichen Gewalt nur zulässig, soweit eine Zuständigkeit des Bundesverfassungsgerichts nicht gegeben ist (§ 58 Abs. 3 VerfGG), und damit ›rechtlich‹ subsidiär.[205] Ein

---

[203] *H. Sodan*, NdsVBl. 12 (2005) Sonderheft zum 50-jährigen Bestehen des Niedersächsischen Staatsgerichtshofs, S. 32 (33); *C. Pestalozza*, Verfassungsprozessrecht, 3. Aufl. 1991, § 23, Rn. 68 (S. 431 f.).

[204] S. zur Neuregelung der Landesverfassungsbeschwerde in Hessen durch Gesetz vom 20.12.2000: HessStGH, Beschl. v. 11.4.2002, P.St. 1688, JZ 2002, S. 939 m. Anm. *R. Uerpmann*, JZ 57 (2002) 19, S. 942. Gemäß Art. 43 Abs. 1 Satz 3 HessStGHG gilt diese Einschränkung nicht, wenn die Verfassung des Landes Hessen weiterreichende Grundrechte als das Grundgesetz gewährleistet. Darauf kam es im Urteil v. 10.5.2017, P.St. 2545, NZA 2017, 727 im Grundrechtsklageverfahren der Gewerkschaft Vereinigung Cockpit e.V. an. S. dazu *P. B. Donath*, KritV 100 (2017) 4, S. 309.

[205] S. dazu LVerfG M-V, Urt. v. 27.11.2008, LVerfG 7/07, NordÖR 2009, S. 20.

Sonderfall ist auch Rheinland-Pfalz: Dort wurde die Individualverfassungsbeschwerde gegen Gesetze und Einzelakte erst 1992 mit der Maßgabe eingeführt, dass sie unzulässig ist, soweit die Landesstaatsgewalt Bundesrecht ausführt oder anwendet, es sei denn, dass die Landesverfassung weiterreichende Grundrechte als das Grundgesetz gewährleistet (Art. 130a, Art. 135 Abs. 1 Nr. 4 LV, § 2 Nr. 2, §§ 44–49 VerfGHG).[206]

Im Verhältnis von Verfassungsbeschwerde zum Bundesverfassungsgericht und Landesverfassungsbeschwerde ist weiterhin zu beachten, dass die Einlegung der Landesverfassungsbeschwerde keinen Einfluss auf den Ablauf der Fristen des § 93 BVerfGG hat, da sie ja nicht zum Rechtsweg i.S.v. § 90 Abs. 2 BVerfGG gehört. Nach erfolgloser Landesverfassungsbeschwerde kann also kaum noch fristwahrend Verfassungsbeschwerde beim Bundesverfassungsgericht eingelegt werden. Umgekehrt wird nach erfolgloser Bundesverfassungsbeschwerde die parallel eröffnete Landesverfassungsbeschwerde verfristet sein. Als Ausweg bleibt dann, soweit zulässig, nur die vorsorgliche Einlegung zweier paralleler Beschwerden.[207] Insgesamt besteht also beileibe keine volle Parallelität von Verfassungsbeschwerde zum Bundesverfassungsgericht und Landesverfassungsbeschwerde.[208]

Die Vielfalt der Regelungsmodelle verlangt von Rechtsschutzsuchenden genaue Kenntnisse, wollen sie ihre Erfolgschancen abschätzen. Allen Regelungsmodellen für das Verhältnis zwischen Verfassungsbeschwerde zum Bundesverfassungsgericht und zum Landesverfassungsgericht ist gemeinsam, dass es nicht zu einer wirklichen Verdoppelung des Rechtsschutzes kommt und Prüfungsmaßstab jeweils exklusiv entweder das Grundgesetz oder die Landesverfassung ist.

2. Zuständigkeiten von Bundesgerichten und einzelstaatlichen Gerichten in den USA

a) Unterschiede im Zugang zu Bundes- und einzelstaatlichen Gerichten

Auch in den USA ist die prozedurale Dimension des Grundrechtsföderalismus ausgeprägt. Nicht nur besteht hier eine Vielfalt der Verfahrenswege, sondern diese Vielfalt wird dadurch verstärkt, dass sich die Zugangsvoraussetzungen zu Bundesgerichten und einzelstaatlichen Gerichten erheblich unterscheiden. Dem Zugang zu den Bundesgerichten der USA setzen die sogenannten *justiciabi-*

---

[206] Vierunddreißigstes Landesgesetz zur Änderung der Verfassung für Rheinland-Pfalz v. 8.3.2000, GVBl. S. 65.

[207] *B.-O. Bryde*, NdsVBl. 12 (2005) Sonderheft zum 50-jährigen Bestehen des Niedersächsischen Staatsgerichtshofs, S. 5 (6); *E. Pohlreich*, in: Y. Becker/F. V. Lange (Hrsg.), Linien der Rechtsprechung des Bundesverfassungsgerichts, Bd. 3, 2014, S. 37 (42).

[208] S. zu den Beschränkungen der Landesverfassungsbeschwerde auch *C. Pestalozza*, in: HGR III, 2009, § 86, Rn. 130–142.

lity doctrines (*standing*, *mootness*, *ripeness*) enge Grenzen. Auch die Erstattung von Rechtsgutachten durch Bundesgerichte ist kategorisch ausgeschlossen.[209] Der Zugang zu den einzelstaatlichen Gerichten dagegen ist regelmäßig auch über das sogenannte »taxpayer standing« eröffnet, sodass einzelne Steuerzahler Maßnahmen der öffentlichen Gewalt anfechten können, selbst wenn sie nur geringe Auswirkungen auf den Staatshaushalt haben.[210] Die Verfassungen einiger Bundesstaaten sehen die Beantwortung von Gutachtenanfragen ausdrücklich vor, und tatsächlich sind die *state courts* häufig damit befasst.[211] Im Gegensatz zu den Bundesgerichten kennt die einzelstaatliche Gerichtsbarkeit keine *political question doctrine*, der zufolge die Bundesgerichte nicht über Fälle entscheiden sollen, die in die ausschließliche Verantwortlichkeit von Legislative und Exekutive fallen.[212]

b) Überlappende Zuständigkeiten

Im Verhältnis der Zuständigkeiten zwischen Bundes- und einzelstaatlichen Gerichten besteht eine Vermutung dafür, dass *state courts* eine konkurrierende Zuständigkeit über bundesrechtliche Ansprüche ausüben können, sofern der Kongress keine abweichende Regelung vorsieht.[213] Einzelstaatliche Gerichte müssen grundsätzlich auch über bundesrechtlich begründete Ansprüche entscheiden, wenn ihnen eine vergleichbare Zuständigkeit für ähnliche im Recht der Einzelstaaten begründete Ansprüche zugewiesen ist. Dies wird ebenfalls aus der *Supremacy Clause* abgeleitet.[214] Wählt der Kläger als Weg zur Durchsetzung eines im Bundesrecht begründeten Anspruchs ein gliedstaatliches Gericht, kann der Beklagte grundsätzlich verlangen, dass der Rechtsstreit an ein Bundesgericht überwiesen wird.[215] Ein derartiges »removal« sieht auch 28 U.S.C. 1443 speziell für »civil rights cases« vor.

Überlappende Zuständigkeiten ermöglichen eine »intersystemic adjudication«: Ein und dieselbe Frage kann in einzelstaatlichen Gerichten wie in Bundesgerichten verhandelt werden, und die Streitparteien können die Wahl zwischen Bundesgerichten und einzelstaatlichen Gerichten haben. Das wird teilweise als Vorzug und als Chance verstanden, Rechtsschutzlücken zu schließen. So könn-

---

209 Art. III, Sect. 2, Cl. 1 U.S. Const. *Case or Controversy Clause*; s. *R. H. Fallon, Jr.* u.a., Hart and Wechsler's The Federal Courts and the Federal System, 6. Aufl. 2009, S. 52–58.

210 *H. Hershkoff*, Harv. L. Rev. 114 (2001) 7, S. 1833 (1852–1859); *H. A. Linde*, Wm. & Mary L. Rev. 46 (2005) 4, S. 1273 (1274 f.).

211 *H. Hershkoff*, Harv. L. Rev. 114 (2001) 7, S. 1833 (1844–1852).

212 Ebd., S. 1861–1868. S. für die Bundesgerichte U.S. Supreme Court, *Oetjen v. Central Leather Co.*, 246 U.S. 297 (1918); *Baker v. Carr*, 369 U.S. 186 (1962); *Nixon v. United States*, 506 U.S. 224 (1993).

213 U.S. Supreme Court, *Claflin v. Houseman*, 93 U.S. 130 (1876), *Tafflin v. Levitt*, 493 U.S. 455 (1990).

214 U.S. Supreme Court, *Testa v. Katt*, 330 U.S. 386, 389–394 (1947).

215 28 U.S.C. § 1441.

ten sich etwa Kläger ohne *standing* vor Bundesgerichten an *state courts* wenden, die dann Bundesrecht anwenden.[216] Andere kritisieren diese Doppelspurigkeit. Der *U.S. Supreme Court* behält die Trennungslinien innerhalb des dualen Gerichtssystem aufmerksam im Blick. Im Fall Atlantic Coast Line Railroad v. Brotherhood of Locomotive Engineers legte der *Supreme Court* bestimmte Ausnahmebestimmungen des *Anti-Injunction Act*[217] eng aus. Dieses Bundesgesetz hindert Bundesgerichte grundsätzlich daran, in Verfahren vor einzelstaatlichen Gerichten Vorgaben zu machen. Zur Begründung berief sich der *Supreme Court* auf die föderale Struktur mit ihren grundsätzlich getrennten und voneinander unabhängigen Rechtssystemen. Dieses duale System könne nicht funktionieren, wenn einzelstaatliche und Bundesgerichte miteinander um die Entscheidungsbefugnis für einzelne Fälle rängen. Gesetze wie der *Anti-Injunction Act*, die die »lines of demarcation between the two systems« definierten, seien eine notwendige Funktionsvoraussetzung für das duale System und vermieden sinnlose Friktionen zwischen einzelstaatlichen und Bundesgerichten.[218]

c) Einschränkung des prozeduralen Grundrechtspluralismus durch die »souveräne Immunität« der Einzelstaaten

Für Klagen wegen Verletzung bundesrechtlich gewährleisteter Rechte besteht im Wesentlichen eine konkurrierende Zuständigkeit von Bundes- und einzelstaatlichen Gerichten (»dual remedy model«), soweit sie auf Unterlassung (»injunction«), nicht jedoch, wenn sie auf Schadensersatz (»damages«) gerichtet sind.[219] Aus 42 U.S.C. § 1983 ergibt sich ein zivilrechtlicher Rechtsbehelf und Klagegrund vor den Bundesgerichten für den Fall, dass Beamte der Einzelstaaten die Bundesverfassung verletzen.[220] Eine Parallele dazu schafft die sogenannte Bivens-Rechtsprechung für Verletzungen des 4. Zusatzartikels zur

---

[216] *R. A. Schapiro*, Polyphonic Federalism, 2009, S. 151 f. S. zu den Vorzügen eines »multijurisdictional approach« auch *B. Friedman*, Colum. L. Rev. 104 (2004) 5, S. 1211.

[217] 28 U.S.C. § 2283.

[218] U.S. Supreme Court, *Atlantic Coast Line Railroad v. Brotherhood of Locomotive Engineers*, 398 U.S. 281, 286 (1970).

[219] Grundlegend U.S. Supreme Court, *Claflin v. Houseman*, 93 U.S. 130 (1876); *General Oil v. Crain*, 209 U.S. 211 (1908); *Tafflin v. Levitt*, 493 U.S. 455 (1990). Vgl. *R. A. Schapiro*, U. Tol. L. Rev. 41 (2009) 1, S. 153 (153 f., 162).

[220] 42 U.S.C. § 1983 lautet: »Every person who, under color of any statute, ordinance, regulation, custom, or usage, of any State or Territory or the District of Columbia, subjects, or causes to be subjected, any citizen of the United States or other person within the jurisdiction thereof to the deprivation of any rights, privileges, or immunities secured by the Constitution and laws, shall be liable to the party injured in an action at law, suit in equity, or other proper proceeding for redress, except that in any action brought against a judicial officer for an act or omission taken in such officer's judicial capacity, injunctive relief shall not be granted unless a declaratory decree was violated or declaratory relief was unavailable. For the purposes of this section, any Act of Congress applicable exclusively to the District of Columbia shall be considered to be a statute of the District of Columbia.« S. zur Geschichte der Bestimmungen

Bundesverfassung durch Beamte der Bundesexekutive. Anspruchsgrundlage für Schadensersatz und Klagegrund werden dabei unmittelbar aus der Rechtegewährleistung abgeleitet, hier dem 4. Zusatzartikel.[221] Allerdings hat der *Supreme Court* in späteren Entscheidungen Bundesbeamten weitreichende Immunitäten eingeräumt und damit die Bivens-Rechtsprechung wieder untergraben.[222] *De lege lata* besteht auch keine Möglichkeit, Bundesbeamte im *state court* zu verklagen.[223]

Eine Grundlage der *sovereign immunity* der Einzelstaaten ist der 11. Zusatzartikel: »The Judicial power of the United States shall not be construed to extend to any suit in law or equity, commenced or prosecuted against one of the United States by Citizens of another State, or by Citizens or Subjects of any foreign state.« Im 19. Jahrhundert nahm der *U.S. Supreme Court* bundesrechtlich begründete Rechtsmittel gegen Entscheidungen in ursprünglich von staatlichen Behörden begonnenen Streitigkeiten von der Immunität aus.[224] In der grundlegenden Entscheidung im Fall Cohens v. Virginia von 1821 verneinte der *U.S. Supreme Court* die Befugnis der Bundesstaaten, ihren Beamten Immunität für Verletzungen des Bundesrechts zu vermitteln. In der Sache gab er sodann dem Bundesstaat Virginia Recht.[225] Daraufhin brachten private Bürger die Vertreter der einzelstaatlichen Hoheitsgewalt regelmäßig vor die Bundesgerichte, indem sie Rechtsmittel gegen die Entscheidungen einzelstaatlicher Gerichte mit der Begründung einlegten, sie widersprächen dem Bundesrecht.[226] Allerdings entschied der *U.S. Supreme Court* bereits 1890 im Fall Hans v. Lousiana auch, dass ein Bundesstaat nicht von seinen eigenen Bürgern vor einem Bundesgericht verklagt werden könne; dies wäre »anomalous«.[227]

Der gegenwärtige Stand der Doktrin ist Ausdruck eines weitreichenden Verständnisses der *sovereign state immunity* und nicht frei von Widersprüchen. Die maßgeblichen Entscheidungen des *U.S. Supreme Court* sind in aller Regel mit der knappen Mehrheit von 5:4 Richtern ergangen und zeugen von einer Spaltung zwischen den konservativeren und den liberaleren Richtern des Gerichtshofs.[228] Hinter diesen Meinungsverschiedenheiten stehen tiefgreifende Unter-

---

und zu ihren Auswirkungen auf die föderale Balance *H. A. Blackmun*, N.Y.U. L. Rev. 60 (1985) 1, S. 1.

[221] U.S. Supreme Court, *Bivens v. Six Unknown Named Agents*, 403 U.S. 388 (1971); *W. E. Dellinger*, Harv. L. Rev. 85 (1972) 8, S. 1532; s. zum Hintergrund auch *J. E. Pfander*, in: V. C. Jackson/J. Resnik (Hrsg.), Federal Courts Stories, 2010, S. 275. Zum aktuellen Stand der Bivens-Rechtsprechung s. *J. Preis*, Ind. L.J. 87 (2012) 4, S. 1697 (1701).

[222] S. etwa U.S. Supreme Court, *Harlow v. Fitzgerald*, 457 U.S. 800 (1982); vgl. *A. R. Amar*, The Law of the Land, 2015, S. 261.

[223] *J. Preis*, Ind. L.J. 87 (2012) 4, S. 1697.

[224] U.S. Supreme Court, *Ex Parte Young*, 209 U.S. 123, 159 f. (1908).

[225] U.S. Supreme Court, *Cohens v. Virginia*, 19 (6 Wheaton) U.S. 264 (1821).

[226] *L. F. Goldstein*, SAPD 11 (1997) 1, S. 149 (178).

[227] U.S. Supreme Court, *Hans v. Louisiana*, 134 U.S. 1, 18 (1890).

[228] *E. Chemerinsky*, Federal Jurisdiction, 6. Aufl. 2012, S. 424 f.

schiede in der Beurteilung der Gewaltenteilung, der Bundesstaatlichkeit und des Schutzes individueller Rechte. Nach Ansicht der konservativen Mehrheit in der Entscheidung Garcia v. San Antonio Metropolitan Transit Authority kann der Kongress zwar das Verhalten von Staaten wie Privatpersonen regeln.[229] Etwas anderes gilt für die Haftung der Bundesstaaten gegenüber Privaten und Schadensersatzansprüche Privater für den Fall, dass diese Regeln verletzt werden. Insoweit stehe die *state sovereign immunity* Klagen Privater wegen Verletzung bundesrechtlich gewährter Rechte sowohl bei den Bundesgerichten[230] als auch bei den einzelstaatlichen Gerichten[231] entgegen. Für dieses Verständnis der *state sovereign immunity* stützt sich die Mehrheit des *U.S. Supreme Court* auf eine Interpretation des 11. Zusatzartikels und ihr Verständnis der Verfassungsstruktur.[232]

Die souveräne Immunität der Einzelstaaten ist demnach sehr umfassend.[233] Allerdings bestehen auch Umgehungsmechanismen, auf deren Grundlage die Bundesgerichte sicherstellen können, dass die Einzelstaaten das Bundesrecht einhalten.[234] Zulässig sind Unterlassungsklagen (*injunctions*), die sich anstatt gegen den Bundesstaat gegen seine Staatsbediensteten richten (sogenannte Young-Fiktion).[235] Außerdem kann ein Bundesstaat in einem Bundesgericht verklagt werden, wenn er ausdrücklich auf seine Immunität verzichtet hat (*waiver*).[236] Schließlich kann der Kongress die Immunität gesetzlich aufheben (*abrogation*) und Staaten gegenüber Privaten haftbar machen, soweit er die Kompetenzen aus den *Enforcement Clauses* der *Reconstruction Amendments* des 13., 14. und 15. Zusatzartikels wahrnimmt. Im Fall Fitzpatrick v. Bitzer begründete Justice William H. Rehnquist dieses Ergebnis damit, dass der 14. Zusatzartikel auf eine Beschränkung der Souveränität der Einzelstaaten ziele.[237] Demgegenüber kann der Kongress den 11. Zusatzartikel nicht durch Gesetz aufheben, soweit er aufgrund einer anderen Kompetenzgrundlage als den *Enforcement Clauses* der *Reconstruction Amendments* tätig wird.[238] Diese Einschränkung

---

[229] U.S. Supreme Court, *Garcia v. San Antonio Metropolitan Transit Authority*, 469 U.S. 528 (1985).

[230] U.S. Supreme Court, *Seminole Tribe of Florida v. Florida*, 517 U.S. 44 (1996).

[231] U.S. Supreme Court, *Alden et al. v Maine*, 527 U.S. 706 (1998).

[232] S. U.S. Supreme Court, *Federal Maritime Community v. South Carolina Ports Authority*, 535 U.S. 743, 753 (2002).

[233] Kritisch etwa *A. R. Amar*, Yale L. J. 96 (1987) 7, S. 1425 (1466).

[234] *E. Chemerinsky*, Federal Jurisdiction, 6. Aufl. 2012, S. 423, 448–496.

[235] U.S. Supreme Court, *Ex Parte Young*, 209 U.S. 123 (1908); vgl. *D. L. Shapiro*, N.Y.U. Ann. Surv. Am. L. 67 (2001) 1, S. 69; *E. A. Purcell, Jr.*, U. Tol. L. Rev. 40 (2009) 4, S. 931. Zu den Einzelheiten s. *E. Chemerinsky*, Federal Jurisdiction, 6. Aufl. 2012, S. 449–469.

[236] S. etwa U.S. Supreme Court, *Clark v. Barnard*, 108 U.S. 436 (1883); *Edelman v. Jordan*, 415 U.S. 651 (1974); *Florida Dept. of Health & Rehabilitative Servs. v. Florida Nursing Home Assn.*, 450 U.S. 147, 149 f. (1981); *Lapides v. Board of Regents*, 535 U.S. 613, 617–624 (2002).

[237] U.S. Supreme Court, *Fitzpatrick v. Bitzer*, 427 U.S. 445, 456 (1976).

[238] U.S. Supreme Court, *Seminole Tribe of Florida v. Florida*, 517 U.S. 44 (1996) in Abkehr

ist von großer Bedeutung, weil der *U.S. Supreme Court* die *Enforcement Clause* Am. 14 Sect. 5 eng auslegt.[239] Nach der Rechtsprechung kommt es darauf an, ob der Kläger die Verletzung verfassungsmäßiger Rechte vorträgt. Ist dies der Fall, so kann der Bundesstaat verklagt werden. Andernfalls stellt sich die Frage, ob das fragliche Gesetz Diskriminierungen, die eine »heightened scrutiny« erfahren, oder ein »fundamental right« zum Gegenstand hat. Ist dies zu bejahen, bestehen Aussichten, dass die Klage zulässig ist. Behauptet der Kläger jedoch keine Verfassungsverletzung und betrifft der Fall auch nicht eine Diskriminierung oder ein Recht mit »heightened scrutiny«, kann der Bundesstaat nur verklagt werden, wenn der Kongress ein weit verbreitetes verfassungswidriges Verhalten des Staates festgestellt hat.[240] Die Immunität gilt grundsätzlich auch für *injunctions* in Bundesgerichten gegenüber Beamten der Staaten wegen der Verletzung des Rechts der Einzelstaaten.[241]

d) Weitere Beschränkungen des Zugangs zu den Bundesgerichten

Wie die Rechtsprechung zur *sovereign immunity* ist auch die zunehmende Beschränkung der Möglichkeit zu einer *federal habeas corpus review* (Antrag auf Haftprüfung) Ausdruck eines Trends, die Durchsetzung von Grundrechten den *state courts* zu überlassen.[242] Die unverzügliche Haftprüfung wird durch die Bundesverfassung garantiert (Art. I Sect. 9 Cl. 2 U.S. Const., *suspension clause*): »The privilege of the writ of habeas corpus shall not be suspended, unless when in cases of rebellion or invasion the public safety may require it.« Zum einen hat der *U.S. Supreme Court* die Möglichkeiten beschnitten, Auslegungen der *state supreme courts* im Wege der *habeas review* von Bundesgerichten überprüfen zu lassen.[243] Zum anderen hat auch der Kongress im Wege der Gesetzgebung mit dem *Antiterrorism and Effective Death Penalty Act* (*AEDPA*) von 1996[244] die bundesrechtliche *habeas corpus review* weiter eingeschränkt.[245]

---

von *Pennsylvania v. Union Gas Co.* 491 U.S. 1 (1989) (*plurality opinion*). Allerdings kann der Kongress gegenüber den Staaten als Gläubigern Insolvenzrecht zur Anwendung bringen: U.S. Supreme Court, *Central Virginia Community College v. Katz*, 546 U.S. 356 (2006).

239 S. etwa U.S. Supreme Court, *Bd. of Trustees v. Garrett*, 531 U.S. 356, 374 (2001).

240 *E. Chemerinsky*, Federal Jurisdiction, 6. Aufl. 2012, S. 494 f. Diese Differenzierungen finden in Am 14. Sect. 5 keine unmittelbare Grundlage und werden von den dissentierenden Richtern auch infrage gestellt. S. zu den einschlägigen Entscheidungen ausführlich 4. Kapitel C. I. 2. c).

241 U.S. Supreme Court, *Pennhurst State School & Hospital v. Halderman*, 465 U.S. 89 (1984). S. zur »sovereign state immunity« *S. L. Bloch/V. C. Jackson*, Federalism, 2013, S. 201 f.

242 *A. Althouse*, U. Pa. L. Rev. 152 (2004) 6, S. 1745 (1783).

243 U.S. Supreme Court, *Stone v. Powell*, 428 U.S. 465 (1976); *Teague v. Lane*, 489 U.S. 288 (1989); *McCleskey v. Zant*, 499 U.S. 467 (1991).

244 Pub. L. No. 104–132, 110 Stat. 1214 (codified as amended at 28 U.S.C. §§2241 ff).

245 *R. A. Schapiro*, Polyphonic Federalism, 2009, S. 13 f.; *J. Resnik*, Jus Politicum 9 (2017) 17, S. 208 (252 f.).

Weiterhin bestehen Einschränkungen für *injunctions*, die sich auf das *standing* und bundesstaatliche Gründe stützen.[246] Auch ist die Möglichkeit beschränkt, im Wege eines Zivilverfahrens eine verfassungsrechtliche Überprüfung zu erreichen, wenn in einem Strafverfahren Beweismittel unterdrückt wurden.[247] Eine Beschränkung des Wegs zur Bundesgerichtsbarkeit über die *injunction* bewirkte schon die Entscheidung Younger v. Harris von 1971. Danach müssen Verletzungen des Bundesrechts im Strafverfahren schon vor dem einzelstaatlichen Gericht, vor dem das Strafverfahren stattfindet, gerügt werden. Der Weg zu den Bundesgerichten ist nur im Fall der *inadequacy* des Verfahrens vor dem *state court* eröffnet.[248]

Sind damit überlappende Zuständigkeiten als Grundlage einer »intersystemic adjudication« erheblich eingeschränkt worden, so bleibt als Besonderheit des Grundrechtsföderalismus der USA, dass die Gerichte den Zugang zu ihnen stärker selbst definieren, als das etwa im deutschen Grundrechtsföderalismus der Fall ist. Zugleich dokumentiert vor allem die umfangreiche Immunität der Einzelstaaten vor den Bundesgerichten die duale Gerichtsstruktur und markiert einen deutlichen Unterschied zwischen dem US-amerikanischen und dem deutschen Bundesstaat.

3. Rechtsschutz in der Europäischen Union

a) Verfahren der Grundrechtsbeschwerde in den Mitgliedstaaten

In der Europäischen Union besteht ebenfalls ein prozeduraler Grundrechtspluralismus. Zunächst können in vielen Mitgliedstaaten auch Gesetze am Maßstab der Grundrechte gerichtlich überprüft werden. In einem Teil der Mitgliedstaaten können von einem Gesetz unmittelbar Betroffene direkt Verfassungsbeschwerde erheben (Belgien, Deutschland, Lettland, Österreich, Polen, Portugal, Slowenien, Spanien, Tschechien und Ungarn). In anderen Mitgliedstaaten ist die Verfassungsbeschwerde nur gegen Gerichtsurteile möglich; es muss dann zunächst Rechtsschutz vor den allgemeinen Gerichten gesucht werden (Dänemark, Estland, Finnland, Griechenland, Italien, Irland, Litauen, Niederlande, Norwegen, Schweden). In Kroatien und Malta findet keine strenge Verhältnismäßigkeitsprüfung statt, außerdem ist das Konzept der indirekten Diskriminierung unbekannt. Während Deutschland die Urteils- und (im Ausnahmefall) auch die Gesetzesverfassungsbeschwerde kennt, ist in Österreich die Überprüfung der Verfassungsmäßigkeit von Urteilen ordentlicher Gerichte nicht möglich; der Verfassungsgerichtshof entscheidet also nur über Rechtsakte der Legislative, der Exekutive und im Zuge der Sonderverwaltungsgerichtsbarkeit über

---

[246] U.S. Supreme Court, *City of Los Angeles v. Lyons*, 461 U.S. 95 (1983).
[247] U.S. Supreme Court, *Allen v. McCurry*, 449 U.S. 90 (1980).
[248] U.S. Supreme Court, *Younger v. Harris*, 401 U.S. 37, 41 und 45 (1971).

Erkenntnisse der Verwaltungsgerichte erster Instanz. In wenigen Fällen können alle Bürger im Wege der verfassungsrechtlichen Popularklage auch ohne eigene Betroffenheit Verfassungsbeschwerde gegen ein Gesetz einlegen (Slowenien, Ungarn, in Deutschland nur in Bayern).[249]

b) Grundrechtsschutz gegenüber Hoheitsakten der Europäischen Union

Allerdings ist damit noch kein Grundrechtsschutz vor mitgliedstaatlichen Gerichten auch gegenüber Rechtsakten der Union verbunden.[250] In Deutschland etwa ist der Rechtsschutz gegenüber Hoheitsakten der Union vor dem Bundesverfassungsgericht nur sehr eingeschränkt möglich.[251] Hier greift der Solange-Vorbehalt, dem zufolge das Bundesverfassungsgericht seine Prüfungszuständigkeit nicht ausübt, solange der EuGH in Unionsangelegenheiten einen dem Grundgesetz im Wesentlichen vergleichbaren Grundrechtsschutz garantiert.[252] Spätestens mit der Rechtsverbindlichkeit der Grundrechtecharta ist damit der Rechtsschutz durch das Bundesverfassungsgericht nach dem Solange-Maßstab von nur noch theoretischer Bedeutung. Im Ausnahmefall kann allerdings auch eine Verletzung von Grundrechten einen Menschenwürdeverstoß begründen und auf eine Verletzung der deutschen Verfassungsidentität der Bundesrepublik hinauslaufen, die im Verfassungsbeschwerdeverfahren rügefähig ist.[253]

Die beschränkten Rechtsschutzmöglichkeiten Einzelner gegen Unionsrechtsakte sind bereits seit langem Gegenstand der Kritik.[254] Insbesondere existiert keine Grundrechtsbeschwerde zum EuGH.[255] Zudem legt der Gerichtshof

---

[249] S. zu diesem Überblick *L. F. M. Besselink*, in: J. Laffranque (Hrsg.), The Protection of Fundamental Rights Post Lisbon, 2012, S. 63 (69 f.).

[250] Überblicksartig zu den verschiedenen Mitgliedstaaten *F. C. Mayer/M. Wendel*, in: A. Hatje/P.-C. Müller-Graff (Hrsg.), Europäisches Organisations- und Verfassungsrecht, 2014, S. 163, Rn. 199–280.

[251] S. zum Rechtsschutz gegenüber Unionsrecht durch deutsche Gerichte H.-W. Rengeling/A. Middeke/M. Gellermann (Hrsg.), Handbuch des Rechtsschutzes in der Europäischen Union, 2014, §§ 34–39.

[252] BVerfGE 73, 339 (387), 2 BvR 197/83 – *Solange II*.

[253] BVerfGE 123, 267 (343 ff., insb. 357 f.), 2 BvE 2/08 – *Lissabon*; 125, 260 (324), 1 BvR 256/08 u.a. – *Vorratsdatenspeicherung*: Verbot totaler Erfassung und Registrierung der Freiheitswahrnehmung der Bürger als Teil der Verfassungsidentität; 128, 326 (371), 2 BvR 2365/09 u.a. – *Sicherungsverwahrung II*: Kerngehalt der Verfassungsidentität des Grundgesetzes gemäß Art. 79 Abs. 3 GG als absolute Grenze konventionsfreundlicher Auslegung; 134, 366 (384 ff.), 2 BvR 272 8/13 u.a. – *OMT*; 140, 317 (341), 2 BvR 2735/14 – *Identitätskontrolle*: Verletzung des Rechts auf Achtung des Schuldprinzips aus Art. 1 Abs. 1 i.V.m. Art. 23 Abs. 1 Satz 3 und Art. 79 Abs. 3 GG; vgl. zum Ganzen *S. Kadelbach*, in: R. Schulze u.a. (Hrsg.), Europarecht. Handbuch für die deutsche Rechtspraxis, 2015, S. 338, Rn. 63; zur Identitätskontrolle u.a. *A. Ingold*, AöR 140 (2015) 1, S. 1; *T. Wischmeyer*, AöR 140 (2015) 3, S. 415; *S. Dietz*, AöR 142 (2017) 1, S. 78.

[254] Vgl. *J. Dervisopoulos*, in: H.-W. Rengeling u.a. (Hrsg.), Handbuch des Rechtsschutzes in der Europäischen Union, 2014, S. 111, Rn. 80 m.N.

[255] *M. Kotzur*, EurR-Bei 2012, S. 7 (19).

die Kriterien für die Erhebung von Nichtigkeitsklagen unmittelbar und individuell betroffener natürlicher und juristischer Personen gegen Handlungen der Union nach Art. 263 Abs. 4 AEUV (ex-Art. 230 Abs. 4 EGV) eng aus.[256] Dem Urteil des EuGH in der Rechtssache Unión de Pequeños Agricultores von 2002 zufolge ist es gegebenenfalls Sache der Mitgliedstaaten, das System der Rechtmäßigkeitskontrolle zu reformieren.[257] In der Tat schuf der Vertrag von Lissabon eine neue Variante der Klageberechtigung Einzelner. Nach Art. 263 Abs. 4 AEUV können nunmehr natürliche und juristische Personen Nichtigkeitsklagen gegen »Rechtsakte mit Verordnungscharakter« erheben, die sie unmittelbar betreffen und keine Durchführungsmaßnahmen nach sich ziehen. Allerdings hat der EuGH diese neue Variante mittlerweile dahingehend ausgelegt, dass Gesetzgebungsakte i.S.v. Art. 289 Abs. 3 AEUV keine »Rechtsakte mit Verordnungscharakter« i.S.v. Art. 263 Abs. 4 AEUV sind.[258] Der Gerichtshof stützt sich dabei auf die grammatikalische und systematische Auslegung sowie die Entstehungsgeschichte der Norm.

Trotz dieser einengenden Auslegung sieht der EuGH keine Rechtsschutzlücke, die einen Verstoß gegen die Garantie eines effektiven Rechtsbehelfs in Art. 47 GRCh begründen würde. Zum einen verweist der EuGH darauf, dass es nach Art. 19 Abs. 1 EUV nicht nur dem Gerichtshof, sondern auch den Gerichten der Mitgliedstaaten obliegt, die gerichtliche Kontrolle der Wahrung der Rechtsordnung der Union zu gewährleisten.[259] Zudem stehe Individuen die Möglichkeit einer Nichtigkeitsklage gegen die Durchführungsmaßnahmen der Unionsorgane vor den Unionsgerichten offen sowie bei einer Durchführung durch nationale Behörden der Rechtsschutz vor den mitgliedstaatlichen Gerichten mit der Möglichkeit einer Vorlage nach Art. 267 AEUV.[260]

---

[256] EuGH, Rs. C-263/02 P, *Kommission/Jégo-Quéré*, Slg. 2004, I-3425; Rn. 29 ff.; Rs. C-50/00 P, *Unión de pequeños Agricultores*, Slg. 2002, I-6677, Rn. 44 f.

[257] EuGH, Rs. C-50/00 P, *Unión de pequeños Agricultores*, Slg. 2002, I-6677, Rn. 45.

[258] EuGH, Rs. C-583/11 P, *Inuit Tapiriit Kanatami u.a./Parlament und Rat*, Urt. v. 3.10.2013, ECLI:EU:C:2013:625. Der EuGH folgte darin dem EuG, Rs. T-18/10, *Inuit Tapiriit Kanatami u.a./Parlament und Rat*, Urt. v. 6.9.2011 und auch den Schlussanträgen der Generalanwältin Kokott v. 17.2.2013. In diesem Sinne auch *W. Cremer*, DÖV 63 (2010) 2, S. 58; *A. Thiele*, EuR 45 (2010) 1, S. 30 (43); *C. Werkmeister* u.a., CYELS 13 (2010–2011), S. 311 (314–326); *S. Pötters* u.a., EuR 47 (2012) 5, S. 546 (549–558). Anders *J. Bast*, in: A. von Bogdandy/J. Bast (Hrsg.), Europäisches Verfassungsrecht, 2015, S. 489 (556 ff.); *U. Everling*, EuR-Bei 2009, S. 71 (73 f.); *J. Schwarze*, in: P.-C. Müller-Graff u.a. (Hrsg.), Europäisches Recht zwischen Bewährung und Wandel, 2011, S. 190 (199–203).

[259] EuGH, Rs. C-583/11 P, *Inuit Tapiriit Kanatami u.a./Parlament und Rat*, Urt. v. 3.10.2013, ECLI:EU:C:2013:625, Rn. 90.

[260] Ebd., Rn. 93.

c) Prozeduraler Grundrechtspluralismus über die Fachgerichte

Auf dieser Grundlage ergibt sich in vielen Ländern eine besondere Konstellation des prozeduralen Grundrechtspluralismus: Zum einen führt der Rechtsschutz – in der Regel mit den Grundrechten der mitgliedstaatlichen Verfassung als Prüfungsmaßstab – von den Fachgerichten zum Verfassungsgericht. Zum anderen führt er – mit den Unionsgrundrechten als Prüfungsmaßstab – von den Fachgerichten im Wege des Vorlageverfahrens zum EuGH. Auch die mitgliedstaatlichen Fachgerichte setzen als Unionsgerichte den Anwendungsvorrang des Unionsrechts durch.[261] Zwischen obersten Gerichtshöfen und Verfassungsgericht besteht in vielen Mitgliedstaaten ein Spannungsverhältnis,[262] wie es in der Frühphase auch für das Verhältnis von Bundesverfassungsgericht und Bundesgerichtshof prägend war.[263] In Deutschland wird eine bipolare Konfrontation zwischen oberstem Gerichtshof und Verfassungsgericht bereits dadurch vermieden, dass Art. 95 Abs. 1 GG oberste Gerichtshöfe für die Gerichtszweige der ordentlichen, der Verwaltungs-, der Finanz-, der Arbeits- und der Sozialgerichtsbarkeit vorsieht. Bekanntermaßen hat vor allem die deutsche Arbeitsgerichtsbarkeit gezielt den Weg zum EuGH gesucht, um eine als unbefriedigend empfundene einschränkende verfassungsgerichtliche Rechtsprechung zum Gleichheitssatz insbesondere im Bereich der indirekten Diskriminierungen zu überwinden.[264] Auf solche Vorlagen gehen etwa die Urteile des EuGH in den Rechtssachen Bilka[265] und Rinner-Kühn[266] zurück. Das Bundesverfassungsgericht ist schließlich auf diese Linie eingeschwenkt.[267] Von neueren Konflikten in den Gerichtssystemen der Mitgliedstaaten zeugen etwa die Rechtssachen Melki und Abdli[268] und Aliyev[269].

261 EuGH, Rs. C-106/77, *Simmenthal*, Slg. 1978, 629 (645), Rn. 24.

262 *L. Garlicki*, I•CON 5 (2007) 1, S. 44; *M. Bobek*, EuConst 10 (2014) 1, S. 54.

263 *C. Schönberger*, in: Das entgrenzte Gericht, 2011, S. 9 (91–95).

264 *A. Stone Sweet/K. Stranz*, J.E.P.P. 19 (2012) 1, S. 92 (97–100).

265 EuGH, Rs. 170/84, *Bilka*, Slg. 1986, 1607 (Vorabentscheidungsersuchen des Bundesarbeitsgerichts).

266 EuGH, Rs. C-171/88, *Rinner-Kühn*, Slg. 1989, 2743 (Vorabentscheidungsersuchen des Arbeitsgerichts Oldenburg).

267 BVerfG, Beschl. v. 28.9.1992, 1 BvR 496/87, NZA 1993, S. 213; BVerfGE 97, 35, 1 BvL 12/91 – *Hamburger Ruhegeldgesetz*.

268 EuGH, Rs. verb. Rs. C-188/10 und C-189/10, *Melki und Abdeli*, Slg. 2010, I-5667: Grundrechtskontrolle durch den französischen *Conseil constitutionnel* darf nicht den Vorrang des Unionsrechts unter Einschluss der EU-Grundrechte gegenüber nationalen Gesetzen in Frage stellen, soweit diese zwingende Richtlinien-Bestimmungen umsetzen.

269 EuGH, Rs. C-112/13, *A (Aliyev) gegen B u.a.*, Urt. v. 11.9.2014, ECLI:EU:C:2014:2195: Konstitutionalisierung der Charta der Grundrechte durch den österreichischen Verfassungsgerichtshof (EuGRZ 2012, 331) grundsätzlich mit Unionsrecht vereinbar, sofern dies mit der Vorlagepflicht letztinstanzlicher bzw. mit der Vorlagefreiheit sämtlicher Gerichte an den EuGH kompatibel auszulegen und anzuwenden ist.

IV. Zwischenfazit

Als Grundlage der weiteren Untersuchung lässt sich an dieser Stelle festhalten, dass der materielle, institutionelle und prozedurale Grundrechtspluralismus in den USA jeweils stärker ausgeprägt ist als in den Vergleichsordnungen.

Der ausgeprägte materielle Grundrechtspluralismus in den USA basiert darauf, dass Bundesverfassung und einzelstaatliche Verfassungen sogar eigenständige Verfassungstraditionen repräsentieren. Sie folgen unterschiedlichen Grundrechtsverständnissen, und die *state constitutions* kennen Grundrechtswirkungen, die der *federal bill of rights* fremd sind. In den USA und in der Bundesrepublik enthalten die einzelstaatlichen Verfassungen verstärkt soziale Rechte, die auch einen Beitrag zur einzelstaatlichen Verfassungsidentität leisten können. Allerdings sind die Gerichte da wie dort eher zögerlich, diese Gewährleistungen auch als Rechte anzuwenden.[270] Sowohl in Deutschland als auch in den USA sind die einzelstaatlichen Verfassungen jedenfalls teilweise deutlich jünger als die Bundesverfassung und in ihren Grundrechtsgewährleistungen umfassender und innovativer. In der Europäischen Union verhält es sich umgekehrt: Umfassendster und innovativster Grundrechtskatalog ist die relativ junge Charta der Grundrechte der Europäischen Union. Während die vertikalen Unterschiede zwischen den in der Bundesverfassung und in den einzelstaatlichen Verfassungen gewährleisteten Rechten in den USA am signifikantesten sind, springt gerade im Vergleich zur Europäischen Union die große horizontale Ähnlichkeit der *state constitutions* in den USA ins Auge.[271] Beides verändert die Ausgangsbedingungen der föderalen Grundrechtsjudikatur und beschränkt ihre vereinheitlichende Wirkung von vornherein.

Auch der institutionelle Grundrechtspluralismus findet in den USA eine charakteristische Gestalt, weil sich *state* und *federal courts* in ihren Aufgaben und ihrer grundsätzlichen Rolle deutlich unterscheiden. Bundesverfassungsgericht und Landesverfassungsgerichte folgen demgegenüber als Grundrechtsgerichte im Wesentlichen demselben Leitbild. Die Unterschiede im grundsätzlichen Rollenverständnis von *state* und *federal courts* wirken sich zudem stärker aus, weil die *state courts* auch zur Auslegung der Bundesverfassung beitragen. Auch in der EU sind die institutionellen Unterschiede zwischen dem EuGH, der eben kein spezialisiertes Grundrechtsgericht ist, und den mitgliedstaatlichen Verfassungsgerichten auf den ersten Blick bedeutsamer als zwischen Bundesverfassungsgericht und Landesverfassungsgerichten.

---

270 *C. Fercot*, EuConst 4 (2008) 2, S. 302 (315–317).

271 Aus Gründen der Vergleichbarkeit wird von der Betrachtung das *Indian tribal law* in seinem Verhältnis zum *federal law* ausgenommen, obschon es für das Verständnis des US-Bundesstaats wesentlich ist, vgl. *S. L. Bloch/V. C. Jackson*, Federalism, 2013, S. 13; *J. Resnik*, U. Chi. L. Rev. 56 (1989) 2, S. 671. Bezieht man es ein, relativiert sich jedenfalls auch die horizontale Ähnlichkeit.

Schließlich ist der prozedurale Grundrechtspluralismus in den USA von besonderer Bedeutung, weil er nicht nur eine Doppelung, sondern teilweise eine echte Erweiterung der Rechtsschutzmöglichkeiten mit sich bringt. Zugleich ist das System der Zuständigkeiten besonders komplex und, weil maßgeblich durch die Rechtsprechung geprägt, auch dynamisch und anpassungsfähig. In Deutschland ist der prozedurale Grundrechtsföderalismus dagegen auf Akte der Landesgewalt beschränkt, weil nur sie Gegenstand der Verfassungsbeschwerde sowohl zum Bundesverfassungsgericht als auch zu den Landesverfassungsgerichten sein können. In allen Vergleichsordnungen lassen sich Modelle der getrennten und der verschränkten Grundrechtsräume erkennen. Während die Rechtsprechung des *U.S. Supreme Court* zuletzt verstärkt auf die Trennung dieser Räume zielt, ist sie in Deutschland von vornherein prägend für den Grundrechtsföderalismus. In der EU wird gerade auf diese Frage noch einzugehen sein, ist sie doch Gegenstand der aktuellen Rechtsentwicklung.

Zudem wird im weiteren Verlauf der Arbeit zu untersuchen sein, wie sich die relativen Unterschiede bei den gemeinsamen Merkmalen des materiellen, institutionellen und prozeduralen Grundrechtsföderalismus auf das Funktionieren des Grundrechtsföderalismus auswirken. Wie bereits in der Einführung dargelegt, findet der Vorrang des föderalen Bundesrechts in der materiellen Dimension des Grundrechtsföderalismus weder eine institutionelle Entsprechung in einer Gerichtshierarchie zwischen föderalen und einzelstaatlichen Grundrechtsgerichten noch eine prozedurale Entsprechung in der Ausgestaltung der Rechtsschutzwege.

B. Vergleich mit anderen föderalen Ordnungen

Die trotz der im vorstehenden Abschnitt bereits aufgezeigten Unterschiede grundsätzlichere Gemeinsamkeit der Strukturen des Grundrechtsföderalismus in der Bundesrepublik, den Vereinigten Staaten und der Europäischen Union wird in der Abgrenzung von anderen föderalen Ordnungen deutlich. Das Zusammentreffen von materiellem, institutionellem und prozeduralem Grundrechtspluralismus kennzeichnet sie gerade im Vergleich zur Schweiz, zu Kanada und zu Australien. Die Abwesenheit jedenfalls einzelner Dimensionen des Grundrechtsföderalismus in diesen Bundesstaaten, die allgemein häufig mit den Vergleichskandidaten dieser Arbeit verglichen werden, ist Gegenstand dieses Abschnitts. Während die Schweiz nur einen materiellen Grundrechtspluralismus in dem dieser Studie zugrunde liegenden Sinn, nicht aber dessen institutionelle und prozedurale Dimension kennt (I.), ist diese materielle Dimension in Kanada nur eingeschränkt, in Australien nicht vorhanden, genauso wenig wie die institutionelle und prozedurale Dimension (II. und III.).

I. Schweiz

In der Schweiz besteht zwar eine Konstellation des materiellen, nicht aber des institutionellen und prozeduralen Grundrechtspluralismus.[272] Die Bundesverfassung umfasst seit der Totalrevision von 1999 einen Grundrechtekatalog.[273] Zudem gewährleisten die meisten Kantonsverfassungen Grundrechte und enthalten bisweilen auch Grundrechtskataloge. Einige Kantonsverfassungen, etwa die Verfassung des Kantons Bern von 1993,[274] sind reich an Grundrechtsgewährleistungen.[275] Allerdings verzichten die nach der Totalrevision der Bundesverfassung verabschiedeten neuen Bundesverfassungen von Luzern und Schwyz auf einen kantonalen Grundrechtskatalog und verweisen insoweit auf die Bundesverfassung.[276] Die neue Verfassung der Republik und des Kantons Genf von 2012, in Kraft getreten am 1. Juni 2013, zeichnet sich demgegenüber durch einen sehr ausführlichen Grundrechtsteil aus, der über die Bundesverfassung hinausgehend unter anderem das Recht auf eine gesunde Umwelt, den Schutz von Whistleblowern sowie den Schutz Behinderter vor Diskriminierungen in einer speziellen Bestimmung gewährleistet.[277]

In Kantonsverfassungen wird etwa das Demonstrationsrecht als ein eigenständiges, in der Bundesverfassung nicht explizit erwähntes Grundrecht anerkannt.[278] Neben dem Recht auf Ehe und Familiengründung (Art. 14 BV) gewährleisten einige Kantonsverfassungen auch das Recht, eine andere Form des Zusammenlebens zu wählen.[279] Weitere selbständige kantonale Garantien sind

---

[272] Ausführlich zum »Grundrechtsschutz im Mehrebenensystem des schweizerischen Bundesstaats« *A. Edenharter*, Grundrechtsschutz in föderalen Mehrebenensystemen, 2018, S. 398–611.

[273] *N. Schmitt*, in: M. Burgess/G. A. Tarr (Hrsg.), Constitutional Dynamics in Federal Systems, 2012, S. 140 (159).

[274] Verfassung des Kantons Bern v. 6.6.1993, Art. 9–29 zu Grundrechten und sozialen Rechten.

[275] *A. Auer* u.a., Droit constitutionnel suisse. Volume II: Les droits fondamentaux, 2. Aufl. 2006, Rn. 81.

[276] § 11 KV Basel-Stadt v. 23.3.2005 »Die Grundrechte sind im Rahmen der Bundesverfassung und der für die Schweiz verbindlichen internationalen Abkommen gewährleistet, namentlich: […] Diese Verfassung gewährleistet überdies: …«; § 10 KV Luzern v. 17.6.2007: »Die Würde des Menschen ist zu achten und zu schützen. Die Grundrechte sind nach Massgabe der Bundesverfassung gewährleistet.«; § 10 KV Schwyz v. 24.11.2010: »Der Kanton gewährleistet die Grundrechte, die in der Bundesverfassung und dem für die Schweiz verbindlichen Völkerrecht verankert sind.«

[277] Art. 19, 26 Abs. 3, 16 KV Genf v. 14.10.2012. Art. 15 KV Genf erweitert gegenüber der Bundesverfassung zudem die expliziten Diskriminierungsverbote um die sexuelle Orientierung.

[278] Art. 8 lit. g KV Jura; Art. 6 Abs. 2 lit. d KV Basel-Land »Kundgebungsfreiheit«; *U. Häfelin* u.a., Schweizerisches Bundesstaatsrecht, 8. Aufl. 2012, Rn. 469 f.

[279] Art. 13 Abs. 2 KV Bern; Art. 22 KV Genf; Art. 14 KV Freiburg; Art. 12 Abs. 2 KV Neuenburg; Art. 14 Abs. 2 KV Waadt.

etwa das Recht auf Zugang zu amtlichen Dokumenten,[280] das Recht auf Bildung und gleichberechtigten Zugang zu den Bildungseinrichtungen,[281] das Recht auf eine Tagesbetreuungsmöglichkeit für Kinder[282] oder der Anspruch auf staatliche Beihilfe für die erste Berufsausbildung.[283] Die kantonalen Garantien der Freiheit zur Errichtung und zum Betrieb von Privatschulen können über in der Bundesverfassung und in völkerrechtlichen Konventionen gewährleistete Rechte hinausgehen.[284] Art. 29 KV Bern über soziale Rechte vermittelt im Gegensatz zu Art. 41 BV echte individuelle Ansprüche.[285] Insgesamt bilden soziale Rechte wie ein Recht auf Wohnung und der Anspruch auf Stipendien neben Informations- und Verfahrensrechten die wichtigsten Gewährleistungen kantonaler Grundrechte.[286] Aber auch das Petitionsrecht wird etwa nach Art. 16 KV Zürich[287] über die Bundesverfassung hinausgehend gewährleistet und umfasst eine Pflicht zur Stellungnahme.[288]

Alle diese Gewährleistungen stehen allerdings unter dem Vorbehalt des Vorrangs der Bundesverfassung und des Bundesrechts,[289] wie er sich aus Art. 49 und 51 BV ergibt. Eine eigene Tragweite kommt einer kantonalrechtlichen Verfassungsgarantie nach der Rechtsprechung demnach nur dann zu, wenn sie einen ausgedehnteren Schutzbereich aufweist als die entsprechende Norm im Bundesverfassungsrecht.[290]

Angesichts des ausführlichen Katalogs der Bundesverfassung und völkerrechtlicher Grundrechtsgarantien kommt den kantonalen Grundrechten nach verbreiteter Einschätzung insgesamt nur noch eine geringe Bedeutung zu.[291]

---

280 Art. 17 KV Zürich; Art. 17 Abs. 3 KV Bern.

281 Art. 14 KV Zürich.

282 § 11 Abs. 2 lit. a Verfassung Basel-Stadt.

283 Art. 37 KV Waadt.

284 *U. Häfelin* u.a., Schweizerisches Bundesstaatsrecht, 8. Aufl. 2012, S. 231–234.

285 Ebd., S. 215.

286 *R. Kägi-Diener*, in: D. Thürer u.a. (Hrsg.), Verfassungsrecht der Schweiz, 2001, S. 837 m.N. in Fn. 16. Art. 12 BV gewährt in Notlagen demgegenüber nur einen »Anspruch auf Hilfe und Betreuung und auf die Mittel, die für ein menschenwürdiges Dasein unerlässlich sind«. S. auch *A. Auer* u.a., Droit constitutionnel suisse. Volume II: Les droits fondamentaux, 2. Aufl. 2006, Rn. 1524 mit weiteren Fundstellen.

287 Art. 16 KV Zürich: »Die Behörden sind verpflichtet, Petitionen zu prüfen und innert sechs Monaten dazu Stellung zu nehmen.«

288 *U. Häfelin* u.a., Schweizerisches Bundesstaatsrecht, 8. Aufl. 2012, S. 893; *A. Auer* u.a., Droit constitutionnel suisse. Volume II: Les droits fondamentaux, 2. Aufl. 2006, Rn. 1477 mit weiteren Fundstellen.

289 Zu den Folgen speziell für das Recht, eine andere Form des gemeinschaftlichen Zusammenlebens als die Ehe zu wählen, s. ebd., Rn. 415–417.

290 BGE 121 I 196 E. 2d, S. 200, *René Noth* m.w.N.

291 *A. Auer* u.a., Droit constitutionnel suisse. Volume II: Les droits fondamentaux, Bd. 2, 2. Aufl. 2006, Rn. 90; *R. A. Rhinow/M. Schefer*, Schweizerisches Verfassungsrecht, 2. Aufl. 2009; *U. Häfelin* u.a., Schweizerisches Bundesstaatsrecht, 8. Aufl. 2012 (1975); *B. Pirker*, Grundrechtsschutz im Unionsrecht zwischen Subsidiarität und Integration, 2018, S. 91–93.

Dagegen waren sie vor der Totalrevision der Bundesverfassung seit den 1960er Jahren ein relevanter Faktor in der Rechtsprechung des Bundesgerichts zu ungeschriebenen Grundrechten.[292] Das Bundesgericht prüfte dabei als Grundlage ungeschriebener Grundrechte unter anderem, ob die »in Frage stehende Gewährleistung bereits einer weit verbreiteten Verfassungswirklichkeit in den Kantonen entspreche und von einem allgemeinen Konsens getragen sei«.[293]

Den Kantonsverfassungen kam für die Totalrevision der Bundesverfassung, mit der ein eigenständiger föderaler Grundrechtskatalog eingeführt wurde, eine Vorreiterfunktion zu,[294] aus der sich eine eigene rechtspolitische Dynamik entwickelte.[295] Dabei war auch ein »Wettbewerb der Grundrechtsgarantien« zwischen den Kantonsverfassungen untereinander und mit der Bundesverfassung zu beobachten.[296] Die Kantonsverfassungen dienten auf diese Weise als rechtspolitische »Werkstatt« für die Bundesverfassungen.[297] Dass gerade die bundesstaatlichen Strukturen eine »Freiheitsvermehrung«[298] begründen, ist damit freilich noch nicht ausgemacht und auch aufgrund des Zusammenwirkens verschiedener Faktoren im Rechtsvergleich nicht ohne weiteres festzustellen.

Die heute marginale, vornehmlich »didaktische«[299] Bedeutung der kantonalen Grundrechtsgarantien ist auch auf einen institutionellen Grund zurückzuführen: Die kantonale Verfassungsgerichtsbarkeit ist wenig ausgebaut.[300] Nur sechs von 26 Kantonen haben ein Gericht oder eine Abteilung eines Gerichts mit der Aufgabe betraut, als Verfassungsgericht Akte der Kantone am Maßstab der Bundes- und der kantonalen Grundrechte zu kontrollieren.[301] Aller-

---

[292] *M. Rossinelli*, Les libertés non écrites, 1987, S. 171–205; *A. Auer* u.a., Droit constitutionnel suisse. Volume II: Les droits fondamentaux, 2. Aufl. 2006, Rn. 75 f.

[293] BGE 104 Ia 88 E. 5c, S. 96, *Bündner Informationsrichtlinien* (*Bürgin*); BGE 115 Ia 234 E. 10a, S. 268, *St. Galler Fortpflanzungsbeschluss*; s. auch schon BGE 100 Ia 392 E. 4c, S. 400, *Komitee für Indochina* (*Kaufmann*).

[294] *A. Auer* u.a., Droit constitutionnel suisse. Volume II: Les droits fondamentaux, 2. Aufl. 2006, Rn. 81.

[295] *M. Hottelier*, in: P. Zen-Ruffinen/A. Auer (Hrsg.), De la constitution, 1996, S. 509: »processus politique et démocratique« statt »phénomène prétorien«. S. zur Eigendynamik der Verfassungsrevisionen *C. Fercot*, La protection des droits fondamentaux dans l'État fédéral, 2011, S. 192 f.; *U. Häfelin* u.a., Schweizerisches Bundesstaatsrecht, 8. Aufl. 2012, S. 231–234.

[296] *R. Kägi-Diener*, in: D. Thürer u.a. (Hrsg.), Verfassungsrecht der Schweiz, 2001, S. 837.

[297] *P. Häberle*, JöR 47 (1999), S. 149 (159).

[298] *P. Häberle*, VVDStRL 66 (2006), S. 97 (97).

[299] *N. Schmitt*, in: M. Burgess/G. A. Tarr (Hrsg.), Constitutional Dynamics in Federal Systems, 2012, S. 140.

[300] *A. Auer* u.a., Droit constitutionnel suisse. Volume II: Les droits fondamentaux, 2. Aufl. 2006, Rn. 88; *R. A. Rhinow*/*M. Schefer*, Schweizerisches Verfassungsrecht, 2. Aufl. 2009, Rn. 1038.

[301] § 116 Abs. 1 lit. a KV Basel-Stadt (Appellationsgericht als Verfassungsgericht); § 86 S. 2 lit. a KV Basel-Landschaft (Kantonsgericht als Verfassungsgericht); Art. 55 Abs. 2 Nr. 1 KV Graubünden (Verwaltungsgericht als Verfassungsgericht); Art. 104 Abs. 1 KV Jura (Verfassungsgerichtshof); Art. 69 S. 2 Nr. 2 KV Nidwalden (Verfassungsgericht ist das Obergericht);

dings sind die kantonalen Gerichte unmittelbar bundesverfassungsrechtlich verpflichtet, das von ihnen anzuwendende kantonale Recht auf seine Übereinstimmung mit der Bundesverfassung zu überprüfen und gegebenenfalls nicht anzuwenden.[302] Das Bundesgericht beurteilt als unvollständiges Verfassungsgericht gemäß Art. 189 lit. d BV unter anderem Streitigkeiten wegen Verletzung kantonaler verfassungsmäßiger Rechte. Dabei sind für das Bundesgericht wie für die anderen rechtsanwendenden Behörden nach Art. 190 BV Bundesgesetze und Völkerrecht »massgebendes Recht«, sodass Bundesgesetze als Gegenstand der Normenkontrolle ausgeschlossen sind.[303] Dem Bundesgericht ist damit die Verwerfungsbefugnis für Bundesgesetze vorenthalten. Dadurch ist indes nicht zugleich die Prüfungsbefugnis ausgeschlossen. Das Bundesgericht hat zudem in der Praxis andere Möglichkeiten gefunden, seine Rechtserkenntnis auf andere Weise – durch verfassungskonforme Auslegung oder öffentlichen Appell an den Gesetzgeber – zum Ausdruck zu bringen.[304]

Entscheidend ist, dass in der Schweiz damit, anders als bei der Verfassungsgerichtsbarkeit in der Bundesrepublik oder im *judicial federalism* in den Vereinigten Staaten, keine Konstellation des institutionellen Gerichtsföderalismus zu finden, die relevante Gerichtsstruktur vielmehr hierarchisch ist. Schon seit 1848 garantieren Bundesbehörden nicht nur die Bürgerrechte unter der Bundesverfassung, sondern auch die kantonalen Rechte.[305] Damit wenden sowohl Bundesgericht als auch Kantonsgerichte Bundesgrundrechte und kantonale Grundrechte an. Nach dem Bundesgerichtsgesetz (BGG)[306] ist das Bundesgericht ordentliche Beschwerdeinstanz gegen Entscheide letzter kantonaler In-

---

Art. 136 Abs. 2 lit. a KV Waadt (Verfassungsgericht ist Abteilung des Kantonsgerichts); alle verfügbar unter www.admin.ch, geprüft am 31.1.2019.

[302] BGE 82 I 217 E. 1 S. 219; BGE 91 I 312 E. 3a S. 313 f.; BGE 112 Ia 311 E. 2c S. 313–314; BGE 117 I 262 E. 3a S. 265 f.; vgl. *C. Fercot*, EuConst 4 (2008) 2, S. 302 (305) sowie die Bestimmungen einiger Kantonsverfassungen zur Gewaltenteilung (Art. 66 Abs. 3 KV Bern: »Kantonale Erlasse, die höherrangigem Recht widersprechen, dürfen von den Justizbehörden nicht angewandt werden.«) sowie zur richterlichen Unabhängigkeit (Art. 66 Abs. 2 KV Nidwalden: »Gesetze, die gegen diese Verfassung verstossen oder bundesrechtswidrig sind, und ebenso verfassungs- und gesetzwidrige Erlasse sind für die Gerichte unverbindlich.«; Art. 106 Abs. 2 KV Glarus: »[Die Gerichte] dürfen Erlasse nicht anwenden, die Bundesrecht oder kantonalen Verfassungs- und Gesetzesrecht widersprechen.«; § 95 Abs. 2 KV Aargau: »[Die Gerichte] sind gehalten, Erlassen die Anwendung zu versagen, die Bundesrecht oder kantonalem Verfassungs- oder Gesetzesrecht widersprechen.«). Alle Entscheidungen sind verfügbar unter www.admin.ch, geprüft am 31.1.2019.

[303] Zur Bedeutung von Art. 190 BV s. *R. A. Rhinow/M. Schefer*, Schweizerisches Verfassungsrecht, 2. Aufl. 2009, S. 2853–2858. S. zum historischen Widerstand gegen die Normenkontrolle *W. Kägi*, in: D. Thürer u.a. (Hrsg.), Verfassungsrecht der Schweiz, 2001, S. 1167 f.

[304] *T. von Danwitz*, AöR 131 (2006) 4, S. 510 (529); s. auch *J. P. Müller*, VVDStRL 39 (1981), S. 53 (89–92).

[305] *L. F. Goldstein*, Constituting Federal Sovereignty, 2001, S. 113.

[306] Bundesgesetz über das Bundesgericht v. 17.6.2005 (Stand am 1.1.2019), AS 2006, 1205.

stanzen.[307] Gemäß Art. 95 BGG kann mit der Beschwerde neben Bundesrecht als Beschwerdegrund u.a. die Verletzung von kantonalen verfassungsmäßigen Rechten gerügt werden. Soweit diese Beschwerde unzulässig ist, beurteilt das Bundesgericht gemäß Art. 113 BGG Verfassungsbeschwerden gegen Entscheide letzter kantonaler Instanzen. Dabei gelten die Vorschriften über die kantonalen Vorinstanzen sinngemäß (Art. 114 BGG).[308] Mit der subsidiären Verfassungsbeschwerde kann gemäß Art. 116 BGG die Verletzung von verfassungsmäßigen Rechten gerügt werden. Außer den Grundrechten und den weiteren (speziellen) verfassungsmäßigen Rechten der Bundesverfassung und den direkt anwendbaren Garantien des Völkerrechts, namentlich der EMRK, umfassen die rügefähigen verfassungsmäßigen Rechte auch die Grundrechte und die anderen verfassungsmäßigen Rechte der Kantonsverfassungen.[309]

In der Schweiz sind damit bemerkenswerte föderale Dynamiken der materiellen Grundrechtsentwicklung durch die Verfassungsgebung zu beobachten.[310] Es fehlt allerdings aufgrund der Ausgestaltung der Bundes- und Kantonsgerichtsbarkeit am institutionellen und prozeduralen Element des Grundrechtspluralismus in dem dieser Studie zugrunde liegenden Sinne, deren Fokus sich auf die Dynamiken des Gerichtsföderalismus richtet.

II. Kanada

Auch Kanada kennt keinen Grundrechtspluralismus im Sinne der in dieser Arbeit verglichenen (quasi-)föderalen Strukturen. Gleichwohl bietet es vor dem Hintergrund der Sorge um die zentralisierende Wirkung föderaler Grundrechtskataloge ein besonders interessantes Vergleichsbeispiel. Die Verabschiedung der *Canadian Charter of Rights and Freedoms* (*CCRF*) als Teil des *Con-*

---

[307] Art. 75 BGG für die Beschwerde in Zivilsachen, Art. 80 BGG für die Beschwerde in Strafsachen, Art. 86 BGG für die Beschwerde in öffentlich-rechtlichen Angelegenheiten.

[308] Art. 114 BGG erklärt die Vorschriften über die kantonalen Vorinstanzen betreffend die Beschwerde in Zivilsachen (Art. 75) und die Beschwerde in öffentlich-rechtlichen Angelegenheiten (Art. 86) im Verfahren der subsidiären Verfassungsbeschwerde für sinngemäß anwendbar. Dagegen verweist Art. 114 BGG nicht auf Art. 80 BGG betreffend die Beschwerde in Strafsachen. Da in Strafsachen keine Streitwertgrenze gilt, unterliegen alle kantonalen Strafurteile grundsätzlich der Beschwerde, sodass die subsidiäre Verfassungsbeschwerde keine Rolle spielt: *H. Aemisegger*, in: K. Spühler u.a. (Hrsg.), Bundesgerichtsgesetz (BGG), 2. Aufl. 2013, Art. 113 Grundsatz; *H. Aemisegger*, in: K. Spühler u.a. (Hrsg.), Bundesgerichtsgesetz (BGG), 2. Aufl. 2013, Art. 114 Vorinstanzen.

[309] *H. Aemisegger*, in: K. Spühler u.a. (Hrsg.), Bundesgerichtsgesetz (BGG), 2. Aufl. 2013, Art. 116 Beschwerdegründe.

[310] S. zudem zu einer materiell-rechtlich begründeten Zurückhaltung des Bundesgerichts bei der Beurteilung örtlicher Verhältnisse und persönlicher Umstände *A. Edenharter*, Der Staat 57 (2018) 2, S. 227 (240–242) m.N.

stitution Act von 1982 verfolgte das erklärte Ziel, einen Beitrag zur prekären staatlichen Integration Kanadas zu leisten.[311] In Kanada liegen umfassende Kompetenzen bei den Provinzen, sodass die Bundesgrundrechte ein wesentliches integrierendes Moment bilden, das sich in seinen Wirkungen vergleichsweise isoliert analysieren lässt.

Die Konstellation eines materiellen Grundrechtspluralismus besteht in Kanada nur mit Einschränkungen. Auf der föderalen Ebene bildet die *Charter of Rights and Freedoms* einen vergleichsweise sehr umfassenden Grundrechtskatalog, der etwa auch Sprachenrechte umfasst.[312] Dagegen verfügen nur drei von zehn Provinzen (und drei Territorien) des kanadischen Bundesstaates über eigene Grundrechtskataloge: Mit Saskatchewan,[313] Alberta[314] und Québec[315] formulieren drei Provinzen mit separatistischen Tendenzen eigene *Bills of Rights* in Gesetzesform.[316] Diese *statutory bills of rights* gelten auch nach Inkrafttreten der *Canadian Charter of Rights and Freedoms* fort und können weitergehende Gewährleistungen als diese enthalten.[317]

Den Grundrechten der *Canadian Charter of Rights and Freedoms* kommt nach Cl. 52 des *Constitution Act* von 1982[318] i.V.m. Cl. 32 Sect. 1 CCRF[319] verfassungsrechtlicher Vorrang zu. Gemäß Cl. 32 Sect. 1 CCRF bindet die Charter Gesetzgebungsorgane und Regierung sowohl auf föderaler Ebene wie auf der Ebene der Provinzen. Indes steht dieser Vorrang unter dem Vorbehalt eines *de-*

---

[311] *B. Zimmermann*, Kanadische Verfassungsinstitutionen im Wandel, 1992, S. 17, 173; *K. Swinton*, in: K. Knop (Hrsg.), Rethinking Federalism, 1995, S. 294 (298 f.).

[312] *T. O. Hüglin/A. Fenna*, Comparative Federalism, 2010 (297).

[313] Saskatchewan Human Rights Code, Chapter S-24.1 of the Statutes of Saskatchewan, 1979 (effective August 7, 1979) as amended by the Statutes of Saskatchewan, 1980–81, c.41 and 81; 1989–90, c.23; 1993, c.55 and 61; 2000, c.26; 2007, c.39; and 2011, c.17.

[314] Alberta Bill of Rights, S.A. 1972, c. 1, Revised Statutes of Alberta 2000, Chapter A-14, Current as of May 27, 2013.

[315] Quebec Charter of Human Rights and Freedoms, CQLR c C-12.

[316] *P. W. Hogg*, Constitutional Law of Canada, 2012, Sect. 1.6, 34.3(b). Bei den *Human Rights Acts* anderer Provinzen handelt es sich nicht um Grundrechtskataloge, sondern um Antidiskriminierungsgesetze: Ontario Human Rights Code von 1962; Nova Scotia Human Rights Act von 1963; New Brunswick Human Rights Act von 1967; British Columbia Human Rights Code von 1969; Manitoba Human Rights Act C.C.S.M. c. H175; alle verfügbar unter http://www.canlii.org/en/index.html, geprüft am 31.1.2019.

[317] S. Supreme Court of Canada, *Singh* v. *Minister of Employment and Immigration* [1985] 1 S.C.R. 177; *MacBain* v. *Lederman* [1985] 1 F.C. 856 (CA.); *Ford* v. *Que.* [1988] 2 S.C.R. 712; *Godbout* v. *Longueuil* [1997] 3 S.C.R. 844; *Syndicat Northcrest* v. *Amselem* [2004] 2 S.C.R. 551; *Chaoulli* v. *Que.* [2005] 1 S.C.R. 791, paras. 15, 30 per Deschamps, J.; *Bruker* v. *Marcovitz* [2007] 3 S.C.R. 607.

[318] Art. 52 des Constitution Act 1982 ordnet die »Primacy of Constitution of Canada« an.

[319] Cl. 32 § 1 lautet: »This Charter applies (a) to the Parliament and government of Canada in respect of all matters within the authority of Parliament including all matters relating to the Yukon Territory and Northwest Territories; and (b) to the legislature and government of each province in respect of all matters within the authority of the legislature of each province.«

mocratic override gemäß der sogenannten *notwithstanding clause.*[320] Diese ist zwar kaum zur Anwendung gekommen,[321] sorgt aber mittelbar für Zurückhaltung des *Supreme Court* bei der *judicial review* und ist damit Grundlage für den vielzitierten[322] kanadischen Grundrechte-»Dialog« zwischen Gerichtshof und Parlament.[323]

Dem *Saskatchewan Human Rights Code,*[324] der *Alberta Bill of Rights*[325] und der *Quebec Charter of Human Rights and Freedoms*[326] kommt im Gegensatz dazu zwar kein verfassungsrechtlicher Vorrang zu. Sie verfügen jedoch als *superstatutes* über eine Klausel, die besagt, dass andere Gesetze ihnen nicht widersprechen dürfen, sofern der Gesetzgeber dies nicht ausdrücklich bestimmt

---

[320] Cl. 33 CCRF: »(1) Parliament or the legislature of a province may expressly declare in an Act of Parliament or of the legislature, as the case may be, that the Act or a provision thereof shall operate notwithstanding a provision included in section 2 or sections 7 to 15 of this Charter. (2) An Act or a provision of an Act in respect of which a declaration made under this section is in effect shall have such operation as it would have but for the provision of this Charter referred to in the declaration. (3) A declaration made under subsection (1) shall cease to have effect five years after it comes into force or on such earlier date as may be specified in the declaration. (4) Parliament or the legislature of a province may re-enact a declaration made under subsection (1). (5) Subsection (3) applies in respect of a re-enactment made under subsection (4).«

[321] Insgesamt wurde bei nur 17 Gelegenheiten von der *notwithstanding clause* Gebrauch gemacht; jeweils von den Gesetzgebungsorganen der Provinzen oder Territorien und niemals auf Bundesebene. Seit dem Jahr 2000 ist nicht mehr von Cl. 33 Gebrauch gemacht worden. *T. Kahana*, Can. Pub. Admin. 44 (2001) 3, S. 255; *A. M. Dodek*, Osgoode Hall L. J. 47 (2009) 2, S. 287 (304); *A. Vermeule*, OJLS 32 (2012) 3, S. 421 (421–425): »atrophied power«; *P. W. Hogg*, Constitutional Law of Canada, 2012, Sect. 39–38; *S. Gardbaum*, The New Commonwealth Model of Constitutionalism, 2013, S. 109.

[322] S. zur Übertragung auf die EU *M. Dawson*, EPL 19 (2013) 2, S. 369.

[323] *R. Dixon*, OJLS 32 (2012) 3, S. 487; speziell zum Dialog *P. W. Hogg/A. A. Bushell*, Osgoode Hall L. J. 35 (1997) 1, S. 75; *R. Dixon*, Osgoode Hall L. J. 47 (2009) 2, S. 235; *K. Roach*, Can. Bar Rev. 80 (2001) 1–2, S. 481; *K. Roach*, Tex. Int'l L. J. 40 (2005), S. 537; *P. W. Hogg* u.a., Osgoode Hall L. J. 45 (2007) 1, S. 1; s. auch *S. Gardbaum*, The New Commonwealth Model of Constitutionalism, 2013, S. 111–121. Für ein der *judicial interpretive supremacy* noch weiter entferntes Modell der »coordinate constitutional interpretation« in Kanada s. *D. Baker*, Not Quite Supreme, 2010.

[324] Sect. 44 des Saskatchewan Human Rights Code (Fn. 274): »Every law of Saskatchewan is inoperative to the extent that it authorizes or requires the doing of anything prohibited by this Act unless it falls within an exemption provided by this Act or unless it is expressly declared by an Act of the Legislature to operate notwithstanding this Act.«

[325] Sect. 2 der Alberta Bill of Rights (Fn. 311): »Every law of Alberta shall, unless it is expressly declared by an Act of the Legislature that it operates notwithstanding the Alberta Bill of Rights, be so construed and applied as not to abrogate, abridge or infringe or to authorize the abrogation, abridgment or infringement of any of the rights or freedoms herein recognized and declared.«

[326] Sect. 52 der Quebec Charter of Human Rights and Freedoms (Fn. 276): »No provision of any Act, even subsequent to the Charter, may derogate from sections 1 to 38, except so far as provided by those sections, unless such Act expressly states that it applies despite the Charter.«

(*override power*). An diese Klauseln wird ihr »quasi-konstitutioneller« oder gar »konstitutioneller« Charakter geknüpft.[327]

Außer den damit skizzierten Beschränkungen des materiellen Grundrechtspluralismus besteht in Kanada kein Gerichtsföderalismus (*judicial federalism*). Der Instanzenzug führt auch hinsichtlich der *statutory bills of rights* zum *Supreme Court of Canada*.[328] Während die materielle Dimension des Grundrechtspluralismus also nur mit Einschränkungen zu finden ist, fehlt es an einem institutionellen und prozeduralen Grundrechtspluralismus im in dieser Arbeit zugrunde gelegten Sinne.

III. Australien

Australiens Verfassungsordnung kennt auf Bundesebene keinen geschriebenen Grundrechtskatalog und damit schon keinen materiellen Grundrechtsföderalismus. Ein *Human Rights Act* scheiterte im April 2010. Dagegen bestehen im *Australian Capital Territory* (*ACT*) mit dem *Human Rights Act* von 2004[329] und im Bundesstaat Victoria mit der *Charter of Human Rights and Responsibilities* von 2006[330] Rechtekataloge mit dem Status von Gesetzen.[331] Der australische Bundesstaat verfügt damit nicht über eine Mehrebenen-Struktur des Grundrechtsschutzes.[332] Nach Sect. 73 der Verfassung[333] besteht die Möglichkeit, Rechtsmittel gegen Entscheidungen der *Supreme Courts* aller Bundesstaaten beim *High Court of Australia* einzulegen. Da die Bundesgerichte gemäß dem *Judiciary Act 1903* auch das jeweilige Recht der Bundesstaaten und Territorien anwenden,[334]

---

327 *G. Baier*, in: M. Burgess/G. A. Tarr (Hrsg.), Constitutional Dynamics in Federal Systems, 2012, S. 174.

328 S. die in Fn. 317 genannten Entscheidungen des *Supreme Court of Canada* sowie *H. A. Johnson*, S. C. L. Rev. 46 (1995) 5, S. 761; *R. L. Watts*, Rutgers L.J. 31 (2000) 4, S. 941 (955).

329 *M. Kment*, VRÜ 38 (2005) 3, S. 335; *H. Charlesworth*, in: T. Campbell u.a. (Hrsg.), Protecting Rights Without a Bill of Rights, 2006, S. 289; *A. Byrnes* u.a., Bills of Rights in Australia, 2009, S. 73–107.

330 Act No. 43/2006. S. dazu *P. Tate*, Monash U. L. Rev. 33 (2007) 2, S. 220 (225–233); *A. Byrnes* u.a., Bills of Rights in Australia, 2009, S. 108–138.

331 S. dazu *C. Saunders*, The Constitution of Australia, 2011, S. 257; *G. Carney*, The Constitutional Systems of the Australian States and Territories, 2006, S. 30, 108–113; *S. Gardbaum*, The New Commonwealth Model of Constitutionalism, 2013, S. 204–207.

332 S. aber zu »Federalism and Rights Deliberation« in Australien *S. Stephenson*, Melb. U. L. Rev. 38 (2014) 2, S. 709 zu den Auswirkungen des föderalen Systems im Gesetzgebungsprozess.

333 Commonwealth of Australia Constitution Act, Sect. 73: »Appellate jurisdiction of High Court«.

334 Judiciary Act 1903, Sect. 79 (1): »The laws of each State or Territory, including the laws relating to procedure, evidence, and the competency of witnesses, shall, except as otherwise provided by the Constitution or the laws of the Commonwealth, be binding on all Courts

besteht auch ein einheitliches Rechtsschutzsystem statt eines institutionellen und prozeduralen Grundrechtspluralismus.[335]

C. Zwischenfazit

Die Auswahl der Bundesrepublik, der Vereinigten Staaten und der Europäischen Union als Vergleichskandidaten lässt sich demnach mit ihrer Struktur des Grundrechtsföderalismus begründen. Die drei Dimensionen des Grundrechtsföderalismus – materiell, institutionell und prozedural – sind zugleich nur hier ausgeprägt, nicht jedoch in der Schweiz, in Kanada oder in Australien. Wirken die materielle, institutionelle und prozedurale Dimension des Grundrechtsföderalismus zusammen, so gewinnt dadurch der Grundrechtsschutz durch einzelstaatliche Grundrechtsgerichte in den Vergleichsordnungen praktische Bedeutung. Voraussetzung dafür ist, dass nicht nur Grundrechte geschriebener Teil der einzelstaatlichen Verfassungen sind und die Institution einer einzelstaatlichen Verfassungsgerichtsbarkeit besteht. Darüber hinaus muss auch dem einzelnen ein individueller Rechtsweg zur Verfügung stehen. Dennoch wirft die im Ausgangspunkt vergleichbare Struktur des materiellen, institutionellen und prozeduralen Grundrechtspluralismus die im Weiteren zu beantwortende Frage auf, warum sich die drei Ordnungen unterschiedlich entwickelt haben. Trotz der beschriebenen formalen Gemeinsamkeiten sind die Unterschiede zwischen den drei Verfassungsordnungen offensichtlich, auch im Blick auf die (rechts-)kulturelle Diversität und tatsächliche Vielfalt zwischen den Einzelstaaten. Das gilt nicht nur für die Europäische Union, sondern auch für die USA und Deutschland. Im Hinblick auf die Pluralität des Grundrechtsföderalismus ist die Hypothese, dass sie in den USA am meisten ausgeprägt ist, während Deutschland auch hier deutlich unitarisch ist. Den Standort der Europäischen Union zu bestimmen, wird diese Arbeit im Folgenden versuchen.

---

exercising federal jurisdiction in that State or Territory in all cases to which they are applicable.«

Commonwealth of Australia Constitution Act, Sect. 77: »With respect to any of the matters mentioned in the last two sections the Parliament may make laws: […] (iii) investing any court of a State with federal jurisdiction.«

[335] *P. Tate*, Monash U. L. Rev. 33 (2007) 2, S. 220 (223).

2. Kapitel

Föderale Struktur und Grundrechte in den Verfassungstraditionen

Ein wichtiger Gesichtspunkt für das Verständnis des Grundrechtsschutzes in föderalen Gemeinwesen ist das Verhältnis von Grundrechten und Föderalismus. Wie in der Einführung erwähnt, ist in der Forschung weithin anerkannt, dass föderale Strukturen dem Schutz menschlicher Freiheit dienen können. Sind aber sowohl die Grundrechte als auch die föderale Struktur freiheitsschützende Elemente des Verfassungsrechts, so stellt sich die Frage nach ihrer Interaktion im Rahmen der Gesamtverfassung. Das folgende 2. Kapitel wird darlegen, inwiefern ihr Verhältnis zueinander einem verfassungsgeschichtlichen Wandel unterliegt, und es wird Aufschluss über Unterschiede in den Verfassungstraditionen geben.

Der Vergleich allein der Verfassungstexte mag nahelegen, dass die US-Verfassung von strukturellem und prozessorientiertem Denken, das deutsche Grundgesetz dagegen von materiellem Wertedenken auf der Basis der Grundrechtsordnung geprägt ist. Dieser Befund wird allerdings in den jeweiligen verfassungsrechtlichen Diskursen nicht bestätigt. Deshalb vermag er auch nicht zu erklären, warum Strukturfragen und Grundrechtsfragen zumeist getrennt voneinander betrachtet werden (A.). Setzt man Strukturfragen und Grundrechtsfragen dagegen gezielt zueinander in Beziehung, so lassen sich für verschiedene Phasen der US-amerikanischen (B.) wie der deutschen (C.) Verfassungsgeschichte paradigmatische Modelle für ihr Verhältnis zueinander finden: Die jeweiligen Verständnisse von Grundrechtsschutz und föderaler Struktur als Elemente des Verfassungsrechts beziehen sich aufeinander und definieren eine spezifische Ausprägung des »Grundrechtsföderalismus«. Effektiver Schutz von Rechten und föderale Struktur können als Mechanismen der Freiheitssicherung in einem Verhältnis der Komplementarität, aber auch in einem Spannungsverhältnis stehen. Ihre Interaktion definiert jeweils ein charakteristisches Verhältnis von individueller und demokratischer Autonomie. Damit bestätigt sie nicht zuletzt die Fruchtbarkeit des einführend erläuterten Grundrechtsföderalismus als »Perspektive«, die die holistische und die individualistische Dimension des Föderalismus miteinander verknüpft. Außerdem lassen sich aus dem Vergleich Schlussfolgerungen für den Grundrechtsföderalismus der Europäischen Union ziehen (D.).

A. Verhältnis von Verfassungsstruktur und Rechtegewährleistungen als Problem

Abgesehen vom Hinweis auf den fast schon zum Gemeinplatz gewordenen Unitarisierungsimpuls, den eine zentrale Grundrechtsjudikatur unter bestimmten Umständen zweifelsohne bewirkt, wird die Frage nach dem Verhältnis von föderaler Struktur und Grundrechten selten gestellt.[1] Überhaupt werden Staatsorganisationsrecht und Grundrechte, *structure and rights*, im akademischen Unterricht und in den Lehrbüchern in Deutschland wie in den USA kaum im Zusammenhang betrachtet.[2] In den USA dominiert in der Lehre wie in der wissenschaftlichen Spezialisierung zudem der Fokus auf Einzelgrundrechte gegenüber einer Gesamtbetrachtung der *Bill of Rights*.[3] Die Interaktion von Grundrechten und Organisationsbestimmungen gerät dabei eher aus dem Blick. In der juristischen Auseinandersetzung um die Einführung einer Versicherungspflicht (*individual mandate*) mit dem *Patient Protection and Affordable Care Act* (*PPACA*) von 2010,[4] dem sogenannten *Obamacare*, wurde gar gerügt, dass sich hinter dem strukturellen Argument, dem Kongress fehle die Kompetenz für ein solches Gesetz, Belange der individuellen Freiheit verbärgen.[5] Auch in der deutschen Staatsrechtslehre hat das Verhältnis von föderaler Struktur und Grundrechten insgesamt relativ wenig Aufmerksamkeit erfahren.[6]

Eine Erklärung dafür, dass das Verhältnis von föderaler Struktur und Rechten in beiden Verfassungsdiskursen vernachlässigt geblieben ist, könnte darin liegen, dass sich die jeweiligen Verfassungsverständnisse einseitig auf eine freiheitsschützende Organisationsstruktur oder aber individuelle Rechte als

---

[1] Kritisch auch *O. Beaud*, RUDH 16 (2004) 1–4, S. 16 (16); *B. Cushman*, Sup. Ct. Rev. 2012, S. 321 (376).

[2] *H. K. Gerken*, Tulsa L. Rev. 48 (2013) 3, S. 535 (536). S. allerdings *G. P. Miller*, SOY 8 (1991) 2, S. 196; *G. P. Miller*, Harv. J. L. & Pub. Pol'y 16 (1993) 1, S. 87; *A. R. Amar*, Yale L. J. 100 (1991) 5, S. 1131; *A. R. Amar*, Yale L. J. 101 (1992) 6, S. 1193; vgl. *M. A. Glendon*, in: T. Eastland (Hrsg.), Benchmarks, 1995, S. 141 (148).

[3] *A. R. Amar*, The Bill of Rights, 1998, S. xi.

[4] Pub. L. 111–148.

[5] S. etwa U.S. Court of Appeals of the 11th Circuit, *Florida v. U.S. Dep't of Health & Human Servs.*, 648 F.3d 1235, 1362 53 EBC 1649 (11th Cir. 2011) (Marcus, J., dissenting). Die Mehrheitsmeinung anerkannte dagegen den Zusammenhang zwischen »federalism« und »individual liberty« (ebd., S. 1284).

[6] Bei Georg Jellinek etwa wird es ignoriert, s. *G. Jellinek*, System der subjektiven öffentlichen Rechte, 1905; *G. Jellinek*, Allgemeine Staatslehre, 3. Aufl. 1914, S. 532: allgemeine Verfassungsinhalte seien die »Grundzüge der staatlichen Organisation und Zuständigkeiten, sowie die Prinzipien für die Anerkennung der Rechte der Untertanen«. Der wenig einflussreiche Ferdinand Giese unterscheidet indessen bewusst zwischen »Grundrechte[n] im Einheitsstaat und im Bundesstaat«, s. *F. Giese*, Die Grundrechte, 1905, S. 81–86 (= § 27); vgl. *O. Beaud*, RUDH 16 (2004) 1–4, S. 16 (16) Fn. 2.

Schutzinstrumente konzentrieren. Diese Hypothese gilt es anhand des Textbefundes (I.) und der verfassungsrechtlichen Diskurse (II.) zu überprüfen.

I. Textbefund

Analysiert man die Texte der US-Verfassung und des Grundgesetzes, so kann man anhand des Textbefundes in der Tat zunächst den Eindruck gewinnen, dass der Stellenwert von föderaler Struktur und Grundrechten sehr unterschiedlich ist. Die US-Verfassung (1.) erscheint auf den ersten Blick als stark von strukturellem Denken geprägtes Dokument, während im Text des Grundgesetzes (2.) die Grundrechte eine zentrale Stellung einnehmen.

1. US-Verfassung

In der US-Verfassung findet sich ein Grundrechtskatalog erst am Ende des Dokuments, nämlich in den ersten zehn Zusatzartikeln zur Verfassung. Diese als *Bill of Rights* bezeichneten[7] Zusatzartikel wurden der 1788 ratifizierten Verfassung bereits 1791 hinzugefügt.[8] Alternative Vorstellungen zur Platzierung der *Bill of Rights* in der Verfassung hatten sich nicht durchzusetzen vermocht: George Masons Vorschlag, den Grundrechtskatalog der Verfassung voranzustellen, lehnten alle Delegationen in der *Constitutional Convention* ab.[9] Die Bundesverfassung unterscheidet sich damit von den Verfassungen der Einzelstaaten, in denen seit jeher typischerweise eine Rechteerklärung unmittelbar auf die Präambel folgt.[10] Aber auch James Madison fand für seinen Vorschlag, die entsprechenden Zusatzartikel in Art. I U.S. Const. über die *powers of congress* einzufügen, nicht die nötige Unterstützung.[11]

---

[7] Diese Bezeichnung für die ersten zehn bzw. acht Zusatzartikel setzte sich in den Urteilen des U.S. Supreme Court erst nach Anfügung des 14. Zusatzartikels durch, s. *A. R. Amar*, The Bill of Rights, 1998, S. 284–286.

[8] Zu den Vorbehalten unter den *Federalists* s. *A. Hamilton*, Federalist No. 84, in: J. E. Cooke (Hrsg.), The Federalist, 1961, S. 575; Letter from James Madison to Thomas Jefferson October 17, 1788; für Jeffersons Position s. demgegenüber Letter from Thomas Jefferson to James Madison March 15, 1789, beide abgedruckt in: J. M. Smith (Hrsg.), The Republic of Letters, 1995, S. 562–566 und 586–589.

[9] *C. C. United States*, The Records of the Federal Convention of 1787, 1966, M. Farrand (Hrsg.), Bd. 2, S. 587 f.

[10] *G. A. Tarr*, Understanding State Constitutions, 1998, S. 11 f.

[11] *H. J. Storing*, in: R. A. Goldwin/W. A. Schambra (Hrsg.), How Does the Constitution Secure Rights?, 1985, S. 15 (33); s. *Madison*, Speech to the House of Representatives, June 8, 1789, abgedruckt in: *B. Schwartz*, The Roots of the Bill of Rights, Bd. 5, 1971, S. 1023.

Der ursprüngliche, nicht amendierte Text der Bundesverfassung regelt in nur sieben Artikeln hauptsächlich Fragen des Verfahrens und der Regierungsstruktur und zielt nicht auf die Definition substantieller Werte: Art. I U.S. Const. gestaltet die legislative, Art. II U.S. Const. die exekutive und Art. III U.S. Const. die judikative Gewalt aus. Art. IV U.S. Const. betrifft die Beziehungen zwischen den Einzelstaaten, insbesondere die Anerkennung von Rechtsakten (*Full Faith and Credit Clause*, Sect. 1), verschiedene weitere Aspekte, die sich unter dem Begriff der *Interstate Comity* zusammenfassen lassen (Sect. 2), sowie die Aufnahme neuer Staaten, das Eigentum der Vereinigten Staaten (Sect. 3) und die Verpflichtungen der Union gegenüber den Einzelstaaten (Sect. 4). Art. V U.S. Const. ist die Bestimmung über Verfassungsänderungen. Art. VI normiert u.a. den Vorrang des Bundesrechts (Sect. 2) und den Amtseid (Sect. 3), Art. VII die Ratifikation der Verfassung.

Selbst die wenigen Grundrechtsgewährleistungen des ursprünglichen Verfassungstextes haben offenkundig grundlegende Bedeutung für die Regierungsstruktur.[12] Die Einschränkung des Hochverratsstraftatbestandes in Art. III Sect. 3 U.S. Const. etwa soll verhindern, dass ein Amtsinhaber seine auf Zeit verliehene Macht dazu nutzt, politische Gegner auszuschalten. Das Verbot von Adelstiteln in Art. I Sect. 9 Cl. 7 U.S. Const. entspricht dem Ideal demokratischer Gleichheit. Das Verbot der Verhängung individueller Strafen durch den Gesetzgeber (»bill of attainder«) und das Verbot rückwirkender Strafgesetze in Art. I Sect. 9 Cl. 3 U.S. Const. sind Ausdruck der Gewaltenteilung zwischen Kongress und Exekutive. Die *Privileges and Immunities Clause* des Art. IV U.S. Const. ist keine umfassende Rechtegewährleistung,[13] sondern setzt sie voraus und gewährleistet, dass die Rechte der Bewohner eines Staates auch für Besucher gelten, die örtliche Gesetzgebung also Nichtansässige nicht diskriminiert.[14]

2. Grundgesetz

Ganz anders als in der US-Verfassung sind die Grundrechte im Grundgesetz an prominenter Stelle in den Art. 1 ff. GG zu finden. Art. 1 Abs. 1 GG erklärt die Würde des Menschen für unantastbar und verpflichtet alle staatliche Gewalt, die Menschenwürde zu achten und zu schützen. In Art. 1 Abs. 2 GG »bekennt sich darum« das »Deutsche Volk« »zu unverletzlichen und unveräußerlichen

---

[12] S. zu diesen Bestimmungen *A. Hamilton*, Federalist No. 84, in: J. E. Cooke (Hrsg.), The Federalist, 1961, S. 576–578. Vgl. auch *K. Stern*, in: H. Siekmann (Hrsg.), Der Staat des Grundgesetzes, 1992, S. 111 (118 f.).

[13] Eine Ausnahme ist das in *Corfield v. Coryell*, 6 F.Cas. 546 (C.C.E.D.Pa.1823) als Teil der *Privileges and Immunities Clause* des Art. IV U.S. Const. anerkannte Freizügigkeitsrecht (»right to travel«).

[14] *J. H. Ely*, Democracy and Distrust, 1980, S. 90–92; *J. E. Nowak*/*R. D. Rotunda*, Constitutional Law, 8. Aufl. 2010, S. 383.

Menschenrechten als Grundlage jeder menschlichen Gemeinschaft, des Friedens und der Gerechtigkeit in der Welt«. Die Grundrechte wurden ganz bewusst an die Spitze des Grundgesetzes gestellt. Carlo Schmid formulierte in der ersten Plenardebatte des Parlamentarischen Rates am 8. September 1948: »Die Grundrechte müssen das Grundgesetz regieren; ...«.[15]

II. Struktur und Verfahren versus materielles Wertedenken?

Angesichts dieses kontrastierenden Textbefundes könnte man meinen, auch im US-amerikanischen Verfassungsdiskurs der Gegenwart dominiere eine an Strukturen und Verfahren orientierte Sichtweise auf den durch die Verfassung zu bewirkenden Schutz der Freiheit (so die sogenannten *process based theories*), während das Grundgesetz in der Auslegung des Bundesverfassungsgerichts und der sie begleitenden Verfassungsrechtslehre Ausdruck materiellen Wertedenkens (*rights foundationalism*) sei. Auf der einen Seite hebt etwa Bruce Ackerman im ersten Kapitel des ersten Bandes von *We The People* hervor, wie weit »dualist America« von »foundationalist Germany« entfernt sei.[16] Für Ackerman sind die USA eine »dualistische« Demokratie, die zwei Formen der demokratischen Entscheidungsfindung kennt, einerseits durch die gewählten Vertreter des Volkes, andererseits in der besonderen Situation des »higher lawmaking« durch die Bevölkerung selbst.[17] Das Grundgesetz dagegen verankere die Verfassungsordnung der Bundesrepublik Deutschland in den Grundrechten, wie die Ewigkeitsklausel des Art. 79 Abs. 3 GG zeige.[18] Auf der anderen Seite stellt etwa Thilo Rensmann die »Wertordnungsverfassung« des Grundgesetzes der Verfassung der Vereinigten Staaten von Amerika als »Verfassung ohne Wertordnung« im Sinne einer »limitierende[n] Rahmenordnung« gegenüber.[19]

---

[15] *C. Schmid*, Bericht über die dem Parlamentarischen Rat gestellte Aufgabe an Hand der Vorarbeiten, 2. Sitzung des Plenums, 8.9.1948, in: Deutscher Bundestag/Bundesarchiv (Hrsg.), Der Parlamentarische Rat 1948–1949: Akten und Protokolle, 1975–2009, Bd. 9, S. 20 (37); vgl. *H. Dreier*, in: H. Dreier (Hrsg.), Grundgesetz, 3. Aufl. 2013, Vorbemerkungen vor Artikel 1 GG, Rn. 18; *B. Pieroth*, in: HGR II, 2006, § 25. S. zu den Gründen auch *J.-D. Kühne*, in: FS Stern, 2012, S. 59 (59 f.). S. zur Genese auch *K. Stern*, Das Staatsrecht der Bundesrepublik Deutschland, Bd. III/1, 1988, § 60 (S. 127–169).

[16] *B. A. Ackerman*, We the People I, 1991, S. 15.

[17] *B. A. Ackerman*, We the People I, 1991, S. 6 f.

[18] Wörtlich schreibt Ackerman nicht ganz zutreffend (ebd., S. 15): »In the aftermath of Nazism, the new West German constitution explicitly declared that a long list of fundamental rights *cannot* constitutionally be revised, regardless of the extent to which a majority of Germans support repeal.« (Herv. i.O.).

[19] *T. Rensmann*, Wertordnung und Verfassung, 2007, S. 243–266. Differenziert *W. Brugger*, in: R. Dreier (Hrsg.), Rechtspositivismus und Wertbezug des Rechts, 1990, S. 173. Nach Einschätzung von *L. J. Barker* u.a., Civil Liberties and the Constitution, 9. Aufl. 2011, S. 19

Derartige Gegenüberstellungen akzentuieren die Unterschiede zwischen den Verfassungsordnungen und haben im Falle von Ackermans *dualism* zu einer global rezipierten Verfassungstheorie geführt. Allerdings sind sie nicht repräsentativ für die jeweiligen Verfassungsdiskurse. So vertreten nach Ackermans eigener Darstellung wichtige US-Verfassungsrechtler einen »rights foundationalism«.[20] Es wäre voreilig, die US-Verfassung als Ausdruck eines Denkens allein von den (föderalen) Strukturen und Verfahren her (*structure and process*) oder als einem dem Denken allein von den Grundrechten her verpflichteten Grundgesetz (*rights foundationalism*) gegenüberzustellen. Geradezu paradox würde es anmuten, wenn eine Verfassungskultur wie die der USA, die so stark auf das Individuum ausgerichtet ist, ausgerechnet bei individuellen Rechten extreme Zurückhaltung übte. Rechte spielen jedenfalls im politischen Verfassungsdiskurs der USA eine bedeutende Rolle.[21] Umgekehrt liegen auch dem deutschen Grundgesetz strukturelle Erwägungen alles andere als fern. Im Grundgesetz steht nach einer frühen Beobachtung Ellinor von Puttkamers die Frage des föderativen Staatsaufbaus derart im Mittelpunkt, dass etwa die Hälfte seiner ursprünglich 146 Artikel »in irgendeiner Weise von ihr handeln«.[22] In der Tat waren die Väter und Mütter des Grundgesetzes maßgeblich mit institutionellen Fragen befasst.[23] Erst allmählich entwickelt sich das Grundgesetz in seiner Geschichte zunehmend zu einer programmatischen Verfassung.[24]

Das US-amerikanische Verfassungsverständnis ist im Vergleich mit dem Verständnis der Bundesstaatlichkeit und der Grundrechte im Grundgesetz allerdings durch zwei Gesichtspunkte gekennzeichnet: ein starkes, von Anbeginn ausgeprägtes Bewusstsein für die strukturelle Bedeutung der Grundrechte im Bundesstaat und eine enge Verknüpfung der Bundesstaatlichkeit mit der Idee individueller Freiheit in demokratisch verfassten Gemeinwesen. Im Vergleich zum dominierenden Verständnis des Grundgesetzes nähern sich Bundesstaatlichkeit und Grundrechte im US-amerikanischen Verfassungsdenken von beiden Seiten einander an: Den Grundrechten kommt eine signifikante Bedeutung

---

liegt die größte Bedeutung der US-Verfassung gar darin, die »American values« darzulegen. Die *state constitutions* dagegen ähnelten mehr bloßen »legal codes«. S. zu den Modellen der »limitierenden« und der »programmatischen« Verfassung *U. Volkmann*, in: HStR XII, 3. Aufl. 2014, § 256, Rn. 12–14.

[20] *B. A. Ackerman*, We the People I, 1991, S. 11 nennt Richard Epstein, der die grundlegende Rolle des Eigentumsrechts betont, Dworkin als Liberalen, der das Recht auf gleiche Rücksicht und gleichen Respekt (*right to equal concern and respect*) in den Mittelpunkt stellt, und Kollektivisten wie Owen Fiss, die die Bedeutung der Rechte benachteiligter Gruppen hervorheben: *R. A. Epstein*, Takings, 1985; *R. Dworkin*, Taking Rights Seriously, 1977, Kap. 5; *R. Dworkin*, Law's Empire, 1998, Kap 10–11; *O. M. Fiss*, Phil. & Pub. Aff. 5 (1976), S. 107.

[21] *R. A. Primus*, The American Language of Rights, 1999. Kritisch *M. A. Glendon*, Rights Talk, 1991.

[22] *E. v. Puttkamer*, Föderative Elemente im deutschen Staatsrecht seit 1648, 1955, S. 19.

[23] *M. Hailbronner*, I•CON 12 (2014) 3, S. 626 (630 f.).

[24] *U. Volkmann*, in: HStR XII, 3. Aufl. 2014, § 256, Rn. 14 m.w.N.

für das Verhältnis von Bund und Einzelstaaten zu, und die föderale Struktur trägt maßgeblich zum Schutz individueller Freiheit bei. Die Formel »*structure and process* versus *rights foundationalism*« für das Verhältnis von föderaler Struktur und Rechten im tradierten US-amerikanischen und deutschen Verständnis lässt sich daher präzisieren: In den USA werden sowohl die föderale Struktur als auch – jedenfalls zeitweise – die Grundrechte überwiegend als Schutzmechanismen gegenüber einer potentiell übermächtigen Zentralmacht verstanden und strukturieren die pluralistische Demokratie. In der deutschen Tradition dagegen werden Bundesstaatlichkeit und Grundrechte dominierend als staatsaufbauend und einheitsstiftend begriffen.

Wie nun zu zeigen sein wird, sind diese Unterschiede keineswegs zufällig. Vielmehr unterscheiden sich auch die theoretischen und ideengeschichtlichen Voraussetzungen des Verhältnisses von Grundrechten und Bundesstaatlichkeit in den Verfassungsordnungen der Vereinigten Staaten und der Bundesrepublik. Die US-amerikanische Tradition ist von vornherein einem liberalen und republikanischen Föderalismus verpflichtet. Dagegen entspricht die deutsche als Teil der kontinentaleuropäischen Tradition zunächst einem organischen und dynastisch-bündischen Modell des Föderalismus. Mit dem Übergang zur Demokratie 1918/19 und 1949 bedurfte es deshalb einer Neubegründung. Sie ging stärker vom Geist der Grundrechte als von einer reflektierten verfassungsrechtlichen Begründung der föderalen Struktur aus. Die vom Bundesverfassungsgericht auf der Grundlage der Grundrechte entwickelte geschlossene Ordnung steht in einem Spannungsverhältnis zu den durch Offenheit geprägten föderalen Strukturen. Diese tendenzielle Geschlossenheit des auf Einheit angelegten und jedenfalls so interpretierten deutschen Grundgesetzes[25] bildet ein Gegenmodell zur unvollständigen und offenen, zumal in ihrem Grundrechtsteil fragmentarischen amerikanischen Bundesverfassung. Die bewusst gepflegte, normative Unvollständigkeit des amerikanischen Föderalismus unterscheidet ihn vom europäischen und insbesondere vom deutschen Verständnis.[26] Dieser Unterschied wird terminologisch dadurch verdeutlicht, dass der Begriff des Staates für die Bundesebene in den USA gar keine Verwendung findet.

Die kontinentaleuropäische Denktradition des Föderalismus reicht weiter zurück als die im vorherigen Abschnitt erörterte anglo-amerikanische Föderalismustradition.[27] Allerdings findet sich ein »Grundrechtsföderalismus« im Sinne einer Wechselwirkung zwischen föderaler Struktur und Rechteverständ-

---

[25] Kritisch *G. Casper*, Sup. Ct. Rev. 1989, S. 311 (331).

[26] *E. Zoller*, RdC 294 (2002), S. 39 (63–67): »super-Etat« (S. 65).

[27] *M. Burgess/A.-G. Gagnon*, in: M. Burgess/A.-G. Gagnon (Hrsg.), Comparative Federalism and Federation, 1993, S. xiii; *K. Detterbeck*, in: K. Detterbeck u.a. (Hrsg.), Föderalismus in Deutschland, 2010, S. 31 (32–39); *T. O. Hüglin/A. Fenna*, Comparative Federalism, 2010, S. 86–106.

nis zuerst in der US-amerikanischen Tradition. Deshalb wendet sich die folgende Untersuchung zunächst ihr zu.

B. Föderale Struktur und Grundrechte in der US-amerikanischen Verfassungstradition

In der Verfassungsgeschichte der USA lassen sich fünf paradigmatische Modelle finden, auf deren Grundlage Grundrechte und föderale Strukturen zueinander in Beziehung gesetzt werden. Nach dem Verständnis der Gründungsväter fügen sich die Grundrechte in die freiheitswahrende föderale Struktur ein und bilden nicht mehr als eine »verbesserte Fugendichtung«[28] (I.). Während föderale Struktur und Grundrechte hier komplementär zusammenwirken, geraten sie in der *Reconstruction Era* nach dem Bürgerkrieg in ein Spannungsverhältnis, weil die Grundrechte einen Bedeutungswandel erfahren. Das Spannungsverhältnis zwischen überkommener föderaler Struktur und verändertem Grundrechtsverständnis hinderte den *U.S. Supreme Court* sodann lange Zeit an einer effektiven Verwirklichung der *Reconstruction Amendments* (II.). In der notorischen *Lochner Era* wiederum ist die Rechtsprechung zu den Grundrechten wie zu den Bundeskompetenzen übereinstimmend dem Ziel der Marktfreiheit verpflichtet. Ein komplementäres Verhältnis von Bundesstaatlichkeit und Grundrechten ergibt sich daraus jedenfalls insofern, als sich beide diesem Ziel unterordnen müssen (III.). *New Deal Settlement* und *Civil Rights Revolution* stehen für einen Rückzug des *U.S. Supreme Court* von der strengen Kontrolle der Kompetenzen des Kongresses und einer damit einhergehenden Verstärkung und Ausdifferenzierung der Grundrechtskontrolle. Auch in dieser Phase stehen folglich Struktur und Rechte in der Rechtsprechung des Gerichtshofs in einem Wechselverhältnis (IV.). Mit dem *New Federalism* seit den 1990er Jahren gewinnt die Kompetenzkontrolle wieder an Bedeutung. Für konservative Beobachter wäre die *federalism revolution* allerdings erst vollendet und die Rückkehr in die Zeit vor dem *New Deal Settlement* erreicht, wenn der Gerichtshof sich im selben Maße aus der Grundrechtskontrolle zurückzöge (V.).

I. Föderale Struktur und Rechte bei den Gründungsvätern

Der im vorstehenden Abschnitt A. dargelegte Textbefund vermittelt einen Eindruck vom Verfassungsverständnis der Gründungsväter. Methodisch steht die Befassung mit den Zeugnissen aus der Gründungszeit der Vereinigten Staaten

---

[28] *J.-D. Kühne*, JöR 39 (1990), S. 1 (28).

vor der Herausforderung, dass sich der verfassungstheoretische Diskurs über die Jahrhunderte auf diese Zeugnisse bezogen hat und manche Dokumente, denen im Nachhinein große Bedeutung beigemessen wurde, zur Zeit ihrer Entstehung nicht sonderlich einflussreich waren.[29] So gilt etwa James Madisons Federalist No. 10 heute nahezu als kanonisch, war jedoch bis zur Wiederentdeckung durch Charles Beard weitgehend ignoriert worden.[30] Angesichts dieser methodischen Herausforderung zielt die folgende Untersuchung nicht darauf, die Debatten zeitgenössisch zu rekonstruieren. Sie soll vielmehr eine Denktradition herausarbeiten, die sich auf die Gründungsväter beruft.[31] In dieser Denktradition ist Freiheitsschutz im Wesentlichen eine Funktion der Verfassungsstruktur (1.) und auch dem Grundrechtskatalog der Bundesverfassung kommt maßgeblich eine strukturelle Bedeutung zu (2.).

1. Freiheitsschutz als Funktion der Verfassungsstruktur

Nach dem überlieferten Verständnis der *Federalists* ist Freiheitsschutz vor allem eine Funktion der Verfassungsstruktur; Rechte fügen sich in dieses strukturelle Verfassungsverständnis ein. Die entscheidende Innovation der anglo-amerikanischen gegenüber der kontinental-europäischen föderalen Tradition ist ihre Verbindung mit pluralistischer Demokratie und individueller Freiheit. Das in den *Federalist Papers* und der *Philadelphia Convention* entwickelte föderale Denken zielt nicht mehr nur auf die organische und identitätswahrende Integration kleinerer gesellschaftlicher Einheiten in größere Strukturen.[32] Zentrales Anliegen der Gründungsväter ist es vielmehr, die Bundesebene gegenüber den *Articles of Confederation* von 1776 zu stärken, zugleich aber eine »Tyrannei der Mehrheit« zu verhindern. Die Bundesstaatlichkeit wird zum Schutzmechanismus gegenüber den Gefahren der Demokratie und steht in enger Verbindung mit dem demokratischen Verfassungsstaat. Sie ermöglicht zum einen die effektive Kontrolle der Bundesregierung [a)], bietet zum anderen eine Antwort auf

---

29 S. zur problematischen Verkürzung eines über mehrere Jahrzehnte währenden Formungsprozesses auf die *Federalist Papers* und die *Philadelphia Convention* *A. L. LaCroix*, The Ideological Origins of American Federalism, 2010, S. 1–5.

30 *C. A. Beard*, An Economic Interpretation of the Constitution of the United States, 1913, insb. S. 14 f., 156–158; vgl. *D. Adair*, Fame and the Founding Fathers, 1974, S. 75 f.; zur beschränkten zeitgenössischen Wirkung Madisons s. *L. D. Kramer*, Harv. L. Rev. 112 (1999) 3, S. 611.

31 S. zu den Ursprüngen des Föderalismus in den USA *P. S. Onuf*, The Origins of the Federal Republic, 1983; *S. H. Beer*, To Make a Nation, 1993; *H. N. Scheiber*, in: L. M. Friedman/H. N. Scheiber (Hrsg.), American Law and the Constitutional Order, 1988, S. 85; *J. N. Rakove*, Original Meanings, 1996, S. 161–202; *A. L. LaCroix*, The Ideological Origins of American Federalism, 2010.

32 *T. O. Hüglin*, Can. J. Pol. Sci. 36 (2003) 2, S. 275 (276); *K. Detterbeck*, in: K. Detterbeck u.a. (Hrsg.), Föderalismus in Deutschland, 2010, S. 31 (35); für Kontinuität dagegen *D. J. Elazar*, Federalism and the Way to Peace, 1994, S. 111–132.

die Gefahr ihrer Instrumentalisierung durch einzelne Bevölkerungsgruppen [b)] und lässt damit einen Grundrechtskatalog als vergleichsweise bedeutungslos erscheinen [c)].

a) Kontrolle der Regierung

James Madison erläuterte im berühmten Federalist No. 51, dass aus der Verdoppelung der Strukturen auf Bundes- und einzelstaatlicher Ebene »den Rechten des Volkes eine doppelte Sicherheit« erwachse,[33] weil die Einzelstaaten die Bürger vor Überregulierung oder »Tyrannei« der Bundesregierung schützten. Die berühmte Stelle lautet:

> In the compound republic of America, the power surrendered by the people, is first divided between two distinct governments, and then the portion allotted to each, subdivided among distinct and separate departments. Hence a double security arises to the rights of the people. The different governments will controul each other; at the same time that each will be controuled by itself.[34]

Damit formulierte Madison eine Antwort auf das »agency problem« des Verfassungsrechts: Wie können tendenziell der Korruption verdächtige Bundesbeamte davon abgehalten werden, die Bürger zu gängeln und finanziell auszunehmen?[35] Die mit der Bundesstaatlichkeit gefundene Lösung ist eine eher zufällige Innovation der amerikanischen Verfassungsgeschichte. Angesichts der Ausgangslage lief die Ausgestaltung der Union für die meisten Zeitgenossen ohnehin auf die eine oder andere Form der (Kon-)Föderation hinaus. Die tatsächliche Gestalt der Union hatte Kompromisscharakter und folgte in der Vorstellung ihrer Verfechter im Gegensatz zur funktionalen Gewaltenteilung zwischen Legislative, Exekutive und Judikative keiner theoretischen Notwendigkeit. Erst in der Rückschau wurden Theorien über ein vollständiges und komplexes System gebildet.[36] Wie im Zitat Madisons deutlich wird, ist die bundesstaatliche allerdings eng mit der funktionalen Gewaltenteilung zwischen den Regierungsgewalten auf Bundesebene verknüpft. Die *Federalists* argumentierten, die Einzelstaaten könnten die Bundesebene effektiv kontrollieren. Sie verfügten über einen größeren Rückhalt in der Bevölkerung,[37] schon weil ihre Verwaltungen den Menschen näher und vertrauter seien.[38] Auch betraf die Politik der Einzelstaaten die Menschen jedenfalls im 18. und 19. Jahrhundert mehr als die Bundespoli-

---

33 Übersetzung nach B. Zehnpfennig (Hrsg.), Die Federalist Papers, 2007, S. 312.

34 *J. Madison*, Federalist No. 51, in: J. E. Cooke (Hrsg.), The Federalist, 1961, S. 351. Eine ähnliche Überlegung findet sich bei *A. Hamilton*, Federalist No. 28, in: J. E. Cooke (Hrsg.), The Federalist, 1961, S. 179 f. S. auch *J. C. Yoo*, in: M. R. Killenbeck (Hrsg.), The Tenth Amendment and State Sovereignty, 2002, S. 131 (178 f.).

35 *D. J. Levinson*, Harv. L. Rev. 118 (2005) 3, S. 915 (971).

36 *J. T. Levy*, SOY 24 (2007) 1, S. 306 (307 f., 314).

37 *A. Hamilton*, Federalist No. 17, in: J. E. Cooke (Hrsg.), The Federalist, 1961, S. 106.

38 *J. Madison*, Federalist No. 46, in: J. E. Cooke (Hrsg.), The Federalist, 1961, S. 316.

tik.[39] Die Staaten könnten sich deshalb Usurpationsplänen der Zentralregierung mit dem Rückhalt der Bevölkerung entgegenstellen.[40] Diese Ideen finden später Anwendung mit der sogenannten *interposition* gegen die *Alien and Sedition Acts* von 1798 durch die von Jefferson anonym verfasste *Kentucky Resolution* und die von Madison formulierte *Virginia Resolution*.[41]

b) Problem der Instrumentalisierung der Regierung

Madison führte im Federalist No. 51 weiter aus: »It is of great importance in a republic, not only to guard the society against the oppression of its rulers; but to guard one part of the society against the injustice of the other part.«[42] Während in einer Monarchie die größte Gefahr von der Exekutive ausging, lag für ihn das zentrale Problem des Schutzes von Rechten in einer Republik in diesem Phänomen des »factionalism«. Die Republik ist nach seiner Vorstellung anfällig dafür, dass die Mehrheit, verkörpert durch die gewählte und populistisch orientierte Legislative, bestimmte Individuen und Minderheiten unterdrückt.[43] Die größte Gefahr für Freiheit und Sicherheit, insbesondere für das Eigentumsrecht, ging demnach von außer Kontrolle geratenen Mehrheiten vor Ort und ihrer Selbstregierung aus.[44] Unter *factions* (Parteiungen) verstand Madison eine »Anzahl von Bürgern, sei es die Mehrheit, sei es eine Minderheit, die von gemeinsamen Leidenschaften oder Interessen getrieben und geeint sind, welche im Gegensatz zu den Rechten anderer Bürger oder den ständigen Gesamtinteressen der Gemeinschaft stehen«.[45] Anders als beim »agency problem« beseht beim »factionalism«

---

39 *A. Hamilton*, Federalist No. 17, in: J. E. Cooke (Hrsg.), The Federalist, 1961, S. 107; *A. Hamilton*, Federalist No. 45, in: J. E. Cooke (Hrsg.), The Federalist, 1961, S. 313: »The powers reserved to the several States will extend to all the objects, which, in the ordinary course of affairs, concern the lives, liberties and properties of the people; and the internal order, improvement, and prosperity of the State.«. S. auch *A. de Tocqueville*, Über die Demokratie in Amerika (1835), 1976, S. 189 »[Die amerikanischen Gesetzgeber] gaben der Union Geld und Soldaten, die Staaten jedoch behielten für sich die Liebe und die Vorurteile der Völker.«

40 *J. Madison*, Federalist No. 46, in: J. E. Cooke (Hrsg.), The Federalist, 1961, S. 322 f.; s. auch *A. Hamilton*, Federalist No. 26, in: J. E. Cooke (Hrsg.), The Federalist, 1961, S. 168 f. sowie dazu *J. T. Levy*, Am. Pol. Sci. Rev. 101 (2007) 3, S. 459 (465); *C. G. Fritz*, in: N. H. Cogan (Hrsg.), Union & States' Rights, 2014, S. 165 (168–170).

41 *A. R. Amar*, Yale L. J. 96 (1987) 7, S. 1425 (1500); *J. T. Levy*, Am. Pol. Sci. Rev. 101 (2007) 3, S. 459 (465); *C. G. Fritz*, in: N. H. Cogan (Hrsg.), Union & States' Rights, 2014, S. 165 (175); *W. J. Watkins, Jr.*, Reclaiming the American Revolution, 2004, S. 56 f.

42 *J. Madison*, Federalist No. 51, in: J. E. Cooke (Hrsg.), The Federalist, 1961, S. 351.

43 Letter from James Madison to Thomas Jefferson, October 17, 1788, abgedruckt in: J. M. Smith (Hrsg.), The Republic of Letters, 1995, S. 562 (565); Speech in the House of Representatives, 8 June 1789, *J. Madison*, in: W. T. Hutchinson/D. B. Mattern (Hrsg.), The Papers of James Madison, Bd. 12, 1991, S. 196 (204); vgl. *J. N. Rakove*, in: M. J. Lacey/K. Haakonssen (Hrsg.), A Culture of Rights, 1992, S. 98; *J. N. Rakove*, Declaring Rights, 1998, S. 100.

44 *J. Yarbrough*, in: E. Katz/G. A. Tarr (Hrsg.), Federalism and Rights, 1996, S. 57 (61); *A. R. Amar*, The Bill of Rights, 1998, S. 21 f.

45 *J. Madison*, Federalist No. 10, in: J. E. Cooke (Hrsg.), The Federalist, 1961, S. 57; Über-

die Gefahr nicht darin, dass sich der »Agent« verselbständigt. Freiheit und Eigentum sind vielmehr gerade deshalb bedroht, weil die dominierenden *factions* das enge Verhältnis zwischen »Agent« und »Prinzipal« zur Unterdrückung von Minderheiten instrumentalisieren.[46]

Eine Überlegung Madisons im Federalist No. 9 und 10 lautete schlicht, dass eine föderale Struktur die Nachteile zu kleiner wie zu großer Gemeinwesen vermeiden würde. Während die gewählten Vertreter sich in großen Gemeinwesen von der Bevölkerung entfremdeten, seien sie in kleinen Gemeinwesen den lokalen Umständen gerade zu stark verhaftet und daher nicht in der Lage, übergeordnete Ziele zu verfolgen. Ein föderales System sei dagegen eine »happy combination«.[47] Je größer die Interessenvielfalt, desto schwieriger sei es zudem für bestimmte Partikularinteressen, sich durchzusetzen.[48] Außerdem sollten größere Gemeinwesen die Auswahl fähiger Politiker begünstigen.[49] Unmittelbar rechtfertigen diese Überlegungen also gar nicht unbedingt föderale Strukturen, sondern auch eine unitarische Republik von angemessenem Zuschnitt.[50]

c) Relative Bedeutungslosigkeit eines Grundrechtskatalogs

Ein Grundrechtskatalog ist im Denken der Verfassungsväter gegenüber einer angemessenen Verfassungsstruktur entweder vergleichsweise bedeutungslos oder fügt sich in das strukturelle Verfassungsverständnis nahtlos ein. Für Alexander Hamilton ist die (Organisations-)Verfassung selbst eine *Bill of Rights*.[51] Rechteerklärungen passten für ihn viel besser in eine »Abhandlung über Ethik« als in einen Verfassungstext.[52] Als Teil der Bundesverfassung hielt Hamilton eine *Bill of Rights* auch angesichts der föderalen Zuständigkeitsverteilung für überflüssig:[53] Die Bundesverfassung sollte nur die allgemeinen politischen Interessen der Nation regeln und nicht allerlei persönliche und private Belange. Demnach stünden der Bundesregierung gar keine Kompetenzen zu, mit denen sie in die Rechte Privater eingreifen könnte. Unter diesen Umständen wären Grundrechte in der Bundesverfassung nicht nur überflüssig, sondern sogar gefährlich, könnten sie doch zur Grundlage für die Forderung nach zusätz-

---

setzung nach Zehnpfennig. Vgl. zu diesen Überlegungen auch *J. A. Best*, in: R. A. Licht (Hrsg.), The Framers and Fundamental Rights, 1991, S. 37 (41–51).

[46] *D. J. Levinson*, Harv. L. Rev. 118 (2005) 3, S. 915 (971).

[47] *J. Madison*, Federalist No. 10, in: J. E. Cooke (Hrsg.), The Federalist, 1961, S. 63.

[48] Ebd., S. 63–65.

[49] *J. Madison*, Federalist No. 57, in: J. E. Cooke (Hrsg.), The Federalist, 1961, S. 384.

[50] *J. T. Levy*, SOY 24 (2007) 1, S. 306 (313 f.).

[51] *A. Hamilton*, Federalist No. 84, in: J. E. Cooke (Hrsg.), The Federalist, 1961, S. 575–578: »The truth is […] that the constitution is itself in every rational sense, and to every useful purpose, A BILL OF RIGHTS.« (S. 581).

[52] *A. Hamilton*, Federalist No. 84, in: J. E. Cooke (Hrsg.), The Federalist, 1961, S. 579.

[53] Dies entsprach der ursprünglichen »standard Federalist answer to the demand for a bill of rights«, s. *B. Schwartz*, The Great Rights of Mankind, 1992, S. 108.

lichen Bundeskompetenzen werden.[54] Wie sich schon bald herausstellen sollte, war diese Befürchtung nicht unbegründet. Zur Verteidigung des *Sedition Act* argumentierte John Marshall 1799 tatsächlich, der 1. Zusatzartikel zeige, dass der Kongress die Kompetenz für ein Gesetz über die Pressefreiheit habe.[55]

Im Verständnis der Gründungsväter schützt die institutionelle Struktur der Regierungsorgane einschließlich der Gewaltengliederung zwischen Union und Einzelstaaten individuelle Freiheit am effektivsten. Sie sichert politische Teilhabe und etabliert freiheitsorientierte politische Entscheidungsprozesse.[56] Ähnlich wie Hamilton formulierte Madison als Einwand gegen eine *Bill of Rights*, dass sich Grundrechtskataloge dagegen als bloße »parchment barriers« erfahrungsgemäß gerade dann stets als ineffektiv erwiesen, wenn es auf sie ankomme.[57] Madison bezweifelte insbesondere, dass verfassungsmäßig garantierte Rechte das im Federalist No. 51 angesprochene Problem des »factionalism« angemessen lösen könnten.[58] Eher hätten sie Bedeutung »as a standard for trying the validity of public acts, and a signal for rousing and uniting the superior force of the community«.[59] Grundrechte bieten demnach vor allem eine Lösung für das »agency problem«, die Gefahr, dass sich die Regierung verselbständigen und den Mehrheitswillen ignorieren könnte. Allerdings erscheint Madison diese Gefahr in einer Republik weniger dringend als die des »factionalism«.

2. Gründe für die Anfügung einer *Bill of Rights*

Rechtekataloge hatten im damaligen Verständnis eine deklaratorische Funktion [a)], sollten zur Beschwichtigung von Verfassungsgegnern beitragen [b)] sowie einzelstaatliche und lokale Institutionen der Selbstregierung schützen [c)].

---

[54] *A. Hamilton*, Federalist No. 84, in: J. E. Cooke (Hrsg.), The Federalist, 1961, S. 575 (578–580). S. auch Letter from James Madison to Thomas Jefferson, October 17, 1788, abgedruckt in: J. M. Smith (Hrsg.), The Republic of Letters, 1995, S. 562 (564); U.S. Supreme Court, *Chisholm v. Georgia*, 2 Dall. (2 U.S.) 419, 435 (1793).

[55] *J. Marshall*, Report of the Minority on the Virginia Resolutions (Jan. 22, 1799), abgedruckt in: *P. B. Kurland/R. Lerner*, The Founders' Constitution, Bd. 5, 2000, S. 136 (137). S. auch Case of Fries, 9 Fed. Cas. 829 (C.C.D. Pa. 1799) (No. 5126) (James Iredell's charge to the Grand Jury), abgedruckt ebd., S. 140 (140).

[56] Vgl. *H. J. Storing*, in: R. A. Goldwin/W. A. Schambra (Hrsg.), How Does the Constitution Secure Rights?, 1985, S. 15 (35); *J. A. Best*, in: R. A. Licht (Hrsg.), The Framers and Fundamental Rights, 1991, S. 37 (37); *M. A. Graber*, U. Pa. J. Const. L. 9 (2006) 2, S. 357; *B. Brunhöber*, Die Erfindung »demokratischer Repräsentation« in den Federalist Papers, 2010, S. 241, 176–181, 198–233.

[57] Letter from James Madison to Thomas Jefferson, October 127, 1788, abgedruckt in: J. M. Smith (Hrsg.), The Republic of Letters, 1995, S. 562 (564).

[58] *D. J. Levinson*, Harv. L. Rev. 124 (2011) 3, S. 657 (666 f.).

[59] Letter from James Madison to Thomas Jefferson, October 127, 1788, abgedruckt in: J. M. Smith (Hrsg.), The Republic of Letters, 1995, S. 562 (564).

Die Gründe für die Anfügung einer *Bill of Rights* waren demnach maßgeblich struktureller Natur, was sich für die einzelnen Zusatzartikel zeigen lässt [d)].

a) Rechteverständnis der Gründergeneration

Federalists und *Anti-Federalists* teilten ein deklaratorisches Verständnis von Rechten. Im Anschluss an John Lockes Theorie vom Gesellschaftsvertrag gingen sie davon aus, dass die Individuen bei Gründung der Gesellschaft und Übertragung der Staatsgewalt ihre natürlichen Individualrechte ohnehin nicht aufgäben.[60]

Hamilton legte im Federalist No. 84 dar, dass *Bills of Rights* ursprünglich Abmachungen zwischen Königen und ihren Untertanen waren. Beruhe eine Verfassung dagegen auf der Souveränität des Volkes, gebe das Volk seine Souveränität nicht auf und bedürfe es daher keiner besonderen Vorbehalte wie einer *Bill of Rights*.[61] Hamiltons Formulierungen zeugen von den unterschiedlichen Stoßrichtungen der Französischen und der Amerikanischen Revolution. Das Vereinigte Königreich, von dem sich die nordamerikanischen Kolonien lösten, war im Gegensatz zur Regierung Ludwigs XVI. in Frankreich keine absolute, sondern eine konstitutionelle Monarchie. Nach der Unabhängigkeitserklärung bestand die primäre Herausforderung in den ehemaligen Kolonien nicht darin, die Regierungsmacht durch eine Verfassung zu begrenzen. Vielmehr waren neue Regierungsstrukturen überhaupt erst zu schaffen. Grundlage einer neuen Regierung konnte eine *Bill of Rights* aber nicht sein, weil sie immer mit der Aufgabe der Machbegrenzung verbunden gewesen war.[62]

Rechte waren in der Sprache der Gründer gleichermaßen individuelle wie kollektive Rechte und Rechte der Mehrheit, so wie noch heute von »states' rights« gesprochen wird.[63] Träger von Rechten – und nicht nur Kompetenzen – konnten Gemeinden, Körperschaften oder Regierungsorgane sein; sie übten diese Rechte im Namen der durch sie begründeten Kollektive und ihrer individuellen Mitglieder aus: In der anglo-amerikanischen Tradition galten Rechte nicht als Eigenschaften der Individuen, sondern als kollektives Eigentum der Bevölkerung.[64] Für die Gründungsväter waren Maßnahmen zugunsten des Ge-

---

[60] *B. R. Barber*, in: R. A. Licht (Hrsg.), The Framers and Fundamental Rights, 1991, S. 23 (25); *B. Brunhöber*, Die Erfindung »demokratischer Repräsentation« in den Federalist Papers, 2010, S. 239 f.; *B. Brunhöber*, in: R. Lhotta (Hrsg.), Die hybride Republik, 2010, S. 59 (73).

[61] *A. Hamilton*, Federalist No. 84, in: J. E. Cooke (Hrsg.), The Federalist, 1961, S. 578.

[62] *H. Arendt*, On Revolution (1965), 1990, S. 147 f.

[63] S. etwa *K. T. Lash*, Geo. Mason L. Rev. 19 (2012) 4, S. 873; *A. R. Amar*, The Bill of Rights, 1998, S. 126, 152; *R. A. Primus*, The American Language of Rights, 1999, S. 85–88; *K. T. Lash*, Geo. Mason L. Rev. 19 (2012) 4, S. 873 zur Sprache der Gründer.

[64] *J. N. Rakove*, in: M. J. Lacey/K. Haakonssen (Hrsg.), A Culture of Rights, 1992, S. 98 (103).

meinwohls begrifflich keine Freiheitsverletzungen, wohl aber Gesetzgebungsakte, die gegen bestimmte Personen oder Klassen gerichtet waren.[65]

b) Beschwichtigungsfunktion der *Bill of Rights*

Vor dem Hintergrund dieses Rechteverständnisses stellt sich die Frage nach den Motiven der *Federalists* dafür, die Aufnahme der *Bill of Rights* als Zusatzartikel zur Verfassung überhaupt zu unterstützen. Verbreitet ist die Deutung, dass die *Bill of Rights* das Ergebnis zweckorientierter, wenn nicht zynischer politischer Manöver von *Federalists* und *Anti-Federalists* war und bald nach ihrer Ratifikation juristisch und politisch bedeutungslos wurde.[66] Für die *Federalists* war die Anfügung eines Grundrechtekatalogs eine unbedeutende Ergänzung der institutionellen Verfassung, ein Zugeständnis zur Beschwichtigung der *Anti-Federalists*.[67] Sie hatten nicht allein eine *Bill of Rights*, sondern auch eine Beschränkung der Kompetenzen des Bundes gefordert.[68]

Madison begründete seine Vorschläge zur Aufnahme von Rechtegewährleistungen in die Verfassung damit, dass sich damit zusätzliche Anhänger der Verfassung gewinnen ließen, ohne in der Sache etwas zu verlieren.[69] Ein Grundrechtskatalog hatte für Madison vor allem eine edukatorische Funktion: »The political truths declared in that solemn manner acquire by degrees the character of fundamental maxims of free Government, and as they become incorporated with the national sentiment counteract the impulses of interest and passion.«[70]

Zugleich fürchtete Madison, dass eine *Bill of Rights* einem Missverständnis der Freiheitsidee und einem Missbrauch der Freiheit Vorschub leisten könnte.[71] Noch wichtiger schien es daher, dass die Regierung auf Bundesebene effektiv funktionieren würde. Ihren Legitimitätsvorschuss sollte die *Bill of Rights* nicht untergraben. Deshalb verzichtete sie im Gegensatz zu den zeitgenössischen

---

65 *M. A. Graber*, U. Pa. J. Const. L. 9 (2006) 2, S. 357 (366–370) m.N.

66 Grundlegend *R. A. Rutland*, The Birth of the Bill of Rights, 1776–1791, 1966; *J. N. Rakove*, in: M. J. Lacey/K. Haakonssen (Hrsg.), A Culture of Rights, 1992, S. 98 (98); *M. A. Graber*, U. Pa. J. Const. L. 9 (2006) 2, S. 357 (380–390).

67 *C. H. Johnson*, Righteous Anger at the Wicked States, 2005, S. 9: »symbol or sop, with little substantive meaning«. S. zur Bedeutung der Opposition der *Anti-Federalists* in diesem Zusammenhang *R. A. Rutland*, The Birth of the Bill of Rights, 1776–1791, 1966, S. 125; *B. Schwartz*, The Bill of Rights, Bd. 1, 1971, S. 527.

68 *H. J. Storing*, in: R. A. Goldwin/W. A. Schambra (Hrsg.), How Does the Constitution Secure Rights?, 1985, S. 15 (21) m.N.

69 S. v.a. *Madison*, Speech to the House of Representatives, June 8, 1789, Cong. Register, I, 423–437, abgedruckt in: *B. Schwartz*, The Roots of the Bill of Rights, Bd. 5, 1971, S. 1023; vgl. *R. A. Goldwin*, in: R. A. Licht (Hrsg.), The Framers and Fundamental Rights, 1991, S. 57; *C. H. Johnson*, Righteous Anger at the Wicked States, 2005, S. 173 f.

70 Letter from James Madison to Thomas Jefferson, October 17, 1788, abgedruckt in: J. M. Smith (Hrsg.), The Republic of Letters, 1995, S. 562 (565).

71 *J. Madison*, Federalist No. 63, in: J. E. Cooke (Hrsg.), The Federalist, 1961, S. 428.

state bill of rights auf weit formulierte Maximen als ideellem Fundament der Regierung.[72]

c) Schutz von einzelstaatlichen und lokalen Institutionen der Selbstregierung

Den Kern der Auseinandersetzung zwischen *Federalists* und *Anti-Federalists* um eine *Bill of Rights* bildete die strukturelle Frage, welches Gewicht der Zentralregierung zukommen sollte. *Federalists* und *Anti-Federalists* beurteilten den Ursprung der größten Gefahren für die Freiheit unterschiedlich: Die *Federalists* wollten die Regierungsmacht so strukturieren, dass Freiheit und Eigentum vor den Massen und vor der parlamentarischen Majorität, insbesondere vor den einzelstaatlichen Legislativen geschützt würden.[73] Dementsprechend befürworteten sie eine starke Zentralregierung, in der sie ihren eigenen politischen Willen vertreten sahen.[74] Die *Anti-Federalists* dagegen verstanden unter Freiheit, die Reichweite der Regierungsmacht überhaupt zu begrenzen;[75] jedenfalls sollte aus ihrer Sicht die Regierung möglichst nah an der Bevölkerung sein.[76] Folglich wollten die *Anti-Federalists* mit einer *Bill of Rights* die Befugnisse der Zentralregierung beschränken.[77] Sie waren keine Verfechter individueller Rechte im liberalen Sinne.[78]

Die Philosophie hinter der *Bill of Rights* war, trotz der liberalen Grundhaltung der einflussreichen Person Madisons, viel stärker auf die Volkssouveränität und demokratische Selbstbestimmung als auf die individuelle Freiheit ausgerichtet. Mit dem Rechtekatalog verband sich im Sinne der *Anti-Federalists* eine strukturelle Stärkung einzelstaatlicher und lokaler Institutionen der Selbstregierung: Kirchen und Schulen vor Ort, Bürgerwehren, einzelstaatliche Legislativen und verfassungsgebende Versammlungen. Hamilton betonte im Federalist No. 84, die strukturelle Bedeutung einer Grundrechteerklärung für Selbstregie-

---

[72] *H. J. Storing*, in: R. A. Goldwin/W. A. Schambra (Hrsg.), How Does the Constitution Secure Rights?, 1985, S. 15 (28–32).

[73] Zugespitzt *G. S. Wood*, The Creation of the American Republic, 1998, S. 492; s. auch *C. A. Beard*, An Economic Interpretation of the Constitution of the United States, 1913, insb. S. 152–168; *G. Dietze*, The Federalist, 1960, S. 341; *D. F. Epstein*, The Political Theory of the Federalist, 1984, S. 60, 85 f., 108, 163, 214; kritisch gegenüber dieser These mangelnden Interesses des *Federalist* am »public good« *E. Millican*, One United People, 1990, S. 227–229.

[74] *J. Madison*, Federalist No. 51, in: J. E. Cooke (Hrsg.), The Federalist, 1961, S. 349; s. auch *J. Yarbrough*, Publius 15 (1985) 1, S. 31.

[75] *B. R. Barber*, in: R. A. Licht (Hrsg.), The Framers and Fundamental Rights, 1991, S. 23 (24 f.); *J. A. Best*, in: R. A. Licht (Hrsg.), The Framers and Fundamental Rights, 1991, S. 37 (40).

[76] *M. A. Graber*, U. Pa. J. Const. L. 9 (2006) 2, S. 357 (388 f.) m.N.

[77] *H. J. Storing*, What the Anti-Federalists Were For, 1981, S. 64–70; *J. Yarbrough*, in: E. Katz/G. A. Tarr (Hrsg.), Federalism and Rights, 1996, S. 57 (59–61).

[78] *C. H. Johnson*, Righteous Anger at the Wicked States, 2005, S. 165 m.N.

rung und -verwaltung. Ihr Zweck sei es, »to declare and specify the *political* privileges of the citizens in the *structure* and *administration* of the government«.[79]

Mit der heutigen Unterscheidung von autonomen und funktionalen Grundrechtskonzeptionen[80] könnte man sagen, dass der *Bill of Rights* von 1791 ein stark funktionales Grundrechtsverständnis zugrunde lag. John Hart Ely formulierte diese Deutung maßgeblich in seinem Buch *Democracy and Distrust*.[81] Akhil Reed Amar, methodisch dem »Originalism« verpflichtet, untermauerte ihre Plausibilität mit einer minutiösen Rekonstruktion zeitgenössischer Quellen.[82] Sein Ansatz beruht auf einer fundierten Analyse der Texte der Zusatzartikel und weniger auf den Motiven und Anliegen ihrer Schöpfer.[83] Ely und Amar können daran anknüpfen, dass Madison und viele andere *Federalists* eine *Bill of Rights* im Gegensatz zu späteren liberalen Theorien nicht als Schutz der Minderheit vor der »Tyrannei der Mehrheit« verstanden. Vielmehr waren die Grundrechte gegen eigennütziges Verhalten der Vertreter des Bundes gerichtet und sollten, einem republikanischen Verständnis folgend, die Institutionen der staatlichen und lokalen Selbstregierung schützen.[84]

d) Strukturelle Bedeutung der einzelnen Zusatzartikel der *Bill of Rights*

Ausgangspunkt für Amars These ist, dass der Kongress ursprünglich eine *Bill of Rights* verabschiedet hatte, die nicht nur zehn, sondern zwölf Zusatzartikel umfasste. Die ersten beiden dieser zwölf Zusatzartikel wurden aber nicht, wie gemäß Art. V U.S. Const. für die Erlangung ihrer Rechtswirksamkeit erforderlich, von den gesetzgebenden Körperschaften von drei Vierteln der Einzelstaaten ratifiziert. Der nach heutiger Zählung erste Zusatzartikel war also eigentlich als dritter Zusatzartikel geplant. Vorangestellt waren eine Bestimmung über die Zahl der Abgeordneten im Repräsentantenhaus und über die Größe der Wahlbezirke sowie der heutige 27. Zusatzartikel. Diesem zufolge tritt kein Gesetz in Kraft, das die Bezahlung der Dienste der Senatoren und Mitglieder des Repräsentantenhauses verändert, bevor nicht eine Neuwahl des Repräsentantenhauses erfolgt ist. Auch zahlreiche weitere, vom Kongress schließlich nicht berücksichtigte Vorschläge für eine *Bill of Rights* verbanden mit den Grundrechten

---

79 *A. Hamilton*, Federalist No. 84, in: J. E. Cooke (Hrsg.), The Federalist, 1961, S. 581 (Herv. TK); s. *A. R. Amar*, The Bill of Rights, 1998, S. 127.

80 *A. von Ungern-Sternberg*, in: N. Matz-Lück/M. Hong (Hrsg.), Grundrechte und Grundfreiheiten im Mehrebenensystem – Konkurrenzen und Interferenzen, 2012, S. 69 m.w.N.

81 *J. H. Ely*, Democracy and Distrust, 1980, S. 93–98.

82 *A. R. Amar*, The Bill of Rights, 1998; s. auch bereits *A. R. Amar*, Yale L. J. 100 (1991) 5, S. 1131 sowie neuerdings *A. R. Amar*, The Law of the Land, 2015, S. 216–227.

83 *A. R. Amar*, The Bill of Rights, 1998, S. 295–305; *J. N. Rakove*, Yale J.L. & Human. 11 (1999) 1, S. 191 (193) *et passim*; kritisch *W. M. Treanor*, Mich. L. Rev. 106 (2007) 3, S. 487.

84 *D. J. Levinson*, Harv. L. Rev. 124 (2011) 3, S. 657 (666 f.).

eine staatsorganisatorische Funktion im System der horizontalen und vertikalen Gewaltenteilung.[85]

In diesem Zusammenhang gelesen, ist auch der nunmehrige 1. Zusatzartikel eine spezifische Kompetenzschranke für den Kongress. Diesem Verständnis entspricht auch der Wortlaut »Congress shall make no law ...«, der die gesetzgebenden Körperschaften in den Einzelstaaten nicht einbezieht. Damit sollte gezielt auf Befürchtungen der *Anti-Federalists* reagiert werden, die Abgeordneten des Kongresses seien zu weit entfernt von den Menschen vor Ort und zu elitär, um repräsentativ zu sein.[86] Wie die beiden ursprünglich geplanten ersten Artikel sollte auch der Schutz der Rede-, Presse-, Versammlungs- und Religionsfreiheit weniger dem Minderheitenschutz als den Mehrheiten in den Staaten dienen.[87] Das Anliegen war weniger, Minderheiten und Einzelstimmen ausreichend zu Wort kommen zu lassen. Meinungs- und Pressefreiheit sollten vielmehr dazu beitragen, dass die Ansichten der Bevölkerungsmehrheit die Regierung auch erreichten. Im historischen Verständnis der Gründungsväter schützte der 1. Zusatzartikel auch die Meinungsfreiheit der Gesetzgebungsorgane der Einzelstaaten.[88]

Versammlungsfreiheit und Petitionsrecht, gleichfalls im 1. Zusatzartikel gewährleistet, sind ebenso wenig nur als individuelle Rechte zu verstehen. Geschützt ist nicht einfach das Recht des Einzelnen, sich mit ausgewählten Gesinnungsgenossen zu versammeln. Stattdessen umfasst die Versammlungsfreiheit als »right of the *people*« das kollektive Recht, sich als Souverän des »We the People«, durchaus im rousseauschen Sinne,[89] in einem Konvent zu versammeln, um die Regierung zu verändern oder abzusetzen. So sollte ein Weg der Verfassungsänderung offen gehalten werden, der nicht von der verfassungsmäßigen Regierung abhängig war, sondern mit Versammlungen der Bevölkerung und gegebenenfalls mit Petitionen beschritten werden könnte.[90]

Auch die Bestimmungen des 1. Zusatzartikels zur Religion erschöpfen sich nicht in der Garantie einer individuellen Freiheit. Vielmehr gewährleisten sie Freiräume der Kirchen als Element der Gewaltenteilung.[91] Die *Establishment Clause* untersagt es dem Kongress, ein Gesetz zu erlassen, »das die Einführung einer Staatsreligion zum Gegenstand hat«, und damit insbesondere zu re-

---

[85] *J.-D. Kühne*, JöR 39 (1990), S. 1 (28). S. die Übersicht bei *E. Dumbauld*, The Bill of Rights, 1957, S. 160–165, mit Quellenangaben.

[86] *A. R. Amar*, The Bill of Rights, 1998, S. 21 f.

[87] *B. A. Ackerman*, We the People I, 1991; *A. R. Amar*, The Bill of Rights, 1998, S. 8, 20–45.

[88] *A. R. Amar*, The Bill of Rights, 1998, S. 23–25.

[89] *J.-J. Rousseau*, in: B. Gagnebin/M. Raymond (Hrsg.), Œuvres complètes, 1964, Bd. 3, S. 349 (425), l. III, ch. XII, »le Souverain ne sauroit agir que quand le peuple est assemblé«.

[90] *A. R. Amar*, The Bill of Rights, 1998, S. 26 f. unter Anführung zeitgenössischer Quellen.

[91] Ebd., S. 32–45.

geln, ob in den Einzelstaaten eine staatlich geförderte Religionsgemeinschaft besteht (sogenannte *establishment states*) oder nicht (*non-establishment states*). Sie schützt die Regelungshoheit der Staaten und die von lokalen Mehrheiten bestimmten Beziehungen zwischen Staaten und Kirchen.[92]

Wie ein roter Faden durchzieht die *Bill of Rights* das Bestreben, Institutionen der lokalen Selbstverwaltung, insbesondere Bürgerwehren und Geschworenengerichte (*juries*), vor dem Zugriff der Bundesgewalt zu schützen. Der 2. Zusatzartikel erlaubt es den Einzelstaaten und vor allem der Bevölkerung, im Sinne eines »military check of federalism« Bürgerwehren zu unterhalten, um sie notfalls auch gegen die Bundesgewalt einsetzen zu können. In diesem Verständnis ist »das Recht des Volkes, Waffen zu besitzen und zu tragen«, weniger privates Recht zum Schutz von Leben und Eigentum als politisches Bürgerrecht[93] und Recht der Bevölkerung gegenüber stehenden Heeren.[94]

Die Funktionen der *juries* werden ausdrücklich durch die Zusatzartikel 5 bis 7 geschützt. Aber auch der 1., 4. und 8. Zusatzartikel stärken ihre Rolle und stellen sicher, dass bestimmte Angelegenheiten ausschließlich von *juries* verhandelt werden.[95] Die *jury* galt als repräsentativ für die lokale Mehrheit und sollte dem Schutz vor korrupten Amtspersonen dienen – zugunsten der Beschuldigten, aber auch der Gemeinschaft.[96]

Der 3. Zusatzartikel untersagt die Einquartierung von Soldaten in einem Haus in Friedenszeiten ohne Zustimmung des Eigentümers und in Kriegszeiten in anderer als in der gesetzlich vorgeschriebenen Weise. Dies dient dem Schutz der Privatwohnung, beschränkt aber im Sinne der Gewaltenteilung zugleich die Militärs und die Exekutive des Bundes, erfordert doch die Einquartierung von Soldaten in Kriegszeiten die Beteiligung der Legislative.[97] Der 4. Zusatzartikel, die *Search and Seizure Clause*, schützt die Unverletzlichkeit der Wohnung und die Privatsphäre, hat aber ebenfalls strukturelle Bedeutung. Gemäß einer im Gegensatz zur aktuellen Rechtsprechung[98] unmittelbar am Wortlaut orientierten Interpretation entscheidet ein Gericht stets unter Beteiligung einer *jury* nach dem *Common Law* über Ansprüche des Wohnungsinhabers. Führen Bundesbeamte eine Durchsuchung ohne Hausdurchsuchungsbefehl durch, so

---

92 Ebd., S. 32–42; Zitat auf S. 34.

93 *A. R. Amar*, Yale L. J. 96 (1987) 7, S. 1425 (1495–1500); *A. R. Amar*, The Bill of Rights, 1998, S. 46–59. Zu einem individuellen Recht zum Waffenbesitz s. nunmehr aber U.S. Supreme Court, *District of Columbia v. Heller*, 554 U.S. 570 (2008).

94 *R. A. Primus*, The American Language of Rights, 1999, S. 102 f.

95 *A. R. Amar*, The Bill of Rights, 1998, S. 23 f., 68–76, 80, 82, 87.

96 Eine Konsequenz dieser Einordnung ist, dass ein Angeklagter nicht auf die Beteiligung der *jury* verzichten können soll, s. *A. R. Amar*, The Bill of Rights, 1998, S. 94–96, 104–108; anders allerdings U.S. Supreme Court, *Patton v. United States*, 281 U.S. 276, 293 (1930).

97 *A. R. Amar*, The Bill of Rights, 1998, S. 59–63; *R. A. Primus*, The American Language of Rights, 1999, S. 94 f.

98 S. etwa U.S. Supreme Court, *Johnson v. United States*, 333 U.S. 10, 14 f. (1948).

begehen sie einen Hausfriedensbruch (»trespass«), an den sich Schadensersatzansprüche knüpfen können.[99]

Selbst die *Takings Clause* am Ende des 5. Zusatzartikels, der zufolge Privateigentum nicht ohne angemessene Entschädigung für öffentliche Zwecke eingezogen werden darf, schützt nicht nur das Eigentum als Individualrecht. Ihre strukturelle Einbettung zeigt sich im Vergleich mit der *Contracts Clause* (Art. I Sect. 10 U.S. Const.). Während die *Contracts Clause* sich an die Einzelstaaten richtet, fand die *Takings Clause* in ihrer ursprünglichen Bedeutung nur gegenüber den Bundesorganen Anwendung. Ihr primärer Schutzzweck waren offensichtlich die Gefahren, die von Bundesinstitutionen ausgingen, insbesondere vom Militär.[100]

Schließlich prägen auch der 9. und 10. Zusatzartikel als *popular-sovereignty amendments* den republikanischen Geist der *Bill of Rights*.[101] In einer allerdings umstrittenen[102] Deutung verknüpfen sie Volkssouveränität und Bundesstaatlichkeit: »[P]opulism and federalism—liberty and localism—work together«.[103] Struktur und Rechte sind miteinander verschränkt und verstärken sich gegenseitig. Anders als im heutigen Verständnis ist die *Bill of Rights* also nicht synonym mit individuellen Rechten und in diesem Sinne bloß »gegen-majoritär«.[104] »Liberty« meinte vor allem »public liberty«, »majoritarian liberty« statt »liberty against popular majorities«.[105] Nach dieser ihr ursprünglich zugdachten Funktion sollte die föderale *Bill of Rights* gerade keine zentralisierende Wirkung entfalten, sondern im Gegenteil ein zusätzliches Sicherungsinstrument gegenüber der Zentralgewalt bilden. Wichtig ist, dass die *Bill of Rights* nicht nur als Schranke der Bundesgewalt wirken sollte. Die Bundesgrundrechte stärken zugleich die lokale Ebene, überlassen sie aber nicht sich selbst, sondern gestalten sie im Sinne von Partizipation und Verantwortung der Bürger.

---

[99] *A. R. Amar*, The Bill of Rights, 1998, S. 64–73; *A. R. Amar*, The Law of the Land, 2015, S. 236 f.

[100] *M. W. McConnell*, Cal. L. Rev. 76 (1988) 2, S. 267 (291); *J. Rubenfeld*, Yale L. J. 102 (1993) 5, S. 1077 (1122 f.) mit zeitgenössischen Nachweisen.

[101] Zu dieser Deutung *A. R. Amar*, The Bill of Rights, 1998, S. 119–124; s. auch *T. B. McAffee*, Colum. L. Rev. 90 (1990) 5, S. 1215.

[102] Für eine libertäre Deutung der »dem Volke vorbehaltenen Rechte« *R. E. Barnett*, Restoring the Lost Constitution, 2005; für eine kommunitaristische Deutung im Sinne der Selbstregierung auf lokaler Ebene *K. T. Lash*, The Lost History of the Ninth Amendment, 2009.

[103] *A. R. Amar*, The Bill of Rights, 1998, S. 123; s. auch *A. R. Amar*, Yale L. J. 96 (1987) 7, S. 1425 (1492–1519).

[104] *A. R. Amar*, The Bill of Rights, 1998, S. 125.

[105] Ebd., S. 159; *G. S. Wood*, The Creation of the American Republic, 1998, S. 24 f., 60 f., 362.

II. Gewandelte Bedeutung der Grundrechte in der »Reconstruction« und ihre Auswirkungen auf die föderale Struktur

Dieses Verständnis wandelte sich mit den *Reconstruction Amendments* nach dem Bürgerkrieg. Deren neue, liberale und individualistische Grundrechtskonzeption zielte primär auf den Schutz lokaler Minderheiten (1.) und fügte sich nicht mehr wie zuvor, als die Grundrechte einer Übermacht der Bundesebene entgegenwirken sollten, in die föderale Struktur ein (2.). Vielmehr war mit dem neuen Verständnis der Grundrechte ein erhebliches Zentralisierungspotential verbunden. Das sich daraus ergebende Spannungsverhältnis zwischen Grundrechten und föderaler Struktur prägte auch die Rechtsprechung des *U.S. Supreme Court* (3.).

1. Bedeutungswandel der Grundrechte

Die *Reconstruction Amendments* umfassen die Zusatzartikel 13 bis 15. Der 1865 ratifizierte 13. Zusatzartikel schaffte bundesrechtlich Sklaverei und Zwangsdienstbarkeit ab. Mit dem 1868 ratifizierten 14. Zusatzartikel[106] wird unter anderem allen Personen, die in den Vereinigten Staaten geboren oder eingebürgert sind und ihrer Gesetzeshoheit unterstehen, einschließlich der ehemaligen Sklaven, das Bürgerrecht gewährt. Keiner der Einzelstaaten darf demnach Gesetze erlassen oder durchführen, die die Vorrechte oder Freiheiten von Bürgern der Vereinigten Staaten beschränken (*Privileges or Immunities Clause*), und kein Staat darf irgendjemandem ohne ordentliches Gerichtsverfahren nach Recht und Gesetz Leben, Freiheit oder Eigentum nehmen (*Due Process Clause*) oder irgendjemandem innerhalb seines Hoheitsbereiches den gleichen Schutz durch das Gesetz versagen (*Equal Protection Clause*). Der 15. Zusatzartikel, ratifiziert 1870, bestimmt, dass das Wahlrecht der US-Bürger weder von den Vereinigten Staaten noch von einem Einzelstaat aufgrund der Rassenzugehörigkeit, der Hautfarbe oder eines vormaligen Dienstbarkeitsverhältnisses versagt oder beschränkt werden darf. Alle drei Zusatzartikel verleihen dem Kongress »enforcement powers«. Gemäß Am. 13 Sect. 2, Am. 14 Sect. 5 und Am. 15 Sect. 2 (*Enforcement Clauses*) ist der Kongress befugt, die Bestimmungen dieser Zusatzartikel »durch entsprechende Gesetze zur Durchführung zu bringen«.

Es dominierte nun nicht länger ein funktionales, auf Partizipation und bürgerschaftliche Verantwortung ausgerichtetes, sondern ein autonomes, liberales,

---

[106] S. zum Verfahren *J. B. James*, The Ratification of the Fourteenth Amendment, 1984; *J. E. Bond*, No Easy Walk to Freedom, 1997; *B. A. Ackerman*, We the People II, 1998, S. 110–113.

individualistisches Grundrechtsverständnis.[107] Lag ein Hauptaugenmerk der ursprünglichen *Bill of Rights* auf dem Schutz der Bevölkerungsmehrheit vor einer sich verselbständigenden Bundesregierung, also bei dem »agency problem« des Federalist No. 51, so zielte der 14. Zusatzartikel nunmehr vor allem auf den Schutz von Minderheiten. Während die *Bill of Rights* von 1789 »the rights« und »the powers« »of the people« proklamierte, formulierte der 14. Zusatzartikel von 1866 »privileges or immunities of citizens«. Er stand für eine neue Vision: »more liberal than republican, more individualistic than collectivist, more private than public, more negative than positive«.[108]

Zu einem gewandelten Grundrechtsverständnis trugen geänderte Rahmenbedingungen und neue Erfahrungen bei. Die Zentralregierung, deren Ferne und mangelnde Kontrolle eine Grundlage für die Forderung nach einer *Bill of Rights* war, rückte infolge des technologischen Fortschritts in Transportwesen und Kommunikation, aber auch im Zuge der Gründung nationaler politischer Parteien näher an die Menschen heran. Die Bindung allein der Zentralregierung an eine *Bill of Rights* wurde angesichts der Ausdehnung der Vereinigten Staaten gen Westen weniger plausibel: Es lag nahe, dass auch neue Bundesstaaten, die an die Stelle von vormaligen Bundesterritorien traten, wie zuvor die Bundesgewalt bei der Verwaltung des Bundesterritoriums an Grundrechte der Bundesverfassung gebunden sein sollten.[109]

Vor allem aber hatte die Geschichte gezeigt, dass die größte Gefahr für die individuelle Freiheit nicht von der Zentralregierung ausging.[110] Maßgebliche historische Erfahrungen waren die Sklaverei in den Südstaaten und die Repression zu ihrer Aufrechterhaltung in der Zeit vor dem Bürgerkrieg. Nicht nur wurden die Rechte von Sklaven massiv verletzt. Beschränkt wurden auch die Rechte von »Weißen« und freien »Schwarzen«, die sich in Wort und Schrift kritisch zur Sklaverei äußerten. In einigen Bundesstaaten stand auf das Verfassen, Drucken, Veröffentlichen oder Verbreiten abolitionistischer Schriften gar die Todesstrafe. Allein Sklaven das Lesen beizubringen war teilweise mit hohen Strafen bedroht. Angesichts der vielen »entlaufenen« Sklaven galten Schwarze grundsätzlich als Sklaven und hatten willkürliche Durchsuchungen ohne ein angemessenes Verfahren zu ertragen.[111]

Die neue Bedeutung der Grundrechte in der *Reconstruction* zeigt sich etwa am Recht, Waffen zu besitzen und zu tragen. Stellte der 2. Zusatzartikel vormals Bürgerwehren vor Ort dem stehenden Bundesheer als Gegenmacht gegen-

---

107 *B. R. Barber*, in: R. A. Licht (Hrsg.), The Framers and Fundamental Rights, 1991, S. 23 (33); *A. R. Amar*, Yale L. J. 101 (1992) 6, S. 1193.

108 *A. R. Amar*, The Bill of Rights, 1998, S. 215 f.

109 Ebd., S. 156–158.

110 Ebd., S. 158 f.

111 *M. K. Curtis*, No State Shall Abridge, 1986, S. 23, 26–38; *A. R. Amar*, The Bill of Rights, 1998, S. 160 f. m.w.N. in Endnote 104.

über, so sollte nunmehr dieses Bundesheer gerade die *Reconstruction* der widerstrebenden Südstaaten verwirklichen. Ursprünglich wie das Wahlrecht ein kollektives politisches Recht, ist der 2. Zusatzartikel in diesem Verständnis ein individuelles Recht, das der Verteidigung von Leben und Eigentum dient und nicht nur Männern als Mitgliedern der Bürgerwehren, sondern auch Frauen und Kindern zusteht.[112] Auch die Rede- und Pressefreiheit erfuhr infolge des 14. Zusatzartikels einen Bedeutungswandel. Durch den Zusammenhang mit der *Equal Protection Clause* erhielt sie eine stärker auf den Schutz von Minderheiten als auf die Verbesserung der Repräsentation gerichtete Stoßrichtung.[113] Insgesamt tritt im 1. Zusatzartikel das Paradigma des *libertarianism* an die Stelle von *federalism* und *majoritarianism*.[114]

2. Implikationen für die föderale Struktur

Dieser Bedeutungswandel der Grundrechte setzt eine andere Verfassungsarchitektur voraus; insbesondere ist der Schutz lokaler Minderheiten auf Lebenszeit ernannten Bundesrichtern eher zuzutrauen als Geschworenen in den örtlichen *juries*.[115] Jedenfalls potentiell bergen die *Reconstruction Amendments* und das gewandelte Grundrechtsverständnis also weitreichende Implikationen für die föderale Struktur zugunsten der Bundesebene, zugunsten der Bundesgerichte, vermittels der *Enforcement Clauses* Am. 13 Sect. 2, Am. 14 Sect. 5 und Am. 15 Sect. 2, aber auch zugunsten des Kongresses. Die Schöpfer der *Reconstruction Amendments* gingen allerdings irrigerweise davon aus, mit der Verfassungsänderung die Folgen der Sklaverei relativ rasch und ohne nachhaltige Folgen für die föderale Balance überwinden zu können.[116] In den Einzelstaaten freilich wurden die Debatten über die Ratifikation des 14. Zusatzartikels mit der Rhetorik des Föderalismus geführt. Die zeitgenössische Kritik zielte nicht auf sachliche Inhalte, sondern auf eine strukturelle Frage der föderalen Balance: Die Verantwortung für die Einhaltung der Grundrechte in den Einzelstaaten sollte nicht beim Kongress und den Bundesgerichten liegen, sondern bei den Staaten selbst verbleiben.[117]

In den Kongressdebatten über den 14. Zusatzartikel sprachen sich Redner in beiden Häusern dafür aus, dass die *Privileges or Immunities Clause* vor der Ver-

[112] Ebd., S. 23, 216 f., 257–266. Zur Einordnung der im Rechtsvergleich bemerkenswerten aktuellen Rechtsprechung des *U.S. Supreme Court* zum Grundrecht auf Schußwaffenbesitz s. *G. Beaucamp*, JZ 67 (2012) 21, S. 1050.

[113] S. auch die breiter angelegte Untersuchung von *G. Frankenberg/U. Rödel*, Von der Volkssouveränität zum Minderheitsschutz, 1981, S. 32 ff.

[114] *A. R. Amar*, The Bill of Rights, 1998, S. 23, 239.

[115] Ebd., S. 242; s. auch *R. M. Hills, Jr.*, Nw. U. L. Rev. 93 (1999) 3, S. 977 (997): »institutionally anemic«.

[116] *M. L. Benedict*, Sup. Ct. Rev. 1978, S. 39 (40 f.).

[117] *A. R. Amar*, The Bill of Rights, 1998, S. 205 m.N.

letzung grundlegender Rechte durch die Bundesstaaten schützen solle.[118] Ausdrücklichen Widerspruch riefen sie damit nicht hervor.[119] Heftig umstritten ist allerdings die These, die *Privileges or Immunities Clause* sei ursprünglich so verstanden worden, dass sie die *Bill of Rights* für gegenüber den Staaten anwendbar erklären würde.[120] Charles Fairman kommt in einer umfangreichen Untersuchung zu den Vorstellungen der Verfasser zu dem Schluss, dass die Theorie, die *Privileges or Immunities Clause* »inkorporiere« die Zusatzartikel 1 bis 8, weder im Kongress noch von einzelstaatlichen Gesetzgebern oder den Gerichten anerkannt worden sei. Eine so bedeutende Neuerung wie die Geltungserstreckung der *Bill of Rights* auf die Einzelstaaten hätte deutlicher angesprochen werden müssen und wäre dann im Ratifikationsprozess auch gescheitert.[121]

Es liegt nahe, dass die Kongressabgeordneten mit der Verabschiedung des 14. Zusatzartikels nicht nur eine einzige Vorstellung verbanden und dass auch in den ratifizierenden Einzelstaaten unterschiedliche Ansichten von der Bedeutung der *Privileges or Immunities Clause* vertreten wurden.[122] Einige Mitglieder des Kongresses und der einzelstaatlichen Legislativorgane werden wohl angenommen haben, dass die *Privileges or Immunities Clause* die *Bill of Rights* einschließe; einige werden gegenteiliger Ansicht gewesen sein und viele werden die Frage überhaupt nicht bedacht haben.[123]

3. Zurückhaltung in der Rechtsprechung des *U.S. Supreme Court*

Die *Reconstruction Amendments* bewirkten im Bewusstsein der Zeitgenossen nicht unmittelbar eine Verschiebung der föderalen Balance. Dennoch bargen sie ein weitreichendes Veränderungspotential. Vor diesem Hintergrund war die Rechtsprechung des *U.S. Supreme Court* darauf bedacht, die Auswirkungen der *Reconstruction Amendments* für die Einzelstaaten zu begrenzen, und legte sie dementsprechend eng aus. Prägend für diese Rechtsprechung sind die Slaughter-House Cases [a)]. Als Schlüssel zum engen Rechteverständnis des Gerichtshofs erweisen sich Belange der Bundesstaatlichkeit [b)].

---

[118] In diesem Sinne äußerten sich der Senator Howard (Cong. Globe, 39th Cong., 1st Sess. 2765 [1866]) und der Abgeordnete Bingham (Cong. Globe, 42d Cong., 1st Sess. App. 84 [1871]).

[119] *H. E. Flack*, The Adoption of the Fourteenth Amendment, 1908, S. 81, 87; *H. J. Abraham/B. A. Perry*, Freedom and the Court, 8. Aufl. 2003, S. 47.

[120] *W. E. Nelson*, The Fourteenth Amendment, 1988, S. 1–12.

[121] *C. Fairman*, Stan. L. Rev. 2 (1949) 1, S. 5; *R. Berger*, Government by Judiciary, 1977.

[122] *T. S. Bishop*, Nw. U. L. Rev. 79 (1984) 1, S. 142 (174) zur Vielfalt der Ansichten im Kongress, *A. H. Kelly*, Sup. Ct. Rev. 1965, S. 119 (132–134) mit einer Kritik von Fairmans und Blacks historischen Argumenten.

[123] *E. Chemerinsky*, Constitutional Law, 5. Aufl. 2017, S. 541.

a) Enges Verständnis der *Reconstruction Amendments*

Die *Reconstruction Amendments* hatten den Zweck, die befreiten Sklaven zu schützen und ihnen Freiheit, Gleichheit und die mit dem Status als Bürger der USA verbundenen Rechte zu gewährleisten.[124] Der Gerichtshof legte die neuen Zusatzartikel allerdings im Widerspruch zu ihrem ursprünglichen Geist und ihren Zielen durchaus eng aus und billigte Maßnahmen der Südstaaten zur Entrechtung, Segregation und Unterdrückung ihrer afroamerikanischen Bevölkerung. Weit davon entfernt, die *Reconstruction Amendments* als Grundlage für einen Zentralisierungsschub zu nutzen, schützte der Gerichtshof mit dieser restriktiven Auslegung im Namen der föderalen Balance zunächst die Kompetenzen der Einzelstaaten.[125]

In der für die weitere Rechtsentwicklung ausschlaggebenden und als Präjudiz niemals aufgehobenen Entscheidung in den Slaughter-House Cases von 1873 legte der *U.S. Supreme Court* alle drei Klauseln des Am. 14 Sect. 1 eng aus. Der Fall drehte sich um ein Gesetz des Bundesstaates Louisiana, das das Schlachten von Tieren in New Orleans und anderen Orten am Ufer des Mississippi außerhalb von Einrichtungen der Crescent City Stock Landing and Slaughter-House Company untersagte. Diese durch das nämliche Gesetz gegründete Gesellschaft erhielt auf 25 Jahre die exklusive Lizenz zur Errichtung und zum Betrieb von Schlachthöfen in diesem Gebiet. Auf dieser Grundlage errichtete die Gesellschaft einen Schlachthof und überließ ihn gegen ein Nutzungsentgelt Fleischern aus New Orleans zur Fleischverarbeitung. Der Bundesstaat Louisiana hatte diese Regelung zur Förderung der Hygiene im Umgang mit Schlachtabfällen auf seine traditionelle *police power* gestützt, also auf die allgemeine Befugnis der Staaten zur Regulierung individuellen Verhaltens aus Gründen des Gesundheitsschutzes, der Sicherheit, der öffentlichen Moral und des Allgemeinwohls, und mit dem Allgemeininteresse des Gesundheitsschutzes begründet.[126] »Weiße« Fleischer, die außerhalb der Schlachthöfe der Gesellschaft nicht mehr schlachten durften, rügten eine Verletzung ihres Eigentumsrechts (*property*) und ihrer Berufsfreiheit (*labor rights*) nach Am. 14 Sect. 1. Die *federalism question* des Falles lautete, ob der 14. Zusatzartikel diese Rechte der »weißen« Fleischer mit der Konsequenz schützen würde, dass die geschilderte Regulierung der Schlachtbetriebe keinen Bestand hat.

---

124 *W. E. Nelson*, The Fourteenth Amendment, 1988, S. 40–109; *R. J. Kaczorowski*, The Nationalization of Civil Rights, 1987, S. 29; *R. J. Kaczorowski*, Harv. J. on Legis. 42 (2005) 1, S. 187.

125 *E. A. Purcell, Jr.*, N.Y.L.Sch. L. Rev. 50 (2005) 3, S. 635 (651 f.); U.S. Supreme Court, *Williams v. Florida*, 399 U.S. 78, 133 (1970) (Harlan, J., concurring in part and dissenting in part).

126 *R. M. Labbé/J. Lurie*, The Slaughterhouse Cases, 2005, S. 4, 16.

Mit einer knappen 5:4-Mehrheit erhielt der *U.S. Supreme Court* die Entscheidungen des *Supreme Court of Louisiana*, die Gegenstand des Rechtsmittels waren, aufrecht. Das Gesetz hatte damit Bestand. Ein entscheidendes Begründungselement der Gerichtsmehrheit ergab sich daraus, dass sie die Ausübung der *police power* als gar nicht durch den 14. Zusatzartikel beschränkt betrachtete. Die *Privileges and Immunities Clause* umfasse solche Rechte nicht, die sich an den Status als Bürger eines Einzelstaates knüpften, sondern allein bundesrechtlich begründete Freiheiten wie das Recht, sich friedlich zu versammeln, das Petitionsrecht und das Recht, einen Antrag auf Haftprüfung zu stellen (*writ of habeas corpus*).[127] Eine Verletzung des Eigentumsrechts oder der Berufsfreiheit dagegen müssten die Fleischer, falls diese Rechte überhaupt betroffen sein sollten, vor den einzelstaatlichen Gerichten als Bürger des Einzelstaates geltend machen. Die Richtermehrheit wollte nicht in die Rolle eines »perpetual censor upon all legislation of the States, on the civil rights of their own citizens« geraten.[128]

Weil der *U.S. Supreme Court* in diesen auch »dual citizenship cases« genannten Fällen zwischen Bundesbürgerschaft und Bürgerschaft im Einzelstaat unterschied, wurde die *Privileges and Immunities Clause* auf eine Tautologie reduziert. Die vom Gerichtshof angeführten Rechte der »citizens in the several States« (Art. IV Sect. 2 U.S. Const.) konnten von den Einzelstaaten ohnehin nicht außer Kraft gesetzt werden.[129] Konsequenz der Entscheidung war zudem, dass die *Privileges or Immunities Clause* des 14. Zusatzartikels als Grundlage für eine Anwendung der *Bill of Rights* gegenüber den Einzelstaaten nicht mehr in Betracht kam. Sie war toter Buchstabe[130] jedenfalls bis sie der *U.S. Supreme Court* 1999 heranzog, um ein *state law* für nichtig zu erklären.[131] Erst im 20. Jahrhundert gelangte der Gerichtshof dazu, die meisten Bestimmungen der *Bill of Rights* auch gegenüber den Einzelstaaten anzuwenden, dann allerdings als Inkorporation in die *Due Process Clause* des 14. Zusatzartikels.[132] In den Slaughter-House Cases hatte der Gerichtshof dagegen ohne weitere Erklärung verneint, dass die *Due Process Clause* die Berufsfreiheit gegenüber den Einzelstaaten schützt.[133] Auch eine Diskriminierung der Fleischer gegenüber den Anteilseignern der exklusiven Betreibergesellschaft wollte die Richtermehrheit nicht erkennen; die *Equal Protection Clause* er-

[127] U.S. Supreme Court, *Slaughter-House Cases*, 83 U.S. 36, 79 (1873).

[128] U.S. Supreme Court, *Slaughter-House Cases*, 83 U.S. 36, 78 (1873).

[129] *L. P. Beth*, La. L. Rev. 23 (1963) 3, S. 487 (492).

[130] *S. Morrison*, Stan. L. Rev. 2 (1949) 1, S. 140 (144); U.S. Supreme Court, *Saenz v. Roe*, Thomas, J., dissenting, 526 U.S. 489, 521 f., 527 (1999); s. bereits *C. Thomas*, Harv. J. L. & Pub. Pol'y 12 (1989) 1, S. 63 zum »higher law background« der *Privileges or Immunities Clause*.

[131] U.S. Supreme Court, *Saenz v. Roe*, 526 U.S. 489 (1999).

[132] *E. Chemerinsky*, Federal Jurisdiction, 6. Aufl. 2012, S. 518.

[133] U.S. Supreme Court, *Slaughter-House Cases*, 83 U.S. 36, 80 f. (1873).

fasse lediglich die Diskriminierung von »negroes as a class, or on account of their race«,[134] diene also nicht dem Schutz der »weißen« Fleischer.

b) Bundesstaatlichkeit als Schlüssel zum Rechteverständnis

Insgesamt war diese enge Auslegung des 14. Zusatzartikels Belangen der Bundesstaatlichkeit geschuldet. Die Urteilsgründe zeugen von dem Bewusstsein der Richter, dass die Bedeutung des Falles nicht auf Schlachthausmonopole beschränkt war. Auf dem Spiel stand die Erhaltung der aus der Zeit vor dem Bürgerkrieg bekannten föderalen Struktur. Die Gerichtsmehrheit wollte das Verhältnis von Bund und Einzelstaaten nicht durch einen bloßen Verfassungszusatz geändert sehen.[135] Sie vermied es, den 14. Zusatzartikel in einer Weise auszulegen, »[that] radically changes the whole theory of the relations of the State and Federal governments to each other and of both these governments to the people.«[136] Dafür nahm die Mehrheit in Kauf, dass der 14. Zusatzartikel auf diese Weise zu einem »vain and idle enactment, which accomplished nothing, and most unnecessarily excited Congress and the people on its passage« würde, wie Justice Stephen Field in seinem *dissent* kritisierte.[137]

In Übereinstimmung mit der grundsätzlichen Tendenz der Richtermehrheit in den Slaughter-House Cases erklärte der Gerichtshof drei Jahre später im Fall United States v. Cruikshank den *Enforcement Act* von 1870 für ungültig und entschied damit zugunsten der »weißen« Beklagten, die während einer politischen Kundgebung in einem Gerichtsgebäude in Colfax, Louisiana, Gewalt gegen »Schwarze« ausgeübt hatten.[138] In United States v. Harris erklärte der Gerichtshof die Strafverfolgung durch die Bundesbehörden auf der Grundlage des *Ku Klux Klan Act* von 1871 für verfassungswidrig und untergrub auf diese Weise die Zielsetzung des Gesetzes, private Verschwörungen gegen die Bürgerrechte der afroamerikanischen Bevölkerung zu bekämpfen.[139]

Auch in einer weiteren grundlegenden Entscheidung des *U.S. Supreme Court* zu den *Reconstruction Amendments* wird deutlich, dass ein durch den 14. Zusatzartikel vermittelter bundesverfassungsrechtlicher Grundrechtsschutz in einem Spannungsverhältnis zur föderalen Balance steht: In den Civil Rights Cases war der Gerichtshof insbesondere darum besorgt, Am. 14 Sect. 5 könnte den Kongress zur Gesetzgebung im Bereich des Privatrechts ermächtigen, die bislang

---

134 Ebd., S. 81.

135 *L. P. Beth*, La. L. Rev. 23 (1963) 3, S. 487 (493).

136 U.S. Supreme Court, *Slaughter-House Cases*, 83 U.S. 36, 78 (1873).

137 U.S. Supreme Court, *Slaughter-House Cases*, 83 U.S. 36, 96 (1873) (Field, J., dissenting).

138 U.S. Supreme Court, *United States v. Cruikshank*, 92 U.S. 542 (1876).

139 U.S. Supreme Court, *United States v. Harris*, 106 U.S. 629 (1883).

Domäne der Einzelstaaten war.[140] Mit der Entscheidung wurde der *Civil Rights Act* von 1875 für nichtig erklärt, der die Diskriminierung in öffentlichen Unterkünften (*public accommodations*) verbot. Die Mehrheit der Richter formulierte hier das sogenannte *state action requirement*: Der 14. Zusatzartikel schütze nur gegenüber »State action of a particular character« und grundsätzlich nicht gegenüber dem Verhalten Privater. Gemäß Am. 14 Sect. 5, der sogenannten *Enforcement Clause*, habe der Kongress die Kompetenz für Gesetze, die in angemessener Weise die Wirkungen von mit Am. 14 Sect. 1 unvereinbaren *state laws* und *state acts* korrigieren, sie für nichtig erklären und auf diese Weise unschädlich machen. Nicht jedoch könne der Kongress einen »code of municipal law for the regulation of private rights« erlassen.[141] Die auf die *Enforcement Clause* gestützte Gesetzgebung könne nicht »the whole domain of rights appertaining to life, liberty and property« abdecken. Damit würde sich der Kongress an die Stelle der einzelstaatlichen Legislativen setzen.[142] Der Kongress kann also keine allgemeine Bürgerrechtsgesetzgebung auf die *Enforcement Clause* des Am. 14 Sect. 5 stützen, sondern nur eine »corrective legislation«, die in erforderlicher und angemessener (»necessary and proper«) Weise auf dem 14. Zusatzartikel widersprechende Gesetze der Einzelstaaten reagiert.[143]

In seinem Urteil zu den Civil Rights Cases von 1883 beschränkte der *U.S. Supreme Court* zugleich den Anwendungsbereich des Sklavereiverbots in Am. 13 Sect. 1.[144] In der Folge spielte auch dieses in der weiteren Rechtsprechung keine große Rolle mehr.[145] Auch »Zwangsdienstbarkeit« wurde eng verstanden und auf sklavereiähnliche Formen von physischem oder rechtlichem, also nicht nur psychologischem Zwang beschränkt.[146] Die restriktive Rechtsprechungslinie des Gerichtshofs findet ihre weitere Fortsetzung im Urteil Hurtado v. California zur Reichweite der *Due Process Clause* im Hinblick auf die Anklageerhebung durch eine Grand Jury[147] sowie das notorische Urteil Plessy v. Ferguson zum 13. Zusatzartikel und der *Equal Protection Clause* des 14. Zusatzartikels, das die Grundlage der »separate, but equal«-Doktrin bildete.[148]

---

[140] U.S. Supreme Court, *Civil Rights Cases*, 109 U.S. 3 (1883); vgl. *R. C. Post/R. B. Siegel*, Yale L. J. 110 (2000) 3, S. 441 (445).

[141] U.S. Supreme Court, *Civil Rights Cases*, 109 U.S. 3, 11 (1883).

[142] Ebd., S. 13.

[143] Ebd., S. 13 f.

[144] Ebd., S. 22.

[145] *J. E. Nowak/R. D. Rotunda*, Constitutional Law, 8. Aufl. 2010, S. 1235.

[146] U.S. Supeme Court, *Butler v. Perry*, 240 U.S. 328, 332 (1916); *United States v. Kozminski*, 487 U.S. 931, 942 (1988).

[147] U.S. Supreme Court, *Hurtado v. California*, 110 U.S. 516 (1884).

[148] U.S. Supreme Court, *Plessy v. Ferguson*, 163 U.S. 537 (1896); vgl. *O. M. Fiss*, Troubled Beginnings of the Modern State, 1888–1910, 2006, S. 352 ff.; kurze Darstellungen der angeführten Entscheidungen bei *M. Dombert*, Der Grundrechtsföderalismus der Vereinigten Staaten von Amerika, 2017, S. 69–89.

Auch die Phase nach dem Bürgerkrieg bestätigte also die enge Verbindung von Bundesstaatskonzeption und Grundrechtsverständnis, allerdings nicht mehr in dem Sinne, dass sich die Grundrechte mehr oder weniger nahtlos in die föderale Struktur einfügten. Die Verbindung zwischen Rechten und Struktur dokumentierte sich jedoch darin, dass das nun auftretende Spannungsverhältnis zwischen der föderalen Struktur und dem in den *Reconstruction Amendments* angelegten neuen Bedeutungsgehalt der Grundrechte die Zurückhaltung in der Grundrechtsjudikatur des *U.S. Supreme Court* prägte.

III. Grundrechtsverständnis und Bundesstaatsvorstellung in der »Lochner Era«

Die enge Auslegung des 14. Zusatzartikels in den Slaughter-House Cases war ein bleibendes Vermächtnis. Die Ansätze zur Erstreckung der *Bill of Rights* auf die Einzelstaaten blieben zögerlich, bis schließlich die *Due Process Clause* und die Vertragsfreiheit im Dienste der Verteidigung wirtschaftlicher Freiheit zum Vehikel des Laissez-faire-Kapitalismus wurden (1.). Mit diesem ausgreifenden Verständnis des *due process* seit der zweiten Hälfte der 1890er Jahre korrespondierte ein enges Verständnis der Befugnisse des Kongresses zur Arbeits- und Sozialgesetzgebung (2.). Damit bestätigt auch die sogenannte *Lochner era* den engen Zusammenhang von Grundrechtsverständnis und Bundesstaatsvorstellung, der sich hier wiederum als Komplementärverhältnis darstellt.

1. »Fundamental Rights« und »Substantive Due Process«

Erste Ansätze zur sogenannten Inkorporation der *Bill of Rights* in den 14. Zusatzartikel mit der Folge ihrer Erstreckung auf die Einzelstaaten finden sich in der Rechtsprechung des *U.S. Supreme Court* ab 1925 [a)]. Bereits zuvor hatte der Gerichtshof eine Konstruktion entwickelt, auf deren Grundlage die Einzelstaaten an bestimmte grundlegende Rechte (»fundamental rights«) gebunden waren, deren Verletzung zugleich gegen den *due process of law* verstößt [b)]. In der notorischen *Lochner era* von 1897 bis 1937 erfuhr der 14. Zusatzartikel einen enormen Bedeutungszuwachs, weil der Gerichtshof die Vertragsfreiheit im Wege des »economic substantive due process« in die *Due Process Clause* hineinlas [c)].

a) Erste Ansätze zur »Incorporation«

Bis zum Ende des Ersten Weltkriegs entschieden die Bundesgerichte nur wenige Fälle, die bürgerliche und politische Rechte betrafen.[149] Außerhalb der Südstaaten wurden Beschwerden über Beeinträchtigungen der politischen Freiheitsrechte offensichtlich nicht erhoben. Die afroamerikanische Bevölkerung in den Südstaaten wiederum verfügte nicht über Mittel und Organisationsgrad, um ihren Emanzipationskampf vor den Bundesgerichten und mithilfe des Verfassungsrechts zu führen.[150] In den tatsächlich entschiedenen Fällen ließen die Bundesgerichte wenig Sympathie für die verfassungsmäßigen Rechte erkennen.[151] Vor der Entscheidung im Fall Gitlow im Jahre 1925,[152] mit dem die sogenannte Inkorporation des 1. Zusatzartikels in den 14. Zusatzartikel begann, entschied der Gerichtshof überhaupt nur sehr wenige Fälle mit Bezug zur *Bill of Rights*.[153] Die meisten Fälle vor Gitlow betrafen Aspekte des 5. Zusatzartikels.[154] Die Meinungsfreiheit war daher, als die entsprechende Klausel des 1. Zusatzartikels als erste schließlich »inkorporiert« wurde, für den *U.S. Supreme Court* ein unbeschriebenes Blatt.[155] Dieser Umstand erleichterte die Inkorporation – in der Sache eine sukzessive Erstreckung der meisten ihrer Garantien auf die Einzelstaaten – sicherlich, hätte doch eine ausdifferenzierte Rechtsprechung verschiedener *state courts* die Harmonisierung behindert.

---

[149] Eine der wenigen Entscheidungen, in denen ein Regierungsakt als im Widerspruch zu den Artikeln der *Bill of Rights* betrachtet wurde, ist U.S. Supreme Court, *Hepburn v. Griswold*, 75 (8 Wall.) U.S. 603 (1870), die aber zugleich *overruled* wurde: U.S. Supreme Court, *Knox v. Lee*, 12 Wall. 457 (1871). Die erste Entscheidung, die einen Akt des Kongresses wegen Unvereinbarkeit mit der Redefreiheit für ungültig erklärte, war U.S. Supreme Court, *Lamont v. Postmaster General*, 381 U.S. 301 (1965). In *Tilton v. Richardson*, 403 U.S. 672 (1971) hielt der Gerichtshof erstmals einen Akt wegen Unvereinbarkeit mit der Religionsfreiheit für ungültig. In einem Fall erklärte der Gerichtshof eine Durchsuchung des Bundes (*federal search and seizure*) für ungültig: U.S. Supreme Court, *Boyd v. United States*, 116 U.S. 616 (1886).

[150] *E. Fraenkel*, Das amerikanische Regierungssystem, 1960, S. 191 f.

[151] *G. A. Tarr*, Understanding State Constitutions, 1998, S. 165 m.N.

[152] U.S. Supreme Court, *Gitlow v. New York*, 268 U.S. 652 (1925).

[153] Vom Schutz von Eigentumsrechten abgesehen, fand gegenüber der Bundesregierung praktisch keine Grundrechtskontrolle statt; s. *C. R. Epp*, The Rights Revolution, 1998; *R. G. McCloskey*, The American Supreme Court, 6. Aufl. 2016.

[154] Ausnahmen waren U.S. Supreme Court, *The Justices v. Murray*, 9 Wall. 274 (1870) (7. Zusatzartikel), und vier Fälle zum 6. Zusatzartikel: *Kirby v. United States*, 174 U.S. 47 (1899); *Wong Wing v. United States*, 163 U.S. 228 (1896); *Rassmussen v. United States*, 197 U.S. 516 (1905); *United States v. Cohen Grocery Co.*, 255 U.S. 81 (1921).

[155] *M. Shapiro*, in: M. Cappelletti u.a. (Hrsg.), Integration Through Law, Bd. 1/3, 1986, S. 249 (275–277), Zitat auf S. 261.

b) »Fundamental Rights« und »Due Process of Law«

Mitte der 1880er Jahre anerkannte der *U.S. Supreme Court* erstmals, dass die Staaten an bestimmte Rechte gebunden waren. Diese Rechte mussten so grundlegend sein (»fundamental rights«), dass ihre Verletzung auch einen Verstoß gegen den *due process of law* begründen würde. Im Fall Hurtado v. California entschied der *U.S. Supreme Court*, dass »fundamental principles of liberty and justice which lie at the base of all our civil and political institutions« vermittels der *Due Process Clause* des 14. Zusatzartikels auch gegenüber den Staaten geschützt seien.[156] Im konkreten Fall sah der Gerichtshof die *Due Process Clause* nicht dadurch als verletzt an, dass die Anklage in einem Strafverfahren mit dem Vorwurf des Mordes nicht durch eine *Grand Jury* (»grand jury indictment«) erfolgt war. In Fortsetzung dieses Ansatzes fragte der Gerichtshof im Fall Twining v. New Jersey, ob das Selbstbelastungsverbot im Strafverfahren ein »fundamental principle of liberty and justice« sei, »which inheres in the very idea of free government and is the inalienable right of a citizen of such a government«. Der Gerichtshof erörterte die Möglichkeit, dass einige der Gewährleistungen der Zusatzartikel 1 bis 8 auch gegenüber den Staaten greifen, weil ihre Versagung zugleich eine Aberkennung des *due process of law* bedeuten würde. Die Bindung der Einzelstaaten beruhe dann nicht auf den Zusatzartikeln 1 bis 8, sondern darauf, dass diese Rechte Teil des *due process of law* seien.[157] Für das Selbstbelastungsverbot verneinte der Gerichtshof diese Qualität allerdings vor allem anhand der historischen Bedeutung von »due process of law« in der Tradition des *common law*.[158]

Als klassische Formulierung der Bedeutung von »liberty« als Teil der *Due Process Clause* gilt die Entscheidung Meyer v. Nebraska aus dem Jahr 1923:[159]

> Without doubt, [liberty] denotes not merely freedom from bodily restraint but also the right of the individual to contract, to engage in any of the common occupations of life, to acquire useful knowledge, to marry, establish a home and bring up children, to worship God according to the dictates of his own conscience, and generally to enjoy those privileges long recognized at common law as essential to the orderly pursuit of happiness by free men.[160]

Auf dieser Grundlage dehnte der *U.S. Supreme Court* die Normenkontrolle vereinzelt auch auf den Schutz der politischen Freiheitsrechte aus.[161]

---

[156] U.S. Supreme Court, *Hurtado v. California*, 110 U.S. 516, 535 f. (1884).

[157] U.S. Supreme Court, *Twining v. New Jersey*, 211 U.S. 78, 99 (1908).

[158] Ebd., S.106–110, 113.

[159] Vgl. *J. E. Fleming/L. C. McClain*, in: M. Tushnet u.a. (Hrsg.), The Oxford Handbook of the U.S. Constitution, 2015, S. 479 (484).

[160] U.S. Supreme Court, *Meyer v. Nebraska*, 262 U.S. 390, 399 (1923).

[161] U.S. Supreme Court, *Gilbert v. State of Minnesota*, 254 U.S. 325 (1920). S. auch bereits U.S. Supreme Court, *Stromberg v. California*, 283 U.S. 359 (1931); *Near v. Minnesota*, 283 U.S. 697 (1931).

c) »Substantive Due Process«

Dominiert wurde diese Epoche der Grundrechtsjudikatur allerdings von der Rechtsprechung zur Vertragsfreiheit. Ende des 19. und Anfang des 20. Jahrhunderts erhob der *U.S. Supreme Court* im Geiste des Laissez-faire-Kapitalismus den Anspruch, wirtschafts- und sozialpolitisch motivierte Gesetze daraufhin zu überprüfen, ob sie nicht einen auf »unsachliche« Erwägungen gestützten Eingriff in den Grundsatz der Vertragsfreiheit darstellten. Der *U.S. Supreme Court* begann, den Anstrengungen der Staaten zur Wirtschaftsregulierung strenge bundesverfassungsrechtliche Grenzen aufzuerlegen.[162] Den in der Verfassung und ihren Zusatzartikeln nicht explizit formulierten Grundsatz der Vertragsfreiheit entnahm der Gerichtshof dabei den *Due Process Clauses* des 5. und 14. Zusatzartikels, die er dazu im Sinne eines »substantive due process« interpretierte.[163] *Due Process* wurde nicht nur als verfahrensbezogener Schutz verstanden, sondern als Erfordernis einer *substantive fairness*. Mit diesem »economic substantive due process« wurde eine programmatische Idee sozialer Ordnung und der Abgrenzung von öffentlicher und privater Sphäre zum Inhalt des Verfassungsrechts, jedenfalls in der Verfassungsauslegung des *U.S. Supreme Court*.[164] Gegenüber den Einzelstaaten prüfte der Gerichtshof dabei jeweils, ob eine die Vertragsfreiheit einschränkende Gesetzesbestimmung als legitime Ausübung der einzelstaatlichen *police power* gelten durfte.[165] Auf dieser Grundlage erklärte der Gerichtshof Ansätze der Sozialgesetzgebung zu einem Verstoß gegen die Vertragsfreiheit. In der für diese Epoche namensgebenden Leitentscheidung Lochner erklärte der Gerichtshof eine Regelung für nichtig, die die Arbeitszeit in Bäckereien auf 10 Stunden täglich oder 60 Stunden in der Woche begrenzte,[166] in einer anderen Entscheidung etwa die gesetzliche Festsetzung eines Mindestlohns für Frauen.[167] Insgesamt bewertete der *U.S. Supreme Court* in der *Lochner era*, die etwa für den durch die Entscheidungen Allgeyer[168] und West Coast Hotel[169] markierten Zeitraum von 1897 bis 1937 währte, über 200 einzelstaatliche Gesetze, die »lokale« Aspekte wirtschaftlicher Betätigung betrafen, als Verstöße gegen die *Due Process Clause*, vor allem Arbeitsgesetzgebung, Gesetze zur Preisregulierung und Berufszugangsregelungen.[170]

---

[162] *E. A. Purcell, Jr.*, Brandeis and the Progressive Constitution, 2000, S. 39–63.

[163] Paradigmatisch U.S. Supreme Court, *Allgeyer v. Louisiana*, 165 U.S. 578, 589 (1897); vgl. *R. C. Post*, Duke L.J. 51 (2002) 5, S. 1513 (1580 f.).

[164] *G. Casper*, Sup. Ct. Rev. 1989, S. 311 (328).

[165] Zusammenfassend *E. Fraenkel*, Das amerikanische Regierungssystem, 1960, S. 160.

[166] U.S. Supreme Court, *Lochner v. New York*, 198 U.S. 45 (1905); s. dazu *O. M. Fiss*, Troubled Beginnings of the Modern State, 1888–1910, 2006, S. 155–184.

[167] U.S. Supreme Court, *Adkins v. Children's Hospital*, 261 U.S. 525 (1923).

[168] U.S. Supreme Court, *Allgeyer v. Louisiana*, 165 U.S. 578 (1897).

[169] U.S. Supreme Court, *West Coast Hotel v. Parrish*, 300 U.S. 379 (1937).

[170] Diese hohe Zahl berücksichtigt noch nicht einmal die von anderen Bundesgerichten und einzelstaatlichen Gerichten auf der Grundlage von *precedents* des *Supreme Court* eben-

2. Enge Auslegung der Bundeskompetenzen

Anders als in der Phase zuvor standen in dieser Rechtsprechung Grundrechte und föderalen Struktur nun nicht länger in einem Spannungsverhältnis, sondern ergänzten sich. In ihrer aufeinander abgestimmten Wirkung dienten sie der Marktfreiheit und der Regierungsbegrenzung. Eigentlich verfassungsextern und dem *common law* verpflichtet, wurden diese Ziele in die Verfassung hineinprojiziert. Die enge Auslegung der Bundeskompetenzen, insbesondere der *Commerce Clause* (Art. I Sect. 8 Cl. 2 U.S. Const.), führte zu im Ergebnis grundrechtsanalogen Kompetenzlücken. In der *Lochner era* waren daher die Auswirkungen der Doktrin des *substantive due process* und der Rechtsprechung zur *Commerce Clause* durchaus ähnlich. Was der Kongress nicht unter der *Commerce Clause* regulieren konnte, konnten auch die Staaten nicht regeln – wegen des *substantive due process.* Aufgrund dieser »one-two tactic«[171] der Gerichtsmehrheit entstand eine »Zwielichtzone«[172], in der weder der Kongress noch die einzelstaatlichen Gesetzgebungsorgane tätig werden konnten. Obwohl Beschränkungen der *commerce clause power* des Kongresses mit dem Föderalismus gerechtfertigt wurden, führten sie demnach nicht zu einer Stärkung der Einzelstaaten. Die *police power* der Staaten wurde durch die Beschneidung der *commerce clause power* nicht erweitert, wie man vielleicht erwarten würde. Vielmehr wurden den Staaten genau die Regelungsmöglichkeiten im Namen von *substantive due process*, *freedom of contract* und *private property rights* ebenfalls genommen, die dem Kongress im Namen des *federalism* verwehrt wurden.[173]

IV. Bedeutungsverschiebung zwischen Kompetenz- und Grundrechtskontrolle im »New Deal Settlement«: Grundlage der »Civil Rights Revolution«

Mit der Entscheidung im Fall West Coast Hotel v. Parrish, dem sprichwörtlichen »switch in time that saved nine« als Reaktion auf Präsident Roosevelts *court-packing plan*,[174] verabschiedete sich der *U.S. Supreme Court* schließlich 1937 von der Lochner-Rechtsprechung. Damit zog sich der Gerichtshof von

---

falls für verfassungswidrig erklärten Gesetze. Demgegenüber wurde nur eine Handvoll Bundesgesetze unmittelbar auf der Grundlage der *Due Process Clause* für verfassungswidrig erklärt; s. *S. Gardbaum*, U. Chi. L. Rev. 64 (1997) 2, S. 483 (494).

[171] Ebd., S. 495.

[172] *E. Fraenkel*, Das amerikanische Regierungssystem, 1960, S. 187.

[173] *S. Gardbaum*, U. Chi. L. Rev. 64 (1997) 2, S. 483 (495).

[174] S. dazu *B. A. Ackerman*, We the People I, 1991, S. 49.

der aggressiven Verteidigung wirtschaftlicher Freiheit unter der *Due Process Clause* zurück.[175] Auf diese Zäsur folgten allerdings noch Jahrzehnte der Auseinandersetzung zwischen den Richtern des *U.S. Supreme Court*, bis das sogenannte *New Deal Settlement* etabliert war.[176] Am Anfang gab der Gerichtshof lediglich seine dezidierte Vorstellung von einem *limited government* in der Rechtsprechung zu den Bundeskompetenzen auf. An deren Stelle trat ein Verfassungsverständnis, das auch den modernen sozialen Regulierungsstaat zuließ. Auf längere Sicht ist die sogenannte *New Deal Transformation* jedoch umfassender.[177] Zu ihrem Vermächtnis gehört, dass der *U.S. Supreme Court* seine einengende Rechtsprechung zur *Commerce Clause* aufgab (1.) und im Gegenzug seinen Fokus auf die Grundrechtskontrolle im nicht-wirtschaftlichen Bereich legte (2.). Hier offenbart sich eine neue Vorstellung vom Zusammenhang von föderaler Struktur und Grundrechten, die aber wiederum durch Komplementarität gekennzeichnet ist (3.).

1. Erweiterte Gesetzgebungsbefugnisse des Kongresses

Wesentliche Etappen der Entwicklung zum mit dem *New Deal Settlement* verknüpften Verhältnis von föderaler Struktur und Rechten stellten zunächst vor allem die Wendemarken der *Commerce Clause*-Rechtsprechung dar. Die Rechtsprechung erweiterte die Gesetzgebungsbefugnisse des Kongresses erheblich [a)]. Konzeptionell bedeutsam für den Grundrechtsföderalismus war die Entflechtung von Kompetenz- und Grundrechtsfragen [b)].

a) Wendemarken der *Commerce Clause*-Rechtsprechung

Als entscheidende Wendemarken in der Rechtsprechung zur *Commerce Clause* gelten die Entscheidungen United States v. Darby und Wickard v. Filburn des *U.S. Supreme Court*, die erst die Grundlage für die Anerkennung der *New Deal*-Gesetzgebung bildeten.[178] Im Urteil United States v. Darby entschied der Gerichtshof, dass der Kongress auf der Grundlage der *Commerce Clause* nicht nur den zwischenstaatlichen Handel, sondern auch »intrastate activities« regulieren könne, sofern diese nur wesentliche Auswirkungen auf den zwischenstaatlichen Handel hätten.[179] Die Beurteilung von Anlass und Zweck einer Regelung überließ der Gerichtshof dabei dem Kongress.[180] Dem Urteil in der

---

175 Für die explizite Ablehnung der Doktrin des *substantive due process* s. schließlich U.S. Supreme Court, *Olsen v Nebraska*, 313 U.S. 236, 247 (1941).

176 *T. M. Keck*, The Most Activist Supreme Court in History, 2004, S. 17.

177 *G. J. Jacobsohn*, in: E. Katz/G. A. Tarr (Hrsg.), Federalism and Rights, 1996, S. 29 (40).

178 Zur Entwicklung der *commerce clause* s. *S. L. Bloch*/*V. C. Jackson*, Federalism, 2013, S. 50–56; 80–93; 121 f.; 129–133; 186–192.

179 U.S. Supreme Court, *United States v. Darby* 312 U.S. 100, 100 (1941).

180 Ebd., S. 115.

Sache Wickard v. Filburn zufolge kommt die *Commerce Clause* als Kompetenzgrundlage selbst dann in Betracht, wenn die betreffende gesetzliche Regelung eine Handlung betrifft, die eine – unter Umständen auch nur mittelbare beachtliche – wirtschaftliche Auswirkung auf den zwischenstaatlichen Handel hat.[181]

Auf der Grundlage dieser Rechtsprechung konnte der Kongress in den folgenden Jahrzehnten im Grunde jede Angelegenheit zum Gegenstand der Bundesgesetzgebung machen. Diese Ausdehnung der Bundeskompetenzen erfolgte außer über die *Commerce Clause* auch über die *necessary and proper clause.*[182] Indes blieb die Ausdehnung der Gesetzgebungsbefugnisse nicht auf eine bloße Kompetenzverschiebung von den Einzelstaaten zum Kongress beschränkt. Vielmehr profitierten auch die Regelungsmöglichkeiten der Einzelstaaten in vielfacher Weise, weil die verfassungsrechtlichen Schranken entfielen, die den Staaten in der *Lochner era* im Namen von Vertragsfreiheit und Eigentumsschutz auferlegt worden waren. Der *New Deal* führte insgesamt zu ›mehr Staat‹.[183]

b) Entflechtung von Kompetenz- und Grundrechtsfragen

Dabei kam der Entscheidung des Obersten Gerichtshofs im Fall Carolene Products eine wichtige Rolle für den Grundrechtsföderalismus der Folgejahre zu.[184] Sie sorgte für eine Entflechtung von Kompetenz- und Grundrechtsfragen und erweiterte die Gesetzgebungsbefugnisse des Kongresses. Den Hintergrund der Entscheidung bildete die Verwirrung um die Frage, ob Verbote des zwischenstaatlichen Handels mit bestimmten Produkten an der *Commerce Clause* oder der *Due Process Clause* zu messen seien. Sie war durch die Entscheidung im Fall Hammer v. Dagenhart[185] von 1918 ausgelöst worden, deren Gegenstand der *Keating-Owen Child Labor Act* von 1916 war.[186] Dieses auf die *Commerce Clause* gestützte Gesetz untersagte den zwischenstaatlichen Handel mit Gütern, die unter bestimmten Bedingungen in Kinderarbeit hergestellt wurden. Die Richtermehrheit verneinte, gestützt auf die Unterscheidung zwischen »manufacture« und »commerce«,[187] die Kompetenz des Kongresses, auf der Grundlage der *Commerce Clause* die als »purely local matter« betrachtete Kinderarbeit in Fabriken und Bergwerken zu regulieren.[188]

---

[181] U.S. Supreme Court, *Wickard v. Filburn*, 317 U.S. 111, 125 (1942).

[182] *H. Steinberger*, Konzeption und Grenzen freiheitlicher Demokratie, 1974, S. 113.

[183] *S. Gardbaum*, U. Chi. L. Rev. 64 (1997) 2, S. 483 (485–487); *M. S. Greve*, The Upside-Down Constitution, 2012, S. 197 f.; s. auch *J. T. Levy*, SOY 24 (2007) 1, S. 306 (324 f.).

[184] U.S. Supreme Court, *United States v. Carolene Products Co.*, 304 U.S. 144 (1938).

[185] U.S. Supreme Court, *Hammer v. Dagenhart*, 247 U.S. 251 (1918).

[186] U.S. Statutes, Vol. XXXIX (1916), Part I, chap. 432, p. 675.

[187] U.S. Supreme Court, *United States v. E.C. Knight* (»Sugar Trust Case«), 156 U.S. 1, 12 (1895).

[188] U.S. Supreme Court, *Hammer v. Dagenhart*, 247 U.S. 251, 276 (1918). Man beachte die klassische *Dissenting Opinion* von Justice Holmes, 247 U.S. 277.

Die Entscheidung Carolene Products stellte sodann 1938 klar, dass die Kompetenzschranke des Kongresses bei einem Verbot des zwischenstaatlichen Handels nicht aus den der *Commerce Clause* inhärenten Grenzen folgte, sondern aus der *Due Process Clause* des 5. Zusatzartikels. Die *Due Process Clause* beschränkte die Gesetzgebungsbefugnis des Bundes und gewährleistete den Schutz von sogenannten »vested property rights«. Der zwischenstaatliche Handel konnte nach dieser Rechtsprechung dann nicht verboten werden, wenn jemand über ein »vested right« an einer Ware verfügte, keine negativen Auswirkungen auf die öffentliche Sicherheit im Empfangsland zu befürchten waren und die Ware im Ursprungsland rechtmäßig in den Verkehr gelangt war.[189] Damit ordnete der Gerichtshof seine Rechtsprechung zur Beschränkung des zwischenstaatlichen Handelns statt als Kompetenzfrage als Grundrechtsfrage ein. Gleichzeitig lockerte der Gerichtshof den Kontrollmaßstab für den Schutz dieser »vested property rights«. Damit eröffnete er den Weg für eine bundesrechtliche Regelung des Gütertransports zwischen den Einzelstaaten und insgesamt für eine Vereinheitlichung bundesrechtlicher Standards vor dem Hintergrund des *New Deal*.[190]

2. Bedeutungszuwachs des gerichtlichen Schutzes bürgerlicher und politischer Rechte

Teil des *New Deal Settlement* war auch ein erweiterter Schutz von bürgerlichen und politischen Rechten. Dazu bedurfte es einer Neuausrichtung des Fokus der Grundrechtskontrolle [a)]. Grundrechtsfragen gewinnen auf dieser Grundlage in der Rechtsprechung des *U.S. Supreme Court* gegenüber Strukturfragen insgesamt an Bedeutung [b)]. Eine Voraussetzung dieses Bedeutungszuwachses ist die »incorporation« der *Bill of Rights* in den 14. Zusatzartikel, die nach und nach die meisten Bestimmungen der *Bill of Rights* erfasste [c)].

a) Neuer Fokus der Grundrechtskontrolle

Die bereits vorgestellte Entscheidung Carolene Products steht mit ihrer berühmten *Footnote Four* vor allem für einen neuen Fokus der *judicial review* im nicht-wirtschaftlichen Bereich und für einen entsprechend differenzierten Prüfungsmaßstab. *Footnote Four* lautet:

There may be narrower scope for operation of the presumption of constitutionality when legislation appears on its face to be within a specific prohibition of the Constitution, such as those of the first ten amendments […]. It is unnecessary to consider now whether legislation which restricts those political processes which can ordinarily be expected about repeal of undesirable legislation, is to be subjected to more exacting judicial scrutiny un-

---

[189] *B. Cushman*, Sup. Ct. Rev. 2012, S. 321 (328–349).

[190] Hammer v. Dagenhart wurde schließlich nach 22 Jahren mit U.S. Supreme Court, *United States v. Darby*, 312 U.S. 100, 117 (1941) explizit »overruled«.

der the general prohibitions of the Fourteenth Amendment [...]. Nor need we enquire [...] whether prejudice against discrete and insular minorities may be a special condition, which tends seriously to curtail the operation of those political processes ordinarily to be relied upon to protect minorities, and which may call for a correspondingly more searching judicial inquiry.[191]

Footnote Four formulierte zwei für das moderne Verfassungsrecht der USA grundlegende Aussagen:[192] Erstens findet im Fall von »preferred freedoms«,[193] also Grundrechten, die von grundlegender Bedeutung für den demokratischen Prozess oder die menschliche Würde sind, eine intensivere gerichtliche Kontrolle statt. Zweitens wird anerkannt, dass Minderheiten unter bestimmten Umständen eines besonderen gerichtlichen Schutzes vor dem von der Mehrheit dominierten politischen Prozess bedürfen. Mit der ausdrücklichen Anerkennung von »preferred freedoms« bestätigte der Gerichtshof einen »double standard«, einen differenzierten Prüfungsmaßstab, der in den 1920er und 1930 Jahren entwickelt worden war: Die Kontrolle von Bürgerrechten, von Pressefreiheit, Meinungsfreiheit und Religionsfreiheit, erfolgte nach einem strengeren Kontrollmaßstab als die Rechtskontrolle im Bereich der wirtschaftlichen Freiheiten und des Eigentumsrechts.

b) Zunehmende Bedeutung der Grundrechte in der Rechtsprechung des *U.S. Supreme Court* und in der *Civil Rights Revolution*

Während des *New Deal* behielt der *U.S. Supreme Court* die im vorstehenden Abschnitt III. erläuterte Rechtsprechung zu in der *Due Process Clause* enthaltenen »fundamental rights« bei, obwohl er den als Teil des *Lochnerianism* verpönten *substantive due process approach* aufgegeben hatte. In der Praxis interpretierte der Gerichtshof »fundamental rights« nun allerdings in einer Weise, die es entschieden erschwerte, die Verletzung eines in der *Bill of Rights* anerkannten Rechts als eine Verletzung der *Due Process Clause* des 14. Zusatzartikels darzustellen. Auf diese Weise gelangte der Trend, neue verfassungsmäßige Rechte gegenüber den Staaten anzuerkennen, vorläufig zu einem Ende.[194] Der Trend, neue verfassungsmäßige Rechte gegenüber den Staaten anzuerkennen, setzte erst wieder ein, als der *fundamental rights approach* insgesamt aufgegeben und in den 1960er Jahren durch die sogenannte *selective incorporation* ersetzt wurde.[195] Im Wege der *selective incorporation* wurden die meisten in der

---

191 U.S. Supreme Court, *United States v. Carolene Products Co.*, 304 U.S. 144, 152 f. (1938).

192 *L. D. Kramer*, The People Themselves, 2004, S. 219 f.; *M. A. Glendon*, Rights Talk, 1991, S. 4 f. Den neuen Fokus der *judicial review* dokumentieren auch die Angaben zu den Fallzahlen bei *A. Hellman*, Harv. L. Rev. 91 (1978) 8, S. 1711 (1741–1750).

193 S. u.a. U.S. Supreme Court, *Jones v. Opelika*, 316 U.S. 584, 608 (1942); *Murdock v. Pennsylvania*, 319 U.S. 105, 115 (1943).

194 *S. Gardbaum*, U. Chi. L. Rev. 64 (1997) 2, S. 483 (540–541).

195 *L. Henkin*, Yale L. J. 73 (1963) 1, S. 74.

Bill of Rights enthaltenen Rechte im Strafverfahren in den 14. Zusatzartikel »inkorporiert« und damit gegenüber den Einzelstaaten anwendbar.[196]

Der Wandel im Verständnis von »fundamental rights« zeigt sich im Fall Palko v. Connecticut von 1937. Der Gerichtshof entschied in diesem Fall, dass ein einzelstaatliches Gesetz nicht die *Due Process Clause* verletze, wenn es dem Staat ein Rechtsmittel zugestehe, obgleich eine entsprechende bundesrechtliche Regelung gegen das Verbot der Doppelbestrafung im 5. Zusatzartikel (*double jeopardy clause*) verstoßen würde.[197] Der Fall Palko steht zunächst für die Ablehnung der *total incorporation*, also der Doktrin, dass alle in der *Bill of Rights* angeführten Rechte kraft des 14. Zusatzartikels auch gegenüber den Einzelstaaten gelten würden.[198] Die Urteilsbegründung zieht stattdessen »the very essence of a scheme of ordered liberty« als Kriterium für die auch gegenüber den Staaten anzuerkennenden Rechte heran.[199] Für die Einordnung eines Rechts als »fundamental« und damit als auch gegenüber den Einzelstaaten bindend ist es damit nicht länger ausreichend, dass das Recht als Teil der *liberty* in der *common law tradition* anzusehen ist. Vielmehr muss es auch universell als grundlegend für Freiheit und Gerechtigkeit anerkannt sein.[200]

Die sogenannte Inkorporation von Grundrechten in den 14. Zusatzartikel, wodurch sie auch auf die Einzelstaaten anwendbar wurden, war entscheidende Voraussetzung für eine Verschiebung des Fokus der Rechtskontrolle insgesamt von der Struktur zu den Rechten. Die *Stone*, *Vinson* und *Warren Courts* gingen vor allem gegen Grundrechtsverletzungen durch die Einzelstaaten vor und erfüllten damit eine Hoffnung Madisons.[201]

Es dauerte allerdings wenigstens bis in die 1950er Jahre, bis sich auf der Grundlage des *New Deal Settlement* das Hauptaugenmerk der Verfassungs-

---

196 *S. Gardbaum*, U. Chi. L. Rev. 64 (1997) 2, S. 483 (540–550). Dass sich der Trend zur Anerkennung *neuer* verfassungsmäßiger Rechte gegenüber den Staaten zunächst nicht fortsetzte, bedeutete indes nicht, dass der Gerichtshof sich nicht um den Schutz solcher Rechte verdient gemacht hätte, die gegenüber den Staaten bereits grundsätzlich anerkannt waren, etwa in dem bekannten zweiten Flaggengrußfall, U.S. Supreme Court, *West Virginia State Board of Education v. Barnette*, 319 U.S. 624 (1943). Barnette setzte den gegensätzlich entschiedenen Präzedenzfall Gobitis außer Kraft (*overruled*): U.S. Supreme Court, *Minersville School District, Board of Education of Minersville School District, et al. v. Gobitis et al.*, 310 U.S. 586 (1940).

197 U.S. Supreme Court, *Palko v. Connecticut*, 302 U.S. 319 (1937).

198 U.S. Supreme Court, *Adamson v. California*, 332 U.S. 46, 68–92 (1947) (Black, J., dissenting); s. auch bereits Justice Harlan d.Ä. in U.S. Supreme Court, *Hurtado v. California*, 110 U.S. 516, 546 (1884) (Harlan, J., dissenting); *Maxwell v. Dow*, 176 U.S. 581, 616 (1900) (Harlan, J., dissenting); *Twining v. California*, 211 U.S. 78, 114 (1908) (Harlan, J., dissenting); s. auch *W. W. Crosskey*, U. Chi. L. Rev. 22 (1954) 1, S. 1; aus historischer Sicht vor allem auch *H. E. Flack*, The Adoption of the Fourteenth Amendment, 1908.

199 U.S. Supreme Court, *Palko v. Connecticut*, 302 U.S. 319, 324–326 (1937).

200 Ebd., S. 326, Fn. 3.

201 *T. M. Keck*, The Most Activist Supreme Court in History, 2004, S. 40 f.

rechtsprechung des *U.S. Supreme Court* von der Aufteilung der Gewalten zwischen Einzelstaaten und Bund und zwischen den einzelnen Gewalten des Bundes auf die Rechte des Einzelnen verlagerte. *Footnote Four* aus Carolene Products war zunächst in Vergessenheit geraten, später allerdings für den *Warren Court* von grundlegender Bedeutung.

Der Prozess der Inkorporation beschleunigte sich in den 1960er Jahren, als der *Warren Court* begann, die *judicial review* nachdrücklich als Mittel des Schutzes individueller Rechte vor Verletzungen sowohl durch die Einzelstaaten als auch durch den Bund einzusetzen. Für Chief Justice Earl Warren waren Grundrechtsverbürgungen das »Herz jeder Verfassung«.[202] Die *Rights Revolution*, wie eine Reihe von Leitentscheidungen des *U.S. Supreme Court* zwischen 1961 und 1975 bezeichnet wird, beruhte allerdings in erheblichem Ausmaß auch auf dem von Interessenvertretungen und organisierten Rechtsanwälten ausgeübten Druck.[203] Für die Streitparteien war es vergleichsweise aussichtsreich, bürgerliche Freiheiten vor dem *U.S. Supreme Court* zu verhandeln, und ein Prozesserfolg dort war für alle Staaten auf einmal von Bedeutung. Die einzelstaatlichen Verfassungen enthielten zwar Grundrechtskataloge, die Gerichte waren aber im Bereich des Schutzes von Bürgerrechten wenig aktiv.[204] Bis in die Mitte des 20. Jahrhunderts hatte die Überzeugung vorgeherrscht, dass Rechte nicht durch gerichtliche Kontrolle, sondern durch die Gesetzgebung, Bürgerinitiativen und Referenden zu schützen seien.[205] In den Gerichten der Südstaaten war es schlicht unmöglich, Erfolge gegen die Segregation zu erzielen.[206]

Der *Warren Court* gilt als »hero of constitutional rights review«, aber auch seine Bilanz ist gemischt. Insbesondere blieben Bemühungen erfolglos, einfachgesetzliche soziale Ansprüche und Ansprüche auf Zugang zu Bildungseinrichtungen vom Obersten Gerichtshof zu verfassungsmäßigen Rechten erklären zu lassen. Gleiches gilt für Versuche, dem Schutz des Eigentumsrechts eine Renaissance zu bereiten.[207] Seit dem *Warren Court* betrifft die Mehrheit der verfassungsrechtlichen Fälle des *U.S. Supreme Court* jedenfalls bis in die 1990er Jahre die Verletzung individueller Rechte. Auch in den 1980er Jahren, in denen der konservativer gewordene Gerichtshof der Regierungsgewalt mehr Spielraum ließ, hielt die *Rights Revolution* an, insbesondere weil die *state supreme courts* begannen, verfassungsmäßige Rechte großzügig auszulegen.[208]

---

[202] *E. Warren*, in: H. M. Christman (Hrsg.), The Public Papers of Chief Justice Earl Warren, 1959, S. 3 (7).

[203] *C. R. Epp*, The Rights Revolution, 1998.

[204] *L. J. Barker* u.a., Civil Liberties and the Constitution, 9. Aufl. 2011, S. 17.

[205] *J. J. Dinan*, Keeping the People's Liberties, 1998, S. xi.

[206] *L. J. Barker* u.a., Civil Liberties and the Constitution, 9. Aufl. 2011, S. 18.

[207] Zusammenfassend *M. Shapiro*, in: A. Menon/M. Schain (Hrsg.), Comparative Federalism, 2006, S. 195 (215) m.N.

[208] Kritisch zu dieser Entwicklung *M. A. Glendon*, Rights Talk, 1991, S. 4 f.

c) Entwicklung der Rechtsprechung zur »Incorporation«

Gitlow von 1925 gilt als der erste Fall einer Inkorporation von Rechten aus der *Bill of Rights* in die *Due Process Clause*. Der *U.S. Supreme Court* formulierte:[209] »For present purposes we may and do assume that freedom of speech and of the press – which are protected by the First Amendment from abridgment by Congress – are among the fundamental personal rights and ›liberties‹ protected by the due process clause of the Fourteenth Amendment from impairment by the States.«[210] Dass die Bindungswirkung lange Zeit auf die Bundesebene des *federal government* beschränkt war, ist für den ersten Zusatzartikel gut mit dessen Wortlaut zu erklären: »Congress shall make no law …«. Diese Beschränkung galt aber auch für die anderen Zusatzartikel, wie die Entscheidung Barron v. Baltimore von 1833 bestätigte.[211] Ein Vorschlag Madisons, die Gewissens-, Meinungs- und Pressefreiheit sowie die Garantie eines *jury trial* durch einen Verfassungszusatz zur Bundesverfassung auch gegenüber den Staaten zu schützen, hatte zwar das Repräsentantenhaus passiert, war aber im Senat gescheitert.[212]

Jahrzehnte nach ihrem Inkrafttreten stützte sich die Bindungswirkung der *Bill of Rights* auch gegenüber den Einzelstaaten nunmehr auf die Vorstellung von einer Inkorporation ihrer Garantien in die *Due Process Clause* des 14. Zusatzartikels.[213] Allerdings erklärte der *U.S. Supreme Court* im Gitlow-Fall das einzelstaatliche Gesetz, das den Aufruf zum gewaltsamen Umsturz zu einer Straftat erklärte, nicht für verfassungswidrig. Erst sieben Jahre später, 1932 im Fall Fiske v. Kansas, hob der *U.S. Supreme Court* eine Verurteilung nach dem *Criminal Syndicalism Act* von Kansas mit der Begründung auf, die Anwendung des Gesetzes stelle eine willkürliche und unangemessene Ausübung der *police power* dar, die die *Due Process Clause* des 14. Zusatzartikels verletze.[214] Im Fall Near v. Minnesota von 1931 stellte Chief Justice Evans Hughes fest, mittlerweile stehe außer Zweifel, dass die Presse- und Redefreiheit durch die *Due Process*

---

[209] 1897 urteilte der *Supreme Court*, dass die *due process clause* die Staaten daran hindere, Enteignungen ohne angemessene Entschädigung zu vollziehen. S. U.S. Supreme Court, *Chicago, Burlington & Quincy Railroad Co. v. City of Chicago*, 166 U.S. 226 (1897). Zwar formulierte der Gerichtshof noch nicht, dass der 14. Zusatzartikel die *Takings Clause* inkorporiere, aber in der Sache lief die Entscheidung darauf hinaus, vgl. *E. Chemerinsky*, Constitutional Law, 5. Aufl. 2017, S. 550.

[210] U.S. Supreme Court, *Gitlow v. New York*, 268 U.S. 652, 666 (1925).

[211] U.S. Supreme Court, *Barron* v. *Baltimore*, 32 U.S. 243 (1833).

[212] Dokumentiert bei *E. Dumbauld*, The Bill of Rights, 1957, S. 215, 217–219; s. auch *R. A. Rutland*, The Birth of the Bill of Rights, 1776–1791, 1966, S. 212; *J. N. Rakove*, in: M. J. Lacey/K. Haakonssen (Hrsg.), A Culture of Rights, 1992, S. 98 (140 f.).

[213] *R. C. Cortner*, The Supreme Court and the Second Bill of Rights, 1981; *M. K. Curtis*, No State Shall Abridge, 1986; *W. E. Nelson*, The Fourteenth Amendment, 1988.

[214] U.S. Supreme Court, *Fiske v. Kansas*, 274 U.S. 45 (1932).

Clause des 14. Zusatzartikels auch gegenüber Verletzungen durch die Einzelstaaten geschützt sei.[215]

Andere Entscheidungen inkorporierten weitere Gewährleistungen des 1. Zusatzartikels.[216] Außer dem 1. Zusatzartikel betraf die sukzessive Inkorporation von Gewährleistungen der *Bill of Rights* vor allem die Beschuldigtenrechte im Strafverfahren.[217] Im Urteil Powell v. Alabama befand der Gerichtshof, dass die Verweigerung eines Rechtsbeistands in einem Strafverfahren, in dem die Anklage die Todesstrafe fordert, dem *due process* widerspreche, womit er im Ergebnis den 6. Zusatzartikel in solchen Verfahren auf die Staaten anwandte.[218] Nach und nach stellte der Gerichtshof die Inkorporation der Garantien des 6. Zusatzartikels fest.[219]

Mapp v. Ohio inkorporierte schließlich die *exclusionary rule* aus dem 4. Zusatzartikel.[220] In der Entscheidung Malloy v. Hogan,[221] die die Inkorporation des Selbstbelastungsverbots in Abkehr von früherer Rechtsprechung bejahte,[222] ließ sich der Gerichtshof zum ersten Mal explizit auf die Terminologie der »incorporation« ein.[223] Benton v. Maryland änderte die frühere Rechtsprechung des Gerichtshofs[224] ab und inkorporierte auch das Verbot der Doppelbestrafung.[225] Robinson v. California inkorporierte das Verbot der grausamen und unangemessenen Bestrafung aus dem 8. Zusatzartikel.[226]

---

215 U.S. Supreme Court, *Near v. Minnesota*, 283 U.S. 697, 707 (1931).

216 U.S. Supreme Court, *De Jonge v. Oregon*, 299 U.S. 353, 364 (1937) anerkennt das Recht, sich friedlich zu versammeln, als ein Recht, das der Rede- und Pressefreiheit verwandt und deshalb ebenfalls durch die *due process clause* gegenüber den Staaten zu schützen sei. U.S. Supreme Court, *Cantwell v. Connecticut*, 310 U.S. 296 (1940) inkorporiert die *free exercise clause* des 1. Zusatzartikels.

217 Eine Darstellung der Rechtsprechungsentwicklung findet sich bei *H. J. Abraham/B. A. Perry*, Freedom and the Court, 8. Aufl. 2003, S. 54–95.

218 U.S. Supreme Court, *Powell v. Alabama*, 287 U.S. 45 (1932).

219 U.S. Supreme Court, *Gideon v. Wainwright*, 372 U.S. 335 (1963); *Pointer v. Texas*, 380 U.S. 400 (1967); *Klopfer v. North Carolina*, 386 U.S. 213 (1967); *Duncan v. Louisiana*, 391 U.S. 145 (1968).

220 U.S. Supreme Court, *Mapp v. Ohio*, 367 U.S. 643 (1961) in Abkehr von *Wolf v. Colorado*, 338 U.S. 25 (1949).

221 U.S. Supreme Court, *Malloy v. Hogan*, 378 U.S. 1 (1964).

222 U.S. Supreme Court, *Twining v. New Jersey*, 211 U.S. 78 (1908); U.S. Supreme Court, *Adamson v. California*, 332 U.S. 46 (1947).

223 *W. J. Brennan*, N.Y.U. L. Rev. 61 (1986) 4, S. 535 (543).

224 U.S. Supreme Court, *Palko v. Connecticut*, 302 U.S. 319 (1937).

225 U.S. Supreme Court, *Benton v. Maryland*, 395 U.S. 784 (1969).

226 U.S. Supreme Court, *Robinson v. California*, 370 U.S. 660 (1962).

3. Verhältnis von Grundrechtsjudikatur und föderaler Struktur

Die Entwicklung der Rechtsprechung zu den Bundeskompetenzen und zur Grundrechtskontrolle bewirkte zusammen mit der Bürgerrechtsgesetzgebung einen deutlichen Zentralisierungsschub [a)]. Die enge Verbindung zwischen Struktur und Rechten wird dadurch belegt, dass die Kritik an der Entwicklung der bürgerlichen und politischen Rechte mit Argumenten der Bundesstaatlichkeit formuliert wurde [b)]. Zu beachten ist aber auch, dass die Erstreckung der *Bill of Rights* auf die Einzelstaaten eine Rückwirkung auf den Schutz von individuellen Rechten gegenüber der Bundesebene hatte [c)].

a) Zusammenspiel von Bürgerrechtsgesetzgebung und Rechtsprechung

Durch diese Entwicklungen wurde auch das Verhältnis von Grundrechtsjudikatur und föderalen Strukturen wiederum neu austariert. Aus Sicht der Bürgerrechtsbewegung gingen die Ausweitung der Grundrechtsjudikatur und die sukzessive Inkorporation Hand in Hand mit der fortgesetzten Zurückhaltung des *U.S. Supreme Court* bei der Kontrolle der Bundeskompetenzen. Diese Zurückhaltung in der langen Zeitspanne von 1937 bis Mitte der 1990er Jahre ermöglichte es dem Kongress, seine entsprechend weit interpretierten Gesetzgebungsbefugnisse für die Bürgerrechtsgesetzgebung zu nutzen.[227] In den 1960er Jahren konnte der Kongress auf der Grundlage der *Commerce Clause* den *Civil Rights Act* von 1964,[228] der Diskriminierungen aufgrund der Rasse, des Geschlechts und der Religion in öffentlichen Unterkünften und am Arbeitsplatz untersagte, sowie weitere Gesetze zum Verbot der Diskriminierung im Wohnungswesen und aufgrund von Geschlecht, Alter und Behinderung verabschieden.[229] Insofern fügte sich die Rechtsprechung zu Rechten und Kompetenzen

---

[227] *J. Yarbrough*, in: E. Katz/G. A. Tarr (Hrsg.), Federalism and Rights, 1996, S. 57 (70); s. auch *D. A. Farber* u.a., Cases and Materials on Constitutional Law, 5. Aufl. 2013, S. 924; *N. V. Bartley*, The Rise of Massive Resistance, 1969; *M. J. Klarman*, From Jim Crow to Civil Rights, 2004, S. 23, 118, 134 f., 193, 502.

[228] Pub. L. No. 88–352, 78 Stat. 241 (1964) (codified as amended in 42 U.S.C. § 1971 (1994)).

[229] *Civil Rights Act* von 1968 (auch *Title VIII* oder *Fair Housing Act*), Pub. L. No. 90–284, 82 Stat. 73, der ursprünglich Rassendiskriminierung im Bereich des Wohnungswesens untersagte und 1974 geändert wurde, Pub. L. No. 93–265, 88 Stat. 84 (codified in 25 U.S.C. § 1341 (1994)), um auch Diskriminierungen aufgrund des Geschlechts zu erfassen. Die Verbote der Rassendiskriminierung konnten auf den 13. Zusatzartikel gestützt werden, s. *Williams v. Matthews Co.*, 499 F.2d 819, 825 (8th Cir. 1974), *cert. denied*, 419 U.S. 1021 (1974); *United States v. Hunter*, 459 F.2d 205, 214 (4th Cir. 1972), *cert. denied*, 409.U.S. 934 (1972). 1988 änderte der Kongress den *Fair Housing Act* erneut, Pub. L. No. 100–430, 102 Stat. 1620 (1988), und ergänzte »handicap« und »familial status« als Diskriminierungsverbote. Die Bestimmungen zum Familienstatus wurden von einem *circuit court* als rechtmäßige Ausübung der *commerce power* betrachtet, s. *Seniors Civil liberties Ass'n, Inc. v. Kemp*, 761 F. Supp. 1528 (M.D. Fla. 1991), *aff'd*, 965 F.2d 1030 (11th Cir. 1992); *Pulcinella v. Ridley Township*, 822 F. Supp. 204, 211 (E.D. Pa. 1993). Altersdiskriminierung am Arbeitsplatz wird vom *Age Discrimination in*

im Zusammenspiel mit der Bürgerrechtsgesetzgebung in ein kohärentes Verständnis von Grundrechten und föderaler Struktur, in dem die Ausweitung der Bürgerrechte und die dadurch bewirkte Zentralisierung dominierten. Gerade das Zusammenspiel von Kongress und Oberstem Gerichtshof sorgte also für einen Zentralisierungsschub.

In der Phase des *New Deal* dagegen hatte in erster Linie die Ausdehnung der Bundeskompetenzen selbst und nicht die zentrale Grundrechtsjudikatur eine zentralisierende Wirkung entfaltet. Die Unitarisierung erfolgte also im ersten Schritt durch die *New Deal*-Gesetzgebung selbst, erst im zweiten Schritt durch die Ausweitung der Grundrechtskontrolle und ihre Erstreckung auf die Staaten.[230]

b) Rechtekritik mit Argumenten der Bundesstaatlichkeit

Aus der Sicht der Kritiker des Gerichtshofs bestand dagegen ein Spannungsverhältnis zwischen Grundrechten und föderaler Struktur. In den 1950er und 1960er Jahren wurden Einwände gegen die Ausdehnung der bürgerlichen und politischen Rechte vor allem als Argumente der Bundesstaatlichkeit formuliert. In den Südstaaten wurden die Argumente John Calhouns wiederbelebt, um sowohl Entscheidungen des *U.S. Supreme Court*, die den Staaten die Desegregation vorgaben, als auch die Bürgerrechtsgesetzgebung[231] zu bekämpfen.[232] Rassentrennung und Diskriminierung wurden weniger als solche denn als Recht der Staaten verteidigt, die Beziehungen zwischen den verschiedenen Bevölkerungsgruppen selbst zu regeln. Dementsprechend lautete etwa das Hauptargument des Prozessvertreters des Clarendon County in South Carolina im Fall Brown v. Board of Education, die Rassentrennung sei eine örtliche Gepflogenheit, die der *Supreme Court* nicht antasten solle.[233] In Brown v. Board of Education (II) insistierten die Südstaaten, die föderale Struktur gebiete es, dass

---

Employment Act von 1967 untersagt, Pub. L. No. 90–202, 81 Stat. 602. S. 29 U.S.C. § 621(a)(4) (1994). Die meisten Gerichte kamen zu dem Ergebnis, dass das Gesetz auf die *commerce clause* gestützt werden konnte, s. *Goshtasby v. Bd. of Trs.*, 123 F.3d 427, 427 (7th Cir. 1997); *Farkas v. N.Y. State Dep't of Health*, 554 F. Supp. 24, 27 (N.D.N.Y. 1982), *aff'd*, 767 F.2d 907 (2d Cir. 1984). Diskriminierungen am Arbeitsplatz und in öffentlichen Unterkünften aufgrund einer Behinderung werden vom *Americans with Disabilities Act* erfasst, Pub. L. No. 101–336, 104 Stat. 327 (1990), den der Kongress auf den 14. Zusatzartikel und die *commerce clause* stützte. S. 42 U.S.C. § 12101(b)(4) (1994).

230 *P. M. Garry*, An Entrenched Legacy, 2008, S. 103; s. auch *D. B. Walker*, The Rebirth of Federalism, 1995, S. 95–97.

231 Insbesondere der *Civil Rights Act* von 1964, Pub. L. No. 88–352, 78 Stat. 241 (1964) (codified as amended in scattered sections of 28 U.S.C. and 42 U.S.C.) sowie der *Voting Rights Act* von 1965, Pub. L. No. 89–110, 79 Stat. 4237 (1965) (codified as amended in scattered sections of 42 U.S.C.).

232 *J. C. Calhoun*, Union and Liberty (1811), 1992.

233 U.S. Supreme Court, *Brown v. Board of Education of Topeka*, 347 U.S. 483 (1954).

die Bundesgerichte es der Politik vor Ort überlassen müssten, in welcher Weise und mit welcher Geschwindigkeit die Rassentrennung in der Schule aufzuheben sei.[234] »States' rights« wurden so zu einem Losungswort für den erbitterten Widerstand gegen ethnische Integration und für eine postulierte verfassungsrechtliche Garantie der örtlichen Gemeinschaften, sich für die Rassentrennung zu entscheiden.[235]

c) Rückwirkung der »Incorporation« auf die Bundesebene

Die »incorporation« war Grundlage dafür, dass Grundrechte überhaupt zu einem relevanten Faktor in der Rechtsprechung der Bundesgerichte wurden. Der Grundrechtsschutz wurde erst viel später zur Aufgabe des *U.S. Supreme Court* als etwa die Wahrung der föderalen Kompetenzverteilung. Dabei hatte Madison, inspiriert von einem Vorschlag Jeffersons,[236] bereits 1789 in einer Rede im Repräsentantenhaus die Gerichte als Hüter der *Bill of Rights* ins Spiel gebracht.[237] Der *U.S. Supreme Court* erhob zu Beginn des 19. Jahrhunderts den Anspruch, den politischen Organen des Bundes und den Gliedstaaten seine Auslegung der Verfassung entgegenzuhalten, begann jedoch erst in der zweiten Hälfte des 19. Jahrhunderts damit, Bundesgesetze auf ihre Vereinbarkeit mit den Grundrechten zu prüfen.[238] Dies entsprach durchaus den Vorstellungen der *Framers*, denen zufolge die *judicial review* durch die Bundesgerichte vor allem die Einzelstaaten betreffen sollte.[239] In den ersten hundert Jahren seiner Existenz erklärte der Gerichtshof überhaupt nur äußert selten ein Gesetz für verfassungswidrig. Bekannte Beispiele sind die Entscheidung im Fall Marbury v. Madison von 1803,[240] in dem die *judicial review* überhaupt erst begründet wurde, und die notorische Entscheidung im Fall Dred Scott,[241] in der der *Supreme Court* 1857 Sklaven als »Eigentum« im Sinne der *Due Process Clause* des 5. Zusatzartikels anerkannte und damit der Herrschaft ihrer »Eigentümer« unterwarf. Der Mis-

---

234 U.S. Supreme Court, *Brown v. Board of Education of Topeka* (*II*), 349 U.S. 294 (1955).

235 Fünf der Südstaaten ließen die Ideen der *interposition* und *nullification* wieder aufleben s. *A. S. Miller/R. F. Howell*, J. Pub. L. 5 (1956) 1, S. 2.

236 *J. N. Rakove*, in: M. J. Lacey/K. Haakonssen (Hrsg.), A Culture of Rights, 1992, S. 98 (141).

237 Speech in the House of Representatives, 8 June 1789, *J. Madison*, in: W. T. Hutchinson/D. B. Mattern (Hrsg.), The Papers of James Madison, Bd. 12, 1991, S. 196 (206 f.).

238 S. *E. Fraenkel*, Das amerikanische Regierungssystem, 1960, S. 186–196 mit einem Überblick zur Normenkontrolle.

239 *J. N. Rakove*, Original Meanings, 1996, S. 175; *J. N. Rakove*, Stan. L. Rev. 49 (1997) 5, S. 1031 (1041–1050). S. auch *O. Holmes*, in: Collected Legal Papers, 2006, S. 291 (295 f.): »I do not think that the United States would come to an end if we lost our power to declare an Act of Congress void. I do think the Union would be imperiled if we could not make the declaration as to the laws of the several States.«

240 U.S. Supreme Court, *Marbury v. Madison*, 5 U.S. (1 Cranch) 137 (1803).

241 U.S. Supreme Court, *Scott v. Sandford* (*Dred Scott* case), 19 How. (60 U.S.) 393 (1857).

souri-Kompromiss, der Sklaven, sobald sie sich in die freien Staaten des Nordens begaben, Freiheit und Bürgerrechte gewährte, wurde deshalb wegen des Verstoßes gegen das »Eigentumsrecht« der Sklavenhalter für verfassungswidrig erklärt. Die Entscheidung führte schließlich zum Bürgerkrieg.

Durch ihre Erstreckung auf die Einzelstaaten verlagerte sich die Grundrechtskontrolle nicht etwa einseitig auf die Einzelstaaten. Vielmehr belegt die Erfahrung in den USA, dass die Gewährleistungen der föderalen *Bill of Rights* dadurch insgesamt gestärkt wurden. Dies gilt sowohl für die Entwicklung der Doktrin als auch für die öffentliche Wahrnehmung der Grundrechte. Amar erklärt dieses Phänomen durch einen Vergleich mit dem menschlichen Körper: »Unused muscles atrophy, while those that are regularly put to use grow strong.« Die *Bill of Rights* hatte in der Rechtsprechung so gut wie keine Rolle gespielt, solange ihre Gewährleistungen nicht auf die Einzelstaaten angewandt worden waren. Nun wurde sie sukzessive eingesetzt, um einzelstaatliche und lokale Gesetze für nichtig zu erklären. Durch diese Erweiterung der Anwendung ergab sich für den *U.S. Supreme Court* ein stetiger Zustrom von Fällen, der es ihm ermöglichte, seine Grundrechtsjudikatur zu entfalten. Viele Beispiele belegen, dass die Bundesgrundrechte sodann in einem zweiten Schritt, auf der Grundlage der bereits entwickelten Doktrin, auch gegenüber dem Kongress angewandt wurden.[242]

V. Föderale Struktur und Rechte im *New Federalism*

Als Teil eines neuartigen »conservative judicial activism«[243] in der zweiten Hälfte der 1990er Jahre kam es im *U.S. Supreme Court* zu einem »federalism revival«. Der von Chief Justice William H. Rehnquist maßgeblich initiierte *New Federalism* findet gegenwärtig im *Roberts Court* eine Fortsetzung.[244] Die Wiederbelebung der Bundesstaatlichkeit führte insbesondere dazu, dass der Gerichtshof die Gesetzgebungskompetenzen des Kongresses mit einer Reihe von Rechtsprechungsänderungen im Namen der Bundesstaatlichkeit massiv einschränkte. Der Gerichtshof beschnitt die Reichweite der *Commerce Clause power* und begrenzte die Befugnisse aus der *Enforcement Clause* des Am. 14 Sect. 5.

Weiterhin ließ er die Berufung der Einzelstaaten auf ihre Immunität nach dem 11. Zusatzartikel gegenüber Klagen auf Schadensersatz in Bundesgerichten auch zu, wenn ein Bundesgesetz ausdrücklich ein rechtlich durchsetzbares Recht gegen die Staaten schuf.[245] Zudem verkürzte der *U.S. Supreme Court* den

---

242 *A. R. Amar*, The Bill of Rights, 1998, S. 290 f.

243 *T. M. Keck*, The Most Activist Supreme Court in History, 2004, S. 2.

244 *C. P. Banks/J. C. Blakeman*, The U.S. Supreme Court and New Federalism, 2012.

245 Ebd., S. 79.

Schutz von Bürgerrechten in einer Abkehr vom etablierten Verständnis wichtiger Bundesgesetze.[246] Auf diese Weise erklärte der Gerichtshof Bestimmungen für nichtig, die zehn Jahre zuvor ohne weiteres für verfassungskonform gehalten worden wären. Insbesondere wurden mit einem Rekurs auf die Bundesstaatlichkeit rechtegewährende Bundesgesetze für nichtig erklärt (1.). Folgt diese Rechtsprechung damit einer konservativen Agenda, so besteht doch keine zwangsläufige Verbindung von Föderalismus und Konservatismus (2.).

1. Nichtigerklärung von rechtegewährenden Bundesgesetzen im Namen der Bundesstaatlichkeit

Im Namen der Bundesstaatlichkeit erklärte der *Supreme Court* rechtegewährende Bundesgesetze für nichtig, die den Erwerb von Handwaffen beschränken (*Brady Handgun Violence Prevention Act*),[247] Waffen von Schulen fernhalten (*Gun Free School Zones Act*),[248] Frauen vor geschlechtsspezifischer Gewalt (*Violence against Women Act*)[249] und geistiges Eigentum vor Verletzung durch die Staaten schützen sollten.[250] Von dieser Rechtsprechung waren außerdem Gesetze betroffen, die eine Entschädigung für Staatsbedienstete wegen Altersdiskriminierung (*Age Discrimination in Employment Act*)[251] und wegen Diskriminierung aufgrund einer Behinderung (*Americans with Disabilities Act*)[252] sowie Mindestlohnanforderungen für Überstunden (*Fair Labor Standards Act*)[253] vorsahen.[254]

Diese »federalism revolution« des *Rehnquist Court* wurde von Kommentatoren als Versuch der Rückkehr zur Rechtsprechung vor dem *New Deal Settlement* interpretiert.[255] Allerdings wirkte sich die Wende zurück zu den *values of federalism* keineswegs zwangsläufig auch konkret im zu entscheidenden Fall aus. Weder verwirklichte der Gerichtshof unmittelbar die Werte des Föderalismus noch begünstigte seine Rechtsprechungswende stets die Einzel-

---

[246] Im Fall *Alexander v. Sandoval* von 2001 beschränkte eine 5:4-Mehrheit den Schutz nach Title VI des Civil Rights Act von 1964, wonach es Empfängern von Mitteln des Bundes untersagt war, auf der Grundlage von Rasse, Ethnizität oder Herkunft zu diskriminieren, s. *S. A. Law*, U. Cin. L. Rev. 70 (2002) 2, S. 367 (387).

[247] U.S. Supreme Court, *Printz v. United States*, 521 U.S. 898 (1997).

[248] U.S. Supreme Court, *United States v. Lopez*, 514 U.S. 549 (1995).

[249] U.S. Supreme Court, *United States v. Morrison*, 529 U.S. 598 (2000).

[250] U.S. Supreme Court, Fa. *Prepaid Postsecondary Educ. Expense* Bd. v. Coll. Sav. Bank, 527 U.S. 627 (1999).

[251] U.S. Supreme Court, *Kimel v. Florida Board of Regents*, 528 U.S. 62 (2000).

[252] U.S. Supreme Court, *Board of Trustees of the University of Alabama et al. v. Garrett et al.*, 531 U.S. 356 (2001).

[253] U.S. Supreme Court, *Alden v. Maine*, 527 U.S. 706 (1999). S. *S. A. Law*, U. Cin. L. Rev. 70 (2002) 2, S. 367.

[254] *R. A. Schapiro*, Polyphonic Federalism, 2009, S. 6.

[255] S. etwa *R. C. Post*, Duke L.J. 51 (2002) 5, S. 1513.

staaten. In der Entscheidung National League of Cities v. Usery, dem ersten Fall nach 40 Jahren, in dem der *U.S. Supreme Court* ein Bundesgesetz wegen Verletzung von »states' rights« für verfassungswidrig erklärte,[256] war der Bezug des *federalism* zur individuellen Freiheit jedenfalls nicht erkennbar.[257] Auch konnten die Entscheidungen im Ergebnis durchaus dem erklärten Willen der Einzelstaaten widersprechen. Im Fall United States v. Morrison etwa erklärte der *U.S. Supreme Court* aus kompetenzrechtlichen Gründen 42 U.S.C. § 13981, der als Bundesrecht eine zivilrechtliche Klagemöglichkeit für Opfer geschlechtsbezogener Gewalt einräumte, für verfassungswidrig. Dagegen hatten sich die Justizminister von 38 Staaten im Kongress für eine solche Regelung ausgesprochen.[258]

Im Hinblick auf das Verhältnis von Grundrechten und föderaler Struktur ist bemerkenswert, dass einige konservative Beobachter die »federalism revolution« und die Rückkehr in die Zeit vor dem *New Deal* erst dann als vollendet betrachten würden, wenn der *U.S. Supreme Court* nicht nur die Staaten stärken, sondern sich auch aus dem Schutz individueller Rechte konsequenter zurückziehen würde.[259] Einer der Hauptgründe, warum Konservative in den 1960er Jahren den Föderalismus stärken wollten, war ihr Widerstand gegenüber weit verstandenen und auf Bundesebene durch den *U.S. Supreme Court* definierten individuellen Rechten. Dies allein erklärt aber nicht die Motivation für den *Rehnquist Court*, den Föderalismus zu stärken, die jedenfalls komplexer ist.[260] Auch in den USA besteht heute weitestgehend Einigkeit, dass Bundesstaatlichkeit und Gewaltenteilung allein keine ausreichenden Garantien für die Sicherung individueller Freiheit sind.[261]

2. Föderalismus, Konservatismus und Progressivismus

Den politischen Kontext der neuen Rechtsprechung des *Rehnquist Court* bildet der von Präsident Ronald Reagan bereits in den 1980er Jahren proklamierte »New Federalism« als Grundlage für den Versuch, Wohlfahrtsprogramme des Bundes zurückzuschneiden. In seiner ersten Antrittsrede als Präsident sagte Reagan, dass er das Gleichgewicht zwischen den verschiedenen Regierungsebenen wiederherstellen wolle.[262] In der Geschichte der USA diente die Berufung auf die Bundesstaatlichkeit im politischen Diskurs vorwiegend konservativen

---

256 U.S. Supreme Court, *National League of Cities v. Usery*, 426 U.S. 833 (1976).
257 *J. H. Choper*, Judicial Review and the National Political Process, 1980, S. 254.
258 U.S. Supreme Court, *United States v. Morrison*, 529 U.S. 598, 653 (2000) (Souter, J., dissenting).
259 *P. M. Garry*, An Entrenched Legacy, 2008.
260 *E. A. Young*, Geo. Wash. L. Rev. 74 (2006) 5, S. 874 (874).
261 *E. A. Young*, Brook. L. Rev. 69 (2004) 4, S. 1277 (1284).
262 Inaugural Address, 20.1.1981, verfügbar unter http://www.archives.gov/federal-register/publications/presidential-papers.html, geprüft am 31.1.2019.

Zielen.[263] Auch heute dominieren unter den Anhängern des Föderalismus in den USA noch immer die Konservativen. Für Clarence Thomas etwa, Richter am Obersten Gerichtshof und Vertreter des konservativen Flügels, dient der Föderalismus, wie die Gewaltenteilung und die Grundrechte, dem Schutz individueller Freiheit.[264] In diesem Sinne sind auch die Ausführungen von Chief Justice John Roberts zur *Commerce Clause* (Art. I Sect. 8 Cl. 2 U.S. Const.) im *Health Care*-Urteil zu verstehen.[265]

Innerhalb des Konservatismus lässt sich eine individualistisch-libertäre und eine traditionalistisch-kommunitaristische Ausrichtung unterscheiden.[266] Beiden gemeinsam ist ihre Abneigung gegen zentrale Planung, ihr Misstrauen gegenüber Machtkonzentration und ihre pessimistische Grundhaltung gegenüber der Steuerungsfähigkeit der Politik und dem unkontrollierten Volkswillen. Deshalb eint sie auch das Bestreben, die Zentralregierung möglichst zu beschränken. Die Motive dafür unterscheiden sich allerdings: Vertreter eines individualistischen oder libertären Konservatismus wie James Buchanan halten die Beschränkung der Zentralregierung für grundsätzlich erforderlich, um den Schaden zu begrenzen, den die Regierung dem Individuum zufügen kann, und die individuelle Autonomie zu schützen.[267] Das Motiv der Präferenz traditionalistischer Konservativer wie Felix Morley für dezentrale Strukturen ist die Erwartung, dass sie zur Bewahrung der Tradition und überlieferter Institutionen wie Ehe, Familie und Religion beitragen.[268] Dementsprechend unterscheidet sich die Beurteilung der einzelstaatlichen und lokalen Ebene: Die libertären Konservativen stehen dieser wie jeder anderen staatlichen Institution skeptisch gegenüber, während die Traditionalisten optimistische Erwartungen an sie knüpfen. Der Zusammenhang zwischen beiden Positionen und dem Föderalismus ist aber nicht nur eindimensional und führt auch nicht zur Ableh-

---

[263] Das bedeutet aber nicht, dass die Bundesstaatlichkeit inhärent konservativ ist, s. *E. Chemerinsky*, Fla. L. Rev. 47 (1995) 4, S. 499 (499–501, 524 f.). S. auch *D. Weinstock*, Int'l Soc. Sci.J. 53 (2002) 167, S. 75 (78): Föderalismus als »zweischneidiges Schwert«.

[264] *C. Thomas*, Drake L. Rev. 48 (2000) 2, S. 231 (234 f.). Zu Thomas' Verständnis der Bundesstaatlichkeit, insbesondere mit Blick auf die Religionsfreiheit in den Staaten, vgl. *C. P. Banks/J. C. Blakeman*, The U.S. Supreme Court and New Federalism, 2012, S. 133–188.

[265] U.S. Supreme Court, *National Federation of Independent Business et al. v. Sebelius, Secretary of Health and Human Services, et al.*, 567 U.S. 519, 521 und 560 (2012). S. in diesem Zusammenhang etwa auch *R. E. Barnett*, N.Y.U. J.L. & Liberty 5 (2010) 3, S. 581.

[266] *K. Hendrickson*, Publius 34 (2004) 4, S. 1; *E. A. Young*, Geo. Wash. L. Rev. 74 (2006) 5, S. 874 (883–886).

[267] *J. M. Buchanan*, Publius 25 (1995) 2, S. 19; *J. M. Buchanan*, Cato J. 15 (1995/96) 2–3, S. 259; *G. P. Lynch*, Publius 34 (2004) 4, S. 153.

[268] *F. Morley*, Freedom and Federalism, 1981, S. 13 f., 202, 251 f. *et passim*, der sich zugleich gegen Kommunismus, Sozialismus und sozialstaatlichen »Paternalismus« ausspricht und die Rousseausche »volonté générale« verwirft; s. zu Morley auch *W. H. Bennett*, J. Pol. 22 (1960) 3, S. 553; *J. Kincaid*, Publius 34 (2004) 4, S. 69.

nung jeder Aktivität der Bundesebene. Vertreter beider Lesarten des Konservatismus nutzen die Regelungsmacht der Bundesebene durchaus strategisch, um ihre jeweiligen politischen Vorstellungen in Sachfragen durchzusetzen.[269] Darin kann man einen Kontrast zu Debatten um die europäische Integration sehen, in denen Argumente über den Verlust der Souveränität zuweilen mehr im Zentrum stehen als Sachfragen.[270]

Gerade in neuerer Zeit unter republikanischer Administration ist der Föderalismus auch für progressivere Kräfte interessanter geworden. Auf verschiedenen Politikfeldern, von der Anerkennung der gleichgeschlechtlichen Ehe über den medizinisch begleitenden Suizid bis hin zum Schutz der Umwelt haben jedenfalls einzelne Staaten progressivere Positionen eingenommen und verwirklicht als die republikanische Administration in Washington.[271]

VI. Zwischenfazit

Festzuhalten ist, dass die in den einzelnen Phasen der Verfassungsgeschichte der USA jeweils prägenden Verständnisse von Grundrechten und föderaler Struktur keineswegs unabhängig voneinander, sondern miteinander verknüpft sind. Sowohl das Grundrechtsverständnis als auch das Verständnis der föderalen Struktur erklären sich jeweils mit Blick auf die Vorstellungen vom Gemeinwesen insgesamt. Deshalb lassen sich Grundrechte und föderale Struktur auch nicht unabhängig voneinander verstehen: Weder sind die Grundrechte als Ausdruck individueller Freiheit abschließend zu erfassen noch die Bundesstaatlichkeit als Rechtsstellung der Einzelstaaten.

C. Bundesstaatlichkeit und Grundrechte in der deutschen Verfassungstradition

In einem deutlichen Kontrast zur US-amerikanischen steht die deutsche Verfassungstradition. Die Bundesstaatlichkeit war in Deutschland lange Zeit von einem organischen und dynastisch-bündischen Modell des Föderalismus geprägt. Es fügt sich nur widerstrebend in den republikanischen Verfassungsstaat ein, zeitigt aber noch in der Bundesrepublik Auswirkungen. Die Grundrechte werden seit der Paulskirchenverfassung in einem organischen Sinne als staats-

---

[269] *K. Hendrickson*, Publius 34 (2004) 4, S. 1 (6 f.); s. zur instrumentellen Position des Konservatismus gegenüber dem Föderalismus auch *P. J. Smith*, Geo. Wash. L. Rev. 74 (2006) 5, S. 906.

[270] *L. F. Goldstein*, SAPD 11 (1997) 1, S. 149 (170).

[271] *E. A. Young*, Brook. L. Rev. 69 (2004) 4, S. 1277 (1278).

aufbauende Elemente verstanden. Ziel des folgenden Abschnitts ist es aufzuzeigen, dass das dominierende Verständnis sowohl des Föderalismus als auch der Grundrechte eher organisch als strukturierend und eher staatsaufbauend als gewaltenhemmend orientiert ist. Föderalismus und Grundrechte werden damit zwar nicht unbedingt zueinander in Beziehung gesetzt, ihr Verständnis bedingt sich aber auch in der deutschen Verfassungstradition wechselseitig.

Die Wurzeln eines organisch-genossenschaftlichen Modells des Föderalismus und eines darauf bezogenen Verständnisses der Freiheit als ständischer »Libertät« lassen sich zurückverfolgen bis ins Alte Reich. In der Reichspublizistik wird gerade die territoriale Zersplitterung als freiheitssichernd gepriesen. Während im Deutschen Bund ein organisches Staatsverständnis prägend bleibt, erfährt in Reaktion hierauf die antiföderalistische Stoßrichtung des deutschen Republikanismus eine frühe Prägung (I.). In der Diskussion um die Paulskirchenverfassung unterbleibt zwar die grundlegende Reflexion einer normativen Begründung für den bundesstaatlichen Aufbau. Deutlich wird aber, dass bundesstaatliche Ordnung und Grundrechte Ausdruck des Einheitsstrebens sind und für den Staatsaufbau komplementär zusammenwirken. Die Figur der Einheit des Staates prägt auch die weitere Entwicklung (II.). Der monarchische Bundesstaat der Reichsverfassung von 1871 lässt sich als Allianz gegen Liberalismus und Demokratie und zur Sicherung preußischer Hegemonie verstehen. Eine Parallelität von Bundesstaatsvorstellung und Grundrechtsverständnis besteht hier in gewisser Weise *ex negativo*: Die föderale Leitvorstellung wird zum Feigenblatt preußischer Hegemonie und die Bismarck-Verfassung verzichtet auf einen Grundrechtsteil; die Aufgabe der Freiheitssicherung bleibt den Verfassungen der Einzelstaaten und dem einfachen Reichsrecht überlassen (III.). Im durch die Weimarer Reichsverfassung konstituierten demokratischen Verfassungsstaat fand sich eine neue Ratio für die Bundesstaatlichkeit in der Ergänzung der Gewaltenteilung. Die Grundrechte dagegen konnten an die staatsaufbauende Funktion der Grundrechte im Paulskirchenentwurf anknüpfen, erhielten aber doch eine neue Bedeutung mit Implikationen für die föderale Struktur (IV.). Unter dem Grundgesetz ist die bundesstaatliche Struktur zum einen faktisch einer zunehmenden Unitarisierungstendenz ausgesetzt und gerät zum anderen normativ unter Rechtfertigungsdruck. Vor diesem Hintergrund entfaltet die Verbindung von Bundesstaatlichkeit und Gewaltenteilung im unitarischen Bundesstaat ihre eigentliche Durchschlagskraft. Allerdings dominieren die Grundrechte die Verfassungsordnung und tragen in ihrer Entfaltung durch das Bundesverfassungsgericht maßgeblich zur Unitarisierung bei (V.).

I. Kontinental-europäische Tradition des Föderalismus und Freiheitsidee im Alten Reich und im Deutschen Bund

Die kontinental-europäische Tradition des Föderalismus lässt sich zurückverfolgen bis zu den protoföderalen Vorstellungen des 16. Jahrhunderts (1.). Prägende Elemente dieser Tradition bilden zudem das ständisch-libertäre Freiheitsverständnis des Alten Reiches (2.) und die sogenannte Reichspublizistik (3.). Sie erklären, warum die kontinental-europäische Tradition des Föderalismus weniger als die US-amerikanische mit der Freiheit des Individuums verbunden ist. Hinzu kommt, dass sie eine vordemokratische Tradition ist. Daher ist auch nachvollziehbar, dass der deutsche Republikanismus – in Reaktion auf den anti-revolutionären Deutschen Bund von 1815 – eine anti-föderale Prägung erfuhr (4.).

1. Organisch-genossenschaftliches Ordnungsmodell des Protoföderalismus

In Deutschland hat die föderative Tradition eine größere historische Tiefe und Kontinuität als die staatliche Tradition.[272] Als Gegenentwurf zum absolutistischen Nationalstaat entstand in der frühen Neuzeit die kontinental-europäische Tradition des Föderalismus.[273] Zentralistischen Tendenzen widersetzte sich maßgeblich zunächst der Protestantismus, vor allem die calvinistische Föderaltheologie im 16. Jahrhundert, die sich auf den biblischen Bund der Stämme Israels als gesellschaftliches Ordnungsmodell berief.[274] Das umfassendste Zeugnis des protestantischen Föderalismus ist Johannes Althusius' »Politica«.[275] Für Althusius' Vorstellung von einer idealen Gesellschaft ist die organische Gliederung entscheidend: Die Gesellschaft formiert sich nicht unmittelbar aus der atomistischen Existenz von Individuen, sondern baut auf einer Vielzahl funktionaler und territorialer Verbände – Familie, Berufsstände, Städte, Provinzen, Staat – auf.[276] Der Einzelne war für Althusius zugleich Individuum und Teil einer Gesamtordnung.[277] Leitidee dieses »Protoföderalismus«[278] ist es, die gesellschaftliche und politische Identität der jeweils kleineren Einheiten innerhalb

---

[272] *J. Isensee*, in: HStR VI, 3. Aufl. 2008, § 126, Rn. 10.

[273] S. zur deutschen föderalen Tradition, zu den ideengeschichtlichen Kontinuitäten und Diskontinuitäten im deutschen Staatsrecht *B. Grzeszick*, Vom Reich zur Bundesstaatsidee, 1996; *S. Weichlein*, in: I. Härtel (Hrsg.), Handbuch Föderalismus, Bd. I, 2012, S. 101.

[274] *B. J. S. Hoetjeś*, in: M. Burgess/A.-G. Gagnon (Hrsg.), Comparative Federalism and Federation, 1993, S. 117.

[275] Dt. Ausgabe *J. Althusius*, Politik, 2003.

[276] S. zu Althusius *T. O. Hüglin*, Sozietaler Föderalismus, 1991; F. S. Carney/H. Schilling/D. Wyduckel (Hrsg.), Jurisprudenz, Politische Theorie und Politische Theologie, 2004.

[277] *J. Althusius*, Politik, 2003, Kap. VI, § 51; Kap. IX § 12; Kap. XVIII, § 31.

[278] *C. Malandrino*, in: C. Malandrino/D. Wyduckel (Hrsg.), Politisch-rechtliches Lexikon der *Politica* des Johannes Althusius, 2010, S. 217 (217).

eines größeren Gemeinwesens zu erhalten, das sich aus ihnen zusammensetzt. Bei Althusius diente diesem Ziel, dass die jeweils kleineren Einheiten bei der Entscheidungsfindung in den größeren Verbänden durch Vertreter repräsentiert sind. Zudem nahm Althusius den Subsidiaritätsgedanken vorweg,[279] weil an die größeren Verbände jeweils nur so viele Rechte und Zuständigkeiten abgegeben werden, wie sie zur Erfüllung ihrer Aufgaben erforderlich sind.[280] Im Gegensatz zu Jean Bodin und Thomas Hobbes verstand Althusius das Wesen der Politik als horizontalen Prozess, menschliche Gemeinschaften in sozialer Harmonie zusammenzubringen.[281] Dieses organisch-genossenschaftliche Modell ist ideengeschichtlicher Ausgangspunkt für den sozietalen[282] und integralen Föderalismus, der die föderale Idee nicht nur auf die Organisation der Regierungsgewalten, sondern auf die Gesellschaft insgesamt und auf das Wirtschafts- und Arbeitsleben bezieht.[283] Bei Althusius wurzelt auch der deutsche Administrativföderalismus, der sich an der stufenweisen Konkretisierung des Rechts orientiert.[284]

2. Ständische Freiheit im Alten Reich

Für die deutsche föderale Tradition ist weiterhin prägend, dass sich die Freiheitsidee nicht im Gegensatz zum Staat entwickelte. Anders als in der Schweiz setzten sich in Deutschland nicht die gegen die Fürstenmacht gerichteten genossenschaftlichen Bestrebungen von Städte-, Bauern- und Ritterbünden durch. Stattdessen prägten die Fürsten selbst die föderalen Strukturen des Heiligen Römischen Reiches.[285] Kennzeichnend für diese Strukturen ist die landesherrliche »Libertät«, die als Freiheit verstandene territorialständische Souveränität, die Leonhard Krieger gar als »German Idea of Freedom« apostrophierte.[286] Der deutsche Territorialfürst steigerte im gleichen Maße seine politische Souveränität, wie er seine »Freiheiten« gegenüber dem Reich ausdehnte. Absolutismus und Emanzipation bilden in diesem Sinne keinen Gegensatz. Dem entspricht ein Freiheitsverständnis, das die Freiheit in den Begriff des Staates einarbeitet

---

279 *C. Malandrino*, in: C. Malandrino/D. Wyduckel (Hrsg.), Politisch-rechtliches Lexikon der *Politica* des Johannes Althusius, 2010, S. 1 (25–34).

280 *B. Grzeszick*, Vom Reich zur Bundesstaatsidee, 1996, S. 46; *K. Detterbeck*, in: K. Detterbeck u.a. (Hrsg.), Föderalismus in Deutschland, 2010, S. 31 (33).

281 *T. O. Hüglin/A. Fenna*, Comparative Federalism, 2010, S. 91 f.

282 *T. O. Hüglin*, Sozietaler Föderalismus, 1991. S. etwa *K. G. Winkelblech*, Untersuchungen über die Organisation der Arbeit oder System der Weltökonomie, 1850 ff.

283 *L. Levi/L. Casalegno*, Federalist Thinking, 2008, S. 102–112. S. *A. Marc*, Publius 9 (1979) 4, S. 117; *L. Roemheld*, Integraler Föderalismus, 1977/1978.

284 *T. O. Hüglin/A. Fenna*, Comparative Federalism, 2010, S. 93 f.

285 *H. Boldt*, in: A. M. Birke/H. Wentker (Hrsg.), Föderalismus im deutsch-britischen Meinungsstreit, 1993, S. 33 (34). Im Fall der Schweizer Eidgenossenschaft waren die Habsburger Grafen die fürstlichen Gegenspieler des genossenschaftlichen Einigungswesens.

286 *L. Krieger*, The German Idea of Freedom, 1957, S. 1–80.

und damit die Spannung zwischen bürgerlichem Freiheitsanspruch und absolutistischem Staat scheinbar aufhebt. Das Reich hat damit nicht genossenschaftlichen, sondern dynastisch-feudalen Charakter. Der Reichsdeputationshauptschluss von 1803 führte insofern noch zu einem grundlegenden Wandel, als er die kleineren Stände beseitigte und die Kirchen aus den staatlichen Stellungen verdrängte. Grundlage der föderalen Struktur waren nunmehr die arrondierten oder neu gebildeten Mittelstaaten.[287]

3. Strukturelle Komplexität und territoriale Zersplitterung als Instrumente der Freiheitssicherung in der Reichspublizistik

Vor allem unter dem Eindruck der Französischen Revolution verstand ein Teil der staatsrechtlichen und staatswissenschaftlichen Literatur der sogenannten Reichspublizistik – Ludolf Hugo, Johann Jakob Moser, Johann Stephan Pütter – das komplizierte föderale Gebilde des Heiligen Römischen Reichs im Gegensatz zu Samuel von Pufendorf weniger als monströs denn als Instrument der Freiheitssicherung.[288] Für sie beschränkten sich die Funktion der Gesetze und Institutionen des Reiches darauf, die Verfassungen der einzelnen Territorien zu ergänzen, um die Gefahren und Nachteile der politischen Fragmentierung zu minimieren, ohne ihre Vorteile zu zerstören.[289] Auch bei Carl Friedrich Häberlin, einem Schüler Pütters, kam dem Reich keine eigene aktive Willensbildung zu; vielmehr sollte es dem Willen der Territorialfürsten Schranken setzen und für deren Durchsetzung sorgen. Häberlins Kriterium für die Beurteilung der »Güte der deutschen Verfassung« war ihr Beitrag zum inneren Frieden und zum Schutz von Freiheit und Eigentum.[290] Offensichtlich als Reaktion auf die menschenrechtlichen Ideen der Französischen Revolution und im Gegensatz dazu betonte Häberlin gerade die Vorzüge der Verfassung des Reichs für den Einzelnen.[291]

Die territoriale Zersplitterung galt auch als Sicherungsmechanismus gegen Unterdrückung aus Gründen der Religion, weil sie Toleranz auf der Grundlage friedlicher Koexistenz ermöglichte.[292] Neben dem dezentralen Charakter des Reichs sollte das im Gefolge der Konfessionskonflikte etablierte *ius emigrationis*

---

287 *B. Grzeszick*, in: I. Härtel (Hrsg.), Handbuch Föderalismus, Bd. I, 2012, S. 57 (65), Rn. 23.

288 *J.-D. Kühne*, JöR 39 (1990), S. 1 (27); s. zu den »Patriotischen Briefen«, für die die Wiener Hofpublizistik Autoren wie Moser gewann, auch *S. Weichlein*, in: I. Härtel (Hrsg.), Handbuch Föderalismus, Bd. I, 2012, S. 101, Rn. 3.

289 *J. G. Gagliardo*, Reich and Nation, 1980, S. 121 unter Zitierung von *C. E. Weisse*, Von den Vortheilen der teutschen Reichsverbindung, 1790, S. 162, 199 f.

290 *C. F. Häberlin*, Deutsche Monatsschrift 1793, S. 7 (8 f.).

291 *J. G. Gagliardo*, Reich and Nation, 1980, S. 122.

292 Ebd., S. 121 unter Zitierung von *C. E. Weisse*, Von den Vortheilen der teutschen Reichsverbindung, 1790, S. 64–67, 78, 106, 111, 131, 149–152, 171, 188 f.

der Wahrung persönlicher Freiheit dienen.[293] Auch Presse- und Meinungsfreiheit profitierten davon, dass eine wirksame Zensur durch die territoriale Zersplitterung sehr erschwert wurde. Gleichzeitig trug die freie Presse dazu bei, dass Unterdrückungsversuche der Kritik der öffentlichen Meinung im Reich ausgesetzt wurden. Von einem Wettbewerb zwischen den zahlreichen Einzelterritorien profitierten in erster Linie die kleine Gruppe der Beamten: Wurden Staatsdiener schlecht behandelt, so konnten sie relativ umstandslos zu einem anderen Fürsten wechseln. Außerdem hoben zeitgenössische Autoren die größere Bürgernähe der Fürsten in kleinen Territorien und ihre bessere Kenntnis der lokalen Bedingungen hervor.[294] Während also Freiheitsidee und Reichsstruktur in dieser Vorstellung eng miteinander verwoben waren, zielten kritische Stimmen in der Reichspublizistik nicht so sehr auf die Strukturen selbst als auf die Ineffizienz der tatsächlichen Praxis. Unzulänglichkeiten führten sie nicht auf die Strukturen, sondern fast ausschließlich auf menschliches Versagen zurück.[295]

4. Anti-föderale Prägung des deutschen Republikanismus im Deutschen Bund

Der Deutsche Bund von 1815 war in seiner Stoßrichtung anti-revolutionär, verkörperte eine reaktionäre Politik, die sich gegen progressive, liberal und national gesinnte Kräfte richtete, und zielte auf eine Erhaltung der Monarchie. Monarchien, nicht Republiken wie in den USA, waren die Mitglieder dieses Bundes.[296] Die »Frontstellung« des deutschen Republikanismus gegen den Föderalismus erfuhr hier eine frühe Prägung.[297] Auch im 19. Jahrhundert blieb ein organisches Staatsverständnis prägend, das im Gegensatz zum vernunftrechtlichen Verfassungsverständnis der Amerikaner steht. Der Verfassungsstaat beruhte auf einem Vertrag zwischen Monarch und Volk, war Ausdruck des konstitutionellen Ausgleichs zwischen Monarchie und »Volksfreiheit« und bildete

---

[293] *F. Kopp*, in: B. Rill (Hrsg.), Freiheitliche Tendenzen der deutschen Geschichte, 1989, S. 104 (105); *S. Oeter*, Integration und Subsidiarität im deutschen Bundesstaatsrecht, 1998, S. 21 m.N.; *R. M. Hills, Jr.*, Fordham L. Rev. 75 (2006) 2, S. 769 (788 f.); s. zu den besseren Auswanderungsoptionen in der deutschen Kleinstaaterei *O. Volckart*, in: U. Vollmer (Hrsg.), Ökonomische und politische Grenzen von Wirtschaftsräumen, 2006, S. 49.

[294] *J. A. F. Randel*, Deutsche Monatsschrift 1792, S. 282 (290); *C. F. Häberlin*, Deutsche Monatsschrift 1793, S. 7 (32 f.); *W. A. F. Danz*, Neues Patriotisches Archiv für Deutschland 2 (1794), S. 134 (151–157); vgl. *J. G. Gagliardo*, Reich and Nation, 1980, S. 121–126; *R. M. Hills, Jr.*, Fordham L. Rev. 75 (2006) 2, S. 769 (789).

[295] *J. G. Gagliardo*, Reich and Nation, 1980, S. 124.

[296] *M. Forsyth*, Unions of States, 1981, S. 42; *S. Oeter*, Integration und Subsidiarität im deutschen Bundesstaatsrecht, 1998, S. 23–25; *O. Beaud*, Théorie de la fédération, 2. Aufl. 2009, S. 387 f.

[297] *S. Oeter*, Integration und Subsidiarität im deutschen Bundesstaatsrecht, 1998, S. 25.

eine harmonische Einheit. Diese »Volksfreiheit« ist keine negative, sondern die positive Freiheit des Bürger-Status, für die die zeitgenössische Vorstellung des altgermanischen Landeigentümerstaats als Vorbild dient.[298] Dabei waren Bürgerrechte und organisatorische Verfassung »in ihrer wechselseitigen Abhängigkeit und Durchdringung durchaus umstritten«.[299]

Die Epoche nach 1815 prägte auch eine starke Zurückhaltung gegenüber der Idee der Freiheitsrechte, begründet durch den gewaltsamen Verlauf der Französischen Revolution und den späteren Abwehrkampf gegen Frankreich. Mit erheblichen Abstrichen fanden Freiheitsrechte zwar Eingang in die Verfassungen des süddeutschen Konstitutionalismus; die größeren Staaten schlossen sich dieser Entwicklung indes nicht an.[300]

II. Bundesstaatlichkeit und Grundrechte als staatsaufbauende Elemente im Paulskirchenentwurf und Vorrang der Einigungsidee in der Reaktionsära

Im Paulskirchenentwurf von 1849 bildeten sowohl die Bundesstaatlichkeit als auch die Grundrechte staatsaufbauende Elemente. Damit steht die Paulskirchenverfassung nicht nur als Revolutionsverfassung für eine Zäsur, sondern mit einem organischen Verständnis von Bundesstaat und Grundrechten für eine Kontinuität in der deutschen Verfassungstradition (1.). In der Reaktionsära nach dem Ende der Revolution dominierte das Einheitsstreben. Auch liberale Kräfte verbanden mit der bundesstaatlichen Ordnung keine freiheitliche Legitimation. Zunächst löste sich auch die Verschränkung von Grundrechtsteil und Organisationsverfassung. Bundesstaatsvorstellung und Grundrechtsidee fügten sich allerdings insofern wieder zusammen, als aus der Perspektive der sich zum »Modellgrundrecht« entwickelnden Gewerbefreiheit föderale Vielfalt kein Freiheitsreservat bietet, sondern vielmehr ein Hindernis darstellt (2.).

1. Bundesstaatlichkeit und Grundrechte als Ausdruck des Einheitsstrebens im Paulskirchenentwurf

Für den Paulskirchenentwurf und die ihn begleitenden Diskussionen ist prägend, dass Grundrechte und Bundesstaatlichkeit Ausdruck des Einheitsstrebens sind. Eine bewusste verfassungsrechtliche Begründung für die bundes-

---

[298] Vgl. *E.-W. Böckenförde*, Die deutsche verfassungsgeschichtliche Forschung im 19. Jahrhundert, 2. Aufl. 1995, S. 92–99 m.N.

[299] *J.-D. Kühne*, in: H. Wellenreuther/C. Schnurmann (Hrsg.), Die Amerikanische Verfassung und Deutsch-Amerikanisches Verfassungsdenken, 1991, S. 230 (230 f.).

[300] *U. Scheuner*, in: FS Ernst Rudolf Huber, 1973, S. 139 (139).

staatliche Ordnung unterbleibt [a)] und den Grundrechten wird eine Einheits- und Modernisierungsfunktion zugesprochen [b)].

a) Bundesstaatsvorstellung in der Paulskirchenversammlung

Die Bundesstaatlichkeit war in der Paulskirchenversammlung ein wichtiger Beratungsgegenstand.[301] Allerdings sorgte vor allem die Überbetonung deutscher Besonderheiten dafür, dass das durchaus präsente amerikanische Bundesstaatsmodell als unübertragbar galt und sich eine eher etatistische als freiheitliche Ausrichtung des Föderalismus durchsetzen konnte.[302] Anders als in Philadelphia 1787 stand nicht etwa die Vorstellung im Mittelpunkt, ein System der *checks and balances* zu schaffen. Vielmehr dominierte in Frankfurt das Motiv, die historisch anerkannten Staaten und Dynastien so weit wie möglich zu respektieren und zu integrieren.[303] Für die Paulskirchenmehrheit war die Bundesstaatlichkeit nicht Instrument der Freiheitssicherung, sondern sie sollte die demokratische Republik der radikalen Linken verhindern und die bisherigen Ergebnisse der Revolution sichern. Anders als in der Auseinandersetzung zwischen *Federalists* und *Anti-Federalists* unterblieb eine bewusste verfassungsrechtliche Begründung der bundesstaatlichen Ordnung und damit auch die konkrete Verknüpfung von Föderalismus mit Freiheit und Demokratie, wie sie für die USA prägend ist. Dieser Verzicht bestimmte die weitere Ideengeschichte der Bundesstaatlichkeit in Deutschland mit einem dominierend etatistisch-unitarischen Motiv.[304] Gerade im Vergleich mit der amerikanischen Bundesverfassung zeigt sich auch der dezidiert unitarische Charakter der Reichsverfassung von 1849.[305]

b) Prägende Merkmale des auf den Staatsaufbau ausgerichteten Grundrechtsverständnisses

Im Zusammenhang mit der Paulskirchenverfassung trat erstmals in der deutschen Verfassungssprache der Begriff der Grundrechte in Erscheinung.[306] Wie später für die Weimarer Reichsverfassung und das Grundgesetz wurde auch in der Paulskirche deutlich, dass der Abschnitt über die Grundrechte dazu prä-

---

301 In den Beratungen der Konstituierenden Nationalversammlung 1848/49 verwiesen verschiedene Redner weit über hundert Mal auf die Verfassung und das politische System der Vereinigten Staaten, s. *H. Dippel*, Die amerikanische Verfassung in Deutschland im 19. Jahrhundert, 1994, S. 43.

302 *H. Dippel*, Der Staat 38 (1999), S. 221 (239).

303 *H. Steinberger*, Colum. J. Transnat'l L. 36 (1997) 1–2, S. 189 (195 f.).

304 *H. Dippel*, Der Staat 38 (1999), S. 221 (227 f.).

305 *S. Oeter*, Integration und Subsidiarität im deutschen Bundesstaatsrecht, 1998, S. 26.

306 *K. Stern*, Das Staatsrecht der Bundesrepublik Deutschland, Bd. III/1, 1988, § 59 V 4 (S. 111–116). Zu den nach 1815 von Fürsten freiwillig gewährten Staatsbürgerrechten, die Anklänge an naturrechtliche Ursprünge vermieden, s. *D. Grimm*, in: Die Zukunft der Verfassung, 1991, S. 67 (87–89).

destiniert war, den »›Geist‹ der Verfassung« zum Ausdruck zu bringen.[307] Die Grundrechte des sogenannten Siebzehner-Entwurfs sind bemerkenswert stark auf den Staat hin ausgerichtet. Zu Beginn der Aufzählung in dem mit »Grundrechte des deutschen Volkes« überschriebenen Artikel IV (§ 25) werden organisationsrechtliche Regelungen für die deutschen Staaten wie die Einrichtung einer Volksvertretung, die Öffentlichkeit der Ständeversammlung, die Unabhängigkeit der Gerichte, die Gleichheit der öffentlichen Lasten und der Amtsfähigkeit sowie eine Allgemeine Bürgerwehr angeführt.[308]

Freiheitskatalog und Organisationsverfassung sind bewusst miteinander verzahnt. Das hier dokumentierte Freiheitsverständnis beruht nicht auf einem Dualismus von Staat und Gesellschaft. Vielmehr sind die Grundrechte gesamtgesellschaftlich, staatszugewandt und sozial ausgerichtet. Den Verfassern war bewusst, dass der Staat, der diese Freiheiten letztlich sichern sollte, erst noch zu errichten war.[309] Die Grundrechte verbinden dementsprechend eine staatsabwehrende Stoßrichtung mit einer staatsaufbauenden Einheits- und Modernisierungsfunktion.[310] Anders als in den USA zeugen sie daher nicht vom Misstrauen gegenüber der Bundesgewalt, sondern von einem organischen Staatsverständnis, beflügelt durch romantische Vorstellungen geistes- wie geburtsaristokratischer Interessenhomogenität.[311]

Die staatsaufbauende Funktion der Grundrechte wird bereits in den Benennungen der einzelnen Grundrechtsartikel deutlich, die im Wesentlichen dem Gliederungsschema aufsteigender Lebenskreise folgen: Reichs- und Staatsbürgerrecht (Art. I), Gleichheit vor dem Gesetz (Art. II), Unverletzlichkeit der Person (Art. III), Pressefreiheit (Art. IV), Glaubens- und Gewissensfreiheit (Art. V), Unterricht und Erziehung (Art. VI), Recht der Bitte und Beschwerde (Art. VII), Vereinigungsfreiheit (Art. VIII), Eigentum und Gutsbesitz (Art. IX), gerichtlicher Rechtsschutz (Art. X), Gemeindewesen (Art. XI), (gliedstaatliche) Volksvertretung (Art. XII), Gleichberechtigung der nicht Deutsch sprechenden Stämme (Art. XIII) und Schutz deutscher Staatsbürger in der Fremde (Art. XIV). Insbesondere die Art. VII und X ff. weisen dabei über eine vorstaatlich denkbare individuelle Freiheit hinaus[312] auf eine objektiv-rechtliche Funk-

---

307 *M. Stolleis*, F.A.Z. v. 11.8.1999 Nr. 184, S. 7.

308 Der Siebzehner-Entwurf der Reichsverfassung: Entwurf des Deutschen Reichsgrundgesetzes, der Deutschen Bundesversammlung als Gutachten der siebzehn Männer des öffentlichen Vertrauens überreicht am 26. April 1848, abgedruckt in: E. R. Huber (Hrsg.), Dokumente zur deutschen Verfassungsgeschichte, Bd. 1, 1978, Nr. 97 (Nr. 91), S. 352–359.

309 *J.-D. Kühne*, in: H. Wellenreuther/C. Schnurmann (Hrsg.), Die Amerikanische Verfassung und Deutsch-Amerikanisches Verfassungsdenken, 1991, S. 230 (240 f.).

310 Differenziert *J.-D. Kühne*, Die Reichsverfassung der Paulskirche, 2. Aufl. 1998, S. 171 f., 522–526.

311 *J.-D. Kühne*, JöR 39 (1990), S. 1 (27–32).

312 *J.-D. Kühne*, in: HGR I, 2004, § 3, Rn. 12; s. auch *U. Scheuner*, in: FS Ernst Rudolf Huber, 1973, S. 139 (151).

tion der Grundrechte.[313] Die Grundrechte waren ein »Palladium« nicht nur der individuellen Freiheit, sondern auch der nationalen Einheit.[314]

Den Grundrechten der Paulskirche fehlte weitgehend die naturrechtliche Verankerung, die das deklaratorische Rechteverständnis in den USA kennzeichnete. Es dominierte eine Grundauffassung, die Grundrechte als Gewährungen des positiven Rechts verstand.[315] Weil sie das revolutionäre Potential einer naturrechtlichen Rechtebegründung im Angesicht einer zweiten revolutionären Welle fürchtete, schreckte die bürgerliche Mehrheit in der Nationalversammlung vor einer naturrechtlichen Fundierung der Grundrechte als Menschenrechte zurück.[316] In der damaligen Debatte wurden die Grundrechte stattdessen als »Säulen« bezeichnet, »auf denen das ganze Gebäude des Staates stehen soll«.[317] Mit diesem Verständnis knüpfte die Paulskirche an eine ältere Tradition an, die über individuelle Freiheiten hinaus stets auch die institutionellen Grundlagen der Rechtsordnung betonte. Zu den Grundrechten zählte nicht allein die Gewähr individueller Rechte, sondern allzumal die Verbürgung grundlegender Einrichtungen des öffentlichen Lebens, des Unterrichts und des Verhältnisses von Kirche und Staat.[318]

Der Bericht des Verfassungsausschusses der Paulskirche zur Vorlage seines Grundrechtsentwurfs im Plenum nannte drei inhaltliche Hauptzwecke:[319] die Einheitsfunktion (z.B. §§ 130 ff., 156 f., 183 ff., 186 ff.), die Rechtsstaatsfunktion in Abkehr vom Polizeistaat (z.B. §§ 134, 138 ff., 159 f., 172, 174 ff.) und die Modernisierungsfunktion (»Constituiren und Organisiren«) (z.B. §§ 133, 137, 143, 147, 152, 161 ff., 166 ff.). Das entscheidende Novum des Frankfurter Grundrechtskatalogs gegenüber den großen Freiheitsrechtskatalogen von 1789 war in den Worten Jörg-Detlef Kühnes die »Entfesselung der Assoziation«.[320] Dazu trugen die Versammlungs- und Vereinsfreiheit der §§ 161 ff. genauso bei wie die assoziativen Sondergewährleistungen für Religionsgemeinschaften (§ 147), Gemeinden (§ 184 f.), Einzelstaaten (§ 186) und ethnische Minderheiten (§ 188). Neben dem Liberalismus war dafür der damit einhergehende Einfluss der Historischen Rechtsschule germanistischer Prägung entscheidend.[321]

---

[313] *J.-D. Kühne*, in: HGR I, 2004, § 3, Rn. 14.

[314] *E. R. Huber*, Deutsche Verfassungsgeschichte seit 1789, Bd. 3, 3. Aufl. 1988, S. 782 ff.; *A. Weber*, JZ 44 (1989) 21, S. 965 (967).

[315] *U. Scheuner*, in: FS Ernst Rudolf Huber, 1973, S. 139 (149).

[316] *D. Grimm*, I•CON 13 (2015) 1, S. 9 (11).

[317] Zitiert nach *J.-D. Kühne*, Die Reichsverfassung der Paulskirche, 2. Aufl. 1998, S. 179 f. m.N.

[318] *U. Scheuner*, in: FS Ernst Rudolf Huber, 1973, S. 139 (141).

[319] So *G. Beseler* als Berichterstatter des Verfassungsausschusses, in: *F. Wigard*, Reden für die deutsche Nation 1848/1849, Bd. 1, 1988, S. 701 (30. Sitzung v. 3.7.1848).

[320] *J.-D. Kühne*, Die Reichsverfassung der Paulskirche, 2. Aufl. 1998, S. 563–566.

[321] *J.-D. Kühne*, JöR 39 (1990), S. 1 (20); *J.-D. Kühne*, in: HGR I, 2004, § 3, Rn. 14 f.

Für Kühne kann der Gedanke, mit Hilfe der Grundrechte zu äußerer Einheit und innerer Einheitlichkeit zu gelangen, für 1848 gar nicht hoch genug veranschlagt werden. Die Grundrechte wurden teilweise vorab verkündet, um entsprechende Regelungen in den Einzelstaaten zu ermöglichen. Sie sollten zur Einheitsbildung nicht nur auf der Ebene des Gesamtstaates, sondern auch auf der Ebene der Einzelstaaten beitragen, jedenfalls soweit diese ihren Territorialbestand gefährdet sahen.[322] Erstmals überhaupt sollten (staats-)bürgerliche Rechte im modernen Sinne auf Reichsebene gewährleistet werden. Den Katalog der »Grundrechte des deutschen Volkes« (Abschnitt VI der Paulskirchenverfassung) eröffnete § 130: »Dem deutschen Volke sollen die nachstehenden Grundrechte gewährleistet sein. Die Grundrechte sollen den Verfassungen der deutschen Einzelstaaten zur Norm dienen und keine Verfassung oder Gesetzgebung eines deutschen Einzelstaates soll dieselben je aufheben oder beschränken können.« Das entsprach der Ausgangslage der Paulskirche. Sie versuchte, den Bundesstaat von oben zu konstituieren und den Rechtszustand der bestehenden Staaten zugleich mit ihrer Verwandlung zu Gliedstaaten dieses Bundesstaates inhaltlich zu reformieren. Zwar wurde die Grundrechtskompetenz der Einzelstaaten implizit anerkannt, jedoch mit der Klarstellung verknüpft, dass die stärker entwickelten Reichsgrundrechte den nicht unterschreitbaren Mindeststandard definieren sollten.[323]

Sind Grundrechte und Bundesstaatlichkeit als einheitsstiftende und staatsaufbauende Elemente der Paulskirchenverfassung komplementär, so markiert das Jahr 1848 doch auch eine weitere Zäsur und steht damit zugleich für eine gegenläufige Entwicklung des Grundrechtsföderalismus in Deutschland: Von nun an öffnete sich das Verfassungsrecht der Einzelstaaten für die Aufnahme von Grundrechten. Grundrechtsbestimmungen wurden auch in die preußischen Verfassungen von 1848 und 1850 und schließlich in das österreichische Staatsgrundgesetz von 1867 aufgenommen.[324]

2. Einheitsstreben in der Restaurationsära

Nachdem die Revolution von 1848/49 gescheitert und die Bundesversammlung im Jahr 1851 die Grundrechte von 1848 außer Kraft gesetzt hatte,[325] galt für die weitere Entwicklung zum deutschen Bundesstaat im 19. Jahrhundert: Einheit vor Freiheit.[326] Auch die liberalen Kräfte suchten die politische Freiheit in der staatlichen Einheit und nicht in der Bewahrung partikularstaatlicher Viel-

---

322 *J.-D. Kühne*, Die Reichsverfassung der Paulskirche, 2. Aufl. 1998, S. 181 f.

323 *S. Korioth*, in: T. Maunz u.a. (Hrsg.), Grundgesetz-Kommentar, 2018, Art. 142, Rn. 5.

324 *U. Scheuner*, in: FS Ernst Rudolf Huber, 1973, S. 139 (148).

325 S. dazu ebd., S. 152.

326 *J.-D. Kühne*, in: H. Wellenreuther/C. Schnurmann (Hrsg.), Die Amerikanische Verfassung und Deutsch-Amerikanisches Verfassungsdenken, 1991, S. 230 (244).

falt. Als Rezeptionshindernis für die Ideen der Amerikanischen Revolution erwies sich der in Deutschland fehlende Zusammenhang von Freiheit, Demokratie und Einheit.[327] Die strikt monarchisch geprägten Einzelstaaten repräsentierten die verfassungspolitische Rückständigkeit. Eine freiheitliche Legitimation der bundesstaatlichen Ordnung ergab sich daher nicht.[328] Mit dem Sieg der Restauration und der Aufhebung der Grundrechte löste sich zunächst auch die Verschränkung von Grundrechtsteil und Organisationsverfassung.[329] Das Interesse des Bürgertums an den Grundrechten ließ nach, aufgrund der in der Revolution erlittenen Enttäuschungen, aber auch wegen der Liberalisierung im Gesetzesrecht der Einzelstaaten. Sie erfüllte viele der mit Grundrechten verknüpften Forderungen.[330]

In der deutschen nicht-revolutionären Verfassungstradition werden Grundrechte vom Monarchen im Interesse der dynastischen Selbsterhaltung gewährt. Diesen verliehenen Grundrechten fehlte als Staatsbürgerrechten ebenfalls der naturrechtliche Gehalt, mit dem Menschenrechtserklärungen die Amerikanische und die Französische Revolution legitimiert hatten. Sie waren private Freiheiten, mit Ausnahme der Pressefreiheit keine politischen Rechte, und hatten auch keinen Vorrang.[331] Die Grundrechte wurden zum Schutzinstrument der Gesellschaft gegenüber der monarchischen Staatsgewalt. Grundrechte schützten danach nicht lokale Mehrheiten gegenüber der Bundesgesetzgebung oder Minderheiten wie in den USA, sondern sicherten einen unpolitischen gesellschaftlichen Freiheitsraum gegen die Staatsgewalt. Grundrechtsträger war das Bürgertum in Abgrenzung zur Obrigkeit. Bereits im 18. Jahrhundert war in Deutschland eine Tendenz erkennbar, die dem Einzelnen verbliebene Sphäre als staatsfrei zu verstehen, als einen Raum freien Beliebens und privater Staatsferne. Dies steht im Gegensatz zur westlichen Verfassungstradition, die die Bedeutung individueller Grundrechte als Grundlage aktiver politischer Betätigung und damit als Basis eines freien Gemeinwesens betonte.[332] Nach der Niederlage von 1849 konnten sich nicht die politischen Grundrechte – Meinungs-, Presse-

---

[327] *R. Ullner*, Die Idee des Föderalismus im Jahrzehnt der deutschen Einigungskriege, 1965, S. 25 *et passim*.

[328] *H. Holste*, Der deutsche Bundesstaat im Wandel (1867–1933), 2002, S. 258 f.

[329] *J.-D. Kühne*, in: H. Wellenreuther/C. Schnurmann (Hrsg.), Die Amerikanische Verfassung und Deutsch-Amerikanisches Verfassungsdenken, 1991, S. 230 (242). S. zum Paradigmenwechsel im Grundrechtsverständnis auch *D. Grimm*, in: G. Birtsch (Hrsg.), Grund- und Freiheitsrechte von der ständischen zur spätbürgerlichen Gesellschaft, 1987, S. 234 (255) sowie dazu *J.-D. Kühne*, in: HGR I, 2004, § 3, Rn. 28.

[330] *D. Grimm*, I•CON 13 (2015) 1, S. 9 (12).

[331] *E. R. Huber*, Deutsche Verfassungsgeschichte seit 1789, Bd. 1, 1975, S. 314–386 zum süddeutschen Konstitutionalismus; *K. Stern*, Das Staatsrecht der Bundesrepublik Deutschland, Bd. III/1, 1988, § 59 V 3 b) (S. 106–108), § 63 I 3 b) (322 ff.); *K. Stern*, Das Staatsrecht der Bundesrepublik Deutschland, Bd. V, 2000, § 126 IV 3 (S. 216–231); *H. Maurer*, in: HGR III, 2009, § 82, Rn. 10–12; *D. Grimm*, I•CON 13 (2015) 1, S. 9 (10 f.).

[332] *U. Scheuner*, in: FS Ernst Rudolf Huber, 1973, S. 139 (146).

und Versammlungsfreiheit – durchsetzen, sondern die Gewerbefreiheit. Sie gilt als deutsches Modellgrundrecht.[333] Partikularistische Vielfalt, wie sie mit der föderalen Struktur verknüpft ist, mag als Sicherungsmechanismus für die Pressefreiheit wirken; für die Verwirklichung der Gewerbefreiheit bildet sie ein Hindernis.

Das deutsche Grundrechtsdenken war mit einem Modell vordemokratischer Herrschaftslegitimation ohne Rückbindung an die Grundrechtsträger verknüpft. Dem entspricht es auch, dass objektive Verbürgungen institutioneller Art einen breiten Raum einnahmen. Es zeigt sich hier die deutsche, rechtsstaatliche Grundrechtstradition, in der die Gegenüberstellung von Staat und Gesellschaft dominiert.[334] Verknüpft mit dieser Grundrechtskonzeption, in der die Grundrechte die Sphären von monarchischer Staatsgewalt und Gesellschaft definierten, war das Verständnis des Sozialstaats. Mit der Allgemeinwohlsicherung übernimmt die Staatsgewalt eine Aufgabe als Reaktion auf gesellschaftliches Versagen. In den USA dagegen kommt dem Staat keine Gemeinwohlfunktion jenseits der Gesellschaft zu. Vielmehr versteht sich die Gesellschaft selbst als politisch und verwirklicht Gemeinwohlziele im politischen Prozess.[335] Die Abgrenzung zwischen privater und öffentlicher Sphäre ist durch die *Bill of Rights* nicht fixiert, sondern wird hauptsächlich durch die sich wandelnde und häufig als Reaktion auf Krisen zu verstehende Gesetzgebung gezogen.[336]

III. Bundesstaatlichkeit als Ideologie und Verzicht auf einen Grundrechtsteil: Die Reichsverfassung von 1871

In der Reichsverfassung von 1871 war die Bundesstaatlichkeit nicht etwa Konstruktionselement freiheitssichernder Gewaltenteilung, sondern sicherte den Fortbestand der Dynastien und ihrer Bürokratien und diente als Feigenblatt preußischer Hegemonie (1.). Da die Bundesstaatsvorstellung teilweise zur Ideologie entleert wird, besteht eine negative Übereinstimmung von bundesstaatlichen Regelungen und Grundrechten: Es fehlt in der Bismarck-Verfassung nicht nur ein Grundrechtsteil, sondern auch eine »echte« föderale Struktur. Die grundrechtsrelevante Gesetzgebung des Reiches trägt zur Unitarisierung bei.

---

333 *O. Lepsius*, Leviathan 34 (2006) 3, S. 321 (345 f.). S. auch *M. Stolleis*, Geschichte des öffentlichen Rechts in Deutschland, Zweiter Band, 1992, S. 374: »Jahre des ›Freihandels‹, des Hochliberalismus und der theoretischen Trennung von Staat und Gesellschaft« (Fn. ausgelassen).

334 S. für eine Gegenüberstellung von unpolitischem Rechtsstaat in Deutschland und politisch-partizipativ gedachter Demokratie in den USA auch *F. M. Wilke*, JöR 63 (2015), S. 625 (641).

335 *W. Brugger*, StWStP 4 (1993) 3, S. 319 (322, 324); *U. R. Haltern*, Verfassungsgerichtsbarkeit, Demokratie und Mißtrauen, 1998, S. 242 f.

336 *G. Casper*, Sup. Ct. Rev. 1989, S. 311 (328 f.).

Auf diese Weise fügt sich die Grundrechtsrealisierung im einfachen Recht wiederum in die generelle Entwicklung der bundesstaatlichen Struktur ein, die generell von einer starken Unitarisierungstendenz gekennzeichnet ist (2.).

1. Das Deutsche Reich als »dynastisch-bürokratische Pfründenversicherung«

Bei der Errichtung eines monarchischen Bundesstaates mit der Reichsgründung 1871 trat das Motiv freiheitssichernder Gewaltenteilung gegenüber dem vertraglichen Entstehungsvorgang und der nationalstaatlichen Motivation des Zusammenschlusses in den Hintergrund. Auch die Staatsrechtslehre sah die Bundesstaatlichkeit nicht im Zusammenhang mit der Sicherung individueller Freiheit oder als Element der Gewaltenteilung.

Vor allem drei Gründe waren dafür maßgeblich. Zunächst führte die Kompetenzfülle des Bundesrates mit legislativen, exekutiven und judikatorischen Zuständigkeiten zu einer starken Gewaltenverbindung. Außerdem passte die auch durch zahlreiche Personalunionen zwischen Preußen und dem Reich begründete hegemoniale Stellung Preußens nicht in das Bild einer föderalen Gewaltenteilung. Gerhard Anschütz zufolge wurde »eine ganze föderalistische Ideologie und Phraseologie« entwickelt, um die Sorgen der Mittelstaaten zu zerstreuen, »von den beiden unitarischen Riesen, Preußen und dem Reichstag, erdrückt zu werden«.[337] Schließlich dominierte in der deutschen Staatsrechtslehre ohnehin eine ablehnende Haltung gegenüber der Gewaltenteilungslehre Montesquieus, von der es hieß, sie zerstöre die Einheit des Staates.[338] Die Idee der Gewaltenteilung erfuhr ihre klassische Ausprägung in England und Frankreich unabhängig von föderalen Vorstellungen. Bis zu der durch das Grundgesetz markierten Zäsur galt die Gewaltenteilung im deutschen Staatsrecht als zu fremd und andersartig, um sie mit der föderalen Tradition zu verknüpfen. Vor dem Hintergrund der preußisch-deutschen Rechtsstaatstradition wurde die Gewaltenteilung zu einem Element des Rechtsstaatsprinzips. Tendenziell vernachlässigt wurden die Bezüge der Idee zum demokratischen Prinzip.[339]

Demgegenüber prägte die deutsche Tradition der Bundesstaatslehre bis in die Bundesrepublik ein starkes Streben nach Einheit und möglichst einheitlichen Lebensverhältnissen. Das Vorverständnis des deutschen Bundesstaats war weiterhin stark unitarisch geprägt, traditionell an der Mehrheit orientiert und auf

---

337 *G. Anschütz*, VVDStRL 1 (1924), S. 11 (15).

338 *T. F. W. Schodder*, Föderative Gewaltenteilung in der Bundesrepublik Deutschland, 1989, S. 11–14 m.N.

339 *U. Di Fabio*, in: HStR II, 3. Aufl. 2004, § 27, Rn. 11.

das Ideal der Rechtseinheit sowie das Leitprinzip der Einheitlichkeit der Lebensverhältnisse gerichtet.[340]

Für Max Weber war das Deutsche Reich von 1871 vor allem eine »dynastisch-bürokratische Pfründenversicherung«.[341] Es war das Produkt einer Allianz gegen Liberalismus und Demokratie und zur Sicherung preußischer Hegemonie.[342] Die föderale Konstruktion diente gerade dazu, die parlamentarisch-demokratischen Elemente der Reichsverfassung einzudämmen.[343] Auch die Staatsrechtslehre stellte einen Zusammenhang mit dem Schutz der Freiheit nicht her. Paul Laband verengte den Kreis der »Mitglieder des Reiches« mit der Figur der juristischen Person auf die 25 Einzelstaaten. Das Deutsche Reich sei keine juristische Person »von stets sich vermehrenden Millionen Mitgliedern, sondern von 25 Mitgliedern«.[344] Auf diese Weise, so die Kritik Otto von Gierkes, degradierte Laband die einzelnen Deutschen zu »Reichsmittelbaren«.[345] Der Zusammenhang zwischen individueller Freiheit und Bundesstaatlichkeit geriet dabei aus dem Blick. Für Otto Mayer ließ sich die Sonderstellung des Deutschen Reiches als föderaler Ordnung darauf zuspitzen, dass es ein »Monarchenbund« war, während die Vereinigten Staaten von Amerika ihr Staatswesen auf republikanischer Grundlage aufbauten.[346] Die Addition mehrerer monarchischer Souveräne ergab für Mayer aber eben noch keinen neuen Souverän.[347] Ein eigentlicher Bundesstaat war für ihn ohnehin allein in der Republik möglich.[348]

Betrachtet man mit Gerhard Anschütz nicht so sehr die »formalen Rechte«, sondern vielmehr die »Dynamik der politischen Realitäten«, so erwies sich der Einfluss der Einzelstaaten auf die Bildung des Reichswillens im Bundesrat als wenig bedeutsam. Die föderalistische Gestaltung des Reichs zeigte sich stattdessen vor allem in der Zuständigkeitsverteilung zwischen Reich und Einzel-

---

340 *S. Oeter*, Integration und Subsidiarität im deutschen Bundesstaatsrecht, 1998, S. 9 *et passim*.

341 *M. Weber*, in: J. Winckelmann (Hrsg.), Max Weber, Gesammelte Politische Schriften, 1988, S. 306 (417).

342 *F. L. Neumann*, in: A. W. Macmahon (Hrsg.), Federalism Mature and Emergent, 1955, S. 44 (47); s. auch *T. F. W. Schodder*, Föderative Gewaltenteilung in der Bundesrepublik Deutschland, 1989, S. 12.

343 *S. Oeter*, Integration und Subsidiarität im deutschen Bundesstaatsrecht, 1998, S. 29.

344 *P. Laband*, Das Staatsrecht des Deutschen Reiches, Bd. 1, 5. Aufl. 1911, S. 97.

345 *O. von Gierke*, Labands Staatsrecht und die deutsche Rechtswissenschaft (1883), 2. Aufl. 1961, S. 11 f. unter Verweis auf *P. Laband*, Das Staatsrecht des Deutschen Reiches, Bd. 1, 5. Aufl. 1911, §§ 8 und 13 (= S. 62–88, 128–134); vgl. auch *C. Schönberger*, Das Parlament im Anstaltsstaat, 1997, S. 96–100.

346 *O. Mayer*, AöR 18 (1903) 3, S. 337 (337).

347 Ebd., S. 364. S. auch *P. Laband*, Das Staatsrecht des Deutschen Reiches, Bd. 1, 5. Aufl. 1911, S. 97.

348 S. zu Mayer *C. Möllers*, in: J. Aulehner u.a. (Hrsg.), Föderalismus – Auflösung oder Zukunft der Staatlichkeit?, 1997, S. 81 (87 f.); *H. Holste*, Der deutsche Bundesstaat im Wandel (1867–1933), 2002, S. 260.

staaten, die dem einzelstaatlichen Selbstbestimmungsrecht tatsächlich einen sehr großen Spielraum überließ. Die Einzelstaaten übten auf weiten Sachgebieten das Recht der Gesetzgebung aus. Die reichseigene Verwaltung war wenig entwickelt, die »Reservatrechte« waren zahlreich und die Einzelstaaten waren in der Ausführung der Reichsgesetze durch die stets zurückhaltend gehandhabte Reichsaufsicht kaum gehemmt.[349]

Im Laufe des Bestehens der Bismarck'schen Verfassung dokumentierte sich eine deutliche unitarische Tendenz vor allem in der wachsenden Macht des Reichstags gegenüber den anderen Reichsorganen und insbesondere gegenüber Preußen. Diese Entwicklung setzte bereits mit der Novemberkrise von 1908 ein und beschleunigte sich zusehends, vor allem in den letzten beiden Kriegsjahren, wodurch die föderalistischen Elemente der Reichsverfassung noch mehr als zuvor in den Hintergrund gedrängt wurden.[350]

2. Verzicht auf einen Grundrechtsteil

Die Bismarck'sche Reichsverfassung enthielt bekanntermaßen keinen Grundrechtskatalog. Eine reservierte Grundhaltung gegenüber Grundrechten nahm auch die zeitgenössische konservative Staatsrechtslehre ein, die Grundrechte allein als objektivrechtliche Normen verstand.[351] Immerhin fanden einige Grundrechte aus dem Entwurf von 1848 zumindest ansatzweise Eingang in die Reichsverfassung vom 16. April 1871, wie das Indigenat (Art. 3 RV), das Petitionsrecht (Art. 23, 77 RV), die Wehrgleichheit (Art. 57 RV) und darüber hinausgehend ein konkretisiertes Wahlrecht.

Die Gründe für den Verzicht auf einen Grundrechtsteil sind verschiedener Natur. Für die Reichsgründer war es allein Aufgabe der Landesverfassungen, Grundrechtsschutz gegen die eingreifende Staatsgewalt zu gewährleisten, weil nur die Landes- und nicht die Bundesgewalt mit Kompetenzen ausgestattet war, die Grundlage für Eingriffe in Grundrechte sein konnten. Dem vorherrschenden Grundrechtsverständnis zufolge waren Grundrechte allein gegen die Exekutive gerichtet,[352] die zunächst durchweg bei den Ländern lag, nicht jedoch gegen die Legislative. Die Grundrechte sollten sicherstellen, dass Eingriffe der monarchischen Exekutive in Freiheit und Eigentum des Bürgers und damit in den privaten und gesellschaftlichen Bereich nur aufgrund eines Gesetzes zuläs-

---

349 *G. Anschütz*, VVDStRL 1 (1924), S. 11 (16).

350 Ebd.; *S. Oeter*, Integration und Subsidiarität im deutschen Bundesstaatsrecht, 1998, S. 40–44.

351 *H. Maurer*, in: HGR III, 2009, § 82, Rn. 15. Laband schreibt, Grundrechte erinnerten ihn an ehemalige staatliche Eingriffe, die inzwischen »nicht mehr oder nicht mehr in demselben Umfang wie früher« mit den inzwischen erreichten Rechtszuständen vereinbar seien (*P. Laband*, Das Staatsrecht des Deutschen Reiches, Bd. 1, 5. Aufl. 1911, S. 151, Fn. 2).

352 *W. Graf Vitzthum*, VVDStRL 46 (1987), S. 7 (19 f.).

sig waren, also mit Zustimmung der Volksvertretung.[353] Anders als im amerikanischen Modell richteten sich Grundrechte also nicht primär gegen die Legislativen, sondern stärkten deren Rolle sogar.

Eine Begrenzung der Landesgewalt durch Bundesgrundrechte galt als unzumutbare Beeinträchtigung der Verfassungsautonomie der Länder.[354] Diese Einschätzung ist vor dem Hintergrund zu verstehen, dass sich die föderalistische Gestaltung des Reiches weniger in den Mitwirkungsrechten der Einzelstaaten, sondern gerade darin zeigte, dass ihnen kompetenzrechtlich in weiten Bereichen die alleinige Gestaltungsfreiheit überlassen blieb. In dieser Konstellation des Administrativföderalismus und der separaten Sphären hätte ein Grundrechtskatalog eine stark zentralistische Wirkung gehabt.

Ein weiterer Grund für die Zurückhaltung gegenüber einem Grundrechtskatalog in der Reichsverfassung war, dass im Norddeutschen Bund und im Deutschen Reich eine ganze Reihe von Gesetzen erlassen wurde, die bestimmte Rechtsbereiche regelten und dabei auch subjektive Rechte des Bürgers begründeten oder anerkannten, die inhaltlich bestimmten verfassungsrechtlichen Garantien entsprachen. Die Reichsverfassung verlieh dem Reich Zuständigkeiten für grundrechtlich relevante Fragen wie Presse und Vereinswesen (Art. 4 Nr. 16 RV), den zentralen politischen Themenfeldern der Liberalen. Diese Kompetenzen wurden mit Elan wahrgenommen. Das Gesetz über die Freizügigkeit (1867) regelte die Freizügigkeit im Reichsgebiet, die Gewerbeordnung (1869) die Gewerbefreiheit; das Strafgesetzbuch (1870) anerkannte den Grundsatz *nulla poena sine lege*, das Postgesetz (1871) das Briefgeheimnis, das Reichspressegesetz (1874) die Pressefreiheit, das Vereinsgesetz (1908) die Vereins- und Versammlungsfreiheit und die Reichsjustizgesetze (1877) definierten eine Reihe prozessualer Rechte.[355] Die sogenannte Realisierungsthese kommt zu dem Schluss, dass auf diese Weise die wesentlichen im Paulskirchenentwurf von 1848 enthaltenen Grundrechte zum Gesetz erhoben wurden.[356] Da sich die Grundrechte – nach damaligem Verständnis insgesamt und zumal das Briefgeheimnis, die Pressefreiheit sowie die Vereins- und Versammlungsfreiheit – gegen die Exekutive richteten, konnten Reichsgesetze funktional an die Stelle verfassungsrechtlicher Garantien in der Reichsverfassung treten. Da die Exekutivfunktion vor

---

[353] *H. Maurer*, in: HGR III, 2009, § 82, Rn. 11.

[354] So *E. R. Huber*, in: Bewahrung und Wandlung, 1975, S. 132 (133 f.); *K. Remmele*, in: G. Dilcher (Hrsg.), Grundrechte im 19. Jahrhundert, 1982, S. 189 (193).

[355] *E. R. Huber*, in: Bewahrung und Wandlung, 1975, S. 132 (134–142) mit einem aus 18 Einzelgesetzen gebildeten »Katalog der reichsgesetzlichen Grundrechtsgarantien des Bismarckschen Reichssystems« auf S. 138 f.

[356] *E. Eckhardt*, Die Grundrechte der Deutschen, 1913, S. 132–160; *E. R. Huber*, in: Bewahrung und Wandlung, 1975, S. 132 (134–142); *M. Stolleis*, Geschichte des öffentlichen Rechts in Deutschland, Zweiter Band, 1992, S. 372; zu den Einschränkungen insbesondere *J.-D. Kühne*, Die Reichsverfassung der Paulskirche, 2. Aufl. 1998, S. 371 ff. mit genauem Abgleich; s. auch *J.-D. Kühne*, in: HGR I, 2004, § 3, Rn. 79 f. m.w.N.

allem der Landesgewalt anvertraut war, profitierten diese Gesetze zudem vom Vorrang der Reichsgesetze nach Art. 2 RV. Trotz der Abwesenheit eines Grundrechtskatalogs in der Reichsverfassung zeigt sich damit auch an dieser Stelle die enge Verbindung von vorherrschendem Grundrechtsverständnis, Gewaltengliederung und föderaler Struktur.

IV. Grundrechte im demokratischen Bundesstaat der Weimarer Reichsverfassung

Angesichts einer mit dem Monarchenbund verknüpften föderalen Tradition bedurfte es für den demokratischen Bundesstaat 1918/1919 eines Paradigmenwechsels (1.). Auch die Bedeutung der Grundrechte wandelt sich in der Republik (2.). Dabei kann die Weimarer Reichsverfassung wie später das Grundgesetz an die staatsaufbauende Funktion der Grundrechte im Paulskirchenentwurf anknüpfen. Zugleich ist es nur konsequent, dass die stark von einer alle Lebensbereiche durchdringenden Programmatik geprägte Weimarer Reichsverfassung mit Bundesstaatlichkeit und föderaler Differenzierung wenig anzufangen wusste.[357] Vorherrschend war eine Auffassung, die Bundesstaatlichkeit und Grundrechte gemeinsam auf die staatliche Einheit ausrichtete.

1. Neue Ratio der Bundesstaatlichkeit im demokratischen Verfassungsstaat

Mit ihrer unitarischen Tendenz erschien die Weimarer Reichsverfassung »nicht als Antithese der alten, sondern als ihre geradlinige Fortbildung«.[358] Die neue Konzeption der Verfassung relativierte indes die Stellung der Einzelstaaten zwischen Reichsebene und kommunaler Ebene [a)]. Nach dem Ende des dynastisch-monarchischen Bundesstaats musste eine neue Ratio für den nun freiheitlich-demokratischen Bundesstaat gefunden werden.[359] Sie fand sich für die Weimarer Reichsverfassung wie später vor allem für das Bonner Grundgesetz in der Verbindung von Bundesstaatlichkeit und Gewaltenteilungslehre [b)].

[357] Zuspitzend *K. Bilfinger*, VVDStRL 1 (1924), S. 35 (45): »föderalistische […] Konzessionen […] wesentlich als Atrappe [sic!] gedacht«.

[358] *G. Anschütz*, VVDStRL 1 (1924), S. 11 (16).

[359] *I. Härtel*, in: H. Kube u.a. (Hrsg.), Leitgedanken des Rechts, Bd. 1, 2013, S. 273 (274).

a) Relativierung der Stellung der Einzelstaaten im Staatsaufbau

Ausgedient hatte mit dem Ende der Monarchie das vordemokratische Modell des Fürstenbundes.[360] Gerhard Anschütz formulierte dementsprechend, das Reich sei »kein Bund der Länder«, sondern, wenn man an der Denkform »Bund« noch festhalten wolle, der »Bund des gesamten deutschen Volkes«.[361] Aufschlussreich für den Stellenwert der Bundesstaatlichkeit in der Weimarer Reichsverfassung ist neben den Verhandlungen im Weimarer Verfassungsausschuss[362] vor allem die Föderalismus-Konzeption des »Vaters« der neuen republikanischen Verfassung, Hugo Preuß.[363] Der staatsorganisatorische Teil der Verfassung von Weimar gilt als Kristallisation zahlreicher Gedanken und Ideen, die Preuß seit der zweiten Hälfte der achtziger Jahre des 19. Jahrhunderts entwickelt hatte.[364] Bereits in seiner 1889 veröffentlichten Habilitationsschrift, in vielerlei Hinsicht ein wichtiger Schlüssel zu seinem Werk,[365] hatte Preuß auf der Grundlage der Genossenschaftstheorie das Modell eines organischen Staatsaufbaus entwickelt. Preuß konstruierte die politischen Gemeinwesen induktiv vom lokalen zum nationalen Verband, als »aufsteigende Reihe von der Ortsgemeinde bis zum Reiche«.[366]

Mit seinem Entwurf der Reichsverfassung zielte er zugleich darauf, das Reich gegenüber den Ländern zu stärken: »Daß die Einheit des Volkes und des Reiches das Primäre, die Gliederung in Länder das Sekundäre ist«, stand für Preuß »nicht nur an der Spitze« der Reichsverfassung, sondern durchzog als durchgehendes Motiv ihren »gesamten Inhalt«.[367] Nicht mit den Gliedstaaten, sondern mit den Kommunen verband Preuß die Erwartung, dass sie einen Rückfall in obrigkeitsstaatliche Denkstrukturen vermeiden helfen könnten.[368] Auf diese Weise ergänzen sich die zentrale Politikebene und die dezentrale Ebene der kommunalen Selbstverwaltung als zwei komplementäre Aspekte demokratischer Politik.[369] Das Primat des Reichs und die besondere Bedeutung der Kommunen für den organischen Staatsaufbau relativieren die Stellung der

---

[360] S. *A. R. Greber*, Die vorpositiven Grundlagen des Bundesstaates, 2000, S. 193 f. zur Kompatibilität von Bundesstaat und Demokratie.

[361] *G. Anschütz*, VVDStRL 1 (1924), S. 11 (17).

[362] *J.-D. Kühne*, Die Entstehung der Weimarer Reichsverfassung, 2018, S. 166–170.

[363] *E. Grothe*, in: E. Conze (Hrsg.), Jahrbuch zur Liberalismus-Forschung, 2014, S. 343 (345 f., 350 f.).

[364] *A. Voßkuhle*, Der Staat 50 (2011) 2, S. 251 (253).

[365] Ebd., S. 257.

[366] *H. Preuß*, Gemeinde, Staat, Reich als Gebietskörperschaften, 1889, S. 418.

[367] *H. Preuß*, in: D. Lehnert (Hrsg.), Politik und Verfassung in der Weimarer Republik, 2008, S. 307 (330).

[368] *H. Preuß*, in: D. Schefold u.a. (Hrsg.), Öffentliches Recht und Rechtsphilosophie im Kaiserreich, 2009, S. 605 (607 ff.); vgl. *A. Voßkuhle*, Der Staat 50 (2011) 2, S. 251 (259) m.w.N.

[369] *D. Lehnert/C. Müller*, in: D. Lehnert/C. Müller (Hrsg.), Vom Untertanenverband zur Bürgergenossenschaft, 2003, S. 11 (35).

Gliedstaaten als Ebene zwischen Kommunen und Reich gleich doppelt. Stadt- und Landgemeinden, Kreisgemeinden, Provinzen, Gliedstaaten und das Reich sind Gebietskörperschaften.[370] Selbstverwaltung und Bundesstaat erscheinen nur mehr als Entfaltungen ein und desselben Prinzips.[371] Dementsprechend gilt Preuß als »Vordenker einer Verfassungstheorie des Pluralismus«,[372] nicht als föderaler Denker: Die föderale Struktur geht im organischen Staatsaufbau des Pluralismus auf. Preuß' Argumentation von der verfassungsrechtlichen Basis der Kommune aus war vor allem deshalb möglich, weil er den von der deutschen Staatsrechtslehre rezipierten Begriff der Souveränität konsequent ablehnte.[373] Sie bedeutete eine Zäsur gegenüber der Bismarck'schen Reichsverfassung.[374]

b) Verbindung von Bundesstaatlichkeit und Gewaltenteilungslehre

Eine neue Ratio der Bundesstaatlichkeit fand sich in ihrer Verbindung mit der Gewaltenteilungslehre. Zwar wurden Bundesstaat und Gewaltenteilung erst in der Bundesrepublik nachhaltig miteinander verknüpft,[375] doch thematisierten bereits einzelne Autoren der Weimarer Staatsrechtslehre diese Verbindung.[376] Der später für die Bundesrepublik wichtigste Ansatz zu einer Umstellung der Legitimation des deutschen Bundesstaates auf die Vervielfältigung der Gewaltenteilung in einer demokratischen Verfassungsordnung findet sich ausgerechnet bei Carl Schmitt.[377] Schmitt, für den der Deutsche Bund von 1815 das Modell des Bundes bildete,[378] hielt in der demokratisch verfassten Weimarer Republik nur einen »nationalhomogene[n]« Bund, einen Bundesstaat ohne »bündische Grundlage« als selbständigen Typus staatlicher Organisation für möglich. Im Gegensatz zum echten Bund gebe es hier nur »eine *politische* Einheit« und »ein einziges Volk«. Die Bundesstaatlichkeit entfalte eine neutralisierende Wirkung gegenüber dem »labilen Koalitions-Parteien-Staat im Reich«.[379] Durch

---

370 *H. Preuß*, Gemeinde, Staat, Reich als Gebietskörperschaften, 1889, S. 366–383.

371 *A. Voßkuhle*, Der Staat 50 (2011) 2, S. 251 (259).

372 Ebd.; skeptisch *K. Groh*, Demokratische Staatsrechtslehrer in der Weimarer Republik, 2010, S. 257–266.

373 *H. Preuß*, Gemeinde, Staat, Reich als Gebietskörperschaften, 1889, S. 118; *M. Dreyer*, Föderalismus als ordnungspolitisches und normatives Prinzip, 1987, S. 389 f.; *D. Schefold*, in: H. Heinrichs u.a. (Hrsg.), Deutsche Juristen jüdischer Herkunft, 1993, S. 429 (437–441); *K. Groh*, Demokratische Staatsrechtslehrer in der Weimarer Republik, 2010, S. 260–262.

374 *W. Jellinek*, in: HdbDStR, Bd. 1, 1930, § 12 (S. 130).

375 *J. Isensee*, Subsidiaritätsprinzip und Verfassungsrecht, 2. Aufl. 2001, S. 135 f.

376 S. etwa *H. Nawiasky*, Grundprobleme der Reichsverfassung, 1928, S. 8–12.

377 S. allerdings den Hinweis auf die Gewaltenteilung zwischen Union und Einzelstaaten als Legitimationsgrundlage für den Bundesstaat in den *Federalist Papers* bei *H. Preuß*, Gemeinde, Staat, Reich als Gebietskörperschaften, 1889, S. 18–20 (als Teil der »Dogmengeschichte«).

378 *C. Schmitt*, Verfassungslehre, 9. Aufl. 2003, S. 366.

379 *C. Schmitt*, in: Verfassungsrechtliche Aufsätze aus den Jahren 1924–1954, 2003, S. 40 (53). S. auch *C. Schmitt*, Verfassungslehre, 9. Aufl. 2003, S. 389.

ihre Verbindung mit der Gewaltenteilungslehre wurde die Bundesstaatlichkeit für die Formprinzipien des bürgerlichen Rechtsstaates nutzbar.[380] In Schmitts Beurteilung des Bundesstaates zeigen sich deutliche Ambivalenzen, kritisierte er doch wenig später, dass sich die Gefahren der »Parteizerrissenheit« und der »deutschen Vielstaaterei« verbinden würden.[381] Auch Schmitts Schüler Ernst Forsthoff sah 1931 eine enge Verbundenheit des Bundesstaatsbegriffs mit der Gewaltenteilungslehre. Erst das Gewaltenteilungsprinzip habe den Bundesstaat in seiner deutschen Ausprägung möglich gemacht. Dem Bund falle das Schwergewicht in der Gesetzgebung, den Gliedstaaten die Hauptzuständigkeit für die Verwaltung zu. Forsthoff betonte dabei die politische Funktion der Verwaltung, die über eine bloß technisch-mechanische Realisierung eines Gesetzesinhalts hinausgehe. Nicht nur in der Legislative, sondern auch in der Verwaltung manifestiere sich also der Staat »als eine Entscheidungseinheit, als eine in sich geschlossene, gebietende politische Macht«.[382] Die Bundesstaatlichkeit erfährt ihre normative Rechtfertigung nur noch im Verbund mit der Gewaltenteilung. Die Pointe des Forsthoff'schen Bundesstaatsverständnisses wird deutlich, wenn man sich diese Gründe für seine Hinwendung zur Verwaltung als Manifestation des Staats vergegenwärtigt.[383] Sie ist Grundlage des autoritären Verwaltungsstaats.

2. Neue Bedeutung der Grundrechte und ihre strukturellen Implikationen

Stärker als bei der Bundesstaatlichkeit konnte das demokratische Verfassungsrecht der Weimarer Reichsverfassung und später des Grundgesetzes bei den Grundrechten an die Tradition der Paulskirche anknüpfen. Kontinuität zeigte sich darin, dass der Abschnitt über die Grundrechte auch in der Weimarer Reichsverfassung dazu bestimmt war, den »›Geist‹ der Verfassung« zum Ausdruck zu bringen.[384] Gleichwohl ist die Funktion der Grundrechte »in der parlamentarischen Demokratie eine grundsätzlich andere als etwa in der konstitutionell beschränkten Monarchie«.[385] Zu einer neuen Bedeutung der Grundrechte führte vor allem die konzeptionelle Relativierung des mit dem liberalen Staatsmodell verknüpften Gegensatzes von Staat und Gesellschaft [a)] und die

---

380 *S. Korioth*, Integration und Bundesstaat, 1990, S. 174.

381 *C. Schmitt*, Das Reichsstatthaltergesetz, 1933, S. 7; s. auch *C. Schmitt*, DJZ 37 (1932) 15, Sp. 953. Zu diesen Widersprüchen auch *H. Holste*, Der deutsche Bundesstaat im Wandel (1867–1933), 2002, S. 414.

382 *E. Forsthoff*, Die öffentliche Körperschaft im Bundesstaat, 1931, S. 34 f.

383 Im Fokus auf den verwaltungsrechtlichen anstelle des verfassungsrechtlichen Aspekts zeigt sich zugleich die Eigenständigkeit Forsthoffs gegenüber Carl Schmitt, s. *F. Meinel*, Der Jurist in der industriellen Gesellschaft, 2011, S. 60–65.

384 *M. Stolleis*, F.A.Z. v. 11.8.1999 Nr. 184, S. 7. S. auch *C. Gusy*, ZNR 15 (1993), S. 163 (163).

385 *G. Leibholz*, Die Gleichheit vor dem Gesetz, 1925, S. 13.

Grundrechtsbindung der Gesetzgebung [b)]. Die neuen Reichsgrundrechte hatten infolgedessen bedeutende Implikationen für die föderale Struktur [c)].

a) Konzeptionelle Relativierung des Gegensatzes von Staat und Gesellschaft

Die Grundrechte regeln nunmehr das Verhältnis von Staat und Bürger nicht mehr im Sinne einer bloßen Begrenzung der staatlichen Sphäre, einer Abgrenzung von staatlichem und individuellem oder gesellschaftlichem Bereich. Diese Beobachtung ist Ausgangspunkt für einen »Bedeutungswandel der Grundrechte«, wie ihn kurz vor dem Ende der Weimarer Republik auch Ernst-Rudolf Huber diagnostizierte:[386] Die Grundrechte seien »aus Abwehrrechten zu Aufbauelementen des Staates geworden«.[387] Huber formulierte – unter Rückgriff auf Carl Schmitts Grundrechtslehre[388] und mit Bezug auf Ernst Forsthoffs Ausführungen zur öffentlichen Ordnung[389] –, die Grundrechte hätten sich aus »individuellen Freiheiten« zu »Grundformen der öffentlichen Ordnung« entwickelt.[390] Unter öffentlicher Ordnung verstand er den »Zwischenbereich zwischen dem unbedingt staatlichen und dem unbedingt privaten Raume«, der die »für die Existenz der nationalen und sozialen Gemeinschaft [sic!] entscheidenden Formen und Einrichtungen« enthalte.[391] Dabei kommt den Grundrechten durchaus eine strukturelle Aufgabe zu: Sie anerkennen den »Eigenwert der autonomen Lebensbereiche«,[392] erneuern die »Formen und Einrichtungen des sozialen Lebens«, bringen die »Selbstverwaltung der zur realen Einheit zusammengeschlossenen Vielfalt sozialer Kräfte« und machen sie so zur Grundlage auch der verfassungsmäßigen Ordnung.[393] Insofern ist die Schlussfolgerung Hubers konsequent, es gebe »keinen wesensmäßigen Unterschied« von organisatorischem Teil und Grundrechtsteil der Reichsverfassung mehr, weil auch die Grundrechte verfassungsorganisatorischen Charakter trügen.[394] Allerdings ignorierte Huber dabei die organisatorische Ausgestaltung der Demokratie durch die Weimarer Reichsverfassung. Anstatt den Grundrechtsteil im Lichte des organisatorischen Teils der Verfassung zu interpretieren, schlug er die Modifizierung des organisatorischen Teils im Lichte der Grundrechte vor.[395]

---

[386] *E. R. Huber*, AöR 23 (1932) 1, S. 1.

[387] Ebd., S. 83 f.

[388] *C. Schmitt*, Verfassungslehre, 9. Aufl. 2003, S. 170 ff.

[389] *E. Forsthoff*, Die öffentliche Körperschaft im Bundesstaat, 1931, S. 11 ff.

[390] *E. R. Huber*, AöR 23 (1932) 1, S. 1 (83–86).

[391] Ebd., S. 85.

[392] Ebd., S. 90.

[393] Ebd., S. 88 f.

[394] Ebd., S. 97 mit Verweis auf *C. Schmitt*, in: HdbDStR, Bd. 2, 1930, § 101, S. 578–590.

[395] *E. R. Huber*, AöR 23 (1932) 1, S. 1 (98); vgl. *U. Mager*, Einrichtungsgarantien, 2003, S. 47 f.

Diese neue Funktion der Grundrechte ist auch Grundlage für das maßgeblich von Rudolf Smend geprägte Verständnis des Grundrechtskatalogs als »Kultursystem«.[396] In Smends Theorie zählen die materiellen Gehalte der Verfassung wie Präambel und Grundrechtskatalog zu den sogenannten »sachlichen Integrationsfaktoren«,[397] die ein Surrogat für die entfallene monarchische Legitimität bilden sollen.[398] Der Grundrechtskatalog will für Smend eine sachliche Reihe von einer gewissen Geschlossenheit, d.h. ein »Wert- oder Güter-, ein Kultursystem« normieren. Die Grundrechte stehen damit für die Werte gerade der Deutschen, positivieren zwar allgemeinere Werte, verleihen aber eben dadurch den Angehörigen der Staatsnation einen materialen Status, durch den sie sachlich ein Volk, untereinander und im Gegensatz gegen andere, sein sollen.[399] Auch in der Verfassungstheorie Rudolf Smends ergibt sich damit eine Parallele zwischen Grundrechten und Bundestaatlichkeit, dient doch auch die Bundesstaatlichkeit der »Integration«. Die Integrationslehre betrachtet die Einzelstaaten eines Bundesstaats als eine »positive Kraftquelle für das Ganze«. Sie seien in einem »gesunden« Bundesstaat nicht nur »Integrationsobjekt«, sondern vor allem auch »Integrationsmittel«.[400]

b) Grundrechtsbindung der Gesetzgebung

Zu einer Bedeutungsverschiebung führte insbesondere die Grundrechtsbindung der Gesetzgebung. In der demokratischen Republik mit allgemeinem Wahlrecht bestand das Bedürfnis nach Grundrechtsschutz nicht mehr vornehmlich zugunsten einer als »frei« verstandenen Gesellschaft gegenüber dem als »unfrei« definierten Staat, sondern zugunsten politischer Minderheiten gegenüber politischen Mehrheiten.[401] Die Rolle des Reichstags wandelte sich von der einer

---

[396] *R. Smend*, VVDStRL 4 (1927), S. 44; *R. Smend*, in: Staatsrechtliche Abhandlungen und andere Aufsätze, 1994, S. 119 (264); s. auch *F. Nadolski*, Die Unterscheidung und Einteilung der Grundrechte in der neuesten deutschen staatsrechtlichen Literatur, 1931, S. 23, 64; *A. Buschke*, Die Grundrechte der Weimarer Verfassung in der Rechtsprechung des Reichsgerichts, 1930, S. 33; *C.-H. Ule*, AöR 60 (1932) 1, S. 37 (81–85).

[397] *R. Smend*, Verfassung und Verfassungsrecht, 1928, S. 158–167 = *R. Smend*, in: Staatsrechtliche Abhandlungen und andere Aufsätze, 1994, S. 119 (260–268).

[398] *R. Smend*, Verfassung und Verfassungsrecht, 1928, S. 166 mit Anm. 1 = *R. Smend*, in: Staatsrechtliche Abhandlungen und andere Aufsätze, 1994, S. 119 (267 mit Anm. 18); Smend attestiert an dieser Stelle Friedrich Naumann »politischen Scharfsinn«, weil er diese Notwendigkeit eines Surrogats für die monarchische Legitimität erkannt habe; vgl. auch *W. Pauly*, Grundrechtslaboratorium Weimar, 2004, S. 65–67 m.w.N.

[399] *R. Smend*, Verfassung und Verfassungsrecht, 1928, S. 162 f. = *R. Smend*, in: Staatsrechtliche Abhandlungen und andere Aufsätze, 1994, S. 119 (264).

[400] Ebd.; zu Smends Bundesstaatslehre auch *S. Korioth*, Integration und Bundesstaat, 1990, insb. S. 164–170.

[401] *H. Rittstieg*, Eigentum als Verfassungsproblem, 1975, S. 207 ff., 222 ff., 252 ff. m.w.N.; *C. Gusy*, Richterliches Prüfungsrecht, 1985, S. 74 ff. m.w.N.; *C. Gusy*, ZNR 15 (1993), S. 163 (164).

staatsbegrenzenden Vertretung der Gesellschaft zu der eines besonders legitimierten Staatsorgans. Christoph Gusy bezeichnet diesen Wandel als »Verstaatlichung« des Parlaments, die auch seine Grundrechtsbindung prägte.[402] Zwar enthielt die Verfassung von Weimar keine allgemeine Bestimmung, welche die Grundrechtsbindung der Gesetzgebung ausdrücklich anordnete. Sie ließ sich jedoch aus dem Wortlaut der meisten Grundrechtsgarantien herleiten, wenn diese etwa Handlungsaufträge an die Legislative[403] oder doch Einschränkungsvorbehalte zugunsten des Gesetzgebers[404] enthielten. Sie war auch allgemein anerkannt.[405] Der neue Stellenwert, der den Grundrechten für das deutsche Verfassungsrecht mit der Weimarer Reichsverfassung und noch verstärkt mit dem Grundgesetz zukam, stützte sich maßgeblich auf den Vorrang der Verfassung.[406] Die Einführung grundrechtlicher Bindungen der Gesetzgebung in die Verfassungstexte und die gerichtliche Überprüfbarkeit der Einhaltung dieser Bindungen gilt überhaupt als Voraussetzung für ein anspruchsvolles Verständnis des Vorrangs der Verfassung.[407]

Allerdings war die Frage, ob die Grundrechte auch gegenüber der Legislative galten, von derjenigen zu unterscheiden, welche Grundrechtswirkungen ihr gegenüber eintreten konnten. Die Weimarer Reichsverfassung unterschied verschiedene Formen der Grundrechtsbindung: Grundrechte ohne Gesetzesvorbehalt konnten nur durch verfassungsänderndes Gesetz im Wege des Art. 76 WRV eingeschränkt werden.[408] Demgegenüber unterlagen Grundrechte unter Gesetzesvorbehalt einer prinzipiell unbegrenzten Einschränkbarkeit durch den Gesetzgeber.[409] Einen Vorbehalt des Reichsgesetzes formulierten die Art. 111 WRV (Freizügigkeit im Reich), Art. 112 Abs. 1 WRV (Auswanderungsrecht), Art. 117 WRV (Briefgeheimnis), Art. 151 Abs. 3 (Freiheit des Handels und Gewerbes), Art. 154 WRV (Erbrecht), Art. 157 WRV (Arbeitsrecht). Diese Grund-

---

[402] Ebd., S. 167.

[403] Etwa Art. 107 f. WRV (Einrichtung von Verwaltungsgerichten), Art. 157 Abs. 2 WRV (Schaffung eines Arbeitsrechts); Art. 164 WRV (Mittelstandsförderung).

[404] Etwa Art. 111 Abs. 1 Satz 3 WRV (Freizügigkeit); Art. 115 Satz 2 WRV (Unverletzlichkeit der Wohnung); Art. 118 Abs. 1 Satz 1 WRV (Meinungsfreiheit); Art. 153 Abs. 1 Satz 2 WRV (Eigentumsrecht).

[405] *C. Gusy*, ZNR 15 (1993), S. 163 (167) mit Hinweis auf *R. Thoma*, in: H. C. Nipperdey (Hrsg.), Die Grundrechte und Grundpflichten der Reichsverfassung, 1975, S. 1 (37 f.).

[406] *C. Gusy*, Die Weimarer Reichsverfassung, 1997, S. 145.

[407] *C. Schönberger*, in: FS Wahl, 2011, S. 385 (402).

[408] Art. 112 Abs. 3 WRV: Auslieferungsverbot, Art. 113 WRV: Schutz der »volkstümlichen Entwicklung« für die »fremdsprachigen Volksteile des Reichs«, Art. 116 WRV: keine Strafe ohne Gesetz, Art. 126 WRV: Petitionsrecht, Art. 136 WRV: bürgerliche und staatsbürgerliche Rechte und Pflichten und Ausübung der Religionsfreiheit, Art. 142 WRV: Freiheit von Kunst, Wissenschaft und Lehre, Art. 149 Abs. 2 WRV: Religionsunterricht, Art. 159 WRV: Vereinigungsfreiheit zur Wahrung und Förderung der Arbeits- und Wirtschaftsbedingungen.

[409] Art. 114 WRV: persönliche Freiheit, Art. 115 WRV: Unverletzlichkeit der Wohnung, Art. 152 WRV: Vertragsfreiheit im Wirtschaftsverkehr, Art. 153 WRV: Eigentumsrecht.

rechte prägten den Grundrechtsföderalismus dadurch, dass sie Sperrwirkung gegenüber Landesgesetzen entfalteten, aber gegenüber Reichsgesetzen zur Einschränkung offenstanden.[410]

Die Effektivierung der Grundrechtsbindung des Gesetzgebers war Gegenstand des Streits um das richterliche Prüfungsrecht in der Weimarer Republik.[411] Die Nationalversammlung hatte nach kontroverser Debatte die Statuierung eines solchen Rechts gegen Reichsgesetze abgelehnt und die obersten Gerichte des Reiches auf die föderalistische Normenkontrolle (Art. 13 Abs. 2 WRV) beschränkt. Den naheliegenden Schluss, dass die gerichtliche Prüfung der Verfassungsmäßigkeit förmlicher Reichsgesetze demnach unzulässig sei, zog daraus indes nur ein Teil der zeitgenössischen Literatur.[412] Insbesondere die Rechtsprechung nahm für sich in Anspruch, auch Reichsgesetze auf ihre formelle und materielle Verfassungsmäßigkeit überprüfen zu dürfen.[413] Hintergrund der Forderungen verstärkter Grundrechtsbindung war die Kompetenzverteilung zwischen Legislative und Judikative in der demokratischen Republik. Bemerkenswerterweise beschränkte sich die Diskussion nahezu ausschließlich auf Grundrechte, die hergebrachte Besitzstände perpetuierten wie Art. 129 WRV (Beamtenrechte) und Art. 153 WRV (Eigentumsschutz) oder einer Umgestaltung der Sozialordnung durch die Legislative Grenzen zogen (Art. 109 WRV).[414]

c) Implikationen für die föderale Struktur

Durch beide miteinander verknüpften Entwicklungen – die konzeptionelle Relativierung des Gegensatzes von Staat und Gesellschaft und die Grundrechtsbindung auch der Gesetzgebung – wird die Bedeutung und potentielle Reichweite der Grundrechte gesteigert. In der Folge gerät in der Weimarer Republik die Verwirklichung des Grundrechtsschutzes in ein Spannungsverhältnis mit Belangen der Bundesstaatlichkeit. Die Grundrechte der Reichsverfassung wirkten sich in verschiedener Weise auf die föderale Struktur und die Eigenständigkeit der Länder aus. Dabei unterlag die Grundrechtsrealisierung durch die Reichsgesetzgebung einem Wandel. Kam die Initiative in den frühen Jahren zentral der Gesetzgebung zu, so verlor sich diese Schubkraft etwa seit dem Jahre

---

[410] *C. Gusy*, ZNR 15 (1993), S. 163 (168 f.) m.w.N.

[411] *C. Gusy*, Richterliches Prüfungsrecht, 1985, S. 76 ff. m.w.N.

[412] S. etwa *L. Wittmayer*, Die Weimarer Reichsverfassung, 1922, S. 472; *R. Thoma*, AöR 43 (1922) 3, S. 267; *G. Anschütz*, Die Verfassung des Deutschen Reiches vom 11. August 1919, 14. Aufl. 1933, S. 370–375; a.A. etwa *H. Triepel*, AöR 39 (1920) 4, S. 456 (535–538); *E. Kaufmann*, VVDStRL 3 (1927), S. 2 (19–22).

[413] Entscheidungen des Reichsfinanzhofes, Bd. 5, 333, 334 ff. (Urt. v. 23.3.1921, III A 9/21); Bd. 7, 97 (Urt. v. 12.10.1921, IVa A 24/21); Entscheidungen des Reichsgerichts in Zivilsachen, Bd. 102, 161, 164 (Urt. v. 28.4.1921, VI 368/20).

[414] *C. Gusy*, ZNR 15 (1993), S. 163 (168).

1921, nachdem die Parteien der Weimarer Koalition die Mehrheit im Reichstag eingebüßt hatten. In das Zentrum der Diskussion um grundrechtsverwirklichende Gesetze rückten fortan neben bürokratischen vor allem föderalistische Aspekte.[415]

Mit Blick auf die Gesetzgebung der Länder kritisierte Leo Wittmayer deren »Bindung und Unterbindung, Einschränkung und Aushöhlung« unter anderem durch die Reichsgrundrechte.[416] Wittmayer registrierte zudem eine »gewisse Konnivenz oder sogar Selbstdisziplin« der Länder bei der Aufstellung eigener Grundrechte.[417] Auch Max Wenzel gelangte im Handbuch des Deutschen Staatsrechts zu der Einschätzung, dass die wenigen einzelstaatlichen Grundrechtskataloge angesichts der umfassenden Normierungen der Reichsverfassung praktisch verdrängt gewesen seien.[418]

Über punktuelle Gewährleistungen hinausgehende Grundrechtskataloge enthielten die Landesverfassungen von Baden, Bayern, Braunschweig, Mecklenburg-Schwerin, Mecklenburg-Strelitz (vorläufige Verfassung von 1919), Oldenburg, Schwarzburg-Sondershausen und Württemberg.[419] Das endgültige Landesgrundgesetz von Mecklenburg-Strelitz von 1923 ordnete in seinem § 3 eine in ihrem rechtlichen Gehalt offene Vollrezeption der Grundrechte der Reichsverfassung an. Eine Sonderrolle nimmt die Verfassung der – vom Reich getrennten und eigenstaatlichen – Freien Stadt Danzig von 1922 ein, deren Grundrechtskatalog weitgehend dem der Reichsverfassung entsprach. Das Obergericht Danzig entfaltete auf dieser Grundlage eine reichhaltige und phasenweise richtungsweisende Grundrechtsrechtsprechung im Rahmen seiner Plenarentscheidungen, die in der Sache die ersten Normenkontrollen der deutschen Rechtsgeschichte anhand von geschriebenen Grundrechten darstellten.[420]

Die auch von den Zeitgenossen diagnostizierten Implikationen der Reichsgrundrechte auf die föderale Struktur betrafen demnach zum einen die Einschränkung der Gesetzgebung der Länder und zum anderen die Bedeutung der Grundrechte in den Landesverfassungen. Während sich vor allem der Bedeutungsverlust der Landesgesetzgebung später in der Bundesrepublik noch fort-

---

415 Ebd., S. 168.

416 *L. Wittmayer*, Die Weimarer Reichsverfassung, 1922, S. 177.

417 Ebd., S. 172.

418 *M. Wenzel*, in: HdbDStR, Bd. 1, 1930, § 53, S. 670.

419 S. zu den nur rudimentären Grundrechtskodizes der meisten Landesverfassungen der Weimarer Zeit auch ebd., S. 617; *K. Stern*, Das Staatsrecht der Bundesrepublik Deutschland, Bd. III/2, 1994, § 93 III 3. In Bayern konnte die Verletzung verfassungsrechtlich festgelegter Rechte mit der Verfassungsbeschwerde zum Staatsgerichtshof gerügt werden, s. §§ 70 Abs. 1, 93 Abs. 1 Verf. Bayern von 1919; Gesetz über den Staatsgerichtshof v. 11.6.1920 (GVBl. S. 323) mit späteren Änderungen. S. *H. Maurer*, in: HGR III, 2009, § 82, Rn. 34.

420 *F. Wittreck*, in: F. Wittreck (Hrsg.), Weimarer Landesverfassungen, 2004, S. 1 (8–10); zu Danzig *F. Wittreck*, ZRG GA 121 (2004), S. 415.

setzen wird, wird der Bedeutungsverlust der Landesgrundrechte vor allem im Vergleich mit der Situation im Kaiserreich deutlich.

V. Grundrechte als Wertordnung im unitarischen Bundesstaat des Grundgesetzes

Unter dem Grundgesetz entfaltet die Verknüpfung der Bundesstaatlichkeit mit der Gewaltenteilung ihre eigentliche Durchschlagskraft. Zugleich ist die Legitimierung der Bundesstaatlichkeit nicht nur angesichts ausgeprägter Unitarisierungstendenzen herausgefordert (1.). Auch die überragende Bedeutung der neuen Grundrechtsordnung nicht zuletzt in der Rechtsprechung des Bundesverfassungsgerichts gerät in ein Spannungsverhältnis mit der föderalen Struktur (2.).

1. Probleme der Legitimierung der Bundesstaatlichkeit

Die Umstellung des im Ausgangspunkt mit dem Monarchenbund verknüpften bundesstaatlichen Denkens auf den demokratischen Verfassungsstaat bereitete in Deutschland durchaus nachhaltige Schwierigkeiten. Auch deshalb wurde die Bundesstaatlichkeit in den Beratungen des Parlamentarischen Rates bei der Ausarbeitung des Grundgesetzes eher nüchtern betrachtet. Gleichwohl spielte sie dort eine wichtige Rolle. Der Parlamentarische Rat folgte den Vorgaben des Alliierten Kontrollrats, verband sie jedoch mit der deutschen Tradition der Bundesstaatlichkeit. Den Abgeordneten war die spezifisch deutsche föderale Tradition durchaus präsent. Sie nahmen in ihren Beratungen nicht nur auf Weimarer Republik und Kaiserreich, sondern auch auf die Reichsverfassung von 1849 Bezug. Trotz des Einflusses der Alliierten setzte sich ein unitarisch angelegter Bundesstaat mit einer starken Bundesgewalt durch.[421] Dennoch war der Wandel des Bundesstaatsverständnisses grundlegend. Daher ist es ideengeschichtlich eine plausible Einordnung, dass die unter dem Grundgesetz verwirklichte Verbindung von Föderalismus und Demokratie den *Federalist Papers* näher stehe als der deutschen konstitutionellen Bundesstaatslehre des 19. Jahrhunderts.[422] Trotz des klaren Bruchs in der Tradition des Föderalismus, den der demokratische Verfassungsstaat erforderlich machte, vermittelte allerdings ein Moment Kontinuität: die starke unitarische Ausrichtung deutscher Bundesstaatlichkeit.[423] Ihre Legitimation findet die Bundesstaatlichkeit fortan weniger in einer Ergänzung der

---

421 *H. Boldt*, ZSE 1 (2003) 4, S. 505 (512 f., 524).

422 *M. Dreyer*, Föderalismus als ordnungspolitisches und normatives Prinzip, 1987, S. 604–606.

423 *S. Oeter*, Integration und Subsidiarität im deutschen Bundesstaatsrecht, 1998.

»vertikalen« Gewaltenteilung [a)], sondern vielmehr als Element der horizontalen Gewaltenteilung [b)].

a) Bundesstaatliche Ergänzung der vertikalen Gewaltenteilung

Die bereits in der Weimarer Republik entwickelten Ansätze zur Gewaltenteilung als neuer »ratio essendi« des Bundesstaates entfalteten nun in der Bundesrepublik ihre eigentliche Durchschlagskraft.[424] Auch in der Verfassungsrechtslehre kann man erst in der Bundesrepublik von einer umfassenden Rezeption des amerikanischen Föderalismus in seiner Verbindung von Bundesstaat und Demokratie sprechen. Die durch die Bundesstaatlichkeit bewirkte »vertikale« Gewaltenteilung wurde als notwendige Ergänzung[425] oder gar als Ersatz[426] der »klassischen« Gewaltenteilung verstanden. Die Verfassungsväter und -mütter wollten ein institutionelles Design mit Strukturen schaffen, die besser vor einem totalitären Umsturz schützen als die Weimarer Verfassung. Dazu soll die »Eigenstaatlichkeit« der Länder beitragen. Die Ewigkeitsklausel des Art. 79 Abs. 3 GG nennt deshalb auch die Gliederung des Bundes in Länder, die grundsätzliche Mitwirkung der Länder bei der Gesetzgebung und die Bundesstaatlichkeit.[427] Der Gedanke Carl Schmitts zur Umstellung der Legitimation des deutschen Bundesstaates auf eine Vervielfältigung der Gewaltenteilung lässt sich nicht nur – wie bei Ernst Forsthoff – für den autoritären Verwaltungsstaat, sondern auch für die Freiheitssicherung und Freiheitserweiterung im demokratischen Rechtsstaat fruchtbar machen.[428] Schmitt hatte, wie Stefan Korioth herausstellt, einen Weg zu dem eröffnet, »was Smend fordert, selbst aber nicht durchführt, nämlich die politische Berechtigung des Bundesstaates aus der bestehenden geschichtlichen Situation zu bestimmen«.[429]

Das Bundesverfassungsgericht erkennt in der Kompetenzaufteilung nach Art. 30 und Art. 83 ff. GG mit der grundsätzlich umfassenden Verwaltungszuständigkeit der Länder ein »Element zusätzlicher funktionaler Gewalten-

---

[424] *J. Isensee*, Subsidiaritätsprinzip und Verfassungsrecht, 2. Aufl. 2001, S. 135 f.

[425] *H. Peters*, Die Gewaltentrennung in moderner Sicht, 1954, S. 24 f.; *W. Weber*, in: Spannungen und Kräfte im westdeutschen Verfassungssystem, 1970, S. 9 (24–26) zum Versagen der klassischen Gewaltenteilung unter dem Grundgesetz; *W. Weber*, in: Spannungen und Kräfte im westdeutschen Verfassungssystem, 1970, S. 57 (63–65) zur »zernierenden Wirkung« des »Als-Ob-Föderalismus«; *K. Hesse*, Der unitarische Bundesstaat, 1962, S. 27; *K. Hesse*, in: H. Kunst u.a. (Hrsg.), Evangelisches Staatslexikon, 1975, Sp. 258; *F. Kopp*, in: B. Rill (Hrsg.), Freiheitliche Tendenzen der deutschen Geschichte, 1989, S. 104 (109): »Gewaltenteilung im weiteren Sinn«; *H.-J. Vogel*, in: E. Benda u.a. (Hrsg.), Handbuch des Verfassungsrechts der Bundesrepublik Deutschland, 1994, S. 1041, Rn. 17: »Verbreiterung«.

[426] *E. v. Hippel*, Gewaltenteilung im modernen Staate, 1950, S. 35 *et passim*; *W. Geiger*, Mißverständnisse um den Föderalismus, 1962, S. 31.

[427] *M. Hailbronner*, Tradition and Transformations, 2015, S. 51 f.

[428] *M. Jestaedt*, in: HStR II, 3. Aufl. 2004, § 29, Rn. 6.

[429] *S. Korioth*, Integration und Bundesstaat, 1990, S. 174.

teilung«. Sie verteile politische Macht und setze ihrer Ausübung einen verfassungsrechtlichen Rahmen, der diese Machtverteilung aufrechterhalten und ein Zusammenwirken der verschiedenen Kräfte sowie einen Ausgleich widerstreitender Belange ermöglichen solle.[430] Auch dem Bundesverfassungsgericht zufolge dient die vertikale Gewaltenteilung der Freiheitswahrung der Bürger.[431]

b) Bundesstaatlichkeit als Element der horizontalen Gewaltenteilung

Die für den Zusammenhang von Bundesstaatlichkeit und Gewaltenteilung in der Bundesrepublik immer noch maßgeblichen Erwägungen formulierte Konrad Hesse in seiner Schrift über den unitarischen Bundesstaat von 1962.[432] Hesse beließ es nicht bei der Feststellung, dass die bundesstaatliche Struktur tatsächlich eine gewaltenteilende Wirkung habe. Vielmehr bildet die Gewaltenteilung normativ einen Legitimationsgrund der Bundesstaatlichkeit.[433] Entscheidend dafür ist, dass die Bundesstaatlichkeit die horizontale Gewaltenteilung ergänzt[434] und auf diese Weise zu einer Mäßigung der Mehrheitsdemokratie beiträgt.[435] Insbesondere bringe die Institution des Bundesrates das »administrative Element« in der staatlichen Willensbildung zur Geltung, ohne das im planenden, lenkenden und verteilenden Staat eine sachgemäße Willensbildung nicht mehr möglich sei.[436] Zugleich bewirke der Bundesrat eine Zuordnung innerhalb der vollziehenden Gewalt, indem er die mehr durch das »Grundsätzliche und Richtunggebende« bestimmte Aufgabe der Bundesexekutive mit der mehr auf die »sachgemäße Ausgestaltung und das Konkrete« gerichteten Aufgabe der Länderexekutiven verknüpfe. Dieser Zusammenhang finde seinen Ausdruck in der Aufgabe des Bundesrates, die Verwaltungserfahrung der Länder für die Bundesgesetzgebung fruchtbar zu machen. Mit der Rolle des Bundesrates seien zugleich gewaltenbalancierende Wirkungen verbunden, die besonders

---

430 BVerfGE 55, 274 (318 f.), 2 BvF 3/77 – *Berufsausbildungsabgabe*; 108, 169 (181), 2 BvF 6/98 – *Telekommunikationsgesetz*.

431 BVerfGE 104, 249, 279, 2 BvG 2/00 (2002) – *Bundesauftragsverwaltung*.

432 *K. Hesse*, Der unitarische Bundesstaat, 1962; s. dazu *S. Oeter*, Integration und Subsidiarität im deutschen Bundesstaatsrecht, 1998, S. 252–258. Mit besonderer Entschiedenheit betont Gewaltenteilungselement neben Hesse auch *W. Schmidt*, AöR 87 (1962) 3, S. 253 (266–270).

433 *T. F. W. Schodder*, Föderative Gewaltenteilung in der Bundesrepublik Deutschland, 1989, S. 20.

434 *K. Hesse*, Der unitarische Bundesstaat, 1962, S. 27; *K. Hesse*, in: H. Kunst u.a. (Hrsg.), Evangelisches Staatslexikon, 1975, Sp. 258.

435 *K. Hesse*, Der unitarische Bundesstaat, 1962, S. 27 f.

436 Ebd., S. 27, 32; vgl. *S. Oeter*, Integration und Subsidiarität im deutschen Bundesstaatsrecht, 1998, S. 257; *W. Weber*, in: Spannungen und Kräfte im westdeutschen Verfassungssystem, 1970, S. 288 (294).

deutlich würden, wenn die Mehrheitsverhältnisse im Bundesrat nicht denen des Bundestages entsprächen.[437]

Dagegen sind für Hesse die Wirkungen der »vertikalen« Gewaltenteilung im unitarischen Bundesstaat wesentlich abgeschwächt, weil die Länder angesichts enger gewordener selbständiger politischer Gestaltungsmöglichkeiten kein echtes Gegengewicht zum Bund mehr bilden. Blicke man auf die »realen politischen Kräfte«, so zeige sich eine modifizierte Form der Gewaltenteilung, in der die Länderministerialbürokratien unter Einbringung spezifisch administrativer Expertise ein Gegengewicht zu Regierung und Gesetzgebung auf Bundesebene bildeten.[438] An die Stelle der vertikalen Gewaltenteilung tritt damit die »horizontale« Gewaltenteilung zwischen Bundestag und Bundesregierung einerseits und Bundesrat andererseits. Die Unitarisierung des Bundesstaates bedeute deshalb keine Zentralisierung.[439] Darüber hinaus bilde das föderative Prinzip freier Einigung in verfassungskultureller Hinsicht ein Grundelement politischer Freiheit, weil es eher auf gegenseitige Ergänzung und Zusammenwirken angelegt sei als auf Befehl und Zwang.[440]

Angesichts sich angleichender Lebensverhältnisse in den Ländern fand Hesses Umstellung der Legitimation der Bundesstaatlichkeit auf die Ergänzung der horizontalen Gewaltenteilung breite Zustimmung.[441] Die Einwände, die gegen sein Paradigma des unitarischen Bundesstaats formuliert wurden,[442] sind zunächst begrifflicher Natur. Anders als bei der Gewaltenteilung stehe bei der Bildung föderativer Strukturen nicht das Problem der Gewaltenbegrenzung im Vordergrund, sondern das Problem der Zusammenführung unterschiedlicher Gewalten.[443] Daraus leitet sich das Argument ab, die Bundesstaatlichkeit könne nicht mit der auf Gewaltenbegrenzung ausgerichteten Idee der Gewaltenteilung in Verbindung gebracht werden.[444] Allerdings verkürzt dieser ausschließliche Fokus auf die »Hemmung« der Gewalten die Idee der Gewaltenteilung. Ein wesentlicher Aspekt der Gewaltenteilung besteht gerade darin, dass sie effektive Herrschaft ermöglicht und zugleich rationalisiert. Gewaltenteilung bedeutet

437 *K. Hesse*, in: H. Kunst u.a. (Hrsg.), Evangelisches Staatslexikon, 1975, Sp. 258 (264 f.).

438 *K. Hesse*, Der unitarische Bundesstaat, 1962, S. 27–29.

439 Ebd., S. 21.

440 *K. Hesse*, Grundzüge des Verfassungsrechts der Bundesrepublik Deutschland, 20. Aufl. 1995, Rn. 233.

441 S. etwa *E.-W. Böckenförde*, in: J. Jekewitz u.a. (Hrsg.), Politik als gelebte Verfassung, 1980, S. 182 (187, 194).

442 Zeitgenössische Kritiken an Hesses Paradigma formulierten *U. Scheuner*, DÖV 15 (1962) 17–18, S. 641 (645 f.); *R. Herzog*, ZfP N.F. 10 (1963) 2, S. 145 (153) (affirmativ); *P. Lerche*, VVDStRL 21 (1964), S. 66 (78–84).

443 *O. Beaud*, Der Staat 35 (1996) 1, S. 45 (55).

444 S. etwa *P. Lerche*, VVDStRL 21 (1964), S. 66 (81, 83): Der Föderalismus diene nicht der »Mäßigung«, sondern sei die »Kunst des Möglichen«. Allerdings geht es Lerche nur darum, dass man den Gesichtspunkt der Gewaltenteilung nicht »einseitig herauszieh[t]«, s. *P. Lerche*, Schlusswort zur Diskussion, ebd., S. 141.

damit Herrschaftsbändigung wie Herrschaftsermöglichung. Mit der Gewaltenteilung verknüpft ist sowohl die Freiheit vom Staat als auch die durch staatliche Herrschaft erst ermöglichte Freiheit, also letztlich der Antagonismus zwischen negativer, liberaler Freiheit und positiver Freiheit im demokratischen Gemeinwesen.[445] Auch vertikale Gewaltenteilung bedeutet nicht Gewaltentrennung.[446] Sie bedeutet vielmehr die Beteiligung verschiedener politischer Organisationen und Kräfte an einer Funktion mit dem Ziel des Ausgleichs und des Kompromisses. Angemessener ist daher der Begriff der Gewaltengliederung.[447] Nur vom Standpunkt eines liberal-introvertierten, antistaatlichen Verständnisses passt also eine bundesstaatliche Struktur, die nicht auf Staatsabwehr oder Staatsminderung zielt, nicht zur Gewaltenteilung.[448]

Ein weiterer Einwand gegen die Verknüpfung der Bundesstaatlichkeit mit der Idee der Gewaltengliederung lautet, dass dadurch die »raumverhaftete[n], radizierte[n] Momente«,[449] der »regionale[...] Gedanke«, die Errichtung einer Mehrzahl ergänzender Entscheidungszentren und die Gestaltung einer Vielfalt des politischen Lebens als Motive für die Rechtfertigung des Föderalismus verdrängt werden.[450] Damit sind die Rechtfertigungsgründe für die Bundesstaatlichkeit benannt, die den Bundesstaat als Zweck an sich ansehen und nicht mit Hilfserwägungen oder funktionalen Erwägungen legitimieren.[451] Allerdings ist es gerade Hesses Ausgangspunkt, dass die Bedeutung regionaler Unterschiede in Deutschland bereits in den 1960er Jahren deutlich geschwunden war.[452]

Von grundlegender Bedeutung ist ein normativer Kritikpunkt. Er zielt auf die legitimierende Rolle, die der technokratischen Kompetenz der Länderexekutive bei Hesse zukommt, ohne im Grundgesetz so vorgesehen zu sein.[453] Dieser Punkt verdeutlicht, dass Hesses Idee bundesstaatlicher Gewaltenteilung der Schmitt-Forsthoff'schen Konzeption in dieser Hinsicht so fern gar nicht steht. So ist es nur konsequent, dass Konrad Hesse in seiner Deutung des unitarischen Bundesstaates der Bundesrepublik zwar in explizit Smend'schen Begriffen, je-

---

445 *C. Möllers*, Die drei Gewalten, 2008, S. 44 f., anknüpfend an *H. Arendt*, On Revolution (1965), 1990, S. 267 f.

446 S. *E.-W. Böckenförde*, in: J. Jekewitz u.a. (Hrsg.), Politik als gelebte Verfassung, 1980, S. 182 (188).

447 Ebd., S. 188; *U. Di Fabio*, in: HStR II, 3. Aufl. 2004, § 27, Rn. 11–13; *C. Möllers*, Gewaltengliederung, 2005.

448 *J. Isensee*, AöR 115 (1990) 2, S. 248 (269); *J. Isensee*, in: HStR VI, 3. Aufl. 2008, § 126, Rn. 261.

449 *J. Isensee*, AöR 115 (1990) 2, S. 248 (261).

450 *U. Scheuner*, AöR 95 (1970) 3, S. 353 (398 f.).

451 *U. Volkmann*, Grundzüge einer Verfassungslehre der Bundesrepublik Deutschland, 2013, S. 273.

452 *K. Hesse*, Der unitarische Bundesstaat, 1962, S. 12.

453 *C. Möllers*, in: J. Aulehner u.a. (Hrsg.), Föderalismus – Auflösung oder Zukunft der Staatlichkeit?, 1997, S. 81, S. 94 f.

doch durchaus ähnlich ansetzte,[454] wenn er die Bundesstaatlichkeit als rechtsstaatliche Ergänzung des politischen Formprinzips der Demokratie vorstellt.[455]

2. Grundrechtsjudikatur als Herausforderung für die föderale Struktur

Als Beitrag zur Unitarisierung erweist sich neben der Konzentration staatlicher Aufgaben beim Bund und der Selbstkoordination von Bund und Ländern[456] auch die Grundrechtsjudikatur des Bundesverfassungsgerichts. Sie entfaltet die Grundrechte als Wertordnung [a)]. Die erweiterte Bedeutung der Grundrechte, die nicht länger nur maßgebliche Grundlage für die Gestaltung des Verhältnisses von Staat und Bürger sind, sondern denen auch eine objektive Dimension zukommt, die die gesamte Rechtsordnung durchdringt, erweist sich als Herausforderung für die föderale Struktur [b)]. Das Spannungsverhältnis von Grundrechten und Bundesstaatlichkeit ist auch in der Rechtsprechung des Bundesverfassungsgerichts dokumentiert [c)].

a) Wertordnungsjudikatur

Bereits in den Verfassungsberatungen formulierte Carlo Schmid, bei den Grundrechten des Grundgesetzes handele es sich »um eine Entscheidung, das staatliche Leben nach einer gewissen Richtung hin zu formen«.[457] Zunächst allerdings war der normative Anspruch des als Provisorium gedachten Grundgesetzes insgesamt bescheiden. Das Grundgesetz schien gerade im Vergleich zur Weimarer Reichsverfassung eher der älteren Tradition der starren, die Staatsgewalt limitierenden Verfassungen zugehörig.[458] Dem entsprach ein negatives Verständnis der Grundrechte vornehmlich als Ausgrenzungen der Staatsgewalt, die dem Individuum nach der zuvor erlebten Einbindung in die Gemeinschaft wieder einen Freiraum zu persönlicher Entfaltung sichern sollten.[459] Programmatik, Sinnstiftung und moralischer Pathos wurden mit den Grundrechten zunächst kaum verbunden. Die Interpretation des Grundgesetzes ist darüber hinweggegangen.[460]

---

[454] *S. Oeter*, Integration und Subsidiarität im deutschen Bundesstaatsrecht, 1998, S. 257.
[455] *K. Hesse*, Der unitarische Bundesstaat, 1962.
[456] Ebd., S. 14 ff., 19 ff.
[457] Deutscher Bundestag/Bundesarchiv (Hrsg.), Der Parlamentarische Rat 1948–1949: Akten und Protokolle, 1975–2009, Bd. 5.1, S. 66.
[458] Das Konzept einer »limitierenden« (im Gegensatz zur »dirigierenden«) Verfassung erkennt »tendenziell« im Grundgesetz noch 1992 *C. Gusy* u.a., in: T. Kreuder (Hrsg.), Der orientierungslose Leviathan, 1992, S. 25 (39).
[459] *R. Poscher*, Grundrechte als Abwehrrechte, 2003, S. 42–46.
[460] *U. Volkmann*, VVDStRL 67 (2007), S. 57 (62 f.).

Mit der Wertordnungsjudikatur knüpfte das Bundesverfassungsgericht einerseits an die Integrationslehre Smends an, andererseits folgte es dem Impuls des Parlamentarischen Rates, über die Grundrechte die internationale Einbindung der Bundesrepublik zugleich zu dokumentieren wie zu befördern. Durch ihre Umarbeitung und grundrechtstheoretische Ausformulierung wurde die Werttheorie in der Bundesrepublik entscheidend modifiziert.[461] Gerade die Vertreter der Smend-Schule bemühten sich unmittelbar nach dem Krieg darum, die Integrationslehre vom Kontext des starken Nationalstaats zu lösen und auf den pluralistischen Verfassungsstaat umzustellen.[462] Dabei erfährt die Werttheorie eine normative Wende, die den Eigenwert der Verfassung hervorhebt. Leitender Gedanke ist nicht länger die Integration der Gesellschaft im Staat vor dem Hintergrund der Verfassung, sondern Integration *durch* Verfassung.[463] Die gleiche Tendenz zeigt sich in der Rechtsprechung des Bundesverfassungsgerichts.[464]

Wird mit dieser normativen Wende der Integrationslehre der Staat als Bezugspunkt der Interpretation durch die Verfassung ersetzt, ist die für die deutsche Tradition kennzeichnende Trennung von Staat und Gesellschaft, die bei Smend noch angedeutet sein mag,[465] nicht mehr möglich.[466] Betroffen ist davon also die Konzeption des Verhältnisses von Staat und Gesellschaft. Die Gesellschaft ist nicht mehr nur privater Bereich gegenüber dem Staat; sie ist selbst Gemeinschaft der Wertverwirklichung im Geiste der Grundrechte.[467] Die Grundrechte bilden nicht nur die maßgebliche Grundlage für die Gestaltung des Verhältnisses von Staat und Bürger, sondern haben eine objektive Dimension, die die gesamte Rechtsordnung durchdringt.[468] Auf diese Weise reicht der Bedeutungsgehalt über das reine Staat-Bürger-Verhältnis und damit auch über die In-

---

[461] *K. Rennert*, Die »geisteswissenschaftliche Richtung« in der Staatsrechtslehre der Weimarer Republik, 1987, S. 316–318; *O. Lepsius*, in: C. Gusy (Hrsg.), Weimars lange Schatten – »Weimar« als Argument nach 1945, 2003, S. 354 (363–366); *S. Korioth*, in: P. Cancik u.a. (Hrsg.), Konfession im Recht, 2009, S. 121 (131 f., 141 f.).

[462] Insb. *K. Hesse*, Grundzüge des Verfassungsrechts der Bundesrepublik Deutschland, 20. Aufl. 1995, Rn. 1–4, 5–15, 16–48, 74; vgl. *D. Rennert*, Der Staat 53 (2014) 1, S. 31 (42).

[463] *O. Lepsius*, in: C. Gusy (Hrsg.), Weimars lange Schatten – »Weimar« als Argument nach 1945, 2003, S. 354 (365); *S. Kadelbach*, in: C. Franzius (Hrsg.), Strukturfragen der Europäischen Union, 2010, S. 259 (264) m.w.N.

[464] *S. Korioth*, in: P. Cancik u.a. (Hrsg.), Konfession im Recht, 2009, S. 121 (142).

[465] S. *K. Rennert*, Die »geisteswissenschaftliche Richtung« in der Staatsrechtslehre der Weimarer Republik, 1987, S. 253; *C. Möllers*, Staat als Argument, 1. Aufl. 2000, S. 102: Smend löse die Trennung von Staat und Gesellschaft historisch und theoretisch auf. S. auch *R. Smend*, in: Staatsrechtliche Abhandlungen und andere Aufsätze, 1994, S. 309 (316).

[466] *H. Ehmke*, in: FS Smend, 1962, S. 23 (42–46); *K. Hesse*, in: FS Smend, 1962, S. 71 (79); vgl. *C. Möllers*, Staat als Argument, 1. Aufl. 2000, S. 237–240.

[467] *K. Hesse*, in: FS Smend, 1962, S. 71 (88); *D. Grimm*, Die Zukunft der Verfassung, 1991, S. 408–409; *G. Casper*, ZRP 35 (2002) 5, S. 214 (216); *R. Wahl*, in: HGR I, 2004, § 19, Rn. 4.

[468] *U. Scheuner*, in: FS Ernst Rudolf Huber, 1973, S. 139 (139).

tentionen der ursprünglichen Integrationslehre Smends hinaus.[469] Diese Wertverwirklichung in der Gesellschaft lässt die staatliche Gewalt nicht unberührt, sondern verpflichtet sie auf die Werte der verfassten Gemeinschaft. Auch die Staatsgewalt trifft daher die Pflicht zu einer umfassenden Verwirklichung der Grundrechte, auch im Verhältnis der Bürger untereinander.[470]

Der Grundrechtsträger findet nach dem Verständnis des Grundgesetzes seine Freiheit in der Gemeinschaft und im Staat.[471] Das Bundesverfassungsgericht hat bereits früh einen Gemeinschaftsvorbehalt aus einem »Menschenbild des Grundgesetzes« abgeleitet. Dieses Menschenbild sei nicht das eines isolierten souveränen Individuums. Vielmehr habe das Grundgesetz die Spannung von Individuum und Gemeinschaft im Sinne der Gemeinschaftsbezogenheit und Gemeinschaftsgebundenheit der Person entschieden, ohne dabei deren Eigenwert anzutasten. Das ergebe sich insbesondere aus einer Gesamtsicht der Art. 1, 2, 12, 14, 15, 19 und 20 GG.[472]

b) Herausforderung für die föderale Struktur

Ein solches Grundrechtsverständnis gerät in ein Spannungsverhältnis mit den Rechtfertigungsgründen für die föderale Struktur, werden doch die Grundrechte als nationale Kulturgüter verankert. Im Gegensatz zu Normen definierten Werte als »richtig« nicht eine Handlung, die »gleichermaßen gut ist *für alle*«, sondern ein Verhalten, das »im ganzen und auf lange Sicht gut ist *für uns*«.[473] Anders als bei einem am »lone rights-bearer« orientierten Grundrechtsverständnis[474] sind eine allein gewaltenhemmende föderale Struktur und die Grundrechtsordnung keineswegs funktional äquivalent. Zudem ist das »wir« der Grundrechtsordnung eben auf der nationalen Ebene angesiedelt, zulasten föderaler Vielfalt.

Zur eigentlichen Herausforderung für die föderale Vielfalt wird die Grundrechtsordnung des Grundgesetzes durch die Judikatur des Bundesverfassungsgerichts. Die Verfassungsväter und -mütter achteten offensichtlich kaum auf die Rolle des Bundesverfassungsgerichts und die Rechtekontrolle, die die Basis für die Ausdehnung seiner institutionellen Macht bieten würde.[475] Dem Gericht ist

---

[469] *C. Möllers*, Staat als Argument, 1. Aufl. 2000, S. 112–114.

[470] *D. Rennert*, Der Staat 53 (2014) 1, S. 31 (43).

[471] *D. P. Kommers/R. A. Miller*, The Constitutional Jurisprudence of the Federal Republic of Germany, 3. Aufl. 2012, S. 45 f.

[472] BVerfGE 4, 7 (15 f.), 1 BvR 459/52 u.a. – *Investitionshilfe*; 12, 45 (51), 1 BvL 21/60 – *Kriegsdienstverweigerung I*; 33, 1 (10 f.), 2 BvR 41/71 – *Strafgefangene*; st. Rspr; vgl. *W. Schmidt*, in: D. Simon (Hrsg.), Rechtswissenschaft in der Bonner Republik, 1994, S. 188 (218).

[473] Kritisch zum Verständnis der Grundrechte durch das Bundesverfassungsgericht als »konkrete Wertordnung« anstatt als durch Prinzipien strukturiertes Regelsystem: *J. Habermas*, Faktizität und Geltung, 1998, S. 309–312 (kursiv i.O.).

[474] *M. A. Glendon*, Rights Talk, 1991, S. 47–75.

[475] *M. Hailbronner*, Tradition and Transformations, 2015, S. 2, 11 ff.; allgemein zum gerin-

es allerdings gelungen, die formalistische deutsche Rechtsstaatstradition mit einer Wertordnungsjudikatur zu verknüpfen.[476] Der durch den Vorrang der Verfassung ermöglichte und durch das Bundesverfassungsgericht institutionell abgesicherte umfassend garantierte Schutz der Grundrechte gegenüber jeder Hoheitsgewalt wird zum dominierenden Motiv des Freiheitsschutzes. Ein solches Verständnis der Grundrechte verträgt sich schlecht mit der Idee eines Freiheitsschutzes durch eine föderale Struktur, der im Wesentlichen auf einen Ausgleich der Gewalten in ihrem freien Spiel setzt, die »gute Ordnung« in der Verfassung nicht bereits substantiell festgelegt sieht, sondern den verfassungsrechtlich determinierten Verfahren vertraut.

c) Verhältnis von Grundrechten und Bundesstaatlichkeit in der Rechtsprechung des Bundesverfassungsgerichts

Ein Ausdruck des Spannungsverhältnisses zwischen Föderalismus und Grundrechten, das sich hier andeutet, lässt sich in der Rechtsprechung des Bundesverfassungsgerichts finden. Danach darf nämlich die föderale Kompetenzverteilung zu keinen Einbußen beim Grundrechtsschutz führen.[477] Hier zeigt sich ein normativer Vorrang der Grundrechte gegenüber der Bundesstaatlichkeit. Schon im Apotheken-Urteil formulierte das Gericht, dass sich Bund und Länder unter Umständen aus der Perspektive der Grundrechte als Einheit betrachten lassen müssen. Das Bundesverfassungsgericht stellte klar, dass Bund und Länder intensivere Eingriffe in ein Grundrecht nicht dadurch ermöglichen dürften, dass sie sich auf das Fehlen ihrer Kompetenz für eine andere, weniger eingriffsintensive Maßnahme berufen. Art. 12 Abs. 1 GG unterscheide hinsichtlich der gesetzlichen Regelung der Berufsausübung nicht zwischen Bundes- und Landesrecht. Das einheitlich geltende bundesverfassungsrechtliche Grundrecht sei gegenüber der Gesetzgebung des Bundes wie der Länder gleichermaßen geschützt.[478] Offen blieb dabei, was der eine Gesetzgeber unternehmen soll, wenn der andere nicht handelt.[479] Das Bundesverfassungsgericht griff diese Formulierung im ersten Numerus-Clausus-Urteil wieder auf.[480] Sie wurde allerdings als missverständlich und ungenau kritisiert. Die Grundrechte tangieren die

gen Interesse der Verfassungsväter und -mütter am BVerfG *H. Laufer*, Verfassungsgerichtsbarkeit und politischer Prozeß, 1968, S. 52–57.

476 *M. Rosenfeld*, in: G. Nolte (Hrsg.), European and US Constitutionalism, 2005, S. 197 (203–207); *M. Hailbronner*, Tradition and Transformations, 2015, S. 97: »Value Formalism«.

477 BVerfGE 33, 303, 1 BvL 32/70 und 25/71 – *numerus clausus I*; 128, 326 (387), 2 BvR 2365/09 u.a. – *Sicherungsverwahrung II*; 147, 253 (337), 1 BvL 3/14; 1 BvL 4/14 – *Studienplatzvergabe für das Fach Humanmedizin*.

478 BVerfGE 7, 377 (443), 1 BvR 596/56 – *Apotheken-Urteil*.

479 Ein Ansatz besteht darin, unter dem Gesichtspunkt der Bundestreue vom Bundesverfassungsgericht die Verpflichtung des anderen Gesetzgebers zur Gesetzgebung qua »Verfassungsvollzug« feststellen zu lassen *H. Ehmke*, VVDStRL 20 (1963), S. 53 (95).

480 BVerfGE 33, 303 (357 f.), 1 BvL 32/70 und 25/71 – *numerus clausus I*.

Kompetenzordnung demnach nicht. Jedem Gesetzgeber stehen nur diejenigen Handlungsvarianten zur Verfügung, die ihm die Kompetenzen lassen; kein Gesetzgeber erlangt eine ihm nicht zugewiesene Kompetenz allein durch den Umstand, dass sie eine weniger eingriffsintensive Regelung zur Erreichung desselben Gemeinwohlziels ermöglichen würde. Auch etwaige Schutzpflichten, die zu einem Eingreifen verpflichten können, werden nur im Rahmen der geltenden Kompetenzordnung erfüllt.[481] Das Bundesverfassungsgericht wollte wohl kaum in einem obiter dictum die Kompetenzordnung aus den Angeln heben.[482] Man kann die Formulierung des Bundesverfassungsgerichts aber dahin verstehen, dass sie eine grundrechtlich begründete Kooperationspflicht für Bund und Länder statuiert. Bund und Länder sind demnach verpflichtet, so zusammenzuwirken, dass der Hochschulzugang in zumutbarer Weise gewährleistet wird und zugleich die Grenzen der Kompetenzordnung gewahrt werden.[483]

In ständiger Rechtsprechung verknüpft das Bundesverfassungsgericht mit dem Topos der Einheit der Verfassungsauslegung jedenfalls eine enge sachliche Verbindung zwischen Grundrechten und Kompetenznormen.[484] In der Literatur wurde dies teilweise zum Anlass für eine Hierarchisierung im Verhältnis von Grundrechten und Bundesstaatlichkeit im Sinne einer Über- und Unterordnung[485] oder für die Formulierung eines Gebots der Herstellung praktischer Konkordanz zwischen dem Territorialitäts- und Bundesstaatsprinzip und den Grundrechten[486] genommen. Das Bundesverfassungsgericht selbst hat allerdings auch mehrfach klargestellt, dass Bund und Länder zur Wahrung der Grundrechte nach Maßgabe ihrer durch das Grundgesetz abgegrenzten Zuständigkeiten berufen sind.[487] In der bundesstaatlichen Ordnung des Grundgesetzes, in der die Wahrnehmung der staatlichen Aufgaben und Befugnisse zwischen Bund und Ländern kompetenzrechtlich aufgeteilt ist, binden die Grundrechte Bund und Länder bei der Wahrnehmung bestehender Kompetenzen, begründen jedoch nicht selbst Kompetenzen.[488]

In der Entscheidung über den Körperschaftsstatus der Zeugen Jehovas aus dem Jahr 2015 ist das Argument der effektiven Grundrechtsausübung im Bundesstaat sogar in den Hintergrund gerückt. Das gilt sowohl für die Begründung

---

481 *K. F. Gärditz*, in: HStR IX, 3. Aufl. 2011, § 189, Rn. 41.

482 *T. Herbst*, Gesetzgebungskompetenzen im Bundesstaat, 2014, S. 64.

483 *H. Bethge*, AöR 110 (1985) 2, S. 169 (216–218); *T. Herbst*, Gesetzgebungskompetenzen im Bundesstaat, 2014, S. 64 f.

484 BVerfGE 55, 274 (302), 2 BvF 3/77 – *Berufsausbildungsabgabe*; *F. Ossenbühl*, DÖV 18 (1965) 19, S. 649 (657). S. auch BVerfGE 41, 205, 223–225, 1 BvL 4, 5/72 – *Gebäudeversicherungsmonopol*; vgl. *J. Becker*, DÖV 55 (2002) 10, S. 397 (403 f.).

485 Vgl. *P. Starski*, Der interföderale Verwaltungsakt, 2014, S. 169 m.N.

486 Ebd., S. 185. S. bereits *J. Lücke*, Der Staat 17 (1978) 3, S. 341 (353).

487 BVerfGE 12, 205 (248 f.), 1 BvG 1, 2/60 – *1. Rundfunkentscheidung* (*Deutschland-Fernsehen*).

488 BVerfGE 81, 310 (335), 2 BvG 1/88 – *Kalkar II*.

des Beschlusses als auch für die abweichende Meinung.[489] Dabei könnte man argumentieren, ein »bundesweiter« Körperschaftsstatus sei für die Entfaltung der Religionsfreiheit einer Religionsgemeinschaft von ebenso großer Bedeutung wie die Anerkennung des Abiturs in den einzelnen Bundesländern.[490] Der Körperschaftsstatus vermittelt einer Religionsgemeinschaft Rechtsfähigkeit sowie verschiedene Körperschaftsrechte wie die Dienstherrenfähigkeit, die Rechtsetzungsautonomie und das Steuererhebungsrecht (Art. 140 GG i.V.m. Art. 137 Abs. 6 WRV). Die Verleihung des Körperschaftstatus fällt in die Zuständigkeit der Länder.

VI. Zwischenfazit

Die Untersuchung der deutschen Tradition der Bundesstaatlichkeit und der Grundrechte offenbart, dass das charakteristische Verhältnis von Grundrechten und Bundesstaatlichkeit in der Bundesrepublik nicht nur der dominierenden Grundrechtsjudikatur des Bundesverfassungsgerichts zu verdanken ist. Vielmehr reichen seine Wurzeln in einem organischen Föderalismusverständnis wie in einer Vorstellung von der einheitsstiftenden Funktion der Grundrechte jedenfalls bis zur Paulskirche zurück, teilweise weit darüber hinaus. Festzuhalten gilt es zudem, dass auch in der deutschen Verfassungsgeschichte eine bedeutungsvolle Interaktion von Bundesstaatlichkeit und Grundrechten besteht.

D. Zwischenfazit und Bedeutung des Vergleichs für den Grundrechtsföderalismus der Europäischen Union

Aus dem Vergleich des Verhältnisses von Grundrechten und Föderalismus in den Verfassungstraditionen lassen sich grundlegende Erkenntnisse zu den Komplementaritäts- und Spannungsverhältnissen im Grundrechtsföderalismus (I.) sowie für den Grundrechtsföderalismus in der Europäischen Union (II.) gewinnen.

---

489 BVerfGE 139, 321, 2 BvR 1282/11 – *Verleihung des Körperschaftsstatus an Religionsgemeinschaften durch Landesgesetz*.

490 *P. Starski*, Der Kampf der Zeugen Jehovas: Grundrechte vs. föderales Kompetenzgefüge, 2015, https://verfassungsblog.de/der-kampf-der-zeugen-jehovas-grundrechte-vs-foederales-kompetenzgefuege/, geprüft am 31.1.2019.

I. Komplementaritäts- und Spannungsverhältnisse im Grundrechtsföderalismus

In der Gegenüberstellung der US-amerikanischen und der deutschen Traditionen wird die enge gedankliche Verknüpfung von Grundrechten und föderalen Strukturen deutlich, mag sie auch nicht stets gleichermaßen explizit formuliert werden. Unterschiede zeigen sich in der Zielrichtung: einerseits Strukturierung des demokratischen Gemeinwesens in den USA, andererseits Integration und Einheitsbildung in Deutschland. *Bill of Rights* und föderale Struktur machen die Vereinigten Staaten zu einer »more perfect Union«.[491] In Deutschland zeugen das dominierende Verständnis von Bundesstaatlichkeit und Grundrechten davon, dass der Bundesstaat für einen ›non-perfect unitary state‹ gehalten wird. Auch die Sichtweisen auf die primäre Gefahrenquelle für die Freiheit des Einzelnen unterscheiden sich jedenfalls im historischen Ausgangspunkt: die demokratischen Legislativen in den USA, die (monarchischen) Exekutiven in Deutschland. Das US-amerikanische Verfassungsverständnis ist im Vergleich mit dem Verständnis von Bundesstaatlichkeit und Grundrechten im Grundgesetz durch zwei Gesichtspunkte gekennzeichnet: eine starke Sensibilität für die strukturelle Bedeutung der Grundrechte im Bundesstaat und eine enge Verknüpfung der Bundesstaatlichkeit mit der Idee individueller Freiheit. Die Formel *structure and process* versus *rights foundationalism* für das Verhältnis von föderaler Struktur und Rechten im tradierten US-amerikanischen und deutschen Verständnis lässt sich zusammenfassend folgendermaßen präzisieren: In den USA werden sowohl die Grundrechte als auch die föderale Struktur überwiegend als Schutzmechanismen gegenüber einer potentiell übermächtigen Zentralmacht verstanden und strukturieren die pluralistische Demokratie. In der deutschen Tradition dagegen werden Bundesstaatlichkeit und Grundrechte dominierend als staatsaufbauend und einheitsstiftend begriffen.

Der Vergleich der Verfassungstraditionen verdeutlicht, dass Grundrechten nicht nur eine Integrationsfunktion im föderalen Gemeinwesen zukommen kann, sondern sie auch eine Strukturierungsleistung erbringen können. Föderale Grundrechte können eine Stärkung demokratischer Selbstbestimmung vor Ort bewirken. Das Zusammenwirken von Grundrechten und föderaler Struktur definiert daher jeweils ein charakteristisches Verhältnis von individueller und demokratischer Autonomie. Im Verlauf der Verfassungsgeschichte stehen da wie dort effektiver Schutz von Rechten und föderale Struktur als Mechanismen der Freiheitssicherung zeitweise in einem Verhältnis der Komplementarität, zeitweise dominiert aber auch ein Spannungsverhältnis oder eine Antinomie. Deswegen ist es hilfreich, die Perspektive auf den Grundrechtsföderalismus über den Dualismus von Unitarisierung und Föderalisierung hinaus um

[491] S. Präambel der Bundesverfassung.

die jeweils prägenden Einstellungen des Verhältnisses von individueller und demokratischer Autonomie zu erweitern, wie in der Einführung dargelegt also eine individualistische mit einer holistischen Perspektive zu verbinden.

Auffällig ist die Kontinuität im föderalen Denken in den USA. Die Brüche in der Verfassungsgeschichte sind geringer als in Deutschland, wie schon der Fortbestand der Verfassungsurkunde von 1787 zeigt. Auch in den USA hat sich indes das Verständnis von den Staatsaufgaben seit den Gründungstagen gewandelt und die exekutive Staatstätigkeit eine enorme Ausweitung erfahren, die auch die Funktionsbedingungen der föderalen Strukturen verändert. Der Vergleich bestätigt zudem, dass Zentralisierung und Unitarisierung keine Naturgesetze des Grundrechtsföderalismus sind.[492] Gleichwohl sind in Deutschland die Grundrechte traditionell ein einheitsstiftendes Element. Ihre Unitarisierungswirkung ergab sich allerdings nicht in einem schleichenden Prozess, sondern war durchaus intendiert und stieß auch nicht auf empfindlichen Widerstand.

II. Erkenntnisse für den Grundrechtsföderalismus der Europäischen Union

Der Blick auf die Entwicklungen im US-amerikanischen und deutschen Grundrechtsföderalismus schärft zugleich den Blick für die Analyse der strukturellen Bedeutung, die der Grundrechtsentwicklung in der Europäischen Union zukommt. Auch in der Europäischen Union sind Grundrechte und Strukturfragen aufeinander bezogen, interagieren Struktur und Rechte. Zugleich wird die Bedeutung des Verfassungspluralismus in der Europäischen Union deutlich.

Zunächst sind Grundrechte und Strukturfragen auch in der Europäischen Union aufeinander bezogen. Aus der Sicht des EuGH dienen die Unionsgrundrechte der Sicherung des Anwendungsvorrangs des Unionsrechts. Das Argument, die einheitliche Anwendung des Unionsrechts bedinge einen einheitlichen, d.h. unionsrechtlichen Grundrechtsstandard, ist »ein genetischer Code der Unionsgrundrechte«.[493] Die Grundrechtsrechtsprechung des EuGH ergänzt die Konstitutionalisierung der europäischen Rechtsordnung durch die unmittelbare Anwendbarkeit und den Anwendungsvorrang des europäischen Rechts.[494] Joseph Weiler geht so weit zu formulieren, dass die Sprache der Grundrechte in der Rechtssache Stauder[495] und der folgenden Grundrechtsjudikatur zwar die Oberflächensprache des Gerichtshofes präge. Die Tiefen-

[492] Vgl. auch *B. Pirker*, Grundrechtsschutz im Unionsrecht zwischen Subsidiarität und Integration, 2018, S. 182.
[493] *C. Franzius*, ZaöRV 75 (2015) 2, S. 383 (388).
[494] *U. R. Haltern*, Europarecht, Bd. 2, 3. Aufl. 2017, S. 592.
[495] EuGH, Rs. 29/69, *Stauder*, Slg. 1969, 419.

struktur aber bilde das Prinzip des Vorrangs des Unionsrechts.[496] Demnach dienen die Grundrechte in der Rechtsprechung des EuGH zum einen der Einheit und Integrität der Unionsrechtsordnung, zum anderen dem Individualrechtsschutz.[497] Diese beiden Stoßrichtungen der Grundrechte sind grundsätzlich komplementär, können aber auch hier in ein Spannungsverhältnis geraten. Der Vorwurf an den EuGH lautete dementsprechend lange, dass er den Grundrechtsschutz nicht ernsthaft, sondern nur instrumentalistisch im Integrationsinteresse verfolge.[498]

Umgekehrt setzen die mitgliedstaatlichen Verfassungsgerichte dem Anwendungsvorrang mit den Grundrechten der mitgliedstaatlichen Verfassungen eine Grenze. In jedem Fall aber fügen sich die Grundrechte in die jeweilige Vorstellung von der angemessenen Struktur der Union.

Vergleicht man die Narrative von Grundrechten und föderaler Struktur in den USA und der Bundesrepublik mit der Entwicklung der Grundrechte im Recht der Europäischen Union, so wird deutlich, dass auch die Unionsgrundrechte eine Funktion im Gesamtaufbau des Gemeinwesens haben: In der Europäischen Union als pluralistischer Ordnung sollten die Unionsgrundrechte aus der Sicht des EuGH zunächst vor allem eine Legitimationsfunktion für die europäische Ebene selbst erfüllen und den Vorrang des Unionsrechts absichern. Aus mitgliedstaatlicher Sicht dienten sie auch dazu, die europäische Ebene grundrechtlich einzuhegen. Vor der Entfaltung von Grundrechten als europäischen Rechtsgrundsätzen[499] diente der Hinweis auf einen als defizitär betrachteten Grundrechtsschutz der Europäischen Gemeinschaft vor allem als Grundlage für die Verteidigung der nationalen Souveränität. Inzwischen erscheint ein Mehr an föderalem Grundrechtsschutz zugleich als ein Zentralisierungsmoment. Vor diesem Hintergrund ist in der EU die Gleichzeitigkeit der – tendenziell mit einem Unitarisierungsschub verknüpften – Entwicklung zu einem geschriebenen Grundrechtskatalog und der Formalisierung der Kompetenzen – die eine entgegengesetzte Stoßrichtung verfolgte und den »competence creep« zugunsten der Union verhindern sollte – bemerkenswert.[500] Aus dem Blick gerät dabei jedenfalls, dass in der Frühphase des amerikanischen Bundesstaates gerade die föderalen Grundrechte als Faktoren angesehen wurden, die nicht nur – negativ – die Bundesebene beschränkten, sondern zugleich – po-

---

[496] *J. H. H. Weiler*, Wash. L. Rev. 61 (1986) 3, S. 1103 (1119).

[497] *U. R. Haltern*, Europarecht, Bd. 2, 3. Aufl. 2017, S. 594.

[498] *J. Coppel/A. O'Neill*, CML Rev. 29 (1992) 4, S. 669; *J. H. H. Weiler/N. J. S. Lockhart*, CML Rev. 32 (1995) 1, S. 51; *J. H. H. Weiler/N. J. S. Lockhart*, CML Rev. 32 (1995) 2, S. 579.

[499] S. dazu *B.-O. Bryde*, in: M. P. Maduro/L. Azoulai (Hrsg.), The Past and Future of EU Law, 2010, S. 119.

[500] *N. Cariat*, La Charte des droits fondamentaux et l'équilibre constitutionnel entre l'Union européenne et les États membres, 2016, S. 125–212. Für eine differenzierte Bewertung der Wirkung der Charta als »Zentrifugalkraft« s. *S. Vries*, in: S. Douglas-Scott/N. Hatzis (Hrsg.), Research Handbook on EU Law and Human Rights, 2017, S. 58.

sitiv – die demokratische Selbstbestimmung vor Ort stärkten. Der Vergleich verweist also zumindest auf die Möglichkeit, dass zentraler Grundrechtsschutz nicht mit Unitarisierung gleichzusetzen sein muss.

Zudem führt der Vergleich vor Augen, wie stark die Grundrechte in den spezifischen Traditionen und Legitimationsstrukturen der jeweiligen Verfassungsordnung verankert sind. Die besondere Struktur der Europäischen Union bedeutet demgegenüber, dass ein Fragezeichen hinter die demokratische Verankerung der Grundrechte in der EU zu setzen ist.[501] Der Vergleich von USA und Deutschland hat zudem demonstriert, dass nicht alle Grundrechte als Einheit betrachtet werden können. Vielmehr ist zwischen verschiedenen Gruppen von Grundrechten wie Wirtschaftsgrundrechten und sozialen Grundrechten zu unterscheiden. Für die Europäische Union ist dies für das Verhältnis von Grundrechten und Grundfreiheiten (mit einem gleichfalls freiheitsrechtlichen Gehalt) von Bedeutung.

Mit Blick auf die – im 4. Kapitel noch zu analysierende – Bindung auch der EU-Mitgliedstaaten an die Unionsgrundrechte lehrt die Erfahrung aus den USA, dass sie auch den Grundrechtsschutz gegenüber der Union selbst verbessern kann: Die *Bill of Rights* hatte in der Rechtsprechung so gut wie keine Rolle gespielt, solange ihre Gewährleistungen nicht auf die Einzelstaaten angewandt worden waren. Nach der sogenannten Inkorporation wurde sie sukzessive eingesetzt, um einzelstaatliche und lokale Gesetze für nichtig zu erklären. Durch diese Erweiterung der Anwendung ergab sich für den *U.S. Supreme Court* ein stetiger Zustrom von Fällen, der es ihm ermöglichte, seine Grundrechtsjudikatur zu entfalten. Viele Beispiele belegen, dass die Bundesgrundrechte sodann in einem zweiten Schritt, auf der Grundlage der bereits entwickelten Doktrin, auch gegenüber dem Kongress angewandt wurden.[502] Dieser Zusammenhang ist gerade für die Europäische Union angesichts der Kritik am zu geringen Kontrollstandard gegenüber Unionsakten und zugleich an der Ausdehnung der Grundrechtsbindung der Mitgliedstaaten ein beachtlicher Erfahrungswert.[503]

Den engen Zusammenhang zwischen Grundrechtsschutz und föderaler Struktur treibt schließlich das Bundesverfassungsgericht auf die Spitze, indem es ein individuelles Recht auf Wahrung der quasi-föderalen Struktur der Union begründet. In der Maastricht-Entscheidung hatte das Gericht hieraus die Beschwerdebefugnis Einzelner gegen Akte abgeleitet, durch die auf die Europäische Union Hoheitsrechte übertragen werden. Dazu muss vorgetragen werden, dass diese Kompetenzübertragung zu einer substantiellen Entwertung der Demokratie als integrationsfestes Grundprinzip des Staates (Art. 23 Abs. 1

---

[501] *U. R. Haltern*, Europarecht, 3. Aufl. 2017, S. 613 f.

[502] Ebd., S. 290 f.

[503] Zum Spannungsverhältnis zwischen Grundrechtsschutz gegenüber den Organen der Union und gegenüber den Mitgliedstaaten s. nur *J. Masing*, JZ 70 (2015) 10, S. 477 (484).

Satz 3 i.V.m Art. 79 Abs. 3 GG) und damit des Wahlrechts führt.[504] Nach der Vorlage des Bundesverfassungsgerichts an den EuGH im OMT-Verfahren soll dies nun auch für jegliche geltend gemachte Kompetenzüberschreitung durch ein Unionsorgan gelten, ungeachtet der Frage, ob damit der änderungsfeste Gehalt des Grundgesetzes beeinträchtigt wird oder nicht, und ohne dass über die allgemeine Wahlberechtigung hinaus ein Bezug zu einem Grundrecht vorgetragen werden müsste. Damit schafft das Bundesverfassungsgericht in Europaangelegenheiten eine Art »allgemeinen Gesetzesvollzugsanspruch«.[505] Es hat eine Popularklage für Europaskeptiker aus der Taufe gehoben:[506] Das Bundesverfassungsgericht erweitert auf diese Weise seine Entscheidungsgewalt in einem subjektiven Rechtsschutzverfahren. Damit untergräbt es jedoch zum einen die grundgesetzliche Konzeption subjektiven Rechtsschutzes und schwächt zum anderen die politische Verantwortung von Parlament und Bundesregierung.[507]

---

[504] BVerfGE 89, 155 (171 ff.), 2 BvR 2134, 2159/92 – *Maastricht*; s auch BVerfGE 123, 267 (330 ff.), 2 BvE 2/08 – *Lissabon*.

[505] Dazu kritisch die abweichenden Meinungen der Richterin *Lübbe-Wolff* und des Richters *Gerhardt*, BVerfGE 134, 366 (419 ff. bzw 430 ff), 2 BvR 2728/13 u.a. – *OMT-Beschluss*.

[506] Vgl auch *J. Bast*, GLJ 15 (2014) 2, 167–81 (169).

[507] *A. Schwerdtfeger*, EuR 50 (2015) 3, S. 290 (307) m.w.N.

3. Kapitel

Freiheitssicherung durch föderale Strukturen

An die historische Untersuchung des Verhältnisses von Grundrechten und föderaler Struktur knüpft sich nun die Frage, wie Freiheitssicherung durch föderale Strukturen in der Gegenwart verstanden wird. Die Einführung zu diesem Buch zeigt für das Verhältnis von Grundrechtsschutz und föderaler Struktur als Mechanismen der Freiheitssicherung die Pole der Antinomie und der Komplementarität auf. Im schlechtesten Fall besteht eine Antinomie. Dann bedroht zum einen eine effektive zentrale Grundrechtsgerichtsbarkeit die föderale Vielfalt durch die ihr immanente Unitarisierungstendenz. Sie verschiebt das föderale Gleichgewicht dann derart, dass es keine freiheitsschützende Wirkung mehr zu entfalten vermag. Zum anderen gefährdet eine föderale Zersplitterung die Effektivität des Grundrechtsschutzes, weil sie die Durchsetzung einheitlicher Standards und den individuellen Rechtsschutz erschwert.

Im besten Fall der Komplementarität dagegen wirken gerichtlicher Grundrechtsschutz und föderale Strukturen dynamisch zusammen und verstärken sich wechselseitig. In der Realität bewegt sich das Verhältnis zwischen Grundrechtsschutz und föderaler Struktur zwischen diesen Polen. Dabei können sich auf der einen Seite föderale Strukturen positiv auf die Grundrechtsentwicklung auswirken. Umgekehrt haben Grundrechte zwar keine unmittelbar positiven Auswirkungen auf die föderale Struktur.[1] Allerdings ist die Gewährleistung von Grundrechten Voraussetzung dafür, dass bestimmte Vorzüge föderaler Strukturen wie erhöhte Partizipationschancen realisiert werden können.

Die Untersuchung der Freiheitssicherung durch föderale Strukturen wendet sich in diesem Kapitel zunächst der Frage zu, wie ein Kausalzusammenhang zwischen Föderalismus und Freiheitssicherung in der Rechtsprechung anerkannt und empirisch zu belegen versucht wird, und strukturiert die normativen Vorstellungen von diesem Zusammenhang. Dabei zeigt sich bereits die Limitierung des diesen Vorstellungen zugrunde liegenden Freiheitsbegriffs (A.). Ein genaueres Verständnis der freiheitssichernden Wirkung föderaler Strukturen setzt die Einsicht in die Vielfalt föderaler Strukturen voraus, wie sie eine vergleichende Analyse anhand der Kriterien föderaler Kompetenzverteilung in der Bundesrepublik und in den USA vermittelt (B.). Als Mechanismen der

---

1 *S. Besson*, in: S. Besson/E. M. Belser (Hrsg.), La Convention européenne des droits de l'homme et les cantons, 2014, S. 215 (234): »relation instrumentale unilatérale et simple«.

Freiheitssicherung auf der Grundlage föderaler Gewaltengliederung lassen sich sodann die vertikale Gewaltenteilung und die Ergänzung der horizontalen Gewaltenteilung, der Wettbewerb zwischen den Gemeinwesen sowie die Repräsentation und Partizipation in der (Parteien-)Demokratie unterscheiden (C.).

Wurden im 2. Kapitel bereits die Wechselbezüge zwischen Grundrechten und föderaler Struktur als Mechanismen der Freiheitssicherung deutlich, so zeigen sich nun zum einen die tatsächlichen Unzulänglichkeiten und die konzeptionelle Unterkomplexität der Freiheitssicherung durch föderale Strukturen. Zum anderen zeigen sich Rückwirkungen auf den Grundrechtsschutz und die Bedeutung des gerichtlichen Grundrechtschutzes als Voraussetzung und Wirkungsbedingung für die Freiheitssicherung durch föderale Strukturen. Am Ende des 3. Kapitels lässt sich aber nicht nur ein Zwischenfazit zur Bedeutung der freiheitssichernden Funktionsweisen föderaler Strukturen für den Grundrechtsföderalismus ziehen, sondern ergeben sich auch Lehren für die Europäische Union als quasi-föderale Ordnung.

A. Föderalismus und Freiheit

Nach einer in der deutschen und US-amerikanischen Rechts- und Politikwissenschaft verbreiteten Ansicht umfasst der »Tugendkatalog« des Föderalismus die Sicherung individueller Freiheit.[2] Auch *U.S. Supreme Court* und Bundesverfassungsgericht betonen in ihrer Rechtsprechung den Zusammenhang zwischen Föderalismus und Freiheit (I.). Empirische Erkenntnisse bestätigen in der Tat

---

[2] Für Deutschland statt vieler *H. Ritter von Lex*, in: T. Maunz (Hrsg.), Vom Bonner Grundgesetz zur gesamtdeutschen Verfassung, 1956, S. 237 (240); *A. Süsterhenn*, in: A. Süsterhenn (Hrsg.), Föderalistische Ordnung, 1961, S. 27 (29–31); *W. Schmidt*, AöR 87 (1962) 3, S. 253 (266–268); *G. Kisker*, in: E. Benda (Hrsg.), Probleme des Föderalismus, 1985, S. 23 (25 f.); *F. Kopp*, in: B. Rill (Hrsg.), Freiheitliche Tendenzen der deutschen Geschichte, 1989, S. 104 (109–116); *J. Isensee*, Subsidiaritätsprinzip und Verfassungsrecht, 2. Aufl. 2001, S. 95–99 (»vertikale Gewaltengliederung«); *J. Woehrling*, in: FS Wildhaber, 2007, S. 895; *H. Bauer*, in: H. Dreier (Hrsg.), Grundgesetz, 3. Aufl. 2015, Art. 20 (Bundesstaat), Rn. 24; *K.-E. Hain*, in: H. von Mangoldt u.a. (Hrsg.), Kommentar zum Grundgesetz, Bd. II, 6. Aufl. 2010, Art. 79 Abs. 3, Rn. 122; *I. Härtel*, in: H. Kube u.a. (Hrsg.), Leitgedanken des Rechts, Bd. 1, 2013, S. 273 (274 f., 279–281) (im Verbund mit den anderen Verfassungsprinzipien); für die USA statt vieler *A. Rapaczynski*, Sup. Ct. Rev. 1985, S. 341 (380–395); *R. B. Stewart*, Ga. L. Rev. 19 (1985) 4, S. 917 (918); *A. R. Amar*, Yale L. J. 96 (1987) 7, S. 1425 (1500–1503); *D. L. Shapiro*, Federalism, 1995, S. 36, 91–106; *B. Friedman*, Minn. L. Rev. 82 (1997) 2, S. 317 (402–405); allgemein *C. J. Friedrich*, Der Verfassungsstaat der Neuzeit, 1953, S. 254 (Ergänzung der funktionellen Gewaltenteilung durch eine räumliche oder gebietsmäßige Machtverteilung); *T. Fleiner*, in: F. Hufen (Hrsg.), Verfassungen – zwischen Recht und Politik, 2008, S. 255 (269). Anders *O. Beaud*, Théorie de la fédération, 2. Aufl. 2009, S. 320 (Sicherung individueller Freiheit für die Föderation ebenso kontingent wie für den Staat). Differenziert *J. Woehrling*, in: FS Wildhaber, 2007, S. 895 (895 f.). S. zum Forschungsstand in der »political science of federalism« *J. Bednar*, Annu. Rev. Law. Soc. Sci. 7 (2011), S. 269 (274) m.N.

einen positiven Effekt föderaler Strukturen auf den Freiheitsschutz (II.). Konzeptionell gehen die Vorstellungen von der Freiheitssicherung durch föderale Strukturen von unterschiedlichen Freiheitsverständnissen aus und lassen sich in die drei Kategorien liberal, republikanisch und ökonomisch einteilen (III.).

I. Rechtsprechung des *U.S. Supreme Court* und des Bundesverfassungsgerichts

In der Rechtsprechung des *U.S. Supreme Court* ist die Vorstellung, dass in der föderalen Gewaltenteilung zwischen Bundesebene und Einzelstaaten eine Freiheitsgarantie angelegt sei, durchaus prominent. Da das Gleichgewicht der Kräfte im föderalen System eine Kontrolle der Regierungsmacht bewirke und damit grundlegende Freiheiten sichere, sei es durch den Gerichtshof zu schützen.[3] Die Richter des *U.S. Supreme Court* verfolgen ihre Argumentationslinie dabei auch zu den Gründungsvätern zurück.[4] Allerdings beschränken sich ihre – auch in Veröffentlichungen einzelner Richter anzutreffenden[5] – Aussagen häufig auf Schlagworte und Kurzformeln.[6]

Auch dem Bundesverfassungsgericht zufolge dient die Gewaltenteilung im Bundesstaat der Freiheitswahrung der Bürger. Die Kompetenzaufteilung sei ein »Element zusätzlicher funktionaler Gewaltenteilung«[7] und schaffe eine »auch der Freiheitswahrung der Bürger dienende vertikale Gewaltenteilung«.[8] Freilich sind Ausführungen zur Rechtfertigung des Bundesstaates in der Rechtsprechung des Bundesverfassungsgerichts eher selten[9] und dann ähnlich pauschal und formelhaft wie die Aussagen des *U.S. Supreme Court*.

---

[3] U.S. Supreme Court, *Federal Energy Regulatory Commission v. Mississippi*, 456 U.S. 742, 790 (1982) (O'Connor, J., dissenting in part): »... our federal system provides a salutary check on governmental power. [...] Our ancestors [...] both allocated governmental power between state and national authorities, and divided the national power among three branches of government. Unless we zealously protect these distinctions, we risk upsetting the balance of power that buttresses our basic liberties«; *Garcia v. San Antonio Metropolitan Transit Authority*, 469 U.S. 528, 572 (1985) (Powell, J., dissenting); *Atascadero State Hospital v. Scanlon*, 473 U.S. 234, 242 (1985); *Gregory v. Ashcroft*, 501 U.S. 452, 459 (1991); *Coleman v. Thompson*, 501 U.S. 722, 759 (1991) (Blackmun, J., dissenting); *New York v. United States*, 505 U.S. 144, 181 (1992); *Alden v. Maine*, 527 U.S. 706, 758 (1999); *Bond v. United States*, 564 U.S. 211, 221 (2011).

[4] S. etwa U.S. Supreme Court, *Gregory v. Ashcroft*, 501 U.S. 452, 459 (1991).

[5] *J. M. Harlan*, A.B.A. J. 49 (1963) 10, S. 943 (963); *W. J. Brennan*, Harv. L. Rev. 90 (1977) 3, S. 489 (503).

[6] Kritisch etwa *E. Chemerinsky*, Fla. L. Rev. 47 (1995) 4, S. 499 (500 f.); *B. Friedman*, Minn. L. Rev. 82 (1997) 2, S. 317 (405); *T. E. Pettys*, Vand. L. Rev. 56 (2003) 2, S. 329 (330 f.).

[7] BVerfGE 55, 274 (318 f.), 2 BvF 3/77 – *Berufsausbildungsabgabe*.

[8] BVerfGE 104, 249 (279), 2 BvG 2/00 – *Bundesauftragsverwaltung*.

[9] *H. H. Klein*, in: I. Härtel (Hrsg.), Handbuch Föderalismus, Bd. I, 2012, S. 477 (479).

II. Empirische Erkenntnisse zum freiheitssichernden Effekt föderaler Strukturen

Tatsächlich belegen empirische Untersuchungen einen Kausalzusammenhang zwischen föderalen Strukturen und Freiheitssicherung. Die Erkenntnisse beruhen auf einem Bilanzvergleich verschiedener Staaten beim Schutz individueller Rechte und Freiheiten. Verglichen werden etwa der Stellenwert, den wirtschaftlich genutztes Privateigentum genießt,[10] oder die Gesamtpunktzahlen im von der Nichtregierungsorganisation Freedom House erstellten Index zum Schutz bürgerlicher und politischer Rechte.[11] Eine Auswertung von 73 Staaten kam zu dem Ergebnis, dass dezentrale Strukturen bürgerliche und politische Rechte besonders gut schützen und auf dieser Grundlage auch die wirtschaftliche Leistungsfähigkeit des privaten Sektors steigern. Das gilt zumal für Staaten, in denen die dezentrale Struktur verfassungsrechtlich abgesichert ist. Auf dieser empirischen Grundlage offenbarte sich das größte Potential föderaler Strukturen beim friedlichen Wandel von Diktaturen zu föderalen Demokratien.[12] Bundesstaaten sind danach auch weniger anfällig für Korruption und generell überlegen in der Bereitstellung öffentlicher Güter.[13] Weitere Studien belegen, dass föderale Strukturen vor Umstürzen zur Tyrannei schützen.[14]

Allerdings sind aussagekräftige empirische Analysen zu den Vorzügen bundesstaatlicher Strukturen außerordentlich anspruchsvoll. Das jeweilige föderale Arrangement ist stets eng mit spezifischen politischen, sozialen und kulturellen Bedingungen verwoben. Eine isolierte Betrachtung gerade des föderalen Elements unabhängig von anderen relevanten Faktoren wie einer pluralistischen Gesellschaft, einem funktionierenden Parteiensystem, einer fest verwurzelten Kultur der Freiheit, dem Bildungsniveau der Bevölkerung oder der Haltung der Gerichtsbarkeit ist offensichtlich sehr schwierig, wenn nicht unmöglich.[15] Allgemeine Aussagen darüber, dass föderale Strukturen etwa eine bessere Kontrolle der Regierungsmacht erlaubten oder die Effizienz und Gestaltungsfreude der Regierenden verbesserten, lassen sich kaum begründen.

---

10 *R. E. Hall/C. I. Jones*, QJE 114 (1999) 1, S. 83 anhand eines *index of government antidiversion policies* (*GADP*).

11 S. zuletzt Freedom House, Freedom in the World 2018, 2019.

12 *R. B. Myerson*, QJPS 1 (2006) 1, S. 3 (Analyse der Erfolgschancen junger Demokratien in Abhängigkeit von föderalen gewaltenteilenden Strukturen); *R. P. Inman*, CESifo Econ. Stud. 53 (2007) 4, S. 522 (553 f.).

13 *B. Bueno de Mesquita* u.a., The Logic of Political Survival, 2005, insb. S. 208.

14 *C. Boix*, Democracy and Redistribution, 2003, S. 161 f.

15 S. bereits *F. L. Neumann*, in: A. W. Macmahon (Hrsg.), Federalism Mature and Emergent, 1955, S. 44 (44–49). Skeptisch gegenüber einer gewaltenteilenden Wirkung der föderalen Struktur der Bundesrepublik *C. Möllers*, in: J. Aulehner u.a. (Hrsg.), Föderalismus – Auflösung oder Zukunft der Staatlichkeit?, 1997, S. 81 (94, 101).

Kritiker sprechen gar der These, die bundesstaatliche Struktur bezwecke oder erziele tatsächlich einen Schutz von Grundrechten, eine solide historische Grundlage ab.[16] Gegenbeispiele sind in der Tat leicht zu finden. In den USA stellen diese These etwa Entwicklungen in der Zeit des Ersten Weltkriegs und in der McCarthy-Ära nach dem Zweiten Weltkrieg infrage. Die Einzelstaaten und lokalen Regierungen schlossen sich repressiven Tendenzen auf Bundesebene dabei jeweils an und verstärkten sie, anstatt ihnen im Sinne von »checks and balances« Einhalt zu gebieten.[17] Eine Untersuchung zum Zusammenhang zwischen föderaler Struktur und Achtung der Bürgerrechte während des *McCarthy Red Scare* kommt zu dem Ergebnis, dass weder größere sozio-ökonomische Diversität noch die Vielfalt politischer Kulturen wesentliche Erklärungsfaktoren für mehr oder weniger Repression sind.[18] Zum Zusammenhang zwischen der Unterdrückung der schwarzen Bevölkerung in den Südstaaten und der Föderalstruktur der USA formulierte William H. Riker:

> ... if in the United States one approves of Southern white racists, then one should approve of American federalism. If, on the other hand, one disapproves of the values of the privileged minority, one should disapprove of federalism. Thus, if in the United States one disapproves of racism, one should disapprove of federalism.[19]

In der deutschen Geschichte bildet die Weimarer Republik das klassische Beispiel dafür, dass es für den Schutz vor gewaltsamen Umstürzen nicht auf die Bundesstaatlichkeit an sich, sondern auf ihre konkrete Ausgestaltung ankommt.[20] Die föderale Struktur der Weimarer Republik hat die »Gleichschaltung« nicht verlangsamt, und der Nationalsozialismus konnte sich gerade in Bayern als stärkstem Verfechter der föderalen Tradition entfalten.[21]

Der Blick auf die Empirie vermittelt also bestenfalls einen Eindruck von der Komplexität des Zusammenhangs zwischen Föderalismus und Freiheit, der insgesamt weniger kausal denn kontingent ist.[22]

---

[16] S. etwa *J. H. Choper*, Judicial Review and the National Political Process, 1980, S. 244.

[17] *E. A. Purcell, Jr.*, N.Y.L.Sch. L. Rev. 50 (2005) 3, S. 635 (666 f.). S. auch *F. L. Neumann*, in: A. W. Macmahon (Hrsg.), Federalism Mature and Emergent, 1955, S. 44 (48) m.N.

[18] *J. L. Gibson*, WPQ 43 (1990) 3, S. 511 (530).

[19] *W. H. Riker*, Federalism, 1964, S. 155.

[20] *J. Bednar*, The Robust Federation, 2009, S. 50.

[21] *F. L. Neumann*, in: A. W. Macmahon (Hrsg.), Federalism Mature and Emergent, 1955, S. 44 (47).

[22] S. auch *J. Resnik*, Jus Politicum 9 (2017) 17, S. 208 (213).

III. Liberale, republikanische und ökonomische Ideen zum Zusammenhang von Föderalismus und Freiheit

Zur Komplexität trägt weiter bei, dass den theoretischen Konzeptionen des Zusammenhangs von Föderalismus und Freiheit unterschiedliche Freiheitsbegriffe zugrunde liegen. Dominierend ist die liberale Vorstellung einer staatsabwehrenden Wirkung föderaler Strukturen (1.). Daneben treten die republikanische Idee der Freiheitssicherung durch verbesserte Partizipation und Repräsentativität (2.) und die politische Ökonomie der Freiheitssicherung durch Wettbewerb (3.). Diese theoretischen Konzeptionen sind nicht immer scharf zu trennen; trotz grundlegender Unterschiede zeigen sie auch Überschneidungen. Gemeinsam ist ihnen jedenfalls ein – im Vergleich zur Grundrechtsdogmatik beschränkter – negativer Freiheitsbegriff (4.).

1. Liberale Vorstellung von staatsabwehrenden föderalen Strukturen

Aus liberaler Sicht sind in einer föderalen Struktur vor allem die Einzelstaaten Bollwerke gegen die Tyrannei. Eine föderale Verfassung beschränkt mit einer Gewaltenteilung zwischen Einzelstaaten und Bundesregierung die Machtbefugnisse beider Ebenen. Insbesondere werden dadurch die Möglichkeiten der Zentralregierung beschränkt, die Bevölkerung zu unterdrücken. Lord Acton formulierte klassisch »power tends to corrupt and absolute power corrupts absolutely«.[23] Die Funktion der Staatsabwehr dominiert jedenfalls in der US-amerikanischen Literatur.[24] Nach diesem liberalen Verständnis sollen föderale Strukturen die Macht der demokratisch legitimierten Regierung beschränken, letztlich also auch die Mehrheit vor sich selbst schützen. Für die Föderalismusforschung der Gegenwart hat dieses liberale Paradigma maßgeblich William H. Riker mitgeprägt.[25]

Dabei ist die Vorstellung, dass eine Verdoppelung der Hoheitsträger in einer föderalen Struktur staatsabwehrend wirke und die individuelle Freiheit sichere, zunächst kontraintuitiv.[26] Man würde einen umgekehrten Zusammenhang ver-

---

[23] Letter to Bishop Mandell Creighton, April 5, 1887, abgedruckt in: *J. E. E. Dalberg-Acton*, in: J. N. Figgis/R. V. Laurence (Hrsg.), Historical Essays and Studies, 1907, S. 504 (mit Bezug auf den Papst). Nicht weniger plausibel ist allerdings die ebenso allgemein gehaltene Aussage Edmund Burkes: »Nothing turns out to be so oppressive and unjust as a feeble government.« S. *E. Burke*, Reflections on the Revolution in France (1790), 2001, S. 399; vgl. *F. L. Neumann*, in: A. W. Macmahon (Hrsg.), Federalism Mature and Emergent, 1955, S. 44 (49).

[24] *A. C. Stephan*, in: Arguing Comparative Politics, 2001, S. 315 (331).

[25] *W. H. Riker*, Federalism, 1964.

[26] U.S. Supreme Court, *Bond v. United States*, 564 U.S. 211, 220 f. (2011), Justice Kennedy for the Court.

muten, dass nämlich die Verdoppelung der Hoheitsträger auch das Risiko des Machtmissbrauchs verdoppelt.[27] Die Vervielfältigung der Hoheitsträger vermehrt die Möglichkeiten von Eingriffen in die als Schutz vor staatlicher Intervention verstandenen Freiheitsrechte; potentiell setzt sie die Freiheitsbetätigung sowohl einzelstaatlicher als auch föderaler Restriktion aus.

Daher kommt es für eine staatsabwehrende Funktion föderaler Strukturen maßgeblich auf die Kompetenzverteilung an. Sie führt dazu, dass eine Verdoppelung der Hoheitsträger nicht zugleich auch deren Befugnisse und Eingriffsmöglichkeiten verdoppelt. Werden Kompetenzen exklusiv zugeteilt, so ist entweder die eine oder die andere Ebene für bestimmte Aufgaben zuständig. Selbst im Fall paralleler oder echt konkurrierender Gesetzgebungskompetenzen verhindert der Vorrang des Bundesrechts eine Verdoppelung der Eingriffsmöglichkeiten.

Die föderale Kompetenzverteilung beschränkt Bundes- und einzelstaatliche Gewalten gegenständlich und wirkt bereits deshalb limitierend, weil sie die Agenda des demokratischen Prozesses einschränkt; weder Bundesebene noch Einzelstaaten verfügen über eine offene politische Agenda.[28] Die jeweiligen Beschränkungen der Agenden sind verfassungsrechtlich besonders abgesichert,[29] in Deutschland jedenfalls durch die Einbeziehung der Bundesstaatlichkeit in die materiellen Schranken der Verfassungsrevision nach der sogenannten Ewigkeitsgarantie des Art. 79 Abs. 3 GG, in den USA durch die generell hohen Anforderungen an die Verfassungsänderung gemäß Art. V U.S. Const. Darüber hinaus setzt der liberale Föderalismus auf die wechselseitige Kontrolle der Regierungsebenen als Mechanismus der Freiheitssicherung.

2. Republikanische Konzeption der Freiheitssicherung durch Partizipation

Über das liberale Paradigma der Staatsabwehr hinausgehend hat der Politikwissenschaftler Alfred C. Stephan gezeigt, dass föderale Strukturen auch die Partizipationsmöglichkeiten verbessern können. Ihr Effekt kann sowohl

---

[27] Vgl. *D. A. Farber* u.a., Cases and Materials on Constitutional Law, 5. Aufl. 2013, S. 899.

[28] S. zum Gesichtspunkt der offenen Agenda *R. A. Dahl*, in: J. R. Pennock/J. W. Chapman (Hrsg.), Liberal Democracy, 1983, S. 95; *R. A. Dahl*, Democracy and its Critics, 1989, S. 112–114, 198–201; *S. Besson*, in: S. Besson/E. M. Belser (Hrsg.), La Convention européenne des droits de l'homme et les cantons, 2014, S. 215 (233). S. auch *B. Grzeszick*, in: T. Maunz u.a. (Hrsg.), Grundgesetz-Kommentar, 2018, Art. 20 Abschnitt IV, Rn. 20. Auch nach dem Bundesverfassungsgericht »kommt der Kompetenzordnung eine grundrechtssichernde Funktion zu, denn der Bürger braucht nur die kompetenzgemäße Auferlegung von Geldleistungspflichten hinzunehmen« (BVerfGE 55, 274 (302), 2 BvF 3/77 – *Berufsausbildungsabgabe*; s. auch BVerfGE 34, 139 (146), 1 BvL 15/68, 26/69 – *Fahrbahndecke*).

[29] *A. C. Stephan*, in: Arguing Comparative Politics, 2001, S. 315 (335 f.).

»demos-constraining« als auch »demos-enabling« sein.[30] So ist etwa die Charakteristik der föderalen Struktur der Schweiz »demos-enabling«. Sie besteht darin, dass sich die Bevölkerung auf den unterschiedlichen Ebenen äußern kann.[31] Stephan ordnet demnach demokratische föderale Strukturen auf einem Kontinuum von »least demos-constraining« zu »most demos-constraining« an. Folglich lassen sich föderale Strukturen nicht nur für die liberale Vorstellung der gegenseitigen Hemmung der Regierungsebenen fruchtbar machen, sondern auch für die republikanische Idee verbesserter Selbstregierung aller in freien Gemeinwesen.[32] In diesem republikanischen Verständnis sichert die Bundesstaatlichkeit die Freiheit aller, indem sie die Partizipationschancen und Repräsentation verbessert und die Beratung und Entscheidungsfindung im kleineren Maßstab ermöglicht.

3. Politische Ökonomie der Freiheitssicherung durch Wettbewerb

Aus ökonomischer Perspektive ist der Wettbewerb zwischen den Einzelstaaten entscheidender Faktor für die Freiheitssicherung. Die Einzelstaaten bieten unterschiedliche Angebotspakete im Bereich Steuern und Regulierung. Sie unterliegen dabei zwei Formen des Wettbewerbs, einem Marktwettbewerb und einem Leistungswettbewerb.

Damit die Einzelstaaten einem Marktwettbewerb unterliegen, muss der Einzelne seinen subjektiven Präferenzen entsprechende Wahlmöglichkeiten haben.[33] Dies setzt voraus, dass er zwischen den Einzelstaaten mobil ist. Die durch die Mobilität eröffneten Optionen erweitern die Freiheit des Einzelnen; seine – unter Umständen nur perspektivische – Möglichkeit, in einen anderen Einzelstaat auszuweichen, beschränkt zugleich das Potential der einzelstaatlichen Regierungen, seine Freiheit zu beschränken. Unter dem Druck des Wettbewerbs müssen sie vielmehr weniger freiheitsbeschränkende Politiken von anderen Einzelstaaten übernehmen. Zu den Funktionsbedingungen des Marktwettbewerbs gehört also die Mobilität der Bürger zwischen den Einzelstaaten.[34]

Als Entdeckungsverfahren findet Wettbewerb aber auch unabhängig von der Mobilität der Bürger statt. Der sogenannte Leistungswettbewerb[35] erfüllt

---

[30] Ebd.

[31] *A. Benz*, Jahrbuch des Föderalismus 2015, S. 192 (195).

[32] *L. B. Kaden*, Colum. L. Rev. 79 (1979) 5, S. 847 (856); *A. R. Amar*, Yale L. J. 96 (1987) 7, S. 1425.

[33] Zusammenfassend *R. A. Schapiro*, Fordham L. Rev. 74 (2006) 4, S. 2133 (2139); *R. P. Inman*, CESifo Econ. Stud. 53 (2007) 4, S. 522 (525–529).

[34] S. für eine interdisziplinäre Rekonstruktion *S. Korte*, Standortfaktor Öffentliches Recht, 2015, S. 26–108.

[35] *A. Breton*, Competitive governments, 1996; *P. Salmon*, in: M. J. Holler (Hrsg.), European Governance, 2003, S. 197.

als »bloßes Benchmarking« zwar nicht die Kriterien des Marktmechanismus,[36] schafft aber Vergleichbarkeit und Transparenz, die zur Freiheitssicherung beitragen können.

4. Verhältnis der Ansätze zueinander

Liberale, republikanische und ökonomische Konzeption des Zusammenhangs von Freiheit und Föderalismus zeigen neben ihren Unterschieden auch Überschneidungen und Gemeinsamkeiten [a)]. Vor allem verbindet sie ein negativer Freiheitsbegriff [b)].

a) Unterschiede, Überschneidungen und Gemeinsamkeiten

Liberaler und ökonomischer Ansatz setzen auf die limitierende Funktion föderaler Strukturen. Beide stellen auch den Staat dem Einzelnen gegenüber, sei es als Freiheitsbedrohung oder als Anbieter von Leistungen. Beides grenzt sie zugleich vom republikanischen Modell ab, das auf die Freiheit *im* Staat zielt. Der Marktwettbewerb zwischen den Einzelstaaten steht zugleich in einem Spannungsverhältnis mit republikanischer Selbstbestimmung und Gleichheit: Soweit ein marktähnlicher Wettbewerbsmechanismus politische Entscheidungen bestimmt, konterkariert der Konkurrenzdruck die formale Autonomie der demokratischen Institutionen in den dezentralen Gebietskörperschaften. Die Politik ist der Funktionsweise und Rationalität des Wettbewerbs unvermeidlich unterworfen, weil es im Wesentlichen um mobile Steuerzahler geht. Zugleich verletzt die Wettbewerbsrationalität das Gleichheitsprinzip, weil die Freiheit, Präferenzen durch Mobilität oder durch Beeinflussung von Politik mittels Abwanderungsdrohungen zu verwirklichen, zwischen den gesellschaftlichen Akteuren ungleich verteilt ist.[37]

Liberaler und ökonomischer Ansatz vertrauen auf unterschiedliche Mechanismen der Freiheitssicherung. Während im Zentrum der liberalen Argumente für den Föderalismus die »checks and balances« der föderalen Gewaltenbalance stehen, vertrauen ökonomische Theorien für den Schutz von Grundrechten auf die positiven Effekte des Marktwettbewerbs oder des bloßen Leistungswettbewerbs zwischen Regierungen. Daraus folgt ein weiterer Unterschied zwischen liberaler und ökonomischer Perspektive. Die liberale Perspektive ist normativ

---

[36] *S. Korte*, Standortfaktor Öffentliches Recht, 2015, S. 118 f.

[37] *A. Benz*, Jahrbuch des Föderalismus 2015, S. 192 (195). Ist nur ein bestimmter Teil der Bevölkerung eingeschränkt mobil, können dadurch bewirkte Verzerrungen Regierungen veranlassen, sich nur um die Ansiedlung für sie attraktiver wohlhabender und leistungsfähiger Bürger und Unternehmen zu bemühen und Minderheiten sogar verstärkt zu ignorieren. S. *E. L. Gibson*, World Politics 58 (2005) 1, S. 101; *R. Mickey*, Paths Out of Dixie, 2014 zu »Subnational Authoritarianism« in demokratischen Ländern und speziell zu »Authoritarian Enclaves« in den Südstaaten der USA.

vor allem auf die Limitierung der Bundesebene ausgerichtet. Dagegen passen die ökonomischen Ansätze, soweit sie die Mobilität der Bürger zwischen den Gemeinwesen voraussetzen, bereits konzeptionell nur auf die Limitierung der Einzelstaaten. Diesen Fokus auf die Einzelstaaten wiederum hat die ökonomische Theorie mit den republikanischen Ansätzen gemeinsam.

b) Insbesondere: Negativer Freiheitsbegriff als Gemeinsamkeit

Den liberalen, republikanischen und ökonomischen Konzeptionen der freiheitssichernden Wirkungen bundesstaatlicher föderaler Strukturen liegt ein gemeinsamer, limitierter Freiheitsbegriff zugrunde.[38]

Zunächst fällt auf, dass in vielen Arbeiten zum Zusammenhang von Föderalismus und Freiheit der Freiheitsbegriff unzureichend konturiert ist. Die häufig anzutreffende Aussage, föderale Strukturen schützten die Freiheit, ist in mehrfacher Hinsicht zu allgemein. Der allgemeine Wert der Freiheit ist so unbestreitbar wie unbestimmt.[39] Freiheit wird jedoch nicht abstrakt geschützt, sondern es werden bestimmte Freiheiten vor spezifischen Bedrohungen in einem bestimmten Ausmaß geschützt. Die Berufung auf die Bundesstaatlichkeit kann also leicht auch ein instrumentelles Argument für diejenige spezifische Vorstellung von Freiheit sein, die auf der Bundesebene zu einem bestimmten Zeitpunkt nicht zu realisieren ist. Das kann auch die »Freiheit« zur Rassentrennung sein oder die Freiheit, keine Krankenversicherung abschließen zu müssen.

Bei genauerer Betrachtung ist der Freiheitsbegriff des liberalen, republikanischen und ökonomischen Föderalismusverständnisses dadurch gekennzeichnet, dass er sich auf die negative Dimension der Freiheit bezieht, auf die Freiheit im Sinne der Abwesenheit bestimmter Beschränkungen des Handelns statt als Fähigkeit zu bestimmten Handlungen (*positive* Freiheit).[40] Dieses Konzept setzt soziale Freiheit mit dem Fehlen äußerer sozialer Beschränkungen gleich und lässt die internen, in den Personen gelegenen, Bedingungen individuellen Handelns außer Betracht. Alle diese Bedingungen, zu denen vor allem auch die notwendigen sozialen Handlungsressourcen gehören, werden der persönlichen Sphäre zugerechnet, von der angenommen wird, dass sie mit der sozialen Freiheit der Menschen in keinerlei Zusammenhang steht.[41]

---

[38] Das gilt nicht für Vertreter des sozietalen Föderalismus, s. insb. *P.-J. Proudhon*, Du principe fédératif et œuvres diverses sur les problèmes politiques européens, 1959.

[39] *E. A. Purcell, Jr.*, N.Y.L.Sch. L. Rev. 50 (2005) 3, S. 635 (665).

[40] Instruktiv zu diesen beiden Freiheitsbegriffen *P. Koller*, in: J. Nida-Rümelin/W. Vossenkuhl (Hrsg.), Ethische und politische Freiheit, 1998, S. 476 (479). Für einen in diesem Sinne negativen Freiheitsbegriff s. insb. *I. Berlin*, in: Four Essays on Liberty, 1969, S. 118; *F. A. von Hayek*, Die Verfassung der Freiheit, 1971, S. 15 ff.; für einen positiven Freiheitsbegriff s. demgegenüber *L. Crocker*, Positive Liberty, 1980, S. 66 ff.

[41] *P. Koller*, in: J. Nida-Rümelin/W. Vossenkuhl (Hrsg.), Ethische und politische Freiheit,

Ein derartiger negativer Freiheitsbegriff ist nicht nur mit der liberalen, sondern auch mit der republikanischen Denktradition verknüpft. Für die republikanische Tradition ist Freiheit nur in einem freien, selbstbestimmten Gemeinwesen möglich[42] und Partizipation, zumindest aber Repräsentation, Voraussetzung der Sicherung individueller Freiheit.[43] Negative Freiheit in diesem Sinne meint allerdings nicht nur Nichteinmischung (*non-interference*), sondern zumindest auch Nichtbeherrschung (*non-domination*).[44] Aus dem Blick geraten andere Aspekte der Freiheit, die effektive und reale Freiheit, die grundrechtlich durch Schutz-, Verfahrens-, Teilhabeansprüche abgesichert wird, und die objektive Freiheit im Sinne der Ordnung rechtlich erfasster und ausgestalteter Lebensbereiche, wie sie in der sogenannten objektiv-rechtlichen Dimension der Grundrechte zum Ausdruck kommt. Übersetzt man diesen der Konzeptionen des Zusammenhangs von Föderalismus und Freiheit zugrunde liegenden Freiheitsbegriff in die klassischen Funktionen der Grundrechte im Verhältnis zwischen Einzelnen und Staat, so finden sich zwar *status negativus* und *status activus*, nicht aber der *status positivus* wieder.[45]

Insgesamt ist also der Freiheitsbegriff in der Theorie des Föderalismus der Bundesstaaten nicht nur zu wenig konturiert, sondern bleibt im Vergleich zur grundrechtlichen Ausgestaltung der Freiheit auch konzeptionell defizitär und mit Blick auf die tatsächlichen Gefährdungslagen unterkomplex.

IV. Zwischenfazit und Ausblick

Es ist also an dieser Stelle bereits festzuhalten, dass nicht nur die einschlägigen Aussagen von *U.S. Supreme Court* und Bundesverfassungsgericht zu formelhaft bleiben, sondern die konzeptionelle Durchdringung der freiheitssichernden Wirkung föderaler Strukturen im Vergleich zum Grundrechtsschutz insgesamt an einem Defizit leidet. Sie nimmt im Wesentlichen nur die negative Dimension der Freiheit in den Blick und verengt damit den Freiheitsbegriff.

1998, S. 476 (484); s. für eine philosophische Kritik dieses Freiheitsverständnisses *C. Taylor*, Negative Freiheit? Zur Kritik des neuzeitlichen Individualismus, 1988.

[42] *P. Pettit*, Republicanism, 1997, S. 106–109, 120–126; *Q. Skinner*, Liberty before Liberalism, 1998, S. 60; *D. Held*, Models of Democracy, 3. Aufl. 2006, S. 29–55.

[43] *Q. Skinner*, Liberty before Liberalism, 1998, S. 74 f.

[44] *P. Pettit*, Eur J Philosophy 1 (1993) 1, S. 15; *P. Pettit*, Republicanism, 1997, insb. S. 51 ff. (Chapter 2); *Q. Skinner*, Liberty before Liberalism, 1998, S. 83. Eine weitere Dimension der Auseinandersetzung um negative und positive Freiheit betrifft die Frage, ob und inwieweit Freiheit, richtig verstanden, die Unabhängigkeit von gemeinschaftlichen Bindungen oder im Gegenteil die Teilhabe an der gemeinsamen Gestaltung des sozialen Lebens verlangt, vgl. *P. Koller*, in: J. Nida-Rümelin/W. Vossenkuhl (Hrsg.), Ethische und politische Freiheit, 1998, S. 476 (486) m.N.

[45] *G. Jellinek*, System der subjektiven öffentlichen Rechte, 2. Aufl. 1919, S. 87, 94 ff.

Wie im Folgenden zu zeigen sein wird, finden sich in den föderalen Ordnungen der Bundesrepublik und der USA neben Charakteristika, die sich als »demos-constraining« deuten lassen, auch solche, die einen »demos-enabling« Effekt haben. Beide Bundesstaaten bieten damit – in unterschiedlicher Weise – Anknüpfungspunkte für liberale, republikanische und ökonomische Deutungsmuster der Freiheitssicherung durch Föderalismus.

B. Kriterien föderaler Kompetenzverteilung

Für eine vergleichende Untersuchung der freiheitssichernden Wirkungen des Föderalismus maßgebliche Variablen sind insbesondere die Kompetenzverteilung zwischen Bund und Einzelstaaten sowie die Zusammensetzung und die Befugnisse der föderativen Kammer.[46] Die föderale Kompetenzverteilung wird durch verschiedene Kriterien definiert: Die Verbandskompetenz wird in der Bundesrepublik und in den Vereinigten Staaten durch die funktionale und materielle Kompetenzverteilung sowie die Art der Kompetenzabgrenzung bestimmt. Von Bedeutung sind zudem die Zusammensetzung und die Organkompetenzen der föderativen Kammer.

Kriterium für die funktionale Kompetenzverteilung (I.) ist, wie sich die hoheitlichen Funktionen der Rechtsetzung und Vollziehung zwischen den Ebenen verteilen.[47] In einem Trennsystem oder horizontalen Föderalismus sind Rechtsetzung und Vollziehung in einem bestimmten materiellen Kompetenzbereich jeweils einer Ebene zugeordnet. Dagegen wird in einem Verflechtungssystem oder vertikalen Föderalismus die Kompetenzverteilung nach den Stadien des Entscheidungsprozesses bzw. nach Funktionen vorgenommen. Für ein und dieselbe Sachmaterie können daher die Zuständigkeiten für Gesetzgebung, Verwaltungsvollzug, Rechtsprechung und Steuerhoheit auseinanderfallen.[48]

Im Wege der materiellen Kompetenzverteilung (II.) werden die gesetzgebende, vollziehende und rechtsprechende Gewalt nach sachlichen Kriterien in eine jeweils gesamtstaatliche und gliedstaatliche Gewalt aufgegliedert. Die ma-

[46] *A. C. Stephan*, in: Arguing Comparative Politics, 2001, S. 315, S. 340–357.

[47] S. für die Unterscheidung Trenn-/Verflechtungssystem *R.-O. Schultze*, in: D. Nohlen u.a. (Hrsg.), Politische Begriffe, 1999, S. 186 (188); *P. Dann*, Parlamente im Exekutivföderalismus, 2004, S. 31; *U. Münch*, in: I. Härtel (Hrsg.), Handbuch Föderalismus, Bd. I, 2012, S. 179 (180); für das Begriffspaar *›horizontal‹/›vertical‹ federal system D. Halberstam*, in: K. E. Whittington u.a. (Hrsg.), The Oxford Handbook of Law and Politics, 2008, S. 142 (145). Halberstams Unterscheidung bezieht sich außer auf die funktionale Kompetenzverteilung auch auf die Mitwirkung der Länder auf Bundesebene. S. zur Bedeutung der »functional allocation« im Gegensatz zu »subject matter allocation« auch *G. A. Bermann*, in: K. Nicolaidis/R. Howse (Hrsg.), The Federal Vision, 2001, S. 191.

[48] *W. Heun*, in: I. Härtel (Hrsg.), Handbuch Föderalismus, Bd. IV, 2012, S. 609 (611).

terielle Kompetenzverteilung betrifft also die Frage, welche Ebene zur Regelung bestimmter Sachmaterien berechtigt ist.

Eng damit verknüpft ist die Art der Kompetenzabgrenzung (III.). Die einzelnen Kompetenzarten werden dabei anhand des Kriteriums einer Sperrwirkung gegenüber Regelungen der anderen Ebene unterschieden.[49] Die Legislativkompetenzen der föderalen Ebene unterscheiden sich danach, ob der einzelstaatlichen Ebene für einen bestimmten Sachbereich noch konkurrierende Zuständigkeiten verbleiben. In einem in diesem Sinne[50] strikt dualen Modell föderaler Kompetenzverteilung ist dies nicht der Fall; vielmehr entfalten hier die Gesetzgebungszuständigkeiten des Bundes als ausschließliche oder exklusive Zuständigkeiten unabhängig von ihrer tatsächlichen Inanspruchnahme eine Sperrwirkung gegenüber Regelungen auf gliedstaatlicher Ebene.

Die Zusammensetzung der föderativen Kammer in Abweichung vom Grundsatz proportionaler Repräsentation der Bevölkerungsgrößen und der Umfang ihrer Befugnisse bildet ein weiteres Kriterium der föderalen Kompetenzverteilung. In den USA folgt die Ausgestaltung der föderativen Kammer dem Senatsmodell mit direkt gewählten Senatoren, in Deutschland dem Ratsmodell mit weisungsabhängigen Vertretern der Einzelstaaten (IV.).

I. Funktionale Kompetenzverteilung: Trennsystem oder Verflechtungssystem

Die funktionale Kompetenzverteilung nach dem deutschen Grundgesetz verkörpert das Verflechtungsmodell des Exekutivföderalismus, während die funktionale Kompetenzverteilung in den USA nach dem sogenannten dualen System oder Trennsystem ausgestaltet ist.

Der deutsche Bundesstaat gilt, zusammen mit der Schweiz oder auch der Europäischen Union, als typisches Verflechtungssystem.[51] Art. 83 GG formuliert den Grundsatz, dass die Länder Bundesgesetze als eigene Angelegenheit ausführen, soweit das Grundgesetz nichts anderes bestimmt oder zulässt. Auf diesem Grundsatz beruht der deutsche Exekutivföderalismus, in dem der Schwerpunkt im Bereich der Rechtsetzung beim Bund liegt, den Ländern dagegen der Vorrang

---

49 *P. Dann*, Parlamente im Exekutivföderalismus, 2004, S. 30 f. m.w.N.

50 Man beachte die doppelte Bedeutung des »dualen« Föderalismus: Zum einen kann sich der Dualismus auf die funktionale Kompetenzverteilung beziehen; in diesem Sinne kennzeichnet er den Gegenpol zum Exekutivföderalismus der Bundesrepublik Deutschland. Zum anderen bezeichnet der Dualismus in Abgrenzung von einem kooperativen Modell ein Verhältnis der Ausschließlichkeit von föderaler zu (mit-)gliedstaatlicher Gesetzgebungszuständigkeit. Vgl. *D. Hanschel*, Konfliktlösung im Bundesstaat, 2012, S. 400.

51 *D. Halberstam*, in: K. E. Whittington u.a. (Hrsg.), The Oxford Handbook of Law and Politics, 2008, S. 142 (145); *W. Heun*, in: I. Härtel (Hrsg.), Handbuch Föderalismus, Bd. IV, 2012, S. 609 (611).

beim Gesetzesvollzug zukommt. Bund und Länder werden dadurch in der Bewältigung der einzelnen materiellen Aufgabenbereiche des Staats verschränkt.[52]

Im klassischen »dual federalism« der Vereinigten Staaten wird dagegen in Übereinstimmung mit dem Trennungsmodell die Kompetenz für einzelne Sachbereiche jeweils umfassend dem Bund oder den Gliedstaaten zugewiesen. Besteht keine abweichende besondere Regelung, so zieht die Zuweisung der Gesetzgebungskompetenz für einen bestimmten Bereich eine kongruente Exekutivkompetenz nach sich. Grundlage für diesen Annexcharakter der Verwaltungsfunktion sind Art. II Sect. 1. Cl. 1 U.S. Const. (»The executive Power shall be vested in a President of the United States of America.«) und Art. II Sect. 3 Cl. 4 U.S. Const. (»[the President] shall take Care that the Laws be faithfully executed«).[53] Allerdings ist die Exekutivkompetenz in den betreffenden Bereichen nicht exklusiv der Bundesebene zugewiesen. Die Staaten können freiwillig auch für die Durchsetzung des Bundesrechts sorgen. Zudem kann die Bundesebene die Staaten in den Vollzug des Bundesrechts einbeziehen und dafür insbesondere finanzielle Anreizstrukturen schaffen.[54] Grenzen setzt ihr dabei die sogenannte *anti-commandeering*-Doktrin,[55] die es dem Kongress untersagt, eine bestimmte gliedstaatliche Gesetzgebung zu erzwingen.[56] Auf dieser verfassungsrechtlichen Grundlage hat sich ein komplexes Netz zwischenstaatlicher Beziehungen entwickelt, in dem die Behörden der Bundesebene und der Bundesstaaten, aber auch der lokalen Ebene über die Gestaltung und Umsetzung politischer Maßnahmen verhandeln.[57] Die Umsetzung vieler Bundesgesetze liegt deswegen durchaus bei den Gliedstaaten.[58] Dieses Phänomen wird als kooperativer Föderalismus (»cooperative federalism«) bezeichnet.[59]

---

[52] S. dazu *F. Kirchhof*, in: T. Maunz u.a. (Hrsg.), Grundgesetz-Kommentar, 2018, Art. 83 GG, Rn. 3–5.

[53] *R. Schütze*, CML Rev. 47 (2010) 5, S. 1385 (1387); *W. Heun*, in: I. Härtel (Hrsg.), Handbuch Föderalismus, Bd. IV, 2012, S. 609, S. 611 f.

[54] S. U.S. Supreme Court, *South Dakota v. Dole, Secretary of Transportation*, 483 U.S. 203, 211 f. (1987).

[55] Die Doktrin wurzelt im 10. Zusatzartikel, vgl. *R. R.M. Verchick/N. Mendelson*, in: W. W. Buzbee (Hrsg.), Preemption Choice, 2008, S. 13 (15).

[56] U.S. Supreme Court, *New York v. United States et al.*, 505 U.S. 144, 157 (1992); *Printz v. United States*, 521 U.S. 898, 933 (1997); *A. J. Bellia*, Federalism, 2011, S. 406–436; *E. A. Young*, The Supreme Court and the Constitutional Structure, 2012, S. 825–867.

[57] *E. Katz*, in: R. Blindenbacher/A. Ostien (Hrsg.), Kompetenzverteilung und Verantwortlichkeiten in Bundesstaaten, 2007, S. 39; *S. L. Bloch/V. C. Jackson*, Federalism, 2013, S. 123–129. Der Supreme Court hat die expansive Delegation an *administrative agencies* und damit die Schaffung einer großen föderalen Bürokratie gebilligt, s. etwa *American Textile Mfrs. Inst. v. Donovan*, 452 U.S. 490 (1981); *Sunshine Anthracite Coal Co. v. Adkins*, 310 U.S. 381 (1940).

[58] *J. Resnik*, in: J. M. Balkin/R. B. Siegel (Hrsg.), The Constitution in 2020, 2009, S. 269 (271) m.w.N.

[59] *E. Katz*, in: R. Blindenbacher/A. Ostien (Hrsg.), Kompetenzverteilung und Verantwortlichkeiten in Bundesstaaten, 2007, S. 39.

Anders als eine kategorische Gegenüberstellung von Trennungs- und Verflechtungsmodell suggeriert, vollziehen also sowohl in Deutschland als auch in den USA die Einzelstaaten Bundesrecht.[60] Auch die USA haben sich zunehmend zu einem verflochtenen Exekutivföderalismus entwickelt.[61] Sie hinsichtlich der funktionalen Kompetenzverteilung als *dual federalism* zu bezeichnen, ist zu pauschal. Wie die Funktionen zwischen Bund und Einzelstaaten verteilt und ob die Staaten autonom oder eng mit dem Bund verflochten sind, unterscheidet sich von Regelungsbereich zu Regelungsbereich.[62]

II. Materielle Kompetenzverteilung

Für die föderale Gewaltenteilung sind gerade die Zuordnung von Legislativzuständigkeiten und die Ausgestaltung von Regelungen über ihre Ausübung von ganz besonderer Bedeutung.[63] Zunächst erfüllt gerade die Rechtsetzung auch eine politisch-gesellschaftliche Integrationsfunktion für das Gemeinwesen. Sie entfaltet prägende Auswirkungen auf das politische Bewusstsein der betroffenen Bevölkerung und entscheidet mit darüber, ob Recht als eigenes angenommen oder als fremdes verworfen wird. Zudem schafft die Rechtsetzung Handlungsanleitungen für die Verwaltung und Maßstabsnormen für die Rechtsprechung.[64]

Die bundesstaatlichen Kompetenzordnungen sowohl des Grundgesetzes als auch der US-Verfassung enthalten eine Auffangklausel zugunsten der Gliedstaaten; dem Bund stehen jeweils allein die ausdrücklich zugewiesenen Kompetenzen (*enumerated powers*) zu. Der vom Bundesverfassungsgericht als »Grundregel unserer bundesstaatlichen Verfassung«[65] bezeichnete Art. 70 Abs. 1 GG bestimmt, dass die Länder das Recht der Gesetzgebung haben, soweit das Grundgesetz nicht dem Bund Gesetzgebungsbefugnisse verleiht.[66] Für die Verfassung der USA stellt der 10. Zusatzartikel klar:[67] »The powers not delegated to the United States by the Constitution, nor prohibited by it to the States,

---

[60] *D. Halberstam/R. M. Hills, Jr.*, Annals Am. Acad. Pol. & Soc. Sci. 2001, S. 173 (182).

[61] *J. Bulman-Pozen*, Va. L. Rev. 102 (2016) 4, S. 953.

[62] *H. K. Gerken*, Wm. & Mary L. Rev. 53 (2012) 5, S. 1549 (1560 f.). Auf diese Vielfalt unterschiedlicher Gestaltungen soll die Pluralform »federalism(s)« hinweisen. S. auch *J. Resnik*, in: J. Fleming/J. T. Levy (Hrsg.), Federalism and Subsidiarity, 2014, S. 363.

[63] *P. Dann*, Parlamente im Exekutivföderalismus, 2004, S. 30; *T. von Danwitz*, AöR 131 (2006) 4, S. 510 (515); s. auch *M. Kenntner*, Justitiabler Föderalismus, 2000, S. 13; *R. Schütze*, E. L. Rev. 31 (2006) 2, S. 167 (167).

[64] *T. von Danwitz*, AöR 131 (2006) 4, S. 510 (514 f.).

[65] BVerfGE 16, 64 (78 f.), 2 BvL 8, 10/61 – *Einwohnersteuer*.

[66] S. zur Bedeutung der Residualkompetenz *M. Heintzen*, DVBl. 112 (1997) 11, S. 689, mit dem alternativen Vorschlag einer Beidseitigkeit der Kompetenzverteilung.

[67] U.S. Supreme Court, *United States v. Darby*, 312 U.S. 100, 124 (1941): »The amendment states but a truism that all is retained which has not been surrendered.« Der *Rehnquist Court*

are reserved to the States respectively, or to the people.« Übereinstimmend gilt also der Grundsatz der Residualkompetenz der einzelstaatlichen Ebene.

Allerdings wäre es da wie dort vorschnell, allein von der Auffangzuständigkeit der einzelstaatlichen Ebene auf deren tatsächliche Dominanz in der Gesetzgebung zu schließen. Um ihre tatsächliche Bedeutung in der Gesetzgebung zu ermitteln, müssen die den deutschen Bundesländern (1.) und den Einzelstaaten der USA (2.) zukommenden Gesetzgebungszuständigkeiten vielmehr anhand der Verfassungstexte und der auf ihrer Grundlage entwickelten Verfassungspraxis im Einzelnen analysiert werden. Vor dem Hintergrund der potentiell freiheitssichernden Wirkung der materiellen Kompetenzverteilung soll dies mit einem besonderen Fokus auf die Grundrechtsrelevanz dieser Kompetenzen geschehen. Den Ausgangspunkt bildet insoweit das deutsche Grundgesetz mit seinem im Vergleich zur US-Verfassung detaillierten Kompetenzkatalog.

1. Gesetzgebungszuständigkeiten der deutschen Bundesländer

Das Grundgesetz benennt ausnahmsweise Gesetzgebungskompetenzen der Länder und enthält eine Reihe weiterer relevanter Länderzuständigkeiten. Nach der Regelungstechnik des Grundgesetzes sind benannte Gesetzgebungszuständigkeiten der deutschen Bundesländer die Ausnahme. Für die freiheitsschützende Wirkung der Gewaltengliederung sind zwei dieser benannten Zuständigkeiten besonders relevant. Art. 140 GG i.V.m. Art. 137 Abs. 8 WRV begründet die ausschließliche Zuständigkeit des Landesgesetzgebers für Durchführungsbestimmungen betreffend die Freiheit der Vereinigung zu Religionsgesellschaften. Der 2006 neu gefasste[68] Art. 23 Abs. 6 Satz 1 GG über die Wahrnehmung der Rechte Deutschlands als Mitgliedstaat der EU durch einen Ländervertreter bezeichnet das »kompetenzielle Hausgut« der Länder. Da die dort angeführten ausschließlichen Gesetzgebungszuständigkeiten für die Gebiete der schulischen Bildung,[69] der Kultur und des Rundfunks seit langem zu den Kernbereichen der Länderkompetenzen zählen, ist die Benennung dieser grundrechtsrelevanten Materien (Art. 7 GG, Art. 5 Abs. 1 Satz 2 GG, Art. 5 Abs. 3 GG) insoweit allerdings nur deklaratorisch.[70]

Über diese ausdrücklich benannten Zuständigkeiten hinaus ist die Landesgesetzgebung gemäß der in Art. 70 Abs. 1 GG formulierten Generalklausel für weitere grundrechtlich geschützte Lebensbereiche zuständig. Diese Bereiche lassen sich vor dem Hintergrund der grundgesetzlich enumerativ umschriebenen Bundeszuständigkeiten konkretisieren: Den Ländern steht die Gesetzge-

---

erklärte in *National League of Cities v. Usery*, 426 U.S. 833 (1976) Änderungen des *Fair Labor Standards Act* auf der Grundlage des 10. Zusatzartikels für nichtig.

[68] BGBl. 2006 I, Nr. 41, S. 2034.

[69] S. insoweit aber Art. 91b Abs. 2 GG.

[70] *A. Uhle*, in: T. Maunz u.a. (Hrsg.), Grundgesetz-Kommentar, 2018, Art. 70, Rn. 82.

bungsbefugnis danach auf jenen Sachgebieten zu, die nicht dem Bund zugewiesen sind oder die, im Falle einer konkurrierenden Zuständigkeit, nicht vom Bund in Anspruch genommen werden.[71]

Im Hinblick auf die Berufsfreiheit (Art. 12 Abs. 1 GG) schließt Art. 74 Abs. 1 Nr. 11 GG seit 2006[72] das Recht des Ladenschlusses, der Gaststätten, der Spielhallen, der Schaustellung von Personen,[73] der Messen, der Ausstellungen und der Märkte von der konkurrierenden Gesetzgebung des Bundes für das Recht der Wirtschaft aus.[74] Nach Art. 70 Abs. 1 GG sind für diese Materien die Länder zuständig. Ebenso folgt aus der Beschränkung der konkurrierenden Bundeskompetenz in Art. 74 Abs. 1 Nr. 19 GG auf die Zulassung zu ärztlichen Berufen, dass die Regelung der ärztlichen Weiterbildung nach Erteilung der Approbation und das Facharztwesen in die Zuständigkeit der Länder fällt. Darüber hinaus sind die Länder für Teile des Berufsrechts deshalb zuständig, weil der Bund seine konkurrierende Zuständigkeit für einige Berufe nicht wahrgenommen hat.[75]

Bezüglich der Eigentumsgarantie des Art. 14 GG sind die Länder zuständig für das Bauordnungsrecht, das nicht von Art. 74 Abs. 1 Nr. 18 GG erfasst wird.[76] Als Ausdruck ihrer Kulturhoheit (Art. 23 Abs. 6 Satz 1 GG) haben sie auch die Zuständigkeit für Denkmalschutz und Denkmalpflege. Diese Zuständigkeit folgt daraus, dass sich Art. 74 Abs. 1 Nr. 18 GG eine konkurrierende Bundeskompetenz nur für den städtebaulichen Denkmalschutz entnehmen lässt und Art. 74 Abs. 1 Nr. 29 GG nur die Grundlage für den Schutz von Naturdenkmälern bildet. Art. 74 Abs. 1 Nr. 18 GG nimmt schon seit 1994 auch das Recht der Erschließungsbeiträge ausdrücklich von der Bundeskompetenz für das Bodenrecht aus. Art. 74 Abs. 1 Nr. 14 GG beschränkt die konkurrierende Bundeskompetenz für das Recht der Enteignung auf die Sachgebiete der Art. 73 und 74 GG, sodass auf anderen Sachgebieten für das Recht der Enteignung ausschließlich die Länder zuständig sind.[77]

Art. 74 Abs. 1 Nr. 24 GG ordnet den Ländern die Gesetzgebungszuständigkeit für den Schutz vor verhaltensbezogenem, etwa durch Sport- oder Freizeitaktivitäten verursachtem Lärm zu, weil dieser als von überwiegend loka-

---

71 *M. Heintzen*, DVBl. 112 (1997) 11, S. 689; *A. Uhle*, in: T. Maunz u.a. (Hrsg.), Grundgesetz-Kommentar, 2018, Art. 70, Rn. 1.

72 BGBl. 2006 I, Nr. 41, S. 2034 (2035).

73 Zur Verletzung der Menschenwürde durch die Schaustellung von Personen gemäß § 33a GewO s. BVerwGE 64, 274, 1 C 232/79 – *Peepshow*.

74 Allerdings besteht für die arbeitszeitrechtlichen Komponenten des Ladenschlusses eine konkurrierende Zuständigkeit nach Art. 74 Abs. 1 Nr. 12 GG.

75 *A. Uhle*, in: T. Maunz u.a. (Hrsg.), Grundgesetz-Kommentar, 2018, Art. 70, Rn. 95, 91.

76 BVerfGE 3, 407 (432–434), 1 PBvV 2/52 – *Baugutachten*; 40, 261 (266), 2 BvL 9/74 – *Niedersächsische Bauordnung*.

77 *A. Uhle*, in: T. Maunz u.a. (Hrsg.), Grundgesetz-Kommentar, 2018, Art. 70, Rn. 88, 92–96, 102.

ler Bedeutung behandelt wird. Der Landesgesetzgeber hat hier verschiedene Grundrechtspositionen zum Ausgleich zu bringen: Die allgemeine Handlungsfreiheit des Lärmverursachers (Art. 2 Abs. 1 GG), je nach Art der lärmverursachenden Betätigung unter Umständen auch sein allgemeines Persönlichkeitsrecht (Art. 2 Abs. 1 i.V.m. Art. 1 Abs. 1 GG), ist mit den Interessen der Nachbarn abzuwägen, die durch das Recht auf körperliche Unversehrtheit (Art. 2 Abs. 2 GG) und die Eigentumsgarantie (Art. 14 Abs. 1 GG) in ihrer Dimension als Schutzpflichten geschützt werden.[78]

Für Gesetze, die die Pressefreiheit und die Freiheit der Berichterstattung durch Rundfunk und Film (Art. 5 Abs. 1 Satz 2 GG) betreffen, sind die Länder zuständig,[79] soweit nicht ausnahmsweise spezielle Gesetzgebungskompetenzen des Bundes greifen. Hinsichtlich der Freiheit von Forschung und Lehre (Art. 5 Abs. 2 GG) sind die Länder für alle Materien des Hochschulwesens zuständig, die nicht die Hochschulzulassung oder Hochschulabschlüsse betreffen (Art. 74 Abs. 1 Nr. 33 GG).[80]

Im Hinblick auf die Religionsfreiheit (Art. 4 Abs. 1 und 2 GG) ist neben der Zuständigkeit der Länder für das Staatskirchenrecht das Sonn- und Feiertagsrecht zu nennen.[81] Die Regelung der Versammlungsfreiheit (Art. 8 GG) obliegt seit der Neufassung und Beschränkung von Art. 74 Abs. 1 Nr. 3 GG auf das Vereinsrecht durch die Föderalismusreform von 2006[82] nunmehr den Ländern.

Für den Schutz der Freiheit der Person (Art. 104 GG) einschlägig ist die Zuständigkeit der Länder für das Recht des Strafvollzugs einschließlich freiheitsentziehender Maßregeln der Besserung und Sicherung und des Untersuchungshaftvollzugs (Art. 74 Abs. 1 Nr. 1 GG).[83]

---

[78] *P. M. Huber/F. Wollenschläger*, NVwZ 28 (2009) 24, S. 1513 (1520).

[79] Für das Recht der Presse bestand nach Art. 75 Abs. 1 Satz 1 Nr. 2 GG a.F. bis 2006 eine Rahmenkompetenz des Bundes.

[80] Insoweit besteht für die konkurrierende Gesetzgebung des Bundes ein Abweichungsrecht der Länder gemäß Art. 72 Abs. 3 Nr. 6 GG.

[81] *A. Uhle*, in: T. Maunz u.a. (Hrsg.), Grundgesetz-Kommentar, 2018, Art. 70, Rn. 119, 117.

[82] BGBl. 2006 I, Nr. 41, S. 2034 (2035).

[83] Die Länderkompetenz für den Strafvollzug ist von der Bundeszuständigkeit nach Art. 74 Abs. 1 Nr. 1 GG für die Strafvollstreckung als Teil des Strafverfahrens zu unterscheiden, s. *A. Uhle*, in: T. Maunz u.a. (Hrsg.), Grundgesetz-Kommentar, 2018, Art. 70, Rn. 121. Kritisch zur Übertragung der Gesetzgebungszuständigkeit für den Strafvollzug an die Länder u.a. *H. Müller-Dietz*, ZRP 38 (2005) 5, S. 156; *S. Oeter*, in: C. Starck (Hrsg.), Föderalismusreform, 2007, S. 9 (34), Rn. 60; *H. Prantl*, FS 56 (2007) 1, S. 22. Zu den verfassungsrechtlichen Anforderungen an die Anwendung von Zwang bei untergebrachten Menschen s. BVerfGE 128, 282, 2 BvR 882/09 (2011) – *Zwangsbehandlung im Maßregelvollzug*; 142, 313, 1 BvL 8/15 (2016) – *Zwangsunterbringung*; 133, 112, 2 BvR 228/12 (2013) – *Medizinische Zwangsbehandlung*; BVerfG, Beschl. v. 19.7.2017, 2 BvR 2003/14, NJW 2017, 2982 – *Zwangsbehandlung im Rahmen der öffentlich-rechtlichen Unterbringung*; s. BVerfG, Urt. v. 24.7.2018, 2 BvR 309/15, 2 BvR 502/16 – *Fixierung von Patienten in der öffentlich-rechtlichen Unterbringung.*

Vielfach grundrechtsrelevant ist schließlich auch das allgemeine Polizei- und Ordnungsrecht, eine der wichtigsten Gesetzgebungszuständigkeiten der Länder. Das demonstrieren nicht zuletzt die Regelungen zur »drohenden Gefahr« als Eingriffsgrundlage und zum Präventivgewahrsam sowie Befugnisse zur Entnahme und zum Auslesen von DNA im Bayerischen Polizeiaufgabengesetz sowie Regelungen zur Terrorismusbekämpfung.[84] Ein Anhaltspunkt für die betroffenen Grundrechte lässt sich den jeweiligen Bestimmungen über die Einschränkung von Grundrechten entnehmen. Danach sind Einschränkungen der Grundrechte auf Leben und körperliche Unversehrtheit (Art. 2 Abs. 2 Satz 1 GG), Freiheit der Person (Art. 2 Abs. 2 Satz 2 GG), Versammlungsfreiheit (Art. 8 GG), Brief-, Post- und Fernmeldegeheimnis (Art. 10 Abs. 1 GG), Freizügigkeit (Art. 11 Abs. 1 GG), Unverletzlichkeit der Wohnung (Art. 13 GG) möglich.[85]

2. *Legislative Powers* der Einzelstaaten in den USA

In den USA folgt die Definition der Bundeskompetenzen einer anderen Technik als das Grundgesetz. An die Stelle eines umfangreichen Kompetenzkatalogs treten hier relativ wenige Kompetenzbestimmungen, deren Auslegung im Laufe der Jahrhunderte den sich wandelnden Bedingungen angepasst werden musste. Trotz der Eindämmungsversuche im *New Federalism* werden die Bundeskompetenzen tendenziell sehr weit verstanden. Für die materielle Aufteilung der *legislative powers* zwischen US-Kongress und Einzelstaaten ist vor allem das Verhältnis von *commerce power* des Kongresses und *state police power* von Bedeutung [a)]. Von nur beschränkter Bedeutung sind infolge ihrer insgesamt engen Auslegung durch den Obersten Gerichtshof die sogenannten *enforcement powers* des Kongresses aus den *Reconstruction Amendments* [b)].

a) Die *Police Power* der Einzelstaaten und ihre Abgrenzung von der *Commerce Power* des Kongresses

Nach der ursprünglichen Konzeption der US-Verfassung fällt die Regelung der Lebensverhältnisse des Einzelnen so gut wie ausschließlich in die Zuständigkeit der Einzelstaaten. Dementsprechend enumeriert die Bundesverfassung von 1787 die Gesetzgebungskompetenzen des Kongresses. Die Bundesregierung

---

[84] S. dazu Wissenschaftliche Dienste des Deutschen Bundestags, Ausweitung polizeilicher Befugnisse in Deutschland und Europa 2018, Ausarbeitung WD 3 – 3000 – 226/18 v. 27.7.2018 m.w.N.

[85] S. exemplarisch § 10 HSOG (Hessisches Gesetz über die öffentliche Sicherheit und Ordnung (HSOG) i.d.F. v. 14.1.2005, GVBl. I 2005, S. 14) sowie Art. 91 BayPAG (Gesetz über die Aufgaben und Befugnisse der Bayerischen Staatlichen Polizei in der Fassung der Bekanntmachung vom 14.9.1990, GVBl. 1990, S. 397). Der frühere Art. 74 BayPAG wurde neu gefasst m.W.v. 1.8.2017 durch Gesetz v. 24.7.2017 (GVBl. S. 388); der bisherige Art. 74 BayPAG wurde Art. 91 BayPAG und neu gefasst m.W.v. 25.5.2018 durch Gesetz v. 18.5.2018 (GVBl. S. 301).

war vor allem für die Außenbeziehungen (vgl. Art. I Sect. 10 Cl. 3 U.S. Const.) und den Handel mit fremden Ländern, zwischen den Einzelstaaten und mit den Indianerstämmen zuständig (*Commerce Clause*, Art. I Sect. 8 Cl. 3 U.S. Const.). Weitere Zuständigkeiten in Art. I Sect. 8 U.S. Const. betreffen u.a. das Recht der Einbürgerung und Einwanderung, das Konkursrecht, das Münzprägerecht, die Einrichtung von Postämtern und Poststraßen sowie den Schutz geistigen Eigentums durch Patent-, Urheber- und Markenrecht.

Den Einzelstaaten dagegen stand die sogenannte *police power* zu. Diese bis heute wichtigste Kompetenz[86] begründet ihre allgemeine Gesetzgebungszuständigkeit für das Gesundheitswesen, die innere Sicherheit, die öffentliche Fürsorge und die öffentliche Ordnung und bildet die Kompetenzgrundlage für einen Großteil des Strafrechts, des Familienrechts, des Rechts der unerlaubten Handlungen, des Eigentums-, Vertrags- und Wirtschaftsrechts. Die Staaten sind danach zuständig, soweit nicht die Verfassung dem Erlass eines bestimmten Gesetzes entgegensteht. Insbesondere können die Staaten ohne weitere ausdrückliche Kompetenzgrundlage Strafbestimmungen erlassen und durchsetzen, soweit dies aus Gründen des Gesundheitsschutzes, der öffentlichen Fürsorge und der öffentlichen Sicherheit und Ordnung gerechtfertigt ist.[87]

Einen Einblick in die grundrechtliche Relevanz der *state police power* vermittelt die Rechtsprechung des *U.S. Supreme Court*. Der Gerichtshof war im Zusammenhang mit der *state police power* mit den Fragen von wirtschaftlichen Interessen und Eigentum,[88] von Leben und persönlicher Freiheit, von Gleichheitsrechten, Verfahrensrechten (*due process*), der Privatsphäre (*right to privacy*), des Rechts auf Abtreibung,[89] der Aufhebung der Rassentrennung, der positiven Diskriminierung (*affirmative action*), der Meinungs- und Pressefreiheit, der Vereins- und Versammlungsfreiheit sowie der Trennung von Kirche und Staat befasst.[90] Demgegenüber sind Radio und Fernsehen auf der Grundlage der *Commerce Clause* weitgehend bundesgesetzlich geregelt (47 U.S.C. Ch. 5 – *Wire or Radio Communication*, §§ 151–621). Auch das Urheberrecht ist eine bundes-

---

86 *W. Brugger*, Einführung in das öffentliche Recht der USA, 2. Aufl. 2001, S. 62 f.

87 *R. J. Holland* u.a., State Constitutional Law, 2010, S. 114 f., 130.

88 U.S. Supreme Court, *Demorest v. City Bank Farmers Trust Co.*, 321 U.S. 36 (1944); *Board of Regents v. Roth*, 408 U.S. 564, 577 (1972): »Property interests […] are not created by the Constitution. Rather they are created and their dimensions are defined by existing rules or understandings that stem from an independent source such as state law.«; U.S. Supreme Court, *Memphis Light, Gas & Water Div. v. Craft*, 436 U.S. 1, 9–12 (1978).

89 Zur föderalen Dimension eines ungeschriebenen Grundrechts der Frauen auf Abtreibung wie in U.S. Supreme Court, *Roe v. Wade*, 410 U.S. 113 (1973) anerkannt s. *M. Dombert*, Der Grundrechtsföderalismus der Vereinigten Staaten von Amerika, 2017, S. 178.

90 *H. N. Schreiber*, in: K. L. Hall (Hrsg.), The Oxford Companion to the Supreme Court of the United States, 2005, S. 740 (745); *M. Bothe*, Die Kompetenzstruktur des modernen Bundesstaates in rechtsvergleichender Sicht, 1977, S. 156 f. zur Vereins- und Versammlungsfreiheit. S. allerdings 18 U.S.C. § 241 (»Conspiracy against rights«).

rechtlich geregelte Materie (*Copyright and Patent Clause*, Art. I, Sect. 8, Cl. 8 U.S. Const.).[91] Insgesamt aber steht in den USA die Regelung zentraler Lebensbereiche zu wesentlichen Teilen nach wie vor unter gliedstaatlicher Regelung.[92]

Allerdings hat die *commerce power* des Kongresses, wie gesehen, eine große Ausweitung erfahren. Die *Supremacy Clause* des Art. VI Cl. 2 U.S. Const. räumt dem Bundesrecht Vorrang gegenüber dem einzelstaatlichen Recht ein. Im Einklang mit dem *New Federalism* versuchte der *U.S. Supreme Court* zwar in der Zeit zwischen der Mitte der achtziger Jahre und Mitte der neunziger Jahre, traditionelle Aufgaben der Einzelstaaten von der Gesetzgebungskompetenz des Kongresses auszunehmen.[93] Schließlich hob der *Rehnquist Court* für viele Beobachter überraschend 1995 in der Entscheidung United States v. Lopez in einer 5:4-Entscheidung zum ersten Mal wieder ein Bundesgesetz als nicht von der *Commerce Clause* getragen auf.[94] Im Jahre 2000 urteilte der Gerichtshof in der Entscheidung United States v. Morrison erneut, dass der Kongress seine Befugnisse aus der *Commerce Clause* überschritten habe.[95] Damit wurde deutlich, dass die Mehrheit im *U.S. Supreme Court* die *Commerce Clause* nicht für eine unbegrenzte Kompetenzgrundlage hielt. Nichtsdestotrotz ist die *Commerce Clause*, auch in Kombination mit der *Necessary and Proper Clause* (Art. I Sect. 8 Cl. 18 U.S. Const.)[96] und der *General Welfare Clause* (Art. I Sect. 8 Cl. 1 U.S. Const.), der vom Kongress am häufigsten in Anspruch genommene Kompetenztitel geblieben und deshalb auch Gegenstand der meisten kompetenzrechtlichen Fälle des *U.S. Supreme Court*.[97]

Beschränkungen der *Commerce Clause* werden allerdings erneut in der Entscheidung NFIB v. Sebelius von 2012 erkennbar.[98] In dieser Entscheidung zum *Patient Protection and Affordable Care Act* von 2010 sah Chief Justice

---

[91] Zur Einordnung des Patents als Eigentumsrecht s. bereits U.S. Supreme Court, *Brown v. Duchesne*, 19 How. 183, 197 (1857); *Consolidated Fruit-Jar Co. v. Wright*, 94 U.S. 92, 96 (1877); *Florida Prepaid Postsecondary Education Expense Board v. College Savings Bank*, 527 U.S. 627, 642 (1999).

[92] Diese Einschätzung von *M. Bothe*, Die Kompetenzstruktur des modernen Bundesstaates in rechtsvergleichender Sicht, 1977, S. 154 ist nach wie vor zutreffend.

[93] S. etwa U.S. Supreme Court, *National League of Cities v. Usery*, 426 U.S. 833, 852 (1976). Diese Rechtsprechung wurde mit der Entscheidung *Garcia v. San Antonio Metropolitan Transit Authority*, 469 U.S. 528 (1985) aufgegeben, vgl. *A. Althouse*, Annals Am. Acad. Pol. & Soc. Sci. 2001, S. 132 (133).

[94] U.S. Supreme Court, *United States v. Lopez*, 514 U.S. 549 (1995) zum *Gun-Free School Zones Act* von 1990. Das war allerdings nicht mit einer Aufgabe der Wickard v. Filburn-Rechtsprechung verknüpft.

[95] U.S. Supreme Court, *United States v. Morrison*, 529 U.S. 598 (2000) zum *Violence Against Women Act* (*VAWA*) von 1994.

[96] S. zu dieser »sweeping clause« *G. Lawson/P. B. Granger*, Duke L.J. 43 (1993) 2, S. 267; *J. R. Beck*, U. Ill. L. Rev. 2002, S. 581.

[97] *J. E. Nowak/R. D. Rotunda*, Constitutional Law, 8. Aufl. 2010, S. 149–150.

[98] U.S. Supreme Court, *National Federation of Independent Business et al. v. Sebelius, Secretary of Health and Human Services, et al.*, 567 U.S. 519 (2012).

Roberts die Einführung einer Versicherungspflicht (*individual mandate*) wie die vier weiteren konservativen Richter als nicht von der *Commerce Clause* gedeckt an.[99] Dennoch hatte das *individual mandate* Bestand: Chief Justice Roberts hielt die Versicherungspflicht für von der Steuerkompetenz des Kongesses (*Taxing Power*, Art. I, Sect. 8, Cl. 1 U.S. Const.) gedeckt,[100] während die liberalen Richter Ginsburg, Sotomayor, Breyer und Kagan im Gegensatz zu ihm insoweit die *Commerce Clause* und die *Necessary and Proper Clause* als taugliche Kompetenztitel betrachteten.[101] Über die politische Brisanz des Falls selbst hinaus ist die Sebelius-Entscheidung deshalb von Bedeutung, weil die komplexe Argumentation der verschiedenen Richter das sogenannte *New Deal Settlement* destabilisiert: *New Deal* und *Warren Court* hatten eine Situation herbeigeführt, in der man davon ausgehen konnte, dass die Gesetzgebungsbefugnis des Kongresses unter der *Commerce Clause* so gut wie unbegrenzt sein würde.[102] Ob dies so bleibt, ist nun ungewiss. Allerdings wird die Diskussion nur um die Frage geführt, ob der Enumerierung von Kompetenzen überhaupt inhärente Grenzen entnommen werden können.[103]

b) *Enforcement Powers* des Kongresses aus den *Reconstruction Amendments*

Die sogenannten *Reconstruction Amendments* begründen eine Art beschränkte Grundrechtskompetenz des Kongresses: Die Verfassungszusätze 13 bis 15 enthalten nicht nur materiell-rechtliche Festlegungen, sondern begründen auch *enforcement powers* des Kongresses. Alle drei Bestimmungen sind in ihrem jeweils ersten Absatz unmittelbar anwendbar (»self-executing«).[104] *Enforcement powers* werden dem Kongress in Am. 13 Sect. 2, Am. 14 Sect. 5 und Am. 15 Sect. 2 verliehen: »Congress shall have power to enforce« »this article« »by appropriate legislation.«

Die *enforcement power* zur Durchsetzung des eng definierten Sklavereiverbots versteht der *U.S. Supreme Court* weit: Am. 13 Sect. 2 verleiht dem Kongress die Kompetenz, »to enact all necessary and proper laws for the obliteration and prevention of slavery with all its badges and incidents«.[105] Dagegen ist der Gerichtshof nach wie vor bemüht, der in Am. 14 Sect. 5 enthaltenen Kompetenz engere Grenzen zu setzen.[106] Am. 14 Sect. 5 betrifft nach der Rechtsprechung

---

[99] Ebd., S. 2573, Roberts, C. J.
[100] Ebd., S. 2600.
[101] Ebd., S. 2609.
[102] *L. B. Solum*, Wash. U.L. Rev. 91 (2013) 1, S. 1 (3).
[103] *G. Seinfeld*, Mich. L. Rev. 108 (2010) 8, S. 1389; *R. A. Primus*, Yale L. J. 124 (2014) 3, S. 576.
[104] U.S. Supreme Court, *Civil Rights Cases*, 109 U.S. 3, 20 (1883).
[105] Ebd., S. 21.
[106] S. u.a. U.S. Supreme Court, *City of Boerne v. Flores*, 521 U.S. 507 (1997).

nur dem Staat zurechenbares Verhalten, nicht von rein privatem Handeln ausgehende Rechtsverletzungen.[107] Wegen dieser sogenannten *state action doctrine* war der *Civil Rights Act* von 1964 auch auf die *Commerce Clause* gestützt.[108]

Insgesamt lässt sich festhalten, dass zwar das Bundesrecht – auf der Grundlage eines weiten Kompetenzverständnisses und des Vorrangs – die Autonomie der Einzelstaaten in den letzten Jahrzehnten stark eingeschränkt hat, die Kompetenzbereiche der Einzelstaaten durch die *enforcement powers* des Kongresses aber wenig beschränkt werden.

3. Zwischenfazit

Die Verteilung der föderalen und einzelstaatlichen Gesetzgebungsbefugnisse ist in der Bundesrepublik und in den Vereinigten Staaten unterschiedlich austariert. In den USA verleiht sie den Einzelstaaten ein größeres Gewicht, obgleich derartige Gesamteinschätzungen schwierig sind. Ohnehin ist der Erklärungswert der materiellen Kompetenzverteilung für den Mechanismus einer freiheitssichernden Gewaltenbalance begrenzt: Ein solcher Mechanismus der Gewaltenbalance funktioniert nur eingeschränkt, wenn einer der Ebenen in der föderalen Struktur im Vergleich zur anderen bedeutend weniger Gewicht zukommt. Schon das Bild von der ›Balance‹ im föderalen Verhältnis setzt voraus, dass die eine Ebene ein gewisses Gegengewicht zur anderen bietet.

III. Art der Kompetenzabgrenzung und Verhältnis der Kompetenzen von Bundesebene und Einzelstaaten

Von größerem Erklärungswert für die föderale Gewaltenbalance ist die materielle Kompetenzteilung, wenn man die Art der Kompetenzverteilung mit exklusiven oder konkurrierenden Legislativkompetenzen in die Betrachtung einbezieht. Im Hinblick auf die Art der Kompetenzabgrenzung unterscheiden sich die Legislativkompetenzen der föderalen Ebene danach, ob der einzelstaatlichen Ebene für einen bestimmten Sachbereich noch konkurrierende Zuständigkeiten verbleiben. Nach dem dualen Modell ist für einen bestimmten Sachbereich jeweils nur eine Ebene zuständig. Föderale Vorrangklauseln wie Art. 31 GG oder die *Supremacy Clause* des Art. VI Cl. 2 U.S. Const. sind dann bedeutungslos, weil eine Kollision von kompetenzmäßig erlassenem Bundes- und einzelstaat-

---

[107] U.S. Supreme Court, *Civil Rights Cases*, 109 U.S. 3, 11–13, 17 (1883).

[108] Zur Kompetenzmäßigkeit s. U.S. Supreme Court, *Katzenbach v. McClung*, 379 U.S. 294 (1964); vgl. *D. T. Coenen*, Constitutional Law, 2004, S. 88–96; *J. E. Nowak*/*R. D. Rotunda*, Constitutional Law, 8. Aufl. 2010, S. 1220.

lichem Recht von vornherein ausgeschlossen ist.[109] Anders verhält es sich in einem kooperativen Modell, in dem föderaler und gliedstaatlicher Gesetzgeber konkurrierend Regelungen zu ein und derselben Materie erlassen können.

Die Kompetenzabgrenzung folgt in der Bundesrepublik (1.) und den Vereinigten Staaten (2.) unterschiedlichen Modellen. Dementsprechend unterscheiden sich auch die freiheitssichernden Wirkungsweisen der föderalen Balance, wie im Anschluss (C.) noch zu zeigen sein wird.

1. Ausschließliche und konkurrierende Kompetenzen im Grundgesetz

Die Art. 70 ff. GG legen in jedem Einzelfall abschließend fest, ob eine Gesetzgebungskompetenz ausschließlichen (Art. 71, 73 GG) oder konkurrierenden (Art. 72 Abs. 1 und 2, 74 GG) Charakter hat oder der Abweichungsgesetzgebung (Art. 72 Abs. 3 GG) zuzuordnen ist. Bedeutsamster Kompetenztyp in der Staatspraxis ist die konkurrierende Gesetzgebung;[110] die Abweichungsgesetzgebung ist regelungstechnisch als Sonderfall der konkurrierenden Gesetzgebung ausgestaltet.

Im Bereich der ausschließlichen Gesetzgebung des Bundes haben die Länder gemäß Art. 71 GG die Befugnis zur Gesetzgebung nur, wenn und soweit sie hierzu in einem Bundesgesetz ausdrücklich ermächtigt werden. Hingegen bestimmt Art. 72 Abs. 1 GG für den Bereich der konkurrierenden Gesetzgebung, dass die Länder die Befugnis zur Gesetzgebung haben, solange und soweit der Bund von seiner Gesetzgebungszuständigkeit nicht durch Gesetz Gebrauch gemacht hat. Demnach begründet die konkurrierende Gesetzgebung nach dem Grundgesetz keine echte Konkurrenz von Bund und Gliedstaaten in einem bestimmten Sachbereich in dem Sinne, dass beide Ebenen nach denselben Gesichtspunkten zum Erlass von Gesetzen in diesem Sachbereich zuständig wären. Vielmehr definiert Art. 72 Abs. 1 GG die konkurrierende Gesetzgebung als Vorranggesetzgebung des Bundes.[111]

Auch die durch die Föderalismusreform 2006 eingeführte Abweichungsgesetzgebung[112] führt nicht zu einer konkurrenzbegründenden Gleichzeitigkeit gesetzgeberischer Aktivität von Bund und Ländern in bestimmten Bereichen.

---

[109] S. *E. S. Corwin*, The Twilight of the Supreme Court, 1934, S. 182 f.; *R. Schütze*, From Dual to Cooperative Federalism, 2009, S. 79.

[110] *A. Uhle*, in: T. Maunz u.a. (Hrsg.), Grundgesetz-Kommentar, 2018, Art. 72, Rn. 64.

[111] *K. Schlüter*, in: K. Detterbeck u.a. (Hrsg.), Föderalismus in Deutschland, 2010, S. 53 (54); vgl. *A. Uhle*, in: T. Maunz u.a. (Hrsg.), Grundgesetz-Kommentar, 2018, Art. 72, Rn. 69 m.w.N.

[112] S. dazu *H. Meyer*, Die Föderalismusreform 2006, 2008, S. 165; *S. Oeter*, in: C. Starck (Hrsg.), Föderalismusreform, 2007, S. 9 (39 f.), Rn. 68 m.w.N. Art. 72 Abs. 3 GG als *lex specialis* zu Art. 31 GG, s. *H. Meyer*, Die Föderalismusreform 2006, 2008, S. 166.

Ziel der Föderalismusreform von 2006 war es gerade, die Länder als eigenverantwortliche Ebene von Staatlichkeit zu stärken und die Kompetenzen klar zuzuordnen.[113] Insgesamt schließt das System der Kompetenznormen des Grundgesetzes eine »Doppelzuständigkeit« aus, bei der Bund und Länder denselben Gegenstand in unterschiedlicher Weise regeln könnten. Enthält also ein Gesetz einerseits Elemente einer Bundeskompetenz und einer Landeskompetenz, so ist die Materie entweder dem einen oder dem anderen Kompetenzbereich zuzuordnen. So verhielt es sich etwa beim Altenpflegegesetz.[114] Das dort entworfene Berufsbild enthält einerseits Elemente der konkurrierenden Gesetzgebungskompetenz nach Art. 74 Abs. 1 Nr. 19 GG und andererseits solche der ausschließlichen Gesetzgebungskompetenz der Länder. Das Bundesverfassungsgericht stellte klar, dass es auch in dieser Situation die Materie entweder dem einen oder dem anderen Kompetenzbereich zuweisen muss.[115]

2. *Dual* und *Cooperative Federalism* in den USA

a) Weitreichende Überlagerung von Bundes- und einzelstaatlichen Kompetenzen

Im Gegensatz zum Grundgesetz ordnet die US-Verfassung die *powers of Congress* nicht bestimmten Kompetenztypen zu. In der Regel ist nicht davon auszugehen, dass die Gesetzgebungskompetenzen des Kongresses gliedstaatliche Kompetenzen verdrängen,[116] die Verfassung also exklusive Regelungsbereiche von Kongress und Einzelstaaten definiert. Ausschließliche Kompetenzen mögen zwar der ursprünglichen, mit der Enumeration der Kompetenzen des Kongresses in Art. I U.S. Const. verknüpften Vorstellung entsprechen;[117] diese Vorstellung ist jedoch heute nicht mehr aufrechtzuerhalten.[118] In der Folge von grundlegenden Umwälzungen der wirtschaftlichen Strukturen und der Erweiterung staatlicher Aufgaben hat sich die Zuständigkeitsverteilung über die Jahre

---

[113] Deutscher Bundestag, Begründung des Entwurfs eines Gesetzes zur (52.) Änderung des Grundgesetzes der Fraktionen der CDU/CSU und SPD, BT-Drs. 16/813 v. 7.3.2006, S. 8.

[114] Gesetz über die Heilberufe in der Altenpflege v. 17.11.2000, BGBl. I, S. 1513.

[115] BVerfGE 106, 62 (114), 2 BvF 1/01 – *Altenpflegegesetz*; s auch *J. Rozek*, in: H. von Mangoldt u.a. (Hrsg.), Kommentar zum Grundgesetz, Bd. II, 6. Aufl. 2010, Art. 70, Rn. 58, m.w.N.

[116] *W. Heun*, in: I. Härtel (Hrsg.), Handbuch Föderalismus, Bd. IV, 2012, S. 609 (611).

[117] Vgl. *A. T. Mason*, in: V. Earle (Hrsg.), Federalism, 1968, S. 8; *A. J. Bellia*, Federalism, 2011, S. 183. Für einen Überblick über derartige Versuche s. *E. A. Young*, Geo. Wash. L. Rev. 69 (2001) 2, S. 139 (146–150). S. für Vertreter dieser Idee als aktuelles normatives Leitbild *L. B. Kaden*, Colum. L. Rev. 79 (1979) 5, S. 847; *J. C. Yoo*, S. Cal. L. Rev. 70 (1997) 5, S. 1311; *J. C. Yoo*, Ind. L. Rev. 32 (1998) 1, S. 27 (27 f.) *et passim*; *S. B. Prakash*/*J. C. Yoo*, U. Chi. L. Rev. 70 (2003) 3, S. 887.

[118] *V. C. Jackson*, Harv. L. Rev. 111 (1998), S. 2180 (2232).

stark gewandelt.[119] Insbesondere wurde die Reichweite der *Commerce Clause* (Art. I Sect. 8 Cl. 2 U.S. Const.) ausgedehnt, mit der Folge, dass sich *federal commerce power* und *state police power* nicht mehr als exklusive Sphären gegenüberstehen, sondern sich überlappen.[120] Die Überlappung kompensiert zum Teil die Ausdehnung der *federal commerce power*: Wäre die erheblich erweiterte *commerce power* nach wie vor eine exklusive Kompetenz des Kongresses, so bliebe für die Legislativen der Einzelstaaten kein Raum mehr. Deswegen geht mit der Ausdehnung der Bundeskompetenzen ein Wandel vom ursprünglichen *dual federalism*[121] zum *cooperative federalism*, von ausschließlichen Bundeszuständigkeiten zu geteilten Zuständigkeiten (*concurrent jurisdiction*) einher. Die bisherige Ausschließlichkeit der *commerce power* wurde damit auf eine *selective exclusivity* beschränkt und die *commerce power* im Übrigen zur *concurrent power*.[122] Sowohl Bundes- als auch gliedstaatliche Ebene können danach Regelungen erlassen, die »Auswirkungen auf den innerstaatlichen Handel« haben.[123] Angesichts der vielfältigen gegenständlichen Überlappungen, Querverbindungen und Wechselwirkungen zwischen einzelnen Kompetenzbereichen lassen sich exklusive Kompetenzbereiche – trotz darauf zielender Bemühungen des *U.S. Supreme Court* – heute kaum kategorial abgrenzen.[124] Zwar wurden einige Entscheidungen des Rehnquist Court als Wiederbelebung des *dual federalism* und der *state sovereignty* verstanden.[125] In der Rechtswissenschaft freilich ist die Vorstellung, dass sich einzelne Kompetenzsphären exklusiv den Staaten zuteilen lassen, eine absolute Minderheitsposition.[126]

Der den Einzelstaaten verbleibende Freiraum ist nur zum Teil verfassungsrechtlich abgesichert, besteht im Übrigen *de facto*. Auf den Gebieten des Strafrechts, Familienrechts, öffentlichen Gesundheitsrechts oder Gesellschaftsrechts

[119] *E. Katz*, in: R. Blindenbacher/A. Ostien (Hrsg.), Kompetenzverteilung und Verantwortlichkeiten in Bundesstaaten, 2007, S. 39 (40).

[120] Für ein klassisch dualistisches Verständnis der *commerce clause* steht U.S. Supreme Court, *Gibbons v Ogden*, 22 U.S. 1, 209 (1824).

[121] Für dessen klassische Formulierung s. *E. S. Corwin*, Va. L. Rev. 36 (1950) 1, S. 1.

[122] *M. Cappelletti*, The Judicial Process in Comparative Perspective, 1989, S. 321 f.; *B. Friedman*, Minn. L. Rev. 82 (1997) 2, S. 317 (331).

[123] Bereits die Entscheidung Cooley v. Board of Wardens von 1852 bedeutete einen Dammbruch, weil der Gerichtshof hier anerkannte, dass die Staaten durchaus Fragen des »commerce«, konkret die Frage einer Lotsenpflicht für bestimmte Schiffe, regeln konnten (U.S. Supreme Court, *Cooley v. Board of Wardens of the Port of Philadelphia*, 12 How. (53 U.S.) 299 (1852)).

[124] *J. Resnik*, Yale L. J. 111 (2001) 3, S. 619; *E. A. Young*, in: J. Fleming/J. T. Levy (Hrsg.), Federalism and Subsidiarity, 2014, S. 34; *J. Resnik*, in: J. Fleming/J. T. Levy (Hrsg.), Federalism and Subsidiarity, 2014, S. 363 (376–381).

[125] Für eine kritische Diskussion s. *E. A. Young*, Geo. Wash. L. Rev. 69 (2001) 2, S. 139. S. etwa U.S. Supreme Court, *United States v. Lopez*, 514 U.S. 549 (1995); *Printz v. United States*, 521 U.S. 898 (1997). Zur Unmöglichkeit einer solchen Rückkehr in die Zeit vor dem New Deal *R. C. Post*, Duke L.J. 51 (2002) 5, S. 1513.

[126] *H. K. Gerken*, Harv. L. Rev. 124 (2010) 1, S. 4 (12), m.N. in Fn. 13.

etwa verfügen die Einzelstaaten über umfangreiche Gesetzgebungsbefugnisse. Obgleich die Bundesebene gelegentlich interveniert, bleiben diese Regelungsgegenstände tatsächlich weitestgehend den Staaten überlassen. Am wichtigsten für die Stellung der Einzelstaaten gegenüber der Bundesebene ist inzwischen aber wohl ihr Einfluss im kooperativen Föderalismus, den sie dort in »Mikrosphären der Autonomie« – in Bereichen wie Umweltschutz, Krankenversicherungswesen, Sozialpolitik, Verbraucherschutz, Finanzmarktregulierung und Telekommunikationsrecht – ausüben.[127]

b) *Supremacy Clause* und *Doctrine of Preemption*

Die überlappenden Zuständigkeiten erfordern eine Vorrangregelung für das Verhältnis von Bundesrecht und einzelstaatlichem Recht. Im Konfliktfall kommt gemäß der *Supremacy Clause* des Art. VI Cl. 2 U.S. Const. dem Bundesrecht Vorrang gegenüber den Verfassungen und Gesetzen der Einzelstaaten zu. Die *Supremacy Clause* ist auch Grundlage der sogenannten *preemption doctrine*,[128] der zufolge Bundesrecht gliedstaatliches Recht dann verdrängt, wenn dies dem expliziten oder nach bestimmten Regeln zu ermittelnden impliziten Willen des Kongresses entspricht. Eine ausdifferenzierte Rechtsprechung des *U.S. Supreme Court* zur Sperrwirkung von Bundesgesetzen unterscheidet verschiedene Typen der *preemption*.[129] Neben der *express preemption*[130] finden sich in der Rechtsprechung als Formen der *implied preemption* die Rechtsfiguren der *field preemption*, wenn der Kongress einen ganzen Sachbereich besetzt,[131] die *obstacle preemption*, wenn das Recht der Gliedstaaten ein Hindernis darstellt,[132] und die *rule preemption*, wenn die gleichzeitige Befolgung von Bundes- und Gliedstaatenrecht physisch unmöglich ist.[133] Bei allen Typen muss eingehend die Reichweite der jeweiligen Bundesregelung untersucht werden, um die Spielräume der Gliedstaaten nicht verfassungswidrig zu begrenzen.[134] Im

---

127 *J. Bulman-Pozen/H. K. Gerken*, Yale L. J. 118 (2009) 7, S. 1256; *H. K. Gerken*, Wm. & Mary L. Rev. 53 (2012) 5, S. 1549 (1560 f.).

128 *C. H. Schroeder*, in: W. W. Buzbee (Hrsg.), Preemption Choice, 2008, S. 119 (119).

129 Für einen Überblick zur *preemption* s. etwa *J. E. Nowak/R. D. Rotunda*, Constitutional Law, 8. Aufl. 2010, S. 393–414; *J. Bauerschmidt*, DÖV 68 (2015) 15, S. 656 (658 f.). S. zur *preemption doctrine* im Gerichtshof und zur Diskussion zwischen *anti-preemption view* und *pro-preemption theory R. M. Hills, Jr.*, N.Y.U. L. Rev. 82 (2007) 1, S. 1 (3–6) m.N.

130 U.S. Supreme Court, *Gade v. National Solid Wastes Management Assn*, 505 U.S. 88, 98 (1992); US Supreme Court, *Freightliner Corp. v. Myrick*, 514 U.S. 280, 287–289 (1995).

131 U.S. Supreme Court, *Napier v. Atl. Coast Line R. R. Co.*, 272 U.S. 605, 611–613 (1926); *Rice v. Santa Fe Elevator Corp*, 331 U.S. 218, 230 (1947); *Kurns v. Railroad Friction Products Corp*, No. 10–879 (2012).

132 U.S. Supreme Court, *Hines v. Davidowitz*, 312 U.S. 52, 67 (1941).

133 U.S. Supreme Court, *Florida Avocado Growers v. Paul*, 373 U.S. 132, 142 f. (1963).

134 Vgl. nur U.S. Supreme Court, *Riegel v. Medtronic, Inc*, 552 U.S. 312 (2008), zur Preemptionswirkung des *Medical Devices Act* auf das Deliktsrecht der Gliedstaaten.

Vergleich zu deutschen Gesetzen ist die amerikanische (Bundes-)Gesetzgebung allerdings generell weniger kodifikatorisch als punktuell problembezogen ausgestaltet und lässt den Gliedstaaten deshalb größere Spielräume.[135]

IV. Zusammensetzung und Befugnisse der föderativen Kammer

Die Abgrenzung der Kompetenzen in den vorstehenden Abschnitten I. bis III. zielt auf das »Selbstbestimmungsrecht« der Einzelstaaten[136] als Element der föderalen Kompetenzverteilung oder auf die »self-rule«, um an Daniel Elazars bekannte Definition föderaler Prinzipien als »combination of self-rule and shared rule« anzuknüpfen.[137] Für die föderale Gewaltengliederung von Bedeutung ist darüber hinaus aber auch das »Mitbestimmungsrecht« der Einzelstaaten bei der Bildung und Ausführung des Bundeswillens,[138] also die »shared rule«. Für dieses Mitbestimmungsrecht sind die Zusammensetzung (1.) und die Befugnisse (2.) der föderativen Kammer von Bedeutung.

1. Zusammensetzung der föderativen Kammer

Bei der Zusammensetzung der föderativen Kammer repräsentieren der US-amerikanische und der deutsche Bundesstaat zwei Modelle, das Senatsmodell und das Ratsmodell. Der Senat der Vereinigten Staaten besteht nach Art. I Sect. 3 Cl. 1 U.S. Const. i.V.m. dem 17. Zusatzartikel von 1913 aus je zwei Senatoren pro Einzelstaat, unabhängig von dessen Bevölkerungsgröße. Die Senatoren werden von dessen Bevölkerung auf sechs Jahre gewählt. Damit haben die gesetzgebenden Körperschaften der Einzelstaaten seit 1913 keinen Einfluss mehr auf die Zusammensetzung des Senats. Jedem Senator steht im Senat eine Stimme zu. Die Senatoren sind nicht an Weisungen gebunden und stimmen frei ab, wobei sie sich tendenziell an ihrer Parteilinie als Republikaner oder Demokraten orientieren. Der Senat ist gemäß Art. I Sect. 7 U.S. Const. am Verfahren der Bundesgesetzgebung beteiligt.[139]

Der deutsche Bundesrat dagegen besteht gemäß Art. 51 Abs. 1 Satz 1 GG aus »Mitgliedern der Regierungen der Länder, die sie bestellen und abberufen«. Die Stimmenzahl der Länder richtet sich gemäß Art. 51 Abs. 2 GG nach ihrer jeweiligen Wohnbevölkerung. Jedes Land hat mindestens drei Stimmen, Länder mit mehr als 2 Millionen Einwohnern haben vier, Länder mit mehr als 6 Millionen

135 *W. Heun*, in: I. Härtel (Hrsg.), Handbuch Föderalismus, Bd. IV, 2012, S. 609 (611).
136 *G. Anschütz*, VVDStRL 1 (1924), S. 11 (11).
137 *D. J. Elazar*, Exploring Federalism, 1987, S. 5 et passim.
138 *G. Anschütz*, VVDStRL 1 (1924), S. 11 (11).
139 *R. L. Watts*, Comparing Federal Systems, 3. Aufl. 2008, S. 147–151.

Einwohnern fünf, Länder mit mehr als 7 Millionen Einwohnern sechs Stimmen. Das Prinzip der Volkssouveränität, das die demokratische Legitimation nur dem Staatsvolk, also der Summe der Staatsangehörigen überantwortet, ist an dieser Stelle durch das bundesstaatliche Prinzip überlagert.[140] Die Stimmen eines Landes können nur einheitlich abgegeben werden (Art. 51 Abs. 3 Satz 2 GG).[141] Nach Art. 50 GG ist der Bundesrat das Mitwirkungsorgan der Länder. Der Bundesrat verkörpert damit das sogenannte Ratsmodell für eine föderative Kammer.[142] Tatsächlich wird über den Bundesrat auch Parteipolitik gemacht, wenn dort die Opposition im Bundestag über eine Mehrheit verfügt.[143]

Im Vergleich zum US-Senat ist der Bundesrat dennoch eine effektivere territoriale Repräsentation als der Senat, schon weil ja die Länder selbst darin vertreten sind,[144] und wirkt damit entsprechend »demos-constraining«.[145]

2. Reichweite der Beteiligung der föderativen Kammer

Abgesehen davon, dass nach Art. I Sect. 7 Cl. 1 U.S. Const. alle Gesetzesvorlagen zur Aufbringung von Haushaltsmitteln vom Repräsentantenhaus ausgehen, hat der Senat sogar wichtigere Befugnisse als das Repräsentantenhaus. Nach der sogenannten *Advice and Consent Clause*, Art. II Sect. 2 Cl. 2 U.S. Const., nominiert der Präsident »auf Anraten und mit Zustimmung des Senats Botschafter, Gesandte und Konsuln, die Richter des Obersten Bundesgerichts und alle sonstigen Beamten der Vereinigten Staaten, deren Bestellung hierin nicht anderweitig geregelt ist und deren Ämter durch Gesetz geschaffen werden«.

In Deutschland dagegen hat der Bundestag durchaus weitergehende Befugnisse als der Bundesrat. Der Bundeskanzler wird allein vom Bundestag ohne Beteiligung des Bundesrats gewählt (Art. 63 Abs. 1 GG). Auch die Möglichkeit zum sogenannten konstruktiven Misstrauensvotum liegt allein beim Bundestag (Art. 67 GG). Die Bundesregierung kann allgemeine Verwaltungsvorschriften, unabhängig davon, ob es sich um einen Fall der Länderverwaltung (Art. 84 Abs. 2 GG) oder der Bundesauftragsverwaltung (Art. 85 Abs. 2 GG) handelt, nur mit Zustimmung des Bundesrats erlassen. Mit Blick auf die Rolle des Bundesrats im Gesetzgebungsverfahren unterscheidet das Grundgesetz zwischen Zustimmungsgesetzen (Art. 77 Abs. 2 a GG) und Einspruchsgesetzen (Art. 77 Abs. 3 und 4 GG). Die Verfassung zählt die Fälle der Zustimmungsbedürftigkeit von Gesetzen abschließend auf. Seit der Föderalismusreform 2006

---

140 *H. Bauer*, in: H. Dreier (Hrsg.), Grundgesetz, 3. Aufl. 2015, Art. 51, Rn. 20 f.

141 BVerfGE 106, 310, 2 BvF 1/02 – *Zuwanderungsgesetz*.

142 *D. Giancarlo*, EDAP 3 (2006) 5, S. 5 (8–17); *F. Palermo/K. Kössler*, Comparative Federalism, 2017, S. 165–177.

143 *A. Benz*, Publius 29 (1999) 4, S. 55.

144 *F. Palermo/K. Kössler*, Comparative Federalism, 2017, S. 175.

145 *A. C. Stephan*, in: Arguing Comparative Politics, 2001, S. 315 (340).

beträgt der Anteil der Zustimmungsgesetze statt zuvor zwischen 50 Prozent und 60 Prozent nun etwa 40 Prozent.[146] Insgesamt haben die Beteiligungsrechte des Bundesrats nach wie vor einen starken »demos-constraining« Effekt. Da sie jede noch so klare Wahlentscheidung auf der Bundesebene am Ende in eine »informelle große Koalition« münden ließen, wurden die Beteiligungsrechte des Bundesrats an der Bundesgesetzgebung, als »vielleicht das größte Problem demokratischer Politik in der Bundesrepublik überhaupt« bezeichnet.[147]

V. Zwischenfazit

Die vorstehende vergleichende Analyse anhand der Kriterien föderaler Kompetenzverteilung in der Bundesrepublik und in den USA bietet nun die Grundlage für ein genaueres Verständnis der freiheitssichernden Wirkung föderaler Strukturen. Definiert wird die föderale Kompetenzverteilung durch verschiedene Kriterien: Zunächst wird die Verbandskompetenz durch die funktionale und materielle Kompetenzverteilung sowie die Art der Kompetenzabgrenzung bestimmt. Von besonderem Erklärungswert für die föderale Gewaltenbalance ist gerade die Art der Kompetenzverteilung. Neben dem durch die Regelungen zur Verbandskompetenz definierten »Selbstbestimmungsrecht« der Einzelstaaten sind die Zusammensetzung und die Organkompetenzen der föderativen Kammer als Grundlage ihres »Mitbestimmungsrechts« auf föderaler Ebene von Bedeutung. Bevor nun im Folgenden die Funktionsweise föderaler Gewaltengliederung als Mechanismus der Freiheitssicherung analysiert wird (C.), soll an dieser Stelle noch ein für den Vergleich von Bundesstaaten grundsätzlich relevanter Gesichtspunkt festgehalten werden: Für das Verständnis föderaler Strukturen sind pauschale Gegenüberstellungen wie Trenn- und Verflechtungsföderalismus nur von begrenztem Erklärungswert. Stattdessen ist eine weitaus kleinteiligere Analyse erforderlich.

C. Föderale Gewaltengliederung und Mechanismen der Freiheitssicherung

Die im vorstehenden Abschnitt B. vorgestellten Kriterien föderaler Kompetenzverteilung – die funktionale und materielle Kompetenzverteilung, die Art der Kompetenzabgrenzung und die Zusammensetzung und Befugnisse der fö-

[146] *J. Kersten*, in: T. Maunz u.a. (Hrsg.), Grundgesetz-Kommentar, 2018, Art. 77 GG, Rn. 94 f.

[147] *U. Volkmann*, Grundzüge einer Verfassungslehre der Bundesrepublik Deutschland, 2013, S. 274, mit Verweis auf *C. Möllers*, Demokratie – Zumutungen und Versprechen, 2. Aufl. 2009, S. 85, These 116.

derativen Kammer – sind Grundlage für die spezifische Wirkungsweise der föderalen Gewaltengliederung. Soll sie der funktionellen Gewaltenteilung in Legislative, Exekutive und Judikative vergleichbar sein, kann föderale Gewaltenteilung nicht nur eine »quantitative[...] Teilung des Staates« bedeuten, sondern muss qualitative Kriterien benennen.[148] Es lassen sich verschiedene Mechanismen der Freiheitssicherung unterscheiden: die vertikale Gewaltengliederung, der Wettbewerb zwischen den Gemeinwesen, die Ergänzung der horizontalen Gewaltenteilung, die Verbesserung der Repräsentation und die Vervielfältigung von Partizipationschancen.

Die vertikale Gewaltenteilung wirkt freiheitssichernd bereits dadurch, dass sie die Befugnisse beider Ebenen jeweils gegenständlich und funktional beschränkt. Die materielle Kompetenzverteilung definiert für die verschiedenen Ebenen jeweils grundrechtsanaloge Kompetenzschranken. Darüber hinaus ergibt sich die freiheitssichernde Dynamik der vertikalen Gewaltenteilung gerade aus der funktionalen Kompetenzverteilung und der Rolle der Länder beim Gesetzesvollzug. Dies gilt sowohl für den klassischen Exekutivföderalismus der Bundesrepublik als auch für die USA (I.). Von der Ausgestaltung der föderativen Kammer wiederum hängt es ab, wie die Mitwirkung der Einzelstaaten auf Bundesebene die horizontale Gewaltenteilung im Exekutivföderalismus ergänzt. Für eine effektive Gewaltengliederung kommt es dabei auf die Kombination der spezifischen Rationalitäten der einzelnen Regierungsfunktionen an (II.). Wie der Wettbewerb zwischen den Gemeinwesen tatsächlich individuelle Freiheit sichern kann, wird durch die Art der Kompetenzabgrenzung bedingt. Abhängig von ihr besteht eine Wettbewerbssituation nur (»horizontal«) zwischen den einzelnen Bundesstaaten untereinander oder auch (»vertikal«) zwischen Bundesebene und Einzelstaaten (III.). Schließlich wirkt eine verbesserte Repräsentation und Partizipation freiheitssichernd (IV.).

Die föderale Freiheitssicherung in der Bundesrepublik und in den USA kombiniert jeweils Elemente der zu Beginn des Kapitels vorgestellten liberalen, republikanischen und ökonomischen Konzeption der Freiheitssicherung. Sie basiert auf verschiedenen Antriebsmomenten für wechselseitige Kontrolle, Wettbewerb und die Loyalität der Bürger und Bürgernähe.

I. Vertikale Gewaltenteilung und -verschränkung im Exekutivföderalismus

Die freiheitssichernde Dynamik einer vertikalen Gewaltenteilung und -verschränkung beruht in Deutschland und den USA auf verschiedenen Varianten des Exekutivföderalismus (1.). In den USA beruht sie darauf, dass die Bundes-

[148] *J. Isensee*, AöR 115 (1990) 2, S. 248 (260 f.).

ebene für den Gesetzesvollzug auf die Kooperation der Einzelstaaten angewiesen ist (2.). Im deutschen Exekutivföderalismus ist die Rolle der Länder im Verwaltungsvollzug kaum Grundlage für eine vertikale Gewaltenteilung (3.).

1. Varianten des Exekutivföderalismus

Die funktionale Kompetenzverteilung ist in Deutschland und den USA die Grundlage für einen Exekutivföderalismus. Diese Bezeichnung ist für das Verflechtungssystem des deutschen Bundesstaats geläufig, nicht jedoch für die USA. Das von kanadischen Politikwissenschaftlern entwickelte und in der Standardform mit parlamentarischen Demokratien verknüpfte Konzept des Exekutivföderalismus bezieht sich auf die zwischenstaatlichen Verhandlungsprozesse, die von den Exekutiven der verschiedenen Regierungen innerhalb des föderalen Systems dominiert werden.[149]

Der deutsche Exekutivföderalismus ist durch drei Merkmale gekennzeichnet: Erstens sind die Kompetenzen zwischen den Ebenen des föderalen Systems in der Weise verflochten, dass die Gesetzgebung maßgeblich auf föderaler, der Vollzug hingegen vor allem auf einzelstaatlicher Ebene stattfindet. Diese Form der Politikverflechtung ist die wesentliche Ursache für einen besonders intensiven Koordinationsbedarf zwischen den Ebenen. Institutioneller Ort der Kooperation ist zweitens der Bundesrat, die als Rat ausgestaltete und mit Vertretern der Exekutiven der Einzelstaaten besetzte föderative Kammer. Drittens ist die Rechtsetzung dort nicht nur exekutiv, sondern konsensual geprägt. Die Gestalt des Exekutivföderalismus bringt einen Entscheidungsmodus mit sich, der von Verhandlungen, Kompromissen und dem Ausgleich von Interessen gekennzeichnet ist.[150]

Im ursprünglich dem gegensätzlichen Modell des Trennungsföderalismus (*dual federalism*) zuzuordnenden US-amerikanischen Bundesstaat hat die ausgeprägte Polarisierung der Parteien eine spezifisch US-amerikanische Variante des Exekutivföderalismus hervorgebracht. Die aus Kanada bekannte parlamentarische Version des Exekutivföderalismus folgt aus dem Zusammenhalt innerhalb jeder Regierungsebene und der Distanz zwischen ihnen, ungeachtet ihrer Interdependenz. Bundes- und einzelstaatliche Ebene treten jeweils als Einheit in Erscheinung. Die US-amerikanische Variante folgt stattdessen aus einer intern zwischen Exekutive und Legislative geteilten Bundesebene und starken Verbindungen zwischen Vertretern der Exekutiven der Einzelstaaten und des Bundes.[151] Diese Variante des Exekutivföderalismus ermöglicht eine vertikale Gewaltenteilung und zugleich -verflechtung.

---

[149] *R. L. Watts*, Executive Federalism, 1989, S. 2 f.

[150] *P. Dann*, Parlamente im Exekutivföderalismus, 2004, S. 3–5, 10.

[151] *J. Bulman-Pozen*, Va. L. Rev. 102 (2016) 4, S. 953 (974).

2. Freiheitssicherung durch Kooperationsverweigerung der Einzelstaaten

Diese freiheitssichernde vertikale Gewaltenteilung und -verschränkung beruht in den USA darauf, dass die Bundesebene für den Gesetzesvollzug auf die Kooperation der Einzelstaaten angewiesen ist und mit deren Exekutiven Kompromisse ausgehandelt werden können, die wegen der Parteienkonfrontation im Kongress nicht möglich sind [a)]. Den Einzelstaaten wird durch ihre Rolle bei der Umsetzung von Bundesprogrammen die Position vermittelt, auf verschiedene Art und Weise der Bundesebene die Kooperation zu verweigern [b)]. Die freiheitssichernde Wirkung dieser Erscheinungsformen der Kooperationsverweigerung ist dabei nicht nur im liberalen Sinne limitierend, sondern kann auch der republikanischen Freiheit dienen [c)].

a) Rolle der US-Bundesstaaten bei der Umsetzung von Bundesprogrammen

Die kooperative Struktur des heutigen US-Bundesstaats prägt die tatsächliche Funktionsweise der föderalen Gewaltenbalance. Mangels eigener Verwaltungskapazitäten ist die Bundesgewalt für die Verwaltung von Bundesprogrammen auf die Einzelstaaten angewiesen. Verweigern sich diese bei der Umsetzung von Bundesprogrammen, brauchen sie kaum zu fürchten, dass die Bundesebene die Verwaltung der Programme selbst übernimmt. Zahlreiche Untersuchungen belegen die immensen Schwierigkeiten der Bundesebene, selbst vergleichsweise unkomplizierte Programme umzusetzen, weil die Verwaltungen der Einzelstaaten und Kommunen über einen sehr weiten Entscheidungsspielraum nicht nur hinsichtlich des »Wie«, sondern auch des »Ob« der Umsetzung der von der Bundespolitik vorgegebenen Ziele verfügen.[152]

Ihre daraus resultierende Schlüsselfunktion in der Verwaltung der Bundesprogramme stärkt die Verhandlungsposition der Einzelstaaten und vermittelt ihnen bedeutende Einflussmöglichkeiten auf die Bundesgewalt.[153] Anders als bei der Bundesgesetzgebung sind die Einzelstaaten an der Rechtsetzung durch Bundesbehörden (*Federal Agencies*) in sogenannten *notice and comment procedures* beteiligt, können auf Verfügungen des Präsidenten (*Presidential Executive Orders*) Einfluss nehmen und Verhandlungen über Umsetzungspläne (*State Implementation Plans*) führen. Die ausführenden Einzelstaaten können Spielräume bei der Auslegung von Rechtsbegriffen in Bundesgesetzen wahrnehmen und auch die Programmfinanzierung mitgestalten. Außerdem können sie die Kriterien für den Zugang zu Bundesprogrammen mit Auswahlrichtlinien (*eli-*

---

152 *J. D. Nugent*, Safeguarding Federalism, 2009, S. 179 m.w.N.

153 *D. J. Merritt*, Colum. L. Rev. 88 (1988) 1, S. 1 (5); *E. Ryan*, Federalism and the Tug of War Within, 2012; *J. Bulman-Pozen*, Yale L. J. 123 (2014) 6, S. 1920.

gibility guidelines) definieren oder Befreiungen von bundesrechtlichen Anforderungen (*waivers*) beantragen.[154]

Eine wichtige Anreizstruktur für die Einzelstaaten bilden Bundeszuschüsse. Auf der Grundlage des durch den 16. Zusatzartikel von 1913 erweiterten Besteuerungsrechts des Bundes und seiner großzügigen Interpretation durch den *U.S. Supreme Court*[155] ist ein umfangreiches System von Bundeszuschüssen entstanden. Es erfasst heute praktisch jeden Bereich der Innenpolitik und der traditionellen *police power*,[156] sei es das Bildungs- und Erziehungswesen,[157] das Gesundheitswesen,[158] die öffentliche Sicherheit[159] oder die Sozialfürsorge.[160] Die Einzelstaaten geraten dadurch in Abhängigkeit von der Bundesebene, zugleich aber eröffnen sich für sie vielfältige Möglichkeiten der Einflussnahme.

Die Voraussetzungen für die im Federalist No. 10 überlieferte Vorstellung James Madisons von der vertikalen Gewaltenteilung haben sich infolge der erheblichen Ausweitung der Verwaltung schon lange massiv gewandelt. Das Ringen der *factions* in der alltäglichen Politik findet nicht länger nur im Kongress, sondern zunehmend innerhalb der Verwaltung und vor den Bundesgerichten statt.[161] Dennoch, so lautet eine maßgeblich von Heather Gerken und Jessica Bulman-Pozen formulierte Kritik, hat die Verfassungslehre darauf noch nicht ausreichend reagiert. Viele Autoren betonen entweder die Autonomie der Staaten (*dual federalism*) oder aber ihre Rolle als Umsetzer föderaler Programme. Erstaunlicherweise werden diese beiden Vorstellungen kaum verknüpft und die Frage gestellt, wie die Rolle der Staaten gerade im kooperativen Föderalismus sie in die Lage versetzt, punktuell die Kooperation mit der Bundesebene zu verweigern und Dissense zu markieren.[162]

---

[154] *J. D. Nugent*, Safeguarding Federalism, 2009, S. 178–193.

[155] U.S. Supreme Court, *South Dakota v. Dole*, 483 U.S. 203 (1987); *United States v. Butler*, 297 U.S. 1, 65 f. (1936).

[156] *A. R. Moncrieff/J. Dinerstein*, Mont. L. Rev. 76 (2015) 1, S. 75 (75 f.).

[157] *No Child Left Behind Act*, Pub. L. 107–110, 115 Stat. 1425 (2002).

[158] *Patient Protection and Affordable Care Act*, Pub. L. 111–148, 124 Stat. 119 (2010); *A. R. Gluck*, Yale L. J. 121 (2011) 3, S. 534, auch zu den Mängeln in der Umsetzung des *Affordable Care Act*.

[159] *Occupational Safety and Health Act*, Pub. L. 91–596, 84 Stat. 1590 (1970).

[160] *Personal Responsibility and Work Opportunity Reconciliation Act*, Pub. L. 104–193, 110 Stat. 2105 (1996).

[161] *R. B. Stewart*, Ga. L. Rev. 19 (1985) 4, S. 917 (963 f.).

[162] *J. Bulman-Pozen/H. K. Gerken*, Yale L. J. 118 (2009) 7, S. 1256; s. auch *E. A. Young*, Vill. L. Rev. 46 (2001), S. 1349; *E. A. Young*, Brook. L. Rev. 69 (2004) 4, S. 1277 (1289 f.). Zur Umsetzung des Bundesrechts durch die Einzelstaaten s. auch *A. R. Gluck*, Yale L. J. 121 (2011) 3, S. 534; *M. H. Lemos*, N.Y.U. L. Rev. 86 (2011) 3, S. 698. S. etwa *M. C. Porterfield*, Stan. J. Int'l L. 35 (1999) 1, S. 1 für eine Parallele zum *First Amendment Right* für Staaten.

b) Erscheinungsformen

Erscheinungsformen dieses »uncooperative federalism« zeigen sich in verschiedenen Politikbereichen. Sie wirken sich zum Teil unmittelbar auf die Freiheit des Individuums aus.[163] Mehrere Bundesstaaten widersetzten sich der Umsetzung des *Patriot Act* von 2001,[164] den sie für verfassungswidrig hielten.[165] Eine derartige Kooperationsverweigerung hat besonderes Gewicht, weil der Bundesregierung gerade im Bereich der inneren Sicherheit die Kapazitäten fehlen, alle Bestimmungen des *Patriot Act* ohne staatliche und kommunale Unterstützung umzusetzen.[166] Mit dem *REAL ID Act* wurde ein Ausweisdokument des Bundes geschaffen, das jeder US-Amerikaner im Flugverkehr, zum Betreten öffentlicher Gebäude, zum Eröffnen eines Bankkontos und zu anderen Zwecken benötigt.[167] Zahlreiche Bundesstaaten griffen Bedenken gegenüber einer ausufernden Bundesgewalt und hinsichtlich des Datenschutzes auf und erließen Gesetze, mit denen sie gezielt den *REAL ID Act* des Bundes von 2005 konterkarierten.[168] In anderen Bereichen wie der *Aid to Families with Dependent Children* (*AFDC*) durchkreuzten die Einzelstaaten die vom Kongress verfolgten Ziele auf der Grundlage vorgesehener Abweichungsmöglichkeiten (»waivers«).[169] Außerdem nutzten die Staaten etwa auch die ihnen im *Clean Water Act*[170] eingeräumten Spielräume, um Staudammprojekte des Bundes von bestimmten Bedingungen abhängig zu machen oder ganz zu vereiteln.[171] Denk-

---

163 Das *Tenth Amendment Center* bietet aktuelle Übersichten zu den Anstrengungen der Staaten, Bundesgesetze zu bekämpfen: http://tenthamendmentcenter.com/, geprüft am 31.1.2019.

164 *USA Patriot Act*, Pub. L. No. 107–156, 115 Stat. 272 (2001).

165 Resolutionen der Bundesstaaten Alaska, Kalifornien, Colorado, Hawaii, Idaho, Maine, Montana und Vermont verurteilten den *Patriot Act* als Angriff auf bürgerliche Rechte, forderten den Kongress auf, die Teile des Gesetzes zu ergänzen oder zurückzuziehen, die verfassungsmäßige Rechte verletzen. Fünf Bundesstaaten erklärten, dass sie an der Durchsetzung dieser Teile des Gesetzes nicht mitwirken würden. S. die Website des *Bill of Rights Defense Committee*, https://rightsanddissent.org/campaigns/local-ordinances-and-resolutions/, geprüft am 31.1.2019. S. auch *A. Althouse*, Brook. L. Rev. 69 (2004) 4, S. 1231 (1253–1257); s. allerdings auch die kritischeren Einschätzungen von *W. J. Watkins, Jr.*, Reclaiming the American Revolution, 2004, S. 157–159; *E. A. Purcell, Jr.*, N.Y.L.Sch. L. Rev. 50 (2005) 3, S. 635 (667 f.) m.w.N; skeptisch auch *E. A. Young*, Brook. L. Rev. 69 (2004) 4, S. 1277 (1280–1284).

166 Einzelstaaten und Kommunen beschäftigen rund zehnmal so viele Polizeibeamte in Vollzeit wie die Bundesebene, vgl. U.S. Department of Justice, Office of Justice Programs Bureau of Justice Statistics, Federal Law Enforcement Statistics: Summary Findings, http://www.ojp.usdoj.gov mit U.S. Department of Justice, Office of Justice Programs Bureau of Justice Statistics, State and Local Law Enforcement Statistics: Summary Findings, http://www.ojp.usdoj.gov, beide geprüft am 31.1.2019.

167 Pub.L. 109–13, 119 Stat. 302; kodifiziert unter 49 U.S.C. § 30,301 (Supp. V 2005).

168 *P. M. Regan/C. J. Deering*, Publius 39 (2009) 3, S. 476.

169 *E. A. Young*, Brook. L. Rev. 69 (2004) 4, S. 1277 (1281 f.) m.w.N.

170 33 U.S.C. § 1341 (2000).

171 *J. Bulman-Pozen/H. K. Gerken*, Yale L. J. 118 (2009) 7, S. 1256 (1282) m.w.N.

bar ist aber auch, dass Staaten wie Kalifornien im Fall des *Clean Air Act* eine Regelungslücke in einem Bundesgesetz als Grundlage für eine Verschärfung von Standards nehmen.[172]

Im Einwanderungsrecht zeigt sich neben dem freiheitssichernden »uncooperative federalism«[173] auch das gegenteilige Phänomen des »overcooperative federalism«. Das Bundesrecht sanktioniert zwar in 8 U.S.C. § 1324(a) (2012) die Beschäftigung nicht registrierter Einwanderer,[174] die Bundesbehörden übten bei der Anwendung dieser Kriterien allerdings Ermessen aus und ließen eine gewisse Zurückhaltung bei der Durchsetzung walten.[175] Einzelne Bundesstaaten wie Arizona setzten die bundesrechtlichen Begrenzungen mit eigenen Strafsanktionen durch.[176] Der *U.S Supreme Court* erklärte das entsprechende Gesetz schließlich für teilweise mit dem Bundesrecht unvereinbar (»preempted by federal law«).[177] Einzelstaaten haben sich auch geweigert, die sogenannten *disability eligibility reviews* durchzuführen. Trotz der mit dem *No Child Left Behind Act*[178] verbundenen erheblichen finanziellen Konsequenzen haben einige Staaten die vollständige Umsetzung des Gesetzes verweigert.[179]

c) Freiheitssicherung im liberalen und im republikanischen Sinne

Die Rolle der Einzelstaaten beim Vollzug von Bundesgesetzen und -programmen schafft eine Anreizstruktur für eine politiklimitierende wechselseitige Kontrolle. Deren Ergebnisse sind allerdings kontingent und nicht zwangsläufig freiheitssichernd. Zugleich ist der »uncooperative federalism« nicht nur im liberalen Sinne potentiell freiheitssichernd. Als »Diener zweier Herren« können Politiker der Einzelstaaten, die Bundesprogramme ausführen, zugleich den Interessen der Wählerschaft innerhalb des Staates Rechnung tragen.[180] Die Rolle der Staaten bei der Umsetzung von Bundesprogrammen kann die Repräsentation und die Einflussmöglichkeiten der Bevölkerung in den Einzelstaaten verbessern.[181] Die

---

[172] Ebd., S. 1276–1278.

[173] *A. Althouse*, Brook. L. Rev. 69 (2004) 4, S. 1231; *H. Pham*, U. Cin. L. Rev. 74 (2006) 4, S. 1373; *Immigration and Nationality Act*, s. etwa 8 U.S.C. § 1357(g)(1) (2012) und *C. M. Rodríguez*, Mich. L. Rev. 106 (2008) 4, S. 567; *C. M. Rodríguez*, J.L. & Pol. 30 (2015) 4, S. 505.

[174] 8 U.S.C. § 1324(a) (2012) sanktioniert die Beschäftigung nicht registrierter Einwanderer.

[175] See U.S. Supreme Court, *Arizona v. United States*, 567 U.S. 387, 397 (2012): »The dynamic nature of relations with other countries require the Executive Branch to ensure that enforcement policies are consistent with this Nation's foreign policy with respect to these and other realities.«

[176] *E. A. Young*, Tulsa L. Rev. 48 (2013) 2, S. 427 (446 f.).

[177] U.S. Supreme Court, *Arizona v. United States*, 567 U.S. 387 (2012).

[178] *No Child Left Behind Act* v. 2001, Pub. L. No. 107–110, 115 Stat. 1425 (kodifiziert an verschiedenen Stellen von 20 U.S.C.).

[179] *B. Shelly*, Publius 38 (2007) 3, S. 444.

[180] *J. Bulman-Pozen/H. K. Gerken*, Yale L. J. 118 (2009) 7, S. 1256 (1266–1271).

[181] *E. Chemerinsky*, U. Kan. L. Rev. 45 (1997) 4, S. 1219: »empowerment«.

Vertreter der Einzelstaaten repräsentieren nicht nur Bürokratien, sondern verleihen politischen Vorstellungen der politischen Minderheit ein gewisses Gegengewicht. Dieser Mechanismus kann eine große Bandbreite von Minderheitenpositionen berücksichtigen, ohne dass diese als Rechte anerkannt sein müssen.[182] Minderheiten können sich in dieser »agency«-Situation der Einzelstaaten als »loyale Opposition« bewähren. Diese loyale Opposition teilt die grundlegenden Überzeugungen der Mehrheit, unterscheidet sich aber in ihren Vorstellungen davon, wie sie umgesetzt werden sollen, und kann gerade deshalb einen Beitrag zu rationaler Entscheidungsfindung leisten und die Lebendigkeit der Demokratie fördern.[183] Diese Erwägungen zu einer Sicherung der republikanischen Freiheit durch den US-amerikanischen Föderalismus treffen allerdings nicht nur und auch nicht zuallererst für die Bundesstaaten zu, sondern beanspruchen Gültigkeit »all the way down«, etwa für vor Ort gewählte Geschworenengerichte, Schulverwaltungen, Bebauungskommissionen und Sheriffs.[184]

3. Vergleich mit der Bundesrepublik

Angesichts der erörterten funktionalen Kompetenzverteilung ist für die Gewaltenbalance in der Bundesrepublik insbesondere die Rolle der Länder in der Verwaltung von Bedeutung. Die Existenz einer funktionierenden Verwaltungsorganisation in den deutschen Teilstaaten könnte historisch sogar dazu beigetragen haben, dass der deutsche Verfassungsstaat als Bundesstaat entstand – im Gegensatz zum »Risorgimento« in Italien, das zu einem Einheitsstaat führe.[185] Die stark ausgeprägten Exekutivkompetenzen bei gleichzeitig relativ geringen Legislativzuständigkeiten prägen maßgeblich die Rolle der Länder im deutschen Exekutivföderalismus. Allerdings beschränken Vorgaben des Kompetenzrechts wie der Grundrechte die Bedeutung der Länder als Gegengewicht zur Bundesebene.

Die in den USA entwickelte Vorstellung, die Einzelstaaten könnten im Rahmen des Verwaltungsvollzugs ihre legitimen oppositionellen Kräfte entfalten, verträgt sich zunächst schwerlich mit den grundgesetzlichen Regelungen zur Ausführung der Bundesgesetze durch die Länder. In Art. 83 ff. GG ist auch für die Ausführung der Bundesgesetze als eigene Angelegenheit der Länder eine Bundesaufsicht vorgesehen (Art. 84 Abs. 3 GG).[186] Dass das System der Kompetenznormen des Grundgesetzes Doppelzuständigkeiten ausschließt, schwächt

---

182 Vgl. *E. A. Young*, Tulsa L. Rev. 48 (2013) 2, S. 427 (433).

183 *H. K. Gerken*, Duke L.J. 62 (2013) 7, S. 1349 (1362–1376).

184 *H. K. Gerken*, Harv. L. Rev. 124 (2010) 1, S. 4 (22–24); *H. K. Gerken*, Democracy J. 2012, S. 37 (41); *H. K. Gerken*, Duke L.J. 62 (2013) 7, S. 1349 (1356).

185 *D. Ziblatt*, Structuring the State, 2006.

186 *F. Kirchhof*, in: T. Maunz u.a. (Hrsg.), Grundgesetz-Kommentar, 2018, Art. 84 GG, Rn. 191–211.

im Vergleich zu den USA die Funktion der Bundesstaatlichkeit als Anreizstruktur für wechselseitige Kontrolle im Sinne einer vertikalen Gewaltenteilung. In den USA bilden gerade die zahlreichen Berührungspunkte zwischen Bundes- und einzelstaatlicher Ebene und die sich überlagernden Gesetzgebungszuständigkeiten eine wesentliche Grundlage für eine effektive Oppositionsfunktion der Einzelstaaten.

Auch unter dem Gesichtspunkt effektiven Grundrechtsschutzes ist der Vollzug durch die Länder problematisch, wenn es zu deutlichen Unterschieden kommt.[187] Vollzugsdivergenzen an sich verstoßen nicht gegen den Grundsatz der Rechtsanwendungsgleichheit (Art. 3 Abs. 1 GG). Ein Anspruch auf Gleichbehandlung steht dem Einzelnen nur gegenüber dem nach der Kompetenzverteilung zuständigen Träger öffentlicher Gewalt zu.[188] Allerdings forderte das Bundesverfassungsgericht im Haschisch-Beschluss »eine im wesentlichen einheitliche Einstellungspraxis der Staatsanwaltschaften« der Länder. Ein »im wesentlichen einheitlicher Vollzug wäre nicht mehr gewährleistet, wenn die Behörden in den Ländern durch allgemeine Weisungen die Befolgung bestimmter Verhaltensweisen nach abstrakt-generellen Merkmalen wesentlich unterschiedlich vorschrieben oder unterbänden«.[189] Das Bundesrecht schafft durch die Verwendung unbestimmter Gesetzesbegriffe und die Eröffnung von Ermessensspielräumen auch die Grundlage für die zulässige maßvoll unterschiedliche Handhabung des Bundesrechts. Allerdings steht sie in weiten Teilen des Rechts unter dem für Vereinheitlichung sorgenden Vorbehalt bundesgerichtlicher Kontrolle.[190]

II. Ergänzung der horizontalen Gewaltenteilung im Exekutivföderalismus

Ergibt sich im Exekutivföderalismus also vor allem in den USA ein Element der vertikalen Gewaltenteilung, so ist die Ergänzung der horizontalen Gewaltenteilung in Deutschland der wichtigere Mechanismus.

In Deutschland wird die horizontale Gewaltenteilung durch die Institution des Bundesrats bewirkt. Konrad Hesse legitimierte die Bundesstaatlichkeit nicht mehr als Mechanismus der Einheitsbildung unter Bewahrung historisch gewachsener Verschiedenheit, sondern als neue, wirksamere Variante der

---

[187] *S. Boysen*, Gleichheit im Bundesstaat, 2003, S. 26–42.

[188] BVerfGE 21, 54 (68), 1 BvR 33/64 – *Lohnsummensteuer*; 76, 1 (73), 2 BvR 1226/83 u.a. – *Familiennachzug*.

[189] BVerfGE 90, 145 (190 f.), 2 BvL 43/92 u.a. – *Cannabis*; s.a. BVerfGE 54, 277 (291 f.), 1 PBvU 1/79 – *Ablehnung der Revision*.

[190] *H. H. Klein*, in: FS Graßhof, 1998, S. 367 (372).

Freiheitssicherung durch Ergänzung der horizontalen Gewaltenteilung[191] und Mäßigung der Mehrheitsdemokratie.[192] Insbesondere bringe die Institution des Bundesrates das »administrative Element« in der staatlichen Willensbildung zur Geltung, ohne das im planenden, lenkenden und verteilenden Staat eine sachgemäße Willensbildung nicht mehr möglich sei.[193] Zugleich bewirke der Bundesrat eine Zuordnung innerhalb der vollziehenden Gewalt. Er verknüpfe die mehr durch das Grundsätzliche und Richtunggebende bestimmte Aufgabe der Bundesexekutive mit der mehr auf die sachgemäße Ausgestaltung und das Konkrete gerichteten Aufgabe der Länderexekutiven. Dieser Zusammenhang finde seinen Ausdruck in der Aufgabe des Bundesrates, die Verwaltungserfahrung der Länder für die Bundesgesetzgebung fruchtbar zu machen.[194]

Auch in den USA beeinflusst der Exekutivföderalismus die horizontale Gewaltenteilung, jedenfalls mittelbar. An der Gesetzgebung des Kongresses nicht beteiligt, versuchen die Einzelstaaten in den USA, sich auf andere Weise Einfluss zu verschaffen. Ihr Einfluss wird in Verhandlungen auf Bundesebene und in den darin gefundenen Kompromissen deutlich.[195] Viele Einzelstaaten, aber auch Organisationen wie die *National Governors' Association* (NGA) oder die *National Conference of State Legislatures* (NCSL) sind in Washington mit Vertretungsbüros präsent. Die Staaten treten aber in Washington nicht nur als politische Lobbyisten auf, sondern sind zugleich hartnäckige Prozessparteien vor den Bundesgerichten, vor allem im Umweltrecht, aber auch mit Blick auf Grundrechte. So setzten sie sich etwa gegen die Abschaffung von Quoten und anderen Formen der *affirmative action* durch die *Reagan Administration* zur Wehr.[196] Während der Amtszeit von Präsident Barack Obama überzog vor allem der republikanisch regierte Bundesstaat Texas Washington mit Klagen. Seit der Amtseinführung von Präsident Donald Trump wiederum erhob vor allem der Bundesstaat Kalifornien, der traditionell als Motor des progressiven Amerika gilt, zahlreiche Klagen, etwa gegen die Beendigung des Daca-Programms für die sogenannten »Dreamer«. Dieses Programm war 2012 von Obama zum Schutz solcher Immigranten geschaffen worden, die als Kinder illegaler Einwanderer in die Vereinigten Staaten kamen. Mit dem Programm sollten die da-

---

[191] *K. Hesse*, Der unitarische Bundesstaat, 1962, S. 27; *K. Hesse*, in: H. Kunst u.a. (Hrsg.), Evangelisches Staatslexikon, 1975, Sp. 258; s. dazu *S. Oeter*, Integration und Subsidiarität im deutschen Bundesstaatsrecht, 1998, S. 252–258.

[192] *K. Hesse*, Der unitarische Bundesstaat, 1962, S. 27 f.

[193] Ebd., S. 27, 32; vgl. *S. Oeter*, Integration und Subsidiarität im deutschen Bundesstaatsrecht, 1998, S. 257; Ebd. (294).

[194] *K. Hesse*, in: H. Kunst u.a. (Hrsg.), Evangelisches Staatslexikon, 1975, Sp. 258 (264 f.).

[195] *J. D. Nugent*, Safeguarding Federalism, 2009, S. 57 (mit einem Überblick zum Einfluss der Einzelstaaten vor, während und nach der Phase der Bundesgesetzgebung, S. 54–76). S. auch *E. Ryan*, Federalism and the Tug of War Within, 2012; *C. M. Rodríguez*, Yale L. J. 123 (2014) 6, S. 2094.

[196] *D. J. Merritt*, Colum. L. Rev. 88 (1988) 1, S. 1 (5 f.) m.N.

mals etwa 800.000 jungen Menschen unter 31 Jahren vor der Ausweisung bewahrt werden und eine Arbeitserlaubnis erhalten.[197]

In Regimen des kooperativen Föderalismus können die Einzelstaaten eine wichtige Rolle dabei spielen, das Gleichgewicht zwischen Legislative und einer zu mächtigen Exekutive aufrechtzuerhalten. Im bereits erläuterten *cooperative federalism* der USA ist es durchaus möglich, dass die Einzelstaaten administrative Regelungen treffen und Bundesgesetze umsetzen, wenn die Bundesexekutive dies verzögert oder verweigert. Die Einzelstaaten der USA sind in diesem Sinne dann »treue Agenten« des Kongresses[198] und verschieben die horizontale Gewaltenbalance zu dessen Gunsten.

III. Wettbewerb zwischen den Gemeinwesen

Ein weiterer potentiell freiheitssichernder Mechanismus auf der Grundlage der föderalen Struktur ist der Wettbewerb zwischen den Gemeinwesen. Bei dem in den letzten Jahren vieldiskutierten Wettbewerbsföderalismus ist zu unterscheiden zwischen einem Wettbewerb im »vertikalen« Verhältnis von Bund und Ländern und einem »horizontalen« Wettbewerb unter den Einzelstaaten. Die Rahmenbedingungen für beides schaffen die materielle Kompetenzverteilung und die Art der Kompetenzabgrenzung. Da im deutschen Bundesstaat des Grundgesetzes keine echt konkurrierenden oder überlappenden Zuständigkeiten zwischen Bund und Ländern bestehen, findet der »vertikale« Wettbewerb um die Loyalität der Bürger hier keine Grundlage. In den USA hingegen schafft der »vertikale« Wettbewerb dagegen einen wichtigen Anreiz für wechselseitige Kontrolle (1.). Ein »horizontaler« Wettbewerb zwischen den Gemeinwesen wiederum setzt einerseits autonome Gestaltungsbereiche dieser Gemeinwesen voraus, in denen sie »konkurrieren«, andererseits kann dieser Wettbewerb als marktartiger Wettbewerb nur stattfinden, wenn (bundesrechtlich) ein Freizügigkeitsrecht zwischen den Einzelstaaten gewährleistet ist (2.).

1. Wettbewerb um die Loyalität der Bürger: Anreiz für wechselseitige Kontrolle im »vertikalen« Verhältnis von Bund und Einzelstaaten

Eine Grundlage der vertikalen Gewaltenteilung ist, dass die verschiedenen Ebenen wechselseitig die Einhaltung der verfassungsrechtlichen Grenzen der jeweils anderen Ebene überwachen.[199] Damit Strategien der Gewaltenteilung und wechselseitigen Kontrolle als Antwort auf das »agency problem« – im Sinne

197 *M. Grunert*, F.A.Z. v. 13.12.2017 Nr. 289, S. 10.
198 *J. Bulman-Pozen*, Colum. L. Rev. 112 (2012) 3, S. 459 (489 f.).
199 *A. R. Amar*, Yale L. J. 96 (1987) 7, S. 1425 (1492).

eines »interest checking interest« oder »ambition countering ambition« – funktionieren,[200] müssen die jeweiligen politischen Akteure die richtigen Interessen oder Anreize haben.[201]

In der Praxis kann es der Verfolgung eines konkreten Interesses durchaus dienlich sein, eine Aufgabe der in der Theorie konkurrierenden Institution zu überlassen. Nicht immer ist damit zu rechnen, dass sich die Einzelstaaten Kompetenzanmaßungen der Bundesebene widersetzen und auf diese Weise auch die Freiheit des Einzelnen vor übermäßiger Regulierung schützen werden. Stattdessen werden sie sogar mehr bundesrechtliche Regelungen fordern, wenn das in ihrem Interesse ist: Agrarisch strukturierte Staaten etwa werden sich Beihilfen und protektionistische Maßnahmen zugunsten der Landwirtschaft kaum entgehen lassen. In den allermeisten Fällen profitieren Staaten zudem von mit Mitteln des Bundes finanzierter Infrastruktur. Umgekehrt kann es für die Bundesebene attraktiv sein, die Regelung gesellschaftlich umstrittener Fragen wie der gleichgeschlechtlichen Ehe oder der Todesstrafe in den USA den Einzelstaaten zu überlassen, gerade wenn die Wählerschaft in den Einzelstaaten unterschiedliche Präferenzen hat.[202]

Entscheidend ist daher die spezifische Motivation von Vertretern einer politischen Ebene, mäßigend auf die andere Ebene einzuwirken. Ein wichtiger Anreiz zu wechselseitiger Kontrolle besteht in den USA darin, dass Bundesebene und Einzelstaaten innerhalb eines Politikfelds zueinander in einem Wettbewerb um die Loyalität der Bürger stehen. Diese Anreizstruktur wird geprägt durch konkurrierende Zuständigkeiten und zahlreiche Berührungspunkte von Bundes- und einzelstaatlicher Ebene im *cooperative federalism*.[203] Politiker der Einzelstaaten können sich in Fragen, die jedenfalls auch in ihre Zuständigkeit fallen, nicht allein durch eigene Erfolge, sondern bereits als Kritiker der Bundespolitik profilieren. Ein Antriebsmoment für wechselseitige Kontrolle ergibt sich in den USA daraus deshalb, weil sich die Bürgerinnen und Bürger grundsätzlich sowohl mit der Bundes- als auch mit der einzelstaatlichen Ebene identifizieren.[204] Die einzelstaatliche Ebene kann daher ein politisches Gegengewicht zur Zentralregierung gerade als im föderalen System selbst institutionalisierte »Anlaufstelle« der Opposition bilden.[205]

---

200 S. v.a. Federalist No. 9, 10, 51.

201 *D. J. Levinson*, Harv. L. Rev. 124 (2011) 3, S. 657 (670).

202 Ebd., S. 725 f.

203 *T. E. Pettys*, Vand. L. Rev. 56 (2003) 2, S. 329 (332).

204 *J. T. Levy*, Am. Pol. Sci. Rev. 101 (2007) 3, S. 459 (465–467). Levy argumentiert, eine derartige »separation of loyalties« sei dann besonders effektiv, wenn sie ihre Grundlage in einer ethnokulturellen und sprachlichen Vielfalt hat, deren Grenzverläufe sich mit der föderalen Gliederung decken. S. bereits *J. E. E. Dalberg-Acton*, in: Essays on Freedom and Power, 1948, S. 166 (185): »divided patriotism«.

205 *E. A. Young*, Brook. L. Rev. 69 (2004) 4, S. 1277 (1285 f.); *J. T. Levy*, Am. Pol. Sci. Rev. 101 (2007) 3, S. 459 (468–470).

Dabei ist die Kompetenzstruktur von großer Bedeutung. Aus unübersichtlichen föderalen Strukturen kann sich unter Umständen ein größerer Anreiz für Politiker der Einzelstaaten ergeben, sich für die Belange der Bürger ihres Staats einzusetzen, als bei klar abgegrenzten Zuständigkeitsstrukturen. Sie agieren dann gerade deshalb als Verbündete ihrer Bürger, weil sie politische Konsequenzen für eine Politik fürchten müssen, die nicht ihre eigene ist. Die Verflechtung von Bund und Einzelstaaten schafft damit Anreize für Staaten, die Bundesregierung zu kontrollieren, die bei klar abgegrenzten Bereichen der Autonomie in dieser Form nicht bestehen.[206]

2. »Horizontaler« Wettbewerb zwischen den Gemeinwesen

Demgegenüber zielt die Idee des Wettbewerbsföderalismus vor allem auf den horizontalen Wettbewerb zwischen den Einzelstaaten. Die Wettbewerbsidee hat Bedeutung vor allem für den Fiskalföderalismus. Obschon die Grundrechte nicht im Mittelpunkt stehen, wird die Vorstellung von der freiheitssichernden Wirkung des Wettbewerbsföderalismus auch auf den Grundrechtsbereich übertragen. Grundlage für einen Marktwettbewerb zwischen den Einzelstaaten ist die Mobilität der Bürger zwischen den Einzelstaaten eines Bundesstaats, die eine »Abstimmung mit den Füßen« ermöglicht [a)]. Die miteinander konkurrierenden Gebietskörperschaften können in einem als Entdeckungsverfahren verstandenen Leistungswettbewerb Experimentierräume für gute Problemlösungsansätze und damit auch »Versuchslabore« des Freiheitsschutzes sein [b)].

a) »Abstimmung mit den Füßen«

Die Argumentation, die sich auf die durch das intraföderale Freizügigkeitsrecht ermöglichte »Abstimmung mit den Füßen« stützt, findet ihre Grundlage in der politischen Ökonomie [aa)]. Auf ihrer Grundlage sollen die Bundesgerichte auf die Einzelstaaten weniger strenge Grundrechtsstandards anwenden als für die Bundesebene. Zugleich gewinnt das Recht auf Freizügigkeit zentrale Bedeutung [bb)]. Vor allem angesichts ungleich verteilter Mobilitätschancen unterliegt die Abstimmung mit den Füßen als Mechanismus der Freiheitssicherung erheblichen Einschränkungen [cc)].

aa) Grundlage des Arguments in der politischen Ökonomie

In der Literatur wird der Freiheitsgewinn durch die Möglichkeit der Abwanderung in eine der anderen Jurisdiktionen des föderalen Systems vielfach in Anknüpfung an die Terminologie Albert O. Hirschmans[207] als Schaffung

---

[206] *J. Bulman-Pozen/H. K. Gerken*, Yale L. J. 118 (2009) 7, S. 1256 (1289–1292).
[207] *A. O. Hirschman*, Exit, Voice, and Loyalty, 1970.

von »Exit-Optionen« bezeichnet.[208] Für James M. Buchanan als Vertreter der Neuen Politischen Ökonomie ist in einer »marktanalogen« Betrachtung des politischen Systems die durch freien Handel, Kapitalverkehr und Personenfreizügigkeit zwischen den Bundesstaaten gewährleistete effektive »Exit-Option« wesentlich für einen Wettbewerb zwischen Regierungen. Buchanan zielt nicht nur auf den Wettbewerb zwischen den Einzelstaaten, sondern betont auch die Begrenzung der zentralen Hoheitsgewalt, die im Gegensatz zu den Einzelstaaten gerade nicht dem Standortwettbewerb unterliegt. Die Zentralregierung müsse jedoch stark genug sein, um die Faktormobilität zwischen den Einzelstaaten zu gewährleisten.[209]

Das zentrale, auf die ökonomische Theorie des Föderalismus,[210] die Neue Institutionenökonomik[211] und die Neue Politische Ökonomie[212] gestützte Argument für einen Freiheitsgewinn und verbesserten Schutz individueller Rechte stützt sich auf den Wettbewerb um mobile Bürger.[213] Wie für viele andere Überlegungen zu den durch Wettbewerb generierten Vorzügen des Föderalismus spielen auch für den Schutz individueller Rechte – des Eigentumsrechts wie politischer Rechte – zwei Ansätze eine zentrale Rolle: die Hypothese von Charles M. Tiebout über den Wettbewerb zwischen Gebietskörperschaften und das darauf aufbauende sogenannte Dezentralisierungstheorem von William Oates.[214]

---

208 S. etwa *T. O. Hüglin/A. Fenna*, Comparative Federalism, 2010, S. 41.

209 *J. M. Buchanan*, Publius 25 (1995) 2, S. 19 (20–22).

210 Klassische Beiträge zur ökonomischen Theorie des Föderalismus sind *F. A. von Hayek*, New Commonwealth Q. 5 (1939) 2, S. 131 = *F. A. von Hayek*, in: Individualism and Economic Order, 1948, S. 255; *C. M. Tiebout*, JPE 64 (1956) 5, S. 416. Zur ökonomischen Analyse des US-amerikanischen Bundesstaates s. *R. A. Posner*, Economic Analysis of Law, 8. Aufl. 2011, S. 891–913; zur EU als Wettbewerbsföderalismus *K. Heine*, VJWf 72 (2003) 3, S. 472; allgemein zum Wettbewerb zwischen Staaten *V. Mehde*, Wettbewerb zwischen Staaten, 2005, dort S. 104–224 zum Föderalismus in der Bundesrepublik Deutschland, S. 225–359 zur Europäischen Union und S. 361–390 zu den USA als Wettbewerbsordnungen.

211 Der Wirtschaftshistoriker Barry Weingast bezeichnet den Föderalismus als Institution zur Absicherung der Märkte (»market-preserving federalism«): *B. R. Weingast*, JITE 149 (1993) 1, S. 286; *B. R. Weingast*, JLEO 11 (1995) 1, S. 1. Weingast erklärt den wirtschaftlichen Aufschwung Englands im 18. Jahrhundert und der USA im 19. und frühen 20. Jahrhundert mit dem Wettbewerb der Jurisdiktionen. Markterhaltend wirke der Umstand, dass die föderale Struktur vor überzogenen Umverteilungsmaßnahmen und Eingriffen in das Eigentumsrecht schütze, s. zur Einordnung *J. Rodden/S. Rose-Ackerman*, Va. L. Rev. 83 (1997) 7, S. 1521; *S. Oeter*, in: C. Engel/M. Morlok (Hrsg.), Öffentliches Recht als ein Gegenstand ökonomischer Forschung, 1998, S. 119 (122).

212 *J. M. Buchanan*, Publius 25 (1995) 2, S. 19; *J. M. Buchanan*, in: Federalism, Liberty, and the Law, 2001, S. 90; *J. M. Buchanan*, Federalism, Liberty, and the Law, 2001.

213 U.S. Supreme Court, *Gregory v. Ashcroft*, 501 U.S. 452, 458 (1991). Für einen Überblick s. *J. Bednar*, Annu. Rev. Law. Soc. Sci. 7 (2011), S. 269 (274).

214 Ebd., S. 274.

Tiebouts »pure theory of local expenditures«[215] zufolge bieten Gebietskörperschaften den Bürgern öffentliche Leistungen zu unterschiedlichen Steuerpreisen und auf unterschiedlichem Niveau an. Da die Bürger ihre Unzufriedenheit mit der Politik vor Ort schlicht dadurch zum Ausdruck bringen können, dass sie abwandern (»voting with their feet«),[216] sind die jeweiligen Gemeinwesen gezwungen, öffentliche Leistungen an den Erwartungen der Bürger zu orientieren und kosteneffizient zur Verfügung zu stellen. Die Bürger wiederum finden durch ihre Abstimmung mit den Füßen die ihren Präferenzen entsprechende Kombination von Steuerbelastung und öffentlichen Leistungen.[217] Ergebnis dieser Wanderungsbewegungen sind homogene Gemeinden, deren Einwohner gemeinsame Präferenzen haben (sogenanntes »Tiebout sorting«).[218]

Bei Tiebout selbst finden die Wanderungsbewegungen zwischen Gemeinden statt, die über fiskalische Autonomie verfügen. Die weiterentwickelte Mobilität großer Teile der Bevölkerung soll es aber inzwischen erlauben, das Modell auf die Einzelstaaten eines Bundesstaats zu übertragen.[219] An Tiebout knüpft die fiskalische Theorie Wallace E. Oates' mit dem sogenannten Dezentralisierungstheorem an. Danach sorgt die möglichst dezentrale Bereitstellung und Finanzierung öffentlicher Güter für die effiziente Verwirklichung der Präferenzen der Steuerzahler, vorausgesetzt die Bürger mit ihren unterschiedlichen Präferenzen sind mobil.[220]

bb) Konsequenzen für den Grundrechtsschutz

Diese Überlegungen werden nun in einer in den USA verbreiteten Argumentation auch auf den Grundrechtsschutz angewandt. Dem Einzelnen sei es in einem Bundesstaat leichter möglich, in einen anderen Staat auszuweichen, dessen Grundrechtslage eher den eigenen Bedürfnissen entspreche, und so »mit den Füßen abzustimmen«.[221] Die Einzelstaaten würden Grundrechte insgesamt

---

[215] *C. M. Tiebout*, JPE 64 (1956) 5, S. 416 (418–424); s. dazu W. A. Fischel (Hrsg.), The Tiebout Model at Fifty, 2006; *V. Ostrom*, in: M. D. McGinnis (Hrsg.), Polycentricity and Local Public Economies, 1999, S. 119 (126 f.); zu den einengenden Prämissen von Tiebouts Modell s. *T. F. Bewley*, Econometrica 49 (1981) 3, S. 713; *D. Sauerland*, Föderalismus zwischen Freiheit und Effizienz, 1997, S. 61 f., u.a. vollkommene Mobilität der Nachfrager-Bürger, deren Abwanderung auch nicht mit Kosten verbunden ist.

[216] S. auch *I. Somin*, in: J. Fleming/J. T. Levy (Hrsg.), Federalism and Subsidiarity, 2014, S. 83 (85–92).

[217] Vgl. auch *L. P. Feld*, in: H.-J. Blanke/W. Schwanengel (Hrsg.), Zustand und Perspektiven des deutschen Bundesstaates, 2005, S. 171 (172–174).

[218] S. zur Komplementarität von Wettbewerbsföderalismus und Tiebout sorting *J. T. Levy*, Am. Pol. Sci. Rev. 101 (2007) 3, S. 459 (460).

[219] *T. R. Dye*, American Federalism, 1990, S. 15.

[220] *W. E. Oates*, Fiscal Federalism, 1972, S. 35–37; *W. E. Oates*, JEL 37 (1999), S. 1120.

[221] S. *I. Somin*, in: J. Fleming/J. T. Levy (Hrsg.), Federalism and Subsidiarity, 2014, S. 83 m.N. Für einen vergleichenden Index der persönlichen und wirtschaftlichen Freiheit in den 50 Staaten der USA s. *W. Ruger/J. Sorens*, Freedom in the 50 States, 2013.

weniger verletzen, weil die potentiellen Opfer der Grundrechtsverletzungen abwandern würden.[222] Sie könnten die Binnengrenzen zwischen den Einzelstaaten leichter überwinden als die Außengrenze des Gesamtstaats. Aus der so eröffneten Ausweichmöglichkeit wird abgeleitet, dass die Grundrechtsstandards, die Bundesgerichte auf die Einzelstaaten anwenden, weniger streng sein könnten als die für die Bundesebene geltenden Standards.

Judge John Marshall Harlan argumentierte etwa im 1957 entschiedenen Fall Roth v. United States, dass einzelstaatliche Zensurmaßnahmen einer weniger strengen gerichtlichen Kontrolle unterliegen sollen als bundesrechtliche Maßnahmen.[223] Für den konservativen Juristen Robert H. Bork war die durch die föderale Struktur gewährleistete Freiheit der einzig »neutrale« verfassungsrechtliche Schutz. Im Gegensatz zu den spezifischen Grundrechtsgarantien etwa der Meinungs-, Presse- und Religionsfreiheit schütze das Freizügigkeitsrecht nicht nur bestimmte Formen der Freiheitsausübung. Die Ausübung der Freiheit hänge nur von den durch die Wahl des Ortes zum Ausdruck kommenden eigenen Präfenzen und nicht von den Wertungen der Verfassung ab. Deshalb ist für Bork die Bundestaatlichkeit die beste verfassungsrechtliche Garantie für die Entscheidungsfreiheit des Einzelnen.[224]

Aus dieser Perspektive ist das Recht auf Freizügigkeit zwischen den Bundesstaaten (das im US-Verfassungsrecht ungeschriebene »right to travel«) ein zentrales Grundrecht.[225] In der Geschichte der USA finden sich zahlreiche Beispiele für solche Wanderungsbewegungen. Nach dem Bürgerkrieg zogen Mormonen von Illinois nach Utah, während Afro-Amerikaner die von »Jim Crow« geprägten Südstaaten verließen. Mit der Eisenbahn und später mit dem Automobil und dem Flugzeug konnten sich die Einwohner konservativer Staaten Beschränkungen der Ehescheidung und der Wiederverheiratung entziehen.[226] In den Jahren vor der großen Abtreibungsentscheidung des Obersten Gerichtshofs, Roe v. Wade von 1973,[227] verwirklichten Frauen aus Bundesstaaten mit restriktiver Abtreibungsgesetzgebung ihre Fortpflanzungsfreiheit in liberaleren Staaten. Heute müssen LGBT-Menschen in Utah, Waffenliebhaber in Washington D.C. und Spielfreunde in Pennsylvania nur eine Grenze überqueren,

---

222 Vgl. *J. Bednar*, Annu. Rev. Law. Soc. Sci. 7 (2011), S. 269 (274).

223 U.S. Supreme Court, *Roth v. United States*, 354 U.S. 476, 502, 506 (1957) zur Strafbarkeit der Verbreitung pornographischer Schriften (»obscene material«).

224 *R. H. Bork*, The Tempting of America, 1991, S. 53.

225 S. zum »right to travel« *C. L. Black*, Structure and Relationship in Constitutional Law, 1969, S. 27–29; *S. F. Kreimer*, Annals Am. Acad. Pol. & Soc. Sci. 2001, S. 66 (73–76); *P. M. Garry*, An Entrenched Legacy, 2008, S. 122–126; *K. M. Sullivan/G. Gunther*, Constitutional Law, 17. Aufl. 2010, S. 360–363.

226 Für die Liberalisierung der Ehescheidung ist insbesondere der von Nevada auf das Familienrecht anderer Bundesstaaten ausgeübte Druck von Bedeutung, s. *W. H. Riker*, Federalism, 1964, S. 147; *D. L. Shapiro*, Federalism, 1995, S. 96 f.

227 U.S. Supreme Court, *Roe v. Wade*, 410 U.S. 113 (1973).

um sich ihre Freiheit beschränkenden Regeln zu entziehen.[228] Einen Anlass, die Vorzüge des Föderalismus zu preisen, bot in jüngerer Zeit auch die Stammzellforschung.[229]

cc) Einschränkungen

Die Wirkmächtigkeit des Arguments in den USA ist zum Teil damit zu erklären, dass dort die Mobilität der Menschen kulturell tief verankert ist. Alle fünf Jahre haben mehr als 40 Prozent der Bevölkerung ihren Wohnort gewechselt.[230] Anderen Angaben zufolge wechseln zwei bis drei Prozent der Amerikaner jedes Jahr ihren Aufenthaltsstaat und zwei Fünftel der Bevölkerung leben außerhalb ihres Geburtsstaates. Die Mehrheit allerdings ist auch in den USA ortsfest.[231]

Zudem gelten aufgrund der übereinstimmenden Grundüberlegungen für diesen Begründungsansatz auch die grundsätzlichen Einschränkungen von Tiebouts Modell.[232] Es setzt zunächst voraus, dass die Bürgerinnen und Bürger mobil sind. Im Modell nicht berücksichtigt sind die Kosten der Abwanderung.[233] Zudem sind zum einen die Mobilitätschancen offensichtlich ungleich verteilt,[234] zum anderen die Chancen, mit der drohenden »Exit-Option« tatsächlich die Politik der Einzelstaaten zu beeinflussen. Der Wettbewerb um Grundrechtsträger funktioniert etwa im Bereich der Armutsmigration und im sogenannten Immigrationsföderalismus[235] nicht. Hier ist durchaus auch ein negativer Wettbewerb mit einem »race to the bottom« möglich.[236] Die Mobilität des Einzelnen kann aus rechtlichen wie tatsächlichen Gründen eingeschränkt sein. Seine Wahlfreiheit ist schon deshalb begrenzt, weil die verschiedenen Gemeinwesen nicht isolierte Einzelleistungen anbieten, sondern »Leistungspakete« mit verschiedenen Regelungen in einzelnen Politikbereichen.[237]

---

228 *S. F. Kreimer*, Annals Am. Acad. Pol. & Soc. Sci. 2001, S. 66 (72).

229 Vgl. *J. T. Levy*, Am. Pol. Sci. Rev. 101 (2007) 3, S. 459 (460).

230 *R. B. Stewart*, Ga. L. Rev. 19 (1985) 4, S. 917 (924) unter Berufung auf Erhebungen des *Bureau of Census*.

231 *S. F. Kreimer*, Annals Am. Acad. Pol. & Soc. Sci. 2001, S. 66 (72), mit Verweis auf Statistical Abstract of the United States 1999, S. 31; United States Census Website. S. auch die Studie des Pew Research Center zur Mobilität: *D. Cohn/R. Morin*, American Mobility, 2008; https://www.pewsocialtrends.org/2008/12/17/who-moves-who-stays-put-wheres-home/, geprüft am 31.1.2019.

232 S. zu den Tiebouts Modell zugrunde liegenden Annahmen *C. M. Tiebout*, JPE 64 (1956) 5, S. 416 (419 f.); *D. Sauerland*, Föderalismus zwischen Freiheit und Effizienz, 1997, S. 61 f. Differenziert im Hinblick auf Rechte *D. L. Shapiro*, Federalism, 1995, S. 95–97.

233 *J. T. Levy*, SOY 24 (2007) 1, S. 306 (316).

234 *D. L. Shapiro*, Federalism, 1995, S. 37 f.; *T. Apolte*, Public Choice 107 (2001) 3/4, S. 359; *R. M. Hills, Jr.*, in: W. A. Fischel (Hrsg.), The Tiebout Model at Fifty, 2006, S. 239 (248) m.w.N.

235 *C. M. Rodríguez*, J.L. & Pol. 30 (2015) 4, S. 505.

236 *I. Somin*, in: J. Fleming/J. T. Levy (Hrsg.), Federalism and Subsidiarity, 2014, S. 83 (97 f.).

237 *M. S. Greve*, The Upside-Down Constitution, 2012, S. 339.

Gerade die Zugehörigkeit zu einer ethnischen Minderheit, die in einem bestimmten Einzelstaat ansässig und dort Repressionen ausgesetzt ist, oder allgemeiner eine ausgeprägte lokale Verwurzelung kann die Mobilität hemmen. Damit steht die wettbewerbsbasierte Begründung föderaler Strukturen in einem Gegensatz zu einem traditionellen Begründungselement des Föderalismus: Im traditionellen Föderalismus sollen föderale Entscheidungsstrukturen gerade auch die Verwurzelung in der örtlichen Gemeinschaft schützen.[238] Der Wettbewerbsgedanke kann bundesstaatliche Strukturen demgegenüber dort rechtfertigen, wo wegen der ausgeprägten Mobilität und der fehlenden Bindung der Bürger an ihre Heimatstaaten die kulturelle und geschichtlich-politische Vielfalt geschwächt ist.[239]

Sind die Menschen nicht in der lokalen Gemeinschaft verwurzelt, fehlt allerdings das politische Antriebsmoment, dass die Einzelstaaten für eine Dezentralisierungsagenda kämpfen. Das reine Wettbewerbsmodell vermag nicht zu erklären, wie dieses Antriebsmoment entstehen soll, das das Wettbewerbspotential des Föderalismus zuallererst freisetzen könnte.[240] Die Argumente für den Wettbewerbsföderalismus zielen letztlich auf ein unitarisches System, das auf Effizienz ausgerichtet ist und zu diesem Zweck in instrumenteller Weise Entscheidungen an untere Ebenen delegiert. Wohl soll die zentrale normative Kontrolle darüber erhalten und sichergestellt werden, dass jede Untereinheit dem globalen Effizienzziel verpflichtet bleibt. Ein Staat, der sich nicht auf ökonomische Effizienz und Wohlstandsmaximierung ausrichtet, sondern alternative Lebensweisen und Wirtschaftsformen ermöglichen, traditionelle Lebensweisen erhalten oder die Umwelt schützen will, findet in dem Modell keine Berücksichtigung.[241]

Insbesondere wegen der ungleichen Verteilung der Mobilitätschancen, die wiederum ungleiche Chancen der Einflussnahme auf die Politikgestaltung vermittelt,[242] macht die potentiell freiheitssichernden Funktion des Wettbewerbs die klassischen, nichtfiskalischen Instrumente zur Machtkontrolle des Staates keinesfalls obsolet.[243] Insbesondere bietet sie keinen Ersatz für den Grundrechtsschutz. Bei der Bewertung des »horizontalen« Wettbewerbs zeigen sich signifikante Unterschiede zwischen den Vereinigten Staaten und dem Verfassungsrecht der Bundesrepublik Deutschland, wo der Grundrechtsschutz kaum durch die Freizügigkeit zwischen den Bundesländern entlastet wird. Zum einen

---

238 *G. J. Jacobsohn*, in: E. Katz/G. A. Tarr (Hrsg.), Federalism and Rights, 1996, S. 29 (38); relativierend *I. Somin*, in: J. Fleming/J. T. Levy (Hrsg.), Federalism and Subsidiarity, 2014, S. 83 (94–97).

239 *M. S. Greve*, Real Federalism, 1999, S. 8.

240 *J. T. Levy*, Am. Pol. Sci. Rev. 101 (2007) 3, S. 459 (468).

241 *E. L. Rubin/M. M. Feeley*, UCLA L. Rev. 41 (1994) 4, S. 903 (921).

242 *A. Benz*, Jahrbuch des Föderalismus 2015, S. 192 (199).

243 *A. Peters*, VVDStRL 69 (2010), S. 7 (26).

gewährleistet Art. 2 Abs. 1 GG in der Auslegung des Bundesverfassungsgerichts die allgemeine Handlungsfreiheit,[244] sodass auch der Grundrechtsschutz in dem von Bork gemeinten Sinne neutral ist, weil er jedenfalls im Ausgangspunkt jede Form der Freiheitsbetätigung erfasst. Zum anderen hat das Freizügigkeitsrecht aus Art. 11 GG keine zentrale Bedeutung erlangt.[245] Nach der für die Bundesrepublik dominierenden Vorstellung entlastet die zwischen den Bundesländern bestehende Freizügigkeit kaum den Grundrechtsschutz. Im Gegenteil wird die Vielfalt der Bedingungen in den Bundesländern vorwiegend als Herausforderung für den Grundrechtsschutz gesehen.

b) »Versuchslabore« des Freiheitsschutzes?

Anreize für einen sogenannten Leistungswettbewerb zwischen Gebietskörperschaften können selbst dann bestehen, wenn die Bürger nicht mobil sind und der marktähnliche »Standortwettbewerb« nicht stattfinden kann. Durch die föderale Untergliederung wird eine Vergleichbarkeit der politischen Leistung von Regierung und Verwaltung hergestellt und so ein »Benchmarking« ermöglicht. Verhaltenslenkender Anreiz ist danach die Anerkennung der »Wettbewerbsteilnehmer« durch ihre Wählerschaft.[246] Die einzelnen Gebietskörperschaften fungieren als Experimentierräume im Wettbewerb als Entdeckungsverfahren für gute Problemlösungsansätze.[247] Im Bereich der Grundrechte betrifft diese Form des Wettbewerbs insbesondere komplexe Abwägungsentscheidungen mit verschiedenen betroffenen Grundrechtspositionen. Justice Louis Brandeis bezeichnete die Staaten in einer berühmt gewordenen Formulierung als Versuchslabore. In seiner *dissenting opinion* zum Urteil New State Ice Co. v. Liebmann heißt es: »It is one of the happy incidents of the federal system that a single courageous state may, if its citizens choose, serve as a laboratory; and try novel social and economic experiments without risk to the rest of the country.«[248]

---

[244] BVerfGE 6, 32 (36 f.), 1 BvR 253/56 – *Elfes*; 80, 137 (152–154), 1 BvR 921/85 – *Reiten im Walde*.

[245] S. allerdings zu dem Argument, dass unterschiedliche Regelungen zuzugs- bzw. wegzugsbeschränkende Wirkungen zeitigen können, *H. Bethge*, AöR 110 (1985) 2, S. 169 (214); *N. Engels*, Chancengleichheit und Bundesstaatsprinzip, 2001, S. 140; *P. Starski*, Der interföderale Verwaltungsakt, 2014, S. 175 m.w.N.

[246] *P. Salmon*, Oxf. Rev. Econ. Pol. 3 (1987) 2, S. 24; *A. Breton*, Competitive governments, 1996, S. 229 f., 230–235 (»Salmon mechanism«); *I. Somin*, in: J. Fleming/J. T. Levy (Hrsg.), Federalism and Subsidiarity, 2014, S. 83 (92); s. zur Gegenüberstellung von System-, Markt- oder Standortwettbewerb einerseits und Leistungswettbewerb andererseits auch *A. F. Erpenbach*, Grenzen des Wettbewerbsföderalismus unter Berücksichtigung der Reform zur Modernisierung der bundesstaatlichen Ordnung, 2010, S. 29 f; *A. Benz*, Jahrbuch des Föderalismus 2015, S. 192 (199); *S. Korte*, Standortfaktor Öffentliches Recht, 2015, S. 26–119.

[247] S. auch *F. A. von Hayek*, Der Wettbewerb als Entdeckungsverfahren, 1968.

[248] U.S. Supreme Court, *New State Ice Co. v. Liebmann*, 285 U.S. 262, 311 (1932) (Brandeis, J., dissenting). Justice Brandeis popularisierte damit einen Gedanken, der bereits zuvor Eingang in die Rechtsprechung des *U.S. Supreme Court* gefunden hatte. Justice Holmes hatte

Bei Brandeis scheint das »Experiment« nicht nur metaphorisch gemeint zu sein, auch wenn inzwischen häufig von der *»states-as-laboratories« metaphor* die Rede ist. Seine Formulierung war unmittelbar auf einen Freiraum für wissenschaftliche Erkenntnis zur Lösung sozialer und wirtschaftlicher Probleme gemünzt.[249] Im Gegensatz dazu wird das Zitat heute in einem allgemeinen Sinne mit der Vorstellung verbunden, dass es legitim sei, wenn die Einzelstaaten verschiedene Politikansätze verfolgten. Allerdings steht auch dieser Gedanke in einem Spannungsverhältnis mit der traditionellen Idee föderaler Vielfalt. Ziel des Experimentierens ist es, die beste Lösung für ein Problem zu finden und diese schließlich überall zu implementieren. Dies führt einerseits zu einer Vereinheitlichung, die dem Ideal föderaler Vielfalt gerade widerspricht.[250] Andererseits erschweren gerade die föderale Vielfalt und die verschiedenen Ausgangsbedingungen in den Einzelstaaten die Übertragung der im Experiment bewährten Lösungsansätze von einem Staat auf den anderen.[251] Sofern experimentell gewonnene Erkenntnisse dennoch übertragbar sind, hemmt das zu befürchtende »Trittbrettfahrerphänomen« die Experimentierfreude der Einzelstaaten. Zu experimentieren bleibt aus der Perspektive der verantwortlichen Politiker unter diesen Bedingungen teuer und risikoreich, die Erfolge sind aber nicht exklusiv und können von »Trittbrettfahrern« in anderen Staaten kopiert werden.[252]

3. Zwischenfazit

Der Wettbewerb zwischen Gemeinwesen ist als freiheitssichernder Mechanismus in allen seinen Varianten durchaus voraussetzungsreich. Als Wettbewerb um die Loyalität der Bürger, der die Akteure von Bund und Einzelstaaten in ihrem »vertikalen« zu wechselseitiger Kontrolle veranlassen soll, setzt er eine spezifische Motivationslage dieser Akteure voraus. Der horizontale Wettbewerb zwischen den Gemeinwesen ist als Standortwettbewerb angesichts ungleicher Mobilitätschancen mit einem grundlegenden Problem der Ungleichheit konfrontiert. Der Leistungswettbewerb zwischen den Einzelstaaten als »Versuchslabore des Freiheitsschutzes« wiederum steht jedenfalls im Gegensatz zu tradi-

1921 in seiner *dissenting opinion* zur Entscheidung im Fall Truax v. Corrigan formuliert, die Staaten seien »insulated chambers« und könnten »social experiments« durchführen, die sich ein großer Teil der Bevölkerung wünsche. U.S. Supreme Court, *Truax v. Corrigan*, 257 U.S. 312, 344 (1921) (Holmes, J. dissenting); vgl. *E. A. Purcell, Jr.*, N.Y.L.Sch. L. Rev. 50 (2005) 3, S. 635 (672).

249 *A. Althouse*, U. Pa. L. Rev. 152 (2004) 6, S. 1745 (1751).

250 *E. A. Purcell, Jr.*, N.Y.L.Sch. L. Rev. 50 (2005) 3, S. 635 (673). S. zum »Verhältnis von Integration und Kompetition« auch *S. Korte*, Standortfaktor Öffentliches Recht, 2015, S. 130–153.

251 *J. A. Gardner*, Val. U. L. Rev. 30 (1996) 2, S. 475 (481 f.).

252 S. dazu einerseits *S. Rose-Ackerman*, J. Legal Stud. 9 (1980) 3, S. 593 (603–605); andererseits *B. Galle/J. Leahy*, Emory L.J. 58 (2009) 6, S. 1333 (1334, 1347–1359).

tionellen Vorstellungen vom Eigenwert föderaler Vielfalt. Aufgrund tatsächlicher wie konzeptioneller Probleme bietet die Wettbewerbssituation zwischen Gemeinwesen daher keinen Ersatz für den gerichtlichen Grundrechtsschutz; bereits das Argument einer durch sie bewirkten Entlastung der Gerichte ist problematisch. Allerdings sind die Bezüge zwischen Grundrechtsschutz und Wettbewerb als Mechanismen des Freiheitsschutzes für einzelne Grundrechte differenziert zu beurteilen. Das föderale Freizügigkeitsrecht ist konstitutiv für den Standortwettbewerb zwischen den Einzelstaaten. Gerade die Ungleichheit der Mobilitätschancen führt dazu, dass bestimmte Freiheitsrechte durch die Wettbewerbssituation unter den Gemeinwesen tatsächlich besser geschützt werden können als andere, insbesondere soziale Grundrechte. Insgesamt aber erscheint die Bedeutung des Wettbewerbs zwischen Gemeinwesen jedenfalls für den Grundrechtsföderalismus in der Diskussion der letzten Jahre als überbewertet.

IV. Repräsentation und Partizipation in der Demokratie

Die Vorstellung von einem horizontalen Wettbewerb zwischen den Gemeinwesen wendet eine »Angebotsperspektive« auf Politikanbieter an. Ein Argument für die verbesserte Freiheit des Einzelnen kann sich daneben auch daraus ergeben, dass er nicht nur zwischen verschiedenen Gemeinwesen der föderalen Struktur wählen, sondern unmittelbar auf die Politik in den verschiedenen Gemeinwesen Einfluss nehmen kann. Damit verbunden ist nicht nur ein Wechsel von der Angebots- auf die Nachfrageseite, sondern auch ein anderes Verständnis des Individuums: Der Einzelne ist nicht nur mobiler Träger von Rechten, sondern – im republikanischen Sinne – aktiver Teil der politischen Gemeinschaft, in der er seine Freiheit verwirklicht. In den Begriffen Albert O. Hirschmans steht dem Einzelnen nicht nur eine »exit«-Option, sondern stehen ihm auch die Optionen der »voice« und »loyalty« zur Verfügung.[253] Föderale Strukturen können dazu beitragen, die Kluft zwischen Mehrheit und Gesamtheit in der Demokratie zu vermindern. Die Auswirkungen auf den Schutz örtlicher Minderheiten sind allerdings ambivalent (1.). Die föderale Struktur kann einerseits die Partizipationschancen in den kleineren Gemeinwesen der Einzelstaaten erhöhen, andererseits aber den politischen Prozess des Gesamtstaats unter Gesichtspunkten der Partizipation verbessern (2.). Eine wichtige Rolle kommt dabei jeweils den Parteien zu, die die föderale Struktur »bespielen« (3.).

---

[253] *A. O. Hirschman*, Exit, Voice, and Loyalty, 1970.

1. Verminderung der Kluft zwischen Mehrheit und Gesamtheit und Schutz von Minderheiten

Die Vervielfältigung der Jurisdiktionen im Bundesstaat kann schon unter statischen Bedingungen zu einem Freiheitsgewinn führen. Sie schafft eine dezentralisierte Regierungsstruktur, die »Informationsvorteile« dazu nutzen kann, besser auf die Bedürfnisse einer heterogenen Gesellschaft einzugehen[254] und »Frustrationskosten« zu reduzieren.[255]

Das lässt sich mit der ›Schlafsaal-Analogie‹ veranschaulichen. Man stelle sich ein Internat mit zehn Schlafsälen vor und gehe davon aus, dass sich die Schüler in die üblichen Gruppen untergliedern: die ›Partymacher‹ auf der einen und die ›Streber‹ auf der anderen Seite. Ein demokratisches System, in dem die Mehrheit aller Internatsschüler über die Verhaltensregeln in allen Schlafsälen entscheidet, würde im Extremfall dazu führen, dass sich eine große Minderheit von 49 Prozent der Schüler dem Willen einer knappen Mehrheit von 51 Prozent der Schüler unterordnen müsste. Wahrscheinlich würde die ›Partyfraktion‹, wäre sie an der Schule insgesamt in der Mehrheit, laute Musik und Partys rund um die Uhr erlauben, während die ›Streber‹ in derselben Lage strikte Verhaltensregelungen einführen würden. Wenn jedoch jeder einzelne Schlafsaal seine eigenen Regeln bestimmen könnte, so herrschte in manchen Schlafsälen klösterliche Strenge, in anderen Partystimmung. Genauso können sich die Schüler in den einzelnen Schlafsälen auf Kompromisse zwischen diesen Extremen verständigen. Theoretisch könnten so für 100 Prozent der Schüler die Regel gelten, die sie selbst sich wünschen.[256] Bereits ohne eine Wettbewerbsdynamik zwischen den Gemeinwesen birgt also allein die Vervielfältigung der Jurisdiktionen das Potential verbesserter Bedürfnisbefriedigung.

Föderale Strukturen können demnach insbesondere in Situationen hilfreich sein, in denen verschiedene ethnische oder kulturelle Gruppierungen territorial konzentriert auftreten. In diesem Fall kann jede Gruppe ihre Interessen innerhalb einer bestimmten lokalen Gebietskörperschaft verfolgen. Allerdings decken sich heutzutage die politischen Grenzen innerhalb föderaler Strukturen selten mit der geographischen Verteilung der Minderheitengruppen, wenn man sich nur auf die Bundesstaaten bezieht und die kommunale Ebene ausblendet.[257] Sind die einzelnen Gruppen vermischt oder weit über verschiedene Gebietskörperschaften verstreut, so erweisen sich föderale Strukturen für den Schutz von Minderheiten als weniger wirkungsvoll.

---

[254] U.S. Supreme Court, *Gregory v. Ashcroft*, 501 U.S. 452, 458 (1991).

[255] *L. P. Feld*, in: H.-J. Blanke/W. Schwanengel (Hrsg.), Zustand und Perspektiven des deutschen Bundesstaates, 2005, S. 171 (174).

[256] *P. M. Garry*, Setan Hall L. Rev. 36 (2006) 3, S. 851(882 f.). S. auch *G. Tullock*, in: R. C. Amacher (Hrsg.), The economic approach to public policy, 1976, S. 213.

[257] *P. Chen*, S. Tex. L. Rev. 40 (1999) 3, S. 845 (866).

Umgekehrt kann die geographische Verteilung der Minderheiten sogar dazu führen, dass die Dezentralisierung gerade die Rechte jener bedroht, die sie in der Theorie schützen soll. Der US-amerikanische Politikwissenschaftler und Föderalismustheoretiker William H. Riker hat in vielzitierten und auch in dieser Arbeit bereits wiedergegebenen Worten die Bundesstaatlichkeit mit dem Rassismus in den Südstaaten der USA in Verbindung gebracht.[258] Wenn Minderheiten weder geographisch regional konzentriert leben noch mobil sind, können sich föderale Strukturen sogar als gegenüber einer Einheitsregierung schlechtere Alternative herausstellen. Überall in der Minderheit, müssen sie sich in jedem Staat neu organisieren, statt nur ein einziges Mal. Föderale Strukturen können auf diese Weise auch Tyrannei begünstigen.[259] Die Einzelstaaten werden dann wie die Südstaaten der USA bis in die 1970er Jahre zu »autoritären Enklaven«.[260]

2. Partizipation

Mit Blick auf die Erhöhung der Partizipationschancen lassen sich zwei Aspekte der Freiheitssicherung im republikanischen Sinn unterscheiden, wie der Blick auf die USA exemplarisch zeigt: Zum einen kann Anliegen der Freiheitssicherung die demokratische Selbstbestimmung vor Ort sein. Ihr kann bereits durch die Autonomie der Einzelstaaten (*state autonomy*) Rechnung getragen werden [a)]. Zum anderen können föderale Strukturen die Teilhabe und damit die Freiheitssicherung im gesamten Gemeinwesen des föderalen Systems verbessern. In diesem Sinne zielt der »New Progressive Federalism« in den USA nicht auf *state autonomy*, sondern auf die *federal republic* [b)].

a) Erhöhte Partizipationschancen in kleineren Gemeinwesen

Vor allem können kleinere Gemeinwesen die Partizipation am politischen Prozess erleichtern.[261] Zugleich lässt sich die Verantwortlichkeit der Regierenden besser sicherstellen, weil die örtlich nahe Regierung unter überschaubareren Verhältnissen leichter zu kontrollieren ist. Die einzelne Wählerstimme ist in kleinen Gebietskörperschaften mit höherer Wahrscheinlichkeit als in großen Gebietskörperschaften ausschlaggebend für den Wahlausgang.[262] Es stehen bes-

---

[258] *W. H. Riker*, Federalism, 1964, S. 155. S.o. 3. Kapitel A. II.

[259] *J. Bednar*, The Robust Federation, 2009, S. 50.

[260] *E. L. Gibson*, Boundary Control, 2012; *R. Mickey*, Paths Out of Dixie, 2014.

[261] U.S Supreme Court, *Gregory v. Ashcroft*, 501 U.S. 452, 458 (1991); *S. C. Hoke*, B.U. L. Rev. 71 (1991) 5, S. 685 (710–714); *D. J. Merritt*, Colum. L. Rev. 88 (1988) 1, S. 1 (7 f.); *D. J. Merritt*, Fla. L. Rev. 47 (1995), S. 541; *A. Rapaczynski*, Sup. Ct. Rev. 1985, S. 341 (395–397, 401–408); *B. Friedman*, Minn. L. Rev. 82 (1997) 2, S. 317 (389–394). S. zu den Vorzügen der Nähe auch *H. Maier*, AöR 115 (1990) 2, S. 213 (226).

[262] *J. M. Buchanan*, Cato J. 15 (1995/96) 2–3, S. 259.

sere Informationsmöglichkeiten zur Verfügung und der Zugang der Betroffenen zu den Verantwortlichen wird erleichtert.[263] Kleine Gemeinwesen ermöglichen zudem einen intensiveren Diskussionsprozess zwischen den Individuen, der am Ende zu einer politischen Entscheidung führen soll. Damit ist die Chance verknüpft, dass die Bürger im Diskurs ihre eigennützigen Interessen im Hinblick auf das Gemeinwohl hinterfragen. Ein lebendiger Föderalismus fördert somit im Idealfall nicht nur die effektive Kontrolle der Repräsentanten in Parlament und Regierung, sondern auch den Gemeinsinn der Bürger.[264]

Diese Argumente gelten allerdings für kleine Gemeinwesen schlechthin. Weder sind sie auf die Position der Einzelstaaten im Bundesstaat zugeschnitten, noch treffen sie unbedingt für die großen Flächenstaaten im Bundesstaat zu. Vor allem aber beziehen sie sich nicht auf die föderale Struktur als solche.

b) »New Progressive Federalism« in den USA

Jedoch kann es die föderale Struktur Minderheiten erleichtern, auf dem Weg über kleinere Einheiten Erneuerungsprozesse auf föderaler Ebene anzustoßen und bestehende Konsense zuallererst aufzubrechen. Dissens trägt dazu bei, ein erstarrtes politisches System deliberativ ›aufzuwühlen‹. Föderale Strukturen ermöglichen es oppositionellen Kräften, sukzessiv eine Grundlage für einen Wandel der Mehrheitsposition zu erreichen. Eine politische Bewegung in den USA aufzubauen, die nationale Reichweite hat, ist ein ambitioniertes Unterfangen.[265] Aus diesem Grund hat so gut wie jede auf nationaler Ebene einflussreiche Bewegung auf lokaler Ebene begonnen.[266] Die Homosexuellen-, Bürgerrechts- oder Waffenrechtsbewegungen begannen im kleinen Maßstab und entfalteten sich erst allmählich auf Bundesebene. Soziale Bewegungen können sich in den Einzelstaaten und auf lokaler Ebene organisieren, Agenden entwickeln und Ideen testen. Solche Plattformen sind nicht nur für die Frühphase der Mobilisierung wichtig, sondern verbinden die Vertreter abweichender Ansichten auch mit den großen und mächtigen Netzwerken, die die Politikgestaltung in den USA antreiben.[267] Die meisten politischen Gruppierungen in der amerikanischen Geschichte, angefangen von den irischen und italienischen Einwanderern zu Beginn des 20. Jahrhunderts bis zu den Afroamerikanern nach dem

---

[263] *J. Bulman-Pozen/H. K. Gerken*, Yale L. J. 118 (2009) 7, S. 1256 (1289–1292).

[264] *L. P. Feld*, in: K. Heine/W. Kerber (Hrsg.), Zentralität und Dezentralität von Regulierung in Europa, 2007, S. 31 (42). Bereits Alexis de Tocqueville verstand lokales politisches Handeln als Einübung von Freiheit und Demokratie, s. *A. de Tocqueville*, Über die Demokratie in Amerika (1835), 1976, S. 68; vgl. auch *A. Breton*, Publius 30 (2000) 2, S. 1 (2 f.).

[265] *H. K. Gerken*, Yale L. J. 123 (2014) 6, S. 1958 (1980).

[266] S. etwa *N. S. Zeppos*, Vand. L. Rev. 50 (1997) 2, S. 445.

[267] S. die Beschreibung dieser Netzwerke bei *J. Resnik*, Yale L. J. 115 (2006) 7, S. 1564; *J. Bulman-Pozen*, Harv. L. Rev. 127 (2014) 4, S. 1077 (1085–1087).

Zweiten Weltkrieg und den Frauen und Homosexuellen heute, begannen ihre politische Beteiligung auf einzelstaatlicher und lokaler Ebene und gewannen ein gewisses Maß an politischer Anerkennung zunächst dort, bevor sie auf nationaler Ebene bedeutsam wurden.[268] Ist der Bundesstaat wie in den USA mit überlappenden Zuständigkeiten strukturiert, so ermöglicht er es Interessengruppen, *policy shopping* zu betreiben und ihre Anliegen verschiedenen Regierungen vorzutragen.[269]

Aus der Sicht eines »New Progressive Federalism« begünstigen die Einzelstaaten und Lokalregierungen ein *empowerment*[270] von ethnischen Minderheiten und politisch Andersdenkenden. Die Gewährleistung von Rechten wie im 1. und 14. Zusatzartikel, im *Civil Rights Act* und im *Voting Rights Act* sind nicht die einzigen Schutzinstrumente für ethnische Minderheiten und politisch Andersdenkende. Um sich indes auf Rechte zu berufen, müssen die ethnischen Minderheiten und Andersdenkenden die Gerichte bemühen. Auf diese Weise würden sie zu Objekten der Justizgewalt, anstatt als eigenständige politische Akteure zu wirken,[271] wie etwa in den größtenteils afroamerikanischen Städten wie Atlanta oder Städten wie San Francisco, in denen die Mehrheit für die gleichgeschlechtliche Ehe eintritt, oder Staaten wie Kalifornien oder Texas, in denen Latinos bald die Mehrheit sein werden. Gruppen, die im nationalen Maßstab Minderheiten sind, bilden dort lokal die Mehrheit.[272]

Entscheidungen in den Einzelstaaten können unter diesen Voraussetzungen ein Katalysator für nationale Debatten sein.[273] Regelungen, die die medizinische Verwendung von Marihuana in Kalifornien, die Sterbehilfe in Oregon, die Abtreibung für Minderjährige in Florida oder New Jersey, den Zugang zu Handwaffen in Montana oder homosexuellen Partnerschaften in Vermont erlauben, versprechen mehr Freiheit.[274]

Dabei geht der »New Progressive Federalism« davon aus, dass im Bundesstaat der Vereinigten Staaten der Gegenwart die *state sovereignty* nicht länger ein Schutzschild für lokale Unterdrückung bietet. Wie gesehen, ist die Bundesebene heute stark und gestaltet Politik in so gut wie jedem Bereich, der einst den Staaten und lokalen Regierungen exklusiv überlassen war. *States' rights* sind also nicht länger eine Trumpfkarte. Die Bundesregierung kann ethnische

---

268 *D. J. Merritt*, Colum. L. Rev. 88 (1988) 1, S. 1.

269 *C. M. Rodríguez*, Yale L. J. 123 (2014) 6, S. 2094 (2125).

270 *E. Chemerinsky*, U. Kan. L. Rev. 45 (1997) 4, S. 1219.

271 *P. S. Karlan*, Yale L. J. 114 (2005) 6, S. 1329 (1332) zum *Warren Court*; *H. K. Gerken*, Democracy J. 2012, S. 37 (38): Eine bessere Demokratie verlange allerdings ein gewisses Maß an »minority rule« und nicht nur »minority rights«. *H. K. Gerken*, Stan. L. Rev. 57 (2005) 6, S. 1745: Es geht um »dissenting by deciding«.

272 *H. K. Gerken*, Democracy J. 2012, S. 37 (37 f.).

273 Ebd., S. 43–45.

274 *S. F. Kreimer*, Annals Am. Acad. Pol. & Soc. Sci. 2001, S. 66 (67).

Minderheiten beschützen und zugleich zulassen, dass sich lokale Formen der Machtausübung entwickeln. Es gibt eben keine »Enklaven« mehr, die dem Zugriff der Bundesgewalt verschlossen sind.[275] Voraussetzung dafür ist aber eben, dass *states' rights* nicht als solche geschützt werden. Der verfassungsrechtlich gewährleistete Schutz einzelstaatlicher Hoheitsgewalt kann nicht länger als Selbstzweck verstanden werden.

3. Parteiendemokratie

Auch das Parteiensystem der USA ist ein wichtiger Faktor für die Realisierung verbesserter Partizipation. Die lokale Ebene bietet den Parteien eine Plattform der Erneuerung. Wie bereits erörtert, bilden die Staaten institutionalisierte »Sammelstellen« der Opposition. Sie sind damit auch Keimzellen der Veränderung und tragen dazu bei, dass der politische Wandel möglich bleibt, gerade weil die Partei, die in Washington gerade nicht die Mehrheit stellt, jedenfalls in einer größeren Zahl von Staaten an der Macht sein wird.[276] Sowohl in den USA als auch in der Bundesrepublik ist die Binnenstruktur der Parteien allerdings mittlerweile stark auf die Bundesebene ausgerichtet.

In den USA wird die mit der föderalen Struktur bereitgestellte Bühne maßgeblich von den beiden großen politischen Parteien bespielt. Die Einzelstaaten wirken als Gegengewicht zur Bundesebene dadurch, dass sie den Parteienkonflikt kanalisieren und im institutionellen Rahmen der Bundesstaatlichkeit austragen.[277] Der Wettbewerb von Demokratischer und Republikanischer Partei ist ein Antriebsmoment für die Mechanismen der föderalen Gewaltenbalance. Die Einzelstaaten fordern mehr Unabhängigkeit, verabschieden Gesetze, die auf Bundesebene nicht durchsetzbar waren, oder obstruieren die Umsetzung missliebiger Bundesprogramme des jeweils anderen parteipolitischen Lagers. Die Bevölkerung identifiziert sich sowohl mit den Vereinigten Staaten als auch mit ihren jeweiligen eigenen Einzelstaaten sowie mit denjenigen Einzelstaaten, die traditionell ihre politischen Überzeugungen repräsentieren. Die Affinität zu bestimmten Einzelstaaten ist also zum Teil nicht nur über Geburts- oder Wohnort, sondern über die Parteizugehörigkeit zu erklären. Die politische Identität wird nicht primär durch den Status als Bundesbürger oder Bürger eines Einzelstaats geprägt, sondern durch die Sympathie für die Demokratische oder die Republikanische Partei. Die Einzelstaaten und die Bundesebene bilden

---

275 *H. K. Gerken*, Democracy J. 2012, S. 37, S. 46 f.

276 *E. A. Young*, Brook. L. Rev. 69 (2004) 4, S. 1277 (1286).

277 Zu Möglichkeiten der Kompromissbildung im »Exekutivföderalismus« gerade angesichts der polarisierten Parteienlandschaft in den USA s. *J. Bulman-Pozen*, Va. L. Rev. 102 (2016) 4, S. 953.

nur den Schauplatz, auf dem die konkurrierenden Vorstellungen der Parteien verwirklicht werden können.[278]

Auch in der Bundesrepublik bildet das Parteiensystem eine Grundlage für die Wirkungsweise föderaler Strukturen. Die Mitwirkung des Bundesrates verhilft nicht allein dem spezifisch administrativen Sachverstand zu besonderer Geltung. Vielmehr kommt dort die regelmäßig vom Bund abweichende parteipolitische Konstellation in den Ländern zum Tragen.[279] Werner Weber beschrieb den »Parteienbundesstaat« mit paramilitärischem Vokabular: Die »föderalistischen Machtpositionen« würden von den politischen Parteien besetzt. Die Landesgewalt werde zur »Hilfsmacht der in ihnen dominierenden Parteien« in einem »Stellungssystem verfassungspolitischer Machtpositionen«, das von »Truppen verschiedenster Herkunft besetzt und als Stützpunkt benutzt werden kann«. Aber es seien eben keine »echten föderativen Kräfte mehr lebendig«.[280] Für Weber ist dieses Phänomen im bundesrepublikanischen Bundesstaat eine Schwundform des echten föderalistischen Prinzips, das auf der historisch begründeten politischen Individualität der Länder beruht habe.[281] Konrad Hesse dagegen hebt affirmativ hervor, die jeweilige bundespolitische Minderheitspartei könne in den Ländern eigene Leistungen erzielen, die über Kritik an der Regierungspartei hinausgingen, Personal schulen und die Ablösung der Regierungspartei vorbereiten.[282]

Diese Bemerkungen scheinen aber den Kern des Verhältnisses von Parteienwettbewerb und Bundesstaat in Deutschland nicht zu treffen. Anders als in den USA lässt sich das Verhältnis von Parteienwettbewerb und Bundesstaat in Deutschland nicht dahin verstehen, dass die Parteien die durch die föderale Struktur gestellte Bühne bespielen. Vielmehr bedeutet die auf dem Parteienwettbewerb beruhende Konkurrenzdemokratie nach 1949 einen »Strukturbruch« mit der auf Konsens und Kooperation ausgerichteten Verhandlungsdemokratie, die mit der traditionellen deutschen Bundesstaatlichkeit verknüpft war.[283]

---

[278] *J. Bulman-Pozen*, Harv. L. Rev. 127 (2014) 4, S. 1077. S. auch bereits *D. B. Truman*, in: A. B. Wildavsky (Hrsg.), American Federalism in Perspective, 1967, S. 81.

[279] *W. Weber*, in: Spannungen und Kräfte im westdeutschen Verfassungssystem, 1970, S. 288 (294).

[280] *W. Weber*, in: Spannungen und Kräfte im westdeutschen Verfassungssystem, 1970, S. 57 (63–65, 82).

[281] S. auch *E.-W. Böckenförde*, in: J. Jekewitz u.a. (Hrsg.), Politik als gelebte Verfassung, 1980, S. 182 (187).

[282] *K. Hesse*, Der unitarische Bundesstaat, 1962, S. 30.

[283] *G. Lehmbruch*, Parteienwettbewerb im Bundesstaat, 3. Aufl. 2000, insb. S. 134 ff.

D. Zwischenfazit

Für den Grundrechtsföderalismus lässt sich an dieser Stelle ein Zwischenfazit zu der Frage ziehen, wie sich die verschiedenen freiheitssichernden Funktionsweisen föderaler Strukturen zu einem gerichtlichen Grundrechtsschutz verhalten (I.). Auf dieser Grundlage lässt sich die Interaktion von föderaler Struktur und Rechten am Beispiel der Anerkennung gleichgeschlechtlicher Ehen in den USA veranschaulichen (II.) und lassen sich Lehren für die Europäische Union als quasi-föderaler Ordnung ziehen (III.).

I. Verhältnis zum gerichtlichen Grundrechtsschutz

Vereinfacht lässt sich sagen, dass die Tendenz in den USA dahin geht, die Wirkungsweisen des föderalen Freiheitsschutzes als Effekte zu begreifen, die den Grundrechtsschutz entlasten. Darin spiegelt sich die Dominanz von liberalen, staatsabwehrenden und ökonomischen, wettbewerbsorientierten Vorstellungen vom Zusammenhang von Föderalismus und Freiheit. In Deutschland dagegen überlagert und begrenzt der Grundrechtsschutz sowohl die Kompetenzteilung als Grundlage der föderalen Gewaltenbalance als auch die anderen Effekte.

In gewisser Weise sind die da wie dort dominierenden Verständnisse zu einseitig. Zum einen sind die Grundrechte zugleich Voraussetzungen des Freiheitsschutzes durch föderale Strukturen, insbesondere wenn man die republikanische Dimension der Freiheit mit einbezieht. Die Wirkungsweise der föderalen Gewaltenbalance setzt eine Anreizstruktur voraus, in der Bundesebene und Einzelstaaten sich wechselseitig kontrollieren, weil sie auf diese Weise die Loyalität der Bevölkerung gewinnen wollen. Wenn aber die Einzelstaaten auf diese Weise zu Anlaufstellen der Opposition werden sollen, so ist die Formierung dieser Opposition von Grundrechtsgewährleistungen abhängig, setzt etwa Meinungs- und Pressefreiheit voraus. Der Mechanismus des horizontalen Wettbewerbs zwischen den Einzelstaaten wiederum hängt von der Gewährleistung des Grundrechts der Freizügigkeit zwischen den Einzelstaaten ab. Zum anderen sind Rechte aber auch das Produkt demokratischer Deliberation, die durch die föderale Struktur begünstigt wird, wie das zuletzt angeführte Beispiel der Anerkennung gleichgeschlechtlicher Ehen zeigt.

Die unterschiedlichen Vorstellungen von einem Freiheitsschutz durch föderale Strukturen sind mit unterschiedlichen Vorstellungen von den Grundrechten verknüpft. Ein angemessener Freiheitsbegriff kann nicht auf die Freiheit von ungerechtfertigten privaten Zwängen verzichten, zu deren Schutz die Bundesbehörden neben den Staaten beitragen können.

Dabei ist die Idee einer freiheitssichernden Wirkung der föderalen Gewaltenbalance nicht zwangsläufig mit einer liberalen Vorstellung von möglichst wenig Staat verbunden. Vielmehr kann das ›Produkt‹ etwa einer Kooperationsverweigerung im Bundesstaat der USA, mit der der Staat die Voraussetzungen der Freiheitsausübung zuallererst schafft, auch die positive Grundrechtsverwirklichung sein. In gewisser Weise ist das Verhältnis dieser Mechanismen zu einer Verwirklichung des Grundrechtsschutzes kontingent. Es ist nicht sichergestellt, dass die beschriebenen Mechanismen der föderalen Gewaltenbalance sich im Ergebnis zugunsten eines verbesserten Grundrechtsschutzes auswirken. Im Bereich von Rechtsverletzungen unter Privaten jedenfalls stärkt eine »Verdoppelung« der Durchsetzungsorgane den Freiheitsschutz.[284]

Auch das Verhältnis zwischen der Idee vom föderalen Wettbewerb zu den Grundrechten ist vielschichtig. Einerseits sollen Grundrechte, insbesondere die Freizügigkeit zwischen den Bundesstaaten, den Wettbewerb überhaupt erst ermöglichen. Andererseits soll die Grundrechtrechtsverwirklichung wiederum Produkt des Wettbewerbs sein. Deutlich wurde zudem, dass die potentiell freiheitssichernde Wirkung des Wettbewerbs keineswegs die klassischen, nichtfiskalischen Instrumente der Machtkontrolle obsolet macht.[285]

Schließlich spielen für die Verbesserung der Repräsentativität und der Partizipationsmöglichkeiten grundrechtlich abgesicherte Beteiligungsmöglichkeiten eine besondere Rolle. Das Selbstbestimmungsrecht von Minderheiten, das »dissenting by deciding«, kann nicht einfach an die Stelle des Grundrechtsschutzes treten. Insbesondere können individuelle Rechte, die eine Ebene garantiert, Bedingungen der Autonomie einer anderen Ebene in der Struktur sein, gerade weil sie ein demokratisches »empowerment« bewirken können. Gleichwohl formuliert der »New Progressive Federalism« die Erwartung, dass die Verbesserung demokratischer Selbstbestimmung auch die Grundrechtsbilanz verbessert. Es bleibt aber auch insoweit festzuhalten, dass der Effekt der Struktur auf die Grundrechtsverwirklichung hochkomplex ist. Rechte und Struktur sind jedenfalls nicht ohne erheblichen Erkenntnisverlust getrennt zu denken.

Die Theorieangebote für die Freiheitssicherung durch föderale Strukturen haben sich insgesamt als unbefriedigend erwiesen. Mit ihrem verengten negativen Freiheitsbegriff sind sie konzeptionell defizitär, und mit Blick auf die tatsächlichen Gefährdungslagen sind sie auch unterkomplex. Insbesondere halten sie mit der Entwicklung in Grundrechtstheorie und -dogmatik mit der objektiv-rechtlichen Dimension der Grundrechte, Schutz-, Verfahrens- und Teilhabeansprüchen nicht mit. Weiterhin leuchtet ein einseitiger Fokus entweder auf die Einzelstaaten (wie ihn ökonomische Theorie und republikanischer Ansatz

[284] *S. F. Kreimer*, Annals Am. Acad. Pol. & Soc. Sci. 2001, S. 66 (67–69).
[285] *A. Peters*, VVDStRL 69 (2010), S. 7 (26).

nahelegen) oder die Bundesebene (wie bei den liberalen Theorien) nicht ein. Von Bedeutung sind vielmehr sowohl limitierende Faktoren für die Bundesebene wie die einzelstaatliche Ebene als auch partizipationsfördernde und repräsentationsverbessernde Faktoren auf beiden Ebenen.

Einen Ausgangspunkt für eine Erneuerung der normativen Theorie des Föderalismus, die zugleich den einseitigen Fokus auf die Individuen oder die Einzelstaaten als Staaten überwindet, bietet die Gleichursprünglichkeit von individueller und demokratischer Selbstbestimmung. Gegenstand dieser Theorie sind nicht nur Staaten und Individuen, sondern ist die plurale demokratische und individuelle Selbstbestimmung.

II. Interaktion von föderaler Struktur und Rechten am Beispiel der Anerkennung gleichgeschlechtlicher Ehen in den USA

Wie (föderale) Struktur und Rechte ineinandergreifen und sich verstärken können, zeigt im Hinblick auf die Anerkennung gleichgeschlechtlicher Ehen beispielshaft der Fall Windsor v. the United States des *U.S. Supreme Court.*[286] In der Entscheidung wird der Teil des *Defense of Marriage Act* (*DOMA*)[287] für nichtig erklärt, der in einem Einzelstaat rechtmäßig geschlossenen gleichgeschlechtlichen Ehen die bundesrechtliche Anerkennung versagte. Die Entscheidungsgründe von Justice Anthony Kennedy stützen sich auf Rechte und die Werte des 5. und des 14. Zusatzartikels. Sie behandeln die gleichgeschlechtliche Ehe als eine Frage der Gleichheit und der Freiheit, aber auch als Fall des Konflikts um Rechtsetzungskompetenzen. Justice Anthony Kennedy vermischt dabei Fragen des Grundrechtsschutzes und der föderalen Struktur.[288] Die Entscheidungsgründe betonen die traditionelle Rolle der Staaten bei der Definition der Ehe.[289] Der *DOMA* entziehe gerade ein von den Einzelstaaten verliehenes Recht oder einen Status,[290] was an sich für die Verletzung des 5. und 14. Zusatzartikels keine Rolle spielt. Das Problem des *DOMA* ist dann, dass es die noch offene Debatte über die Ehegleichheit auf Bundesebene abschneiden wollte,[291] anstatt die Frage der gleichgeschlechtlichen Ehe weiter einem dialo-

286 U.S. Supreme Court, *Windsor v. the United States*, 570 U.S. 744 (2013).

287 Pub. L. No. 10–199, 110 Stat. 2419 (1996) (codified at 1 U.S.C. § 7 (2006) and 28. U.S.C. § 1738C (2006)).

288 *H. K. Gerken*, B.U. L. Rev. 95 (2015) 2, S. 587 (590) m.w.N.

289 U.S. Supreme Court, *Windsor v. the United States*, 570 U.S. 744, 765–766 (2013).

290 S. etwa U.S. Supreme Court, *Windsor v. the United States*, 570 U.S. 744, 765–766 (2013); vgl. *E. A. Young*, Va. L. Rev. Online 99 (2013) 1, S. 39 (43); *H. K. Gerken*, B.U. L. Rev. 95 (2015) 2, S. 587 (590).

291 Ebd., S. 607.

gischen Entwicklungsprozess in der föderalen Struktur zu überlassen. Damit verkennt es den diskursiven Mehrwert föderaler Strukturen, die den Dialog und letztlich die Integration fördern.[292] Dieser dialogische Prozess läuft freilich nicht zwangsläufig auf die Ehefreiheit zu, sein Ergebnis ist vielmehr gerade offen. Indem der *U.S. Supreme Court* bald darauf im Urteil Obergefell v. Hodges in Anerkennung gleichgeschlechtlicher Ehen deren Nichtzulassung oder Nichtanerkennung als verfassungswidrig einordnete, beendete er diesen Dialog auch wenig später wieder,[293] ohne dass die föderale Struktur noch Erwähnung gefunden hätte.[294]

III. Lehren für die Europäische Union

Fragt man nach Lehren, die sich für die Europäische Union ergeben, so sind vor allem gewichtige Unterschiede zu beachten. Zwar hat auch in der Europäischen Union wie auch in der Geschichte der USA ein Wandel vom Trennungs- zu einem Verbundföderalismus auf legislativer Ebene stattgefunden, indem in wesentlichen Politikbereichen die Regelungsintensität der unionalen Rechtsetzung reduziert worden ist. Robert Schütze demonstriert dies mit Blick auf die Harmonisierung im Binnenmarkt mit dem »Neuen Konzept« für die technische Harmonisierung[295] und die gemeinsame Agrarpolitik.[296] Insofern ergeben sich zahlreiche Berührungspunkte, aus denen die Staaten möglicherweise ein Potential in ihrer Rolle als »Diener« des Unionsrechts entfalten können.[297] Eine Parallele besteht auch darin, dass die Grundfreiheiten Freizügigkeit in der Union gewährleisten und so einen Wettbewerb zwischen den Mitgliedstaaten ermöglichen. Der wichtigste Unterschied liegt allerdings darin, dass die politische Willensbildung auf Unionsebene sich nicht in vergleichbarer Weise gegenüber den Mitgliedstaaten verselbständigt hat, wie dies in den beiden Bundesstaaten gegenüber den Einzelstaaten der Fall ist. Auf diese Besonderheiten stützt sich im Kern auch die These, die Europäische Union habe als Gemeinwesen keinen föderalen Charakter, sondern sei ein Gebilde *sui generis*, bilde einen »federalism without consti-

---

[292] *H. K. Gerken*, Harv. L. Rev. 124 (2010) 1, S. 4; *H. K. Gerken*, Yale L. J. 123 (2014) 6, S. 1958.

[293] U.S. Supreme Court, Obergefell v. Hodges, 135 S. Ct. 2584 (2015).

[294] Kritisch *B. Soucek*, I•CON 15 (2017) 4, S. 1098.

[295] Entschließung des Rates 85/C 136/01 vom 7. Mai 1985 über ein neues Konzept für die technische Harmonisierung und für Normen, ABl. C 136 vom 4.6.1985, S. 1; Kommission der Europäischen Gemeinschaften, Weißbuch zur Vollendung des Binnenmarktes, KOM(85) 310 endgültig vom 14.6.1985.

[296] *R. Schütze*, From Dual to Cooperative Federalism, 2009, S. 189–240.

[297] S. allerdings zur effektiven Rechtsdurchsetzung durch das Vertragsverletzungsverfahren gemäß Art. 258 AEUV *Europäische Kommission*, Monitoring the application of European Union law, 2018.

tutionalism«, weil Föderationen in der Regel kompetenziell und institutionell stärker auf die zentrale Ebene ausgerichtet sind.[298] Zugleich ist die Europäische Union im Sinne von Alfred C. Stephan stark »demos-constraining«.

[298] *J. H. H. Weiler*, in: K. Nicolaidis/R. Howse (Hrsg.), The Federal Vision, 2001, S. 54 (55–57).

4. Kapitel

Einzelstaatliche Grundrechtsjudikatur im föderalen Kompetenzgefüge

Zielten die bisherigen Ausführungen auf das Verhältnis von Grundrechten und föderaler Struktur als Mechanismen der Freiheitssicherung, so richtet sich der Fokus dieses Kapitels – auch angesichts der aufgezeigten Defizite einer Freiheitssicherung durch föderale Strukturen – auf die (quasi-)föderalen Strukturen in der Grundrechtsgerichtsbarkeit selbst. Im Hinblick auf die Bedeutung der einzelstaatlichen Grundrechtsgerichte zeigen sich in der Gegenwart unterschiedliche Entwicklungstendenzen in den USA und Deutschland, während die EU noch eine größere Entwicklungsoffenheit aufweist (A.).

Für ein besseres Verständnis der offensichtlich unterschiedlichen Potentiale zur Mitwirkung an einem Grundrechtsföderalismus sollen daher die Spielräume untersucht werden, die den Grundrechtsgerichten der Einzelstaaten im föderalen Kompetenzgefüge überhaupt verbleiben. Ein wichtiger Faktor ist der Vorrang des Bundesrechts. Dabei ist zu unterscheiden zwischen dem Verhältnis der Grundrechtsgewährleistungen der verschiedenen Ebenen und dem Vorrang des Bundes- und Unionsrechts im Übrigen. Besondere Regelungen für das Verhältnis der föderalen und einzelstaatlichen Grundrechtsgewährleistungen etablieren die föderalen Grundrechte als Mindeststandard. In der Praxis beschränkt vor allem der Vorrang des kompetenzmäßig erlassenen föderalen Rechts insgesamt die Entscheidungsfreiräume der einzelstaatlichen Grundrechtsgerichte. Maßgeblich dafür ist nicht nur, wie weit föderale Kompetenzen reichen, sondern auch, in welchem Umfang sie wahrgenommen worden sind (B.).

Ein weiterer Faktor ist das Verhältnis von föderaler und einzelstaatlicher Grundrechtsjudikatur. Gerade die Bedeutung der Bundes- oder Unionsgrundrechte als Mindeststandard variiert in Abhängigkeit von der Dominanz der (quasi-)föderalen Grundrechtsjudikatur. Diese wiederum wird bestimmt durch das institutionelle Verhältnis der föderalen Grundrechtsgerichte zu den politischen Organen auf föderaler Ebene. In diesem horizontalen Verhältnis kann die Interpretationshoheit über die Grundrechte mehr oder weniger umstritten, der exklusive Interpretationszugriff der Grundrechtsgerichte mehr oder weniger angefochten sein. Weiterhin maßgeblich ist die Reichweite der föderalen Grundrechte als Folge von Grundrechtsdogmatik und -methodik sowie das zeitliche Verhältnis der Grundrechtsentwicklung auf den verschiedenen Ebenen (C.).

A. Unterschiedliche Entwicklungstendenzen in den USA und in Deutschland

Die Grundrechtsregime in der Bundesrepublik, in den Vereinigten Staaten und in der Europäischen Union entsprechen dem im 1. Kapitel dargelegten Grundmuster des materiellen, institutionellen und prozeduralen Grundrechtspluralismus: Materiell sind Grundrechte jeweils geschriebener Teil der föderalen und der einzelstaatlichen Verfassungen. Institutionell ist eine Verfassungsgerichtsbarkeit auf föderaler und einzelstaatlicher Ebene eingerichtet. In prozeduraler Hinsicht steht dem Einzelnen grundsätzlich auf beiden Ebenen eine Grundrechtsbeschwerde offen.

Dennoch unterscheiden sich die Spielräume der einzelstaatlichen Grundrechtsgerichte erheblich. In den USA kommt den *state supreme courts* eine vergleichsweise wichtige Rolle für den Schutz und die Fortentwicklung der Grundrechte zu (I.). Bei den deutschen Landesverfassungsgerichten hingegen dominiert die Anpassung an das Bundesverfassungsgericht. Für ihr Verhältnis zum EuGH befürchten mitgliedstaatliche Verfassungsgerichte, dass sie in eine relativ unbedeutende Rolle gedrängt werden, die etwa der der deutschen Landesverfassungsgerichte entspricht (II.).

I. Relative Bedeutung der Grundrechtsjudikatur von *U.S. Supreme Court* und *state supreme courts*

Bei genauerer Betrachtung ist die Neigung der *state supreme courts* zu einer eigenständigen Grundrechtsjudikatur differenziert zu beurteilen. Insbesondere wenn der *U.S. Supreme Court* eine Frage bereits entschieden hat, ist die Bereitschaft der *state courts* zum Dissens relativ gering.[1] Ein Grund dafür ist,

[1] *J. Friesen*, Notre Dame L. Rev. 72 (1997) 4, S. 1065 (1075); *M. E. Solimine*, Ind. L. Rev. 35 (2002) 2, S. 335 (338); quantitative Analysen bei *F. A. Rosenfeld*, Fordham L. Rev. 56 (1988) 6, S. 1041 (1049 f.): anhand von mehr als 500 Fällen einzelstaatlicher Gerichte, in denen kein Muster der Ausdehnung von Rechten auf der Grundlage der einzelstaatlichen Verfassungen erkennbar war; *J. N. G. Cauthen*, Alb. L. Rev. 63 (2000), S. 1183: Analyse von 627 Entscheidungen einzelstaatlicher Gerichte aus 25 zufällig ausgewählten Staaten zu 19 verschiedenen Gewährleistungen der *states' bill of rights*); *R. M. Howard* u.a., Law & Soc'y Rev. 40 (2006) 4, S. 845 (864): Nur 20 Prozent der *state courts* waren in der auf einen Zeitraum von 13 Jahren und 49 Staaten und den 4. Zusatzartikel (*search and seizure*) bezogenen Studie progressiver und beschuldigtenfreundlicher als der *U.S. Supreme Court*.

dass auch die Richter der *state courts* zunehmend konservativ geworden sind.[2] Ihre Zurückhaltung ist etwa beim Grundrecht der Meinungsfreiheit feststellbar.[3] Allerdings haben die *state courts* durch die Auslegung ihrer eigenen *state constitutions* auch »Lücken« gefüllt, die der *U.S. Supreme Court* beim Schutz individueller Rechte gelassen hat.[4] Die Rechtsprechung der *state courts* betrifft wichtige und umstrittene verfassungsrechtliche Fragestellungen etwa der Bildungsfinanzierung, der sozialen Sicherung oder der gleichgeschlechtlichen Ehe. In den letzten 40 Jahren haben die einzelstaatlichen Gerichte den *U.S. Supreme Court* als Grundrechtsgericht übertroffen und die Bedeutung der verfassungsmäßigen Werte sowohl in ihren jeweiligen Einzelstaaten als auch für das ganze Land geprägt.[5] Ihre Bedeutung spiegelt sich auch darin, dass sie im Zentrum der Strategie von Aktivisten stehen, die auf den rechtlichen, politischen und sozialen Wandel zielen.[6]

II. Relative Bedeutung der Grundrechtsjudikatur von Bundesverfassungsgericht und Landesverfassungsgerichten

In Deutschland dagegen ist eine stille Gefolgschaft der Landesverfassungsgerichte an das Bundesverfassungsgericht zu beobachten.[7] Die Landesverfassungsgerichte lagen jedenfalls lange Zeit in einem »Dornröschenschlaf«.[8] Sie standen und stehen nach wie vor im Schatten des Bundesverfassungsgerichts, was nicht zuletzt an dessen anerkanntermaßen bedeutsamer Rolle in der Entfaltung und Entwicklung des Grundgesetzes liegt. Die begrenzte Bedeutung der Landesverfassungsgerichte zeigt sich auch darin, dass sie im öffentlichen Bewusstsein weniger stark verankert sind und sie nur in beschränktem Maße wissenschaftliche Aufmerksamkeit finden.[9] Infolgedessen kommt den Landesgrundrechten eine vergleichsweise geringe praktische Bedeutung zu.[10]

---

[2] *B. Latzer*, Judicature 74 (1991) 4, S. 190; *R. M. Howard* u.a., Law & Soc'y Rev. 40 (2006) 4, S. 845 (864).

[3] *S. H. Friedelbaum*, Alb. L. Rev. 67 (2004) 4, S. 655.

[4] *W. J. Brennan*, N.Y.U. L. Rev. 61 (1986) 4, S. 535 (549).

[5] *N. Devins*, Stan. L. Rev. 62 (2010) 4, S. 1629 (1635).

[6] *D. S. Reed*, Rutgers L.J. 30 (1999) 4, S. 871 (873).

[7] *K. Lange*, in: FS 50 Jahre Bundesverfassungsgericht, Bd. 1, 2001, S. 289 (293 f.); *P. Kunig*, VVDStRL 61 (2006), S. 31 (40–45); *C. Degenhart*, RCDP 24 (2009) 39, S. 135 (137); *R. Grawert*, in: HGR III, 2009, § 81, Rn. 45; *W. Kluth*, NdsVBl. 17 (2010) 5, S. 130 (130); *H. Dreier*, in: H. Dreier (Hrsg.), Grundgesetz, 3. Aufl. 2015, Art. 142, Rn. 24 m.w.N.

[8] *M. Bothe*, in: M. Dalibor u.a. (Hrsg.), Perspektiven des öffentlichen Rechts, 2011, S. 189 (190).

[9] *K. Stern*, in: C. Starck/K. Stern (Hrsg.), Landesverfassungsgerichtsbarkeit, Bd. 1, 1983, S. 1 (2).

[10] *H. Sauer*, in: N. Matz-Lück/M. Hong (Hrsg.), Grundrechte und Grundfreiheiten im Mehrebenensystem – Konkurrenzen und Interferenzen, 2012, S. 1 (2).

Dies gilt letztlich selbst für den Bayerischen Verfassungsgerichtshof, der neben dem Hessischen Staatsgerichtshof historisch am ehesten zu einer eigenständigen Grundrechtsdogmatik imstande gewesen wäre.[11] Trotz der Besonderheiten der Bayerischen Verfassung passte sich der Bayerische Verfassungsgerichtshof der Rechtsprechung des Bundesverfassungsgerichts an.[12] Insbesondere vernachlässigte er die in der allgemeinen Schrankenregelung des Art. 98 Satz 2 LV Bayern formulierten Anforderungen an die Grundrechtseinschränkung und las stattdessen die Grundrechtsschranken des Grundgesetzes in die Bayerische Verfassung hinein.[13] Ein Beispiel für die Anpassungsbereitschaft des Verfassungsgerichtshofs ist auch die Rechtsprechung zur Eigentumsgarantie, die weitestgehend der des Bundesverfassungsgerichts gleicht.[14] Ähnlich konsequent passten sich die Landesverfassungsgerichte dem Bundesverfassungsgericht mit ihrer relativ restriktiven Auslegung des Rechts auf rechtliches Gehör mit Blick auf die Anforderungen an den Nachweis[15] und die Voraussetzung des »Beruhens« der Entscheidung auf dem Gehörsverstoß[16] an.

---

[11] Zu den Gründen s. 4. Kapitel C. III. 1.

[12] *J. F. Lindner*, BayVBl. 149 (2018) 1, S. 1 (8–11).

[13] Dazu *J. F. Lindner*, BayVBl. 135 (2004) 21, S. 641 (651 f.) m.N.; *M. Möstl*, AöR 130 (2005) 3, S. 350 (357). Kritisch bereits *W. Leisner*, Die bayerischen Grundrechte, 1968, S. 88–90.

[14] S. BayVerfGH, Entsch. v. 22.11.1996, Vf. 9–VII-93, BayVerfGHE 49 [1996] II 160 (168); Entsch. v. 15.12.2000, Vf. 9–VII-98, BayVerfGHE 53 [2000] II 196 (214 f.); *J. F. Lindner*, in: J. F. Lindner u.a. (Hrsg.), Verfassung des Freistaates Bayern, 2. Aufl. 2017, Art. 103, Rn. 2.

[15] S. BayVerfGH, Entsch. v. 13.4.1967, Vf. 126–VI-66, BayVerfGHE 20 [1967] II 60 (61); Entsch. v. 3.6.1976, Vf. 7–VI-73, BayVerfGHE 29 [1976] II 98 (101); Entsch. v. 10.11.2000, Vf. 96–VI-99, BayVerfGHE 53 [2000] II 162 (165); HessStGH, Urt. v. 20.10.1999, P.St. 1356, StAnz 1999, S. 3410 (3413); BVerfGE 22, 267 (274), 2 BvR 639/66 – *Einheitliches Grundrecht*; 47, 182 (187), 1 BvR 426/77 – *Verletzung des Anspruchs auf rechtliches Gehör durch Nichtberücksichtigung erheblichen Sachvortrags.*

[16] S. BayVerfGH, Entsch. v. 16.12.1971, Vf. 54–VI-71, BayVerfGHE 24 [1971] II 198; Entsch. v. 28.9.1973, Vf. 21–VI-73, BayVerfGHE 26 [1973] II 118 (123); Entsch. v. 22.3.1974, Vf. 17–VI-73, BayVerfGHE 27 [1974] II 35 (42); Entsch. v. 27.1.2000, Vf. 52–VI-98, BayVerfGHE 53 [2000] II 16 (19); HessStGH, Beschl. v. 11.11.2001, P.St. 1375, ESVGH 52, 6 (7); BVerfGE 28, 17 (19 f.), 2 BvR 608/69 – *Substantiierungspflicht*; 89, 381 (392 f.), 1 BvR 765, 766/89 – *Volljährigenadoption II*. S. *H. A. Wolff*, in: J. F. Lindner u.a. (Hrsg.), Verfassung des Freistaates Bayern, 2. Aufl. 2017, Art. 91, Rn. 48. S. *K. Lange*, in: HGR III, 2009, § 83, Rn. 9 zu beiden Beispielen.

B. Vorrang des föderalen Rechts und einzelstaatliche Grundrechtsjudikatur

Diese unterschiedlichen Entwicklungstendenzen bedürfen der Erklärung. Diese ist zugleich aufschlussreich für die noch offene Entwicklung in der Europäischen Union. Von Bedeutung sind in diesem Zusammenhang die Spielräume, die den Grundrechtsgerichten der Einzelstaaten im föderalen Kompetenzgefüge überhaupt verbleiben. Eingeschränkt wird der Spielraum für die einzelstaatliche Grundrechtsjudikatur zunächst durch den Vorrang des föderalen Rechts. Dabei ist zu unterscheiden zwischen dem Verhältnis der Grundrechtsgewährleistungen auf föderaler und einzelstaatlicher Ebene (I.) und dem Vorrang des föderalen Rechts im Übrigen (II.).

I. Verhältnis der Grundrechtsgewährleistungen

Für das Verhältnis der Gewährleistungen in einem materiellen Grundrechtsföderalismus liegen als drei idealtypische Modelle das Kumulations-, das Alternativitäts- und das Stufenmodell nahe: Im Kumulationsmodell werden Grundrechtsnormen unterschiedlicher Herkunft auf ein und denselben Sachverhalt kumulativ (oder parallel) angewandt; derselbe Prüfungsgegenstand wird also an mehreren Prüfungsmaßstäben gemessen. Dabei ergeben sich konfliktträchtige Schutzdoppelungen, die das Modell der Alternativität vermeidet. Um Doppelungen zu vermeiden, können nach dem Alternativitätsmodell zum einen bestimmten Prüfungsgegenständen jeweils alternativ bestimmte, als Prüfungsmaßstab fungierende Grundrechtsbestimmungen zugeordnet werden. Zum anderen kann eine auf die Normenhierarchie rekurrierende Kollisionsregel festlegen, welches Grundrechtsregime sich durchsetzt. In einem Stufenmodell schließlich setzt eine der Ebenen Mindeststandards, die nicht unter-, wohl aber überschritten werden dürfen.[17]

Um die einzelnen Grundrechtsregime den idealtypischen Modellen zuordnen zu können, ist zunächst zu klären, inwieweit die Organe der Einzelstaaten an die föderalen Grundrechte gebunden sind (1.). Zweitens stellt sich im Fall überlappender Grundrechtsbindungen die Frage nach einem Kollisionsregime (2.).

[17] *S. Augsberg*, DÖV 63 (2010) 4, S. 153 (153 f.); *F. Schoch*, in: U. Kischel/J. Masing (Hrsg.), Unionsgrundrechte und Diskriminierungsverbote im Verfassungsrecht, 2012, S. 57 (59).

1. Bindung der Einzelstaaten an die föderalen Grundrechte

Die Bindung der Einzelstaaten an die föderalen Grundrechte ist für das Verhältnis der Gewährleistungen von Bedeutung, weil der Vorrang des föderalen Rechts insoweit ins Leere liefe, wie nicht auch die Einzelstaaten an die Bundesgrundrechte gebunden sind. Eine Alternativität von föderalen und einzelstaatlichen Grundrechten ergäbe sich dann bereits aus den unterschiedlichen Bindungsadressaten. Die Bindung der Einzelstaaten an die föderalen Grundrechte ist in der Bundesrepublik Deutschland [a)], in den Vereinigten Staaten [b)] und in der Europäischen Union [c)] historisch unterschiedlich zustande gekommen. Sie ist entsprechend unterschiedlich ausgestaltet und reicht unterschiedlich weit.

a) Bindung aller staatlichen Gewalt an die Grundrechte des Grundgesetzes

Die Frage der Grundrechtsbindung der Einzelstaaten an die Bundesgrundrechte ist für die drei Vergleichsrechtsordnungen unterschiedlich schnell beantwortet. Für das Grundgesetz bestimmt von Anbeginn Art. 1 Abs. 3 GG: »Die nachfolgenden Grundrechte binden Gesetzgebung, vollziehende Gewalt und Rechtsprechung als unmittelbar geltendes Recht.« Aufgrund der Durchgriffswirkung[18] von Art. 1 Abs. 3 GG ist unstreitig, dass die Grundrechte des Grundgesetzes Gesetzgebung, vollziehende Gewalt und Rechtsprechung von Bund und Ländern umfassend binden.[19]

b) Geltungserstreckung der Bundesgrundrechte auf die Einzelstaaten der USA durch Inkorporation in den 14. Zusatzartikel

Dagegen erstreckte in den Vereinigten Staaten erst der *U.S. Supreme Court* die Geltung der Bundesgrundrechte sukzessive auf die Einzelstaaten. Der Gerichtshof stützte sich dabei auf eine »incorporation« der Gewährleistungen in den 14. Zusatzartikel als Element des »due process of law«.[20] Dieser bereits im

---

[18] *M. Nierhaus*, in: M. Sachs (Hrsg.), Grundgesetz, 7. Aufl. 2014, Art. 28, Rn. 5; *J. Dietlein*, in: Präsident des Verfassungsgerichtshofs für das Land Nordrhein-Westfalen (Hrsg.), Verfassungsgerichtsbarkeit in Nordrhein-Westfalen, 2002, S. 203 (210 f.).

[19] BVerfGE 42, 312 (325), 2 BvR 350/75 – *Inkompatibilität/Kirchliches Amt*; Beschl. v. 20.2.1998, 1 BvR 661/94, BVerfGE 97, 298 (314 f.); 103, 332 (347 f.), 2 BvK 1/00 – *Naturschutzgesetz Schleswig-Holstein*; *F. Wittreck*, DVBl. 115 (2000) 20, S. 1492 (1494); *T. Groß*, in: FS Zezschwitz, 2005, S. 16 (19); *S. Korioth*, in: T. Maunz u.a. (Hrsg.), Grundgesetz-Kommentar, 2018, Art. 31 GG, Rn. 10; *M. Herdegen*, in: T. Maunz u.a. (Hrsg.), Grundgesetz-Kommentar, 2018, Art. 1 Abs. 3 GG, Rn. 94–98; *H. Maurer*, in: HGR III, 2009, § 82, Rn. 45; *C. Starck*, in: H. von Mangoldt u.a. (Hrsg.), Kommentar zum Grundgesetz, Bd. I, 6. Aufl. 2010, Art. 1, Rn. 221; *M. Baldus*, in: Die Verfassungsgerichte der Länder Brandenburg, Mecklenburg-Vorpommern, Sachsen, Sachsen-Anhalt und Thüringen (Hrsg.), 20 Jahre Verfassungsgerichtsbarkeit in den neuen Ländern, 2014, S. 19 (29).

[20] U.S. Supreme Court, *Powell v. Alabama*, 287 U.S. 45, 46 (1932).

2. Kapitel analysierte, mehrere Jahrzehnte dauernde Prozess ist seit einiger Zeit abgeschlossen. Als Ergebnis dieser mit der Entscheidung Gitlow v. New York[21] begonnenen Rechtsprechungslinie gelten aber nun die meisten Gewährleistungen »with full force« auch für die Einzelstaaten.[22] Seit der Inkorporation des im 2. Zusatzartikel gewährleisteten »Recht[s] des Volkes, Waffen zu besitzen und zu tragen« in die *Due Process Clause* des 14. Zusatzartikels mit dem Urteil McDonald v. City of Chicago von 2010[23] sind lediglich fünf Garantien noch nicht inkorporiert: Das gilt zunächst für die Bestimmungen des 3. Zusatzartikels über die Einquartierung von Soldaten und die Gewährleistung des 5. Zusatzartikels, dass niemand wegen eines Kapitalverbrechens oder eines sonstigen »schimpflichen« Verbrechens zur Verantwortung gezogen werden darf, es sei denn aufgrund eines Antrages oder einer Anklage durch ein Großes Geschworenengericht (»presentment or indictment of a Grand Jury«). Ebenfalls nicht »inkorporiert« sind das Anrecht auf ein Verfahren vor einem Geschworenengericht in Zivilprozessen, in denen der Streitwert 20 Dollar übersteigt, aus dem 7. Zusatzartikel sowie das Verbot übermäßiger Kautionsleistungen und übermäßiger Geldstrafen aus dem 8. Zusatzartikel.[24] Schon wegen des weitgehend anachronistischen Gehalts dieser Bestimmungen ist mit ihrer Erstreckung auf die Einzelstaaten vorläufig auch nicht zu rechnen.

Für die einzelstaatlichen Gerichte bedeutet diese Inkorporation der Gewährleistungen in den 14. Zusatzartikel, dass sie die Bundesgrundrechte nicht mehr im selben Maße unabhängig auslegen oder aus ihnen Verfassungsgrundsätze entwickeln können, die auf die Einzelstaaten anwendbar sind.[25] Stattdessen sind sie im Rahmen des Vorrangs der Bundesverfassung an die Interpretation der *Bill of Rights* durch den *U.S. Supreme Court* gebunden.[26]

c) Besonderes Anwendungsregime der Unionsgrundrechte

Die Reichweite der Bindung der Mitgliedstaaten an die Grundrechte der Europäischen Union ist demgegenüber immer noch Gegenstand von Kontroversen. Mittlerweile wird freilich eine weitreichende Bindung anerkannt. Wie im Grundgesetz findet sich in der Grundrechtecharta eine ausdrückliche Regelung der Bindungsadressaten. Allerdings ist diese Regelung komplizierter und unterwirft die Organe der Mitgliedstaaten nicht umfassend, sondern nur in besonderen Situationen der Bindung an die Unionsgrundrechte.

---

[21] U.S. Supreme Court, *Gitlow v. New York*, 268 U.S. 652 (1925).

[22] U.S. Supreme Court, *Lee v. Weisman*, 505 U.S. 577, 580 (1992).

[23] U.S. Supreme Court, *McDonald v. City of Chicago*, 561 U.S. 742 (2010).

[24] Ebd., S. 765, Fn. 13; *H. J. Abraham/B. A. Perry*, Freedom and the Court, 8. Aufl. 2003, S. 100–104; *L. J. Barker* u.a., Civil Liberties and the Constitution, 9. Aufl. 2011, S. 17; *E. Chemerinsky*, Constitutional Law, 5. Aufl. 2017, S. 565 f.

[25] S. etwa U.S. Supreme Court, *Benton v. Maryland*, 395 U.S. 784, 795 (1969).

[26] S. etwa U.S. Supreme Court, *North Carolina v. Butler*, 441 U.S. 369, 376 (1979).

Art. 51 GRCh bestimmt, dass die Charta der Grundrechte nicht nur für die Organe und Einrichtungen der Union, sondern auch für die Mitgliedstaaten gilt, allerdings »ausschließlich bei der Durchführung des Rechts der Union«. Die Unionsgrundrechte finden danach nur als Sekundärregeln Anwendung und sind von der Anwendung anderen Unionsrechts abhängig, typischerweise von den Grundfreiheiten des Gemeinsamen Marktes oder von EU-Sekundärrecht.[27] Anders als bei der Inkorporation der Bundesgrundrechte in den 14. Zusatzartikel zur US-Verfassung hat der EuGH die Bindungswirkung der Unionsgrundrechte nicht nach und nach in Abhängigkeit von ihrem materiellen Gewährleistungsgehalt auf die Mitgliedstaaten erstreckt. Stattdessen hat der Gerichtshof zusehends die spezifischen Konstellationen ausgedehnt, in denen die Mitgliedstaaten an die Unionsgrundrechte gebunden sind.

Dabei unterliegen die Unionsgrundrechte der verschiedenen Rechtsquellen einem gemeinsamen Anwendungsregime [aa)], demzufolge die Mitgliedstaaten bei der Umsetzung von Sekundärrecht und beim Verwaltungsvollzug (»agency«-Situation) [bb)] sowie bei Beschränkungen eines im Unionsrecht gewährleisteten Rechts (Dispenssituation) unterliegen [cc)].

aa) Gemeinsames Anwendungsregime für die verschiedenen Rechtsquellen der Unionsgrundrechte

Die Rechtsordnung der Europäischen Union kennt neben den Charta-Grundrechten auch Grundrechte als allgemeine Rechtsgrundsätze (Art. 6 Abs. 3 EUV). Das Verhältnis der verschiedenen Rechtsquellen der Unionsgrundrechte wirft noch Fragen auf.[28] Allerdings kann man davon ausgehen, dass Charta-Grundrechte und allgemeine Rechtsgrundsätze im Hinblick auf die Bindung der Mitgliedstaaten einem gemeinsamen Anwendungsregime unterliegen.[29] Die in Art. 51 GRCh als Anknüpfungspunkt für die Bindung der Mitgliedstaaten benannte »Durchführung des Rechts der Union« soll die Situationen erfassen, in denen die Mitgliedstaaten nach der Rechtsprechung des EuGH an die Unionsgrundrechte als allgemeine Rechtsgrundsätze gebunden sind. Zwar war der eng gefasste Wortlaut des Art. 51 GRCh zunächst Anlass für Appelle, die Anwendbarkeit der Charta-Grundrechte gegenüber den Mitgliedstaaten im Vergleich zu den allgemeinen Rechtsgrundsätzen einzuschränken.[30] Indes finden sich in der

---

[27] *L. Azoulai*, in: H.-W. Micklitz/B. de Witte (Hrsg.), The European Court of Justice and the autonomy of the member states, 2012, S. 207 (209–211); *B. Pirker*, Grundrechtsschutz im Unionsrecht zwischen Subsidiarität und Integration, 2018, S. 281–283.

[28] S. etwa *T. C. Ludwig*, EuR 46 (2011) 5, S. 715.

[29] *F. Fontanelli*, HRLR 14 (2014) 2, S. 231 (234); *C. D. Classen*, in: FS Müller-Graff, 2015, S. 1378 (1381 f.).

[30] *P. M. Huber*, EuR 43 (2008) 2, S. 190 (196); *P. M. Huber*, NJW 64 (2011) 33, S. 2385 (2387); *P. M. Huber*, in: FS Thürer, 2015, S. 305 (314). Zur Entstehungsgeschichte des Art. 51 GRCh s. *C. Ladenburger*, in: P. J. Tettinger/K. Stern (Hrsg.), Kölner Gemeinschaftskom-

Rechtsprechung des EuGH keine Anhaltspunkte für ein duales Anwendungsregime mit unterschiedlichen Regeln abhängig von der Rechtsquelle, aus denen die Grundrechte abgeleitet werden.

Auch in der Sache vermag dieser Vorschlag nicht zu überzeugen.[31] Die vom Präsidium des Konvents formulierten Erläuterungen zur Charta, die von den Gerichten der Union und der Mitgliedstaaten »gebührend zu berücksichtigen« sind (Art. 52 Abs. 7 GRCh), knüpfen ihrerseits an die bisherige Rechtsprechung zur Bindung der Mitgliedstaaten an die europäischen Grundrechte an.[32] Art. 51 Abs. 1 GRCh fasst demnach die Rechtsprechungsentwicklung bis zum damaligen Zeitpunkt zusammen. Er ist nicht als bewusste Korrektur zu verstehen, sondern als Kodifizierung dieser Rechtsprechung, allerdings durchaus mit einer auf Begrenzung zielenden Stoßrichtung.[33]

Ein geteiltes Anwendungsregime für die allgemeinen Rechtsgrundsätze einerseits und die Charta-Grundrechte andererseits wäre jedenfalls bei Bedeutungsdifferenzen im Ergebnis geradezu willkürlich.[34] Man kann daher mit einer gewissen Berechtigung wie Generalanwalt Yves Bot in einem geteilten Regime letztlich sogar eine Schwächung des Schutzniveaus auf Unionsebene erkennen, die im Widerspruch zu Art. 53 GRCh steht.[35] Ein gemeinsames Anwendungsregime liegt demgegenüber auf einer Linie etwa mit den Regelungen des Art. 52 Abs. 3, 4 GRCh.[36]

---

mentar zur Europäischen Grundrechte-Charta, 2006, Art. 51, Rn. 22 f. m.w.N.; *H. Kaila*, in: P. Cardonnel u.a. (Hrsg.), Constitutionalising the EU Judicial System, 2012, S. 291 (296–298); *C. Ladenburger*, in: J. Laffranque (Hrsg.), The Protection of Fundamental Rights Post Lisbon, 2012, S. 141 (160 f.).

[31] *M. Safjan*, EUI Working Papers LAW 2012/22, S. 13; *S. Kadelbach*, KritV 96 (2013) 3, S. 277 (283); *B. de Witte*, in: M. González Pascual/A. Torres Pérez (Hrsg.), The Right to Family Life in the European Union, 2017, S. 29 (31).

[32] Erläuterungen zur Charta der Grundrechte, ABl. C 303 vom 14.12.2007, S. 17 (32). Ausführlich dazu, wie auch zum rechtlichen Status der Erläuterungen *E. M. Frenzel*, Der Staat 53 (2014) 1, S. 1 (4–9); *B. Pirker*, Grundrechtsschutz im Unionsrecht zwischen Subsidiarität und Integration, 2018, S. 291–294.

[33] *C. Ladenburger*, in: J. Laffranque (Hrsg.), The Protection of Fundamental Rights Post Lisbon, 2012, S. 141 (146); ausführlich zur Entstehungsgeschichte *B. Pirker*, Grundrechtsschutz im Unionsrecht zwischen Subsidiarität und Integration, 2018, S. 285–291, der aus dieser allerdings »kaum ein konkretes Argument für oder gegen eine bestimmte Auslegung von Artikel 51 Abs. 1 erster Satz« gewinnen kann; *A. Schwerdtfeger*, in: J. Meyer/S. Hölscheidt (Hrsg.), Kommentar zur Charta der Grundrechte der Europäischen Union, 5. Aufl. 2019, Art. 51, Rn. 9–12.

[34] *M. Dougan*, CML Rev. 45 (2008) 3, S. 617 (664 f.).

[35] EuGH, Rs. C-108/10, *Scattolon*, Schlussanträge GA Bot, Slg., 2011, I-7491, Rn. 120; *H. Kaila*, in: P. Cardonnel u.a. (Hrsg.), Constitutionalising the EU Judicial System, 2012, S. 291 (307).

[36] *A. Schwerdtfeger*, in: J. Meyer/S. Hölscheidt (Hrsg.), Kommentar zur Charta der Grundrechte der Europäischen Union, 5. Aufl. 2019, Art. 51, Rn. 42 m.w.N.

Ist der Anwendungsbereich der Grundrechtecharta und der Unionsgrundrechte eröffnet, so haben die mitgliedstaatlichen Gerichte die Grundrechtecharta in der gleichen Weise wie das restliche primäre Unionsrecht nach den Grundsätzen des Anwendungsvorrangs in den nationalen Verfahren zu berücksichtigen und anzuwenden. Demnach gilt auch für die in der Grundrechtecharta enthaltenen unmittelbar anwendbaren Bestimmungen: Die mitgliedstaatlichen Gerichte, die sie im Rahmen ihrer Zuständigkeit anzuwenden haben, sind gehalten, für ihre volle Wirksamkeit Sorge zu tragen und jede möglicherweise entgegenstehende Bestimmung des nationalen Rechts nicht anzuwenden, gleichgültig ob sie früher oder später als die Grundrechtecharta ergangen ist.[37]

Anknüpfend an die Rechtsprechung des EuGH lassen sich für beide Grundrechtsquellen grundsätzlich zwei Konstellationen unterscheiden, in denen die Mitgliedstaaten an die Unionsgrundrechte gebunden sind: einerseits die innerstaatliche Umsetzung von Sekundärrecht und der Verwaltungsvollzug von Unionsrecht (»agency«-Situation)[38] und andererseits die Rechtfertigung von Beschränkungen eines im Unionsrecht gewährleisteten Rechts (Dispenssituation).[39]

bb) Weit verstandene »Agency«-Situation

Einer nach der Rechtssache Wachauf[40] benannten Rechtsprechungslinie zufolge sind die Unionsgrundrechte auf die Mitgliedstaaten anwendbar, wenn diese Unionsrecht umsetzen. Diese Bindung der Mitgliedstaaten an die Unionsgrundrechte in der spezifischen Situation, in der sie sozusagen als verlängerter Arm der Union tätig werden, wahrt den Vorrang des Unionsrechts, stellt eine einheitliche Rechtsanwendung sicher und gewährleistet effektiven Rechtsschutz.[41]

---

[37] *T. von Danwitz/K. Paraschas*, Fordham Int'l L.J. 35 (2012) 5, S. 1396 (1421 f.); *V. Trstenjak*, in: C. Grabenwarter/E. Vranes (Hrsg.), Kooperation der Gerichte im europäischen Verfassungsverbund – Grundfragen und neueste Entwicklungen, 2013, S. 13 (25). S. EuGH, Rs. C-409/06, *Winner Wetten*, Slg. 2010, I-8015, Rn. 55; C-213/89, *Factortame u.a.*, Slg. 1990, I-2433, Rn. 19; Rs. 106/77, *Simmenthal*, Slg. 1978, 629, Rn. 16 und 21.

[38] EuGH, Rs. C-201/85, *Klensch*, Slg. 1986, 3477, Rn. 9–11; Rs. C-5/88, *Wachauf*, Slg. 1989, 2609, Rn. 19 (Durchführung einer Verordnung im Milchsektor); Rs. C-2/92, *Bostock*, Slg. 1994, I-955, Rn. 16; Rs. 44/79, *Hauer*, Slg. 1979, 3727 (Verwaltungsvollzug); verb. Rs. 46/87 und 227/88, *Hoechst/Kommission*, Slg. 1989, 2859, 5. Leitsatz und Rn. 33 (Verwaltungsvollzug). Der Begriff der *agency situation* ist zurückzuführen auf *J. H. H. Weiler*, in: J. H. H. Weiler (Hrsg.), The Constitution of Europe, 1999, S. 102 (120).

[39] EuGH, Rs. C-260/89, *ERT*, Slg. 1991, I-2925, Rn. 41–43; jüngst bestätigt in Rs. C-390/12, *Pfleger u.a.*, Urt. v. 30.4.2014, ECLI:EU:C:2014:281, Rn. 35. Zur Rechtsprechung des EuGH vor Art. 51 GRCh s. *F. Brosius-Gersdorf*, Bindung der Mitgliedstaaten an die Gemeinschaftsgrundrechte, 2005, S. 13–35; für eine fallgruppenbezogene Untersuchung s. *J. Heuer*, Art. 51 Abs. 1 Satz 1 GRC, 2014, S. 173–323.

[40] EuGH, Rs. 5/88, *Wachauf*, Slg. 1989, 2609.

[41] EuGH, Rs. 11/70, *Internationale Handelsgesellschaft*, Slg. 1970, 1125, Rn. 3;

Die »agency«-Situation umfasst nach der Rechtsprechung des EuGH eine ganze Reihe von Situationen, zu denen die Anwendung und Operationalisierung von Verordnungen[42] und anderer Bestimmungen des Unionsrechts,[43] die Umsetzung von Richtlinien durch mitgliedstaatliche Gesetzgebung,[44] die Rechtsetzung innerhalb des Umsetzungsspielraums oder die Antizipation einer Richtlinienänderung,[45] die Implementierung von Richtlinieninhalten durch Legislative und Judikative,[46] die Umsetzung von Rahmenbeschlüssen[47] sowie allgemein die Durchsetzung von Unionsrecht[48] zählen. Insgesamt ist die Reichweite dieser Konstellation also sehr weit.[49] Einer Klärung bedarf, ob die »agency«-Situation eine Durchführungsabsicht voraussetzt [(1)] und ob die Bindung an Unionsgrundrechte auch in Umsetzungsspielräumen und bei unvollständiger Harmonisierung greift [(2)].

Rs. C-399/11, *Melloni*, Urt. v. 26.2.2013, ECLI:EU:C:2014:238, Rn. 60; Rs. C-206/13, *Siragusa*, Urt. v. 6.3.2014, ECLI:EU:C:2014:126, Rn. 31–32; Rs. C-198/13, *Julian Hernández u.a.*, Urt. v. 10.7.2014, ECLI:EU:C:2014:2055, Rn. 47: Es solle verhindert werden, dass der Grundrechtsschutz, der je nach dem betreffenden nationalen Recht unterschiedlich sein könne, die Einheit, den Vorrang und die Wirksamkeit des Unionsrechts beeinträchtige. S. auch *J. Kühling*, in: A. von Bogdandy/J. Bast (Hrsg.), Europäisches Verfassungsrecht, 2015, S. 657 (682).

[42] EuGH, Rs. 5/88, *Wachauf*, Slg. 1989, 2609, Rn. 19–21; Rs. C-292/97, *Karlsson u.a.*, Slg. 2000, I-2737, Rn. 37; Rs. C-384/05, *Piek*, Slg. 2007, I-289, Rn. 32–34; Rs. C-349/07, *Sopropé*, Slg. 2008, I-10369; Rs. C-345/06, *Heinrich*, Slg. 2009, I-1659.

[43] EuGH, Rs. C-28/05, *Dokter u.a.*, Slg. 2006, I-5431; Rs. C-300/04, *Eman und Sevinger*, Slg. 2006, I-8055; *S. Prechal*, REALaw 3 (2010) 1, S. 5 (8).

[44] EuGH, Rs. C-2/92, *Bostock*, Slg. 1994, I-955, Rn. 11–17; Rs. C-422/00, *Caballero*, Slg. 2002, I-11915; verb. Rs. C-20/00 und C-64/00, *Booker Aquaculture*, Slg. 2003, I-7411; Rs. C-144/04, *Mangold*, Slg. 2005, I-9981. S. dazu *B. Maier*, Grundrechtsschutz bei der Durchführung von Richtlinien, 2014 m.w.N.

[45] EuGH, verb. Rs. C-20/00 und C-64/00, *Booker Aquaculture*, Slg. 2003, I-7411; Rs. C-376/02, *Stichting »Goed Wonen«*, Slg. 2005, I-3445; Rs. C-81/05, *Cordero Alonso*, Slg. 2006, I-7569; verb. Rs. C-378–380/07, *Angelidaki u.a.*, Slg. 2009, I-3071.

[46] EuGH, verb. Rs. 60/84 und 61/84, *Cinéthèque*, Slg. 1985, 2618; Rs. C-107/97, *Rombi und Arkopharma*, Slg. 2000, I-3367; Rs. C-442/00, *Caballero*, Slg. 2002, I-11915.

[47] EuGH, Rs. C-105/03, *Pupino*, Slg. 2005, I-5285.

[48] EuGH, Rs. C-262/99, *Louloudakis*, Slg. 2001, I-5547; Rs. C-276/01, *Steffensen*, Slg. 2003, I-3735; Rs. C-279/09, *DEB*, Slg. 2010, I-13849, Rn. 30.

[49] Hinzu kommt, dass etwa im Fall EuGH, Rs. C-117/01, *K.B.*, Slg. 2004, I-568 die Anknüpfung für die Umsetzung, in diesem Fall Art. 141 EGV (Art. 157 AEUV), weit ausgelegt wurde. Kritisch *M. Cartabia*, EuConst 5 (2009) 1, S. 5 (10 f.); *L. Azoulai*, in: H.-W. Micklitz/B. de Witte (Hrsg.), The European Court of Justice and the autonomy of the member states, 2012, S. 207 (209); *T. von Danwitz/K. Paraschas*, Fordham Int'l L.J. 35 (2012) 5, S. 1396 (1407). Wegen dieser weiten Auslegung der Anknüpfung kann man die Rs. K.B. als Pendant zur Rs. Carpenter für die *agency situation* verstehen, s. EuGH, Rs. C-60/00, *Carpenter*, Slg. 2002, I-6279.

(1) Durchführungsabsicht

Umstritten ist die Bindung in den Fällen, in denen mitgliedstaatliches Recht nicht die Umsetzung bezweckt, sondern mehr oder weniger zufällig in den Anwendungsbereich von Unionsrecht fällt. Hier lässt sich kaum von einer »agency«-Situation sprechen, fehlt es doch an einem zielgerichteten Handeln zur Umsetzung von Unionsrecht.

Mehrere Entscheidungen des EuGH haben indes inzwischen verdeutlicht, dass eine »Durchführung« von Unionsrecht für den Gerichtshof offenbar keine Durchführungsabsicht als subjektive Komponente voraussetzt.[50] Entscheidend ist danach nicht die Absicht, sondern die Funktion der Umsetzung.[51] Eine Bindung an Unionsgrundrechte besteht folglich auch bei mitgliedstaatlichen Maßnahmen, die auch oder zufälligerweise Unionsrecht umsetzen.[52] Das bedeutet, dass mitgliedstaatliches Recht, das sich zufällig im Anwendungsbereich einer Richtlinie befindet, ohne spezifisch zur Umsetzung der Richtlinie erlassen worden zu sein, etwa weil es zur Zeit des Richtlinienerlasses bereits in Kraft war, als Durchführungsakt zu qualifizieren ist.[53] In diesem Sinne ist die Formulierung im Urteil Kücükdeveci zu verstehen: Allein der Ablauf der Umsetzungsfrist für die Richtlinie habe die Wirkung, dass sie die sachlich einschlägige mitgliedstaatliche Regelung in den Anwendungsbereich des Unionsrechts bringe.[54]

Aus Sicht des Unionsrechts macht es für die Grundrechtsbindung in der Tat keinen Unterschied, ob die Mitgliedstaaten zur Verwirklichung von Richtlinien eigens Recht erlassen müssen oder ob die innerstaatliche Rechtslage bereits der Richtlinie entspricht. Andernfalls könnten sich in derselben Materie je nach Ausgangsrechtslage in den Mitgliedstaaten verschiedene Schutzniveaus ergeben.[55] Das wäre schwer hinzunehmen und würde auch dem Grundsatz des effektiven Schutzes widersprechen.[56]

Auch begrifflich setzt die ›Durchführung‹ keine Durchführungsabsicht voraus. Die Verwendung des Begriffs der Durchführung in den Verträgen ist

---

[50] *F. Fontanelli*, HRLR 14 (2014) 2, S. 231 (258).

[51] *D. Sarmiento*, CML Rev. 50 (2013) 5, S. 1267 (1279).

[52] *F. Fontanelli*, EuConst 9 (2013) 2, S. 315 (327); *F. Fontanelli*, HRLR 14 (2014) 2, S. 231 (260).

[53] Umgekehrt besteht keine Bindung an Unionsgrundrechte außerhalb des Anwendungsbereichs: EuGH, Rs. C-159/90, *Grogan*, Slg. 1991, I-4685, Rn. 31; Rs. C-299/95, *Kremzow*, Slg. 1997, I-2629, Rn. 15–19; Rs. C-617/10, *Åkerberg Fransson*, Urt. v. 26.2.2013, ECLI:EU:C:2013:105, Rn. 19, 22; verb. Rs. C-483/09 und C-1/10, *Gueye und Salmerón Sánchez*, Slg. 2011, I-8263, Rn. 69.

[54] EuGH, Rs. C-555/07, *Kücükdeveci*, Slg. 2010, I-365, Rn. 24 f. Vgl. *X. Groussot* u.a., Eric Stein Working Paper 2011 No. 1, S. 27; kritisch Editorial Comment, CML Rev. 47 (2010) 6, S. 1589 (1593).

[55] *S. Kadelbach*, KritV 96 (2013) 3, S. 277 (284).

[56] *H. Kaila*, in: P. Cardonnel u.a. (Hrsg.), Constitutionalising the EU Judicial System, 2012, S. 291 (308).

denkbar weit, wenn es etwa heißt, die Union führe ihre Politiken durch (Art. 40 EUV, Art. 13 und Art. 43 Abs. 1 AEUV). Art. 291 Abs. 1 AEUV lautet: »Die Mitgliedstaaten ergreifen alle zur Durchführung der verbindlichen Rechtsakte der Union erforderlichen Maßnahmen nach innerstaatlichem Recht.« Auch hier wird der Begriff weit verstanden, eine Durchführungsabsicht nicht vorausgesetzt.[57] Als Fachterminus der deutschen Europarechtswissenschaft bildete ›Durchführung‹ ursprünglich den Oberbegriff für die Ausführung durch Umsetzungsrechtsetzung und durch Verwaltungsvollzug.[58]

Der erste Fall, in dem der Gerichtshof eine objektive Verbindung zwischen mitgliedstaatlichem Recht und Unionsrecht genügen ließ, ist bereits das Urteil Annibaldi von 1997.[59] Auf dieses Urteil berief sich der EuGH dann schließlich auch im Urteil in der Rechtssache Åklagare gegen Hans Åkerberg Fransson.[60] Im Urteil Iida heißt es dagegen, u.a. sei zu prüfen, ob mit der in Rede stehenden nationalen Regelung eine Durchführung einer Bestimmung des Unionsrechts »bezweckt« werde.[61] Für die in der Rechtssache Kremzow verneinte Anwendbarkeit der Unionsgrundrechte war – in Übereinstimmung damit – entscheidend, dass Herr Kremzow nicht wegen Mordes und illegalen Waffenbesitzes nach innerstaatlichen Rechtsvorschriften verurteilt wurde, die »dazu bestimmt« gewesen wären, die Beachtung unionsrechtlicher Normen sicherzustellen.[62] Auch die Formulierung von Art. 51 Abs. 1 GRCh legt in verschiedenen Sprachfassungen nahe, dass auf eine aktive Verwirklichung unionsrechtlich gesteckter Ziele ankommt,[63] zumindest aber, dass der »Vektor« der Umsetzung von der mitgliedstaatlichen Maßnahme zum Unionsrecht verläuft.[64]

Der hier auftretende Widerspruch lässt sich im Ergebnis dahin auflösen, dass sich in Konstellationen, in denen mitgliedstaatliches Recht nur zufällig Unionsrecht umsetzt, weil es in seinen Anwendungsbereich fällt, das zweckhafte Umsetzungshandeln auf die Ebene der Anwendung der einschlägigen nationalen Vorschriften verlagert. Maßgeblich ist dann, dass die Organe der Mitgliedstaaten Unionsrecht durchführen, wenn sie innerstaatliches Recht auslegen oder anwenden, das in den Anwendungsbereich des Unionsrechts fällt.[65] Mit dieser Überlegung kann die zuweilen als eigenständig postulierte Fallgruppe für

---

57 *C. Ohler*, NVwZ 32 (2013) 22, S. 1433 (1434).

58 *S. Kadelbach*, KritV 96 (2013) 3, S. 277 (282) m.N. in Fn. 38.

59 EuGH, Rs. C-309/96, *Annibaldi*, Slg. 1997, I-7493, Rn. 13; vgl. *F. Fontanelli*, EuConst 9 (2013) 2, S. 315 (319).

60 EuGH, Rs. C-617/10, *Åkerberg Fransson*, Urt. v. 26.2.2013, ECLI:EU:C:2013:105, Rn. 19.

61 EuGH, Rs. C-40/11, *Iida*, Urt. v. 8.11.2012, ECLI:EU:C:2012:691, Rn. 79.

62 EuGH, Rs. C-299/95, *Kremzow*, Slg. 1997, I-2629, Rn. 17.

63 *S. Kadelbach*, KritV 96 (2013) 3, S. 277 (282).

64 *F. Fontanelli*, EuConst 9 (2013) 2, S. 315 (327); *F. Fontanelli*, HRLR 14 (2014) 2, S. 231 (260).

65 *X. Groussot* u.a., Eric Stein Working Paper 2011 No. 1, S. 7.

Konstellationen, die einen gewissen Bezug zum Unionsrecht aufweisen,[66] in die Wachauf-Rechtsprechungslinie integriert werden. Deshalb gibt es wohl in der Tat keinen Fall in der Rechtsprechung, der sich nicht einer der beiden großen Rechtsprechungslinien zuordnen ließe.[67]

Allerdings hat der EuGH auch signalisiert, dass nicht jeder beliebige Sachzusammenhang mit dem Unionsrecht bereits eine mitgliedstaatliche Bindung an die Unionsgrundrechte begründet.[68] Ein hinreichender Zusammenhang ist nicht gegeben, wenn dem Mitgliedstaat eine Handlung aus unionsrechtlicher Sicht völlig frei steht, selbst wenn sie im Sachzusammenhang mit einem Unionsrechtsakt steht. Sie ist daher nicht an den Unionsgrundrechten zu messen.[69] Pro-

[66] EuGH, Rs. C-427/06, *Bartsch*, Schlussanträge GA Sharpston, Slg. 2008, I-7245, Rn. 69 m.w.N.; *T. Tridimas*, The General Principles of EU Law, 2. Aufl. 2006, S. 39–42; *K. Lenaerts/J. A. Gutiérrez-Fons*, CML Rev. 47 (2010) 6, S. 1629 (1639); *S. Prechal*, REALaw 3 (2010) 1, S. 5 (8); zurückhaltend *T. von Danwitz/K. Paraschas*, Fordham Int'l L.J. 35 (2012) 5, S. 1396 (1407): jedenfalls keine Bindung jenseits der mit Wachauf und ERT erfassten Konstellationen, sofern nicht ein »specific link« zwischen der mitgliedstaatlichen Maßnahme und dem Unionsrecht besteht. Explizit auf eine Erweiterung der bisherigen Rechtsprechung gerichtet ist der Vorschlag von *A. von Bogdandy* u.a., CML Rev. 49 (2012) 2, S. 489; *A. von Bogdandy* u.a., ZaöRV 72 (2012) 1, S. 45.

[67] *X. Groussot* u.a., Eric Stein Working Paper 2011 No. 1, S. 14 f.; *T. von Danwitz/K. Paraschas*, Fordham Int'l L.J. 35 (2012) 5, S. 1396 (1408 f.); *C. Ladenburger*, in: J. Laffranque (Hrsg.), The Protection of Fundamental Rights Post Lisbon, 2012, S. 141 (167 f.).

[68] In der Rs. Chartry wies der EuGH die Vorlagefrage zurück, weil die Vorlageentscheidung keinen konkreten Anhaltspunkt dafür enthielt, dass der Gegenstand des Ausgangsrechtsstreits »eine Anknüpfung an das Unionsrecht aufweist«, sodass es sich nicht um eine Frage zur Auslegung des Unionsrechts handeln könne, EuGH, Rs. C-457/09, *Chartry*, Slg. 2011, I-819, Rn. 25; ähnlich Rs. C-483/09 und C-1/10, *Gueye und Salmerón Sánchez*, Slg. 2011, I-8263, Rn. 68 f.; Rs. C-40/11, *Iida*, Urt. v. 8.11.2012, ECLI:EU:C:2012:691, Rn. 80; Rs. C-339/10, *Asparuhov Estov u.a.*, Slg. 2010, I-11465, Rn. 14; verb. Rs. C-483/11 und C-484/11, *Boncea u.a.*, Slg. 2011, I-198, Rn. 34; Rs. C-27/11, *Vinkov*, Rn. 57–60; Rs. C-161/11, *Vino*, Slg. 2011, I-91, Rn. 38; Rs. C-466/11, *Currà u.a.*, Rn. 26; Rs. C-370/12, *Pringle*, Urt. v. 27.11.2012, ECLI:EU:C:2012:756, Rn. 178–182. So auch bereits der Ansatz von GA Cosmas in EuGH, Rs. C-309/96, *Annibaldi*, Schlussanträge GA Cosmas, Slg. 1997, I-7493, Rn. 19. Weitere Fälle, in denen der EuGH eine Vorlagefrage zurückwies, weil der einzige Bezug zum Unionsrecht darin bestand, dass in der Vorlage Charta-Rechte angesprochen wurden: etwa Ausschluss eines Pensionsanspruchs, wenn der Beschäftigte Bediensteter des ungarischen Staates war (EuGH, Rs. C-199/14, *Kárász*, Beschl. v. 25.9.2014), wenn Rumänien einen Kandidaten für die Wahlen auf nationaler Ebene wegen der Verletzung der Regeln über friedliche Versammlungen belangt (EuGH, Rs. C-305/14, *Băbăşan*, Beschl. v. 25.2.2015) oder wenn Bulgarien Eigentum auf ein Stück Land erhebt, das auch von einem bulgarischen Staatsbürger beansprucht wird (EuGH, Rs. C-451/14, *Petrus*, Beschl. v. 5.2.2014). S. auch EuGH, Rs. C-299/95, *Kremzow*, Slg. 1997, I-2629, Rn. 15–19: Es müssen mitgliedstaatliche Maßnahmen für die Durchführung des Unionsrechts erforderlich sein, was bei völlig hypothetischen oder fiktiven Bezügen zum Unionsrechts nicht der Fall ist.

[69] S. etwa EuGH, Rs. C-206/13, *Siragusa*, Urt. v. 6.3.2014, ECLI:EU:C:2014:126, Rn. 26–31; Rs. C-265/13, *Torralbo Marcos*, Urt. v. 27.3.2014, ECLI:EU:C:2014:187, Rn. 32–37; Rs. C-56/13, *Érsekcsanádi*, Urt. v. 22.5.2014, ECLI:EU:C:2014:352, Rn. 51–56.; Rs. C-198/13, *Hernández*, Urt. v. 10.7.2014, ECLI:EU:C:2014:2055, Rn. 35; Rs. C-333/13, *Dano*, Urt. v. 11.11.2014, Rn. 87–91.

blematisch an der Entscheidung in der Rechtsache Fransson ist, dass der EuGH hier verschiedene Bezüge zum Unionsrecht zusammenträgt, die für sich allein möglicherweise keinen hinreichenden Zusammenhang begründen würden.[70]

Gleicht die Formulierung vom Anwendungsbereich des Unionsrechts bislang eher einer »offenen Suchformel« für die Bindung der Mitgliedstaaten an Unionsgrundrechte,[71] so lassen Folgeentscheidungen des EuGH nach Fransson Kriterien für eine qualifizierte Anknüpfung[72] oder einen »hinreichenden Zusammenhang«[73] mit dem Unionsrecht erkennen. Dieser hinreichende Zusammenhang muss darüber hinausgehen, dass die fraglichen Sachbereiche benachbart sind oder der eine von ihnen mittelbare Auswirkungen auf den anderen haben kann.[74] Unter anderem vier Gesichtspunkten kommt dafür maßgebliche Bedeutung zu: Dient die nationale Regelung der Durchführung von Unionsrecht? Welchen Regelungsinhalt bzw. Charakter besitzt die nationale Bestimmung? Verfolgt sie dieselben Ziele wie das einschlägige Unionsrecht? Existiert eine spezifische Unionsregelung?[75] Dabei handelt es sich nicht um Tatbestandsmerkmale im engeren Sinne, sondern eher um Indizien, deren Bedeutung im Einzelfall zu gewichten ist. Im Ergebnis hat der EuGH in zahlreichen Entscheidungen den Anwendungsbereich des Unionsrechts für nicht eröffnet angesehen und damit eine mitgliedstaatliche Grundrechtsbindung verneint.[76]

---

70 *F. Fontanelli*, EuConst 9 (2013) 2, S. 315 (325): *padding material, reasoning ad abundantiam*.

71 *D. H. Scheuing*, EuR 40 (2005) 2, S. 162 (163); zum Mangel an Kriterien s. auch *F. Fontanelli*, HRLR 14 (2014) 2, S. 231 (234 f.).

72 *S. Kadelbach*, KritV 96 (2013) 3, S. 277 (283).

73 EuGH, Rs. C-206/13, *Siragusa*, Urt. v. 6.3.2014, ECLI:EU:C:2014:126, Rn. 24 (Englisch: »certain degree of connection«; Französisch: »lien de rattachement d'un certain degré«); sinngemäß im Vorfeld der Berichterstatter *A. Rosas*, EYHR 13 (2013), S. 97 (108 f.): »applicability of Union law in concreto«. Für ein Nähekriterium bereits GA Gulmann in EuGH, Rs. C-2/92, *Bostock*, Schlussanträge GA Gulmann, Slg. 1994, I-958 (972), Rn. 32: »entscheidende Frage […], ob Bestimmungen […] so eng mit dem Gemeinschaftsrecht verknüpft sind, daß sie ›im Rahmen des Gemeinschaftsrechts ergangen sind‹.«

74 EuGH, Rs. C-177/17, *Demarchi Gino*, Beschl. v. 7.9.2017, ECLI:EU:C:2017:656, Rn. 19; Rs. C-218/15, ECLI:EU:C:2016:748, *Paoletti u.a.*, Urt. v. 6.10.2016, Rn. 14; Rs. C-562/12, ECLI:EU:C:2014:2229, *Liivimaa Lihaveis*, Urt. v. 17.9.2014, Rn. 62; Rs. C-198/13, *Hernández*, Urt. v. 10.7.2014, ECLI:EU:C:2014:2055, Rn. 34; Rs. C-206/13, *Siragusa*, Urt. v. 6.3.2014, ECLI:EU:C:2014:126, Rn. 24.

75 EuGH, Rs. C-87/12, *Ymeraga u.a.*, Urt. v. 8.5.2013, ECLI:EU:C:2013:291, Rn. 41; Rs. C-206/13, *Siragusa*, Urt. v. 6.3.2014, ECLI:EU:C:2014:126, Rn. 25; Rs. C-198/13, *Julian Hernández u.a.*, Urt. v. 10.7.2014, ECLI:EU:C:2014:2055, Rn. 37; vgl. *D. Thym*, DÖV 67 (2014) 22, S. 941 (944) m.w.N. in Fn. 26.

76 S. etwa EuGH, Rs. C-152/17, *Consorzio Italian Management e Catania Multiservizi*, Urt. v. 19.4.2018, ECLI:EU:C:2018:264, Rn. 33 ff.; Rs. C-177/17, *Demarchi Gino*, Beschl. v. 7.9.2017, ECLI:EU:C:2017:656, Rn. 22 ff.; Rs. C-587/15, *Lietuvos Respublikos transporto priemonių draudikų biuras*, Urt. v. 15.6.2017, ECLI:EU:C:2017:463, Rn. 41 ff.; Rs. C-395/15, *Daouidi*, Urt. v. 1.12.2016, ECLI:EU:C:2016:917, Rn. 62 ff.; Rs. C-50/16, *Grodecka*, Beschl. v. 2.6.2016, ECLI:EU:C:2016:406, Rn. 16 ff.;

(2) Bindung in Spielräumen und bei unvollständiger Harmonisierung

Eine weitere Streitfrage betrifft die Konstellation, in der die Mitgliedstaaten zwar auch Unionsrecht durchführen, dabei aber Handlungsspielräume ausgestalten, die ihnen das Unionsrecht lässt. Diese Handlungsspielräume können sich aus der Einräumung von Umsetzungsermessen, aus Öffnungsklauseln oder daraus ergeben, dass das Unionsrecht bloße Mindestanforderungen formuliert. Die Rechtsprechung des EuGH geht davon aus, dass auch in dieser Konstellation eine Bindung an Unionsgrundrechte besteht, unabhängig davon, ob und in welchem Ausmaß der Mitgliedstaat über Ermessen verfügt oder die mitgliedstaatliche Maßnahme über das zur Umsetzung unbedingt Erforderliche hinausgeht.[77] Diese Konstellation der Grundrechtsbindung ist die strukturell bedeutsamste, weil die Bedeutung des Unionsrechts gerade in seiner weitreichenden Überlagerung des mitgliedstaatlichen Rechts liegt.[78] Auch im Fall einer unvollständigen Harmonisierung nahm der EuGH teilweise eine Bindung an Unionsgrundrechte an, allerdings ohne Begründung.[79] In anderen Fällen dagegen hat er sie verneint.[80]

Die Ratio für die Grundrechtsbindung der Mitgliedstaaten in der »agency«-Situation wird gerade in diesen Fällen infrage gestellt. Man könnte argumentieren, dass die Sachentscheidung hier nicht mehr der EU zugeordnet ist, sondern den Mitgliedstaaten.[81] So gesehen sind die Mitgliedstaaten dann nicht mehr nur verlängerter Arm der Union, sodass eine Grundrechtsbindung entfallen könnte. Auch das Argument, die einheitliche Anwendung des Unionsrechts bedinge einen einheitlichen, d.h. unionsrechtlichen Grundrechtsstandard, entfällt in-

---

Rs. C-122/15, *C*, Urt. v. 2.6.2016, ECLI:EU:C:2016:391, 28 ff.; Rs. C-117/14, *Nisttahuz Poclava*, Urt. v. 5.2.2015, ECLI:EU:C:2015:60, Rn. 30 ff.; Rs. C-333/13, *Dano*, Urt. v. 11.11.2014, ECLI:EU:C:2014:2358, Rn. 89 ff.; Rs. C-92/14, *Tudoran u.a.*, Beschl. v. 3.7.2014, ECLI:EU:C:2014:2051, Rn. 45 ff.; Rs. C-56/13, *Érsekcsanádi Mezőgazdasági*, Urt. v. 22.5.2014, ECLI:EU:C:2014:352, Rn. 55 f.; Rs. C-483/12, *Pelckmans Turnhout*, Urt. v. 8.5.2014, ECLI:EU:C:2014:304, Rn. 22 ff.; Rs. C-265/13, *Torralbo Marcos*, Urt. v. 27.3.2014, ECLI:EU:C:2014:187, Rn. 31 ff.; Rs. C-206/13, *Siragusa*, Urt. v. 6.3.2014, ECLI:EU:C:2014:126, 27 ff.; Rs. C-87/12, *Ymeraga*, Urt. v. 8.5.2013, ECLI:EU:C:2013:291, Rn. 42 f.; Rs. C-370/12, *Pringle*, Urt. v. 27.11.2012, ECLI:EU:C:2012:756, Rn. 180; Rs. C-27/11, *Vinkov*, Urt. v. 7.6.2012, ECLI:EU:C:2012:326, Rn. 59; Rs. C-40/11, *Iida*, Urt. v. 8.11.2012, ECLI:EU:C:2012:691, Rn. 80 f.; Rs. C-457/09, *Chartry*, Beschl. v. 1.3.2011, ECLI:EU:C:2011:101, Rn. 25; Rs. C-339/10, *Asparuhov Estov u.a.*, Beschl. v. 12.11.2010, ECLI:EU:C:2010:680, Rn. 14; vgl. *A. Schwerdtfeger*, in: J. Meyer/S. Hölscheidt (Hrsg.), Kommentar zur Charta der Grundrechte der Europäischen Union, 5. Aufl. 2019, Art. 51, Rn. 51.

[77] S. etwa EuGH, verb. Rs. C-411/10 und C-493/10, *N. S. u.a.*, Slg. 2011, I-13905, Rn. 68.

[78] *D. Thym*, DÖV 67 (2014) 22, S. 941 (944).

[79] EuGH, Rs C-149/10, *Chatzi*, Slg. 2010, I-8489, Rn. 62 ff.

[80] EuGH, Rs. C-198/13, *Julian Hernández u.a.*, Urt. v. 10.7.2014, ECLI:EU:C:2014:2055, Rn. 37–48.

[81] Vgl. insoweit *C. Nowak*, in: S. Heselhaus/C. Nowak (Hrsg.), Handbuch der Europäischen Grundrechte, 2006, S. 212, Rn. 37 f.

soweit. Allerdings kann die Richtlinie den Umsetzungsgesetzgeber nicht von einer Bindung freistellen, der sie selbst unterliegt.[82] Anders sollte es sich demgegenüber im Fall der unvollständigen Harmonisierung verhalten, die gerade nicht auf eine Umsetzung durch die Mitgliedstaaten zielt.[83]

cc) Dispenssituation

Nach der für die Dispenssituation maßgeblichen, in der Literatur nach wie vor umstrittenen ERT-Doktrin müssen sich auch nationale Beschränkungen eines im Unionsrecht gewährleisteten Rechts an den Unionsgrundrechten messen lassen.[84] Grundlage der Beschränkung kann eine der ausdrücklichen Ausnahmebestimmungen der Grundfreiheiten Art. 36, 45 Abs. 3, 52 und 62 AEUV sein (wie in der Rechtssache ERT). Daneben kann sie auf einer in einer Richtlinie oder Verordnung ausdrücklich vorgesehenen Abweichungsmöglichkeit beruhen.[85] Schließlich kann es sich um eine immanente Schranke der Grundfreiheiten handeln, die »zwingenden Erfordernisse« im Sinne der Cassis de Dijon-Rechtsprechung[86] oder das »überwiegende Allgemeininteresse« (wie in der Rechtssache Familiapress).[87] Zur ERT-Konstellation werden schließlich auch Fälle wie die Rechtssachen Schmidberger und Omega gezählt, in denen die Unionsgrundrechte nicht als Schranken-Schranke der Beschränkung einer Grundfreiheit relevant werden, sondern selbst die Eingriffsrechtfertigung (Schranke) bilden.[88] Für eine Bewertung ihrer Konsequenzen für die mitgliedstaatlichen Grundrechtsgerichte gilt es zunächst, die mit der ERT-Doktrin verbundenen Ausweitungstendenzen einzuordnen [(1)]. Nicht nur weil die Grundrechte als solche nur bedingt für diese Ausweitungstendenzen verantwortlich sind, erscheint eine Grundrechtsbindung der Mitgliedstaaten jenseits der Umsetzungssituation entgegen verschiedentlich geäußerter Kritik als konsequent [(2)].

---

[82] *N. Matz-Lück*, in: N. Matz-Lück/M. Hong (Hrsg.), Grundrechte und Grundfreiheiten im Mehrebenensystem – Konkurrenzen und Interferenzen, 2012, S. 161 (173).

[83] *B. de Witte*, in: M. González Pascual/A. Torres Pérez (Hrsg.), The Right to Family Life in the European Union, 2017, S. 29 (34).

[84] EuGH, Rs. C-260/89, *ERT*, Slg. 1991, I-2925, Rn. 41–43; bestätigt in Rs. C-390/12, *Pfleger u.a.*, Urt. v. 30.4.2014, ECLI:EU:C:2014:281, Rn. 35; s. auch schon EuGH, Rs. 36/75, *Rutili*, Slg. 1975, 1219, Rn. 31 mit Verweis auf Art. 3 RL 64/221/EWG und Art. 8 VO (EWG) Nr. 1612/68).

[85] S. etwa auch EuGH, verb. Rs. C-411/10 und C-493/10, *N. S. u.a.*, Slg. 2011, I-13905, Rn. 68; Rs. 20/00 und C-64/00, *Booker Aquaculture*, Slg. 2003, I-7411, Rn. 88–93.

[86] EuGH, Rs. 120/78, *Rewe/Bundesmonopolverwaltung für Branntwein*, Slg. 1979, 649, Rn. 8.

[87] EuGH, Rs. C-368/95, *Familiapress*, Slg. 1997, I-3689, Rn. 24, 27–29; Rs. C-60/00, *Carpenter*, Slg. 2002, I-6279, Rn. 40; verb. Rs. 60/84 und 61/84, *Cinétèque*, Slg. 1985, 2618, Rn. 26. Vgl. *X. Groussot* u.a., Eric Stein Working Paper 2011 No. 1, S. 8.

[88] EuGH, Rs. C-112/00, *Schmidberger*, Slg. 2003, I-5659; Rs. C-36/02, *Omega*, Slg. 2004, I-9609; Rs. C-438/05, *Viking Line*, Slg. 2007, I-10779; Rs. C-341/05, *Laval*, Slg. 2007, I-11767; Rs. C-208/09, *Sayn-Wittgenstein*, Slg. 2010, I-13693.

(1) Einordnung der mit der ERT-Doktrin verbundenen Ausweitungstendenzen

Die Bedeutung dieser Konstellation ergibt sich aus der doppelten Dimension der Grundfreiheiten: Sie sind nicht nur Diskriminierungsverbote, sondern – mit weitreichenderen Implikationen – auch allgemeine Beschränkungsverbote. Gegen die Bindung der Mitgliedstaaten an Unionsgrundrechte in dieser Konstellation wird eingewandt, dass die Grundrechtsbindung hier weitreichende Auswirkungen auf das Verfassungsrecht und die -struktur der Mitgliedstaaten habe: Nicht nur kann die Bindung an Unionsgrundrechte die mitgliedstaatlichen Grundrechte marginalisieren. Da im Anwendungsbereich des Unionsrechts die Fachgerichte zur Grundrechtskontrolle aufgerufen sind,[89] wirkt sie sich auch institutionell auf das Verhältnis von mitgliedstaatlicher Verfassungs- und Fachgerichtsbarkeit aus.[90]

Der zentralisierende Effekt dieser Rechtsprechung wird aber sowohl in der Rechtssache ERT wie auch in der Rechtssache Familiapress dadurch abgemildert, dass es den mitgliedstaatlichen Gerichten überlassen bleibt, die Abwägung zwischen den verschiedenen kollidierenden Interessen vorzunehmen.[91] Zudem liegen die mit der ERT-Rechtsprechung verbundenen Ausweitungstendenzen weniger auf dem spezifischen Grundrechtsaspekt. Grundrecht und Grundfreiheit sind hier gleichlaufend.[92] Diesem Gleichlauf entspricht es, dass der EuGH in der Rechtssache Familiapress, eben weil Grundrechte involviert sind, einen strengeren Prüfungsstandard bei der Rechtfertigung der Beschränkung der Grundfreiheit anlegt als sonst.[93] Wegen des Gleichlaufs von Grundrecht und Grundfreiheit besteht auch eine grundlegend andere Situation als bei der Überprüfung nationalen Umsetzungsrechts in der »agency«-Situation.

In den meisten Fällen liegt die ERT-Situation vor, ohne dass der EuGH die betreffende mitgliedstaatliche Maßnahme am Maßstab der Unionsgrundrechte misst. Dazu müssten die Unionsgrundrechte in der ERT-Konstellation nämlich einen gegenüber den Grundfreiheiten »überschießenden« Schutzgehalt aufweisen. Soweit die Unionsgrundrechte als Schranken-Schranken wirken oder zur Auslegung der Schranken herangezogen werden, verstärken sie die durch die Grundfreiheiten selbst gewährleisteten Garantien. Situationen mit einem gegenüber den Grundfreiheiten klar überschießenden Gehalt der Unionsgrund-

---

89 *E. Spaventa*, in: M. Dougan/S. Currie (Hrsg.), 50 Years of the European Treaties, 2008, S. 343 (349 f.).

90 *M. Herdegen*, in: HStR X, 3. Aufl. 2012, § 211, Rn. 37.

91 *E. Spaventa*, in: M. Dougan/S. Currie (Hrsg.), 50 Years of the European Treaties, 2008, S. 343 (350).

92 Ebd., S. 349 f; *G. Britz*, EuGRZ 42 (2015) 9–11, S. 275 (277).

93 EuGH, Rs. 368/95, *Familiapress*, Slg. 1997, I-3689, Rn. 24; vgl. *J. H. Gerards*, ELJ 17 (2011) 1, S. 80; weitere Fälle bei *P. Craig*, EU Administrative Law, 2. Aufl. 2012, S. 672 f.

rechte sind selten, jedenfalls im Verhältnis zwischen der Dienstleistungsfreiheit und dem Grundrecht auf Berufsfreiheit oder Freizügigkeit kaum zu erwarten.[94]

Für die Reichweite des Unionsrechts gegenüber den mitgliedstaatlichen Rechtsordnungen ist anstatt der Anwendung der Unionsgrundrechte vielmehr von Bedeutung, dass der Bezug zu den Grundfreiheiten selbst, der die Grundrechtskontrolle überhaupt erst ermöglicht, zuweilen recht konstruiert wirkt.[95] Zu den in dieser Hinsicht problematischen Fällen zählt die Rechtssache Mary Carpenter, in der der Bezug zu den Grundfreiheiten nicht unbedingt naheliegend war.[96] Die Verletzung der Dienstleistungsfreiheit des EU-Staatsangehörigen Peter Carpenter sah der EuGH darin, dass seine philippinische Ehefrau ausgewiesen wurde. Anders als in der Rechtssache Singh[97] hatte der Ehemann selbst nicht das Hoheitsgebiet des Vereinigten Königreichs verlassen, erbrachte vielmehr von dort aus Dienstleistungen in anderen Mitgliedstaaten. Der EuGH unterließ es, die tatsächlichen Auswirkungen der Beeinträchtigung von Rechten der EMRK auf die Bedingungen der Wahrnehmung einer Grundfreiheit näher zu untersuchen.[98] Bei dieser Vorgehensweise könnte so gut wie jedes mitgliedstaatliche Gesetz, jede Verwaltungsmaßnahme und jede gerichtliche Entscheidung die Wahrnehmung der Grundfreiheiten beeinträchtigen.[99]

Auch in der Rechtssache Karner hielt der EuGH die ERT-Konstellation aufgrund einer jedenfalls vordergründig inkonsequenten Argumentation für einschlägig: Die mitgliedstaatliche Maßnahme war eine Verkaufsmodalität im Sinne der Keck-Rechtsprechung und damit eigentlich nicht im Anwendungsbereich des Unionsrechts.[100] Dennoch verlangte der EuGH vom vorlegenden mitgliedstaatlichen Gericht, das Grundrecht auf Freiheit der Meinungsäußerung in seine Erwägungen einzubeziehen. Der Grund dafür wird in den Ausführungen des Gerichtshofs nicht deutlich. Die beste Erklärung dafür wäre, dass die fragliche mitgliedstaatliche Gesetzgebung eine Maßnahme des weiterreichenden Schutzes im Sinne der Richtlinie zum Schutz gegen irreführende Werbung

---

[94] *U. R. Haltern*, Europarecht, 3. Aufl. 2017, S. 679 f.

[95] *A. von Bogdandy*, in: A. von Bogdandy/J. Bast (Hrsg.), Europäisches Verfassungsrecht, 2015, S. 13 (61); *J. Nusser*, Die Bindung der Mitgliedstaaten an die Unionsgrundrechte, 2011, S. 27–28; *L. Azoulai*, in: H.-W. Micklitz/B. de Witte (Hrsg.), The European Court of Justice and the autonomy of the member states, 2012, S. 207 (210).

[96] *X. Groussot* u.a., Eric Stein Working Paper 2011 No. 1, S. 11. S. auch die Fälle EuGH, Rs. C-109/01, *Akrich*, Slg. 2003, I-960; Rs. C-458/03, *Parking Brixen*, Slg. 2005, I-8612.

[97] EuGH, Rs. C-370/90, *The Queen/Immigration Appeal Tribunal und Surinder Singh, ex parte Secretary of State for the Home Department*, Slg. 1992, I-4265.

[98] *G. Britz*, NVwZ 23 (2004) 2, S. 173 (177); *E. Spaventa*, CML Rev. 41 (2004) 3, S. 743 (767); *D. H. Scheuing*, EuR 40 (2005) 2, S. 162 (165 f.).

[99] *D. Halberstam*, in: J. L. Dunoff/J. P. Trachtman (Hrsg.), Ruling the World?, 2009, S. 326 (351).

[100] *D. H. Scheuing*, EuR 40 (2005) 2, S. 162 (174); *J. Kühling*, in: A. von Bogdandy/J. Bast (Hrsg.), Europäisches Verfassungsrecht, 2015, S. 657 (684).

darstellt und der Bezug zum Unionsrecht über die Richtlinie hergestellt wird.[101] Das Vehikel für die Anwendbarkeit der Unionsgrundrechte wäre dann nicht eine Grundfreiheit, sondern das Sekundärrecht, und zwar in der »agency«-Situation. Man könnte aber auch unterstellen, der Gerichtshof betrachte ausweitend jede nationale Maßnahme, die den Binnenhandel beeinträchtigt, automatisch als im Anwendungsbereich des Unionsrechts, und schaffe auf diese Weise eine dritte Konstellation der Anwendbarkeit der Unionsgrundrechte.[102]

(2) Rechtfertigung einer Grundrechtsbindung der Mitgliedstaaten jenseits der Umsetzungssituation

Ein weiterer Kritikpunkt an der ERT-Rechtsprechung bezieht sich darauf, dass die Mitgliedstaaten durch die Schrankentatbestände der Art. 36, 45 Abs. 3, 52 und 62 AEUV gerade aus dem Anwendungsbereich des Unionsrechts entlassen würden.[103] Das Unionsrecht nehme hier uneinheitliche Regelungen gerade hin, weil es der vereinheitlichenden Wirkung der Grundfreiheiten Grenzen setze. In der Dispenssituation seien die allgemein angeführten Argumente für eine Bindung der Mitgliedstaaten an Unionsgrundrechte, der Vorrang, die Einheitlichkeit der Rechtsanwendung und der effektive Rechtsschutz, daher gerade nicht von Bedeutung.[104] Anders als in der Umsetzungskonstellation diene die Beschränkung von Grundfreiheiten gerade nicht der Ausfüllung unionsrechtlicher Vorgaben. Dahinter steht ein zugleich materielles wie strukturelles Anliegen: Grundfreiheiten und Grundrechte hätten unterschiedliche Zielrichtungen. Die Grundfreiheiten als der Marktintegration dienende Gleichheitsrechte bänden primär die Mitgliedstaaten und hätten als umfassende Beschränkungsverbote die Europäisierung innerstaatlicher Sachverhalte erheblich befördert. Es überzeuge daher nicht, sie als »Transmissionsriemen« für die Unionsgrundrechte einzusetzen und dadurch mitgliedstaatliche Spielräume weiter zu beschränken.[105]

Das Argument, in der Dispenssituation würden die Mitgliedstaaten auch aus der Grundrechtsbindung entlassen, beruht allerdings bei genauer Betrachtung

---

[101] *F. De Cecco*, CML Rev. 43 (2006) 1, S. 9 (15 f.).

[102] *K. Lenaerts/J. A. Gutiérrez-Fons*, CML Rev. 47 (2010) 6, S. 1629 (1639); *X. Groussot* u.a., Eric Stein Working Paper 2011 No. 1, S. 14.

[103] *T. Kingreen*, Die Struktur der Grundfreiheiten des Europäischen Gemeinschaftsrechts, 1999, S. 168; *F. G. Jacobs*, E. L. Rev. 26 (2001) 4, S. 331 (336); *P. M. Huber*, NJW 64 (2011) 33, S. 2385 (2386 f.); *P. M. Huber*, in: FS Thürer, 2015, S. 305 (313 f.).

[104] *J. Kühling*, in: A. von Bogdandy/J. Bast (Hrsg.), Europäisches Verfassungsrecht, 2015, S. 657 (682); *G. Britz*, EuGRZ 42 (2015) 9–11, S. 275 (276).

[105] *H. Sauer*, in: N. Matz-Lück/M. Hong (Hrsg.), Grundrechte und Grundfreiheiten im Mehrebenensystem – Konkurrenzen und Interferenzen, 2012, S. 1 (29). S. auch *T. Kingreen*, in: C. Calliess/M. Ruffert (Hrsg.), EUV/AEUV-Kommentar, 5. Aufl. 2016, Art. 51 GRCh, Rn. 13.

auf einem Zirkelschluss: Das zu Begründende wird vorausgesetzt.[106] Ausgangspunkt muss richtigerweise sein, dass es durchaus die Sache des Unionsrechts ist, die Reichweite der Derogationsmöglichkeit und ihre Voraussetzungen zu definieren,[107] die dann von den Mitgliedstaaten »durchgeführt« werden.[108] In diesem Sinne ist also sogar die Derogation eine ›Durchführung‹ im weiteren Sinne. Die Union kann Grundrechtsverletzungen in diesem Bereich nicht tolerieren, weil die Ausnahmetatbestände gerade die Rechtfertigung einer *prima facie* Verletzung von Unionsrecht zulassen.[109]

Auch ist der Begriff des zwingenden Allgemeininteresses als Rechtfertigungsgrund ohne die Einbeziehung von Grundrechten schwer zu verstehen.[110] Unabhängig davon, ob die Uniongrundrechte selbst als Rechtfertigungsgründe herangezogen werden oder aber der Eingriff in eine Grundfreiheit und ein gleichgerichtetes Grundrecht gerügt wird: Die Verhältnismäßigkeitskontrolle mit der erforderlichen Gewichtung der relevanten Rechtspositionen und die Grundrechtsprüfung lassen sich praktisch kaum voneinander trennen.[111] So erfolgte etwa in der Rechtssache Pfleger der Rückgriff auf die Unionsgrundrechte im Rahmen der Verhältnismäßigkeitsprüfung. Die Grundrechtsbindung in der Dispenssituation beruht daher nicht auf einer autonomen Grundrechtsgeltung losgelöst vom sonstigen Unionsrecht,[112] sondern auf einer unionsrechtskonformen Auslegung der Grundfreiheiten und ihrer Beschränkungsmöglichkeiten.[113]

---

[106] *J. Kühling*, in: A. von Bogdandy/J. Bast (Hrsg.), Europäisches Verfassungsrecht, 2015, S. 657 (682 f.).

[107] *J. H. H. Weiler/N. J. S. Lockhart*, CML Rev. 32 (1995) 1, S. 51 (76): »›creatures‹ of Community law, Treaty and judge made«; *J. H. H. Weiler/S. C. Fries*, in: P. Alston (Hrsg.), The EU and Human Rights, 1999, S. 147 (163).

[108] *P. Craig*, CML Rev. 48 (2011) 2, S. 395 (430 f.); *K. Lenaerts*, EuConst 8 (2012) 3, S. 375 (385).

[109] *J. H. H. Weiler/N. J. S. Lockhart*, CML Rev. 32 (1995) 1, S. 51 (76 f.).

[110] *P. Eeckhout*, CML Rev. 39 (2002) 5, S. 945 (977); *K. Lenaerts/J. A. Gutiérrez-Fons*, CML Rev. 47 (2010) 6, S. 1629 (1659); *H. Kaila*, in: P. Cardonnel u.a. (Hrsg.), Constitutionalising the EU Judicial System, 2012, S. 291 (305); *D. Sarmiento*, CML Rev. 50 (2013) 5, S. 1267 (1297).

[111] *C. Ladenburger*, in: P. J. Tettinger/K. Stern (Hrsg.), Kölner Gemeinschaftskommentar zur Europäischen Grundrechte-Charta, 2006, Art. 51, Rn. 27; s. auch *G. Britz*, EuGRZ 42 (2015) 9–11, S. 275 (276 f.): plausibel, die Charta zur Auslegung dessen heranzuziehen, was ein zwingendes Erfordernis im Sinne der Cassis-Formel oder einen Ausnahmegrund nach Art. 36 AEUV bilden könne.

[112] *C. Ladenburger*, in: J. Laffranque (Hrsg.), The Protection of Fundamental Rights Post Lisbon, 2012, S. 141 (164 f.); *D. Thym*, DÖV 67 (2014) 22, S. 941 (944). S. auch den Fall EuGH, Rs. C-60/00, *Carpenter*, Slg. 2002, I-6279, wo Grundfreiheit und Grundrecht, anders als in der Rs. ERT, nicht getrennt geprüft werden. Vielmehr fließt das Grundrecht in die Abwägung von zwingendem Erfordernis und Grundfreiheit ein, s. *R. Kanitz/P. Steinberg*, EuR 38 (2003) 6, S. 1013 (1022 f.).

[113] *T. Schilling*, EuGRZ 27 (2000) 1–4, S. 3 (34); *J. Kühling*, in: A. von Bogdandy/J. Bast (Hrsg.), Europäisches Verfassungsrecht, 2015, S. 657 (683).

Die Einbeziehung der Grundrechtsprüfung vermittelt dem Unionsrecht und dem EuGH Glaubwürdigkeit und Legitimität und macht gegenüber den mitgliedstaatlichen Gerichten einschließlich der Verfassungsgerichte deutlich, dass der EuGH die Werte und Prinzipien achtet, in denen auch die mitgliedstaatlichen Verfassungen wurzeln.[114] Eine bloße »Effektivitätskonzeption«, nach der sie technisches Vehikel der einheitlichen Anwendung und Effektivität des Unionsrechts sind, wird demgegenüber den Unionsgrundrechten nicht (mehr) gerecht.[115]

d) Zwischenfazit

Der Anwendungsbereich und damit die Verdrängungswirkung der Unionsgrundrechte gegenüber den mitgliedstaatlichen Grundrechtsordnungen ist also durchaus umfangreich. Entsprechendes gilt innerhalb des deutschen Bundesstaats für die Grundrechte des Grundgesetzes von vornherein. In den USA entwickelte die Rechtsprechung zur sukzessiven Inkorporation die Grundlage für eine weitgehende Bindung der Einzelstaaten an die Bundesgrundrechte. In der EU dagegen ist die – situative – Reichweite der Unionsgrundrechte Gegenstand einer noch offenen Rechtsprechungsentwicklung. Bereits jetzt begründet die erweiterte Bindung der Mitgliedstaaten in der weit verstandenen »agency«-Situation und in der Dispenssituation für den EuGH als Grundrechtsgericht eine quantitative wie qualitative Herausforderung. Da eine grundlegende Umkehr der Entwicklung zu einem ausgedehnten Anwendungsbereich der Unionsgrundrechte nicht zu erwarten ist, wirft sie zugleich die Frage auf, wie mitgliedstaatliche Grundrechtsgerichte möglicherweise in die Entwicklung der Unionsgrundrechte einbezogen werden können.

2. Grundrechtskollisionsregime

In der Bundesrepublik, den Vereinigten Staaten und der Europäischen Union sind also jeweils nicht nur die Bundes- bzw. Unionsorgane, sondern – jedenfalls in bestimmtem Umfang oder in bestimmten Situationen und dabei insgesamt durchaus umfangreich – auch die Organe der Einzelstaaten an die föderalen Grundrechte gebunden. Angesichts überlappender Grundrechtsbindungen der Einzelstaaten stellt sich folglich für die Grundrechte des Grundgesetzes und der Landesverfassungen [a)], für die *Federal Bill of Rights* und die *state bills of rights* in den USA [b)] sowie für die Unionsgrundrechte und die Grundrechte der Verfassungen der Mitgliedstaaten [c)] die Frage nach einem Kollisionsregime. Dabei

---

114 *J. H. H. Weiler/N. J. S. Lockhart*, CML Rev. 32 (1995) 1, S. 51 (77); *P. Eeckhout*, CML Rev. 39 (2002) 5, S. 945 (977 f.); *C. Ladenburger*, in: P. J. Tettinger/K. Stern (Hrsg.), Kölner Gemeinschaftskommentar zur Europäischen Grundrechte-Charta, 2006, Art. 51, Rn. 27.

115 S. indes *G. Britz*, EuGRZ 42 (2015) 9–11, S. 275 (280).

zeigt sich, dass der Vorrang des föderalen Rechts in allen drei Verfassungsordnungen modifiziert ist: Über die Gewährleistungen auf Bundes- oder Unionsebene hinausgehende Grundrechtsgewährleistungen sind zulässig, soweit sie nicht mit dem Bundes- und Unionsrecht im Übrigen kollidieren.

a) Grundrechte des Grundgesetzes und der Landesverfassungen

Das Verhältnis der Grundrechte des Grundgesetzes und der Landesverfassungen bestimmt sich – dogmatisch vergleichsweise komplex – nach Art. 28, 31 und 142 GG. Gemäß Art. 142 GG bleiben Bestimmungen der Landesverfassungen »ungeachtet der Vorschrift des Artikels 31«insoweit in Kraft, als sie »in Übereinstimmung« mit den Artikeln 1 bis 18 Grundrechte gewährleisten. Zum Verständnis dieses Kollisionsregimes sind zunächst Zweck und Entstehungsgeschichte von Art. 142 GG [aa)] und das Verhältnis dieser Bestimmung zu Art. 31 GG und Art. 28 GG [bb)] zu klären. Sodann ist zu untersuchen, in welchen Konstellationen von einer »Übereinstimmung« im Sinne von Art. 142 GG auszugehen ist [cc)]. Im Exekutivföderalismus der Bundesrepublik ist dabei die Behandlung der Kollisionslage zwischen der Anwendung von Bundesrecht und Landesgrundrechten von besonderer Bedeutung [dd)].

aa) Zweck und Entstehungsgeschichte von Art. 142 GG

Die Ausgangslage unter dem Grundgesetz ließ für eigenständige Landesgrundrechte durchaus Raum und dem Parlamentarischen Rat waren die Landesgrundrechte ein Anliegen.[116] Die vor dem Grundgesetz in Kraft getretenen Landesverfassungen enthielten eigene Grundrechtskataloge.[117] Bereits der Verfassungskonvent auf Herrenchiemsee votierte zwar dafür, dass das Grundgesetz nicht bloß Grundrechtsanforderungen für die Landesverfassungen formulieren, sondern auch selbst Grundrechte enthalten sollte. Allerdings war der föderale Grundrechtskatalog nach den Vorstellungen des Verfassungskonvents durchaus beschränkt.[118] Auch waren noch nicht alle Vorschläge erledigt, die Grundrechte sogar ausschließlich den Landesverfassungen zu überlassen. Im Parlamentarischen Rat verständigte man sich indessen rasch auf einen umfassenden Grundrechtsabschnitt zu Beginn des Grundgesetzes.[119]

Die Entstehungsgeschichte des Art. 142 GG dokumentiert, dass die Bestimmung gerade die Landesverfassungsgerichte als Grundrechtsgerichte stärken sollte. Sie kam vor dem Hintergrund von Problemen mit der Verfassungsbe-

---

[116] *K. Stern*, Das Staatsrecht der Bundesrepublik Deutschland, Bd. III/2, 1994, § 93 V 2.

[117] S.o. 1. Kapitel, bei Fn. 3.

[118] S. Bericht über den Verfassungskonvent auf Herrenchiemsee vom 10. bis 23. August 1948, o.J., S. 21.

[119] *K. Stern*, Das Staatsrecht der Bundesrepublik Deutschland, Bd. III/1, 1988, § 60 III 3 (S. 151–155).

schwerde in Bayern in der Weimarer Zeit zustande. Nach der bayerischen Verfassung von 1919 konnte die Verletzung landesverfassungsrechtlich festgelegter Rechte beim Staatsgerichtshof mit der Verfassungsbeschwerde gerügt werden.[120] Nach der zu Art. 13 Abs. 1 WRV (»Reichsrecht bricht Landesrecht«) vorherrschenden Ansicht verdrängten jedoch die Reichsgrundrechte inhaltsgleiche wie abweichende Landesgrundrechte.[121] Für die Landesverfassungsbeschwerde bedeutete dies, dass ihr in großem Umfang die materiell-rechtliche Grundlage – der Prüfungsmaßstab – entzogen war und sie insoweit leerzulaufen drohte.[122] Diese Erfahrung führte in den Beratungen des Parlamentarischen Rates zur Regelung des Art. 142 GG.[123] Die »Pointe« des Privilegs, dass auch inhaltsgleiches Landesverfassungsrecht seine Geltung nicht verliert, liegt also in der Eröffnung des Rechtswegs zu den Landesverfassungsgerichten.[124] Der damit intendierten Stärkung des landesverfassungsgerichtlichen Grundrechtsschutzes kam 1949 noch eine andere Bedeutung zu als später: Weder war das Bundesverfassungsgericht bereits institutionalisiert noch war die Individualverfassungsbeschwerde verfassungsrechtlich (wie nun in Art. 93 Abs. 1 Nr. 4a GG) garantiert.[125]

bb) Verhältnis von Art. 142 GG zu Art. 31 GG und Art. 28 GG

Nach dem heute vorherrschenden Verständnis kommt es für die Fortgeltung von mit Bundesgrundrechten übereinstimmenden Landesgrundrechten auf Art. 142 GG gar nicht an. Ihr Fortbestand ergibt sich vielmehr daraus, dass Art. 31 GG in dieser Konstellation nicht anwendbar ist. Die Anwendung der

---

120 §§ 70 Abs. 1, 93 Abs. 1 Verf. Bayern v. 14.8.1919; Gesetz über den Staatsgerichtshof v. 11.6.1920 (GVBl. S. 323) mit späteren Änderungen.

121 *H. Maurer*, in: HGR III, 2009, § 82, Rn. 33 m.N.

122 Zum Umgang mit dieser misslichen Lage im Hinblick auf die bayerische Verfassungsbeschwerde nach § 93 Verf. Bayern von 1919 s. *H. Nawiasky*, Bayerisches Verfassungsrecht, 1923, § 34 Rn. 17–19 (S. 250–253); ihm folgend BayStGH, Entscheidungen v. 11.7.1927, abgedr. in: H.-H. Lammers/W. Simons (Hrsg.), Die Rechtsprechung des Staatsgerichtshofs für das Deutsche Reich und des Reichsgerichts auf Grund Artikel 13 Absatz 2 der Reichsverfassung, Bd. III (Ergänzungsband), 1931, Nr. 15a (S. 144), Nr. 15b (S. 148 m.w.N.).

123 *K. Stern*, Das Staatsrecht der Bundesrepublik Deutschland, Bd. III/2, 1994, § 93 V 2–3; *H. Maurer*, in: HGR III, 2009, § 82, Rn. 35, 48–49. S. zur Entstehungsgeschichte des Art. 142 GG auch P. Häberle (Hrsg.), Entstehungsgeschichte der Artikel des Grundgesetzes, 2010, S. 298–300, 910–912; Deutscher Bundestag/Bundesarchiv (Hrsg.), Der Parlamentarische Rat 1948–1949: Akten und Protokolle, 1975–2009, Bd. 14.1, S. 186–188. Andere Autoren halten die Entstehungsgeschichte von Art. 142 GG im Parlamentarischen Rat für wenig ergiebig: *E. Friesenhahn*, Zum Verhältnis von Bundes- und Landesverfassungsgerichtsbarkeit, 1956, S. 78 (wegen der unrichtigen Vorstellungen zu Art. 31 GG); *H. von Olshausen*, Landesverfassungsbeschwerde und Bundesrecht, 1980, S. 117; *S. Korioth*, in: T. Maunz u.a. (Hrsg.), Grundgesetz-Kommentar, 2018, Art. 142, Rn. 6.

124 *R. Wahl*, AöR 112 (1987) 1, S. 26 (28) mit Fn. 4.

125 *H. Dreier*, in: K. Schmidt (Hrsg.), Vielfalt des Rechts – Einheit der Rechtsordnung?, 1994, S. 113 (128).

Kollisionsregel »Bundesrecht bricht Landesrecht« würde voraussetzen, dass die kollidierenden Normen kompetenzgemäß und auch im Übrigen verfassungsgemäß erlassen wurden und bei ihrer Anwendung zu verschiedenen Ergebnissen führen.[126] Mangels eines solchen Kollisionsfalles werden bei Inhaltsgleichheit Landesgrundrechte nicht in Anwendung von Art. 31 GG »gebrochen«.[127]

Hintergrund für die Formulierung in Art. 142 GG war eine Kontroverse im Parlamentarischen Rat, ob durch Art. 31 GG nur dem Bundesrecht widersprechendes oder auch mit dem Bundesrecht inhaltsgleiches Landesrecht verdrängt würde.[128] Da das Bundesverfassungsgericht die Frage mittlerweile im erstgenannten Sinne entschieden hat,[129] dreht sich die Diskussion der Literatur heute um die Frage, ob Art. 142 GG im Grunde eine (konstitutive) Ausnahmeregelung,[130] *lex specialis* zu Art. 31 GG[131] oder aber – so die herrschende

---

[126] BVerfGE 26, 116 (135), 2 BvR 173/66 u.a. – *Besoldungsgesetz*; 36, 342 (363), 2 BvN 1/69 – *Niedersächsisches Landesbesoldungsgesetz*; 96, 345 (364), 2 BvN 1/95 – *Landesverfassungsgerichte*; 98, 145 (159), 2 BvL 2/97 – *Inkompatibilität/Vorstandstätigkeit*; BVerfGE 121, 317 (348), 1 BvR 3262/07, 1 BvR 402/08, 1 BvR 906/08 – *Nichtraucherschutz in Baden-Württemberg und Berlin*; vgl. *W. März*, in: H. von Mangoldt u.a. (Hrsg.), Kommentar zum Grundgesetz, 6. Aufl. 2010, Bd. 2, Art. 31, Rn. 42 m.w.N. in Fn. 55.

[127] BVerfGE 36, 342 (362 f.), 2 BvN 1/69 – *Niedersächsisches Landesbesoldungsgesetz*; 40, 296 (327), 2 BvR 193/74 – *Abgeordnetendiäten*; 96, 345 (364 f.), 2 BvN 1/95 – *Landesverfassungsgerichte*.

[128] Vgl. die Diskussion zwischen Prof. Dr. W. Laforet und Prof. Dr. C. Schmid in der 6. Sitzung vom 19.11.1948, s. Deutscher Bundestag/Bundesarchiv (Hrsg.), Der Parlamentarische Rat 1948–1949: Akten und Protokolle, 1975–2009, Bd. 14.1, S. 185 f. S. dazu bereits *J. Kratzer*, in: FS Laforet, 1952, S. 107 (111 f.).

[129] Die maßgebliche Leitentscheidung des Bundesverfassungsgerichts zu Art. 31, 142 GG ist BVerfGE 36, 342, 2 BvN 1/69 – *Niedersächsisches Landesbesoldungsgesetz*. Sie war durch eine Vorlage des Niedersächsischen Staatsgerichtshofs veranlasst, der – in Abweichung von der Rechtsprechung der Verfassungsgerichtshöfe von Bayern und Nordrhein-Westfalen – den Vorrang des Bundesrechts gemäß Art. 31 GG auch gegenüber gleichlautendem Landesverfassungsrecht durchgreifen lassen wollte, s. BayVerfGH, Entsch. v. 21.3.1958, Vf. 15–VII-57, BayVBl. 1958, 144 (145), mit dem Referat seiner Stellungnahme in BVerfGE 36, 342 (354 f.): VerfGH NRW, OVGE 16, 315 (316).

[130] *S. Jutzi*, DÖV 36 (1983) 20, S. 836 (838); *J. Dietlein*, Die Grundrechte in den Verfassungen der neuen Bundesländer, 1993, S. 26–28; *E. Tjarks*, Zur Bedeutung der Landesgrundrechte, 1999, S. 33; *K. Engelbrecht*, Die Kollisionsregel im föderalen Ordnungsverbund, 2010, S. 173 f.

[131] BVerfGE 96, 345 (364), 2 BvN 1/95 – *Landesverfassungsgerichte*: Art. 142 GG konkretisiere Art. 31 GG; *K. Stern*, Das Staatsrecht der Bundesrepublik Deutschland, Bd. III/2, 1994 § 93 V 4; *E.-W. Böckenförde/R. Grawert*, DÖV 24 (1971) 4, S. 119 (120); *H. von Olshausen*, Landesverfassungsbeschwerde und Bundesrecht, 1980, S. 128; *H. Dreier*, Grundrechtsschutz durch Landesverfassungsgerichte, 2000, S. 17; *E. Šarčević*, Das Bundesstaatsprinzip, 2000, S. 245; *J. Dietlein*, in: Präsident des Verfassungsgerichtshofs für das Land Nordrhein-Westfalen (Hrsg.), Verfassungsgerichtsbarkeit in Nordrhein-Westfalen, 2002, S. 203 (211 f.); *P. Kunig*, in: I. von Münch/P. Kunig (Hrsg.), Grundgesetz, 6. Aufl. 2012, Art. 142 GG, Rn. 4; *P. M. Huber*, in: M. Sachs (Hrsg.), Grundgesetz, 7. Aufl. 2014, Art. 142, Rn. 4; *S. Korioth*, in: T. Maunz u.a. (Hrsg.), Grundgesetz-Kommentar, 2018, Art. 142, Rn. 3.

Meinung – von deklaratorischer Bedeutung (und damit für manche sogar obsolet) ist.[132]

Systematisch ist Art. 142 GG eher Art. 28 Abs. 1 Satz 1 GG als Art. 31 GG zuzuordnen, ergibt sich doch die Kompetenz der Länder zum Erlass landeseigener Grundrechte aus Art. 28 Abs. 1 Satz 1 GG.[133] Eigentlicher Zweck des Art. 142 GG ist es, die Verfassungsautonomie der Länder zu stärken, die sich in der Tätigkeit der Landesverfassungsgerichte manifestiert.[134] Das legt schon die oben skizzierte Entstehungsgeschichte nahe. Auch der Wortlaut von Art. 142 GG lässt sich als Argument dafür anführen, dass Art. 142 GG nicht als Spezialregelung zu Art. 31 GG gedacht war, sondern der Differenzierung dient. Art. 142 GG wird mit den Worten »Ungeachtet der Vorschrift des Artikels 31« eingeleitet.[135] Bei Spezialregelungen ist demgegenüber die Wendung »unbeschadet« gesetzestechnisch gebräuchlich.[136] Daneben spricht auch die unterschiedliche Zielrichtung beider Vorschriften gegen ein Verständnis als *lex specialis*. Art. 31 GG regelt, wann Landesrecht gebrochen wird, während Art. 142 GG bestimmt, wann Landesgrundrechte in Kraft bleiben.[137]

Art. 31 GG ist auch dann nicht anwendbar, wenn eine Übereinstimmung von Bundes- und Landesgrundrechten im Sinne von Art. 142 GG nicht vorliegt. Vielmehr kann die Nichtigkeit der Landesgrundrechte dann aus Art. 1 Abs. 3 GG folgen, weil die verfassungsgebende Gewalt der Länder auch bei der Formulierung von Landesgrundrechten an die Grundrechte des Grundgesetzes gebunden ist.[138] Dass Art. 31 GG hier nicht anwendbar ist, wird einerseits damit

---

[132] BayVerfGH, Entsch. v. 9.6.1950, Vf. 201–VI-49, BayVerfGHE 3 [1950] II 67; *H.-U. Gallwas*, JA 13 (1981) 10, S. 536 (538); *M. Sachs*, DÖV 38 (1985) 12, S. 469 (471); *W. März*, Bundesrecht bricht Landesrecht, 1989, S. 193, 195; *U. Sacksofsky*, NVwZ 12 (1993) 3, S. 235 (237); *T. Discher*, Die Landesverfassungsgerichte in der bundesstaatlichen Rechtsprechungskompetenzordnung des Grundgesetzes, 1997, S. 203 f; *K.-E. Hain*, JZ 53 (1998) 12, S. 620 (622); *C. von Coelln*, Anwendung von Bundesrecht nach Maßgabe der Landesgrundrechte?, 2001, S. 201; *J. Pietzcker*, in: HStR VI, 3. Aufl. 2008, § 134, Rn. 68; *C. Starck*, in: HStR VI, 3. Aufl. 2008, § 130, Rn. 118; *W. März*, in: H. von Mangoldt u.a. (Hrsg.), Kommentar zum Grundgesetz, Bd. 2, 6. Aufl. 2010, Art. 31, Rn. 42, 107 m.w.N. in Fn. 144; *H. Dreier*, in: H. Dreier (Hrsg.), Grundgesetz, 3. Aufl. 2015, Art. 31, Rn. 40; *S. Korioth*, in: T. Maunz u.a. (Hrsg.), Grundgesetz-Kommentar, 2018, Art. 31 GG, Rn. 13.

[133] S. auch BVerfGE 36, 342 (362), 2 BvN 1/69 – *Niedersächsisches Landesbesoldungsgesetz*.

[134] *P. M. Huber*, in: M. Sachs (Hrsg.), Grundgesetz, 7. Aufl. 2014, Art. 142, Rn. 8.

[135] Die Formulierung wurde auf Antrag des Abg. Zinn von »unbeschadet« auf »ungeachtet« abgeändert, ohne dass die Gründe dafür dokumentiert wurden, s. Deutscher Bundestag/Bundesarchiv (Hrsg.), Der Parlamentarische Rat 1948–1949: Akten und Protokolle, 1975–2009, Verhandlungen des Hauptausschusses, S. 765.

[136] *H. Maurer*, in: HGR III, 2009, § 82, Rn. 54.

[137] *C. von Coelln*, Anwendung von Bundesrecht nach Maßgabe der Landesgrundrechte?, 2001, S. 201.

[138] *W. März*, in: H. von Mangoldt u.a. (Hrsg.), Kommentar zum Grundgesetz, Bd. 2, 6. Aufl. 2010, Art. 31, Rn. 101, s. aber auch Rn. 107: »Jenseits inhaltlich übereinstimmender Grundrechte kommt Art. 31 zur Anwendung.«; *H. Dreier*, in: H. Dreier (Hrsg.), Grundge-

begründet, dass Art. 1 Abs. 3 GG gegenüber Art. 31 GG die speziellere Norm sei, andererseits überzeugender damit, dass Art. 31 GG eine kompetenz- und auch verfassungsmäßige Norm voraussetze, an der es im Fall des nicht-übereinstimmenden Landesgrundrechts wegen seines Verstoßes gegen Art. 1 Abs. 3 GG gerade fehle.[139]

cc) Übereinstimmung im Sinne von Art. 142 GG

Für die in Art. 142 GG geforderte Übereinstimmung kommt es nicht auf Wortlautidentität, sondern auf sachliche Identität an. Diese sachliche Identität konkret festzustellen, ist alles andere als trivial.[140] Abstrakt gesprochen ist eine Übereinstimmung bei Grundrechten jedenfalls dann anzunehmen, wenn sie den »gleichen Gegenstand in gleichem Sinne, mit gleichem Inhalt und in gleichem Umfang« regeln.[141] Darüber hinaus kann aber auch im Fall der Mehrgewährleistung [(1)] und selbst im Fall der Mindergewährleistung von einer Übereinstimmung auszugehen sein [(2)].

(1) Mehrgewährleistung als Übereinstimmung im Sinne von Art. 142 GG

Eine Übereinstimmung im Sinne von Art. 142 GG ist auch dann anzunehmen, wenn Landesgrundrechte gegenüber den Bundesgrundrechten einen weitergehenden Schutz gewährleisten.[142] Relevante Fälle landesverfassungsrechtlicher Mehrgewährleistung ergeben sich etwa dann, wenn das Grundgesetz eine entsprechende Garantie nicht kennt, wenn der sachliche oder persönliche Schutzbereich des Bundesgrundrechts enger definiert ist oder die Anforderungen an Einschränkungen des Landesgrundrechts strenger sind.[143]

---

setz, 3. Aufl. 2013, Art. 1 III, Rn. 37; *H. Dreier*, in: H. Dreier (Hrsg.), Grundgesetz, 3. Aufl. 2015, Art. 31, Rn. 22.

[139] *M. Baldus*, in: Die Verfassungsgerichte der Länder Brandenburg, Mecklenburg-Vorpommern, Sachsen, Sachsen-Anhalt und Thüringen (Hrsg.), 20 Jahre Verfassungsgerichtsbarkeit in den neuen Ländern, 2014, S. 19 (35).

[140] *H. D. Jarass*/*B. Pieroth*, Grundgesetz für die Bundesrepublik Deutschland, 13. Aufl. 2014, Art. 142, Rn. 3.

[141] BVerfGE 96, 345 (365), 2 BvN 1/95 (1997) – *Landesverfassungsgerichte*; vgl. *H. Dreier*, Grundrechtsschutz durch Landesverfassungsgerichte, 2000, S. 19. Die Formel prägte Laforet in den Verhandlungen des Parlamentarischen Rates zu Art. 31 GG: Hauptausschuss, 6. Sitzung v. 19.11.1948, erste Lesung Art. 31 GG, s. Deutscher Bundestag/Bundesarchiv (Hrsg.), Der Parlamentarische Rat 1948–1949: Akten und Protokolle, 1975–2009, S. 186 f.

[142] BVerfGE 96, 345 (365), 2 BvN 1/95 – *Landesverfassungsgerichte*. Auch im Parlamentarischen Rat wurden die Grundrechte des Grundgesetzes als Mindeststandard betrachtet (Abgeordneter Dr. Schmid, erste Lesung am 19.11.1948 und dritte Lesung am 9.2.1949, s. Deutscher Bundestag/Bundesarchiv (Hrsg.), Der Parlamentarische Rat 1948–1949: Akten und Protokolle, 1975–2009, S. 298 f., 911; Abgeordneter Dr. Laforet, ebd.).

[143] *H. D. Jarass*/*B. Pieroth*, Grundgesetz für die Bundesrepublik Deutschland, 13. Aufl. 2014, Art. 142 Rn. 3.

Voraussetzung ist, dass das jeweils engere Bundesgrundrecht als Mindestgarantie zu verstehen ist und daher einen weitergehenden Schutz nicht ausschließt.[144] Zudem darf eine weitergehende landesverfassungsrechtliche Grundrechtsgewährleistung im Falle mehrpoliger Grundrechtsverhältnisse nicht zu einer grundgesetzwidrigen Verkürzung der Grundrechte anderer Beteiligter führen.[145] Wegen der aus Art. 2 Abs. 2 GG hergeleiteten staatlichen Schutzpflicht gegenüber dem ungeborenen Leben[146] war etwa die Einführung eines Rechts auf selbstbestimmte Schwangerschaft nicht unproblematisch,[147] wie sie in einigen Entwürfen für die Verfassungen der neuen Bundesländer zunächst vorgesehen war.[148] Im Einzelfall schließt das Grundgesetz weitergehende Gewährleistungen in den Landesverfassungen klar aus. Ein Beispiel dafür ist Art. 9 Abs. 2 GG, demzufolge bestimmte Vereinigungen verboten sind, etwa solche, deren Zwecke sich gegen den Gedanken der Völkerverständigung richten. Sollten derartige Vereinigungen in den persönlichen Schutzbereich eines Landesgrundrechts der Versammlungsfreiheit fallen, so befände sich diese Gewährleistung nicht »in Übereinstimmung« mit dem Grundgesetz.[149] Auch für das beschränkte Asylrecht nach Art. 16a GG ist infrage gestellt worden, ob daneben noch Raum für eine weitergehende landesgrundrechtliche Gewährleistung ist.[150] Allerdings ist hier mittlerweile zu berücksichtigen, dass nach Art. 16a Abs. 5 GG vorrangiges internationales und europäisches Recht auch die grundgesetzliche Gewährleistung überlagern und dadurch den maßgeblichen Rahmen auch für Landesverfassungsrecht definieren.[151]

(2) Mindergewährleistung als Übereinstimmung im Sinne von Art. 142 GG

Eine Übereinstimmung kann auch dann anzunehmen sein, wenn ein Landesgrundrecht einen geringeren Schutz gewährleistet als die Grundrechte des Grundgesetzes. Dies kann sich etwa daraus ergeben, dass der Schutzbereich we-

---

[144] BVerfGE 96, 345 (365), 2 BvN 1/95 – *Landesverfassungsgerichte*.

[145] *E.-W. Böckenförde/R. Grawert*, DÖV 24 (1971) 4, S. 119 (121); *S. Jutzi*, Landesverfassungsrecht und Bundesrecht, 1982, S. 37; *H. Dreier*, in: H. Dreier (Hrsg.), Grundgesetz, 3. Aufl. 2015, Art. 142, Rn. 50; *P. M. Huber*, in: M. Sachs (Hrsg.), Grundgesetz, 7. Aufl. 2014, Art. 142, Rn. 13a; *W. März*, Bundesrecht bricht Landesrecht, 1989, S. 199 f. am Beispiel des Art. 59 Abs. 2 LV Hessen, der anders als Art. 12 GG Deutschen wie ausländischen Studienbewerbern die gleichen Rechte einräumt.

[146] BVerfGE 39, 1 (42–44, 45, 65), 1 BvF 1, 2, 3, 4, 5, 6/74 – *Schwangerschaftsabbruch I*; 88, 203 (251–263), 2 BvF 2/90 und 4, 5/92 – *Schwangerschaftsabbruch II*.

[147] *S. Korioth*, in: T. Maunz u.a. (Hrsg.), Grundgesetz-Kommentar, 2018, Art. 142, Rn. 14.

[148] *J. Dietlein*, Die Grundrechte in den Verfassungen der neuen Bundesländer, 1993, S. 71–74.

[149] *U. Sacksofsky*, NVwZ 12 (1993) 3, S. 235 (237).

[150] S. VerfGH Saarland, Beschl. v. 24.9.1998, Lv 4/98, LVerfGE 9, 239 (241); vgl. *K. Lange*, in: HGR III, 2009, § 83, Rn. 19.

[151] *F. Wittreck*, in: H. Dreier (Hrsg.), Grundgesetz, 3. Aufl. 2013, Art. 16a, Rn. 39 f.

niger umfangreich ist oder das Recht in stärkerem Maße eingeschränkt werden kann. Nach herrschender Meinung können auch diese sogenannten Mindergewährleistungen in Geltung bleiben,[152] sofern das gegenüber dem Grundgesetz engere Landesgrundrecht als Mindestgarantie einen weitergehenden Schutz nicht ausschließt,[153] wovon zumeist auch auszugehen ist.[154]

Nach anderer Ansicht sind Mindergewährleistungen nichtig. Dafür lässt sich der Wortlaut des Art. 142 GG anführen. Außerdem sollen nach dieser Ansicht Entscheidungen der Landesverfassungsgerichte vermieden werden, die über die Vorgaben des Grundgesetzes hinausgehende Grundrechtsbeschränkungen ermöglichen.[155] Jedoch ist es gerade Sinn und Zweck der Geltung von Mindergewährleistungen, auch in diesem Fall die zusätzlichen Rechtsschutzmöglichkeiten vor den Landesverfassungsgerichten zu erhalten, die im Einzelfall durchaus bereits erfolgversprechend sein können.[156] Zudem gilt es, die schwierigen Fragen der Fortgeltung von partiell weiterreichenden, partiell aber zugleich enger gefassten Landesgrundrechten möglichst zu vermeiden. Schließlich sind die Grundrechtsordnungen der Landesverfassungen davor zu bewahren, punktuell durchlöchert zu werden. Diese Rücksichtnahme trägt nicht allein der Verfassungsautonomie der Länder Rechnung. Schließlich ist nicht ausgeschlossen, dass das engere Landesgrundrecht von heute nach einer Änderung des Grundgesetzes zum weiteren Grundrecht von morgen wird.[157] Die Verfassungsände-

---

152 *W. Leisner*, Die bayerischen Grundrechte, 1968, S. 21; *E.-W. Böckenförde/R. Grawert*, DÖV 24 (1971) 4, S. 119 (120); *H. von Olshausen*, Landesverfassungsbeschwerde und Bundesrecht, 1980, S. 121 f.; *H.-U. Gallwas*, JA 13 (1981) 10, S. 536 (540 f.); *F. O. Kopp*, in: R. Novak u.a. (Hrsg.), Der Föderalismus und die Zukunft der Grundrechte, 1982, S. 51 (58); *M. Sachs*, DÖV 38 (1985) 12, S. 469 (473 f.); *E. Tjarks*, Zur Bedeutung der Landesgrundrechte, 1999, S. 67; *J. Pietzcker*, in: HStR VI, 3. Aufl. 2008, § 134, Rn. 70–73; *P. M. Huber*, in: M. Sachs (Hrsg.), Grundgesetz, 7. Aufl. 2014, Art. 142, Rn. 13; a.A. *K. Stern*, Das Staatsrecht der Bundesrepublik Deutschland, Bd. III/2, 1994, § 93 VI 3 – mit Verweis auf die Äußerung des Abgeordneten Dr. Laforet im Parlamentarischen Rat; *A. Stiens*, Chancen und Grenzen der Landesverfassungen im deutschen Bundesstaat der Gegenwart, 1997, S. 39–41. S. Verhandlungen des Hauptausschusses, 1948–1949, S. 765.

153 BVerfGE 96, 345 (365), 2 BvN 1/95 – *Landesverfassungsgerichte*; s. allerdings noch BVerfGE 42, 312 (324 f.), 2 BvR 350/75 – *Inkompatibilität/Kirchliches Amt*.

154 *B. Pieroth*, in: H. D. Jarass/B. Pieroth (Hrsg.), Grundgesetz für die Bundesrepublik Deutschland, 13. Aufl. 2014, Art. 142, Rn. 3; *H. Dreier*, in: K. Schmidt (Hrsg.), Vielfalt des Rechts – Einheit der Rechtsordnung?, 1994, S. 113 (134) geht sogar davon aus, dass das weniger weitreichende Landesgrundrecht in keinem Fall das Gebot impliziere, das weiterreichende Bundesgrundrecht außer Anwendung zu lassen.

155 *S. Jutzi*, Landesverfassungsrecht und Bundesrecht, 1982, S. 38; *K. Stern*, Das Staatsrecht der Bundesrepublik Deutschland, Bd. III/2, 1994, § 93 VI 2; *W. Kluth*, NdsVBl. 17 (2010) 5, S. 130 (131).

156 S. bereits *W. Leisner*, Die bayerischen Grundrechte, 1968, S. 21; *A. von Campenhausen/P. Unruh*, in: H. von Mangoldt u.a. (Hrsg.), Kommentar zum Grundgesetz, 6. Aufl. 2010, Art. 142 GG, Rn. 12 mit einem Überblick zu den Argumenten.

157 *H. Dreier*, Grundrechtsschutz durch Landesverfassungsgerichte, 2000, S. 20 f.; *H. Dreier*, in: H. Dreier (Hrsg.), Grundgesetz, 3. Aufl. 2015, Art. 142, Rn. 44.

rungen zu Art. 13 GG[158] und Art. 16a GG[159] haben das bereits vor Augen geführt, wegen fehlender Länderkompetenzen allerdings ohne rechtliche Konsequenzen.

Eine dritte Ansicht will im Fall der Mindergewährleistung das engere Landesgrundrecht aufgrund von Art. 1 Abs. 3 GG bundesrechtskonform erweiternd auslegen.[160] Diese Begründung der erweiternden Auslegung mit Art. 1 Abs. 3 GG entspricht im Ergebnis der früher vertretenen problematischen »Ergänzungslehre«,[161] soll aber doch die Verfassungsautonomie der Länder wahren, weil sie eben nur bundeskonforme Auslegung des Landesrechts und nicht Ersetzung des Landesrechts meint. Allerdings wird hier die Verfassungsautonomie nur der Form nach respektiert, beschränkt doch die bundeskonforme Auslegung gerade die Eigenständigkeit der Landesverfassung.

Angesichts weitgehend angeglichener Grundrechtskataloge in Bund und Ländern und einer faktischen Anpassung der Landesverfassungsgerichte an die Rechtsprechung des Bundesverfassungsgerichts sind Mindergewährleistungen allerdings ohnehin ein eher theoretisches Problem.[162]

dd) Kollisionslage zwischen der Anwendung von Bundesrecht und Landesgrundrechten

Für die föderale Struktur der Bundesrepublik ist es charakteristisch, dass ein Schwerpunkt der Tätigkeit des Bundes bei der Gesetzgebung liegt, während die Länder vor allem im Gesetzesvollzug ein Gegengewicht bilden.[163] Von besonderer Bedeutung für die Reichweite der landesverfassungsgerichtlichen Judikatur ist in diesem Exekutivföderalismus die Frage nach der Anwendung von Landesgrundrechten auf die Anwendung von Bundesrecht durch Landesorgane.[164] Die mit Blick auf diese Konstellation zuweilen getroffene Unterscheidung von

---

158 BVerfGE 109, 279, 1 BvR 2378/98, 1 BvR 1084/99 – *Großer Lauschangriff*; s. *P. Tiedemann*, KJ 31 (1998) 4, S. 529.

159 BVerfGE 94, 49, 2 BvR 1938, 2315/93 – *Sichere Drittstaaten*; *A. Zimmermann*, Das neue Grundrecht auf Asyl, 1994, S. 345–363.

160 Vgl. *J. F. Lindner*, BayVBl. 135 (2004) 21, S. 641 (646) zu BayVerfGH, Entsch. v. 28.1.2003, Vf. 10–VII-02, 56 [2003] II, 1 (5 f.), BayVBl. 2003, 523; *H. Dreier*, in: H. Dreier (Hrsg.), Grundgesetz, 3. Aufl. 2015, Art. 142, Rn. 45; *W. Kluth*, NdsVBl. 17 (2010) 5, S. 130 (131).

161 *M. Baldus*, in: Die Verfassungsgerichte der Länder Brandenburg, Mecklenburg-Vorpommern, Sachsen, Sachsen-Anhalt und Thüringen (Hrsg.), 20 Jahre Verfassungsgerichtsbarkeit in den neuen Ländern, 2014, S. 19 (33) m.w.N. (Nachweise zur Ergänzungslehre etwa bei § 93 VI 3); *M. Sachs*, DÖV 38 (1985) 12, S. 469 (473 f.).

162 *R. Zuck*, Das Recht der Verfassungsbeschwerde, 4. Aufl. 2013, Rn. 268.

163 *B. Grzeszick*, in: T. Maunz u.a. (Hrsg.), Grundgesetz-Kommentar, 2018, Art. 20 Abschnitt IV, Rn. 23.

164 Zur Anwendung von Bundesrecht durch Landesorgane *C. von Coelln*, Anwendung von Bundesrecht nach Maßgabe der Landesgrundrechte?, 2001, S. 39–75; zur Rechtslage in den Bundesländern und zur Rechtsprechung der Landesverfassungsgerichte ebd., S. 77–149.

Norm und Normanwendung ist letztlich nicht haltbar, sodass Art. 31 GG auch diese Konstellation erfasst [(1)]. Dennoch können Landesgrundrechte in Spielräumen anzuwenden sein [(2)]. Insbesondere können Landesgrundrechte Prüfungsmaßstab für die Anwendung bundesrechtlich geregelten Verfahrensrechts durch Landesgerichte sein [(3)]. Zudem kommen die Landesgrundrechte als Prüfungsmaßstab für die Anwendung materiellen Bundesrechts durch Landesorgane in Betracht [(4)].

(1) Unterscheidung von Norm und Normanwendung?

Viele Autoren verneinen in dem Fall, in dem allein die Anwendung von Bundesrecht (nicht das Bundesrecht selbst) im Widerspruch zu einem Landesgrundrecht steht, das Vorliegen einer Normkollision, die nach Art. 31 GG die Berufung auf Landesgrundrechte ausschließen könnte. Eine *Norm*kollision sei nur anzunehmen, wenn zwei Rechtsnormen *per se* miteinander unvereinbar seien, nicht jedoch, wenn sie erst bei gleichzeitiger Anwendung auf einen Sachverhalt kollidierten.[165] Bei dieser Sichtweise steht Art. 31 GG der Kontrolle der Bundesrechtsanwendung am Maßstab der Landesverfassung nicht entgegen, wenn die Bundesrechtsnorm Auslegungs- bzw. Anwendungsspielräume belässt; ein Widerspruch auf der Normebene ist nur dann gegeben, wenn nach der bundesrechtlichen Bestimmung keine Möglichkeit besteht, landesverfassungskonform zu handeln.

Diese kategorische Unterscheidung zwischen der Norm einerseits und ihrer Anwendung und Auslegung andererseits mag zu überzeugenden Ergebnissen führen; argumentativ bietet sie nicht mehr als eine Scheinlösung:[166] Schon rechtstheoretisch ist sie wegen der Untrennbarkeit von Norm und Normauslegung nicht aufrechtzuhalten. Rechtsanwendung ist Konkretisierung des Gesetzes angesichts des vorliegenden Falles, durch die sich der gesetzgeberische Wille erst entfalten kann. Der Normbefehl wird in seiner konkreten Aussage

---

[165] *K. Sobota*, DVBl. 109 (1994) 14, S. 793 (797); *K.-G. Zierlein*, AöR 120 (1995) 2, S. 205 (229–235); *K.-E. Hain*, JZ 53 (1998) 12, S. 620 (621 f.); *F. Wittreck*, DÖV 52 (1999) 15, S. 634 (639 f.); *C. Tietje*, AöR 124 (1999) 2, S. 282 (286); *H. Clausen*, Landesverfassungsbeschwerde und Bundesstaatsgewalt, 2000, S. 76–79; *H. Dreier*, Grundrechtsschutz durch Landesverfassungsgerichte, 2000, S. 29 f.; *C. von Coelln*, Anwendung von Bundesrecht nach Maßgabe der Landesgrundrechte?, 2001, S. 190: kein Bedarf für Kollisionsnorm bei bloß potentiellem Konflikt; *S. Korioth*, in: T. Maunz u.a. (Hrsg.), Grundgesetz-Kommentar, 2018, Art. 142, Rn. 15. S. zu dieser Differenzierung auch BVerfGE 96 345 (364), 2 BvN 1/95 – *Landesverfassungsgerichte*; BerlVerfGH, Beschl. v. 12.1.1993, VerfGH 55/92, LVerfGE 1, 56 (62 f.), NJW 1993, 515 (517) – *Honecker-Haft als Menschenwürdeverstoß*; Beschl. v. 2.12.1993, VerfGH 89/93, LVerfGE 1, 169, NJW 1994, 436 (437–439) – *Entscheidung über Fortdauer der Untersuchungshaft* (*Fall Mielke*).

[166] *J. Berkemann*, NVwZ 12 (1993) 5, S. 409 (415 f.); *E. Klein*/*A. Haratsch*, JuS 40 (2000) 3, S. 209 (211); *C. Walter*, in: O. Dörr u.a. (Hrsg.), EMRK/GG, 2. Aufl. 2013, Kapitel 31: Nationale Durchsetzung, Rn. 62.

erst durch den Rechtsanwender geschaffen; Norm und Normanwendung sind untrennbar miteinander verbunden. Daher ist Art. 31 GG auch auf Kollisionen anzuwenden, die sich bei der Normanwendung ergeben. Die Prüfung, ob Bundesrecht den Vorschriften der Landesverfassung gemäß angewandt wurde, lässt sich nicht von der Prüfung trennen, ob der in diesem Fall konkretisierte Norminhalt mit der Landesverfassung vereinbar ist.[167]

(2) Bundesrechtliche Spielräume für die Normanwendung

Werden Landesgrundrechte nicht durch Art. 31 GG gebrochen, so beanspruchen sie Beachtung durch die Träger der Landesstaatsgewalt, soweit dafür Raum bleibt.[168] Die Landesgrundrechte werden dabei nicht zum Maßstab für das Bundesrecht und dessen Anwendung. Beim Vollzug des Bundesrechts ist Raum für die Landesgrundrechte vielmehr nur insoweit, als das Bundesrecht das Handeln der Landesstaatsgewalt nicht abschließend determiniert. Lässt das Bundesrecht bei seiner Anwendung den Landesorganen keine Spielräume, so bleiben die Landesgrundrechte ohne Relevanz.[169] Außer in den vom Bundesrecht gelassenen Spielräumen können Landesgrundrechte auch dort Anwendung finden, wo Entscheidungen von Landesbehörden und Landesgerichten gegen Bundesrecht verstoßen: Da solche Entscheidungen wegen ihrer Rechtswidrigkeit gerade nicht auf Bundesrecht beruhen, können sie durchaus auch Landesgrundrechte verletzen.[170]

Das Bundesverfassungsgericht hat besondere Konstellationen anerkannt, in denen Landesgrundrechte bei der Anwendung von Bundesrecht im Rahmen bundesrechtlicher Spielräume anzuwenden sind, namentlich im Fall des Erlasses landesrechtlicher Rechtsverordnungen aufgrund bundesgesetzlicher Ermächtigung[171] sowie im Fall der Anwendung bundesrechtlicher Verfahrensvorschriften durch Landesgerichte.[172]

---

[167] *J. Berkemann*, NVwZ 12 (1993) 5, S. 409 (415); *J. Rozek*, AöR 119 (1994) 3, S. 450 (464–469); *R. Steinberg*, in: H. Eichel/K. P. Möller (Hrsg.), 50 Jahre Verfassung des Landes Hessen, 1997, S. 356 (378) unter Hinweis auf *F. Müller*, Juristische Methodik, 6. Aufl. 1995, S. 166 ff.; *E. Klein/A. Haratsch*, JuS 40 (2000) 3, S. 209 (211); *H. Sauer*, Jurisdiktionskonflikte in Mehrebenensystemen, 2008, S. 149. S. grundsätzlich zu Konkretisierung/Normkonstruktion statt Auslegung *F. Müller/R. Christensen*, Juristische Methodik, 11. Aufl. 2013, S. 263 ff.

[168] BVerfGE 96, 345 (366), 2 BvN 1/95 – *Landesverfassungsgerichte*.

[169] *P. M. Huber*, in: M. Sachs (Hrsg.), Grundgesetz, 7. Aufl. 2014, Art. 142, Rn. 17.

[170] *P. M. Huber*, in: M. Sachs (Hrsg.), Grundgesetz, 7. Aufl. 2014, Art. 31, Rn. 9.

[171] BVerfGE 18, 407 (413–419), 2 BvN 1/62 – *Verordnung als Landesrecht*.

[172] BVerfGE 96, 345 (367), 2 BvN 1/95 – *Landesverfassungsgerichte*.

(3) Landesgrundrechte als Prüfungsmaßstab für die Anwendung bundesrechtlich geregelten Verfahrensrechts durch Landesgerichte

Gerade für die Konstellation der Anwendung bundesrechtlich geregelten Verfahrensrechts durch Landesgerichte schuf das Bundesverfassungsgericht mit seiner Leitentscheidung vom 15. Oktober 1997[173] ein »Sonderregime« für Verfahrensrügen vor den Landesverfassungsgerichten[174] mit einem engmaschigen Prüfungsprogramm für die Landesverfassungsgerichte.[175]

Bei der Begründung dieses Prüfungsprogramms geht das Gericht zunächst davon aus, dass Art. 31 GG als Kollisionsnorm auf Unvereinbarkeiten bei der Rechtsanwendung nicht anwendbar sei.[176] Damit ist die Entscheidung zugunsten einer Kontrollkompetenz der Landesverfassungsgerichte am Maßstab der Landesgrundrechte eigentlich gefallen.[177] Allerdings verengt das Bundesverfassungsgericht diese Kontrollkompetenz auf Fälle der Inhaltsgleichheit von Landesgrundrecht und Bundesgrundrecht. Nur hier sei eine Kollision von Landesgrundrecht und Bundesrecht regelmäßig ausgeschlossen.[178] Schließlich wird deutlich, dass Inhaltsgleichheit auch Ergebnisgleichheit im Einzelfall voraussetzt.

Dem damit nicht vollständig stringent begründeten Prüfungsprogramm zufolge muss ein Landesverfassungsgericht im ersten Schritt prüfen, ob die gerügte Verfahrensgestaltung im Ausgangsverfahren einen Anwendungsfall für ein Landesgrundrecht begründen konnte. Das Bundesrecht muss einen entsprechenden Spielraum für die Anwendung von Landesgrundrechten lassen. Im zweiten Schritt untersucht das Landesverfassungsgericht, zu welchem Ergebnis die Anwendung des Grundgesetzes im Ausgangsverfahren führen musste. Auf dieser Grundlage stellt es fest, ob das vom Beschwerdeführer als verletzt gerügte Landesgrundrecht mit einem entsprechenden Recht des Grundgesetzes inhaltsgleich ist. Nur unter dieser Voraussetzung kann es Prüfungsmaßstab für das Landesverfassungsgericht sein. Im dritten Schritt ist schließlich zu prüfen, ob das gerügte Landesverfassungsrecht im zu entscheidenden Fall zu demselben Ergebnis führt wie das Grundgesetz.[179] Im zweiten Schritt, also bei der Prüfung der Vorfrage, zu welchem Ergebnis die Anwendung des Grundgesetzes im Ausgangsverfahren führen muss, legt das Landesverfassungsgericht

---

[173] BVerfGE 96, 355, 2 BvN 1/95 – *Landesverfassungsgerichte.*

[174] *H. Dreier*, Grundrechtsschutz durch Landesverfassungsgerichte, 2000, S. 29; *J. Menzel*, Landesverfassungsrecht, 2002, S. 214.

[175] *M. Baldus*, in: Die Verfassungsgerichte der Länder Brandenburg, Mecklenburg-Vorpommern, Sachsen, Sachsen-Anhalt und Thüringen (Hrsg.), 20 Jahre Verfassungsgerichtsbarkeit in den neuen Ländern, 2014, S. 19 (45).

[176] BVerfGE 96, 355 (364), 2 BvN 1/95 – *Landesverfassungsgerichte.*

[177] *H. Sauer*, Jurisdiktionskonflikte in Mehrebenensystemen, 2008, S. 151.

[178] BVerfGE 96, 345 (373), 2 BvN 1/95 – *Landesverfassungsgerichte.*

[179] Ebd., S. 373 f.

das Grundgesetz aus, ohne dass dieses selbst Prüfungsmaßstab wäre. Dabei ist das Landesverfassungsgericht gemäß § 31 BVerfGG an die Rechtsprechung des Bundesverfassungsgerichts gebunden; eventuell ist es auch zur Vorlage an das Bundesverfassungsgericht nach Art. 100 Abs. 3 GG verpflichtet.[180]

Die Landesverfassungsgerichte sind diesem Programm weitgehend gefolgt.[181] Überwiegend handhaben sie das ihnen auferlegte lehrbuchartige Prüfungsprogramm recht souverän. Sie unterlassen es regelmäßig darzulegen, zu welchem Ergebnis die Anwendung des einschlägigen Bundesgrundrechts *in concreto* führt, und stellen die Inhaltsgleichheit von Bundes- und Landesgrundrecht ohne Erläuterung fest.[182]

(4) Landesgrundrechte als Prüfungsmaßstab für die Anwendung materiellen Bundesrechts durch Landesorgane

Vom Bundesverfassungsgericht bislang nicht entschieden ist die Konstellation, in denen Landesorgane nicht bundesrechtliche Verfahrensvorschriften anwenden, sondern materielles Bundesrecht vollziehen.[183] Auch insoweit teilt die Literatur weithin die Überzeugung, dass im Rahmen bundesrechtlich eingeräumter Spielräume die Landesgrundrechte Anwendung finden sollen.[184] Dabei ist wie-

---

[180] Ebd., S. 373.

[181] S. etwa ThürVerfGH, Beschl. v. 10.12.1998 – VerfGH 10/98, NVwZ 2003, S. 983; Beschl. v. 17.10.2002 – VerfGH 12/01; NJW 2003, 740; umfassende Darlegung der Rechtsprechung des Landesverfassungsgerichte bei *A. Edenharter*, Grundrechtsschutz in föderalen Mehrebenensystemen, 2018, S. 337–367.

[182] *C. Pestalozza*, in: HGR III, 2009, § 86, Rn. 60.

[183] *H.-J. Papier*, in: H. Sodan (Hrsg.), Zehn Jahre Berliner Verfassungsgerichtsbarkeit, 2002, S. 19 (29) bezeichnete diese Frage als weiterhin offen. Die Verfassungsgerichtshöfe des Landes Berlin und des Freistaates Sachsen haben diese Prüfung vorgenommen: BerlVerfGH, Beschl. v. 6.10.1998, VerfGH 32/98, LVerfGE 9, 45 (48–49), NJW 1999, 47; Beschl. v. 23.11.2000, VerfGH 72/00, LVerfGE 11, 80 (86–89); Beschl. v. 28.6.2001, VerfGH 100/00, LVerfGE 12, 15 (20–24); Beschl. v. 16.5.2002, VerfGH 124/01, 124 A/01, LVerfGE 13, 42 (50–51); Beschl. v. 31.1.2003, VerfGH 34/00, LVerfGE 14, 19 (23); SächsVerfGH, Beschl. v. 25.6.1998, Vf. 7–IV-97, LVerfGE 8, 320 (324); SächsVBl. 2003, 165 (166). Das Verfassungsgericht des Landes Brandenburg und der Staatsgerichtshof des Landes Hessen haben die Frage offen gelassen: Beschl. v. 28.6.2001, VfGBbg 44/00, LVerfGE 12, 107 (114); *M. Sachs*, in: W. Knippel (Hrsg.), Verfassungsgerichtsbarkeit im Land Brandenburg, 2003, S. 103 (118) m.w.N.; HessStGH, Urt. v. 10.5.2017, P.St. 2545, NZA 2017, 727 (728), Rn. 36. Der Thüringer und der Bayerische Verfassungsgerichtshof reduzieren dagegen die Prüfung auf die Verletzung des Willkürverbots: ThürVerfGH, ThürVBl. 2005, 60; BayVerfGH, Entsch. v. 23.8 2006, Vf. 110–VI-05, NVwZ-RR 2007, 109, st. Rspr.

[184] *C. von Coelln*, Anwendung von Bundesrecht nach Maßgabe der Landesgrundrechte?, 2001, S. 326–341 m.w.N.; *J. F. Lindner*, BayVBl. 135 (2004) 21, S. 641 (648–650); *M. Möstl*, AöR 130 (2005) 3, S. 350 (382–386); *H. Sodan*, in: HGR III, 2009, § 84, Rn. 64; *A. Voßkuhle*, JöR N.F. 59 (2011), S. 215 (222); *P. M. Huber*, in: M. Sachs (Hrsg.), Grundgesetz, 7. Aufl. 2014, Art. 31, Rn. 8–8a; *P. M. Huber*, in: M. Sachs (Hrsg.), Grundgesetz, 7. Aufl. 2014, Art. 142, Rn. 17; *M. Baldus*, in: Die Verfassungsgerichte der Länder Brandenburg, Mecklenburg-Vorpommern, Sachsen, Sachsen-Anhalt und Thüringen (Hrsg.), 20 Jahre Verfassungsgerichtsbarkeit in den neuen Ländern, 2014, S. 19 (41).

derum zu beachten, dass bei mehrpoligen Konstellationen bundesgrundrechtlich geschützte Rechtspositionen Dritter nicht beeinträchtigt werden dürfen.[185]

Manche Landesverfassungsgerichte halten sich weiter zurück. Der Bayerische Verfassungsgerichtshof etwa bekräftigte nach der Leitentscheidung des Bundesverfassungsgerichts von 1997 eine schon ältere Rechtsprechung. Danach ist in dieser Konstellation nur eine das Willkürverbot nach Art. 118 der Bayerischen Verfassung verletzende Anwendung des Bundesrechts rügefähig. Nicht dagegen kann eine Verfassungsbeschwerde beim Bayerischen Verfassungsgerichtshof auf eine Verletzung von Art. 100 i.V.m. 101 LV Bayern (körperliche Unversehrtheit), Art. 100 i.V.m. Art. 101 LV Bayern (allgemeines Persönlichkeitsrecht) und Art. 103 Abs. 1 LV Bayern (Gewährleistung von Eigentum und Erbrecht) gestützt werden.[186] Eine ausdrückliche Regelung sieht § 44 Abs. 2 VerfGHG Rheinland-Pfalz vor: Die Verfassungsbeschwerde ist unzulässig, soweit die öffentliche Gewalt des Landes Bundesrecht ausführt oder anwendet. Allerdings gilt diese Einschränkung nicht für die Durchführung des gerichtlichen Verfahrens oder wenn die Landesverfassung weiterreichende Rechte als das Grundgesetz gewährleistet.

Für eine Differenzierung zwischen der Anwendung bundesrechtlichen Verfahrensrechts und materiellen Bundesrechts ist Raum, wenn man die Grundsatzentscheidung im Beschluss des Bundesverfassungsgerichts vom 15. Oktober 1998 eng auslegt. Damit würde auch dem Umstand Rechnung getragen, dass die Abgrenzung zwischen bestehenden Spielräumen und ihren Grenzen in der Praxis gerade dann schwierig sein kann, wenn das materielle Recht Spielräume lässt. Naheliegender ist allerdings ein Erst-Recht-Schluss: Im Fall der Anwendung bundesrechtlich geregelten Verfahrensrechts liegt wegen der Einbindung der Landesgerichte in die Landesgewalt eine gewisse Verfahrensautonomie nahe. Wird dennoch eine enge Bindung der Landesverfassungsgerichtsbarkeit angenommen, dann müsste eine solche Bindung erst recht bei der Anwendung materiellen Bundesrechts im Allgemeinen bestehen.[187]

ee) Zwischenfazit

Als Zwischenfazit lässt sich an dieser Stelle festhalten, dass Landesgrundrechte im Verhältnis zu Bundesgrundrechten durch das Grundrechtskollisionsregime des Grundgesetzes eine gewisse Privilegierung gegenüber dem allgemeinen

---

185 *H. Dreier*, in: H. Dreier (Hrsg.), Grundgesetz, 3. Aufl. 2015, Art. 142, Rn. 47; *H. Sodan*, in: HGR III, 2009, § 84, Rn. 62 f.; HessStGH, Urt. v. 10.5.2017, P.St. 2545, NZA 2017, 727 (729), Rn. 44.

186 BayVerfGH, Entsch. v. 13.1.2005, Vf. 81–VI-03, VerfGH 58 [2005] II 37 (44), st. Rspr.

187 *C. Walter*, in: O. Dörr u.a. (Hrsg.), EMRK/GG, 2. Aufl. 2013, Kapitel 31: Nationale Durchsetzung, Rn. 63. S. zur Differenzierung zwischen Verfahrensrecht und materiellem Bundesrecht die weitreichende Rechtsprechung des BayVerfGH, etwa Entsch. v. 17.7.1964, Vf. 50–VI-63, BayVerfGHE 17 [1964] II 59.

Vorrang des Bundesrechts nach Art. 31 GG erfahren. Allerdings bindet gerade die Rechtsprechung des Bundesverfassungsgerichts zu den Landesgrundrechten als Maßstab für die Anwendung bundesrechtlich geregelten Verfahrensrechts durch Landesgerichte die Landesverfassungsgerichte eng an die eigene Rechtsprechung.

b) *Federal Bill of Rights* und *state bills of rights* in den USA

Soweit in den USA Grundrechte in den 14. Zusatzartikel inkorporiert worden sind, binden sie auf diese Weise auch die Einzelstaaten. Insoweit stellt sich die Frage nach dem Verhältnis von *Federal Bill of Rights* und *state bills of rights.*

aa) Mehrgewährleistungen

Grundsätzlich gilt auch für das Verhältnis von Bundesgrundrechten und den Grundrechten der einzelstaatlichen Verfassungen der Vorrang des Bundesrechts nach der *supremacy clause* des Art. VI Cl. 2 U.S. Const. Allerdings hat der *U.S. Supreme Court* klargestellt, dass die Verfassungen der Einzelstaaten einen über die Bundesverfassung hinausgehenden Grundrechtsschutz gewährleisten können.[188] Gemäß der *Supremacy Clause* ist Voraussetzung dafür allerdings, dass der weitergehende Schutz nicht der Bundesverfassung in der Auslegung des *U.S. Supreme Court* widerspricht.[189]

Einschränkungen ergeben sich für Mehrgewährleistungen aus dem Vorrang der Bundesverfassung unter anderem im Fall kollidierender grundrechtlich geschützter Belange. Dennoch können gerade hier Spielräume für einzelstaatlichen Grundrechtsschutz verbleiben. Dies demonstriert der Fall PruneYard. Der *California Supreme Court* dehnte den Schutz der freien Rede nach der *state constitution* auch auf im Privateigentum befindliche Orte wie Einkaufszentren aus,[190] obwohl der *U.S. Supreme Court* in vergleichbaren Fällen den Schutz

---

188 U.S. Supreme Court, *Sibron* v. *New York*, 392 U.S. 40, 60 f. (1968); *Oregon* v. *Hass*, 420 U.S. 714, 719 (1975); *PruneYard Shopping Center* v. *Robins*, 447 U.S. 74, 81 (1980); *City of Mesquite* v. *Aladdin's Castle*, Inc., 455 U.S. 283, 293 (1982); *Arizona* v. *Evans*, 514 U.S. 1, 8 (1995).

189 U.S. Supreme Court, *Smayda* v. *United States*, 352 F. 2d 251, 253 (CA9 1965), cert. denied, 382 U.S. 981 (1966); *Aftanase* v. *Economy Baler Co.*, 343 F. 2d 187, 193 (CA8 1965); *Oregon* v. *Hass*, 420 U.S. 714, 719 (1975). Die Regel, dass die *Supremacy Clause* einen strikten Mindeststandard definiert, war nicht stets vollkommen klar. Zu dem flexibleren, von föderalistischen Erwägungen geleiteten Modell Justice Harlans mit Vorbehalten gegenüber einem einheitlichen Bundesstandard s. *J. H. Wilkinson, III*, Va. L. Rev. 57 (1971) 7, S. 1185.

190 Supreme Court of California, *Robins v. PruneYard Shopping Center*, 23 Cal. 3d 899, 592 P.2d 341, 153 Cal. Rptr. 854 (1979), aff'd, 447 U.S. 74 (1980). Die meisten anderen *state supreme courts* sind dem allerdings nicht gefolgt, vgl. *S. S. Abrahamson/C. G. Curtis, Jr.*, in: K. L. Hall (Hrsg.), The Oxford Companion to the Supreme Court of the United States, 2005, S. 961 (962).

durch die Redefreiheit mit Verweis auf das Eigentumsrecht der Grundeigentümer abgelehnt hatte.[191] Die im Fall PruneYard vor dem *California Supreme Court* unterlegenen Eigentümer legten daraufhin ein Rechtsmittel bei einem Bundesgericht ein. Ihr auf das nach der Bundesverfassung geschützte Eigentumsrecht gestützter Antrag wurde vom *U.S. Supreme Court* kurzerhand zurückgewiesen.[192]

Sogar in dieser Konstellation, in der ein Bundesgrundrecht das andere beschränkt, hatten die Richter des *California Supreme Court* also einen Spielraum für unabhängiges Entscheiden auf der Grundlage der *state constitution*. Der *U.S. Supreme Court* argumentierte, dass ein Bundesstaat in Ausübung seiner *police power* das Privateigentum im Rahmen der Angemessenheit beschränken könne (»reasonable restrictions«), solange diese Beschränkungen nicht auf eine Enteignung ohne angemessene Entschädigung hinausliefen oder eine andere Bestimmung der Bundesverfassung verletzten.[193] Wenn es ein Einzelstaat zulasse, dass die öffentlich zugänglichen Flächen eines Einkaufszentrums für Zwecke der Meinungsäußerungsfreiheit genutzt werden, so laufe das nicht auf eine Verletzung von Eigentumsrechten unter der *Takings Clause* hinaus.[194] Nicht der Kongress, sondern die Einzelstaaten hätten die Kompetenz, den Begriff des Eigentums zu definieren.[195] Ebenfalls nicht verletzt würde unter den gegebenen Umständen eines öffentlich zugänglichen Einkaufszentrums die negative Freiheit aus dem 1. Zusatzartikel, sein Eigentum nicht als Forum für die Meinungsäußerungen anderer zur Verfügung stellen zu müssen.[196]

bb) Mindergewährleistungen

Echte Mindergewährleistungen verletzen den 14. Zusatzartikel und werden vom *U.S. Supreme Court* für nichtig erklärt. Zu dieser Entscheidung gelangte der Gerichtshof etwa im Fall Romer v. Evans mit einer Leitentscheidung zur Diskriminierung aus Gründen der sexuellen Orientierung in den Einzelstaaten. Gegenstand der Entscheidung war der 2. Zusatz zur Verfassung von Colo-

---

[191] U.S. Supreme Court, *Lloyd Corp. v. Tanner*, 407 U.S. 551 (1972).

[192] U.S. Supreme Court, *PruneYard Shopping Center v. Robins*, 447 U.S. 74, 81 (1980) (bestätigt einstimmig Kaliforniens »sovereign right to adopt in its own Constitution individual liberties more expansive than those conferred by the Federal Constitution«); s. auch U.S. Supreme Court, *California v. Greenwood*, 486 U.S. 35, 43 (1988): »Individual States may surely construe their own constitutions as imposing more stringent constraints on police conduct than does the Federal Constitution«.

[193] U.S. Supreme Court, *PruneYard Shopping Center v. Robins*, 447 U.S. 74, 81 (1980).

[194] Ebd., S. 83.

[195] Ebd., S. 84. Kritisch dazu Marshall, J., concurring, S. 93 f. mit dem Hinweis, dass das Eigentum auch eine Sphäre der Privatautonomie vermittele, die die Regierung zu achten habe, und dass »*core*« *common-law rights* einschließlich »rights against trespass« nicht ohne zwingendes Erfordernis eingeschränkt werden können.

[196] U.S. Supreme Court, *PruneYard Shopping Center v. Robins*, 447 U.S. 74, 86–88 (1980).

rado von 1992. Der Zusatz sollte nicht nur alle bestehenden Gesetze aufheben, die dem Schutz vor Diskriminierung aus Gründen der sexuellen Orientierung dienen, sondern auch die zukünftige Anerkennung von Rechten dieser Personen durch jegliche Hoheitsgewalt im Staat ausschließen.[197] Der *U.S. Supreme Court* sah in dieser Einschränkung des Diskriminierungsschutzes eine Verletzung der *Equal Protection Clause* des 14. Zusatzartikels.[198] Justice Kennedy betonte in seiner Entscheidungsbegründung, der zitierte Zusatz zur Verfassung von Colorado sei »sweeping and comprehensive« in seinem Zweck, Homosexuelle von jedem rechtlichen Schutz gegen Diskriminierung aufgrund ihrer sexuellen Orientierung auszuschließen.[199] In der Entscheidung wird deutlich, dass die Beschränkung von Rechten auf einzelstaatlicher Ebene die Bundesverfassung verletzen kann, wenn die Beschränkung so weit geht, dass sie nicht mehr in einem angemessenen Verhältnis (»rational relationship«) zu einem damit verfolgten legitimen Zweck (»legitimate governmental purpose«) steht.[200]

Die *state courts* wenden im Fall von Mindergewährleistungen in den *state constitutions* den höheren bundesrechtlich definierten Standard als Prüfungsmaßstab an.[201]

c) Unionsgrundrechte und Grundrechte der Verfassungen der Mitgliedstaaten, Art. 53 GRCh

Zum Verhältnis von Unionsgrundrechten und Grundrechten der mitgliedstaatlichen Verfassungsordnungen besagt Art. 53 GRCh, dass keine Bestimmung der Charta als Einschränkung der durch die Verfassungen der Mitgliedstaaten anerkannten Menschenrechte auszulegen sei. Zur Bedeutung dieser Bestimmung werden mehrere Auffassungen vertreten, die Generalanwalt Yves Bot in seinen Schlussanträgen in der Rechtssache Melloni darlegt:[202] Die erste Auslegung ver-

---

[197] Colo. Const., Art. II Sect. 30b. lautet: »Neither the State of Colorado, through any of its branches or departments, nor any of its agencies, political subdivisions, municipalities or school districts, shall enact, adopt or enforce any statute, regulation, ordinance or policy whereby homosexual, lesbian or bisexual orientation, conduct, practices or relationships shall constitute or otherwise be the basis of or entitle any person or class of persons to have or claim any minority status, quota preferences, protected status or claim of discrimination. This Section of the Constitution shall be in all respects self-executing.«

[198] U.S. Supreme Court, *Romer v. Evans*, 517 U.S. 620, 626–636 (1996); s. *K. P. Miller*, Alb. L. Rev. 76 (2013) 4, S. 2061 (2093 f.).

[199] U.S. Supreme Court, *Romer v. Evans*, 517 U.S. 620, 627 (1996).

[200] Ebd., S. 635.

[201] *K. P. Miller*, Alb. L. Rev. 76 (2013) 4, S. 2061 (2093). Ein Beispiel dafür ist etwa die Annahme der »Victim's Bill of Rights«-Initiative in einem Referendum in Kalifornien 1982, mit der das verfassungsrechtliche Verwertungsverbot für widerrechtlich erlangte Beweismittel weitgehend aufgehoben wurde (Cal. Const., Art. I, Sect. 28(f)(2), »Right to Truth-in-Evidence«). S. auch California Court of Appeal, *People v. May*, 748 P.2d 307, 321; *B. Latzer*, in: G. A. Tarr (Hrsg.), Constitutional Politics in the States, 1996, S. 149 (165).

[202] EuGH, Rs. C-399/11, *Melloni*, Schlussanträge des Generalanwalts Yves Bot v.

steht Art. 53 GRCh wie eine Klausel, die eine Mindestschutznorm vorsieht, wie sie dem internationalen Instrumentarium zum Schutz der Menschenrechte eigen und in Art. 53 EMRK ebenfalls enthalten ist. Nach der zweiten Auslegung grenzt Art. 53 GRCh den Anwendungsbereich der Charta insbesondere von dem der Verfassungen der Mitgliedstaaten ab und weist wie Art. 51 GRCh darauf hin, dass im Anwendungsbereich des Unionsrechts der sich aus der Charta ergebende Standard des Grundrechtsschutzes anzuwenden ist. Hingegen soll die Charta außerhalb des Anwendungsbereichs des Unionsrechts nicht die Umsetzung des Standards des Grundrechtsschutzes hindern, der in der Verfassung eines Mitgliedstaats vorgesehen ist. Als Kollisionsregel jedenfalls wäre Art. 53 GRCh dann bedeutungslos. Eine dritte Auslegungsvariante von Art. 53 GRCh legt, abhängig vom konkreten Problem des Schutzes der betreffenden Grundrechte und vom Kontext, die eine oder die andere der beiden genannten Auslegungen zugrunde. Dem EuGH zufolge lässt Art. 53 GRCh höhere nationale Schutzstandards vorbehaltlich des Vorrangs, der Einheit und der Wirksamkeit des Unionsrechts zu.[203] Im direkten Verhältnis von Charta-Grundrechten und mitgliedstaatlichen Grundrechten wird daher der Vorrang des Unionsrechts ein Stück weit relativiert. Angesichts der weitreichenden Gewährleistungen der Charta kommt dieser Aussage Bedeutung vor allem für die progressive Weiterentwicklung der mitgliedstaatlichen Grundrechte zu. Das Bundesverfassungsgericht geht allerdings in seiner Antiterrordatei-Entscheidung davon aus, dass Akte der deutschen öffentlichen Gewalt, die Unionsrecht i.S. des Art. 51 Abs. 1 GRCh »durchführen« und damit der Bindung an die Grundrechte der Charta unterliegen, nicht zugleich am Maßstab der deutschen Grundrechte zu messen sind. Bei dieser Interpretation macht das Grundgesetz damit vom »Angebot« des Art. 53 GRCh keinen Gebrauch, sondern nimmt den Geltungsanspruch der Grundrechte des Grundgesetzes zurück, soweit und solange die Charta anwendbar ist.[204]

3. Zwischenfazit: Föderale Grundrechte als Mindeststandard

Führt die Bindung der Einzelstaaten auch an die föderalen Grundrechte zu einer überlappenden Grundrechtsgeltung, so sorgen die Kollisionsregime in keinem der drei zu vergleichenden Grundrechtsföderalismen für eine Alternativität im Sinne des eingangs erläuterten Idealtypus. Vielmehr bleibt es jeweils bei einer teilweisen Kumulation der Grundrechtsbindungen. Im Ergebnis wirken die föderalen Grundrechte in allen drei Grundrechtsordnungen als Mindeststandard, jedenfalls für das Verhältnis der föderalen und einzelstaatlichen Grundrechte

2.10.2012, ECLI:EU:C:2012:600, Rn. 91–95 m.N.; s. nun auch *B. Pirker*, Grundrechtsschutz im Unionsrecht zwischen Subsidiarität und Integration, 2018, S. 347–351.

[203] EuGH, Rs. C-399/11, *Melloni*, Urt. v. 26.2.2013, ECLI:EU:C:2014:238, Rn. 60.

[204] *U. Stelkens*, in: FS Wendt, 2015, S. 467.

im engeren Sinne, unter Ausblendung des Vorrangs des sonstigen Bundesrechts, dem sich die Untersuchung zugleich zuwenden wird. Die Einschränkungen für einen weiterreichenden einzelstaatlichen Grundrechtsschutz, die sich in mehrpoligen Konstellationen aus kollidierenden Grundrechten anderer ergeben, sind wegen der relativ weiten Schutzbereiche der Bundesgrundrechte vor allem im Grundrechtsföderalismus der Bundesrepublik von Bedeutung.

Einen Mindeststandard in diesem Sinne markieren die Unionsgrundrechte allerdings nur in den spezifischen Situationen, in denen sie anwendbar sind. Da der so begründete Anwendungsbereich der Unionsgrundrechte sehr weit reicht, stellt sich an dieser Stelle für die Unionsrechtsordnung wie für die beiden anderen Grundrechtsordnungen die Frage, ob sich ein Spielraum für eine mitgliedstaatliche Grundrechtsjudikatur jenseits dieser Grenzen verteidigen lässt oder vielmehr auch innerhalb dieser Bindung Raum für Eigenständigkeit bleibt, der unter Umständen sogar bedeutsamer ist als die Bastion unionsgrundrechtsfreier mitgliedstaatlicher Verfassungsräume. Auf diese Frage wird zurückzukommen sein. Im Vergleich mit dem Grundrechtsföderalismus des Grundgesetzes fällt jedenfalls auf, dass nach der Rechtsprechung des Bundesverfassungsgerichts Raum für die Anwendung der Landesgrundrechte gerade in den Spielräumen bleibt, die sich bei der Anwendung des Bundesrechts durch Landesorgane ergeben. In den USA beschränkt der Vorrang des Bundesrechts die Rolle der *state supreme courts* im Grundrechtsföderalismus insofern nicht, als sie im Fall nichtiger Mindergewährleistungen in den *state constitutions* einfach den höheren bundesrechtlich definierten Standard als Prüfungsmaßstab anwenden. Auch im Fall von Mindergewährleistungen bleiben sie also im Spiel.

II. Vorrang des föderalen Rechts im Übrigen

Die Spielräume der einzelstaatlichen Grundrechtsjudikatur werden auch durch den Vorrang des kompetenzmäßig erlassenen Bundes- und Unionsrechts beschränkt. Kommen der Bundesebene weitreichende Gesetzgebungsbefugnisse zu und werden diese umfassend wahrgenommen, so hat dies für die einzelstaatlichen Grundrechtsgerichte zwei Konsequenzen. Zunächst greift der Vorrang des kompetenzmäßig zustande gekommenen Bundesrechts oder sekundären Unionsrechts im Kollisionsfall unmittelbar gegenüber den einzelstaatlichen Grundrechten, entzieht damit also den einzelstaatlichen Grundrechtsgerichten unter Umständen ihren Prüfungsmaßstab. Wie gesehen, ergibt sich diese Konsequenz für die deutschen Landesverfassungsgerichte, nicht aber für die *state courts* in den USA. Für das Bundesverfassungsgericht folgt dies ebenfalls aus dem Vorrang des Unionsrechts. Außerdem begrenzt der Vorrang die potentiellen Prüfungsgegenstände: Verbleibt der einzelstaatlichen Ebene wenig Raum für eigene Rechtsetzung, so beschränkt dies auch die Reichweite der

Grundrechtskontrolle der auf Akte der Landesgewalt als Prüfungsgegenstand beschränkten einzelstaatlichen Grundrechtsgerichte.

In der Bundesrepublik wurden die umfangreichen Gesetzgebungskompetenzen der Bundesebene auch umfassend wahrgenommen. Insbesondere sind die konkurrierenden Zuständigkeiten Grundlage einer häufig abschließenden Bundesgesetzgebung gewesen, die keinen Raum für materiell eigenständige Regelungen des Landesrechts lässt (1.). In den USA dagegen ist die Bundesgesetzgebung selten abschließend. Stattdessen räumt der Kongress den Einzelstaaten gezielt Spielräume ein und definiert auf diese Weise einen *legislative federalism* (2.). Im Unionsrecht kommt zum Vorrang des Sekundärrechts die große Reichweite des Primärrechts als maßgeblicher Faktor hinzu, der die »Allgegenwart« des Unionsrechts für die mitgliedstaatlichen Rechtsordnungen begründet (3.).

1. Umfangreiche und umfassend ausgeschöpfte Kompetenzen des Bundesgesetzgebers in Deutschland

Landesverfassungsrechtliche Grundrechtsweiterungen und Grundrechtsneuschöpfungen sind aufgrund möglicher Kollisionen mit einfachem Bundesrecht wegen Art. 31 GG[205] in ihrer Existenz bedroht. Wie gesehen, reichen die Gesetzgebungsbefugnisse des Bundes weit. Weil der Bund seine Gesetzgebungskompetenzen in weitem Umfang und mit großer Regelungstiefe wahrgenommen hat, sind die betreffenden Lebensbereiche häufig umfassend bundesgesetzlich geregelt [a)]. Nur ausnahmsweise lässt die bundesrechtliche Regelung Spielräume für die Berücksichtigung von weitergehendem Landesrecht zu,[206] wozu auch die Rechtsprechung des Bundesverfassungsgerichts zur Sperrwirkung von Bundesgesetzen im Bereich der konkurrierenden Gesetzgebung beiträgt [b)].

a) Auswirkungen in verschiedenen Grundrechtsbereichen

Insbesondere hat die Bundesgesetzgebung von ihren konkurrierenden Kompetenzen in den Bereichen des Rechts der Wirtschaft (Art. 74 Nr. 11, 16 GG), des Sozialrechts (Art. 74 Nr. 6, 7, 10, 12 GG) und des Arbeitsrechts (Art. 74 Nr. 12 GG) ausgiebig Gebrauch gemacht. Damit hat sie dazu beigetragen, dass die entsprechenden landesverfassungsrechtlichen Bestimmungen in das »Schattendasein unverbindlicher Programmsätze« zurückgedrängt wurden.[207] So bleibt

---

[205] S. dazu *M. Baldus*, in: Die Verfassungsgerichte der Länder Brandenburg, Mecklenburg-Vorpommern, Sachsen, Sachsen-Anhalt und Thüringen (Hrsg.), 20 Jahre Verfassungsgerichtsbarkeit in den neuen Ländern, 2014, S. 19, S. 38 f.

[206] S. zu dieser Konstellation BVerfGE 96, 345 (365 f.), 2 BvN 1/95 – *Landesverfassungsgerichte*; zu ihrem Ausnahmecharakter *R. Zuck*, Das Recht der Verfassungsbeschwerde, 4. Aufl. 2013, Rn. 268.

[207] *J. Dietlein*, JURA 16 (1994) 2, S. 57 (61); *K. Stern*, Das Staatsrecht der Bundesre-

etwa angesichts der Bundeskompetenz für das Arbeitsrecht und des bundeseinheitlichen (Richter-)Rechts kaum Raum für ein landesverfassungsrechtliches Recht auf Arbeit.[208]

Der gemäß Art. 31 GG vorrangige § 14 VereinsG relativiert die Erweiterung der Vereinsfreiheit in Art. 20 LV Brandenburg, der sie zu einem Jedermann-Grundrecht erklärt oder in Art. 24 LV Sachsen, der die Eingriffsschwelle für ein staatliches Vorgehen gegen sogenannte Ausländervereine gegenüber dem für »Deutschenvereine« geltenden Art. 9 Abs. 2 GG absenkt. Nach § 3 Abs. 2 VereinsG gilt dies auch für den Vollzug des Vereinsgesetzes durch Landesbehörden, die ihr nach § 14 VereinsG eingeräumtes Ermessen entsprechend dem Zweck der bundesgesetzlichen Regelung auszuüben haben.[209]

Ähnlich beschränkt war die rechtliche Bedeutung des in Art. 19 Abs. 5 LV Brandenburg formulierten Rechts auf eine von Zeugnispflicht, Durchsuchung und Beschlagnahme ungehinderte rechtmäßige journalistische Tätigkeit. Es kollidierte mit den einschlägigen Bestimmungen der Strafprozessordnung. § 53 Abs. 1 Nr. 5 StPO begrenzt das Zeugnisverweigerungsrecht auf solche journalistisch tätigen Personen, die berufsmäßig bei der Vorbereitung, Herstellung oder Verbreitung von periodischen Druckwerken oder Rundfunksendungen mitwirken. Das strafprozessuale Zeugnisverweigerungsrecht ist zudem thematisch auf Auskünfte über die Person des Verfassers, Einsenders oder Gewährsmannes von Beiträgen und Unterlagen sowie über die ihnen im Hinblick auf ihre Tätigkeiten gemachten Mitteilungen für den redaktionellen Teil beschränkt. Auskünfte über selbstrecherchiertes Material wurden dagegen ursprünglich vom Beschlagnahmeverbot des § 97 Abs. 5 StPO grundsätzlich nicht erfasst. Selbst erstelltes Bildmaterial konnte nach der StPO durchaus auch dann beschlagnahmt werden, wenn hierdurch die journalistische Tätigkeit beeinträchtigt wurde.[210] Folglich derogierten gemäß Art. 31 GG die einfachge-

---

publik Deutschland, Bd. III/2, 1994, § 93 VI 5; *M. Herdegen*, in: HStR VI, 3. Aufl. 2008, § 129, Rn. 6–10. Vgl. etwa aus der Rechtsprechung des Bayerischen Verfassungsgerichtshofs BayVerfGH, Entsch v. 12.7.1962, Vf. 59–VI-61, BayVerfGHE 15 [1962] II 49 (52–57) (Recht auf Wohnung); BayVerfGH BayVerfGHE 9 [1956] II 27 (39) (Mutterschutz); BayVerfGH, Entsch. v. 15.7.1960, Vf. 130–VI-59, BayVerfGHE 13 [1960] II 99; BayVerfGH, Entsch. v. 30.9.1960, Vf. 81–VII-59, BayVerfGHE 13 [1960] II 109 (117); BayVerfGH, Entsch. v. 28.1.1963, Vf. 47–VI-62, BayVerfGHE 16 [1963] II 10 (14) (nichteheliche Kinder).

[208] Bundesminister des Innern/Bundesministerium der Justiz (Hrsg.), Staatszielbestimmungen, Gesetzgebungsaufträge: Bericht der Sachverständigenkommission, 1983, Rn. 100: politischer Handlungsspielraum der Länder, ein »Recht auf Arbeit« zu verwirklichen, ist dadurch erheblich eingeschränkt, dass gemäß Art. 74 Nr. 12 GG dem Bund die konkurrierende Gesetzgebung für das Arbeitsrecht zusteht; *R. Wahl*, AöR 112 (1987) 1, S. 26 (28). S. zum Vorrang der verfassungskonkretisierenden Rechtsprechung des Bundesarbeitsgerichts HessStGH, Urt. v. 10.5.2017, P.St. 2545, NZA 2017, 727 (729), Rn. 47 sowie die abweichende Meinung der Mitglieder des Staatsgerichtshofs Sacksofsky, Gasper und Giani, ebd., S. 731.

[209] *J. Dietlein*, JURA 16 (1994) 2, S. 57 (61).

[210] Vgl. hierzu BVerfGE 77, 65, 2 BvR 1434/86 – *Beschlagnahme von Filmmaterial.*

setzlichen Regelungen der Strafprozessordnung das brandenburgische Landesgrundrecht.[211] Allerdings wurde § 53 Abs. 1 Nr. 5 StPO 2002 neu gefasst und erstreckt seither, sofern nicht die Ausnahmeregelung des neuen Abs. 2 Satz 2 eingreift, das Zeugnisverweigerungsrecht auf selbst erarbeitetes Material und eigene berufsbezogene Wahrnehmungen.[212]

b) Rechtsprechung des Bundesverfassungsgerichts zur Sperrwirkung nach Art. 72 Abs. 1 Halbsatz 2 GG

Zusätzlich wurde die Reichweite des vorrangigen Bundesrechts durch die Rechtsprechung des Bundesverfassungsgerichts zur Sperrwirkung von Bundesgesetzen im Bereich der konkurrierenden Gesetzgebung erweitert. Das Gericht hat bis in die Gegenwart in der überwiegenden Zahl der Fälle eine erschöpfende Bundesregelung mit der Folge einer umfassenden Sperrwirkung nach Art. 72 Abs. 1 Halbsatz 2 GG angenommen.[213] Dabei war allein maßgeblich, ob die bundesrechtliche Regelung eine erschöpfende oder abschließende Regelung darstellt,[214] ohne dass das Bundesverfassungsgericht die Reichweite der Sperrwirkung inhaltlich intensiv geprüft hätte. Diese Rechtsprechung kam einer Vermutung nahe, dass die Bundesregelung im Zweifel abschließend sei.[215] Das Bundesverfassungsgericht bezog sich weniger auf die tatsächliche Lückenlosigkeit des Bundesgesetzes als auf die dahinterstehenden, notfalls aus den Gesamtumständen zu ermittelnden Intentionen des Gesetzgebers.[216] Dies hat sich erst jüngst mit dem Beschluss zum Thüringer Ladenöffnungsgesetz gewandelt.[217]

---

[211] *J. Dietlein*, JURA 16 (1994) 2, S. 57 (61).

[212] *L. Senge*, in: R. Hannich (Hrsg.), Karlsruher Kommentar zur Strafprozessordnung, 7. Aufl. 2013, § 53 StPO, Rn. 27.

[213] *J. Bauerschmidt*, DÖV 68 (2015) 15, S. 656 (657 f.).

[214] Vgl. BVerfGE 7, 342 (347), 2 BvL 32/56 – *Hamburgisches Urlaubsgesetz*; 20, 238 (248), 2 BvL 15/64 – *VwGO-Ausführungsgesetz I*; 34, 9 (28 f.), 2 BvF 1/71 – *Besoldungsvereinheitlichung*; 49, 343 (359), 2 BvR 154/74 – *Abgaben wegen Änderung der Gemeindeverhältnisse*; 98, 265 (300), 1 BvR 2306/96 u.a. – *Bayerisches Schwangerenhilfegesetz*; 102, 99 (114), 2 BvL 3/96 – *Landesabfallgesetz Nordrhein-Westfalen*; 109, 190 (229), 2 BvR 834/02, 2 BvR 1588/02 – *Nachträgliche Sicherungsverwahrung*; 113, 348 (372), 1 BvR 668/04 – *Vorbeugende Telekommunikationsüberwachung*.

[215] Kritisch BVerfGE 98, 265 (332), 1 BvR 2306/96 u.a. – *Bayerisches Schwangerenhilfegesetz*, abweichende Meinung des Vizepräsidenten Papier sowie der Richterinnen Graßhof und Haas: »Spekulation um die Motive«. Ablehnend auch *R. Wagner*, Die Konkurrenzen der Gesetzgebungskompetenzen von Bund und Ländern, 2011, S. 193–200 m.w.N.

[216] BVerfGE 109, 190 (230–235), 2 BvR 834/02, 2 BvR 1588/02 – *Nachträgliche Sicherungsverwahrung*; ähnlich BVerfGE 113, 348 (372–375), 1 BvR 668/04 – *Vorbeugende Telekommunikationsüberwachung*.

[217] BVerfG, Beschl. v. 14.1.2015, 1 BvR 931/12; vgl. abweichende Meinung des Richters Paulus, Rn. 1: »Der Beschluss ist weder mit der Kompetenzordnung des Grundgesetzes noch mit der dazu bisher ergangenen Rechtsprechung beider Senate […] vereinbar.«

Im Urteil von 1952 hatte noch der Paragraph einer Rechtsverordnung genügt, um den gesamten Bereich des Ladenschlusses für die Länder zu sperren.[218]

Insgesamt folgt aus der großen Reichweite des vorrangigen Bundesrechts, dass auch der Spielraum der Landesverfassungsgerichte beschränkt ist.

2. *Legislative Federalism* in den USA

Auch in den USA impliziert der Vorrang des Bundesrechts, dass die Grundrechtsgewährleistungen der *state constitutions* nicht dem einfachen Bundesrecht widersprechen dürfen. Eine ganze Reihe von Verfassungsänderungen in den Einzelstaaten, einige darunter zur Einschränkung des Rechts auf Abtreibung, wurden deshalb teilweise für nichtig erklärt, soweit sie nicht mit dem Bundesrecht übereinstimmten (»preempted by federal law«).[219]

a) Umsetzungsspielräume in der Gesetzgebungstechnik des Kongresses

Der Ausdehnung der Gesetzgebungskompetenzen des Kongresses und des Umfangs des Bundesrechts haben die Ansätze des *U.S. Supreme Court* zu einer restriktiven Kompetenzauslegung nicht nachhaltig entgegenwirken können. Allerdings ist in der Gesetzgebung selbst ein Gegentrend festzustellen: Der Kongress gesteht in seiner Gesetzgebung den Einzelstaaten zum Teil bewusst Gestaltungsräume zu, mit der Konsequenz, dass die konkrete Gestalt des Bundesstaats der Gegenwart weniger durch die Kompetenzverteilung in der Bundesverfassung geprägt wird als durch den Gestaltungswillen des Kongresses.[220] Die Grenze zwischen Bundesgewalt und einzelstaatlicher Gewalt wird praktisch nicht von der Verfassung gezogen, sondern folgt in vielen Fällen den Vorgaben der Bundesgesetze;[221] sie ergibt sich aus dem »federal statutory design«.[222] Verfassungsrechtler haben dieses Phänomen als »national federalism«[223] oder »intrastatutory federalism«[224] bezeichnet. Auf der einen Seite erfasst das Bun-

[218] § 22 der Arbeitszeitordnung v. 26.7.1934 i.d.F. v. 30.4.1938, RGBl. 1938 I S. 446. Die Reichsverordnung galt nach Art. 125 GG als Bundesrecht fort; BVerfGE 1, 283 (297 f.), 1 BvL 3/51 und 4/51 – *Ladenschlussgesetze*.

[219] U.S. Supreme Court, *Dalton v. Little Rock Family Planning Services*, 516 U.S. 474, 476 (1996); *Hern v. Beye*, 57 F.3d 906, 910 (10th Cir. 1995), cert. denied sub nom. Weil v. Hern, 516 U.S. 1011 (1995) (staatliche Beschränkungen der Finanzierung bestimmter Abtreibungen durch *Medicaid* verstoßen gegen Bundesrecht und sind daher »preempted«).

[220] *A. R. Gluck*, Yale L. J. 123 (2014) 6, S. 101 (102). U.S. Supreme Court, *Egelhoff v. Egelhoff ex rel. Breiner*, 532 U.S. 141, 160 f. (2001) (Justice Breyer, with whom Justice Stevens joins, dissenting); s. auch *E. A. Young*, Sup. Ct. Rev. 2011, S. 253 (254).

[221] *E. A. Young*, Yale L. J. 177 (2007) 3, S. 408 (412).

[222] *A. R. Gluck*, Yale L. J. 123 (2014) 6, S. 101 (103); *B. A. Fahey*, Harv. L. Rev. 128 (2015) 6, S. 1561 (1568 f.).

[223] *A. R. Gluck*, Yale L. J. 123 (2014) 6, S. 101 (102).

[224] *A. R. Gluck*, Yale L. J. 121 (2011) 3, S. 534.

desrecht zunehmend Bereiche, die traditionell als exklusive Regelungsgegenstände des einzelstaatlichen Rechts galten. Auf der anderen Seite räumt der Kongress in vielen Gesetzen den Staaten eigenständige Regelungsmöglichkeiten ein, verweist auf einzelstaatliches Recht oder inkorporiert es. Die Einzelstaaten erlassen etwa in Umsetzung von Bundesprogrammen ein Medicaid-Programm oder entwickeln Umsetzungspläne zum Luftreinhaltegesetz des Bundes (*Clean Air Act State Implementation Plan*). Der Blickwinkel, unter dem föderale Strukturen betrachtet und verglichen werden, darf daher nicht auf die Gesetzgebungszuständigkeiten verengt werden,[225] sondern muss auch diesen *legislative federalism* einbeziehen.[226]

b) Konsequenzen für die Gerichte der Einzelstaaten

Überträgt der Kongress Aufgaben auf die Einzelstaaten, so steigt auch die Verantwortung der *state courts*.[227] Es hat sich allerdings noch keine klare *doctrine* zu der Frage etablieren können, ob die Umsetzungsgesetze, die die Staaten formal als souveräne Akteure erlassen, als Bundesrecht oder einzelstaatliches Recht zu qualifizieren sind. Das wäre auch zur Beantwortung der Frage von Bedeutung, ob Bundesgerichte oder einzelstaatliche Gerichte für Streitigkeiten zuständig sind, die sich aus diesen Umsetzungsgesetzen ergeben, und welche Prüfungsmaßstäbe Anwendung finden.[228]

3. »Allgegenwart« des Unionsrechts

In der Europäischen Union findet die Reichweite der mitgliedstaatlichen Grundrechte ebenfalls eine Grenze im Vorrang des Unionsrechts. Der Spielraum für die Grundrechtsordnungen der Mitgliedstaaten und ihre Entfaltung durch die Verfassungsgerichte wird durch den Anwendungsvorrang des Unionsrechts stark beschnitten [a)]. Dabei wirken Primärrecht [b)] und Sekundärrecht [c)] in unterschiedlicher Weise auf die mitgliedstaatlichen Rechtsordnungen ein. Während das Primärrecht die mitgliedstaatlichen Rechtsordnungen überlagert, führt das Sekundärrecht zu einer weitgehenden bereichsspezifischen Nichtgeltung der mitgliedstaatlichen Grundrechte.

---

225 Zur Kritik *O. Beaud*, in: L. Azoulai (Hrsg.), The Question of Competence in the European Union, 2014, S. 19 (23 f.) m.N. aus der internationalen Literatur.

226 S. zu diesem Phänomen des Föderalismus und dessen Vorzügen *A. R. Gluck*, Yale L. J. 121 (2011) 3, S. 534 (566–568); *A. R. Gluck*, Fordham L. Rev. 81 (2013) 4, S. 1749 (1753–1765). Grundlegende Kritik bei *M. S. Greve*, The Upside-Down Constitution, 2012: Die weit verbreitete Delegation von Befugnissen an die Staaten widerspreche der ursprünglichen Gestalt des US-Bundesstaates.

227 *P. W. Kahn*, Val. U. L. Rev. 30 (1996) 2, S. 459 (465).

228 *A. R. Gluck*, Yale L. J. 123 (2014) 6, S. 101 (105).

Die damit zugleich bewirkte Verschiebung zum EuGH als Grundrechtsgericht ist nicht nur wegen der Belastung des Gerichtshofs, sondern auch unter Rechtsschutzgesichtspunkten problematisch. Schon statistisch sind die Zahl der Annullierungen von Rechtsakten und die Erfolgsaussichten klagender Individuen vor den mitgliedstaatlichen Gerichten signifikant höher.[229] Teilweise lässt sich aber sowohl dem Primärrecht als auch dem Sekundärrecht im Wege der Auslegung oder auf der Grundlage expliziter Ausnahmevorschriften Spielraum für die mitgliedstaatlichen Grundrechte entnehmen [d)].

a) Anwendungsvorrang des Unionsrechts gegenüber mitgliedstaatlichen Grundrechten

Der Anwendungsvorrang des Unionsrechts gilt nach etablierter Rechtsprechung auch gegenüber dem mitgliedstaatlichen Verfassungsrecht einschließlich der Grundrechte.[230] An diesem allgemeinen Vorrang des Unionsrechts ändert auch Art. 53 GRCh nichts. Zwar bestimmt Art. 53 GRCh unter anderem, dass keine Bestimmung der Charta als eine Einschränkung oder Verletzung der Menschenrechte und Grundfreiheiten auszulegen sei, die durch die Verfassungen der Mitgliedstaaten anerkannt werden. Der EuGH hat in seinem Urteil in der Rechtssache Melloni allerdings klargestellt, dass damit keine Durchbrechung des Vorrangs des Unionsrechts im Übrigen, jenseits der Charta, gemeint ist. Die Anwendung nationaler Grundrechte nach dem Günstigkeitsprinzip ist demnach nur zulässig, solange sie den Vorrang, die Einheit und die Wirksamkeit des Unionsrechts nicht beeinträchtigt.[231]

Wäre mit Art. 53 GRCh eine Ausnahme von dem grundlegenden Prinzip des Vorrangs des Unionsrechts intendiert gewesen, so hätte dies in der Tat deutlicher formuliert werden müssen.[232] Zudem zielt die Formulierung »in dem jeweiligen Anwendungsbereich« gerade darauf, dass der Vorrang des Unionsrechts unangetastet bleibt.[233] Auch der bewusst gewählte Wortlaut »Keine Bestimmung

---

[229] *A. Albi*, Vienna J. Int'l Const. L. 9 (2015) 2, S. 151 (178) unter Verweis auf A. Albi/S. Bardutzky (Hrsg.), National Constitutions in European and Global Governance, 2019.

[230] EuGH, Rs. 11/70, *Internationale Handelsgesellschaft*, Slg. 1970, 1125, Rn. 3, zit. in Rs. C-399/11, *Melloni*, Urt. v. 26.2.2013, ECLI:EU:C:2014:238, Rn. 59; Rs. C-106/77, *Simmenthal*, Slg. 1978, 629, Rn. 21, 24.

[231] EuGH, Rs. C-399/11, *Melloni*, Urt. v. 26.2.2013, ECLI:EU:C:2014:238, Rn. 58–64; Rs. C-617/10, *Åkerberg Fransson*, Urt. v. 26.2.2013, ECLI:EU:C:2014:238, Rn. 29; in diesem Sinne auch *T. Kingreen*, in: C. Calliess/M. Ruffert (Hrsg.), EUV/AEUV-Kommentar, 5. Aufl. 2016, Art. 53 GRCh, Rn. 6 f.; anders *C. Calliess*, JZ 64 (2009) 3, S. 113 (119 f.). Kritisch zu Melloni *N. Lavranos*, ELR 2013, S. 133 (140); *A. Torres Pérez*, EuConst 10 (2014) 2, S. 308 (317 f.). Zustimmend *B. de Witte*, in: S. Peers u.a. (Hrsg.), The EU Charter of Fundamental Rights, 2014, S. 1523 (1531–1533) Rn. 53.21–53.26 auch unter Berufung auf die Entstehungsgeschichte; *D. Sarmiento*, CML Rev. 50 (2013) 5, S. 1267 (1291).

[232] *M. Claes*, The National Courts' Mandate in the European Constitution, 2006, S. 695.

[233] S. ABl. C 310 vom 16.12.2004, S. 459; CONVENT 354/02 v. 22.10.2001, S. 6 f.; *L. F.*

dieser Charta ...« bedeutet schließlich nur, dass die Charta-Bestimmungen mitgliedstaatliche Grundrechte nicht einschränken können, schließt jedoch gerade nicht aus, dass andere Bestimmungen des Unionsrechts diese Wirkung haben.[234] Gegen diese, den Bedeutungsgehalt von Art. 53 GRCh einschränkende, Interpretation wird zwar eingewandt, sie wiederhole nur, was Art. 51 GRCh ohnehin schon besage, und mache Art. 53 GRCh bedeutungslos.[235] Eine Bedeutung für Art. 53 GRCh ergibt sich, wie gesehen, aber jedenfalls im unmittelbaren Verhältnis der unionalen und mitgliedstaatlichen Grundrechtsgewährleistungen.

b) Durchdringende Wirkung des Primärrechts

Die große Bedeutung dieses Anwendungsvorrangs im Übrigen ergibt sich daraus, dass das unionale Primärrecht für die Mitgliedstaaten »allgegenwärtig« [aa)] und die Europäische Union im Primärrecht »überkonstitutionalisiert« ist [bb)]. Beides führt dazu, dass auch die mitgliedstaatlichen Grundrechtsordnungen einem weitreichenden europarechtlichen Rechtfertigungszwang unterliegen [cc)].

aa) »Allgegenwart« des Primärrechts

Aufgrund der durchdringenden Wirkung des primären Unionsrechts begründen auch die den Mitgliedstaaten verbliebenen Befugnisse keine autonomen Bereiche für sie und ihre Grundrechtsordnungen.[236] Grundsätzlich sind alle Politikbereiche vom Unionsrecht betroffen.[237] Eine häufig wiederkehrende For-

---

M. Besselink, MJ 8 (2001) 1, S. 68 (75); *T. von Danwitz*, in: P. J. Tettinger/K. Stern (Hrsg.), Kölner Gemeinschaftskommentar zur Europäischen Grundrechte-Charta, 2006, Art. 53, Rn. 12 f.; *M. Borowsky*, in: J. Meyer (Hrsg.), Kommentar zur Charta der Grundrechte der Europäischen Union, 4. Aufl. 2014, Artikel 53, Rn. 5; *C. Ladenburger*, in: J. Laffranque (Hrsg.), The Protection of Fundamental Rights Post Lisbon, 2012, S. 141 (175); *H. Sauer*, in: N. Matz-Lück/M. Hong (Hrsg.), Grundrechte und Grundfreiheiten im Mehrebenensystem – Konkurrenzen und Interferenzen, 2012, S. 1 (43); EuGH, Rs. C-399/11, *Melloni*, Schlussanträge GA Bot v. 2.10.2012, Rn. 100; a. A. *J. B. Liisberg*, CML Rev. 38 (2001) 5, S. 1171 (1191).

[234] Ebd., S. 1191; *M. Bleckmann*, Nationale Grundrechte im Anwendungsbereich des Rechts der Europäischen Union, 2011, S. 295; *B. de Witte*, in: S. Peers u. a. (Hrsg.), The EU Charter of Fundamental Rights, 2014, S. 1523 (1532) Rn. 53.21.

[235] *J. Nergelius*, in: J. Nergelius/E. Kristoffersson (Hrsg.), Human Rights in Contemporary European Law, 2014, S. 1 (5 f.).

[236] *K. Lenaerts*, Fordham Int'l L.J. 33 (2010) 5, S. 1338 (1339) – »pervasive effect of federalism«. S. EuGH, Rs. 57/86, *Griechenland/Kommission*, Slg. 1988, 2855, Rn. 9; Rs. C-127/87, *Kommission/Griechenland*, Slg. 1988, 3333, Rn. 7; Rs. C-246/89, *Kommission/Vereinigtes Königreich*, Slg. 1991, I-4585, Rn. 12; Rs. C-279/93, *Finanzamt Köln-Altstadt/Schumacker*, Slg. 1995, I-225, Rn. 21.

[237] S. bereits *K. Lenaerts*, Am. J. Comp. L. 38 (1990) 2, S. 205 (220): »There simply is no nucleus of sovereignty that the Member States can invoke as such, against the Community.« – unter Hinweis auf EuGH, verb. Rs. 6 und 11/69, *Kommission/Frankreich*, Slg. 1969, 523, Rn. 14–17.

mel des EuGH lautet, dass es den Mitgliedstaaten in den Bereichen, für die die Union nicht zuständig ist, zwar grundsätzlich weiterhin freistehe, die Bedingungen für den Bestand der fraglichen Rechte aus dem Unionsrecht und die Modalitäten ihrer Ausübung festzusetzen, dass sie aber gleichwohl gehalten seien, das Unionsrecht bei der Ausübung dieser Befugnis zu beachten.[238]

Unionsrechtliche Rechtegewährleistungen überlagern also die Kompetenzabgrenzung.[239] Scheinbar unberührt von den Bemühungen der Mitgliedstaaten um eine Präzisierung der Kompetenzen reicht der Anwendungsbereich des Unionsrechts weit über die Kompetenzen der Union hinaus.[240] Das bedeutet, dass die Kompetenzen der Mitgliedstaaten und damit die Spielräume der Grundrechtsjudikatur auch in Bereichen eingeschränkt sind, in denen keine Zuständigkeiten der Union bestehen oder bestehende Zuständigkeiten nicht ausgeübt wurden.

bb) »Überkonstitutionalisierung« im Primärrecht

Die durch den EuGH konkretisierten materiellen Bindungen der Mitgliedstaaten auch im Bereich der ihnen verbliebenen Kompetenzen ergeben sich vor allem aus den Grundfreiheiten des Binnenmarktes (Art. 28 ff., 45 ff. AEUV),[241] aber auch aus dem Wettbewerbsrecht (Art. 101 ff. AEVU)[242] und der Freizügigkeit der Unionsbürger (Art. 21 AEUV). Die sachgebietsübergreifende Bedeutung der Unionsbürgerfreizügigkeit entspricht ihrem Charakter als Grundfreiheit und der Bedeutung der Unionsbürgerschaft als »grundlegendem Status aller Unionsbürger«.[243] Darüber hinaus kommt der Unionsbürgerschaft eine besondere Reichweite auch im Zusammenwirken mit dem Diskriminierungsverbot des Art. 18 AEUV[244] und den ungeschriebenen allgemeinen Rechtsgrundsätzen zu.[245] Die Reichweite der sich auf diese Weise ergebenden Bindungen der

---

238 EuGH, Rs. C-438/05, *Viking Line*, Slg. 2007, I-10779, Rn. 40 m.w.N.

239 *L. Azoulai*, in: L. Azoulai (Hrsg.), The Question of Competence in the European Union, 2014, S. 1 (8).

240 *S. Prechal* u.a., in: L. F. M. Besselink u.a. (Hrsg.), The Eclipse of the Legality Principle in the European Union, 2011, S. 213; *L. Azoulai*, in: L. Azoulai (Hrsg.), The Question of Competence in the European Union, 2014, S. 1.

241 *R. Streinz*, in: I. Härtel (Hrsg.), Handbuch Föderalismus, Bd. IV, 2012, S. 291 (312).

242 *G. Monti*, in: L. Azoulai (Hrsg.), The Question of Competence in the European Union, 2014, S. 101.

243 EuGH, Rs. C-192/05, *Tas-Hagen und Tas*, Schlussanträge GA Kokott, Slg. 2006, I-10451, Rn. 33–38; Rs. C-135/08, *Rottmann*, Slg. 2010, I-1449, Rn. 45 (zu Art. 20 Abs. 1 AEUV); EuGH, verb. Rs. C-523/11 und C-525/11, *Prinz und Seeberger*, Urt. v. 18.7.2013, ECLI:EU:C:2013:524, Rn. 23–27; Rs. C-275/12, *Elrick*, Urt. v. 24.10.2013, ECLI:EU:C:2013:684, Rn. 18–22 m.w.N.; Rs. C-220/12, *Meneses*, Urt. v. 24.10.2013, ECLI:EU:C:2013:683, Rn. 18–22 (alle zu Art. 165 Abs. 1 AEUV).

244 *S. Prechal* u.a., in: L. F. M. Besselink u.a. (Hrsg.), The Eclipse of the Legality Principle in the European Union, 2011, S. 213 (221–226).

245 *K. Lenaerts/J. A. Gutiérrez-Fons*, CML Rev. 47 (2010) 6, S. 1629 (1629); *S. Prechal*, REALaw 3 (2010) 1, S. 5; *M. K. Moser*, ZfRV 53 (2012) 1, S. 4.

Mitgliedstaaten ergibt sich auch daraus, dass der EuGH keine hohen Anforderungen an die Anwendungsvoraussetzung eines grenzüberschreitenden Bezugs eines Sachverhalts stellt.[246]

Maßgeblich für die große Reichweite des Primärrechts ist, dass es zahlreiche Regelungen enthält, die im nationalen Recht den Charakter einfachen Gesetzesrechts hätten. Wie neben anderen Dieter Grimm aufzeigte, beschränken sich die – sehr umfangreichen – europäischen Verträge im Unterschied zu nationalen Verfassungen nicht auf Bestimmungen, die der Funktion einer Verfassung entsprechen. Sie sind vielmehr voll von Vorschriften etwa zum Binnenmarkt oder zum Wettbewerbsrecht, die in den Mitgliedstaaten Gesetzesrecht wären. Solange die Verträge wie Völkerrecht behandelt wurden, schuf das kein Problem. Seit das europäische Recht aber »konstitutionalisiert« worden ist, also insbesondere unmittelbar anwendbar ist und Anwendungsvorrang beansprucht[247], wird ihr Regelungsumfang allerdings problematisch: In der Europäischen Union ist die grundlegende Differenz zwischen Regeln für politische Entscheidungen und den politischen Entscheidungen selbst weitgehend eingeebnet. Die Union ist in diesem Sinne »überkonstitutionalisiert«.[248]

cc) Wirkungsweise als Rechtfertigungszwang

Die Wirkungen dieser Normen des Primärrechts für die Mitgliedstaaten liegen darin, dass Beschränkungen von im Primärrecht gewährleisteten Rechten im Einklang mit den Vorgaben der Rechtsprechung des EuGH mit gewichtigen Gründen des Allgemeinwohls gerechtfertigt werden müssen.[249] Auf diese Weise werden auch Regelungen wie der Ausschluss von Frauen vom Dienst an der Waffe nach Art. 12a Abs. 4 Satz 2 GG a.F. rechtfertigungsbedürftig.[250] Denn auf diese Weise übt das Unionsrecht einen »pervasive effect«[251] aus, der zu einer »totalization« des Integrationsprozesseses[252] führt.

---

[246] *K. Lenaerts*, in: E. Cloots u.a. (Hrsg.), Federalism in the European Union, 2012, S. 13 (32). S. etwa EuGH, Rs. C-60/00, *Carpenter*, Slg. 2002, I-6279; Rs., C-109/01, *Akrich*, Slg. 2003, I-960; Rs. C-458/03, *Parking Brixen*, Slg. 2005, I-8612; vgl. *L. Azoulai*, in: H.-W. Micklitz/B. de Witte (Hrsg.), The European Court of Justice and the autonomy of the member states, 2012, S. 207 (210).

[247] *E. Stein*, AJIL 75 (1981) 1, S. 1; *J. H. H. Weiler*, Yale L. J. 100 (1991) 8, S. 2403.

[248] *D. Grimm*, in: Die Zukunft der Verfassung II, 2012, S. 262 (267); *D. Grimm*, Europa ja – aber welches?, 2016, S. 216 f.

[249] *M. Kumm*, in: M. P. Maduro/L. Azoulai (Hrsg.), The Past and Future of EU Law, 2010, S. 106 (107–109); *L. Azoulai*, in: H.-W. Micklitz/B. de Witte (Hrsg.), The European Court of Justice and the autonomy of the member states, 2012, S. 207 (214).

[250] EuGH, Rs. C-285/98, *Tanja Kreil*, Slg. 2000, I-95.

[251] *K. Lenaerts*, Fordham Int'l L.J. 33 (2010) 5, S. 1338 (1340).

[252] *L. Azoulai*, EJLS 4 (2011) 2, S. 192 (196); *L. Azoulai*, in: L. Azoulai (Hrsg.), The Question of Competence in the European Union, 2014, S. 1 (6–8).

Die »Überkonstitutionalisierung« im europäischen Primärrecht und der hohe Abstraktionsgrad vieler Normen gewähren dem EuGH enorme Interpretationsfreiräume. Die Mitgliedstaaten als die eigentlichen »Herren der Verträge« könnten gegenüber Vertragsauslegungen des Gerichtshofs nur im Wege der förmlichen Vertragsänderung reagieren. Zudem führt die mangelnde Unterscheidung zwischen der Verfassungsebene und der Gesetzesebene zusammen mit der Konstitutionalisierung der Verträge zu einer Immunisierung des EuGH gegen alle Versuche der demokratisch verantwortlichen Institutionen der EU, auf die rechtsprechende Rechtsänderung zu reagieren. Für Grimm ist der EuGH freier als jedes staatliche oder internationale Gericht.[253] Hinzu kommt, dass der Anwendungsbereich des Primärrechts mit entsprechenden materiellen Festlegungen, die der Gerichtshof ausbuchstabiert, weiter reicht als die Rechtsetzungskompetenzen der Union.[254] In der Konsequenz unterliegen die mitgliedstaatlichen Rechtsordnungen einschließlich der Grundrechtsordnungen dem Rechtfertigungszwang des Primärrechts.

c) Umfang und Bedeutung des grundrechtsrelevanten Sekundärrechts

Auf der Grundlage des Anwendungsvorrangs führt zudem das Sekundärrecht, das ständig weiter an Umfang und Bedeutung gewinnt, zu einer weitgehenden bereichsspezifischen Nichtgeltung der mitgliedstaatlichen Grundrechte.[255] Zahlreiche Rechtsakte der Union enthalten grundrechtsrelevante Regelungen. Diese Tendenz hat sich mit der Rechtsetzungstätigkeit der EU in Bereichen wie Migration und Kriminalitätsbekämpfung noch verstärkt, die in einem engen Zusammenhang mit grundrechtlichen Fragen u.a. der Freizügigkeit, des Schutzes von Ehe und Familie und der Freiheit der Person stehen.[256] Die Verdrängungswirkung zeigt sich in Tätigkeitsbereichen mit spezifischem Grundrechtsbezug [aa)], aber auch in anderen Bereichen [bb)].

aa) Tätigkeitsbereiche mit spezifischem Grundrechtsbezug

Im Gegensatz zu den Anfängen der EU als Wirtschaftsgemeinschaft reichen die Kompetenzen der Union heute so weit, dass ihre Tätigkeitsbereiche Grundrechte von Individuen und Gruppen in vielfacher Weise berühren. Eine Orientierung über die Zuständigkeitsbereiche der Union vermittelt Titel I des Vertrages über die Arbeitsweise der Europäischen Union. Indes sind die Art. 3 und 4

---

[253] *D. Grimm*, Europa ja – aber welches?, 2016, S. 114 f.

[254] *G. A. Bermann*, in: I. Pernice u.a. (Hrsg.), The Future of the European Judicial System in a Comparative Perspective, 2006, S. 91 (93).

[255] *S. Augsberg*, DÖV 63 (2010) 4, S. 153 (154); *F. Schoch*, in: U. Kischel/J. Masing (Hrsg.), Unionsgrundrechte und Diskriminierungsverbote im Verfassungsrecht, 2012, S. 57 (61).

[256] *E. Muir*, CML Rev. 51 (2014) 1, S. 219 (226).

AEUV weder als abschließend zu verstehen[257] noch begründen sie selbst Handlungsbefugnisse,[258] die vielmehr den Bestimmungen der Verträge zu den einzelnen Bereichen zu entnehmen sind (Art. 2 Abs. 6 AEUV).

Entsprechend dem Grundsatz der begrenzten Einzelermächtigung (Art. 5 Abs. 2 EUV) hat die EU keine allgemeine Grundrechtskompetenz.[259] In seinem Gutachten 2/94 stellte der EuGH klar, dass »keine Bestimmung des Vertrages den Gemeinschaftsorganen allgemein die Befugnis [verleiht], Vorschriften auf dem Gebiet der Menschenrechte zu erlassen oder völkerrechtliche Verträge in diesem Bereich zu schließen.«[260] Art. 6 Abs. 1 UAbs. 2 EUV und Art. 51 Abs. 2 GRCh stellen auch für die Charta der Grundrechte deklaratorisch klar, dass die Unionsgrundrechte der Union keine Kompetenztitel verschaffen.[261]

Allerdings verfügt die Union über Tätigkeitsbereiche mit spezifischem Grundrechtsbezug, insbesondere den Raum der Freiheit, der Sicherheit und des Rechts [(1)], den Datenschutz [(2)] und den Diskriminierungsschutz [(3)]. Diese Kompetenzen hat die Union zwar nicht mit umfassender Regelungstiefe wahrgenommen. Gerade beim Asylrecht und beim Datenschutz marginalisiert das sekundäre Unionsrecht allerdings die mitgliedstaatlichen Grundrechte.

(1) Raum der Freiheit, der Sicherheit und des Rechts

Titel V des AEUV über den Raum der Freiheit, der Sicherheit und des Rechts (Art. 67–89 AEUV) verleiht der EU Kompetenzen in durch die Charta speziell geschützten Bereichen. Im Bereich des Asyl- und Flüchtlingsrechts (Art. 18 GRCh) lässt sich Art. 78 Abs. 2 AEUV die Kompetenz sowohl für ein materielles Asyl- und Flüchtlingsrecht (lit. a–c) als auch für den Erlass von verfah-

---

[257] *M. Nettesheim*, in: E. Grabitz u.a. (Hrsg.), Das Recht der Europäischen Union, 51. Aufl. 2013, Art. 4 AEUV, Rn. 1, 7, 9.

[258] *M. Nettesheim*, in: E. Grabitz u.a. (Hrsg.), Das Recht der Europäischen Union, 51. Aufl. 2013, Art. 3 AEUV, Rn. 1; *M. Nettesheim*, in: E. Grabitz u.a. (Hrsg.), Das Recht der Europäischen Union, 51. Aufl. 2013, Art. 4 AEUV, Rn. 2.

[259] *S. Besson*, in: P. Popelier u.a. (Hrsg.), Human rights protection in the European legal order, 2011, S. 97 (113); *C. Schneider*, in: G. Haller u.a. (Hrsg.), Menschenrechte und Volkssouveränität in Europa, 2011, S. 203 (203).

[260] EuGH, Gutachten 2/94 v. 28.3.1996, Slg. 1996, I-1783, Rn. 27. Allerdings ist diese Aussage vor dem Hintergrund zu verstehen, dass der Schwerpunkt der mit einem Beitritt zur EMRK verbundenen Probleme in der prozeduralen Abstimmung der Grundrechtsschutzsysteme mit ihren jeweiligen Gerichten EuGH und EGMR und nicht im Bereich der materiellen Grundrechtsstandards liegt, s. *M. Ruffert*, JZ 51 (1996) 12, S. 624 (626); *J. H. H. Weiler/S. C. Fries*, in: P. Alston (Hrsg.), The EU and Human Rights, 1999, S. 147 (150); *P. Eeckhout*, CML Rev. 39 (2002) 5, S. 945 (982 f.); *C. Blumann*, R.A.E. – L.E.A. 1 (2006) 1, S. 11 (29 f.).

[261] S. dazu Erläuterung zu Artikel 51 – Anwendungsbereich, ABl. C 303 vom 14.12.2007, S. 32; *M. Borowsky*, in: J. Meyer (Hrsg.), Kommentar zur Charta der Grundrechte der Europäischen Union, 4. Aufl. 2014, Artikel 51, Rn. 37; in diesem Sinne bereits ein obiter dictum in EuGH, Rs. C-249/96, *Grant/South-West Trains*, Slg. 1998, I-636, Rn. 45.

rensrechtlichen Bestimmungen (lit. d–f) entnehmen.[262] Das in Art. 78 Abs. 2 AEUV verankerte Gemeinsame Europäische Asylsystem wurde durch die in den Jahren 2011 bis 2013 erfolgte Neufassung von drei EU-Richtlinien zum Asylrecht[263] und die Dublin-III-Verordnung[264] weiter vertieft. Innerhalb des EU-Asylsystems begründet der einheitliche Asylstatus (Art. 78 Abs. 2 lit. a AEUV) eine weitgehende Form der Rechtsharmonisierung.[265]

Im Bereich der justiziellen Rechte, Titel VI der Charta (Art. 47–50 GRCh), ermöglicht Art. 82 Abs. 2 AEUV die Rechtsangleichung im Strafverfahrensrecht durch Richtlinien über Mindestvorschriften betreffend die Zulässigkeit von Beweismitteln, die Rechte des Einzelnen im Strafverfahren und die Rechte der Opfer von Straftaten. Art. 83 AEUV bildet die Grundlage für eine Rechtsangleichung im materiellen Strafrecht durch Mindestvorschriften für die Festlegung von Straftaten und Strafen in Bereichen besonders schwerer Kriminalität. Art. 82 Abs. 2 lit. b AEUV enthält eine Kompetenz für den Erlass von Mindestvorschriften über die Rechte des Einzelnen im Strafverfahren.

(2) Datenschutz

Der Schutz personenbezogener Daten ist Gegenstand von Art. 8 GRCh und der in Art. 16 Abs. 1 AEUV enthaltenen Grundrechtsgewährleistung.[266] Nach Art. 16 Abs. 2 AEUV hat die Union eine Regelungskompetenz für den Datenschutz bei der Anwendung des Unionsrechts und den freien Datenverkehr.[267] Im Verlauf des Rechtsetzungsverfahrens zur neuen Datenschutz-Grundverord-

---

[262] *M. Rossi*, in: C. Calliess/M. Ruffert (Hrsg.), EUV/AEUV-Kommentar, 5. Aufl. 2016, Art. 78 AEUV, Rn. 14–27a.

[263] Richtlinie 2011/95/EU des Europäischen Parlaments und des Rates vom 13. Dezember 2011 über Normen für die Anerkennung von Drittstaatsangehörigen oder Staatenlosen als Personen mit Anspruch auf internationalen Schutz, für einen einheitlichen Status für Flüchtlinge oder für Personen mit Anrecht auf subsidiären Schutz und für den Inhalt des zu gewährenden Schutzes, ABl. L 337 vom 20.12.2011, S. 9; Richtlinie 2013/32/EU des Europäischen Parlaments und des Rates vom 26. Juni 2013 zu gemeinsamen Verfahren für die Zuerkennung und Aberkennung des internationalen Schutzes, ABl. L 180 vom 29.6.2011, S. 60; Richtlinie 2013/33/EU des Europäischen Parlaments und des Rates vom 26. Juni 2013 zur Festlegung von Normen für die Aufnahme von Personen, die internationalen Schutz beantragen, ABl. L 180 vom 29.6.2011, S. 96.

[264] Verordnung (EU) Nr. 604/2013 des Europäischen Parlaments und des Rates vom 26. Juni 2013 zur Festlegung der Kriterien und Verfahren zur Bestimmung des Mitgliedstaats, der für die Prüfung eines von einem Drittstaatsangehörigen oder Staatenlosen in einem Mitgliedstaat gestellten Antrags auf internationalen Schutz zuständig ist, ABl. L 180 vom 29.6.2011, S. 31.

[265] *D. Thym*, in: E. Grabitz u.a. (Hrsg.), Das Recht der Europäischen Union, 51. Aufl. 2013, Art. 78 AEUV, Rn. 22.

[266] *T. Kingreen*, in: C. Calliess/M. Ruffert (Hrsg.), EUV/AEUV-Kommentar, 5. Aufl. 2016, Art. 16 AEUV, Rn. 2.

[267] *C. Sobotta*, in: E. Grabitz u.a. (Hrsg.), Das Recht der Europäischen Union, 51. Aufl. 2013, Art. 16 AEUV, Rn. 29–35.

nung (DSGVO)[268] war die Befürchtung geäußert worden, dass bei umfassender Wahrnehmung dieser weitreichenden Kompetenz und einer Vollharmonisierung des öffentlichen und privaten Datenschutzes kein Raum mehr für das – insbesondere in Deutschland bereits ausdifferenzierte – mitgliedstaatliche Datenschutzrecht und die Grundrechtsjudikatur in diesem Bereich verbleibe.[269] Diese Befürchtung hat sich jedenfalls zunächst nicht bewahrheitet. Zwar ist es Ziel der DSGVO, ein gleichmäßiges und hohes Schutzniveau für natürliche Personen in der EU zu gewährleisten sowie Hemmnisse für den Verkehr von Daten in der EU zu beseitigen.[270] Auch gilt die Verordnung unmittelbar (Art. 288 Abs. 2 AEUV) und sieht für bestimmte Bereiche eine Vollharmonisierung vor. Insoweit finden mitgliedstaatliche Grundrechte grundsätzlich keine Anwendung, sondern es muss auf Unionsrechtsebene ein ausreichender Grundrechtsschutz gewährleistet werden. Allerdings räumt die DSGVO den Mitgliedstaaten Gestaltungsspielräume ein, sodass trotz supranationaler Überformung auch den mitgliedstaatlichen Verfassungsgerichten Bereiche verbleiben, die einer Überprüfung am Maßstab nationaler Grundrechte zugänglich sind.[271] Insbesondere im Bereich der im öffentlichen Interesse erfolgenden Datenverarbeitung gewähren zahlreiche Öffnungsklauseln den Mitgliedstaaten Spielraum für eigenständige Regelungen.[272] Auch bei zentralen prozeduralen Bestimmungen – etwa den Betroffenenrechten (Art. 23 DSGVO) oder den Vorschriften zu betrieblichen Datenschutzbeauftragten (Art. 37 DSGVO) – ist es bei vielfältigen nationalen Regelungen geblieben. Indes zeichnen sich zahlreiche Vorschriften der DSGVO durch eine große begriffliche Offenheit aus. Daraus ergibt sich nicht zuletzt für den EuGH eine wichtige Rolle bei der inhaltlichen Konkretisierung der DSGVO. Von der Rechtsprechung des EuGH auf der Grundlage der DSGVO könnte also durchaus noch ein erheblicher Harmonisierungsschub ausgehen.[273]

---

[268] Verordnung (EU) Nr. 2016/679 des Europäischen Parlaments und des Rates vom 27. April 2016 zum Schutz natürlicher Personen bei der Verarbeitung personenbezogener Daten, zum freien Datenverkehr und zur Aufhebung der Richtlinie 95/46/EG, ABl. L 119 vom 4.5.2016, S. 1.

[269] *J. Masing*, SZ v. 9.1.2012, S. 10; *J. Masing*, NJW 65 (2012) 32, S. 2305; *D. Grimm*, JZ 68 (2013) 12, S. 585; *J. Kühling*, Die Europäisierung des Datenschutzrechts, 2014.

[270] DSGVO, Begründungserwägungen Nr. 10, 13.

[271] *H. Greve*, NVwZ 36 (2017) 11, S. 737 (744); *J. H. Klement*, JZ 72 (2017) 4, S. 161 (162). Dass die DSGVO auf Ergänzung durch die Rechtsordnungen der Mitgliedstaaten angelegt ist, zeigen etwa Art. 6 Abs. 2, Abs. 3 UAbs. 1 lit. b.

[272] *J. Kühling/M. Martini*, EuZW 27 (2016) 12, S. 448 (448), mit einem Überblick über die Öffnungsklauseln. Diese sind zu einem erheblichen Teil das Produkt der Änderungen, welche die Trilog-Verhandlungen nach Art. 294 Abs. 10 ff. AEUV mit sich gebracht haben.

[273] Ebd., S. 449, 454.

(3) Diskriminierungsschutz

Bedeutsame Kompetenzen der EU bestehen auch im Bereich der Gleichheitsrechte, die Gegenstand von Kapitel III der Charta sind (Art. 20–26 GRCh). Jenseits von Erfordernissen der Rechtseinheit im Binnenmarkt sind die Grundrechte hier Gegenstand eines menschenrechtlichen Schutzprogramms der Union und Ausdruck einer eigenen Grundrechtsvision der EU als »Grundrechtsunion«.[274] Einschlägige Kompetenznormen lassen sich Art. 18, 19 und 157 AEUV entnehmen.

Gemäß Art. 18 UAbs. 2 AEUV können Parlament und Rat gemäß dem ordentlichen Gesetzgebungsverfahren Regelungen für das Verbot von Diskriminierungen aus Gründen der Staatsangehörigkeit treffen. Der subsidiäre Art. 19 AEUV erlaubt es, Vorkehrungen zu treffen, die spezifisch auf die Bekämpfung von Diskriminierungen aus Gründen des Geschlechts, der Rasse, der ethnischen Herkunft, der Religion oder der Weltanschauung, einer Behinderung, des Alters oder der sexuellen Ausrichtung gerichtet sind. Insoweit findet ein besonderes Gesetzgebungsverfahren statt (Art. 289 Abs. 2 AEUV), und es ist ein einstimmiger Beschluss des Rates erforderlich. Auf Art. 19 AEUV bzw. die Vorläuferbestimmung ex-Art. 13 EGV wurden die Anti-Rassismus-Richtlinie,[275] die Rahmen-Richtlinie Beschäftigung[276] und die sogenannte Gender-Richtlinie 2 gestützt, die Diskriminierungen wegen des Geschlechts beim Zugang zu und bei der Versorgung mit Gütern und Dienstleistungen verbietet.[277]

Art. 157 Abs. 3 AEUV bildet die gegenüber Art. 19 AEUV spezielle Grundlage für Maßnahmen zur Gewährleistung der Anwendung des Grundsatzes der Chancengleichheit und der Gleichbehandlung von Männern und Frauen in Arbeits- und Beschäftigungsfragen, einschließlich des Grundsatzes des gleichen Entgelts bei gleicher oder gleichwertiger Arbeit. Art. 157 Abs. 3 AEUV ist weit formuliert und erlaubt im Gegensatz zu Art. 19 Abs. 1 AEUV nicht nur Vorkehrungen zur Bekämpfung von Diskriminierungen, sondern auch Maßnahmen zur Gewährleistung der Anwendung des Grundsatzes der Chancengleichheit mit Bezug zu sämtlichen Aspekten der Gleichstellung von Mann und Frau

[274] *T. Kingreen*, EuR 45 (2010) 3, S. 338 (350 f.); *T. Kingreen*, in: C. Franzius (Hrsg.), Strukturfragen der Europäischen Union, 2010, S. 218 (219–221). S. zum EU-Antidiskriminierungsrecht *E. Ellis/P. Watson*, EU Anti-Discrimination Law, 2. Aufl. 2012.

[275] Richtlinie 2000/43/EG des Rates vom 29. Juni 2000 zur Anwendung des Gleichbehandlungsgrundsatzes ohne Unterschied der Rasse oder der ethnischen Herkunft, ABl. L 180 vom 19.7.2000, S. 22.

[276] Richtlinie 2000/78/EG des Rates vom 27. November 2000 zur Festlegung eines allgemeinen Rahmens für die Verwirklichung der Gleichbehandlung in Beschäftigung und Beruf, ABl. L 202 vom 2.12.2000, S. 16. Die Richtlinie bezieht sich explizit auf Rechtsprechung des EuGH, vgl. *A. Stone Sweet/K. Stranz*, J.E.P.P. 19 (2012) 1, S. 92 (97).

[277] Richtlinie 2004/113/EG des Rates vom 13. Dezember 2004 zur Verwirklichung des Grundsatzes der Gleichbehandlung von Männern und Frauen beim Zugang zu und bei der Versorgung mit Gütern und Dienstleistungen, ABl. L 373 vom 21.12.2004, S. 37.

im Erwerbsleben.[278] Auf der Grundlage von Art. 157 Abs. 3 AEUV und den Vorläuferbestimmungen ergingen die sogenannte Gender-Richtlinie 1 zur Bekämpfung von Diskriminierungen wegen des Geschlechts im Bereich Beschäftigung und Beruf[279] und die sie abändernde sogenannte neue Gender-Richtlinie 1.[280]

bb) Grundrechte in anderen Tätigkeitsbereichen

Daneben verdrängt auch das Sekundärrecht in anderen Tätigkeitsbereichen der Europäischen Union die mitgliedstaatlichen Grundrechte, wenn es Grundrechte als Querschnittsfragen des Unionsrechts adressiert [(1)] oder die Binnenmarktkompetenzen [(2)] oder die Vertragsabrundungskompetenz als Grundlage für Grundrechtsgesetzgebung [(3)] dienen.

(1) Grundrechte als Querschnittsfragen des Unionsrechts

Dass jenseits der Tätigkeitsbereiche mit spezifischem Grundrechtsbezug auch das Sekundärrecht in anderen Bereichen den Spielraum für mitgliedstaatlichen Grundrechtsschutz verengt, zeigen bereits verschiedene Querschnittsklauseln im AEUV. Die Art. 8 bis 10 AEUV greifen mit der Gleichstellung von Männern und Frauen, dem sozialen Schutz und der Bekämpfung von Diskriminierungen auch grundrechtlich geschützte Belange auf. Art. 17 AEUV verpflichtet die Union zur Achtung des Status von Kirchen und religiösen Vereinigungen oder Gemeinschaften sowie von weltanschaulichen Gemeinschaften.[281] Gemäß der Strategie der Kommission zur wirksamen Umsetzung der Charta der Grundrechte wird jeder Gesetzgebungsvorschlag auf seine Grundrechtstauglichkeit geprüft.[282]

---

[278] *E. Ellis/P. Watson*, EU Anti-Discrimination Law, 2. Aufl. 2012, S. 15.

[279] Richtlinie 2002/73/EG des Europäischen Parlaments und des Rates vom 23. September 2002 zur Änderung der Richtlinie 76/207/EWG des Rates zur Verwirklichung des Grundsatzes der Gleichbehandlung von Männern und Frauen hinsichtlich des Zugangs zur Beschäftigung, zur Berufsbildung und zum beruflichen Aufstieg sowie in Bezug auf die Arbeitsbedingungen, ABl. L 269 vom 5.10.2002; S. 15.

[280] Richtlinie 2006/54/EG des Europäischen Parlaments und des Rates vom 5. Juli 2006 zur Verwirklichung des Grundsatzes der Chancengleichheit und Gleichbehandlung von Männern und Frauen in Arbeits- und Beschäftigungsfragen, ABl. L 204 vom 26.7.2006, S. 23.

[281] Zur Bedutung der Norm mit Blick auf die Selbstbestimmung der Kirchen und das Verhältnis von Staat und Religionsgemeinschaften s. EuGH, Rs. C-414/16, *Egenberger*, Urt. v. 17.4.2018, ECLI:EU:C:2018:257, Rn. 50, 58, 81 f.); Rs. C-68/17, *IR*, Urt. v. 11.9.2018, ECLI:EU:C:2018:696, Rn. 48; kritisch *C. D. Classen*, EuR 53 (2018) 6, S. 752 (759–761).

[282] Europäische Kommission, Strategie zur wirksamen Umsetzung der Charta der Grundrechte durch die Europäische Union 2010, KOM(2010) 573 endgültig vom 19.10.2010, S. 5–10; s. auch Europäische Kommission, Jährlicher Bericht über die Anwendung der Charta der Grundrechte der Europäischen Union 2017, KOM(2018) 396 endgültig vom 4.6.2014; vgl. *I. De Jesús Butler*, E. L. Rev. 37 (2012) 4, S. 397.

(2) Grundrechte und Binnenmarkt

Insbesondere die Binnenmarktkompetenzen und zumal Art. 114 AEUV können Grundlage für Grundrechtsgesetzgebung sein.[283] Mit auf Art. 114 AEUV gestützten Maßnahmen lassen sich im Zusammenhang mit der Verwirklichung der Binnenmarktziele (Art. 26 AEUV) auch nicht-wirtschaftliche oder nicht unmittelbar binnenmarktbezogene gemeinsame Werte und Ziele der Union verfolgen, zu denen auch der Grundrechtsschutz zählt (Art. 2 EUV).[284] Dies wird von der Verpflichtung auf ein hohes Schutzniveau in Art. 114 Abs. 3 AEUV für die Bereiche Gesundheit, Sicherheit, Umweltschutz und Verbraucherschutz vorausgesetzt, ist aber nicht auf diese Materien beschränkt.

Die Rechtsprechung des EuGH erlaubt großzügig den Schutz von Grundrechten durch Rechtsetzung auf der Grundlage der Binnenmarktkompetenz. Die Datenschutzrichtlinie,[285] 1995 in Kraft getreten und mittlerweile durch die Datenschutz-Grundverordnung aufgehoben, wurde auf die Vorläuferbestimmung von Art. 114 AEUV, ex-Art. 100a EGV, gestützt.[286] Ausweislich ihres Art. 1. Abs. 1 hat sie ausdrücklich auch den Schutz von Grundrechten zum Gegenstand.[287] Im Gegensatz zu Generalanwalt Tizzano[288] akzeptierte der EuGH in den Urteilen ORF und Lindqvist die kompetenzrechtliche Abstützung auf die Binnenmarktkompetenz ohne Einschränkungen.[289] Die Heranziehung von ex-Art. 100a EGV als Rechtsgrundlage setze nicht voraus, »dass in jedem Einzelfall, der von dem auf dieser Rechtsgrundlage ergangenen Rechtsakt erfasst

---

[283] *B. de Witte*, in: N. Nic Shuibhne (Hrsg.), Regulating the Internal Market, 2006, S. 61; *B. de Witte*, in: P. Syrpis (Hrsg.), The Judiciary, the Legislature and the EU Internal Market, 2012, S. 25; *E. Muir*, Hum Rights Rev 15 (2014) 1, S. 25 (33); *E. Muir*, CML Rev. 51 (2014) 1, S. 219 (226 f.); *V. Kosta*, Fundamental Rights in EU Internal Market Legislation, 2015, S. 19–31. S. auch bereits *J. H. H. Weiler/S. C. Fries*, in: P. Alston (Hrsg.), The EU and Human Rights, 1999, S. 147 (158 f.).

[284] *C. Blumann*, R.A.E. – L.E.A. 1 (2006) 1, S. 11 (15); *B. de Witte*, in: N. Nic Shuibhne (Hrsg.), Regulating the Internal Market, 2006, S. 61 (69); *B. de Witte*, in: P. Syrpis (Hrsg.), The Judiciary, the Legislature and the EU Internal Market, 2012, S. 25 (31).

[285] Richtlinie 95/46/EG des Europäischen Parlaments und des Rates vom 24. Oktober 1995 zum Schutz natürlicher Personen bei der Verarbeitung personenbezogener Daten und zum freien Datenverkehr, ABl. L 281 vom 23.11.1995, S. 31; geändert durch Verordnung (EG) Nr. 1882/2003 des Europäischen Parlaments und des Rates vom 29. September 2003, ABl. L 284 vom 31.10.2003, S. 1.

[286] Die Gesetzgebungskompetenz des Art. 16 Abs. 2 AEUV wurde erst durch den Vertrag von Lissabon eingeführt.

[287] »Die Mitgliedstaaten gewährleisten nach den Bestimmungen dieser Richtlinie den Schutz der Grundrechte und Grundfreiheiten und insbesondere den Schutz der Privatsphäre natürlicher Personen bei der Verarbeitung personenbezogener Daten.«

[288] EuGH, Rs. C-101/01, *Bodil Lindqvist*, Schlussanträge GA Tizzano, Slg. 2003, I-12971, Rn. 39–43; verb. Rs. C-465/00, C-138/01 und C-139/01, *Rechnungshof/ORF*, Schlussanträge GA Tizzano, Slg. 2003, I- 4989, Rn. 52–55.

[289] Ausführlich dazu *M. Bleckmann*, Nationale Grundrechte im Anwendungsbereich des Rechts der Europäischen Union, 2011, S. 59–64.

wird, tatsächlich ein Zusammenhang mit dem freien Verkehr zwischen Mitgliedstaaten besteht«.[290] Andernfalls wäre die Abgrenzung des Anwendungsbereichs der Richtlinie ungewiss und hinge von Zufälligkeiten ab, was ihrem Hauptzweck zuwiderliefe, die Rechts- und Verwaltungsvorschriften der Mitgliedstaaten einander anzugleichen.[291]

(3) Grundrechte und Vertragsabrundungskompetenz

Schließlich kommt auch Art. 352 AEUV als Grundlage für Grundrechtsgesetzgebung in Betracht.[292] Sowohl der Beschluss »zur Auflegung des spezifischen Programms ›Grundrechte und Unionsbürgerschaft‹ als Teil des Generellen Programms ›Grundrechte und Justiz‹ für den Zeitraum 2007 bis 2013«[293] als auch die Verordnung zur Errichtung der Europäischen Agentur für Grundrechte[294] wurden auf den damaligen ex-Art. 308 EGV gestützt. Dabei wird der in Art. 3 EUV über die Ziele der Union nicht genannte Grundrechtsschutz[295] allerdings nicht als eigenständiges Ziel i.S.v. Art. 352 AEUV verfolgt. Vielmehr stellt der 31. Erwägungsgrund darauf ab, dass sich der Beitrag der Agentur zur Gewährleistung der uneingeschränkten Achtung der Grundrechte im Rahmen des Gemeinschaftsrechts förderlich auf die Verwirklichung der Ziele der Gemeinschaft auswirken dürfte.[296]

---

[290] EuGH, verb. Rs. C-465/00, C-138/01 und C-139/01, *Rechnungshof/ORF*, Slg. 2003, I-4989, Rn. 41; Rs. C-101/01, *Bodil Lindqvist*, Slg. 2003, I-12992, Rn. 40.

[291] Insoweit zustimmend *M. Ruffert*, EuGRZ 31 (2004) 16–18, S. 466 (469); unter Betonung der Besonderheiten des Datenaustausches über das Internet auch *B. Siemen*, EuR 39 (2004) 2, S. 306 (313); s. weiter *D. H. Scheuing*, EuR 40 (2005) 2, S. 162 (171): »nicht« »unvertretbar«; grds. kritisch wegen mangelnder Kontrolle der Kompetenzausübung *C. D. Classen*, CML Rev. 41 (2004) 5, S. 1377 (1382); einschränkend gerade wegen des besonderen Charakters des Datenschutzes als »denkbar breit ausgreifende[r] Querschnittsmaterie« *G. Britz*, EuGRZ 36 (2009) 1–4, S. 1 (4).

[292] Wegen seines speziellen Fokus auf die institutionellen Konsequenzen eines Beitritts der damaligen EG zur EMRK stehen die Aussagen des EuGH in seinem Gutachten 2/94 dem nicht entgegen. Zu ex-Art. 308 EGV bejahend *P. Alston/J. H. H. Weiler*, EJIL 9 (1998) 4, S. 658; *J. H. H. Weiler/S. C. Fries*, in: P. Alston (Hrsg.), The EU and Human Rights, 1999, S. 147 (160); verneinend *S. Barriga*, Die Entstehung der Charta der Grundrechte der Europäischen Union, 2003, S. 47–49, weil der allgemeine Schutz der Grundrechte kein Gemeinschaftsziel i.S.v. Art. 308 EGV sei.

[293] Beschluss 2007/252/EG des Rates vom 19. April 2007 zur Auflegung des spezifischen Programms »Grundrechte und Unionsbürgerschaft« als Teil des Generellen Programms »Grundrechte und Justiz« für den Zeitraum 2007 bis 2013, 2007/252/JI, ABl. L 110 vom 27.4.2007, S. 33.

[294] Verordnung (EG) Nr. 168/2007 des Rates vom 15. Februar 2007 zur Errichtung einer Agentur der Europäischen Union für Grundrechte, ABl. L 53 vom 22.2.2007, S. 1.

[295] Gemäß Art. 3 Abs. 5 EUV leistet die Union demgegenüber »[i]n ihren Beziehungen zur übrigen Welt« unter anderem »einen Beitrag« »zum Schutz der Menschenrechte«.

[296] S. dazu auch *S. Winkler*, in: E. Grabitz u.a. (Hrsg.), Das Recht der Europäischen Union, 51. Aufl. 2013, Art. 352 AEUV, Rn. 119.

Die Vorläuferbestimmungen zu Art. 114 und 352 AEUV waren vor der Schaffung der speziellen Kompetenzen durch den Vertrag von Amsterdam Grundlage für die spezielle Rechtsetzung im Bereich der Geschlechtergleichheit.[297]

d) Ausnahmevorschriften zugunsten mitgliedstaatlicher Grundrechte

Von diesem umfassenden Vorrang des europäischen Primär- und Sekundärrechts lassen sich teilweise im Wege der Auslegung [aa)] oder aber auf der Grundlage expliziter Vorschriften Ausnahmen zugunsten der mitgliedstaatlichen Grundrechte [bb)] entnehmen.

aa) Auslegung des Primärrechts

Grundsätzlich ist es möglich, dass sich dem Primärrecht im Wege der Auslegung Spielraum für die mitgliedstaatlichen Grundrechte entnehmen lässt. Diese Deutung lässt jedenfalls das Urteil Taricco II zu.[298] Dort stellte der EuGH fest, dass es in erster Linie Aufgabe des mitgliedstaatlichen Gesetzgebers sei, die Verjährung so zu regeln, dass sie den Anforderungen von Art. 325 AEUV im Licht der vom Gerichtshof in Rn. 58 des Urteils Taricco[299] angestellten Erwägungen genüge.[300] Dabei stehe es den nationalen Behörden und Gerichten frei, nationale Schutzstandards für die Grundrechte anzuwenden, sofern dadurch weder das Schutzniveau der Charta, wie sie vom Gerichtshof ausgelegt wird, noch der Vorrang, die Einheit oder die Wirksamkeit des Unionsrechts beeinträchtigt werden.[301] Das Urteil wird – teilweise zustimmend,[302] teilweise kritisch[303] – als Ausnahme vom Vorrang des Unionsrechts eingeordnet. Das Urteil ist in seiner Begründung einigermaßen unklar. Überzeugender erscheint jedoch die Deutung, dass das Urteil den Mitgliedstaaten bei der Umsetzung von Unionsrecht die Anwendung höherer Grundrechtstandards in den Bereichen erlaubt, die nicht vollständig unionsrechtlich determiniert sind, die Mitgliedstaaten also Spielraum haben.[304] In diesem Sinne hätte der EuGH an den vorlegenden ita-

---

[297] *E. Ellis/P. Watson*, EU Anti-Discrimination Law, 2. Aufl. 2012, S. 16.

[298] EuGH, Rs. C-42/17, *M.A.S. und M.B.* (*Taricco II*), Urt. v. 5.12.2017, ECLI:EU:C:2017:936.

[299] EuGH, Rs. C-105/14, *Taricco u.a.*, Urt. v. 8.9.2015, ECLI:EU:C:2015:555, Rn. 58.

[300] EuGH, Rs. C-42/17, *M.A.S. und M.B.* (*Taricco II*), Rn. 41.

[301] Ebd., Rn. 47.

[302] *P. B. Donath*, EuGH zum Verhältnis von EU-Recht und nationalem Recht, 2017, https://www.lto.de/recht/hintergruende/h/eugh-urteil-c4217-vorrang-gesetz-europaeisches-nationales-recht-europa-eu-union/, geprüft am 31.1.2019.

[303] *D. Burchardt*, Belittling the Primacy of EU Law in Taricco II, 2017, https://verfassungsblog.de/belittling-the-primacy-of-eu-law-in-taricco-ii/, geprüft am 31.1.2019.

[304] *D. Sarmiento*, To bow at the rhythm of an Italian tune, 2017, https://despiteourdifferencesblog.wordpress.com/2017/12/05/to-bow-at-the-rhythm-of-an-italian-tune/, geprüft am 31.1.2019.

lienischen Verfassungsgerichtshof ein Zugeständnis gemacht, ohne den Vorrang torpediert zu haben.

bb) Sekundärrechtliche Ausnahmevorschriften zugunsten mitgliedstaatlicher Grundrechte

Demgegenüber lässt das Sekundärrecht teilweise explizit Raum für den Schutz mitgliedstaatlicher Grundrechte. Die Präambel der Verordnung 2679/98 (sogenannte Erdbeerverordnung)[305] stellt klar, dass die in der Verordnung als Reaktion auf schwerwiegende Beeinträchtigungen des freien Warenverkehrs in einem Mitgliedstaat vorgesehenen Maßnahmen die Ausübung der Grundrechte, zu denen auch das Recht oder die Freiheit zum Streik gehört, nicht beeinträchtigen dürften.[306] Art. 2 Satz 1 der Verordnung bestimmt, dass die Verordnung nicht so ausgelegt werden darf, dass sie in irgendeiner Weise die Ausübung der in den Mitgliedstaaten anerkannten Grundrechte, einschließlich des Rechts oder der Freiheit zum Streik, beeinträchtigt. Die Verordnung enthält diese Regelung, obwohl das Streikrecht gemäß Art. 153 Abs. 5 AEUV (ex-Art. 137 Abs. 4 EGV) ausdrücklich von den Unionskompetenzen im Bereich der Sozialpolitik ausgenommen ist.

Einen in der Regelungstechnik vergleichbaren Grundrechtsschutz durch Ausnahmevorschriften realisiert Art. 5 Abs. 2 der Richtlinie 93/119/EG über den Schutz von Tieren zum Zeitpunkt der Schlachtung oder Tötung.[307] Danach gelten für Tiere, bei denen aufgrund bestimmter religiöser Riten besondere Schlachtmethoden angewandt werden, die Auflagen, die Tiere vor dem Schlachten zu betäuben oder unmittelbar zu töten, nicht.

Festzuhalten bleibt an dieser Stelle, dass sekundäres Unionsrecht nicht nur kraft seines Anwendungsvorrangs die Freiräume der Mitgliedstaaten und ihrer Grundrechtsgerichte einschränkt, sondern auch grundrechtliche Fragen konkret anspricht und damit sekundärrechtlich mit der Wirkung des Anwendungsvorrangs ausgestaltet.

[305] Verordnung (EG) Nr. 2679/98 des Rates vom 7. Dezember 1998 über das Funktionieren des Binnenmarktes im Zusammenhang mit dem freien Warenverkehr zwischen den Mitgliedstaaten (sogenannte Erdbeerverordnung, weil sie im Zusammenhang mit den Protesten französischer Bauern stand, die spanische Lastwagen aufhielten, um ihre Ladung zu zerstören).

[306] 4. Erwägungsgrund.

[307] Richtlinie 93/119/EG des Rates vom 22. Dezember 1993 über den Schutz von Tieren zum Zeitpunkt der Schlachtung oder Tötung, ABl. L 340 vom 31.12.1993, S. 21.

III. Zwischenfazit

Die Regelungen zum Verhältnis der Grundrechtsgewährleistungen, die eine gewisse Privilegierung höherer Grundrechtsstandards auf einzelstaatlicher Ebene zulassen, werden durch den Vorrang des föderalen Rechts im Übrigen weitgehend relativiert. Für Deutschland liegt in der extensiven Ausnutzung der Bundeskompetenzen und der damit einhergehenden Marginalisierung der Länder im Bereich der Gesetzgebung eine Ursache dafür, dass auch die Landesverfassungsgerichte weitgehend marginalisiert sind. In den USA ist die Entwicklung anders verlaufen. Allerdings besteht dort noch wenig Klarheit über die Aufgaben, die den einzelstaatlichen Gerichten im *legislative federalism* zufallen. Die Besonderheit des Unionsrechts wiederum liegt darin, dass der Vorrang des Unionsrechts im Übrigen weit über die Kompetenzordnung hinaus ausgreift.

C. Verhältnis von föderaler und einzelstaatlicher Grundrechtsjudikatur

Abgesehen vom Vorrang des föderalen Rechts ist die Dominanz der (quasi-)föderalen Grundrechtsjudikatur ein maßgeblicher Faktor für die Potentiale der Grundrechtsgerichte der Einzelstaaten zur Mitwirkung an einem Grundrechtsföderalismus. Diese Dominanz hat eine institutionelle, eine methodische und eine temporale Komponente. Diese Komponenten stellen sich für die Bundesrepublik, die Vereinigten Staaten und die Europäische Union unterschiedlich dar und tragen zur Erklärung der unterschiedlichen relativen Bedeutung von föderaler und einzelstaatlicher Grundrechtsjudikatur bei.

Institutionell (I.) ist von Bedeutung, inwieweit die föderale Grundrechtsgerichtsbarkeit die Deutung der Grundrechte im horizontalen Verhältnis zu den anderen Organen auf Bundesebene dominiert. Ist die Deutungshoheit über die Grundrechte zwischen dem föderalen Grundrechtsgericht und anderen föderalen Verfassungsorganen umstritten, so erleichtert das den einzelstaatlichen Grundrechtsgerichten eine eigenständige Positionierung bei der Verwirklichung und Fortentwicklung des Grundrechtsschutzes. Wenn jedoch die föderale Gerichtsbarkeit den föderalen Grundrechtsschutz monopolisiert, ist es für einzelstaatliche Grundrechtsgerichte schwieriger, sich von der föderalen Rechtsprechung abzusetzen, jedenfalls soweit Grundrechtsgewährleistungen übereinstimmen oder sich ähneln. Für eine eigenständige einzelstaatliche Grundrechtsjudikatur verbleibt dann weniger Raum, und sie erscheint überhaupt stärker rechtfertigungsbedürftig.

In methodischer Hinsicht (II.) kommt es darauf an, welche Reichweite die Grundrechtsdogmatik entfaltet und inwieweit sie ein geschlossenes System bildet, das kaum Lücken lässt und auf einzelstaatliche Gerichte einen gewissen

Druck ausübt, sich in dieses System einzupassen. Eine abweichende Grundrechtsjudikatur der einzelstaatlichen Gerichte wird erleichtert, wenn die Entscheidungen der föderalen Gerichte methodisch so angelegt sind, dass sie selbst möglicherweise Bruchlinien erkennen lassen. Je homogener und unpolitischer die föderale Grundrechtsgerichtsbarkeit wirkt, desto schwieriger ist es dagegen für Landesverfassungsgerichte, insbesondere bei textlich übereinstimmenden Grundrechtsgewährleistungen eigene Akzente zu setzen.

Die temporale Komponente (III.) wird durch Ungleichzeitigkeiten in der Entfaltung der Grundrechte auf den verschiedenen Ebenen bestimmt. Hat eine Ebene ihre jeweilige Grundrechtsordnung bereits weit ausgreifend entfaltet, so ist es für die andere Ebene schwieriger, sich davon abzusetzen oder überhaupt Lücken zu finden.

I. Institutionelles Verhältnis der föderalen Grundrechtsgerichte zu den politischen Organen

Während die Interpretationshoheit des Bundesverfassungsgerichts über das Grundgesetz institutionell stark abgesichert ist (1.), lässt die konstitutionelle Konstellation in den USA, die von einem Ringen verschiedener Akteure geprägt ist, mehr Platz für die einzelstaatlichen Grundrechtsgerichte (2.). In der Europäischen Union dominiert demgegenüber auf (quasi-)föderaler Ebene statt eines Spannungsverhältnisses ein Ergänzungsverhältnis von EuGH und politischem Prozess, mit entsprechenden Auswirkungen auf das Verhältnis zu den mitgliedstaatlichen Grundrechtsgerichten (3.).

1. Bundesverfassungsgericht

Die Interpretationshoheit des Bundesverfassungsgerichts über das Grundgesetz und seine Rolle als »Hüter der Verfassung«[308] sind vergleichsweise unangefochten und finden in Art. 93 GG auch eine explizite textliche Grundlage.[309] Die Rechtsprechung des Bundesverfassungsgerichts wird nicht allein als fallbezogene Konkretisierung des Grundgesetzes im Einzelfall wahrgenommen, sondern ist darüber hinaus als generell-abstrakte Verfassungsinterpretation anerkannt.[310] Dem Bundesverfassungsgericht obliegt damit die institutionelle

---

[308] BVerfGE 1, 184 (195), 1 BvL 12, 15, 16, 24, 28/51; 40, 88 (93), 2 BvR 1018/74; kritisch dazu *B. Pieroth*, in: H. D. Jarass/B. Pieroth (Hrsg.), Grundgesetz für die Bundesrepublik Deutschland, 13. Aufl. 2014, Art. 93, Rn. 3.

[309] *M. Hailbronner*, Tradition and Transformations, 2015, S. 151 ff.; s. zur Entwicklung der Verfassungsgerichtsbarkeit in Deutschland auch *A. Farahat*, in: A. von Bogdandy u.a. (Hrsg.), Handbuch Ius Publicum Europaeum, 2016, S. 81 (81–101), Rn. 1–27.

[310] *O. Lepsius*, in: Das entgrenzte Gericht, 2011, S. 159 (162 f.).

Überprüfung des Verfassungsvorrangs.[311] Durch gesetzgeberische Maßnahmen sind Entscheidungen des Verfassungsgerichts nur schwer zur revidieren, weil sie immer eine Verfassungsänderung mit entsprechenden Mehrheitserfordernissen voraussetzen.[312]

Gerade in Abgrenzung zum *U.S. Supreme Court* lässt sich die Autorität des Bundesverfassungsgerichts über Jahrzehnte hinweg auf ein rechtskulturell eingebettetes legalistisches Verfassungsverständnis zurückführen, das, in Mirjan Damaškas Kategorien, eher dem »hierarchical ideal« als dem »coordinate ideal« zuzuordnen ist.[313] Dieser Einbettung in die Rechtskultur entspricht es, dass das Bundesverfassungsgericht seine Autorität auf spezifisch rechtliche Expertise stützt und formalisiert.[314] Dazu dient auch die Formalisierung der Verhältnismäßigkeitsprüfung, die es erlaubt, Tatsachenfragen in die juristische Argumentation in verallgemeinerbarer Form zu integrieren.[315]

2. *U.S. Supreme Court*

Das institutionelle Verhältnis des *U.S. Supreme Court* zu den politischen Organen der Bundesverfassung ist dadurch geprägt, dass politische Konflikte verstärkt gerichtlich ausgetragen werden [a)]. Zugleich ist der Anspruch des Gerichtshofs auf *judicial supremacy* nicht unangefochten [b)]. Gerade im Bereich der Durchsetzung und der Entfaltung föderaler Grundrechte gegenüber den Einzelstaaten besteht eine Spannungslage zwischen Gerichtshof und Kongress, die sich mittelbar auf die Position der einzelstaatlichen Grundrechtsjudikatur auswirkt [c)].

a) Gerichtliche Austragung politischer Konflikte

Während beim Bundesverfassungsgericht die Wahrnehmung als Organ der Rechtsanwendung überwiegt, wird der *U.S. Supreme Court* verbreitet als »*political actor* im Gefüge der anderen politischen Gewalten« wahrgenommen.[316] Bereits Alexis de Tocqueville thematisierte es als Merkmal des US-Verfassungsrechts und der US-amerikanischen Rechtskultur, dass politische Konflikte gerichtlich ausgetragen werden.[317]

---

311 *W. Brugger*, AöR 126 (2001) 3, S. 337 (346).

312 *M. Höreth*, Die Selbstautorisierung des Agenten, 2008, S. 324.

313 *M. R. Damaška*, The Faces of Justice and State Authority, 1986, S. 16–46; *M. Hailbronner*, Tradition and Transformations, 2015, S. 26 ff.

314 Für eine Gegenüberstellung auf der Grundlage der Unterscheidung zwischen *common law* und *civil law*-Tradition dagegen *S.-P. Hwang*, Verfassungsgerichtlicher Jurisdiktionsstaat?, 2005.

315 *A. Stone Sweet/J. Mathews*, Colum. J. Transnat'l L. 47 (2008) 1, S. 72.

316 *U. R. Haltern*, Verfassungsgerichtsbarkeit, Demokratie und Mißtrauen, 1998, S. 242.

317 *A. de Tocqueville*, Über die Demokratie in Amerika (1835), 1976, Erster Teil, I. Teil, 8. Kapitel, S. 311.

Als Folge schwerfälliger Rechtsetzungsverfahren und beschränkter Verwaltungskapazitäten verlagert sich die Politikgestaltung in die Gerichte.[318] Exekutive und Legislative müssen im gewaltenteiligen System der Bundesverfassung übereinkommen, um Gesetze zustande zu bringen. Außerdem besteht ein Zwei-Kammer-System. Auch die föderale Struktur erschwert die Rechtsetzung, und die Exekutivfunktionen sind in den Einzelstaaten nicht alle unter der Kontrolle des direkt gewählten Gouverneurs.

Die starke Einbindung der Gerichte in die Politikgestaltung führt dazu, dass weder die Politik noch die Gerichte politische Kontroversen endgültig beilegen können. Interessengruppen steht immer die Möglichkeit offen, von einem Weg, ihre Interessen durchzusetzen, wieder auf den anderen zu wechseln, um bessere Ergebnisse zu erzielen.[319] Entscheidend ist dabei, dass Gerichtsentscheidungen nur selten das letzte Wort bedeuten, unter anderem weil schon die Zahl der Entscheidungen des *U.S. Supreme Court* sehr gering ist.[320] In dieser Konstellation finden auch die *state supreme courts* als Grundrechtsgerichte ihren Platz.

b) Anfechtungen der »judicial supremacy«

Gleichzeitig sieht sich der Anspruch des *U.S. Supreme Court* auf eine exklusive Interpretationshoheit über die Verfassung (»judicial supremacy«)[321] verschiedenen Anfechtungen ausgesetzt. Eine verfassungsgerichtliche Funktion des *Supreme Court* findet in der Verfassung tatsächlich keine klare textliche Grundlage, sondern beruht maßgeblich auf der – schon lange zurückliegenden – Selbstermächtigung des Gerichtshofs im berühmten Urteil Marbury v. Madison von 1803.[322]

Der Anspruch auf *judicial supremacy* wird auch durch die Theorien des *departmentalism* und des *popular constitutionalism* herausgefordert.[323] *Departmentalism* oder *coordinate constitutional interpretation* ist Ausdruck der Vorstellung, dass jedem Regierungszweig in seinem Bereich die finale Interpreta-

---

318 *R. A. Kagan*, Adversarial Legalism, 2001.

319 *R. A. Kagan*, in: M. C. Miller/J. Barnes (Hrsg.), Making policy, making law, 2004, S. 13 (17 f.).

320 S.o. 1. Kapitel A. II. 2. b), Fn. 159.

321 U.S. Supreme Court, *Cooper v. Aaron*, 358 U.S. 1, 18 (1958); Baker v. Carr, 369 U.S. 186, 211 (1962) – »ultimate interpreter of the Constitution«; *Planned Parenthood of Southeastern Pennsylvania v. Casey*; 505 U.S. 833, 868 (1992); *City of Boerne v. Flores*, 521 U.S. 507, 524 (1997) – »primary authority«; vgl. *L. Alexander/F. Schauer*, Harv. L. Rev. 110 (1997) 7, S. 1359 (1362) – Cooper v. Aaron as »an overstatement, politically necessary in its context but indefensible as a general claim of judicial interpretive authority«.

322 U.S. Supreme Court, *Marbury v. Madison*, 5 U.S. (1 Cranch) 137 (1803); vgl. *W. Heun*, Der Staat 42 (2003) 2, S. 267; *M. Rosenfeld*, in: G. Nolte (Hrsg.), European and US Constitutionalism, 2005, S. 197 (197 f., 202 f.).

323 *A. Harel/A. Shinar*, I•CON 10 (2012) 4, S. 950 m.N.; s. auch *D. Halberstam*, in: J. L. Dunoff/J. P. Trachtman (Hrsg.), Ruling the World?, 2009, S. 326 (331 f.).

tionsmacht zukommt.[324] In der Verfassungsgeschichte der USA formulierten die Präsidenten Jefferson,[325] Jackson, Lincoln[326] und Roosevelt[327] und schließlich auch die Reagan Administration[328] einen entsprechenden Anspruch der Exekutive.[329] Sind diese Forderungen auch Episoden geblieben, so ist der *departmentalism* doch Teil der amerikanischen Verfassungstradition.[330] Entscheidungen des *U.S. Supreme Court* kommt damit keine über die jeweiligen Streitparteien hinausreichende *erga omnes*-Wirkung zu.[331] Noch weitergehend als der *departmentalism* entzieht der *popular constitutionalism* die Aufgabe der Verfassungsinterpretation dem exklusiven Zugriff der Gerichtsbarkeit, um sie der Bevölkerung selbst zuzuweisen.[332] Jenseits der Wissenschaft haben diese Positionen freilich kaum Widerhall gefunden.[333]

Allerdings relativiert auch die tatsächliche Verfassungspraxis, die die Rolle anderer Verfassungsorgane und der Öffentlichkeit betont, die Letztverbindlichkeit der Verfassungsinterpretation des *U.S. Supreme Court*.[334] Die Bundesgrundrechte in den USA sind daher angemessen nur unter Einbeziehung nicht allein der Rechtsprechung, sondern zudem auch der Gesetzgebung mit sogenannten »superstatutes« oder »landmark statutes« wie dem *Civil Rights Act* von

---

[324] *J. Agresto*, The Supreme Court and Constitutional Democracy, 1984, S. 10; *W. F. Murphy*, ROP 48 (1986) 3, S. 401; *R. F. Nagel*, Constitutional Cultures, 1989; *M. S. Paulsen*, Geo. L. J. 83 (1994) 2, S. 217; *C. L. Eisgruber*, Geo. L. J. 83 (1994) 2, S. 347; *R. A. Burt*, The Constitution in Conflict, 1995; *K. E. Whittington*, N.C. L. Rev. 80 (2002) 2, S. 773; *N. Devins/L. Fisher*, The Democratic Constitution, 2004, S. vii. S. bereits *J. Madison*, in: W. T. Hutchinson/D. B. Mattern (Hrsg.), The Papers of James Madison, Bd. 17, 1991, S. 303 (311) abgedruckt auch in: *P. B. Kurland/R. Lerner*, The Founders' Constitution, Bd. 5, 2000, S. 141–147.

[325] Kentucky Resolution, s. *T. Jefferson*, The Writings of Thomas Jefferson, 1899, Bd. 7, S. 289 (292); Letter to Edward Livingston, 1.11.1801, s. ebd., S. 57 (58).

[326] First Inaugural Address, March 4, 1861, *A. Lincoln*, The Collected Works of Abraham Lincoln, 1953, Vol. IV, S. 262 (268).

[327] Draft Speech on the Gold Clause Cases (Feb. 19, 1935), *F. D. Roosevelt*, in: E. Roosevelt (Hrsg.), F.D.R., His Personal Letters, 1947–1950, Bd. 3, S. 456 (459 f.).

[328] *E. Meese, III*, Tul. L. Rev. 61 (1987) 5, S. 979; *R. D. Sloane*, B.U. L. Rev. 88 (2008) 2, S. 341.

[329] *K. E. Whittington*, Political Foundations of Judicial Supremacy, 2007, S. 31–40 m.w.N.

[330] *R. A. Burt*, The Constitution in Conflict, 1995; *K. E. Whittington*, Political Foundations of Judicial Supremacy, 2007, m.w.N.

[331] *M. Rosenfeld*, I•CON 4 (2006) 4, S. 618 (620).

[332] *J. Waldron*, Law and Disagreement, 1999; *M. Tushnet*, Taking the Constitution Away from the Courts, 2000; *L. D. Kramer*, Harv. L. Rev. 115 (2001) 1, S. 5; *L. D. Kramer*, The People Themselves, 2004; *T. Donnelly*, Wis. L. Rev. 2012, S. 159.

[333] *M. Rosenfeld*, I•CON 4 (2006) 4, S. 618 (633).

[334] S. etwa *R. C. Post/R. B. Siegel*, Cal. L. Rev. 92 (2004) 4, S. 1027; *R. C. Post/R. B. Siegel*, Harv. C.R.-C.L. L. Rev. 42 (2007), S. 373; *B. Friedman*, The Will of the People, 2009; *W. N. Eskridge, Jr./J. A. Ferejohn*, A Republic of Statutes, 2010; *S. Levinson*, Constitutional Faith, 2011.

1964, dem *Voting Rights Act* von 1965 und dem *Civil Rights Act* von 1968[335] zu verstehen.[336]

Eine *judicial supremacy* ist auch deswegen schwer zu rechtfertigen, weil die Verfassungsauslegung durch den *U.S. Supreme Court* bundesweite Auswirkungen hat und die politischen Reaktionsmöglichkeiten beschränkt sind. Eine dazu notwendige Verfassungsänderung scheitert meist an den hohen Anforderungen des Art. V U.S. Const. Als etwa der Gerichtshof im Urteil Texas v. Johnson von 1989 das Verbrennen der amerikanischen Flagge als Akt der Redefreiheit dem Schutz des 1. Zusatzartikels unterstellt hatte,[337] scheiterte ein Vorschlag zur Änderung der Verfassung, um die Flagge vor »Entweihungen« zu schützen, bereits im Kongress. Der Vorschlag verfehlte allerdings die erforderliche Mehrheit von zwei Dritteln in beiden Häusern des Kongresses nur knapp.[338] Andernfalls hätte die Verfassungsänderung noch der Ratifikation in drei Vierteln der Bundesstaaten bedurft. Die »Obsession«[339] des US-amerikanischen Verfassungsrechts mit der *countermajoritarian difficulty* der *judicial review* steht in einem engen Zusammenhang mit diesen hohen Anforderungen an die Verfassungsänderung; sie haben eine Rückwirkung auf die Interpretationshoheit des *Supreme Court*.

Aus all dem lässt sich schließen, dass die Interpretationshoheit des *U.S. Supreme Court* auf Bundesebene stärker angefochten ist als die des Bundesverfassungsgerichts.

c) Durchsetzung und Entfaltung der föderalen Grundrechte gegenüber den Einzelstaaten

Gerade bei der Durchsetzung und Entfaltung der Bundesgrundrechte gegenüber den Einzelstaaten ist die *judicial supremacy* des *U.S. Supreme Court* herausgefordert. Bereits der Textbefund des 14. Zusatzartikels deutet auf eine Spannungslage zwischen Gerichtshof und Kongress hin. Zum einen kann der *U.S. Supreme Court* eine Grundrechtskontrolle der Gliedstaaten auf seine Interpretation von Am. 14 Sect. 1 einschließlich der darin inkorporierten Garantien stützen. Zum anderen formuliert Am. 14 Sect. 5 eine Befugnis des Kongresses zur Durchsetzung dieser Gewährleistungen, die sogenannte *Enforcement Clause*: »The Congress shall have power to enforce, by appropriate legislation, the provisions of this article.« Beide Mechanismen zielen auf die »Durchsetzung« des 14. Zusatzartikels in den Einzelstaaten. Offen bleibt allerdings, wie

[335] *B. A. Ackerman*, We the People III, 2014.

[336] *W. N. Eskridge, Jr./J. A. Ferejohn*, A Republic of Statutes, 2010; *B. A. Ackerman*, We the People III, 2014, S. 5–19.

[337] U.S. Supreme Court, *Texas v. Johnson*, 491 U.S. 397 (1989).

[338] *K. P. Miller*, Alb. L. Rev. 76 (2013) 4, S. 2061 (2100).

[339] Überblick bei *B. Friedman*, Yale L. J. 112 (2002) 2, S. 153.

genau die Durchsetzungbefugnis des Kongresses sich zur Grundrechtskontrolle durch den Gerichtshof verhält.

Wie im 2. Kapitel dargelegt, legte der *U.S. Supreme Court* die *Enforcement Clause* schon in den Civil Rights Cases von 1883 einschränkend aus und begründete dies mit dem Schutz der gliedstaatlichen Gesetzgebungsbefugnisse vor Übergriffen des Kongresses.[340] Später anerkannte der Gerichtshof im Urteil Katzenbach v. Morgan von 1966 ausdrücklich die Befugnis des Kongresses, ein weiteres Verständnis verfassungsmäßiger Rechte durchzusetzen, als es seiner eigenen Verfassungsauslegung entsprach.[341] Seit einiger Zeit, unter anderem mit dem Urteil City of Boerne v. Flores[342] zum *Religious Freedom Restoration Act* von 1993, versucht der *U.S. Supreme Court* nunmehr, die Interpretation der Gewährleistungen des Am. 14 Sect. 1 zu monopolisieren. Das Urteil zielte darauf, die Durchsetzung von Rechten durch den Kongress von der vom Gerichtshof selbst vorzunehmenden Inhaltsbestimmung abzugrenzen. Zur Begründung griff Justice Kennedy auf Marbury v. Madison, auf die Rolle des Gerichtshofs als autoritiativem Verfassungsinterpreten und auf den Vorrang der Verfassung zurück.[343]

Ein mittelbarer Zugriff des Kongresses auf die Interpretation und Ausgestaltung der Garantien, die Schaffung neuer Rechte oder die Ausdehnung des Gewährleistungsumfangs bestehender Rechte im Wege einer weit verstandenen »Durchsetzung« soll ausgeschlossen sein. Die *enforcement power* des Kongresses sei nur »remedial and preventive«. »[A]ny suggestion that Congress has a substantive, nonremidial power under the fourteenth amendment« wies der *U.S. Supreme Court* mit Verweis auf bestehende Präjudize zurück.[344] Dem Kongress bleibt damit nur die Befugnis, Verletzungen eines von den Gerichten bereits anerkannten Rechts abzuwehren, Rechtsbehelfe für den Fall der Verletzung eines solchen Rechts zu schaffen und bestimmte Verfahrenswege einzurichten oder gesetzliche Beweislastregeln aufzustellen.[345] Das betreffende Gesetz muss genau auf die betreffenden Verletzungen der Bundesverfassung zugeschnitten sein; es muss zur Vorbeugung oder Abhilfe von Verletzungen dieser Rechte »congruent« und »proportionate« sein.[346] Diesen vom Gerichtshof aufgestellten Voraussetzungen der Kongruenz und Verhältnismäßigkeit entsprach der *Religious Freedom Restoration Act* nicht.

---

340 U.S. Supreme Court, *Civil Rights Cases*, 109 U.S. 3, 11 (1883).

341 U.S. Supreme Court, *Katzenbach v. Morgan*, 384 U.S. 641 (1966) – »ratchet theory«.

342 U.S. Supreme Court, *City of Boerne v. Flores*, 521 U.S. 507, 519 f. (1997).

343 Ebd., S. 529.

344 Ebd., S. 527.

345 Kritisch zu diesem »enforcement model« *R. C. Post/R. B. Siegel*, Yale L. J. 112 (2003) 4, S. 1943.

346 U.S. Supreme Court, *City of Boerne v. Flores*, 521 U.S. 507, 519 f. (1997).

In den weiteren zwischen 1999 und 2001 entschiedenen Fällen Florida Prepaid Postsecondary Education Expense Board v. College Savings Bank,[347] Kimel v. Florida Board of Regents[348] und University of Alabama v. Garrett[349] urteilte der *U.S. Supreme Court* jeweils mit einer 5:4-Mehrheit der konservativen Richter, dass die betreffenden Gesetze die Reichweite der in Am. 14 Sect. 5 verliehenen Befugnisse überschritten. In drei weiteren aufeinanderfolgenden Fällen, Nevada Department of Human Resources v. Hibbs,[350] Tennessee v. Lane[351] und United States v. Georgia,[352] entschieden im Zeitraum zwischen 2003 und 2006, ging der Gerichtshof dagegen davon aus, dass die Gesetze sich im Rahmen der Gesetzgebungsbefugnisse des Kongresses bewegten, weil sie »fundamental rights« und Arten von Diskriminierungen betrafen, bei denen eine »heightened scrutiny« Anwendung findet.

Insgesamt lassen diese Urteile den Schluss zu, dass der Kongress weiterreichende Befugnisse aus Am. 14 Sect. 5 hat, soweit seine Gesetzgebung auf die Durchsetzung von Rechten zielt, bei denen der Gerichtshof selbst den Prüfungsmaßstab einer »heightened scrutiny« heranzieht. In diesem Fall kann der Kongress gesetzlich auch die Möglichkeit vorsehen, dass die Bundesstaaten wegen Verletzungen dieser Rechte vor Bundesgerichten verklagt werden, und ihre Immunität insoweit durchbrechen. Andernfalls sind die Befugnisse des Kongresses begrenzt und der Gerichtshof verlangt, dass der Kongress über Beweise verfügt, die eine weit verbreitete Verletzung verfassungsmäßiger Rechte belegen.[353]

Der Fall Boerne und die weiteren Fälle liegen am Knotenpunkt der vertikalen Spannung zwischen Einzelstaat und Bund sowie der horizontalen Spannung zwischen Kongress und Oberstem Gerichtshof.[354] In dieser Rechtsprechung spiegelt sich das Dreiecksverhältnis von Kongress, Oberstem Gerichtshof und Einzelstaaten. Sie betrifft zum einen das horizontale Gewaltenverhältnis von Kongress und Oberstem Gerichtshof. Der Kongress hatte den *Religious Freedom Restoration Act* eigens verabschiedet, um eine enge Auslegung der *Free Exercise Clause* zur Religionsausübung durch den *Supreme Court*[355] im Wege

---

[347] U.S. Supreme Court, *Florida Prepaid Postsecondary Education Expense Board v. College Savings Bank*, 527 U.S. 627, 637–639 (1999); s. auch *College Savings Bank v. Florida Prepaid Postsecondary Education Expense Board*, 527 U.S. 666, 672 (1999).

[348] U.S. Supreme Court, *Kimel v. Florida Board of Regents*, 528 U.S. 62, 63 f., 80 f. (2000).

[349] U.S. Supreme Court, *University of Alabama v. Garrett*, 531 U.S. 356 (2001).

[350] U.S. Supreme Court, *Nevada Department of Human Resources v. Hibbs*, 538 U.S. 721, 728 (2003).

[351] U.S. Supreme Court, *Tennessee v. Lane*, 541 U.S. 509 (2004).

[352] U.S. Supreme Court, *United States v. Georgia*, 546 U.S. 151 (2006).

[353] *E. Chemerinsky*, Federal Jurisdiction, 6. Aufl. 2012, S. 488.

[354] *T. W. Beimers*, Hastings Const. L.Q. 26 (1999) 4, S. 789 (793).

[355] U.S. Supreme Court, *Employment Div., Dept. of Human Resources of Oregon v. Smith*, 494 U.S. 872 (1990).

der Bundesgesetzgebung zu korrigieren.[356] Besonders die Abfolge von einer Entscheidung des Gerichtshofs auf der Grundlage von Am. 14 Sect. 1, einem auf Am. 14 Sect. 5 gestützten »congressional overrule« und der abschließenden engen Auslegung der Gesetzgebungsbefugnis aus Am. 14 Sect. 5 dokumentiert eindrucksvoll die institutionelle Spannungslage zwischen Kongress und Gerichtshof.[357] Die Entscheidungslogik des Gerichtshofs ist vor allem aus der Gewaltenteilung zwischen Kongress und Gerichtshof zu erklären[358] und nicht mit der föderalen Struktur. Dass der Gerichtshof aber seine Interpretationshoheit auch gegenüber den *enforcement powers* des Kongresses verteidigen muss, vermittelt mittelbar den Einzelstaaten und ihren Gerichten Spielräume. Einer erweiternden Auslegung der *Due Process Clause* des 14. Zusatzartikels stehen für den *U.S. Supreme Court* föderale Gesichtspunkte auch deswegen entgegen, weil im selben Umfang auch die *enforcement power* des Kongresses erweitert würde.

3. Europäischer Gerichtshof

Die institutionelle Position des EuGH wird maßgeblich durch die relative Schwäche des politischen Prozesses in der Europäischen Union bestimmt. Anders als in den USA hat sich daraus eine Art Komplementärverhältnis von EuGH und europäischer Rechtsetzung entwickelt [a)]. Dieses Komplementärverhältnis zeigt sich in bestimmten Bereichen insbesondere auch bei der Durchsetzung des Grundrechtsschutzes der Union gegenüber den Mitgliedstaaten [b)].

a) Komplementärverhältnis zur europäischen Rechtsetzung

Die Autorität des EuGH als Interpret des Unionsrechts stützt sich formal auf das besondere Mandat des Art. 19 Abs. 1 Satz 2 EUV.[359] Danach sichert der EuGH »die Wahrung des Rechts bei der Auslegung und Anwendung der Verträge«. Die in der Grundrechtecharta nun »sichtbarer gemacht[en]«[360] Unionsgrundrechte erleichtern auch eine gerichtliche Grundrechtskontrolle – wie vielfach in der Literatur betont wird, eben durch die Existenz eines geschriebenen Grundrechtskatalogs.[361] In der Vergangenheit konnte der Gerichtshof zumeist

---

[356] *S. Breyer*, in: La tutela giurisdizionale dei diritti nel sistema comunitario, 1997, S. 55 (63 f.).

[357] *W. W. Hodes*, Ind. L. Rev. 32 (1998) 1, S. 155 (159); *R. D. Rotunda*, Ind. L. Rev. 32 (1998) 1, S. 163.

[358] *T. W. Beimers*, Hastings Const. L.Q. 26 (1999) 4, S. 789, S. 794; *R. C. Post/R. B. Siegel*, Yale L. J. 110 (2000) 3, S. 441 (456–473).

[359] Vgl. *D. Halberstam*, in: J. L. Dunoff/J. P. Trachtman (Hrsg.), Ruling the World?, 2009, S. 326 (336).

[360] Charta der Grundrechte, Abs. 4 der Präambel.

[361] *M. de Visser*, Constitutional Review in Europe, 2013, S. 196.

auf die supranationalen Organe Kommission und Parlament als natürliche Verbündete zugunsten einer vertieften Integration setzen.[362] Fälle, in denen sich eine Interpretation des EuGH nicht durchsetzen konnte, sind kaum zu finden.[363] Empirische Studien, die auf umfangreichem Datenmaterial beruhen, belegen, dass der EuGH durch drohenden »legislative override« nicht paralysiert, sondern vielmehr aktiviert wird, und dass es den Mitgliedstaaten nicht gelungen ist, sich dem EuGH zu widersetzen.[364] Um sich über eine Auslegung der Verträge durch den EuGH hinwegzusetzen, müssten die Verträge geändert werden, was nach Art. 48 EUV stets die Zustimmung aller Mitgliedstaaten erfordert und durchaus unwahrscheinlich ist.[365]

b) Entwicklung des Grundrechtsschutzes

Gerade im Bereich der Grundrechte hat sich der EuGH gegenüber den politischen Organen als Motor der Rechtsentwicklung erwiesen. Das gilt für die Entwicklung der Unionsgrundrechte zunächst als allgemeinen Rechtsgrundsätzen, die ja zunächst Grundrechtsschutz gegenüber Unionsorganen sicherstellen sollen. Diese Rechtsprechung kam nicht zuletzt auf Druck aus den Mitgliedstaaten zustande und war auch zur Wahrung des Vorrangs des Unionsrechts erforderlich. Dass es darüber hinaus nicht zu einer Konfrontation mit Rat, Parlament und Kommission kam, lag zum einen daran, dass diese Rechtsprechung zu einer Zeit entwickelt wurde, als die Rolle des Parlaments noch schwächer und die Position der Mitgliedstaaten stärker war. Dass Grundrechte Legitimität vermitteln würden, anerkannten auch diese Organe in entsprechenden Dokumenten. Gleichzeitig war die Kontrolldichte des EuGH gegenüber Unionsorganen

---

362 *M. Höreth*, Die Selbstautorisierung des Agenten, 2008, S. 313–320; *M. Höreth*, in: U. R. Haltern/A. Bergmann (Hrsg.), Der EuGH in der Kritik, 2012, S. 73; *M. Höreth*, in: M. Dawson u.a. (Hrsg.), Judicial Activism at the European Court of Justice, 2013, S. 32 (53). S. für den Vorschlag eines »interpretive pluralism« als Reaktion auf die »Überkonstitutionalisierung« in den europäischen Verträgen nunmehr *G. Davies*, ELJ 24 (2018) 6, S. 358.

363 *A. Stone Sweet/T. Brunell*, Am. Pol. Sci. Rev. 106 (2012) 1, S. 204 (205). Auch der in diesem Kontext häufig zitierte Fall Barber taugt genau besehen nicht als Gegenbeispiel. Das »Barber-Protokoll« (Protokoll zu Artikel 119 des Vertrags zur Gründung der Europäischen Gemeinschaft) berührt die Hauptaussagen des Barber-Urteils (EuGH, Rs. C-262/88, *Barber/Guardian Royal Exchange Assurance Group*, Slg. 1990, I-1889) – die unmittelbare Wirkung von ex-Art. 119 EWGV und seine Anwendung auf die betriebliche Alterssicherung – überhaupt nicht.

364 *A. Stone Sweet/T. Brunell*, Am. Pol. Sci. Rev. 106 (2012) 1, S. 204 in kritischer Auseinandersetzung mit der andere Schlüsse nahelegenden Studie von *C. J. Carruba* u.a., Am. Pol. Sci. Rev. 102 (2008) 4, S. 435. Für eine Replik s. *C. J. Carruba* u.a., Am. Pol. Sci. Rev. 106 (2012) 1, S. 214. S. auch die Studie von *S. A. Nyikos*, EUP 4 (2003) 4, S. 397 zur Umsetzung in den mitgliedstaatlichen Gerichten.

365 *M. Höreth*, in: M. Dawson u.a. (Hrsg.), Judicial Activism at the European Court of Justice, 2013, S. 32 (37, 39).

gering.[366] An der Rechtssache Stauder[367] lässt sich sehen, wie der EuGH mit der Entwicklung von Unionsgrundrechten als allgemeinen Rechtsgrundsätzen eine dogmatische Neuerung vornimmt, diese Neuerung aber – einem klassischen Entscheidungsmuster folgend – behutsam einführt, weil sie den konkreten Fall nicht entscheidet.[368]

Gerade aber bei der Entwicklung des unionalen Grundrechtsschutzes gegenüber den Mitgliedstaaten zeigt sich, dass der EuGH sich mit Erfolg an die Stelle des politischen Prozesses setzen konnte. Ein Beispiel dafür ist die Konstitutionalisierung der Geschlechtergleichheit auf der Grundlage von ex-Art. 119 EGV (heute Art. 157 AEUV).[369] Der EuGH erklärte ex-Art. 119 EGV für unmittelbar anwendbar[370] und leitete aus dieser Bestimmung und der Gleichbehandlungsrichtlinie von 1976[371] einen allgemeinen Rechtsgrundsatz der Geschlechtergleichheit ab.[372]

Der EuGH verhalf hier einem von der Mehrheit der Mitgliedstaaten verfolgten, aber von einer Minderheit der Mitgliedstaaten auf der Grundlage des Einstimmigkeitserfordernisses blockierten politischen Vorhaben zum Erfolg. Ähnlich wie in den USA ist auch die Rechtsetzung in der EU ein schwerfälliger und komplizierter Prozess mit vielen beteiligten Akteuren.[373] Die Besonderheit der Europäischen Union ist der große Einfluss der Mitgliedstaaten auf die europäische Rechtsetzung. Lange Zeit hatten die Mitgliedstaaten die absolute Kontrolle über den Gesetzgebungsprozess auf europäischer Ebene und sahen deshalb im EuGH keine Gefahr.[374] Die Einstimmigkeitsregel könnte ein Sicherheitsgefühl erzeugt haben, das die Mitgliedstaaten die Entscheidungen des EuGH hinnehmen ließ.[375] Erst seit den Vertragsrevisionen ab der Einheitlichen Europäischen Akte wurde sukzessive das Mitentscheidungsverfahren zur Be-

[366] Zur Kritik, der EuGH messe Unionsorgane und Mitgliedstaaten mit zweierlei Maß *A. Weber*, JZ 44 (1989) 21, S. 965; *J. Coppel/A. O'Neill*, CML Rev. 29 (1992) 4, S. 669.

[367] EuGH, Rs. 29/69, *Stauder*, Slg. 1969, 419.

[368] *U. R. Haltern*, Europarecht, 3. Aufl. 2017, S. 590.

[369] *R. A. Cichowski*, Law & Soc'y Rev. 38 (2004) 3, S. 489; *A. Stone Sweet*, The Judicial Construction of Europe, 2004, S. 147–198; *M. Bell*, in: P. Craig/G. de Búrca (Hrsg.), The Evolution of EU Law, 2011, S. 611; *V. Hatzopoulos*, in: M. Dawson u.a. (Hrsg.), Judicial Activism at the European Court of Justice, 2013, S. 102 (123).

[370] EuGH, Rs. 43/75, *Defrenne/SABENA* (*Defrenne II*), Slg. 1976, 455, Rn. 40.

[371] Richtlinie 76/207/EWG des Rates vom 9. Februar 1976 zur Verwirklichung des Grundsatzes der Gleichbehandlung von Männern und Frauen hinsichtlich des Zugangs zur Beschäftigung, zur Berufsbildung und zum beruflichen Aufstieg sowie in Bezug auf die Arbeitsbedingungen, ABl. L 39 vom 14.2.1976, S. 40.

[372] EuGH, Rs. 149/77, *Defrenne/SABENA* (*Defrenne III*), Slg. 1978, 1365, Rn. 26/29.

[373] *A. M. Sbragia*, in: A. Menon/M. Schain (Hrsg.), Comparative Federalism, 2006, S. 15; *J. v. Achenbach*, Demokratische Gesetzgebung in der Europäischen Union, 2014.

[374] *A. Wolf-Niedermaier*, Der Europäische Gerichtshof zwischen Recht und Politik, 1997, S. 69.

[375] *J. H. H. Weiler*, YEL 1 (1981), S. 267, S. 292; *A. K. Mangold*, Gemeinschaftsrecht und deutsches Recht, 2011, S. 162.

teiligung des Europäischen Parlaments ausgeweitet und die Kontrollmöglichkeit der Mitgliedstaaten eingeschränkt. Die sukzessive Stärkung des Europäischen Parlaments wurde allerdings begleitet von einer informellen Stärkung des »medusengleichen« Rates, sodass den Mitgliedstaaten weiterhin großer Einfluss sicher ist.[376]

Einige Entscheidungen des EuGH wurden sogar nachträglich durch die Rechtsetzung bestätigt und im Richtlinienrecht kodifiziert. In einer Reihe umstrittener Entscheidungen setzte der EuGH Kernbestimmungen von Rechtsetzungsvorschlägen der Kommission um, die von Frankreich und dem Vereinigten Königreich mit einem Veto belegt worden waren. In den Jahren von 1986 bis 1993 dehnte der Gerichtshof die Vorläuferbestimmungen des Art. 157 AEUV über gleiches Entgelt für Männer und Frauen auf Arbeits- und Beschäftigungsbedingungen aus, die, obgleich scheinbar geschlechtsneutral, Frauen gegenüber Männern unverhältnismäßig benachteiligten. Die politisch ausweglose Situation wurde auf diese Weise schließlich überwunden und der Rat verabschiedete 1997 die Richtlinie 97/80/EG über die Beweislast bei Diskriminierung aufgrund des Geschlechts.[377]

Außerdem stellte der EuGH klar, dass der Entgeltbegriff des ex-Art. 119 EWGV (Art. 157 AEUV) auch Leistungen aus betrieblichen Sozialversicherungssystemen erfasst.[378] Diese Rechtsprechung führte schließlich 1997 zur Änderung der Richtlinie zur Verwirklichung des Grundsatzes der Gleichbehandlung von Männern und Frauen bei den betrieblichen Systemen der sozialen Sicherheit.[379] Auch die Rechtsprechung des Gerichtshofs zum Verbot der Diskriminierung von Schwangeren[380] bildete eine Vorlage für die Rechtsetzung des Rates.[381] In diesem sensiblen Bereich und auch in anderen dehnte der EuGH die Rechte von Individuen auf Politikbereiche aus, die die Staaten als ihre Kompetenz betrachtet hatten.[382]

Auch im Bereich des Verbots der Altersdiskriminierung kann man bei den Rechtssachen Mangold oder Kücükdeveci von einem Ergänzungsverhältnis von

---

376 *J. H. H. Weiler*, in: K. Nicolaidis/R. Howse (Hrsg.), The Federal Vision, 2001, S. 54 (55, 57) – »Europe's Sonderweg«.

377 Richtlinie 97/80/EG des Rates vom 15. Dezember 1997 über die Beweislast bei Diskriminierung aufgrund des Geschlechts, ABl. L 14 vom 20.1.1998, S. 6.

378 S. insb. EuGH, Rs. C-262/88, *Barber*, Slg. 1990, I-1889, 1952, Rn. 28.

379 Richtlinie 96/97/EG des Rates vom 20. Dezember 1996 zur Änderung der Richtlinie 86/378/EWG zur Verwirklichung des Grundsatzes der Gleichbehandlung von Männern und Frauen bei den betrieblichen Systemen der sozialen Sicherheit, ABl. L 46 vom 17.2.1997, S. 20.

380 EuGH, Rs. C-177/88, *Dekker*, Slg. 1990, I-3941; Rs. C-179/88, *Hertz*, Slg. 1990, I-3979.

381 Richtlinie 92/85/EWG des Rates über die Durchführung von Maßnahmen zur Verbesserung der Sicherheit und des Gesundheitsschutzes von schwangeren Arbeitnehmerinnen, Wöchnerinnen und stillenden Arbeitnehmerinnen am Arbeitsplatz, ABl. L 348 vom 28.11.1992, S. 1.

382 *A. Stone Sweet*, Living Rev. Euro. Gov. 5 (2010) 2, S. 1.

EuGH und Unionsrechtsetzung ausgehen.[383] In diesen Vorlageentscheidungen, die viel Kritik erfuhren und als Beispiele für eine aktivistische Rechtsprechung gelten,[384] orientiert sich der allgemeine Rechtsgrundsatz des Verbots der Altersdiskriminierung am Inhalt der Richtlinie 2000/78/EG und konstitutionalisiert diesen, indem sie ihn zum Inhalt des Primärrechts erklärt. Auf diese Weise verhilft der EuGH dem Richtlinieninhalt zur Durchsetzung, ohne eine Horizontalwirkung oder ersetzende Wirkung der Richtlinie selbst annehmen zu müssen.

Diese Konstitutionalisierung verdrängt demokratische Prozesse. Dem lässt sich auch nicht entgegenhalten, dass der EuGH das ungeschriebene Verbot der Altersdiskriminierung im Lichte der (zum maßgeblichen Zeitpunkt noch nicht in Kraft getretenen) Rahmen-Richtlinie Beschäftigung 2000/78/EG[385] lese. Wie auch die Anti-Rassismus-Richtlinie[386] und die sogenannte Gender-Richtlinie 2[387] war die Rahmen-Richtlinie Beschäftigung noch auf ex-Art. 13 EGV gestützt worden. Deshalb wurde das Europäische Parlament im Rechtsetzungsverfahren nur angehört, während es nach Art. 19 AEUV nunmehr zustimmen müsste.[388]

Der EuGH war hier insofern zurückhaltend, als er nicht neue inhaltlich steuernde Prinzipien einführte. Zum einen zielte der Gerichtshof vielmehr darauf ab, die Integration dadurch zu fördern, dass er die Umsetzung der Ergebnisse des politischen europäischen Prozesses sicherstellt. Auch die Einführung der Gemeinschaftsgrundrechte entsprang der Notwendigkeit einer Stärkung des europäischen Rechts; darüber hinaus war ihre Rolle in der politischen Richtungsgebung eher gering.[389] Zum anderen setzte sich der EuGH allerdings auch an die Stelle des politischen Prozesses und überwand dessen institutionelle Schwächen. Eine Steuerung des politischen, wirtschaftlichen und gesellschaftlichen Prozesses durch richterliche Rechtsfortbildung auf Verfassungsebene ist problematisch. Angesichts der Rigidität des Vertragsänderungsverfahrens unter Art. 48 EUV könnte politisch nur noch mit größter Mühe politisch eingegriffen werden.[390] Ist die erforderliche Vertragsänderung ohnehin schwierig, so kommt

---

383 EuGH, Rs. C-144/04, *Mangold*, Slg. 2005, I-9981; Rs. C-555/07, *Kücükdeveci*, Slg. 2010, I-365.

384 Vgl. Editorial Comment, CML Rev. 47 (2010) 6, S. 1589; *U. R. Haltern*, in: U. R. Haltern/A. Bergmann (Hrsg.), Der EuGH in der Kritik, 2012, S. 25 m.N.

385 Richtlinie 2000/78/EG des Rates vom 27.11.2000 zur Festlegung eines allgemeinen Rahmens für die Verwirklichung der Gleichbehandlung in Beschäftigung und Beruf, ABl. L 202 vom 2.12.2000, S. 16. Die Richtlinie bezieht sich explizit auf Rechtsprechung des EuGH, vgl. *A. Stone Sweet/K. Stranz*, J.E.P.P. 19 (2012) 1, S. 92 (97).

386 RL 2000/43/EG, ABl. L 180 vom 19.7.2000, S. 22.

387 RL 2004/113/EG, ABl. L 373 vom 21.12.2004, S. 37.

388 Zur Kritik daran wie auch am Einstimmigkeitserfordernis im Rat s. *M. Bell*, ILJ 33 (2004) 3, S. 242 (253 f.); *E. Muir*, Hum Rights Rev 15 (2014) 1, S. 25 (34).

389 *A. von Bogdandy*, JZ 56 (2001) 4, S. 157 (165).

390 S. bereits ebd., S. 165–167.

in den Antidiskriminierungsfällen hinzu, dass es sich nicht um beliebige Vertragsauslegungen handelt, sondern um Aussagen mit grundrechtlichem Gehalt, die zudem das horizontale Verhältnis zwischen Privaten betreffen.[391]

Früher konnte man davon ausgehen, eine strenge Rechtskontrolle europäischer Rechtsetzung durch den EuGH sei legitimationstheoretisch wenig problematisch, weil die demokratische Qualität der Rechtsetzung jenseits des Nationalstaats beschränkt war.[392] Im Zuge einer zunehmenden Demokratisierung der europäischen Rechtsetzung durch die Stärkung des Europäischen Parlaments verliert nun zugleich auch das Argument an Gewicht, der EuGH könne gegenüber der demokratisch weniger legitimierten EU-Rechtsetzung strengere Maßstäbe der Rechtskontrolle anlegen, um ein »gouvernement des fonctionnaires« durch ein »gouvernement des juges« angemessen zu bremsen.[393] Allerdings bleibt der Gerichtshof, nicht anders als die Gerichte in den USA, im Hinblick auf die Legitimationskriterien der Mehrheitsdemokratie immer in der unterlegenen Position. Damit ist eine Begrenzung der Kontrolle von Sekundärrecht etwa am Maßstab der Grundfreiheiten des Binnenmarktes auf offensichtliche Verstöße zu erklären, wie sie sich tatsächlich beobachten lässt, obschon sie nicht konsequent durchgehalten wird.[394] Jedenfalls führt der Ansatz intensivierter Grundrechtskontrolle zu einer horizontalen Machtverschiebung zwischen europäischer Legislative und Judikative. Angesichts demokratischer Defizite im europäischen Gesetzgebungsprozess mit dem nach wie vor weitreichenden Initiativmonopol der Kommission[395] und einer vergleichsweise geringen kritischen Begleitung durch die (mediale) Öffentlichkeit ist eine Kontrolle europäischen Sekundärrechts durch den EuGH gut zu legitimieren.[396] Der EuGH lässt dabei zudem nachvollziehbare Differenzierungen erkennen, wenn er etwa im wirtschaftlichen Bereich dem Gesetzgeber ein weites Ermessen zubilligt.[397]

Der EuGH befindet sich, anders als der *U.S. Supreme Court*, primär nicht in einer »horizontalen« Spannungslage zwischen den Organen auf föderaler Ebene, sondern einer »vertikalen« Spannungslage zwischen föderaler und mitgliedstaatlicher Ebene und zwischen supranationalen und intergouvernementalen Akteuren.[398] Diese Konstellation der Komplementarität auf europäischer

---

391 *A. Stone Sweet/K. Stranz*, J.E.P.P. 19 (2012) 1, S. 92 (95).

392 *W. Pauly*, EuR 33 (1998) 3, S. 242 (259 f.); *E. T. Swaine*, Harv.Int'l L.J. 41 (2000) 1, S. 1 (63 f.); *M. Rosenfeld*, I•CON 4 (2006) 4, S. 618 (631).

393 *U. R. Haltern*, in: U. R. Haltern/A. Bergmann (Hrsg.), Der EuGH in der Kritik, 2012, S. 25 (43).

394 *K. Engsig Sørensen*, E. L. Rev. 36 (2011) 3, S. 339; *P. Syrpis*, in: P. Syrpis (Hrsg.), The Judiciary, the Legislature and the EU Internal Market, 2012, S. 3; s. auch *A. von Bogdandy*, JZ 56 (2001) 4, S. 157 (165).

395 S. dazu EuGH, Rs. C-409/13, *Rat/Kommission*, Urt. v. 14.4.2015, ECLI:EU:C:2015:217.

396 *J. Kühling*, ZÖR 68 (2013) 3, S. 469 (478).

397 Ebd., S. 478 mit Verweis auf EuG, Rs. T-16/04, *Arcelor*, Slg. 2010, II-211, Rn. 168.

398 *T. Pavone*, The Contested Political Power of the European Court of Justice and the

Ebene schwächt auch das Potential der mitgliedstaatlichen Grundrechtsgerichte zur Mitwirkung in einem europäischen Grundrechtsföderalismus.

II. Reichweite der Grundrechte als Resultat von Dogmatik und Methodik

Auch die Dogmatik und Methodik der zentralen Grundrechtsgerichte wirkt sich auf die Reichweite der föderalen Grundrechte und damit auf den Spielraum aus, der den einzelstaatlichen Grundrechten verbleibt. An dieser Stelle wirken sich die grundsätzlichen Unterschiede in der Herangehensweise von Bundesverfassungsgericht (1.), *U.S. Supreme Court* (2.) und Europäischem Gerichtshof (3.) aus. Relevante Faktoren sind jeweils das grundsätzliche Verständnis von Rechtegewährleistungen und die damit verknüpfte Reichweite der Grundrechtswirkungen, das Verständnis der Schutzbereiche sowie die Mechanismen der Entscheidungsfindung. Sie alle beeinflussen die Lücken, die für den einzelstaatlichen Grundrechtsschutz verbleiben.

1. Bundesverfassungsgericht

In der Dogmatik sind für die große Reichweite der Grundrechte des Grundgesetzes auch im Verhältnis zu den Landesgrundrechten die vom Bundesverfassungsgericht entwickelten weitreichenden Grundrechtswirkungen [a)] sowie ein weites Verständnis der Schutzbereiche, das zu einem lückenlosen System des Grundrechtsschutzes geführt hat, [b)] verantwortlich. Mit Blick auf die Entscheidungsfindung der Senate stärken kohärenzsichernde Mechanismen der Entscheidungsfindung die Reichweite der Rechtsprechung auch gegenüber den Landesverfassungsgerichten [c)].

a) Weitreichende Grundrechtswirkungen

In der Interpretation des Bundesverfassungsgerichts werden die Grundrechte des Grundgesetzes zu einer weit ausgreifenden geschlossenen Ordnung, die im Gegensatz zum fragmentarischen Charakter der US-Bundesverfassung steht und auch den Spielraum für föderale Vielfalt einschränkt [aa)]. Das auf diese Weise richterrechtlich geschaffene dogmatische System mit einer Vielzahl von Grundrechtsfunktionen hemmt die föderale Grundrechtsdynamik [bb)].[399] Zu-

---

United States Supreme Court, 2012; *M. Höreth*, in: M. Dawson u.a. (Hrsg.), Judicial Activism at the European Court of Justice, 2013, S. 32 (47).

[399] S. zur Harmonisierung durch systematisierende Verfassungsrechtsdogmatik auch *B. Bryde*, NdsVBl. 12 (2005), Sonderheft zum 50-jährigen Bestehen des Niedersächsischen Staatsgerichtshofs, S. 5 (5).

dem wirken die Grundrechte aufgrund des Entscheidungsstils des Bundesverfassungsgerichts als Maßstäbe, die auch für die Landesverfassungsgerichte eine verstärkte Orientierungswirkung haben [cc)].

aa) Konstitutionalisierung der gesamten Rechtsordnung

Den Grundrechten des Grundgesetzes kommt in der Rechtsprechung des Bundesverfassungsgerichts die Bedeutung grundlegender Wertentscheidungen zu. Sie vermitteln nicht nur spezifische Rechtspositionen, sondern durchdringen die gesamte Rechtsordnung, »konstitutionalisieren«[400] das einfache Recht und begründen zusammenhängende integrierte Rechtsräume, die einer spezifisch landesrechtlichen und landesbezogenen Differenzierung nicht mehr zugänglich sind.[401] Dieser umfassende und überwölbende Charakter der Grundrechte hat mehrere Aspekte, die für die Reichweite der Grundrechtsjudikatur und die verbleibenden Lücken für die Landesverfassungsgerichte von Bedeutung sind.

Grundlegend für den Bedeutungszuwachs der Grundrechte ist die Lüth-Entscheidung des Bundesverfassungsgerichts aus dem Jahr 1958 zur mittelbaren Drittwirkung oder Horizontalgeltung der Grundrechte in privatrechtlichen Rechtsbeziehungen.[402] Der damit etablierte umfassende Geltungsanspruch der Grundrechte des Grundgesetzes hat die materielle Verfassungsautonomie der Länder entscheidend verkürzt. Das Hineinwirken der Grundrechte des Grundgesetzes auch in die Rechtsordnungen der Länder relativiert die Trennung der Verfassungsräume von Bund und Ländern und hindert die Landesverfassungsgerichte weitgehend an einer autonomen Grundrechtsinterpretation.[403]

Der besondere Status der Grundrechte des Grundgesetzes ergibt sich daraus, dass sie sowohl voll justitiabel sind als auch eine objektive Wertordnung verkörpern und Grundlage der gesamten Rechtsordnung und der Ausübung jeglicher Hoheitsgewalt sind. Die Entfaltung ihrer objektiven Dimension führte zu einem gewaltigen Verrechtlichungsschub, zur »Wiedergeburt der Rechtsordnung aus dem Geist der Grundrechte«.[404] Die unitarisierende Wirkung der Grundrechte des Grundgesetzes kommt insbesondere dadurch zustande, dass die Staatspraxis, angeleitet durch die Rechtsprechung des Bundesverfassungsgerichts, den Grundrechten kodifikatorischen Charakter und Umfang

[400] *G. F. Schuppert/C. Bumke*, Die Konstitutionalisierung der Rechtsordnung, 2000.
[401] *C. Degenhart*, RCDP 24 (2009) 39, S. 135 (141).
[402] BVerfGE 7, 198, 1 BvR 400/51 – *Lüth*; vgl. *K. Stern*, Das Staatsrecht der Bundesrepublik Deutschland, Bd. III/1, 1988, § 69 I 3 (S. 899–903); *G. Hermes*, VVDStRL 61 (2002), S. 119 (121 f.). S. auch *H. Goerlich*, Wertordnung und Grundgesetz, 1973; *R. Alexy*, Der Staat 29 (1990) 1, S. 49; *H. Dreier*, Dimensionen der Grundrechte, 1993; *H. D. Jarass*, in: FS 50 Jahre Bundesverfassungsgericht, Bd. 2, 2001, S. 35.
[403] *C. Degenhart*, RCDP 24 (2009) 39, S. 135 (141 f., 154).
[404] *R. Wahl*, in: HGR I, 2004, § 19, Rn. 1.

für einzelne Rechtsgebiete beigemessen hat.[405] Zur Homogenisierung von Landes- und Bundesverfassungsrecht trug ein verfassungsrechtliches Systemdenken bei, das einen Großteil der Verfassungsrechtssätze als Konkretisierungen der grundlegenden, in Art. 20 und 28 GG geschützten Verfassungsprinzipien (miss-)verstand, die als solche nach Art. 28 GG die Länder binden würden.[406]

Die Aufladung der Grundrechte zur objektiven Wertordnung erschwerte es jedenfalls den Landesverfassungsgerichten, von der Rechtsprechung des Bundesverfassungsgerichts abzuweichen. Eine Abweichung bedeutet möglicherweise zugleich eine Abweichung von der auch für die Länder maßgeblichen Wertordnung des Grundgesetzes. Das ist einer der Gründe dafür, warum die größte Bedeutung der Landesgrundrechte dort zu sehen ist, wo sie textlich vom Grundgesetz abweichen oder eigenständige Garantien enthalten.

Allerdings bildet die durch die Grundrechte aufgestellte Wertordnung kein bis ins Detail ausbalanciertes, in sich vollständiges System, mit dem jedes abweichende, die Wertakzente anders setzende System zwingend in Widerspruch geraten würde. Vielmehr ist die Wertordnung der Grundrechte in gewissem Maße auch offen dafür, abweichende landesverfassungsrechtliche Grundrechte in Abwägungen einzustellen oder in Drittwirkungsfällen zu berücksichtigen, ohne dass dadurch ein Widerspruch zur Wertung des Grundgesetzes auftritt. Auch können Landesgrundrechte, etwa das bayerische Grundrecht auf Zugang zu Seen und Naturschönheiten, Inhalts- und Schrankenbestimmungen im Sinne von Art. 14 Abs. 1 Satz 2 GG darstellen. Die Grundrechte des Grundgesetzes stehen unter unterschiedlich ausgestalteten Gesetzesvorbehalten, die auch dem Landesverfassungsgeber Spielräume bei der konkreten Zuordnung der verfassungsrechtlichen Position der Beteiligten in einem mehrseitigen Rechtsverhältnis lassen.[407] Dennoch erscheint das Verständnis der Grundrechte auch als objektive Wertordnung als wesentlicher Faktor für die Homogenisierung von Bundes- und Landesgrundrechten.

bb) Grundrechtsfunktionen

Gerade in der ersten Hälfte der siebziger Jahre zeichneten sich einige Entwicklungen ab, die maßgeblich zu einem Bedeutungszuwachs der Grundrechte führten[408] und zugleich die Spielräume der Länder verengten. Dazu zählten insbesondere die prinzipielle Erstreckung der Grundrechtsgeltung auf Sonderrechtsverhältnisse, die Entwicklung der Teilhabedimension und der verfah-

---

[405] *P. Badura*, BayVBl. 138 (2007) 7, S. 193 (195).

[406] *B.-O. Bryde*, NdsVBl. 12 (2005) Sonderheft zum 50-jährigen Bestehen des Niedersächsischen Staatsgerichtshofs, S. 5 (5).

[407] *J. Pietzcker*, in: HStR VI, 3. Aufl. 2008, § 134, Rn. 78.

[408] *W. Schmidt*, in: D. Simon (Hrsg.), Rechtswissenschaft in der Bonner Republik, 1994, S. 188 (202).

rens- und organisationsrechtlichen Schutzwirkungen sowie der Schutzpflichtendimension.

Zunächst betraf die Verrechtlichung der verfassungsrechtlich nicht länger zulässigen[409] »besonderen Gewaltverhältnisse« die Länder im Bereich von Beamtenverhältnissen und von Schule und Hochschule, nach damaliger Verteilung der Gesetzgebungszuständigkeiten.[410] Auch die Ausweitung der Berufsfreiheit infolge strengerer Anforderungen an Beschränkungen durch Zwangskörperschaften wirkte sich gerade für die Länder aus: Verschiedene Kammern, etwa die Landesapothekerkammern, Landesarchitektenkammern, Landesärztekammern, Landeszahnärztekammern und Psychotherapeutenkammern, sind landesrechtlich geregelt. Aus den Freiheitsrechten lassen sich zwar über die vom Bundesverfassungsgericht entwickelte Teilhabedimension der Grundrechte nur beschränkt Ansprüche auf staatliche Leistungen zur Ermöglichung und Förderung der Freiheitsausübung ableiten. Das konkrete Beispiel eines solchen Teilhaberechts indes stand gerade im Zusammenhang der Numerus-clausus-Diskussion und betraf die Länder im Bereich des Hochschulwesens, das zu ihrem kompetenziellen Hausgut zählt.[411] Des Weiteren erzeugen gerade die damit im Zusammenhang stehenden verfahrens- und organisationsrechtlichen Schutzwirkungen der Grundrechte einen erheblichen Zwang zur Angleichung.[412] Der Grundrechtsschutz im Bereich des Organisationsrechts betrifft in der Rechtsprechung des Bundesverfassungsgerichts mit dem öffentlich-rechtlichen Rundfunk noch eine weitere Länderkompetenz.[413] Der Grundrechtsschutz durch Organisation und Verfahren wirkt sich zudem allgemein auf die Verwaltungsorganisation der Länder und mit der Verwaltung auf den Bereich aus, der nach der funktionalen Kompetenzverteilung überwiegende Länderzuständigkeit ist.[414] Schließlich setzte mit dem ersten Urteil zum Schwangerschaftsabbruch die Entwicklung staatlicher Schutzpflichten ein.[415]

---

[409] BVerfGE 33, 1, 2 BvR 41/71 – *Strafgefangene*.

[410] Der Strafvollzug dagegen war damals noch nicht der Landesgesetzgebung überlassen, s.o. 3. Kapitel B. II. 1., Fn. 83.

[411] BVerfGE 33, 303 (333), 1 BvL 32/70 und 25/71 – *numerus clausus I*.

[412] *P. M. Huber*, Grundrechtsschutz durch Organisation und Verfahren als Kompetenzproblem in der Gewaltenteilung und im Bundesstaat, 1988, S. 301–324; zum Beispiel der Rundfunkfreiheit *P. Badura*, BayVBl. 138 (2007) 7, S. 193 (196).

[413] BVerfGE 35, 79 (116), 1 BvR 424/71 und 325/72 – *Hochschul-Urteil*; 50, 290 (322 ff.), 1 BvR 532, 533/77, 419/78 und BvL 21/78 – *Mitbestimmung*; 12, 205 (261), 2 BvG 1, 2/60 – *1. Rundfunkentscheidung* (*Deutschland-Fernsehen*); 31, 314 (326), 2 BvF 1/68, 2 BvR 702/68 – *2. Rundfunkentscheidung* (*Mehrwertsteuer*).

[414] Vgl. *U. Scheuner*, DÖV 15 (1962) 17–18, S. 641 (645), der gegenüber Hesses Rechtfertigung der Bundesstaatlichkeit auf die Ausrichtung der Verwaltung der Länder auf die Grundrechte hinweist.

[415] BVerfGE 39, 1 (38), 1 BvF 1/74, 1 BvF 2/74, 1 BvF 3/74, 1 BvF 4/74, 1 BvF 5/74, 1 BvF 6/74 – *Schwangerschaftsabbruch I*; 46, 160, 1 BvQ 5/77 – *Schleyer*; 49, 24, 2 BvR 1013, 1019,

Die Landesverfassungsgerichte werden durch diese Entwicklungen in mehrfacher Hinsicht in ihrer Bedeutung als Grundrechtsgerichte beschränkt: Zunächst wird der Spielraum, den Art. 142 GG für einen weitergehenden Grundrechtsschutz eröffnet, dadurch beschränkt, dass die Erweiterung der Grundrechtsrelevanz die Möglichkeit kollidierender Grundrechte Dritter erhöht. Angesichts der großen Reichweite der Grundrechte des Grundgesetzes sind Grundrechtsfragen häufig mehrseitig, mit der Folge, dass die landesverfassungsrechtliche Gewährleistung stärkeren Grundrechtsschutzes auf der anderen Seite zu grundgesetzwidrigen grundrechtlichen Einbußen führen kann.[416] Das ist ein bedeutender Unterschied etwa gegenüber den USA, und nach bisherigem Stand auch gegenüber den Grundrechten der Europäischen Union. Darüber hinaus wird die Landesgesetzgebung eingeschränkt. Soweit diese die Rechtsprechung des Bundesverfassungsgerichts nachvollzieht, werden auch die Landesverfassungsgerichte marginalisiert.

cc) Maßstabswirkung

Zur Marginalisierung der Landesverfassungsgerichte trägt auch die Maßstabswirkung der Grundrechte bei. Wie Oliver Lepsius herausarbeitet, hat das Bundesverfassungsgericht als »maßstabsetzende Gewalt« allgemeingültige, unabhängig vom konkreten Fall rezipierte Entscheidungsmaßstäbe entwickelt.[417]

Sinnfälligen äußerlichen Ausdruck findet diese Methode in der Gliederung der Entscheidungsbegründung in Maßstäbe- und Subsumtionsteile. Diese Trennung hat zur Folge, dass sich Aussagen auf Subsumtionsebene selten auf die Fortentwicklung der Maßstäbe auswirken.[418] Die Verfassungsinterpretation *in abstracto* löst sich scheinbar zwanglos von den konkreten Rechtsstreitigkeiten

---

1034/77 – *Kontaktsperre-Gesetz*; 49, 89 (140–147), 2 BvL 8/77 – *Kalkar I*; 53, 30 (57–62), 1 BvR 385/77 – *Mülheim-Kärlich*; 56, 54, 1 BvR 612/72 – *Fluglärm*; BVerfG, NVwZ 2007, 805; BVerfGE 81, 242 (255), 1 BvR 26/84 – *Wettbewerbsverbot*; 92, 26 (46), 1 BvF 1/90, 1 BvR 342/90, 1 BvR 348/90 – *Zweitregister*; 111, 1 (37 ff.), 2 BvR 496/01 – *Justizgewährungsanspruch bei Überprüfung kirchlicher Maßnahmen*; vgl. *G. Hermes*, Das Grundrecht auf Schutz von Leben und Gesundheit, 1987. Gerade an den Abtreibungsfällen zeigt sich die Besonderheit der ausgreifenden Rechtsprechung des Bundesverfassungsgerichts mit legislativem Charakter etwa im Vergleich mit dem *U.S. Supreme Court*; s. *S. Gardbaum*, Mich. L. Rev. 107 (2008) 3, S. 391 (421 f.). S. auch die Kritik von *M. A. Glendon*, Rights Talk, 1991, S. 58 an der Beschränkung auf ein »right to be let alone« der Schwangeren.

416 *W. Rüfner*, DÖV 20 (1967) 19, S. 668 (670); *W. Leisner*, Die bayerischen Grundrechte, 1968, S. 16 f.

417 *O. Lepsius*, in: Das entgrenzte Gericht, 2011, S. 159 (159–279).

418 *O. Lepsius*, in: R. Scholz u.a. (Hrsg.), Realitätsprägung durch Verfassungsrecht, 2008, S. 103 (112).

und die »Maßstäbe« des Bundesverfassungsgerichts werden als zeitübergreifende und sachverhaltsunabhängige normative Aussagen rezipiert.[419]

Mit dieser Methode hat das Bundesverfassungsgericht seiner Grundrechtsjudikatur eine große Reichweite verliehen. Die maßstabsetzende Gewalt geht über die rechtsprechende hinaus, weil die verfassungsrechtlichen und politischen Wirkungen der Karlsruher Entscheidungen die Bindungswirkung ihrer Tenorierungen überschreiten.[420] Für die Landesverfassungsgerichte sind die Maßstäbe wegen ihres gegenüber der Einzelfallentscheidung höheren Abstraktionsgrades leichter anschlussfähig. Umgekehrt ist ihnen der Weg über fallbezogene oder auch sachbereichsspezifische Differenzierungen ohne Dissens im Grundsätzlichen erschwert.[421]

b) Weites Schutzbereichsverständnis

Für die Einschränkung der Spielräume der Länder ist weiterhin auch die weite Definition der Schutzbereiche durch das Bundesverfassungsgericht verantwortlich, die zu einem lückenlosen System der Grundrechte geführt hat.[422] Dieses weite Verständnis der Schutzbereiche korrespondiert mit einem weiten Eingriffsbegriff und unterwirft staatliches Handeln in großem Umfang der verfassungsgerichtlichen Rationalitätsprüfung in den Kategorien des Verhältnismäßigkeitsgrundsatzes. Insbesondere hat das Bundesverfassungsgericht Art. 2 Abs. 1 GG als ein Recht auf allgemeine Handlungsfreiheit interpretiert.[423] Dadurch wird jegliches hoheitliche Handeln mit Außenwirkung für den Einzelnen zum rechtfertigungsbedürftigen Grundrechtseingriff. Auf dieser Grundlage kann das Bundesverfassungsgericht im Verfassungsbeschwerdeverfahren das gesamte Staatshandeln an den Grundrechten messen.[424]

Immerhin nimmt das Bundesverfassungsgericht eine föderale Reduktion seiner Elfes-Rechtsprechung vor: Im Rahmen einer Verfassungsbeschwerde prüft es im Zusammenhang mit einer gerügten Verletzung von Art. 2 Abs. 1 GG nicht die Vereinbarkeit von Landesrecht mit der Landesverfassung.[425]

---

[419] *O. Lepsius*, in: Das entgrenzte Gericht, 2011, S. 159 (171–174).

[420] Ebd., S. 168.

[421] Vgl. ebd., S. 257–259.

[422] *H. Goerlich*, Wertordnung und Grundgesetz, 1973, S. 188 ff.; *W. Schmidt*, in: D. Simon (Hrsg.), Rechtswissenschaft in der Bonner Republik, 1994, S. 188.

[423] BVerfGE 6, 32 (36 f.), 1 BvR 253/56 – *Elfes*; 80, 137 (152–154), 1 BvR 921/85 – *Reiten im Walde*.

[424] *O. Lepsius*, in: Das entgrenzte Gericht, 2011, S. 159 (182–186). S. auch *D. Grimm*, I•CON 13 (2015) 1, S. 9 (20 f.).

[425] BVerfGE 41, 88 (118–120), 1 BvR 548/68 – *Gemeinschaftsschule*; 45, 400 (413), 1 BvR 799/76 – *Oberstufenreform*; 60, 175 (209), 2 BvH 1/82 u.a. – *Startbahn West*; 64, 301 (317 f.), 2 BvR 1546/79 – *Abgeordnetenentschädigung*; BVerfG, Beschl. v. 18.7.2001, 2 BvR 2/01, NVwZ 2002, 73; Beschl. v. 21.11.2001 – 2 BvR 2333/11, Rn. 2.

c) Kohärenzsichernde Mechanismen der Entscheidungsfindung

Beim Bundesverfassungsgericht sind Sondervoten, für die kontinentale Rechtstradition eigentlich untypisch,[426] seit 1970 ausdrücklich zulässig.[427] In der Praxis sind sie allerdings die sorgsam kalkulierte Ausnahme.[428] Im Vergleich zum *U.S. Supreme Court* ist auch die Auswahl der Richter wenig politisiert und klare Spaltungen in der politischen Haltung der Richterschaft, die auch unmittelbar in den Entscheidungsbegründungen sichtbar würden, sind nicht erkennbar. Die Richter des Bundesverfassungsgerichts versichern denn auch, dass die parteiliche Herkunft oder Neigung der Richter in den Beratungen und Entschließungen kaum eine Rolle spielt.[429] Anstatt durch äußerlich sichtbare Unterschiede wird die Entscheidungskultur des Bundesverfassungsgerichts durch ausführliche Kollegialberatungen geprägt.[430] Werden aber interne Konfliktlinien nach außen selten deutlich, so wird auch keine Minderheitenposition erkennbar, die eventuell einen Anknüpfungspunkt für eine abweichende landesverfassungsgerichtliche Grundrechtsdeutung bieten würde. Die Bedeutung dieses Umstands wird sogleich im Vergleich mit den USA deutlich werden.

Festhalten lässt sich an dieser Stelle, dass sich die Reichweite der Grundrechte des Grundgesetzes im föderalen Gefüge als Resultat von Dogmatik und Methodik eindrucksvoll gerade darin zeigt, dass die Landesverfassungsgerichte den maßgeblichen Schritten des Bundesverfassungsgerichts wie der Wertordnungsjudikatur und dem Verständnis der Freiheitsgrundrechte als allgemeine Handlungsfreiheit gefolgt sind.[431]

---

[426] *D. Robertson*, The Judge as Political Theorist, 2010, S. 45.

[427] Bei den Landesverfassungsgerichten ist das Sondervotum teilweise zulässig. Ausdrücklich zugelassen werden Sondervoten u.a. in Berlin (§ 29 Abs. 2 BerlVerfGHG); ausdrücklich ausgeschlossen dagegen in Sachsen (§ 13 SächsVerfGHG). S. dazu *M. Dombert*, in: P. Macke (Hrsg.), Verfassung und Verfassungsgerichtsbarkeit auf Landesebene, 1998, S. 167; *C. Eggeling*, Das Sondervotum in der Verfassungsgerichtsbarkeit der neuen Bundesländer, 2006.

[428] S. zur Sonderstellung des Sondervotums im deutschen Rechtskreis und zum Einfluss des US-amerikanischen Vorbilds *M. Kau*, United States Supreme Court und Bundesverfassungsgericht, 2007, S. 472–483. S. auch die offizielle Statistik, Entscheidungen mit oder ohne Sondervotum in der amtlichen Sammlung (BVerfGE) – Bände 30–140 (1971–2016), https://www.bundesverfassungsgericht.de/DE/Verfahren/Jahresstatistiken/2017/gb2017/A-I-7.pdf?__blob=publicationFile&v=3, geprüft am 31.1.2019: 165/2.239 = 7,4 Prozent.

[429] *K. Schlaich/S. Korioth*, Das Bundesverfassungsgericht, 11. Aufl. 2018, Rn. 47. Allerdings finden sich auch Entscheidungen, bei denen es Voten und erkennbares Abstimmungsverhalten entlang den Parteilinien gibt, vgl. etwa BVerfGE 104, 55 (61 ff.), 1 BvQ 23/01, 1 BvQ 26/01, und 105, 313 (342 ff.), 1 BvF 1/01, 1 BvF 2/01 – *Lebenspartnerschaftsgesetz*, Sondervoten Papier, Haas und Steiner; BVerfGE 106, 310 (337 ff.), 2 BvF 1/02 – *Abstimmungsverfahren im Bundesrat*, Sondervoten der Richterinnen Osterloh und Lübbe-Wolff.

[430] S. dazu *U. Kranenpohl*, Hinter dem Schleier des Beratungsgeheimnisses, 2010.

[431] S. für Bayern *J. F. Lindner*, in: J. F. Lindner u.a. (Hrsg.), Verfassung des Freistaates Bayern, 2. Aufl. 2017, Vor Art. 98, Rn. 22 zum Menschenbild als Ausgangsformel.

2. *U.S. Supreme Court*

Die Reichweite der Grundrechtsjudikatur des *U.S. Supreme Court* ist demgegenüber durch sein enges und fallbezogenes Rechteverständnis [a)] sowie sein enges Schutzbereichsverständnis [b)] reduziert. Fragmentierte Entscheidungsgründe bieten zudem Anknüpfungspunkte für divergierende Grundrechtsverständnisse der einzelstaatlichen Gerichte [c)].

a) Grundrechtswirkungen: enges und fallbezogenes Rechteverständnis

In den USA dominiert ein induktives und fallorientiertes Rechtsdenken.[432] Die Rechtsprechung des *U.S. Supreme Court* ist mehr kasuistisch orientiert und wirkt mehr präjudiziell als abstrakt-generell. Präjudize erlauben mehr Flexibilität und ermöglichen eine dynamische Rechtsentwicklung. Allgemein pflegt der *U.S. Supreme Court* einen ergebnisorientierten (»policy-oriented«) Begründungsstil, der auch die Legitimität einer Befassung der Rechtsprechungsgewalt mit bestimmten Fragen offen anspricht. Die Politisierung der Richterernennung und »coordinate culture« des amerikanischen Rechts[433] sorgen dafür, dass es für die *state courts* tendenziell leichter ist, eine vom *U.S. Supreme Court* abweichende Rechtsprechung zu entwickeln.

Aufgabe des Obersten Gerichtshofs ist weniger der Schutz subjektiver Rechte im Einzelfall als die Klärung grundsätzlicher Rechtsfragen.[434] Auch als Grundrechtsgericht ist der *U.S. Supreme Court* in das Rechtsprechungsverständnis unter dem *common law* eingebunden. Rechtsprechung ist danach ein induktiver, inkrementeller und empirischer Prozess, in dem Gerichte mit größerer Wahrscheinlichkeit bessere Entscheidungen fällen, je mehr Fälle sie zu entscheiden haben und über je mehr Erfahrung die Richterinnen und Richter verfügen. Das steht in einem deutlichen Gegensatz zum Paradigma des *civil law*, das sich die Rechtsfindung als deduktiven Akt und syllogistische Anwendung der allgemeinen Regel des Gesetzes vorstellt. Im Einklang mit dem *common law approach* hat der Oberste Gerichtshof der Vereinigten Staaten auf empirischer Grundlage und unter Heranziehung zahlreicher entschiedener Präzedenzfälle verfassungsrechtliche Doktrinen entweder bestätigt oder aber verworfen, wenn sie sich als übermäßig schwierig in der Anwendung erwiesen.[435]

Verfassungsmäßig garantierte Rechte betrachtet der *U.S. Supreme Court* eher als mehr oder weniger unverbundene Beschränkungen denn als Ausdruck einer übergeordneten Wertordnung oder auch eines bestimmten Menschenbildes. Diese Abstinenz zeigt sich etwa im Verständnis der Meinungsfreiheit. Sie

---

[432] Für einen Vergleich der Verfassungsinterpretation in Deutschland und den USA s. *W. J. Wagner*, ZaöRV 56 (1996) 1–2, S. 178.

[433] Vergleichend *M. Hailbronner*, Tradition and Transformations, 2015, S. 35 ff.

[434] *F. M. Wilke*, JöR 63 (2015), S. 625.

[435] *M. Rosenfeld*, I•CON 4 (2006) 4, S. 618 (628).

wird stark auf die kompetitive Demokratie bezogen, weniger auf die Entfaltung der Persönlichkeit und die Menschenwürde, wie es dem kontinentaleuropäischen Verständnis entsprechen würde.[436]

Ein Beispiel für die im Vergleich zum Verständnis des Bundesverfassungsgerichts geringere, föderale Vielfalt ermöglichende Tiefe der Grundrechte bietet der Fall Employment Division v. Smith.[437] Der *U.S. Supreme Court* hatte hier ein Gesetz des Bundesstaates Oregon aufrechterhalten, das den religiös motivierten Gebrauch von Drogen verbot. Ureinwohner, die Peyote für rituelle Zwecke einsetzten, waren von dem Gesetz nicht ausgenommen. Die Gesetze anderer Bundesstaaten sahen dagegen eine entsprechende »religious exception« vor. Der *Supreme Court* lässt also in einer Frage von grundsätzlicher Bedeutung eine große föderale Vielfalt zu. Es ist schwer vorstellbar, dass das Bundesverfassungsgericht den Ländern ähnlich viel Spielraum gelassen hätte.[438]

Die vergleichsweise Zurückhaltung des *U.S. Supreme Court* zeigt sich auch bei der Entwicklung ungeschriebener Grundrechte. Bei einer mehr als 200 Jahre alten Verfassung besteht ein großes Bedürfnis, den Grundrechtsschutz an sich verändernde Umstände, Gefährdungslagen und Bewertungen anzupassen. Dennoch hat der Gerichtshof nur wenige Grundrechte ohne textliche Grundlage (»unenumerated rights«) anerkannt, so das Freizügigkeitsrecht (»right to travel«)[439] und das Recht auf Achtung der Privatsphäre (»right to privacy«)[440]. Wichtige Aspekte der Rechtsprechung zum »right to privacy« sind die Unverletzlichkeit der Ehe mit dem Recht auf Gebrauch von Verhütungsmitteln durch Verheiratete,[441] der Gebrauch von Verhütungsmitteln durch nicht verheiratete heterosexuelle Paare,[442] das Recht auf Abtreibung[443] und das Recht auf einverständlichen homosexuellen Geschlechtsverkehr unter Erwachsenen.[444]

Auch die Rechtsprechung zum *substantive due process* beschränkt sich vor dem Hintergrund der traumatischen Lochner-Erfahrung[445] auf solche Formen

---

436 Ein weites Verständnis von »free speech«, die nach der Rechtsprechung neben verbaler und non-verbaler Kommunikation auch kommunikatives Verhalten umfasst, erlaubt dem *U.S. Supreme Court* andererseits, den beschränkten Rechtekatalog der *Federal Bill of Rights* auszuweiten.

437 U.S. Supreme Court, *Employment Division v. Smith*, 494 U.S. 872 (1990). Die Entscheidung war Anlass für den *Religious Freedom Restoration Act*, den der Supreme Court später in der Entscheidung im Fall *City of Boerne v. Flores*, 521 U.S. 507 (1997) für kompetenzwidrig erklärte.

438 *D. Robertson*, The Judge as Political Theorist, 2010, S. 27 f.

439 Gestützt auf die *Privileges and Immunities Clause* des Art. IV U.S. Const., s. U.S. Supreme Court, *Corfield v. Coryell*, 6 F.Cas. 546 (C.C.E.D.Pa.1823).

440 U.S. Supreme Court, *Griswold v. Connecticut*, 381 U.S. 479 (1965).

441 U.S. Supreme Court, *Griswold v. Connecticut*, 381 U.S. 479 (1965).

442 U.S. Supreme Court, *Eisenstadt v. Baird*, 405 U.S. 438 (1972).

443 U.S. Supreme Court, *Roe v. Wade*, 410 U.S. 113 (1973).

444 U.S. Supreme Court, *Lawrence v. Texas*, 539 U.S. 558 (2003).

445 *V. F. Nourse*, Cal. L. Rev. 97 (2009), S. 751.

der Freiheitsausübung, die »fundamental«, »implicit in the concept of ordered liberty« oder »deeply rooted in the Nation's history and tradition« sind. »Fundamental« ist etwa die Kontrolle über das eigene Leben, die Ehe, die Fortpflanzung, die Verhütung und die Kindererziehung.[446] Im 20. Jahrhundert berief sich der Gerichtshof auf die *Due Process Clause*, um das Recht auf Privatheit (»right to privacy«) und Freiheitsrechte wie das Recht auf Eheschließung, das elterliche Sorgerecht, das Recht auf Erwerb und Nutzung von Kontrazeptiven und das Recht auf Abtreibung zu schützen.[447] Eine weitergehende Freiheitsgewährleistung ist demgegenüber dem einfachen Recht überlassen.[448]

b) Enges Schutzbereichsverständnis

Der Schwerpunkt der Rechtsprechung des *U.S. Supreme Court* zu den Grundrechten liegt auf der Tatbestands- und Eingriffsseite. Ist ein bestimmtes menschliches Verhalten begrifflich nicht von einer Grundrechtsnorm erfasst, so stellt sich schon keine grundrechtliche Frage. Im deutschen Grundrechtsverständnis wäre demgegenüber der Schutzbereich eines Grundrechts eröffnet, und es stellte sich die Rechtfertigungsfrage. Liegt für den *U.S. Supreme Court* tatsächlich ein Eingriff in einen grundrechtlich geschützten Bereich vor, ist der Verfassungsverstoß dagegen gleichsam präjudiziert. Vielfach findet ein »strict scrutiny«-Maßstab mit sehr hohen Anforderungen Anwendung, sodass eine Rechtfertigung selten gelingt.[449]

In den USA fehlt es an einem Pendant zur allgemeinen Handlungsfreiheit als Auffanggrundrecht. Grundrechtlich geschützt werden nur spezifische Formen der Freiheitsbetätigung. Den 9. Zusatzartikel könnte seinem Wortlaut nach am ehesten ein Auffanggrundrecht tragen: Die Aufzählung bestimmter Rechte in der Verfassung darf nicht dahingehend ausgelegt werden, dass durch sie »andere dem Volke vorbehaltene Rechte« versagt oder eingeschränkt werden. Indessen hat der *U.S. Supreme Court* den 9. Zusatzartikel nicht in diesem Sinne ausgelegt.[450] Neben einer Überforderung des Gerichts mit der Auslegung einer derart unbestimmt abgefassten Bestimmung sind unter anderem Gründe der

---

[446] U.S. Supreme Court, *Loving v. Virginia*, 388 U.S. 1 (1967); *Skinner v. Oklahoma*, 316 U.S. 535 (1942); *Eisenstadt v. Baird*, 405 U.S. 438 (1972); *Meyer v. Nebraska*, 262 U.S. 390 (1923).

[447] *E. Chemerinsky*, Constitutional Law, 5. Aufl. 2017, S. 547.

[448] *E. J. Eberle*, Dignity and Liberty, 2002, S. 73; s. U.S. Supreme Court, *Palko v. Connecticut*, 302 U.S. 319, 325 (1937); *Moore v. East Cleveleand*, 431 U.S. 494, 503 (1977); *Griswold v. Connecticut*, 381 U.S. 479, 506 (1965).

[449] *F. M. Wilke*, JöR 63 (2015), S. 625 (626 f.).

[450] *E. J. Eberle*, Dignity and Liberty, 2002, S. 73. S. allerdings U.S. Supreme Court, *Griswold v. Connecticut*, 381 U.S. 479, 488–499 (1965) (Goldberg, J., joined by Warren, Chief Justice, Brennan, J., concurring): 9. Zusatzartikel als Grundlage für ein »right of privacy in marriage«. Zur wissenschaftlichen Debatte um die Bedeutung des 9. Zusatzartikels s. *R. C. Williams*, Colum. L. Rev. 111 (2011) 3, S. 498 (504–508).

föderalen Struktur dafür maßgeblich. Der 9. Zusatzartikel sei der Verfassung angefügt worden, um die Kompetenzen der Staaten vor Übergriffen des Bundes zu bewahren. Die Bestimmung könne daher nicht als Instrument der Bundesgewalt gegen Gesetze der Einzelstaaten eingesetzt werden, mit denen die Staaten lokale Angelegenheiten in einer Weise regeln, die sie für opportun halten. Folglich könne der 9. Zusatzartikel auch keine ungeschriebenen individuellen Rechte gewähren.[451]

c) Fragmentierte Entscheidungsgründe

Zu den Urteilen des *U.S. Supreme Court* werden häufig *concurring opinions* und *dissenting opinions* verfasst.[452] Der *U.S. Supreme Court* verkündet regelmäßig auch sogenannte »fractured opinions«, in denen die einzelnen Richter für das Ergebnis, auf das sich die jeweilige Mehrheit der Richter verständigen konnte, in ihren separaten Voten unterschiedliche Begründungen anführen.[453] Im *U.S. Supreme Court* findet in der Regel eine zeitlich vergleichsweise sehr dicht gedrängte mündliche Verhandlung mit einer intensiven Befragung statt. Dagegen werden die *conference discussions*, bei denen abgestimmt wird, kurz gehalten.[454]

Minderheitenvoten können wichtige verfassungsrechtliche Debatten anstoßen und sich schließlich gegenüber der einstigen Mehrheit durchsetzen.[455] Mit den von der Mehrheit abweichenden Begründungen signalisieren sie nicht nur künftigen Streitparteien, wie sie möglichst erfolgreich argumentieren sollen,[456] sondern können die unterlegene Partei oder Interessengruppe auch darauf aufmerksam machen, wie sie möglicherweise vor den *state courts* mehr Erfolg haben könnten.[457] Im *judicial federalism* bieten sie auch eine Vorlage für die einzelstaatlichen Grundrechtsgerichte. Jedenfalls ist die Schwelle für *state courts*, von der Mehrheit im *U.S. Supreme Court* abzuweichen, niedriger, wenn dieser Mehrheit bereits eine ihrerseits rational begründete Minderheitsmeinung gegenübersteht. Im Verständnis von Justice William J. Brennan, »liberal cham-

---

451 U.S. Supreme Court, *Griswold v. Connecticut*, 381 U.S. 479, 520 (1965) (Black, J., dissenting); s. auch S. 529 (Stewart, J., dissenting).

452 *J. C. Greenburg*, Supreme Conflict, 2007. Zu deren Bedeutung rechtsvergleichend auch *O. Lepsius*, in: Das entgrenzte Gericht, 2011, S. 159 (237–240).

453 *L. Friedman*, Hastings Const. L.Q. 28 (2000) 1, S. 93 (135). S. etwa U.S. Supreme Court, *United States v. Lopez*, 514 U.S. 549, 552–558 (1995) (Rehnquist, C. J., for the Court) und ebd., S. 590–593 (Thomas, J., concurring).

454 *S. L. Bloch* u.a., Inside the Supreme Court, 2. Aufl. 2008, S. 562.

455 *D. Robertson*, The Judge as Political Theorist, 2010, S. 45.

456 *V. Baird/T. Jacobi*, Duke L.J. 59 (2009) 2, S. 183 m.w.N. zur Rolle von *dissenting opinions*; s. auch *W. J. Brennan*, Hastings L. J. 37 (1986) 3, S. 427; *R. Bader Ginsburg*, N.Y.U. L. Rev. 67 (1992) 6, S. 1185; *L. Greenhouse*, The U.S. Supreme Court, 2012.

457 *W. J. Brennan*, Hastings L. J. 37 (1986) 3, S. 427 (430).

pion«[458] und maßgeblicher Verfechter des *New Judicial Federalism*,[459] sollten die *state supreme courts* sogar gerade jene grundrechtsfreundliche Rechtsprechung verwirklichen, die die liberale Minderheit im *U.S. Supreme Court* nicht mehr durchzusetzen vermochte.[460]

3. EuGH

Das Rechtverständnis des EuGH ist demgegenüber wiederum durchaus ausgreifend [a)]. Sein Begründungsstil ist – in mitgliedstaatliche Grundrechtsgerichte wie Beobachter zuweilen gleichermaßen irritierender Weise – auf die Logik des wiederholten Spiels ausgerichtet [b)]. Der Modus der Entscheidungsfindung des EuGH bietet wenig Anknüpfungspunkte für die Formulierung von Dissens durch andere Gerichte [c)].

a) Ausgreifendes Rechteverständnis

Das europäische Primärrecht und Sekundärrecht lässt dem EuGH viel Spielraum, weil es oft weit formuliert ist und auch miteinander kollidierende Normen umfasst.[461] Das Unionsrecht ist lückenhaft oder zweideutig, und zugleich ist es dem abstrakten Ziel der immer engeren Union verpflichtet.[462] Das ist allerdings kein eklatanter Unterschied zum mitgliedstaatlichen Recht überhaupt und zu den Grundrechtsordnungen insbesondere. In seiner Herangehensweise unterscheidet sich der EuGH daher auch nicht wesentlich von mitgliedstaatlichen Obergerichten.[463] Präjudizen kommt in der Rechtsprechung eine stabilisierende Funktion zu, obschon die Bindungswirkung von Prinzipien nicht formal anerkannt ist.[464] Die Methodik des EuGH folgt einer »Hybridform« zwischen *case law* und Gesetzesrecht.[465] Andererseits wird dem EuGH eine aktivistische Rechtsprechung nachgesagt.[466]

Dabei interpretiert der EuGH Grundrechte nicht so detailreich wie das Bundesverfassungsgericht und leitet aus ihnen nicht – in einer dem Bundesverfassungsgericht vergleichbaren Weise – umfassende Gestaltungsaufträge oder prä-

---

458 *S. Stern/S. Wermiel*, Justice Brennan: Liberal Champion, 2010.
459 *W. J. Brennan*, Harv. L. Rev. 90 (1977) 3, S. 489.
460 Ebd.
461 *G. Beck*, Legal Reasoning and the Court of Justice of the EU, 2012, S. 52–57, 85–90.
462 *M. Dawson*, ELJ 20 (2014) 3, S. 423 (425).
463 *G. Beck*, Legal Reasoning and the Court of Justice of the EU, 2012, ch. 7.
464 Ebd.
465 *S. Pötters/R. Christensen*, JZ 67 (2012) 6, S. 289.
466 *H. Rasmussen*, On Law and Policy in the European Court of Justice, 1986; H.-W. Micklitz/B. de Witte (Hrsg.), The European Court of Justice and the autonomy of the member states, 2012; *T. Horsley*, CML Rev. 50 (2013) 4, S. 931; M. Dawson/B. de Witte/E. Muir (Hrsg.), Judicial Activism at the European Court of Justice, 2013.

zise positive Vorgaben ab.[467] Allerdings verstärkt insbesondere die methodisch relativ freihändige Herleitung allgemeiner Rechtsgrundsätze des Primärrechts durch den EuGH die durchdringende Wirkung des Unionsrechts. Unter anderem dafür ist die Entscheidung in der Rechtssache Mangold[468] besonders in den Fokus der Kritik in Deutschland geraten. Der EuGH begnügte sich hier für die Begründung des Verbots der Altersdiskriminierung mit dem formelhaften Hinweis auf den Ursprung in »verschiedenen völkerrechtlichen Verträgen und den gemeinsamen Verfassungstraditionen der Mitgliedstaaten«.[469] Allerdings thematisieren lediglich die Verfassungen Finnlands, Portugals, Spaniens und Griechenlands überhaupt ein Verbot der Altersdiskriminierung.[470] Wohl aber enthält die damals noch nicht rechtsverbindliche Charta der Grundrechte in Art. 21 GRCh ein Verbot der Altersdiskriminierung.[471] Die Kritik am »Erfinden« allgemeiner Rechtsgrundsätze müsste bereits Ende der 1960er Jahre ansetzen, als der EuGH Gemeinschaftsgrundrechte als allgemeine Rechtsgrundsätze »erfand«. Allerdings kam gerade diesen Rechtsgrundsätzen keine die mitgliedstaatlichen Rechtsordnungen durchdringende Wirkung zu, waren die Gemeinschaftsgrundrechte doch ursprünglich allein an die Gemeinschaftsorgane gerichtet.[472] Mit allgemeinen Rechtsgrundsätzen wie dem Verbot der Altersdiskriminierung schränkt der EuGH aber nunmehr den nationalen Gestaltungsspielraum genauso ein wie eine sekundärrechtliche Vorschrift.[473]

Es gibt verschiedene gute Gründe dafür, dass sich der EuGH in der Mangold-Entscheidung entgegen einer überzogenen Kritik eben nicht als die »Karikatur eines eindimensional auf Nichtdiskriminierung abhebenden Spruchkörpers« präsentiert hat, der dem Gesetzgeber vorgreifen will und sich dabei auf einen Grundsatz, den es nicht gibt, und eine Richtlinie, die noch nicht gilt, beruft.[474] Im Grundsatz bleibt es aber problematisch, wenn der EuGH den Mitgliedstaaten politischen Gestaltungsspielraum raubt und politische Entscheidungen vorwegnimmt, die breiter europäischer gesellschaftlicher Debatte

467 *C. D. Classen*, in: FS Müller-Graff, 2015, S. 1378 (1384).

468 EuGH, Rs. C-144/04, *Mangold*, Slg. 2005, I-9981.

469 EuGH, Rs. C-144/04, *Mangold*, Slg. 2005, I-9981, Rn. 74; Rs. C-555/07, *Kücükdeveci*, Slg. 2010, I-365, Rn. 20.

470 Art. 6 Abs. 1 Verfassung Finnland; Art. 59 Abs. 1 Verfassung Portugal; Art. 14 Verfassung Spanien; Art. 21 Abs. 3 Verfassung Griechenland.

471 Zur Kritik EuGH, Rs. C-411/05, *Félix Palacios de la Villa*, Schlussanträge GA Mazák, Slg. 2007, I-8531, Rn. 87, 89, 94–97; *M. Herdegen*, in: HStR X, 3. Aufl. 2012, § 211, Rn. 16.

472 *U. R. Haltern*, in: U. R. Haltern/A. Bergmann (Hrsg.), Der EuGH in der Kritik, 2012, S. 25 (39–41).

473 *M. Herdegen*, in: HStR X, 3. Aufl. 2012, § 211, Rn. 18; zum Kompetenzproblem der dynamischen Grundrechtsauslegung und offenen Rechtsfortbildung s. BVerfGE 126, 286, 2 BvR 2661/06 – *Honeywell*.

474 *U. R. Haltern*, in: U. R. Haltern/A. Bergmann (Hrsg.), Der EuGH in der Kritik, 2012, S. 25 (28).

bedurft hätten.[475] Alles, was auf diese Weise auf die »Verfassungsebene« des europäischen Primärrechts gehoben ist, steht der politischen Entscheidung nicht mehr offen.[476]

Bei der Annahme einer Horizontalwirkung war der EuGH nach den Urteilen in den Rechtssachen Mangold und Kücükdevici lange tastend.[477] Viel Kritik hat der EuGH dabei gerade wegen der dadurch entstandenen Rechtsunsicherheit hervorgerufen. Insbesondere hat der EuGH lange gezögert, die Rechtsprechung über den Bereich des Antidiskriminierungsrechts hinaus auszudehnen.[478] Eine Horizontalwirkung im Verhältnis zwischen Privaten dehnt die Reichweite der Unionsgrundrechte in der Tat weit aus. Das Bundesverfassungsgericht jedenfalls hat es sich laut der Aussage seines Präsidenten zur Aufgabe gemacht, darauf hinzuwirken, »dass die unmittelbare Wirkung von Grundrechten die Ausnahme bleibt«.[479] Erst seit kurzem, seit den Rechtssachen Egenberger und IR[480] zum Religionsverfassungsrecht und den Rechtssachen Bauer[481] und Max-Planck-Gesellschaft[482] zum Recht auf bezahlten Jahresurlaub ist eine Ausweitungstendenz von möglicherweise auch allgemeinerer Bedeutung zu verzeichnen.

b) Begründungsstil und Logik des wiederholten Spiels

Der EuGH pflegt einen selbstreferentiellen, formalen und oft minimalistischen oder apodiktischen Stil,[483] den Kritiker vor allem dann für unpassend halten, wenn der Gerichtshof als Grundrechtsgericht tätig wird.[484] Beim EuGH wird auch die Neigung beobachtet, in Leitentscheidungen zunächst allgemeine Aussagen zu formulieren, die dann später präzisiert und teilweise

---

[475] *R. Kanitz/P. Steinberg*, EuR 38 (2003) 6, S. 1013 (1013).

[476] *D. Grimm*, in: Die Zukunft der Verfassung II, 2012, S. 262 (269).

[477] EuGH, Rs. C-144/04, *Mangold*, Slg. 2005, I-9981, Rn. 76; Rs. C-555/07, *Kücükdeveci*, Slg. 2010, I-365, Rn. 53–55.

[478] *E. Muir*, CML Rev. 51 (2014) 1, S. 219 (231 f.) S. EuGH, Rs. C-282/10, *Dominguez*, Urt. v. 24.1.2012, ECILI:EU:C:2012:33, Rn. 22–44; EuGH, Rs. C-76/12, *Association de médiation sociale* (*AMS*), Urt. v. 15.1.2014, ECLI:EU:C:2014:2, Rn. 47 (zum Recht auf Unterrichtung und Anhörung der Arbeitnehmerinnen und Arbeitnehmer im Unternehmen).

[479] *R. Müller*, F.A.Z. v. 26.1.2012 Nr. 22, S. 10.

[480] EuGH, Rs. C-414/16, *Egenberger*, Urt. v. 17.4.2018, ECLI:EU:C:2018:257, Rn. 76; Rs. C-68/17, *IR*, Urt. v. 11.9.2018, ECLI:EU:C:2018:696. S. auch bereits EuGH, *Google Spain und Google*, C-131/12, Urt. v. 13.5.2014, ECLI:EU:C:2014:317 und dazu *S. Vries*, in: S. Douglas-Scott/N. Hatzis (Hrsg.), Research Handbook on EU Law and Human Rights, 2017, S. 58 (90).

[481] EuGH, verb. Rs. C-569/16 und C-570/16, *Bauer*, Urt. v. 6.11.2018, ECLI:EU:C:2018:871.

[482] EuGH, Rs. C-684/16, *Max-Planck-Gesellschaft zur Förderung der Wissenschaften*, Urt. v. 6.11.2018, ECLI:EU:C:2018:874, Rn. 76–80.

[483] S. zur Methode des EuGH *M. S.-O.-L.'E. de Lasser*, Judicial Deliberations, 2004. Kritisch *V. Perju*, Va. J. Int'l L. 49 (2009) 2, S. 307.

[484] *G. de Búrca*, MJ 20 (2013) 2, S. 168 (184). Allgemein kritisch *V. Perju*, Va. J. Int'l L. 49 (2009) 2, S. 307; kritisch gegenüber dem apodiktischen Stil auch *M. Dawson*, EPL 19 (2013) 2, S. 369 (388–390).

auch eingeschränkt werden. Der EuGH verfolgt nicht so sehr das Ziel klarer Leiturteile. Vielmehr wählt der Gerichtshof, trotz einer leitsatzorientierten Rechtsauslegung in der kontinentaleuropäischen Tradition, eine inkrementelle Vorgehensweise.[485] Die genauen Konturen der Leitentscheidungen werden erst in Folgeentscheidungen konkretisiert und präzisiert, erweitert oder eingeschränkt.[486] Die Begründungsarmut der Entscheidungen erleichtert dieses Vorgehen.[487]

Der EuGH folgt damit der Logik des wiederholten Spiels. Das erlaubt ihm eine experimentelle Vorgehensweise, bei der er zunächst weitreichende Grundsätze aufstellt, die er dann revidiert, präzisiert, ausdehnt oder einschränkt.[488] Dieses Vorgehen hat sich historisch schon in der Rechtssache Costa/E.N.E.L. gezeigt,[489] wo der Grundsatz der unmittelbaren Anwendbarkeit zwar begründet wurde, im konkreten Fall Herrn Costa aber nicht zum Erfolg verhalf.[490] Im Hinblick auf den in der Rechtssache Ruiz Zambrano[491] postulierten Kernbereich der Unionsbürgerschaft verhielt es sich ähnlich, wenn man die Folgeentscheidungen McCarthy[492] und Dereci[493] einbezieht, die die Bedeutung dieses Kernbereichs – nach deutlicher Kritik – wiederum stark einschränkten.[494] Diese Logik scheint auch das Bundesverfassungsgericht zu erkennen, sah es sich doch als Reaktion auf das Urteil Fransson des EuGH prompt zu einem scharfen obiter dictum in dem Urteil zur Antiterrordatei veranlasst,[495] um gleich deutlich Stellung zu beziehen.[496]

Positiv gewendet, bietet das Vorgehen des EuGH also einen Anknüpfungspunkt für einen *constitutional dialogue*, fordert ihn geradezu heraus. Der Entfaltung einer Kultur des Dialogs steht allerdings der apodiktische Begründungsstil des Gerichtshofs im Wege.[497]

---

[485] *D. Thym*, DÖV 67 (2014) 22, S. 941 (942) unter Hinweis auf *M. Jacob*, Precedents and Case-Based Reasoning in the European Court of Justice, 2014.

[486] Zu den Varianten eines judicial minimalism des EuGH s. *D. Sarmiento*, in: M. Claes u.a. (Hrsg.), Constitutional Conversations in Europe, 2013, S. 13 (14–22).

[487] *D. Thym*, DÖV 67 (2014) 22, S. 941 (942).

[488] *M. Dawson*, ELJ 20 (2014) 3, S. 423 (428).

[489] EuGH, Rs. 6/64, *Costa/E.N.E.L.*, Slg. 1964, 585.

[490] *K. J. Alter*, Int. Org. 52 (1998) 1, S. 121 (131).

[491] EuGH, Rs. C-34/09, *Ruiz Zambrano*, Slg. 2011, I-1177.

[492] EuGH, Rs. C-434/09, *McCarthy*, Slg. 2011, I-3375.

[493] EuGH, Rs. C- 256/11, *Dereci u.a.*, Slg. 2011, I-11315.

[494] *V. Hatzopoulos*, in: M. Dawson u.a. (Hrsg.), Judicial Activism at the European Court of Justice, 2013, S. 102.

[495] BVerfGE 133, 277 (313–316), 1 BvR 1215/07 – *Antiterrordatei*.

[496] Kritisch dazu *F. Fontanelli*, EuConst 9 (2013) 2, S. 315 (330): »red herring«; *K. F. Gärditz*, JZ 68 (2013) 12, S. 633 (635): » die grobe Fehlerhaftigkeit von EuGH-Judikaten ist nie acte clair«.

[497] S. auch *J. H. H. Weiler*, in: M. Adams u.a. (Hrsg.), Judging Europe's Judges, 2013, S. 235 (247 f.).

c) Modus der Entscheidungsfindung

Beim EuGH sind Sondervoten nicht vorgesehen. Die dadurch erweckte »Illusion der Einstimmigkeit«[498] ist Gegenstand der Kritik. Sicherlich wäre die Zulassung von Sondervoten der Transparenz dienlich.[499] Die bereits als methodische Eigenart benannte Begründungsarmut hängt auch mit der Vielzahl beteiligter Richterinnen und Richter zusammen. Gerade bei den Entscheidungen der Großen Kammer müssen 28 Richterinnen und Richter zusammenwirken und sich auf einen Entscheidungstext verständigen. Scheinbar paradoxerweise sind daher gerade die besonders wichtigen Entscheidungen tendenziell eher zurückhaltend begründet, weil zwar Konsens im Hinblick auf das Ergebnis erzielt werden konnte, nicht aber im Hinblick auf die Begründung im Einzelnen.[500]

Das Fehlen von Sondervoten, die Anknüpfungspunkte für die Formulierung von Dissens durch andere Gerichte bieten können, wird in gewisser Weise durch die Institution des Generalanwalts und durch die Vielzahl der Kammern kompensiert. Die Schlussanträge der Generalanwälte und Generalanwältinnen, denen der EuGH nicht gefolgt ist, können Alternativen und mögliche Wege der künftigen Rechtsentwicklung aufzeigen, die im Gerichtshof vorläufig noch nicht mehrheitsfähig sind, möglicherweise aber ebenfalls Anknüpfungspunkte für mitgliedstaatliche Gerichte bieten.[501] Die Vielzahl der Kammern ist für die Kohärenz der Rechtsprechung problematisch. Andererseits kann gerade die fehlende Kohärenz verschiedene Anknüpfungspunkte für mitgliedstaatliche Gerichte bieten, wie dies in den USA etwa die Funktion von Sondervoten ist.[502]

III. Temporale Dimension der Grundrechtsentfaltung

Ein weiterer Aspekt des Spielraums von Grundrechtsgerichten ist auch die zeitliche Dimension der Grundrechtsentfaltung. Der Spielraum eines Grundrechtsgerichts innerhalb einer föderalen Struktur wird nicht unwesentlich dadurch bestimmt, ob bereits ein anderes Gericht die Grundrechte in ihrer Bedeutung entfaltet und ausbuchstabiert hat. Dieser Gesichtspunkt trägt zur Erklärung

---

498 *E. M. Frenzel*, Der Staat 53 (2014) 1, S. 1 (23) mit Verweis auf *H. Rasmussen*, in: U. R. Haltern/A. Bergmann (Hrsg.), Der EuGH in der Kritik, 2012, S. 113.

499 *N.-L. Arold Lorenz* u.a., The European Human Rights Culture, S. 46–50; *E. M. Frenzel*, Der Staat 53 (2014) 1, S. 1 (28).

500 *M. Dawson*, ELJ 20 (2014) 3, S. 423 (432 f.).

501 *T. Tridimas*, CML Rev. 34 (1997) 6, S. 1349; *F. G. Jacobs*, in: D. O'Keeffe (Hrsg.), Judicial Review in European Union Law, 2000, S. 17 (25 f.); *J. Kokott*, Anwältin des Rechts, 2006 (11 f., 16–42); für verschiedene Bereiche des Unionsrechts *N. Burrows/R. Greaves*, The Advocate General and EC Law, 2007, S. 189–289.

502 *M. Malecki*, J.E.P.P. 19 (2012) 1, S. 59. Auf Fallzuteilung an die Kammern hat wiederum der Präsident des Gerichtshofs wesentlichen Einfluss.

sowohl der relativen Schwäche der deutschen Landesverfassungsgerichte (1.) als auch der erfolgreichen Expansionsstrategie des *Warren Court* (2.) bei und lässt die Prognose zu, dass auch die Spielräume des EuGH beschränkt sein werden (3.).

1. Landesverfassungsgerichte

Auch für die relativ geringe Bedeutung der deutschen Landesverfassungsgerichte in der Grundrechtsjudikatur ist prägend, dass sie mit einer bereits voll entfalteten Grundrechtsdogmatik des Bundesverfassungsgerichts konfrontiert sind. Als für die Selbstanpassung der Landesverfassungsgerichte maßgebliche Gründe benannte Wolfgang Graf Vitzthum 1987 deren meist enge Zuständigkeit, die für eine kreative Grundrechtsrechtsprechung keinen Raum lasse, das fehlende Landesverfassungsbewusstsein und das mangelnde Interesse der Wissenschaft am Landesverfassungsrecht.[503]

In der alten Bundesrepublik waren es im Wesentlichen tatsächlich nur der Bayerische Verfassungsgerichtshof und der Hessische Staatsgerichtshof, die Gelegenheit zur Entfaltung einer eigenen Grundrechtsdogmatik gehabt hätten: Die bayerische und die hessische Landesverfassung verfügen über eigenständige Grundrechtskataloge, die sich vom Grundgesetz erheblich unterscheiden. Außerdem bestand vor beiden Gerichtshöfen auch die Möglichkeit eines individuellen Rechtsschutzes durch eine Grundrechtsklage. Dennoch neigten auch der Bayerische Verfassungsgerichtshof und der Hessische Staatsgerichtshof zur Anpassung an die Rechtsprechung des Bundesverfassungsgerichts.[504] Das hat zum Teil auch darin seine Ursache, dass die stark an die Weimarer Verfassung angelehnten Verfassungsdokumente Bayerns und Hessens als eine ältere Generation verstanden wurden und der Vorrang des Bundesrechts gerade im Bereich der Wirtschafts- und Sozialordnung eine eigenständige Grundrechtsentwicklung von vornherein als aussichtlos erscheinen ließ.

Inzwischen ist gegenüber der von Graf Vitzthum beschriebenen Situation insbesondere die Möglichkeit ausgedehnt worden, Landesverfassungsbeschwerde einzulegen. Dennoch wurden die Erwartungen in die Belebung der Landesverfassungsgerichtsbarkeit jedenfalls im Grundrechtsschutz nicht erfüllt. Immerhin ist die Einführung der Verfassungsbeschwerde zum Baden-Württembergischen Staatsgerichtshof explizit Ausweis des Bestrebens, den »Verfassungsraum« Baden-Württemberg zu stärken,[505] und damit durchaus auch Ausdruck

---

[503] *W. Graf Vitzthum*, VVDStRL 46 (1987), S. 7 (35–37); *H. H. Klein*, in: FS Graßhof, 1998, S. 367 (368). Für *J. Isensee*, SächsVBl. 2 (1994) 1, S. 28 (31) liegt im Desinteresse an den Landesverfassungen »ein wenig Barbarei«.

[504] *C. Pestalozza*, in: HGR III, 2009, § 86, Rn. 48–53, 88.

[505] Landesregierung Baden-Württemberg, Gesetzentwurf der Landesregierung: Gesetz zur Einführung einer Landesverfassungsbeschwerde v. 24.7.2012, Drs. 15/2153, S. 10; s. zur

eines erstarkten Landesverfassungsbewusstseins. Man kann aber nunmehr durchaus annehmen, dass derartige Verbesserungen zu spät kommen, weil die Grundrechtsrechtsprechung des Bundesverfassungsgerichts angesichts von allein mehr als 140 Bänden der Entscheidungssammlung BVerfGE mittlerweile zu umfangreich und ausdifferenziert ist, als dass für inhaltsgleiche Landesgrundrechte noch viel Raum für die Landesverfassungsgerichte bliebe.[506]

2. »Clean Slate« in den USA

Demgegenüber erklärt eine Reihe besonderer Umstände etwa die fehlende Kontroverse um die 1917 beginnende Harmonisierung des 1. Zusatzartikels auf Bundesebene der USA: Die Legitimität gerichtlicher Kontrolle war schon lange etabliert, wie auch die Praxis des *U.S. Supreme Court*, die Ausübung der *state police power* zu kontrollieren. Bis dahin hatten weder die einzelstaatlichen Gerichte noch die Bundesgerichte eine Rechtsprechung zu den Einzelfragen der Meinungsfreiheit (*free speech*) entwickelt, die für die Harmonisierung ein Hindernis hätte sein können (»clean slate«). Hinzu kommt, dass zuvor bereits anerkannt war, dass der 14. Zusatzartikel Grundrechte schützt. Die Meinungsfreiheit war ein klarer Fall eines grundlegenden Rechts, für das die Inkorporation nicht grundsätzlich infrage gestellt wurde. Außerdem strebten zivilgesellschaftliche Gruppierungen einen harmonisierten Standard an.[507]

Als die *state courts* im Zuge des *New Judicial Federalism* damit begannen, ihre Grundrechtsbestimmungen auszulegen, hatte der *U.S. Supreme Court* infolge der *incorporation* schon eine umfangreiche Rechtsprechung entwickelt, während die Garantien der *state constitutions* brach lagen.[508] Der *New Judicial Federalism* und das Interesse von Richtern, Streitparteien und Gelehrten am *state constitutional law* und insbesondere den darin enthaltenen Gewährleistungen individueller Rechte sind ein Phänomen erst der letzten drei Jahrzehnte des 20. Jahrhunderts.[509] Eine unabhängige Grundrechtsjudikatur der einzelstaatlichen Grundrechtsgerichte ist damit eher unwahrscheinlich.[510]

Einführung der Landesverfassungsbeschwerde in Baden-Württemberg *T. Krappel*, VBlBW 34 (2013) 4, S. 121.

506 Vgl. bereits *A. Rinken*, NordÖR 3 (2000) 3, S. 89 (93).

507 *M. Shapiro*, in: M. Cappelletti u.a. (Hrsg.), Integration Through Law, Bd. 1/3, 1986, S. 249 (275–277).

508 *G. A. Tarr*, Understanding State Constitutions, 1998, S. 177.

509 *M. E. Solimine*, Ind. L. Rev. 35 (2002) 2, S. 335 (337).

510 *G. A. Tarr*, Understanding State Constitutions, 1998, S. 185.

3. EuGH und mitgliedstaatliche Verfassungsgerichte

Für den EuGH lassen diese Erfahrungen in Deutschland und den USA den Schluss zu, dass sein Spielraum beschränkt ist, sich frei von Konflikten mit der etablierten Judikatur der mitgliedstaatlichen Grundrechtsgerichte selbst als Grundrechtsgericht zu profilieren. Nicht nur sind die Unionsgrundrechte, wie gesehen, zeitlich Nachzügler gegenüber der EMRK und den mitgliedstaatlichen Grundrechtsordnungen. Zudem sind sie auch normativ an die EMRK und die gemeinsamen Verfassungsüberlieferungen der Mitgliedstaaten angebunden (Art. 6 Abs. 3 EUV, Art. 52 Abs. 3, 4 GRCh). Umgekehrt erweist sich der mittlerweile erreichte hohe »Sättigungsgrad« der europäischen Grundrechte als Hemmnis für Versuche der mitgliedstaatlichen Gerichte, konkrete Entscheidungen des EuGH argumentativ auf die Traditionen der Mitgliedstaaten zurückzuführen.[511]

Anders war die Ausgangslage des EuGH bei der Judikatur zu den Grundfreiheiten. Hier glich die Situation des EuGH im Verhältnis zum politischen Prozess der Situation des *U.S. Supreme Court* zu Zeiten der *Chief Justices* Marshall und Warren. Wie der *U.S. Supreme Court* versuchte der EuGH, strukturelle Defizite der Verfassung, Schwächen des politischen Prozesses und Unterlassungen der Gesetzgebung im Geist der Gründungsdokumente zu kompensieren. Der *Warren Court* kompensierte in der *Civil Rights Era* die Unfähigkeit oder den mangelnden Willen der politischen Organe, vor allem der Einzelstaaten, den Bürgerrechten zur Geltung zu verhelfen. In der Europäischen Gemeinschaft war das entscheidende strukturelle Defizit die Einstimmigkeitsregel. Der EuGH reagierte darauf und setzte individuelle Interessen gegen die Mitgliedstaaten mit der Rechtsprechung zu den Grundfreiheiten durch.[512]

IV. Zwischenergebnis

Der weitgehend unangefochtene Interpretationszugriff des Bundesverfassungsgerichts auf das Grundgesetz stärkt seine Position auch gegenüber den Landesverfassungsgerichten. Der pluralistische Interpretationszugriff in den USA lässt demgegenüber verstärkt Raum auch für die *state supreme courts* als Grundrechtsinterpreten. In der Europäischen Union wiederum ist statt eines Spannungsverhältnisses zwischen Gerichtshof und politischen Organen der

---

511 *M. Herdegen*, in: HStR X, 3. Aufl. 2012, § 211, Rn. 48: »Die nationalen Verfassungsüberlieferungen sind also weniger eine kraftvoll sprudelnde Erkenntnisquelle als ein gelegentlich argumentativer Benetzung dienendes Rinnsal.«; und *A. J. Menéndez*, ELJ 15 (2009) 3, S. 277 (297–299).

512 *M. Höreth*, in: M. Gehler u.a. (Hrsg.), Towards A European Constitution, 2005, S. 143 (155 f.).

Union ein Ergänzungsverhältnis auszumachen, das sich wiederum zugunsten der Unionsrechtsordnung und zulasten der mitgliedstaatlichen Grundrechtsordnungen auswirkt. Mit Blick auf die fehlenden Reaktionsmöglichkeiten der Politik ist der EuGH damit tatsächlich in einer komfortableren Position als der *U.S. Supreme Court.*[513] Gleichzeitig ist er gerade deshalb mit einem Legitimitätsproblem konfrontiert. Beim Vergleich der Reichweite der föderalen Grundrechte als Folge von Grundrechtsdogmatik und -methodik wird deutlich, wie bedeutsam die hochentwickelte und systematisch entfaltete Grundrechtsdogmatik und das weite Schutzbereichsverständnis des Bundesverfassungsgerichts für die Unitarisierung der Grundrechte und damit für die Beschneidung der Spielräume der Landesverfassungsgerichte sind. In den USA lässt nicht nur das Grundrechtsverständnis, sondern auch der fragmentierte Modus der Entscheidungsfindung und -begründung mehr Lücken und Anknüpfungspunkte für die Landesverfassungsgerichte. Haben sich die Bedingungen eines Grundrechtsföderalismus erst einmal in dieser Weise entwickelt, ist es insbesondere für die einzelstaatlichen Grundrechtsgerichte schwer, daran etwas zu ändern.

D. Zwischenfazit

Trotz im Grundsatz vergleichbarer Strukturen der Grundrechtsföderalismen in den USA und in Deutschland und im Detail notwendiger Differenzierungen ist die relative Bedeutung der *state supreme courts* für die Grundrechtsjudikatur insgesamt größer als die der deutschen Landesverfassungsgerichte. Dies lässt sich maßgeblich mit den unterschiedlichen Spielräumen erklären, die den Grundrechtsgerichten der Einzelstaaten im föderalen Kompetenzgefüge verbleiben.

Die unterschiedlichen Spielräume und Entwicklungstendenzen der deutschen Landesverfassungsgerichte, der einzelstaatlichen Obergerichte in den USA und der mitgliedstaatlichen Grundrechtsgerichte in der Europäischen Union haben ihre Gründe im Grundrechtskollisionsrecht, in der materiellen Reichweite des Bundes- oder Unionsrechts und in der institutionellen Stellung und Methode der zentralen Grundrechtsgerichte auf Bundes- bzw. Unionsebene.

Sowohl in den USA als auch in Deutschland und der Europäischen Union überlagern sich die Grundrechtsgewährleistungen der verschiedenen Ebenen und begründen jedenfalls teilweise kumulative Grundrechtsbindungen. Die jeweiligen Grundrechtskollisionsregime führen dazu, dass die föderalen Grundrechte als Mindeststandard wirken. Dessen Bedeutung variiert allerdings in Abhängigkeit vom Entwicklungsstand der föderalen Grundrechte. In der Bundes-

[513] *M. Höreth*, Die Selbstautorisierung des Agenten, 2008, S. 314, 326; *M. Höreth*, in: U. R. Haltern/A. Bergmann (Hrsg.), Der EuGH in der Kritik, 2012, S. 73 (97).

republik ist aufgrund der weitreichenden Grundrechtswirkungen häufiger mit kollidierenden Grundrechten Dritter zu rechnen, die eine »Mehrgewährleistung« dann ausschließen. Wichtig für die Bedeutung der *state courts* als Grundrechtsgerichte in den USA ist zudem, dass sie auch die Bundesgrundrechte als Prüfungsmaßstab heranziehen.

Im Hinblick auf die materielle Reichweite des föderalen Rechts wirken sich in der Bundesrepublik nicht nur die umfangreichen Gesetzgebungszuständigkeiten des Bundes aus, sondern auch die umfassende Wahrnehmung dieser Kompetenzen. Demgegenüber schafft ein bewusst durch Teilregelung und Delegation an die Einzelstaaten kreierter »Legislativföderalismus« in den USA Spielräume für die Einzelstaaten. Der Blick auf die Kompetenzverteilung ist daher für die verbleibenden Spielräume der Einzelstaaten und ihrer Grundrechtsgerichte von unterschiedlicher Relevanz. Aufgrund des beschriebenen »pervasive effect of federalism« in der EU wird auch deutlich, warum die Neuordnung der Legislativkompetenzen der Union für die Einhegung des Unionsrechts und damit auch der Unionsgrundrechte nur einen begrenzt wirksamen Anknüpfungspunkt bietet.[514] Im Unionsrecht relativiert vor allem der allgemeine Vorrang des primären wie sekundären Unionsrechts die Bedeutung des Art. 53 GRCh.

Im Vergleich von Kompetenzverteilung und Bedeutung des Vorrangs des Unionsrechts zeigt sich die unterschiedliche Rolle der Rechtsprechung für die Expansion des föderalen Rechts. In der Bundesrepublik ist die durch das Bundesverfassungsgericht bewirkte Unitarisierung maßgeblich auf die Grundrechtsjudikatur mit weitreichenden Grundrechtswirkungen und einem weiten Schutzbereichsverständnis zurückzuführen. Unitarische Tendenzen im Übrigen sind demgegenüber vor allem der Gesetzgebung zuzuschreiben. In der Europäischen Union dagegen beruht der »pervasive effect of federalism« maßgeblich auf der Interpretation und Fortentwicklung des Primärrechts durch den EuGH, gerade auch dort, wo es an einschlägigem Sekundärrecht fehlt.

Im Vergleich mit dem EuGH und insbesondere mit dem *U.S. Supreme Court* zeigt sich also deutlich die auch föderal besonders starke Rolle des Bundesverfassungsgerichts als Grundrechtsinterpret. Sie trägt ihren Teil zur relativ unbedeutenden Rolle der deutschen Landesverfassungsgerichte bei. Bemerkenswert ist, wie unterschiedlich sich die beschränkte legislative Grundrechtskompetenz in den USA und der EU auswirkt. Während der EuGH politische Defizite kompensiert und auf die Wahrung des föderalen (Anwendungs-)Vorrangs des Unionsrechts bedacht ist, sieht sich der *U.S. Supreme Court* offensichtlich stärker in einem Spannungsverhältnis zum politischen Prozess der Grundrechtsausgestaltung im Kongress. Gerade der Umstand, dass die Deutungshoheit über Grundrechte stärker umstritten ist, verbessert aber die Chancen einzelstaatlicher Grundrechtsgerichte, an dieser Deutung teilzuhaben.

---

[514] *R. Streinz*, in: FS Dauses, 2014, S. 429 (432 f.).

Im Hinblick auf die Methode der Grundrechtsinterpretation wurden die Defizite des EuGH deutlich. Sie betreffen insbesondere den apodiktischen Begründungsstil und die Abwesenheit von Sondervoten. Sowohl ausführlichere Begründungen als auch Sondervoten böten Anknüpfungspunkte für eine differenzierte Reaktion mitgliedstaatlicher Grundrechtsgerichte und erhöhten die Perspektiven für einen Grundrechtsdialog. Gleichwohl sind die Chancen eher gering, dass der EuGH eine Methode ändert, die sich im Hinblick auf die Wirkungsmacht des Gerichtshofs als erfolgreich erwiesen hat und der Rolle des EuGH jenseits der Grundrechtsjudikatur auch besser entspricht. Will man daraus nicht den Schluss ziehen, der EuGH sei als Grundrechtsgericht ungeeignet und solle sich aus der Grundrechtsjudikatur gar zurückziehen, muss man darauf mit anderen Vorschlägen reagieren. Darauf wird zurückzukommen sein.

5. Kapitel

Separation und Redundanz als Leitbilder für die verdoppelte Grundrechtsgerichtsbarkeit

Im Anschluss an die Analyse der Spielräume einzelstaatlicher Grundrechtsjudikatur stellt sich die Frage nach Leitbildern für eine »verdoppelte« Grundrechtsgerichtsbarkeit. An diesen Leitbildern können sich die einzelstaatlichen Grundrechtsgerichte bei der Wahrnehmung dieser Spielräume orientieren.

Eine Erkenntnis aus den vorstehenden Kapiteln lautet, dass ein Freiheitsschutz allein durch föderale und gewaltengliedernde Strukturen den gerichtlichen Freiheitsschutz auf der Grundlage der Garantie individueller Rechte nicht ersetzen kann. Wohl aber ergänzt ein struktureller Freiheitsschutz den Grundrechtsschutz und interagieren beide Mechanismen sowohl empirisch als auch – wie im 2. Kapitel dargelegt – konzeptionell in verschiedenen Ausprägungen des Grundrechtsföderalismus. Spielräume für einzelstaatliche Grundrechtsgerichte können potentiell die Antinomie des Grundrechtsföderalismus abmildern. Sollte sich diese Antinomie dagegen realisieren, so verschiebt zum einen die zentrale Grundrechtsgerichtsbarkeit das föderale Gleichgewicht derart, dass es keine freiheitsschützende Wirkung mehr zu entfalten vermag; zum anderen gefährdet die föderale Zersplitterung die Effektivität des Grundrechtsschutzes.

Zwei Leitbilder für eine verdoppelte Grundrechtsgerichtsbarkeit im Grundrechtsföderalismus sollen in diesem Kapitel vorgestellt werden: Separation und Redundanz. In diesen beiden Leitbildern spiegeln sich für den Gerichtsföderalismus die im 3. Kapitel erläuterten Grundmodelle des Trenn- und des Verflechtungsföderalismus. James Madison bezieht sich in der schon zitierten Stelle im Federalist No. 51 explizit auf eine doppelte Sicherheit für »Rechte«.[1] Der Freiheitsschutz durch föderale Strukturen hat bereits bei ihm also nicht nur eine politische, sondern auch eine rechtliche Dimension,[2] den Gerichtsföderalismus.

Die Separation (A.) soll – entsprechend dem Grundmodell des Trennföderalismus – durch Entflechtung Abstimmungsprobleme und Reibungsverluste vermeiden, für Transparenz, Vorhersehbarkeit, Berechenbarkeit und Kohärenz sowie eine effektive Ressourcennutzung sorgen. Dieser Ansatz versucht erst gar

[1] *J. Madison*, Federalist No. 51, in: J. E. Cooke (Hrsg.), The Federalist, 1961, S. 351; s.o., 2. Kapitel B. I. 1. a).

[2] *A. R. Amar*, Yale L. J. 96 (1987) 7, S. 1425 (1493).

nicht, eine eigentliche Verdoppelung der Grundrechtsgerichtsbarkeit zu rechtfertigen. Vielmehr zielt er darauf, mit einer angemessenen statischen Aufgabenverteilung Verdoppelungen und Überschneidungen gerade zu vermeiden.

Das Leitbild der Redundanz[3] (B.) steht demgegenüber für das Anliegen, die Funktionsprinzipien der föderalen Organisation im Verflechtungsföderalismus auf die Grundrechte und die Grundrechtsjudikatur zu übertragen. Auf diese Weise soll das mit Vielfalt, Konkurrenz und Diversität verknüpfte Innovationspotential einer dynamischen Interaktion der Grundrechtsgerichte genutzt werden.[4] Die wechselseitige Beeinflussung oder »Interferenz« zwischen den Grundrechtsordnungen setzt zwar nicht zwingend voraus, dass zwischen ihnen ein überlappender Konkurrenzbereich besteht,[5] wird dadurch aber befördert.

Die Untersuchung beider Leitbilder wird zeigen, dass nach dem Leitbild der Separation nur bedingt auch die materielle Selbständigkeit der Grundrechtsordnungen innerhalb der föderalen Struktur intendiert ist. Demgegenüber führt das Leitbild der Redundanz zu einer Verflechtung auch der materiellen Grundrechtsordnungen. Zugleich wird die Untersuchung darlegen, dass eine dem Leitbild der Redundanz folgende Ausgestaltung des Grundrechtsföderalismus in Deutschland Kosten verursachen würde, die nicht durch angemessene Vorteile ausgeglichen würden. In den USA dagegen finden sich die beiden Leitbilder der Separation und der Redundanz im konservativen *New Federalism* einerseits und im *New Judicial Federalism* andererseits wieder (C.).

A. Leitbild Separation

Die am Leitbild der Separation orientierten Aufgabenteilungen zwischen den Grundrechtsgerichten auf den verschiedenen Ebenen folgen verschiedenen Kriterien, für die sich Beispiele in den Grundrechtsföderalismen der Bundesrepublik Deutschland, der USA und der EU finden. Die Aufgaben können, jedenfalls schwerpunktmäßig, entweder anhand der Legislativzuständigkeiten bereichsspezifisch aufgeteilt werden (I.) oder aber funktional hierarchisierend, wenn die eine Ebene lediglich der Entlastung der anderen dienen soll (II.) oder einer Ebene eine bloße Reservezuständigkeit zukommt (III.). Die Leitidee lautet, Rechtssicherheit und effektiven Rechtsschutz unter Bedingungen der Viel-

[3] Grundlegend *R. M. Cover/T. A. Aleinikoff*, Yale L. J. 86 (1977) 6, S. 1035; *R. M. Cover*, Wm. & Mary L. Rev. 22 (1981) 4, S. 639.

[4] *H. Dreier*, in: K. Schmidt (Hrsg.), Vielfalt des Rechts – Einheit der Rechtsordnung?, 1994, S. 113 (137) m.w.N.; *H. Dreier*, Grundrechtsschutz durch Landesverfassungsgerichte, 2000, S. 24; ähnlich *C. Fercot*, EuConst 4 (2008) 2, S. 302 (307).

[5] *H. Sauer*, in: N. Matz-Lück/M. Hong (Hrsg.), Grundrechte und Grundfreiheiten im Mehrebenensystem – Konkurrenzen und Interferenzen, 2012, S. 1 (4 f.).

falt sicherzustellen und dazu Doppelungen mit dem Potential widersprüchlicher Rechtsprechung nach Möglichkeit zu vermeiden.

I. Bereichsspezifische Aufgabenteilung anhand der Gesetzgebungskompetenzen

Die bereichsspezifische Aufgabenteilung innerhalb der Grundrechtsgerichtsbarkeit kann sich an der Reichweite des föderalen Rechts oder an den Gesetzgebungskompetenzen der föderalen Ebene orientieren. Ansätze dazu finden sich für alle drei Vergleichsrechtsordnungen. In Deutschland verlaufen beide Grenzen – Reichweite des föderalen Rechts und Reichweite der föderalen Gesetzgebungskompetenzen – ähnlich. Wie gesehen, sind hier die Bundeskompetenzen weit ausgeschöpft worden, und im Wesentlichen begründen nur die Grundrechte materielle Grenzen der Kompetenzausübung über die Ebenen hinweg (1.).[6] In den anderen Rechtsordnungen ist die Reichweite des föderalen Rechts keineswegs mit der Reichweite föderaler Kompetenzen gleichzusetzen. Es wurde bereits dargelegt, dass im *legislative federalism* der USA das Bundesrecht den Einzelstaaten bewusst Spielräume lässt, obschon die Gesetzgebungskompetenz des Bundes möglicherweise eine tiefer gehende Normierung erlauben würde. Zudem steht in den USA die Kompetenzstruktur selbst einer Trennung der Grundrechtsbereiche nach Kompetenzbereichen entgegen (2.). In der EU wiederum fallen die Reichweite des Unionsrechts und die Gesetzgebungsbefugnisse der EU wegen der beschriebenen »Allgegenwart« des Unionsrechts (»pervasive effect«) auseinander. Während sich die herrschende Konzeption der Bindung der Mitgliedstaaten an die Unionsgrundrechte am Anwendungsbereich des Unionsrechts orientiert, bildet die Orientierung an den Legislativkompetenzen der Union eine konzeptionelle Alternative (3.).

1. Rechtsprechung des Bundesverfassungsgerichts

In der Bundesrepublik lassen sich in der Rechtsprechung des Bundesverfassungsgerichts Ansätze für eine bereichsspezifische Aufgabenteilung anhand der Gesetzgebungskompetenzen erkennen [a)]. Diese bescheidenen Ansätze haben allerdings kaum zu einer eigenständigen Grundrechtsjudikatur der Landesverfassungsgerichte geführt [b)]. Ohnehin ist eine an der Verteilung der Gesetzgebungszuständigkeit orientierte bereichsspezifische Zurückhaltung des Bundesverfassungsgerichts grundsätzlichen Bedenken ausgesetzt [c)].

---

[6] *H. D. Jarass*, AöR 121 (1996) 2, S. 173 (195).

a) Bereichsspezifische Rücksichtnahmen

Für das Grundgesetz deutet das Bundesverfassungsgericht vereinzelt funktionell-rechtliche Zurückhaltungsgebote im Sinne richterlicher Selbstbeschränkung (*judicial restraint*) mit einem spezifisch föderalen Inhalt an.[7] Die Rücknahme der verfassungsgerichtlichen Kontrolldichte betrifft etwa mit dem Schulrecht [aa)] und dem Recht des Ladenschlusses [bb)] Gegenstände, für die nach der Kompetenzverteilung im Bundesstaat die Länder die Befugnis zur Gesetzgebung haben. Diese Ansätze zu einer bereichsspezifischen föderalen Zurückhaltung sind unter anderem aus institutionspolitischen Gründen vereinzelt geblieben: Bietet sich ein landesrechtlicher Fall an, um eine grundlegende verfassungsrechtliche Frage zu klären, wird das Gericht in der Regel diese Gelegenheit auch ergreifen wollen.[8]

aa) Schulrecht

Im Schulrecht übte sich das Bundesverfassungsgericht in föderaler Zurückhaltung, um nicht über die Auslegung des Art. 7 GG die Kulturhoheit der Länder zu gefährden.[9] Im Urteil zur Förderstufe von 1972 betonte der Erste Senat, dass das Grundgesetz das Schulwesen grundsätzlich der ausschließlichen Zuständigkeit der Länder zugewiesen habe, während dem Bund weder eine Gesetzgebungsbefugnis (Art. 70 ff. GG) noch eine Verwaltungshoheit (Art. 30 GG) zukomme. Daraus ergebe sich eine weitgehende Gestaltungsfreiheit der Länder bei der Festlegung von Erziehungsprinzipien und Unterrichtsgegenständen.[10] In neuerer Zeit gilt auch das Kopftuch-Urteil im Fall Ludin als Beispiel für föderale Rücksichtnahme des Bundesverfassungsgerichts im Bereich des Schulwesens.[11] Der Zweite Senat hob in seinem Urteil von 2003 unter Bezugnahme auf die ältere Rechtsprechung hervor, dass das Grundgesetz den Ländern im Schulwesen umfassende Gestaltungsfreiheit lasse. Auch in Bezug auf »die weltanschaulich-religiöse Ausprägung der öffentlichen Schulen« habe Art. 7 GG »die weit gehende Selbständigkeit der Länder und im Rahmen von deren Schul-

[7] *B.-O. Bryde*, NdsVBl. 12 (2005) Sonderheft zum 50-jährigen Bestehen des Niedersächsischen Staatsgerichtshofs, S. 5 (6).

[8] *B.-O. Bryde*, in: H. Eichel/K. P. Möller (Hrsg.), 50 Jahre Verfassung des Landes Hessen, 1997, S. 433 (438).

[9] BVerfGE 34, 165 (181–185), 1 BvR 230/70 und 95/71 – *Förderstufe*; vgl. *B.-O. Bryde*, in: H. Eichel/K. P. Möller (Hrsg.), 50 Jahre Verfassung des Landes Hessen, 1997, S. 433 (438); *B.-O. Bryde*, NdsVBl. 12 (2005) Sonderheft zum 50-jährigen Bestehen des Niedersächsischen Staatsgerichtshofs, S. 5 (6).

[10] BVerfGE 34, 165 (181).

[11] BVerfGE 108, 282, 2 BvR 1436/02 – *Kopftuch*; *J. von Blumenthal*, Das Kopftuch in der Landesgesetzgebung, 2009; *M. Bothe*, in: M. Dalibor u.a. (Hrsg.), Perspektiven des öffentlichen Rechts, 2011, S. 189 (198). Als zu undifferenziert wird dagegen das Kruzifix-Urteil BVerfGE 93, 1 (21 ff.), 1 BvR 1087/91 (1995) kritisiert: *K. F. Gärditz*, in: HStR IX, 3. Aufl. 2011, § 189, Rn. 43.

hoheit die grundsätzlich freie Ausgestaltung der Pflichtschule« im Auge.[12] Das Gericht stellte fest, dass ein Kopftuchverbot einer gesetzlichen Grundlage bedurft hätte, ohne sich zu den inhaltlichen Vorgaben zu äußern, die eine solche landesrechtliche Regelung unter dem Gesichtspunkt der Religionsfreiheit einhalten müsste.[13]

Unklar blieb nach dem Urteil zudem, wie sich die Gestaltungsfreiheit der Landesgesetzgebung in die allgemeine Grundrechtsdogmatik einfügen sollte. Das Bundesverfassungsgericht gewährte der Gesetzgebung Spielraum, indem es im Fall einer abstrakten Gefährlichkeit des vermehrten Auftretens religiöser Symbole für den Schulfrieden keine Verhältnismäßigkeitsprüfung und Abwägung verlangte. Stattdessen würde dann aufgrund einer entsprechenden landesgesetzlichen Regelung dem Neutralitätsgebot generell Vorrang vor den Grundrechten zukommen können.[14] Auf der Grundlage dieser Rechtsprechung bewerten viele Landesgesetze in der Tat die negative Religionsfreiheit der Schüler an öffentlichen Schulen in Verbindung mit der Pflicht des Staates zur religiösen Neutralität höher als die positive Religionsfreiheit von Lehrkräften, die im Unterricht mit äußeren Symbolen und Kleidungsstücken eine religiöse oder weltanschauliche Überzeugung ausdrücken. Damit schaffen sie die Grundlage für ein Verbot. Der Bayerische Verfassungsgerichtshof[15] und der Hessische Staatsgerichtshof[16] bestätigten diesen Ansatz.

Nach dem Kopftuch-Urteil des Ersten Senats von 2015 sollen nunmehr Einzellösungen vor Ort an die Stelle der für das jeweilige Bundesland einheitlichen landesgesetzlichen Regelungen treten.[17] Im Sinne der Subsidiarität kann diese Einzellösung vor Ort einem Grundgedanken des Föderalismus unter Umständen sogar besser Rechnung tragen. Demgegenüber wurde das Bemühen des Zweiten Senats um größtmögliche Pluralität bald vom Bestreben der Länder überlagert, durch einen horizontalen Konzepttransfer mit entsprechender vereinheitlichender Wirkung möglichst rasch eine tragfähige gesetzliche Grundlage zu schaffen.[18]

---

[12] BVerfGE 108, 282 (302 f.), 2 BvR 1436/02 – *Kopftuch*; s. bereits BVerfGE 41, 29 (44 f.), 1 BvR 63/68 – *Simultanschule*; BVerfGE 52, 223 (242 f.), 1 BvR 647/70 und 7/74 – *Schulgebet.*

[13] Zum beschränkten Regelungsspielraum des Landesgesetzgebers s. *F. Hufen*, NVwZ 23 (2004) 5, S. 575; *U. Sacksofsky*, NJW 50 (2003) 46, S. 3297 (3300 f.).

[14] Kritisch *M. Wrase*, Kopftuch revisited – Karlsruhe ebnet Weg für religiöse Vielfalt in der Schule, 2015, http://www.juwiss.de/15–2015/, geprüft am 31.1.2019: grundrechtsdogmatisch auf »tönernen Füßen«.

[15] BayVerfGH, Entsch. v. 15.1.2007, Vf. 11–VII-05, EuGRZ 2007, 107.

[16] HessStGH, Urt. v. 10.12.2007, P.St. 2016, NVwZ 2008, 199.

[17] BVerfGE 138, 296, 1 BvR 471/10 und 1 BvR 1181/10 (2015).

[18] *G. Weinmann*, in: Europäisches Zentrum für Föderalismus-Forschung (Hrsg.), Jahrbuch des Föderalismus 2007, 2008, S. 267 (277). Die Bedeutung länderspezifischer historisch-kultureller Entwicklungspfade unterstreicht demgegenüber *J. von Blumenthal*, Das Kopftuch in der Landesgesetzgebung, 2009.

bb) Recht des Ladenschlusses

Im Urteil zur Berliner Regelung der Ladenöffnung an Adventssonntagen ließ das Gericht ausdrücklich Spielräume zu.[19] Diese sind allerdings nicht in erster Linie dem Landesgesetzgeber aus föderaler Rücksichtnahme eingeräumt. Anknüpfungspunkte dafür böten etwa die Erwägungen, dass die Regelung des Ladenschlusses in die Zuständigkeit der Landesgesetzgebung fällt und dass mit Blick auf die konfliktbehaftete Regelungsaufgabe eine örtliche Nähe von Vorteil sein könnte. Die Spielräume der Gesetzgebung sind indes zuallererst dem Umstand geschuldet, dass der Sonntagsschutz nicht die Abwehrdimension der Religionsfreiheit betrifft, sondern in der Schutzpflichtdimension dieses Grundrechts wurzelt und zudem zahlreiche Grundrechtspositionen gegeneinander abzuwägen waren.

b) Auswirkungen auf die Grundrechtsentwicklung in diesen Bereichen

Mit diesen Ansätzen zu einer föderalen Zurückhaltung reagiert das Bundesverfassungsgericht auf die unitarisierende Wirkung zentraler Grundrechtsjudikatur. Eine hochentwickelte und expansive Rechtsprechung hat dazu geführt, dass vor allem den Länderparlamenten in den Bereichen, die eigentlich ihr kompetenzielles Hausgut darstellen sollen, kaum Gestaltungsmöglichkeiten verbleiben. Die Grundrechtsinterpretation des Bundesverfassungsgerichts hat gerade Bereiche ausschließlicher Gesetzgebungskompetenz der Länder – wie das Schulrecht, das Staatskirchenrecht und das Rundfunkrecht[20] – teilweise stärker harmonisiert als andere Bereiche.[21] Insbesondere wird das Rundfunkrecht maßgeblich durch die Judikatur des Bundesverfassungsgerichts zur Rundfunkfreiheit überlagert.[22] Auch das erst durch die Föderalismusreform 2006 in die

[19] BVerfGE 125, 39 (78 f.), 1 BvR 2857, 2858/07 – *Adventssonntage Berlin.*

[20] *M. Bothe*, in: M. Dalibor u.a. (Hrsg.), Perspektiven des öffentlichen Rechts, 2011, S. 189 (192 f.). S. zur Profilierung der Landesverfassungsgerichte im Schul- und Hochschulrecht *W. Rüfner*, in: C. Starck/K. Stern (Hrsg.), Landesverfassungsgerichtsbarkeit, Bd. 3, 1983, S. 247 (259, 264–266); s. etwa HessStGH zum Elternrecht der Art. 55, 56 HessStGH, Beschl. v. 30.12.1981, P.St. 880, ESVGH 32 (1), NJW 1982, 1381; zum Grundrecht auf Hochschulzugang SaarlVerfGH, Urt. v. 2.5.1983, LV 2–4/82, NVwZ 1983, 604; zum Staatskirchenrecht etwa BayVerfGH, Entsch. v. 11.4.1980, Vf. 17–VII-77, BayVBl. 1980, 462.

[21] *P. M. Huber*, EuR 43 (2008) 2, S. 190 (190). Zur weitgehenden Vereinheitlichlichung der Landesmaterien des Polizei-, Versammlungs-, Datenschutz-, Presse- und Hochschulrechts durch einen zentralisierten Grundrechtsschutz s. auch *J. Masing*, JZ 70 (2015) 10, S. 477 (486).

[22] BVerfGE 12, 205, 2 BvG 1, 2/60 – *1. Rundfunkentscheidung* (*Deutschland-Fernsehen*); BVerfGE 31, 314, 2 BvF 1/68, 2 BvR 702/68 – *2. Rundfunkentscheidung* (*Mehrwertsteuer*); BVerfGE 57, 295, 1 BvL 89/78 – *3. Rundfunkentscheidung* (*FRAG*); BVerfGE 73, 118, 1 BvF 1/84 – *4. Rundfunkentscheidung* (*Niedersachsen*); BVerfGE 74, 297, 1 BvR 147, 478/86 – *5. Rundfunkentscheidung* (*Baden-Württemberg*); BVerfGE 83, 238, 1 BvF 1/85, 1/88 – *6. Rundfunkentscheidung* (*WDR*); BVerfGE 87, 181, 1 BvR 1586/89 u.a. – *7. Rundfunk-*

Zuständigkeit der Länder überführte Versammlungsrecht ist bereits stark durch die umfangreiche Judikatur von Bundesverfassungsgericht und Bundesverwaltungsgericht zu Art. 8 GG geprägt.[23]

Liegt das Problem der Unitarisierung also wesentlich darin, dass die Legislativen der Länder zurückgedrängt werden, so ist es zunächst nahliegend, die Bereiche, in denen das Bundesverfassungsgericht aus spezifisch föderalen Gesichtspunkten Zurückhaltung üben soll, auch an den Legislativkompetenzen zu orientieren. Da die Marginalisierung der Landesverfassungsgerichte in der Grundrechtsjudikatur nicht zuletzt eine Folge der Marginalisierung der Länder im Bereich der Gesetzgebung ist, können dadurch wiederum auch die Landesverfassungsgerichte an Bedeutung gewinnen.

Allerdings haben die Landesverfassungsgerichte in Bereichen, in denen die Länder über die Gesetzgebungszuständigkeit verfügen und Landesgesetze Prüfungsgegenstand sind, nur in Ansätzen eine eigenständige Rechtsprechung zu den Landesgrundrechten entwickelt.[24] Das Elternrecht in der Schule etwa legte der Hessische Staatsgerichtshof einerseits restriktiver aus als das Bundesverfassungsgericht,[25] andererseits gestand er später in Abweichung vom Bundesverfassungsgericht den Eltern einen Anspruch auf verbindlichen und uneingeschränkten Geschichtsunterricht zu.[26] Der Staatsgerichtshof für das Land Baden-Württemberg entwickelte eine eigenständige Rechtsprechung zu den grundrechtlichen Anforderungen an die Auflösung von pädagogischen Hochschulen.[27] Überwiegend zeigen die Landesverfassungsgerichte aber auch beim Selbstverwaltungsrecht der Hochschulen, der Finanzierung der Privatschulen, dem Kopftuchverbot in öffentlichen Schulen oder den Rechten von Eltern und Schülern in der Schule wenig Eigenständigkeit.[28]

---

entscheidung (*Hessen 3*); BVerfGE 90, 60, 1 BvL 30/88 – *Rundfunkgebühren I*; BVerfGE 97, 298, 1 BvR 661/94 (1998); BVerfGE 119, 181, 1 BvR 2270/05, 809, 830/06 – *Rundfunkgebühren II*; BVerfGE 136, 9, 1 BvF 1/11 und 1 BvF 4/11 – *ZDF-Fernsehrat*, s. *P. M. Huber*, EuR 43 (2008) 2, S. 190 (190); *P. M. Huber*, in: FS Thürer, 2015, S. 305 (308); *M. Schuler-Harms*, Rundfunkaufsicht im Bundesstaat, 1995, S. 11 f., 108–133.

[23] *H. Krieger*, NdsVBl. 17 (2010) 5, S. 134 (135); *A. Uhle*, in: T. Maunz u.a. (Hrsg.), Grundgesetz-Kommentar, 2018, Art. 70, Rn. 123.

[24] *K. Stern*, in: C. Starck/K. Stern (Hrsg.), Landesverfassungsgerichtsbarkeit, Bd. 1, 1983, S. 1 (19); *P. J. Tettinger*, in: C. Starck/K. Stern (Hrsg.), Landesverfassungsgerichtsbarkeit, Bd. 3, 1983, S. 271 (275–375): Rechtsprechungszusammenstellung; *H. Schröder*, in: E. Stein (Hrsg.), 30 Jahre Hessische Verfassung, 1976, S. 293 (309–313): zu den hessischen Landesgrundrechten.

[25] S. HessStGH, Urt. v. 20.12.1971, P.St. 608.637, ESVGH 22, 4 (7 ff.); BVerfGE 34, 165 (196 ff.), 1 BvR 230/70 und 95/71 – *Förderstufe*.

[26] HessStGH, Beschl. v. 30.12.1981, P.St. 880, ESVGH 32, 1 (7 ff.) – *Oberstufe*, der wiederum anders entschied als BVerfGE 53, 185 (195 ff.), 1 BvR 684/78 – *Neuordnung der gymnasialen Oberstufe in Hessen*.

[27] StGH Baden-Württemberg, Urt. v. 28.8.1981, GR 1/81, NVwZ 1982, 32.

[28] *F. Hufen*, NdsVBl. 17 (2010) 5, S. 122 (123).

Im Polizeirecht allerdings sind die Entscheidungen des Verfassungsgerichtshofs des Freistaates Sachsen,[29] des Bayerischen Verfassungsgerichtshofs,[30] des Verfassungsgerichts des Landes Brandenburg[31] und des Landesverfassungsgerichts Mecklenburg-Vorpommern[32] zu den Informationseingriffen der Polizei wichtige Wegmarken des Grundrechtsschutzes angesichts einer veränderten Gefahrenlage.[33]

Beim Nichtraucherschutz in Gaststätten entwickelte sich in der Grundrechtsrechtsprechung keine föderale Vielfalt, obwohl das Bundesverfassungsgericht durchaus Spielräume belassen hatte. Die Landesverfassungsgerichte orientierten sich am Urteil des Bundesverfassungsgerichts zu den Gesetzen der Länder Berlin und Brandenburg.[34] Dort hatte das Bundesverfassungsgericht deutlich gemacht, dass ein allgemeines und ausnahmsloses Rauchverbot nicht gegen Art. 2 GG und Art. 12 GG verstoßen würde. Wohl aber führten die vom Landesgesetzgeber zugelassenen Ausnahmen von einem strikten Rauchverbot zu einer gleichheitswidrigen Benachteiligung, weil sie die besonders starken wirtschaftlichen Belastungen der »getränkegeprägten Kleingastronomie« nicht hinreichend berücksichtigten. War die Rechtsprechung der Landesverfassungsgerichte bis dahin durch eine gewisse Unsicherheit gekennzeichnet,[35] so gingen nunmehr auch die Landesverfassungsgerichte von der Zulässigkeit eines umfassenden Rauchverbots aus und präzisierten die Frage der inneren Folgerichtigkeit von Ausnahmen.[36]

Mögen diese Entscheidungen teilweise auch nicht unbedingt geeignet sein, das Vertrauen in die Landesverfassungsgerichte als Grundrechtsgerichte zu stärken, so ist ihre fehlende Eigenständigkeit jedenfalls in einem Punkt konsequent: Soll die föderale Zurückhaltung des Bundesverfassungsgerichts im Ausgangspunkt der Stärkung der Länderparlamente dienen, dann würde eine eigenständige Rechtsprechung der Landesverfassungsgerichte die dadurch der

---

[29] SächsVerfGH, Vf. 44–II-94, LKV 1996, 273 – *Sächsisches Polizeigesetz 1994.*

[30] BayVerfGH, Entsch. v. 19.10.1994, Vf. 12–VII/92 u.a., NVwZ 1996, 166 (167) – *Datenerhebung und -verarbeitung durch Polizei.*

[31] BbgVerfG, VfGBbg 3/98, LKV 1999, 450 – *Verfassungsrechtliche Prüfung des Brandenburgischen Polizeigesetzes.*

[32] VerfG MV, LVerfG 2/98, LKV 2000, 149 – *Ereignis- und verdachtsunabhängige Feststellung der Personenidentität (»Schleierfahndung«)*; LVerfG 5/98, LKV 2000, 345 – *Verfassungsrechtliche Überprüfung des »großen Lauschangriffs«.*

[33] *P. M. Huber*, ThürVBl. 12 (2003) 4, S. 73 (75).

[34] BVerfGE 121, 317, 1 BvR 3262/07 u.a. – *Rauchverbot in Gaststätten.*

[35] *M. Bothe*, in: M. Dalibor u.a. (Hrsg.), Perspektiven des öffentlichen Rechts, 2011, S. 189 (197 f.). S. auch *C. Correll/J. Wagner*, DÖV 2009, S. 698.

[36] VerfGH Rheinland-Pfalz, Urt. v. 30.9.2008, VGH B 31/07 u.a.; VerfGH Thüringen, Beschl. v. 5.12.2008, VerfGH 26/08 und 34/08; SächsVerfGH, Beschl. v. 20.11.2008, Vf. 10–IV-08 und Vf. 63–IV-08 (HS). Noch vor der Entscheidung des BVerfG ergingen VerfGH Rheinland-Pfalz, Beschl. v. 11.2.2008, VGH B 32/07 u.a. und SaarlVerfGH, Urt. v. 1.12.2008, Lv 2,3 und 6/08; SaarlVerfGH, Beschl. v. 21.6.2010, Lv 3, 4 und 6/10 e.A.

Landesgesetzgebung eröffneten Spielräume möglicherweise sogleich wieder verengen.

c) Föderale Struktur und Kompetenzverteilung zwischen Bundesverfassungsgericht und Landesverfassungsgerichten

Eine Orientierung der Kontrollintensität an den Gesetzgebungszuständigkeiten wird in Deutschland durch die im internationalen Vergleich relativ klare Kompetenzabgrenzung im Grundgesetz erleichtert [aa)]. Auch die Entstehungsgeschichte [bb)] und teilweise das Selbstverständnis der Landesverfassungen [cc)] sprechen für ein solches Vorgehen. Allerdings bestehen durchaus strukturelle Bedenken gegen eine Parallelisierung der vertikalen Zuständigkeitsverteilung der Gesetzgebung von Bund und Ländern auf die vertikale Zuständigkeitsverteilung von Bundesverfassungsgericht und Landesverfassungsgerichten [dd)].

aa) Relativ klare Abgrenzbarkeit

Die Orientierung an den Gesetzgebungskompetenzen bei der Frage, in welchen Fällen föderale Rücksichtnahmen in der Grundrechtsjudikatur angezeigt sind, wird in Deutschland dadurch erleichtert, dass die föderal ›sensiblen‹ Bereiche allesamt relativ gut abgrenzbar sind. Im Grundgesetz ist die Aufteilung der Gesetzgebungszuständigkeiten vergleichsweise klar.[37] Zwar ist die Zuordnung der Gesetze zu den einzelnen Gesetzgebungsmaterien durchaus nicht immer eindeutig[38] und kann insbesondere bei neu auftretenden Regelungsbedürfnissen schwierig sein.[39] Wie gesehen, ist jedoch eine »Doppelzuständigkeit« durch das System der Kompetenznormen des Grundgesetzes ausgeschlossen.[40] Die Kompetenzregelung des Grundgesetzes nach Sachmaterien gilt – im Vergleich zu den finalen Zuständigkeiten der Europäischen Union – gar als »Markenzeichen« des Grundgesetzes.[41]

Im Einklang damit war es auch erklärtes Ziel der Föderalismusreform 2006, die Länder als eigenverantwortliche Ebene von Staatlichkeit zu stärken und für

---

[37] S. zur Auslegung der Kompetenznormen des Grundgesetzes *T. Herbst*, Gesetzgebungskompetenzen im Bundesstaat, 2014, S. 9–107.

[38] *J. Pietzcker*, in: HStR VI, 3. Aufl. 2008, § 134, Rn. 10. S. für die Problematik von sich überschneidenden Kompetenzzuweisungen die Verjährung von Pressedelikten im Schnittfeld von Strafrecht und Presserecht BVerfGE 7, 29, 2 BvL 17/56 – *Pressedelikte* sowie als Kontrast BVerfGE 36, 193, 2 BvL 42/71 – *Journalisten* zum Zeugnisverweigerungsrecht von Presseangehörigen.

[39] *H. Meyer*, Die Föderalismusreform 2006, 2008, S. 153.

[40] S.o. 3. Kapitel A. II. 1 b) aa).

[41] BVerfG, Beschl. v. 14.1.2015, 1 BvR 931/12 – *Ladenöffnung Thüringen*, Abweichende Meinung des Richters Paulus, Rn. 14. Die EU ziehe zur Kompetenzabgrenzung die nicht trennscharfen, dem Grundrechtsbereich entnommenen Prinzipien der Subsidiarität und der Verhältnismäßigkeit heran (vgl. Art. 5 Abs. 2–4 EUV und Art. 115, 114 AEUV).

eine klare Zuordnung der Kompetenzen zu sorgen.[42] Das Bundesverfassungsgericht hat eine Reihe von Regeln über die Zuordnung eines Gesetzes zu einem Kompetenzbereich entwickelt.[43] Die Auslegung von Kompetenznormen hängt davon ab, wie die Kompetenzmaterie bezeichnet ist. Die Bezeichnung kann sich zum einen faktisch-deskriptiv auf Lebenssachverhalte wie den Luftverkehr (Art. 73 Abs. 1 Nr. 6 GG), die Kriegsschäden und die Wiedergutmachung (Art. 74 Abs. 1 Nr. 9 GG), die Erzeugung und Nutzung von Kernenergie (Art. 73 Abs. 1 Nr. 14 GG) oder die Abfallwirtschaft, die Luftreinhaltung und die Lärmbekämpfung (Art. 74 Abs. 1 Nr. 24 GG) beziehen. Zum anderen kann sich die Kompetenznorm auch normativ-rezeptiv auf vorgefundene Normbereiche wie den gewerblichen Rechtsschutz, das Urheber- und Verlagsrecht (Art. 73 Abs. 1 Nr. 9 GG), das Bürgerliche Recht und das Strafrecht (Art. 74 Abs. 1 Nr. 1 GG) oder das Arbeitsrecht (Art. 74 Abs. 1 Nr. 12 GG) beziehen. In diesem Fall erfordert die Auslegung der Kompetenznormen zur Ermittlung ihrer gegenständlichen Reichweite einen Rückgriff auf die bezeichneten normativen Ordnungen.[44]

bb) Bedeutung der Kompetenzbereiche für das Verhältnis der Grundrechtsordnungen in der Entstehungsgeschichte des Grundgesetzes

Die materielle Verteilung der Gesetzgebungszuständigkeiten im Bundesstaat war auch in der Entstehungsgeschichte des Grundgesetzes von Bedeutung für die Vorstellungen zum Verhältnis der Grundrechtsordnungen des Grundgesetzes und der Landesverfassungen. Aus der Entstehungsgeschichte des Art. 142 GG lässt sich ein Argument für eine bereichsspezifische föderale Zurückhaltung des Bundesverfassungsgerichts ableiten. Bereits in der Diskussion um diese Bestimmung zeigte sich eine Orientierung an Länderkompetenzen. Die Absicht des Hauptausschusses des Parlamentarischen Rats ging nämlich dahin, dass der Grundrechtskatalog des Grundgesetzes den durch die Grundrechtskataloge der Landesverfassungen zusätzlich gewährten Rechtsschutz auch insoweit nicht berühren sollte, als jene über die Individualgrundrechte hinaus »Lebensgebiete« wie Ehe und Familie ordnen. Ehe und Familie sind in der Bayerischen Verfassung, deren Grundrechten für die Entstehung von Art. 142 GG besondere Bedeutung zukam, unter dem Titel »Das Gemeinschaftsleben« im Anschluss an die »Grundrechte und Grundpflichten« geregelt.[45]

---

[42] S.o. 3. Kapitel B. III. 1.

[43] S. dazu *H.-W. Rengeling*, in: HStR VI, 3. Aufl. 2008, § 135, Rn. 31–47.

[44] BVerfGE 109, 190 (218), 2 BvR 834/02, 2 BvR 1588/02 – *Nachträgliche Sicherungsverwahrung*; s. *C. Degenhart*, in: M. Sachs (Hrsg.), Grundgesetz, 7. Aufl. 2014, Art. 70, Rn. 51 f. Beide Ansätze können auch kombiniert werden, etwa beim »Postwesen« (Art. 73 Abs. 1 Nr. 7 GG) oder der »Sozialversicherung« (Art. 74 Abs. 1 Nr. 12 GG).

[45] Abg. Dr. Schmid (SPD), 3. Lesung, 6. Sitzung des Hauptausschusses am 19.11.1948, ab-

cc) Selbstverständnis der Landesverfassungen

Aufschlussreich für dieses Verständnis sind gerade auch die nach 1949 erlassenen Landesverfassungen, die bewusst auf das Grundgesetz Bezug nehmen und dennoch ergänzend eigenes materielles Landesverfassungsrecht enthalten. Die Landesverfassungen von Baden-Württemberg und Nordrhein-Westfalen rezipieren einerseits die Grundrechte des Grundgesetzes in ihrer Gesamtheit. Andererseits fügen sie noch einen eigenen kleineren Grundrechtskatalog an. Dieser Katalog umschreibt zugleich den den Ländern nach damaligem Verständnis verbliebenen Eigenbereich.

Die Landesverfassung von Baden-Württemberg regelt in ihrem Ersten Hauptteil unter der Überschrift »Vom Menschen und seinen Ordnungen« neben der Übernahme der Bundesgrundrechte im Wesentlichen die Bereiche der Religion und der Religionsgemeinschaften sowie Erziehung und Unterricht (Art. 11 ff.). Damit konkretisiert sie im Grundgesetz bereits geregelte Materien. In ähnlicher Weise enthält die Landesverfassung von Nordrhein-Westfalen Bestimmungen über die Familie, die Schule (Art. 7 ff.),[46] Kunst und Wissenschaft, Religion und Religionsgemeinschaften, dazu noch einige wenig folgenreiche Programmsätze über Arbeit und Wirtschaft (Art. 24–29). Die Gesetzgebungskompetenzen des Bundes lassen es allein zu, dass die Landesverfassung Sonn- und Feiertage (Art. 25), die Förderung des Mittelstandes (Art. 28) und das Siedlungswesen (Art. 29) regelt, nicht aber die großen Fragen der Wirtschaftspolitik.

Auch die Rezeptionsverfassungen von Niedersachsen und Mecklenburg-Vorpommern treffen ergänzende Grundrechtsaussagen für den Bereich des Schul- und Erziehungswesens (Art. 4 LV Niedersachsen (1993), Art. 15 LV MV). Die Landessatzung von Schleswig-Holstein von 1949 verzichtet auf einen eigenen Grundrechtsteil und formuliert in den Artikeln 5 bis 7 nur einige wenige objektiv-rechtliche Regelungen zum Schutz von Minderheiten, Schulwesen und Kulturförderung. Die 1950 erlassene Verfassung von Berlin, inzwischen abgelöst durch die Verfassung von 1995, hatte zwar einen eigenen Grundrechtskatalog (Art. 64 LV Berlin). Allerdings galten gemäß Art. 87 Abs. 3 LV Berlin die Bestimmungen des Grundgesetzes als Bestandteil der Berliner Verfassung und gingen den Bestimmungen der Berliner Verfassung vor; insofern hat auch Berlin die Grundrechte des Grundgesetzes rezipiert.[47] Die Verfassung des Landes Mecklenburg-Vorpommern sichert kraft ausdrücklicher Anordnung das Schul- und Erziehungswesen (Art. 15 LV MV), die Freiheit von Kunst und Wissenschaft, Forschung und Lehre (Art. 7 LV MV) sowie das Petitionsrecht (Art. 10 LV MV).

---

gedruckt in: P. Häberle (Hrsg.), Entstehungsgeschichte der Artikel des Grundgesetzes, 2010, S. 298 f., 911; näher dazu *E.-W. Böckenförde/R. Grawert*, DÖV 24 (1971) 4, S. 119 (120).

[46] Art. 8 Abs. 4 LV NRW enthält eine spezielle Übernahmeanordnung für die Art. 7 Abs. 4 und 5 GG.

[47] *R. Wahl*, AöR 112 (1987) 1, S. 26 (28 f.).

Demgegenüber lassen sich den Verfassungen der neuen Bundesländer mit umfassenden Grundrechtskatalogen kaum direkte Anhaltspunkte für den beschränkten Eigenbereich der Länder entnehmen. Diese Verfassungen enthalten nur selten Formulierungen, mit denen sie ihre Gewährleistungen unter den Vorbehalt entgegenstehenden Bundesrechts stellen, wie etwa Art. 28 Abs. 1 Satz 1 LV Sachsen, demzufolge Beruf und Arbeitsplatz frei gewählt werden können, »soweit Bundesrecht nicht entgegensteht«. Auch Art. 34 LV Sachsen und Art. 6 Abs. 2 Satz 1 LV Sachsen-Anhalt zum Anspruch auf Umweltinformationen stellen Auskunfts- und Akteneinsichtsrechte unter den Vorbehalt entgegenstehenden Bundesrechts.[48] Allerdings ist nicht zu verkennen, dass die Verfassungen der neuen Bundesländer den gesellschaftlichen Bereichen des Bildungswesens[49] und dem Verhältnis von Staat und Kirche[50] besondere Bedeutung zumessen, wie es die Kompetenzordnung des Grundgesetzes nahelegen würde.[51]

dd) Strukturelle Einwände

Allerdings gibt es gute Gründe, daran zu zweifeln, dass Bereiche, für die die Gesetzgebungskompetenz bei den Ländern liegt, ohne weiteres auch eine Zurückhaltung des Bundesverfassungsgerichts in der Grundrechtsjudikatur nahelegen. Dies demonstriert gerade die unter föderalen Gesichtspunkten viel kritisierte Rechtsprechung des Bundesverfassungsgerichts zum Rundfunk.

Die Entwicklung des Rundfunks lag in den 1920er Jahren zunächst zentral bei der Deutschen Reichspost, die die Gründung regionaler Programmgesellschaften des Privatrechts förderte. Im Jahre 1933 wurde der Rundfunk unter der Zuständigkeit des Reichsministers für Volksaufklärung und Propaganda zum Instrument der nationalsozialistischen Propaganda. Nach dem Ende des Zweiten Weltkriegs war es das Ziel der Besatzungsmächte in den drei westlichen Besatzungszonen, jeglichen staatlichen Einfluss auf den Rundfunk zu unterbinden und die politische Neutralität des Rundfunks zu sichern.[52] Die politische Neutralität des staatlich organisierten Rundfunks ist eine Funktionsbedingung des Meinungsbildungsprozesses in der Demokratie. Eine strenge verfassungsgerichtliche Kontrolle trägt dazu bei, Verzerrungen im demokratischen Prozess

---

[48] In Art. 33 LV Thüringen bezieht sich der Vorbehalt auf »gesetzliche Regelungen«. S. auch *W. Kanther*, Die neuen Landesverfassungen im Lichte der Bundesverfassung, 14.7.1993, S. 191 f.

[49] Art. 28–33 LV Brandenburg; Art. 15 LV Mecklenburg-Vorpommern; Art. 101–108 LV Sachsen; Art. 25–31 LV Sachsen-Anhalt; Art. 20–29 LV Thüringen.

[50] Art. 36–38 LV Brandenburg; Art. 9 LV Mecklenburg-Vorpommern; Art. 109–112 LV Sachsen; Art. 32 LV Sachsen-Anhalt; Art. 40–41 LV Thüringen.

[51] *J. Dietlein*, AöR 120 (1995) 1, S. 1 (10); *K. Stern*, Das Staatsrecht der Bundesrepublik Deutschland, Bd. III/2, 1994, § 93 III 5.

[52] BVerfGE 12, 205 (208–210), 1 BvG 1, 2/60 – *1. Rundfunkentscheidung* (*Deutschland-Fernsehen*).

durch ungebührliche politische Einflussnahme auf den Rundfunk zu vermeiden und die Repräsentation der jeweiligen politischen Minderheiten zu sichern. Gerade die größere Distanz des Bundesverfassungsgerichts gegenüber den Ländern lässt das Gericht als besseren Garanten der Rundfunkfreiheit erscheinen als die Landesverfassungsgerichte, deren Besetzung zum Teil durch die einfache Mehrheit in den Landtagen bestimmt wird.[53]

Es bestätigt sich hier, dass eine Perspektive zu eng ist, die sich allein auf den Schutz individueller Rechte auf den verschiedenen Ebenen und das Verhältnis der Grundrechtsgerichte konzentriert. Vielmehr sind auch die Prozesse demokratischer Selbstbestimmung auf den verschiedenen Ebenen einzubeziehen.[54]

2. Rechtsprechung des *U.S. Supreme Court*

Auch in der Rechtsprechung des *U.S. Supreme Court* finden sich Ansätze zu einer bereichsspezifischen Aufgabenteilung in einem sogenannten »categorical federalism«. Dabei übt der Gerichtshof Zurückhaltung in bestimmten gegenständlich abgegrenzten Bereichen, die nach der Verfassungsordnung in die Gesetzgebungszuständigkeit der Einzelstaaten fallen. Der Versuch einer kategorialen Abgrenzung von Bereichen einzelstaatlicher Autonomie ist allerdings mit der Kompetenzstruktur der Bundesverfassung kaum in Einklang zu bringen [a)]. Statt einer bereichsspezifischen Rücksichtnahme zollt daher vor allem die Zurückhaltung des *U.S. Supreme Court* gegenüber bestimmten Grundrechtswirkungen der bundesstaatlichen Kompetenzstruktur Rechnung [b)].

a) Schwierigkeit einer kategorialen Abgrenzung von Autonomiebereichen

In den USA wurden Fragen der Abgrenzung zwischen Bundes- und einzelstaatlicher Gewalt lange Zeit unter dem Begriff der *states' rights* diskutiert. Allerdings wurde der Begriff der *states' rights* spätestens seit dem Urteil Brown v. Board of Education[55] mit den darin verworfenen segregationistischen Positionen assoziiert und ist daher ungebräuchlich geworden. Das Urteil Brown illu-

---

[53] *S. Haack*, NWVBl. 24 (2010) 6, S. 216 (217) m.N.

[54] Im Übrigen ist die Rundfunkfreiheit keineswegs ein so unangefochtenes »Hausgut« der Länder wie die Kultur im Allgemeinen. Es war gerade das Bundesverfassungsgericht, das in der 1. Rundfunkentscheidung zum Deutschland-Fernsehen den Zusammenhang zwischen der Veranstaltung von Rundfunk und der Kulturhoheit stark betonte, unter Vernachlässigung des Aspekts der Wirtschaft (Art. 74 Abs. 1 Nr. 11 GG), der jedenfalls in der Zwischenzeit an Bedeutung gewonnen hat. S. BVerfGE 12, 205 (229), 1 BvG 1, 2/60 – *1. Rundfunkentscheidung (Deutschland-Fernsehen)*; Deutscher Bundestag/Bundesarchiv (Hrsg.), Der Parlamentarische Rat 1948–1949: Akten und Protokolle, 1975–2009, Bd. 3, S. 8–10, 13, 15, 19, 30–34, 343–345, 505, 506.

[55] U.S. Supreme Court, *Brown v. Board of Education of Topeka*, 347 U.S. 483 (1954).

striert damit einen Dreh- und Angelpunkt der Rechtsprechung zum Bundesstaat, in der Einzel- und Gruppenrechte gegen die staatliche Autonomie gestellt werden.[56]

In der neueren Rechtsprechung findet sich in der Tat der Versuch, den Bereich einzelstaatlicher Autonomie kategorial anhand der Prämisse abzugrenzen, dass die Verfassung inhärent lokale Angelegenheiten der Zuständigkeit der Gliedstaaten zuordne. Chief Justice Rehnquist formulierte im Urteil United States v. Morrison: »The Constitution requires a distinction between what is truly national and what is truly local.«[57] Auf der Grundlage dieser Unterscheidung sollen etwa das Familienrecht, die Strafverfolgung und das Bildungswesen »truly local and beyond federal regulation« sein.[58]

Allerdings fällt es in den USA im Vergleich zu Deutschland mit seiner durch die Föderalismusreform 2006 revidierten Zuständigkeitsordnung deutlich schwerer, Bereiche abzugrenzen, für die dann auch die Ausgestaltung des Grundrechtsschutzes schwerpunktmäßig den Gliedstaaten zufallen würde. Die Regelungstechnik der Kompetenzregelungen in der US-Verfassung unterscheidet sich vom deutschen Grundgesetz: Die Kompetenzzuweisungen des Grundgesetzes zählen häufig systematische Rechtsgebiete auf, die das Grundgesetz in einem System kodifizierten Rechts vorfindet. In der Verfassung der Vereinigten Staaten als einem *common law*-Land steht diese Option nicht zur Verfügung. Stattdessen nimmt der Verfassungstext mit dem *power to regulate commerce* auf unscharf abzugrenzende Lebensbereiche[59] Bezug, die im Verlauf von über 200 Jahren einem starken tatsächlichen Wandel unterlegen sind. Um den gewandelten Ansichten und Bedürfnissen Rechnung zu tragen, werden die wenigen Kompetenzbestimmungen zugunsten der Bundesgesetzgebung weit ausgelegt.[60] Insbesondere die inzwischen als parallele Kompetenzbestimmung verstandene *Commerce Clause*[61] ist Grundlage für eine große Bandbreite gesetzgeberischer Maßnahmen. Es erscheint daher kaum möglich, bestimmte Bereiche wie etwa das Familienrecht[62] oder das Strafrecht, die traditionell als Domänen der Gliedstaaten gelten, aufgrund ihres inhärent lokalen Charakters (»truly local«) kategorisch abzugrenzen.[63]

---

[56] *J. Resnik*, in: J. Fleming/J.T. Levy (Hrsg.), Federalism and Subsidiarity, 2014, S. 363 (375).

[57] U.S. Supreme Court, *United States v. Morrison*, 529 U.S. 598, 617 f. (2000); s. auch bereits U.S. Supreme Court, *United States v. Lopez*, 514 U.S. 549, 567 f. (1995).

[58] U.S. Supreme Court, *United States v. Lopez*, 514 U.S. 549, 564 (1995); vgl. *S. A. Law*, U. Cin. L. Rev. 70 (2002) 2, S. 367 (376).

[59] *H. Ehmke*, VVDStRL 20 (1963), S. 53 (89 f.).

[60] *T. von Danwitz*, AöR 131 (2006) 4, S. 510 (533 f.).

[61] S.o. 3. Kapitel B. III. 2. a).

[62] *A. L. Estin*, Cornell J. L. and Pub. Pol'y 18 (2009) 2, S. 267.

[63] *R. A. Schapiro*, Fordham L. Rev. 74 (2006) 4, S. 2133 (2134): »recurrent problem«.

Der Ansatz eines »categorical federalism« kann die bisherige Rechtsetzungs- und Rechtsprechungspraxis kaum revidieren. Diese Praxis ist eben gerade keinem kategorialen Modell gefolgt; vielmehr wurden zahlreiche familienrechtliche und strafrechtliche Regelungen auf die verschiedenen Kompetenzen des Kongresses, u.a. die *Commerce Clause*, gestützt, um der Vielschichtigkeit einzelner Lebensbereiche Rechnung zu tragen. Gerade im Strafrecht ist dieser Querschnittscharakter ausgeprägt.[64]

b) Abgrenzung nach Grundrechtswirkungen

In den USA legt die materielle Kompetenzverteilung daher nicht so sehr eine bereichsspezifische als eine gegenüber bestimmten Grundrechtswirkungen zurückhaltende Grundrechtsjudikatur der Bundesgerichte nahe. Dass nach der Verfassung der USA weite Teile des einfachen Rechts, insbesondere das Privatrecht, das besonders häufig multipolare Grundrechtskonstellationen ordnet, in die Zuständigkeit der Einzelstaaten fällt, erklärt historisch auch die Zurückhaltung des *U.S. Supreme Court* gegenüber einer Privatwirkung der Grundrechte[65] und positiven Verpflichtungen.[66] Mit den im Vergleich zur Bundesgewalt breit gefächerten *state powers* geht auch die Erwartung einher, dass die Einzelstaaten die damit verliehenen Befugnisse verantwortlich wahrnehmen; die Gewährleistung positiver Rechte in den *state constitutions* entspricht dieser Erwartung.[67]

Im Hinblick auf die Privatwirkung betrifft das sogenannte *state action requirement* für den Schutz von *life*, *liberty*, *property* durch den 14. Zusatzartikel und die *Enforcement Clause* die Frage, inwieweit die *Reconstruction* die ursprüngliche Kompetenzverteilung und föderale Balance zwischen Bundesstaat und Einzelstaaten berühren sollte.[68] Wie gesehen, war die ursprüngliche Vorstellung, dass die Veränderung beschränkt bleiben sollte. Mittelbar wirkt

---

[64] *J. Resnik*, Yale L. J. 111 (2001) 3, S. 619, mit dem konzeptionellen Alternativvorschlag eines »multi-faceted federalism«; *J. Resnik*, in: J. Fleming/J. T. Levy (Hrsg.), Federalism and Subsidiarity, 2014, S. 363 (374–384); s. auch *A. Rapaczynski*, Sup. Ct. Rev. 1985, S. 341 (351); *E. Chemerinsky*, Fla. L. Rev. 47 (1995) 4, S. 499 (533); optimistischer *T. von Danwitz*, AöR 131 (2006) 4, S. 510 in einem rechtsvergleichenden Beitrag.

[65] U.S. Supreme Court, *Lugar v. Edmondson Oil Co.*, 457 U.S. 922, 936 f. (1982). S. auch *W. Heun*, VVDStRL 61 (2002), S. 80 (92 f.); *F. I. Michelman*, in: G. Nolte (Hrsg.), European and US Constitutionalism, 2005, S. 156 (160 f.). S. aber auch *S. Gardbaum*, Mich. L. Rev. 107 (2008) 3, S. 391 (444): »obvious irrelevance of the standard federalism rationale«; *E. Chemerinsky*, Constitutional Law, 5. Aufl. 2017, S. 570: »... the state action doctrine enhances federalism by preserving a zone of state sovereignty«.

[66] *W. Kelley*, in: E. Klein (Hrsg.), The Duty to Protect and to Ensure Human Rights, 2000, S. 93; *F. I. Michelman*, in: G. Nolte (Hrsg.), European and US Constitutionalism, 2005, S. 156 (161 f.); *T. Rensmann*, Wertordnung und Verfassung, 2007, S. 261.

[67] *D. B. Rodriguez*, in: J. A. Gardner/J. Rossi (Hrsg.), New Frontiers of State Constitutional Law, 2011, S. 61 (65 f.).

[68] U.S. Supreme Court, *Slaughter-House Cases*, 83 U.S. 36, 77 f. (1872): enge Auslegung der *privileges and immunities clause*; *Civil Rights Cases*, 109 U.S. 3, 11, 23 (1883).

sich diese Rechtsprechung zugunsten des Privatrechts als geschütztem Bereich der Einzelstaaten aus. Wenn privates Verhalten am Maßstab des 14. Zusatzartikels gemessen würde, könnte dies auf eine inhaltliche Prüfung des Privatrechts auf seine Vereinbarkeit mit dem 14. Zusatzartikel hinauslaufen.[69] Demgegenüber hat die Frage von Schutzpflichten geringere Auswirkungen. Sie betrifft den Schutz Privater vor Verletzungen durch nichtstaatliche Akteure im Hinblick auf Rechte und Interessen, die im Privatrecht der Einzelstaaten ohnehin anerkannt sind.[70]

3. Europäische Union: bereichsspezifische Aufgabenteilung *de constitutione ferenda*

In der Europäischen Union wird eine bereichsspezifische Aufgabenteilung zwischen EuGH und mitgliedstaatlichen Verfassungsgerichten, die sich an den Gesetzgebungszuständigkeiten der Union orientieren würde, nur *de constitutione ferenda* diskutiert [a)]. In der deutschen Literatur wurde zudem eine Orientierung jedenfalls der Kontrolldichte des EuGH bei der Grundrechtskontrolle an der unionalen Zuständigkeitsverteilung vorgeschlagen [b)]. Überzeugend ist demgegenüber vor allem, den Legislativkompetenzen der Union für die Reichweite der Grundrechtsbindung der Mitgliedstaaten in Umsetzungsspielräumen Bedeutung zukommen zu lassen [c)].

a) Orientierung des Anwendungsbereichs der Unionsgrundrechte an den Legislativkompetenzen der Union

Für die EU wurde eine Orientierung des Anwendungsbereichs der Unionsgrundrechte und damit mittelbar auch der Aufgabenteilung zwischen EuGH und mitgliedstaatlichen Grundrechtsgerichten an den Kompetenzen der Union vorgeschlagen [aa)]. Allerdings ist der damit verknüpfte Transparenzgewinn zweifelhaft [bb)], ergeben sich aus fehlenden Reaktionsmöglichkeiten der Gesetzgebung Probleme für die Legitimation des Gerichtshofs [cc)] und folgt die Charta der Grundrechte selbst nicht einem Grundsatz der Parallelität von Grundrechtsschutz und Kompetenzen [dd)].

---

[69] So ausnahmsweise geschehen in der Leitentscheidung U.S. Supreme Court, *New York Times Co. v. Sullivan*, 376, U.S. 254 (1964), der zufolge ein Staat nach dem 1. und 14. Zusatzartikel einem Amtsträger keinen Schadensersatz wegen Verleumdung zusprechen kann, wenn nicht Arglist (»actual malice«) nachgewiesen ist, die Aussage im Bewusstsein ihrer Unrichtigkeit oder mit leichtfertiger Missachtung ihrer eventuellen Unwahrheit getätigt wurde.

[70] *F. I. Michelman*, in: G. Nolte (Hrsg.), European and US Constitutionalism, 2005, S. 156 (162).

aa) Vorschlag der Generalanwältin Sharpston

Der *de constitutione ferenda* zu verstehende Vorschlag der Generalanwältin Eleanor Sharpston zum Geltungsbereich der Unionsgrundrechte, enthalten in ihren Schlussanträgen in der Rechtssache Ruiz Zambrano, hat viel Aufmerksamkeit erfahren,[71] obschon ihm der EuGH nicht gefolgt ist.[72] Die Generalanwältin wollte die Verfügbarkeit des Unionsgrundrechtsschutzes gegenüber Unionsorganen und Mitgliedstaaten von Existenz und Umfang einer sachlichen Unionszuständigkeit abhängig machen.[73] Sofern die Union die ausschließliche oder geteilte Zuständigkeit in einem bestimmten Rechtsbereich besitzt, sollten die Unionsgrundrechte den Unionsbürgern Schutz bieten, selbst wenn diese Zuständigkeit noch nicht wahrgenommen worden ist.[74] Die Vertragsgarantie des Art. 2 EUV sollte nicht an die Bedingung einer tatsächlichen Ausübung der Rechtsetzungskompetenz der Union geknüpft werden, weil ein derart »bedingter Grundrechtsschutz« die »Antithese zu dem Konzept darstelle, mit dem Staatsgewalt in einer Demokratie heutzutage legitimiert wird«. In einer Union, die sich auf Grundrechte und Rechtsstaatlichkeit gründe, dürfe der Schutz nicht von der gesetzgeberischen Initiative der Organe und von politischen Vorgängen abhängen.[75]

bb) Fraglicher Transparenzgewinn

Sharpstons Vorschlag fügt sich in ein primär abwehrrechtliches Verständnis der Grundrechte. Abwehrrechte des Bürgers müssen dort bestehen, wo der supranationale Integrationsverbund über Kompetenzen und damit über Eingriffsmöglichkeiten verfügt.[76] Wäre der EuGH dem Vorschlag gefolgt, wäre dies für die Reichweite der Unionsgrundrechte ein weitreichender Schritt gewesen. Die

---

[71] EuGH, Rs. C-34/09, *Ruiz Zambrano*, Slg. 2011, I-1177, Schlussanträge GA Sharpston, Rn. 156–177; vgl. *J. Bergmann*, VBlBW 32 (2011) 5, S. 169 (172); *A. von Bogdandy* u.a., CML Rev. 49 (2012) 2, S. 489 (500); *E. Dubout*, in: L. Azoulai (Hrsg.), The Question of Competence in the European Union, 2014, S. 193 (202 f.); *P. van Elsuwege/D. Kochenov*, E.J.M.L. 13 (2011) 4, S. 443 (446–448).

[72] EuGH, Rs. C-34/09, *Ruiz Zambrano*, Slg. 2011, I-1177; ähnlich wie GA Sharpston *A. A. Souza Silveira*, in: E. Guild u.a. (Hrsg.), The Reconceptualization of European Union Citizenship, 2014, S. 285 (291).

[73] S. demgegenüber EuGH, Rs. C-198/13, *Julian Hernández u.a.*, Urt. v. 10.7.2014, ECLI:EU:C:2014:2055, Rn. 36, 46: Allein der Umstand, dass eine nationale Maßnahme in einen Bereich fällt, in dem die Union über Zuständigkeiten verfügt, kann diese Maßnahme nicht in den Anwendungsbereich des Unionsrechts bringen und somit zur Anwendbarkeit der Charta führen.

[74] GA Sharpston, Rn. 163.

[75] Ebd., Rn. 163, 165.

[76] *J. Bergmann*, VBlBW 32 (2011) 5, S. 169 (172).

Generalanwältin selbst spricht ihrem Vorschlag eine »föderalisierende Wirkung« zu.[77]

Zweifelhaft ist jedenfalls der von der Generalanwältin angestrebte Transparenzgewinn,[78] wurde die fehlende Klarheit und Konsistenz der Unionskompetenzen doch ihrerseits vielfach kritisiert.[79] Sharpstons Vorschlag trägt der Art und Weise, wie die Kompetenzen in der EU abgegrenzt werden, kaum Rechnung und wird damit den Eigenarten der Unionsrechtsordnung nicht gerecht.[80] Die Kompetenzabgrenzung erfolgt im Unionsrecht ohne einen abschließenden Kompetenzkatalog und ohne eine strikte Kompetenzteilung nach Sachbereichen. Vielmehr vermittelt das Primärrecht der Union geschriebene und ungeschriebene Kompetenzen. Zwar zeugt nunmehr Art. 3 AEUV über die ausschließlichen Zuständigkeiten der Union ausweislich seines Wortlauts von einem sachbereichsbezogenen Verständnis.[81] Insgesamt aber folgt die Kompetenzordnung der Union einer finalen Logik.[82] Die finale oder funktionale Orientierung und der Querschnittscharakter von EU-Kompetenznormen, insbesondere der Binnenmarktkompetenzen, erschwert die Abgrenzung. Zudem macht der dynamische und flexible Charakter des Kompetenzsystems die Abgrenzung der Kompetenzen auch als Grundlage für die Reichweite der Unionsgrundrechte jenseits der ausschließlichen Zuständigkeiten der Union zu einer Herausforderung.[83] Anders als im deutschen Grundgesetz sind insoweit die Gesetzgebungszuständigkeiten kaum an Sachmaterien orientiert. Allein schon deshalb ist den Kompetenzbestimmungen eine Dynamik und ausweitende Tendenz inhärent.[84]

cc) Fehlende Reaktionsmöglichkeiten der Gesetzgebung

Ein weiteres Problem von Sharpstons Vorschlag ergibt sich daraus, dass danach die Anwendung der Unionsgrundrechte unmittelbar an die Kompetenzlage anknüpft, und zwar unabhängig von einer tatsächlichen Inanspruchnahme der

---

[77] GA Sharpston, Rn. 172 f.

[78] Ebd., Rn. 163.

[79] S. nur *A. von Bogdandy* u.a., CML Rev. 49 (2012) 2, S. 489 (500); *S. Iglesias Sánchez*, ELJ 20 (2014) 4, S. 464 (472), die den Vorschlag allerdings auch nicht für komplizierter hält als das bestehende Abgrenzungssystem.

[80] Vgl. *F. G. Jacobs*, E. L. Rev. 26 (2001) 4, S. 331 (337).

[81] *M. Nettesheim*, in: E. Grabitz u.a. (Hrsg.), Das Recht der Europäischen Union, 51. Aufl. 2013, Art. 3 AEUV, Rn. 6.

[82] *M. Möstl*, EuR 37 (2002) 3, S. 318 (324); *A. von Bogdandy/J. Bast*, in: A. von Bogdandy/J. Bast (Hrsg.), Principles of European Constitutional Law, 2010, S. 275 (287 f.).

[83] *S. Iglesias Sánchez*, ELJ 20 (2014) 4, S. 464 (472).

[84] *H. D. Jarass*, AöR 121 (1996) 2, S. 173 (178–180); *J. Isensee*, Subsidiaritätsprinzip und Verfassungsrecht, 2. Aufl. 2001, S. 356; *C. Engel*, ELJ 7 (2001) 2, S. 151 (165); *M. Möstl*, EuR 37 (2002) 3, S. 318 (320, 324); *T. Konstadinides*, Division of Powers in European Union Law, 2009, S. 155–185, 187–219: »subject-related competences« vs. »objective-related competences«.

Kompetenzen. In Situationen, in denen die Union ihre bestehenden Kompetenzen nicht ausgeübt hat, könnte es der Rechtsprechung zufallen, über grundlegende politische Fragen und Interessenbewertungen in einer Gesellschaft zu entscheiden.[85] Gerade weil die Unionskompetenz noch nicht ausgeübt worden ist, könnte die Unionsgesetzgebung auch nach einem solchen Urteil zu schwerfällig sein, um darauf zu reagieren. Einzelne Mitgliedstaaten können wiederum nicht reagieren, nicht nur weil ihnen eventuell die Kompetenz dazu fehlt, sondern jedenfalls, weil sie der Vorrang des Unionsrechts daran hindert.[86] Diese Asymmetrie zwischen einer hochentwickelten Judikativfunktion des EuGH und den Defiziten bei den Reaktionsmöglichkeiten der Legislativen begründet für den EuGH ein spezifisches Legitimationsproblem.[87]

dd) Keine Parallelität von Kompetenzen und Grundrechtsschutz in der Grundrechtecharta

Abgesehen davon, dass Sharpstons Vorschlag, der ja *de constitutione ferenda* zu verstehen ist, schwerlich mit dem Wortlaut von Art. 51 Abs. 1 GRCh zu vereinbaren ist,[88] folgt die Charta der Grundrechte nicht dem Modell der Parallelität von Kompetenzen und Grundrechtsschutz. Vielmehr stellt sie einen umfassenden Grundrechtskatalog dar.[89] Der Grundrechtskonvent stand durchaus unter dem Eindruck der großen Reichweite der Legislativkompetenzen der Union. Eine strikte Parallelität von Kompetenzen und Grundrechtsschutz vernachlässigt zudem, dass sich eine Grundrechtsgefährdung auch auf der Grundlage von nicht gezielten, faktischen Beeinträchtigungen jenseits des eigentlichen Regelungsziels und damit auch jenseits des jeweiligen Kompetenzbereichs ergeben kann. Abgesehen von dieser allgemeingültigen Aussage ist erneut auf die sektorenübergreifende Wirkung des sekundären Unionsrechts, etwa im Bereich des europäischen Binnenmarkts, hinzuweisen.[90]

---

[85] *S. Iglesias Sánchez*, ELJ 20 (2014) 4, S. 464 (473).

[86] *M. Dawson*, EPL 19 (2013) 2, S. 369 (386–388) mit Verweis auf *F. W. Scharpf*, J.E.P.P. 19 (2012) 1, S. 127. S. auch *D. Grimm*, in: Die Zukunft der Verfassung II, 2012, S. 262.

[87] Allgemein zu diesem Legitimationsproblem internationaler Rechtsprechung *A. von Bogdandy/I. Venzke*, In wessen Namen? Internationale Gerichte in Zeiten globalen Regierens, 2014, S. 162–174.

[88] *J. Bergmann*, VBlBW 32 (2011) 5, S. 169 (172); *X. Groussot* u.a., in: S. A. de Vries u.a. (Hrsg.), The Protection of Fundamental Rights in the EU After Lisbon, 2013, S. 97 (105); s. auch *L. Manthey/C. Unseld*, ZEuS 14 (2011) 2, S. 323 (339).

[89] Kritisch *C. Calliess*, EuZW 12 (2001) 9, S. 261 (264 f.). Zu diesem Grundsatz s. bereits *I. Pernice*, DVBl. 115 (2000) 12, S. 847 (852 f.).

[90] S. auch *M. Borowsky*, in: J. Meyer (Hrsg.), Kommentar zur Charta der Grundrechte der Europäischen Union, 4. Aufl. 2014, Artikel 51, Rn. 41.

b) Orientierung der Kontrolldichte an der unionalen Zuständigkeitsverteilung

In der deutschen Literatur wurde zudem vorgeschlagen, der EuGH soll in seiner Grundrechtsjudikatur bei der Bemessung der Kontrolldichte den Umstand berücksichtigen, dass eine Materie vorliegt, die nach der unionalen Zuständigkeitsverteilung den Mitgliedstaaten vorbehalten bleibt.[91] Allerdings hat schon die Auseinandersetzung mit den bereichsspezifischen Rücksichtnahmen des Bundesverfassungsgerichts gezeigt, dass die Verteilung der Gesetzgebungszuständigkeiten allein kein Anhaltspunkt für eine Zurückhaltung bei der Grundrechtskontrolle sein kann. Es kann im Gegenteil vielmehr gerade ein Gericht mit möglichst großer Distanz für einen besseren Grundrechtsschutz sorgen. Der Grundrechtsschutz durch den EuGH kann zudem eng mit der Durchsetzung der Ziele des Unionsrechts wie dem Binnenmarkt verknüpft sein, sodass auch bei der Kontrolldichte eine Orientierung an den Gesetzgebungszuständigkeiten der Union oder auch an der Dichte bestehender europarechtlicher Regelungen zu kurz griffe.[92]

c) Bedeutung der Legislativkompetenzen der Union im Rahmen von Umsetzungsspielräumen

Eine gewisse Bedeutung könnte den Legislativkompetenzen der Union allerdings für eine Begrenzung der Bindung der Mitgliedstaaten an Unionsgrundrechte in Umsetzungsspielräumen zukommen. Wie im 4. Kapitel gesehen, überzeugt es kaum, die Mitgliedstaaten in Umsetzungsspielräumen aus der Bindung an die Unionsgrundrechte zu entlassen. Eine Grenze der Bindung sollte aber dort gezogen werden, wo die Unionsgesetzgebung den Mitgliedstaaten Spielräume nicht autonom einräumt, sondern weil ihre Kompetenzen eine weitergehende Regelung nicht zulassen. Diese Grenze kann sich einerseits daraus ergeben, dass die Union für die die Regelung bestimmter Aspekte gar keine Zuständigkeit besitzt. Sie kann aber durch auch allgemeine Kompetenzschranken wie den Subsidiaritätsgrundsatz (Art. 5 Abs. 3 EUV) gezogen werden. Im Einzelfall mag diese Grenze schwer zu ziehen und praktisch mag sie von nicht allzu großer Bedeutung sein. Sie ist aber konsequent, weil jedenfalls dort, wo die Union über keine Zuständigkeiten verfügt, von delegierter Rechtsetzung im Sinne einer *agency* nicht mehr die Rede sein kann.

---

[91] *P. M. Huber*, EuR 43 (2008) 2, S. 190 (198); *A. Edenharter*, Grundrechtsschutz in föderalen Mehrebenensystemen, 2018, S. 935 f.; *A. Edenharter*, Der Staat 57 (2018) 2, S. 227 (249 f.).

[92] S. auch *P. Hallström*, in: J. Nergelius/E. Kristoffersson (Hrsg.), Human Rights in Contemporary European Law, 2014, S. 59 (70).

4. Zwischenfazit

Die Fälle bereichsspezifischer Rücksichtnahmen in der Rechtsprechung des Bundesverfassungsgerichts lassen sich am besten mit der Absicht erklären, gerade die Landesgesetzgebung zu stärken. Sie zielen also jedenfalls nicht primär auf eine bereichsspezifische Aufgabenteilung innerhalb der Grundrechtsgerichtsbarkeit, zwischen Bundesverfassungsgericht und Landesverfassungsgerichten. Auch die Zurückhaltung gegenüber Grundrechtswirkungen wie einer Privatwirkung in der Rechtsprechung des *U.S. Supreme Court* lässt sich als föderale Rücksichtnahme gerade auf die einzelstaatliche Gesetzgebung deuten, insbesondere im Bereich des den Einzelstaaten zugewiesenen Privatrechts. Demgegenüber hätte die von Generalanwältin Sharpston vorgeschlagene Orientierung an den – möglicherweise noch nicht ausgeübten – Kompetenzen der Union eine die mitgliedstaatlichen Gesetzgeber beschränkende Wirkung. Gerade darin unterscheidet sich der Vorschlag von den anderen Ansätzen zu einer bereichsspezifischen Aufgabenteilung und gerade aus diesem Grund ist er, legitimationstheoretisch betrachtet, besonders problematisch.

II. Funktionale Aufgabenteilung zur Entlastung der zentralen Grundrechtsgerichtsbarkeit

Ein weiteres dem Leitbild der Separation verpflichtetes Modell der Aufgabenteilung orientiert sich an funktionalen Kriterien der Aufgabenverteilung zwischen den Grundrechtsgerichten verschiedener Ebenen. Es spricht den einzelstaatlichen Gerichten eine Entlastungsfunktion zu. Nach diesem Entlastungsmodell ist es Aufgabe der einzelstaatlichen Grundrechtsgerichte, zur Erledigung von Grundrechtsklagen, Verfassungsbeschwerden oder grundrechtsbezogenen Streitigkeiten auf der Grundlage der bereits etablierten Rechtsprechung der zentralen Grundrechtsgerichte beizutragen. Gleichzeitig soll den zentralen Grundrechtsgerichten die Chance zur Weiterentwicklung ihrer Rechtsprechung offengehalten werden. Entsprechende Überlegungen sind für das Bundesverfassungsgericht (1.), die Bundesgerichtsbarkeit in den USA (2.) und den EuGH (3.) angestellt worden.

1. Entlastung des Bundesverfassungsgerichts und Kontrolle der Anwendbarkeit von Bundesrecht

Eine Arbeitsteilung zwischen Bundes- und Landesverfassungsgerichtsbarkeit wurde bereits früh erwogen.[93] In der Gegenwart ist ein Bedeutungszuwachs der Landesverfassungsgerichtsbarkeit darauf zurückzuführen, dass zunehmend die Landesverfassungsbeschwerde in Anspruch genommen wird. Damit geht indes kaum eine eigenständige Grundrechtsjudikatur einher.[94] Als »Juniorpartner in Sachen Verfassungs-Schutz«[95] können die Landesverfassungsgerichte das Bundesverfassungsgericht entlasten. In der neueren Diskussion über die gebotene Entlastung des Bundesverfassungsgerichts spielen die Landesverfassungsgerichte allerdings keine signifikante Rolle mehr.[96] Der Beitrag der Landesverfassungsgerichte wurde jedoch von der Kommission zur Entlastung des Bundesverfassungsgerichts in ihrem 1998 herausgegebenen Bericht erörtert [a)]. Zudem liegt das Motiv der Entlastung auch der Leitentscheidung des Bundesverfassungsgerichts von 1997 zu den Kontrollbefugnissen der Landesverfassungsgerichte zugrunde [b)].

a) Kommission zur Entlastung des Bundesverfassungsgerichts

Der 1998 vom Bundesministerium der Justiz herausgegebene Bericht der Kommission zur Entlastung des Bundesverfassungsgerichts[97] befasste sich unter anderem mit Entlastungseffekten, die sich aus der Einbeziehung der Landesverfassungsgerichte ergeben können. Insbesondere erörterte die Kommission zwei Varianten der Einführung einer Subsidiarität der Bundesverfassungsbeschwerde gegenüber Verfassungsbeschwerden zu den Landesverfassungsgerichten: Nach dem Vorschlag einer absoluten Subsidiarität käme dem Bundesverfassungsgericht eine bloße Auffangzuständigkeit zu; Bundesverfassungsbeschwerden wären nur zulässig, soweit eine Landesverfassungsbeschwerde nicht möglich ist. Die Idee einer relativen Subsidiarität der Bundesverfassungsbeschwerde zielte dagegen darauf, die Landesverfassungsbeschwerde in den Rechtsweg einzubeziehen, der vor Anrufung des Bundesverfassungsgerichts erschöpft sein muss.[98]

---

[93] *E. Friesenhahn*, in: FG 25 Jahre Bundesverfassungsgericht, Bd. 1, 1976, S. 748; *P. Häberle*, Verfassungsgerichtsbarkeit zwischen Politik und Rechtswissenschaft, 1980, S. 38 f.; *H. von Olshausen*, Landesverfassungsbeschwerde und Bundesrecht, 1980, S. 156; BayVerfGH, Entsch. v. 24.6.1958, Vf. 77–VI-57, BayVerfGHE 11 [1958] II 90 (98).

[94] *F. Hufen*, NdsVBl. 17 (2010) 5, S. 122 (123).

[95] *C. Pestalozza*, in: HGR III, 2009, § 86, Rn. 60.

[96] Zur Überlastung des Bundesverfassungsgerichts *K. F. Gärditz*, F.A.Z. v. 13.5.2015 Nr. 110, S. 7; affirmativ zur Entlastung durch die Landesverfassungsgerichte *H. Sodan*, Staat und Verfassungsgerichtsbarkeit, 2010, S. 75 f.

[97] Bundesministerium der Justiz (Hrsg.), Entlastung des Bundesverfassungsgerichts: Bericht der Kommission, 1998.

[98] Entlastungsbericht, S. 86.

Die Kommission lehnte beide Varianten einer Subsidiarität aus verfassungspolitischen Gründen ab.[99] Für die Mehrheit der Kommissionsmitglieder waren dafür zwei Gründe maßgeblich. Zum einen wäre ungeachtet der in Art. 100 Abs. 3 GG geregelten Divergenzvorlage die Homogenität der Verfassungsrechtsprechung gefährdet. Zum anderen drohe eine nicht gewünschte »Verquickung« der getrennten Verfassungsräume von Bund und Ländern. Ein Teil der Kommissionsmitglieder wies allerdings auch auf die Chance zu einem »fruchtbaren Grundrechtsdiskurs« durch eine Stärkung der Landesverfassungsgerichte hin.[100] Für den Fall einer relativen Subsidiarität der Bundesverfassungsbeschwerde prognostizierte die Kommission einmütig einen geringen Entlastungseffekt für das Bundesverfassungsgericht. Erwartet wurde vielmehr, dass die Landesverfassungsgerichte durch die Einführung der relativen Subsidiarität in die Rolle einer »Vorprüfungsinstanz« für das Bundesverfassungsgericht gedrängt würden.[101]

b) Leitentscheidung des Bundesverfassungsgerichts von 1997

In der bereits im 4. Kapitel erörterten Leitentscheidung vom 15. Oktober 1997 eröffnete das Bundesverfassungsgericht den Landesverfassungsgerichten ausdrücklich eine Prüfungskompetenz.[102] Demzufolge ist die Verfassungsbeschwerde zum Landesverfassungsgericht statthaft, wenn ein Gericht des Landes bei der Durchführung des bundesrechtlich geregelten Verfahrens mit dem Grundgesetz inhaltsgleiche subjektive Landesverfassungsrechte verletzt. Diese Prüfungskompetenz betrifft vor allem die Verfahrensgrundrechte und das Recht auf rechtliches Gehör (Art. 103 Abs. 1 GG), deren Rüge maßgeblich zur Überlastung des Bundesverfassungsgerichts beigetragen hat. Deshalb ist es – auch für viele zeitgenössische Kommentatoren – offensichtlich, dass Überlegungen des Bundesverfassungsgerichts zur eigenen Entlastung bei der Entscheidungsfindung eine Rolle gespielt haben.[103]

---

[99] Zustimmend *H. H. Klein*, in: FS Graßhof, 1998, S. 367 (376 f.). Für eine Kombination aus vorrangiger Landesverfassungsbeschwerde und Annahmeverfahren (*writ of certiorari*) nach dem Vorbild des *U.S. Supreme Court* beim Bundesverfassungsgericht *K. Danter*, DÖV 51 (1998) 6, S. 239. Sowohl die absolute als auch die relative Subsidiarität der Urteilsverfassungsbeschwerde befürwortend *H.-P. Schneider*, in: H. Bogs (Hrsg.), Urteilsverfassungsbeschwerde zum Bundesverfassungsgericht, 1999, S. 103 (106–109), allerdings mit Bedenken hinsichtlich der Vereinbarkeit der absoluten Subsidiarität mit dem Bundesstaatsprinzip.

[100] Entlastungsbericht (Fn. 97), S. 90 f.

[101] Entlastungsbericht (Fn. 97), S. 92.

[102] BVerfGE 96, 345, 2 BvN 1/95 – *Landesverfassungsgerichte*.

[103] *H. H. Klein*, in: FS Graßhof, 1998, S. 367 (389 f.); *K. Lange*, NJW 51 (1998) 18, S. 1278 (1282); *J. Menzel*, NVwZ 18 (1999) 12, S. 1314 (1316): »›Vasallentum‹ der Landesverfassungsgerichte«; *P. Tiedemann*, DÖV 52 (1999) 5, S. 200 (202); *C. Tietje*, AöR 124 (1999) 2, S. 282 (285); *F. Wittreck*, DÖV 52 (1999) 15, S. 634 (642); *H. Dreier*, Grundrechtsschutz durch Landesverfassungsgerichte, 2000, S. 34; *C. Enders*, JuS 41 (2001) 5, S. 462 (562); *P. M. Huber*, ThürVBl.

Demgegenüber eröffnet die Leitentscheidung nicht die Perspektive föderaler Vielfalt, weil die Vorgaben für die Landesverfassungsgerichte sehr eng sind.[104] Jedenfalls wird der Sinn der Landesverfassungen und der Landesverfassungsgerichte, Eigenständigkeit zu gewährleisten, konterkariert, wenn Identität mit dem Grundgesetz zur Voraussetzung der praktischen Geltung der Landesverfassung gemacht wird.[105] Die strengen Voraussetzungen des vom Bundesverfassungsgericht aufgestellten Prüfungsprogramms einschließlich der Bindung der Landesverfassungsgerichte an die Rechtsprechung des Bundesverfassungsgerichts könnten die Landesverfassungsgerichte auch in anderen Konstellationen dazu verleiten, die Landesgrundrechte im Einklang mit der Judikatur des Bundesverfassungsgerichts auszulegen.[106]

Eine tatsächliche Entlastung des Bundesverfassungsgerichts wäre auch nur zu erwarten gewesen, wenn die Bundesverfassungsbeschwerde im Verhältnis zur Landesverfassungsbeschwerde als subsidiär oder zumindest die Einlegung der Landesverfassungsbeschwerde als fristwahrend für die Verfassungsbeschwerde beim Bundesverfassungsgericht erachtet worden wäre.[107] Die Lan-

---

12 (2003) 4, S. 73 (77); *U. Sacksofsky*, in: R. Dolzer/H. J. Abraham (Hrsg.), Bonner Kommentar zum Grundgesetz, 1950, Art. 142, Rn. 109: »Hauptursache« dieser Entscheidung; *W. März*, in: H. Koch (Hrsg.), Recht zwischen Verfahren und materieller Wertung, 2005, S. 93 (115): »Instrumentalisierung«; *S. Korioth*, in: T. Maunz u.a. (Hrsg.), Grundgesetz-Kommentar, 2018, Art. 142, Rn. 21; *H. Sauer*, Jurisdiktionskonflikte in Mehrebenensystemen, 2008, S. 152; *C. Pestalozza*, in: HGR III, 2009, § 86, Rn. 8: »Erfüllungsgehilfen«.

[104] Allerdings hatte schon BerlVerfGH, Beschl. v. 23.12.1992, VerfGH 38/92, LVerfGE 1, 44 (51), NJW 1993, 513 (514) ein Gebot der BVerfG-konformen Auslegung identischer Landesgrundrechte betont; s. *H. Sodan*, in: HGR III, 2009, § 84, Rn. 58. S. auch BerlVerfGH Beschl. v. 2.12.1993, VerfGH 89/93, LVerfGE 1, 169 (179–185), NJW 1994, 437 (437–439) – *Fall Mielke*: Soweit Gegenstand der Verfassungsbeschwerde die Anwendung von Bundesrecht ist, besteht die Prüfungskompetenz des Verfassungsgerichtshofs in den Grenzen der Art. 142, 31 GG allein mit Blick auf solche Grundrechte der Verfassung von Berlin, die mit vom Grundgesetz verbürgten Grundrechten übereinstimmen. Daran anknüpfend BerlVerfGH, Beschl. v. 12.7.1994, VerfGH 94/93, LVerfGE 2, 19 (23), NVwZ 1995, 784 (784).

[105] *K.-E. Hain*, JZ 53 (1998) 12, S. 620 (621): »Gleichschaltung der Landesverfassungsgerichte«; *K. Lange*, NJW 51 (1998) 18, S. 1278 (1281 f.); *H. Dreier*, Grundrechtsschutz durch Landesverfassungsgerichte, 2000, S. 34 f.; *U. Sacksofsky*, in: R. Dolzer/H. J. Abraham (Hrsg.), Bonner Kommentar zum Grundgesetz, 1950, Art. 142, Rn. 106 f.; *S. Korioth*, in: T. Maunz u.a. (Hrsg.), Grundgesetz-Kommentar, 2018, Art. 142, Rn. 21; *S. Oeter*, VVDStRL 66 (2006), S. 361 (368): »Landesverfassungsgerichte […] unrettbar im Würgegriff der Rechtsprechung des BVerfG«; *J. Pietzcker*, in: HStR VI, 3. Aufl. 2008, § 134, Rn. 84. Grundsätzlich affirmativ *S. Jutzi*, NJ 52 (1998) 5, S. 253 (253); *C. Tietje*, AöR 124 (1999) 2, S. 282 (300–303), der die gemeinsame Verantwortung von Bund und Ländern für die Wahrung und Herstellung der grundgesetzmäßigen Ordnung betont; *M. Baldus*, in: Die Verfassungsgerichte der Länder Brandenburg, Mecklenburg-Vorpommern, Sachsen, Sachsen-Anhalt und Thüringen (Hrsg.), 20 Jahre Verfassungsgerichtsbarkeit in den neuen Ländern, 2014, S. 19 (46 f.) m.w.N.

[106] *H. Krieger*, NdsVBl. 17 (2010) 5, S. 134 (137).

[107] *K. Lange*, in: FS 50 Jahre Bundesverfassungsgericht, Bd. 1, 2001, S. 289 (307); *H.-J. Papier*, in: H. Sodan (Hrsg.), Zehn Jahre Berliner Verfassungsgerichtsbarkeit, 2002, S. 19 (27 f.) anhand der Entwicklung der Eingangszahlen von Verfassungsbeschwerden beim BVerfG seit

desverfassungsgerichte wären allerdings auch nur bedingt dafür gerüstet gewesen.[108] Bemerkenswert ist, dass einige Bundesländer im Anschluss an die Entscheidung des Bundesverfassungsgerichts die Landesverfassungsbeschwerde in derartigen Fällen als subsidiär gegenüber der Verfassungsbeschwerde zum Bundesverfassungsgericht erklärten.[109] Demgegenüber begründete die Landesregierung von Baden-Württemberg ihren Entwurf für ein Gesetz zur Einführung einer Landesverfassungsbeschwerde von 2012 unter anderem damit, dass die Leitentscheidung des Bundesverfassungsgerichts die Möglichkeit zur Kontrolle der Anwendung von Bundesrecht durch Organe des Landes erweitert habe.[110] Allerdings führte Baden-Württemberg die Landesverfassungsbeschwerde ein, obwohl die Landesverfassung keinen eigenen Grundrechtskatalog enthält. Die materielle Eigenständigkeit der Grundrechtsentwicklung war daher ohnehin nicht von Bedeutung.

Inzwischen hat das Bundesverfassungsgericht auch auf andere Weise für Entlastung gesorgt. Aus dem Anspruch auf effektiven Rechtsschutz leitet es ab, dass eine Korrektur von Verletzungen des rechtlichen Gehörs durch Rechtsbehelfe innerhalb der Fachgerichtsbarkeit möglich sein müsse.[111] Dem trägt das Prozessrecht inzwischen Rechnung,[112] wodurch die Flut an Gehörs-Verfassungsbeschwerden etwas eingedämmt wird.

1997; *J. Pietzcker*, in: HStR VI, 3. Aufl. 2008, § 134, Rn. 84. Skeptisch auch *K. Schlaich/S. Korioth*, Das Bundesverfassungsgericht, 11. Aufl. 2018, Rn. 356.

[108] *K. Lange*, in: FS 50 Jahre Bundesverfassungsgericht, Bd. 1, 2001, S. 289 (306 f.); *P. M. Huber*, in: M. Sachs (Hrsg.), Grundgesetz, 7. Aufl. 2014, Art. 142, Rn. 19.

[109] § 49 Abs. 1 BerlVerfGHG; § 45 BbgVerfGG; § 43 Abs. 1 S. 2 HessStGHG; § 57 Abs. 3 MVVerfGG. Das Saarland hat allerdings umgekehrt die bisher bestehende Subsidiaritätsklausel angesichts der bislang geringen einschlägigen Fallzahl beseitigt, vgl. § 55 SaarlVerfGHG und die Gesetzesbegründung in LT-Drs. 12/134 zum Gesetzentwurf vom 18.4.2000, S. 7; vgl. *J. Pietzcker*, in: HStR VI, 3. Aufl. 2008, § 134, Rn. 84. Eine spezielle Regelung des Prüfungsgegenstandes der Landesverfassungsbeschwerde enthält § 44 Abs. 2 RhPfVerfGHG: Die Verfassungsbeschwerde ist danach unzulässig, soweit die öffentliche Gewalt des Landes Bundesrecht ausführt oder anwendet. Dies gilt gemäß Satz 2 nicht für die Durchführung des gerichtlichen Verfahrens oder wenn die Landesverfassung weiter reichende Rechte als das Grundgesetz gewährleistet.

[110] Landesregierung Baden-Württemberg, Gesetzentwurf der Landesregierung: Gesetz zur Einführung einer Landesverfassungsbeschwerde, 24.7.2012, Drs. 15/2153, S. 10.

[111] BVerfGE 107, 395, 1 PBvU 1/02 – *Rechtsschutz gegen den Richter I* (*Beschl. d. Plenums*); BVerfG, Beschl. v. 16.3.2011, 1 BvR 2398/10, Rn. 9.

[112] § 321a ZPO, §§ 33a, 356a StPO, § 152a VwGO, § 133a FGO, § 78a ArbGG, § 178a SGG, § 44 FamFG.

2. Rückbesinnung auf den Föderalismus als Entlastungsstrategie für die Bundesgerichtsbarkeit der USA

In den USA ist gerade die Rückbesinnung auf den Föderalismus in Entscheidungen des *Rehnquist Court* auch geprägt vom Interesse des *U.S. Supreme Court* an der Steuerung der Fallzahlen der Bundesgerichte. In der gesamten Burger-Rehnquist-Ära lässt sich beobachten, dass der *U.S. Supreme Court* Doktrinen weiterentwickelt hat, um bestimmte Aufgaben den *state courts* zu überlassen und die Bundesgerichte entsprechend zu entlasten. Dazu gehören die Doktrinen der *abstention* [a)], des *habeas corpus* [b)] und weitere Entwicklungen der *federal jurisdiction doctrine* [c)].[113] Auch hier ist das Motiv der Entlastung wirksam, allerdings wegen der dezentralen Grundrechtskontrolle unter anderen Grundbedingungen als im Verhältnis zwischen Bundesverfassungsgericht und Landesverfassungsgerichten in Deutschland.

a) *Younger Abstention Doctrine*

Bereits die *Younger Abstention Doctrine* sorgt dafür, dass die Bundesgerichte nicht mit Strafverfahren überlastet werden, die von den einzelstaatlichen Gerichten regelmäßig unter dem Gesichtspunkt einer Verletzung des 4., 5. und 6. Zusatzartikels zu den Bundesgerichten gelangen.[114] In der Entscheidung Younger v. Harris berief sich der Gerichtshof erstmals auf die bundesstaatliche Struktur (»Our Federalism«), um die Ausübung der den Bundesgerichten vom Kongress übertragenen Jurisdiktion zu beschränken.[115] Die auf dieser Grundlage entwickelten Doktrinen sollten den einzelstaatlichen Gerichten die Gelegenheit geben, bundesrechtliche Ansprüche abschließend zu klären. Auf der Grundlage der *Younger Abstention Doctrine* wurde aus dem ursprünglich nur als Billigkeitsgrundsatz (»equity maxim«) verankerten Grundsatz, dass die Verteidigung im Strafprozess in der Regel ein angemessenes Mittel auch zur Klärung der Verfassungsmäßigkeit eines Straf(verfahrens)gesetzes ist, eine weit reichende Beschränkung der prozessualen Möglichkeit, mithilfe einer Unterlassungsklage (*injunction*) bei einem Bundesgericht gegen die Verletzung verfassungsmäßiger oder gesetzlich eingeräumter Rechte durch die Strafverfolgungsbehörden der Einzelstaaten vorzugehen.[116]

---

[113] *A. Althouse*, Vand. L. Rev. 47 (1994) 5, S. 1207; *A. Althouse*, Annals Am. Acad. Pol. & Soc. Sci. 2001, S. 132 (134).

[114] U.S. Supreme Court, *Younger v. Harris*, 401 U.S. 37 (1971).

[115] U.S. Supreme Court, *Younger v. Harris*, 401 U.S. 37, 44 (1971).

[116] S. zur Ausdehnung der *Younger Abstention Doctrine* U.S. Supreme Court, *Huffman v. Pursue*, Ltd, 420 U.S. 592 (1975); *Rizzo v. Goode*, 423 U.S. 362 (1976); *Trainor v. Hernandez*, 431 U.S. 434 (1977); *Juidice v. Vail*, 430 U.S. 327 (1977); *Middlesex County Ethics Comm. v. Garden State Bar Association*, 457 U.S. 423 (1982); *Ohio Civil Rights Commission v. Dayton Christian Schools, Inc.*, 477 U.S. 619 (1986); *Pennzoil Co. v. Texaco, Inc.*, 481 U.S. 1 (1987).

b) Einschränkung von *federal habeas corpus petitions*

Auch die Möglichkeiten sogenannter *federal habeas corpus petitions* schränkte der *U.S. Supreme Court* massiv ein.[117] Im Urteil Stone v. Powell von 1976 entschied der Gerichtshof, dass Bundesgerichte Entscheidungen einzelstaatlicher Gerichte zur Verletzung des 4. Zusatzartikels nicht im *habeas corpus*-Verfahren überprüfen sollten, sofern die *state courts* Gelegenheit zur vollumfänglichen und verfahrensgerechten Verhandlung solcher möglichen Verletzungen gewährt hätten.[118] Zur Begründung bezog sich der Gerichtshof auf die Bundesstaatlichkeit.[119] Auch in seinen Folgeurteilen zum Rechtsbehelf des *habeas corpus* betonte der Gerichtshof wiederum die Rolle der *state courts* als maßgeblichen Entscheidungsinstanzen im Strafverfahren. In Wainwright v. Sykes[120] erschwerte der Gerichtshof die Geltendmachung von Verfahrensfehlern gegenüber der Leitentscheidung Fay v. Noia.[121] Das Ende der Noia-Rechtsprechung brachte schließlich das Urteil Coleman v. Thompson, dessen Begründung Justice Sandra Day O'Connor mit den Worten eröffnete: »This is a case about federalism.«[122]

Die Beschränkung der Geltendmachung von Verfahrensfehlern im *habeas corpus*-Verfahren wurde maßgeblich mit der Bedeutung der Endgültigkeit der Verfahren vor den einzelstaatlichen Gerichten und mit dem notwendigen Respekt gegenüber den Einzelstaaten begründet.[123] Das abweichende Sondervotum kritisierte harsch, die Mehrheit verwandele die Verpflichtung zum Schutz von bundesrechtlichen Rechtsgarantien in eine Aufgabe, über die der Gerichtshof selbst zu disponieren vermöge.[124] Im Fall Teague v. Lane entschied der Gerichtshof, dass es einem Antragsteller im *habeas corpus*-Verfahren nach rechtskräftiger Verurteilung nicht mehr möglich sein könne, die Entwicklung einer neuen Verfassungsrechtsprechung zu seinen Gunsten anzustoßen.[125] Diese Abkehr von der mit der Leitentscheidung Brown v. Allen etablierten Regel, dass

---

[117] *R. A. Schapiro*, Polyphonic Federalism, 2009, S. 13 f.; *S. L. Bloch/V. C. Jackson*, Federalism, 2013, S. 230–240.

[118] U.S. Supreme Court, *Stone v. Powell*, 428 U.S. 465, 494 f. (1976).

[119] S. etwa U.S. Supreme Court, *Stone v. Powell*, 428 U.S. 465, 491, Fn. 31 (1976).

[120] U.S. Supreme Court, *Wainwright v. Sykes*, 433 U.S. 72 (1977).

[121] U.S. Supreme Court, *Fay v. Noia*, 372 U.S. 391 (1963). S. dazu *L. W. Yackle*, in: V. C. Jackson/J. Resnik (Hrsg.), Federal Courts Stories, 2010, S. 191.

[122] U.S. Supreme Court, *Coleman v. Thompson*, 501 U.S. 722, 726 (1991). S. auch 501 U.S. 722, 759 (Blackmun, J., dissenting): »Federalism, however, has no inherent normative value: It does not, as the majority appears to assume, blindly protect the interests of States from any incursion by the federal courts. Rather, federalism secures to citizens the liberties that derive from the diffusion of sovereign power.«

[123] U.S. Supreme Court, *Coleman v. Thompson*, 501 U.S. 722, 750 (1991).

[124] U.S. Supreme Court, *Coleman v. Thompson*, 501 U.S. 722, 761 f. (1991) (Blackmun, J., dissenting).

[125] U.S. Supreme Court, *Teague v. Lane*, 489 U.S. 288 (1989); s. auch *Butler v. McKellar*, 494 U.S. 407, 412–417 (1990); kritisch *A. Althouse*, Wis. L. Rev. 1991, S. 929 (930 f.).

die Rechtskraft eines Strafurteils den *habeas corpus relief* nicht ausschließt,[126] wurde unter anderem damit begründet, dass die rückwirkende Anwendung einer neuen Rechtsprechung den Staaten nicht zuzumuten sei.[127]

Im Hinblick auf die grundsätzlich über den Wortlaut hinaus weit verstandene Immunität der Staaten in Bundesgerichten nach dem 11. Zusatzartikel erlaubt es der Gerichtshof Klägern, von der sogenannten Ex parte Young-Fiktion[128] Gebrauch zu machen und statt des Einzelstaates einen Amtsträger zu verklagen. Dieser Rechtsbehelf ist aber nur prospektiv zulässig, d.h., der Kläger kann vor Bundesgerichten die Feststellung seiner Rechte und Unterlassen der Rechteverletzung in der Zukunft, nicht aber Schadensersatz begehren. Dies wird damit begründet, dass es der Hauptzweck des 11. Zusatzartikels sei, die Haushalte der Einzelstaaten zu schützen.[129] Auf diese Weise konnten sich die Bundesgerichte auf die großen Linien der Grundrechtsjudikatur konzentrieren, während den einzelstaatlichen Gerichten die mühsame Aufbereitung von Schadensersatzansprüchen überlassen blieb.[130]

c) Weitere Entwicklungen in der *federal jurisdiction doctrine*

Auch andere Entwicklungen in der *federal jurisdiction doctrine* lassen sich als Strategie des *U.S. Supreme Court* deuten, die Kapazitäten der *state courts* möglichst gut zu nutzen.[131] In der Entscheidung im Fall Michigan v. Long formulierte Justice O'Connor offen, es sei nicht überraschend, dass der *U.S. Supreme Court* vor dem Hintergrund der erheblichen Ausweitung von im Bundesrecht geschaffenen Normen ein Interesse an der Anwendung und Entwicklung des Bundesrechts durch die einzelstaatlichen Gerichte habe.[132]

Die Befürchtung, die Bundesgerichte könnten überlastet werden, trägt auch zur Erklärung der Entscheidungen in den Fällen Lopez und Morrison zu den Gesetzgebungsbefugnissen des Kongresses bei.[133] Der *Gun-Free School Zones Act* und der *Violence Against Women Act* konfrontierten die Bundesgerichte in den Augen der konservativen Mehrheit der Richter mit alltäglichen Strafverfahren und Deliktsfällen, die sie nicht als ihre eigentliche Aufgabe betrachteten. Der Kongress hatte neue bundesrechtliche Anspruchsgrundlagen und

---

[126] U.S. Supreme Court, *Brown v. Allen*, 344 U.S. 443 (1953).

[127] U.S. Supreme Court, *Teague v. Lane*, 489 U.S. 288, 309 f. (1989).

[128] U.S. Supreme Court, *Ex parte Young*, 209 U.S. 123 (1908). Zum Hintergrund s. *B. Friedman*, in: V. C. Jackson/J. Resnik (Hrsg.), Federal Courts Stories, 2010, S. 247.

[129] U.S. Supreme Court, *Edelman v. Jordan*, 415 U.S. 651, 663 (1974).

[130] S. dazu, wie auch zur weiteren Entwicklung dieser Rechtsprechung, *A. Althouse*, Vand. L. Rev. 47 (1994) 5, S. 1207 (1212).

[131] *A. Althouse*, Vand. L. Rev. 44 (1991) 5, S. 953; *A. Althouse*, Vand. L. Rev. 47 (1994) 5, S. 1207 (1209–1213).

[132] U.S. Supreme Court, *Michigan v. Long*, 463 U.S. 1032, 1043 (1983).

[133] U.S. Supreme Court, *United States v. Lopez*, 514 U.S. 549 (1995); *United States v. Morrison*, 529 U.S. 598 (2000).

Rechtsbehelfe geschaffen und damit steigende Fallzahlen bei den Bundesgerichten verursacht, nicht aber auf die Ressourcen der einzelstaatlichen Gerichte zurückgegriffen.[134] Die zusätzliche Belastung der Bundesgerichte ergab sich nicht daraus, dass das Bundesrecht ihre Jurisdiktion erweitert hätte, sondern war Konsequenz des materiellen Rechts. Im föderalen Gefüge wirkt sich diese Ausdehnung der Gesetzgebungstätigkeit des Kongresses unmittelbar zulasten der verbleibenden Gesetzgebungszuständigkeiten der Einzelstaaten aus. Sie verschiebt damit die föderale Balance in Richtung der Bundesgewalt, berührt aber nicht unmittelbar das Verhältnis zwischen Bundes- und einzelstaatlichen Gerichten.

Diese Ausdehnung bundesrechtlich gewährleisteter Rechte stärkt die Bundesgerichte allerdings nur dann, wenn sie nicht nur mit steigenden Fallzahlen zusätzlich belastet werden, sondern auch grundlegende Rechtsfragen entscheiden können. Dies war aus Sicht des Gerichtshofs aber gerade nicht der Fall. Als Reaktion schränkte der Gerichtshof – unter Berufung auf die föderale Struktur – deshalb die Gesetzgebungskompetenzen des Kongresses ein, anstatt direkt die Zuständigkeiten der Bundesgerichte im Wege einschränkender Auslegung zu verkürzen.[135] Allerdings ist der *Violence Against Women Act* kaum als ein Gesetz zu verstehen, das den *U.S. Supreme Court* lediglich mit einfachen Fällen des Strafrechts belastet. Vielmehr reagierte das Gesetz auf das von den Staaten notorisch vernachlässigte gesellschaftliche Problem der Gewalt gegen Frauen.[136]

3. »Solange horizontal« und die Entlastung des EuGH durch mitgliedstaatliche Gerichte

Auch in der Rechtsprechung des EuGH findet sich das Motiv der Entlastung in der Kooperation mit den mitgliedstaatlichen Gerichten, auf deren Kapazitäten der EuGH zurückgreift. In der Rechtssache N. S. befand der EuGH, dass die belgischen Asylbehörden die grundsätzliche Vermutung, die griechischen Behörden erfüllten im Asylverfahren ihre europäischen Verpflichtungen, als widerlegt hätten betrachten müssen.[137] Der Überstellungsstaat habe zu prüfen, ob es »systemische Mängel« im Aufnahmemitgliedstaat gebe. Gegebenenfalls sei die Vermutung der Dublin II-Verordnung,[138] wonach in allen Mitgliedstaa-

---

[134] Zum *Violence Against Women Act* s. *A. Althouse*, Annals Am. Acad. Pol. & Soc. Sci. 2001, S. 132 (140 f.).

[135] Ebd., S. 135 f.

[136] Ebd., S. 140 f.

[137] EuGH, verb. Rs. C-411/10 und C-493/10, *N. S. u.a.*, Slg. 2011, I-13905.

[138] Verordnung (EG) Nr. 343/2003 des Rates vom 18. Februar 2003 zur Festlegung der Kriterien und Verfahren zur Bestimmung des Mitgliedstaats, der für die Prüfung eines von einem Drittstaatsangehörigen in einem Mitgliedstaat gestellten Asylantrags zuständig ist (Dublin-II-Verordnung), ABl. L 50 vom 25.2.2003, S. 1; mittlerweile ersetzt durch Verordnung (EU) Nr. 604/2013 des Europäischen Parlaments und des Rates vom 26. Juni 2013 zur

ten gleichwertige Bedingungen in der grundrechtskonformen Bearbeitung von Asylanträgen bestehen, widerlegt. Dann dürfe der Asylbewerber nicht in den nach der Dublin-Verordnung zuständigen und verantwortlichen Mitgliedstaat überstellt werden. Mit dieser Entscheidung führt der EuGH eine Art horizontale Variante seiner Solange-Rechtsprechung (»Solange horizontal«) ein.[139] Sie betrifft eine horizontale Situation zwischen den Mitgliedstaaten, wie sie außer im Asylsystem in der polizeilichen und justiziellen Zusammenarbeit, beim Europäischen Haftbefehl und im Bereich des europäischen internationalen Privatrechts existiert.[140] Nationale Gerichte müssen überprüfen, ob die anderen Mitgliedstaaten den europäischen Grundrechtsstandard einhalten. Anders als bei der Vollstreckung eines europäischen Haftbefehls haben die Mitgliedstaaten nach der Dublin II-Verordnung ein Ermessen. Auf diese Weise wird der Vorrang des Unionsrechts im Wege der grundrechtskonformen Auslegung der Verordnung relativiert. Die Grundrechtsbindung der Mitgliedstaaten betrifft hier Bereiche, in denen diese eigentlich innerhalb ihrer eigenen Zuständigkeiten tätig sind, andererseits aber europäische Kooperationspflichten bestehen.[141]

Allerdings greift diese Relativierung nur für den Fall, dass im Aufnahmemitgliedstaat systemische Mängel bestehen. Der Grundsatz des gegenseitigen Vertrauens zwischen den Mitgliedstaaten verlangt, namentlich in Bezug auf den Raum der Freiheit, der Sicherheit und des Rechts, von jedem Mitgliedstaat, dass er, von außergewöhnlichen Umständen abgesehen, davon ausgeht, dass alle anderen Mitgliedstaaten das Unionsrecht und insbesondere die dort anerkannten Grundrechte beachten.[142] Der EGMR wendet einen anderen Standard an. Demnach ist entscheidend, ob es ernsthafte und stichhaltige Gründe dafür gibt, dass der Betroffene im Aufnahmeland tatsächlich Gefahr läuft, der Folter oder unmenschlicher oder erniedrigender Strafe oder Behandlung ausgesetzt zu werden.[143] Auch in der »Solange horizontal«-Rechtsprechung ist folglich die effek-

---

Festlegung der Kriterien und Verfahren zur Bestimmung des Mitgliedstaats, der für die Prüfung eines von einem Drittstaatsangehörigen oder Staatenlosen in einem Mitgliedstaat gestellten Antrags auf internationalen Schutz zuständig ist (Dublin-III-Verordnung), ABl. L 180 vom 29.6.2013, S. 31.

[139] *I. Canor*, ZaöRV 73 (2013) 2, S. 249.

[140] S. zum Europäischen Haftbefehl EuGH, Rs. C-404/15 und C-659/15 PPU, *Aranyosi und Căldăraru*, Urt. v. 5.4.2016, ECLI:EU:C:2016:198.

[141] *I. Canor*, CML Rev. 50 (2013) 2, S. 383 (391 f.).

[142] Soweit dagegen die EMRK von einem Mitgliedstaat verlangt, vor einer Überstellung die Beachtung der Grundrechte durch einen anderen Mitgliedstaat zu prüfen, während das Unionsrecht zu gegenseitigem Vertrauen verpflichtet, sieht der EuGH durch einen EMRK-Beitritt der Union die Autonomie des Unionsrechts beeinträchtigt: EuGH, Gutachten 2/13 v. 18.12.2014, ECLI:EU:C:2014:2454, Rn. 191–195, mit Verweis auf Rs. C-411/10 und C-493/10, *N. S. u.a.*, Slg. 2011, I-13905, Rn. 78–80 und Rs. C-399/11, *Melloni*, Urt. v. 26.2.2013, ECLI:EU:C:2014:238, Rn. 37–63.

[143] EGMR, Urt. (GK) v. 21.1.2011, *M.S.S. ./. Belgien und Griechenland*, Nr. 30696/09, EuGRZ 2011, 243, Rn. 365; EGMR, Urt. (GK) v. 4.11.2014, *Tarakhel ./. Schweiz*, Nr. 29217/12,

tive Anwendung des Unionsrechts als wesentliches Motiv zu erkennen. Sie will der EuGH in Kooperation mit den mitgliedstaatlichen Gerichten sicherstellen.

Die Vorzüge dieser Rechtsprechung für den EuGH zeigen sich auch beim Haftbefehlsverfahren. Entsprechend legte der Gerichtshof den Rahmenbeschluss 2002/584[144] in der Rechtssache Aranyosi und Căldăraru aus. Danach ist die Justizbehörde des Vollstreckungsmitgliedstaats, sofern sie über Anhaltspunkte dafür verfügt, dass eine echte Gefahr unmenschlicher oder erniedrigender Behandlung von Häftlingen im Ausstellungsmitgliedstaat besteht, im Licht des durch das Unionsrecht gewährleisteten Schutzstandards der Grundrechte und insbesondere von Art. 4 GRCh verpflichtet, das Vorliegen dieser Gefahr zu würdigen, wenn sie über die Übergabe der Person, gegen die ein Europäischer Haftbefehl erlassen wurde, an die Behörden des Ausstellungsmitgliedstaats zu entscheiden hat.[145]

In der Rechtssache LM legte der EuGH Art. 1 Abs. 3 des Rahmenbeschlusses 2002/584 dahin aus, dass die vollstreckende Justizbehörde, die über die Übergabe einer Person zu entscheiden hat, unter Umständen eine vertiefte Prüfung durchführen muss. Dies ist dann der Fall, wenn sie über Anhaltspunkte dafür verfügt, dass wegen systemischer oder allgemeiner Mängel in Bezug auf die Unabhängigkeit der Justiz des Ausstellungsmitgliedstaats eine echte Gefahr der Verletzung des Grundrechts auf ein faires Verfahren (Art. 47 Abs. 2 GRCh) besteht. Dabei ist konkret und genau zu prüfen, ob es ernsthafte und durch Tatsachen bestätigte Gründe für die Annahme gibt, dass die besagte Person im Fall ihrer Übergabe an den Ausstellungsmitgliedstaat einer solchen Gefahr ausgesetzt sein wird. Halte die Vollstreckungsbehörde nach Vornahme einer zweistufigen Prüfung eine echte Gefahr für gegeben, dass der Betroffene in seinem Grundrecht auf ein unabhängiges Gericht verletzt und damit kein faires Verfahren erhalten werde, müsse sie die Auslieferung ablehnen.[146] Der Fall war politisch besonders brisant, weil er das polnische Justizsystem betraf.

Anders als von manchen Beobachtern erwartet, enthielt sich der EuGH also einer eigenen europarechtlichen Bewertung des polnischen Justizsystems nach den dortigen Justizreformen. Vielmehr überließ er die Prüfung den nationalen

---

Rn. 104: »In the case of ›Dublin‹ returns, the presumption that a Contracting State which is also the ›receiving‹ country will comply with Article 3 of the Convention can therefore validly be rebutted where ›substantial grounds have been shown for believing‹ that the person whose return is being ordered faces a ›real risk‹ of being subjected to treatment contrary to that provision in the receiving country.«; vgl. zu den divergierenden Standards auch *D. Halberstam*, GLJ 16 (2015) 1, S. 105 (127–130).

144 Rahmenbeschluss 2002/584/JI des Rates vom 13. Juni 2002 über den Europäischen Haftbefehl und die Übergabeverfahren zwischen den Mitgliedstaaten, ABl. L 190 vom 18.7.2002, S. 1.

145 EuGH, Rs. C-404/15 und C-659/15 PPU, *Aranyosi und Căldăraru*, Urt. v. 5.4.2016, Rn. 88.

146 EuGH, Rs. C-216/18 PPU, *LM*, Urt. v. 25.7.2018, ECLI:EU:C:2018:586, Rn. 59–62.

Gerichten im Einzelfall und vermeidet auf diese Weise auch eine Konfrontation, die im horizontalen Verhältnis möglicherweise geschmeidiger gehandhabt werden kann. Allerdings verlangt die Frage nach systemischen Mängeln neben der juristischen jedenfalls auch eine politische Bewertung.[147]

4. Zwischenfazit

Die eigene Entlastung und effiziente Nutzung der Ressourcen ist also ein verbreitetes Motiv der Rechtsprechung, mit der die zentralen Grundrechtsgerichte das Verhältnis zu den einzelstaatlichen Gerichten austarieren. Damit wird zwar kein strikt hierarchisches Modell verwirklicht, das Potential einer eigenständigen Grundrechtsjudikatur und der Redundanz aber nicht genutzt. Ob eine solche Strategie gerechtfertigt ist, muss insbesondere anhand der tatsächlichen Belastung der zentralen Gerichte beurteilt werden. Redundanz mag in der Tat ein »Luxus«[148] sein, den sich ein Gerichtssystem mit Blick auf eine effektive Nutzung der Ressourcen nicht in jeder Situation leisten kann.

III. Funktionale Aufgabenteilung mit Primär- und Reservezuständigkeit

In einem weiteren Modell der Aufgabenteilung gemäß dem Leitbild der Separation gewährleistet eine – primär zuständige – Ebene den Grundrechtsschutz im Einzelfall, während die andere Ebene nur über eine Reservezuständigkeit[149] verfügt. Dieser Vorstellung ist zum einen die Solange-Rechtsprechung des Bundesverfassungsgerichts (1.) verpflichtet; zum anderen sind hier verschiedene Vorschläge aus der Wissenschaft für ein »reverse Solange« einzuordnen (2.). Auch in der Rechtsprechung des Bundesverfassungsgerichts zu den Landesverfassungsgerichten lassen sich Anklänge an dieses Modell finden (3.).

1. Solange-Rechtsprechung

Die bekannte Solange-Rechtsprechung des Bundesverfassungsgerichts bedeutet den grundsätzlichen Verzicht auf die Grundrechtsprüfung von unionsrechtlichen Rechtsakten und solchen innerstaatlichen Rechtsakten, die unionsrechtlich determiniert sind. Grundlage dieses Verzichts auf die Jurisdiktionsbefugnis ist die Vermutung eines in der Gesamtperspektive hinreichenden Grundrechts-

---

[147] *X. Groussot* u.a., Eric Stein Working Paper 2011 No. 1, S. 15.

[148] *T. Stein*, AöR 137 (2012) 3, S. 499 (499): vervielfachte Grundrechtsordnungen als »Luxusproblem«.

[149] *J. Limbach*, EuGRZ 27 (2000) 14–16, S. 417 (429).

schutzes auf Unionsebene. Das Modell setzt eine Verteilung der Primärzuständigkeiten anhand der Unterscheidung zwischen Grundrechtsschutz gegenüber den Akten von Organen der Union und der Mitgliedstaaten voraus und ergänzt diese Primärzuständigkeit um eine Reservezuständigkeit für den jeweils anderen Bereich.

Im Solange I-Beschluss hatte das Bundesverfassungsgericht noch eine Prüfungszuständigkeit auch für unmittelbar anwendbares europäisches Sekundärrecht beansprucht.[150] Nach einer Übergangsphase[151] nahm das Gericht dann allerdings seine Prüfungszuständigkeit hinsichtlich des unmittelbar anwendbaren europäischen Sekundärrechts im Solange II-Beschluss zurück. Dieser Schritt war mit der Anerkennung eines hinreichenden Grundrechtsschutzes auf europäischer Ebene verknüpft.[152] Der Bananenmarktbeschluss[153] bestätigte diese Rechtsprechung, die in dieser Form bis heute gilt.

Später stellte das Bundesverfassungsgericht klar, dass die Grundsätze der Solange-Rechtsprechung nicht nur für unmittelbar anwendbares Sekundärrecht, sondern auch für innerstaatliche Umsetzungsakte gelten, die zwingende Vorgaben des Unionsrechts umsetzen.[154] Soweit deutsche Rechtsakte durch Unionsrecht determiniert sind, nimmt das Gericht also die Grundrechtsbindung nach dem Grundgesetz zurück.[155] Auf dieser Grundlage wendet entweder der EuGH die Unionsgrundrechte an oder das Bundesverfassungsgericht führt

---

150 BVerfGE 37, 271 (285), 2 BvL 52/71 – *Solange I*; in Abkehr von vorheriger Rechtsprechung, s. BVerfGE 22, 293 (297), 1 BvR 248/63 und 216/67 – *EWG-Verordnungen*.

151 BVerfGE 52, 187 (202 f.), 2 BvL 6/77 – *»Vielleicht«*; BVerfGE 58, 1 (27), 2 BvR 1107, 1124/77 und 196/79 – *Eurocontrol*; BVerfGE 59, 63 (85 ff.), 2 BvR 1461/82 – *»Mittlerweile«*.

152 BVerfGE73, 339 (387), 2 BvR 197/83 – *Solange II*. S. zur Solange-Rechtsprechung *R. Streinz*, Bundesverfassungsgerichtlicher Grundrechtsschutz und Europäisches Gemeinschaftsrecht, 1989, S. 143–153; *F. C. Mayer*, Kompetenzüberschreitung und Letztentscheidung, 2000, S. 89–120; *I. Pernice*, Das Verhältnis europäischer zu nationalen Gerichten im europäischen Verfassungsverbund, 2006, S. 27–36; *H. Sauer*, Jurisdiktionskonflikte in Mehrebenensystemen, 2008, S. 286–303; *F. C. Mayer/M. Wendel*, in: A. Hatje/P.-C. Müller-Graff (Hrsg.), Europäisches Organisations- und Verfassungsrecht, 2014, S. 163, Rn. 222–231.

153 BVerfGE 102, 147 (164), 2 BvL 1/97 – *Bananenmarktordnung*. Zuvor hatte die Entscheidung s. BVerfGE 89 155 (174 f.), 2 BvR 2134, 2159/92 – *Maastricht* eine gewisse Verunsicherung ausgelöst. Kritisch zu der dort vollzogenen Bindungserstreckung der Grundrechte des Grundgesetzes auch auf supranationale Hoheitsakte *H. Sauer*, in: N. Matz-Lück/M. Hong (Hrsg.), Grundrechte und Grundfreiheiten im Mehrebenensystem – Konkurrenzen und Interferenzen, 2012, S. 1 (20). S. zu dieser konstruierten Prüfungsbefugnis bereits *R. Streinz*, Bundesverfassungsgerichtlicher Grundrechtsschutz und Europäisches Gemeinschaftsrecht, 1989, S. 149; BVerfGE 37, 271 (303), 2 BvL 52/71 – *Solange I*, Sondervotum der Richter Hirsch, Rupp, Wand.

154 BVerfGE 118, 76 (95 f.), 1 BvF 1/05 – *Treibhausgas-Emissionsberechtigungen*; BVerfGE 125, 260 (306), 1 BvR 256/08 u.a. – *Vorratsdatenspeicherung*.

155 Kritisch *C. Weidemann*, NVwZ 25 (2006) 6, S. 623 (627–629): Die Solange II-Rechtsprechung des BVerfG könne nur dann auf EU-Richtlinienrecht übertragen werden, wenn die in der EuGH-Rechtsprechung entwickelten Voraussetzungen für die unmittelbare Wirkung einer konkreten Richtlinienbestimmung vorliegen; *A. Funke*, Umsetzungsrecht, 2010,

eine Grundrechtskontrolle am Maßstab der Grundrechte des Grundgesetzes durch.[156]

Die Pointe der Solange-Rechtsprechung besteht darin, dass allein die theoretische Existenz einer Reservezuständigkeit sich positiv auf die Grundrechtsentwicklung auf einer anderen Ebene auswirken kann, ohne dass es tatsächlich zu einem Konflikt zwischen den Gerichten kommen muss. Das Modell vertraut darauf, dass allein die Möglichkeit einer Ausübung der Reservezuständigkeit die Rechtsprechung beeinflusst. Zu einer Situation, in der sie tatsächlich ausgeübt werden muss, soll es infolgedessen gar nicht mehr kommen müssen.[157] Tatsächlich wird die Solange-Rechtsprechung als positiver Impuls für die Grundrechtsentwicklung in der Rechtsprechung des EuGH angesehen.[158] Allerdings vergibt ein konfliktvermeidender Rückzug jedenfalls teilweise auch die Chance, dass nationale Gerichte mit ihrem insgesamt größeren Fallmaterial und ihren umfassenderen Ressourcen einen »Äquivalenzdruck«[159] auf den EuGH ausüben.[160]

Die Reservezuständigkeit des Bundesverfassungsgerichts ist jedenfalls seit der Rechtsverbindlichkeit der Grundrechtecharta von nur theoretischer Bedeutung. Zur Widerlegung der Vermutung eines angemessenen unionsrechtlichen Grundrechtsschutzes wäre nämlich darzulegen, dass der Grundrechtsstandard insgesamt so abgesunken ist, dass »die Rechtsprechung des Europäischen Gerichtshofs einen wirksamen Schutz der Grundrechte gegenüber der Hoheitsgewalt der Gemeinschaften [nicht mehr] generell gewährleistet, der dem vom Grundgesetz als unabdingbar gebotenen Grundrechtsschutz im Wesentlichen gleich zu achten ist, zumal den Wesensgehalt der Grundrechte generell verbürgt«.[161] Allerdings wurde mittlerweile der Solange-Vorbehalt teilweise aufgegeben und nach der Rechtsprechung zur Identitätskontrolle eine – auf den

S. 183–185; *H. Sauer*, in: N. Matz-Lück/M. Hong (Hrsg.), Grundrechte und Grundfreiheiten im Mehrebenensystem – Konkurrenzen und Interferenzen, 2012, S. 1 (31–33).

[156] Zur Beschränkung des Prüfungsgegenstandes durch die sog. Trennungsthese des BVerfG s.u., 6. Kapitel B. II. 3.

[157] S. zu »*potential* obstinacy« und »*actual* obstinacy« *G. Lübbe-Wolff*, YEL 30 (2011) 1, S. 86 (99) (kursiv i.O.). S. auch *A. Voßkuhle*, NJW 66 (2013) 19, S. 1329 (1331): »Notbremsefunktion«.

[158] *D. Ehlers*, in: D. Ehlers/U. Becker (Hrsg.), Europäische Grundrechte und Grundfreiheiten, 2014, S. 513, Rn. 4. Allerdings lassen sich die einschlägigen Grundrechtsentscheidungen des EuGH nicht allein als defensiv interpretieren, s. *B.-O. Bryde*, in: M. P. Maduro/L. Azoulai (Hrsg.), The Past and Future of EU Law, 2010, S. 119 (122).

[159] *U. Hufeld/H. Rathke*, EuR-Bei 2013, S. 7 (13).

[160] *D. Thym*, JZ 70 (2015) 2, S. 53 (59).

[161] BVerfGE 102, 147 (164), 2 BvL 1/97 – *Bananenmarktordnung*. Für ein bereichsspezifisches Verständnis, verbunden mit einer Kritik an strukturellen Defiziten mit Blick auf die Freiheitsrechte, insbesondere die Berufsfreiheit und die Eigentumsgarantie hingegen *P. M. Huber*, in: H. von Mangoldt u.a. (Hrsg.), Kommentar zum Grundgesetz, Bd. I, 6. Aufl. 2010, Art. 19, Rn. 186–196.

Anwendungsbereich der Menschenwürde und den Menschenwürdekern der übrigen Grundrechte beschränkte – Grundrechtskontrolle in jedem Fall reaktiviert.[162]

2. Varianten eines »reverse Solange« für die Europäischen Grundrechte

Nach dem Modell der Reservezuständigkeiten sind auch wechselseitige Reservefunktionen für die jeweils andere Ebene möglich. Dazu existieren verschiedene Vorschläge: Generalanwalt Miguel Poiares Maduro schlägt in seinen Schlussanträgen in der Rechtssache Centro das Kriterium des schwerwiegenden und andauernden Verstoßes vor. Armin von Bogdandy u.a. knüpfen ihren Vorschlag materiell-rechtlich mit dem Kernbereich der Unionsbürgerschaft; Ferdinand Kirchhofs Anliegen ist die Zurückhaltung des EuGH. Auch Daniel Halberstam zielt auf eine angemessene Einschränkung der weiten Jurisdiktion des EuGH und Charles F. Sabel und Oliver Gerstenberg beziehen sich auf die Figur des *overlapping consensus.*

Der Vorstellung von einer Aufgabenteilung nach dem Modell der Reservezuständigkeit entspricht zunächst der Vorschlag von Generalanwalt Maduro für die Anwendbarkeit der Unionsgrundrechte gegenüber den Mitgliedstaaten in der Rechtssache Centro. Kriterium für die Anwendbarkeit der Unionsgrundrechte gegenüber den Mitgliedstaaten ist dabei ein schwerwiegender und andauernder Verstoß.[163] Damit wird die Perspektive gegenüber der Solange-Rechtsprechung gewissermaßen umgedreht, da die Reservezuständigkeit nicht einem mitgliedstaatlichen Gericht, sondern dem EuGH zukommt. Ausgangspunkt von Maduros Vorschlag ist, dass ein gewisses Maß an Gleichwertigkeit des Grundrechtsschutzes die Voraussetzung dafür bildet, dass das Unionsrecht wirksam in der nationalen Rechtsordnung angewandt werden kann.[164] Ein schwerwiegender und andauernder Verstoß gegen Grundrechte in einem Mitgliedstaat kann es diesem Staat unmöglich machen, vielen seiner unionsrechtlichen Verpflichtungen nachzukommen. Zugleich kann er die Möglichkeit der Einzelnen effektiv einschränken, in vollem Umfang von den ihnen mit dem Unionsrecht gewährten Rechten zu profitieren. Vorstellbar ist dies etwa für das Recht auf freien Verkehr in einem Mitgliedstaat, wenn systemische Mängel hinsichtlich des Grundrechtsschutzes bestehen. Solche systematischen Mängel laufen dann praktisch auf einen Verstoß gegen die Vorschriften über den freien Verkehr hinaus.[165]

---

162 BVerfGE 140, 317, 2 BvR 2735/14 – *Identitätskontrolle.*

163 EuGH, Rs. C-380/05, *Centro Europa 7*, Slg. 2008, I-349, Schlussanträge GA Maduro, Rn. 21.

164 Ebd., Rn. 20.

165 Ebd., Rn. 21.

Die Schwachstelle des Vorschlags ist, dass der Gerichtshof weder über die Ressourcen noch über die Expertise verfügt, um die systematischen Mängel festzustellen, die einen schwerwiegenden und andauernden Verstoß gegen Grundrechte in einem Mitgliedstaat begründen. Wie gesehen, greift der EuGH bereits bei der Frage nach systemischen Mängeln im Asyl- oder Justizsystem auf die Einschätzung der mitgliedstaatlichen Gerichte zurück.

Auf diese Herausforderung hat der Vorschlag eines »reverse Solange« von Armin von Bogdandy u.a. eine institutionelle und prozessuale Antwort, die die mitgliedstaatlichen Gerichte im Vorlageverfahren einbezieht. Von Bogdandy u.a. knüpfen dabei an die Rechtsprechung des EuGH zur Unionsbürgerschaft an: Dem Gerichtshof zufolge verlangt der Unionsbürgerstatus, dass der Unionsbürger in den Genuss eines Kernbestands der Rechte kommt, die aus diesem Status fließen.[166] Die Unionsbürgerschaft soll folglich als dogmatische Grundlage für den Schutz grundrechtlicher Kerngehalte unabhängig von einem grenzüberschreitenden Bezug dienen. Materiell wird der Normgehalt des Art. 2 EUV auf den Schutz eines Wesensgehalts der Grundrechte, auf menschenrechtliche Essentiale, insbesondere die notstandsfesten Rechte beschränkt. Prozessual soll eine Vermutung gelten, dass dieser Wesensgehalt der Grundrechte in den Mitgliedstaaten gewährleistet ist. Die Umkehrung des Solange-Ansatzes besteht also darin, dass die Vermutungslösung des »Solange« vom EuGH auf die Situation der Grundrechte in den Mitgliedstaaten angewandt wird. Die Vermutung wesensgehaltkonformen Verhaltens stützt sich auf die Bestimmungen über die Verfassungsidentität der Mitgliedstaaten (Art. 4 Abs. 2 EUV) und die Subsidiarität (Art. 5 Abs. 3 EUV), ist aber widerleglich, mit der Folge, dass sich der Unionsbürger auf die Unionsgrundrechte berufen kann.[167]

Problematisch daran ist wiederum, dass der Wesensgehalt schwer zu bestimmen sein kann. Auch eignet sich Art. 2 EUV genauso wenig wie der politische Mechanismus des Art. 7 EUV als Grundlage des individuellen Grundrechtsschutzes.[168] Fraglich ist weiterhin, ob in der Praxis die mitgliedstaatlichen Gerichte, auf die es ankommt, Vorlageverfahren initiieren werden, in denen der EuGH auf systemische Defizite reagieren kann. Gerade in Mitgliedstaaten, in denen systemische Defizite beim Grundrechtsschutz bestehen, ist es nicht unwahrscheinlich, dass die Gerichte auch korrumpiert sind und nicht mit dem EuGH kooperieren.[169]

---

166 EuGH, Rs. C-34/09, *Ruiz Zambrano*, Slg. 2011, I-1177, Rn. 36–45. Zum Föderalisierungspotential der Kernbereichs-Rechtsprechung s. *M. van den Brink*, in: D. Kochenov (Hrsg.), EU Citizenship and Federalism: The Role of Rights, Cambridge 2017, S. 85 (92–105); s. auch J. da Cruz Vilaça/A. Silveira, in: Dimitry Kochenov (Hrsg.), EU Citizenship and Federalism: The Role of Rights, Cambridge 2017, S. 125.

167 *A. von Bogdandy* u.a., CML Rev. 49 (2012) 2, S. 489.

168 *E. Klein*, in: M. Niedobitek/K.-P. Sommermann (Hrsg.), Die Europäische Union als Wertegemeinschaft, 2013, S. 59 (72 f.).

169 *D. Kochenov*, Polish Y.B. Int'l L. 33 (2013), S. 145 (159 f.).

In einfacherer Form und mit anderer Stoßrichtung hat bereits der Verfassungsrichter Ferdinand Kirchhof ein umgekehrtes »Bosphorus« oder »Solange«-Verfahren vorgeschlagen, in dem der EuGH seine Grundrechtskontrolle so lange über mitgliedstaatliches Handeln zurücknimmt und nicht ausübt, wie der jeweilige Mitgliedstaat (auch) den Mindeststandard europäischer Grundrechte erreicht und gewährleistet. Anders als bei von Bogdandy u.a. ist dieser Vorschlag nicht als Erweiterung der Anwendbarkeit der Unionsgrundrechte über die Situationen des Art. 51 GRCh hinaus gedacht, sondern als eine in den Anwendungsregeln der Art. 51 ff. GRCh in der Grundstruktur bereits angelegte – zurückhaltende – Vorgehensweise.[170] Allerdings findet Kirchhofs Modell eines Regel-Ausnahme-Verhältnisses der Grundrechtsverantwortlichkeit zugunsten der nationalen Ebene weder in der Rechtsprechung noch in Art. 51 GRCh eine Stütze.[171]

Übereinstimmend mit Kirchhofs Grundtendenz wurde auch die Ansicht geäußert, eine Umkehrung des Solange-Ansatzes des Bundesverfassungsgerichts und Anwendung auf den EuGH mit dem Effekt einer Jurisdiktionserweiterung verkenne, dass sich das Bundesverfassungsgericht mit der Solange-Doktrin gerade aus der Grundrechtskontrolle zurückgezogen habe. Es habe eine ihm eigentlich zustehende Jurisdiktion beschränkt, während die »reverse Solange«-Doktrin für den EuGH eine Ausweitung seiner Grundrechtskontrolle begründen solle.[172] Dieser Einwand berücksichtigt allerdings nicht, dass bei von Bogdandy u.a. die Erweiterung des Anwendungsbereichs der Unionsgrundrechte und die Jurisdiktionserweiterung bereits mit dem Kernbereich der Unionsbürgerschaft begründet wird, während »reverse Solange« nur die Modalitäten der Ausübung bestimmen soll. Zudem rechtfertigt sich der Vorschlag unmittelbar aus den Strukturen des Grundrechtsschutzes in der EU, nicht aus einer möglichst engen Anlehnung an die Solange-Dogmatik des Bundesverfassungsgerichts.

Ebenfalls als Einschränkung der Jurisdiktion des EuGH versteht Daniel Halberstam seinen Vorschlag für ein »reverse Solange«. Allerdings geht Halberstam von einer sehr weiten Anwendbarkeit der Unionsgrundrechte und damit verbundener Jurisdiktionsbefugnisse des EuGH aus. Grundlage dieser Beurteilung ist die, wie gesehen, zum Teil eher theoretische Bedeutung des einschränkenden Erfordernisses eines grenzüberschreitenden Sachverhalts für die Anwendung der Grundfreiheiten. Halberstam prognostiziert, der EuGH werde sich einer umfassenden Grundrechtskontrolle, für die ihm die Jurisdiktion zu-

---

170 *F. Kirchhof*, NJW 64 (2011) 51, S. 3681 (3685 f.); in diesem Sinne auch bereits *P. Cruz Villalón*, in: M. P. Maduro/L. Azoulai (Hrsg.), The Past and Future of EU Law, 2010, S. 162 (168 f.); mit dem Vorschlag einer umgekehrten »Solange«-Rechtsprechung speziell für mehrpolige Grundrechtskonstellationen *R. Streinz*, in: FS Dauses, 2014, S. 429 (440 f.).

171 *C. Franzius*, ZaöRV 75 (2015) 2, S. 383 (385).

172 *D. Kochenov*, Polish Y.B. Int'l L. 33 (2013), S. 145 (157 f.).

steht, enthalten, jedenfalls so lange, wie die Mitgliedstaaten ein insgesamt befriedigendes Niveau des Grundrechtsschutzes aufrechterhalten. Der EuGH könnte einen Warnschuss abgeben wie das Bundesverfassungsgericht mit dem Solange I-Beschluss; ein derartiges »reverse Solange« könnte einen ähnlich nachhaltigen Effekt haben wie im Fall des Bundesverfassungsgerichts, sodass der EuGH wohl im Grundrechtsschutz gegenüber den Mitgliedstaaten nicht sehr aktiv werden müsste.[173]

Bei Charles F. Sabel und Oliver Gerstenberg ist die *›reverse‹ application of the Solange II doctrine* die Erklärung dafür, dass der EuGH in den Fällen Schmidberger und Omega den zuständigen mitgliedstaatlichen Stellen ein weites Ermessen bei der Abwägung zwischen Grundrechten und Grundfreiheiten einräumt.[174] Dabei handelt es sich in der Interpretation von Sabel und Gerstenberg um eine Form des *coordinate constitutionalism*, die sich auf eine Analogie zu Rawls' *overlapping consensus* stützen kann.[175]

Eine besondere Pointe der Aufgabenverteilung nach dem Modell der Reservezuständigkeit wird vor allem bei Halberstam deutlich: Um ihre Wirkung zu entfalten, muss die Reservezuständigkeit gar nicht unbedingt ausgeübt werden. Auf die Grundrechtsjudikatur der anderen Gerichte wirkt es sich bereits aus, dass sie mit der Ausübung der Reservezuständigkeit realiter rechnen müssen. Zu diesem Zweck kann ein kalkulierter Warnschuss möglich sein. Die Solange-Rechtsprechung des Bundesverfassungsgerichts, die nur noch zu einer theoretischen Zuständigkeit des Bundesverfassungsgerichts führt, erfüllt diese Funktion nicht mehr. In diesem Defizit mag ein Motiv für die Einführung der Identitätskontrolle im Grundrechtsbereich liegen, die dem Bundesverfassungsgericht ein flexibel einsetzbares und unkonditioniertes Instrument an die Hand gibt.[176]

3. »Solange« zwischen Bundesverfassungsgericht und Landesverfassungsgerichten

Auch gegenüber Entscheidungen der Landesverfassungsgerichte hat das Bundesverfassungsgericht seine Jurisdiktion durch eine Solange-Formel eingeschränkt. Die maßgebliche Konstellation betrifft landesverfassungsrechtliche Streitigkeiten unter Funktionsträgern der Staatsgewalt im Land, die in der Sache abschließend durch ein Landesverfassungsgericht entschieden wurden.

---

173 *D. Halberstam*, in: J. L. Dunoff/J. P. Trachtman (Hrsg.), Ruling the World?, 2009, S. 326 (353).

174 EuGH, Rs. C-112/00, *Schmidberger*, Slg. 2003, I-5659, Rn. 81, 93 Rs. C-36/02, *Omega*, Slg. 2004, I-9609, Rn. 37–39.

175 *C. F. Sabel/O. Gerstenberg*, ELJ 16 (2010) 5, S. 511 (543).

176 *H. Sauer*, Staatsrecht III, 5. Auflage 2018, S. 196; differenziert zum Verhältnis von Identitäts- und Grundrechtskontrolle *A. Schwerdtfeger*, EuR 50 (2015) 3, S. 290 (297 f.).

Gegenstand des einschlägigen Beschlusses des Bundesverfassungsgerichts zum Müllkonzept war eine Entscheidung des Bayerischen Verfassungsgerichtshofs. Der Bayerische Verfassungsgerichtshof hatte einen Antrag abgewiesen, einen Volksentscheid zum Abfallrecht in Bayern für ungültig zu erklären.[177] Dagegen erhoben Unterzeichner des Volksbegehrens Verfassungsbeschwerde beim Bundesverfassungsgericht. Dieses stellte klar, dass die grundrechtsgleichen verfahrensrechtlichen Gewährleistungen der Art. 101 Abs. 1 Satz 2, 103 Abs. 1 GG auch vom Landesverfassungsgericht bei seiner Verfahrensgestaltung zu beachten sind.

Gleichwohl kontrolliert das Bundesverfassungsgericht die Gewährleistung dieser Rechte nicht bei Ausgangsverfahren, in denen das Landesverfassungsgericht in der Sache abschließend entscheidet. Mit dieser Zurückhaltung soll ein »Übergreifen« der Verfassungsgerichtsbarkeit des Bundes auf die des Landes vermieden werden. Zur Durchsetzung der Verfahrensgrundrechte sei ein solcher »Übergriff« auf die Landesverfassungsgerichte nicht geboten, »solange« die Länder bei der Einrichtung ihrer Landesverfassungsgerichte die Homogenitätsanforderungen des Art. 28 Abs. 1 GG beachteten. Dazu zählt namentlich, dass die Landesverfassungsgerichte mit Richtern besetzt sind, die im Sinne des Art. 97 Abs. 1 GG unabhängig und nur dem Gesetz unterworfen sind, und dass die Landesverfassungsgerichtsbarkeit an die Prinzipien rechtsstaatlicher Verfahrensgestaltung gebunden ist.[178] Verfassungsbeschwerden sind in diesem Fall unzulässig.

In der Literatur wurde diese Rechtsprechung überwiegend kritisch aufgenommen, weil das Bundesverfassungsgericht über seine eigene, im Grundgesetz geregelte Zuständigkeit disponiere.[179] Wie gesehen, ist es demgegenüber gerade ein Merkmal des Gerichtsföderalismus, dass die Gerichte auf den verschiedenen Ebenen der Mehrebenen-Struktur ihr Verhältnis zueinander selbst austarieren. Allerdings ist diese Vorstellung mit dem deutschen Rechtsstaatsverständnis schwer zu vereinbaren.

IV. Zwischenfazit

Dem Leitbild der Separation verpflichtet sind Aufgabenteilungen, die sich an der Verteilung der Gesetzgebungskompetenzen orientieren, die einzelstaatlichen Grundrechtsgerichte zur Entlastung der zentralen Gerichte in die Pflicht nehmen oder eine Kombination aus Primär- und Reservezuständigkeiten vor-

---

177 BayVerfGH, Entsch. v. 19.1.1994, Vf. 89-III-92, Vf. 92-III-92.

178 BVerfGE 93, 231 (243–245), 2 BvR 389/94 – *Müllkonzept.*

179 *C. Pestalozza*, in: HGR III, 2009, § 86, Rn. 81; *C. Hillgruber/C. Goos*, Verfassungsprozessrecht, 4. Aufl. 2015, S. 386, Rn. 965c; zustimmend dagegen *C. Tietje*, AöR 124 (1999) 2, S. 282 (289).

sehen. Die Orientierung an den Gesetzgebungskompetenzen kann Ausdruck einer föderalen Zurückhaltung der zentralen Grundrechtsjudikatur zugunsten der einzelstaatlichen Gesetzgebung sein. Dagegen ist es nicht unmittelbar naheliegend, aus den Gesetzgebungszuständigkeiten auf gerichtliche Jurisdiktionsverhältnisse zu schließen. Die von zentralen Gerichten verfolgten Entlastungsstrategien ordnen zwar den einzelstaatlichen Grundrechtsgerichten separate Bereiche zu, zeugen aber doch von dem Bemühen, für diese Bereiche die einzelstaatlichen Gerichte in die eigene Rechtsprechung einzubinden. Auch nach den Modellen der Reservezuständigkeit sind die Rollen zwar klar verteilt, die potentielle Wahrnehmung der Reservezuständigkeit impliziert aber einen ständigen Einfluss auf die primär zuständigen Grundrechtsgerichte.

B. Leitbild Redundanz

Andere Modelle für die Rechtfertigung einer verdoppelten Grundrechtsgerichtsbarkeit betonen die Chancen, die sich aus der Interaktion der Gerichte für eine dynamische Grundrechtsentwicklung ergeben können. Sie folgen damit dem Leitbild der Redundanz. Dafür ist allerdings ein gewisser Begründungsaufwand erforderlich: Es gilt die gängige Wahrnehmung zu widerlegen, Vervielfachungen im gerichtlichen Grundrechtsschutz bedeuteten nur Komplikationen und unproduktive Abgrenzungsschwierigkeiten. Eine normative Rechtfertigung der Redundanz bilden im Gerichtsföderalismus der USA die institutionellen Unterschiede zwischen den Grundrechtsgerichten auf Bundes- und einzelstaatlicher Ebene, die Grundlage einer Multiperspektivität sind (I.). Nach einem anderen Modell stehen die Grundrechtsgerichte auf den verschiedenen Ebenen und innerhalb einer Ebene in einem föderalen Wettbewerb, der sich positiv auf den Grundrechtsschutz auswirken kann (II.). Ein weiteres Modell setzt schließlich auf das diskursive Potential des Grundrechtsdialogs (III.). Anders als die dem Leitbild der Separation verpflichteten Modelle finden diese Modelle weniger Ausdruck in einer ausgefeilten Jurisdiktionsdogmatik. Dies ist durchaus nachvollziehbar, da die Gerichte ihre Zuständigkeiten hier nicht positiv abgrenzen müssen. Institutionelle Differenzierung, föderaler Grundrechtswettbewerb und Grundrechtsdialog ist als Anknüpfungspunkten für die Rechtfertigung der Redundanz dabei gemeinsam, dass sie nicht allein auf die Vorzüge des Lokalen setzen. In der Tat ist die besondere Nähe zu den Gerichten vor Ort ja offenkundig für den Grundrechtsschutz von bestenfalls ambivalenter Bedeutung. Stattdessen setzen diese Modelle bei den systemweiten Vorzügen eines Gerichtsföderalismus an. Damit bestätigt sich, dass das Denken allein zwischen den Polen der Grundrechtseinheit und -vielfalt zu kurz greift.

I. Institutionelle Differenzierung im Gerichtsföderalismus der USA als Grundlage von Multiperspektivität

Die in den USA prominente Vorstellung von einem Gerichtsföderalismus sieht einen Vorzug der föderalen Gerichtsarchitektur gerade darin, dass die Einzelstaaten und ihre Gerichte alternative Verständnisse der bundesrechtlichen Grundrechte formulieren können. Formal können sie sich dabei entweder auf die *Federal Bill of Rights* oder auf die *state bill of rights* stützen.[180] Streitparteien, Rechtsanwaltschaft und soziale Bewegungen, die sich für die Verwirklichung bestimmter Rechte einsetzen, können diese redundanten Strukturen gezielt nutzen. Der sogenannte *New Judicial Federalism* bleibt freilich eine schlüssige Begründung dafür schuldig, warum sich die einzelstaatlichen Gerichte staatenübergreifend von der Rechtsprechung des *U.S. Supreme Court* absetzen und eine progressivere Rechtsprechung entwickeln können sollen (1.). Eine solche Begründung kann jedoch bei den institutionellen Unterschieden zwischen den Grundrechtsgerichten des Bundes und der Einzelstaaten der USA ansetzen (2.).

1. Begründungsdefizit im *New Judicial Federalism*

Tatsächlich war das wirkmächtige Plädoyer von Supreme Court Justice William J. Brennan für einen *New Judicial Federalism*, sein Appell, die *state courts* mögen sich in ihrer Interpretation der *state bill of rights* von der zusehends weniger grundrechtsfreundlichen Rechtsprechung des *U.S. Supreme Court* abkoppeln, unzureichend begründet. Brennan reagierte mit diesem Appell auf ein an Bedeutung gewinnendes Verfassungsverständnis, das die beschränkte Legitimität gerichtlichen Entscheidens betonte und daraus die Notwendigkeit ableitete, dass Auslegungsergebnisse im Sinne des *judicial restraint* eine präzise textliche oder historisch belegte Grundlage haben müssten. Die *state courts* konnten sich von diesen Vorstellungen von der begrenzten Legitimität der Rechtsprechung nicht vollständig lösen. Es fehlte eine Begründung dafür, warum sich die *state supreme courts* vom *U.S. Supreme Court* methodisch absetzen können sollten. Darin liegt ein Begründungsdefizit des *New Judicial Federalism.*

In der historischen Rückschau sind die einzelstaatlichen Gerichte ganz offensichtlich in eine die einzelstaatlichen Jurisdiktionen übergreifende Tradition der Gerichtsbarkeit überhaupt eingebunden. Auch das Interesse an den *state constitutions* in den USA war in der Geschichte eng verknüpft mit der Entwicklung der Bürgerrechte und allgemeinen Trends auf Bundesebene. In den Einzelstaaten herrschte bis in die Mitte des 20. Jahrhunderts die Überzeugung vor, dass Rechte nicht durch gerichtliche Kontrolle, sondern durch Gesetzgebung,

[180] *E. A. Young*, Brook. L. Rev. 69 (2004) 4, S. 1277 (1287–1289).

Bürgerinitiativen und Referenden zu schützen seien.[181] Die einzelstaatlichen Verfassungen enthielten zwar Grundrechtskataloge, die Gerichte waren aber im Bereich des Schutzes verfassungsmäßiger Bürgerrechte wenig aktiv.[182] Im späten 19. und frühen 20. Jahrhundert dominierten Handelssachen. Die wenigen verfassungsrechtlichen Fälle betrafen typischerweise Steuerfragen und Fragen der Regierungsorganisation, nicht jedoch die bürgerlichen Freiheiten.[183] Bevor die sukzessive Inkorporation von Rechten in den 14. Zusatzartikel zur Begründung der Bindung der Einzelstaaten einsetzte, hatten auch die *state supreme courts* keine kohärente Rechtsprechung zur Meinungsfreiheit, Religionsfreiheit, den Rechten im Strafverfahren oder anderen Freiheiten entwickelt.[184] Ohne die vergleichsweise »aktivistische« Grundrechtsjudikatur des *Warren Court* fehlte den *state courts* schlicht das Vorbild für die Auslegung und Entfaltung der einzelstaatlichen Grundrechtsgarantien. Letztlich war der *Warren Court*, dessen »Aktivismus« oft als dem Föderalismus abträglich angesehen wurde, geradezu Voraussetzung für die Entfaltung der Grundrechtsgarantien der *state constitutions* und damit für einen *judicial federalism* in diesem Bereich. Die Aktivität von Bundes- und einzelstaatlichen Gerichten ist also alles andere als ein Nullsummenspiel.[185] Auf diese Zusammenhänge und ihre Bedeutung für den Grundrechtsföderalismus wurde bereits im 4. Kapitel bei der Erörterung der temporalen Dimension der Grundrechtsentfaltung eingegangen.

Die historisch enge Verbindung von Bundes- und einzelstaatlicher Gerichtsbarkeit in der Grundrechtsjudikatur bedeutet umgekehrt freilich auch, dass die *state supreme courts* sich nicht von dem gesteigerten Rechtfertigungsdruck abkoppeln konnten, dem sich nunmehr der *U.S. Supreme Court* selbst aussetzte. Die unzureichende Antwort auf die Anfechtungen der Legitimität des *U.S. Supreme Court* ist daher zugleich die Schwachstelle des von Justice Brennan befürworteten *New Judicial Federalism*. Für Brennan ist letztlich entscheidend, dass die *state supreme courts* neue Lücken im Grundrechtsschutz schließen würden, nachdem die konservativen Mehrheiten im *Burger Court* und im *Rehnquist Court* die liberalen Errungenschaften des *Warren Court* teilweise wieder infrage gestellt hatten und eine engere Konzeption von den legitimen Funktionen des *U.S. Supreme Court* vertraten.

Um die *state courts* zu überzeugen, dass sie beim Grundrechtsschutz an die Stelle der Bundesgerichte treten sollten, reichte ein Hinweis auf die Tugenden des Föderalismus allerdings nicht aus: Die föderale Struktur allein ist noch

---

181 *J. J. Dinan*, Keeping the People's Liberties, 1998, S. xi.

182 *L. J. Barker* u.a., Civil Liberties and the Constitution, 9. Aufl. 2011, S. 17.

183 *R. A. Kagan*, Stan. L. Rev. 30 (1977) 1, S. 121; *R. A. Kagan*, Mich. L. Rev. 76 (1978) 6, S. 961.

184 *G. A. Tarr*, Understanding State Constitutions, 1998, S. 163.

185 *G. A. Tarr*, Notre Dame L. Rev. 72 (1997) 4, S. 1097 (1110–1112); *G. A. Tarr*, Understanding State Constitutions, 1998, S. 163–165.

keine hinreichende Begründung für einen kompensatorischen »Aktivismus« der *state courts*, allenfalls für die Unabhängigkeit der Einzelstaaten. Gerade auch eine zurückhaltende Grundrechtsjudikatur, die den Organen der Einzelstaaten keine weitergehenden grundrechtlichen Schranken auferlegt als die Bundesverfassung in der Interpretation des *U.S. Supreme Court* erfordert, kann als Stärkung des Föderalismus verstanden werden, weil sie den Legislativen in den Einzelstaaten keine zusätzlichen Schranken auferlegt.[186] Tatsächlich sind die Jahre der Reagan- und Bush-Administration von einer stärkeren Skepsis gegenüber der Weiterentwicklung individueller Rechte sowohl bei Bundesrichtern als auch bei einzelstaatlichen Richtern geprägt.[187]

Die Besonderheiten einzelstaatlicher Verfassungen, ihre Abweichungen von der Bundesverfassung, bieten keinen tauglichen Anknüpfungspunkt für Brennans Anliegen: Weichen die einzelstaatlichen Gerichte in der Interpretation von Grundrechtsbestimmungen der *state constitutions* von der Interpretation entsprechender Grundrechtsgarantien in der föderalen *Bill of Rights* ab, so werden diese Unterschiede zwar vornehmlich mit den Besonderheiten des jeweiligen Verfassungstexts, der spezifischen Geschichte des einzelnen Bundesstaats und den besonderen Werten des jeweiligen Einzelstaats gerechtfertigt. Weil diese Quellen der Legitimität aber nur für den jeweiligen Bundesstaat gelten, sind sie für die anderen Bundesstaaten und die Gesamtnation ohne Bedeutung. Paradoxerweise verkörpern sie damit auch genau jenes konservative Verständnis der bundesstaatlichen Verfassung, das Justice Brennan gerade ablehnt.[188]

2. Institutionelle Unterschiede zwischen den Grundrechtsgerichten in den USA

Allerdings lassen sich Gründe für eine Differenzierung der Rolle von einzelstaatlichen Gerichten in der Grundrechtsjudikatur finden, wenn man die vom *U.S. Supreme Court* abweichende Stellung der *state supreme courts* im Verfassungsgefüge berücksichtigt. Ein institutionelles Verständnis rechtfertigt unter Umständen auch eine andere methodische Herangehensweise und andere Kontrollstandards bei der Grundrechtsprüfung. Auf diese Weise sorgt die Redundanz für eine institutionalisierte Multiperspektivität. Aus dieser Multiperspektivität wiederum können sich wichtige Anstöße für die Grundrechtsentwicklung ergeben.

Zum Verhältnis zwischen *federal courts* und *state courts* wird in den USA eine umfangreiche Debatte geführt: Die sogenannte *parity debate* dreht sich um die Frage, ob von den Bundesgerichten eher als von den einzelstaatlichen Ge-

186 *E. M. Maltz*, Hastings Const. L.Q. 15 (1988) 3, S. 429 (441, 449).
187 *B. Neuborne*, DePaul L. Rev. 44 (1995) 3, S. 797 (799).
188 *P. W. Kahn*, Harv. L. Rev. 106 (1993) 5, S. 1147 (1152).

richten erwartet werden kann, dass sie verfassungsmäßige Rechte angemessen schützen.[189] Die Diskussion findet sowohl auf einer empirisch-soziologischen als auch auf einer normativ-verfassungsrechtlichen Ebene statt. Empirisch-soziologisch wird die Gleichwertigkeit des Schutzes von bundesrechtlich begründeten Rechten in den *state courts* wegen der als geringer eingeschätzten Qualifikation und der fehlenden Distanz der Richter angezweifelt.[190] Eine andere Frage ist, ob verfassungsrechtlich auf der Grundlage von Art. III U.S. Const. normativ davon auszugehen ist, dass die *state courts* gleichwertige Gerichte sind.[191]

Entscheidende Kriterien für die Unterschiedlichkeit von *federal courts* und *state courts* als Grundrechtsgerichten sind die Stellung der Richter [a)] und die Anforderungen an Verfassungsänderungen [b)]. Beide Gesichtspunkte rechtfertigen in den USA eine unterschiedliche Rolle von *federal courts* und *state courts* als Grundrechtsgerichte und erklären zugleich, warum die Anwendung des Leitbilds der Redundanz auf das Verhältnis von Bundesverfassungsgericht und Landesverfassungsgerichten in Deutschland problematisch, für das Verhältnis von EuGH und mitgliedstaatlichen Grundrechtsgerichten dagegen aussichtsreich ist [c)].

a) Stellung der Richter

Die Stellung der Richter an *federal courts* und *state courts* unterscheidet sich in der unterschiedlichen Ausgestaltung ihrer politischen Verantwortlichkeit [aa)]. Dies wirkt sich insbesondere in der Rechtsprechung zu umstrittenen Fragen der öffentlichen Moral aus [bb)].

aa) Politische Verantwortlichkeit

Ein Unterschied zwischen *federal courts* und *state courts* besteht darin, dass die Durchsetzung von Rechten durch die *state courts* in gewisser Weise von der *countermajoritarian difficulty* entlastet ist.[192] Ein Grund für die bessere Ausgangsposition der *state courts* ist zunächst, dass viele *state constitutions* im Gegensatz zur Bundesverfassung explizit die Befugnis einräumen, Gesetze für ungültig zu erklären.[193] Einen weiteren Anknüpfungspunkt für eine größere Legi-

---

[189] *E. Chemerinsky*, UCLA L. Rev. 36 (1988) 2, S. 233 (233).

[190] *B. Neuborne*, Harv. L. Rev. 90 (1976), S. 1105; *E. Chemerinsky*, UCLA L. Rev. 36 (1988) 2, S. 233; *M. E. Solimine/J. L. Walker*, Respecting State Courts, 2000; *M. E. Solimine*, Wm. & Mary L. Rev. 46 (2005) 4, S. 1457.

[191] *H. M. Hart, Jr.*, Harv. L. Rev. 66 (1953) 8, S. 1362; *P. M. Bator*, Wm. & Mary L. Rev. 22 (1981) 4, S. 605; *A. R. Amar*, B.U. L. Rev. 71 (1991) 4, S. 645; *M. Wells*, Const. Comment. 14 (1997) 1, S. 175.

[192] *R. A. Schapiro*, Va. L. Rev. 84 (1998) 3, S. 389 (428); *G. A. Tarr*, Understanding State Constitutions, 1998, S. 174.

[193] *R. A. Schapiro*, Va. L. Rev. 84 (1998) 3, S. 389 (429) m.N.

timität der *state judges* als Grundlage einer »aktivistischeren« Rechtsprechung bietet ihre stärker ausgeprägte politische Verantwortlichkeit, wenn sie über Grundrechtsgarantien der *state constitutions* entscheiden.[194] In den Bundesstaaten der USA hat sich die Direktwahl (»popular election«) der Richter bereits seit Mitte des 19. Jahrhunderts durchgesetzt.[195] Heute werden insgesamt 89 Prozent der Richter in 39 Bundesstaaten direkt von der Bevölkerung gewählt.[196] *State judges* unterliegen häufig periodischen Wahlen mit parteipolitisch ausgerichteten (»partisan ballot«) oder von parteipolitischen Aspekten unabhängigen (»non-partisan ballot«) Wahlvorschlägen oder müssen sich jedenfalls nach ihrer auf der Grundlage der fachlichen Eignung erfolgten Ernennung später zur Wahl stellen, um im Amt bestätigt zu werden (»retention ballot«). Folglich sind sie gegenüber der Öffentlichkeit stärker verantwortlich als die auf Lebenszeit ernannten Bundesrichter.[197] In den letzten Jahrzehnten sind die Richterwahlen zu den *state courts* zunehmend politisiert worden. Die aufwendigen Kampagnen haben sich den Wahlkämpfen um politische Ämter angenähert und binden bedeutende finanzielle Ressourcen. Interessengruppen, einschließlich der Anwaltschaft und der Streitparteien,[198] werden daran beteiligt. Dennoch werden amtierende Richter nur in seltenen Fällen nicht wiedergewählt.[199]

Als weiterer kontrollierender Faktor kommt die Nähe vieler gewählter Richter zu politischen Parteien hinzu.[200] Zudem sind die *state courts* häufig sehr viel enger mit den anderen Organen der Einzelstaaten verbunden, die sie kontrollieren sollen.[201] Besondere Aufmerksamkeit hat Helen Hershkoff für ihre elaborierte These erfahren, die Unterschiede zwischen Bundesebene und Einzelstaaten rechtfertigten eine aktivere Rolle der *state judges*.[202] Allerdings weist Hershkoff auch auf eine ganze Reihe anderer Gründe hin, weshalb die *state judges* in einer anderen Rolle sind als die *federal judges*: Die *state constitutions* ent-

---

194 *M. J. Perry*, The Constitution, the Courts, and Human Rights, 1982, S. 168; *B. Neuborne*, Rutgers L.J. 20 (1989) 4, S. 881 (899 f.); *R. F. Utter*, Wash. L. Rev. 64 (1989) 1, S. 19 (35); vgl. *R. A. Schapiro*, Cal. L. Rev. 87 (1999), S. 1409 (1452 f.) m.w.N. in Fn. 194; *J. Resnik*, Yale L. J. 115 (2006) 7, S. 1564 (1629).

195 *L. M. Friedman*, A History of American Law, 3. Aufl. 2005, S. 279–283.

196 *R. A. Schotland*, Geo. L. J. 95 (2007) 4, S. 1077 (1077); *R. Wheeler*, in: A. Seibert-Fohr (Hrsg.), Judicial independence in Transition, 2012, S. 521 (529).

197 *M. E. Solimine*, Wm. & Mary L. Rev. 46 (2005) 4, S. 1457 (1491–1494); *L. J. Barker* u.a., Civil Liberties and the Constitution, 9. Aufl. 2011, S. 19 f. Zu den Vor- und Nachteilen von *judicial elections* und *merit-based selection* s. *J. L. Maute*, S. Tex. L. Rev. 41 (2000) 4, S. 1197.

198 *R. Wheeler*, in: A. Seibert-Fohr (Hrsg.), Judicial independence in Transition, 2012, S. 521 (529).

199 Ebd., S. 529.

200 *D. E. Pozen*, Colum. L. Rev. 110 (2010) 8, S. 2047 (2078).

201 *L. G. Sager*, in: J. A. Gardner/J. Rossi (Hrsg.), New Frontiers of State Constitutional Law, 2011, S. 15 (18).

202 *H. Hershkoff*, Harv. L. Rev. 114 (2001) 7, S. 1833. Zur Einschätzung *D. E. Pozen*, Colum. L. Rev. 108 (2008) 2, S. 265 (326).

halten weitaus umfangreichere Rechtegewährleistungen als die Bundesverfassung, insbesondere auch soziale Rechte. Zudem ist der Zugang zu den Gerichten erleichtert und die Richter haben auch Aufgaben jenseits der Streitbeilegung.

bb) Auswirkungen auf die Rechtsprechung

Ihre so begründete unterschiedliche Abhängigkeit von der öffentlichen Meinung und von den politischen Parteien wirkt sich auf die Perspektiven von *state judges* und *federal judges* insbesondere in umstrittenen Fragen der öffentlichen Moral aus.[203] *State judges* werden nicht nur direkt von der Bevölkerung gewählt, sondern sind ihr auch räumlich und kulturell näher. Ihre Position entspricht daher eher den Vorstellungen von einem *popular constitutionalism*, also einer gestärkten demokratischen Kontrolle über die Auslegung der Verfassung.[204] Diese Art der demokratischen Legitimation steht in einem Spannungsverhältnis mit der richterlichen Unabhängigkeit,[205] die ihrerseits ein Legitimitätsfaktor ist. Zudem vermag die gesteigerte demokratische Verantwortlichkeit allein kaum eine intensivere Kontrolle bei der Ausübung der Verwerfungskompetenz zu rechtfertigen. Das relative Legitimationsdefizit der Richter bleibt nämlich bestehen, auch wenn die Wahl und demokratische Kontrolle der Richter das Problem der *countermajoritarian difficulty* jedenfalls theoretisch vermindert. Richter verfügen selbst dann, wenn sie direkt gewählt sind, nie über eine bessere demokratische Legitimation als das Parlament, dessen Gesetze sie am Maßstab der Verfassung überprüfen.[206]

Eine gewisse Ironie liegt darin, dass sich das auf diese Weise zu lösende Problem der *countermajoritarian difficulty* ohnehin kaum noch stellt: Gewählte Richter neigen in der Praxis deutlich weniger dazu, im konkreten Fall gegen die (unterstellten) Wünsche der Mehrheit, also *countermajoritarian* zu entscheiden, auch wenn sie theoretisch dazu besser legitimiert wären.[207] Tatsächlich betreiben die *state courts* keine grundsätzlich aktivere Grundrechtsjudikatur als *federal courts*. Vielmehr üben sie sich häufig in deutlicherer richterlicher Zurückhaltung (*deference*) als der *U.S. Supreme Court* und wenden weniger strenge Kontrollstandards wie den Standard »unconstitutional beyond reasonable doubt« an.[208] Gewählte Richter tragen damit den Erwartungen ihrer Wählerschaft Rechnung. Die empirische Forschung bestätigt die Vermutung, dass es das strategische Hauptziel der gewählten Richter ist, wiedergewählt zu wer-

---

[203] *R. A. Schapiro*, Polyphonic Federalism, 2009, S. 134.

[204] *A. J. Saiger*, Fordham L. Rev. 73 (2005) 4, S. 1439 (1456–1462); *H. Norton*, Wake Forest L. Rev 41 (2006) 4, S. 1003 (1023).

[205] *D. E. Pozen*, Colum. L. Rev. 108 (2008) 2, S. 265; *D. E. Pozen*, Colum. L. Rev. 110 (2010) 8, S. 2047.

[206] *D. E. Pozen*, Colum. L. Rev. 108 (2008) 2, S. 265 (327).

[207] Ebd., S. 326 f.

[208] *R. A. Schapiro*, Cornell L. Rev. 85 (2000) 3, S. 656.

den.[209] Demgegenüber lässt sich empirisch gerade nicht hinreichend belegen, dass eine durch ihre Verantwortlichkeit gegenüber der Wählerschaft gestärkte Legitimität die Richter zu weitergehenden, »mutigeren« Entscheidungen motivert. Vergleichende Studien zum Zusammenhang zwischen richterlicher Unabhängigkeit und dem Schutz von Minderheiten geben sogar Anlass zu ernsthaften Zweifeln an der Theorie, dass eine gesteigerte demokratische Legitimität zu selbstbewussteren richterlichen Entscheidungen führt.[210] Es ist im Gegenteil eher die »insulation« als die »accountability«, die den Schutz von Minderheiten durch die Gerichtsbarkeit befördert.[211]

Die Richter können vernünftigerweise davon ausgehen, dass ein von der Legislative verabschiedetes Gesetz, das der Gouverneur eines Bundesstaats unterzeichnet hat, auch die Unterstützung der Wähler genießt. Es wird also in aller Regel mit politischen Kosten verbunden sein, es für nichtig zu erklären.[212] Könnten gewählte *state judges* theoretisch vergleichsweise »aktivistisch« entscheiden und die *state constitutions* »aggressiv« interpretieren,[213] so ist das jedenfalls nicht allein deshalb zu erwarten, weil die Richter durch Wahl dazu legitimiert wären. Damit ein Richter überhaupt als »aktivistisch« gilt,[214] muss er Entscheidungen treffen, die jenseits der normativen Erwartung an die Rolle des Richters liegen. Gewählte Richter werden jedoch gewählt und wiedergewählt, weil sie genau den Erwartungen der Öffentlichkeit entsprechen.[215]

Bei aller Problematik der Stellung der *state judges* vermitteln die Unterschiede zu den Bundesrichtern dennoch eine eigene Perspektive, die eine normative Grundlage für die Rechtfertigung der Redundanz bieten kann.

b) Erleichterte Abänderbarkeit der Verfassung

Einen Ansatzpunkt für die Begründung unterschiedlicher Rollen von *federal courts* und *state courts* als Grundrechtsgerichten und damit für die Rechtfertigung der Redundanz bietet auch die unterschiedlich ausgeprägte Normativität von Bundesverfassung und einzelstaatlichen Verfassungen. Die engagiertere Rechtsprechung der *state supreme courts* kann nämlich auch damit zu rechtfer-

---

[209] Für einen Überblick zur umfangreichen Literatur s. etwa *J. H. Shugerman*, Harv. L. Rev. 123 (2010) 5, S. 1061 (1064 f.); s. auch die Nachweise bei *D. E. Pozen*, Colum. L. Rev. 110 (2010) 8, S. 2047 (2071) in Fn. 87.

[210] S. *D. R. Pinello*, The Impact of Judicial-Selection Method on State-Supreme-Court Policy, 1995, S. 142 f.; *S. B. Bright/P. J. Keenan*, B.U. L. Rev. 75 (1995) 3, S. 759 (766, 793 f.); *D. C. Brody*, Just. Sys. J. 23 (2002) 1, S. 75.

[211] *R. A. Schapiro*, Cal. L. Rev. 87 (1999), S. 1409 (1453); s. auch *R. F. Nagel*, U. Colo. L. Rev. 61 (1990) 4, S. 685 (685–686); *P. W. Kahn*, Val. U. L. Rev. 30 (1996) 2, S. 459 (465, 471).

[212] *D. E. Pozen*, Colum. L. Rev. 110 (2010) 8, S. 2047 (2078).

[213] *D. A. Farber/P. P. Frickey*, Law and Public Choice, 1991, S. 71, Fn. 26; *D. E. Pozen*, Colum. L. Rev. 108 (2008) 2, S. 265 (325).

[214] Zum Begriff *K. D. Kmiec*, Cal. L. Rev. 92 (2004) 5, S. 1441 (1442–1444).

[215] *D. E. Pozen*, Colum. L. Rev. 108 (2008) 2, S. 265 (325).

tigen sein, dass gerichtliche Entscheidungen leichter auf demokratischem Wege wieder abgeändert werden können. Die *state constitutions* werden zumeist nicht als »sakrosankt« behandelt und so dem politischen Zugriff entzogen. Als politische Dokumente werden sie vielmehr den sich verändernden Bedürfnissen und sich wandelnden Anschauungen angepasst.[216] Die Anforderungen an die Änderung der *state constitutions* sind im Vergleich zu den strengen Voraussetzungen, die Art. V U.S. Const. für die Änderung der Bundesverfassung aufstellt, geringer.[217]

Die Bundesverfassung kann nur aufgrund einer Zwei-Drittel-Mehrheit in beiden Häusern des Kongresses oder aber nach Einberufung eines Konvents auf Ansuchen der gesetzgebenden Körperschaften von zwei Dritteln der Einzelstaaten geändert werden. In jedem Fall muss die Änderung in drei Vierteln der Einzelstaaten ratifiziert werden. Die *state constitutions* dagegen formulieren zwar durchaus unterschiedliche Anforderungen an eine Verfassungsänderung. Allerdings ist keine der *state constitutions* schwerer abzuändern als die Bundesverfassung.[218] Nach den Änderungsbestimmungen der meisten *state constitutions* können sogar mit der einfachen Mehrheit der stimmberechtigten Bevölkerungen Verfassungsänderungen angenommen oder neue Verfassungen verabschiedet werden. Auf diese Weise können auch die Rechtegarantien der *state constitutions* einfach abgeändert werden.[219] In Kalifornien etwa können die Wähler unmittelbar die Verfassung wie auch Entscheidungen der *state appellate courts* ändern (sogenannte *ballot proposition*).[220] Diese »overrides« sind ein beständiges Phänomen des einzelstaatlichen Verfassungsrechts und seit den 1970er Jahren besonders häufig.[221] Insgesamt gilt: »State constitutionalism tends to be more polycentric than juricentric, more politicized than professionalized.«[222]

Ein Beispiel für einen solchen »override« ist die Reaktion auf die Anerkennung von gleichgeschlechtlichen Ehen durch den *California Supreme Court.*[223] Weniger als sechs Monate nach dem Urteil nahmen die Wähler in Kalifornien Proposition 8 an und ergänzten die Verfassung um einen Zusatz, der gleichge-

---

[216] *G. A. Tarr*, in: G. A. Tarr (Hrsg.), Constitutional Politics in the States, 1996, S. xiii (xv).

[217] S. *N. Devins*, Stan. L. Rev. 62 (2010) 4, S. 1629 (1641–1643) mit einem Überblick zu den Voraussetzungen der Verfassungsänderung in den einzelnen Bundesstaaten.

[218] *J. J. Dinan*, Alb. L. Rev. 76 (2013) 4, S. 2105 (2106).

[219] *R. F. Williams*, in: G. A. Tarr/R. F. Williams (Hrsg.), State Constitutions for the Twenty-first Century, Bd. 3, 2006, S. 7 (11); *J. J. Dinan*, Alb. L. Rev. 76 (2013) 4, S. 2105 (2106) m.w.N.

[220] Cal. Const, Art. 2, der zurückgeht auf die Proposition 7 von 1911 (Senate Constitutional Amendment No. 22); s. *L. J. Barker* u.a., Civil Liberties and the Constitution, 9. Aufl. 2011, S. 19 m.w.N.

[221] *D. S. Reed*, Rutgers L.J. 30 (1999) 4, S. 871 (889); *J. J. Dinan*, Rutgers L.J. 38 (2007) 4, S. 983 (1038).

[222] *D. E. Pozen*, Colum. L. Rev. 110 (2010) 8, S. 2047 (2091).

[223] Supreme Court of California, In re Marriage Cases, 183 P.3d 384 (Cal. 2008). Vgl. *K. P. Miller*, Direct Democracy and the Courts, 2009, S. 3–13.

schlechtliche Ehen verbietet.[224] Auch als der *Hawaii Supreme Court* 1993 entschieden hatte, dass es gegen das verfassungsrechtliche Verbot von Ungleichbehandlungen aufgrund des Geschlechts verstoße, gleichgeschlechtlichen Paaren das Recht zur Eheschließung vorzuenthalten,[225] reagierten die Wähler darauf mit einer Verfassungsänderung.[226] In anderen Fällen zielten Verfassungsänderungen darauf, bereits eine mögliche zukünftige Anerkennung gleichgeschlechtlicher Ehen durch die Gerichte auszuschließen.[227] Dies relativiert den Effekt, den empirische Studien versprechen, denen zufolge *state courts* in den vergangenen Jahrzehnten gegenüber *gay rights* aufgeschlossener waren als *federal courts*.[228]

Während in verschiedenen Fällen Verfassungsänderungen darauf abzielten, individuelle Rechte zu beschneiden, erweiterten sie in anderen Fällen auch die Rechte Einzelner, insbesondere mit Blick auf das Enteignungsrecht (*eminent domain power*),[229] aber auch auf Rechte, die in der Bundesverfassung oder auch in der Rechtsprechung des *U.S. Supreme Court* keine Entsprechung haben, wie Opferrechte oder Jagd- und Fischereirechte.

Im Zeitraum von 2000 bis 2012 betrafen jedenfalls die meisten Änderungen der *state constitutions* individuelle Rechte. Häufig zielten diese Änderungen darauf ab, grundrechtsfreundliche Gerichtsurteile wieder einzuschränken. Anders als zuvor reagierten diese beschränkenden Verfassungszusätze nicht mehr nur vornehmlich auf Urteile zu den Rechten der Beschuldigten im Strafverfahren. Häufiger galten die Verfassungsänderungen Fragen der Abtreibung und insbesondere der gleichgeschlechtlichen Ehe. Zum Teil richten sich Verfassungsänderungen in diesem Zeitraum gezielt gegen Bundesgesetze und Präjudizen des Gerichtshofs. Sie sollten den *U.S. Supreme Court* zu einer Rechtsprechungsänderung veranlassen und zunächst entsprechende Fälle schaffen, die ihm dazu die Gelegenheit geben könnten. Ein Beispiel ist die Definition des Fötus als Person in der *state constitution*, ein anderes Beispiel sind Verfassungsänderungen, die sich gegen die Gesundheitsreform Obamacare richteten.[230]

---

[224] Cal. Const. Art. I, § 7.5 (kodifiziert die am 4.11.2008 angenommene Proposition 8). Der *California Supreme Court* hat daraufhin die Gültigkeit von Proposition 8 bestätigt, s. Strauss v. Horton, 207 P.3d 48 (Cal. 2009).

[225] Supreme Court of Hawaii, *Baehr v. Lewin*, 852 P.2d 44 (Haw. 1993).

[226] *J. S. Schacter*, S. Cal. L. Rev. 82 (2009) 6, S. 1153 (1155 f.).

[227] S. etwa die Übersicht bei *J. H. Wilkinson, III*, Duke L.J. 56 (2006) 2, S. 545 (568–570).

[228] *W. B. Rubenstein*, Const. Comment. 16 (1999) 3, S. 599 (610–611) (»Myth of Superiority«); *D. R. Pinello*, Gay rights and American law, 2003, S. 109–116.

[229] *I. Somin*, Minn. L. Rev. 93 (2008) 6, S. 2100; s. etwa zu »California's Constitutional Counterrevolution« durch Referenden als Reaktion auf die liberale Rechtsprechung des California Supreme Court im Bereich des Strafverfahrens: *B. Latzer*, in: G. A. Tarr (Hrsg.), Constitutional Politics in the States, 1996, S. 149.

[230] *J. J. Dinan*, Alb. L. Rev. 76 (2013) 4, S. 2105 (2108–2110).

In diesem Wechselspiel zwischen den Grundrechtsgerichten und den Reaktionen darauf kann man ein Forum der Deliberation über verfassungsmäßige Rechte sehen.[231] Wenn diese Rechte sich in einem langen Prozess schließlich zunächst in der Mehrheit der Einzelstaaten und sodann auf Bundesebene tatsächlich durchsetzen, verfügen sie über eine demokratische Legitimität und Stabilität verleihende Grundlage. Dazu bedarf es zunächst gerade des »backlash« als einem dann zu überwindenden Widerstand.[232]

c) Vergleich mit Deutschland und Europäischer Union

Im Vergleich dazu rechtfertigen die Unterschiede zwischen Bundesverfassungsgericht und Landesverfassungsgerichten in Deutschland kaum eine grundsätzlich andere, geschweige denn aktivere Rolle der Landesverfassungsgerichte in der Grundrechtsjudikatur als Grundlage für redundante Strukturen.

aa) Bundesverfassungsgericht und Landesverfassungsgerichte

Zwischen den Änderungsbestimmungen des Grundgesetzes und der Landesverfassungen bestehen keine Unterschiede, die Grundlage einer grundsätzlich anders gearteten Verfassungsnormativität wären. Die Landesverfassungsgerichte sind in ihrer Struktur und Zusammensetzung eher »kleine Abbilder« des Bundesverfassungsgerichts[233] als sich von ihm abzuheben.

Die Richter des Bundesverfassungsgerichts werden je zur Hälfte von Bundestag und Bundesrat gewählt (Art. 94 Abs. 1 Satz 2 GG, § 5 Abs. 1 BVerfGG). Das Bundesverfassungsgerichtsgesetz legt für die Richterwahl das Erfordernis einer qualifizierten Mehrheit von zwei Dritteln sowohl im Wahlausschuss des Bundestages (§ 6 Abs. 5 BVerfGG) als auch im Bundesrat (§ 7 BVerfGG) fest. Mit dem Erfordernis der Zwei-Drittel-Mehrheit soll die politische Neutralität der Richter des Bundesverfassungsgerichts sichergestellt werden.[234] Zugleich sorgt dieses Erfordernis dafür, dass Kandidaten mit »extremen« Überzeugungen bei der Wahl praktisch keine Chance haben.[235] Qualifizierte Mehrheiten zwingen zur übergreifenden Kompromissfindung, in die in der Regel auch die Opposition eingebunden ist. Auf diese Weise wird verhindert, dass die aktuelle Parlamentsmehrheit der Minderheit Richterkandidaten aufzwingen

---

231 Ebd., S. 2139. S. auch *H. Hershkoff*, Harv. L. Rev. 114 (2001) 7, S. 1833. Speziell zur *Marriage Equality Litigation J. S. Schacter*, S. Cal. L. Rev. 82 (2009) 6, S. 1153.

232 Vgl. *R. C. Post/R. B. Siegel*, Harv. C.R.-C.L. L. Rev. 42 (2007), S. 373.

233 *K. F. Gärditz*, JöR 61 (2013), S. 449 (485).

234 *K. Schlaich/S. Korioth*, Das Bundesverfassungsgericht, 11. Aufl. 2018, Rn. 43.

235 Ebd., Rn. 43; *S. Ruppert*, in: D. C. Umbach u.a. (Hrsg.), Bundesverfassungsgerichtsgesetz, 2. Aufl. 2005, § 6, Rn. 24.

kann. Außerdem sorgen sie für die innere Pluralität und Ausgewogenheit in den Spruchkörpern der Verfassungsgerichtsbarkeit.[236]

Demgegenüber ist nicht in allen Bundesländern für die Wahl der Richter der Landesverfassungsgerichte – für die die Garantie des gleichen Zugangs zu öffentlichen Ämtern nach Art. 33 Abs. 2 GG im Übrigen nicht gelten soll[237] – das Erfordernis einer Zwei-Drittel-Mehrheit vorgesehen. Die Wahl erfolgt durch das jeweilige Landesparlament oder einen von diesem gebildeten Ausschuss.[238] Teilweise ist eine qualifizierte Mehrheit verfassungsrechtlich vorgeschrieben,[239] teilweise folgt das Mehrheitserfordernis aus einer gesetzlichen Regelung.[240] In Bayern werden Präsident und berufsrichterliche Mitglieder mit einfacher Mehrheit, die weiteren Mitglieder dagegen nach den Grundsätzen der Verhältniswahl gewählt.[241] In Baden-Württemberg werden Berufsrichter, Mitglieder mit der Befähigung zum Richteramt und andere Mitglieder jeweils im Verhältniswahlverfahren gewählt.[242] Bei der Wahl mit einfacher Mehrheit der Stimmen oder mit der einfachen Mehrheit der Mitglieder des Landesparlaments besteht die Gefahr, dass die jeweilige Mehrheitspartei zulasten einer ausgewogenen Zusammensetzung ausschließlich ihre Kandidaten durch die Wahl bringt.[243]

---

[236] *K. F. Gärditz*, JöR 61 (2013), S. 449 (465). S. zum Willensbildungs- und Entscheidungsprozess des Bundesverfassungsgerichts *U. Kranenpohl*, Hinter dem Schleier des Beratungsgeheimnisses, 2010.

[237] *S. Haack*, NWVBl. 24 (2010) 6, S. 216 (220 f.); *K. F. Gärditz*, JöR 61 (2013), S. 449 (458).

[238] Art. 68 Abs. 3 Satz 2 LV Baden-Württemberg; Art. 68 Abs. 2, Abs. 3 LV Bayern; Art. 84 Abs. 1 Satz 2 LV Berlin; Art. 112 Abs. 4 LV Brandenburg; Art. 139 Abs. 2 Satz 2 LV Bremen; Art. 65 Abs. 2 Satz 1 LV Hamburg; Art. 130 Abs. 1 LV Hessen; Art. 52 Abs. 3 LV Mecklenburg-Vorpommern; Art. 55 Abs. 2 LV Niedersachsen; Art. 76 Abs. 1 LV NRW; Art. 134 Abs. 3 Satz 1 LV Rheinland-Pfalz; Art. 96 Abs. 1 Satz 2 LV Saarland; Art. 81 Abs. 3 Satz 1 LV Sachsen; Art. 74 Abs. 3 LV Sachsen-Anhalt; Art. 44 Abs. 3 Satz 2 LV Schleswig-Holstein; Art. 79 Abs. 3 Satz 3 LV Thüringen; s. *K. F. Gärditz*, JöR 61 (2013), S. 449 (462).

[239] Zweidrittelmehrheit nach Art. 84 Abs. l Satz 2 LV Berlin; Art. 112 Abs. 4 Satz 5 LV Brandenburg; Art. 52 Abs. 3 LV Mecklenburg-Vorpommern; Art. 55 Abs. 2 Satz 2 LV Niedersachsen; Art. 76 Abs. 2 LV NRW; Art. 134 Abs. 3 Satz 1 LV Rheinland-Pfalz; Art. 96 Abs. 1 Satz 2 LV Saarland; Art. 81 Abs. 3 Satz 1 LV Sachsen; Art. 74 Abs. 3 LV Sachsen-Anhalt; Art. 44 Abs. 3 Satz 2 LV Schleswig-Holstein; Art. 79 Abs. 3 Satz 3 LV Thüringen. Berlin, Mecklenburg-Vorpommern, Niedersachsen und Sachsen-Anhalt stellen auf zwei Drittel der abgegebenen Stimmen ab, das Saarland, Sachsen und Thüringen hingegen auf zwei Drittel der Mitglieder des Landtages. In Niedersachsen und Sachsen-Anhalt sind zur Wahl zwei Drittel der abgegebenen Stimmen, mindestens jedoch die Hälfte der Stimmen der Mitglieder des Landtages erforderlich.

[240] § 5 Abs. 7 Satz 2 HessStGHG.

[241] Art. 4 Abs. 1–2 BayVerfGHG; zur Vereinbarkeit dieser Regelung mit Art. 68 Abs. 3 LV Bayern s. BayVerfGH, Entsch. v. 8.1.1993, BayVerfGHE 46 [1993] II 1 (10 f.).

[242] § 2 Abs. 1 BWVerfGHG, Art. 68 Abs. 3 LV Baden-Württemberg.

[243] *B. Harms-Ziegler*, in: P. Macke (Hrsg.), Verfassung und Verfassungsgerichtsbarkeit auf Landesebene, 1998, S. 191 (204).

Anders als in den USA, wo die *state judges* von der Bevölkerung gewählt werden, werden die Wahlen von Verfassungsrichtern in den Landesparlamenten jenseits der interessierteren Fachkreise öffentlich kaum wahrgenommen. Sie finden weitgehend geräuschlos statt, schon weil ein etwaiger Diskussionsbedarf von den politischen Akteuren im Bemühen um breite Konsensfindung diskret im Vorfeld ausgeräumt wird. Auch im Vergleich zum Bundesverfassungsgericht wird die Besetzung der Verfassungsrichterbank auf Landesebene regelmäßig ohnehin kaum breiteres Politisierungspotential aufweisen.[244]

Andererseits stärkt etwa in Bayern eine Mindestquote für Berufsrichter am Bayerischen Verwaltungsgerichtshof den Selbststand der Verfassungsgerichtsbarkeit.[245] Dies mag mit Blick auf deren Erfahrung mit dem Landesrecht sinnvoll sein.[246] Allerdings trägt diese Mindestquote zur Erklärung des Umstandes bei, dass sich der Bayerische Verfassungsgerichtshof trotz der von Anfang an eröffneten Landesverfassungsbeschwerde und Popularklage und des »reichsten Fundus« landesspezifischer Eigenheiten in der bayerischen Verfassung in seiner Rechtsprechung so nachhaltig und teilweise schematisch an die Rechtsprechung von Bundesverfassungsgericht und Bundesverwaltungsgericht anlehnte. Jedenfalls zum Teil ist das Fehlen eigenständiger Impulse durch die institutionelle Prägung des Verwaltungsgerichtshofs als Instanzgericht sowie die berufsrichterliche Routine zu erklären. Nicht ganz zu Unrecht wurde der Bayerische Verfassungsgerichtshof daher als »Modellgericht einer berufsrichterlichen Verfassungsrechtspflege« apostrophiert und mit einer »Außenstelle des Verwaltungsgerichtshofs mit besonderen Zuständigkeiten« verglichen. Seine zurückhaltende Rolle steht nicht nur für Klaus Ferdinand Gärditz in einem deutlichen Gegensatz zum »ansonsten farbenfroh entworfenen Selbstbildnis des Freistaats als Hüter föderalen Eigenstandes«.[247]

Häufig werden von den Verfassungsgerichtsordnungen als Besonderheit optional für Nichtjuristen freigehaltene Stellen dennoch mit Volljuristen besetzt. Auf diese Weise wird möglicherweise die Chance vertan, Kreativitätspotentiale zu nutzen und abweichende Regelansätze zu fördern. Die Vorzüge einer Besetzung mit berufsrichterlichen Mitgliedern liegen auf der Hand: Sie bewirkt eine Professionalisierung, fördert Routine und Sachkunde. Der Entscheidungsstil nähert sich dem eines Fachgerichts an. Gerade in der Fallbezogenheit des fachgerichtlichen Begründungsstils kann ein Vorzug gegenüber dem Überhang an abstrakt-genereller Maßstabbildung durch das Bundesverfassungsgericht liegen; er ist jedoch kaum geeignet, die Eigenständigkeit einer landesverfassungsgerichtlichen Grundrechtsjudikatur zu fördern.[248]

---

[244] *K. F. Gärditz*, JöR 61 (2013), S. 449 (467).

[245] Art. 3 Abs. 2 Satz 1 Nr. 2, Abs. 5 BayVerfGHG.

[246] *K. F. Gärditz*, JöR 61 (2013), S. 449.

[247] Ebd., S. 477 f.

[248] S. auch ebd., S. 486.

Landesverfassungsgerichte zeichnen sich vor allem durch ihre größere Nähe zum Beschwerdegegenstand und ihre bessere Kenntnis der Begleitumstände des Einzelfalles aus.[249] Dabei können sie sich auf ihre geographische Nähe und landsmännische Verbundenheit stützen. Zudem kann die genauere und persönlichere Kenntnis der Richterpersönlichkeiten eventuell eine effektivere Verfahrensvertretung durch Bevollmächtigte der Region ermöglichen. Außerdem entfällt das Annahmeverfahren (§§ 93a ff. BVerfGG).[250]

Anders als in den USA rechtfertigt sich eine Verdoppelung der Grundrechtsgerichtsbarkeit aber schon im Ansatz nicht aus der unterschiedlichen Stellung von Bundesverfassungsgericht und Landesverfassungsgerichten. Folgten die Verfassungsgerichte in Deutschland dem Modell der Redundanz, so wären damit Kosten – Reibungsverluste und Einbußen an Transparenz, Vorhersehbarkeit, Berechenbarkeit und Kohärenz – verbunden, ohne dass dies Vorteile versprechen würde. Die Einbindung der Grundrechtsjudikatur der Landesverfassungsgerichte in die bundesdeutsche Grundrechtsentwicklung wie auch die überwiegende Subsidiarität der Landesverfassungsbeschwerde findet in diesem Untersuchungsergebnis eine Rechtfertigung.

bb) EuGH und mitgliedstaatliche Grundrechtsgerichte

Demgegenüber sprechen die Unterschiede zwischen dem EuGH als Grundrechtsgericht und den mitgliedstaatlichen Grundrechtsgerichten gerade dafür, dass der Grundrechtsschutz in der Europäischen Union von redundanten Strukturen und Normen profitieren kann. Das europäische Rechtsschutzsystem sollte ursprünglich vor allem Schutz vor kompetenzüberschreitenden Maßnahmen der Organe gewährleisten, also nicht primär eine Normenhierarchie und damit eine Normenkontrolle einführen. Davon zeugen auch noch im AEUV die Aufhebungsgründe des Art. 263 Abs. 2: Unzuständigkeit, Verletzung wesentlicher Formvorschriften, Verletzung der Verträge.[251] Der EuGH unterscheidet sich als Grundrechtsgericht deutlich von den mitgliedstaatlichen Grundrechtsgerichten. Insbesondere ist auch die Perspektive des EuGH auf die Unionsgrundrechte durch die selektive Anwendungssituation der Unionsgrundrechte geprägt: Die Unionsgrundrechte finden wie erläutert gegenüber den Mitgliedstaaten »ausschließlich bei der Durchführung des Rechts der Union« Anwendung. Daneben wird die Grundrechtsjudikatur des EuGH durch die ebenfalls bereits erörterte sogenannte Überkonstitutionalisierung des Unionsrechts ge-

---

[249] *H.-P. Schneider*, NJW 49 (1996) 23, S. 1517 (1518); zur Sach- und Ortsnähe auch *H. Sodan*, Staat und Verfassungsgerichtsbarkeit, 2010, S. 75 f.

[250] *C. Tietje*, AöR 124 (1999) 2, S. 282 (288); zum letztgenannten Gesichtspunkt auch *R. Zuck*, Das Recht der Verfassungsbeschwerde, 4. Aufl. 2013, Rn. 266.

[251] *U. R. Haltern*, Europarecht, 3. Aufl. 2017, S. 587; *A. Farahat/C. Krenn*, Der Staat 57 (2018) 3, S. 357.

prägt. Infolge dieser Überkonstitutionalisierung teilen sich die Grundrechte den Rang des Primärrechts mit anderen weniger grundlegenden Normen, insbesondere aber auch mit den Grundfreiheiten des europäischen Binnenmarkts. Das Verhältnis von Grundfreiheiten und Grundrechten ist facettenreich;[252] beide können gleichgerichtet sein; es kann aber durchaus auch zu einem Konflikt kommen.[253] Die sehr hohen Anforderungen des Art. 48 EUV an eine Änderung von Unionsrecht und mitgliedstaatlichem Recht sind ein weiterer Faktor, der die besondere, von mitgliedstaatlichen Gerichten zu unterscheidende Rolle des EuGH als Grundrechtsgericht prägt.

II. Föderaler Grundrechtswettbewerb

Mit dem Leitbild der Redundanz kann unabhängig von institutionellen Unterschieden zwischen den Grundrechtsgerichten auch die Vorstellung von einem föderalen Wettbewerb zwischen den Grundrechtsgerichten verknüpft sein (1.). Allerdings ist die Anreizstruktur für einen Gerichtswettbewerb fragwürdig (2.). Zudem ist auch die Vorstellung vom Wettbewerb als einem Entdeckungsverfahren, demzufolge dann auch die Grundrechtsgerichte Versuchslabore für Experimente im Bereich der Grundrechte wären, wenig belastbar (3.).

1. Wettbewerb zwischen Grundrechtsgerichten

Die Idee des föderalen Wettbewerbs wird auch mit dem Verhältnis der Grundrechtsgerichte in Verbindung gebracht und kann Redundanzen als Grundlage dynamischer Interaktion rechtfertigen. In Deutschland gilt es als besonderer Ausdruck eines grundgesetzlich erwünschten Konkurrenzföderalismus, wenn eine Landesverfassung Grundrechte zusichert, die mit der Verfassungsbeschwerde vor einem Landesverfassungsgericht eingeklagt werden können.[254] Der »Wettbewerb der Grundrechtsdogmatik« soll Kreativität freisetzen und neues Potential einer Fortentwicklung der Grundrechte entfalten, auch dort, wo das Bundesverfassungsgericht Freiheitsspielräume unnötig verenge oder die

---

[252] *T. Kingreen*, in: C. Franzius (Hrsg.), Strukturfragen der Europäischen Union, 2010, S. 218.

[253] EuGH, Rs. C-112/00, *Schmidberger*, Slg. 2003, I-5659; Rs. C-36/02, *Omega*, Slg. 2004, I-9609; Rs. C-438/05, *Viking Line*, Slg. 2007, I-10779; Rs. C-341/05, *Laval*, Slg. 2007, I-11767; Rs. C-208/09, *Sayn-Wittgenstein*, Slg. 2010, I-13693; vgl. etwa *S. A. de Vries*, Utrecht L. Rev. 9 (2013) 1, S. 169 (175–178).

[254] Vgl. *H. Dreier*, in: H. Dreier (Hrsg.), Grundgesetz, 3. Aufl. 2013, Vorbemerkungen vor Artikel 1 GG, Rn. 62 m.w.N.; *M. Baldus*, in: Die Verfassungsgerichte der Länder Brandenburg, Mecklenburg-Vorpommern, Sachsen, Sachsen-Anhalt und Thüringen (Hrsg.), 20 Jahre Verfassungsgerichtsbarkeit in den neuen Ländern, 2014, S. 19 (22).

Schutzbereichsanalyse neue ökonomische, kulturelle und soziale Entwicklungen und Gefährdungen aufnehmen müsse.[255]

Dabei sind zwei Ebenen des Wettbewerbs zu unterscheiden. Zum einen kann sich die Wettbewerbsvorstellung auf den Ausgang konkreter Verfahren beziehen, wenn dem Kläger oder Beschwerdeführer im Einzelfall der Weg zu mehreren Grundrechtsgerichten offen steht. Zum anderen betrifft der Wettbewerb zwischen den Gerichten nicht einzelne Fälle, sondern die allgemeine Entwicklung der Grundrechtsdogmatik.

Im erstgenannten Sinne hängt etwa der Wettbewerb zwischen Bundesverfassungsgericht und Landesverfassungsgerichten von der Ausgestaltung des Verhältnisses von Bundesverfassungsbeschwerde und Landesverfassungsbeschwerde in den einzelnen Bundesländern ab.[256] Unter Umständen kann der Beschwerdeführer spekulieren, welches Gericht die seinem Anliegen gegenüber aufgeschlossenere, grundrechtsfreundlichere oder anders politisch motivierte Rechtsprechung erwarten lässt.[257] In der Möglichkeit zu einem solchen »forum shopping« sieht Robert Shapiro für die USA einen entscheidenden Vorteil des von ihm so genannten »Polyphonic Federalism«.[258]

Allerdings ergeben sich föderale Innovationspotentiale nicht nur aus einem Wettbewerb zwischen Bundes- und Landesverfassungsgericht um die beste Lösung im Einzelfall. Vielmehr können Landesverfassungsgerichte unter Umständen gerade deshalb eher geneigt sein, eine kreative und tendenziell grundrechtsfreundliche Rechtsprechung zu entwickeln, weil sie nicht oder nur eingeschränkt in der Position des Letztentscheiders sind. Maßgebliches Moment bilden dann die bereits analysierten institutionellen Unterschiede zwischen den Gerichten und nicht der Wettbewerbsmechanismus.

2. Anreizstruktur für einen Gerichtswettbewerb

Während die Auswirkungen einer Wettbewerbssituation auf die Grundrechtsentwicklung grundsätzlich schwer zu greifen sind [a)], lässt sich eine für die europäische Grundrechtsentwicklung relevante Anreizstruktur im Wettbewerb zwischen mitgliedstaatlichen Ober- und Untergerichten einerseits und obersten Gerichtshöfen und Verfassungsgerichten andererseits ausmachen [b)].

---

255 *F. Hufen*, NdsVBl. 17 (2010) 5, S. 122 (129); s. auch *J. Isensee*, SächsVBl. 2 (1994) 1, S. 28 (32).

256 S. o. 1. Kapitel A. III. 1.

257 Kritisch *H. H. Klein*, in: FS Graßhof, 1998, S. 367 (373).

258 *R. A. Schapiro*, Polyphonic Federalism, 2009, S. 121–150.

a) Auswirkungen einer Wettbewerbssituation auf die Grundrechtsentwicklung

In der Tat schafft die föderale Struktur in gewissem Maße eine innovationsfördernde Anreizstruktur für einen Gerichtswettbewerb. Die einzelstaatlichen Gerichte können aufgrund der beschränkteren Auswirkungen ihrer Entscheidungen unter Umständen phantasievoller und selbstbewusster agieren als ein Bundesgericht. In den USA ist es evident, dass »federalism concerns« Bundesgerichte davon abhalten, in ihrer Rechtsprechung zu innovativ und aktivistisch zu sein, weil die Konsequenzen einer Entscheidung alle 50 Staaten auf einmal betreffen.[259] Allerdings sind die Auswirkungen einer unterstellten Wettbewerbssituation zwischen den Gerichten auf die Grundrechtsentwicklung schwer zu greifen. Bereits der Maßstab der Kreativität ist so fragwürdig wie die Motivation der Gerichte im Wettbewerb.

Kreativität ist ein subjektives Kriterium, das kaum als Bemessungs- und Vergleichsgrundlage für den Gerichtswettbewerb im Grundrechtsschutz taugt. Mit dem Wettbewerbsgedanken wird im Schrifttum eine grundrechtsfreundliche Tendenz verknüpft. Dass das Wettbewerbsargument häufig aber nicht unmittelbar auf Grundrechtsfreundlichkeit, sondern vielmehr auf die »bessere« Lösung zielt, weist bereits darauf hin, dass einseitige oder progressistische Kriterien mit dem Rechtsstaatsgedanken nur schwerlich zu vereinbaren sind.

Bei der Auseinandersetzung mit dem Wettbewerbsföderalismus zeigte sich im 3. Kapitel bereits als gravierender Kritikpunkt, dass das Modell die Motivation hinter dem Wettbewerb nicht hinreichend erklärt. Bei einem Wettbewerb zwischen Gerichten mit demokratisch nicht unmittelbar verantwortlichen Richtern scheint es, jenseits eines bloßen ›Schönheitswettbewerbs‹ und des Werbens um Sympathie und Anerkennung in der Öffentlichkeit, als Anreizstruktur nur das Ringen um Kompetenzen und die Interpretationshoheit über die Grundrechte – um das vielzitierte »letzte Wort« – zu geben. Auch hier gilt der bei der allgemeinen Diskussion des Wettbewerbsmodells bereits erörterte Einwand, dass die Wettbewerbsidee mit dem finalen Ziel der ubiquitären Verwirklichung der im Wettbewerb gefundenen besten Lösung der Idee föderaler Vielfalt widerspricht. Das Motiv der miteinander im Wettbewerb stehenden Grundrechtsgerichte, ihre institutionelle Macht zu sichern, erklärt zwar ihr Ringen um Kompetenzen. Zugleich besteht die Gefahr, dass ein Kompetenzgerangel wie das zwischen Bundesverfassungsgericht und EuGH zu einer Vernachlässigung der eigentlichen Grundfrage der Grundrechtsoptimierung führt.[260]

---

[259] *L. G. Sager*, Tex. L. Rev. 63 (1985) 6 & 7, S. 959 (974); *R. A. Schapiro*, Va. L. Rev. 84 (1998) 3, S. 389 (430).

[260] *S.-P. Hwang*, EuR 49 (2014) 4, S. 400 (401).

b) Wettbewerb zwischen Gerichten innerhalb eines Mitgliedstaats

Die institutionalistische Sichtweise von Karen Alter findet im Wettbewerb zwischen mitgliedstaatlichen Gerichten eine Erklärung für die rechtliche Integration in Europa. Sie argumentiert, dass Richter spezifische Interessen verfolgten und eine Gemeinschaft bildeten, in der das Unionsrecht in Konflikten innerhalb der Mitgliedstaaten benutzt werde, um Autorität und Unabhängigkeit zu gewinnen. Die verschiedenen Reaktionen nationaler Richter auf die Konstitutionalisierung der europäischen Rechtsordnung durch den EuGH können auf verschiedene richterliche Identitäten zurückgeführt werden, die wiederum mit der institutionellen Position der Richter in der innerstaatlichen Gerichtshierarchie zu tun haben. Die obersten Gerichtshöfe und die Verfassungsgerichte sehen sich als Hüter des innerstaatlichen Rechts und haben daher Schwierigkeiten, die unmittelbare Wirkung und den Vorranganspruch des Unionsrechts zu akzeptieren. Untergerichte haben dagegen vor allem ihren jeweiligen Fall vor Augen und nutzen das Vorabentscheidungsverfahren des EuGH nach Art. 267 AEUV, um aus der innerstaatlichen Hierarchie auszuscheren.[261]

Derartige Überlegungen haben auch für den Bereich der Grundrechte einen gewissen Erklärungswert. In Österreich etwa lässt sich die – noch näher zu untersuchende[262] – Rechtsprechung des Verfassungsgerichtshofs, die Grundrechte der Charta als prinzipalen Prüfungsmaßstab heranzuziehen,[263] vor allem aus dem Konkurrenzverhältnis erklären, das zwischen Verfassungsgerichtshof und Oberstem Gerichtshof besteht. Zudem lässt sich etwa ein Erklärungsansatz dafür finden, warum sich Verfassungsgerichte im Einzelfall im Vorlageverfahren nach Art. 267 AEUV an den EuGH wenden. So haben »politische« Erwägungen eine Rolle gespielt, als sich der spanische *Tribunal Constitucional* zu einer Vorlage an den EuGH veranlasst sah,[264] die zum Melloni-Urteil führte.[265] Das mit dem europäischen Haftbefehlsverfahren befasste Strafgericht, die *Audiencia Nacional*, hatte zuvor zweimal die einschlägige Verfassungsrechtsprechung zum *fair trial*-Grundsatz ignoriert und einen europäischen Haftbefehl ohne Bedingungen ausgeführt. Die *Audiencia Nacional* hatte dabei die Wahl, entweder den Anforderungen des spanischen Verfassungsrechts oder aber des europäischen Rechts zu entsprechen. Für den *Tribunal Constitucional* bestand nun das Risiko, dass die *Audiencia Nacional* seine Rechtsprechung ignorieren oder aber selbst dem EuGH vorlegen würde. Dem wollte der *Tribunal Constitucional* zuvorkommen. Auf diese Weise konnte er seine verfassungsrechtlichen Ar-

---

261 *K. J. Alter*, in: The European Court's Political Power, 2009, S. 92.

262 S.u., 6. Kapitel B. I. 3. a) aa).

263 Österreichischer Verfassungsgerichtshof, Erkenntnis v. 14.3.2012, U 466/11, 1836/11, Rn. 34–36.

264 Tribunal Constitucional, Beschl. v. 9.6.2011, ATC 86/2011.

265 EuGH, Rs. C-99/11, *Melloni*, Urt. v. 26.2.2013, ECLI:EU:C:2014:238.

gumente dem EuGH selbst vortragen und vermeiden, von der *Audiencia Nacional* schlicht ins Abseits gedrängt zu werden.[266] Die spezifische Konstellation hat also zu einer Art Wettbewerb darum geführt, welches spanische Gericht zuerst vorlegt. Der Effekt dieser Art von Wettbewerb war allerdings, dass der *Tribunal Constitucional* über ein Jahr nach der Melloni-Entscheidung den grundrechtlichen Schutzstandard nach spanischem Verfassungsrecht absenkte, die Abkehr von der früheren Entscheidung aber als autonome Entscheidung darstellte. Ein Dialog zwischen EuGH und spanischem Verfassungsgericht ist auf diese Weise trotz entsprechender Erwartungen nicht zustande gekommen.[267]

Es ist also nicht einfach davon auszugehen, dass der Gerichtswettbewerb wie eine Art Schönheitswettbewerb zu einer Verbesserung des Grundrechtsschutzes führt. Die konkreten Wettbewerbssituationen, die sich zwischen einzelnen Gerichten ergeben, sind vielmehr durchaus voraussetzungsvoller. Die Resultate des auf der Grundlage institutioneller Eigeninteressen verfolgten Wettbewerbs unter Gerichten für den Grundrechtsschutz wiederum sind letztlich kontingent.

3. Grundrechtsgerichte und Versuchslabore

Überträgt man die Vorstellung vom Wettbewerb als Entdeckungsverfahren auf die Grundrechtsgerichte und versteht sie als Versuchslabore des Grundrechtsschutzes, so ergeben sich konzeptionelle Schwierigkeiten, sofern man ein rein instrumentelles Rechteverständnis vermeiden will [a)]. Das Argument wird zudem mit verschiedenen Stoßrichtungen gebraucht, zum einen zugunsten weitgehender Gestaltungsfreiheit der einzelstaatlichen Legislativen und zum anderen zugunsten einer progressiven einzelstaatlichen Grundrechtsjudikatur [b)].

a) Konzeptionelle Schwierigkeiten

Zunächst lässt sich die Idee von den Staaten als Versuchslaboren, wie sie im 3. Kapitel vorgestellt wurde, nicht ohne weiteres auf den Grundrechtsschutz übertragen.[268] Dies zeigt bereits der vom *U.S. Supreme Court* 1921 entschiedene Fall Truax v. Corrigan. In seinen Entscheidungsgründen formuliert Chief Justice Taft den zentralen Einwand gegen Experimente im Bereich der Grundrechte: »The Constitution was intended, its very purpose was, to prevent experimentation with the fundamental rights of the individual.«[269] Versteht man

---

[266] *A. Torres Pérez*, EuConst 8 (2012) 1, S. 105 (123).

[267] Tribunal Constitucional, Entsch. v. 13.2.2014, STC 26/2014; vgl. *A. Torres Pérez*, EuConst 10 (2014) 2, S. 308 (321); *K. Herzmann*, EuGRZ 42 (2015) 12–14, S. 445.

[268] *G. J. Jacobsohn*, in: E. Katz/G. A. Tarr (Hrsg.), Federalism and Rights, 1996, S. 29 (38), Endnote 30.

[269] U.S. Supreme Court, *Truax v. Corrigan*, 257 U.S. 312, 338 (1921).

Grundrechte als in der Verfassung festgeschriebene Gewährleistungen, dann verbietet gerade diese verfassungsrechtliche Festlegung jegliches Experiment. Weder der Gedanke des Experimentierraums noch die notwendigerweise umstrittene Vorstellung von einem sozialen Fortschritt vermitteln Leitlinien zur Abgrenzung zwischen den von der Verfassung erlaubten Experimenten und ihren grundrechtlich gebotenen Schranken.[270] Ohne diese konzeptionellen Schwierigkeiten wäre die Idee des Wettbewerbs und des Experiments auf den Grundrechtsschutz allenfalls mit einem rein instrumentellen Verständnis individueller Rechte als Determinanten bestimmter gewünschter Politikergebnisse ohne intrinsischen Gehalt zu übertragen.[271]

b) Verschiedene Stoßrichtungen des Arguments

Das Argument des Experimentierraums kann zudem mit unterschiedlichen Stoßrichtungen eingesetzt werden, zum einen gegen einen zu umfassenden föderalen Grundrechtsschutz und zugunsten der einzelstaatlichen Legislativen, zum anderen zugunsten eines über den nationalen Grundrechtsschutz hinausgehenden Grundrechtsschutzes durch einzelstaatliche Gerichte. Beide Stoßrichtungen des Arguments, die Zurückhaltung bei der Inkorporation und die Ermunterung zu einem progressiven *New Judicial Federalism*, stehen nicht in einem prinzipiellen Widerspruch zueinander.

Tatsächlich wurde das Argument des Experimentierraums zunächst gegen einen zu umfassenden, die Gestaltungsfreiheit der Staaten einengenden Grundrechtsschutz auf nationaler Ebene gerichtet. Diese lange Zeit verbreitete Argumentationslinie brachte die Idee des Experiments gegen die Inkorporation von Rechten in den 14. Zusatzartikel in Stellung. Die Inkorporation verzerre die föderale Struktur, zu deren grundlegenden Vorzügen es gehöre, in einer von Vielfalt geprägten Gesellschaft hinreichend Raum für Experimente zu lassen.[272] In ähnlicher Weise wird eine enge Auslegung bestehender bundesrechtlicher Grundrechtsgewährleistungen gerechtfertigt, auf deren Grundlage das Recht der Einzelstaaten der verfassungsrechtlichen Kontrolle standhält. Außerdem sollte die *»states-as-laboratories« metaphor* den Verzicht auf die Neuschöpfung von Rechten durch die Bundesgerichtsbarkeit begründen. Es wird argumentiert, dass gerade die demokratischen Prozesse in den Einzelstaaten zu ähnlichen, aber eben maßgeschneiderten Lösungen gelangten wie der *U.S. Supreme Court*.[273] Die Abwägungsentscheidungen der Einzelstaaten beruhten bei kom-

---

[270] *A. Althouse*, U. Pa. L. Rev. 152 (2004) 6, S. 1745 (1761–1763); *E. A. Purcell, Jr.*, N.Y.L.Sch. L. Rev. 50 (2005) 3, S. 635 (669).

[271] Kritisch *J. A. Gardner*, Val. U. L. Rev. 30 (1996) 2, S. 475 (482).

[272] U.S. Supreme Court, *Williams v. Florida*, 399 U.S. 78, 133 (1970) (Harlan, J., concurring in part and dissenting in part).

[273] *A. Althouse*, U. Pa. L. Rev. 152 (2004) 6, S. 1745 (1752).

plexen und moralisch aufgeladenen Fragen wie dem Recht auf ärztliche Sterbehilfe auf umfassenden und eingehenden Untersuchungen und Bewertungen.[274] Andererseits wurde der Justice Brandeis' New State Ice *dissent* angeführt, um einen *self-restraint* zu rechtfertigen, der anderen Gerichten Raum für die Entfaltung des Verfassungsrechts auch in sensiblen Bereichen lassen soll.[275] Diese Verwendung des Brandeis-Zitats dehnt die *»states-as-laboratories« metaphor* weit über den Bereich der Wirtschafts- und Sozialpolitik, auf den Brandeis sich bezogen hatte, hinaus auf den Bereich individueller Rechte aus. Die Berufung auf den Gedanken des Experiments auch in diesem Bereich wird zynisch, so formuliert es Justice Marshall in einem Sondervotum, wenn etwa die Todesstrafe bereits vollstreckt ist, bevor die Einzelstaaten aus weiteren Experimenten Schlussfolgerungen ziehen.[276] Jedenfalls wird man einschränkend gewisse Anforderungen an die Qualität der Abwägungsentscheidungen stellen müssen.

Mit einer anderen Stoßrichtung wurde die Vorstellung von den Versuchslaboren herangezogen, um im *New Judicial Federalism* einen über den nationalen Grundrechtsschutz hinausgehenden Grundrechtsschutz durch *state supreme courts* auf der Grundlage der *state bill of rights* zu rechtfertigen. Justice Brennan führte in einem seiner einschlägigen Aufsätze aus, der zunehmende Dialog zwischen *U.S. Supreme Court* und einzelstaatlichen Gerichten über Grundrechte »enables all courts to discern more rapidly the ›evolving standards of decency that mark the progress of a maturing society‹«.[277] Auch Brennan hebt also die fruchtbaren Auswirkungen der föderalen Vielfalt für den Fortschritt hervor.[278] Anders als bei Brandeis ist Ziel allerdings weniger wirtschaftlicher und sozialer Fortschritt als ein »life cycle of moral progress«.[279] Auf diesen Unterschied wies Chief Justice Rehnquist in seiner Urteilsbegründung im Fall Boy Scouts of America v. Dale hin: »Justice Brandeis, a champion of state experimentation in the economic realm, […] was never a champion of state experimentation in the suppression of free speech.«[280]

---

[274] U.S. Supreme Court, *Washington v. Glucksberg*, O'Connor, J., concur., 521 U.S. 702, 737 (1997). S. in diesem Zusammenhang auch den *Oregon Death with Dignity Act*, Or. Rev. Stat. §§ 127.800–127.897.

[275] U.S. Supreme Court, *Globe Newspaper Co. v. Superior Court*, 457 U.S. 596, 617 (1982) (*Burger*, C. J., dissenting) zum Schutz von minderjährigen Vergewaltigungsopfern im Strafverfahren und das durch den 1. Zusatzartikel geschützte Recht auf Zugang zum Gerichtsverfahren. Ein weiteres Beispiel ist U.S. Supreme Court, *Johnson v. Louisiana*, 406 U.S. 356, 376 (1972) (Powell, J., concurring).

[276] U.S. Supreme Court, *Gilliard v. Mississippi*, 464 U.S. 867 (1983) (Marshall, J., dissenting).

[277] *W. J. Brennan*, N.Y.U. L. Rev. 61 (1986) 4, S. 535 (550), unter Zitierung von U.S. Supreme Court, *Trop v. Dulles*, 356 U.S. 86, 101 (1958).

[278] *R. D. Brussack*, Ga. L. Rev. 10 (1976) 2, S. 533 (533): »Of Laboratories and Liberties«.

[279] *L. G. Sager*, in: J. A. Gardner/J. Rossi (Hrsg.), New Frontiers of State Constitutional Law, 2011, S. 15 (16–19) = *L. G. Sager*, Wm. & Mary L. Rev. 46 (2005) 4, S. 1385 (1387–1390).

[280] U.S. Supreme Court, *Boy Scouts of America v. Dale*, 530 U.S. 640, 660 (2000) (Rehn-

Angesichts der großen Zahl von Staaten und ihrer Unterschiede ist anzunehmen, dass einige Staaten schneller als die Nation insgesamt Sensibilitäten für bestimmte Fragen entwickeln. Jüngere Beispiele dafür sind in den USA Entwicklungen um die Eheschließung von Homosexuellen (*gay marriage*),[281] das Recht auf Sterbehilfe (*right to die with dignity*)[282] oder der (medizinische) Gebrauch von Marihuana (*medical use of marijuana*).[283] Vor allem beim *right to die with dignity*, aber auch beim *medical use of marijuana* stellen sich bei der praktischen Umsetzung viele empirische Fragen, wie sich bestimmte Ansätze möglichst ohne Missbrauch verwirklichen lassen. Hier zeigt sich der Wert des Experiments.[284]

Die Gerichte der Einzelstaaten spielen eine wichtige Rolle, weil sie bei der Auslegung der offen formulierten Bestimmungen der *state constitutions* einigen Spielraum haben. Auch das *common law* und die Auslegung von Gesetzen bieten den *state courts* im Vergleich zu den beschränkten Möglichkeiten, die sich aus der Bundesverfassung ergeben, vielfältige Argumentationsressourcen. Selbst bei der Anwendung und Auslegung der Bundesverfassung können die *state courts* unter Umständen geneigt sein, sich vom *U.S. Supreme Court* abzusetzen. Die *state courts* sind, wie gesehen, häufig sehr viel enger mit den Organen der Einzelstaaten verbandelt, die sie überwachen sollen, und mit dieser fehlenden Distanz nimmt tendenziell einerseits das Verständnis zu, andererseits aber auch Skepsis und Interventionsbereitschaft.

Die Anerkennung neuer Rechte ist in föderalen Systemen eher zu erwarten, weil dort eine höhere Wahrscheinlichkeit dafür besteht, dass ein einzelner Staat die besondere Hürde überwindet, die sich aus dem *status quo* für die Entwicklung neuer Rechte ergibt.[285] Es ist zu erwarten, dass Veränderungen gegenüber dem *status quo* zuerst in einigen wenigen Staaten stattfinden, bevor ein Anliegen auf Bundesebene nachhaltige Unterstützung erfährt. Politisch einflussreiche Bewegungen lassen sich in den Einzelstaaten leichter initiieren, wo auch Mechanismen wie Bürgerbegehren (*legislative initiatives*) zur Verfügung stehen, die es auf Bundesebene nicht gibt. Auch sind die moralischen Überzeu-

---

quist, C.J., for the Court). Rehnquist bezieht sich darauf, dass Brandeis im Fall Whitney v. California auch die Bedeutung der Meinungsfreiheit für »the discovery and spread of political truth« und »power of reason as applied through public discussion« hervorgehoben hatte. U.S. Supreme Court, *Whitney v. California*, 274 U.S. 357, 375–377 (1927) (Brandeis and Holmes, J.J., concurring).

281 Zu den Rechten homosexueller Paare s. etwa Supreme Court of Vermont, *Baker v. State*, 744 A.2d 864 (Vt. 1999); Supreme Judicial Court of Massachusetts, *Goodridge v. Department of Public Health*, 440 Mass. 309 (2003) = 798 N.E.2d 941 (Mass. 2003). S. nunmehr U.S. Supreme Court, *Obergefell v. Hodges*, 135 S. Ct. 2584 (2015).

282 U.S. Supreme Court, *Washington v. Glucksberg*, 521 U.S. 702, 721 (1997).

283 U.S. Supreme Court, *Gonzales v. Raich*, 545 U.S. 1, 42 (2005) (O'Connor, J., dissenting).

284 *J. Bednar*, The Robust Federation, 2009, S. 50 f.

285 Ebd., S. 50 f.

gungen, religiösen Bindungen, kulturell radizierten Präferenzen und die Wirtschaftsstruktur homogener. Das Experiment einzelner Staaten ist besonders für die Entwicklung neuer Rechte aussichtsreich, solange die Mehrheit auf nationaler Ebene skeptisch ist, wie etwa bei der Anerkennung gleichgeschlechtlicher Ehen.[286]

Gleichwohl hat der »life cycle of moral progress« nur deskriptive Bedeutung, und es ist schwierig, daraus eine normative Begründung dafür abzuleiten, dass sich die einzelstaatlichen Gerichte – wie vom *New Judicial Federalism* nahegelegt – bei der Auslegung ihrer einzelstaatlichen Verfassung von dem Signal leiten lassen sollen, das sie dabei an andere Gerichte aussenden.[287] Indes ist der Umstand von Bedeutung, dass die Grundrechtsgerichte der Einzelstaaten nur für eine begrenzte Jurisdiktion entscheiden. Vieles spricht für die Annahme, dass dadurch ihre ›Experimentierfreude‹ befördert wird und sie gerade deshalb bereit sind, eine Anstoßfunktion für bundesweite Debatten zu übernehmen.

4. Zwischenfazit

Am ehesten lässt sich die Idee des föderalen Wettbewerbs daher, wie bereits im Zusammenhang mit den institutionellen Unterschieden zwischen *state* und *federal courts* angedeutet, als eingehegtes demokratisches Experimentieren verstehen. Allerdings bleibt der Einwand bestehen, dass die Ideen vom Wettbewerb und vom Experiment keine Leitlinien für die Grenzziehung zwischen erlaubtem Experiment und unverrückbarem Recht vermitteln.

III. Grundrechtsdialog im diskursiven Verbund

Der Dialog zwischen den Gerichten ist zunächst weniger ein Modell zur Begründung einer verdoppelten Grundrechtsgerichtsbarkeit als eine allzu gern gebrauchte Metapher. Die Vagheit dieser Metapher wird dadurch verstärkt, dass sie einerseits auch für den *judicial dialogue*,[288] andererseits für den Dialog zwischen Gerichten und demokratisch gewählten Legislativorganen steht.[289] Beide Analysen zum Dialog sind allerdings in der Regel getrennt.[290] Entweder ist der Fokus auf das Verhältnis zwischen den Gerichten oder aber auf das Verhältnis zwischen Gerichten und Gesetzgeber gerichtet. Dabei liegt es in (quasi-)föde-

---

[286] *J. Bednar*, Annu. Rev. Law. Soc. Sci. 7 (2011), S. 269 (274) zu *R. A. Schapiro*, Polyphonic Federalism, 2009.

[287] *J. A. Gardner*, Val. U. L. Rev. 30 (1996) 2, S. 475 (490).

[288] S. etwa *M. Cartabia*, EuConst 5 (2009) 1, S. 5 (23–31).

[289] *M. Dawson*, EPL 19 (2013) 2, S. 369 (369–375) m.w.N.

[290] Beide Dimensionen erfasst *A. Arnull*, in: J. Dickson/P. Eleftheriadis (Hrsg.), Philosophical Foundations of European Union Law, 2012, S. 109.

ralen Strukturen auf der Hand, dass beide Dialoge stattfinden und nicht voneinander unabhängig sind. Gleichzeitig liegt es nahe, dass weder der eine noch der andere Dialog ohne Kosten zu haben sein wird. Der zwischengerichtliche Dialog kann auf Kosten der Kohärenz des einzelstaatlichen Verfassungsrechts und seiner Interpretation gehen, wird vor allem aber auch demokratische Kosten haben, weil sich die Normativität der Grundrechte weg von der einzelstaatlichen Verfassung zu einem unbestimmten Ort im föderalen Gefüge verlagert und sich so noch stärker der demokratischen Kontrolle entzieht als bisher. Voraussetzung des Dialogs ist eine, den strikten Verfassungspositivismus relativierende, Vorstellung von einem gemeinen Verfassungsrecht der Grundrechte in der föderalen Struktur.

Gegenstand (1.) und Mechanismen (2.) des Dialogs bedürfen daher der näheren Untersuchung. Für die Frage nach dem Gegenstand des Dialogs ist eine durch den *New Judicial Federalism* ausgelöste Debatte in den USA instruktiv. Als Mechanismen des Dialogs sind insbesondere die verschiedenen Vorlageverfahren zwischen Landesverfassungsgerichten und Bundesverfassungsgericht sowie zwischen EuGH und mitgliedstaatlichen Gerichten wirksam. Bemerkenswerterweise hat die geringe Inanspruchnahme des Vorlageverfahrens nach Art. 100 Abs. 3 GG durch die Landesverfassungsgerichte das Bundesverfassungsgericht nicht geschwächt, während der Erfolg des EuGH maßgeblich auf den zahlreichen Vorlageverfahren nach Art. 267 AEUV beruht.

1. Gegenstand des Dialogs: Grundrechte als gemeines Verfassungsrecht und Verfassungspositivismus

Damit ein einzelne Verfassungsjurisdiktionen übergreifender Dialog überhaupt sinnvoll ist, muss die Vorstellung von einem Verfassungspositivismus relativiert werden. Andernfalls können Grundrechtsgerichte immer nur aus dem Verfassungsdokument heraus argumentieren, das sie als Prüfungsmaßstab anwenden und der Dialog zwischen den Gerichten hätte nur eine geringe Bedeutung. Stellt man sich aber die Grundrechte als gemeines Verfassungsrecht vor, das von einer Vielzahl von Interpreten bearbeitet wird, dann ist der Dialog von zentraler Bedeutung. In der Praxis oszillieren der Grundrechtsdialog in föderalen Ordnungen zwischen der Vorstellung von einem gemeinen Verfassungsrecht und der Betonung der Unterschiede zwischen den Einzelverfassungen.

a) *New Judicial Federalism* in den USA zwischen *American Constitutionalism* und *State Constitutional Positivism*

In diesem Sinne bewegt sich der *New Judicial Federalism* in den USA zwischen *American Constitutionalism* und *State Constitutional Positivism*. Wie die Spannung zwischen Grundrechten als »National Values« und als »State Values« [aa)] ein argumentatives Potential für dynamische Grundrechtsentwicklung in der Rechtsprechung bietet, zeigt das Beispiel des grundrechtlichen Schutzes gleichgeschlechtlicher Ehen [bb)].

aa) Grundrechte als »National Values« und als »State Values«

Die Doppelwertigkeit der Grundrechte im *New Judicial Federalism* der USA als »National Values« und als »State Values« zeigt sich darin, dass ihre progressive Entfaltung einerseits als Projekt des *American Constitutionalism* verstanden wird, andererseits die Grundrechte als positive Normierungen der einzelstaatlichen Verfassungen gerade in ihrer Unterschiedlichkeit als Ausdruck föderaler Vielfalt gelten.

Justice Brennan zielte auf einen Ausbau des Dialogs zwischen dem Obersten Gerichtshof und den einzelstaatlichen Gerichten über das Thema Grundrechte.[291] Zweck dieses Dialogs ist ein verstärkter Grundrechtsschutz, der über den Mindeststandard der Bundesgrundrechte, den »federal floor«, hinausgeht. Brennan zielte darauf, die *state courts* in seine Agenda eines verbesserten Grundrechtsschutzes einzubeziehen.[292] Die Gerichte der Einzelstaaten sollen einen Beitrag zur Grundrechtsentwicklung leisten, der nicht nur auf die jeweiligen Besonderheiten der einzelstaatlichen Verfassungen gestützt wird, sondern zugleich zu einem übergreifenden und fortgesetzten Diskurs über die Bedeutung der Demokratie und der Rechtsstaatlichkeit beiträgt.[293] Die *state supreme courts* interpretieren zwar ihre jeweiligen *state constitutions* und sind damit der Rechtsmittelzuständigkeit des *U.S. Supreme Court* entzogen, sollen aber doch den *U.S. Supreme Court* in einen Dialog verstricken und seine Ambitionen zügeln, indem sie ein Gegengewicht bilden und ihn seine Positionen überdenken lassen. Der so verstandene *New Judicial Federalism* setzt einerseits auf die Diversität der Interpreten, zielt aber andererseits auf ein gemeinsames Projekt des *American Constitutionalism*.[294] Das impliziert, dass sich zwar die Bestimmungen der *state constitutions* unterscheiden mögen, diese Unterschiede als solche

---

[291] *W. J. Brennan*, N.Y.U. L. Rev. 61 (1986) 4, S. 535 (550).

[292] *R. C. Post*, Const. Comment. 7 (1990), S. 227 (230); *P. W. Kahn*, Harv. L. Rev. 106 (1993) 5, S. 1147 (1151 f.). S. zu dieser Vorstellung von Dialog auch *A. Althouse*, Vand. L. Rev. 47 (1994) 5, S. 1207 (1219 f.); *R. A. van Cleave*, N.M. L. Rev. 28 (1998) 2, S. 199 (203–205); *R. A. Schapiro*, Va. L. Rev. 84 (1998) 3, S. 389; *L. Friedman*, Hastings Const. L.Q. 28 (2000) 1, S. 93 sowie bereits *R. M. Cover/T. A. Aleinikoff*, Yale L. J. 86 (1977) 6, S. 1035. Friedman knüpft mit seinem Verständnis des Dialogs zwischen *U.S. Supreme Court* und *state supreme courts* bei Robert Grudin an, der in seinen eher zwanglosen Ausführungen »On Dialogue« zwei Voraussetzungen des Dialogs hervorhebt: »reciprocity« im Sinne eines verstandesmäßigen Gebens und Nehmens zwischen zwei oder mehreren Personen und »strangeness«, womit der Irritationseffekt des anderen Standpunkts bezeichnet wird (s. *R. Grudin*, On Dialogue, 1996, S. 11 f.).

[293] *P. W. Kahn*, Harv. L. Rev. 106 (1993) 5, S. 1147 (1147 f.).

[294] Ebd.

aber keine unterschiedliche Auslegung rechtfertigen. Vielmehr werden sie mit den gemeinsamen Werten der *national community* identifiziert. *State courts* verleihen nicht *state values* Ausdruck, sondern tragen ihr Verständnis der Werte und Grundsätze der *national community* bei.[295]

Das auf die *national community* bezogene Projekt definiert zugleich, welchen Bestimmungen in den einzelstaatlichen Verfassungstexten verfassungsrechtliche Qualität zukommt, nämlich denjenigen Bestimmungen, die in der Bundesverfassung Parallelen finden und die in diesem Sinne redundant sind: Rechtegarantien und Organisationsbestimmungen, aber weder das Verhältnis zwischen Staat und Wirtschaft noch der Bildungsbereich oder der Umweltschutz. Beides sind indes tatsächlich wichtige Regelungsbereiche der *state constitutions*.[296] Beim Grundrechtsschutz hingegen liegt die Bedeutung des einzelstaatlichen Verfassungsrechts nicht in seiner breiten Anwendung und dessen von der Bundesverfassung losgelösten Entwicklung, sondern neben der Durchsetzung spezifischer Garantien der einzelstaatlichen Verfassungen eher in der Ausbildung neuer und in der Weiterentwicklung bestehender Grundrechtsnormen und damit in der besseren Absicherung von Rechten.[297]

Im Grundsatz ist dieses Verständnis den moderaten Pluralisten unter den Theoretikern des Europäischen Verfassungsrechts vergleichbar. Miguel Poiares Maduros pluralistischer Ansatz für die Europäische Union etwa benennt einerseits *institutional choice* als eines seiner »contrapunctual [sic!] principles«.[298] Andererseits formuliert er auch einen Grundsatz der »universalisability«, demzufolge Gerichte so argumentieren müssen, dass ihre Argumentation von anderen Gerichten in der EU übernommen werden kann.[299]

Die Gegenstimmen in der amerikanischen Debatte folgen eher dem Leitbild der Separation und vertreten ein positivistisches Verständnis der einzelstaatlichen Verfassungen (*state constitutional positivism*).[300] Aus dieser Warte ist die Homogenisierung von einzelstaatlichen und bundesverfassungsrechtlichen Rechtegarantien unter der Überschrift der gemeinsamen Werte unhaltbar. Die Verfassungsgeber der Einzelstaaten hätten um bestimmte Rechteformulierungen gerungen, Rechtsvergleichung mit anderen Staaten betrieben und eine bewusste Formulierung gewählt. Etwa von einer nationalen Wertentscheidung gegen *cruel punishment* zu sprechen, ignoriere, dass manche Staaten sowohl »unduly harsh punishments« als auch »cruel and unusual punishments« verbie-

---

295 Ebd., S. 1168.

296 *G. A. Tarr*, Understanding State Constitutions, 1998, S. 188 f.

297 *R. A. Schapiro*, in: J. A. Gardner/J. Rossi (Hrsg.), New Frontiers of State Constitutional Law, 2011, S. 103 (104), Fn. 22; *D. Till*, Jahrbuch des Föderalismus 2015, S. 179 (191).

298 *M. P. Maduro*, in: N. Walker (Hrsg.), Sovereignty in Transition, 2003, S. 501 (530 f.) mit Anleihen bei *N. K. Komesar*, Imperfect Alternatives, 1994.

299 *M. P. Maduro*, in: N. Walker (Hrsg.), Sovereignty in Transition, 2003, S. 501 (529 f.).

300 Insbesondere *J. A. Gardner*, Mich. L. Rev. 90 (1992) 4, S. 761; *J. A. Gardner*, Rutgers L.J. 24 (1993) 4, S. 1025.

ten. Schließlich überbewerte die Orientierung an der *national community* auch den tatsächlich bestehenden Konsens über diese Werte, wie sich insbesondere in rechtebegrenzenden Zusatzartikeln zu den *state constitutions* zeige.[301]

bb) Praxis der Gerichte in den Einzelstaaten am Beispiel der Rechtsprechung zur gleichgeschlechtlichen Ehe

In der Praxis wirken die Gerichte der Einzelstaaten weder ausschließlich an der Interpretation eines nationalen Grundrechtskorpus mit, noch legen sie ausschließlich die autonomen Grundrechte der *state constitutions* aus. Stattdessen nehmen sie eine Zwischenposition ein, die ihnen auch strategische Wahlmöglichkeiten vermittelt: Einerseits nehmen sie an einem übergreifenden Dialog über gemeinsame *constitutional values* teil, andererseits sind sie die Interpreten autonomer *state constitutions*.[302]

Die Rechtsprechung in den einzelnen Bundesstaaten zur gleichgeschlechtlichen Ehe verfolgte teilweise eine Strategie der Differenz und hob die Besonderheiten des Einzelstaates hervor, betonte teilweise aber auch, in Verfolgung einer Strategie der Konvergenz, die Gemeinsamkeiten zwischen den Bundesstaaten.[303] Insbesondere in einer frühen Phase der Rechtsentwicklung argumentierten die Gerichte mit der Besonderheit einzelstaatlicher Gesetze, Institutionen und Werte. Andere Gerichte, insbesondere die Gerichte, deren Entscheidungen zu einem späteren Zeitpunkt ergangen sind, als sich bereits eine gewisse Konsolidierung der Rechtsprechung in bestimmten Einzelstaaten abzeichnete, verfolgten eine Strategie der Konvergenz und betonten dementsprechend die Gemeinsamkeiten mit den Schwestergerichten in anderen Einzelstaaten und bezogen sich auf deren Entscheidungen. Ein Beispiel für die Strategie der Differenz in einer frühen Phase ist die Entscheidung des *Supreme Judicial Court of Massachusetts* im Fall Goodridge v. Department of Public Health. Das *Department of Public Health* argumentierte, dass eine Vorreiterrolle des Bundesstaates Massachusetts in der Gleichstellung gleichgeschlechtlicher Paare durch Ausdehnung der Zivilehe zu Konflikten mit anderen Staaten führen würde. Der *Supreme Judicial Court of Massachusetts* wollte sich zwar in der Tat nicht anmaßen, anderen Staaten vorzugeben, wie sie auf die Entscheidung reagieren sollten. Allerdings wollte sich der Gerichtshof auch nicht durch Erwägungen der »comity« daran hindern lassen, den Bewohnern Massachusetts den vollen Schutz ihrer Verfassung zu gewähren. Der Vorzug des föderalen Systems liege darin, dass die Dynamik der Verfassungsentwicklung jedes Einzelstaates sei-

---

[301] *G. A. Tarr*, Understanding State Constitutions, 1998, S. 188 f.

[302] *N. Devins*, in: J. A. Gardner/J. Rossi (Hrsg.), New Frontiers of State Constitutional Law, 2011, S. 81 (102).

[303] Ebd., S. 88 f. Zusammenfassend zu dieser Rechtsprechung *D. Till*, Jahrbuch des Föderalismus 2015, S. 179 (188–190).

nen eigenen Traditionen entspreche und dass jeder Staat vorbehaltlich der Mindestanforderungen des Vierzehnten Zusatzartikels in der Lage sei, schwierige Fragen der individuellen Freiheit in der von der eigenen Verfassung geforderten Weise zu behandeln.[304] In ähnlicher Weise wollte sich der *Supreme Court of Connecticut* nicht allein von der Behauptung leiten lassen, dass die Rechtseinheit ein wichtiger Belang sei.[305]

Zur gleichen Zeit, jedenfalls aber in einer späteren Phase, nahmen die einzelstaatlichen Gerichte gegenseitige Anleihen. Der *Supreme Court of California* etwa betonte einerseits die Besonderheiten der Situation in Kalifornien. Dort waren zum einen nichteheliche Lebensgemeinschaften umfassend anerkannt, was für eine auf heterosexuelle Beziehungen beschränkte Definition der Ehe höhere Rechtfertigungslasten begründet. Andererseits enthielt die Verfassung ein explizit formuliertes *right to privacy*, was die Anerkennung der gleichgeschlechtlichen Ehe argumentativ erleichtert. Der *Supreme Court of California* bezog sich aber ausdrücklich auch auf die Entscheidungen von Gerichten anderer Bundesstaaten, die eine gleichgeschlechtliche Ehe für verfassungsrechtlich geboten hielten.[306] So spiegeln sich auch beim *Supreme Court of California* Argumente des *Supreme Judicial Court of Massachusetts* wieder, wenn dieser die Einordnung verschiedener Allgemeininteressen als gegen eine Anerkennung gleichgeschlechtlicher Ehen sprechende zwingende Gemeinwohlgründe (»compelling state interest«) ablehnte.[307] Der *Supreme Court of Connecticut* erkannte zwar an, dass der *Supreme Judicial Court of Massachusetts* eine Neudefinition einer lange währenden Tradition eingeleitet habe, betonte aber zugleich, dass er mit seiner Entscheidung nicht allein stehe, und zitierte den *Supreme Court of California*, den *Supreme Judicial Court of Massachusetts*, den *Supreme Court of Vermont* und den *Supreme Court of New Jersey*, möglicherweise, um einen Trend weg vom alten Konsens der heterosexuellen Ehe zu dokumentieren.[308] Der *Supreme Court of Iowa* stellte einerseits fest, dass nur zwei Staaten die gleichgeschlechtliche Ehe zuließen, betonte aber andererseits zugleich, dass sich zwischen den Staaten ein »strong national dialogue centered on a fundamental, deep-seated, traditional institution« entfaltet habe.[309] Der Gerichtshof berief sich auf die zunehmende Anerkennung der gleichgeschlechtlichen Ehe und leitete daraus ab, dass die Frage zu den Parametern der *equal protection clause*

---

[304] Supreme Judicial Court of Massachusetts, *Goodridge v. Department of Public Health*, 798 N.E.2d 941, 967 (Mass. 2003).

[305] Supreme Court of Connecticut, *Kerrigan v. Comm'r of Pub. Health*, 957 A.2d 407, 477 (Conn. 2008); s. auch Supreme Court of New Jersey, *Lewis v. Harris*, 908 A.2d 196, 220 (N.J. 2006) unter Zitierung der Brandeis-Metapher.

[306] Supreme Court of California, *In re Marriage Cases*, 183 P.3d 384, 397–399 (Cal. 2008).

[307] Supreme Court of California, *In re Marriage Cases*, 183 P.3d 384, 401 f. (Cal. 2008).

[308] Supreme Court of Connecticut, *Kerrigan v. Comm'r of Pub. Health*, 957 A.2d 407, 416–419 (Conn. 2008).

[309] Supreme Court of Iowa, *Varnum v. Brien*, 763 N.W.2d 862, 878 (Iowa 2009).

zähle, die die Jurisdiktionen übergreifen.[310] Dieser Dialog hat im Laufe der Zeit zu einer Strukturierung und Verfeinerung der Argumente geführt.

b) Grundrechte als gemeines Recht in Deutschland und in der Europäischen Union

Auch für die Landesverfassungsgerichtsbarkeit und die mitgliedstaatlichen Grundrechtsgerichte in der Europäischen Union zeigt sich die Ambivalenz von den Grundrechten als »gemeinem Recht« und Ausdruck der Verfassungsautonomie. Einerseits kann man die Bedeutung der Landesverfassungsgerichtsbarkeit im »Gesamtzusammenhang deutscher Verfassungsgerichtsbarkeit«, ihren Impulsen, Initiativen und Konfrontationen mit dem Bundesverfassungsgericht sehen.[311] Bundes- und Landesverfassungsgerichtsbarkeit wirken danach in einem offenen Diskurs zusammen, in dem sich das Verfassungsgericht weiterentwickelt. Sie entsprechen einem »modello circolare di giustizia costituzionale«.[312]

Für das Verhältnis zwischen EuGH und mitgliedstaatlichen Gerichten im Bereich der Grundrechte entwickelte Aida Torres Pérez das bislang wohl elaborierteste Modell eines Dialogs als Quelle der Legitimität der Grundrechtsgerichte.[313] Dialog bedeutet für Torres Pérez, dass der EuGH verfassungsvergleichend argumentieren und den Mitgliedstaaten Spielräume belassen soll. Gleichzeitig ist das Modell auf eine Interaktion zwischen EuGH und mitgliedstaatlichen Gerichten angelegt, die das Verständnis der supranationalen Grundrechte eben im Dialog formen sollen. Eine Grundrechtsinterpretation sei legitim, wenn sie in einem rationalen Dialog zustande komme. Der EuGH müsse deshalb in einen Dialog mit den mitgliedstaatlichen Gerichten treten, um eine Interpretation zu finden, auf die sich alle rational verständigen könnten.[314] Dies führe zu besser begründeten Interpretationsergebnissen und begründe zugleich einen Anreiz für Innovationen, weil der Dialog verschiedene Perspektiven einbeziehe. Dialog erlaube den Teilnehmern, die Entscheidung zu beeinflussen, die sie dann als gemeinsamen Ertrag betrachten können. Das trage zur Entwicklung eines gemeinsamen Verständnisses und zur Identitätsbildung auf Unionsebene bei. Außerdem anerkenne der Dialog die Vielfalt der Stimmen, fördere die Partizipation im Prozess der Interpretation und könne die diversen Vorstellungen der verschiedenen Regierungsebenen besser integrieren.[315]

---

[310] Ebd., S. 883 f.

[311] *W. Leisner*, in: H. Domcke (Hrsg.), Verfassung und Verfassungsrechtsprechung, 1972, S. 183 (192).

[312] *M. D. Poli*, Bundesverfassungsgericht e Landesverfassungsgerichte, 2012, S. 155–159. S. auch *E. Klein*, DVBl. 108 (1993) 24, S. 1329 (1333): Unterschiedliche Akzentuierungen der Freiheitsgrundrechte; Möglichkeit zu gegenseitiger interpretatorischer Beeinflussung.

[313] *A. Torres Pérez*, Conflicts of Rights in the European Union, 2009.

[314] Ebd., S. 110.

[315] Ebd., S. 112–117.

Die Voraussetzungen des Dialogs übernimmt Torres Pérez von den Bedingungen des rationalen Diskurses. Sie stützt die Idee des Dialogs als Quelle der Legitimität unter anderem auf Habermas' Diskurstheorie. Auf dieser Grundlage definiert Torres Pérez sechs Voraussetzungen des Dialogs, von denen sie annimmt, dass sie in der EU erfüllt seien: (1) unterschiedliche Standpunkte, (2) gemeinsame Grundlage für Verständnis, (3) keine vollständige Autorität eines Teilnehmers über den anderen, (4) Verständnis der Teilnehmer, ein gemeinsames Projekt zu verfolgen, sowie gegenseitige Anerkennung und Respekt, (5) gleiche Chance zur Partizipation und (6) Kontinuität des Dialogs in der Zeit.[316]

Die vergleichende Argumentation gilt bei Torres Pérez als Ausdruck des dialogischen Ideals. Der EuGH solle versuchen, verschiedene mitgliedstaatliche Sensibilitäten und Ansätze zu synthetisieren und Interpretationen anzubieten, die einen Konsens unter den Staaten wiederspiegeln oder auch befördern, weil sie die Grundlage für eine vernunftgemäße Verständigung bieten.

Als Einwand gegen ihr nicht-hierarchisches Modell anerkennt Torres Pérez, dass es unbestimmt und die Ergebnisse seiner Anwendung schlecht vorhersehbar seien.[317] Zu ergänzen ist, dass das dialogische Ideal unter den Bedingungen des rationalen Diskurses den gleichen Status der Dialogpartner unterstellt. Für die Konstellation des Grundrechtsföderalismus ist es zwar in der Tat kennzeichnend, dass keinem Dialogpartner vollständige Autorität über andere Teilnehmer zukommt, weil zwischen den Gerichten gerade keine hierarchische Beziehung besteht.[318] Allerdings verfügen die zentralen Gerichte in der föderalen Struktur grundsätzlich über eine überlegene Stellung, die sich schon allein daraus ergibt, dass ihre Jurisdiktion ein größeres Territorium abdeckt.

Die erste Diskursbedingung der unterschiedlichen Standpunkte greift die bereits in Auseinandersetzung mit dem Begründungsdefizit des *New Judicial Federalism* erörterte Problematik auf: Für unterschiedliche Standpunkte von Gerichten als institutionellen Akteuren ergeben sich wenig Chancen, wenn sie sich in ihrer institutionellen Stellung nicht unterscheiden. Hier liegt ein weiteres Begründungselement für die geringe Eigenständigkeit der Landesverfassungsgerichte in der Bundesrepublik. Für die mitgliedstaatlichen Verfassungsgerichte in der Europäischen Union stellt sich die Frage, inwiefern sie sich gegenüber dem EuGH gerade durch ihre spezifische Expertise als Grundrechtsgerichte profilieren können, ohne damit die Grundlagen des Dialogs zu gefährden. Zu einer funktionalen Differenzierung auf institutioneller Grundlage passt es dagegen, wenn sich der EuGH tatsächlich, wie in der Literatur beobachtet, auch im Grundrechtsbereich im Vorlageverfahren speziell bei Sachverhalten zurückhält, für die kein ausgefeiltes Sekundärrecht besteht. Speziell hier könnte sich

---

316 Ebd., S. 118–130.

317 Ebd., S. 182 f.; *C. von der Groeben*, EJIL 22 (2011) 1, S. 296 (300).

318 S.o. 1. Kapitel A. II.

der EuGH auf abstrakte Hinweise beschränken und vor allem die EGMR-Judikatur aufgreifen.[319]

Im Übrigen stehen die Chancen für den von Torres Pérez geforderten Dialog deshalb gut, weil die europäischen Grundrechte vom EuGH zunächst auf die »gemeinsamen Verfassungsüberlieferungen der Mitgliedstaaten« gestützt wurden, die Rechtsvergleichung also gewissermaßen in ihren genetischen Code eingebaut ist. Auch nach der Rechtsverbindlichkeit der Charta sind sie weiter von Belang, sei es über den Auslegungsgrundsatz des Art. 52 Abs. 4 GRCh oder bei der Fortschreibung der ungeschriebenen Grundrechte, der richterrechtlich entwickelten Grundrechte als nach wie vor existentem Teil der allgemeinen Rechtsgrundsätze (Art. 6 Abs. 3 EUV). Im Einklang damit orientiert sich der EuGH auch bei der Lösung konkreter Rechtsfragen intensiver an einem Vergleich nationaler Traditionen und Lösungsvorschläge, als es die offiziellen Entscheidungsgründe abbilden.[320]

2. Mechanismen des Dialogs

Während der Dialog grundsätzlich schlicht über die Rezeption von Entscheidungen funktioniert, lassen sich bestimmte Verfahrenswege im Gerichtsföderalismus der deutschen Verfassungsgerichte einerseits und zwischen mitgliedstaatlichen Gerichten und EuGH andererseits als spezielle Mechanismen des Dialogs deuten. Für das Verhältnis von Bundesverfassungsgericht und Landesverfassungsgerichten ist mit der Divergenzvorlage nach Art. 100 Abs. 3 GG ein Dialogmechanismus vorgesehen, der allerdings ein Schattendasein führt [a)]. Die Dialogmetapher wird häufig im Zusammenhang mit dem Vorlageverfahren nach Art. 267 AEUV gebraucht, das wiederum von eminent wichtiger Bedeutung ist [b)].

a) Landesverfassungsgerichtliche Divergenzvorlage (Art. 100 Abs. 3 GG)

Art. 100 Abs. 3 GG sieht ein externes Divergenzausgleichsverfahren vor. Ein Landesverfassungsgericht hat eine Entscheidung des Bundesverfassungsgerichts einzuholen, wenn es bei der Auslegung des Grundgesetzes von einer Entscheidung des Bundesverfassungsgerichts oder des Verfassungsgerichts eines anderen Landes abweichen will.

Die Bestimmung soll einerseits die einheitliche Anwendung des Bundesverfassungsrechts sicherstellen. Dies entspricht ihrer ursprünglichen Konzeption, die sich an den Vorlageverpflichtungen der Fachgerichte zur Sicherung einer

---

319 *D. Thym*, JZ 70 (2015) 2, S. 53 (58).

320 *K. Lenaerts*, ICLQ 52 (2003), S. 873; *V. Skouris*, in: FS Hirsch, 2008, S. 175; *F. C. Mayer*, I•CON 11 (2013) 4, S. 1003 (1009 f.); *D. Thym*, JZ 70 (2015) 2, S. 53 (59).

einheitlichen Rechtsanwendung orientierte.[321] Andererseits zielt Art. 100 Abs. 3 GG, jedenfalls einem Teil des Schrifttums zufolge, auch auf die wechselseitige Überprüfung der Verfassungsgerichte auf Bundes- und Landesebene. Auf diese Weise kann einer Petrifikation der Verfassungsrechtsprechung entgegengewirkt und eine kritische Selbstüberprüfung der Rechtsprechung des Bundesverfassungsgerichts ermöglicht werden.[322] Art. 100 Abs. 3 GG ermöglicht demnach jedenfalls potentiell einen Verfassungswandel durch von den Landesverfassungsgerichten ausgelöste Rechtsfortbildungsimpulse.[323]

Dogmatisch nicht ganz einfach ist das Verhältnis von Art. 100 Abs. 3 GG zu § 31 Abs. 1 BVerfGG. Die Rechtspflicht zur Vorlage begründet zugleich eine Privilegierung der Landesverfassungsgerichte, weil diese insoweit von der Bindung an die Entscheidungen des Bundesverfassungsgerichts gemäß § 31 BVerfGG freigestellt werden.[324] Die Landesverfassungsgerichte sind demnach von der Rechtspflicht zur Gefolgschaft gegenüber dem Bundesverfassungsgericht entbunden und sollen die Fähigkeit zur Selbstinterpretation grundgesetzlicher Bestimmungen haben, mit der Maßgabe, im Falle einer vom Bundesverfassungsgericht oder den anderen Landesverfassungsgerichten abweichenden Auffassung die Vorentscheidung des Bundesverfassungsgerichts einzuholen.[325]

Fragwürdig ist es bereits, Art. 100 Abs. 3 GG überhaupt aus der Warte des § 31 Abs. 1 BVerfGG und damit vom einfachen Gesetzesrecht her zu interpretieren. Art. 100 Abs. 3 GG ist nicht nur älter als § 31 Abs. 1 BVerfGG, sondern steht auch normenhierarchisch höher.[326] Im Gegensatz zu § 31 BVerfGG ist Art. 100 Abs. 3 GG keine Bindungsnorm, sondern statuiert ein Abweichungsverbot.[327] Unabhängig vom Streit um die sogenannte enge oder weite Bindungstheorie zu § 31 BVerfGG kann eine Bindung der Landesverfassungsgerichte an Entscheidungen des Bundesverfassungsgerichts gemäß § 31 Abs. 1 BVerfGG infrage gestellt werden, soweit ihr Prüfungsmaßstab nur das Landesverfassungsrecht ist. Eine Ansicht geht davon aus, dass die Landesverfassungsgerichte der

---

321 S. P. Häberle (Hrsg.), Entstehungsgeschichte der Artikel des Grundgesetzes, 2010, S. 734–738.

322 *W. Geiger*, in: FS Laforet, 1952, S. 251 (263); *K. Stern*, in: R. Dolzer/H. J. Abraham (Hrsg.), Bonner Kommentar zum Grundgesetz, 1950, Art. 100, Rn. 266: sofern das Landesgrundrecht lediglich Prüfungsmaßstab ist; *J. Burmeister*, in: C. Starck/K. Stern (Hrsg.), Landesverfassungsgerichtsbarkeit, Bd. 2, 1983, S. 399 (403); *K. Schlaich/S. Korioth*, Das Bundesverfassungsgericht, 11. Aufl. 2018, Rn. 354.

323 *J. Burmeister*, in: C. Starck/K. Stern (Hrsg.), Landesverfassungsgerichtsbarkeit, Bd. 2, 1983, S. 399 (403–405).

324 *K. Schlaich/S. Korioth*, Das Bundesverfassungsgericht, 11. Aufl. 2018, Rn. 354.

325 *J. Burmeister*, in: C. Starck/K. Stern (Hrsg.), Landesverfassungsgerichtsbarkeit, Bd. 2, 1983, S. 399 (413 f.).

326 *J. Rozek*, Das Grundgesetz als Prüfungs- und Entscheidungsmaßstab der Landesverfassungsgerichte, 1993, S. 85.

327 *J. Burmeister*, in: C. Starck/K. Stern (Hrsg.), Landesverfassungsgerichtsbarkeit, Bd. 2, 1983, S. 399 (413 f.).

Bindungswirkung des § 31 Abs. 1 BVerfGG gar nicht unterliegen. Sie seien weder konkret noch abstrakt an die Entscheidungen des Bundesverfassungsgerichts gebunden.[328] Die Gegenansicht geht davon aus, dass Art. 142 GG die inhaltliche Abweichung zur Geltungsfrage erhebt, mit der Folge, dass jedenfalls Abweichungen in Richtung einer Mindergewährleistung vorlagepflichtig sind und dies auf das konkrete Ergebnis bezogen werden muss.[329] Streitig ist also, ob sich eine Vorlagekonstellation nach Art. 100 Abs. 3 GG dann ergibt, wenn ein Landesverfassungsgericht dazu tendiert, ein Landesgrundrecht anders auszulegen als das entsprechende Grundrecht des Grundgesetzes.[330]

Das Bundesverfassungsgericht ging früher von einer Vorlagepflicht aus, mit der Begründung, Bundes- und Landesgrundrechte seien nur die mehrfache Gewährleistung desselben Grundrechts (sog. Identitätsthese).[331] Nach heute herrschender Ansicht liegen dagegen zwei selbständige Gewährleistungen vor.[332] Zu einem Grundrechtsdialog auf der Grundlage des Art. 100 Abs. 3 GG kann es

---

[328] *J. Dietlein*, Die Grundrechte in den Verfassungen der neuen Bundesländer, 1993, S. 22 f.: keine Vorlage nach Art. 100 Abs. 3 GG bezüglich inhaltsgleicher/rezipierter Grundrechte in Landesverfassungen; *K.-E. Hain*, JZ 53 (1998) 12, S. 620 (623); *F. Wittreck*, DÖV 52 (1999) 15, S. 634 (641); *U. Sacksofsky*, in: R. Dolzer/H. J. Abraham (Hrsg.), Bonner Kommentar zum Grundgesetz, 1950, Art. 142, Rn. 184; *J. Wieland*, in: H. Dreier (Hrsg.), Grundgesetz, 3. Aufl. 2015, Art. 100, Rn. 48; *H. Dreier*, in: H. Dreier (Hrsg.), Grundgesetz, 3. Aufl. 2015, Art. 142, Rn. 74 f.

[329] *P. M. Huber*, in: M. Sachs (Hrsg.), Grundgesetz, 7. Aufl. 2014, Art. 142, Rn. 18: für alle Abweichungen; *G. C. Burmeister*, NdsVBl. 5 (1998) 3, S. 53 (56 f.); *W. Geiger*, DRiZ 47 (1969) 5, S. 137 (138); *K. Schlaich/S. Korioth*, Das Bundesverfassungsgericht, 11. Aufl. 2018, Rn. 187; *K.-G. Zierlein*, AöR 120 (1995) 2, S. 205 (239–241): Merkmal »Auslegung des Grundgesetzes« ist dann als gegeben anzusehen, wenn das Landesverfassungsgericht eine landesrechtliche Norm auslegt und dabei von der Interpretation einer inhaltsgleichen Norm des Grundgesetzes durch das Bundesverfassungsgericht (oder eines anderen Landesverfassungsgerichts) abweichen will.

[330] *K. Stern*, Das Staatsrecht der Bundesrepublik Deutschland, Bd. III/2, 1994, § 97 VII 3 (S. 1508); BVerfGE 36, 342, 2 BvN 1/69 – *Niedersächsisches Landesbesoldungsgesetz*; 60, 175, 2 BvH 1/82 u.a. – *Startbahn West*; StGH Baden-Württemberg, JZ 1969, 514; *J. Pietzcker*, in: HStR VI, 3. Aufl. 2008, § 134, Rn. 88: sofern eine Landesverfassung die Bundesgrundrechte pauschal übernimmt; *E. Friesenhahn*, in: FG 25 Jahre Bundesverfassungsgericht, Bd. 1, 1976, S. 748 (798); *J. Burmeister*, in: C. Starck/K. Stern (Hrsg.), Landesverfassungsgerichtsbarkeit, Bd. 2, 1983, S. 399 (430 f.); *W. Löwer*, in: HStR III, 3. Aufl. 2005, § 70, Rn. 143; a.A. *W. Rüfner*, DÖV 20 (1967) 19, S. 668 (670); *C. Pestalozza*, Verfassungsprozessrecht, 3. Aufl. 1991, § 15 Rn. 1 Fn. 2 (S. 223): Wortlaut, Sinn und Entstehungsgeschichte der Vorschrift, die Eigenständigkeit der Länder, Landesverfassungen und Landesverfassungsgerichte im Bundesstaat und die Tradition der Divergenzvorlage sprächen dagegen.

[331] BVerfGE 22, 267 (271), 2 BvR 639/66 – *Einheitliches Grundrecht*. Ebenso BayVerfGH, Entsch. v. 2.8.1974, Vf. 51–VI-73, BayVerfGHE 27 [1974] II 109 (118); BerlVerfGH, Beschl. v. 23.12.1992, VerfGH 38/92, LVerfGE 1, 44 (51). Während die Frage in BVerfGE 96, 345 (368), 2 BvN 1/95 – *Landesverfassungsgerichte* ausdrücklich offen gelassen wird, wurde in einem Kammerbeschluss festgestellt, dass die Auslegung einer inhaltsgleichen Norm der Landesverfassung keine Vorlagepflicht begründe 1 BvR 74, 2S9/90; vgl. *C. Tietje*, AöR 124 (1999) 2, S. 282 (296 f.).

[332] S. 6. Kapitel B. I. 2. b).

daher nur kommen, soweit die Landesverfassungsgerichte die Grundrechte des Grundgesetzes, etwa im Rahmen einer Vorprüfung, in ihre Entscheidungsfindung einbeziehen.[333] Erforderlich ist dies nach der Rechtsprechung des Bundesverfassungsgerichts zur Prüfungskompetenz der Landesverfassungsgerichte insbesondere im Hinblick auf die Anwendung bundesrechtlicher Verfahrensvorschriften.[334] Demgegenüber vertrat Joachim Burmeister die These, es komme nicht auf die Qualität einer Vorschrift als bundes- oder landesverfassungsrechtliche Bestimmung an, sondern allein auf die Identität des verfassungsgesetzlichen Befehls. Danach wäre insbesondere die abweichende Interpretation von Landesgrundrechten, die mit Grundrechten des Grundgesetzes inhaltsgleich sind, vorlagepflichtig.[335] Letztlich läuft dieser Ansatz aber auf eine von ihrem historischen Kontext abgekoppelte Erneuerung der Identitätsthese hinaus.

Soweit Anlass für eine Divergenzvorlage gegeben ist, besteht eine Art Kooperationsverhältnis zwischen Landesverfassungsgericht und Bundesverfassungsgericht.[336] Gleichzeitig begründet das Grundgesetz durch Art. 100 Abs. 3 GG eine partielle Überordnung des Bundesverfassungsgerichts über die Landesverfassungsgerichte.[337] Allerdings darf die Landesverfassungsgerichtsbarkeit von der Bundesverfassungsgerichtsbarkeit nicht in größere Abhängigkeit gebracht werden, als es nach dem Bundesverfassungsrecht unvermeidbar ist.[338] Zu einem Instrument des Grundrechtsdialogs wird die Divergenzvorlage dabei kaum. Angesichts der tatsächlich praktizierten und in der Literatur ganz überwiegend gebilligten Zuständigkeitsabgrenzung zwischen Bundes- und Landesverfassungsgerichtsbarkeit nach der Vorstellung von den getrennten Verfassungsräumen ist dies auch nur in sehr beschränktem Maße möglich.[339]

---

[333] Zu den Fallgruppen, in denen das Grundgesetz – als Haupt- oder Vorfrage, mittel- oder unmittelbar – zum Prüfungsmaßstab vor dem Landesverfassungsgericht wird, *M. Möstl*, BayVBl. 148 (2017) 19, S. 659.

[334] BVerfGE 96, 345, 2 BvN 1/95 – *Landesverfassungsgerichte*.

[335] *J. Burmeister*, in: C. Starck/K. Stern (Hrsg.), Landesverfassungsgerichtsbarkeit, Bd. 2, 1983, S. 399 (430 f.); so auch bereits *J. Kratzer*, in: FS Laforet, 1952, S. 107 (138 f.); *E. Friesenhahn*, in: Max-Planck-Institut für Ausländisches Öffentliches Recht und Völkerrecht (Hrsg.), Verfassungsgerichtsbarkeit in der Gegenwart, 1962, S. 89 (110); *E. Friesenhahn*, in: FG 25 Jahre Bundesverfassungsgericht, Bd. 1, 1976, S. 748 (798, 792 Fn. 165) m.w.N.; a.A. *H. von Olshausen*, Landesverfassungsbeschwerde und Bundesrecht, 1980, S. 155; *K. Stern*, in: R. Dolzer/H. J. Abraham (Hrsg.), Bonner Kommentar zum Grundgesetz, 1950, Art. 100, Rn. 304.

[336] *M. Möstl*, AöR 130 (2005) 3, S. 350 (376).

[337] *A. Hense*, in: HStR VI, 3. Aufl. 2008, § 137, Rn. 11.

[338] BVerfGE 36, 342 (357), 2 BvN 1/69 – *Niedersächsisches Landesbesoldungsgesetz*; 41, 88 (119), 1 BvR 548/68 – *Gemeinschaftsschule*; 60, 175 (209), 2 BvH 1/82 u.a. – *Startbahn West*. S. auch *A. Hense*, in: HStR VI, 3. Aufl. 2008, § 137, Rn. 11; *H. Sauer*, Jurisdiktionskonflikte in Mehrebenensystemen, 2008, S. 152 f.: gewisses Hierarchieverhältnis.

[339] *J. Burmeister*, in: C. Starck/K. Stern (Hrsg.), Landesverfassungsgerichtsbarkeit, Bd. 2, 1983, S. 399 (409).

Seit 1997 ist denn auch keine Entscheidung mehr im Verfahren über die Auslegung des Grundgesetzes auf Vorlage eines Landesverfassungsgerichts nach Art. 100 Abs. 3 GG ergangen. Die Entscheidung zur Prüfungskompetenz eines Landesverfassungsgerichts vom 15. Oktober 1997[340] ist ausweislich der Verfahrensstatistik die insgesamt achte und bislang letzte Entscheidung des Bundesverfassungsgerichts in dieser Verfahrensart.[341] Gelegenheit zu Vorlagefragen hätten möglicherweise die verfassungsgerichtlichen Auseinandersetzungen um die Nichtraucherschutzgesetze der Länder gegeben. Sämtliche Hauptsachentscheidungen der Landesverfassungsgerichte ergingen zeitlich nach der Entscheidung des Bundesverfassungsgerichts vom 9. Februar 1998.[342] Allerdings nahm nur eine Entscheidung auf Art. 100 Abs. 3 GG Bezug. In allen Fällen vermieden die Landesverfassungsgerichte Abweichungen von den Vorgaben des Bundesverfassungsgerichts.[343]

Aus der Sicht des Bundesverfassungsgerichts ist der Stellenwert der Rechtsfortbildungsfunktion des Art. 100 Abs. 3 GG ohnehin beschränkt, ist das Gericht doch angesichts der großen Zahl von Verfassungsbeschwerden nicht auf Vorlagen nach Art. 100 Abs. 3 GG angewiesen.[344]

b) Vorabentscheidungsverfahren des EuGH (Art. 267 AEUV)

Darin unterscheidet sich die Situation des Bundesverfassungsgerichts von der des EuGH. Das Vorabentscheidungsverfahren nach Art. 267 AEUV gilt allgemein als entscheidender Mechanismus für den Dialog zwischen EuGH und mitgliedstaatlichen Gerichten. Das Potential des Vorlageverfahrens für den Grundrechtsdialog gilt es allerdings erst noch auszuschöpfen.[345] Das Vorabentscheidungsverfahren soll einen strukturierten Dialog mit einer genauen Aufgabenteilung ermöglichen. Im Gegensatz zu einem Rechtsmittelverfahren ist das Vorabentscheidungsverfahren kein streng hierarchisches Verfahren mit dem EuGH als übergeordneter und dem vorlegenden Gericht als untergeordneter Instanz. Vielmehr beruht es auf der Kooperation der beteiligten Gerichte.[346] Der EuGH und die Gerichte der Mitgliedstaaten, die mit einem Problem der Auslegung oder der Gültigkeit von Unionsrecht befasst sind, stehen nicht im

---

340 BVerfGE 96, 345, 2 BvN 1/95 – *Landesverfassungsgerichte.*

341 S. den Überblick des Bundesverfassungsgerichts über die Eingänge nach Verfahrensarten, https://www.bundesverfassungsgericht.de/DE/Verfahren/Jahresstatistiken/2017/gb2017/A-I-4.pdf?__blob=publicationFile&v=2, geprüft am 31.1.2019.

342 BVerfG, 1 BvR 2234/97 (1998) – *Nichtraucherschutz durch den Gesetzgeber*, NJW 1998, 2961; *C. Correll/J. Wagner*, DÖV 2009, S. 698.

343 *W. Kluth*, NdsVBl. 17 (2010) 5, S. 130 (130).

344 *J. Rozek*, Das Grundgesetz als Prüfungs- und Entscheidungsmaßstab der Landesverfassungsgerichte, 1993, S. 87–99.

345 *A. Torres Pérez*, Conflicts of Rights in the European Union, 2009, S. 140.

346 *V. Trstenjak*, in: C. Grabenwarter/E. Vranes (Hrsg.), Kooperation der Gerichte im europäischen Verfassungsverbund – Grundfragen und neueste Entwicklungen, 2013, S. 13 (16).

Verhältnis einer Hierarchie. Der EuGH fungiert gegenüber den mitgliedstaatlichen Gerichten nicht als Berufungsgericht und hat nicht die Befugnis, mitgliedstaatliche Urteile aufzuheben oder abzuändern.[347] Allerdings sind die Entscheidungen des EuGH im Vorlageverfahren für das vorlegende Gericht bindend und entfalten daneben angesichts des Vorrangs des Unionsrechts generelle Auswirkungen für alle nationalen Gerichte und Behörden der Mitgliedstaaten. Die Auslegung des EuGH hat rückwirkende Gültigkeit bis zum erstmaligen Inkrafttreten der Norm, die dem EuGH zur Auslegung vorgelegt wurde.[348] Leistet ein nationales Gericht einer Auslegung des EuGH nicht Folge oder legt ein letztinstanzliches Gericht nicht vor, obwohl es Zweifel an der richtigen Auslegung von Unionsrecht oder an der Gültigkeit von Sekundärrecht hat, droht jedenfalls theoretisch ein Vertragsverletzungsverfahren durch die Europäische Kommission oder ein Schadensersatzverfahren durch eine Privatperson nach der Francovich-Rechtsprechung.[349] Das nationale Gericht kann die Vorlagefrage formulieren und dabei auch Vorschläge zur möglichen Interpretation unterbreiten. Der EuGH zitiert für gewöhnlich auch nur Urteile des Vorlagegerichts, nicht die Urteile anderer Gerichte, es sei denn, diese Urteile sind für das Verständnis des nationalen Rechts im Hinblick auf eine bestimmte Rechtsfrage unumgänglich.[350]

Auch der EuGH selbst versteht das Vorabentscheidungsverfahren als Mechanismus des Dialogs. Die Vorlage zur Vorabentscheidung beruhe auf einem »Dialog des einen mit dem anderen Gericht, dessen Aufnahme ausschließlich von der Beurteilung der Erheblichkeit und der Notwendigkeit der Vorlage durch das nationale Gericht abhängt.«[351] Allerdings verträgt es sich mit dieser Vorstellung nicht ganz, dass der EuGH auch als aggressiver Verteidiger institutioneller Eigeninteressen in Erscheinung tritt,[352] dem projektierten Gericht für europäische Patente und Gemeinschaftspatente[353] gegenüber genauso wie im Verhältnis zu den nationalen Gerichten oder zum EGMR[354] oder privaten Schiedsgerichte in Intra-EU-Schiedsverfahren.[355]

Aus Sicht der mitgliedstaatlichen Grundrechtsgerichte kann das Vorlageverfahren eine Alternative zur Verteidigung exklusiver Grundrechtssphären sein.

---

347 *F. G. Jacobs*, Tex. Int'l L. J. 38 (2003) 3, S. 547 (548).

348 EuGH, Rs. C-292/04, *Meilicke*, Slg. 2007, I-1835, Rn. 34–37.

349 EuGH, Rs. C-224/01, *Köbler*, Slg. 2003, I-10239.

350 *A. Rosas*, EJLS 1 (2007) 2, S. 1, S. 7–9. Rosas unterscheidet insgesamt fünf Kategorien des richterlichen Dialogs.

351 EuGH, Rs. C-210/06, *Cartesio*, Slg. 2008, I-9641, Rn. 91; Rs. C-137/08, *VB Pénzügyi Lízing*, Slg. 2010, I-10847, Rn. 29; Rs. C-104/10, *Kelly*, Slg. 2011, I-6813, Rn. 63; Rs. C-416/10, *Križan u.a.*, Urt. v. 15.1.2013, Rn. 66; s. auch EuGH, Rs. C-2/06, Slg. 2008, I-411, Rn. 42.

352 *M. Dawson*, ELJ 20 (2014) 3, S. 423 (434 f.).

353 EuGH, Gutachten 1/09, Slg. 2011, I-1137.

354 EuGH, Gutachten 2/13 v. 18.12.2014.

355 EuGH, Rs. C-284/16, *Achmea*, Urt. v. 6.3.2018, ECLI:EU:C:2018:158.

Marta Cartabia etwa betrachtet den Rechtsprechungsdialog im Vorabentscheidungsverfahren als eine geeignete Reaktion auf den »judicial activism«, den sie in der Grundrechtsjudikatur des EuGH erblickt.[356] Zu den Verfassungsgerichtshöfen, die an den EuGH vorgelegt haben, zählen die belgische *Cour constitutionnelle*, der österreichische Verfassungsgerichtshof, die italienische *Corte Costituzionale*, das spanische *Tribunal Constitucional*,[357] der französische *Conseil constitutionnel*,[358] das deutsche Bundesverfassungsgericht[359] und das polnische *Trybunał Konstytucyjny*.[360]

Für das Bundesverfassungsgericht böte sich die Möglichkeit zum Grundrechtedialog im Rahmen des Vorabentscheidungsverfahrens durchaus an. Hält das Bundesverfassungsgericht einen unionsrechtlich determinierten innerstaatlichen Rechtsakt am Maßstab des Grundgesetzes für grundrechtswidrig, so kann es sich entweder auf der Grundlage der Solange-Rechtsprechung für unzuständig erklären, oder aber es kann dem EuGH die Frage vorlegen, ob das der nationalen Maßnahme zugrunde liegende Unionsrecht gegen die Charta verstößt. Diese Vorlagefrage wäre unionsrechtlich zulässig, weil entscheidungserheblich. Erklärte der EuGH das zugrunde liegende Unionsrecht, etwa die Richtlinie, für nichtig, so wäre für das Bundesverfassungsgericht der Weg frei, den innerstaatlichen Rechtsakt zu verwerfen, ohne damit einen unionsrechts-

---

356 *M. Cartabia*, EuConst 5 (2009) 1, S. 5.

357 EuGH, Rs. C-399/11, *Melloni*, Urt. v. 26.2.2013, ECLI:EU:C:2014:238 geht auf die erste Vorlage des *Tribunal Constitucional* zurück, s. *A. Torres Pérez*, EuConst 10 (2014) 2, S. 308 (308). In Melloni ist die Argumentation des Gerichtshofs indes recht spärlich und zeugt von wenig Bereitschaft zum Dialog (ebd., S. 313).

358 Auf der ersten Vorlage des *Conseil constitutionnel* beruht das Urteil in der Rs. C-168/13 PPU, *Jeremy F.*, v. 30.5.2013 zum europäischen Haftbefehl. Dabei ist Prüfungsmaßstab des an den EuGH vorlegenden französischen *Conseil constitutionnel* allein die französische Verfassung, nicht aber sind die europäischen Verträge Teil des Prüfungsmaßstabs: Conseil constitutionnel, décision 74–54 DC, 15.1.1975, *Loi relative à l'interruption volontaire de la grossesse*; Conseil constitutionnel, décision No. 2011–217 QPC, 3.2.2012, *Mr Mohammed Alki B.*, Rn. 3; Conseil constitutionnel, décision No. 2013–654 DC, 9.8.2012, *Loi de finances rectificative pour 2012 (II)*, Rn. 58. Im Rahmen von Spielräumen des Gesetzgebers bei der Umsetzung des Rahmenbeschlusses prüft der *Conseil constitutionnel* aber sehr wohl die Verfassungsmäßigkeit. In der Vorlage ging es dann um die Frage, wie weit dieser Spielraum reicht und ob er die Einrichtung einer Beschwerdemöglichkeit zulässt. S. Conseil constitutionnel, décision No. 2013–314P QPC v. 4.4.2013, *Mr Jeremy F.* Der EuGH zeigt sich in der Rechtssache Jeremy F. recht nachsichtig: Es liege bei den mitgliedstaatlichen Parlamenten zu entscheiden, ob sie eine Beschwerdemöglichkeit einräumten, vgl. *F.-X. Millet*, CML Rev. 51 (2014) 1, S. 195 (209–215).

359 BVerfG, Beschl. v. 14.1.2014, 2 BvR 2728/13 u.a. – *OMT*; EuGH, Rs. C-62/14, *Gauweiler u.a.*, Urt. v. 16.6.2015.

360 Für einen Überblick zu den Vorlagen der mitgliedstaatlichen Verfassungsgerichte s. *EuGH*, Jahresbericht 2017, 2018, S. 131–133 (Gesamtentwicklung der Rechtsprechungstätigkeit (1952–2017) – Neu eingegangene Vorlagen zur Vorabentscheidung nach Mitgliedstaat und Gericht).

widrigen Zustand herbeizuführen.[361] Der innerstaatliche Rechtsakt wäre nicht mehr unionsrechtlich determiniert, weil es das zugrunde liegende Unionsrecht nicht mehr gäbe.

Sofern das Bundesverfassungsgericht seine Prüfungskompetenz im Falle zwingender Richtlinienvorgaben nicht wahrnimmt, kommt es zu keiner Vorlage. Allerdings erklärte das Gericht im Urteil zur Vorratsdatenspeicherung trotz des Bekenntnisses, zwingende Bestandteile des Unionsrechts nicht zu überprüfen,[362] die Speicherungspflicht in § 113a Abs. 1 bis 7 TKG insgesamt für nichtig, sodass auch eine Vorlage hätte veranlasst sein können.[363]

Im Hinblick auf die Folgen für den Umsetzungsakt bei der Nichtigkeit einer Richtlinie sind zwei Konstellationen zu unterscheiden. In der ersten Konstellation ist die Richtlinie wegen des Verstoßes gegen Zuständigkeits- oder Verfahrensregeln formell rechtswidrig und nichtig. Dann hat das nationale Umsetzungsgesetz Bestand.[364] In der zweiten Konstellation verstößt die Richtlinie gegen materielles Unionsrecht. Dann ist in der Regel davon auszugehen, dass auch der nationale Umsetzungsakt, der der Richtlinie folgt, unionsrechtswidrig und wegen des Anwendungsvorrangs des Unionsrechts zugleich unanwendbar ist.[365] In diesem Fall ist dann die Überprüfung am Maßstab des nationalen Verfassungsrechts eigentlich hinfällig,[366] insistiert man nicht auf der Differenz von Unanwendbarkeit und Nichtigkeit. Folglich wäre dann auch die Möglichkeit der Überprüfung an den nationalen Grundrechten nicht eröffnet. Allerdings verhält es sich bei einem Verstoß der Richtlinie gegen Unionsgrundrechte unter Umständen anders als im Fall eines Verstoßes gegen sonstiges Unionsrecht, wie etwa die Grundfreiheiten. Hier wird die Vorrangwirkung des Unionsrechts durch die eingeschränkte Bindung der Mitgliedstaaten an die Unionsgrundrechte relativiert. Wurde nämlich die Richtlinie vom EuGH für nichtig erklärt, entfällt die Bindung der Mitgliedstaaten an die Unionsgrundrechte, weil der fragliche nationale Rechtsakt nun nicht länger als Umsetzungsakt zu verstehen ist. Relevant wird dies freilich nur dort, wo der unionsrechtliche Grund-

---

361 *N. Matz-Lück*, in: N. Matz-Lück/M. Hong (Hrsg.), Grundrechte und Grundfreiheiten im Mehrebenensystem – Konkurrenzen und Interferenzen, 2012, S. 161 (172). Genau diesen Zustand hat allerdings die Entscheidung BVerfGE 125, 260, 1 BvR 256/08 u.a. – *Vorratsdatenspeicherung* herbeigeführt, vgl. *M. Bäcker*, EuR 46 (2011) 1, S. 103 (113). S. zur Möglichkeit, dass eine unionsrechtswidrige nationale Maßnahme zugleich gegen nationale Grundrechte verstoßen kann, aus unionsrechtlicher Sicht auch *U. Stelkens*, in: FS Wendt, 2015, S. 467 (471–475).

362 BVerfGE 125, 260 (306 f.), 1 BvR 256/08 u.a. – *Vorratsdatenspeicherung*.

363 *N. Matz-Lück*, in: N. Matz-Lück/M. Hong (Hrsg.), Grundrechte und Grundfreiheiten im Mehrebenensystem – Konkurrenzen und Interferenzen, 2012, S. 161 (172).

364 *D. Heck*, NVwZ 27 (2008) 5, S. 523 (524), der allerdings einen Verstoß gegen das Rechtsstaats- oder das Demokratieprinzip erwägt, wenn der deutsche Gesetzgeber von einer nur vermeintlich bestehenden Umsetzungsverpflichtung ausgegangen ist.

365 Ebd., S. 524.

366 Ebd., S. 525.

rechtsstandard höher ist als der mitgliedstaatliche, weil dann der ursprüngliche Umsetzungsakt anders als die Richtlinie möglicherweise als selbständiger mitgliedstaatlicher Rechtsakt vor dem Verfassungsgericht Bestand haben kann.[367]

Auch im umgekehrten Fall, dass das Bundesverfassungsgericht einen Umsetzungsakt für mit dem Grundgesetz vereinbar hält, könnte es zu einem Dialog mit dem EuGH kommen. Eine Vorlage liegt sogar trotz des Fehlens einer direkten Rügemöglichkeit in dem Fall nahe, in dem das Bundesverfassungsgericht vermeiden will, dass es einen unionsrechtswidrigen Umsetzungsakt bestätigt, obwohl dieser wegen des Vorrangs der Unionsgrundrechte möglicherweise unanwendbar sein müsste. Es wäre ein Ausdruck einer europarechtsfreundlichen Haltung oder entspräche unionsrechtskonformem Verhalten, daher die Vereinbarkeit mit den Unionsgrundrechten routinemäßig zu prüfen und gegebenenfalls vorzulegen. Legt man ein entsprechendes Kooperationsmodell von Bundesverfassungsgericht und EuGH zugrunde, wäre die Vorlagefrage auch entscheidungserheblich.[368]

C. Zwischenfazit

Die drei in diesem Kapitel zunächst vorgestellten Modelle der Entlastung, der Orientierung an den Gesetzgebungszuständigkeiten und der Reservezuständigkeit zielen auf eine am Leitbild der Separation orientierte Aufgabenteilung. Demgegenüber sehen die Modelle der institutionellen Differenzierung, des föderalen Wettbewerbs und des diskursiven Verbunds den Mehrwert der föderalen Grundrechtsstruktur gerade in der Redundanz. Sie hängen in ihrer Funktionsweise teilweise sogar von einem Überlappen der Zuständigkeiten ab.

Modelle bereichsspezifischer Aufgabenteilung sind dem Einwand ausgesetzt, dass sich aus der materiellen Verteilung der Gesetzgebungszuständigkeiten nicht unmittelbar auf gerichtliche Jurisdiktionsverhältnisse schließen lässt. Vielmehr hat die Analyse gezeigt, dass in Bereichen, für die die Länder die Gesetzgebungskompetenz haben, nicht auch ohne weiteres eine föderale Zurückhaltung in der Grundrechtsjudikatur naheliegt. Hier bestätigt sich, dass eine Perspektive zu eng ist, die sich allein auf den Schutz individueller Rechte auf den verschiedenen Ebenen und das Verhältnis der Grundrechtsgerichte konzentriert. Einzubeziehen sind auch die Prozesse demokratischer Selbstbestimmung auf den verschiedenen Ebenen.

Anders als vielleicht zu erwarten wäre, bieten die weiteren am Leitbild der Separation orientierten Ansätze nicht unbedingt eine normative Rechtferti-

---

[367] *N. Matz-Lück*, in: N. Matz-Lück/M. Hong (Hrsg.), Grundrechte und Grundfreiheiten im Mehrebenensystem – Konkurrenzen und Interferenzen, 2012, S. 161 (178 f.).

[368] Ebd., S. 199.

gung für auch materiell-rechtlich eigenständige Grundrechtsordnungen innerhalb der föderalen Struktur. Stattdessen lassen diese Modelle bei den föderalen Gerichten teilweise ein Bemühen erkennen, die einzelstaatlichen Gerichte in die eigene Rechtsprechung einzubinden. Das zeigt sich zunächst beim Entlastungsmodell. Zudem impliziert auch die nur potentielle Wahrnehmung der Reservezuständigkeit einen ständigen Einfluss auf die primär zuständigen Grundrechtsgerichte.

Demgegenüber führen die auf die Nutzung der Potentiale der Redundanz ausgerichteten Modelle nicht nur zu einer institutionellen Verflechtung der Grundrechtsgerichte, sondern zugleich zu einer materiell-rechtlichen Verschleifung der Grundrechtsordnungen. Für den Grundrechtsdialog im diskursiven Verbund ist die Vorstellung von einer gemeinsamen, aber möglicherweise differenzierten Grundrechtsordnung bereits eine Voraussetzung für den Dialog überhaupt. Die Anstoßfunktion für die Grundrechtsentwicklung, die einzelstaatliche Grundrechtsgerichte gerade aufgrund ihrer institutionellen Unterschiede zu föderalen Grundrechtsgerichten ausüben können, zielt jedenfalls in der Vision des *New Judicial Federalism* nicht auf eine differenzierte Rechtsentwicklung, sondern auf eine Verbesserung des Grundrechtsschutzes insgesamt. Auch die – nicht unproblematische – Vorstellung von einem föderalen Grundrechtswettbewerb zielt letztlich weniger auf einen in der Sache differenzierten als auf einen durch den Gerichtswettbewerb als Anreizstruktur und als Entdeckungsverfahren insgesamt verbesserten Grundrechtsschutz. Mit dieser materiell-rechtlichen Verschleifung der Grundrechtsordnungen geht tendenziell eine gelockerte Textbindung der Grundrechtsjudikatur einher. Zudem führt sie, als Kehrseite der Dynamik, zu einem Verlust an Vorhersehbarkeit und Berechenbarkeit.

Es gibt im föderalen System durchaus strukturelle Gründe für die Annahme, dass mittelfristig aus systemischen Gründen eine Tendenz eher zur Ausweitung denn zur Restriktion verfassungsmäßiger Rechte besteht, gerade weil der Vorrang des Bundesrechts nur einseitig weitergehende Rechte in den Einzelstaaten zulässt, nicht aber ein Beschneiden bundesrechtlicher Gewährleistungen.[369] Das Potential der Redundanz, das mit einer föderalen Struktur verbunden ist, realisieren aber nur Ansätze, die auf eine dynamische Interaktion der Gerichte setzen.

Die Bedingungen des Diskurses verweisen dabei auf Voraussetzungen, die eine plausible Rekonstruktion der Bedingungen auch des Grundrechtsdialogs zwischen den Gerichten erlauben. Zwei dieser Voraussetzungen seien an dieser Stelle noch einmal besonders hervorgehoben: Voraussetzung des Dialogs ist zunächst, dass ein gemeinsamer Gegenstand gegeben ist. Die Grundrechtsjudikatur auf den verschiedenen Ebenen darf demnach nicht vollständig separiert sein.

---

369 *W. N. Eskridge, Jr./J. A. Ferejohn*, S. Cal. L. Rev. 68 (1996) 6, S. 1545 (1559).

Zudem sind unterschiedliche Standpunkte erforderlich, die für institutionelle Akteure durch eine unterschiedliche institutionelle Stellung vermittelt werden können. Aus diesem Grund scheint es wenig aussichtsreich, die Perspektive allein auf den Gerichtsdialog zu richten. Das Beispiel der USA zeigt, dass zu einem Wandel gerade die Dynamik führen kann, die durch die Reaktion auf Gerichtsentscheidungen Prozesse demokratischer Deliberation in Gang gesetzt wird.

In diesen Prozessen können sich Rechte langfristig etablieren, indem ein neuer Konsens herbeigeführt wird. Die Notwendigkeit, die eigene Rechtsprechung auch im Verhältnis zu anderen Grundrechtsgerichten potentiell rechtfertigen zu müssen, schafft ein Element der Richtigkeitsgewähr, das zur Rechtfertigung der »Verdoppelung« der Grundrechtsgerichtsbarkeit beiträgt. Finden Gerichte unabhängig voneinander zu übereinstimmenden Grundrechtsinterpretationen, so sind diese in besonderer Weise legitimiert. Zugleich erleichtert die Verdoppelung auch die Überprüfung etablierter Rechtsprechungslinien und kann durch wechselseitige Herausforderung dazu beitragen, einer Versteinerung der Rechtsprechung vorzubeugen und auf diese Weise doch auch eine Anstoßfunktion für den demokratischen Wandel erfüllen.

Während die dem Leitbild der Separation verpflichteten Ansätze nicht unbedingt auch eine materiell-rechtliche Eigenständigkeit der Grundrechtsordnungen versprechen, setzen gerade die mit am Leitbild der Redundanz ausgerichteten Modelle der institutionellen Differenzierung, des Grundrechtswettbewerbs und des Dialogs einen hinreichenden Selbststand auch der einzelstaatlichen Grundrechtsgerichte voraus. Deren beschränkte Spielräume, wie im 4. Kapitel analysiert, sind daher gerade für die Funktionsweise dieser Modelle problematisch. Möglichkeiten zur Stärkung ihrer Rolle werden sogleich im 6. Kapitel vorgestellt.

6. Kapitel

Föderale Grundrechtsvielfalt – Dogmatik und Strategien

Anknüpfend an die Leitbilder Separation und Redundanz, die eine Antwort auf die Frage der normativen Rechtfertigung einer verdoppelten Grundrechtsgerichtsbarkeit geben, nimmt nun das 6. Kapitel eine doppelte Perspektive ein.

Zum einen analysiert es dogmatische Figuren, mit denen die Gerichte auf der föderalen Ebene Zurückhaltung üben und damit Grundrechtsvielfalt durch Separation der Grundrechtssphären ermöglichen oder aber das Potential der Redundanz für die Grundrechtsdynamik in der föderalen Struktur würdigen. Diese dogmatischen Figuren reflektieren die institutionellen Unterschiede zwischen den Grundrechtsgerichten. Bekanntlich ist die »handlungsanleitende Kraft« eines funktionell-rechtlichen Ansatzes beschränkt:[1] Aus der institutionellen Stellung und der relativen Kompetenz eines Organs lässt sich schlecht unmittelbar etwas ableiten, etwa für den anwendbaren Kontrollmaßstab oder die Kontrolldichte. Umso wichtiger ist daher die Analyse der tatsächlichen Praxis und der Vergleich dieser Praxis in verschiedenen föderalen Strukturen (A.).

Zum anderen untersucht das 6. Kapitel Strategien einzelstaatlicher Gerichte zur Stärkung ihrer Rolle als Grundrechtsgerichte. Ihre Stellung ist denen der zentralen Gerichte grundsätzlich unterlegen. Insbesondere die Landesverfassungsgerichte in Deutschland können nicht mit einem dem Bundesverfassungsgericht vergleichbaren Zugang bedeutsamer Fälle rechnen. Ihnen fehlen zum Teil die entsprechenden Zuständigkeiten, zum Teil auch die Prüfungsmaßstäbe. Zudem sind Umfang und Gewicht der zulässigen Prüfungsgegenstände geringer, weil sie sich auf Landesgesetze und Urteile von Gerichten des Landes beschränken. Dementsprechend setzen die Strategien zur Stärkung der einzelstaatlichen Grundrechtsgerichte bei den Prüfungsmaßstäben und beim Prüfungsgegenstand an (B.).

---

[1] Allgemein *A. Voßkuhle*, in: H. von Mangoldt u.a. (Hrsg.), Kommentar zum Grundgesetz, Bd. III, 6. Aufl. 2010, Art. 93, Rn. 41.

A. Stärkung föderaler Vielfalt in der Dogmatik der zentralen Gerichte

Wie gesehen, schwächen die Grundrechtsdogmatik des Bundesverfassungsgerichts überhaupt und die Ausgestaltung des Verhältnisses von Bundesverfassungsgericht und Landesverfassungsgerichten tendenziell die föderale Grundrechtsvielfalt und die Rolle der Landesverfassungsgerichte. Mit Blick auf eine Stärkung föderaler Vielfalt in der Dogmatik der zentralen Gerichte von besonderem Interesse sind demgegenüber bestimmte *doctrines* der *federal jurisdiction* in der Rechtsprechung des *U.S. Supreme Court*, namentlich die *independent and adequate state grounds doctrine* und die *abstention doctrines* (I.). Auf der Grundlage einer Analyse dieser Doktrinen und der Vorarbeit in den vorstehenden Kapiteln können sodann Ansätze für den EuGH – variable Kontrolldichte, Orientierung am Konsens der Mitgliedstaaten und die Unterscheidung zwischen Substanz und Verfahren bei der Handhabung des Beurteilungsspielraums – analysiert und weiterentwickelt werden. Sie entsprechen einem Modell ›moderierter Redundanz‹, in dem sich individuelle und demokratische Selbstbestimmung auf den verschiedenen Ebenen überzeugend miteinander verknüpfen lassen (II.).

I. *Federal Jurisdiction Doctrines*

Im Gerichtsföderalismus der USA begrenzt der *U.S Supreme Court* seine Jurisdiktion im Verhältnis zu den *state courts* auf der Grundlage der *independent and adequate state grounds doctrine* (1.) und der *abstention doctrines* (2.). Innerhalb seiner Jurisdiktion wendet der Gerichtshof die in den 14. Zusatzartikel inkorporierten Grundrechte sodann grundsätzlich ohne Abstriche auch auf die Einzelstaaten an. Eine Figur wie die einer *margin of appreciation* ist dem *U.S. Supreme Court* grundsätzlich fremd (3.). Allgemein lassen diese Jurisdiktionsregeln keine klaren Aussagen für die Situation zu, in der Rechte sowohl nach der einzelstaatlichen Verfassung als auch nach der Bundesverfassung geltend gemacht werden. Die einschlägigen Regeln dazu sind komplex und sollen drei Anliegen zugleich verfolgen, die nicht stets konfliktfrei miteinander zu vereinbaren sind: Zunächst sollen Urteile auf der Grundlage der Bundesverfassung nach Möglichkeit vermieden werden (»avoidance principle«). Zum zweiten sollen einzelstaatliche Gerichte die primären Interpreten des einzelstaatlichen Rechts sein (»local interpretation principle«). Schließlich sollen keine Hindernisse für die Geltendmachung bundesrechtlicher Rechte vor Bundesgerichten bestehen (»open door principle«).[2]

[2] *R. A. Schapiro*, in: J. A. Gardner/J. Rossi (Hrsg.), New Frontiers of State Constitutional Law, 2011, S. 103 (112).

Die Analyse von *independent and adequate state grounds doctrine* und *abstention doctrines* wird wiederum bestätigen, dass eine auf den Gegensatz von Einheit und Vielfalt beschränkte Perspektive in ihrem Erklärungswert für den Grundrechtsföderalismus beschränkt ist: Die Rechtsprechung zur *independent and adequate state grounds doctrine* verarbeitet zugleich die Spannung zwischen individueller und demokratischer Selbstbestimmung. Die *abstention doctrines* sind gleichfalls nicht allein Ausdruck föderaler Zurückhaltung. Zugleich ist sie die Konsequenz der Zurückhaltung des *U.S. Supreme Court* gerade in seiner Funktion als Verfassungsgericht gegenüber der Auslegung des einfachen Rechts durch die einzelstaatlichen Gerichte.

1. *Independent and Adequate State Grounds Doctrine*

Unter den Doktrinen der *federal jurisdiction* erlaubt zunächst die *independent and adequate state grounds doctrine* den einzelstaatlichen Gerichten eine eigenständige Entfaltung von Grundrechten. Danach unterliegt die Entscheidung eines einzelstaatlichen Gerichts jedenfalls dann nicht der Überprüfung durch den *U.S. Supreme Court*, wenn das einzelstaatliche Obergericht klar und ausdrücklich erklärt, dass die Entscheidung in angemessener Weise auf vom Bundesrecht unabhängige Gründe gestützt wird. Die Doktrin lässt sich in der Rechtsprechung des *U.S. Supreme Court* bis in das 19. Jahrhundert zurückverfolgen [a)]. Voraussetzungen für den Ausschluss der Kontrolle der *state supreme courts* durch den *U.S. Supreme Court* sind die Angemessenheit [b)] und Unabhängigkeit [c)] der auf das einzelstaatliche Recht bezogenen Gründe, die eine Entscheidung des *state supreme court* tragen (»state ground«). Bei genauerer Betrachtung der tatsächlichen Praxis zeigt sich indes, dass die Wirkungen der Rechtsfigur für die Grundrechtsvielfalt durchaus ambivalent sind [d)].

a) Grundlagen

Die *independent and adequate state grounds doctrine* besagt, dass der *U.S. Supreme Court* einen Fall nicht in der Sache entscheidet, wenn die Entscheidung des obersten Gerichts eines Einzelstaates auf Gründen des einzelstaatlichen Rechts beruht, die unabhängig vom Bundesrecht sind und das Entscheidungsergebnis in angemessener Weise tragen.[3] Der *U.S. Supreme Court* weist danach einen Fall zurück, wenn die Aufhebung der auf Bundesrecht beruhenden Entscheidung des einzelstaatlichen Gerichts die Fallentscheidung im Ergebnis nicht beeinflusst, weil das Ergebnis unabhängig davon auf der Grundlage der auf das

---

[3] S. insbesondere U.S. Supreme Court, *Michigan v. Long*, 436 U.S. 1032 (1983); *Fox Film Corp. v. Muller*, 296 U.S. 207, 210 (1935); *Murdock v. City of Memphis*, 87 U.S. 590, 635 f. (1874).

Recht des Einzelstaats gestützten parallelen Begründungserwägungen des einzelstaatlichen Gerichts aufrechterhalten werden kann.[4]

Die Doktrin gilt auch für die Grundrechtskontrolle. Sie soll unnötige Verfahren vor dem *U.S. Supreme Court* vermeiden und verhindern, dass dieser entgegen Art. III Sect. 2 Cl. 1 U.S. Const. (*case or controversy clause*) bloße Rechtsgutachten erstattet. Andererseits trägt sie der föderalen Struktur Rechnung und ist Ausdruck des Respekts gegenüber dem Recht der Einzelstaaten und den einzelstaatlichen Gerichten (*comity*).[5] Ob die Entscheidung eines einzelstaatlichen Gerichts auf Bundesrecht oder einzelstaatlichem Recht beruht, ist ein keineswegs triviales Problem, das den *U.S. Supreme Court* bereits lange beschäftigt. Als gefestigte Regel gilt: Falls ein Urteil zugleich auf einem bundesrechtlichen und einem nicht bundesrechtlichen Grund beruht, ist die Zuständigkeit des *U.S. Supreme Court* nicht gegeben, sofern der nicht bundesrechtliche Entscheidungsgrund unabhängig vom bundesrechtlichen Grund ist und in angemessener Weise die Entscheidung trägt.[6] Zitiert ein einzelstaatliches Gerichte neben der *Federal Bill of Rights* auch die *Bill of Rights* des betreffenden Bundesstaats, um der Klage eines Bürgers gegen den Bundesstaat stattzugeben, so ist damit freilich noch nicht gesagt, dass es die einzelstaatliche *Bill of Rights* als in diesem Sinne unabhängigen Kontrollmaßstab heranzieht. Vielmehr kann das Gericht ein Grundrecht der einzelstaatlichen Verfassung auch bloß deshalb zitieren, weil es dieses für eine Entsprechung des Bundesgrundrechts hält.[7]

Die Wurzel der *independent and adequate state grounds doctrine* liegt bereits in der Entscheidung im Fall Murdock v. City of Memphis von 1874.[8] Damals legte der *U.S. Supreme Court* Section 25 des *Judiciary Act* in der Fassung von 1867 dahingehend aus, dass seine Rechtsmittelzuständigkeit Fragen nicht erfasse, die nicht dem Bundesrecht zuzuordnen sind. Stellten sich in einem Fall sowohl bundesrechtliche Fragen als auch Fragen des einzelstaatlichen Rechts, so prüfe der *U.S. Supreme Court* die bundesrechtliche Frage und bestätige das einzelstaatliche Gericht gegebenenfalls auf dieser Grundlage. Habe das einzelstaatliche Gericht die bundesrechtliche Frage falsch entschieden, prüfe der Gerichtshof, ob sich diese Entscheidung auf einen alternativen *state law ground* stützen lasse, der trotz der fehlerhaften Anwendung des Bundesrechts die Entscheidung

---

[4] *E. Chemerinsky*, Federal Jurisdiction, 6. Aufl. 2012, S. 735.

[5] *M. G. Simon*, Alb. L. Rev. 66 (2003) 3, S. 969 (971); *E. A. Purcell, Jr.*, in: V. C. Jackson/J. Resnik (Hrsg.), Federal Courts Stories, 2010, S. 115 (118 f.).

[6] U.S. Supreme Court, *Fox Film Corp. v. Muller*, 296 U.S. 207, 210 (1935): »the case is controlled by the settled rule that where the judgment of a state court rests upon two grounds, one of which is federal and the other non-federal in character, our jurisdiction fails if the nonfederal ground is independent of the federal ground and adequate to support the judgment.«

[7] *A. Althouse*, Duke L.J. 42 (1993) 5, S. 979 (985).

[8] S. zur Geschichte der Doktrin *E. A. Purcell, Jr.*, in: V. C. Jackson/J. Resnik (Hrsg.), Federal Courts Stories, 2010, S. 115 (116–118).

tragen könne. Sofern sich das einzelstaatliche Gericht auf einen solchen *state law ground* gestützt habe, nehme der *U.S. Supreme Court* dies einfach hin, ohne zu prüfen, ob die Frage des *state law* korrekt entschieden worden sei. Dagegen hebe der *U.S. Supreme Court* die Entscheidung des einzelstaatlichen Gerichts auf, falls kein hinreichender alternativer *state law ground* bestehe.[9]

Diesen Ansatz modifizierte der Gerichtshof später in der Entscheidung Eustis v. Bolles und legte damit die Grundlage für die moderne *independent and adequate state grounds doctrine*.[10] Statt mit der Überprüfung der bundesrechtlichen Frage begann der Gerichtshof nunmehr mit der Prüfung, ob der *state law ground* hinreiche, die Entscheidung des einzelstaatlichen Gerichts zu tragen. In diesem Fall würde er das Rechtsmittel zurückweisen oder aber die Entscheidung bestätigen, ohne sich mit den dort aufgeworfenen bundesrechtlichen Fragen zu befassen.[11] Sofern das Bundesrecht fallentscheidend sein sollte, prüfe der Gerichtshof die bundesrechtliche Frage und entscheide auf dieser Grundlage. Daraufhin etablierte sich die folgende Regel:

> [W]here the judgment of a state court rests on two grounds, one of which is federal and the other nonfederal in character, our jurisdiction fails if the nonfederal ground is independent of the federal ground and adequate to support the judgment.[12]

Der Gerichtshof hat dabei stets offengelassen, ob die *independent and adequate state grounds doctrine* unmittelbar in der Verfassung wurzelt, der Auslegung seiner gesetzlich definierten Jurisdiktion entspricht oder aber ein vom Gerichtshof im freien Ermessen etabliertes *federal procedural common law* bildet.[13]

Die Doktrin lädt die einzelstaatlichen Gerichte dazu ein, eine auf nicht bundesrechtliche Erwägungen gestützte Entscheidungsbegründung zu formulieren und auf diese Weise ihre Entscheidungen gegen eine Überprüfung durch den *U.S. Supreme Court* zu immunisieren. Dazu bieten sich die einzelstaatlichen Grundrechtskataloge an, die den einzelstaatlichen Gerichten ja parallel zur Bundesverfassung als Prüfungsmaßstab zur Verfügung stehen. Diese Immunisierung entsprach der Praxis einzelstaatlicher Gerichte in Grundrechtsfällen in den 1960er Jahren, mit der sie verhindern wollten, dass der *U.S. Supreme Court* ihre auf ein restriktives Grundrechtsverständnis gestützten Urteile aufhebt.[14]

---

[9] U.S. Supreme Court, *Murdock v. City of Memphis*, 20 Wall. (87 U.S.) 590, 635 f. (1875).

[10] U.S. Supreme Court, *Eustis v. Bolles*, 150 U.S. 361 (1893).

[11] S. etwa U.S. Supreme Court, *Nickel v. Cole*, 256 U.S. 222, 225 (1921); *Fox River Paper Company et al. v. Railroad Commission of Wisconsin*, 274 U.S. 651, 655 (1927).

[12] U.S. Supreme Court, *Fox Film Corp. v. Muller*, 296 U.S. 207, 210 (1935) m.w.N.

[13] Im letztgenannten Sinne *R. A. Matasar/G. S. Bruch*, Colum. L. Rev. 86 (1986) 7, S. 1291.

[14] S. etwa U.S. Supreme Court, *Henry v. Mississippi*, 379 U.S. 443 (1965); *NAACP v. Alabama ex rel. Flowers*, 377 U.S. 288 (1964); *Wright v. Georgia*, 373 U.S. 284 (1963); *NAACP v. Alabama ex rel. Patterson*, 357 U.S. 449 (1958); *Williams v. Georgia*, 349 U.S. 375 (1955); vgl. *E. Chemerinsky*, Federal Jurisdiction, 6. Aufl. 2012, S. 739.

Der Gerichtshof sah sich daher veranlasst, eine Art Missbrauchsverbot zu der Doktrin zu entwickeln.[15]

b) Angemessenheit

Eine auf das einzelstaatliche Recht gestützte Urteilsbegründung gilt als angemessen (»adequate«), wenn sie für sich betrachtet hinreicht, um das Urteil unabhängig davon zu tragen, ob die Beurteilung der bundesrechtlichen Frage vom Bundesgericht bestätigt oder verworfen wird.[16] Unangemessen ist die auf das einzelstaatliche Recht gestützte Begründung, wenn die sie tragenden Bestimmungen einzelstaatlichen Rechts in der Auslegung der *state courts* die Bundesverfassung verletzen,[17] wie etwa auch die Anwendung vordergründig neutraler *state laws* zur Rechtfertigung rassendiskriminierender Praktiken.[18]

Die Frage nach der Angemessenheit war generell von größerer Bedeutung als die nach der Unabhängigkeit. Das Angemessenheitskriterium stellte sicher, dass die einzelstaatlichen Gerichte sich nicht manipulativ der Überprüfung durch den *U.S. Supreme Court* entziehen konnten.[19] Besonders differenziert und auch strenger ist die Rechtsprechung des *U.S. Supreme Court* zur Angemessenheit von Begründungen, die auf prozessuale Erwägungen des einzelstaatlichen Rechts gestützt sind. Prozessurteile dürfen unter anderem nicht im Widerspruch zu den Erfordernissen des *due process* stehen.[20] Insoweit besteht eine Parallele zu den Sachgründen, die nicht auf einzelstaatliches Recht gestützt sein dürfen, das im Widerspruch zur Bundesverfassung steht. Allerdings gelten darüber hinaus solche prozessrechtlichen Gründe nicht als angemessen, die die Geltendmachung bundesrechtlich gewährleisteter Rechte erheblich erschweren, ohne einem wichtigen Interesse des Staates zu dienen.[21]

---

[15] Ebd., S. 740, 748–750.

[16] S. etwa U.S. Supreme Court, *Enterprise Irrigation District v. Farmers' Mutual Canal Co.*, 243 U.S. 157, 164 (1917); *R. A. Matasar/G. S. Bruch*, Colum. L. Rev. 86 (1986) 7, S. 1291 (1292–1293), Fn. 2; *E. Chemerinsky*, Federal Jurisdiction, 6. Aufl. 2012, S. 740–741.

[17] S. etwa U.S. Supreme Court, *Terre Haute and Indianapolis R.R. Co. v. Indiana*, 194 U.S. 579 (1904); *Union Pacific R.R. Co. v. Public Serv. Comm'n of Mo.*, 248 U.S. 67 (1918); *Staub v. City of Baxley*, 355 U.S. 313 (1958).

[18] U.S. Supreme Court, *NAACP v. Alabama ex rel. Patterson*, 357 U.S. 449 (1958); *Wright v. Georgia*, 373 U.S. 284 (1963); *NAACP v. Alabama ex rel. Flowers*, 377 U.S. 288 (1964).

[19] S. etwa U.S. Supreme Court, *Leathe v. Thomas*, 207 U.S. 93, 99 (1907); *Vandalia R.R. Co. v. Indiana*, 207 U.S. 359, 367 (1907); vgl. *E. A. Purcell, Jr.*, in: V. C. Jackson/J. Resnik (Hrsg.), Federal Courts Stories, 2010, S. 115 (119).

[20] U.S. Supreme Court, *Brinkerhoff-Faris Trust & Savings Co. v. Hill*, 281 U.S. 673 (1930); *Reece v. Georgia*, 350 U.S. 85 (1955).

[21] *D. J. Meltzer*, Harv. L. Rev. 99 (1986) 6, S. 1128 (1142); s. etwa U.S. Supreme Court, *Rogers v. Alabama*, 192 U.S. 226 (1904); *Davis v. Wechsler*, 263 U.S. 22 (1923).

Als wichtiger Fall gilt insoweit nach wie vor Henry v. Mississippi von 1965.[22] Justice Brennan betonte für die Gerichtsmehrheit die Notwendigkeit, zwischen materiell-rechtlichen und prozeduralen *state grounds* zu unterscheiden. Nur im Fall von *substantive state grounds* kann sich die Situation ergeben, dass sich das Urteil des *U.S. Supreme Court* als nicht fallentscheidendes »Gutachten« herausstellt, weil die Entscheidung des *state court* auf der Grundlage der *state grounds* aufrechterhalten werden kann. Anders verhält es sich, wenn der *state ground* ausschließlich prozeduraler Natur ist. Ein prozessuales Versäumnis einer Partei, das die Anfechtung eines Urteils ausschließt, verhindere die Durchsetzung eines bundesrechtlich gewährleisteten Rechts. Deshalb sei die Beurteilung der Frage, ob prozedurale Regeln die Befassung des *U.S. Supreme Court* mit einer bundesrechtlichen Frage ausschließen können, selbst eine bundesrechtliche Frage. Die Anwendung einer prozeduralen Ausschlussregel muss stets einem legitimen Interesse des Staates, etwa an einer angemessenen Beweiswürdigung im Strafverfahren, dienen und darf keine bloß leere Form sein.[23] Allerdings hat der *U.S. Supreme Court* auch nach dem Urteil Henry v. Mississippi keine kohärente Rechtsprechung dazu entwickelt, was ein legitimes Interesse darstellt, sondern neigt dazu, von Fall zu Fall zu entscheiden.[24] Inzwischen ist der *U.S. Supreme Court* insgesamt zurückhaltender in der Kontrolle der *state courts*.[25]

c) Unabhängigkeit

Ein *independent state law ground* muss ein Urteil alleine tragen und darf nicht von Bundesrecht beeinflusst sein.[26] Das einzelstaatliche Gericht muss sich explizit auf einen *state ground* bezogen haben.[27] Nicht unabhängig ist ein *state ground*, wenn das einzelstaatliche Recht nur Bundesrecht inkorporiert, was etwa bei einzelstaatlichen Grundrechtsgewährleistungen der Fall sein kann, die das einzelstaatliche Gericht nicht unabhängig von der föderalen Gewährleistung der *Bill of Rights* auslegt.[28]

---

[22] U.S. Supreme Court, *Henry v. Mississippi*, 379 U.S. 443 (1965); vgl. *A. Hill*, Colum. L. Rev. 65 (1965) 6, S. 943; *R. J. Glennon*, Tenn. L. Rev. 61 (1994) 3, S. 869;. *E. Chemerinsky*, Federal Jurisdiction, 6. Aufl. 2012, S. 746; zur Kritik s. *T. Sandalow*, Sup. Ct. Rev. 1965, S. 187 (197 f.).

[23] U.S. Supreme Court, *Henry v. Mississippi*, 379 U.S. 443, 446–449 (1965).

[24] S. etwa U.S. Supreme Court, *Douglas v. Alabama*, 380 U.S. 415 (1965); *Parker v. North Carolina*, 397 U.S. 790 (1970).

[25] *E. Chemerinsky*, Federal Jurisdiction, 6. Aufl. 2012, S. 746 f.

[26] U.S. Supreme Court, *Minnesota v. National Tea Co.*, 309 U.S. 551, 556 f. (1940); s. auch *E. A. Purcell, Jr.*, in: V. C. Jackson/J. Resnik (Hrsg.), Federal Courts Stories, 2010, S. 115 (118): »based solely on a state law ground that was uninfluenced by any felt compulsion of federal law«.

[27] U.S. Supreme Court, *Caldwell v. Mississippi*, 472 U.S. 320, 327 (1985).

[28] S. etwa U.S. Supreme Court, *Delaware v. Prouse*, 440 U.S. 648 (1979); *South Dakota v. Neville*, 459 U.S. 553, 556 f., Fn. 5 (1983).

Der Gerichtshof verfolgte diesen Ansatz zunächst nicht konsequent, sondern erst seit der Entscheidung Lynch v. New York von 1934.[29] Bereits wenig später änderte der Gerichtshof seine Herangehensweise im Fall Minnesota v. National Tea Company. In diesem Fall war unklar, ob sich der *Minnesota Supreme Court* auf die Bundesverfassung oder die Verfassung von Minnesota bezogen hatte. Der *U.S. Supreme Court* entschied daher, dass das Urteil aufzuheben und der Fall an den *Minnesota Supreme Court* zurückzuverweisen sei, um Fragen des Bundesrechts und des einzelstaatlichen Rechts zu trennen.[30] Später ging der *U.S. Supreme Court* dazu über, das Verfahren auszusetzen und den Fall zur Klärung dieser Frage an das oberste einzelstaatliche Gericht zurückzuverweisen.[31] Schließlich entwickelte der *U.S. Supreme Court* die Praxis, selbst zu entscheiden, ob und in welchem Umfang Bundesrecht oder einzelstaatliches Recht Grundlage der Entscheidung des einzelstaatlichen Gerichts war.[32]

Das Problem dieser Vorgehensweise wurde im Fall Michigan v. Long deutlich. Der Beschuldigte Long war von der Polizei wegen einer Geschwindigkeitsüberschreitung und seines auffälligen Fahrverhaltens im Straßenverkehr zum Anhalten aufgefordert worden. Die Polizei verfolgte seinen Wagen und fand ihn schließlich in einem Straßengraben. Long stand offensichtlich unter Drogeneinfluss. Durch die offene Wagentür erblickten die Polizisten im Fußraum des Wagens ein Jagdmesser. Sie durchsuchten zunächst Long und dann seinen Wagen, vorgeblich nach weiteren Waffen. Auf dem Vordersitz fanden sie eine offene Tasche mit Marihuana und verhafteten Long. Sodann durchsuchten sie den restlichen Innenraum des Fahrzeugs und öffneten schließlich den nicht verschlossenen Kofferraum, wo sie etwa 75 Pfund Marihuana fanden. Der *Michigan Court of Appeals* ordnete die Durchsuchung des Fahrzeuginnenraums als rechtmäßige »protective search«,[33] die des Kofferraums als ebenfalls rechtmäßige »inventory search« ein.[34]

Der *Michigan Supreme Court* hob Longs Verurteilung mit der Begründung auf, die Polizei hätte seinen Wagen nur durchsuchen dürfen, wenn dies zum Schutz der Polizeibeamten oder anderer Personen notwendig gewesen wäre (»protective search«). Die Durchsuchung weder des Wageninneren noch des Kofferraums sei zulässig gewesen, weswegen die gesamte Menge Marihuana als Beweismittel nicht rechtmäßig erlangt sei.[35] Dabei zitierte der *Michigan*

---

[29] U.S. Supreme Court, *Lynch v. New York*, 293 U.S. 52 (1934).

[30] U.S. Supreme Court, *Minnesota v. National Tea Company*, 309 U.S. 551, 554–557 (1940).

[31] U.S. Supreme Court, *Herb v. Pitcairn*, 324 U.S. 117, 128 (1945).

[32] S. etwa U.S. Supreme Court, *Texas v. Brown*, 460 U.S. 730 (1983).

[33] S. zur »protective search« den Präzedenzfall U.S. Supreme Court, *Terry v. Ohio*, 392 U.S. 1 (1968).

[34] *People v. Long*, 94 Mich. App. 338, 344, 347, 288 N.W.2d 629, 631, 633 (1979).

[35] Supreme Court of Michigan, *People v. Long*, 320 N.W.2d 866, 868 (Mich. 1982).

Supreme Court sowohl die Bundesverfassung (4. Zusatzartikel) als auch die Verfassung des Bundesstaats Michigan. Der *U.S. Supreme Court* nahm den Fall im *certiorari*-Verfahren an und befasste sich zunächst mit dem Einwand, ihm fehle es an einer Jurisdiktionsbefugnis, weil die Entscheidung des *Michigan Supreme Court* auf »adequate and independent state grounds« beruhe. Der *U.S. Supreme Court* stellte dazu fest, dass es unangebracht sei, wenn er sich zur Klärung der Frage mit dem einzelstaatlichen Recht befasse, mit dem er nicht vertraut sei. Verzögerungen und Ineffizienz wären die Folge. Aus diesem Grund formulierte Justice O'Connor für die Gerichtsmehrheit eine neue (Vermutungs-)Regel:[36]

> [W]hen, as in this case, a state court decision fairly appears to rest primarily on federal law, or to be interwoven with the federal law, and when the adequacy and independence of any possible state law ground is not clear from the face of the opinion, we will accept as the most reasonable explanation that the state court decided the case the way it did because it believed that federal law required it to do so. If a state court chooses merely to rely on federal precedents [...], then it need only make clear by a *plain statement* in its judgment or opinion that the federal cases are being used only for the purpose of guidance [...]. If the state court decision indicates clearly and expressly that it is alternatively based on bona fide separate, adequate, and independent grounds, we, of course, will not undertake to review the decision.[37]

Die Entscheidung eines einzelstaatlichen Gerichts unterliegt demnach jedenfalls dann nicht der Überprüfung durch den *U.S. Supreme Court*, wenn sie klar und ausdrücklich erklärt, dass sie in angemessener Weise auf vom Bundesrecht unabhängige Gründe gestützt wird. Als Gründe für diese Regel führte O'Connor den Schutz der Integrität des Bundesrechts durch eine konsistente Interpretation durch den *U.S. Supreme Court* und die Anerkennung der Autonomie der einzelstaatlichen Gerichte an, die das einzelstaatliche Recht ohne die Einmischung der Bundesgerichte entwickeln können sollen. Außerdem sollten sich die einzelstaatlichen Gerichte nicht zur Zuständigkeit des *U.S. Supreme Court* erklären müssen. Weiterhin sollten dessen Ressourcen geschont werden und er nicht länger einzelstaatliches Recht untersuchen und keine nicht fallentscheidenden Rechtsgutachten erstatten müssen. Solche bloßen Rechtsgutachten würde der *U.S. Supreme Court* verfassen, wenn die obersten einzelstaatlichen Gerichte nach einer Zurückverweisung ihre Entscheidung nicht im Ergebnis abänderten, sondern lediglich auf einzelstaatliches Recht statt auf Bundesrecht stützten.[38]

Der *U.S. Supreme Court* bestätigte diese Formel im Urteil Arizona v. Evans: Sie stelle es den einzelstaatlichen Gerichten völlig frei, die verfassungsrechtlichen Bestimmungen der Einzelstaaten so auszulegen, dass sie den individuellen Rechten einen größeren Schutz gewähren als ähnliche Bestimmungen der Bun-

---

[36] U.S. Supreme Court, *Michigan v. Long*, 463 U.S. 1032, 1037–1040 (1983).

[37] Ebd., S. 1040 f. (Herv. TK).

[38] Ebd., S. 1041.

desverfassung. So könnten die einzelstaatlichen Gerichte auch als »Versuchslaboratorien« dienen.[39]

d) Erfahrungen mit der Long-Formel

Zieht man eine Bilanz der Erfahrungen mit der Long-Formel, so hat sie die Autonomie der *state courts* kaum gestärkt oder Belange der Bundesstaatlichkeit befördert [aa)]. Allerdings stellt sie sicher, dass sich die *state supreme courts* nicht durch eine sogenannte »*dual reliance*« *technique* zugleich einer Kontrolle durch den *U.S. Supreme Court* und einer demokratischen Kontrolle im Einzelstaat selbst entziehen [bb)]. Die Long-Formel dient dementsprechend entgegen den Verlautbarungen des *U.S. Supreme Court* also jedenfalls nicht allein der Bundesstaatlichkeit, sondern durchaus auch der demokratischen Legitimation der Rechtsprechung. Allerdings zögern die einzelstaatlichen Gerichte aus verschiedenen Gründen doch, das erforderliche *plain statement* abzugeben [cc)]. Die Interessenlage der *state courts* unterscheidet sich dabei danach, ob der *state ground* materiell-rechtlicher oder prozeduraler Natur ist [dd)].

aa) Auswirkungen im *Judicial Federalism*

In den beiden folgenden Jahrzehnten wandte der *U.S. Supreme Court* die Long-Vermutungsregel mehr als vierzigmal an, zumeist in strafrechtlichen Fällen, allerdings mit einer klar rückläufigen Tendenz. Dabei erweiterte der Gerichtshof den Anwendungsbereich der Formel auf verschiedene Rechte einschließlich Verfahrensrechten und auch auf *habeas corpus*-Fälle.[40] Eine gewisse Ergebnisorientierung ist dabei wohl nicht von der Hand zu weisen.[41] Verschiedene dissentierende Richter kritisierten die Formel sowohl im Fall Michigan v. Long als auch im Fall Arizona v. Evans. In einer besonders wichtigen *dissenting opinion* bemerkte Justice Ginsburg im Gegensatz zur Gerichtsmehrheit, dass die in Long formulierte Vermutung, anders als von der Gerichtsmehrheit dargestellt, die Möglichkeiten der Staaten beschränke, als Laboratorien zum Austesten von Lösungen für neue Rechtsfragen zu dienen.[42] Die Vermutung sei ein unzuverlässiges »Barometer« für den Willen der *state courts*, habe ihre Wirkung verfehlt und im Gegenteil verfahrensbeendende Entscheidungen des *U.S. Supreme Court* verhindert.[43] Unterstützung fand die Long-Formel vor allem von den zehn Richtern, die in Grundrechtsfragen eher der Regierungsseite zuneigten. Im Ergebnis diente sie sowohl der Erweiterung der Jurisdiktion des

---

[39] U.S. Supreme Court, *Arizona v. Evans*, 514 U.S. 1, 8 (1995).

[40] U.S. Supreme Court, *Harris v. Reed*, 489 U.S. 255 (1989); *Coleman v. Thompson*, 501 U.S. 722 (1991); vgl. *M. Esler*, Alb. L. Rev. 66 (2003) 3, S. 835 (836–839).

[41] *E. Chemerinsky*, Federal Jurisdiction, 6. Aufl. 2012, S. 761.

[42] U.S. Supreme Court, *Arizona v. Evans*, 514 U.S. 1, 24 (1995) (Ginsburg, J., dissenting).

[43] Ebd., S. 31–34.

U.S. Supreme Court als auch den Interessen der einzelstaatlichen Behörden, die sich mit Klagen von Bürgern wegen Verletzung ihrer Rechte konfrontiert sahen.[44]

In der Praxis hat die Long-Vermutung die Autonomie der *state courts* kaum gestärkt oder Belange der Bundesstaatlichkeit befördert.[45] Die einzelstaatlichen Gerichte haben nur in etwas mehr als einem Drittel der geeigneten Fälle versucht, eine Überprüfung durch den *U.S. Supreme Court* dadurch auszuschließen, dass sie klar formulierten, ihre Entscheidung beruhe auf dem Recht des Einzelstaats.[46] Der *U.S. Supreme Court* stellte teilweise sehr hohe Anforderungen sowohl an die Klarheit der Formulierung als auch an die *bona fides*-Gründe für eine Entscheidung nach einzelstaatlichem Recht, insbesondere wenn er eine Rechtsfrage entscheiden wollte.[47] Allerdings ist nach Justice O'Connors Formulierung im Urteil Long nicht stets ein *plain statement* erforderlich, wenn nur klar ist, dass eine Entscheidung hauptsächlich auf *state law* beruht. Werden einzelstaatliches Recht und Bundesrecht in den Entscheidungsgründen nicht vermischt, findet die Long-Vermutungsregel gar keine Anwendung.[48] Dieser Vorbehalt führt dazu, dass sich der *U.S. Supreme Court* entgegen der erklärten Absicht unter Umständen doch wieder mit dem *state law* auseinandersetzt.[49] Tatsächlich hat die Vermutungsregel in einigen Fällen auch ihr Ziel verfehlt, die Erstattung von für die Streitbeilegung nicht erforderlichen Rechtsgutachten zu vermeiden. In diesen Fällen stützten die einzelstaatlichen Gerichte, an die der *U.S. Supreme Court* den Fall zurückverwiesen hatte, ihre ursprünglich gefundene Lösung des Falles nunmehr eindeutig auf einzelstaatliches Recht.[50] Dennoch gelangen einige Kommentatoren zu der Einschätzung, die Entscheidung Long zeuge von einem angemessenen Ausgleich der Interessen von Einzelstaaten und Bundesebene. Der *U.S. Supreme Court* könne seine Zuständigkeit rasch feststellen und die einzelstaatlichen Gerichte könnten ihre Autonomie mit einer klaren Aussage sicherstellen.[51]

---

[44] *M. Esler*, Alb. L. Rev. 66 (2003) 3, S. 835 (846).

[45] So aber *L. H. Tribe*, American Constitutional Law, Volume One, 3. Aufl. 2000, S. 511.

[46] *M. G. Simon*, Alb. L. Rev. 66 (2003) 3, S. 969 (984): 9 aus 23 analysierten Fällen; s. auch *F. A. Rosenfeld*, Fordham L. Rev. 56 (1988) 6, S. 1041 (1068); »few stats have adopted a consistent, conscise way of communcating the bases for their constitutional decisions«; *J. N. G. Cauthen*, Alb. L. Rev. 63 (2000), S. 1183 (1185–1191); *M. Esler*, Alb. L. Rev. 66 (2003) 3, S. 835 (849): »commitment [...] uneven«.

[47] *M. G. Simon*, Alb. L. Rev. 66 (2003) 3, S. 969 (984 f.) m.N.

[48] U.S. Supreme Court, *Coleman v. Thompson*, 501 U.S. 722, 735–737 (1991).

[49] *M. Esler*, Alb. L. Rev. 66 (2003) 3, S. 835 (852).

[50] *M. G. Simon*, Alb. L. Rev. 66 (2003) 3, S. 969 (978–983); s. auch *M. Esler*, Alb. L. Rev. 66 (2003) 3, S. 835 (842 f., 853).

[51] *T. E. Baker*, Ga. L. Rev. 19 (1985) 4, S. 799 (822); *M. H. Redish*, Ga. L. Rev. 19 (1985) 4, S. 861 (864 f.); *A. Althouse*, Duke L.J. 42 (1993) 5, S. 979 (987).

bb) Ausschluss der *»Dual Reliance« Technique*

Der Gerichtshof reagierte mit seiner Vermutungsformel auch auf die sogenannte *»dual reliance« technique* der *state supreme courts*. Indem sich die *state supreme courts* kumulativ sowohl auf die Bundesverfassung als auch auf die einzelstaatlichen Verfassungen bezogen, versuchten sie, ihre Entscheidungen sowohl der Rechtsmittelüberprüfung durch den *U.S. Supreme Court* als auch der demokratischen Kontrolle zu entziehen, die sich aus der Möglichkeit eines *override* im Wege des verfassungsändernden Referendums ergibt.[52] Auf diese Weise glaubten sie, weder die Aufhebung durch den *U.S. Supreme Court* noch, bei unpopulären Entscheidungen, die Reaktion der Wähler fürchten zu müssen. Wenn man also den demokratischen Prozess als Zweck der föderalen Struktur ansieht, leuchtet die Vermutungsregel von Justice O'Connor ein. Den Richtern in den Einzelstaaten zu erlauben, Verantwortlichkeiten zu verschleiern, ist nicht im Sinne der Wählerschaft.[53] Mit einem *plain statement* würden die Richter zugleich ein ausdrückliches Signal an die gesetzgebenden Organe und die Öffentlichkeit in den Einzelstaaten senden, dass die Entscheidung potentiell Gegenstand des »override« im Wege der Verfassungsänderung sein könnte.[54] Dagegen könnten sie mit dem Verzicht auf ein solches *plain statement* besser ihre Autonomie für künftige Auslegungen sichern.[55]

In der Statistik des *Burger Court* lässt sich schon in den 1970er Jahren eine gegenüber dem *Warren Court* signifikant höhere Zahl von im *certiorari*-Verfahren angenommenen Fälle feststellen, in denen einzelstaatliche Gerichte bundesrechtlich gewährte Rechte erweiternd ausgelegt hatten.[56] Der Mehrheit des Gerichtshofs kam es bei Long auch darauf an, solche Fälle entscheiden zu können, um die expansive Rechteinterpretation zurückzudrängen.[57] Die Entscheidung signalisierte freilich auch, dass der *U.S. Supreme Court* weiter in der Überprüfung von Strafverfahren vor einzelstaatlichen Gerichten aktiv sein würde,[58] und steht damit in einem gewissen Widerspruch zur ansonsten geübten *abstention*.[59]

---

[52] *G. Deukmejian/C. K. Thompson, Jr.*, Hastings Const. L.Q. 6 (1979) 4, S. 975 (996–999).

[53] *A. Althouse*, Duke L.J. 42 (1993) 5, S. 979, S. 989.

[54] *E. A. Purcell, Jr.*, in: V. C. Jackson/J. Resnik (Hrsg.), Federal Courts Stories, 2010, S. 115 (133). S. auch die Äußerung von Chief Justice Burger wenige Zeit vor der Entscheidung Long in einer *concurring opinion*: »… when state courts interpret state law to require more than the Federal Constitution requires, the citizens of the state must be aware that they have the power to amend state law to ensure rational law enforcement.« (U.S. Supreme Court, *Florida v. Casal*, 462 U.S. 637, 639 (1983).

[55] Vgl. *R. F. Williams*, The Law of American State Constitutions, 2009, S. 124 m.w.N.

[56] *R. C. Welsh*, Hastings Const. L.Q. 10 (1983) 4, S. 819 (824, 829, 851).

[57] *M. Wells*, Wm. & Mary L. Rev. 30 (1989) 3, S. 499 (526 f.); *R. H. Fallon, Jr.*, U. Chi. L. Rev. 69 (2002) 2, S. 429 (473 f.), *E. A. Purcell, Jr.*, in: V. C. Jackson/J. Resnik (Hrsg.), Federal Courts Stories, 2010, S. 115 (133).

[58] *M. E. Solimine*, Ind. L. Rev. 35 (2002) 2, S. 335 (343).

[59] *E. Chemerinsky*, Federal Jurisdiction, 6. Aufl. 2012, S. 758.

cc) Gründe für die mangelnde Anwendung der Long-Formel

Die Gründe für die mangelnde Anwendung der Long-Formel durch die einzelstaatlichen Gerichte sind vielfältig: Zunächst fehlten historische Vorbilder dafür, Grundrechte im einzelstaatlichen Recht zu verankern.[60] Seit der *incorporation* dominierten die Bundesgerichte erst einmal in der Grundrechtsjudikatur.[61] Einzelstaatliche Richter waren dementsprechend vielfach überzeugt, dass die Förderung der Grundrechte vor allem Aufgabe der Bundesgerichte sei,[62] und übten sich in Zurückhaltung gegenüber erweiterten Rechten von Beschuldigten im Strafverfahren.[63] Angesichts der relativ geringen Häufigkeit einschlägiger Fälle ist ein Grund für die mangelnde Anwendung der Long-Formel auch in der fehlenden Kenntnis der Richter vom Erfordernis eines *plain statement* zu finden.[64] Insgesamt ist es nicht überraschend, dass sich die Gerichte kaum auf Justice O'Connors Einladung zur Entwicklung einer eigenständigen Rechtsprechung einließen.[65] Man kann deshalb vielleicht sogar so weit gehen zu unterstellen, dass dem *U.S. Supreme Court* bewusst gewesen sein muss, dass sein Rückzug aus der aktivistischeren Grundrechtsrechtsprechung nicht über die Anwendung der Long-Formel von den *state courts* ausgeglichen werden würde.[66]

Ein Grund für die Zurückhaltung der Richter der Einzelstaaten in der Anwendung der Long-Formel mag auch in strategisch motiviertem Verhalten liegen. Da viele Richter in den Einzelstaaten sich der Wiederwahl stellen müssen, sind sie unter Umständen darauf bedacht, unpopuläre Entscheidungen nicht als letzte Instanz zu treffen, sondern die Verantwortung des letzten Wortes dem *U.S. Supreme Court* zu überlassen oder im Fall, dass der *U.S. Supreme Court* die Annahme eines Falls im *certiorari*-Verfahren ablehnt, die Verantwortung zumindest zu teilen.[67] Allerdings darf man dieses Motiv angesichts des nur entfernten Zusammenhangs zwischen einzelnen Entscheidungen und den Chancen einer Wiederwahl auch nicht überschätzen.[68]

---

[60] *J. A. Gardner*, Mich. L. Rev. 90 (1992) 4, S. 761 (766); *G. A. Tarr*, Notre Dame L. Rev. 72 (1997) 4, S. 1097 (1101).

[61] *R. C. Welsh*, Notre Dame L. Rev. 59 (1984) 5, S. 1118 (1126).

[62] *M. Esler*, Judicature 78 (1994) 1, S. 25 (31).

[63] Ebd., S. 29.

[64] U.S. Supreme Court, *Pennsylvania v. Finley* 481 U.S. 551, 570 f. (1987) (Stevens, J., dissenting); *Arizona v. Evans*, 514 U.S. 1, 31 (1995) (Ginsburg, J., dissenting); a.A. *M. E. Solimine*, Ind. L. Rev. 35 (2002) 2, S. 335 (341): »Difficulty in compliance with the plain statement rule likewise cannot be seriously contended.«

[65] *E. A. Purcell, Jr.*, in: V. C. Jackson/J. Resnik (Hrsg.), Federal Courts Stories, 2010, S. 115 (137).

[66] *P. Fahlbusch/D. Gonzalez*, U. Miami L. Rev. 42 (1987) 1, S. 159 (192).

[67] *A. Althouse*, Harv. L. Rev. 100 (1987) 7, S. 1485 (1509–1511); *A. Althouse*, Duke L.J. 42 (1993) 5, S. 979 (988 f.); *E. Hartnett*, Tex. L. Rev. 75 (1997) 5, S. 907 (980–982).

[68] *M. E. Solimine*, Ind. L. Rev. 35 (2002) 2, S. 335.

Im Übrigen stellt die Long-Formel nicht sicher, dass das *state law* in sinnvoller Weise konsistent entwickelt wird, wie es die Anforderung der *adequate state grounds* vielleicht vermuten ließe. Schließlich genügt es, dass die obersten Gerichte der Einzelstaaten in einem »rubber-stamp approach« formelhaft eindeutig klarstellen, dass ihre Entscheidung auf dem Recht des Einzelstaats und nicht auf Bundesrecht beruhe, um ihre Überprüfung durch den *U.S. Supreme Court* auszuschließen.[69] Der *New Hampshire Supreme Court* fügt seinen Entscheidungen regelmäßig folgende Erklärung bei: »[W]hen this court cites federal or other State court opinions in construing provisions of the New Hampshire Constitution or statutes, we rely on those precedents merely for guidance and do not consider our results bound by those decisions. See Michigan v. Long …«.[70]

dd) Unterschiedliche Auswirkungen bei materiellen und prozeduralen *state grounds*

Die Auswirkungen der im Urteil Long entwickelten Doktrin unterscheiden sich danach, ob der *independent and adequate state ground*, auf den der einzelstaatliche *supreme court* seine Entscheidung stützt, materieller oder prozeduraler Natur ist. Ist der *state ground* materieller Natur, so ist das Begehren des vor dem einzelstaatlichen Gericht unterlegenen Staats auf eine Revision der Entscheidung vor dem *U.S. Supreme Court* von vornherein aussichtslos, weil die staatliche Maßnahme jedenfalls aufgrund des *independent and adequate state ground* nach dem Recht der Einzelstaaten verfassungswidrig ist, auch wenn der *U.S. Supreme Court* eine Verletzung der Bundesverfassung verneint. Ist vor dem *state supreme court* dagegen ein privater Kläger gegenüber dem Einzelstaat unterlegen, weil das Gericht die Vereinbarkeit der staatlichen Maßnahme sowohl mit dem einzelstaatlichen Verfassungsrecht als auch mit der Bundesverfassung bejaht, so kann die Revision vor dem *U.S. Supreme Court* durchaus zum Erfolg führen, wenn die Anforderungen der Bundesverfassung in der Auslegung des *U.S. Supreme Court* strenger sind als die der einzelstaatlichen Verfassung in der Auslegung des *state supreme court*.

Anders verhält es sich, wenn der *independent and adequate state ground* prozeduraler Natur ist. Sind die Voraussetzungen der Unabhängigkeit und Angemessenheit eingehalten, so sorgt ein nicht eingehaltenes Prozesserfordernis, das das Recht eines Einzelstaates für die Geltendmachung der Verfassungswidrigkeit aufstellt, dafür, dass etwa eine Verurteilung aufrechterhalten bleibt, auch wenn ein Bundesgericht sie für verfassungswidrig hielte.[71] Hier ist es im Interesse der einzelstaatlichen Strafverfolgungsbehörde, dass das einzelstaatliche

[69] *M. Esler*, Alb. L. Rev. 66 (2003) 3, S. 835 (850).

[70] S. etwa *State v. Ball*, 471 A.2d 347, 352 (N.H.1983); vgl. *R. H. Fallon, Jr.* u.a., Hart and Wechsler's The Federal Courts and the Federal System, 6. Aufl. 2009, S. 479.

[71] *J. Mazzone*, Nw. U. L. Rev. 104 (2010) 3, S. 979 (1023 f.).

Gericht eine klare Aussage dazu trifft, dass sich die Entscheidungsgründe auf einzelstaatliches Recht beziehen, weil auf diese Weise eine *habeas review* vor dem *U.S. Supreme Court* ausgeschlossen wird.[72] Die Rechte des Einzelnen geraten dabei in den Hintergrund,[73] wie schon die Einordnung des Falles Coleman v. Thompson durch Justice O'Connor gleich zu Beginn ihrer Entscheidungsgründe signalisiert: »This is a case about federalism.«[74]

Diese unterschiedlichen Konsequenzen legen es nahe, die Unterscheidung zwischen materiellen und prozeduralen *state grounds* im Blick zu behalten.

2. *Abstention Doctrines*

Die Entwicklung der *abstention doctrines* ist ursprünglich als Reaktion auf die Lochner-Rechtsprechung zu verstehen, mit denen Bundesgerichte einzelstaatliche Gesetze der *Progressive and New Deal Agenda* für nichtig erklärten. Mit der *Civil Rights Era* gerieten die *Pullmann abstention* [a)] und die *Younger abstention* [b)] als Doktrinen gerichtlicher Zurückhaltung zunehmend in die Kritik.[75]

a) *Pullman Abstention*

Die *Pullman abstention doctrine* erlaubt es Bundesgerichten, die Ausübung ihrer Jurisdiktion über verfassungsrechtliche Fragen auszusetzen und eine Entscheidung einzelstaatlicher Gerichte über die Auslegung einzelstaatlichen Rechts abzuwarten.[76] Sie findet dann Anwendung, wenn ein Fall sowohl Fragen des einzelstaatlichen Rechts als auch der Bundesverfassung aufwirft, die Auslegung des einzelstaatlichen Rechts unklar ist und sich durch eine Entscheidung des Falls auf der Grundlage des einzelstaatlichen Rechts eine Entscheidung über die Auslegung der Bundesverfassung vermeiden lässt.

Railroad Commission v. Pullman Co. war ein Fall zur Rassendiskriminierung. Bei der Eisenbahngesellschaft Pullman waren »Farbige« ausschließlich als Gepäckträger, »Weiße« dagegen als Schaffner angestellt.[77] Obwohl die Gepäckträger schlechter bezahlt wurden als die Schaffner, wurden sie von der Eisenbahngesellschaft für dieselben Aufgaben eingesetzt, schon um auf einigen weniger frequentierten Strecken die teureren Schaffner einzusparen. Der *U.S. Supreme Court* hatte die Frage zu entscheiden, ob die Eisenbahnaufsicht (*Rail-*

---

[72] U.S. Supreme Court, *Coleman v. Thompson*, 501 U.S. 722, 739 (1991).

[73] *A. Althouse*, Duke L.J. 42 (1993) 5, S. 979 (995).

[74] U.S. Supreme Court, *Coleman v. Thompson*, 501 U.S. 722, 726 (1991).

[75] *A. Woolhandler*, N.Y.L.Sch. L. Rev. 59 (2014) 1, S. 211 (213–215) m.w.N.

[76] *J. A. Davies*, U.C. Davis L. Rev. 20 (1986) 1, S. 1 (2); *R. H. Fallon, Jr.*, Nw. U. L. Rev. 107 (2013) 2, S. 847 (848 f.).

[77] U.S. Supreme Court, *Railroad Commission v. Pullman Co.*, 312 U.S. 496, 497 (1941) (Frankfurter, J., for the Court).

road Commission) der Eisenbahngesellschaft vorschreiben konnte, Züge nicht ohne Schaffner einzusetzen.

Justice Felix Frankfurter argumentierte in seiner Entscheidungsbegründung, dass die bundesverfassungsrechtlichen Fragen des Falles von erheblicher Bedeutung, aber auch sensibel seien. Eben weil die Frage nach einer Verletzung der *equal protection clause* durch die Anordnung der Eisenbahnaufsicht, die von den »farbigen« Trägern geleisteten Arbeiten wieder den »weißen« Schaffnern zu übertragen, derart sensibel war, sollte es der *U.S. Supreme Court* nach Möglichkeit vermeiden, sie auf der Grundlage der Bundesverfassung zu entscheiden.[78] Daher wurde der Fall an das vorinstanzliche einzelstaatliche Gericht zur Auslegung der Befugnisse der Eisenbahnaufsicht zurückverwiesen. Das oberste einzelstaatliche Gericht sollte zunächst abschließend über Fragen des einzelstaatlichen Rechts entscheiden, zu deren Beurteilung der *U.S. Supreme Court* nur »Vorhersagen« abgeben könne.[79] Diese Doktrin wurde als die *Pullman abstention* bekannt.[80]

Bei der Bewertung dieser Zurückhaltung des *U.S. Supreme Court* bei der Ausübung seiner Jurisdiktion ist zu beachten, dass der in dem Verfahren angestrebte Rechtsbehelf dem Bereich der *equity jurisdiction* zuzuordnen war, in dem der Gerichtshof über Ermessen in der Ausübung seiner Jurisdiktion verfügt.[81] Mit der *Pullman abstention* zollt der *U.S. Supreme Court* der Bundesstaatlichkeit und der Zurückhaltung des *U.S. Supreme Court* als Verfassungsgericht einen hohen Tribut.[82] Zu leisten ist er vor allem von den Streitparteien: Sie werden mit einem erhöhten Aufwand für die Rechtsdurchsetzung belastet. In der Praxis hat es sich zudem als schwierig erwiesen zu beurteilen, wie unklar die betreffende Frage des einzelstaatlichen Rechts sein muss, damit sich der *U.S. Supreme Court* in *abstention* übt.[83]

b) *Younger Abstention*

Wie bereits ausgeführt, soll die *Younger abstention doctrine* dafür sorgen, dass die Bundesgerichte nicht mit Strafverfahren überlastet werden, die von den einzelstaatlichen Gerichten regelmäßig unter dem Gesichtspunkt einer Verletzung des 4., 5. und 6. Zusatzartikels zu den Bundesgerichten gelangen.[84] Das Urteil im Fall Younger v. Harris, demzufolge Bundesgerichte praktisch immer auf

[78] S. auch *M. A. Field*, U. Pa. L. Rev. 122 (1974) 5, S. 1071.
[79] U.S. Supreme Court, *Railroad Commission v. Pullman Co.*, 312 U.S. 496, 498 (1941).
[80] *L. Robel*, in: V. C. Jackson/J. Resnik (Hrsg.), Federal Courts Stories, 2010, S. 163.
[81] Ebd., S. 185.
[82] U.S. Supreme Court, *England v. Louisiana State Board of Medical Examiners*, 375 U.S. 411, 426 (1964) (Douglas, J., concurring).
[83] Ebd., S. 186–188.
[84] S. 5. Kapitel A. II. 2.

die Ausübung ihrer Zuständigkeit für Unterlassungsklagen (»injunctions«) mit Bezug auf in einzelstaatlichen Gerichten anhängige Strafverfahren verzichten müssen,[85] gilt als Meilenstein der modernen Bundesstaatlichkeit in den USA.[86] Das Bundestaatsverständnis, das in den von Justice Hugo Black formulierten Entscheidungsgründen zum Ausdruck kommt, ist von der Überzeugung geprägt, dass es für die Nation insgesamt am besten ist, wenn die Einzelstaaten und ihre Institutionen ihre Funktionen eigenständig erfüllen können.[87]

Die *Younger abstention doctrine* hindert die Bundesgerichte daran, in Verfahren vor einzelstaatlichen Gerichten einzugreifen und überlässt es diesen, auch über bundesverfassungsrechtliche Verteidigungsmittel zu entscheiden. Diese Zurückhaltung beruht allerdings auf der Prämisse, dass die *state courts* geeignet sind, diese Aufgabe zu übernehmen. Eine *abstention* ist dann nicht angezeigt, wenn das Verfahren vor einem einzelstaatlichen Gericht offensichtlich keinen angemessenen Schutz bietet.[88] Das ist etwa der Fall, wenn das Gericht voreingenommen ist.[89] An einen entsprechenden Vortrag werden allerdings strenge Anforderungen gestellt.[90] Es gilt die Vermutung, dass die Verfahren vor den einzelstaatlichen Gerichten angemessen sind, sofern nicht der eindeutige Nachweis des Gegenteils erbracht ist.[91] Ausnahmen bestehen unter anderem auch für *bad faith* und *harassment*.[92]

Auch wenn die Bundesgerichte nach der *Younger abstention doctrine* folglich nicht regelmäßig eingreifen, behalten sie doch stets im Blick, ob die *state courts* darauf eingestellt sind, die ihnen anvertrauten Aufgaben zu erfüllen.[93] Die Aufgabe des *U.S. Supreme Court* ist dann nicht mehr, die Arbeit der *state courts* als Rechtsmittelgericht noch einmal zu wiederholen. Stattdessen beurteilt der Gerichtshof die Angemessenheit der anderen Institution.[94]

---

85 *R. H. Fallon, Jr.*, Nw. U. L. Rev. 107 (2013) 2, S. 847 (848).

86 *A. Althouse*, Duke L.J. 42 (1993) 5, S. 979 (980).

87 U.S. Supreme Court, *Younger v. Harris*, 401 U.S. 37, 44 (1971).

88 Ebd., S. 45.

89 U.S. Supreme Court, *Gibson v. Berryhill*, 411 U.S. 564 (1973).

90 U.S. Supreme Court, *Kugler v. Helfant*, 421 U.S. 117 (1975); vgl. *A. Althouse*, Vand. L. Rev. 44 (1991) 5, S. 953 (1001).

91 U.S. Supreme Court, *Pennzoil Co. v. Texaco, Inc.*, 481 U.S. 1, 1 (1987).

92 S. den Überblick bei *A. Althouse*, Vand. L. Rev. 44 (1991) 5, S. 953 (999–1004); *A. Althouse*, Duke L.J. 42 (1993) 5, S. 979 (1002).

93 *A. Althouse*, Vand. L. Rev. 44 (1991) 5, S. 953 (997 f.); *A. Althouse*, Duke L.J. 42 (1993) 5, S. 979 (1002).

94 Ebd., S. 1003.

3. Inhalt der inkorporierten Rechte

Der *U.S. Supreme Court* hat verschiedentlich betont, dass die inkorporierten Grundrechte mit dem gleichen Standard auch auf die Einzelstaaten anzuwenden seien. Ein »federalism discount«[95] ist nicht vorgesehen. Der Gerichtshof betont vielmehr, dass die Einzelstaaten nach einem in seiner Verfassungsrechtsprechung fest verankerten Grundsatz die durch den 1. Zusatzartikel geschützten individuellen Freiheiten nicht stärker beschränken dürfen als der US-Kongress.[96] Insgesamt werden die im 14. Zusatzartikel inkorporierten Rechte gegenüber den Einzelstaaten nach denselben Standards durchgesetzt, die auch bei Verletzungen dieser Rechte durch die Bundesgewalt Anwendung finden.[97] Die Vorstellung, dass der 14. Zusatzartikel gegenüber den Einzelstaaten nur eine »verwässerte« Version der einzelnen Garantien der *Bill of Rights* zur Geltung bringe, weist der Gerichtshof ausdrücklich zurück.[98]

In anderen Fällen hat der Gerichtshof allerdings durchaus Abstriche gemacht. Im Fall Williams v. Florida urteilte er, dass die Bundesstaaten in Strafrechtsfällen keine zwölfköpfige *jury* einsetzen müssten, obgleich dies der Praxis der Bundesgerichte entspricht. Der *U.S. Supreme Court* bestätigte vielmehr die Verfassungsmäßigkeit der sechsköpfigen *juries* in Strafprozessen vor einzelstaatlichen Gerichten und erklärte, dass die zwölfköpfige *jury* historisch kontingent und keine Notwendigkeit des *jury system* sei.[99] In den Fällen Apodaca v. Oregon[100] und Johnson v. Louisiana[101] urteilte der Gerichtshof, dass die Staaten in Strafprozessen nicht-einstimmige *jury*-Urteile zulassen können. Demgegenüber war der 6. Zusatzartikel dahin ausgelegt worden, dass er in Strafprozessen vor Bundesgerichten ein einstimmiges Votum der *jury* verlangt. Allerdings verletzt ein nicht-einstimmiges Votum bei sechsköpfigen *juries* die Anforderungen des *due process*.[102]

Zusammenfassend kann man feststellen, dass, abgesehen von dem Erfordernis der zwölfköpfigen *jury* und des einstimmigen Votums, alle Gewährleistungen der *Bill of Rights* im Wege der Inkorporation ohne Einschränkungen gleichermaßen auf die Staaten wie auf die Organe des Bundes Anwendung finden. Die Bundesstaatlichkeit begründet also in der Rechtsprechung des *U.S.*

---

[95] Zum Begriff *J. Resnik*, in: J. Fleming/J.T. Levy (Hrsg.), Federalism and Subsidiarity, 2014, S. 363 (368 f.).

[96] U.S. Supreme Court, *Wallace v. Jaffree*, 472 U.S. 38, 48 f. (1985).

[97] U.S. Supreme Court, *Malloy v. Hogan*, 378 U.S. 1, 10 (1979) für die Garantie des 1. Zusatzartikels, das Verbot willkürlicher Durchsuchung, Verhaftung und Beschlagnahme des 4. Zusatzartikels und das durch den 6. Zusatzartikel gewährte Recht auf einen Rechtsbeistand.

[98] U.S. Supreme Court, *Malloy v. Hogan*, 378 U.S. 1, 10 f. (1979).

[99] U.S. Supreme Court, *Williams v. Florida*, 399 U.S. 78 (1970).

[100] U.S. Supreme Court, *Apodaca v. Oregeon*, 406 U.S. 204 (1972).

[101] U.S. Supreme Court, *Johnson v. Louisiana*, 406 U.S. 356 (1972).

[102] U.S. Supreme Court, *Burch v. Louisiana*, 441 U.S. 130 (1979).

Supreme Court grundsätzlich keine differenzierten Standards, sofern nur seine Jurisdiktion überhaupt gegeben ist. Bei grundlegenden Rechten wie der Redefreiheit besteht auch kein Anlass, ihren Gehalt abhängig von der Ebene in der föderalen Struktur zu modifizieren.[103] Die grundlegende Bedeutung eines Rechts bildet ja gerade das Begründungselement für die Inkorporation.

4. Zwischenfazit

Die *independent and adequate state grounds doctrine* und die *abstention doctrines* prägen die Rolle des *U.S. Supreme Court* als Grundrechtsgericht im demokratischen Bundesstaat der USA.

In der Long-Rechtsprechung zur *independent and adequate state grounds doctrine* lässt sich ein Modus der Verarbeitung der Spannung zwischen individueller und demokratischer Selbstbestimmung in der föderalen Struktur erkennen. Die *state supreme courts* müssen sich entweder gegenüber dem *U.S. Supreme Court* im *certiorari*-Verfahren oder aber möglicherweise gegenüber der demokratischen (verfassungsändernden) Mehrheit in ihrem Einzelstaat rechtfertigen. Festzuhalten ist, dass der Gerichtshof beim Kriterium der Angemessenheit bezüglich prozeduraler Entscheidungsgesichtspunkte eine besondere Strenge walten lässt und hier eine andere Interessenlage besteht als bei materiell-rechtlichen Gesichtspunkten der Entscheidung des *state court*.

Bei aller Kritik an der Praxis des *U.S. Supreme Court* sind mit der *independent and adequate state grounds doctrine* und der Vermutungsregel nach Long zwei normative Aussagen verknüpft, die jedenfalls für die Anwendung der Doktrin auf Grundrechte plausibel sind: Zum einen bedarf gerade die Abweichung vom einheitlichen Bundesrecht durch eine auf einen *state ground* gestützte Lösung einer besonderen Rechtfertigung. Allerdings hängt diese Rechtfertigungsbedürftigkeit der Differenz weder vom Ausmaß eines »nationalen« Konsenses noch vom Grad der Abweichung ab, und ihr wird mit einem simplen »plain statement« Genüge getan. Zum anderen ist die auf *state grounds* gestützte und damit der Rechtsmittelzuständigkeit des *U.S. Supreme Court* entzogene Lösung einem potentiellen demokratischen *override* ausgesetzt. Darin ist gewiss eine Besonderheit der einzelstaatlichen Verfassungen der USA zu sehen. Die plausibel verallgemeinerbare Aussage dahinter lautet jedoch, dass in den Einzelstaaten in besonderer Weise demokratisch legitimierte Regelungen besondere Zurückhaltung bei der föderalen Rechtskontrolle nahelegen.

In der Rechtsprechung zu den *abstention doctrines* wiederum zeigt sich eine Zurückhaltung des *U.S. Supreme Court* nicht nur als Bundesgericht im föderalen Gefüge, sondern auch in seiner Rolle als Verfassungsgericht. Die Anwendung der *abstention doctrines* führt dazu, dass die Aufgabe des *U.S. Supreme*

---

[103] *E. Chemerinsky*, Constitutional Law, 5. Aufl. 2017, S. 567.

Court nicht mehr darin besteht, die Arbeit der *state courts* als Rechtsmittelgericht noch einmal zu wiederholen. Stattdessen beurteilt der Gerichtshof die Angemessenheit der anderen Institution und ihrer Verfahren.

II. Ansatzpunkte für den EuGH

Für den EuGH soll nun ein Modell entwickelt werden, mit dem er eine Funktion als Grundrechtsgericht wahrnehmen und dennoch unnötige Unitarisierungseffekte vermeiden und die Grundrechtsvielfalt in der Europäischen Union stärken kann. Ausgangspunkt ist dabei, dass der Anwendungsbereich der Unionsgrundrechte im Verständnis des EuGH sehr weit ist. Wie im 4. Kapitel erörtert, findet er eine Grenze dort, wo der Bezug zum Unionsrecht nur sehr entfernt oder unionsrechtliche Vorgaben wenig determiniert sind. Dennoch ist für manche Beobachter nach der Entscheidung in der Rechtssache Fransson nationales Recht, das nicht in den Geltungsbereich des Unionsrechts und den Anwendungsbereich der Unionsgrundrechte geraten könne, kaum noch vorstellbar.[104] Der weite Anwendungsbereich der Unionsgrundrechte und die damit verknüpfte weite Jurisdiktionsbefugnis legen es nahe, dass der EuGH seine Jurisdiktion nach bestimmten Kriterien ausübt. Der Fokus verlagert sich damit vom Anwendungsbereich der Unionsgrundrechte zu Fragen der Kontrolldichte und zur Direktionskraft der Unionsgrundrechte oder, anders ausgedrückt, vom Bestehen der Jurisdiktion des EuGH zur Art und Weise ihrer Ausübung.[105] Angesichts der »Expansion« der Unionsgrundrechte[106] steht das »Ob« einer Grundrechtsbindung der Mitgliedstaaten immer seltener in Zweifel. An Bedeutung gewinnen dementsprechend die Frage des »Wie« der Ausübung der Grundrechtsjurisdiktion durch den EuGH und eine differenzierte Direktionskraft, die die Unionsgrundrechte vor allem im Vorabentscheidungsverfahren bei Auslegungsfragen (Art. 267 Abs. 1 lit. a) AEUV) entfalten.

Die Ausgangslage des EuGH unterscheidet sich damit von der des *U.S. Supreme Court*: Wegen der insgesamt beschränkten Zahl der Grundrechtsgarantien in der Bundesverfassung und der selektiven Herangehensweise des *U.S. Supreme Court* als Rechtsmittelgericht entfaltet dessen Rechtsprechung nur eine geringere Direktivkraft. Bleibt die Zahl der Anwendungsfälle also relativ gering, so ist im Gegenzug die Bindung auch der Einzelstaaten an die Grundrechte der Bundesverfassung umfassend und die Kontrollintensität nicht eingeschränkt. Daneben bestehen weitere gewichtige Unterschiede zwischen der In-

---

[104] *D. Grimm*, JZ 68 (2013) 12, S. 585 (591): »kein Faden« sei dem EuGH »zu dünn«.

[105] S. zu dieser Unterscheidung bereits *D. Halberstam*, in: J. L. Dunoff/J. P. Trachtman (Hrsg.), Ruling the World?, 2009, S. 326 (353) (mit dem Vorschlag eines »reverse-*Solange*«).

[106] *U. Volkmann*, in: FS Hufen, 2015, S. 127 (128, 133).

korporationsdebatte in den Vereinigten Staaten und der europäischen Debatte über den Anwendungsbereich der Unionsgrundrechte. Insbesondere hängt die Geltung der Unionsgrundrechte für die Mitgliedstaaten nicht von ihrer Qualität als »fundamental principle of liberty and justice« ab,[107] sondern, wie gesehen, vom Bestehen einer bestimmten Anwendungssituation.

Parallelen zwischen dem Grundrechtsschutz in der Europäischen Union und in den Vereinigten Staaten sollen daher im Folgenden auf einer abstrakteren Ebene gezogen werden.[108] In seinem vor allem für das 2. Kapitel dieser Arbeit wichtigen Buch über die *Bill of Rights* schlägt Akhil Reed Amar als Alternative zur tatsächlichen Praxis der »selektiven Inkorporation« ein »weiterentwickeltes« Modell der »Inkorporation« vor. Aus der Sicht Amars stellte Justice Brennan bei der Festlegung der Kriterien für die selektive Inkorporation die falsche Frage, wenn er sich daran orientiert, ob eine bestimmte Gewährleistung der *Bill of Rights* ein »fundamental right« ist. Für Amar lautet die richtige Frage demgegenüber, ob die Gewährleistung ein Vorrecht oder eine Immunität einzelner Bürger garantiert und nicht ein Recht der Einzelstaaten oder der Allgemeinheit.[109] Diese »Neue Synthese«[110] Amars berücksichtigt ausdrücklich die strukturelle Dimension der Grundrechte.[111]

Auf einer abstrakteren Ebene lautet die Einsicht aus dem Verfassungsvergleich dementsprechend, dass es bei der Entwicklung von Kriterien für die Anwendung der Unionsgrundrechte auf die Mitgliedstaaten die richtigen Fragen zu stellen gilt, um das Kontrollniveau des EuGH zu bestimmen. Anders als im Fall von Amars Kritik an der selektiven Inkorporation soll dies nicht implizieren, dass bisher die falschen Fragen gestellt worden seien. Dennoch gibt es noch weitere relevante Kriterien, die sich auf die föderale Struktur der Europäischen Union beziehen. Schließlich ist es ein großer Vorteil des vergleichenden Verfassungsrechts, dass es uns dazu bringt, neue Fragen zu stellen.

Folglich wird hier für den EuGH ein dreigliedriges Modell variabler Kontrolldichte vorgeschlagen. Es kann im Grundsatz an die tatsächlich variable Kontrollintensität gegenüber dem Sekundärrecht in der Grundrechtsjudikatur des EuGH anknüpfen (1.). Die Direktionskraft der Unionsgrundrechte bei ihrer Anwendung gegenüber den Mitgliedstaaten im Vorabentscheidungsverfahren orientiert sich zum einen am Ausmaß des Konsenses zwischen den Mitgliedstaaten (2.). Zum anderen unterscheidet sich ihre Direktionskraft in Abhängigkeit davon, ob substantielle oder prozedurale Grundrechtsaspekte betroffen sind (3.).

---

107 U.S. Supreme Court, *Twining v. New Jersey*, 211 U.S. 78, 99 (1908).

108 S. auch *T. Kleinlein*, I•CON 15 (2017) 4, S. 1157 (1166).

109 *A. R. Amar*, The Bill of Rights, 1998, S. xiv.

110 Ebd., S. 221.

111 *M. A. Glendon*, in: T. Eastland (Hrsg.), Benchmarks, 1995, S. 141 (148).

Die Orientierung am Ausmaß des Konsenses kann den *U.S. Supreme Court* und den EGMR als Vorbilder heranziehen. Aber auch die Unterscheidung zwischen substanziellen und prozeduralen Grundrechtsaspekten kann sich am neuen prozessorientierten Ansatz für die Bestimmung einer *margin of appreciation* in der Rechtsprechung des EGMR orientieren. An dieser Rechtsprechung des EGMR ist bemerkenswert, wie sie die Orientierungsfunktion des europäischen Konsenses und prozedurale Kriterien miteinander verknüpft. In einer beträchtlichen Anzahl relevanter Fälle, in denen der EGMR den Umfang der *margin of appreciation* mit der Qualität innerstaatlicher Verfahren und insbesondere des parlamentarischen Prozesses verknüpfte, spielte auch der europäische Konsens eine entscheidende Rolle in seiner Argumentation. Zwar besteht zwischen konsensorientierten Argumenten und einem prozeduralen Ansatz zur Bestimmung der *margin of appreciation* kein notwendiger Zusammenhang. Jedoch ist das Zusammentreffen zwischen europäischem Konsens und verfahrenstechnischer Rationalitätskontrolle nicht zufällig. Die Kombination aus konsensorientierten Argumenten und prozeduralem Ansatz zur Bestimmung der *margin of appreciation* überzeugt vielmehr normativ mit Blick auf die demokratische Legitimation internationaler Gerichte. Das Vorgehen des EGMR ist Ausdruck einer Vision des demokratischen Konstitutionalismus und einer Kultur der Rechtfertigung. Er bietet damit ein auch für den EuGH anschlussfähiges Modell ›moderierter Redundanz‹, in dem sich individuelle und demokratische Selbstbestimmung auf den verschiedenen Ebenen konzeptionell miteinander verknüpfen lassen (4.).

1. Variable Kontrolldichte

Für die Interaktion zwischen EuGH und mitgliedstaatlichen Gerichten deutete sich in der Rechtsprechung bereits früh eine variable Kontrolldichte an, die mit dem oft abstrakten Charakter des Unionsrechts korreliert. Der EuGH kann es je nach Dichte der unionsrechtlichen Vorgaben für die Mitgliedstaaten im Vorlageverfahren den mitgliedstaatlichen Gerichten überlassen, die Grundrechtskontrolle im Detail durchzuführen [a)]. Darüber hinaus kann der EuGH der Rechtsanwendung in den Mitgliedstaaten auch über die grundrechtskonforme Auslegung des Unionsrechts Vorgaben machen [b)]. Bestehen indes nicht genügend Spielräume, um auf mitgliedstaatlicher Ebene für einen angemessenen Grundrechtsschutz zu sorgen, und ist auch eine verfassungskonforme Auslegung nicht möglich, so muss der EuGH allerdings im Zweifel selbst eine genaue Grundrechtsprüfung von sekundärem Unionsrecht vornehmen. Dies ist nicht zuletzt erforderlich, um den Vorrang der Unionsgrundrechte vor entgegenstehenden nationalen Grundrechten gemäß Art. 53 GRCh legitimieren zu können [c)].

a) Abstraktheit und Unvollständigkeit des Unionsrechts

Dafür, dass der EuGH die Grundrechtskontrolle im Detail auf die mitgliedstaatlichen Gerichte und deren Kontrolle des Umsetzungsrechts verlagert, gibt es schon frühe Beispiele. In der Rechtssache Wachauf formulierte der EuGH, die fragliche unionsrechtliche Regelung lasse den zuständigen nationalen Behörden einen Ermessensspielraum, der weit genug sei, um ihnen die Anwendung dieser Regelung in einer mit den Erfordernissen des Grundrechtsschutzes im Einklang stehenden Weise zu ermöglichen.[112] Da die unionsrechtliche Regelung unvollständig war, oblag es den zuständigen nationalen Behörden sicherzustellen, dass die nationalen Regelungen, die das Unionsrecht vervollständigen, den Unionsgrundrechten Rechnung tragen. Der EuGH überließ es also dem Mitgliedstaat, die konkreten Bedingungen der Anwendung des Eigentumsgrundrechts zu bestimmen. Soweit es das Unionsrecht zulässt, müssen die Mitgliedstaaten den Unionsgrundrechten im vollen Umfang Rechnung tragen.[113] Das bedeutet, dass die Unionsrechte zwar eine Bedingung der Rechtmäßigkeit von Sekundärrecht sind, es aber effektiv bei den Mitgliedstaaten liegt, eine grundrechtskonforme Rechtslage in der Umsetzung sicherzustellen. Diese Beschränkung betrifft vor allem die Abwägung kollidierender Rechte und Interessen, die die Mitgliedstaaten anzustellen haben. In der Rechtssache Promusicae stellte der EuGH fest, dass es daher Sache der Mitgliedstaaten sei, bei der Umsetzung von Richtlinien darauf zu achten, dass sie sich auf eine Auslegung derselben stützen, die es ihnen erlaubt, ein angemessenes Gleichgewicht zwischen den verschiedenen durch die Unionsrechtsordnung geschützten Grundrechten sicherzustellen.[114]

Im Fall des EuGH zur Familienzusammenführung heißt es, letztlich sei festzustellen, dass, soweit die Richtlinie den Mitgliedstaaten einen Ermessensspielraum belasse, dieser weit genug sei, um ihnen die Anwendung der Vorschriften der Richtlinie in einer mit den Erfordernissen des Grundrechtsschutzes im Einklang stehenden Weise zu ermöglichen.[115] In der Rechtssache Lindqvist hebt der EuGH hervor, dass die Mitgliedstaaten zur Umsetzung der Richtlinie 65/46 in vielerlei Hinsicht über einen Handlungsspielraum verfügten. Daher müsse ein angemessenes Gleichgewicht zwischen den betroffenen Rechten und Interessen eher auf nationaler Ebene im Stadium der Anwendung der die Richtlinie 95/46 umsetzenden Regelung auf konkrete Fälle gefunden werden. In diesem Zusammenhang komme den Grundrechten besondere Bedeutung zu. Die Behörden

---

112 EuGH, Rs. C-5/88, *Hubert Wachauf/Bundesanstalt für Ernährung und Forstwirtschaft*, Slg. 1989, 2609, Rn. 22.

113 *L. Azoulai*, in: H.-W. Micklitz/B. de Witte (Hrsg.), The European Court of Justice and the autonomy of the member states, 2012, S. 207 (212).

114 EuGH, Rs. C-275/06, *Promusicae*, Slg. 2008, I-271, Rn. 68.

115 EuGH, Rs. C-540/03, *Parlament/Rat*: *Familienzusammenführung*, Slg. 2006, I-5769, Rn. 104.

und Gerichte der Mitgliedstaaten hätten demgemäß nicht nur ihr nationales Recht im Einklang mit der Richtlinie 95/46 auszulegen. Sie hätten auch darauf zu achten, dass sie sich nicht auf eine Auslegung dieser Richtlinie stützen, die mit den durch die Unionsrechtsordnung geschützten Grundrechten oder den anderen allgemeinen Grundsätzen des europäischen Rechts, wie dem Grundsatz der Verhältnismäßigkeit, kollidierten.[116]

Auf der Ebene des Unionsrechts werden die Grundrechte in diesen Entscheidungen des EuGH also nur in abstrakter Weise definiert. Ihr effektiver Schutz ist demgegenüber tatsächlich weitgehend Aufgabe der mitgliedstaatlichen Gerichte. Sie haben die Möglichkeit, unter der Aufsicht des EuGH die Bedingungen für eine angemessene praktische Verwirklichung der Grundrechte zu schaffen.[117] Der EuGH wiederum scheint weder die Kapazität noch das Interesse an einem Mikromanagement im Grundrechtsbereich zu haben.[118] Die Mitgliedstaaten gewinnen demnach als Folge des abstrakten Charakters und der Unvollständigkeit des Unionsrechts einen Spielraum bei der Sicherstellung der Grundrechtskonformität. Dieser materiell-rechtlich bedingte Spielraum wird über das Vorlageverfahren des Art. 267 AEUV um einen prozeduralen Aspekt ergänzt: Auch die spezifische Arbeitsteilung im Rahmen von Vorlageverfahren zum EuGH kann begründete Vielfalt erlauben, etwa durch eine Zurückverweisung an das vorlegende Gericht für die Verhältnismäßigkeitsprüfung.[119]

Mit der Gewährung von Spielräumen an die mitgliedstaatlichen Behörden und Gerichte verknüpft ist eine Ambivalenz zwischen der Sicherung der Effektivität des Unionsrechts einerseits und einem bestimmten Maß an Unabhängigkeit der mitgliedstaatlichen Behörden und Gerichte andererseits.[120] Auf diese Ambivalenz verweist bereits eine Formulierung des EuGH in der Rechtssache Wachauf, wo es heißt, auch die Mitgliedstaaten hätten bei der Durchführung der unionsrechtlichen Regelungen die Erfordernisse des Grundrechtsschutzes zu beachten, weshalb sie diese, »soweit irgend möglich«, in Übereinstimmung mit diesen Erfordernissen anwenden müssten. Einerseits muss also das nationale Recht weichen, wenn das Unionsrecht in der Auslegung der mitgliedstaatlichen Behörden und Gerichte im Widerspruch zu Unionsgrundrechten steht. Andererseits sind die mitgliedstaatlichen Stellen bei der Anwendung und Auslegung des Unionsrechts in einem bestimmten Umfang unabhängig.

---

116 EuGH, Rs. C-101/01, *Bodil Lindqvist*, Slg. 2003, I-12992, Rn. 84–87.

117 S. etwa EuGH, Rs. C-432/05, *Unibet*, Slg. 2007, I-2271.

118 *D. Thym*, EuConst 9 (2013) 3, S. 391 (401–404).

119 S. für eine Zurückverweisung für die Verhältnismäßigkeitsprüfung etwa EuGH, Rs. C-368/95, *Familiapress*, Slg. 1997, I-3689.

120 *L. Azoulai*, in: H.-W. Micklitz/B. de Witte (Hrsg.), The European Court of Justice and the autonomy of the member states, 2012, S. 207 (212).

Der EuGH überträgt den mitgliedstaatlichen Gerichten dabei eine originär europarechtliche Befugnis,[121] die Befugnis zur Auslegung von sekundärem Unionsrecht im Einklang mit höherrangigem Unionsrecht.[122] Die eigentliche Zuständigkeitsverlagerung findet mit Blick auf den Grundrechtsschutz im Ergebnis daher nicht zwischen EuGH und mitgliedstaatlichen Gerichten statt, sondern innerhalb der Mitgliedstaaten zwischen Verfassungsgerichten und durch den EuGH gestärkter Fachgerichtsbarkeit.[123]

Mit dem erläuterten Ansatz des EuGH ist ein Element der Rechtfertigung für seine oft gerügte geringere Kontrollintensität gegenüber sekundärem Unionsrecht gefunden. Die Grundrechtskontrolle durch den EuGH stößt hier wegen der Abstraktheit und Unvollständigkeit des Unionsrechts auf strukturelle Grenzen. Für einen ernstzunehmenden Grundrechtsschutz durch den EuGH bedeutet dies eine echte Herausforderung. Zugleich besteht aus der Sicht des EuGH das Risiko, dass die nationalen Gerichte den Spielraum nutzen, um ihr eigenes Grundrechtsverständnis durchzusetzen. Oberste Gerichte und Verfassungsgerichte sind in der Versuchung, die Rechtmäßigkeit von Unionsrecht selbst zu kontrollieren, indem sie sich auf das Erfordernis stützen, das Unionsrecht grundrechtskonform auszulegen.[124] Die Abstraktheit des Unionsrechts ist also neben der beschränkten institutionellen Kapazität und Erfahrung des EuGH als Grundrechtsgericht zugleich ein Grund dafür, warum der EuGH im Grundrechtsschutz auf die Kooperation mit mitgliedstaatlichen Gerichten angewiesen ist.

b) Grundrechtskonforme Auslegung

Freilich kann der EuGH durch eine grundrechtskonforme Auslegung des Sekundärrechts auch die Gestaltungsspielräume der Mitgliedstaaten verengen und damit zugleich die Steuerungskraft der nationalen Grundrechte verdrängen.[125]

---

[121] Ebd., S. 213: »a true ›European‹ power«.

[122] EuGH, Rs. C-74/95 und C-129/95, *Strafverfahren gegen X*, Slg. 1996, I-6609, Rn. 25 f.; verb. Rs. C-465/00, C-138/01 und C-139/01, *Rechnungshof/ORF*, Slg. 2003, I-4989, Rn. 68; Rs. C-101/01, *Bodil Lindqvist*, Slg. 2003, I-12971, Rn. 87; Rs. C-305/05, *Ordre des barreaux francophones et germanophone*, Slg. 2007, I-5305, Rn. 28; Rs. C-105/03, *Pupino*, Slg. 2005, I-5285, Rn. 59 f.; Rs. C-316/09, *MSD Sharp & Dahme*, Slg. 2011, I-3249, Rn. 48; Rs. C-70110, *Scarlett Extended*, Slg. 2011, I-11959, Rn. 46, 53–54; verb. Rs. C-411/10 und C-493/10, *N. S. u.a.*, Slg. 2011, I-13905, Rn. 99; Rs. C-300/11, *ZZ*, Urt. v. 4.6.2013, Rn. 69.

[123] *L. Azoulai*, in: H.-W. Micklitz/B. de Witte (Hrsg.), The European Court of Justice and the autonomy of the member states, 2012, S. 207 (213).

[124] S. etwa zur Rs. C-305/05, *Ordre des barreaux francophones et germanophone*, Slg. 2007, I-5305, Rn. 28; in Belgien Cour constitutionnelle, Urt. v. 23.1.2008, n° 10/2008, Moniteur belge 11.2. 2008, S. 8933; in Frankreich Conseil d'Etat, Urt. v. 10.4.2008, *Conseil national des barreaux e.a.*, n° 296845, 296907.

[125] *M. Herdegen*, in: HStR X, 3. Aufl. 2012, § 211, Rn. 25; *G. Britz*, EuGRZ 42 (2015) 9–11, S. 275 (281).

Die Befugnis des EuGH zur grundrechtskonformen Auslegung des Sekundärrechts folgt aus der Grundrechtsbindung der Unionsorgane.[126] Gewiss ist die grundrechtskonforme Auslegung sogar die bedeutsamste Einwirkung der Unionsgrundrechte auf die Mitgliedstaaten und auf nationale Rechtsakte in Vollzug oder Umsetzung des Unionsrechts. Sie ist nicht an die Bindung der Mitgliedstaaten an die Unionsgrundrechte geknüpft, sondern folgt aus dem primärrechtlichen Gebot zur Anwendung unmittelbar anwendbaren Sekundärrechts (Art. 288 UAbs. 2 und UAbs. 4 AEUV) und zur Umsetzung von Richtlinien (Art. 288 UAbs. 3 AEUV), weil sich dieses Gebot auf den Inhalt des Sekundärrechts in grundrechtskonformer Auslegung bezieht.[127]

Über den Vorrang des sekundären Unionsrechts können mittelbar auch die Unionsgrundrechte Spielräume der Mitgliedstaaten in Konstellationen einschränken, in denen sie selbst unmittelbar nicht an die Unionsgrundrechte gebunden sind. Die Grundrechte der Charta werden im Rahmen der Konformauslegung herangezogen, um Inhalt und Reichweite der unionsrechtlichen Determinanten in Richtlinien und Verordnungen zu bestimmen. Die mitgliedstaatlichen Grundrechte können sich dann wegen des Vorrangs des Unionsrechts nicht gegen den konform mit den Unionsgrundrechten ausgelegten Richtlinien- oder Verordnungsgehalt durchsetzen.[128]

Die grundrechtskonforme Auslegung des sekundären Unionsrechts muss aber nicht zwangsläufig die Spielräume der Mitgliedstaaten ungebührlich verengen. Vielmehr können gerade über die grundrechtskonforme Auslegung des Sekundärrechts Leitlinien formuliert werden, die von den mitgliedstaatlichen Gerichten dann konkretisiert werden. Hier kann die bereits im Zusammenhang mit der »Solange horizontal«-Rechtsprechung erörterte Rechtssache N. S. als Beispiel dienen.[129]

---

[126] S. EuGH, Rs. C-101/01, *Lindqvist*, Slg. 2003, I-12971, Rn. 79–87; Rs. C-387/02 u.a., *Berlusconi*, Slg. 2005, I-3565, Rn. 69–74; Rs. C-275/06, *Promusicae*, Slg. 2008, I-271, Rn. 61–68.

[127] *M. Herdegen*, in: HStR X, 3. Aufl. 2012, § 211, Rn. 28.

[128] *G. Britz*, EuGRZ 42 (2015) 9–11, S. 275 (281). S. *T. von Danwitz*, in: M. Herdegen u.a. (Hrsg.), Staatsrecht und Politik, 2009, S. 19 (23). S. verb. Rs. C-465/00, C-138/01 und C-139/01, *Rechnungshof/ORF*, Slg. 2003, I-4989, Rn. 68; Rs. C-101/01, *Lindqvist*, Slg. 2003. I-12971, Rn. 87; Rs. C-540/03, *Parlament/Rat*: *Familienzusammenführung*, Slg. 2006, I-5759, Rn. 105; Rs. C-305/05, *Ordre des barreaux francophones et germanophone u.a.*, Slg. 2007, I-5305, Rn. 28; Rs. C-275/06, *Promusicae*, Slg. 2008, I-271, Rn. 68; Rs. C-400/10 PPU, *McB*, Slg. 2010, I-8965, Rn. 51 f. (s. dazu *S. Peers*, CYELS 13 (2012), S. 283 (295 f.)); verb. Rs. C-411/10 und C-493/10, *N. S. u.a.*, Slg. 2010, I-13905, Rn. 77; Rs. C-300/11, *ZZ*, Urt. v. 4.6.2013, ECLI:EU:C:2013:363, Rn. 69.

[129] EuGH, verb. Rs. C-411/10 und C-493/10, *N. S. u.a.*, Slg. 2011, I-13905; s.o. 5. Kapitel A. II. 3.

c) Intensive Kontrolle

Schließlich muss aber, wenn eine grundrechtskonforme Auslegung des Sekundärrechts nicht möglich ist, eine ernsthafte Grundrechtskontrolle durch den EuGH selbst stattfinden. Diese Forderung führt zum wichtigsten Kritikpunkt am Urteil in der Rechtssache Melloni: Es kann, wie gezeigt, hinzunehmen sein, dass der Vorrang des Unionsrechts keine Ausnahme für mitgliedstaatliche Grundrechte zulässt. Eine solche Auslegung des Art. 53 GRCh ist plausibel. Der EuGH hätte aber in der Rechtssache Melloni bereits bei der Auslegung der Art. 47 und 48 Abs. 2 GRCh sicherstellen müssen, dass die Schutzstandards dieser Verteidigungsrechte nicht niedriger sind als die durch die nationalen Grundrechte garantierten Standards. Auch auf diese Weise hätte der EuGH den von ihm behaupteten Konflikt zwischen dem Vorrang des Unionsrechts und der Anwendung von Art. 53 GRCh vermeiden können.[130]

Indem der Gerichtshof bei der Auslegung und Anwendung der Grundrechtecharta die nationalen Grundrechtsverbürgungen zugunsten eines höheren Grundrechtsschutzniveaus in Betracht zieht, trägt er gemäß Art. 53 GRCh zur Grundrechtsoptimierung bei, ohne dadurch den Vorrang des Unionsrechts prinzipiell infrage zu stellen.[131] Deswegen ist Art. 53 GRCh, auch wenn er formal keine Ausnahme vom allgemeinen Vorrang des Unionsrechts zulässt, alles andere als bedeutungslos. Vielmehr formuliert die Bestimmung eine Auslegungsrichtlinie, die verhindert, dass der unionsrechtliche Grundrechtsschutz unter das auf mitgliedstaatlicher Ebene gewährleistete Niveau sinkt.[132] Zumindest kann man Art. 53 GRCh als eine Regel ansehen, die den Vorrang des Unionsrechts gerade dadurch stärkt, dass sie dem EuGH auferlegt, Gründe dafür zu benennen, warum er dem Schutzniveau der mitgliedstaatlichen Verfassungen folgt oder nicht. Art. 53 GRCh verlangt damit, dass der EuGH mit den mitgliedstaatlichen Verfassungsgerichten oder obersten Gerichtshöfen in einen Dialog eintritt. Jedenfalls in diesem Sinne ist Art. 53 GRCh dann sogar Ausdruck des Verfassungspluralismus.[133]

---

[130] Teilweise argumentiert der EuGH tatsächlich mit dem »Wesensgehalt« von Unionsgrundrechten, s. EuGH, Rs. C-300/11, ZZ, Urt. v. 4.6.2013, ECLI:EU:C:2013:363, Rn. 51; verb. Rs. C-293/12 und C-594/12, Digital Rights Ireland, Urt. v. 8.4.2014, ECLI:EU:C:2014:238, Rn. 38–40; Rs. C-362/14, *Schrems*, Urt. v. 6.10.2015, ECLI:EU:C:2015:650, Rn. 94 f.; vgl. *M. Dawson*, The Governance of EU Fundamental Rights, 2017, S. 62–65.

[131] *S.-P. Hwang*, EuR 49 (2014) 4, S. 400 (414).

[132] Ebd., S. 416 f. S. zur Funktionsbestimmung von Art. 53 GRCh als Auslegungsrichtlinie für den EuGH auch *F. Kirchhof*, in: M. Herdegen u.a. (Hrsg.), Staatsrecht und Politik, 2009, S. 155 (170); *T. von Danwitz*, in: P. J. Tettinger/K. Stern (Hrsg.), Kölner Gemeinschaftskommentar zur Europäischen Grundrechte-Charta, 2006, Art. 53, Rn. 19.

[133] *L. Azoulai*, in: L. Burgorgue-Larsen u.a. (Hrsg.), Traité établissant une Constitution pour l'Europe, Partie II, 2005, L'article II-113, Rn. 19–31; ihm folgend: *K. Lenaerts*, EuConst 8 (2012) 3, S. 375 (398).

Das Verhältnis von unionsrechtlicher Determinierung und Direktionskraft der Unionsgrundrechte lässt sich mit dem Bild eines Systems kommunizierender Röhren veranschaulichen. Ist das Maß unionsrechtlicher Determinierung gering, können auch die grundrechtlichen Vorgaben aus der Grundrechtecharta nur eine abgeschwächte Direktionskraft entfalten. In dem Maße, in dem Unionsrecht dagegen das nationale Recht inhaltlich zunehmend steuert, steigt auch die determinierende Wirkung der Charta der Grundrechte an. Dieses Konzept entfaltet seine Bedeutung vor allem auch im Hinblick auf grundrechtliche Verhältnismäßigkeitsprüfungen, insbesondere Abwägungsentscheidungen. Ist der Determinierungsgrad des Europarechts gering, bleibt ein weiter Spielraum, die Abwägungsentscheidung maßgeblich auf Kriterien des mitgliedstaatlichen Verfassungsrechts zu stützen. Steigt dagegen der Grad unionsrechtlicher Determinierung, erhöht sich entsprechend der Einfluss der Vorgaben aus den Unionsgrundrechten.[134]

2. Orientierung am Konsens

Bei der Anwendung der Unionsgrundrechte gegenüber den Mitgliedstaaten kann deren Reichweite und Bedeutung aufgrund anderer Kriterien differenziert werden. Eine Möglichkeit für (quasi-)föderale Grundrechtsgerichte, Zentralisierungseffekte nach Möglichkeit zu vermeiden und Vielfalt zu ermöglichen, besteht darin, sich am zwischen den Einzelstaaten tatsächlich bestehenden Konsens zu orientieren. Dabei stellen sich im Detail schwierige methodische Fragen, wie eine Analyse der Vorgehensweise von *U.S. Supreme Court* [a)] und EGMR [b)] zeigt.[135] Die methodische Offenheit führt vor allem dazu, dass die Gerichte bei der Feststellung eines Konsenses viel Freiraum genießen. Der EuGH könnte sich auf diese Erfahrungen stützen und bei der Anwendung der Unionsgrundrechte gegenüber den Mitgliedstaaten durch die Orientierung am Konsens die Redundanz moderieren. Intuitiv erscheint eine abweichende Rechtsprechung umso stärker rechtfertigungsbedürftig, je fester etabliert ein gemeineuropäischer Konsens ist. Dabei kommt es jedoch wiederum sehr darauf an, wie der Konsens festgestellt und legitimiert wird. Tatsächlich zeigt eine Studie, dass sich der EuGH in den dort herangezogenen Grundrechtsfällen überwiegend der Rechtslage in der Mehrheit der Mitgliedstaaten anschließt.[136] In Anlehnung an die Rechtsprechung des EGMR zur

---

134 *C. Ohler*, NVwZ 32 (2013) 22, S. 1433 (1437).

135 Zur konzeptionellen, methodischen und inhaltlichen Kritik an beiden Gerichten *J. A. Brauch*, Howard L.J. 52 (2009) 2, S. 277; *R. M. Hills, Jr.*, Harv. J. L. & Pub. Pol'y 32 (2009) 1, S. 17.

136 *B. Petkova*, CYELS 14 (2013), S. 663 (687, 690). Zum *majoritarian activism* des EuGH im Bereich der Grundfreiheiten s. *M. P. Maduro*, We The Court, 1998.

»margin of appreciation« ist auch für den EuGH eine höhere Kontrolldichte bzw. eine stärkere Entfaltung der Direktionskraft der Unionsgrundrechte im Vorabentscheidungsverfahren umso eher angezeigt, je stärker die grundrechtlichen Standards in den Mitgliedstaaten bereits angenähert sind. Das ist strukturell in der Europäischen Union immer noch eher der Fall als im Europa des Europarats und der EMRK.[137] Die Ambivalenz der Konsensmethode wird deutlich, wenn man in die Betrachtung nicht nur die unitarisierende Wirkung der zentralen Grund- und Menschenrechtsjudikatur einbezieht, sondern auch Fragen der demokratischen Legitimation [c)].

a) *U.S. Supreme Court*

Der *U.S. Supreme Court* wendet die Konsens-Methode vor allem in Fällen zum 8. Zusatzartikel an.[138] Aber auch bei der Frage, ob ein bestimmtes Recht durch die *Due Process Clause* geschützt wird, fragt der Gerichtshof in neuerer Zeit, ob das Recht in der Geschichte und Tradition der Nation tief verwurzelt ist (»deeply rooted in this nation's history and tradition«),[139] und orientiert sich damit am Recht der Einzelstaaten.[140] Im Fall Kennedy v. Louisiana erklärte er die Verhängung der Todesstrafe für die Vergewaltigung eines Kindes für verfassungswidrig. Dazu stellte er fest, dass aus 51 Jurisdiktionen auf dem Territorium der USA (50 Bundesstaaten plus Bundesregierung) nur sechs Staaten die Vergewaltigung eines Kindes mit der Todesstrafe belegten.[141] Die Methode wurde auch in anderen Fällen als Begründungselement herangezogen, so im Fall Roper, in dem die Todesstrafe für Minderjährige für verfassungswidrig erklärt wurde,[142] im Fall Atkins, in dem im Ergebnis die Todesstrafe für geistig zurückgebliebene Straftäter abgeschafft wurde,[143] sowie im Fall Enmund, der Begleitstraftaten zu einem Tötungsdelikt betraf.[144]

Grundlage dafür ist, dass der 8. Zusatzartikel »cruel and unusual punishments« verbietet. Die Bedeutung dieser Formulierung soll sich aus »the evolving standards of decency that mark progress of a maturing society«[145] als objekti-

---

137 *J. Kühling*, ZÖR 68 (2013) 3, S. 469 (480).

138 Zu anderen Fällen *C. B. Lain*, UCLA L. Rev. 57 (2009) 2, S. 365.

139 U.S. Supreme Court, *Washington v. Glucksberg*, 521 U.S. 702, 721 (1997).

140 *J. A. Gardner*, Geo. L. J. 91 (2003) 5, S. 1003 (1040); *C. B. Lain*, UCLA L. Rev. 57 (2009) 2, S. 365 (372). S. U.S. Supreme Court, *Washington v. Glucksberg*, 521 U.S. 702, 711 (1997): »[T]he primary and most reliable indication of [a national] consensus is [...] the pattern of enacted laws« (Zitat aus U.S. Supreme Court, *Stanford v. Kentucky*, 192 U.S. 361, 373 (1989)).

141 U.S. Supreme Court, *Kennedy v. Louisiana*, 554 U.S. 407 (2008).

142 U.S. Supreme Court, *Roper v. Simmons*, 543 U.S. 551, 578 (2005).

143 U.S. Supreme Court, *Atkins v. Virginia*, 536 U.S. 304 (2002).

144 U.S. Supreme Court, *Enmund v. Florida*, 458 U.S. 782 (1982).

145 U.S. Supreme Court, *Trop v. Dulles*, 356 U.S. 86, 101 (1958).

ven Hinweisen für einen Konsens ergeben. In den Fällen Atkins und Roper lag die erforderliche Zahl von Bundesstaaten, die einen Konsens markierte, bei 30, im Fall Edmund immerhin bei 42. Dabei verließ sich der Gerichtshof nicht auf das *law in the books*, sondern untersuchte auch die tatsächlich geübte Praxis.[146] Folglich war von Bedeutung, dass auch in den sieben Staaten, in denen unter vergleichbaren Umständen die Todesstrafe vorgesehen war, sie in den Jahren zuvor nicht vollstreckt worden war.[147]

Im Rahmen der *Due Process Clause* war die Analyse der Rechtslage in den einzelnen Bundesstaaten wohl eine Reaktion auf die Vorwürfe nach dem Urteil Roe v. Wade zum Schwangerschaftsabbruch,[148] der *U.S. Supreme Court* ignoriere die öffentliche Meinung.[149] Tatsächlich hatte sich der Gerichtshof in Roe an der Rechtslage in einer Minderheit der Bundesstaaten orientiert. Im Hinblick auf den 8. Zusatzartikel gilt dasselbe für das Urteil im Fall Furman v. Georgia,[150] mit dem de facto ein Moratorium für die Todesstrafe in den USA insgesamt erreicht wurde, das aber nicht der Kritik standhielt und bald darauf in Gregg *overruled* wurde.[151] Dort wiederum verließen sich die Richter auf den *state count*, um zu zeigen, dass die Todesstrafe in der amerikanischen Öffentlichkeit nicht für Empörung sorge. Furman kann als Entscheidung gelten, die auf die geteilte Verantwortung von Bundesgerichten und demokratisch legitimierten Akteuren vor Ort verweist, als Experiment, das eine Reaktion von den einzelstaatlichen Legislativen provoziert und eine Art nationales Referendum über die Wiedereinführung der Todesstrafe ermöglicht hat.[152]

Dennoch bleibt die Belastbarkeit eines Konsenses als Legitimationsgrundlage für den *U.S. Supreme Court* gerade wegen der methodischen Schwierigkeiten seiner Feststellung notwendigerweise begrenzt. Vergleicht man die Herangehensweise der Justices Antonin Scalia und William J. Brennan im Urteil Stanford v. Kentucky, so werden beispielhaft die verschiedenen Methoden deutlich, einen Konsens festzustellen. Justice Scalia bezog sich in den Urteilsgründen, die die Todesstrafe für Minderjährige zunächst bestätigten, im Wesentlichen auf die Gesetzgebung in den Einzelstaaten.[153] Der dissentierende Richter Brennan sah in dieser Vorgehensweise eine Verzerrung der tatsächlich angewandten Standards, denen zufolge die Todesstrafe zwar in vielen Bundesstaaten zulässig war, aber selten praktiziert wurde.[154] 16 Jahre später wurde diese

[146] U.S. Supreme Court, *Enmund v. Florida*, 458 U.S. 782, 795 (1982).

[147] *B. Petkova*, CYELS 14 (2013), S. 663 (676 f.).

[148] U.S. Supreme Court, *Roe v. Wade*, 410 U.S. 113 (1973).

[149] *R. M. Hills, Jr.*, Harv. J. L. & Pub. Pol'y 32 (2009) 1, S. 17 (24).

[150] U.S. Supreme Court, *Furman v. Georgia*, 408 U.S. 238 (1972).

[151] U.S. Supreme Court, *Gregg v. Georgia*, 428 U.S. 153 (1976).

[152] *J. Liebman*, Colum. L. Rev. 107 (2007) 1, S. 1.

[153] U.S. Supreme Court, *Stanford v. Kentucky*, 492 U.S. 361, 370–372 (1989).

[154] U.S. Supreme Court, *Stanford v. Kentucky*, 492 U.S. 361, 384 f. (1989) (Brennan, J., dissenting).

Rechtsprechung aufgegeben und dabei ein weiteres Verständnis des Konsenses zugrunde gelegt.[155]

b) EGMR

Der EGMR wendet die Konsensmethode an, um die Verengung oder Erweiterung der *margin of appreciation* zu dokumentieren, oder als Element evolutiver Auslegung.[156] Eine Studie zählte 2013 aus, dass die Große Kammer des EGMR in 26 von 91 Fällen zu Art. 8 bis 11 EMRK, also in 29 Prozent dieser Fälle, innerhalb der Prüfung der Notwendigkeit eines Eingriffs eine von mehreren Methoden anwandte, um einen Konsens unter den Konventionsstaaten zu ermitteln. In diesen Fällen war der Staatenkonsens entscheidend für den Ausgang. Folglich sammeln und übermitteln die Beschwerdeführer, die beklagten Staaten und nach Art. 36 EMRK beteiligte Dritte Daten über die Staatenpraxis, und der Gerichtshof stellt eigene Forschungen an. Der Nachweis eines Konsenses kann erfolgen, indem man die Staaten zählt, die ein Recht nicht oder nicht mehr in einer bestimmten Weise beschränken, und dazu eine Übersicht der relevanten Gesetzeslage, Gerichtsentscheidungen und Verwaltungspraxis erstellt. Aber auch das Recht der Europäischen Union und Dokumente des Europarates können aufschlussreich für den europäischen Konsens sein. Schließlich gilt das auch für die internationalen Übereinkünfte, deren Parteien die Konventionsstaaten sind. Der EGMR bezieht zudem Entwicklungen außerhalb der Konventionsstaaten ein,[157] etwa in Kanada oder Südafrika, und Urteile etwa des Interamerikanischen Menschengerichtshofs. Der genaue Weg, mit dem der Gerichtshof zu einer Schlussfolgerung hinsichtlich des Konsenses gelangt, wird durch diese Vielfalt der Belege etwas verwischt.[158] Über die Jahre hat der EGMR allerdings seine vergleichende Methode als Grundlage der Konsensermittlung verbessert.[159] Dennoch sind auch hier der legitimitätsstiftenden Wirkung des Konsenses nicht zuletzt methodische Grenzen gesetzt.[160]

Ein Beispiel für den Umgang des EGMR mit dem Konsens ist die Rechtsprechung zur Diskriminierung Homosexueller: In den 1980er Jahren erkannte der Gerichtshof, dass die Diskriminierung Homosexueller gegen Art. 8 EMRK

---

[155] U.S. Supreme Court, *Roper v. Simmons*, 543 U.S. 551 (2005).

[156] *B. Petkova*, CYELS 14 (2013), S. 663 (681).

[157] S. etwa EGMR, Urt. v. 11.7.2002, *Christine Goodwin ./. Vereinigtes Königreich*, Nr. 28957/95, Rn. 84; Urt. (GK) v. 6.10.2005, *Hirst ./. Vereinigtes Königreich Nr. 2*, Nr. 74025/01, Rn. 35–39.

[158] *A. Stone Sweet/T. L. Brunell*, JLC 1 (2013) 1, S. 61 (79).

[159] *K. Dzehtsiarou*, European Consensus and the Legitimacy of the European Court of Human Rights, 2015, S. 72 ff.

[160] Für eine ausführlichere Analyse der legitimitätsstiftenden Wirkung der Konsensmethode s. *T. Kleinlein*, in: P. Kapotas/V. P. Tzevelekos (Hrsg.), Building Consensus on European Consensus, 2019, S. 210.

verstößt.[161] Damit war die Tür aufgestoßen für eine Kontrolle aller Gesetze der Konventionsstaaten, die Homosexuellen gleiche Rechte verweigerten. Der Gerichtshof hat das Schutzniveau in diesem Bereich stetig gesteigert, indem er sich auf die Mehrheit der Konventionsstaaten bezog. 1999 erkannte eine Sektion des EGMR, dass die Regelung, die es Homosexuellen untersagte, Dienst in den Streitkräften des Vereinigten Königreichs zu versehen, Art. 8 EMRK verletzt.[162] Dabei wies der Gerichtshof das Vorbringen des Vereinigten Königreichs zurück, das Verbot sei für die Aufrechterhaltung der Moral in den Streitkräften erforderlich, und hob hervor, dass die Position des Vereinigten Königreichs nur einer Minderheit entsprach. Im Jahr 2010 sah eine Sektion die Weigerung russischer Behörden, »gay pride«-Paraden zuzulassen, als Verletzung von Art. 11 EMRK (Versammlungsfreiheit), Art. 13 EMRK (Recht auf wirksame Beschwerde) und Art. 14 EMRK (Diskriminierungsverbot).[163] Russland hatte vergeblich einen weiten Beurteilungsspielraum für Fälle gefordert, in denen »homosexuelles Verhalten« den öffentlichen Bereich betrifft. Der Gerichtshof hat hier viel Spielraum und argumentiert nicht konsistent. Es gibt allerdings auch negative Fälle, in denen sich ein Konsens nicht abzeichnet und der EGMR von einer ausdehnenden Auslegung eines Rechts Abstand nimmt.[164]

Seine Rechtsprechung zu den Rechten Transsexueller änderte der EGMR im Fall Goodwin gegen Vereinigtes Königreich, obwohl es ganz klar keine entsprechende Mehrheit in Europa gab. Dabei stützte sich der EGMR auf die damals noch nicht rechtsverbindliche Grundrechtecharta, die nur für 15 von 46 Europaratsstaaten repräsentativ sein konnte. Auf dieser Grundlage erkannte der EGMR einen stetigen internationalen Trend nicht nur der zunehmenden sozialen Akzeptanz Transsexueller, sondern auch einer rechtlichen Anerkennung der neuen sexuellen Identität.[165]

c) Ambivalenz der Konsensmethode

Letztlich stellen sich im Zusammenhang mit der Feststellung des Ausmaßes eines Konsenses komplexe Fragen des Rechtsvergleichs. Jedenfalls aber hat der Verweis auf einen schon bestehenden Konsens einerseits eine stark entlastende Wirkung für ein Gericht, das nur noch vereinzelte »Nachzügler« in diesen Konsens einbindet. Neben den methodischen Schwierigkeiten offenbart der Vergleich von *U.S. Supreme Court* und EGMR auch die Ambivalenz der Orientierung an einer Mehrheit der Einzelstaaten. Einerseits kann sich die Rechtsprechung durch

---

161 EGMR, Urt. v. 26.10.1988, *Norris ./. Irland*, Nr. 10581/83.

162 EGMR, Urt. v. 27.9.1999, *Smith und Grady ./. Vereinigtes Königreich*, Nr. 33985/96 und 33986/96.

163 EGMR, Urt. v. 21.10.2010, *Alekseyez ./. Russland*, Nr. 4916/07 u.a.

164 *A. Stone Sweet/T. L. Brunell*, JLC 1 (2013) 1, S. 61 (79–81).

165 EGMR, Urt. v. 11.7.2002, *Christine Goodwin ./. Vereinigtes Königreich*, Nr. 28957/95, Rn. 85.

den Verweis auf einen breiten Konsens in der Tat entlasten, den unitarisierenden Effekt der zentralen Grundrechtsjudikatur reduzieren und auf die Entscheidung anderer verweisen. Jedenfalls in der Rechtsprechung des EGMR kommt es dabei nicht maßgeblich darauf an, ob diese Entscheidungen parlamentarisch legitimiert oder lediglich in der Rechtsprechung in den Konventionsstaaten verankert sind. Andererseits kann der Verweis auf die Rechtslage in einer Mehrheit der Staaten eine Anstoßfunktion entfalten, die eine dynamische Rechtsentwicklung ermöglicht. Dafür wäre es aber wichtig, dass die von der Rechtsprechung entfaltete Dynamik nicht der Überprüfung durch demokratisch besser legitimierte Prozesse entzogen ist. In diesem Fall kann im Sinne eines demokratischen Konstitutionalismus ein »backlash« mittel- und langfristig zu einem legitimen Rechtswandel beitragen.[166] Gerichten kommt dann eine wichtige Anstoßfunktion für demokratische Deliberation zu. Der Übertragung dieser für die USA entwickelten Konzeption auf den europäischen Kontext steht allerdings entgegen, dass die Anforderungen an einen demokratischen *override* von Entscheidungen des EGMR oder auch des EuGH sehr hoch wären.[167] Die Gesetzgeber in den einzelnen Konventionsstaaten haben kaum die Möglichkeit dazu.[168]

3. Unterscheidung zwischen substantiellen und prozeduralen Grundrechtsaspekten bei der Handhabung von Beurteilungsspielräumen

Neben dem europäischen Konsens könnte der EuGH bei der Prüfungsintensität die Unterscheidung zwischen substantiellen und prozeduralen Grundrechtsaspekten berücksichtigen. Demnach wäre bei der Anwendung der Unionsgrundrechte gegenüber den Mitgliedstaaten danach zu differenzieren, wie stark jeweils die prozeduralen Grundlagen demokratischen Entscheidens und die Gewährleistung effektiven Rechtsschutzes berührt sind.

Die Idee stützt sich zunächst auf den in den vorstehenden Kapiteln analysierten Zusammenhang zwischen Struktur und Rechten und knüpft an das duale Legitimationsmodell der EU an [a)]. Die Praxistauglichkeit des Vorschlags wird anhand des prozeduralen Ansatzes in der neueren Rechtsprechung des EGMR zum Beurteilungsspielraum (*margin of appreciation*) bestätigt [b)]. Letztlich entspricht der Vorschlag auch dem eingangs definierten verfahrensbezogenen Verständnis des Föderalismus, das bei Peter Lerche Anleihen nahm, und lässt sich als Übertragung der Lerche'schen Vorstellung von der »Homogenität im Verfahren«[169] auf die Frage der gerichtlichen Prüfungsintensität verstehen.

---

166 *R. C. Post/R. B. Siegel*, Harv. C.R.-C.L. L. Rev. 42 (2007), S. 373.
167 S. für den EuGH *M. Dawson*, EPL 19 (2013) 2, S. 369.
168 Optimistischer *B. Petkova*, CYELS 14 (2013), S. 663.
169 *P. Lerche*, VVDStRL 21 (1964), S. 66 (93 f.).

Im Hinblick auf den Rechtsschutz bei der Durchführung von Unionsrecht wendet der EuGH seit langem auf der Grundlage des Äquivalenz- und Effektivitätsgrundsatzes strenge Standards im Verfahrensbereich an.[170] Aber nicht nur im Hinblick auf den »process writ small«, sondern auch im Hinblick auf den »process writ large«[171] gibt es gute Gründe für einen differenzierten Beurteilungsspielraum der Mitgliedstaaten. Eine Parallele zwischen EGMR und EuGH – trotz gewichtiger Unterschiede zwischen beiden Gerichten – liegt daher nicht fern [c)].

a) Duales Legitimationsmodell der Europäischen Union

Gestützt auf eine Analyse der Funktionsbedingungen der Demokratie in der dualen Legitimationsstruktur der Europäischen Union [aa)] wird hier – in Auseinandersetzung mit der Kritik – eine prozedurale Theorie der Grundrechtskontrolle vorgeschlagen [bb)] und werden dem Vorschlag entgegenkommende Tendenzen registriert [cc)].

aa) Funktionsbedingungen der Demokratie in den Mitgliedstaaten und Grundrechtsschutz durch den EuGH

Grundlage für einen differenzierten Beurteilungsspielraum der Mitgliedstaaten beim Grundrechtsschutz ist das duale Legitimationsmodell der Europäischen Union. Der Idee der Gleichursprünglichkeit von individueller und demokratischer Selbstbestimmung entsprechend, sollen die Grundrechte und die demokratische Legitimationsstruktur der Europäischen Union aufeinander bezogen werden. Demgegenüber würde eine bloße »Effektivitätskonzeption« der Unionsgrundrechte, das sie als technisches Vehikel der einheitlichen Anwendung und Effektivität des Unionsrechts begreift,[172] ein legitimes Anliegen des unionalen Grundrechtsschutzes aus dem Blick verlieren: Die Europäische Union ist ein demokratisches Gemeinwesen, das auf ein Funktionieren demokratischer Verfahren in den Mitgliedstaaten angewiesen ist. Entsprechend dicht darf daher die Anwendung der Unionsgrundrechte gegenüber den Mitgliedstaaten sein, soweit ein enger Bezug zum demokratischen Verfahren besteht.

Die duale Legitimationsstruktur der Europäischen Union[173] ist inzwischen in den Bestimmungen über die demokratischen Grundsätze der Union, Art. 9–12 EUV, explizit ausformuliert. In Art. 10 Abs. 2 EUV heißt es:

---

170 *D. Thym*, DÖV 67 (2014) 22, S. 941 (950).

171 S. zu dieser Unterscheidung *J. H. Ely*, Democracy and Distrust, 1980, S. 87.

172 S. dazu ebd., S. 280.

173 *A. Peters*, Elemente einer Theorie der Verfassung Europas, 2001, S. 556–567; *S. Oeter*, in: A. von Bogdandy/J. Bast (Hrsg.), Europäisches Verfassungsrecht, 2015, S. 73; *P. Dann*, in: A. von Bogdandy/J. Bast (Hrsg.), Europäisches Verfassungsrecht, 2015, S. 335 (378–385).

Die Bürgerinnen und Bürger sind auf Unionsebene unmittelbar im Europäischen Parlament vertreten.

Die Mitgliedstaaten werden im Europäischen Rat von ihrem jeweiligen Staats- oder Regierungschef und im Rat von ihrer jeweiligen Regierung vertreten, die ihrerseits in demokratischer Weise gegenüber ihrem nationalen Parlament oder gegenüber ihren Bürgerinnen und Bürgern Rechenschaft ablegen müssen.

Die Regelung hat Modellcharakter für die demokratische Organisation internationaler Institutionen.[174] Sie bezieht sich nicht auf die Repräsentation des »Volkes« oder der Bevölkerung in einem holistischen Sinne, sondern setzt auf die konzeptionelle Alternative einer Vertretung der Bürgerinnen und Bürger, zum einen der Bürgerinnen und Bürger der Union, zum anderen der Bürgerinnen und Bürger der Mitgliedstaaten, die sich nach den jeweiligen Verfassungen organisiert haben.[175]

Dort, wo der Grundrechtsschutz sich auf die Funktionsbedingungen der Demokratie bezieht, ist eine intensive Grundrechtskontrolle durch den EuGH in besonderer Weise gerechtfertigt. Das legt eine Unterscheidung des Kontrollstandards nach dem betroffenen Grundrecht nahe. Steht etwa die Meinungsfreiheit im Hinblick auf Meinungsäußerungen von allgemeiner Bedeutung infrage, so liegt eine strenge Kontrolle nahe. In der Tat differenzierte der EuGH in Übereinstimmung mit dieser Unterscheidung in der Rechtssache Karner danach, ob mit der betreffenden Meinungsäußerung ein Beitrag zu einer Debatte von allgemeinem Interesse geleistet werden sollte.[176]

bb) Prozedurale Theorie der Grundrechtskontrolle und ihre Kritik

Der Vorschlag erinnert im Ansatz an die prozedurale Theorie der *judicial review*, die John Hart Ely in seinem berühmten Buch »Democracy and Distrust: A Theory of Judicial Review« formuliert hat.[177] Den Gerichten kommt gegenüber dem demokratisch legitimierten Gesetzgeber vor allem die Aufgabe zu, die Repräsentativität der Demokratie,[178] die Offenheit für den demokratischen Wandel[179] und insbesondere auch die Repräsentation von Minderheiten[180] sicherzustellen. Dabei legt Ely ein Modell repräsentativer Demokratie zugrunde. Allerdings sind prozedurale Theorien nicht von einem bestimmten

---

[174] *A. von Bogdandy*, EJIL 23 (2012) 2, S. 315 (319).

[175] Ebd., S. 321 f.

[176] EuGH, Rs. C-71/02, *Karner*, Slg. 2004, I-3024, Rn. 51 unter Verweis EuGH, Rs. C-245/01, *RTL Television*, Slg. 2003, I-12489, Rn. 73; EGMR, Urt. v. 20.11.1989, *Markt intern Verlag GmbH und Klaus Beermann ./. Deutschland*, Nr. 10572/83, Rn. 33; Urt. v. 28.6.2001, *VGT Verein gegen Tierfabriken ./. Schweiz*, Nr. 24699/94, Rn. 69 f.

[177] *J. H. Ely*, Democracy and Distrust, 1980.

[178] Chapter 4, »Policing the Process of Representation«.

[179] Chapter 5, »Clearing the Channels of Political Change«.

[180] Chapter 6, »Facilitating the Representation of Minorities«.

Modell abhängig, sondern lassen sich auch mit republikanischen Vorstellungen verknüpfen.[181]

Ein prozessorientiertes Verständnis der Grundrechtskontrolle ist, wie die Parallele zu Ely zeigt, zugleich dem Vorwurf ausgesetzt, dass eine rein prozessbezogene Grundrechtskontrolle ohne den Bezug zu substantiellen Rechten und Werten inhaltsleer und geradezu bedeutungslos sei. Es gehört dieser Kritik zufolge vielmehr gerade zum Wesen von Verfahren, instrumenteller Natur zu sein. Diesen Einwand formulierte Laurence H. Tribe bereits 1980 unter anderem gegenüber Elys Theorie.[182] Der instrumentelle Charakter von Verfahren lässt sich sogar als Faustregel für die Abgrenzung von prozess- und substanzbezogenen Grundrechtsaspekten heranziehen: Substanzbezogen sind diejenigen politischen Arrangements, zu denen die Akteure starke intrinsische und nicht nur instrumentelle Präferenzen haben.[183]

Regelmäßig sind die Verfahrensregeln einer Verfassung auch stabiler als ihre substantiellen Gehalte. Sie werden unter Bedingungen der Unsicherheit für die Zukunft formuliert und haben eine Bündelungsfunktion, weil in denselben Strukturen ja eine Vielzahl substantieller politischer Entscheidungen getroffen wird. Die Verfahrensstrukturen determinieren die in den Verfahren zustande kommenden Ergebnisse nur bedingt. Deshalb ist in dem Zeitpunkt, in dem die Verfahren festgelegt werden, die Verteilung der mit ihnen verbundenen politischen Kosten weniger gewiss als die von materiell-rechtlichen Festlegungen.[184] Ist eine Verständigung über Verfahren einmal erreicht, so sind sie in der Regel innerhalb des Gemeinwesens relativ stabil. Diese besondere Stabilität gerade der Verfahren ist wiederum ein Anzeichen dafür, dass für die Ausräumung von Verfahrensdefiziten gerade externe Impulse wie durch den EGMR oder EuGH besonders wichtig sind.

cc) Entgegenkommende Tendenzen in der Europäischen Union

Für eine präzise Entfaltung der relevanten Kriterien wäre eine Demokratietheorie der Europäischen Union zu entwickeln. Allerdings lassen sich gegenüber dem Hintergrund, vor dem Ely argumentiert, für die Europäische Union zwei entgegenkommende Tendenzen verzeichnen. Zunächst ist zu berücksichtigen, dass der EuGH in der Mehrebenen-Struktur von den demokratischen Verfahren in den Mitgliedstaaten weiter entfernt ist als der *U.S. Supreme Court* von den politischen Prozessen in den USA. Für substantielle Vorstellungen vom demokratischen Gemeinwesen kann der EuGH als Grundrechtsgericht im Rahmen der durch Art. 2 EUV definierten Grenzen auf die mitgliedstaatlichen Verfassungsordnungen ver-

---

[181] *F. I. Michelman*, Yale L. J. 97 (1988) 8, S. 1493 (1525); vgl. auch *J. Habermas*, Faktizität und Geltung, 1998, S. 321–335.

[182] *L. H. Tribe*, Yale L. J. 89 (1980) 6, S. 1063 (1064, 1070 f.).

[183] *D. J. Levinson*, Harv. L. Rev. 124 (2011) 3, S. 657 (693).

[184] Ebd., S. 694 f.

weisen. Das Zusammenspiel von individueller und demokratischer Selbstbestimmung sowie von autonomer und funktionaler Grundrechtsdimension findet dann in einem komplexen Modell über die Ebenen hinweg statt. Die bei Ely kritisierte Lücke bei den substantiellen Festlegungen kann in der Mehrebenen-Struktur der Union jedenfalls teilweise durch die mitgliedstaatlichen Verfassungsordnungen geschlossen werden. Die Anwendung der prozeduralen Theorie berücksichtigt damit sogar das Defizit der europäischen Grundrechte, eben nicht in gleicher Weise wie die mitgliedstaatlichen Grundrechtsordnungen in ein funktionierendes politisches System eingebunden zu sein.[185]

Anders als bei Ely soll der prozedurale Ansatz auch lediglich die Handhabung der *margin of appreciation* im Sinne der Subsidiarität des unionalen Grundrechtsschutzes gegenüber den Mitgliedstaaten steuern und kein Modell der *judicial review* überhaupt begründen oder die Grundrechtskontrolle an sich rechtfertigen. In dieser beschränkten Bedeutung des prozeduralen Ansatzes liegt eine zweite entgegenkommende Tendenz.

b) Beurteilungsspielräume in der Rechtsprechung des EGMR

In der Praxis kann sich der EuGH zudem an der neueren Praxis des EGMR bei der Gewährung von Beurteilungsspielräumen [aa)] orientieren, die einen prozeduralen Ansatz verfolgt [bb)]. Orientierung bei der schwierigen Aufgabe der Kontrolle von Gesetzgebungsverfahren und ihrer Inklusivität bieten auch Überlegungen zu internationalen *best practice principles* für parlamentarische Verfahren.[186]

aa) Begriff und Rechtfertigung von Beurteilungsspielräumen in der Rechtsprechung des EGMR

Im Anschluss an George Letsas lassen sich in der Rechtsprechung des EGMR ein substanzbezogenes und ein strukturbezogenes Verständnis der *margin of appreciation* unterscheiden. Das substanzbezogene Verständnis zielt auf das Verhältnis von individueller Freiheit und Gemeinwohlbelangen; das strukturelle Verständnis betrifft die Grenzen oder die Intensität der Rechtskontrolle durch den EGMR als internationales Gericht.[187] Das substanzbezogene Verständnis bietet im Grunde nur eine alternative Formulierung für die Feststellung einer Verletzung der Konvention: Wenn ein Eingriff nicht zu rechtferti-

---

[185] S. für diese Kritik *J. Komárek*, in: S. A. de Vries u.a. (Hrsg.), The EU Charter of Fundamental Rights as a Binding Instrument, 2015, S. 75 (87); vgl. auch *D. Chalmers/S. Trotter*, ELJ 22 (2016) 1, S. 9. S. für einen prozeduralen Ansatz für den transnationalen Grundrechtsschutz in der EU auch *M. Dawson*, The Governance of EU Fundamental Rights, 2017, S. 26–36.

[186] S. dazu *M. Saul*, in: A. Føllesdal u.a. (Hrsg.), The International Human Rights Judiciary and National Parliaments, 2017, S. 135 (149).

[187] *G. Letsas*, OJLS 26 (2006) 4, S. 705 (706, 709–715, 720–724); *G. Letsas*, A Theory of Interpretation of the European Convention on Human Rights, 2007, S. 80 f.

gen ist, so haben die innerstaatlichen Stellen ihren Beurteilungsspielraum verletzt.[188] Von Interesse ist daher der strukturelle Begriff.

Der Begriff der *margin of appreciation* (*marge d'appréciation*, *marge nationale*) wurde erstmals 1958 von der Europäischen Menschenrechtskommission im Fall Griechenland gegen Vereinigtes Königreich im Zusammenhang mit der Notstandsklausel des Art. 15 EMRK verwendet,[189] dann wieder im Fall Lawless gegen Irland.[190] Der Gerichtshof gebrauchte den Begriff erstmals 1978 im Fall Irland gegen Vereinigtes Königreich.[191] Beide Fälle betrafen ebenfalls Art. 15 EMRK. Die Doktrin zeugt von der ambivalenten Rolle der Konvention und des Gerichtshofs: Einerseits ist die EMRK eine Art Überverfassung für die Rechtsordnungen der Konventionsstaaten. Andererseits ist der EGMR im Verhältnis zu den nationalen Stellen der Konventionsstaaten in einer Position der Subsidiarität, wie er selbst im Fall Handyside gegen Vereinigtes Königreich feststellte.[192] Zum Teil wird das als Beschreibung des Verhältnisses gerade zu den Mitgliedstaaten verstanden,[193] aber die Ausführungen des EGMR beziehen ausdrücklich etwa auch den Gesetzgeber mit ein.

Der Spielraum der Konventionsstaaten hängt unter anderem davon ab, inwieweit im Hinblick auf eine bestimmte Frage zwischen den europäischen Rechtsordnungen Konsens herrscht.[194] Außerdem ist der Spielraum in der Regel weit, wenn verschiedene private und öffentliche Interessen oder Konventionsrechte gegeneinander abgewogen werden müssen.[195] Am häufigsten betrifft die *margin of appreciation* wohl die Abwägung verschiedener Rechtspositionen.[196] In

---

[188] *R. S. J. Macdonald*, in: R. S. J. Macdonald u.a. (Hrsg.), The European System for the Protection of Human Rights, 1993, S. 83 (85); *J. H. Gerards*, ELJ 17 (2011) 1, S. 80 (107); vgl. EGMR, Entsch. über die Zulässigkeit v. 11.1.2005, *Phull ./. Frankreich*, Nr. 35753/03, ECHR 2005–I; Urt. v. 4.6.2009, *Standard Verlags GmbH ./. Österreich (Nr. 2)*, Nr. 21277/05, Rn. 54.

[189] EKMR, Entsch. über die Zulässigkeit v. 2.6.1956, *Griechenland ./. Vereinigtes Königreich*, Nr. 176/56, Report of the Commission, 1958, Chapter II.

[190] EGMR, Urt. v. 1.7.1961, *Lawless ./. Irland*, Nr. 332/57, Serie A, Nr. 3.

[191] EGMR, Urt. v. 18.1.1978, *Irland ./. Vereinigtes Königreich*, Nr. 5310/71, Serie A, Nr. 25.

[192] EGMR, Urt. v. 7.12.1976, *Handyside ./. Vereinigtes Königreich*, Nr. 5493/72, EuGRZ 1977, 38, Rn. 48 f.

[193] *P. Hallström*, in: J. Nergelius/E. Kristoffersson (Hrsg.), Human Rights in Contemporary European Law, 2014, S. 59 (61).

[194] S. etwa EGMR, Urt. (GK) v. 10.11.2005, *Leyla Sahin ./. Türkei*, Nr. 44774/98, Rn. 109 (zum religiös motivierten Tragen eines Kopftuchs an türkischen Universitäten; mit Verweis auf EGMR, Urt. v. 20.9.1994, *Otto-Preminger-Institut ./. Österreich*, Nr. 13470/87, Series A no. 295–A, S. 19, Rn. 50); vgl. *P. Hallström*, in: J. Nergelius/E. Kristoffersson (Hrsg.), Human Rights in Contemporary European Law, 2014, S. 59 (62).

[195] EGMR, Urt. (GK) v. 10.4.2007, *Evans ./. Vereinigtes Königreich*, Nr. 6339/05, NJW 2008, S. 2013, Rn. 77; Urt. (GK) v. 7.2.2012, *von Hannover ./. Deutschland (Nr. 2)*, Nr. 40660/08 und 60641/08, Rn. 104–113; Urt. (GK) v. 7.2.2012, *Axel Springer AG ./. Deutschland*, Nr. 39954/08, Rn. 85–88; vgl. *Y. Arai-Takahashi*, in: A. Føllesdal u.a. (Hrsg.), Constituting Europe, 2013, S. 62 (77). S. aber auch EGMR, Urt. v. 16.4.2009, *Egeland und Handseid ./. Norwegen*, Nr. 34438/04.

[196] *Y. Arai-Takahashi*, in: A. Føllesdal u.a. (Hrsg.), Constituting Europe, 2013, S. 62 (74).

der Anwendung wird ein *sliding scale*-Modell der Kontrollintensität mit einem engen, einem mittleren und einem weiten Beurteilungsspielraum ausgemacht.[197] Schwierig ist es dabei, von einer bestimmten Kontrollintensität auf das genaue Ausmaß des Beurteilungsspielraums zu schließen.[198]

Die drei Hauptfaktoren für die Einräumung und die Reichweite eines Beurteilungsspielraums sind die relative institutionelle Kompetenz des EGMR, das Ausmaß des Konsenses zwischen den Mitgliedstaaten und die Natur des betroffenen Rechts oder Interesses.[199] Die relative institutionelle Kompetenz des EGMR ist zugleich die wohl entscheidende Rechtfertigung für die Einräumung von Beurteilungsspielräumen überhaupt. Diese Rechtfertigung ist auch als *better placed*-Argument bekannt, weil der EGMR häufig formuliert, die innerstaatlichen Stellen seien besser in der Lage, die Frage zu beurteilen, für die ein Spielraum eingeräumt wird.[200] Nach Auffassung einiger Richter ist das *better placed*-Argument sogar der einzige relevante Faktor für die Entscheidung über eine *margin of appreciation*.[201] Sie ist zugleich Ausdruck der in der entsprechend Art. 1 des 15. Protokolls[202] neu zu fassenden Präambel zur EMRK zusätzlich betonten Subsidiarität des EGMR.[203] Die subsidiäre Rolle des EGMR soll damit allein auf seine Funktion als internationales Gericht zurückzuführen sein, das eben gegenüber innerstaatlichen Stellen schlechthin subsidiär ist.

Hinzu kommt aber eine weitere Legitimitätserwägung, die in den Worten der dissentierenden Richter Wildhaber, Pastor Ridruejo, Costa und Baka im Urteil Karatas gegen Türkei lautet: »[T]he democratic legitimacy of measures taken by democratically elected governments commands a degree of judicial self-restraint«.[204] Damit wird betont, dass ein Gerichtsverfahren nicht die parlamentarische Beratung und Entscheidungsfindung ersetzen kann und insbesondere supra- und internationale Gerichte die Hintergründe einer bestimm-

---

[197] *J. H. Gerards*, ELJ 17 (2011) 1, S. 80 (105).

[198] S. bereits *N. Lavender*, E.H.R.L.R. 2 (1997) 4, S. 380. Zur Kritik der Anwendungspraxis s. *G. Letsas*, A Theory of Interpretation of the European Convention on Human Rights, 2007, S. 80–98.

[199] EGMR, Urt. v. 27.5.2004, *Connors ./. Vereinigtes Königreich*, Nr. 66746/01, Rn. 82 m.w.N.; Urt. (GK) v. 10.4.2007, *Evans ./. Vereinigtes Königreich*, Nr. 6339/05, Rn. 77; Urt. (GK) v. 4.12.2007, *Dickson v. the United Kingdom*, Nr. 44362/04, Rn. 78; Urt. (GK) v. 4.12.2008, *S and Marper v. UK*, Nr. 30562/04 und 30566/04, Rn. 102.

[200] S. etwa EGMR, Urt. (GK) v. 1.7.2014, *S.A.S. ./. Frankreich*, Nr. 43835/11, Rn. 129.

[201] S. etwa EGMR, Urt. v. 16.4.2009, *Hanseid v Norway*, Nr. 34438/04, concurring opinion Judge Rozakis.

[202] Protokoll Nr. 15 vom 24.6.2013, noch nicht in Kraft, Europarat: CETS No. 213.

[203] EGMR, Urt. v. 23.7.1968, Nr. 1474/62, *Belgischer Sprachenfall*, Series A No 6, Rn. I.B.10.

[204] EGMR, Urt. (GK) v. 8.7.1999, *Karatas ./. Türkei*, Nr. 23168/94, gemeinsame, teilweise abweichende Meinung der Richter Wildhaber, Pastor, Ridruejo, Costa and Abaka; zustimmend *Y. Arai-Takahashi*, in: A. Føllesdal u.a. (Hrsg.), Constituting Europe, 2013, S. 62 (94).

ten innerstaatlichen Maßnahme nur unzureichend kennen werden.[205] Gerade im Vergleich zum demokratischen Gesetzgeber ist der EGMR als internationales Gericht in einer schlechteren Position, komplexe politische, soziale oder wirtschaftliche Fragen einzuschätzen und schwierige Abwägungsentscheidungen zu treffen.[206] Das Argument ist eng mit dem Konsens-Faktor verknüpft: In schwierigen Fragen von moralischer Qualität sind die innerstaatlichen Stellen gerade dann in einer besseren Position, wenn es an einem Konsens unter den Konventionsstaaten fehlt.[207]

Im Hinblick auf die Natur des betroffenen Rechts sind zwei grundlegende Anliegen der EMRK zu unterscheiden,[208] einerseits die Erhaltung und Förderung der Ideale und Werte einer demokratischen Gesellschaft,[209] andererseits die Menschenwürde und Freiheit des Menschen.[210] Daraus lässt sich der Gewährleistungskern als Grenze eines Beurteilungsspielraums ableiten.

Eine grundsätzliche Kritik an der Einräumung von Beurteilungsspielräumen lautet, dass sie zu einem Relativismus führe[211] und auch deshalb zu der Idee der Menschenrechte im Widerspruch stehe, weil sie »utilitaristisch« sei.[212] Sofern sie als Grundsatzkritik nicht nur auf eine inkonsequente Praxis zielt, blendet diese Kritik allerdings aus, dass der Schutz der Menschenrechte nicht im Abstrakten verwirklicht wird, sondern die *margin of appreciation* gerade institutionelle Fragen reflektieren soll.

bb) Prozeduraler Ansatz für die *margin of appreciation*

Auf eine weitere, in diesem Fall intrinsische Kritik an seiner Praxis in der Gewährung von Spielräumen, sie lasse die nötige Kohärenz vermissen,[213] reagierte der EGMR mit einem neuen prozessorientierten Ansatz, der dem EuGH als Vorbild dienen kann. Außerdem ist der neue Ansatz eine Reaktion auf die von vielen Konventionsstaaten geforderte subsidiäre Rolle des EGMR. Die Einräumung eines Spielraums ist danach jedenfalls auch von der prozeduralen Ra-

---

[205] *A. L. Young*, M.L.R. 72 (2009) 4, S. 554 (555); *J. H. Gerards*, ELJ 17 (2011) 1, S. 80 (85–86).

[206] *S. Marks*, B.Y.B.I.L. 66 (1995), S. 209.

[207] *Y. Arai-Takahashi*, The Margin of Appreciation Doctrine and the Principle of Proportionality in the Jurisprudence of the ECHR, 2002, S. 206 f.; *G. Letsas*, A Theory of Interpretation of the European Convention on Human Rights, 2007, S. 94.

[208] *J. H. Gerards*, ELJ 17 (2011) 1, S. 80 (112).

[209] Für einen Überblick einschlägiger Fälle s. EGMR, Urt. v. 3.5.2007, *Bączkowski u.a. ./. Polen*, Nr. 1543/06, Rn. 61–65; vgl. insbesondere *S. Marks*, B.Y.B.I.L. 66 (1995), S. 209.

[210] S. etwa EGMR, Urt. v. 29.4.2002, Nr. 2346/02, *Pretty ./. Vereinigtes Königreich*, ECHR 2002-III, Rn. 65.

[211] *E. Benvenisti*, N.Y.U. J. Int'l L. & Pol. 31 (1999) 4, S. 843 (844).

[212] *G. Letsas*, OJLS 26 (2006) 4, S. 705 (729).

[213] *C. J. Van de Heyning*, YEL 31 (2012) 1, S. 128 (153); *A. Mazmanyan* u.a., in: P. Popelier u.a. (Hrsg.), The Role of Constitutional Courts in Multilevel Governance, 2013, S. 1 (13–15).

tionalität der in Wahrnehmung des Spielraums getroffenen Entscheidung abhängig.[214]

Die Gewährung eines Spielraums setzt voraus, dass die Verfahren der Entscheidungsfindung und Regulierung bei Gesetzgebung und Einzelfallentscheidungen fehlerfrei sind, effektive Partizipation sicherstellen und vernünftige Ergebnisse generieren können.[215] Wenn der EGMR mit konfligierenden Grundrechten und legitimen Interessen konfrontiert ist, kann er sich darauf konzentrieren, die Beachtung von Verfahrenserfordernissen und die Berücksichtigung von Grundrechten von Individuen im innerstaatlichen Entscheidungsprozess zu überprüfen.

Der Gerichtshof untersucht dann in erster Linie, ob ausreichende und effektive Rechtsbehelfe zur Verfügung stehen, die auch der Beschwerdeführer nutzen konnte, und die den innerstaatlichen Gerichten die Prüfung ermöglichen, ob Grundrechte des Einzelnen verletzt wurden. Weiterhin prüft der EGMR, ob die Entscheidungen der innerstaatlichen Stellen in rationaler und begründeter Weise zustande gekommen und die Grundrechte des Beschwerdeführers dabei berücksichtigt und sorgfältig abgewogen worden sind. Dabei ist auch relevant, inwieweit die innerstaatlichen Stellen ihre Entscheidung auf der Grundlage von Studien, Folgenabschätzungen oder umfangreichen Debatten getroffen haben. Auch die Auseinandersetzung mit der bereits etablierten Rechtsprechung des EGMR kann ein Hinweis darauf sein, dass die innerstaatlichen Stellen die Rechte des Beschwerdeführers hinreichend berücksichtigt haben. Soweit die innerstaatlichen Parlamente und Gerichte die betroffenen Rechte und Interessen sorgfältig geprüft und dabei die Verfahrensrechte von Individuen wie den Zugang zum Gericht und die Zugänglichkeit von Informationen beachtet haben, kann der EGMR ein beachtliches Maß an Zurückhaltung gegenüber dem innerstaatlichen Gesetzgeber oder Gericht üben.[216]

---

[214] *C. J. Van de Heyning*, YEL 31 (2012) 1, S. 128 (151–159); *D. Kosař*, EuConst 8 (2012) 1, S. 33; *P. Popelier*, in: P. Popelier u.a. (Hrsg.), The Role of Constitutional Courts in Multilevel Governance, 2013, S. 249; *M. Saul*, HRLR 15 (2015) 4, S. 745. S. demgegenüber auch *Y. Arai-Takahashi*, in: A. Føllesdal u.a. (Hrsg.), Constituting Europe, 2013, S. 62 (97) unter Bezugnahme auf *W. Sadurski*, OJLS 26 (2006) 2, S. 377 (»Democracy-Plus«): Wegen der Gefahr einer Tyrannei der Mehrheit soll sich die Anwendung der *margin of appreciation* nicht nur auf Verfahren beziehen, sondern auch bestimmte materielle Werte wie die menschliche Würde, Freiheit und Gleichheit festlegen.

[215] *J. H. Gerards*, ELJ 17 (2011) 1, S. 80 (87) mit Bezug auf *M. Tushnet*, Taking the Constitution Away from the Courts, 2000, S. 31.

[216] *C. J. Van de Heyning*, YEL 31 (2012) 1, S. 128 (153 f.); s. auch *C. J. Van de Heyning*, in: P. Popelier u.a. (Hrsg.), Human rights protection in the European legal order, 2011, S. 65 (95 f.; *E. Brems*, in: E. Brems/J. H. Gerards (Hrsg.), Shaping Rights in the ECHR, 2013, S. 137; *E. Brems/L. Lavrysen*, Hum.Rts.Q. 35 (2013) 1, S. 176; *O. M. Arnardóttir*, ESIL Conference Paper Series 5 (2015) 4.

Der EGMR hat einen solchen Ansatz schon in mehreren Fällen verfolgt. Die Gewährung eines weiten Beurteilungsspielraums begründete der Gerichtshof dabei damit, dass die innerstaatlichen Stellen die Verfahrensgarantien beachtet und die widerstreitenden Interessen und Grundrechte wohlabgewogen hätten. So war es im Fall Hatton mit ausschlaggebend für die Gewährung eines Spielraums bei der Beurteilung der Verhältnismäßigkeit einer Beschränkung von Art. 8 EMRK, dass die innerstaatlichen Behörden sich in angemessener Weise auf Untersuchungen und Studien gestützt hatten, um die relevanten Interessen und Rechte zu erfassen, einzuschätzen und abzuwägen.[217]

Hatton u.a. gegen Vereinigtes Königreich gehört zu einer Reihe von Fällen, in denen der EGMR die Bedingungen für die Gewährung einer *margin of appreciation* neu formuliert.[218] Zu diesen Fällen zählen auch Murphy gegen Irland,[219] Hirst gegen Vereinigtes Königreich,[220] Evans gegen Vereinigtes Königreich,[221] Dickson gegen Vereinigtes Königreich,[222] Animal Defenders International gegen Vereinigtes Königreich,[223] Shindler gegen Vereinigtes Königreich,[224] S.A.S. gegen Frankreich[225] und Correia de Matos gegen Portugal.[226] Im Fall Z gegen Vereinigtes Königreich gewährte der EMGR einen weiten Beurteilungsspielraum, weil das *House of Lords* eine gründliche Abwägung der relevanten Entscheidungsfaktoren und Grundrechte vorgenommen hatte.[227] Der Ansatz ist sowohl im Grundsatz als auch in seiner Handhabung unter den Richtern des EGMR umstritten.[228] Einige neuere Entscheidungen verdeutlichen zudem, dass es in der Rechtsprechung des EGMR keinen einheitlichen Trend der »Prozeduralisierung« gibt. In diesen Entscheidungen hat der Gerichtshof die

---

[217] EGMR, Urt. (GK) v. 8.7.2003, *Hatton u.a. ./. Vereinigtes Königreich*, Nr. 36022/97, Rn. 128.

[218] *R. Spano*, HRLR 14 (2014) 3, S. 487 (497).

[219] EGMR, Urt. v. 10.7.2003, *Murphy ./. Irland*, Nr. 44179/98, Rn. 73.

[220] EGMR, Urt. (GK) v. 6.10.2005, *Hirst ./. Vereinigtes Königreich (Nr. 2)*, Nr. 74025/01, Rn. 78–80.

[221] EGMR, Urt. (GK) v. 10.4.2007, *Evans ./. Vereinigtes Königreich*, Nr. 6339/05, Rn. 86.

[222] EGMR, Urt. v. 4.12.2007, *Dickson ./. Vereinigtes Königreich*, Nr. 44362/04, Rn. 83.

[223] EGMR, Urt. (GK) v. 22.4.2013, *Animal Defenders International ./. Vereinigtes Königreich*, Nr. 48876/08, Rn. 108.

[224] EGMR, Urt. v. 7.5.2013, *Shindler ./. Vereinigtes Königreich*, Nr. 19840/09, Rn. 102.

[225] EGMR, Urt. (GK) v. 1.7.2014, *S.A.S. ./. Frankreich*, Nr. 43835/11, Rn. 154 ff.

[226] EGMR, Urt. (GK) v. 4.4.2018, *Correia de Matos ./. Portugal*, Nr. 56402/12, Rn. 116 f.

[227] EGMR, Urt. (GK) v. 10.5.2001, *Z u.a. ./. Vereinigtes Königreich*, Nr. 29392/95.

[228] Ebd.; s. EGMR, Urt. (GK) v. 6.10.2005, *Hirst ./. Vereinigtes Königreich (Nr. 2)*, Nr. 74025/01, gemeinsame abweichende Meinung der Richter Wildhaber, Costa, Lorenzen, Kovler und Jebens, Rn. 7; Urt. (GK) v. 22.4.2013, *Animal Defenders International ./. Vereinigtes Königreich*, Nr. 48876/08, gemeinsame abweichende Meinung der Richter Ziemele, Sajó, Kalaydjieva, Vučinić und De Gaetano, Rn. 9; Urt. (GK) v. 4.4.2018, *Correia de Matos ./. Portugal*, Nr. 56402/12, gemeinsame abweichende Meinung des Richters Pinto de Albuquerque, dem sich Richter Sajó anschloss, Rn. 41, gemeinsame abweichende Meinung der Richter Pejchal und Wojtyczek, Rn. 9.

prozeduralen Anforderungen, allerdings aus jeweils spezifischen Gründen, eher gelockert als verschärft.[229]

Der prozedurale Ansatz bezieht sich sowohl auf innerstaatliche Gerichts- als auch auf Gesetzgebungsverfahren. In einer Reihe von Fällen stellte der EGMR einen klaren oder zumindest impliziten Zusammenhang zwischen der Qualität parlamentarischer Verfahren und der Reichweite des *margin of apprecation* her.[230] In einigen dieser Fälle war das parlamentarische Verfahren von Bedeutung für die Bestimmung der Reichweite der *margin of appreciation*.[231] In anderen Fällen wurde das parlamentarische Verfahren als Bestandteil der Verhältnismäßigkeitsanalyse berücksichtigt, die bei der Prüfung der Rechtfertigungsfähigkeit der Beschränkung des Staates auf ein Recht durchgeführt wurde,[232] oder für beide Zwecke,[233] und zuweilen ersetzte die Bezugnahme auf den parlamentarischen Prozess offenbar den Rest der Prüfung.[234]

Insbesondere hat der EGMR bei der Anwendung der *margin of appreciation* in den Fällen Hirst, Animal Defenders und Shindler den demokratischen Debatten in den Mitgliedstaaten große Aufmerksamkeit geschenkt.[235] Im Allgemeinen ist der EGMR am ehesten geneigt, der Qualität des Gesetzgebungsprozesses in schwierigen Fällen mit hoher Sensibilität Bedeutung beizumessen, zumal in Fällen, die sich auf komplexe Entscheidungen in sozioökono-

---

[229] S. zu gelockerten Verfahrensanforderungen in Fällen zum Wahlrecht EGMR, Urt. v. 8.4.2010, *Frodl ./. Österreich*, Nr. 20201/04, Rn. 34 f.; Urt. v. 22.5.2012, *Scoppola ./. Italien (Nr. 3)*, Nr. 126/05, Rn. 99; zu einer vergleichbaren Entwicklung bei den Kindesentführungsfällen s. Urt. v. 6.7.2010, *Neulinger und Shuruk ./. Schweiz*, Nr. 41615/07, Rn. 139; Urt. v. 26.11.2013, *X ./. Lettland*, Nr. 27853/09, Rn. 103 und 106; vgl. *A. Nußberger*, in: J. H. Gerards/E. Brems (Hrsg.), Procedural Review in European Fundamental Rights Cases, 2017, S. 161 (172 f.).

[230] EGMR, Urt. V. 10.7.2003, *Murphy ./. Irland*, Nr. 44179/98, Rn. 67, 73, 81; Urt. (GK) v. 6.10.2005, *Hirst ./. Vereinigtes Königreich (Nr. 2)*, Nr. 74025/01, Rn. 78–80; Urt. (GK) v. 10.4.2007, *Evans ./. Vereinigtes Königreich*, Nr. 6339/05, Rn. 79, 85 f.; Urt. v. 28.3.2006, *Sukhovetskyy ./. Ukraine*, Nr. 13716/02, Rn. 65; Zulässigkeitsentscheidung v. 24.11.2009, *Friend, The Countryside Alliance u.a. ./. Vereinigtes Königreich*, Nr. 16072/06 und 27809/08, Rn. 50; Urt. v. 12.6.2012, *Lindheim ./. Norwegen*, Nr. 13221/08 and 2139/10, Rn. 128; Urt. (GK) v. 22.4.2013, *Animal Defenders International ./. Vereinigtes Königreich*, Nr. 48876/08, Rn. 108; Urt. v. 7.5.2013, *Shindler ./. Vereinigtes Königreich*, Nr. 19840/09, Rn. 112, 115, 117; Urt. (GK) v. 1.7.2014, *S.A.S. ./. Frankreich*, Nr. 43835/11, Rn. 154 ff; s. den Überblick bei *M. Saul*, HRLR 15 (2015) 4, S. 745.

[231] EGMR, Urt. v. 28.3.2006, *Sukhovetskyy ./. Ukraine*, Nr. 13716/02, Rn. 68 f.

[232] EGMR, Urt. v. 12.6.2012, *Lindheim ./. Norwegen*, Nr. 13221/08 und 2139/10, Rn. 128; vgl. *M. Saul*, The International Journal of Human Rights 20 (2016) 8, S. 1077 (1078).

[233] EGMR, Urt. (GK) v. 22.4.2013, *Animal Defenders International ./. Vereinigtes Königreich*, Nr. 48876/08, Rn. 108.

[234] EGMR, Urt. (GK) v. 27.8.2015, *Parrillo ./. Italien*, Nr. 46470/11, Rn. 183 ff.

[235] EGMR, Urt. (GK) v. 6.10.2005, *Hirst ./. Vereinigtes Königreich (Nr. 2)*, Nr. 74025/01, Rn. 21–24, 78 f.; Urt. (GK) v. 22.4.2013, *Animal Defenders International ./. Vereinigtes Königreich*, Nr. 48876/08, Rn. 42–55, 108, 110, 114; Urt. v. 7.5.2013, *Shindler ./. Vereinigtes Königreich*, Nr. 19840/09, Rn. 22–28, 102, 117.

mischen Politikbereichen beziehen, und in Fällen moralischer Dilemmata.[236] Diese Rechtsprechung betrifft meist so genannte allgemeine Maßnahmen (»general measures«), also Maßnahmen, deren Auswirkungen nicht auf den Sachverhalt eines bestimmten Falles zugeschnitten sind. Fälle, in denen der EGMR auf der Grundlage prozeduraler Kriterien verschiedene Konventionsrechte in Ausgleich bringen muss, betrafen die Artikel 8 und 10 EMRK[237] oder die Artikel 9 und 11 EMRK.[238] Zu den für diese Rechtsprechung relevanten Gewährleistungen zählen die Artikel 8, 9, 10, 11 EMRK und die Artikel 1 und 3 des Protokolls Nr. 1 zur EMRK.[239] Thematisch sind die einschlägigen Fälle vielfältig und betreffen das Wahlrecht,[240] ein gesetzliches Sendeverbot für politische Werbung,[241] ein Verbot religiöser Werbung im Radio,[242] einen Nachtflugplan,[243] eine gesetzliche Bestimmung über den Widerruf der Zustimmung zur Lagerung und Verwendung von Embryonen[244] und das Verbot der Verwendung von Kleidung, die dazu bestimmt ist, das eigene Gesicht an öffentlichen Orten zu verbergen.[245]

Ein stärkerer Fokus auf die prozedurale Rationalität innerstaatlicher Entscheidungen bei der Gewährung eines Beurteilungsspielraums würde zu einem Wandel von einer »culture of authority« zu einer »culture of justification«[246] beitragen.[247] Ein an prozeduralen Kriterien orientierter Ansatz für die Bestimmung der Reichweite der *margin of appreciation* würde von den Mitgliedstaa-

---

236 *J. H. Gerards*, in: J. H. Gerards/E. Brems (Hrsg.), Procedural Review in European Fundamental Rights Cases, 2017, S. 127 (146–148).

237 EGMR, Urt. v. 24.6.2004, *von Hannover ./. Deutschland* (*Nr. 1*), Nr. 59320/00; Urt. v. 19.9.2013, *von Hannover ./. Deutschland* (*Nr. 3*), Nr. 8772/10; Urt. v. 7.2.2012, *von Hannover ./. Deutschland Nr. 2*, Nr. 40660/08 und 60641/08.

238 EGMR, Urt. v. 9.7.2013, *Sindicatul ›Păstorul Cel Bun‹ ./. Rumänien*, Nr. 2330/09, Rn. 160, 165; vgl. *A. Nußberger*, in: J. H. Gerards/E. Brems (Hrsg.), Procedural Review in European Fundamental Rights Cases, 2017, S. 161 (173 f.).

239 *M. Saul*, The International Journal of Human Rights 20 (2016) 8, S. 1077 (1079).

240 EGMR, Urt. (GK) v. 6.10.2005, *Hirst ./. Vereinigtes Königreich* (*Nr. 2*), Nr. 74025/01; Urt. v. 20.5.2010, *Alajos Kiss ./. Ungarn*, Nr. 38832/06; Urt. v. 7.5.2013, *Shindler ./. Vereinigtes Königreich*, Nr. 19840/09; Urt. v. 4.7.2013, *Anchugov und Gladkov ./. Russia*, Nr. 11157/04 und 15162/05.

241 EGMR, Urt. (GK) v. 22.4.2013, *Animal Defenders International ./. Vereinigtes Königreich*, Nr. 48876/08.

242 EGMR, Urt. v. 10.7.2003, *Murphy ./. Irland*, Nr. 44179/98.

243 EGMR, Urteil (GK) v. 8.7.2003, *Hatton u.a. ./. Vereinigtes Königreich*, Nr. 36022/97.

244 EGMR, Urt. (GK) v. 10.4.2007, *Evans ./. Vereinigtes Königreich*, Nr. 6339/05.

245 EGMR, Urt. (GK) v. 1.7.2014, *S.A.S. ./. Frankreich*, Nr. 43835/11; Urt. v. 11.7.2017, *Belcacemi und Oussar ./. Belgien*, Nr. 37798/13; vgl. *M. Saul*, The International Journal of Human Rights 20 (2016) 8, S. 1077 (1079).

246 Grundlegend *E. Mureinik*, S. Afr. J. on Hum. Rts. 10 (1994) 1, S. 31; im europäischen Kontext s. *D. Dyzenhaus*, in: G. Huscroft u.a. (Hrsg.), Proportionality and the Rule of Law, 2014, S. 234; *D. Dyzenhaus*, in: M. Hunt u.a. (Hrsg.), Parliaments and Human Rights, 2015, S. 425.

247 *M. Cohen-Eliya/I. Porat*, Am. J. Comp. L. 59 (2011) 2, S. 463 (475 f.); vgl. *C. J. Van de*

ten und den nationalen Gerichten verlangen, ihre Entscheidungen besser zu begründen und sich nicht nur auf die ihnen verliehene Autorität zu verlassen.[248] Nach einem ursprünglich von Etienne Mureinik geprägten Konzept verlangt eine »Kultur der Rechtfertigung« (»culture of justification«) von der Regierungsgewalt, dass sie sich sowohl gegenüber den Wählern als auch gegenüber dem Parlament für ihre Politik im Hinblick auf ihre Übereinstimmung mit den durch die Verfassung geschützten Werten rechtfertigt. Diese »Kultur der Rechtfertigung« erfordert auch, dass sowohl die Regierung als auch das Parlament den Gerichten eine solche Rechtfertigung anbieten.[249] Danach kommt es für die Gültigkeit eines Rechtsakts nicht nur auf die Kompetenzmäßigkeit, sondern auch auf die Rationalität und Plausibilität der Entscheidung an (»capacity of persuasion«). Entscheidend ist, dass eine Kultur der Rechtfertigung auf Überzeugungskraft und nicht auf Zwang beruht.

Weitreichende Eingriffe in grundlegende substantielle Rechte legen die Vermutung nahe, dass auch das Entscheidungsverfahren mangelhaft ist. Umgekehrt gilt: Je größer die Eingriffsintensität, desto höher sind die Anforderungen an die Begründung der tatsächlichen Grundlagen der Eingriffsrechtfertigung und an die Prüfung weniger eingriffsintensiver Handlungsalternativen.[250] Letztlich muss also die Richtigkeitsgewähr angemessener Verfahren widerleglich sein.

In diesem Zusammenhang der Sicherung einer rationalen Entscheidungsfindung wird auch die Verhältnismäßigkeitsprüfung relevant. Sie ist die Kehrseite der Einräumung eines Beurteilungsspielraums: Nicht nur beschränkt die Intensität der Verhältnismäßigkeitskontrolle durch den EGMR den Spielraum der innerstaatlichen Instanzen.[251] Vielmehr kann eine Verhältnismäßigkeitsprüfung innerstaatlicher Gerichte, die die prozedurale Rationalität des Verfahrens dokumentiert, indem Begründungen formuliert und ihre empirischen Grundlagen gesichert werden, die Zurückhaltung des EGMR begründen. Folge eines prozeduralen Ansatzes bei der Einräumung von Spielräumen ist zudem, dass ein besonderes Augenmerk auf die Gewährleistung der Prozessgrundrechte und auf effektive Rechtsbehelfe zu richten ist.

Die Betonung der prozeduralen Rationalität legt darüber hinaus auch eine vergleichsweise hohe Kontrolldichte in Fragen nahe, die die durch Grundrechte zu gewährleistenden Grundlagen demokratischen Entscheidens betreffen. Die unmittelbare demokratische Legitimation der nationalen Instanzen ist einer der

---

Heyning, YEL 31 (2012) 1, S. 128 (154); *Y. Arai-Takahashi*, in: A. Føllesdal u.a. (Hrsg.), Constituting Europe, 2013, S. 62 (82).

[248] *M. Cohen-Eliya/I. Porat*, Am. J. Comp. L. 59 (2011) 2, S. 463.

[249] *M. Hunt*, in: M. Hunt u.a. (Hrsg.), Parliaments and Human Rights, 2015, S. 1 (16).

[250] *J. Rivers*, Cam. Law. J. 65 (2006) 1, S. 174 (205).

[251] *Y. Arai-Takahashi*, The Margin of Appreciation Doctrine and the Principle of Proportionality in the Jurisprudence of the ECHR, 2002, S. 14.

Gründe für die Einräumung einer *margin of appreciation* überhaupt.[252] Soweit Grundrechte gerade zur Gewährleistung demokratischer Legitimation beitragen, muss der Beurteilungsspielraum dementsprechend verkürzt sein. Der Beurteilungsspielraum hängt danach u.a. auch von der Demokratiefunktionalität des betreffenden Grundrechts in der entscheidungsrelevanten Konstellation ab. Bei einigen Grundrechten, etwa bei der Meinungs-, Informations-, Presse-, Rundfunk-, Versammlungs- und Vereinigungsfreiheit, bestünde dann, sofern ihre Ausübung einen Demokratiebezug hat, grundsätzlich weniger Spielraum als etwa im Bereich der Wirtschaftsgrundrechte oder grundrechtlich relevanter gesellschaftspolitischer Fragen. Tatsächlich lässt sich in der Rechtsprechung des EGMR, die hier eine viel breitere empirische Grundlage bietet als die des EuGH, zeigen, dass der EGMR die Demokratiefunktionalität der Konventionsgewährleistungen besonders würdigt.[253]

Eine an diesen Kriterien ausgerichtete Grundrechtskontrolle stärkt tendenziell demokratiefunktionale Elemente im Grundrechtsverständnis. Wenn die föderale Grundrechtsjudikatur die einzelstaatliche Demokratie nicht nur einhegt, sondern zuallererst fördert, wirkt sie Unitarisierungstendenzen entgegen. Die Betonung der Grundrechte als Selbstzweck auf der Grundlage einer autonomen Grundrechtskonzeption ist dagegen für die föderale Struktur grundsätzlich unsensibel.

c) Begründung der Parallele zwischen EGMR und EuGH

Die Parallele zwischen dem EuGH bei der Anwendung der Unionsgrundrechte gegenüber den Mitgliedstaaten und der Praxis des EGMR ist trotz der prozeduralen Unterschiede zwischen der Individualbeschwerde zum EGMR und dem Vorabentscheidungsverfahren des EuGH nicht fernliegend. Der EuGH hat nämlich – wie schon zuvor in der Literatur gefordert[254] – vom EGMR das Konzept einer »margin of appreciation« bzw. eines Spielraums oder Ermessens[255] für die Mitgliedstaaten im Rahmen der Auflösung von Grundrechtskonflikten mit Modifikationen übernommen.[256] Das gilt insbesondere für

[252] EGMR, Urteil (GK) v. 8.7.2003, *Hatton u.a. ./. Vereinigtes Königreich*, Nr. 36022/97, Rn. 97.

[253] S. zu demokratiefunktionalen Elementen in der Rechtsprechung des EGMR *A. von Ungern-Sternberg*, in: N. Matz-Lück/M. Hong (Hrsg.), Grundrechte und Grundfreiheiten im Mehrebenensystem – Konkurrenzen und Interferenzen, 2012, S. 69 (81–86); zur Unterscheidung von autonomen und funktionalen Grundrechtskonzeptionen auch *O. Klein*, Fremdnützige Freiheitsgrundrechte, 2002; *C. Möllers*, NJW 58 (2005) 28, S. 1973.

[254] *J. Kühling*, in: A. von Bogdandy/J. Bast (Hrsg.), Europäisches Verfassungsrecht, 2015, S. 657 (695–699) m.w.N.

[255] EuGH, Rs. C-149/10, *Chatzi*, Slg. 2010, I-8489, Rn. 60 in Bezug auf den Grundsatz der Gleichbehandlung bei der Frage des Elternurlaubs im Falle der Geburt von Zwillingen.

[256] Für die Parallele gerade auch zu prozessorientierten Ansätzen beim EGMR *J. H. Gerards*, ELJ 17 (2011) 1, S. 80.

Übergangsszenarien etwa bei Anpassungen im Rahmen der Beseitigung einer Altersdiskriminierung[257] oder bei der Konkretisierung des menschenwürdigen Daseins nach Art. 34 GRCh.[258] Unter ausdrücklicher Bezugnahme auf die Rechtsprechung des EGMR hat der EuGH auch einen Spielraum für die Beurteilung anerkannt, ob ein Grundrechtseingriff im rechten Verhältnis zu dem erstrebten Ziel steht.[259]

Auch in anderen Konstellationen ist beim EuGH eine vergleichbare Zurückhaltung bei der Entfaltung der Direktionskraft der Unionsgrundrechte im Vorlageverfahren zu beobachten.[260] Der EuGH achtet einen Einschätzungsspielraum vor allem bei Beschränkungen der Marktfreiheiten. In den Rechtssachen Omega, Dynamic Medien und Sayn-Wittgenstein war der EuGH bereit, den Mitgliedstaaten Raum für eine Deutung der Menschenwürde und anderer Grundrechte zu geben, die nicht notwendig mit dem unionsrechtlichen Verständnis dieser Gewährleistungen deckungsgleich ist.[261] Demgegenüber scheute sich der Gerichtshof etwa beim Patentierungsausschluss von Verfahren mit embryonalen Stammzellen nicht, bei der Auslegung von Richtlinien einem Verständnis der Menschenwürde zu folgen, das ganz klar zur Gesetzgebung mehrerer (wenn nicht sogar der meisten) Staaten in Widerspruch steht.[262] Auch wendet der EuGH bislang nicht explizit differenzierte Prüfungsmaßstäbe an.[263] Methodische Verbesserungen sind zwar, wie auch die Praxis des EGMR zeigt, schwierig, für die Transparenz und Vorhersehbarkeit der Rechtskontrolle indes wichtig.[264]

Die Parallele zum neuen prozeduralen Ansatz des EGMR bei der Einräumung eines Beurteilungsspielraums wird durch die Rechtssache Delvigne des EuGH plausibilisiert.[265] Der Fall betraf in der Sache den Entzug des Wahlrechts als Strafsanktion nach einer inzwischen nicht mehr bestehenden Rechtslage in Frankreich und ähnelte insofern dem Fall Hirst des EGMR,[266] bei dem

---

257 EuGH, verb. Rs. C-297/10 und C-298/10, *Hennigs u.a.*, Slg. 2011, I-7965, Rn. 65, 73 (»weites Ermessen«), 90, 97.

258 EuGH, Rs. C-571/10, *Kamberaj*, Urt. v. 24.4.2012, Rn. 92; s. *J. Kühling*, ZÖR 68 (2013) 3, S. 469 (477).

259 EuGH, Rs. C-274/99 P, Connolly, Slg. 2001 I-1611, Rn. 41–49; Rs. C-540/03, Parlament/Rat: Familienzusammenführung, Slg. 2006, I-5769, Rn. 54–66.

260 EuGH, Rs. C-36/02, *Omega*, Slg. 2004, I-9609, Rn. 31; Rs. C-244/06, *Dynamic Medien*, Slg. 2008, I-505, Rn. 44; Rs. C-208/09, Slg. 2010, I-13693, *Sayn-Wittgenstein*, Rn. 87.

261 *M. Borowsky*, in: J. Meyer (Hrsg.), Kommentar zur Charta der Grundrechte der Europäischen Union, 4. Aufl. 2014, Art. 51, Rn. 30a; *M. Herdegen*, in: HStR X, 3. Aufl. 2012, § 211, Rn. 38 unter Hinweis auf EuGH, Rs. C-36/02, *Omega*; *N. Shuibhne*, in: O. Arnardóttir/A. Buyse (Hrsg.), Shifting Centres of Gravity in Human Rights Protection, 2016, S. 116.

262 EuGH, Rs. C-34/10, *Brüstle*, Slg. 2011, I-9821.

263 *J. H. Gerards*, ELJ 17 (2011) 1, S. 80 (90).

264 Ebd., S. 89.

265 EuGH, Rs. C-650/13, *Delvigne*, Urt. v. 6.10.2015, ECLI:EU:C:2015:648.

266 EGMR, Urt. (GK) v. 6.10.2005, *Hirst ./. Vereinigtes Königreich* (*Nr. 2*), Nr. 74025/01.

der EGMR, wie gesehen, den prozeduralen Ansatz zugrunde gelegt hatte. Der Fall gilt im Hinblick auf Art. 51 GRCh als eine Nachfolgeentscheidung zur Rechtssache Fransson. Generalanwalt Cruz Villalón hatte vorgeschlagen, im Hinblick auf die Anwendung der Unionsgrundrechte anhand der geltend gemachten Grundrechte zu differenzieren.[267] Außer der Verletzung der Wahlrechtsgewährleistung des Art. 39 GRCh war auch die Verletzung des Rückwirkungsverbots gemäß Art. 49 GRCh gerügt worden. Im Hinblick auf das Rückwirkungsverbot sah der Generalanwalt nunmehr nur einen »kollateralen und in gewisser Weise zufälligen« Zusammenhang mit dem Unionsrecht und verneinte deswegen die Anwendbarkeit der Unionsgrundrechte.[268] Der EuGH ließ sich auf diese Differenzierung nicht ein.

Vom Standpunkt einer Theorie, die eine differenzierte Direktionskraft der Unionsgrundrechte im Vorabentscheidungsverfahren vertritt, lässt sich nun festhalten, das Cruz Villalóns Differenzierung nach Maßgabe der geltend gemachten Grundrechte zuzustimmen ist. Allerdings wird das Kriterium des nur zufälligen Bezugs zum Unionsrecht dadurch aufgewogen, dass beim Wahlrecht eine große Nähe zum demokratischen Verfahren und zu den Grundlagen der Legitimation der EU besteht, sodass eine strikte Grundrechtskontrolle auch durch den EuGH und auch unter dem Gesichtspunkt des Rückwirkungsverbots legitim erscheint.

d) Zwischenfazit

Mit dem ausgeführten Vorschlag ist ein Kriterium gefunden, das den EuGH ergänzend bei der Anwendung der Unionsgrundrechte gegenüber den Mitgliedstaaten und der Entfaltung ihrer Direktionskraft im Vorabentscheidungsverfahren leiten könnte. Mit einer ähnlichen Begründung ließe sich aber auch die Verknüpfung des über Art. 51 GRCh hinausgehenden unionalen Grundrechtsschutzes mit dem Kernbereich der Unionsbürgerschaft rechtfertigen. Ein von von Bogdandy u.a. selbst eingeräumter Nachteil ihres »reverse Solange«-Vorschlags ist, dass er Drittstaatsangehörige und damit besonders verletzbare Gruppen ausschließt.[269] Sofern es um die Demokratiefunktionalität der Grundrechte geht, ist die Begrenzung auf Bürger dagegen zu rechtfertigen. Leichter fällt dies allerdings, wenn die Differenzierung nicht die Anwendbarkeit der Grundrechte an sich, sondern die anwendbaren Prüfungsmaßstäbe betrifft.

Mit dem hier vorgeschlagenen Ansatz könnte der EuGH auch auf die unbefriedigende Grundrechtssituation in einigen Mitgliedstaaten reagieren, ins-

[267] EuGH, Rs. C-650/13, *Delvigne*, Schlussanträge Generalanwalt Cruz Villalón v. 4.6.2015, ECLI:EU:C:2015:363, Rn. 71.

[268] Ebd., Rn. 86 f.

[269] *A. von Bogdandy* u.a., CML Rev. 49 (2012) 2, S. 489 (516 f.).

besondere sofern die Gerichtsbarkeit[270] und Meinungsvielfalt betroffen sind. Für grob menschenrechtswidrige Ergebnisse, etwa Eingriffe in Leib und Leben oder unmenschliche Behandlungen, steht als Auffang-Option auch eine intensive substantielle Kontrolle zur Verfügung.

Zugleich vermittelt der hier vorgeschlagene Ansatz dem EuGH im Grundrechtsdialog eine spezifische Perspektive, die unterschiedliche Standpunkte der beteiligten Gerichte und eine institutionelle Differenzierung der Dialogpartner als Bedingungen des rationalen Diskurses ermöglicht. Außerdem passt der Fokus auf das Verfahren besser zum apodiktischen Begründungsstil und den fehlenden Sondervoten als die Entscheidung substantieller Grundrechtsfragen. Geht man davon aus, dass sich an diesen Determinanten zunächst wenig ändern wird, so ist der verfahrensbezogene Ansatz eine angemessene Reaktion darauf.

Schließlich greift der Vorschlag auch die in Auseinandersetzung mit den Verfassungstraditionen im 2. Kapitel gewonnene Erkenntnis auf, dass zentrale Grundrechte ein *empowerment* der einzelstaatlichen Institutionen erreichen können. Das könnte auch die Funktion eines prozeduralen Ansatzes bei der Einräumung von Beurteilungsspielräumen sein, wenn die Praxis den Grundsatz der Subsidiarität ernst nimmt.

4. Das Modell ›moderierter Redundanz‹

Das Zusammentreffen zwischen europäischem Konsens und verfahrenstechnischer Rationalitätskontrolle in der Rechtsprechung des EGMR ist nicht zufällig [a)]. Zwischen prozeduraler Rationalität und Konsens findet vielmehr eine doppelte Interaktion statt. Erstens bildet der prozedurale Ansatz die Grundlage für ein aktives Engagement der innerstaatlichen Stellen der Konventionsstaaten, das zu einer Konsolidierung des später vom EGMR analysierten europäischen Konsenses beitragen kann. Zweitens kann der prozedurale Ansatz die Bedingungen für die Anfechtung eines vom EGMR in konstruktiver Weise erzielten progressiven Konsenses festlegen. In beiden Fällen ermöglicht diese Interaktion eine dynamische Entwicklung der europäischen Menschenrechte, die entweder in der Praxis der Konventionsstaaten (analytischer oder bottom-up-Ansatz) [b)] oder durch den Gerichtshof (konstruktiver oder top-down-Ansatz) [c)] erreicht wird. Daran anknüpfend lässt sich auch für den EuGH ein Modell ›moderierter Redundanz‹ entwickeln [d)]. Es berücksichtigt sowohl die individuelle als auch die demokratische Selbstbestimmung, indem es angemessene innerstaatliche Verfahren der demokratischen Selbstbestimmung stimuliert und deren Qualität bei der Prüfung der Verletzung individueller Rechte einbezieht.

---

270 Vgl. EuGH, Rs. C-286/12, *Kommission/Ungarn*, Urt. v. 6.11.2012, ECLI:EU:C:2012:687.

a) Der Zusammenhang zwischen konsensbezogenen Argumenten und prozeduraler Rationalitätskontrolle

An der Rechtsprechung des EGMR fällt zudem auf, wie sie die Orientierungsfunktion des europäischen Konsenses und prozedurale Kriterien miteinander verknüpft. In einer beträchtlichen Anzahl relevanter Fälle, in denen der EGMR den Umfang der *margin of appreciation* mit der Qualität innerstaatlicher Verfahren und insbesondere des parlamentarischen Prozesses verknüpfte, spielte auch der europäische Konsens eine entscheidende Rolle in seiner Argumentation.[271] Zwar besteht zwischen konsensorientierten Argumenten und einem prozeduralen Ansatz zur Bestimmung der *margin of appreciation* kein notwendiger Zusammenhang. Jedoch ist das Zusammentreffen zwischen europäischem Konsens und verfahrenstechnischer Rationalitätskontrolle nicht zufällig. Die Kombination aus konsensorientierten Argumenten und prozeduralem Ansatz zur Bestimmung der *margin of appreciation* überzeugt mit Blick auf die demokratische Legitimation internationaler Gerichte.

Sowohl der europäische Konsens als auch der prozedurale Ansatz gehören zu den Gründen zweiter Ordnung, die die Befugnis des EGMR beeinflussen, die Gründe erster Ordnung selbst abzuwägen[272] und Kriterien für den Umfang der *margin of appreciation* im strukturellen Sinne zu liefern. Beide definieren das Verhältnis zwischen dem EGMR und den Institutionen der Konventionsstaaten in Bezug darauf, wie viel Beurteilungsspielraum der EGMR dem beklagten Staat einräumt. Der Beurteilungsspielraum ist groß in Fällen, in denen es keinen europäischen Konsens und damit keinen gemeinsamen oder konvergierenden Ansatz unter den Konventionsstaaten gibt, und in Fällen, die sich auf moralisch oder politisch sensible Rechte beziehen.[273] Darüber hinaus kann die prozedurale Rationalitätskontrolle dazu führen, dass der Ermessensspielraum des beklagten Staates erweitert wird.

Dementsprechend können sich Argumente aus der verfahrenstechnischen Rationalitätskontrolle und dem europäischen Konsens ergänzen. Da sich beide Faktoren zusammen auf die Reichweite der *margin of appreciation* auswirken,

---

[271] S. etwa EGMR, Urt. v. 10.7.2003, *Murphy ./. Irland*, Nr. 44179/98, Rn. 67, 73, 81; Urt. (GK) v. 6.10.2005, *Hirst ./. Vereinigtes Königreich (Nr. 2)*, Nr. 74025/01, Rn. 79, 81; Urt. (GK) v. 10.4.2007, *Evans ./. Vereinigtes Königreich*, Nr. 6339/05, Rn. 79, 85 f.; Urt. (GK) v. 22.4.2013, *Animal Defenders International ./. Vereinigtes Königreich*, Nr. 48876/08, Rn. 108.; Urt. v. 7.5.2013, *Shindler ./. Vereinigtes Königreich*, Nr. 19840/09, Rn. 112, 115, 117; Urt. (GK) v. 1.7.2014, *S.A.S. ./. Frankreich*, Nr. 43835/11, Rn. 154; Gegenbeispiele sind EGMR, Urt. v. 28.3.2006, *Sukhovetskyy ./. Ukraine*, Nr. 13716/02; Zulässigkeitsentscheidung v. 24.11.2009, *Friend, The Countryside Alliance u.a. ./. Vereinigtes Königreich*, Nr. 16072/06 und 27809/08, Rn. 50; Urt. v. 12.6.2012, *Lindheim ./. Norwegen*, Nr. 13221/08 und 2139/10, Rn. 128; für eine ausführlichere Analyse m.w.N. s. *T. Kleinlein*, EJIL 28 (2017) 3, S. 871 (873–878).

[272] *B. Baade*, LJIL 7 (2018) 1, S. 1 (12).

[273] *S. Besson*, AmJJuris 61 (2016) 1, S. 69 (81).

kann der EGMR auch das Fehlen eines europäischen Konsenses in einem bestimmten Bereich als Grund für die zusätzliche Berücksichtigung prozeduraler Kriterien bei der Bestimmung der *margin of appreciation* sehen. Dies entspricht dem direkten Zusammenhang zwischen der Rolle der Verfahrenskriterien und der Reichweite der *margin of appreciation*, wie er durch andere Gründe zweiter Ordnung definiert ist. Im Gegensatz dazu wird der EGMR bei einem stark ausgeprägten Konsens wahrscheinlich selbst einen starken und prozedural belastbaren innerstaatlichen Konsens in einer entgegengesetzten Richtung als unzureichend ansehen, um eine breite oder überhaupt eine *margin of appreciation* in einem bestimmten Bereich zu gewähren.

Die Interaktion zwischen prozeduraler Rationalität und Konsens ist eine doppelte: Im ersten Modus der Interaktion bildet der prozedurale Ansatz die Grundlage für ein aktives Engagement der innerstaatlichen Stellen der Konventionsstaaten, das zu einer Konsolidierung des später vom EGMR analysierten europäischen Konsenses beitragen kann. Im zweiten Modus kann der prozedurale Ansatz die Bedingungen für die Anfechtung eines vom EGMR in konstruktiver Weise erzielten progressiven Konsenses festlegen.[274]

b) Prozedurale Kriterien für die Anerkennung eines ›bottom-up‹ entwickelten Konsenses

Im ersten Modus bildet der prozedurale Ansatz für die *margin of appreciation* die Grundlage für die schrittweise Entwicklung eines bedeutungsvollen Konsenses in den europäischen Gesellschaften. Der EGMR konsolidiert in seiner Rechtsprechung kontinuierlich die (sich weiterentwickelnden) minimalen Menschenrechtsschutznormen, die in der Praxis verschiedener Organe der demokratischen Konventionsstaaten festgelegt wurden. Dieses Element einer dynamischen Interpretation ist besonders relevant in Bereichen, die von technologischen, wissenschaftlichen und medizinischen Entwicklungen, von gesellschaftlichen Veränderungen oder von der Verschiebung moralischer oder ethischer Überzeugungen betroffen sind. Der EGMR stützt sich auf eine konsensbasierte Argumentation insbesondere bei neu aufgeworfenen Fragen und in Ermangelung einer etablierten Rechtsprechung, oder um von eigenen Präzedenzfälle abzuweichen.[275] Wenn es um den Kerngehalt eines Rechts geht, wird sich der EGMR dagegen nicht auf einen Konsens stützen.[276] Unter Bezugnahme auf den europäischen Konsens validiert der EGMR die spätere Praxis der Konventionsstaaten. Der Gerichtshof legt auf diese Weise weiterentwickelte Min-

---

274 Ausführlicher dazu und zu den folgenden Abschnitten b) und c) *T. Kleinlein*, ICLQ 68 (2019) 1, S. 91 (104–110).

275 *K. Dzehtsiarou*, GLJ 12 (2011) 10, S. 1730 (533, 545).

276 EGMR, Urt. (GK) v. 27.8.2015, *Parrillo ./. Italien*, Nr. 46470/11, Rn. 174, 176.

destnormen für den Schutz der Menschenrechte fest und erlegt sie den Konventionsstaaten erneut auf.[277]

Damit der EGMR einen europäischen Konsens auf eine fundierte vergleichende Analyse stützen kann, muss ein wesentliches Engagement für die Rechte des Übereinkommens in den Konventionsstaaten bestehen. Der EGMR kann dann einen Konsens, der sich von unten nach oben entwickelt, leichter erkennen, validieren und konsolidieren. Aus diesem Grund bezieht der Gerichtshof die nationalen Behörden in die Entwicklung der materiellen Rechte der EMRK ein, kommuniziert Verfahrenspflichten und bewertet die Einhaltung der Konventionsgarantien auf der Grundlage des von ihm angewandten Kontrollstandards.[278] Durch seine Wendung zum Verfahren kommuniziert der Gerichtshof die verschiedenen Aspekte der allgemeinen Verfahrenspflichten von Exekutive, Legislative und Judikative, um die evolutionäre Entwicklung der Konventionsrechte sicherzustellen, und nimmt aktiv seine Rolle als »facilitator of the self-interpretation«[279] von Menschenrechten durch demokratische Staaten wahr.[280] Dieses Vorgehen des EGMR verbessert die Ausgangsbedingungen für eine schrittweise Weiterentwicklung der materiellen Konventionsgarantien unter den heutigen Bedingungen[281] durch eine »wechselseitige Positivierung« internationaler und innerstaatlicher Menschenrechtsgarantien.[282]

c) Prozedurale Kriterien für das Bestreiten eines vom EGMR ›top-down‹ etablierten Konsenses

Zugleich entwickelt der EGMR selbst die Konventionsgarantien progressiv weiter. Der zweite, ›top-down‹ Modus der Interaktion zwischen prozeduraler Rationalitätskontrolle und europäischem Konsens wird deutlich, wenn der Gerichtshof dabei schrittweise auf einem sich abzeichnenden Konsens aufbaut. Tatsächlich basiert der vom Gerichtshof ermittelte europäische Konsens – entgegen möglicher Konnotationen des Konsensbegriffs – wie dargelegt selten auf einheitlichen Gesetzen oder gar der tatsächlichen Praxis in allen Vertragsstaaten: Konsens bedeutet nämlich nicht Einstimmigkeit.[283] Die Bezugnahme auf einen europäischen Konsens verpflichtet den Gerichtshof demnach nicht abzuwarten, dass alle Vertragsstaaten eine bestimmte Rechtsvorschrift oder -pra-

277 *S. Besson*, AmJJuris 61 (2016) 1, S. 69 (101): »*erga omnes* effect«; *A. Müller*, The International Journal of Human Rights 20 (2016) 8, S. 1058 (1059).

278 Ebd., S. 1068.

279 *S. Besson*, AmJJuris 61 (2016) 1, S. 69 (100).

280 *A. Müller*, The International Journal of Human Rights 20 (2016) 8, S. 1058 (1059 f.).

281 Ebd., S. 1060.

282 *S. Besson*, in: R. Cruft (Hrsg.), Philosophical Foundations of Human Rights, 2015, S. 279 (280).

283 *K. Dzehtsiarou*, European Consensus and the Legitimacy of the European Court of Human Rights, 2015, S. 12 ff.

xis annehmen. In den meisten Fällen wird der europäische Konsens im Sinne eines Trends, einer allgemeinen Richtung, in der sich ein bestimmter Rechtsbereich in einer bestimmten Anzahl von Übereinkommensstaaten entwickelt oder ändert, verstanden. Der Gerichtshof sucht nicht nach identischen Rechtsnormen, sondern ist bestrebt, eine Konvergenz zwischen den Staaten zu ermitteln,[284] und nutzt den europäischen Konsens als Instrument, um die Garantien des Übereinkommens schrittweise weiterzuentwickeln.[285] Die Rechtsprechung zeugt von einem flexiblen Einsatz des Konsensarguments.[286] Er ermöglicht es dem Gerichtshof, den Mitgliedstaaten weniger Spielräume einzuräumen, als die Berufung auf einen Konsens dem unvoreingenommenen Beobachter nahelegen könnte, und einen progressiveren, rechtefreundlicheren Ansatz zu verfolgen.[287] So betrug beispielsweise im Fall Hirst die Schwelle etwas mehr als 50 Prozent der damaligen Mitglieder des Europarates. Im Fall E.B. gegen Frankreich verwies die Klägerin auf die Praktiken von knapp zehn der 47 derzeitigen Staaten des Europarates. Im Fall A, B und C gegen Irland lehnte der EGMR eine klare Mehrheit der Vertragsstaaten ab.[288] Darüber hinaus kann der Konsens über die tatsächliche Zustimmung der Vertragsstaaten hinausgehen, wenn der EGMR auf einen Konsens verweist, der nur auf der Ebene der Grundsätze, nicht aber der spezifischen Regeln besteht, und aus diesem abstrakten Prinzip spezifische Konsequenzen für den vorliegenden Fall ableitet.[289]

Diese Urteile, die bis zu einem gewissen Grad einen Konsens top-down durch einen internationalen Gerichtshof herstellen, bedeuten nicht unbedingt, dass der EGMR das ›letzte Wort‹ beansprucht. Vielmehr schaffen sie eine Art »weichen« Präzedenzfall.[290] Wenn die Feststellung eines Konventionsverstoßes auch von prozeduralen Bedingungen abhängt, die zwischen den Vertragsstaaten unterschiedlich sind, wird es damit möglicherweise auch schwieriger, allge-

---

284 *K. Dzehtsiarou*, P.L. 56 (2011) 3, S. 534 (542).

285 *B. Petkova*, CYELS 14 (2013), S. 663. S. etwa EGMR, Urt. (GK) v. 22.1.2008, *E.B. ./. Frankreich*, Nr. 43546/02 (zur diskriminierenden Wirkung von Regelungen, die Homosexuelle daran hindern, Kinder zu adoptieren).

286 Für eine Analyse der Rechtsprechung nach rechtlichen und politischen Gesichtspunkten s. *N. Bamforth*, in: P. Agha (Hrsg.), Human Rights Between Law and Politics, 2017, S. 129. Für eine ausführliche Analyse der Inkonsistenzen im Gebrauch des Konsensarguments s. *J. Asche*, Die Margin of Appreciation, 2018, S. 99–149.

287 So heißt es im Urteil EGMR, Urt. v. 11.7.2002, *Christine Goodwin ./. Vereinigtes Königreich*, Nr. 28957/95, Rn. 92: »In the previous cases from the United Kingdom, this Court has since 1986 emphasised the importance of keeping the need for appropriate legal measures under review having regard to scientific and societal developments …«.

288 EGMR, Urt. (GK) v. 6.10.2005, *Hirst ./. Vereinigtes Königreich (Nr. 2)*, Nr. 74025/01, Rn. 81; EGMR, Urt. (GK) v. 22.1.2008, *E.B. ./. Frankreich*, Nr. 43546/02; *A, B und C ./. Irland*, Urt. v. 16.12.2010, Nr. 25579/05; vgl. *F. de Londras/K. Dzehtsiarou*, ICLQ 62 (2013) 1, S. 250 (256).

289 *K. Dzehtsiarou*, European Consensus and the Legitimacy of the European Court of Human Rights, 2015, S. 14 ff.

290 *B. Baade*, LJIL 7 (2018) 1, S. 1 (18).

meine Aussagen aus konkreten Urteilen abzuleiten.[291] In Reaktion auf das Urteil Animal Defenders betrachtete es ein Kommentator als eine offensichtliche Ironie, wenn Debatten, die durch einen bestimmten Präzedenzfall des EGMR ausgelöst wurden, zu einem »quasi-overruling« eben dieses Präzedenzfalls beitragen könnten.[292] Wenn sich die innerstaatlichen Stellen jedoch ernsthaft und in angemessenen Verfahren mit den Urteilen des Gerichtshofs befassen, erhalten sie dadurch zu Recht eine gewisse Flexibilität. In diesem Sinne können die progressiveren Urteile des Gerichtshofs, die auf einem sich abzeichnenden Konsens beruhen, einen Anstoß für demokratische Beratungen und auch Anfechtungen geben. Plausibel ist die Annahme, dass sie sogar ein besonderes Potential haben, Debatten anzuregen, sowohl innerhalb der Nationalstaaten als auch auf der Ebene des Europarates.[293] Progressive Urteile, die sich auf einen sich abzeichnenden Konsens stützen, können eine Debatte in Gang setzen, die letztendlich auch Auswirkungen auf den Gerichtshof hat und es ihm ermöglicht, einen Dialog mit den Zivilgesellschaften in den Vertragsstaaten und ihren Akteuren und Gruppierungen aufzunehmen. Wie bereits ausgeführt, kann insofern sogar eine Gegenreaktion oder ein »backlash« für die Rechtmäßigkeit des Urteils des Gerichtshofs von Vorteil sein.

Wie jedoch der Fall Hirst zeigt, kann eine durch ein Urteil des EGMR ausgelöste Debatte statt von einer umfassenden Auseinandersetzung mit der einschlägigen Konventionsgarantie schlicht von allgemeiner Kritik an der Legitimität des EGMR beherrscht sein.[294] Die Kritiker des Hirst-Urteils im Vereinigten Königreich bestreiten nicht in erster Linie die Bedeutung, die der EGMR Artikel 3 des Protokolls Nr. 1 beimisst. Die Kritik konzentrierte sich nicht auf die »richtige« Bedeutung von Artikel 3 des Protokolls Nr. 1, sondern auf den angeblichen Aktivismus des Gerichtshofs und seine »unangemessene Einmischung« in Angelegenheiten der innerstaatlichen Demokratie. Im Lichte der Qualität der Parlamentsdebatte über das Urteil lehnte es der Gerichtshof im späteren Urteil Greens und MT ab, entsprechend der Aufforderung des Vereinigten Königreichs die Rechtsprechung des Hirst-Urteils abzuändern.[295] Der Gerichtshof stellte bei dieser Gelegenheit klar, dass die bloße Tatsache einer innerstaatlichen Debatte nicht ausreichen könne: Es kommt vielmehr auf die prozedurale Qualität dieser Beratungen an.[296]

---

291 *T. Kleinlein*, EJIL 28 (2017) 3, S. 871 (892).

292 *T. Lewis*, Mod. L. Rev. 77 (2014) 3, S. 460 (469).

293 *B. Petkova*, CYELS 14 (2013), S. 663 (665).

294 *D. Nicol*, PL 2011, S. 681; *E. Bates*, HRLR 14 (2014) 3, S. 504; *S. Fredman*, ELJ 12 (2006) 1, S. 41; *S. Fredman*, in: M. Hunt u.a. (Hrsg.), Parliaments and Human Rights, 2015, S. 447.

295 EGMR, Urt. v. 23.11.2010, *Greens und MT ./. Vereinigtes Königreich*, Nr. 60041/08 und 60054/08.

296 *M. Hunt*, in: M. Hunt u.a. (Hrsg.), Parliaments and Human Rights, 2015, S. 1 (18).

Im zweiten Modus der Interaktion von prozeduraler Rationalität und Konsens stellt die verfahrenstechnische Rationalitätskontrolle daher sicher, dass ein Weg des demokratischen Bestreitens offen steht, und legt die prozeduralen Kriterien für die Anfechtung eines vom EGMR in progressiver Weise definierten Konsenses fest.

In beiden Fällen motiviert das Zusammenspiel von Verfahrensrationalität und Konsens in der Argumentation des EGMR die Vertragsstaaten, Strukturen zur parlamentarischen Berücksichtigung von Übereinkommensnormen und Urteilen des EGMR zu schaffen. Daher hat die derzeitige Neuformulierung oder Verfeinerung der Kriterien für die Reichweite der *margin of appreciation* das Potential, sowohl die demokratische Legitimität der Urteile des Gerichtshofs zu stärken[297] als auch die innerstaatliche Demokratie zu fördern. Durch Anreize für demokratische Deliberation[298] könnte das Vorgehen des EGMR zu einem echten »demokratiefördernden Ansatz« werden.[299]

d) ›Moderierte Redundanz‹ im Grundrechtsföderalismus der Europäischen Union

Daran anknüpfend lässt sich nun auch für den EuGH und den Grundrechtsföderalismus ein Modell ›moderierter Redundanz‹ skizzieren. Es wurde bereits gezeigt, dass sowohl die Konsensmethode des EGMR als auch der neue Fokus auf prozedurale Kriterien gewisse Parallelen in der Judikatur des EuGH findet. Zudem wurde anhand einer Analyse der dualen Legitimationsstruktur der Europäischen Union dargelegt, dass sich diese Parallelen gerade für den Fokus auf die prozedurale Rationalitätskontrolle ausbauen ließe. Darüber hinaus ist die Interaktion von konsensbezogenen Argumenten und prozeduraler Rationalitätskontrolle auch für den EuGH plausibel.

Auf dieser Grundlage ergibt sich eine Aufgabenverteilung, die das Potential der Redundanz der Grundrechtsgerichte und -ordnungen würdigt und einen Grundrechtsdialog zwischen den Gerichten, insbesondere im Vorlageverfahren nach Art. 267 AEUV, aber auch unter Einbeziehung der demokratischen Prozesse in den Mitgliedstaaten befördert. Durch die doppelte Interaktion von Konsensanalyse und prozeduralen Kriterien wird zugleich die individuelle und demokratische Selbstbestimmung auf den verschiedenen Ebenen im Sinne eines demokratischen Konstitutionalismus konzeptionell miteinander verknüpft. Da dem EuGH dabei in Vorabentscheidungsverfahren, die sich auf die Auslegung der Unionsgrundrechte beziehen, eine durchaus ambitionierte Rolle zufällt, die Verfahrensgestaltungen in den Mitgliedstaaten zu beeinflussen und dabei sogar

---

297 *A. von Staden*, I•CON 10 (2012) 4, S. 1023.

298 *A. Sathanapally*, in: J. H. Gerards/E. Brems (Hrsg.), Procedural Review in European Fundamental Rights Cases, 2017, S. 40 (56–60).

299 *R. Spano*, HRLR 14 (2014) 3, S. 487 (499).

auch seine Partner im Grundrechtsdialog zu einem gewissen Grad zu formen, handelt es sich um ein Modell ›moderierter Redundanz‹, in dem der EuGH zugleich Dialogpartner wie Moderator des Dialogs ist. Dieses Modell vermittelt die im 5. Kapitel als Element der Rechtfertigung von Redundanz und als Diskursbedingung im Grundrechtsdialog geforderte Multiperspektivität. Zugleich bietet sich ein Fokus auf Verfahren auch in der Anwendung der Unionsgrundrechte gerade angesichts der Rechtsstaatsdefizite in einigen Mitgliedstaaten an.

B. Strategien zur Stärkung der einzelstaatlichen Gerichte

Die Untersuchung hat bereits gezeigt, dass die Stellung der einzelstaatlichen Verfassungsgerichte derjenigen der zentralen Gerichte grundsätzlich unterlegen ist. Insbesondere die Landesverfassungsgerichte in Deutschland können nicht mit einem dem Bundesverfassungsgericht vergleichbaren Eingang bedeutsamer Fälle rechnen. Das ergibt sich schon daraus, dass ihnen zum Teil die entsprechenden Zuständigkeiten fehlen, zum Teil auch die Prüfungsmaßstäbe. Außerdem sind Umfang und Gewicht der zulässigen Prüfungsgegenstände geringer, da sie sich auf Landesgesetze und Urteile der Gerichte des Landes beschränken. Schließlich sind die Auswirkungen landesverfassungsgerichtlicher Entscheidungen jedenfalls unmittelbar auf ein kleineres Territorium beschränkt.

Im Folgenden werden daher die Prüfungsmaßstäbe (I.) und Prüfungsgegenstände (II.) der einzelstaatlichen Grundrechtsgerichte einschließlich der Möglichkeiten ihrer Erweiterung analysiert. Damit nimmt dieser Abschnitt die Gegenperspektive zum vorangehenden Abschnitt (A.) ein: Statt der Stärkung föderaler Vielfalt in der Dogmatik der zentralen Gerichte werden nun die Möglichkeiten der einzelstaatlichen Grundrechtsgerichte analysiert, ihre Bedeutung insbesondere im europäischen Grundrechtsdialog nach dem vorstehend erläuterten Modell ›moderierter Redundanz‹ zu stärken.

I. Prüfungsmaßstäbe

Dass es die Position der einzelstaatlichen Grundrechtsgerichte stärken kann, wenn sie nicht nur die einzelstaatlichen Grundrechte, sondern auch die Bundesgrundrechte als Maßstab heranziehen können, zeigt das Beispiel der *state supreme courts* in den USA (1.). In Deutschland gibt es Vorschläge, den Landesverfassungsgerichten die Grundrechte des Grundgesetzes als prinzipalen Prüfungsmaßstab zur Verfügung zu stellen. Diese Vorschläge sind als Gegenentwürfe zum etablierten Modell der getrennten Verfassungsräume und der Definition der

Prüfungsmaßstäbe im positiven Recht zu verstehen (2.). Auch für die mitgliedstaatlichen Verfassungsgerichte in der Europäischen Union wurde vorgeschlagen, die Unionsgrundrechte als selbständigen Prüfungsmaßstab heranzuziehen. Insoweit könnte das Vorgehen des österreichischen Verfassungsgerichtshofs als Vorbild auch für das deutsche Bundesverfassungsgericht dienen (3.).

1. Beispiel USA

Grundlage für eine eigenständige Bedeutung der *state courts* in den USA als Grundrechtsgerichten ist ihre doppelte Rolle. Sie können zum einen die Bundesverfassung in vielen Fällen auslegen, ohne dass der *U.S. Supreme Court* das letzte Wort behält, weil er nur eine geringe Zahl von Fällen tatsächlich entscheidet [a)].[300] Zum anderen können die einzelstaatlichen Gerichte, wie gesehen, unabhängig von bundesgerichtlicher Überprüfung und losgelöst von Präjudizen der Bundesgerichte die Verfassungen der Einzelstaaten als Prüfungsmaßstab heranziehen [b)]. Bei gleichlautenden oder ähnlich formulierten Parallelgewährleistungen verfolgen die *state courts* mit den *lockstep*, *interstitial* und *primacy approaches* verschiedene Auslegungsansätze [c)]. Darüber hinaus wird in den USA die Bedeutung der *state courts* auch durch die Abhängigkeit des Bundesrechts vom einzelstaatlichen Recht gestärkt [d)].

a) Auslegung der *Federal Bill of Rights*

Trotz der im Urteil Martin v. Hunter's Lessee etablierten Entscheidungshoheit des *U.S. Supreme Court* über Fragen des Bundesrechts[301] hat der *U.S. Supreme Court* beileibe nicht immer das berühmte letzte Wort. Section 25 des *Judiciary Act* von 1789 beschränkte die Überprüfung einzelstaatlicher Gerichtsentscheidungen, in denen es auf die Vereinbarkeit einzelstaatlicher Gesetze mit der Bundesverfassung ankam.[302] Der *U.S. Supreme Court* konnte danach Entscheidungen der *state courts* nur überprüfen, wenn sie die Verfassungswidrigkeit des einzelstaatlichen Gesetzes verneint und das Gesetz damit bestätigt hatten. Im umgekehrten Fall, dass das einzelstaatliche Gericht das einzelstaatliche Gesetz für mit der Bundesverfassung unvereinbar gehalten hatte, war eine Überprüfung ausgeschlossen.[303] Diese Unterscheidung wurde auch bei der Änderung des *Judiciary Act* im Jahr 1867[304] und den Neuverkündungen in den Jah-

---

300 *J. Mazzone*, Nw. U. L. Rev. 104 (2010) 3, S. 979.

301 U.S. Supreme Court, *Martin v. Hunter's Lessee*, 1 Wheat. (14 U.S.) 304 (1816).

302 *A. L. LaCroix*, The Ideological Origins of American Federalism, 2010, S. 184–213.

303 § 25, 1 Stat. 73, 85–86; vgl. *J. Mazzone*, Minn. L. Rev. 92 (2007) 1, S. 1 (18–23).

304 Act of Feb. 5, 1867, ch. 28, § 2, 14 Stat. 385, 386 f.

ren 1873[305] und 1911[306] beibehalten.[307] Erst 1914 räumte ein Gesetz dem *U.S. Supreme Court* die Befugnis ein, Entscheidungen einzelstaatlicher Gerichte zu überprüfen, die bundesrechtlich begründete Ansprüche gegen die Einzelstaaten zugesprochen hatten, wobei die Entscheidung des *U.S. Supreme Court* im *certiorari*-Verfahren in seinem Ermessen lag.[308]

Solange die Überprüfung der Entscheidung einzelstaatlicher Gerichte nur einseitig erfolgte, soweit der beklagte Staat obsiegt hatte, gingen die einzelstaatlichen Gerichte davon aus, dass sie auch nur in derartigen Fällen der Rechtsprechung des *U.S. Supreme Court* zur Auslegung der Bundesverfassung zu folgen brauchten. Sie konnten bei der Überprüfung von einzelstaatlichen Gesetzen am Maßstab der Bundesverfassung das vom *U.S. Supreme Court* anerkannte Schutzniveau nicht senken, weil das die Überprüfbarkeit durch den *U.S. Supreme Court* ausgelöst hätte. Wohl aber konnten sie den Staaten strengere verfassungsrechtliche Anforderungen auferlegen.[309] Auf der anderen Seite beschränkten die einzelstaatlichen Gerichte die Nichtigerklärung von einzelstaatlichen Gesetzen wegen der nicht gegebenen Überprüfbarkeit durch den *U.S. Supreme Court* auf offensichtliche Fälle,[310] um ihrer Rolle als letzte Instanz gerecht zu werden.

Allerdings erklärten *state courts* in einer Reihe von Entscheidungen einzelstaatliche Gesetze unter Berufung auf die *Federal Bill of Rights*, insbesondere den 2., 4., 5. und 6. Zusatzartikel für nichtig,[311] nachdem es der *U.S. Supreme Court* in Barron v. Baltimore abgelehnt hatte, die *Bill of Rights* auf die Staaten anzuwenden.[312] Die Gerichte gingen dabei im Gegensatz zum *U.S. Supreme Court* davon aus, dass die *Federal Bill of Rights* unmittelbar auf die Einzelstaaten Anwendung findet, oder stellten allgemeine Verfassungsgrundsätze auf, die

---

[305] Act of Dec. 1, 1873, ch. 11, § 709, 18 Stat. 1, 132.

[306] Act of Mar. 3, 1911, Pub. L. No. 475, ch. 231, § 237, 36 Stat. 1087, 1156.

[307] Vgl. *J. Mazzone*, Nw. U. L. Rev. 104 (2010) 3, S. 979 (983 f.).

[308] Act of Dec. 23, 1914, Pub. L. No. 224, ch. 2, 38 Stat. 790, 790.

[309] Ebd., S. 986 f. m.N. zu zahlreichen Fällen in Fn. 44.

[310] Ebd., S. 987.

[311] S. etwa *Young v. McKenzie*, 3 Ga. 31, 31–33, 43–45 (1847) (*Takings Clause* des 5. Zusatzartikels als Grundlage für die gerichtliche Untersagung des Baus einer Brücke); *Nunn v. State*, 1 Ga. 243, 251 (1846) (Gesetzgeber der Einzelstaaten könne zwar das versteckte Tragen von Waffen verbieten, Teile eines Gesetzes, das generell den Waffenbesitz verbot, verstießen jedoch gegen den 2. Zusatzartikel); *Bonsell v. United States*, I Greene 111, 115 (Iowa 1848) (wandte den im 6. Zusatzartikel formulierten Anspruch des Angeklagten darauf, über die Art und Gründe der Anklage unterrichtet zu werden, auf einzelstaatliche Gerichte an); *Larthet v. Forgay*, 2 La. Ann. 524, 525 (1847) (bestätigt den Spruch einer *civil jury*, demzufolge eine ohne Beschluss erfolgte Durchsuchung eines Zigarrenladens das im 4. Zusatzartikel enthaltene Verbot willkürlicher Durchsuchungen verletzte); *People v. Goodwin*, 18 Johns. 187 (200–201) (N.Y. Sup. Ct. 1820) (wandte das Verbot der Doppelbestrafung aus dem 5. Zusatzartikel auf Verfahren vor einzelstaatlichen Gerichten an).

[312] U.S. Supreme Court, *Barron v. Baltimore*, 32 U.S. 243 (1833).

für die Staaten auch dann bindend waren, wenn ihre Verfassungen ihnen keine entsprechenden Beschränkungen auferlegten.[313]

Hintergrund für die Erweiterung der Rechtsmittelbefugnisse des *U.S. Supreme Court* im Jahre 1914 war sodann die verbreitete Tendenz der einzelstaatlichen Gerichte, Wirtschafts- und Sozialgesetzgebung wegen Verstoßes gegen die *Due Process Clause* für nichtig zu erklären.[314] Dem konnten die Einzelstaaten auch nicht durch eine Änderung ihrer Verfassungen entgegenwirken, soweit die Gerichtsentscheidungen auf die *Due Process Clause* der vorrangigen Bundesverfassung gestützt waren. Die erweiterten Rechtsmittelbefugnisse sollten folglich der Mäßigung der einzelstaatlichen Gerichte dienen. Allerdings zeigte sich bekanntermaßen auch die Rechtsprechung der Bundesgerichte wenig aufgeschlossen gegenüber der neuen Wirtschafts- und Sozialgesetzgebung.[315]

b) Unabhängige Auslegung der *State Bill of Rights*

Außerdem haben einzelstaatliche Gerichte in einer Vielzahl bedeutender Fälle grundrechtsfreundliche Urteile auf die einzelstaatlichen Verfassungen gestützt. Das gilt für die Freiheitsrechte und das Eigentumsrecht wie auch für die sozialen Rechte und die Gleichheitsrechte.

Der *Georgia Supreme Court* etwa erklärte ein Sodomiegesetz des Bundesstaates für nichtig, nachdem der *U.S. Supreme Court* dies 1986 im Fall Bowers v. Hardwick abgelehnt hatte, und bezog sich dabei ausdrücklich auf das *right to privacy* in der Verfassung des Bundesstaates Georgia.[316] Der *California Supreme Court* kippte eine Regelung in einem kalifornischen Gesetz, der zufolge Minderjährige für eine Abtreibung das Einverständnis ihrer Eltern oder die Zustimmung eines Gerichts benötigten, und bezog sich dabei ebenfalls auf das *right to privacy* in der Verfassung von Kalifornien.[317] Auf diese Weise konnte es sich von der Rechtsprechung des *U.S. Supreme Court* absetzen, der vergleichbare Gesetze bestätigt hatte.[318]

Verschiedene einzelstaatliche Gerichte haben auch das sogenannte *equalized public school financing* zugelassen.[319] Dieses Beispiel ist insgesamt besonders bedeutsam, weil die Zuwendung zum *state constitutionalism* vielfach mit der Er-

---

[313] *J. Mazzone*, Minn. L. Rev. 92 (2007) 1, S. 1 (23–55); *J. Mazzone*, Nw. U. L. Rev. 104 (2010) 3, S. 979 (989 f.).

[314] *R. A. Matasar/G. S. Bruch*, Colum. L. Rev. 86 (1986) 7, S. 1291 (1364).

[315] *J. Mazzone*, Nw. U. L. Rev. 104 (2010) 3, S. 979 (990–992).

[316] Supreme Court of Georgia, *Powell v. State*, 510 S.E.2d 18 (Ga. 1998).

[317] California Supreme Court, *American Academy of Pediatrics v. Lungren*, Ct. App. 1/1 A058627 (1997).

[318] U.S. Supreme Court, *Planned Parenthood of Southeastern Pennsylvania v. Casey*, 505 U.S. 833 (1992).

[319] U.S. Supreme Court, *San Antonio School District v. Rodriguez*, 411 U.S. 1 (1973); vgl. *S. H. Friedelbaum*, Florida State Law Review 19 (1992) 4, S. 1053 (1059–1061); *R. M. Howard* u.a., Law & Soc'y Rev. 40 (2006) 4, S. 845 (848).

wartung verknüpft war, dass sie sich zugunsten der Benachteiligten der Gesellschaft auswirken. Sie sollte dazu beitragen, die Armut und die Diskriminierung von Minderheiten zu bekämpfen und das Gesundheits- und Erziehungswesen zu verbessern. Die gerichtlichen Auseinandersetzungen um die Schulfinanzierung wurden geradewegs zum Symbol für den *state constitutionalism*,[320] nachdem der *U.S. Supreme Court* im Fall San Antonio Independent School District v. Rodriguez eine Verletzung der *Equal Protection Clause* des 14. Zusatzartikels trotz eklatanter Disparitäten in der Finanzierung öffentlicher Schulen im Bundesstaat Texas verneint hatte.[321] Das Finanzierungssystem öffentlicher Schulen in Texas, das sich hauptsächlich auf das lokale Steueraufkommen stützte und sich dementsprechend negativ auf die Situation von Kindern aus benachteiligten Familien auswirkte, konnte Bestand haben, weil der *U.S. Supreme Court* Armut nicht als Diskriminierungsgrund einordnete, der einer »strict scrutiny« unterliegt.[322]

Der *state constitutionalism* hat aber auch für andere grundrechtlich geschützte Interessen an Bedeutung gewonnen. Der *Supreme Court of Vermont* etwa legte die *common benefits clause* der Verfassung von Vermont[323] dahin aus, dass sie verletzt sei, wenn gleichgeschlechtliche Paare von den Vorteilen und Schutzwirkungen der Ehe ausgeschlossen werden. Der *Supreme Court of Vermont* betonte dabei die Unabhängigkeit der Auslegung der *common benefits clause* von ihrem föderalen Pendant, der *equal protection clause* des 14. Zusatzartikels, und stütze sich dabei auf den abweichenden historischen Hintergrund und Wortlaut.[324]

Die Anwälte von Grundbesitzern und die Grundbesitzervereine wiederum haben ihre Strategien auf die Einzelstaaten und ihre Gerichte ausgerichtet, etwa nach der Entscheidung des *U.S. Supreme Court* im Fall Kelo v. City of New London.[325] In dieser Entscheidung hatte der *U.S. Supreme Court* eine Enteignung als rechtmäßig bestätigt, durch die ein Grundstück für einen kommunalen Entwicklungsplan verfügbar gemacht worden war. Der Gerichtshof betrachtete die Nutzung als »public use« im Sinne der *Takings Clause*. Nach dieser Ent-

[320] *P. W. Kahn*, Val. U. L. Rev. 30 (1996) 2, S. 459 (464 f.).

[321] U.S. Supreme Court, *San Antonio Independent School District v. Rodriguez*, 411 U.S. 1 (1973). S. zum Hintergrund der Entscheidung die Debatte zwischen *F. I. Michelman*, Harv. L. Rev. 83 (1969) 1, S. 7: »On Protecting the Poor through the Fourteenth Amendment«, »›just wants‹ theory« und *R. K. Winter, Jr.*, Sup. Ct. Rev. 1972, S. 41.

[322] U.S. Supreme Court, *San Antonio Independent School District v. Rodriguez*, 411 U.S. 1, 18 (1973).

[323] Vt. Const., ch. I, art. 7: »That government is, or ought to be, instituted for the common benefit, protection, and security of the people, nation, or community, and not for the particular emolument or advantage of any single person, family, or set of persons, who are a part only of that community«.

[324] Supreme Court of Vermont, *Baker v. State*, 744 A.2d 864, 870 (Vt. 1999). Der Gerichtshof war dabei der erste *state supreme court*, der es gleichgeschlechtlichen Paaren erlaubte, eine »civil union« zu bilden, vgl. *J. J. Dinan*, in: M. Burgess/G. A. Tarr (Hrsg.), Constitutional Dynamics in Federal Systems, 2012, S. 43 (52).

[325] U.S. Supreme Court, *Kelo v. City of New London*, 545 U.S. 469 (2005).

scheidung konnten die Interessenvertreter der Grundbesitzer Gesetzesänderungen in den Einzelstaaten und Änderungen der *state constitutions* bewirken und Gerichtsentscheidungen erstreiten, in denen das Enteignungsrecht (»eminent domain«) beschränkt und die zulässigen Enteignungszwecke eng definiert wurden.[326]

c) Auslegung von Parallelgewährleistungen

Die Gerichte der Einzelstaaten haben verfassungsrechtliche Gewährleistungen auch dann weiter ausgelegt als der *U.S. Supreme Court*, wenn sich die Gewährleistungen in *federal* und *state constitution* ähnlich waren. Das betrifft etwa den Strafprozess, für den bundesrechtlich die Garantien des 4., 5., 6. und 8. Zusatzartikels gelten. Einige einzelstaatliche Gerichte folgten dem *U.S. Supreme Court* nicht darin, Ausnahmen vom Beweisverwertungsverbot der *exclusionary rule* zuzulassen.[327] Die *state constitutions* können in der Tat ohne Bindung an *federal precedents* ausgelegt werden.[328] Dabei verfolgen die state courts verschiedene Ansätze für die Auslegung von Parallelgewährleistungen [aa)]. Der verfassungstheoretische Hintergrund dieser Methodendiskussion zeigt auf, dass eine eigenständige Grundrechtsjudikatur der *state courts* als rechtfertigungsbedürftig erscheint [bb)].

aa) *Lockstep, Interstitial* oder *Primacy Approach*

Bei gleichlautenden oder ähnlich formulierten Parallelgewährleistungen verfolgen die *state courts* verschiedene Auslegungsansätze, die als *lockstep, interstitial* und *primacy approach* bezeichnet werden.

Überwiegend nehmen die *state courts* die Auslegung der Bundesverfassung durch den *U.S. Supreme Court* als Anleitung für ihre eigene Interpretation der *state constitutions*. Man spricht von *»lockstep« analysis*.[329] Mit Blick auf das Verbot der Todesstrafe bedeutete diese Vorgehensweise etwa, dass wenn der *U.S. Supreme Court* die Todesstrafe mit dem Verbot grausamer und ungewöhnlicher Strafen im 8. Zusatzartikel für vereinbar gehalten hat, einzelstaatliche Gerichte nicht zu dem Ergebnis gelangen können, dass die Todesstrafe den-

---

[326] Zusammenfassend *J. S. Sutton*, Va. L. Rev. 94 (2008) 8, S. 1963 (1984 f.); *R. J. Holland* u.a., State Constitutional Law, 2010, S. 483 f. Den »backlash« nach Kelo hält für unzureichend *I. Somin*, Minn. L. Rev. 93 (2008) 6, S. 2100.

[327] U.S. Supreme Court, *United States v. Leon*, 468 U.S. 897 (1984); vgl. *S. S. Abrahamson/C. G. Curtis, Jr.*, in: K. L. Hall (Hrsg.), The Oxford Companion to the Supreme Court of the United States, 2005, S. 961 (962) mit weiteren Beispielen.

[328] *L. G. Sager*, Tex. L. Rev. 63 (1985) 6 & 7, S. 959 (959).

[329] Für Beispiele s. *G. A. Tarr*, Understanding State Constitutions, 1998, S. 180 f. Die ersten Analysen stammen von *B. Latzer*, Judicature 74 (1991) 4, S. 190 und *J. A. Gardner*, Mich. L. Rev. 90 (1992) 4, S. 761. Literaturübersicht bei *J. Friesen*, State Constitutional Law, 4. Aufl. 2006, Appendix A.

noch eine grausame und ungewöhnliche Strafe ist.[330] Dieses Vorgehen hat den Vorteil, die Rechtsprechung auf nationaler Ebene zu vereinheitlichen und die Rechtsanwendung zu vereinfachen.[331] Allerdings entspricht der Ansatz nicht der dualen Struktur des Verfassungsrechts im Bundesstaat und der Idee einer »double security«.[332]

Andere Gerichte wählen die bundesverfassungsrechtlichen Gewährleistungen als Ausgangspunkt. Den *state constitutions* wenden sie sich nur zu, wenn die Bundesverfassung das entsprechende Recht nicht schützt. Abweichungen von der Rechtsprechung der Bundesgerichte sind danach rechtfertigungsbedürftig. Fehlt es an einem die Abweichung rechtfertigenden Grund, so haben die *state courts* den Präjudizen der Bundesgerichte zu folgen. Dieser Ansatz wird als *interstitial method* bezeichnet. Es gibt auch eine Diskussion darüber, mit welcher Begründung *state courts* eine Parallelgewährleistung anders auslegen dürfen als der *U.S. Supreme Court*, insbesondere ob es reicht, dass sie die Interpretation des *U.S. Supreme Court* für nicht überzeugend halten oder ob sie einen spezifischen Grund in der *state constitution* finden müssen, der die Abweichung rechtfertigt. Einige *state courts* haben Kriterien dafür entwickelt, wann sie dem *U.S. Supreme Court* folgen und wann nicht.[333] Zu diesen Kriterien zählen in der Regel der Wortlaut der *state constitution* und der *federal constitution*, strukturelle Unterschiede zwischen *state constitution* und *federal constitution*, die Geschichte

---

[330] Der *U.S. Supreme Court* hatte im Fall *Stanford v. Kentucky*, 492 U.S. 361 (1989) geurteilt, der 8. Zusatzartikel verbiete es nicht, die Todesstrafe zu verhängen, wenn der Angeklagte die betreffenden Straftaten als Minderjähriger begangen hatte. Der Angeklagte im Fall Roper v. Simmons, Christopher Simmons, wurde wegen eines Mordes zum Tode verurteilt, den er als Siebzehnjähriger begangen hatte (543 U.S. 551, 556–558 (2005)). Im Rechtsmittelverfahren bestätigte der *Missouri Supreme Court* die Verhängung der Todesstrafe (ebd., S. 559). Daraufhin entschied der *U.S. Supreme Court* im Fall *Atkins v. Virginia*, 536 U.S. 304 (2002), dass der 8. Zusatzartikel in einer Auslegung »in the light of our ›evolving standards of decency‹« die Exekution von geistig zurückgebliebenen Straftätern untersage (ebd., S. 321). Unter Berufung auf diese Entscheidung legte Simmons eine *state habeas petition* ein. Darin wurde ausgeführt, dass sich ein ähnlicher »national consensus« auch gegenüber der Exekution von Straftätern herausgebildet habe, die ihre Straftat als Minderjährige begangen hatten. Simmons' Bestrafung sei daher verfassungswidrig. Der *Missouri Supreme Court* folgte dieser Ansicht, gab der *petition* statt und änderte Simmons' Strafmaß zu einer lebenslangen Freiheitsstrafe ohne Begnadigungsmöglichkeit (*life without parole*) ab (*State ex rel. Simmons v. Roper*, 112 S.W.3d 397, 399 f., 413 (2003) (en blanc)). Entscheidungsgründe und *dissenting opinion* von Price, J., zeugen von unterschiedlichen Vorstellungen davon, wie die Entscheidungen des *U.S. Supreme Court* zu verstehen seien, stellten aber nicht infrage, dass dem *Missouri Supreme Court* die Befugnis fehlte, von Präjudizen des *U.S. Supreme Court* abzuweichen (s. auch Wolff, J., concurring, ebd., S. 415). Der *U.S. Supreme Court* bestätigte in der Entscheidung Roper v. Simmons die Entscheidung des *Missouri Supreme Court* (543 U.S, 551, 568 (2005).

[331] *G. A. Tarr*, Understanding State Constitutions, 1998, S. 180; *J. Friesen*, State Constitutional Law, 4. Aufl. 2006, S. 1–13–1–17.

[332] *G. A. Tarr*, Understanding State Constitutions, 1998, S. 181.

[333] Nachweise bei *G. A. Tarr*, Understanding State Constitutions, 1998, S. 183, Fn. 36.

der *state constitution* und lokale Traditionen. So haben etwa verschiedene einzelstaatliche Richter die Geschichte ihrer jeweiligen *state constitution* untersucht und sind zu dem Ergebnis gekommen, dass die jeweiligen Verfassungsgeber die Bestimmungen zur Meinungsfreiheit (*free speech*) als ein positives Recht und nicht allein als Verbot verstanden wissen wollten. Sie seien weiter zu verstehen als der 1. Zusatzartikel zur Bundesverfassung und sollten insbesondere keine *state action* voraussetzen, könnten also auch Privatwirkung entfalten.[334]

Wieder andere Gerichte betrachten die einzelstaatliche Verfassung als Ausgangspunkt und beziehen die Bundesverfassung nur dann in die Prüfung ein, wenn die einzelstaatliche Verfassung das betreffende Recht nicht gewährleistet.[335] Hans Linde, »godfather of the new judicial federalism«,[336] führt für diesen *primacy approach*[337] folgende Begründung an: Eine Verletzung der Garantien des 14. Zusatzartikels lasse sich erst feststellen, wenn der Einzelstaat vorher die Chance hatte, eine mögliche Rechtsverletzung in seinem *state supreme court* abzustellen, der Rechtsweg vor einzelstaatlichen Gerichten also erschöpft ist (*state action completed*).[338]

bb) Verfassungstheoretischer Hintergrund

Die einzelstaatlichen Verfassungen werden auf diese Weise unter Umständen zu einem zusätzlichen oder ergänzenden, über die Bundesverfassung hinausreichenden Schutzinstrument für individuelle Rechte. Allerdings steht auch der Verdacht einer ergebnisorientierten Auslegung der *state constitutions* im Raum, wenn sie im Sinne des *New Judicial Federalism* weitergehende Rechte erkennt.[339] Die Legitimität der grundrechtsfreundlichen Judikatur der *state courts* war deswegen Zweifeln ausgesetzt, weil sie gerade zu einem Zeitpunkt einsetzte, als der *U.S. Supreme Court* seine liberale Rechtsprechung beim Übergang vom Warren Court zum konservativeren Burger Court umzukehren drohte. Streitparteien wandten sich nun gezielt an die *state courts*, um einer Erosion der Grundrechte entgegenzuwirken. Die grundsätzlich liberale Orientierung dieser Entscheidungen setzten die einzelstaatlichen Gerichte dem Verdacht aus, eine politische Agenda zu verfolgen und opportunistisch statt prinzipientreu zu judizieren.[340]

---

334 *S. S. Abrahamson/C. G. Curtis, Jr.*, in: K. L. Hall (Hrsg.), The Oxford Companion to the Supreme Court of the United States, 2005, S. 961 (963).

335 Ebd., S. 962.

336 *G. A. Tarr*, Understanding State Constitutions, 1998, S. 184.

337 *H. A. Linde*, U. Balt. L. Rev. 9 (1980) 3, S. 379; *R. F. Williams*, S. C. L. Rev. 35 (1984) 3, S. 353; *R. F. Williams*, Ga. St. U. L. Rev. 3 (1987) 1, S. 143.

338 *H. A. Linde*, Or. L. Rev. 49 (1970) 2, S. 125; *H. A. Linde*, U. Balt. L. Rev. 9 (1980) 3, S. 379.

339 *G. A. Tarr*, Understanding State Constitutions, 1998, S. 183.

340 Ebd., S. 179 f.

Den Hintergrund der Diskussion um *lockstep*, *interstitial* oder *primacy approach* bildete dementsprechend das Bedürfnis, auf methodischem Wege sicherzustellen, dass die Urteile der einzelstaatlichen Gerichte nicht auf den individuellen Präferenzen der Richter beruhen.[341] Gelangen die Interpreten auf föderaler und einzelstaatlicher Ebene bei der Auslegung paralleler Grundrechtsgewährleistungen zum selben Ergebnis, macht dies die Rechtsanwendung leichter nachvollziehbar und fördert die Legitimität und das Vertrauen in die Rechtsanwendung.[342]

Noch tiefergehend steckt hinter der Auslegungsdebatte die Frage nach der Natur der Verfassung eines Gemeinwesens und nach der Identität der einzelstaatlichen Verfassung. Eine unabhängige Auslegung der *state constitution* setzt für viele Kommentatoren voraus, dass sie die Verfassung einer identifizierbaren einzelstaatlichen Gemeinschaft ist, deren Bewohner bestimmte Ideale teilen und gemeinsame Gebräuche und Traditionen pflegen. Diejenigen, die davon ausgehen, dass die Einzelstaaten solche Gemeinschaften bilden, verlangen eine unabhängige Auslegung, während diejenigen, die eine solche Gemeinschaft auf staatlicher Ebene nicht erkennen können, eine Auslegung der einzelstaatlichen Verfassung befürworten, die sich an der Bundesverfassung und der auf sie bezogenen Rechtsprechung orientiert.[343]

Für James A. Gardner, dessen Argumente in dieser Debatte einflussreich waren, fehlt es an solchen Wertentscheidungen der einzelstaatlichen Gemeinschaften. *State constitutions* seien kompromisslerisch statt prinzipienorientiert, sie verliehen häufig banalen oder trivialen Anliegen statt grundlegenden Werten Ausdruck. Eigentlich seien sie gar keine Verfassungen und hielten daher dem »discourse of distinctness« nicht stand.[344] Sie repräsentierten allenfalls »ersatz constitutionalism«.[345] Gardner legt dabei einen sehr anspruchsvollen Verfassungsbegriff zugrunde.[346]

Demgegenüber sind *state constitutions* Verfassungen jedenfalls im Sinne von Organisationsstatuten. Sie enthalten auch grundlegende Aussagen und Bindungen der Staatsgewalt, wenn auch nicht in jedem Satz. Auch die *U.S. Constitution*, die Gardner als Modellverfassung gilt, würde seinen Kriterien letztlich nicht standhalten, ist sie doch gleichfalls Ergebnis von Kompromissen und politischen Auseinandersetzungen.[347] Das gilt auch für viele Verfassungen im in-

341 Ebd., S. 175.
342 *R. M. Cover*, Wm. & Mary L. Rev. 22 (1981) 4, S. 639.
343 Vgl. *R. A. Schapiro*, Va. L. Rev. 84 (1998) 3, S. 389 (391).
344 *J. A. Gardner*, Mich. L. Rev. 90 (1992) 4, S. 761 (763, 769 f.).
345 *B. Latzer*, Rutgers L.J. 24 (1993) 4, S. 1009 (1009) über Gardner.
346 *G. A. Tarr*, Understanding State Constitutions, 1998, S. 186.
347 *E. M. Maltz*, Rutgers L.J. 24 (1993) 4, S. 1019.

ternationalen Vergleich, die viel länger und detaillierter sind als die US-Bundesverfassung.[348]

Anders als Gardner hebt Robert A. Schapiro die Identitätsdebatte auf die Ebene des Verfassungsrechts selbst: So verstanden, betrifft sie nicht primär die Wertegemeinschaft und die von der Bevölkerung geteilten Überzeugungen, sondern die von der Verfassung selbst definierten Ideale. Die Identität des Einzelstaats ist ein Produkt des von der Verfassung geschaffenen politischen Systems. Die in der Verfassung selbst normierten Werte leiten die Auslegung der Rechtegewährleistungen.[349] Mit dieser ›normativen Wende‹ kann sich Schapiro zwar von Gardners allzu essentialistischem Verfassungsbegriff absetzen. Allerdings bleibt eine eigenständige Auslegung der einzelstaatlichen Verfassungen an deren Besonderheiten geknüpft, was einen übergreifenden Grundrechtsdialog erschwert und damit das Potential der Redundanz beschränkt.

d) Abhängigkeit des Bundesrechts vom einzelstaatlichen Recht

Eine eigenständige Rolle der *state courts* als Grundrechtsgerichte kann sich auch ergeben, wenn sie bundesverfassungsrechtliche Fragen entscheiden, die von Fragen des einzelstaatlichen Rechts als Vorfragen abhängen. Der Überprüfung durch Bundesgerichte unterliegen die einzelstaatlichen Gerichte auch nicht, soweit sie nur Feststellungen zum Sachverhalt getroffen haben oder Präklusionsvorschriften greifen. Auch können die bundesverfassungsrechtlichen Bezüge so unbedeutend erscheinen, dass die einzelstaatlichen Gerichte gewissermaßen »unter dem Radar« der Bundesgerichte fliegen.[350] Der *U.S. Supreme Court* hat die Entscheidungen von *state courts* von nach einzelstaatlichem Recht zu beurteilenden Vorfragen selten angezweifelt.[351]

Bestimmte Konstellationen, in denen der *U.S. Supreme Court* »not Supreme«[352] ist, ergeben sich aus Verweisen der Gewährleistungen der *Federal Bill of Rights* auf das Recht der Einzelstaaten und aus der Kompetenzverteilung zwischen Bund und Einzelstaaten. Wenn die *Due Process Clause* des 14. Zusatzartikels bestimmt, »No State [...] shall [...] deprive any person of life, liberty, or property, without due process of law«, so regelt das einzelstaatliche Recht, welche Interessen als *liberty* oder *property* geschützt werden.[353] Ob in

[348] *D. J. Elazar*, Rutgers L.J. 24 (1993) 4, S. 975.

[349] *R. A. Schapiro*, Va. L. Rev. 84 (1998) 3, S. 389 (393).

[350] *J. Mazzone*, Nw. U. L. Rev. 104 (2010) 3, S. 979 (978 f., 1007).

[351] *E. A. Young*, Duke L.J. 54 (2005) 5, S. 1143 (1193). S. allerdings etwa U.S. Supreme Court, *Bush v. Gore*, 531 U.S. 98 (2000) (per curiam) (Nachprüfung der Auslegung des *state election law* durch den *state court*).

[352] *J. Mazzone*, Nw. U. L. Rev. 104 (2010) 3, S. 979.

[353] U.S. Supreme Court, *Cleveland Board of Education v. Loudermill*, 470 U.S. 532, 538 f. (1985) (einzelstaatliches Recht hat ein *property interest* an der fortgesetzten Beschäftigung eines Lehrers geschaffen; dieses geschützte Interesse könne nur im Einklang mit *due process*

einem Gerichtsverfahren die Garantie des *due process* nach dem 14. Zusatzartikel verletzt worden ist, kann auch davon abhängen, ob nach dem einzelstaatlichen Recht berechtigte Erwartungen bestehen. Auch das Verbot der Doppelbestrafung hängt von Straftatbeständen im Recht der Einzelstaaten ab. Soll ein Beschuldigter ein Recht auf einen Verfahrensbeistand nach dem 6. Zusatzartikel haben, so setzt dies voraus, dass das einzelstaatliche Strafrecht für den angeklagten Straftatbestand eine Haftstrafe vorsieht.[354] In Fällen zum 4. Zusatzartikel kann es von einzelstaatlichen Gesetzen abhängen, ob eine Durchsuchung, Verhaftung oder Beschlagnahme willkürlich ist.[355] Der durch den 5. Zusatzartikel mit der *Takings Clause* gewährleistete Schutz des Privateigentums vor Einziehung ohne angemessene Entschädigung für öffentliche Zwecke basiert auf dem Sachenrecht der Einzelstaaten.[356]

Die sich daraus ergebende Rolle der einzelstaatlichen Gerichte ist im bundestaatlichen Kompetenzgefüge insofern bemerkenswert, als nach dem deut-

---

beendet werden); *Logan v. Zimmerman Brush Co.*, 455 U.S. 422, 430 (1982) (»The hallmark of property […] is an individual entitlement grounded in state law.«); *Vitek v. Jones*, 445 U.S. 480, 490 Fn. 6 (1980) (»While the legislature may elect not to confer a property interest in federal employment, it may not constitutionally authorize the deprivation of such an interest, once conferred, without appropriate procedural safeguards.«); *Perry v. Sindermann*, 408 U.S. 593, 602 Fn. 7 (1972) (»[i]f it is the law of Texas that a teacher in the respondent's position has no contractual or other claim to job tenure, the respondent's [due process] claim would be defeated.«); *Board of Regents v. Roth*, 408 U.S. 564, 577 (1972) (Verfassung verlange nicht, dass einem Lehrer rechtliches Gehör gewährt wird, bevor sein Arbeitsvertrag erneuert wird, wenn nicht dargelegt sei, dass der Lehrer an der fortgesetzten Beschäftigung ein *property interest* habe: »Property interests […] are not created by the Constitution. Rather they are created and their dimensions are defined by existing rules or understandings that stem from an independent source such as state law … «). Der Gerichtshof hat allerdings anerkannt, dass die Schaffung von Interessen, die den Anforderungen des *due process* unterliegen, Grenzen hat: s. etwa *Town of Castle Rock v. Gonzales*, 545 U.S. 748, 766 (2005) (»[I]t is by no means clear that an individual entitlement to enforcement of a restraining order could constitute a ›property‹ interest for purposes of the Due Process Clause.«).

354 U.S. Supreme Court, *Argersinger v. Hamlin*, 407 U.S. 25, 32 (1972).

355 S. etwa U.S. Supreme Court, *Atwater v. City of Lago Vista*, 532 U.S. 318, 331–335, 355–360 (2001) (begründet mit dem einzelstaatlichen Haftrecht, dass der 4. Zusatzartikel Haft für ein Delikt nicht verbietet, das nur mit einer Geldstrafe belegt ist); *Tennessee v. Gamer*, 471 U.S. 1, 15–20 (1985) (untersucht die einzelstaatliche Rechtslage und Gerichtspraxis und erklärt ein einzelstaatliches Gesetz für nichtig, das der Polizei erlaubt, flüchtende Verdächtige zu erschießen (use deadly force on fleeing suspects); *United States v. Watson*, 423 U.S. 411, 422 f. (1976) (beruft sich auf die Praxis der Einzelstaaten, wonach eine Verhaftung für eine in Gegenwart eines Polizeibeamten begangene Straftat den 4. Zusatzartikel nicht verletzt).

356 U.S. Supreme Court, *Allen v. Illinois*, 478 U.S. 364, 368 (1986): »subject for the same offence to be twice put in jeopardy« (*in casu* erhielt der *U.S. Supreme Court* eine Entscheidung des *state court* aufrecht, der zufolge das Verfahren nach dem *Illinois Sexually Dangerous Persons Act* nicht als Strafverfahren im Sinne des Selbstbelastungsverbots aus dem 5. Zusatzartikel anzusehen ist). S. zum Ganzen auch *R. H. Fallon, Jr.*, Colum. L. Rev. 93 (1993) 2, S. 309 (328 f.); *T. W. Merrill*, Va. J. Int'l L. 86 (2000) 5, S. 885; *R. H. Fallon, Jr.* u.a., Hart and Wechsler's The Federal Courts and the Federal System, 6. Aufl. 2009, S. 486–490; *J. Mazzone*, Nw. U. L. Rev. 104 (2010) 3, S. 979 (997 f.).

schen Grundgesetz die relevanten Gesetzgebungszuständigkeiten bei den Grundrechten mit normgeprägten Schutzbereichen, insbesondere dem Eigentumsrecht (Art. 14 GG) und der Tarifautonomie (Art. 9 Abs. 3 GG),[357] beim Bund liegen, Eigentum und Koalitionsfreiheit also durch Bundesgesetze oder die Rechtsprechung der Bundesgerichte ausgestaltet sind. Hinzu kommt im Bereich der Enteignungen in den USA eine ausdifferenzierte Rechtsprechung auf der Grundlage der *doctrines* der *ripeness* und der *preclusion*, die eine Befassung des *U.S. Supreme Court* mit materiell-rechtlichen Fragen stark einschränkt.[358] In diesen – kontingenten – Unterschieden findet sich erneut eine Bestätigung der These, dass eine schlichte Orientierung an den Gesetzgebungskompetenzen für eine bereichsspezifische Aufgabenteilung zwischen den Grundrechtsgerichten der verschiedenen Ebenen zu kurz greift. Vielmehr ist das Zusammenspiel von Grundrechten und Kompetenzlage in den Blick zu nehmen.

Allerdings überprüft der *U.S. Supreme Court* einzelstaatliche Gerichtsentscheidungen durchaus auch selbst am Maßstab des einzelstaatlichen Rechts. Viele dieser Fälle betrafen die Angemessenheit oder Fairness der Verfahrensgestaltung[359] oder zollten den Interessen der einzelstaatlichen Gesetzgeber besondere Beachtung.[360]

Im Fall Virginia v. Moore allerdings urteilte der *U.S. Supreme Court*, dass die Verhaftung eines Autofahrers, der hinreichend verdächtig ist, durch fahrverbotswidriges Fahren gegen Gesetze des Bundesstaates Virginia verstoßen zu haben, mit dem 4. Zusatzartikel vereinbar sei. Dem stehe nicht entgegen, dass nach dem Recht von Virginia bei der fraglichen Straftat keine Verhaftung vorgesehen ist. Der *U.S. Supreme Court* hob die Entscheidung des *Supreme Court of Virginia* auf, soweit sie ein Beweisverwertungsverbot für Kokain aufstellte, das bei einer bei Gelegenheit der Verhaftung vorgenommenen Durchsuchung

---

[357] *A. Engels*, RdA 61 (2008) 6, S. 331 (334).

[358] *J. Mazzone*, Nw. U. L. Rev. 104 (2010) 3, S. 979 (1007–1015).

[359] U.S. Supreme Court, *Bush v. Gore*, 531 U.S. 98, 115 (Rehnquist, C.J., concurring) (lehnt es ab, »To attach definitive weight to the pronouncement of a state court, [...] when the very question at issue is whether the court has actually departed from the statutory meaning, would be to abdicate our responsibility to enforce the explicit requirements of Article II.«); *Bouie v. City of Columbia*, 378 U.S. 347, 362 (1964) (»We think it clear that the South Carolina Supreme Court, in applying its new construction of the statute to affirm these convictions, has deprived petitioners of rights guaranteed to them by the Due Process Clause.«); *NAACP v. Alabama ex rel. Patterson*, 357 U.S. 449, 457 (1958) (»Novelty in procedural requirements cannot be permitted to thwart review in this Court ... .«); *Fairfax*'s *Devisee v. Hunter*'s *Lessee*, 11 U.S. (7 Cranch.) 603, 618–628 (1813) (Die Streitigkeit fällt in eine Zeit einer generellen Ablehnung der Staaten gegenüber dem *U.S. Supreme Court* und den Ansprüchen britischer Gläubiger.). S. allgemein *H. P. Monaghan*, Colum. L. Rev. 103 (2003) 8, S. 1919 (Vorschlag, dass der *U.S. Supreme Court* dann die Jurisdiktion zur Überprüfung von einzelstaatlichen Entscheidungen haben solle, wenn das einzelstaatliche Gericht in unzulässiger Weise von der eigenen Rechtsprechung abweiche).

[360] U.S. Supreme Court, *Virginia v. Moore*, 553 U.S. 164 (2008).

gefunden worden war.[361] Weil die Verhaftung auf einem hinreichenden Tatverdacht beruhte und deshalb nicht willkürlich im Sinne des 4. Zusatzartikels war, konnten die Gerichte des Bundesstaates Virginia keine umfangreicheren Beweisverwertungsverbote auf die Begründung stützen, die Polizeibeamten hätten das Recht des Bundesstaates verletzt. In seiner für ein einstimmig entscheidendes Gericht verfassten Urteilsbegründung führte Justice Scalia aus:

Incorporating state-law arrest limitations into the Constitution would produce a constitutional regime no less vague and unpredictable than the one we rejected […]. [L]inking Fourth Amendment protections to state law would cause them to vary from place to place and from time to time …[362]

Justice Scalia hob hervor, dass das Recht des Bundesstaates Virginia kein Beweisverwertungsverbot für den Fall eines Verstoßes gegen das Haftrecht vorsah. Dennoch ein Beweisverwertungsverbot aufzustellen, konterkariere die Anstrengungen des Gesetzgebers, die Umstände zu beschränken, in denen eine Verhaftung stattfinden könnte.[363] Selbst in diesen Fällen lässt der *U.S. Supreme Court* den einzelstaatlichen Gerichten jedoch einen gewissen Spielraum.[364]

e) Zwischenfazit

Das Beispiel der USA demonstriert demnach, dass es in einer föderalen Struktur durchaus zu einer Stärkung der einzelstaatlichen Grundrechtsgerichte beitragen kann, wenn diese sowohl die einzelstaatlichen als auch die Bundes-Grundrechte als Prüfungsmaßstab heranziehen können. Allerdings wirft die unabhängige Auslegung von gleichlautenden oder ähnlich formulierten Parallelgewährleistungen durchaus auch konzeptionelle Schwierigkeiten auf.

2. Landesverfassungsgerichte in Deutschland

Im Hinblick auf die deutschen Landesverfassungsgerichte ist vor diesem Hintergrund zunächst zu fragen, ob sie auch die Grundrechte des Grundgesetzes als prinzipalen Prüfungsmaßstab heranziehen könnten [a)]. Allgemein für Parallelgewährleistungen [b)] und insbesondere für diejenigen Landesverfassungen, die lediglich die Grundrechte des Grundgesetzes rezipieren [c)], ist, ähnlich wie in der Diskussion um den *lockstep*, *interstitial* oder *primacy approach* in den USA, zu fragen, ob die Landesverfassungen überhaupt einen eigenständigen Prüfungsmaßstab bereithalten. Zudem können Landesverfassungsgerichte ihre Rolle als Grundrechtsgerichte unter Umständen auch dadurch stärken, dass sie

361 Ebd., S. 168–178.
362 Ebd., S. 175 f.
363 Ebd., S. 176.
364 *J. Mazzone*, Nw. U. L. Rev. 104 (2010) 3, S. 979 (998); s. etwa U.S. Supreme Court, *Demorest v. City Bank Farmers Trust Co.*, 321 U.S. 36, 42 (1944).

ein Hineinwirken der Grundrechte des Grundgesetzes in die Landesverfassungen unterstellen, eine Vorgehensweise, die ebenfalls Parallelen in der Geschichte der *state courts* in den USA kennt [d)].

a) Grundgesetz als Prüfungsmaßstab der Landesverfassungsgerichte?

Nach dem etablierten Modell »getrennter Verfassungsräume« judizieren in Deutschland die Landesverfassungsgerichte allein am Maßstab der Landesgrundrechte. Das Bundesverfassungsgericht dagegen entscheidet allein am Maßstab der Grundrechte des Grundgesetzes.[365] Allerdings darf das Bundesverfassungsgericht gegebenenfalls über die Verfassungsmäßigkeit von Landesgrundrechten entscheiden. In diesem Fall indes ist das Landesgrundrecht Prüfungsgegenstand und nicht Prüfungsmaßstab.[366]

In der Literatur wurde demgegenüber vereinzelt dafür plädiert, die Grundrechte des Grundgesetzes als unmittelbaren oder prinzipalen Prüfungsmaßstab der Landesverfassungsgerichte heranzuziehen. Wollten die Landesverfassungsgerichte dann bei der Auslegung der Grundrechte des Grundgesetzes vom Bundesverfassungsgericht oder von anderen Landesverfassungsgerichten abweichen, so hätten sie nach Art. 100 Abs. 3 GG die Entscheidung des Bundesverfassungsgerichts einzuholen.[367]

Allerdings haben einzelne Landesverfassungsgerichte im Einklang mit der in der Literatur überwiegenden Ansicht[368] klargestellt, dass für sie andere Prüfungsmaßstäbe als die Landesverfassung nicht in Betracht kommen.[369] Voraussetzung dafür, dass die Landesverfassungsgerichtsbarkeit auch auf das Grundgesetz als Prüfungsmaßstab zurückgreifen könnte, wäre zum einen, dass das Grundgesetz selbst eine Prüfung – und Entscheidung – anhand dieses Maßstabs

---

365 BVerfG, Beschl. v. 21.12.1992, 1 BvR 74, 2S9/90, NVwZ 1993, 1079; BVerfG, Beschl. v. 19.4.1993, 1 BvR 744/91 – *Naturpark Oberer Bayerischer Wald*, NVwZ 1994, 59 (60).

366 *H. Bethge*, in: P. Kirchhof u.a. (Hrsg.), Steuerrecht, Verfassungsrecht, Finanzpolitik, 1994, S. 179 (191). S. allerdings auch BVerfGE 98, 298, 1 BvR 661/94 – *extra-radio*: Das Bundesverfassungsgericht hebt hier eine Entscheidung des Bayerischen Verfassungsgerichtshofs wegen Verletzung von Art. 5 Abs. 1 Satz 2 GG auf. S. dazu *A. Voßkuhle*, JöR N.F. 59 (2011), S. 215 (248); kritisch *M. Möstl*, AöR 130 (2005) 3, S. 350 (365–376): »zumindest missverständlich«; zu weiteren Unstimmigkeiten *E. Klein*, in: W. Knippel (Hrsg.), Verfassungsgerichtsbarkeit im Land Brandenburg, 2003, S. 29 (33).

367 *J. Burmeister*, in: C. Starck/K. Stern (Hrsg.), Landesverfassungsgerichtsbarkeit, Bd. 2, 1983, S. 399 (435–441); *K. Sobota*, DVBl. 109 (1994) 14, S. 793 (801–803).

368 *E. Denninger*, in: H. Eichel/K. P. Möller (Hrsg.), 50 Jahre Verfassung des Landes Hessen, 1997, S. 343 (347); *W. Berg*, in: C. Starck/K. Stern (Hrsg.), Landesverfassungsgerichtsbarkeit, Bd. 2, 1983, S. 529 (538); *E. Schumann*, in: C. Starck/K. Stern (Hrsg.), Landesverfassungsgerichtsbarkeit, Bd. 2, 1983, S. 149 (201); *H.-P. Schneider*, NJW 49 (1996) 23, S. 1517 (1517); *S. Korioth*, in: T. Maunz u.a. (Hrsg.), Grundgesetz-Kommentar, 2018, Art. 142, Rn. 20.

369 BayVerfGH, Entsch. v. 28.3.1973, Vf. 66–VII-71, BayVerfGHE 26 [1973] II 28 (33); HessStGH, Urt. v. 14.4.1950, P.St. 41 und 54, ESVGH 11/II, 10 (11).

vom Grundgesetz überhaupt zulässt [aa)], und zum anderen, dass sie das Landes(verfassungs)recht im Einzelfall auch vorsieht [bb)].

aa) Zulässigkeit nach dem Grundgesetz

Eine ausdrückliche Sperre im Grundgesetz, die es den Landesverfassungsgerichten verwehren würde, die Grundrechte des Grundgesetzes als Prüfungsmaßstab heranzuziehen, ist nicht ersichtlich. Das Bundesverfassungsgericht hat zu dieser Frage nur am Rande Stellung genommen. In einer älteren Entscheidung wies es darauf hin, dass es dem besonderen Charakter der Verfassungsgerichtsbarkeit entspreche, sich jeweils »auf eine bestimmte Verfassung« zu beziehen. Im Bundesstaat werde »der Kompetenzbereich der Bundesverfassungsgerichtsbarkeit durch das Grundgesetz und der der Landesverfassungsgerichtsbarkeit durch die Landesverfassung begrenzt«.[370] Später formulierte das Bundesverfassungsgericht, die Landesverfassungsgerichtsbarkeit besitze als Maßstab ihrer Prüfung nur die Landesverfassung.[371]

Allerdings eröffnete das Bundesverfassungsgericht den Landesverfassungsgerichten unter Berufung auf Art. 100 Abs. 3 GG zumindest die Zuständigkeit für die Prüfung am Maßstab des Grundgesetzes. Das Bundesverfassungsgericht scheint hier unter Berufung auf Art. 100 Abs. 3 GG davon auszugehen, dass die Landesverfassungsgerichte das Grundgesetz nicht nur für die Inzidentprüfung des eigenen Prüfungsmaßstabs, sondern unmittelbar zur Überprüfung der ihm vorgelegten Landesnorm heranziehen könnten. Die Grenzen, die das Bundesverfassungsgericht den Landesverfassungsgerichten zog, betrafen nur die Feststellungen im Entscheidungstenor. Jedes Verfassungsgericht dürfe, so formulierte es das Bundesverfassungsgericht, im Ausspruch (Tenor) seiner Entscheidungen nur die Vereinbarkeit oder Unvereinbarkeit einer Rechtsnorm mit »seinem« Landesrecht bzw. mit Bundesrecht feststellen.

Die Landesverfassungsgerichte hätten demnach insoweit die Befugnis zur Überprüfung, nicht aber zur Entscheidung über die Vereinbarkeit oder Unvereinbarkeit des Prüfungsgegenstandes mit dem Grundgesetz im Tenor.[372] Kämen sie zu dem Ergebnis, dass ein für ihre Entscheidung maßgebliches Gesetz grundgesetz- oder bundesrechtswidrig ist, so müssten sie die Entscheidung des Bundesverfassungsgerichts einholen, nämlich nach Art. 100 Abs. 1 GG.[373] Später formulierte das Bundesverfassungsgericht auch relativierend, die Landes-

[370] BVerfGE 10, 285 (293), 2 BvF 5/58 – *Bundesgerichte*.

[371] BVerfGE 36, 342 (368), 2 BvN 1/69 – *Niedersächsisches Landesbesoldungsgesetz*.

[372] BVerfGE 69, 112 (117 f.), 2 BvR 128/84 – *Tragweite des Normwiederholungsverbots*; vgl. *J. Rozek*, Das Grundgesetz als Prüfungs- und Entscheidungsmaßstab der Landesverfassungsgerichte, 1993, S. 60 f.

[373] S. im Anschluss an BVerfGE 69, 112, (117 f.), 2 BvR 128/84 – *Tragweite des Normwiederholungsverbots*, *C. Pestalozza*, Verfassungsprozessrecht, 3. Aufl. 1991, § 23 Rn. 103 (S. 449); s. allerdings auch ebd., § 21 Rn. 8 (S. 377), § 13 Rn. 24 (S. 212).

verfassungsgeber hätten »in ihrer Autonomie« die jeweilige Landesverfassung als den Kontrollmaßstab festgelegt, der in den landesverfassungsgerichtlichen Verfahren heranzuziehen sei.[374] Entscheidet die Landesverfassung über diese Frage autonom, so scheint es jedenfalls aus Perspektive des Bundesverfassungsgerichts zulässig, wenn die Landesverfassungsgerichte darüber hinausgehen.[375]

Folglich ist für das Grundgesetz von einer Art *non liquet* auszugehen: Die Prüfung von Akten der Landesstaatsgewalt auch am Maßstab des Bundes(verfassungs)rechts ist den Landesverfassungsgerichten weder grundsätzlich aufgegeben noch allgemein verboten.[376] Die Art. 93 und 100 GG beziehen sich zwar auf den gesamtstaatlichen Prüfungsmaßstab für das Bundesverfassungsgericht, schließen die Landesverfassungsgerichte aber nicht aus.

Aus der These von der Trennung der Verfassungsräume folgt demgegenüber kein durchgreifender Einwand gegen die Erweiterung des Prüfungsmaßstabs der Landesverfassungsgerichte. Soweit die Beschränkung des Prüfungsmaßstabs verfassungsrechtlich maßgeblich darauf gestützt wird,[377] ist zu bedenken, dass diese Trennung der Verfassungsräume zahlreiche Durchbrechungen und Modifikationen kennt.[378] Vor allem aber ist der Schluss auf die Beschränkung des Prüfungsmaßstabs weder zwingend noch ein notwendiges oder wesenseigentümliches Element der bundesstaatlichen Struktur.[379] Indes lässt sich aus der Verschränkung der Verfassungsräume umgekehrt auch nicht im Sinne der Befürworter eines erweiterten Prüfungsmaßstabs ohne weiteres auf die Zustän-

---

[374] BVerfGE 103, 332 (350), 2 BvK 1/00 – *Naturschutzgesetz Schleswig-Holstein*.

[375] *C. Pestalozza*, in: HGR III, 2009, § 86, Rn. 4 Fn. 8. Zum Ganzen *W. März*, in: H. Koch (Hrsg.), Recht zwischen Verfahren und materieller Wertung, 2005, S. 93 (118–122); *B. von Wolff*, Das Grundgesetz als prinzipaler Entscheidungsmaßstab bei der Landesverfassungsbeschwerde, 2001, S. 127; *C. Degenhart*, RCDP 24 (2009) 39, S. 135 (143): »nicht ganz unmissverständlich«, weil »weiterreichende Kompetenzen ohnehin nicht begründbar sind«.

[376] *B. von Wolff*, Das Grundgesetz als prinzipaler Entscheidungsmaßstab bei der Landesverfassungsbeschwerde, 2001, S. 125; *M. Möstl*, BayVBl. 148 (2017) 19, S. 659 (661).

[377] S. Nachweise in Fußnote 363 sowie bereits BVerfGE 36, 342 (357, 368), 2 BvN 1/69 – *Niedersächsisches Landesbesoldungsgesetz*; ferner BVerfGE 6, 376 (381 f.), 2 BvR 2/56 – *Wahlrechtsbeschwerde*; BVerfGE 11, 89 (94), 2 BvO 6/56 – *Bremisches Urlaubsgesetz*; BVerfGE 41, 88 (119), 1 BvR 548/68 – *Gemeinschaftsschule*; BVerfGE 60, 175 (209), 2 BvH 1, 2/82, 2 BvR 233/82 – *Startbahn West*; *E. Friesenhahn*, in: FG 25 Jahre Bundesverfassungsgericht, Bd. 1, 1976, S. 748 (751); vgl. *J. Rozek*, Das Grundgesetz als Prüfungs- und Entscheidungsmaßstab der Landesverfassungsgerichte, 1993, S. 56 m. zahlreichen w.N. in Fn. 12.

[378] *E. Friesenhahn*, in: FG 25 Jahre Bundesverfassungsgericht, Bd. 1, 1976, S. 748 (751 f., 759–765).

[379] *J. Burmeister*, in: C. Starck/K. Stern (Hrsg.), Landesverfassungsgerichtsbarkeit, Bd. 2, 1983, S. 399 (432 f.). Burmeister schlägt stattdessen vor, als genuine Aufgabe der Landesverfassungsgerichte innerhalb der »gesamt-verfassungsgerichtlichen Kontrolltätigkeit« die Beachtung der für die Landesstaatsgewalt bestehenden normativen Bindungen zu kontrollieren. Im bundesstaatlichen Gefüge gehört dazu neben der Kontrolle der Akte der Landesstaatsgewalt am Maßstab der Landesverfassungen auch die Kontrolle der Einhaltung der sich aus den übergeordneten bundesrechtlichen, insbesondere den grundgesetzlichen Normen ergebenden Bindungen (ebd., S. 435–438).

digkeitsabgrenzung zwischen Bundes- und Landesverfassungsgerichtsbarkeit schließen.[380] Die in Schrifttum und Rechtsprechung herangezogenen Schlüsselbegriffe »Eigenstaatlichkeit der Länder« und »getrennte Verfassungsräume« sind aus sich heraus kaum aussagekräftige Formeln, sondern inhaltlich auffüllungsbedürftig.[381] Auch die Grundrechtsbindung aller staatlichen Gewalt einschließlich der Landesverfassungsgerichte nach Art. 1 Abs. 3 GG bedeutet nicht, dass die Grundrechte des Grundgesetzes zum Prüfungsmaßstab der Landesverfassungsgerichte würden.[382]

Aus der Existenz des Vorlageverfahrens nach Art. 100 Abs. 3 GG wiederum lässt sich kein zwingendes Argument für das Grundgesetz als Prüfungsmaßstab der Landesverfassungsgerichte ableiten.[383] Vorausgesetzt wird in Art. 100 Abs. 3 GG lediglich, dass die Landesverfassungsgerichte zur Auslegung des Grundgesetzes befugt sind.[384] Interpretationskompetenz und Entscheidungskompetenz sind zu unterscheiden.[385] Ein Landesverfassungsgericht kann durchaus mit der Auslegung des Grundgesetzes befasst sein, ohne es zugleich als Prüfungsmaßstab heranzuziehen. Eine Auslegung des Grundgesetzes kann etwa dann eine entscheidungserhebliche Vorfrage für ein Landesverfassungsgericht sein, wenn die Vereinbarkeit einer Norm des Landesverfassungsrechts mit dem Grundgesetz in Zweifel gezogen wurde.[386] Das für das Landesverfassungsgericht maßstäbliche Landesverfassungsrecht muss den durch das Grundgesetz gesteckten äußersten Rahmen der Landesverfassungsautonomie einhalten und das Homo-

---

[380] Ebd., S. 407 konstatiert selbst, dass beide Aspekte auseinanderzuhalten sind; *J. Rozek*, Das Grundgesetz als Prüfungs- und Entscheidungsmaßstab der Landesverfassungsgerichte, 1993, S. 69.

[381] *R. Uerpmann*, Der Staat 35 (1996) 3, S. 428 (428 f., 431–434); *W. März*, in: H. Koch (Hrsg.), Recht zwischen Verfahren und materieller Wertung, 2005, S. 93 (97): Nebeneinander der Verfassungsbereiche als »kanonisierte«, »immer wieder herangezogene und nicht weiter hinterfragte Formel«.

[382] *J. Rozek*, Das Grundgesetz als Prüfungs- und Entscheidungsmaßstab der Landesverfassungsgerichte, 1993, S. 59, 71 f.; *H. H. Klein*, in: FS Graßhof, 1998, S. 367 (371) unter Einbeziehung von Art. 20 Abs. 3 GG; *K. Fiedler*, Verfassungsgerichtsbarkeit im Bundesstaat, 2006, S. 170 m.w.N.; auch gegen die Vorfragenkompetenz: *E. Schumann*, in: C. Starck/K. Stern (Hrsg.), Landesverfassungsgerichtsbarkeit, Bd. 2, 1983, S. 149 (201 f.).

[383] *M. Möstl*, BayVBl. 148 (2017) 19, S. 659 (661).

[384] BVerfGE 103, 332 (355), 2 BvK 1/00 – *Naturschutzgesetz Schleswig-Holstein*.

[385] *H. H. Klein*, in: FS Graßhof, 1998, S. 367 (371).

[386] BVerfGE 103, 332 (352), 2 BvK 1/00 – *Naturschutzgesetz Schleswig-Holstein*; *H. Tilch*, in: C. Starck/K. Stern (Hrsg.), Landesverfassungsgerichtsbarkeit, Bd. 2, 1983, S. 551 (558–561); *J. Menzel*, Landesverfassungsrecht, 2002, S. 294 f.; *M. Möstl*, AöR 130 (2005) 3, S. 350 (377); *R. Zuck*, Das Recht der Verfassungsbeschwerde, 4. Aufl. 2013, Rn. 265. Im Rahmen der Vorfragenkompetenz kann im Übrigen auch eine Vorlage nach Art. 100 Abs. 1 GG in Betracht kommen, s. *K. Stern*, Das Staatsrecht der Bundesrepublik Deutschland, Bd. III/2, 1994, § 93 VII 3 (S. 1506). Zur Wahlmöglichkeit des Landesverfassungsgerichts zwischen den Vorlagen nach Art. 100 Abs. 1 GG und Art. 100 Abs. 3 GG s. auch BVerfGE 36, 342 (356), 2 BvN 1/69 – *Niedersächsisches Landesbesoldungsgesetz*.

genitätsgebot des Art. 28 Abs. 1 GG sowie den Vorrang des Bundesrechts nach Art. 31 GG beachten.[387]

Allerdings spricht die Entstehungsgeschichte von Art. 142 GG dagegen, dass das Grundgesetz den Landesverfassungsgerichten als Prüfungsmaßstab zur Verfügung steht. Könnten die Landesverfassungsgerichte die Grundrechte des Grundgesetzes als Prüfungsmaßstab heranziehen, so wäre kaum nachzuvollziehen, warum im Parlamentarischen Rat so viel Wert darauf gelegt wurde, dass mit den Grundrechten des Grundgesetzes übereinstimmende Landesgrundrechte fortbestehen können.[388]

Angesichts der bereits dargelegten gewandelten Bedeutung des Art. 142 GG lässt sich indes gerade aus dessen Entstehungsgeschichte kein durchschlagendes Argument ableiten.

bb) Regelungen in den Landesverfassungsgerichtsgesetzen

Ein Hindernis für einen erweiterten, das Grundgesetz einbeziehenden Prüfungsmaßstab der Landesverfassungsgerichte stellen *de lege lata* folglich vor allem die Landesverfassungsgerichtsgesetze der Länder dar. Sie sehen vor, dass Prüfungsmaßstab die jeweilige Landesverfassung ist.[389] Nichtsdestotrotz rügen Beschwerdeführer vor den Landesverfassungsgerichten immer wieder die Verletzung von Grundrechten oder grundrechtsgleichen Rechten des Grundgesetzes, ohne die Grundrechtsbestimmungen der jeweiligen Landesverfassungen zu erwähnen oder in Bezug zu nehmen.[390]

Namentlich Joachim Burmeister bestritt, dass die fraglichen Bestimmungen der Landesverfassungsgerichtsgesetze die Kontrolltätigkeit zwingend auf den Maßstab des Landesverfassungsrechts begrenzen. Die Nennung der Landesverfassung als Prüfungsmaßstab wäre demnach nicht als abschließend zu verstehen. Burmeister ging sogar so weit zu fragen, ob eine Begrenzung auf die Anwendung des Landesverfassungsrechts angesichts der »bundesstaatlichen Einordnung der Landesstaatsgewalt« überhaupt zulässig wäre. Er argumentierte, dass die Landesverfassungsgerichtsgesetze allesamt an die Zuständigkeitszuschreibungen der Landesverfassungen anknüpften. Diese wiederum seien, soweit sie vorgrundgesetzliche Normierungen darstellten, überhaupt nicht in der Lage gewesen, die sich aus den föderativen Kontrollzuständigkeiten des Bun-

---

387 S. zu dieser Fallgruppe *M. Möstl*, BayVBl. 148 (2017) 19, S. 659 (661 f.).

388 *H. H. Klein*, in: FS Graßhof, 1998, S. 367, S. 371. S. dazu 4. Kapitel B. I. 2. a) aa).

389 Vgl. § 8 BadWürttStGHG; Art. 2 BayVerfGHG; § 14 BerlVerfGHG; § 12 BbgVerfGG; § 10 BremStGHG; § 14 HambVerfGG; § 15 HessStGHG; § 11 MVVerfGG; § 8 NdsStGHG; § 12 NRWVerfGHG; § 2 RhPfVerfGHG; § 9 SaarlVerfGHG; § 7 SächsVerfGHG; § 2 SachsAnhVerfGHG; § 3 SHLVerfGG; § 11 ThürVerfGHG.

390 S. dazu und zu den Möglichkeiten der Landesverfassungsgerichte, darauf mit einer »zulässigkeitsfreundlichen« Auslegung der Anträge oder mit Hinweisbeschlüssen zu reagieren, *R. Wendt*, NdsVBl. 17 (2010) 5, S. 150.

desverfassungsgerichts ergebenden Konsequenzen hinsichtlich der Gewährleistung der bundesverfassungsrechtlichen Vorgaben für die Organisation und Ausübung der Landesstaatsgewalt zu berücksichtigen.[391] Auf dieser Grundlage schwebte Burmeister eine gegenüber dem Bundesverfassungsgericht vorrangige Zuständigkeit der Landesverfassungsgerichte vor.[392]

Diese Vorstellung verträgt sich allerdings schlecht damit, dass die tatsächlichen Regelungen jedenfalls teilweise eine Subsidiarität der Landesverfassungsbeschwerde vorsehen.[393] Vor allem kann Burmeister nicht überzeugend darlegen, warum die Landesverfassungsgerichtsgesetze erweiternd ausgelegt werden sollen. Sowohl vorgrundgesetzliche als auch nachgrundgesetzliche Landesverfassungen beziehen sich auf die Landesverfassung selbst als Prüfungsmaßstab der Landesverfassungsgerichtsbarkeit. Damit fehlt eine überzeugende Grundlage[394] für Burmeisters Argument, die Kompetenzzuschreibungen der vorgrundgesetzlichen Landesverfassungen hätten die Einordnung der Landesstaatsgewalt in den Bundesstaat nicht berücksichtigen können.[395]

Rechtspolitisch wird vor einer Ausdehnung des Prüfungsmaßstabs mit dem Argument gewarnt, die Landesgrundrechte würden in die Bedeutungslosigkeit verfallen, wenn auch parallele Bundesgrundrechte als Prüfungsmaßstab zur Verfügung stünden.[396] Dieses Argument ist spekulativ. Der Vergleich mit den USA legt jedenfalls nahe, dass mit der Erweiterung des Prüfungsmaßstabs die Bedeutung der Landesverfassungsgerichte wachsen und die Dynamik der Grundrechtsentfaltung gefördert werden könnte. Fakt ist, dass die Beschränkung der Landesverfassungsgerichte auf die Landesverfassung als prinzipalem Prüfungsmaßstab ihnen nicht zu einem nennenswerten Bedeutungszuwachs verholfen hat. Wenn darüber hinaus Gefahren für die einheitliche Auslegung des Grundgesetzes gesehen werden,[397] so ist zu berücksichtigen, dass der Spielraum der Landesverfassungsgerichte wegen ihrer Verpflichtung zur Divergenzvorlage nach Art. 100 Abs. 3 GG beschränkt wäre. Da das Verhältnis von Bundesverfassungsgericht und Landesverfassungsgerichten, wie im 5. Kapitel gezeigt, kaum Raum für eine institutionelle Differenzierung lässt, ist eine vom Bundesverfassungsgericht abweichende Interpretation von Grundrechten des

[391] *J. Burmeister*, in: C. Starck/K. Stern (Hrsg.), Landesverfassungsgerichtsbarkeit, Bd. 2, 1983, S. 399 (441 f.).

[392] Ebd., S. 455–457.

[393] *B. von Wolff*, Das Grundgesetz als prinzipaler Entscheidungsmaßstab bei der Landesverfassungsbeschwerde, 2001, S. 122.

[394] *J. Rozek*, Das Grundgesetz als Prüfungs- und Entscheidungsmaßstab der Landesverfassungsgerichte, 1993, S. 70 f.

[395] *J. Burmeister*, in: C. Starck/K. Stern (Hrsg.), Landesverfassungsgerichtsbarkeit, 1983, Bd. 2, S. 399 (442).

[396] *J. Rozek*, Das Grundgesetz als Prüfungs- und Entscheidungsmaßstab der Landesverfassungsgerichte, 1993, S. 73.

[397] Vgl. *K. Sobota*, DVBl. 109 (1994) 14, S. 793 (794 *et passim*).

Grundgesetzes durch die Landesverfassungsgerichte ohnehin schwer zu legitimieren.

b) Bedeutung von Parallelgewährleistungen

Mit parallelen, also (annähernd) wortlautidentischen Gewährleistungen in Grundgesetz und Landesverfassungen ist die alte und mittlerweile geklärte Streitfrage verknüpft, ob die doppelten Grundrechtsverbürgungen in Grundgesetz und Landesverfassungen zwei selbständige Grundrechte darstellen oder aber lediglich ein und dasselbe (vorstaatliche) Grundrecht. Nach heute herrschender Auffassung handelt es sich um selbständige Grundrechte des Landesverfassungsrechts.[398]

Zunächst dominierte die Ansicht, dass die parallel gewährleisteten Landesgrundrechte bloße Wiederholungen des Bundesgrundrechts ohne eigenständigen (materiell-rechtlichen) Gehalt seien. Die Bedeutung dieser Grundrechte der Landesverfassungen würde sich danach darin erschöpfen, den Zugang zum Landesverfassungsgericht zu eröffnen. Prüfungsmaßstab für das Landesverfassungsgericht sei dagegen das »eine« Bundesgrundrecht.[399] Diese Sichtweise war noch in der Weimarer Dogmatik zu Art. 13 Abs. 1 WRV (»Reichsrecht bricht Landesrecht«) verwurzelt, die von der Derogation gleichlautender Landesgrundrechte durch die Reichsgrundrechte ausging. Dieser sogenannten Identitätstheorie, einer »unguten Kombination von Weimarer Staatsrechtsdoktrin und unverdautem Naturrecht«,[400] folgten auch das Bundesverfassungsgericht in einer frühen Entscheidung sowie einige Landesverfassungsgerichte.[401] Dagegen

---

[398] Zur Begründung *W. Leisner*, Die bayerischen Grundrechte, 1968, S. 15; *H. von Olshausen*, Landesverfassungsbeschwerde und Bundesrecht, 1980, S. 112–116, 120 f.; *H. Tilch*, in: C. Starck/K. Stern (Hrsg.), Landesverfassungsgerichtsbarkeit, Bd. 2, 1983, S. 551 (552 f.); *W. März*, Bundesrecht bricht Landesrecht, 1989, S. 196 f.; *J. Dietlein*, Die Grundrechte in den Verfassungen der neuen Bundesländer, 1993, S. 12–14; 22 f.; *J. Rozek*, Das Grundgesetz als Prüfungs- und Entscheidungsmaßstab der Landesverfassungsgerichte, 1993, S. 183–187 m.w.N.; *J. Dietlein*, JURA 16 (1994) 2, S. 57 (57); *J. Dietlein*, AöR 120 (1995) 1, S. 1 (12); *H. Dreier*, Grundrechtsschutz durch Landesverfassungsgerichte, 2000, S. 12; *S. Korioth*, in: T. Maunz u.a. (Hrsg.), Grundgesetz-Kommentar, 2018, Art. 142, Rn. 14; *K. Lange*, in: HGR III, 2009, § 83, Rn. 3; *H. Bethge*, in: T. Maunz u.a. (Hrsg.), Bundesverfassungsgerichtsgesetz, 45. Aufl. 2015, § 85 BVerfGG, Rn. 26.

[399] *E. Friesenhahn*, Zum Verhältnis von Bundes- und Landesverfassungsgerichtsbarkeit, 1956, S. 80–84; ähnlich *J. Kratzer*, in: FS Laforet, 1952, S. 107 (115 f., 138 f.); *C. von Hammerstein*, Das Verhältnis von Bundes- und Landesverfassungsgerichtsbarkeit, 29.7.1960, S. 17–20.

[400] *H. Dreier*, in: K. Schmidt (Hrsg.), Vielfalt des Rechts – Einheit der Rechtsordnung?, 1994, S. 113 (129).

[401] BVerfGE 22, 267 (271), 2 BvR 639/66 – *Einheitliches Grundrecht*; ablehnend BayVerfGH, Entsch. v. 20.2.1958, Vf. 23–VI-57, BayVerfGHE 11 [1958] II 11 (16–18); StGH Baden-Württemberg, Urt. v. 19.10.1968, 1/1967 (VG Freiburg), JZ 1969, 514 (516); BerlVerfGH, Beschl. v. 23.12.1992, VerfGH 38/92, LVerfGE 1, 44, NJW 1993, 513 (514). S. auch *W. Geiger*, in: FS Laforet, 1952, S. 251 (259); zuletzt *W. Geiger*, DRiZ 47 (1969) 5, S. 137 (138). Zunächst auch *E. Friesenhahn*, Zum Verhältnis von Bundes- und Landesverfassungsgerichtsbarkeit,

wurde argumentiert, die Vorstellung, einem gleichartigen Grundrecht könne auf Landesebene keine eigenständige Kontur gegeben werden, sei mit der Verfassungsautonomie der Länder unvereinbar.[402]

Das Bundesverfassungsgericht ist mittlerweile von der Identitätstheorie abgerückt.[403] Unabhängig von inhaltlicher Gleichheit oder Ungleichheit handelt es sich bei Bundes- und Landesgrundrechten um Rechtssätze verschiedener Normgeber, des Bundesverfassungsgebers einerseits, des Landesverfassungsgebers andererseits. Dementsprechend bleiben inhaltsgleiche Grundrechte in Kraft, selbst wenn sie auf der Ebene der Bundesverfassung aufgehoben oder substantiell verändert werden sollten.[404] Tatsächlich wurde in der Vergangenheit den Gewährleistungen der Landesverfassungen besondere Aufmerksamkeit gerade dann zuteil, wenn das Schutzniveau der entsprechenden Garantien des Grundgesetzes im Wege der Verfassungsänderung abgesenkt wurde. Wie bereits gezeigt, war dies bei der Änderung des Art. 13 GG zur Ermöglichung des großen Lauschangriffs[405] und bei der Neufassung des Asylgrundrechts durch die Einführung des Art. 16a GG der Fall.[406]

Im Grundsatz steht den Landesverfassungsgerichten also eine eigenständige Auslegung auch von Parallelgewährleistungen offen, obschon sie normativ in einen Rechtfertigungszwang geraten, wenn sie sich von einer etablierten Rechtsprechung des Bundesverfassungsgerichts absetzen wollen. Die Argumentation kann sich auf Spezifika der Landesverfassung stützen, aber auch, und dann mit über das einzelne Bundesland hinausreichender Bedeutung, auf gewandelte Anschauungen und Rahmenbedingungen.

1956, S. 81; anders schließlich *E. Friesenhahn*, in: FG 25 Jahre Bundesverfassungsgericht, Bd. 1, 1976, S. 748 (763–765).

[402] *J. Rozek*, Das Grundgesetz als Prüfungs- und Entscheidungsmaßstab der Landesverfassungsgerichte, 1993; *J. Menzel*, Landesverfassungsrecht, 2002, S. 307 f.: Vorlagepflicht nur bei Auslegung des Grundgesetzes selbst, nicht auch einer inhaltsgleichen Norm einer Landesverfassung, selbst wenn sie durch eine Rezeptionsklausel in die Landesverfassung übernommen wurde; *H. Sauer*, Jurisdiktionskonflikte in Mehrebenensystemen, 2008, S. 147.

[403] Ausdrücklich offen gelassen in BVerfGE 96, 345 (368), 2 BvN 1/95 – *Landesverfassungsgerichte*.

[404] *H. Dreier*, in: K. Schmidt (Hrsg.), Vielfalt des Rechts – Einheit der Rechtsordnung?, 1994, S. 113 (129).

[405] BVerfGE 109, 279, 1 BvR 2378/98, 1 BvR 1084/99 (2004) – *Großer Lauschangriff*; s. *P. Tiedemann*, KJ 31 (1998) 4, S. 529.

[406] BVerfGE 94, 49, 2 BvR 1938, 2315/93 (1996) – *Sichere Drittstaaten*; *A. Zimmermann*, Das neue Grundrecht auf Asyl, 1994, S. 345–363; *R. Göbel-Zimmermann*, NVwZ 14 (1995) 8, S. 763 (764 f.) – auch zur Diskussion über einen Widerspruch zwischen Art. 16a GG und Art. 7 Satz 2 LV Hessen sowie der Bedeutung von Art. 31 GG; *W. Kluth*, NdsVBl. 17 (2010) 5, S. 130 (132); *R. Neubauer/E. Lörincz*, LKV 23 (2013) 3, S. 115 (116 f.).

c) Bedeutung der Inkorporationsklauseln

Im Fall von Inkorporationsklauseln steht den Landesverfassungsgerichten gar kein eigenständig formulierter Prüfungsmaßstab zur Verfügung. Solche Klauseln haben namentlich die nachgrundgesetzlichen Verfassungsgeber in Nordrhein-Westfalen und Baden-Württemberg eingeführt; nach 1990 sind ihnen die Länder Niedersachsen und Mecklenburg-Vorpommern darin gefolgt.[407] Die Klauseln werden unterschiedlich eingeordnet, als Rezeptionsklauseln, womit der Vorgang der Übernahme betont wird, oder als Transformationsklauseln mit dem Akzent auf dem Ergebnis der Übernahme. Der Begriff der Inkorporation soll beides zum Ausdruck bringen.[408] Die Rolle der Landesverfassungsgerichte bei der Interpretation dieser Klauseln hängt davon ab, ob man sie als deklaratorisch oder konstitutiv [aa)] und als statische oder dynamische Verweisungen [bb)] versteht sowie davon, ob man eine Bindung der Landesverfassungsgerichte an die Rechtsprechung des Bundesverfassungsgerichts unterstellt [cc)].

aa) Deklaratorische oder konstitutive Funktion

Umstritten ist, ob die Klauseln eine Verdopplung des Grundrechtsschutzes begründen, eine bundesrechtliche Regelungsenklave im Landesrecht schaffen oder von bloß deklaratorischer Bedeutung sind.[409] Am besten sind die Klauseln als partielle Übernahme der für die Landestaatsgewalt relevanten Regelungsanordnungen der Bundesgrundrechte zu interpretieren.[410] Die inkorporierten Grundrechte werden zu selbständigem Landesverfassungsrecht, können also auch vom Landesverfassungsgesetzgeber im Rahmen der allgemein geltenden Grenzen verändert, ergänzt oder aufgehoben werden, sofern sie damit nicht dem Grundgesetz widersprechen.[411] Diese Einordnung schafft zuallererst die Voraussetzung dafür, dass die Grundrechtsrezeption prozessrechtliche Bedeutung erlangen kann: Wenn Prüfungsmaßstab der Landesverfassungsgerichte allein das Landesverfassungsrecht sein soll, setzt ihre Funktion als Grundrechtsgerichtsbarkeit notwendig voraus, dass die rezipierten Grundrechte im Landesrecht nachgebildet oder reproduziert werden.

---

[407] Vgl. Art. 4 Abs. 1 LV NRW (28.6.1950); Art. 2 Abs. 1 LV Baden-Württemberg (11.11.1953); Art. 3 Abs. 2 LV Niedersachsen (19.5.1993); Art. 5 Abs. 3 LV MV (23.5.1993). Dagegen ist das in Art. 2 Abs. 3 der Brandenburgischen Verfassung enthaltene Bekenntnis des »Volk[es] des Landes Brandenburg« zu den im Grundgesetz niedergelegten Grundrechten lediglich deklaratorisch zu verstehen, s. *J. Dietlein*, AöR 120 (1995) 1, S. 1 (4) in Fn. 12; *E. Klein*, in: W. Knippel (Hrsg.), Verfassungsgerichtsbarkeit im Land Brandenburg, 2003, S. 29 (30–31).

[408] *R. Grawert*, in: HGR III, 2009, § 81, Rn. 26.

[409] Zur Diskussion s. *J. Dietlein*, AöR 120 (1995) 1, S. 1 (4 f.) m.w.N.; *K. Fiedler*, Verfassungsgerichtsbarkeit im Bundesstaat, 2006, S. 115–117 m.w.N.

[410] *J. Dietlein*, AöR 120 (1995) 1, S. 1 (5–10).

[411] So auch *K. Lange*, in: HGR III, 2009, § 83, Rn. 3.

bb) Statische oder dynamische Verweisungen

Weiterhin ist streitig, ob die Inkorporationsklauseln als statische oder dynamische Verweisungen zu verstehen sind. Eine statische Inkorporationsklausel würde die Grundrechte des Grundgesetzes in der Fassung eines bestimmten Stichtages rezipieren, während eine dynamische Rezeption für eine inhaltliche Synchronisation der Entwicklung der rezipierten Landesgrundrechte mit den Grundrechten des Grundgesetzes sorgt. Das Anliegen der Verfassungsgeber in Nordrhein-Westfalen und Baden-Württemberg, die Landesgrundrechte gegenüber dem Grundgesetz zu verselbständigen, ist vor allem vor dem Hintergrund zu verstehen, dass das Grundgesetz allgemein als alsbald zu ersetzendes Provisorium angesehen wurde (s. auch Art. 146 GG a.F.). Für eine eventuelle Phase des Übergangs zu einer neuen Bundesverfassung sollte ein grundrechtsfreier Zeitraum vermieden werden. Dieser Hintergrund legt es nahe, dass eine dynamische Interpretation im Übrigen nicht ausgeschlossen sein sollte. Während sich die Landesverfassungen Niedersachsens und Mecklenburg-Vorpommerns erkennbar für eine dynamische Rezeption der Grundrechte des Grundgesetzes entschieden haben, ist die Frage der statischen oder dynamischen Rezeption für Nordrhein-Westfalen und Baden-Württemberg nicht unumstritten,[412] zumal Art. 4 Abs. 1 LV NRW ausdrücklich die »im Grundgesetz für die Bundesrepublik Deutschland in der Fassung vom 23. Mai 1949 festgelegten Grundrechte und staatsbürgerlichen Rechte« zum Bestandteil der Landesverfassung erklärt.[413]

---

[412] *J. Dietlein*, AöR 120 (1995) 1, S. 1 (17–20). Allgemein für ein Verständnis als dynamische Rezeption *B. Wermeckes*, Der erweiterte Grundrechtsschutz in den Landesverfassungen, 2000, S. 34–40; *J. Menzel*, Landesverfassungsrecht, 2002, S. 463; *S. Korioth*, in: T. Maunz u.a. (Hrsg.), Grundgesetz-Kommentar, 2018, Art. 142, Rn. 10; *K. Lange*, in: HGR III, 2009, § 83, Rn. 5. Allgemein für eine statische Verweisung aus demokratietheoretischen Gründen *H. Dreier*, in: H. Dreier (Hrsg.), Grundgesetz, 3. Aufl. 2015, Art. 142, Rn. 41. Dem Landesverfassungsgeber bleibt aber immerhin die Möglichkeit, unerwünschten Verfassungsänderungen entgegenzusteuern, s. *J. Menzel*, in: W. Löwer/P. J. Tettinger (Hrsg.), Kommentar zur Verfassung des Landes Nordrhein-Westfalen, 2002, Art. 4, Rn. 13.

[413] Art. 4 Abs. 1 LV NRW. S. dazu *J. Menzel*, in: W. Löwer/P. J. Tettinger (Hrsg.), Kommentar zur Verfassung des Landes Nordrhein-Westfalen, 2002, Art. 4, Rn. 13 mit dem Hinweis auf das Fehlen jeglicher einschlägiger Judikatur. Entgegen einer verbreiteten Ansicht biete der Wortlaut »in der Fassung vom 23. Mai 1949« nicht die Grundlage für ein klares Wortlautargument zugunsten einer statischen Verweisung. Die Formulierung entspreche einer in der Gesetzessprache üblichen Wendung, die sich gerade nicht auf die letzte Ergänzung des betreffenden Gesetzes bezieht, sondern auf die letzte vollständige Neubekanntmachung im Gesetzesblatt. Auch die Entstehungsgeschichte sei ambivalent, und teleologisch spreche für die dynamische Interpretation, dass sie einer »Versteinerung« vorbeuge.

cc) Bindung an die Rechtsprechung des Bundesverfassungsgerichts?

Zum Teil wird davon ausgegangen, die Inkorporationsklauseln würden die Grundrechtsinterpretation durch die Landesverfassungsgerichte an die Rechtsprechung des Bundesverfassungsgerichts binden. Dies war die Position namentlich des Staatsgerichtshofs Baden-Württemberg.[414] Andere Stimmen billigen den Landesverfassungsgerichten zwar grundsätzlich die Befugnis zu einer eigenständigen Auslegung der durch Rezeption entstandenen Grundrechte zu, halten jedoch die Vorlageverpflichtung nach Art. 100 Abs. 3 GG für anwendbar.[415] Eine dritte Auffassung hält die Auslegung der Grundrechte des Grundgesetzes durch das Bundesverfassungsgericht für rechtlich nicht verbindlich für die Auslegung der durch Rezeption entstandenen Landesgrundrechte.[416]

Die Auffassungen, die eine selbständige Auslegung der durch Rezeption entstandenen Landesgrundrechte verneinen, argumentieren teilweise damit, dass Bundes- und Landesgrundrechte zwar formal unterschieden werden könnten, die sich aus ihnen ergebenden Bindungen jedoch identisch seien.[417] Diese Prämisse einer Differenzierbarkeit zwischen der Norm als formalem Verfassungssatz und dem Normbefehl als konkreter Regelungsaussage der Norm ist im Rahmen eines positivistischen Verfassungsverständnisses schwer aufrechtzuerhalten.[418] Allerdings überzeugt es ebensowenig, die Autonomie der Landesverfassungsgerichte in der Auslegung damit zu begründen, dass zwar die Grundrechtsnormen des Grundgesetzes, nicht aber ihre Auslegung durch das Bundesverfassungsgericht Gegenstand der Rezeption seien.[419] Die hier zugrundeliegende, rechtstheoretisch problematische[420] Unterscheidung zwischen der

---

[414] StGH Baden-Württemberg, Urt. v. 19.10.1968, 1/1967 (VG Freiburg), ESVGH 19, 133 (136), JZ 1969, 514; OVG Münster, Vorbescheid v. 13.12.1951, V E 38/51, VerwRspr 1953, 9 (13); ebenso *D. Grimm*, in: D. Grimm/H.-J. Papier (Hrsg.), Nordrhein-westfälisches Staats- und Verwaltungsrecht, 1986, S. 1 (50); *W. Kluth*, NdsVBl. 17 (2010) 5, S. 130 (133) allgemein für die Schutzbereiche der jeweiligen Einzelgrundrechte; unklar BVerfGE 36, 342 (368 f.), 2 BvN 1/69 – *Niedersächsisches Landesbesoldungsgesetz*.

[415] *J. Kratzer*, in: FS Laforet, 1952, S. 107 (138 f.); *E. Friesenhahn*, in: FG 25 Jahre Bundesverfassungsgericht, Bd. 1, 1976, S. 748 (792) in Fn. 165; *K. Stern*, Das Staatsrecht der Bundesrepublik Deutschland, Bd. III/2, 1994, § 93 VII 3 d; *W. Löwer*, in: HStR III, 3. Aufl. 2005, § 70, Rn. 143; *J. Pietzcker*, in: HStR VI, 3. Aufl. 2008, § 134, Rn. 88 (Bindung und Vorlageverpflichtung bei pauschaler Übernahme der Bundesgrundrechte in die Landesverfassung).

[416] *J. Gehb*, Verfassung, Zuständigkeiten und Verfahren des Hessischen Staatsgerichtshofs, 1987, S. 154; *C. Pestalozza*, Verfassungsprozessrecht, 3. Aufl. 1991, S. 223, § 15 I Rn. 1, Fn. 2, mit Verweis auf Wortlaut, Sinn und Entstehungsgeschichte von Art. 100 Abs. 3 GG, auf die Eigenständigkeit der Länder, Landesverfassungen und Landesverfassungsgerichte sowie auf die gesamte Tradition der Divergenzvorlage.

[417] *J. Burmeister*, in: C. Starck/K. Stern (Hrsg.), Landesverfassungsgerichtsbarkeit, Bd. 2, 1983, S. 399 (430 f., 436).

[418] *J. Dietlein*, AöR 120 (1995) 1, S. 1 (22).

[419] Ebd., S. 23.

[420] S. dazu bereits oben 4. Kapitel B. I. 2. a) dd) (1).

Norm und ihrer Auslegung findet sich auch andernorts. Sie wird zudem durch die Wirkung verfassungsgerichtlicher Urteile nach § 31 Abs. 2 BVerfGG nicht überbrückt, weil sie dem Richterspruch zwar eine gesetzesähnlich umfassende Bindungswirkung verleiht, ihn jedoch nicht selbst zum Gesetz macht.[421] Nimmt man die Inkorporation der Grundrechte in die Landesverfassungen ernst, so muss auch die Auslegung der Landesverfassungsgerichte grundsätzlich unabhängig von der Rechtsprechung des Bundesverfassungsgerichts sein. Nichtsdestotrotz wird eine Abweichung von der Judikatur des Bundesverfassungsgerichts einen besonderen Begründungsaufwand erfordern. Da Argumente wie ein abweichender Wortlaut oder eine spezifische Entstehungsgeschichte nicht zur Verfügung stehen, muss die Argumentation in den meisten Fällen entweder auf die Fehlerhaftigkeit der Interpretation des Bundesverfassungsgerichts oder auf gewandelte Umstände hinauslaufen.

d) Hineinwirken der Grundrechte des Grundgesetzes in die Landesverfassungen

Schließlich können kompetenzerweiternde Effekte[422] für die Landesverfassungsgerichte mit einem »Hineinwirken« der Bundesgrundrechte in die Landesverfassung verbunden sein.[423] Das wichtigste Beispiel für diese Konstruktion des Bundesverfassungsgerichts und einiger Landesverfassungsgerichte ist der Honecker-Beschluss des Verfassungsgerichtshofs des Landes Berlin [aa)].[424] Das Potential dieser Konstruktion wird durch ihre offensichtlichen dogmatischen Unzulänglichkeiten beschränkt [bb)].

aa) Hineinwirkenslehre von Bundesverfassungsgericht und Landesverfassungsgerichten

Das Bundesverfassungsgericht und einige Landesverfassungsgerichte nehmen mit der sogenannten Hineinwirkenslehre an, dass die Verfassungen der Bundesländer nicht allein in der jeweiligen Urkunde der Landesverfassung enthalten sind. Folglich könne ein Landesverfassungsgericht Bundesverfassungsrecht heranziehen, das in die Landesverfassung »hineinwirkt«. Prüfungsmaßstab bleibt dabei das Landesverfassungsrecht, zu dessen Bestandteil das »hineinwirkende« Bundesverfassungsrecht gerade erklärt wird.[425]

---

421 *J. Dietlein*, AöR 120 (1995) 1, S. 1 (24).

422 *A. Voßkuhle*, JöR N.F. 59 (2011), S. 215 (232).

423 *J. Menzel*, Landesverfassungsrecht, 2002, S. 296.

424 Verfassungsgerichtshof des Landes Berlin, Beschl. v. 12.1.1993, VerfGH 55/92 – *Honecker-Haft als Menschenwürdeverstoß*, LVerfGE 1, 56 (60–63), NJW 1993, 515 (516 f.).

425 BVerfGE 103, 332 (352 f.), 2 BvK 1/00 – *Naturschutzgesetz Schleswig-Holstein*. Ablehnend *H. Dreier*, in: H. Dreier (Hrsg.), Grundgesetz, 3. Aufl. 2015, Art. 28, Rn. 45, 48 m.w.N.

Zu den in die Landesverfassungen hineinwirkenden Elementen des Grundgesetzes zählt etwa Art. 21 GG.[426] Als grundrechtliche Gewährleistung wird einem Urteil des Bundesverfassungsgerichts zufolge, das als Anknüpfungspunkt für weitreichende Schlüsse kaum taugt, die Freiheit des Rundfunks (Art. 5 Abs. 1 GG) im Wege des Hineinwirkens zum Bestandteil der Landesverfassungen.[427] Nach einer umstrittenen Rechtsprechung des Verfassungsgerichtshofs von Berlin wirkt auch der Schutz der Menschenwürde (Art. 1 Abs. 1 GG) in die Landesverfassung hinein.[428] Als Grund für dieses Hineinwirken wird die »fundamentale Bedeutung« dieser Normen angeführt. Unter Berufung auf die Rechtsprechung des Bundesverfassungsgerichts führte der Berliner Verfassungsgerichtshof aus, die Landesverfassung sei nicht allein im geschriebenen Verfassungstext enthalten, sondern auch in den in sie »hineinwirkenden« Normen der Bundesverfassung. Dem grundlegenden Status der Würde des Menschen entspreche es, dass Art. 1 Abs. 1 GG zu den Bestimmungen des Grundgesetzes gehöre, die in die Landesverfassungen hineinwirkten und so zu einem konstitutiven Element der verfassungsmäßigen Ordnung in den Ländern würden. Fehle es an einer ausdrücklichen Aufnahme in den Wortlaut der Verfassungsurkunde, sei die Gewährleistung der Menschenwürde ein ungeschriebener Verfassungsgrundsatz und die Pflicht der staatlichen Gewalt, die Würde des Menschen zu achten und zu schützen, eine ungeschriebene Verfassungspflicht, die die Landesverfassung der staatlichen Gewalt des Landes auferlege. Diese Pflicht habe den gleichen Inhalt wie die Pflicht der staatlichen Gewalt kraft Bundesverfassungsrechts gemäß Art. 1 Abs. 1 GG. Darüber hinaus benennt der Verfassungsgerichtshof aber auch Anhaltspunkte dafür, dass die damalige Verfassung von Berlin die Würde des Menschen als obersten Wert im System der Grundrechte ansehe, ohne sie ausdrücklich zu erwähnen.[429]

Später nahm der Berliner Verfassungsgerichtshof auch die Hineinwirkung des Grundsatzes des rechtlichen Gehörs (Art. 103 Abs. 1 GG) an,[430] verneinte

---

[426] BVerfGE 1, 208 (227), 2 BvH 1/52 – *7,5 %-Sperrklausel*; 4, 375 (378), 2 BvH 1/55 – *Schwerpunktparteien*; 6, 367 (375), 2 BvH 1/56 (1957) – *Chancengleichheit politischer Parteien*; 23, 33 (39), 2 BvQ 1/67 – *Wahlkampfkostenerstattung*; 60, 53 (61), 2 BvK 1/81 – *Rundfunkrat*; 66, 107 (114), 2 BvH 3/83 – *Parteienfinanzierung durch Spenden*.

[427] BVerfGE 13, 54 (80), 2 BvG 2/58 – *Neugliederung Hessen*. Ein Hineinwirken soll entsprechend der grundsätzlichen Trennung der Verfassungsräume nur in »seltenen Fällen« stattfinden, ebd., S. 79. Relativierend *C. Pestalozza*, in: HGR III, 2009, § 86, Rn. 19, Fn. 45.

[428] BerlVerfGH, Beschl. v. 12.1.1993, VerfGH 55/92 – *Honecker-Haft als Menschenwürdeverstoß*, LVerfGE 1, 56 (60–62), NJW 1993, 515 (516). In BVerfGE 61, 126 (137), 1 BvL 34, 55/80 – *Erzwingungshaft zur Abgabe einer eidesstattlichen Versicherung* scheint die Menschenwürde dem Bundesverfassungsgericht zufolge die Landesgewalt nicht aufgrund von Art. 1 Abs. 3 GG zu binden, sondern aus sich selbst heraus.

[429] BerlVerfGH, Beschl. v. 12.1.1993, VerfGH 55/92 – *Honecker-Haft als Menschenwürdeverstoß*, LVerfGE 1, 56 (61 f.), NJW 1993, 515 (516 f.).

[430] BerlVerfGH, Beschl. v. 15.6.1993, VerfGE 18/92, LVerfGE 1, 81 (86 f.), JR 1993, 519 (521); kritisch die dissentierenden Richter Dittrich und Kunig, S. 523 f. HessStGH, Beschl.

dann aber im Hinblick auf die Pressefreiheit, dass sie in der Berliner Verfassung geschützt sei, ohne ausdrücklich erwähnt zu werden. Anders als bei der grundgesetzlichen Wertentscheidung für die Menschenwürde sei der Landesverfassung kein über den Wortlaut hinausgehender spezifischer Schutz der Pressefreiheit zu entnehmen.[431] Ebenso verneinte der Gerichtshof einen dem Art. 6 Abs. 1 GG entsprechenden Schutz von Ehe und Familie[432] sowie ein Recht der körperlichen Unversehrtheit.[433]

Eine verwandte Konstruktion findet sich etwa in der Rechtsprechung des Bayerischen Verfassungsgerichtshofs, der jedenfalls erhebliche Bundesrechtsverstöße – etwa Kompetenzverstöße – zugleich als Verstoß gegen das Rechtsstaatsprinzip der Landesverfassung bewertet.[434] Zwar gebraucht der Verfassungsgerichtshof insoweit nicht die Terminologie des Hineinwirkens. Nach seinem Verständnis erstreckt er vielmehr die Schutzwirkung der Landesverfassung umgekehrt in den Bereich des Bundesrechts hinein. Unabhängig davon werden Normen des Grundgesetzes auf diese Weise zumindest mittelbar zu einem landesverfassungsgerichtlichen Prüfungsmaßstab.[435]

bb) Potential der Konstruktion für die Landesverfassungsgerichte

Der Verfassungsgerichtshof des Landes Berlin brachte sich auf diese Weise in seinem Honecker-Beschluss überhaupt erst in die Position, die Haftbedingungen des ehemaligen SED-Generalsekretärs Erich Honecker zum Verstoß gegen die Menschenwürde erklären zu können, obgleich die damalige Verfassung des Landes Berlin keine ausdrückliche Menschenwürdegarantie enthielt.

Dieses Vorgehen wurde als eine »unverhüllte Zweckkonstruktion zur Erweiterung der landesverfassungsgerichtlichen Kontrollbefugnisse« kritisiert.[436] Art. 1 Abs. 1 GG wirke als Norm des Grundgesetzes zwar in die Verfassungs-

---

v. 13.1.1988, P.St. 1039, StAnz 1988, 1873 (1874) leitet eine Garantie rechtlichen Gehörs aus dem Rechtsstaatsprinzip und der Menschenwürdegarantie der Hessischen Verfassung ab und wendet dann die Auslegung des Bundesverfassungsgerichts zum rechtlichen Gehör an; dies dient auch der Zuständigkeitsbegründung. Vgl. *R. Steinberg*, in: H. Eichel/K. P. Möller (Hrsg.), 50 Jahre Verfassung des Landes Hessen, 1997, S. 356 (371), Fn. 105; *D. Wilke*, NJW 46 (1993) 14, S. 887 (889).

[431] BerlVerfGH, Beschl. v. 16.6.1993, VerfGH 19/93, JR 1994, 126 (126).

[432] BerlVerfGH, Beschl. v. 25.4.1994, VerfGH 8/94, JR 1995, 13 (13).

[433] BerlVerfGH, Beschl. v. 12.10.1994, VerfGH 79/94, JR 1995, 234 (234 f.).

[434] BayVerfGH, Entsch. v. 27.3.1992, Vf. 8–VII-89, BayVerfGHE 45, 33 (Ls. 2, 41); Entsch. v. 15.5.1997, Vf. 21–VII-95 u.a., BayVerfGHE 50, 76 (98); Entsch. v. 15.11.2006, Vf. 6–VII-05 u.a., BayVerfGHE 59, 219 (224); Entsch. v. 20.6.2008, Vf. 14–VII-00, BayVerfGHE 61, 130 (138); Entsch. v. 18.4.2013, BayVerfGHE 66, 70 (84).

[435] *M. Möstl*, BayVBl. 148 (2017) 19, S. 659 (663).

[436] *J. Dietlein*, in: Präsident des Verfassungsgerichtshofs für das Land Nordrhein-Westfalen (Hrsg.), Verfassungsgerichtsbarkeit in Nordrhein-Westfalen, 2002, S. 203 (216 f.). Kritisch auch *J. Menzel*, Landesverfassungsrecht, 2002, S. 465–467; *K. Lange*, in: FS 50 Jahre Bundesverfassungsgericht, Bd. 1, 2001, S. 289 (305); *H. Dreier*, in: H. Dreier (Hrsg.), Grundgesetz,

bereiche der Länder ein, modifiziere deren Verfassungsentscheidungen jedoch nicht. Demgegenüber führe die »Bestandteilsthese« in der Anwendung durch den Berliner Verfassungsgerichtshof zur Inkorporation eines im Kern ausgearbeiteten Grundrechtssystems in die Berliner Verfassung nach den Maßgaben des Bundesverfassungsgerichts.[437] Anders als es die Argumentation des Berliner Verfassungsgerichtshofs vermittelt, wird nicht erst durch die Konstruktion des Hineinwirkens eine fundamentale Lücke in den Rechtsbindungen der Berliner Landesstaatsgewalt geschlossen. Vielmehr bindet Art. 1 Abs. 1 GG auch die Landesstaatsgewalt »höchst unmittelbar als geschriebener Verfassungsgrundsatz und als geschriebene Verfassungspflicht«.[438]

Ebenso wenig wie diese Rechtsprechung des Berliner Verfassungsgerichtshofs zielt die des Bayerischen Verfassungsgerichtshofs zur Verletzung des landesverfassungsrechtlichen Rechtsstaatsprinzips durch erhebliche Verletzungen von Bundesrecht auf eine Verteidigung der Landesverfassungsautonomie. Stattdessen stellt der Gerichtshof sich und die Landesverfassung freiwillig in den Dienst des Bundesrechts, indem er dem Bundesrecht eine zusätzliche – landesverfassungsgerichtliche – Rechtsschutzmöglichkeit an die Seite stellt.[439] Dabei orientiert sich der Landesverfassungsgerichtshof an der Rechtsprechung des Bundesverfassungsgerichts.[440]

Der ›Clou‹ der Hineinwirkensrechtsprechung ist, dass auf diese Weise der Grundrechtsschutz durch die Landesverfassungsgerichtsbarkeit eröffnet wird, während dies über die unmittelbare Bindung der Landesgewalt nach Art. 1 Abs. 3 GG wegen des auf die Landesverfassung beschränkten Prüfungsmaßstabs nicht möglich wäre.[441] Auf diesem Weg können die Landesverfassungsgerichte konkrete Fälle anders entscheiden als (möglicherweise) das Bundesverfassungsgericht. Sie nehmen indes kaum Einfluss auf die Grundrechtsauslegung *in abstracto*.

Das Bundesverfassungsgericht wiederum übt sich bewusst in Zurückhaltung bei der Konstruktion einer Einwirkung, um der Verfassungsautonomie der Länder Respekt zu zollen.[442] Das »Hineinwirken« bedürfe jeweils einer beson-

3. Aufl. 2015, Art. 28, Rn. 45; *K. Lange*, in: HGR III, 2009, § 83, Rn. 12. Zustimmend *J. Gehb*, DÖV 46 (1993) 11, S. 470 (472).

437 *R. Grawert*, in: HGR III, 2009, § 81, Rn. 47.

438 *W. Löwer*, NdsVBl. 17 (2010) 5, S. 138 (140).

439 *M. Möstl*, BayVBl. 148 (2017) 19, S. 659 (663).

440 BayVerfGH, Entsch. v. 15.5.2014, Vf. 8–VII-12, Vf. 24–VII-12, BayVBI. 2014, 688 Rn. 68 ff.

441 *J. Berkemann*, NVwZ 12 (1993) 5, S. 409 (413); *C. Starck*, JZ 48 (1993) 5, S. 231 (231–232); *R. Steinberg*, in: H. Eichel/K. P. Möller (Hrsg.), 50 Jahre Verfassung des Landes Hessen, 1997, S. 356 (371); *R. Grawert*, in: HGR III, 2009, § 81, Rn. 47: »prozeßtaktisch gedacht«.

442 BVerfGE 1, 14 (34), 2 BvG 1/51 – *Südweststaat*; BVerfGE 103, 332 (357), 2 BvK 1/00 – *Naturschutzgesetz Schleswig-Holstein*; BVerfG, Beschl. v. 31.3.2016, 2 BvR 1576/13 – *Berechtigung von Unionsbürgern zur Teilnahme an Bürgerbegehren/-entscheiden in Bayern*, Rn. 54.

deren Rechtfertigung.[443] In neuerer Zeit betonte das Bundesverfassungsgericht zudem, dass die Verfassungsautonomie und die Staatlichkeit der Länder »ganz nachhaltig beschädigt« würden, »je mehr an Prinzipien oder Normen der Bundesverfassung in eine Landesverfassung ›hineingelesen‹« werde.[444] Das »Hineinlesen« wird also in einem Spannungsverhältnis mit dem Prinzip der grundsätzlichen Trennung der Verfassungsräume des Bundes und der Länder gesehen.[445] Es verstärkt die Unitarisierung der Bundesrepublik und höhlt zugleich die Verfassungsautonomie der Länder aus, indem es heteronome Bestandteile in die Landesverfassungen implementiert, die nicht von den verfassungsgebenden Gewalten der Länder stammen und der Disposition der Verfassungsgesetzgeber weitgehend entzogen sind.[446]

Gegen ein Hineinwirken speziell von Grundrechten des Grundgesetzes in die Landesverfassungen lässt sich zudem Art. 142 GG anführen, der davon ausgeht, dass es Landesgrundrechte ohne landesverfassungsrechtliche Garantie nicht gibt.[447]

e) Zwischenfazit

Insgesamt sind also die strategischen Möglichkeiten der deutschen Landesverfassungsgerichte zur Stärkung ihrer Rolle im Grundrechtsschutz im Vergleich zu denen der *state supreme courts* in den USA relativ begrenzt. Insbesondere hat der Gedanke des Hineinwirkens des Grundgesetzes in die Landesverfassungen keine überzeugende Grundlage für eine Rechtsprechungsexpansion der Landesverfassungsgerichte im Bereich der Grundrechte bieten können. Bemerkenswert ist, vor welch unterschiedlichem Hintergrund die eigentlich analoge Diskussion um das Verhältnis und die Auslegung von Parallelgewährleistungen in den USA und in Deutschland geführt wird. In den USA ist diese Debatte aufgeladen mit Fragen nach einer prinzipientreuen Auslegung der *state constitutions* und der Identität der durch sie verfassten Gemeinschaften. Im unitarischen Bundesstaat des Grundgesetzes ist dafür kein Raum. Stattdessen sind in

---

[443] Ebd., S. 347. Kritisch *J. Rozek*, Das Grundgesetz als Prüfungs- und Entscheidungsmaßstab der Landesverfassungsgerichte, 1993, S. 100–182. *H. Dreier*, Grundrechtsschutz durch Landesverfassungsgerichte, 2000, S. 16; *H. Dreier*, in: H. Dreier (Hrsg.), Grundgesetz, 3. Aufl. 2015, Art. 28, Rn. 45 (Hineinwirkensrechtsprechung stehe in offener Diskrepanz zur These von den getrennten Verfassungsräumen, ignoriere den Willen des Landesverfassungsgebers und führe zur Konstruktion derivativen, aus dem Grundgesetz abgeleiteten Landesverfassungsrechts, worin eine unzulässige Umgehung des Art. 28 Abs. 1 GG liege); *M. Möstl*, AöR 130 (2005) 3, S. 350 (360, 378).

[444] BVerfGE 103, 332 (357), 1 BvK 1/00 – *Naturschutzgesetz Schleswig-Holstein*.

[445] *J. Dietlein*, in: Präsident des Verfassungsgerichtshofs für das Land Nordrhein-Westfalen (Hrsg.), Verfassungsgerichtsbarkeit in Nordrhein-Westfalen, 2002, S. 203 (217); *R. Grawert*, in: HGR III, 2009, § 81, Rn. 34.

[446] Ebd., Rn. 35.

[447] *C. Pestalozza*, in: HGR III, 2009, § 86, Rn. 21.

der Hineinwirkenslehre vor allem Nachwirkungen einer spezifischen Weimarer Doktrin und der Naturrechtsrenaissance zu erkennen.

Festzuhalten ist, dass die Autonomie des Landesverfassungsrechts tendenziell unter dem Hineinwirken des Grundgesetzes leidet, während der Bedeutungsgewinn der Landesverfassungsgerichte, der sich auf dieser Grundlage ergeben kann, ungewiss ist. Die Leitbilder der Separation und der Redundanz, wie sie im 5. Kapitel entwickelt wurden, werden hier in einer für die Landesverfassungsgerichtsbarkeit wenig günstigen Weise verbunden.

3. Bundesverfassungsgericht und Unionsgrundrechte

Im Hinblick auf die Unionsgrundrechte wurden verschiedene Vorschläge diskutiert, wie das Bundesverfassungsgericht auch auf die Interpretation der Unionsgrundrechte Einfluss nehmen und seine Erfahrungen als Grundrechtsgericht einbringen könnte. Zum einen könnte das Gericht die Unionsgrundrechte als selbständigen Prüfungsmaßstab heranziehen [a)]. Zum anderen könnte es auch über die Auslegung europäisierter Grundrechte des Grundgesetzes mittelbar an der Interpretation der Unionsgrundrechte mitwirken [b)].

a) Unionsgrundrechte als selbständiger Prüfungsmaßstab des Bundesverfassungsgerichts

Ein Vorschlag, die Unionsgrundrechte als selbständigen Prüfungsmaßstab heranzuziehen, orientierte sich dabei an einem Weg, den der österreichische Verfassungsgerichtshof eingeschlagen hat [aa)]. Eine Übertragung dieses Ansatzes auf die Situation des Bundesverfassungsgerichts ist immerhin erwägenswert [bb)].[448]

aa) Das Beispiel des österreichischen Verfassungsgerichtshofs

Der österreichische Verfassungsgerichtshof leitete in einem Erkenntnis aus dem Jahr 2012 aus der europarechtlichen Pflicht zur Gewährleistung gleichwertigen Rechtsschutzes, dem sogenannten Äquivalenzgrundsatz, ab, dass er grundsätzlich die Grundrechte der Charta, soweit sie anwendbar ist, im konkreten Fall das Recht auf eine mündliche Verhandlung aus Art. 47 GRCh, als prinzipalen Prüfungsmaßstab heranzuziehen habe.[449] Dieses Verständnis des Äquivalenz-

[448] *E. M. Frenzel*, Der Staat 53 (2014) 1, S. 1 (14); *J. Griebel*, Der Staat 53 (2013) 3, S. 371 (387–390); *J. Griebel*, DVBl. 129 (2014) 4, S. 204 (207–209); s. auch *N. Matz-Lück*, in: N. Matz-Lück/M. Hong (Hrsg.), Grundrechte und Grundfreiheiten im Mehrebenensystem – Konkurrenzen und Interferenzen, 2012, S. 161 (199) für den Sonderfall, dass das Schutzniveau der Unionsgrundrechte über den des Grundgesetzes hinausgeht; vgl. *M. Bäcker*, EuR 50 (2015) 4, S. 389 (410–412): »radikaler Ansatz«.

[449] Österreichischer Verfassungsgerichtshof, Erkenntnis v. 14.3.2012, U 466/11, 1836/11, Rn. 27–36 unter Berufung auf EuGH, Rs. C-63/08, *Pontin*, Slg. 2009, I-10467, Rn. 42, 48, 52, 55. Vgl. auch belgischer *Conseil Constitutionnel*, Urt. v. 15.3.2018, Nr. 29/2018, B.9., B.10.5.,

grundsatzes ist indes nicht überzeugend, verlangt dieser doch keinen identischen, sondern lediglich einen gleichwertigen Rechtsschutz.[450] Aus dem bloßen Umstand, dass vergleichbare von der Rechtsordnung eines Mitgliedstaats gewährte Rechte in einem bestimmten Verfahren geltend gemacht werden können, folgt noch nicht, dass exakt dieses Verfahren auch für die Geltendmachung von Charta-Grundrechten offen stehen muss.

Einen tatsächlichen Günstigkeitsvergleich verschiedener Verfahren zur Geltendmachung von Grundrechten in Österreich führte der Verfassungsgerichtshof jedenfalls nicht ausdrücklich durch. Dem Verfassungsgerichtshof zufolge würde es jedoch auch dem Konzept der österreichischen Bundesverfassung mit einer zentralisierten Verfassungsgerichtsbarkeit widersprechen, wenn der Verfassungsgerichtshof über vielfach inhaltsgleiche Rechte der Grundrechtecharta nicht judizieren könnte.

Es drängt sich der Eindruck auf, dass der Verfassungsgerichtshof den Günstigkeitsvergleich mit Blick eher auf seine eigene Stellung im Rechtssystem als auf den Beschwerdeführer anstellte.[451] Mag das Erkenntnis des österreichischen Verfassungsgerichtshofs daher dogmatisch im Einzelnen anfechtbar sein, so liegen ihm doch nachvollziehbare strategische Überlegungen zugrunde. Der Gerichtshof stemmte sich mit der Heranziehung der Charta als prinzipalem Prüfungsmaßstab gegen den ihm drohenden Bedeutungsverlust. Die Ausdehnung der europäischen Grundrechte bringt den Verfassungsgerichtshof in eine besonders missliche Lage, weil – anders als im Fall der EMRK mit der bloß subsidiären Anrufbarkeit des EGMR – nicht sichergestellt ist, dass der Verfassungsgerichtshof immer mit einer potentiellen Grundrechtsverletzung befasst wird, bevor ein Streitfall die europäische Ebene des Grundrechtsschutzes erreicht. Diese privilegierte Stellung entfällt im Hinblick auf die Charta-Grundrechte, wenn die Fachgerichte nach Art. 267 AEUV dem EuGH vorlegen.

Auf der Grundlage der Rechtsprechung des Verfassungsgerichtshofs haben die Fachgerichte nunmehr immerhin die Wahl, bei Charta-Widrigkeit den Verfassungsgerichtshof anzurufen oder dem EuGH vorzulegen.[452] Die Vorgehensweise des österreichischen Verfassungsgerichtshofs erleichtert auch einen europäischen Grundrechtsdialog, weil durch die Anwendung der Unionsgrundrechte ein Dialog zum selben Thema und zur jeweils gleichen Frage möglich wird.[453] Im Bericht der Europäischen Kommission über die Anwendung der

B.15. ff.; *französischer Conseil Constitutionnel*, Urt. v. 26.7.2018, Nr. 2018-768 DC, Rn. 10, 12, 38; *Corte costituzionale*, Urt. v. 23.1.2019, Nr. 20/2019, Rn. 2.1, 2.3)

[450] *M. Pöschl*, ZÖR 67 (2012) 3, S. 587 (594 f.); *M. Potacs*, JBl 134 (2012) 8, S. 509 (510) hält die Stützung auf den Äquivalenzgrundsatz für vertretbar, wenn auch nicht, wie vom österreichischen Verfassungsgerichtshof dargestellt, für geboten.

[451] Kritisch *F. Merli*, JRP 20 (2012) 4, S. 355 (356–358).

[452] Ebd., S. 359 f.; *M. Pöschl*, ZÖR 67 (2012) 3, S. 587 (605 f.).

[453] *M. Holoubek*, in: C. Grabenwarter/E. Vranes (Hrsg.), Kooperation der Gerichte im

Grundrechtecharta wird das Erkenntnis als »richtungsweisendes Urteil zur Anwendung der Charta« bezeichnet.[454]

Allerdings hatte der Oberste Gerichtshof der Republik Österreich Zweifel an der Unionsrechtskonformität dieses Erkenntnisses unter anderem im Hinblick auf eine unzulässige Beschränkung der Vorlagemöglichkeit zum EuGH, die er in einem Vorlagebeschluss an den EuGH formulierte.[455] Einen Anknüpfungspunkt dafür bot das aufgrund einer Vorlage des französischen *Cour de Cassation* ergangene Urteil in der Rechtssache Melki und Abdeli. Der EuGH hatte in seiner Antwort auf die Vorlagefragen des *Cour de Cassation* darauf hingewiesen, dass es den ordentlichen Gerichten freistehen müsse, in jedem Moment des Verfahrens, den sie für geeignet halten, und selbst nach Abschluss eines Zwischenverfahrens zur Kontrolle der Verfassungsmäßigkeit, jede Frage zur Vorabentscheidung vorzulegen, die sie für erforderlich halten. Sie müssen weiterhin jede Maßnahme erlassen können, die erforderlich ist, um den vorläufigen gerichtlichen Schutz der durch die Rechtsordnung der Union eingeräumten Rechte sicherzustellen. Nach Abschluss eines solchen Zwischenverfahrens müssen sie eine mit dem Unionsrecht unvereinbare nationale gesetzliche Bestimmung unangewandt lassen können.[456] Die österreichische Vorlage war für den EuGH Anlass, seine gefestigte Rechtsprechung zu bekräftigen, wonach die Vorrangigkeit eines Zwischenverfahrens zur Kontrolle der Verfassungsmäßigkeit eines nationalen Gesetzes, dessen Inhalt sich auf die Umsetzung zwingender Bestimmungen einer Unionsrichtlinie beschränke, nicht die alleinige Zuständigkeit des Gerichtshofs beeinträchtigen dürfe, eine Handlung der Union und insbesondere eine Richtlinie für ungültig zu erklären. Diese Zuständigkeit solle Rechtssicherheit gewährleisten, indem sie die einheitliche Anwendung des Unionsrechts sicherstelle.[457] Allerdings überlässt es der EuGH dem vorlegenden Gericht zu prüfen, ob die nationalen Rechtsvorschriften im Einklang mit diesen Rechtsvorschriften auszulegen sind.[458]

---

europäischen Verfassungsverbund – Grundfragen und neueste Entwicklungen, 2013, S. 157 (168). Zu den Bedingungen des Dialogs s.o. 5. Kapitel B. III. 2. b).

[454] Europäische Kommission, Bericht der Kommission an das Europäische Parlament, den Rat, den Europäischen Wirtschafts- und Sozialausschuss und den Ausschuss der Regionen: Bericht 2012 über die Anwendung der Charta der Grundrechte der Europäischen Union, COM [2013] 271 final, 8.5.2013, S. 10 f.; s. auch *A. Edenharter*, Der Staat 57 (2018) 2, S. 227 (234): »[e]indeutig EU-freundlich«.

[455] Oberster Gerichtshof, Beschl. v. 17.12.2012, 9 Ob 15/12i, EuGRZ 2012, 331.

[456] EuGH, Rs. C-188/10 und C-189/10, *Melki und Abdeli*, Slg. 2010, I-5667, Rn. 57.

[457] EuGH, Rs. C-112/13, *A (Aliyev)*, Urt. v. 11.9.2014, ECLI:EU:C:2014:2195, Rn. 41.

[458] EuGH, Rs. C-112/13, *A (Aliyev)*, Urt. v. 11.9.2014, ECLI:EU:C:2014:2195, Rn. 46.

bb) Situation des Bundesverfassungsgerichts

Für die Rechtslage in Deutschland wurde der Äquivalenzgrundsatz ebenfalls bereits als Argument dafür angeführt, dass das Bundesverfassungsgericht die Unionsgrundrechte in seinen Prüfungsmaßstab jedenfalls einbeziehen, wenn nicht gar als selbständigen zusätzlichen Prüfungsmaßstab neben dem Grundgesetz heranziehen muss.[459] In der Tat ist das Bundesverfassungsgericht in ähnlicher Weise der Gefahr der Marginalisierung ausgesetzt wie für den österreichischen Verfassungsgerichtshof beschrieben. Ausgangspunkt der Argumentation zum Äquivalenzgrundsatz ist, dass das Grundgesetz Verfahren vor dem Bundesverfassungsgericht vorsieht, mit denen die Grundrechte des Grundgesetzes gegen die deutsche Staatsgewalt durchgesetzt werden können. Demgegenüber stellt das Grundgesetz keine vergleichbaren Verfahren für die Durchsetzung der Unionsgrundrechte zur Verfügung, obgleich sie zu großen Teilen gleichartige Garantien enthalten wie die deutschen Grundrechte. Die Verpflichtung der Fachgerichte zur umfassenden Wahrung der Unionsgrundrechte beseitigt nicht das Risiko, dass diese Gerichte selbst Unionsgrundrechte verletzen. Sie genügt daher nicht dem Äquivalenzgrundsatz, soll doch die Urteilsverfassungsbeschwerde zum Bundesverfassungsgericht gerade dann Abhilfe schaffen, wenn die Fachgerichte Grundrechte verletzen.

Eine Heranziehung der Unionsgrundrechte als selbständigem Prüfungsmaßstab des Bundesverfassungsgerichts steht allerdings im Widerspruch zum Wortlaut des Grundgesetzes, beziehen doch Art. 93 Abs. 1 Nr. 4a GG und Art. 100 Abs. 1 GG die Zuständigkeit des Bundesverfassungsgerichts allein auf Normen des Grundgesetzes.[460] Auslegungsversuche, die diesen Normen keine beschränkende Wirkung beimessen wollten, wären ähnlich schwierig wie die Versuche, die Bestimmungen der Landesverfassungen über den Prüfungsmaßstab der Landesverfassungsgerichte erweiternd auszulegen.[461]

Davon zu unterscheiden ist die unionsrechtskonforme Rechtsfortbildung der Grundrechte wie im Cassina-Beschluss des Bundesverfassungsgerichts.[462] In dem Beschluss verwirft das Bundesverfassungsgericht eine unionsrechtskonforme Auslegung des Art. 19 Abs. 3 GG. Es würde »die Wortlautgrenze übersteigen, wollte man seine unionsrechtskonforme Auslegung auf eine Deutung des Merkmals ›inländische‹ als ›deutsche einschließlich europäische‹ juristische Personen stützen«.[463] Die Anwendungserweiterung des Grundrechtsschutzes auf juristische Personen aus anderen EU-Mitgliedstaaten unter unionsrechtskonformer Reduktion des Art. 19 Abs. 3 GG hat keinen unmittelbaren Zusam-

[459] *M. Bäcker*, EuR 50 (2015) 4, S. 389 (411 f.).
[460] Ebd., S. 411.
[461] Implizit ablehnend BVerfGE 148, 40, 1 BvF 1/13 – *Verbraucherinformation*, Ls. 3.
[462] *E. M. Frenzel*, Der Staat 53 (2014) 1, S. 1 (14).
[463] BVerfGE 129, 78 (96), 1 BvR 1916/09 – *Cassina*.

menhang mit den Unionsgrundrechten, sondern vielmehr mit den Diskriminierungsverboten der Grundfreiheiten und dem allgemeinen Diskriminierungsverbot des Art. 18 AEUV (an das allerdings die Grundrechtecharta in Art. 21 Abs. 2 anknüpft).[464]

b) Europäisierung der Grundrechte des Grundgesetzes

Eine Alternative zur Heranziehung der Unionsgrundrechte als eigenständigem Prüfungsmaßstab ist ihre Heranziehung bei der Auslegung der Grundrechte des Grundgesetzes. Entsprechende Vorschläge zu einer Europäisierung der Grundrechte des Grundgesetzes ähneln dem »Hineinwirken« der Grundrechte des Grundgesetzes in die Landesverfassungen. Anders als bei den Vorschlägen, die dem Bundesverfassungsgericht die Unionsgrundrechte unmittelbar als prinzipalen Prüfungsmaßstab nahelegen, zielen diese Überlegungen auf eine materielle Europäisierung und zugleich Erweiterung des Anwendungsbereichs der Grundrechte des Grundgesetzes. Die Grundrechte des Grundgesetzes sollen materiell europäisiert werden, indem die Grundrechtecharta in ihrer Auslegung durch den EuGH als Auslegungshilfe für diese Grundrechte herangezogen wird.[465]

Namentlich Daniel Thym hat ein »Fusionsmodell« vorgeschlagen, in dem das Bundesverfassungsgericht in Weiterentwicklung der Solange-Rechtsprechung den sachlichen Anwendungsbereich der deutschen Grundrechte ausdehnt. Danach prüft das Bundesverfassungsgericht auch bei der innerstaatlichen Durchführung des Unionsrechts regulär am Maßstab der Grundrechte des Grundgesetzes, nähert sich im Gegenzug aber inhaltlich der EMRK in der Auslegung des EGMR und der Grundrechtecharta in der Auslegung des EuGH an. Gleichzeitig müssten das vorrangige Unionsrecht und die Rechtsprechung des EuGH zur Charta Raum für nationale Sonderwege und Konkretisierungen zulassen. Der EMRK soll dabei eine »paneuropäische Schlüsselrolle« zukommen. Damit würde auch die bisherige Rechtswegspaltung – einerseits Grundrechtsschutz durch die Fachgerichte gegebenenfalls mit Vorlage an den EuGH, andererseits durch das Bundesverfassungsgericht – aufgehoben. Das Bundesverfassungsgericht könnte auch in vollharmonisierten Bereichen wie dem Datenschutz zum Grundrechtsschutz beitragen, wenn das Unionsrecht inhaltliche Spielräume für die Konkretisierung der Vorgaben lässt.[466]

---

464 *M. Herdegen*, in: HStR X, 3. Aufl. 2012, § 211, Rn. 51.

465 *J. Hofmann*, in: S. Emmenegger/A. Wiedmann (Hrsg.), Linien der Rechtsprechung des Bundesverfassungsgerichts – Erörtert von den wissenschaftlichen Mitarbeitern, 2011, S. 573 (581–583); *H. D. Jarass*, NVwZ 31 (2012) 8, S. 457 (458); *D. Thym*, JZ 70 (2015) 2, S. 53 (57); *G. Britz*, EuGRZ 42 (2015) 9–11, S. 275 (281); vgl. *M. Bäcker*, EuR 50 (2015) 4, S. 389 (408–410): »konservativer Ansatz«.

466 *D. Thym*, JZ 70 (2015) 2, S. 53 (57 f.).

Obschon der Ansatz im Vergleich zu dem Vorschlag einer Heranziehung der Unionsgrundrechte als selbständigem Prüfungsmaßstab wie durch den österreichischen Verfassungsgerichtshof als weniger »radikal« und »konservativ« bewertet wurde,[467] würde er dem Bundesverfassungsgericht eine Einflussnahme auf die europäischen Grundrechte sogar in Fällen ermöglichen, in denen die Grundrechtecharta unmittelbar mangels Bezugs zum Unionsrecht gar nicht anwendbar wäre.

Der Vorschlag kann an die bisherige Rechtsprechung des Bundesverfassungsgerichts zum Status der EMRK im innerstaatlichen Recht anknüpfen. Für die EMRK geht das Bundesverfassungsgericht davon aus, dass ihre Gewährleistungen entsprechend dem Charakter der Konvention als völkerrechtlichem Vertrag den unterverfassungsrechtlichen Rang eines einfachen Gesetzes haben. Wegen der Völkerrechtsfreundlichkeit des Grundgesetzes sowie Art. 1 Abs. 2 GG sind die EMRK und die Rechtsprechung des EGMR allerdings auch Auslegungshilfe für die Konkretisierung der Grundrechte des Grundgesetzes.[468] Auf diesem Umweg erhält die EMRK mittelbar verfassungsrechtliche Relevanz. Das Bundesverfassungsgericht kann die Bedeutung der EMRK im innerstaatlichen Recht kontrollieren.[469]

Als »normative Rückversicherungen« gegenüber einer ausgreifenden Unitarisierung sieht Thym vielfaltswahrende Komponenten im EU-Primärrecht wie die Regelungen zur Subsidiarität und zur nationalen Identität. Außerdem verlässt er sich auf den Widerstand nationaler Verfassungsgerichte gegenüber einer zu weit gehenden Europäisierung des Grundrechtsschutzes.[470]

c) Zwischenfazit

Auch das Bundesverfassungsgericht könnte auf die europäische Grundrechtsentwicklung möglicherweise Einfluss gewinnen, indem es die Unionsgrundrechte mit den erläuterten Konstruktionen in seinen Prüfungsmaßstab einbezieht. Allerdings hat dies einen Preis, der vor dem Hintergrund der verfassungstheoretischen Diskussion um die Auslegung von Parallelgewährleistungen im US-Bundesstaat deutlich wird. Die Verankerung der Grundrechte in einem jeweils spezifischen verfassungsrechtlichen Diskurs in einem Mitgliedstaat, in Abgrenzung zu anderen Mitgliedstaaten und der europäischen Ebene und in Abgrenzung von Verfassungs- und Fachgerichtsbarkeit wird dadurch gelockert. Man kann darin vor allem eine Gefahr für die übergeordnete Autorität der Ver-

---

[467] *M. Bäcker*, EuR 50 (2015) 4, S. 389 (408, 410).

[468] BVerfGE 111, 307 (317 f., 328 f.), 2 BvR 1481/04 – *Görgülü*; BVerfGE 128, 326 (369), 2 BvR 2365/09 u.a. – *Sicherungsverwahrung II*; s. dazu *U. Volkmann*, JZ 66 (2011) 17, S. 835.

[469] *D. Thym*, JZ 70 (2015) 2, S. 53 (54).

[470] Ebd., S. 58.

fassungsgerichte sehen.[471] Zugleich ist die Trennung der Diskurse ohnehin kaum noch möglich, und es birgt gerade die Redundanz Chancen, die dieses Risiko zumindest aufzuwiegen scheint.

II. Prüfungsgegenstand

Im Hinblick auf eine Erweiterung der Prüfungsgegenstände als Grundlage einer Stärkung einzelstaatlicher Grundrechtsgerichte beschränkt sich die Diskussion in den USA (1.) wie in Deutschland (2.) auf die Literatur. Für das Verhältnis zwischen Bundesverfassungsgericht und EuGH ist mit Blick auf den Prüfungsgegenstand allerdings zu erwägen, ob ein Rückzug von der Solange-Rechtsprechung in ihrer Anwendung auf Umsetzungsakte zu empfehlen ist (3.).

1. Schutz gegenüber der Bundesgewalt durch *state courts*

a) Vorschlag eines »Converse-1983« in den USA

Akhil Reed Amar schlägt für die USA die Schaffung von Schadensersatzansprüchen im Recht der Einzelstaaten bei Verfassungsverletzungen durch die Bundesgewalt vor. Diese Ansprüche sollen vor den einzelstaatlichen Gerichten auch durchsetzbar sein. Mit Klagemöglichkeiten im Recht der Einzelstaaten soll gegen das Fehlverhalten von Bundesbeamten vorgegangen werden können. Amar nennt seinen Vorschlag »Converse-1983«, weil er die Grundidee von 42 U.S.C. § 1983 umdreht: § 1983 schafft bundesrechtlich einen zivilrechtlichen Rechtsbehelf und Klagegrund bei Verletzung der Bundesverfassung durch Beamte der Einzelstaaten in den Bundesgerichten (*civil action for deprivation of rights*).[472] Bei dem »Converse-1983« geht es umgekehrt um einen Rechtsbehelf bei Verletzung der Bundesverfassung durch Bundesbeamte in den *state courts*.

---

[471] *J. Komárek*, in: S. A. de Vries u.a. (Hrsg.), The EU Charter of Fundamental Rights as a Binding Instrument, 2015, S. 75.

[472] 42 U.S.C. § 1983 lautet: »Every person who, under color of any statute, ordinance, regulation, custom, or usage, of any State or Territory or the District of Columbia, subjects, or causes to be subjected, any citizen of the United States or other person within the jurisdiction thereof to the deprivation of any rights, privileges, or immunities secured by the Constitution and laws, shall be liable to the party injured in an action at law, suit in equity, or other proper proceeding for redress, except that in any action brought against a judicial officer for an act or omission taken in such officer's judicial capacity, injunctive relief shall not be granted unless a declaratory decree was violated or declaratory relief was unavailable. For the purposes of this section, any Act of Congress applicable exclusively to the District of Columbia shall be considered to be a statute of the District of Columbia.« S. zur Geschichte der Bestimmungen und zu ihren Auswirkungen auf die föderale Balance *H. A. Blackmun*, N.Y.U. L. Rev. 60 (1985) 1, S. 1.

Für Amar liegt in der Zuständigkeitsüberkreuzung, die in der Einräumung von Klagemöglichkeiten gegen die Bundesgewalt vor einzelstaatlichen Gerichten und gegen die einzelstaatliche Gewalt vor Bundesgerichten liegt, gerade eine Pointe des *judicial federalism*, »lost by many recent celebrations of federalism and state constitutionalism«.[473] Amar bezieht sich dabei einerseits auf die schon zitierte Aussage Madisons im Federalist No. 51. Noch deutlicher formulierte Hamilton in der ebenfalls bereits zitierten Stelle in Hamiltons Federalist No. 28: »If their rights are invaded by either, they can make use of the other, as the instrument of redress.«[474] Hamilton ging demnach davon aus, dass die eine Ebene im Fall von Rechtsverletzungen durch die andere Ebene Rechtsbehelfe zur Verfügung stellt.[475] Aus der föderalen Spannungslage zwischen Bundesebene und Einzelstaaten ergibt sich demnach schon bei Madison und Hamilton ein Potential auch für einen verbesserten Rechtsschutz durch die Grundrechtsgerichte.

Strukturelle Gründe lassen erwarten, dass im Falle von Verfassungsverletzungen durch die Einzelstaaten Bundesgerichte großzügiger Rechtsbehelfe gewähren werden als die einzelstaatlichen Gerichte selbst. Da dann eben gerade nicht Bundesbeamte für eine Rechtsverletzung verantwortlich sind, braucht die Bundesebene keine politischen Kosten in der Öffentlichkeit zu befürchten. Vielmehr kann die Bundesebene sogar in ihrem öffentlichen Ansehen profitieren, ohne viel zu investieren, weil ja Beamte der Einzelstaaten verantwortlich und Schadensersatzleistungen nicht vom Bund zu leisten sind. Umgekehrt könnten die Einzelstaaten ergänzende Rechtsbehelfe einführen, die großzügiger sind als die des Kongresses: Das macht für Akhil Reed Amar die »beauty of federalism« aus.[476]

Die Idee des »Converse-1983« fand in der Literatur einige Beachtung,[477] wurde aber praktisch nicht verwirklicht. Zweifel daran, ob sich entsprechende einzelstaatliche Gesetze verwirklichen lassen, beziehen sich auf die weitreichende Immunität, die der *U.S. Supreme Court* Bundesbeamten einräumt, die grundsätzlich im Rahmen ihrer Befugnisse gehandelt haben, auf eine mögliche

[473] *A. R. Amar*, The Law of the Land, 2015, S. 259.

[474] *A. Hamilton*, Federalist No. 28, J. E. Cooke (Hrsg.), The Federalist, 1961, S. 179. Hamilton entfaltet an dieser Stelle die verschiedenen Dimensionen des Freiheitsschutzes durch föderale Strukturen. »Check« bezieht sich auf das Bild des Machtgleichgewichts mit dem Bezug zur Waage: »throwing themselves into either scale«, militärische Gewalt (»stand ready«), politischer Wettbewerb (»rivals«), rechtliche Mechanismen: (»rights«, »redress«). Er sieht also insgesamt drei Arten, auf die sich die Gewalten gegenseitig durchdringen: militärisch, politisch und rechtlich, s. *A. R. Amar*, Yale L. J. 96 (1987) 7, S. 1425 (1494).

[475] Ebd., S. 1493.

[476] Ebd., S. 1504–1506. Die Befugnis dazu hätten die Einzelstaaten Amar zufolge aufgrund des 10. Zusatzartikels.

[477] *A. R. Amar*, Vand. L. Rev. 47 (1994) 5, S. 1229; *D. L. Shapiro*, Federalism, 1995, S. 104 f.; *J. Preis*, Ind. L.J. 87 (2012) 4, S. 1697 (1699 f.) m.w.N. in Fn. 15 und 16.

Ungültigerklärung entsprechender einzelstaatlicher Gesetze auf der Grundlage des *Federal Common Law* sowie kompetenzrechtlich auf eine mögliche Regelungsprärogative des Kongresses.[478] Jedenfalls nach der *lex lata* besteht keine Möglichkeit, Bundesbeamte im *state court* zu verklagen. Allerdings sind die Immunitäten der Bundesbeamten nur Beschränkungen des vom *U.S. Supreme Court* selbst geschaffenen Bivens-Rechtsbehelfs.[479] Der Gerichtshof hat niemals festgestellt, dass diese Immunitäten verfassungsrechtlich geboten wären oder dass sie im Recht der Einzelstaaten geschaffene Rechtsbehelfe ausschließen würden, die Bundesbeamte für Verfassungsverletzungen haftbar machen wollen, die sie im guten Glauben begangen haben. Da Bivens auch nur einen *federal floor* schaffe, könnten die Entschädigungszahlungen nach einzelstaatlichem Recht auch großzügiger ausfallen als nach Bundesrecht.[480] Allerdings sind die Chancen für derartige Gesetze und ihre Billigung im *U.S. Supreme Court* derzeit als eher gering zu beurteilen.

Abgesehen davon stellt sich die Frage, ob sich Amars Überlegungen auf andere Kontexte jenseits des US-amerikanischen Bundesstaats übertragen lassen. Die »beauty of federalism« soll ja gerade darin zu erblicken sein, dass die Rechtsprechung »rechtefreundlicher« ist, wenn nicht die »eigene« Ebene in der föderalen Struktur beklagte Streitpartei ist. Jedenfalls in der kontinentaleuropäischen Rechtstradition steht diese Annahme in einem Spannungsverhältnis mit der rechtsstaatlichen Vorstellung von der Funktion der Gerichte. Sie kommt etwa in dem bereits erörterten Vorwurf an den EuGH zum Ausdruck, er messe beim Grundrechtsschutz mit zweierlei Maß, abhängig davon, ob die EU-Institutionen oder die Mitgliedstaaten betroffen seien. Auch trägt Amars Überlegung zur Anreizstruktur für einen verstärkten Rechtsschutz nur bedingt, sobald die Perspektive vom konkreten Streitfall zur Entfaltung der Grundrechtsdoktrin im Allgemeinen erweitert wird.

b) Historische Beispiele für Schutz durch *state courts*

Allerdings gibt es historische Beispiele für Fälle, in denen *state courts* Bürger vor der Bundesgewalt geschützt haben. Im Fall der Rekrutierung von Minderjährigen (*underage enlistment*) für die Streitkräfte des Bundes vor 1850, stellten *state courts writs of habeas corpus* aus, die den Vertretern der Streitkräfte des Bundes aufgaben, die Minderjährigen aus dem Dienst zu entlassen. Im Zusammenhang mit einer Eigentumsstreitigkeit urteilte der *U.S. Supreme Court* 1821, dass *state courts* gegenüber Bundesbeamten keine *writs of mandamus* ausstellen

---

[478] Ebd., S. 1709–1726.

[479] S.o. 1. Kapitel A. III. 2.

[480] *A. R. Amar*, The Law of the Land, 2015, S. 260 f.; s. auch *A. R. Amar*, U. Colo. L. Rev. 64 (1993) 1, S. 159 (172–176).

dürften;[481] dennoch wurde die Praxis der *writs of habeas corpus* fortgesetzt.[482] Schließlich brachte die Auseinandersetzung um die Sklaverei diese Praxis der *state writs* in einen Konflikt mit der nationalen Politik. Der *Fugitive Slave Act* von 1850 dehnte die Befugnisse der Bundesgerichte und Bundesmarschalle (*Federal Marshalls*) darauf aus, entflohene Sklaven zurückzubeordern und ihre Helfer zu bestrafen.[483] Auf der Grundlage dieses Gesetzes wurde Sherman Booth, ein Abolitionist aus Wisconsin, in Bundesgewahrsam genommen. Ihm wurde vorgeworfen, einem entlaufenen Sklaven zur Flucht vor einem *federal deputy* verholfen zu haben. Der *Wisconsin Supreme Court* setzte den Haftbefehl im Haftprüfungsverfahren aus (*writ of habeas corpus*) und ordnete Booths Freilassung an. Der United States Marschall, Stephen Ableman, legte gegen den *writ* Rechtsmittel beim *U.S. Supreme Court* ein. Im Urteil Ableman v. Booth hob der *U.S. Supreme Court* das Urteil des *Wisconsin Supreme Court* auf. Der *U.S. Supreme Court* urteilte, dass der *state court* nicht die Befugnis habe, in das bundesgerichtliche Verfahren einzugreifen.[484] Im Tarble's Case von 1872 bestätigte der Gerichtshof diese Ansicht im Zusammenhang eines *writ*, der die Entlassung eines Minderjährigen von den Bundesstreitkräften verlangte.[485] Darin ist eine deutliche Abkehr von der Vorstellung zu sehen, dass der Bundesstaat eine »double security« für Rechte biete.[486]

2. Vorschläge zur Ausweitung der Prüfungsgegenstände der deutschen Landesverfassungsgerichte

Der Prüfungsgegenstand der Landesverfassungsgerichte wird teilweise durch die Landesverfassungen[487] oder durch die Landesverfassungsgerichtsgesetze[488] auf Akte der Landesgewalt bzw. Landesgesetze beschränkt. In Hessen ist die Grundrechtsklage auch dann ausdrücklich unzulässig, wenn das höchste in der Sache zuständige Gericht kein Gericht des Landes ist.[489] In anderen Bundesländern – Bayern, Mecklenburg-Vorpommern und Saarland – folgt diese Ein-

---

481 U.S. Supreme Court, *McClung v. Silliman*, 19 U.S. (6 Wheat) 598 (1821).

482 *J. A. Gardner*, Wm. & Mary L. Rev. 44 (2003) 4, S. 1725; *R. A. Schapiro*, Polyphonic Federalism, 2009, S. 155.

483 Fugitive Slave Act von 1850, ch. 60, 9 Stat. 462.

484 U.S. Supreme Court, *Ableman v. Booth*, 62 U.S. 506 (1859).

485 U.S. Supreme Court, *Tarble's Case*, 80 U.S. (13 Wall.) 397 (1872). S. dazu *A. Woolhandler/M. Collins*, in: V. C. Jackson/J. Resnik (Hrsg.), Federal Courts Stories, 2010, S. 141.

486 *S. L. Bloch/V. C. Jackson*, Federalism, 2013, S. 19.

487 Art. 75 Nr. 6 LV Sachsen-Anhalt; Art. 53 Nr. 6 LV Mecklenburg-Vorpommern (Individualverfassungsbeschwerde gegen Landesgesetze).

488 § 55 Abs. 1 StGHG Baden-Württemberg; § 45 Abs. 1 VerfGG Bbg; § 49 Abs. 1 VerfGHG Berlin; § 44 Abs. 1 VerfGHG RhlPf; § 55 Abs. 1 VfGHG Saarland; § 27 SächsVerfGHG; § 47 LVerfGG Sachsen-Anhalt; § 31 Abs. 1 ThürVerfGHG.

489 § 44 Abs. 1 Satz 3 HessStGHG.

schränkung aus der Rechtsprechung der Landesverfassungsgerichte.[490] Sie ist auch Folgerung aus der Trennung der Verfassungsräume.[491]

Demgegenüber ist eine Bindung auch von Bundesbehörden und Bundesgerichten an Landesgrundrechte in der Literatur durchaus diskutiert worden [a)]. Als naheliegender erscheint der Ansatz, den Landesgerichten ihren Prüfungsgegenstand dadurch zu erhalten, dass die Revisionsvoraussetzung der »grundsätzlichen Bedeutung« in § 132 VwGO eingeschränkt ausgelegt und damit die Revisionsmöglichkeiten zum Bundesverwaltungsgericht beschränkt wird [b)].

a) Bindung auch von Bundesbehörden und Bundesgerichten an Landesgrundrechte?

Die Begründung für die Beschränkung der Prüfungsgegenstände, die sich auf die Trennung der Verfassungsräume stützt, zog Katharina Sobota in Zweifel. Sie vertrat eine Bindung auch von Bundesbehörden und Bundesgerichten an Landesgrundrechte[492] sowie die Überprüfbarkeit der Bundesgewalt durch die Landesverfassungsgerichtsbarkeit.[493] Sobotas Position ist allerdings in der Minderheit geblieben, was daran liegen mag, dass die Kriterien für die Bindung der Bundesorgane unklar geblieben sind. Denkbar wäre, an den Sitz der Behörde anzuknüpfen oder an den Wohn- oder Aufenthaltsort des Adressaten. Ein gewichtiger und grundsätzlicherer Einwand ist aber wiederum, dass sich aus der Vorstellung von der nicht-hierarchischen Verschränkung der Verfassungsräume genauso wenig zwingende Schlussfolgerungen auf den Prüfungsgegenstand ziehen lassen wie aus der Trennung der Verfassungsräume.[494]

Nach dem Stand der Rechtsprechung ist selbst in Fällen, in denen ein Bundesgericht eine Nichtzulassungsbeschwerde zurückweist, die Überprüfung durch ein Landesverfassungsgericht eine unzulässige Kontrolle der Bundesstaatsgewalt, weil sie die Bestätigung beinhalte, dass die angegriffene Entscheidung nicht gegen Verfassungsrecht verstoße.[495] Der Hessische Staatsgerichtshof verneinte seine Entscheidungskompetenz unter Verweis auf die Nichtangreifbar-

---

490 BayVerfGH, Entsch. v. 3.4.1957, Vf. 76–VI-56, BayVerfGHE 10 [1957] II 11 (12); BayVerfGH, Entsch. v. 17.3.1969, Vf. 86–VI-67, VerwRspr 20, 769 (770 ff.); BayVerfGH, Entsch. v. 23.1.1975, Vf. 17–VII-73, BayVerfGHE 28 [1975] II 14 (22); HessStGH, Beschl. v. 12.12.1947, P.St. 274, ESVGH 11/II, 22 (23); HessStGH, Beschl. v. 9.11.1962, P.St. 364 (bundesgerichtliche Entscheidungen); HessStGH, Beschl. v. 6.4.1962, P.St. 340 (Urteile eines Landesgerichts in Verfahren, in denen in letzter Instanz ein nichthessisches Gericht entschieden hat); P.St. 572, S. 4 (auf hessischem Gebiet tätige Verwaltungsbehörden des Bundes) in Abkehr von P.St. 131, S. 7.

491 *J. Burmeister*, in: C. Starck/K. Stern (Hrsg.), Landesverfassungsgerichtsbarkeit, Bd. 2, 1983, S. 399 (431).

492 S. insoweit auch *S. Jutzi*, DÖV 36 (1983) 20, S. 836 (840 f.).

493 *K. Sobota*, DVBl. 109 (1994) 14, S. 793 (799–801).

494 S. dazu bereits oben 6. Kapitel B. I. 2. a) aa).

495 BerlVerfGH, Beschl. v. 23. 8. 2004, VerfGH 44/04, DÖV 2004, 1038.

keit eines bundesgerichtlich gefällten Urteils, obwohl eine materiell-rechtliche Würdigung des Falles auf Bundesebene überhaupt nicht stattgefunden hatte.[496]

b) Erhaltung des Prüfungsgegenstands durch einschränkende Auslegung der Revisionsvoraussetzung der »grundsätzlichen Bedeutung« (§ 132 VwGO)

Ein Vorschlag, den Landesverfassungsgerichten ihren Prüfungsgegenstand zu erhalten, knüpft an § 132 Abs. 2 Nr. 1 VwGO an. Nach dieser Vorschrift ist die Revision gegen Entscheidungen eines Oberverwaltungsgerichts oder Verwaltungsgerichtshofs nur zuzulassen, wenn die Rechtssache grundsätzliche Bedeutung hat. Eine Verneinung der grundsätzlichen Bedeutung führt also dazu, dass eine Entscheidung des Oberverwaltungsgerichts oder Verwaltungsgerichtshofs, und damit die Entscheidung eines Landesgerichts als tauglicher Prüfungsgegenstand der Landesverfassungsbeschwerde, zur letztinstanzlichen Entscheidung werden kann. Folglich knüpft der Vorschlag an die Auslegung des Kriteriums »grundsätzliche Bedeutung« an. In Fällen ausschließlicher Landeszuständigkeit, in denen es um die Frage geht, ob die Gerichte die Grundsätze grundrechtskonformer Auslegung beachtet haben, sollte das Erfordernis der Erhaltung der Einheitlichkeit der Rechtsprechung als begründendes Element für die grundsätzliche Bedeutung einer Revision verneint werden, wenn in dem betroffenen Land eine Landesverfassungsbeschwerde möglich ist.[497] Denkbar wäre auch eine entsprechende (klarstellende) Gesetzesänderung. Als Konsequenz einer solchen Änderung müssten gegebenenfalls auch die Subsidiaritätsregeln für die Landesverfassungsbeschwerde anders ausgelegt werden. Ein vorrangiges Bundesinteresse an der Wahrung der Einheitlichkeit der Rechtsprechung ist nach der Föderalismusreform von 2006 in diesen Fällen zweifelhaft. Sollen den Ländern durch die Föderalismusreform größere Spielräume bei der Rechtssetzung eingeräumt werden, so müsste konsequenterweise auch ein gewisses Maß an Vielfalt bei der Rechtsauslegung zulässig sein.

Angesichts der engen Verflechtungen zwischen Bundes- und Landesrecht, Verfassungsrecht und einfachem Recht sind Abgrenzungsschwierigkeiten im Einzelfall nicht auszuschließen. Dennoch liegen dem Bundesverwaltungsgericht immer wieder Fragen vor, etwa zur grundrechtskonformen Auslegung des Landesschulrechts, in denen die Abgrenzung mit hinreichender Klarheit vorgenommen werden könnte.[498] In diesen Konstellationen wäre es angemessen, wenn die Landesverfassungsgerichte, auch im Interesse klarer Verantwortungszuweisung, die Landesgesetze am eigenrechtlichen Maßstab der Landesverfassung im Rahmen der bereits beschriebenen Spielräume überprüfen würden.

---

[496] HessStGH, Beschl. v. 1.2.1967, P.St. 466, ESVGH 18, 6.
[497] *H. Krieger*, NdsVBl. 17 (2010) 5, S. 134 (136 f.).
[498] S. etwa BVerwGE 131, 242.

3. Beschränkung des Prüfungsgegenstandes durch die Trennungsthese des Bundesverfassungsgerichts

Eine Beschränkung des Prüfungsgegenstandes des Bundesverfassungsgerichts ergibt sich auch infolge der »Trennungsthese« des Bundesverfassungsgerichts durch Nichteinbeziehung der Unionsgrundrechte [a)]. Sie steht im Gegensatz zur »Kumulationsthese« des EuGH [b)].

a) Trennungsthese des Bundesverfassungsgerichts

Das Bundesverfassungsgericht versucht, seine Position im europäischen Grundrechtsföderalismus zu wahren, indem es gegenüber dem EuGH eine exklusive Sphäre der Jurisdiktion begründet [aa)]. Gegen diese sogenannte Trennungsthese des Bundesverfassungsgerichts richtet sich ein struktureller Einwand [bb)] und sprechen Abgrenzungsschwierigkeiten in der Praxis [cc)]. Schließlich prägt die Trennungsthese nicht nur die Aufgabenteilung von Bundesverfassungsgericht und EuGH, sondern zeigt auch Konsequenzen im Verhältnis von Bundesverfassungsgericht und Fachgerichten [dd)].

aa) Begründung einer exklusiven Jurisdiktionssphäre

Dem Bundesverfassungsgericht zufolge müssen Umsetzungsspielräume im Einklang mit den Grundrechten des Grundgesetzes ausgefüllt werden.[499] Das Gericht zielte darauf, sich dadurch einen Spielraum zu sichern, dass es möglichst getrennte Regelungsbereiche von Unionsgrundrechten und Grundrechten des Grundgesetzes zu etablieren versuchte.[500] Dazu zog es sich teilweise aus dem Grundrechtsschutz im Einzelfall zurück. Das Gericht lehnte es in mehreren Entscheidungen ab, nicht nur Verordnungen,[501] sondern auch solche Bestandteile eines Umsetzungsaktes, die zwingende Vorgaben einer Richtlinie umsetzen, am Maßstab des Grundgesetzes zu prüfen.[502] Soweit eine Richtlinie zwin-

---

499 BVerfGE 113, 273 (300–304), 2 BvR 2236/04 – *Europäischer Haftbefehl*; BVerfGE 121, 1 (15), 1 BvR 256/08 u.a. – *einstweilige Anordnung zur Vorratsdatenspeicherung*; zuvor BVerfGE 118, 79 (95), 1 BvF 1/05 – *Treibhausgas-Emissionsberechtigungen*; BVerfGE 129, 78 (103), 1 BvR 1916/09 – *Cassina*.

500 *D. Thym*, NVwZ 32 (2013) 14, S. 889 (892); *D. Thym*, EuConst 9 (2013) 3, S. 391 (404–407); *D. Thym*, JZ 70 (2015) 2, S. 53 (54 f.).

501 In den folgenden Leitentscheidungen lehnte das BVerfG eine Überprüfung von Verordnungen bei Hinweis auf den auf Unionsebene gewährleisteten Grundrechtsschutz ab: BVerfGE 22, 293 (295 ff.), 1 BvR 248/63, 1 BvR 216/67 (1967) – *EWG-Verordnungen*; BVerfGE 37, 271 (281), BvL 52/71 (1974) – *Solange I*; BVerfGE 73, 339 (387), 2 BvR 197/83 (1986) – *Solange II*; BVerfGE 102, 147 (161, 164), 2 BvL 1/97 (2000) – *Bananenmarktordnung*.

502 Für zwingende Vorgaben von Richtlinien s. BVerfGE 118, 79 (95), 1 BvF 1/05 – *Treibhausgas-Emissionsberechtigungen*; BVerfGE 121, 1 (15), 1 BvR 256/08 u.a. – *einstweilige Anordnung zur Vorratsdatenspeicherung*. Das Urteil zur Vorratsdatenspeicherung verwendet zwar zunächst dieselbe Formel, s. BVerfGE 125, 260 (306 f.), 1 BvR 256/08 u.a.– *Vorratsdaten-*

gende Vorgaben enthält, geht das Gericht nicht nur von der Bindungswirkung der Unionsgrundrechte aus, sondern beschränkt zugleich seine eigene Prüfungs- und Verwerfungskompetenz.[503] Für den nicht unionsrechtlich determinierten Bestandteil eines Umsetzungsakts, d.h. die Teile, in denen der nationale Gesetzgeber von seiner Gestaltungsfreiheit hinsichtlich der Form und Mittel der Richtlinienumsetzung oder einer Öffnungsklausel Gebrauch macht, sollen dagegen nationale Grundrechte den Prüfungsmaßstab bilden. Zu diesem Ergebnis gelangte die Kammerrechtsprechung des Bundesverfassungsgerichts bereits seit 1993.[504] Inzwischen hat das Gericht sukzessive ein ausgefeiltes Gesamtsystem zur Grundgesetzgeltung bei nationalen Gestaltungsspielräumen in Bezug auf Richtlinien[505] und Verordnungen[506] entwickelt.

Die hinter dieser Rechtsprechung erkennbare Trennungs-,[507] Abgrenzungs-,[508] oder Alternativitätsthese[509] zielt auf eine möglichst präzise Unterscheidung zwischen deutscher und unionaler Grundrechtssphäre und versucht, eine Parallelgeltung von Grundrechten möglichst zu vermeiden. Sie fin-

---

speicherung, prüft und verwirft mit § 113a Abs. 1 bis 7 TKG im Ergebnis aber auch die zwingend vorgegebene Pflicht zur Datenspeicherung; vgl. *N. Matz-Lück*, in: N. Matz-Lück/M. Hong (Hrsg.), Grundrechte und Grundfreiheiten im Mehrebenensystem – Konkurrenzen und Interferenzen, 2012, S. 161 (163).

[503] BVerfGE 118, 79, 1 BvF 1/05 – *Treibhausgas-Emissionsberechtigungen*; BVerfGE 121, 1 (15), 1 BvR 256/08 u.a. – *einstweilige Anordnung zur Vorratsdatenspeicherung*. Im Gegensatz dazu verwirft das BVerfG in der Entscheidung zur Vorratsdatenspeicherung auch die Umsetzung zwingender Bestandteile der Richtlinie, BVerfGE 125, 260 (306 f.), 1 BvR 256/08 u.a. – *Vorratsdatenspeicherung*. Nach *A. Funke*, Umsetzungsrecht, 2010, S. 171–180 sprechen trotz der Defizite beider Ansätze die besseren Gründe für eine materielle Begründung dieser Rechtsprechung. Auch *M. Bäcker*, EuR 46 (2011) 1, S. 103 (105), m.w.N. in Fn. 13 geht von einem materiellen Verständnis der Solange II-Rechtsprechung aus, weil die freiwillige Beschränkung einer zugewiesenen Kompetenz keine rechtliche Grundlage hat.

[504] BVerfG, Beschluss der 3. Kammer des Zweiten Senats vom 9.7.1992, 2 BvR 1096/92, NVwZ 1993, S. 883; Beschluss der 2. Kammer des Ersten Senats vom 9.1.2001, 1 BvR 1036/99, NJW 2001, S. 1267 (1268); Beschluss der 2. Kammer des Ersten Senats vom 27.7.2004, 1 BvR 1270/04, NVwZ 2004, S. 1346 (1346 f.), vgl. *N. Matz-Lück*, in: N. Matz-Lück/M. Hong (Hrsg.), Grundrechte und Grundfreiheiten im Mehrebenensystem – Konkurrenzen und Interferenzen, 2012, S. 161 (186).

[505] BVerfGE 118, 79 (95 f.), 1 BvF 1/05 – *Treibhausgas-Emissionsberechtigungen*; BVerfGE 121, 1 (15 f.), 1 BvR 256/08 – *einstweilige Anordnung zur Vorratsdatenspeicherung*. Allerdings prüfte der 2. Senat die deutsche Rechtsverordnung, die die Tabaketikettierungsrichtlinie umsetzte, ohne Eingehen auf die Solange II-Entscheidung am Maßstab der Grundrechte: BVerfGE 95, 173, 2 BvR 1915/91 – *Warnhinweise für Tabakerzeugnisse*.

[506] BVerfGE 122, 1 (20 f.), 1 BvF 4/05 – *Agrarmarktbeihilfen*; BVerfGE 125, 260 (306 f.), 1 BvR 256/08 u.a. – *Vorratsdatenspeicherung*; BVerfGE 129, 78 (90–91), 1 BvR 1916/09 – *Cassina*; BVerfGE 129, 186 (198 f.), 1 BvL 3/08 – *unzulässige Rückwirkung Investitionszulage*; BVerfGE 133, 277 (313 f.), 1 BvR 1215/07– *Antiterrordatei*; Beschl. v. 14.10.2008, 1 BvF 4/05, NVwZ-RR 2009, 655 Rn. 83–85.

[507] *D. Thym*, NVwZ 32 (2013) 14, S. 889 (892).

[508] *S.-P. Hwang*, EuR 49 (2014) 4, S. 400 (406).

[509] *T. Kingreen*, JZ 68 (2013) 17, S. 801 (802).

det einen Anknüpfungspunkt bereits in der Solange-Rechtsprechung. Solange II- und Bananenmarktbeschluss folgen der Annahme, dass eine Situation entweder vom Grundgesetz oder von den Unionsgrundrechten erfasst werde.[510] Dies entspricht durchaus auch der frühen, auf Absicherung des Vorrangs des Unionsrechts gerichteten Grundrechtsjudikatur des EuGH.[511] Auch eine Formulierung im Urteil Hernández der Fünften Kammer des EuGH von 2014 lässt sich dafür anführen, heißt es doch dort, die Grundrechte der Union seien im Verhältnis zu einer nationalen Regelung unanwendbar, wenn die unionsrechtlichen Vorschriften in dem betreffenden Sachbereich »keine *bestimmten* Verpflichtungen der Mitgliedstaaten« schafften.[512] Dagegen hatte das Bundesverfassungsgericht in der Kampfhunde-Entscheidung angenommen, dass deutsche Gesetze, die (möglicherweise) Unionsrecht verletzen, zugleich auch gegen deutsche Grundrechte verstoßen können.[513]

Während das Bundesverfassungsgericht eine Prüfung am Maßstab der Grundrechte des Grundgesetzes postulierte, soweit Umsetzungsakte oder »Vermittlungsakte«[514] nicht unionsrechtlich determiniert sind, blieb unklar, ob es eine Parallelgeltung der Unionsgrundrechte ausschließt.[515] Einzelne Richter hatten eine derartige Doppelgeltung in ihren Beiträgen für Fachzeitschriften jedenfalls mittelbar bejaht.[516] Im Urteil zur Antiterrordatei hieß es dazu sodann:

> Die angegriffenen Vorschriften sind schon deshalb an den Grundrechten des Grundgesetzes zu messen, weil sie nicht durch Unionsrecht determiniert sind [...]. Demzufolge liegt auch kein Fall der Durchführung des Rechts der Europäischen Union vor, die allein die Bindung der Mitgliedstaaten an die Grundrechtecharta nach sich ziehen könnte (Art. 51 Abs. 1 Satz 1 EuGRCh).[517]

Damit sind nun die Anwendungsbereiche der Grundrechte des Grundgesetzes und der Unionsgrundrechte voneinander abgegrenzt und es scheint, als würde

---

[510] S. insb. BVerfGE 73, 339 (387) – *Solange II*, 2 BvR 197/83 (1986), nach abstrakten Darlegungen zur materiellen Verschränkung der Rechtsordnungen, sowie BVerfGE 102, 147 (165), 2 BvL 1/97 – *Bananenmarktordnung*.

[511] Klassisch EuGH, Rs. 11/70, *Internationale Handelsgesellschaft*, Slg. 1970, 1125, Rn. 3 f.

[512] EuGH, Rs. C-198/13, *Julian Hernández u.a.*, Urt. v. 10.7.2014, ECLI:EU:C:2014:2055, Rn. 35 (Herv. TK); vgl. *G. Britz*, EuGRZ 42 (2015) 9–11, S. 275 (278); insoweit zustimmend *C. Franzius*, ZaöRV 75 (2015) 2, S. 383 (390).

[513] BVerfGE 110, 141 (155 f.), 1 BvR 1778/01 – *Kampfhunde*; vgl. *U. Stelkens*, in: FS Wendt, 2015, S. 467 (475).

[514] *H. Sauer*, in: N. Matz-Lück/M. Hong (Hrsg.), Grundrechte und Grundfreiheiten im Mehrebenensystem – Konkurrenzen und Interferenzen, 2012, S. 1 (13).

[515] BVerfGE 118, 79 (95 f.), 1 BvF 1/05 – *Treibhausgas-Emissionsberechtigungen*; BVerfGE 121, 1 (15), 1 BvR 256/08 u.a. – *einstweilige Anordnung zur Vorratsdatenspeicherung*; BVerfG, Beschl. v. 14.10.2008, 1 BvF 4/05, NVwZ-RR 2009, 655 Rn. 83–85; BVerfGE 129, 78 (102–104), 1 BvR 1916/09 – *Cassina*; BVerfG, Beschl. v. 4.10.2011, 1 BvL 3/08, NJW 2012, 45 Rn. 44–46.

[516] S. etwa *F. Kirchhof*, NJW 64 (2011) 51, S. 3681 (3684 f.).

[517] BVerfGE 133, 277 (313 f.), 1 BvR 1215/07 – *Antiterrordatei*; vgl. dazu *D. Thym*, NVwZ 32 (2013) 14, S. 889 (894).

sich die Rechtsprechung des Bundesverfassungsgerichts in Richtung einer weiteren Verfeinerung der Trennungsthese entwickeln.[518] Die Formulierung »in dem jeweiligen Anwendungsbereich« in Art. 53 GRCh suggeriert in der Tat, dass es getrennte Grundrechtssphären geben könnte.[519] Zwingende Schlussfolgerungen lassen sich daraus indes nicht ableiten. Die »Trennungsthese« ist mit einem restriktiven Verständnis des Begriffs »Durchführung« in Art. 51 Abs. 1 GRCh verknüpft. Allerdings wird die These selbst nicht begründet. Man kann nur darüber mutmaßen, dass die Abgrenzung der eigenen Grundrechtssphäre Ausdruck einer skeptischen Beurteilung der Chancen ist, auf die Grundrechtsjudikatur des EuGH im Dialog Einfluss zu nehmen.[520] Im Raume steht indes auch der Vorwurf, das Bundesverfassungsgericht fürchte weniger um den Grundrechtsschutz als um die Souveränität der Mitgliedstaaten, denen eine Kontrolle ihrer Maßnahmen am Maßstab der Charta durch den EuGH so weit wie möglich erspart werden solle.[521]

bb) Struktureller Einwand

Aus der Sicht des Grundrechtsschutzes richtet sich allerdings ein struktureller Einwand gegen die Trennungsthese: Auf die Unionsgrundrechte kommt es gerade dort an, wo die Mitgliedstaaten Spielräume haben. Soweit Spielräume nicht bestehen, ist die unionsgrundrechtliche Bindung der Mitgliedstaaten materiell-rechtlich ohnehin weitgehend bedeutungslos. Vielmehr kommt es dann auf die Grundrechtsbindung der Rechtsetzungsorgane der Union an. Allerdings kann die Statuierung der Bindung auch im Bereich des Vollzugs von Vorgaben ohne Entscheidungsspielraum dazu führen, dass mitgliedstaatliche Gerichte Unionsgrundrechte prüfen und an den EuGH vorlegen müssen.[522] Die EU könnte sonst nicht verhindern, dass die Mitgliedstaaten als ihre Agenten die Grundrechte verletzen. Es wäre nicht sichergestellt, dass das Unionsrecht, einschließlich der Grundrechtsgarantien, die auch sein Zustandekommen selbst bestimmt haben, korrekt umgesetzt wird. Jedenfalls kann ein Ermessen der Staaten bei der Wahl der Mittel zur Umsetzung keinen Freibrief bedeuten, Grund-

---

518 S. für den Versuch der Verfassungsrichterin Britz, die Trennungsthese weiter zu verfeinern und zu klären, welches die Fälle sind, in denen die unionsrechtliche Determiniertheit den Mitgliedstaaten Spielraum lässt, mit der »Unterscheidung von Determiniertem und Nichtdeterminiertem«: *G. Britz*, EuGRZ 42 (2015) 9–11, S. 275 (279). S. allerdings auch noch *G. Britz*, EuGRZ 36 (2009) 1–4, S. 1 (5): Die Grenzlinie zwischen einer den Gemeinschaftsgrundrechten unterliegenden Richtlinieninterpretation einerseits und nationalen Umsetzungsspielräumen andererseits lasse sich »praktisch [...] kaum trennscharf ziehen«.

519 *L. F. M. Besselink*, MJ 8 (2001) 1, S. 68 (75).

520 Vgl. *M. Herdegen*, in: HStR X, 3. Aufl. 2012, § 211, Rn. 3 zum Verhältnis der Unionsgrundrechte und der deutschen Grundrechtsordnung.

521 *U. Stelkens*, in: FS Wendt, 2015, S. 467 (475).

522 *H. Sauer*, in: N. Matz-Lück/M. Hong (Hrsg.), Grundrechte und Grundfreiheiten im Mehrebenensystem – Konkurrenzen und Interferenzen, 2012, S. 1 (25).

rechte zu verletzen.[523] Das gilt insbesondere dann, wenn sich das Unionsrecht darauf beschränkt, mitgliedstaatliche Regelungen zu harmonisieren.[524]

Nur bedingt weiterführend erscheint demgegenüber der Hinweis, vor allem der Unionsgesetzgeber habe es in der Hand, mit seiner Regelungsdichte die Anwendungsbereiche der Unionsgrundrechte einerseits und der nationalen Grundrechte andererseits abzustecken und miteinander zu verzahnen.[525] Der Unionsgesetzgeber wird die Regelungsdichte kaum primär an der institutionellen Frage ausrichten, welche Gerichte für den Grundrechtsschutz zuständig sein sollen. Vielmehr wird die Regelungsdichte materiellen Kriterien und politischen Verhandlungsergebnissen folgen.

cc) Abgrenzungsschwierigkeiten in der Praxis

In praktischer Hinsicht ist die Trennungsthese mit dem beachtlichen Abgrenzungsproblem konfrontiert, ob und in welchem Umfang Spielräume bestehen.[526] So dürfte die Beurteilung, welche Teile einer Richtlinie zwingend sind und welche einen Gestaltungsspielraum eröffnen, im Einzelfall Schwierigkeiten bereiten.[527] Im eng verflochtenen Mehrebenen-Verbund, einer Konstellation mehrfacher Zurechnung,[528] begegnet die Trennungsthese strukturellen Grenzen, wenn ein konkreter Sachverhalt teilweise vom EU-Recht determiniert und im Übrigen den Mitgliedstaaten zur Regelung überantwortet wird – eine Gemengelage, die bei Richtlinien der Normalfall ist und vergleichbar bei der Anwendung der Grundfreiheiten auftritt.[529] Hier kann nicht immer trennscharf zwischen EU-Vorgaben und nationalen Regelungen unterschieden werden.[530]

---

[523] EuGH, verb. Rs. C-20/00 und C-64/00, *Booker Aquaculture*, Schlussanträge Generalanwalt Mischo, Slg. 2003, I-7411, Rn. 52. *P. Eeckhout*, CML Rev. 39 (2002) 5, S. 945 (966); *J. Kühling*, in: A. von Bogdandy/J. Bast (Hrsg.), Europäisches Verfassungsrecht, 2015, S. 657 (682); *A. von Bogdandy* u.a., ZaöRV 72 (2012) 1, S. 45 (55).

[524] EuGH, Rs. C-101/01, *Bodil Lindqvist*, Slg. 2003, I-12971, Rn. 91; s. auch verb. Rs. C-465/00, C-138/01 und 139/01, *ORF*, Slg. 2003, I-4989. S. *L. F. M. Besselink*, in: J. Laffranque (Hrsg.), The Protection of Fundamental Rights Post Lisbon, 2012, S. 63 (107): Mitgliedstaatliche Maßnahmen, die von der Harmonisierung betroffen sind, sind im Anwendungsbereich des Unionsrechts, auch wenn kein grenzüberschreitender Bezug gegeben ist.

[525] So aber *G. Britz*, EuGRZ 42 (2015) 9–11, S. 275 (281).

[526] *H. Sauer*, in: N. Matz-Lück/M. Hong (Hrsg.), Grundrechte und Grundfreiheiten im Mehrebenensystem – Konkurrenzen und Interferenzen, 2012, S. 1 (27).

[527] *N. Matz-Lück*, in: N. Matz-Lück/M. Hong (Hrsg.), Grundrechte und Grundfreiheiten im Mehrebenensystem – Konkurrenzen und Interferenzen, 2012, S. 161 (187).

[528] *S. Kadelbach*, KritV 96 (2013) 3, S. 277 (284).

[529] Ihrem Wesen nach betreffen Grundfreiheiten die Kontrolle des nationalen Rechts in Abwesenheit einer sekundärrechtlichen Harmonisierung.

[530] *C. Franzius*, DÖV 61 (2008) 22, S. 933 (935); *M. Albers/J. Reinhardt*, ZJS 5 (2010) 6, S. 767 (769); *S. Augsberg*, DÖV 63 (2010) 4, S. 153 (154); *D. Thym*, JZ 66 (2011) 3, S. 148 (151); *S.-P. Hwang*, EuR 49 (2014) 4, S. 400 (407). Probleme bereitet speziell eine Mindestharmo-

Die Schwierigkeiten der Abgrenzung verdeutlicht gerade die Entscheidung des Bundesverfassungsgerichts zum Emissionshandel. Dort bestimmte das Bundesverfassungsgericht den Bereich gebundener Rechtsetzung nicht anhand eines Vergleichs der Normgehalte, sondern betrachtete die Systementscheidung des Richtliniengebers für den Emissionshandel als verbindliche Vorgabe und zog damit den Kreis der für die Mitgliedstaaten nicht disponiblen Normen relativ weit.[531]

In seiner Entscheidung zur Vorratsdatenspeicherung vermied das Bundesverfassungsgericht die Abgrenzungsfrage dadurch, dass es eine (hypothetische) Prüfung der Verfassungsmäßigkeit der deutschen Umsetzungsbestimmungen §§ 113a, 113b TKG durchführte.[532] Daraus ist abgeleitet worden, dass mittlerweile die Verletzung der Grundrechte des Grundgesetzes auch bei der Umsetzung zwingenden Sekundärrechts gerügt werden könne. Auf diese Weise könnte dann eine Vorlage zum EuGH ermöglicht und mit einer erfolgreichen Nichtigerklärung der Weg für eine Überprüfung der angegriffenen innerstaatlichen Vorschriften am Maßstab des Grundgesetzes frei gemacht werden. Danach ist die Verfassungsbeschwerde nicht länger unzulässig, soweit die angegriffenen Vorschriften in Umsetzung der Richtlinie ergangen sind. Es müsse aber entscheidungserhebliches Unionsrecht vorliegen, das den Vorrang vor innerstaatlichem Recht auslöst.[533] Dadurch werden die Anforderungen der bisherigen Rechtsprechung[534] auf der Grundlage des Solange-Vorbehalts gelockert. Das Bundesverfassungsgericht prüft also, ob ein Grundrechtsverstoß vorliegt. Ist das der Fall, muss es dem EuGH vorlegen. Verwirft der EuGH die Norm, könne auch das Umsetzungsgesetz für nichtig erklärt werden. So verschiebt sich der Solange-Vorbehalt von der Prüfungs- auf die Verwerfungskompetenz.[535]

---

nisierung, wenn EU-Recht individuelle Rechtspositionen gewährt, deren Ausgestaltung innerstaatlich erfolgt. Näher *F. De Cecco*, CML Rev. 43 (2006) 1, S. 9 und *C. Ladenburger*, in: P. J. Tettinger/K. Stern (Hrsg.), Kölner Gemeinschaftskommentar zur Europäischen Grundrechte-Charta, 2006, Art. 51, Rn. 33–48.

[531] BVerfG, Beschl. v. 14.5.2007, 1 BvR 2036/05; ähnlich BVerfGE 118, 79 (98), 1 BvF 1/05 (2007); vgl. *A. Funke*, Umsetzungsrecht, 2010, S. 221.

[532] BVerfGE 125, 260 (309 ff.), 1 BvR 256/08 u.a. – *Vorratsdatenspeicherung*; vgl. *A. Funke*, Umsetzungsrecht, 2010, S. 223 f.

[533] BVerfGE 125, 260 (308 f.), 1 BvR 256, 263, 586/08 – *Vorratsdatenspeicherung*; vgl. *C. Franzius*, ZaöRV 75 (2015) 2, S. 383 (392).

[534] BVerfGE 102, 147 (164), 2 BvL 1/97 – *Bananenmarkt*; BVerfGE 118, 79 (95 ff.), 1 BvF 1/05 – *Treibhausgas-Emissionsberechtigungen*.

[535] *M. Bäcker*, EuR 46 (2011) 1, S. 103 (107–110).

dd) Konsequenzen für das Verhältnis von Bundesverfassungsgericht und Fachgerichten

Prozessual bedeutet die Trennung der Grundrechtssphären für die Fachgerichte, dass bei zwingenden EU-Vorgaben der EuGH im Vorlageverfahren nach Art. 267 AEUV für Grundrechtsschutz sorgen soll, während bei nationalen Gestaltungsspielräumen der Weg nach Karlsruhe offensteht.[536] Sind die Grundrechte des Grundgesetzes und die der Charta somit im Anwendungsbereich der Charta materiell-rechtlich in der Regel kumulativ anwendbar, bleibt es damit verfassungsprozessual bei einer Trennung. Insoweit gilt nichts anderes als im Verhältnis zwischen Bundes- und Landesverfassungsgerichtsbarkeit.[537]

Die Frage der Grenzziehung zwischen unionsrechtlicher Determiniertheit und Umsetzungsspielraum fällt eher bereits in die Zuständigkeit der Fachgerichte und ist im Zweifelsfall früher oder später im Vorlageverfahren durch den EuGH zu entscheiden.[538] Die damit verbundene potentielle Stärkung der Fachgerichte gegenüber den Verfassungsgerichten[539] ist für diese allerdings zumindest vorübergehend mit einer Herausforderung verbunden, die sich daraus ergibt, dass keine klaren Kriterien für die Anwendbarkeit der Unionsgrundrechte etabliert sind. Der EuGH bietet keine klaren Direktiven, sondern neigt dazu, zu den Fachgerichten für die Beurteilung der Frage zurückzuverweisen, ob die Unionsgrundrechte anwendbar sind.[540] Generalanwältin Kokott ordnet es als »überraschend« ein, dass der EuGH in der Rechtssache Dereci die Entscheidung der Frage, ob der streitgegenständliche Sachverhalt in den Anwendungsbereich des Unionsrechts fällt, dem vorlegenden Gericht überlassen hat.[541] Auch

---

[536] Für die Verfassungsbeschwerde BVerfGE 129, 78 (102–104), 1 BvR 1916/09 – *Cassina*; für die konkrete Normenkontrolle BVerfG, Beschl. v. 4.10.2011 – 1 BvL 3/08, NJW 2012, 45, Rn. 44–62; näher *M. Wendel*, EuZW 23 (2012) 6, S. 213 (215–217).

[537] *U. Stelkens*, in: FS Wendt, 2015, S. 467 (479).

[538] *T. von Danwitz*, in: M. Herdegen u.a. (Hrsg.), Staatsrecht und Politik, 2009, S. 19 (27 f.); *A. Funke*, Umsetzungsrecht, 2010, S. 222. S. zur Rechtsprechung des Bundesverfassungsgerichts zum Verstoß gegen das Recht auf den Gesetzlichen Richter bei Nichtvorlage an den EuGH *C. Calliess*, NJW 66 (2013) 27, S. 1905; *U. Fastenrath*, JZ 68 (2013) 6, S. 299; *L. Michael*, JZ 68 (2013) 6, S. 302; *F. Schütter*, in: Y. Becker/F. V. Lange (Hrsg.), Linien der Rechtsprechung des Bundesverfassungsgerichts, Bd. 3, 2014, S. 365.

[539] Dazu auch *L. F. M. Besselink/J.-H. Reestman*, EuConst 9 (2013) 2, S. 169 (171).

[540] EuGH, Rs. C-571/10, *Kamberaj*, Urt. v. 24.4.2012, ECLI:EU:C:2012:233, Rn. 81; vgl. *F. Fontanelli*, HRLR 14 (2014) 2, S. 231 (249): »hands-off approach«, »Pilate's solution«. S. auch die Fälle Rs. C-434/10, *Aladzhov*, Slg. 2011, I-11659, Rn. 48; verb. Rs. C-483/09 und C-1/10, *Gueye und Salmerón Sánchez*, Slg. 2011, I-8263, Rn. 69 und Rs. C-256/11, *Dereci u.a.*, Slg. 2011, I-11315, Rn. 72. Diese Fälle sind zu unterscheiden von Fällen wie Rs. C-303/08, *Bozkurt*, Slg. 2010, I-13445, Rn. 60, in denen der EuGH dem mitgliedstaatlichen Gericht nur die Aufgabe überträgt, die Beachtung des Verhältnismäßigkeitsgrundsatzes und die Achtung der Grundrechte sicherzustellen.

[541] EuGH, Rs. C-489/10, *Bonda*, Schlussanträge der Generalanwältin Kokott v. 15.12. 2011, nicht in Slg., Fn. 18 zu Rn. 15, mit Bezug auf EuGH, Rs. C-256/11, *Dereci u.a.*, Slg. 2012, I-11315, Rn. 72.

im Fall Scattolon hatte der EuGH die Vereinbarkeit einer italienischen Rechtsnorm mit der Charta nicht geprüft, sondern an das vorlegende Gericht zurückverwiesen.[542]

Formal verweigert der EuGH dabei nicht etwa die Auslegung des Unionsrechts, sondern versteckt sich hinter dem Gemeinplatz, dass es Aufgabe der nationalen Gerichte sei zu beurteilen, welche Bedeutung die nationalen Bestimmungen haben und wie sie anzuwenden sind.[543] Allerdings geht es meist darum, ob die Reichweite des Unionsrechts das mitgliedstaatliche Rechte berührt und nicht umgekehrt. In anderen Fällen scheut der EuGH auch nicht davor zurück, einen Konflikt zwischen dem Unionsrecht und einer bestimmten mitgliedstaatlichen Maßnahme zu benennen.[544] Unter diesen Bedingungen erweist sich der Versuch zur Abgrenzung von Jurisdiktionssphären als nicht zuletzt für den Rechtsschutzsuchenden problematisch.

b) Kumulationsthese des EuGH

Allerdings sind die Mitgliedstaaten aus Sicht des Unionsrechts auch innerhalb der ihnen eingeräumten Spielräume, insbesondere bei Gestaltungsspielräumen im Rahmen der Richtlinienumsetzung, nicht frei von der Bindung an Unionsgrundrechte. Im Fall Åkerberg Fransson stellte der EuGH klar, dass für ihn keine Fallgestaltungen denkbar seien, die vom Unionsrecht erfasst würden, ohne dass die Charta-Grundrechte anwendbar wären.[545] Die Bindung der Mitgliedstaaten an Unionsgrundrechte auch in Umsetzungsspielräumen hat der EuGH bereits in vorherigen Entscheidungen postuliert, so bereits 1996 in der Rechtssache Strafverfahren gegen X,[546] sodann in der Rechtssache Karlsson,[547] auf die sich die Charta-Erläuterungen beziehen,[548] und später im Urteil zur Familienzusammenführung oder in der Rechtssache Promusicae.[549] Auch wenn

---

[542] EuGH, Rs. C-108/10, *Scattolon*, Slg. 2011, I-7491, Rn. 84.

[543] EuGH, Rs. C-453/04, *Innoventif*, Slg. 2004, I-4929, Rn. 29; vom EuGH erwähnt in verb. Rs. C-267/10 und C-268/10, *Rossius und Collard*, Slg. 2011, I-81, Rn. 15, um zu erklären, warum er nicht klarstellt, ob die fraglichen belgischen Maßnahmen in die Reichweite des Unionsrechts fallen würden.

[544] *F. Fontanelli*, HRLR 14 (2014) 2, S. 231.

[545] EuGH, Rs. C-617/10, *Åkerberg Fransson*, Urt. v. 26.2.2013, ECLI:EU:C:2013:105, Rn. 18–21; vgl. *F. Fontanelli*, EuConst 9 (2013) 2, S. 315 (322–327); *T. Kingreen*, JZ 68 (2013) 17, S. 801 (802–806): für parallele Anwendbarkeit.

[546] EuGH, verb. Rs. C-74/95 und C-129/95, *Strafverfahren gegen X*, Slg. 1996, I-6609, Rn. 24–26; vgl. *H.-J. Papier*, DVBl. 124 (2009) 8, S. 473 (480); *G. Dannecker*, JZ 68 (2013) 12, S. 616 (617).

[547] EuGH, Rs. C-292/97, *Karlsson u.a.*, Slg. 2000, I-2737, Rn. 35; s. dazu *K. Lenaerts*, EuConst 8 (2012) 3, S. 375 (379).

[548] S.o. 4. Kapitel B.I.1.c) aa) bei Fn. 32.

[549] EuGH, Rs. C-540/03, *Parlament/Rat*: *Familienzusammenführung*, Slg. 2006, I-5769, Rn. 104–105; s. dazu auch *P. Szczekalla*, NVwZ 25 (2006) 9, S. 1019 (1021); *J. F. Lindner*, EuZW 18 (2007) 3, S. 71 (73); EuGH, Rs. C-275/06, *Promusicae*, Slg. 2008, I-271, Rn. 67 f.

ein Mitgliedstaat bei der Durchführung über ein weites Ermessen verfügt, müssen also die nationalen Vorschriften, die er erlässt, nach ständiger Rechtsprechung mit dem Erfordernis einer einheitlichen Anwendung des Unionsrechts in Einklang stehen, um eine Ungleichbehandlung zu verhindern.[550]

Auch im Urteil N. S. gegen Secretary of State for the Home Department nimmt die Große Kammer des EuGH eine »Durchführung« im Sinne von Art. 51 Abs. 1 GRCh an, obwohl Art. 3 Abs. 2 der Dublin II-Verordnung[551] den Mitgliedstaaten ein Ermessen bei der Übernahme der Zuständigkeit für die Prüfung eines Asylantrags einräumt. Dieses Ermessen ist indes Teil des von der Verordnung vorgesehenen Verfahrens zur Bestimmung des für einen Asylantrag zuständigen Mitgliedstaats und stellt daher nur ein Element des Gemeinsamen Europäischen Asylsystems dar. Übt ein Mitgliedstaat dieses Ermessen aus, führt er damit Unionsrecht im Sinne von Art. 51 Abs. 1 GRCh durch.[552]

Gleichzeitig formuliert der EuGH in seinem Urteil in der Rechtssache Fransson, es stehe »den nationalen Behörden und Gerichten weiterhin frei, nationale Schutzstandards für die Grundrechte anzuwenden, sofern durch diese Anwendung weder das Schutzniveau der Charta, wie sie vom Gerichtshof ausgelegt wird, noch der Vorrang, die Einheit und die Wirksamkeit des Unionsrechts beeinträchtigt werden«.[553] Der EuGH lässt es also auch zu, dass das Bundesverfassungsgericht innerhalb von Spielräumen am Maßstab des Grundgesetzes prüft.

Die meisten Kommentatoren akzeptieren dieses Verbundmodell oder diese Kumulationsthese,[554] Vorrangthese[555] oder Verbindungsthese[556] mit einer parallelen oder kumulativen Anwendung der Unionsgrundrechte und der mitgliedstaatlichen Grundrechte bei der Umsetzung.[557] Für das Verständnis des

---

[550] S. auch EuGH, Rs. C-101/01, *Bodil Lindqvist*, Rn. 82–87. Die Richtlinie 95/46 enthält Vorschriften, die »durch eine gewisse Flexibilität gekennzeichnet« sind, und »überlässt es in vielen Fällen den Mitgliedstaaten, die Einzelheiten zu regeln oder zwischen Optionen zu wählen«; die Mitgliedstaaten verfügen »in vielerlei Hinsicht über einen Handlungsspielraum«. S. auch EuGH, Rs. C-81/05, *Cordero Alonso*, Slg. 2006, I-7569, Rn. 37, Rs. C-378/07, *Angelidaki u.a.*, Slg. 2009, I-3071 und dazu *H. Kaila*, in: P. Cardonnel u.a. (Hrsg.), Constitutionalising the EU Judicial System, 2012, S. 291 (305).

[551] Verordnung (EG) Nr. 343/2003 des Rates vom 18.2.2003.

[552] EuGH, verb. Rs. C-411/10 und 493/10, *N. S. u.a.*, Slg. 2011, I-13905, Rn. 68.

[553] EuGH, Rs. C-617/10, *Åkerberg Fransson*, Urt. v. 26.2.2013, ECLI:EU:C:2013:105, Rn. 29; s. auch Rs. C-168/13 PPU, *Jeremy F.*, Urt. v. 30.5.2013, ECLI:EU:C:2013:358; vgl. *C. Franzius*, ZaöRV 75 (2015) 2, S. 383 (399).

[554] *T. Kingreen*, JZ 68 (2013) 17, S. 801 (802).

[555] *S.-P. Hwang*, EuR 49 (2014) 4, S. 400 (406).

[556] *C. Franzius*, ZaöRV 75 (2015) 2, S. 383 (388).

[557] *S. Schmahl*, EuR-Bei 2008, S. 7 (17); *D. Ehlers*, in: D. Ehlers/U. Becker (Hrsg.), Europäische Grundrechte und Grundfreiheiten, 4. Aufl. 2014, S. 513, Rn. 74; *J. Kühling*, in: A. von Bogdandy/J. Bast (Hrsg.), Europäisches Verfassungsrecht, 2015, S. 657 (682); *J. Kokott/C. Sobotta*, EuGRZ 37 (2010) 10–13, S. 265 (270). Dagegen: *C. Calliess*, JZ 64 (2009) 3, S. 113 (120 f.): »Charakter der Richtlinie«; *A. Große Wentrup*, Die Europäische Grundrechtecharta im Spannungsfeld der Kompetenzverteilung zwischen Europäischer Union und Mitglied-

EuGH spricht auch der Wortlaut von Art. 51 Abs. 1 GRCh. Der Formulierung ist nicht zu entnehmen, dass Unionsrecht nur »durchgeführt« wird, soweit eine mitgliedstaatliche Maßnahme durch Unionsrecht determiniert ist. Für die englische Formulierung »implementing« und die französische Wendung »mettent en œuvre« ist ein Spielraum geradezu typisch. Durchführung bedeutet vielmehr auch, dass das Unionsrecht den rechtlichen Rahmen zieht oder Einzelaspekte eines umfangreicheren Rechtsproblems regelt. Die Mitgliedstaaten mögen zwar vordergründig autonom handeln, wenn sie eine Richtlinie umsetzen und dabei bewusst eingeräumte Gestaltungsspielräume nutzen oder die Richtlinie überhaupt nur eine Mindestharmonisierung anordnet. Dennoch bewegen sie sich im Anwendungsbereich der Richtlinie.[558] Die Aufspaltung der gestuften Rechtsetzung in unionsrechtlichen und mitgliedstaatlichen Teil wird dem Wesen der Richtlinie als Rechtsetzungsinstrument nicht gerecht: Die innerstaatliche Rechtsetzung ist von der Richtlinie veranlasst und in ihrer Ausführung auf die einzelnen Richtlinienbestimmungen bezogen. Die Richtlinie setzt den Rahmen des mitgliedstaatlichen Handelns.[559]

c) Solange-Rechtsprechung: Rückzug vom Rückzug?

In die Vorschläge zur Erweiterung des Prüfungsgegenstandes lässt sich auch die bereits angesprochene Abkehr des Bundesverfassungsgerichts von seiner Solange-Rechtsprechung für Umsetzungsrecht einreihen. Anknüpfungspunkt dafür ist die Entscheidung zur Vorratsdatenspeicherung.[560] Allerdings setzt die Verlagerung des Solange-Kriteriums von der Prüfungs- auf die Verwerfungs-

---

staaten, 2003, S. 54; *H.-J. Papier*, DVBl. 124 (2009) 8, S. 473 (480): Durchführung von zwei »verfassungsrechtlichen« Verfahren, zum EuGH und in Deutschland, sei den Betroffenen nicht zuzumuten, Gefahr, dass die Entscheidungen der beiden Rechtsschutzebenen bezüglich der jeweiligen Grundrechtsgewährleistung divergieren; *G. Ziegenhorn*, NVwZ 29 (2010) 13, S. 803 (807–808): Unionsgrundrechte bilden keinen europäischen menschenrechtlichen Mindeststandard, sind »keine zweite EMRK«; *W. Cremer*, EuGRZ 38 (2011) 19–21, S. 545 (550); Differenziert *T. von Danwitz*, in: M. Herdegen u.a. (Hrsg.), Staatsrecht und Politik, 2009, S. 19 (27–29); nun auch *T. Kingreen*, in: C. Calliess/M. Ruffert (Hrsg.), EUV/AEUV-Kommentar, 5. Aufl. 2016, Art. 51 EU-GRCharta, Rn. 13–15.

[558] *M. Borowsky*, in: J. Meyer (Hrsg.), Kommentar zur Charta der Grundrechte der Europäischen Union, 4. Aufl. 2014, Artikel 51, Rn. 25; *H. D. Jarass*, NVwZ 31 (2012) 8, S. 457 (460); *H. Sauer*, in: N. Matz-Lück/M. Hong (Hrsg.), Grundrechte und Grundfreiheiten im Mehrebenensystem – Konkurrenzen und Interferenzen, 2012, S. 1 (25); *C. Ohler*, NVwZ 32 (2013) 22, S. 1433 (1436 f.).

[559] *J. Kühling*, in: A. von Bogdandy/J. Bast (Hrsg.), Europäisches Verfassungsrecht, 2015, S. 657 (682); *H. Sauer*, in: N. Matz-Lück/M. Hong (Hrsg.), Grundrechte und Grundfreiheiten im Mehrebenensystem – Konkurrenzen und Interferenzen, 2012, S. 1 (26 f.); a.A. *T. Kingreen*, in: C. Calliess/M. Ruffert (Hrsg.), EUV/AEUV-Kommentar, 5. Aufl. 2016, Art. 51 EU-GRCharta, Rn. 14 mit Betonung der Zweistufigkeit der Rechtsetzung bei der Richtlinie.

[560] BVerfGE 125, 260 (306 f.), 1 BvR 256/08 u.a. –*Vorratsdatenspeicherung*.

kompetenz[561] voraus, dass das Bundesverfassungsgericht gegenüber dem EuGH eine größere Vorlagebereitschaft zeigt. Darin liegt das Potential: Eine Verschiebung der Aufmerksamkeit von den Fragen der Zuständigkeitsabgrenzung zwischen den Gerichten und der Abgrenzung der Grundrechtssphären auf inhaltliche Fragen des Grundrechtsschutzes. Man kann die Dialogbereitschaft des EuGH unterschiedlich beurteilen. Anlass für Zweifel sind gegeben. Richtig ist jedenfalls, dass das Bundesverfassungsgericht auf diese Weise vermeiden könnte, dass wichtige Grundrechtsfragen an ihm vorbei laufen und zwischen Fachgerichtsbarkeit und EuGH verhandelt werden.

Wohl müsste das Bundesverfassungsgericht spiegelbildlich zum EuGH über Kriterien reflektieren, mit denen es seine Zuständigkeit ausübt. Der Grad der Determiniertheit durch das Unionsrecht könnte dabei ein wichtiges Kriterium sein. Nicht als Ausschlusskriterium für die Anwendung der einen oder anderen Grundrechtsordnung und die damit verbundene Zuständigkeit, sondern als Kriterium der Kontrollintensität würde die Nähe zum Unionsrecht und das Ausmaß der unionsrechtlichen Determinierung eines Sachverhalts damit eingeordnet. Auf diese Weise entstünde ein gewisses Maß an Redundanz, und zugleich würde ein Grundrechtsdialog mit unterschiedlich geprägten institutionellen Perspektiven und Standpunkten ermöglicht. Mit einem solchen Dialog würde sich auch die Hoffnung verknüpfen, dass die Überprüfung gefestigter Rechtsprechungslinien im Dialog der Gerichte erleichtert wird und der Dialog die Anforderungen an die argumentative Rechtfertigung der Grundrechtsjudikatur steigert.

Man mag nun einwenden, dass eine solche Lösung eine Disposition des Bundesverfassungsgerichts über seine eigene Zuständigkeit impliziert. Dieser Vorwurf ließe sich jedoch auch gegen die Solange-Formel richten.[562]

C. Zwischenfazit

Die Grundrechtsgerichte auf der föderalen Ebene können mit verschiedenen dogmatischen Figuren Zurückhaltung üben. Damit können sie Grundrechtsvielfalt durch Separation der Grundrechtssphären ermöglichen oder aber das Potential der Redundanz für die Grundrechtsdynamik in der föderalen Struktur würdigen.

Im Gerichtsföderalismus der USA begrenzt der *U.S Supreme Court* seine Jurisdiktion im Verhältnis zu den *state courts* auf der Grundlage der *independent and adequate state grounds doctrine* und der *abstention doctrines.* Innerhalb seiner Jurisdiktion wendet der Gerichtshof die in den 14. Zusatzartikel inkor-

---

[561] *M. Bäcker*, EuR 46 (2011) 1, S. 103 (107–110).

[562] S.o. 6. Kapitel A. III. 1.

porierten Grundrechte sodann grundsätzlich ohne Abstriche auch auf die Einzelstaaten an. In der Long-Rechtsprechung zur *independent and adequate state grounds doctrine* lässt sich ein Modus der Verarbeitung der Spannung zwischen individueller und demokratischer Selbstbestimmung in der föderalen Struktur erkennen. Die *state supreme courts* müssen sich entweder gegenüber dem *U.S. Supreme Court* im *certiorari*-Verfahren oder aber möglicherweise gegenüber der demokratischen (verfassungsändernden) Mehrheit in ihrem Einzelstaat rechtfertigen. Beim Kriterium der Angemessenheit lässt der Gerichtshof bezüglich prozeduraler Entscheidungsgesichtspunkte eine besondere Strenge walten. Hier besteht eine andere Interessenlage als bei materiell-rechtlichen Gesichtspunkten der Entscheidung des *state court*. In der Rechtsprechung zur *abstention doctrine* wiederum zeigt sich eine Zurückhaltung des *U.S. Supreme Court* nicht nur als Bundesgericht im föderalen Gefüge, sondern auch in seiner Rolle als Verfassungsgericht.

Auf der Grundlage einer Analyse dieser Doktrinen lassen sich Ansätze für den EuGH analysieren und weiterentwickeln. Eine wesentliche Einsicht aus dem Verfassungsvergleich lautet dabei, dass es bei der Entwicklung von Kriterien für die Anwendung der Unionsgrundrechte auf die Mitgliedstaaten die richtigen Fragen zu stellen gilt, um das Kontrollniveau des EuGH zu bestimmen. Folglich bietet sich für den EuGH ein dreigliedriges Modell variabler Kontrolldichte an. Es kann im Grundsatz an die tatsächlich variable Kontrollintensität in der Grundrechtsjudikatur des EuGH anknüpfen. Die Kontrollintensität orientiert sich zum einen am Ausmaß des Konsenses zwischen den Mitgliedstaaten. Zum anderen unterscheidet sich die Kontrollintensität in Abhängigkeit davon, ob substantielle oder prozedurale Grundrechtsaspekte betroffen sind.

Die Orientierung am Ausmaß des Konsenses kann den *U.S. Supreme Court* und den EGMR als Vorbilder heranziehen. Aber auch die Unterscheidung zwischen substanziellen und prozeduralen Grundrechtsaspekten kann sich am neuen prozessorientierten Ansatz für die Bestimmung einer *margin of appreciation* in der Rechtsprechung des EGMR orientieren. Der EGMR verknüpft die Orientierungsfunktion des europäischen Konsenses und prozedurale Kriterien. Diese Kombination aus konsensorientierten Argumenten und prozeduralem Ansatz zur Bestimmung der *margin of appreciation* überzeugt normativ mit Blick auf die demokratische Legitimation internationaler Gerichte.

Zwischen prozeduraler Rationalität und Konsens findet eine doppelte Interaktion statt. Erstens bildet der prozedurale Ansatz die Grundlage für ein aktives Engagement der innerstaatlichen Stellen der Konventionsstaaten, das zu einer Konsolidierung des später vom EGMR analysierten europäischen Konsenses beitragen kann. Zweitens kann der prozedurale Ansatz die Bedingungen für die Anfechtung eines vom EGMR in konstruktiver Weise erzielten progressiven Konsenses festlegen. In beiden Fällen ermöglicht diese Interaktion eine dynamische Entwicklung der europäischen Menschenrechte, die entweder in der Praxis der Konventionsstaaten (analytischer oder bottom-up-Ansatz) oder durch den Gerichtshof (konstruktiver oder top-down-Ansatz) erreicht wird.

Daran anknüpfend lässt sich auch für den EuGH ein Modell ›moderierter Redundanz‹ entwickeln. Auf dieser Grundlage ergibt sich eine Aufgabenverteilung, die das Potential der Redundanz der Grundrechtsgerichte und -ordnungen würdigt und einen Grundrechtsdialog zwischen den Gerichten, insbesondere im Vorlageverfahren nach Art. 267 AEUV, aber auch unter Einbeziehung der demokratischen Prozesse in den Mitgliedstaaten befördert. Durch die doppelte Interaktion von Konsensanalyse und prozeduralen Kriterien wird zugleich die individuelle und demokratische Selbstbestimmung auf den verschiedenen Ebenen im Sinne eines demokratischen Konstitutionalismus konzeptionell miteinander verknüpft. Da dem EuGH dabei eine durchaus ambitionierte Rolle zufällt, die Verfahrensgestaltungen in den Mitgliedstaaten zu beeinflussen und dabei sogar auch seine Partner im Grundrechtsdialog zu einem gewissen Grad zu formen, handelt es sich um ein Modell ›moderierter Redundanz‹, in dem der EuGH zugleich Dialogpartner wie Moderator des Dialogs ist.

Strategien der einzelstaatlichen Gerichte, im Grundrechtsföderalismus ihre Rolle als Grundrechtsgerichte zu stärken, können bei den Prüfungsmaßstäben und beim Prüfungsgegenstand ansetzen. Sie tragen dazu bei, die föderale Balance zwischen den Grundrechtsgerichten und ihre Dialogfähigkeit zu verbessern. Dies wiederum ist Voraussetzung dafür, dass sich das Potential der Redundanz verwirklichen kann. Dass es die Position der einzelstaatlichen Grundrechtsgerichte stärken kann, wenn sie nicht nur die einzelstaatlichen Grundrechte, sondern auch die Bundesgrundrechte als Maßstab heranziehen können, zeigt das Beispiel der *state supreme courts* in den USA. Allerdings wirft die unabhängige Auslegung von gleichlautenden oder ähnlich formulierten Parallelgewährleistungen durchaus auch konzeptionelle Schwierigkeiten auf.

Die strategischen Möglichkeiten der deutschen Landesverfassungsgerichte, sich als Grundrechtsgerichte zu profilieren, sind im Vergleich dazu relativ begrenzt. Insbesondere hat der Gedanke des Hineinwirkens des Grundgesetzes in die Landesverfassungen keine überzeugende Grundlage für eine Rechtsprechungsexpansion der Landesverfassungsgerichte im Bereich der Grundrechte bieten können. Die Autonomie des Landesverfassungsrechts leidet tendenziell unter dem Hineinwirken des Grundgesetzes, während der Bedeutungsgewinn der Landesverfassungsgerichte, der sich auf dieser Grundlage ergeben kann, ungewiss ist.

Das Bundesverfassungsgericht könnte die Unionsgrundrechte mit den erläuterten Konstruktionen in seinen Prüfungsmaßstab einbeziehen und seine Solange-Rechtsprechung modifizieren. Dies würde einen Wechsel vom Leitbild der Separation zum Leitbild der Redundanz bedeuten. Allerdings hat auch dies einen Preis. Die Verankerung der Grundrechte in einem jeweils spezifischen verfassungsrechtlichen Diskurs in einem Mitgliedstaat, in Abgrenzung zu anderen Mitgliedstaaten und der europäischen Ebene und in Abgrenzung von Verfassungs- und Fachgerichtsbarkeit wird dadurch gelockert. Man kann darin vor allem eine Gefahr für die übergeordnete Autorität der Verfassungsgerichte sehen. Allerdings birgt die Redundanz Chancen, die dieses Risiko zumindest aufzuwiegen scheint.

Schluss

Zu vergleichen ist ein anspruchsvolles Unterfangen. Gerade den Bundesstaat und föderale Strukturen als unvergleichlich beiseite zu nehmen, läuft indes auf eine *petitio principii* hinaus: Wer die Unvergleichlichkeit konstatiert, muss bereits verglichen haben. Damit sollen die methodischen Schwierigkeiten und anspruchsvollen theoretischen Grundlagen des Verfassungsvergleichs nicht ignoriert werden.[563] In dieser Arbeit wurde zunächst versucht, formale Gemeinsamkeiten auszumachen, die im materiellen, institutionellen und prozeduralen Grundrechtspluralismus gefunden wurden. Des Weiteren versicherte sich die Argumentation der ideengeschichtlichen Grundlagen in den verschiedenen Verfassungsordnungen.

Vor allem aber sollte der Vergleich nicht als Suche nach einfach zu transplantierenden Lösungen verstanden werden. Ertrag des Vergleichs sind nicht Antworten, sondern neue Fragestellungen, insbesondere die Frage, ob bislang die richtigen Fragen gestellt worden sind oder zumindest nicht noch weitere Fragen gestellt werden müssen. Anleitend ist dabei vor allem die Einsicht in die organisatorische Funktion der Grundrechte für die Struktur des Gemeinwesens und die wechselseitige Abhängigkeit von Grundrechten und föderaler Struktur. Sie lässt sich mit einem bloßen Hinweis auf die unitarisierende Wirkung zentraler Grundrechtsjudikatur nur unzureichend erfassen.

Die Reduktion der Problematik auf die Frage des Zentralisierungsgrades oder des Ausmaßes an Unitarisierung ist eigentlich inadäquat. Es muss vielmehr der Zusammenhang der Grundrechte mit der demokratischen Legitimation in den Blick genommen werden. Der zentrale Grundrechtsschutz stellt dann gerade auch sicher, dass sich die Bedeutung föderaler Strukturen nicht auf eine garantierte Autonomie der Einzelstaaten im Sinne von *states qua states* beschränkt. Die zentralen Grundrechte sind nicht nur Grenzen des demokratischen Entscheidens in den Einzelstaaten, sondern zugleich Voraussetzung der

---

563 Aus der umfangreichen Literatur s. *G. Frankenberg*, Harv.Int'l L.J. 26 (1985) 2, S. 411; *M. Tushnet*, Yale L.J. 108 (1999) 6, S. 1225; *R. Wahl*, in: Verfassungsstaat, Europäisierung, Internationalisierung, 2003, S. 96; *S. Baer*, ZaöRV 64 (2004) 3, S. 735; *R. Hirschl*, Am.J. Comp. L. 53 (2005) 1, S. 125; *G. Frankenberg*, I•CON 4 (2006) 3, S. 439; *M. Tushnet*, in: S. Choudhry (Hrsg.), The Migration of Constitutional Ideas, 2006, S. 67; *A. Tschentscher*, JZ 62 (2007) 17, S. 807; *C. Schönberger*, VRÜ 43 (2010) 1, S. 6; *V. C. Jackson*, in: M. Rosenfeld/A. Sajó (Hrsg.), The Oxford Handbook of Comparative Constitutional Law, 2012, S. 54.

Anerkennung dieser Entscheidungen als legitim und, funktional gesehen, Ermöglichungsbedingungen. Sie können die Repräsentativität, Inklusivität und partizipatorische Grundlage demokratischer Selbstbestimmung vor Ort verbessern. Diesen Fokus vermitteln gerade auch neuere progressive Ansätze in der Föderalismusforschung der USA. Aus diesem Grund muss auch die Analyse des Gerichtsföderalismus den ›Seitenblick‹ auf das Verhältnis der Grundrechtsgerichte zum demokratischen Prozess einbeziehen.

Vor diesem Hintergrund erscheint auch das mit dem Föderalismus verknüpfte Anliegen der Bewahrung der Besonderheit und der Traditionen der Einzelstaaten nur dann gerechtfertigt, wenn die Tradition nicht Selbstzweck ist, sondern stetig demokratisch inklusiv erneuert wird. Grundrechte, auch zentrale Grundrechte, stellen sicher, dass dies möglich bleibt.

Neue Fragen müssen vor allem mit Blick auf den Grundrechtsschutz in der Europäischen Union gestellt werden: Mit einer »Effektivitätskonzeption« allein lässt sich weder ein angemessenes Anwendungsregime errichten, noch lassen sich angemessene Kriterien für Kontrollstandards entwickeln. Für die Europäische Union wäre ein Grundrechtsverständnis nicht länger angemessen, das allein funktionalistischen Belangen der europäischen Integration oder der Legitimation der europäischen Ebene durch die Sprache der Grundrechte verpflichtet ist. Vielmehr sind die Qualität der Union als dual strukturiertes demokratisches Gemeinwesen und die Wechselbezüglichkeit von Grundrechten und Demokratie in den Blick zu nehmen. Differenzierte Prüfungsmaßstäbe wie ein prozeduraler Ansatz bei der Einräumung von Beurteilungsspielräumen sind in diesem Sinne institutionell sensibel, ohne dass sich institutionelle Relationen unmittelbar in differenzierte Prüfungsmaßstäbe übersetzen ließen.

Der Vergleich hat eine Reihe von Faktoren offenbart, die zur Erklärung der relativen Schwäche der deutschen Landesverfassungsgerichte beitragen. Hervorzuheben ist vor allem, dass die Landesverfassungsgerichte sich im Gegensatz zu den *state supreme courts* in den USA gegenüber dem *U.S. Supreme Court* in ihrer institutionellen Stellung nicht vom Bundesverfassungsgericht absetzen. Erscheinen sie nur als verkleinerte Abbilder des Bundesverfassungsgerichts, so ist eine abweichende Rechtsprechung schwerer zu rechtfertigen. Unterschiedliche Perspektiven sind indes die Voraussetzung eines bedeutungsvollen Dialogs zwischen institutionellen Akteuren. Sind die Voraussetzungen eines solchen Dialogs gegeben, so kann sich das Potential entfalten, das sich daraus ergibt, dass sich Grundrechtsgerichte auch untereinander durch gute Gründe rechtfertigen müssen und zu einer ständigen Überprüfung ihrer Judikatur aufgefordert werden.

Im Lichte dieser Analysen bestehen gute Chancen und Perspektiven dafür, dass die mitgliedstaatlichen Grundrechtsgerichte in der Europäischen Union nicht das Schicksal der deutschen Landesverfassungsgerichte ereilen wird. Die Dogmatik bietet eine Reihe von Anknüpfungspunkten sowohl für Grundrechtsvielfalt als auch für Strategien zur Stärkung der einzelstaatlichen Grundrechtsgerichte.

Zusammenfassende Thesen

I. Struktur des Grundrechtsföderalismus

1. Die gemeinsame Konstellation des Grundrechtsföderalismus in der Bundesrepublik Deutschland, den Vereinigten Staaten von Amerika und der Europäischen Union ist durch einen materiellen, institutionellen und prozeduralen Pluralismus geprägt. Diese drei Dimensionen des Grundrechtsföderalismus finden sich in dieser Form nur hier, nicht jedoch in der Schweiz, in Kanada oder in Australien.
2. Wirken die materielle, institutionelle und prozedurale Dimension des Grundrechtsföderalismus zusammen, so gewinnt dadurch der Grundrechtsschutz durch einzelstaatliche Grundrechtsgerichte in den Vergleichsordnungen praktische Bedeutung. Voraussetzung dafür ist, dass nicht nur materielle Grundrechte geschriebener Teil der einzelstaatlichen Verfassungen sind und die Institution einer einzelstaatlichen Verfassungsgerichtsbarkeit besteht. Darüber hinaus muss prozedural auch dem einzelnen ein individueller Rechtsweg zur Verfügung stehen.
3. Trotz der beschriebenen formalen Gemeinsamkeiten sind die Unterschiede zwischen den drei Verfassungsordnungen offensichtlich, auch im Blick auf die (rechts-)kulturelle Diversität und tatsächliche Vielfalt zwischen den Einzelstaaten. Im Hinblick auf die Pluralität des Grundrechtsföderalismus ist die Hypothese, dass sie in den USA am meisten ausgeprägt ist, während Deutschland auch hier deutlich unitarisch ist. Die Europäische Union bewegt sich dazwischen.

II. Föderale Struktur und Grundrechte in den Verfassungstraditionen

4. In der Gegenüberstellung der US-amerikanischen und der deutschen Verfassungstraditionen wird die enge gedankliche Verknüpfung von Grundrechten und föderalen Strukturen deutlich. Unterschiede zeigen sich in der Zielrichtung: einerseits Strukturierung des demokratischen Gemeinwesens in den USA, andererseits Integration und Einheitsbildung in Deutschland.

5. Auch die Sichtweisen auf die primäre Gefahrenquelle für die Freiheit des Einzelnen unterscheiden sich jedenfalls im Ausgangspunkt: die demokratischen Legislativen in den USA, die (monarchischen) Exekutiven in Deutschland. In den USA werden sowohl die Grundrechte als auch die föderale Struktur überwiegend als Schutzmechanismen für die Freiheit des Einzelnen gegenüber einer potentiell übermächtigen Zentralmacht verstanden und strukturieren die pluralistische Demokratie. In der deutschen Tradition dagegen werden Bundesstaatlichkeit und Grundrechte dominierend als staatsaufbauend und einheitsstiftend begriffen.
6. Föderale Grundrechte können eine Stärkung demokratischer Selbstbestimmung vor Ort bewirken. Das Zusammenwirken von Grundrechten und föderaler Struktur definiert daher für verschiedene Phasen der Verfassungsgeschichte im US-amerikanischen wie im deutschen Bundesstaat ein charakteristisches Verhältnis von individueller und demokratischer Autonomie.
7. Im Verlauf der Verfassungsgeschichte wirken da wie dort effektiver Schutz von Rechten und föderale Struktur als Mechanismen der Freiheitssicherung zeitweise in einem Verhältnis der Komplementarität, zeitweise dominiert aber auch ein Spannungsverhältnis.
8. Daher bietet es sich an, die Perspektive auf den Grundrechtsföderalismus über den Dualismus von Unitarisierung und Föderalisierung hinaus um die jeweils prägenden Einstellungen des Verhältnisses von individueller und demokratischer Autonomie zu erweitern, wie in der Einführung dargelegt also eine individualistische mit einer holistischen Perspektive zu verbinden.
9. Grundrechte und Strukturfragen sind auch in der Europäischen Union aufeinander bezogen. Auch die Unionsgrundrechte haben eine Funktion im Gesamtaufbau des Gemeinwesens: In der Europäischen Union als pluralistischer Ordnung sollten die Unionsgrundrechte aus der Sicht des EuGH zunächst vor allem eine Legitimationsfunktion für die europäische Ebene selbst erfüllen und den Vorrang des Unionsrechts absichern. Aus mitgliedstaatlicher Sicht dienten sie auch dazu, die europäische Ebene grundrechtlich einzuhegen.
10. Inzwischen erscheint ein Mehr an föderalem Grundrechtsschutz zugleich als ein Zentralisierungsmoment. Vor diesem Hintergrund ist in der EU die Gleichzeitigkeit der tendenziell mit einem Unitarisierungsschub verknüpften Entwicklung zu einem geschriebenen Grundrechtskatalog und der Formalisierung der Kompetenzen, die eine entgegengesetzte Stoßrichtung verfolgte, bemerkenswert.
11. Zugleich zeigt der Vergleich, dass die Grundrechte jeweils stark in den spezifischen Traditionen und Legitimationsstrukturen der jeweiligen Verfassungsordnung verankert sind. Die besondere Struktur der Europäischen

Union bedeutet demgegenüber, dass ein Fragezeichen hinter die demokratische Verankerung der Grundrechte in der EU zu setzen ist.

12. Mit Blick auf die Bindung auch der EU-Mitgliedstaaten an die Unionsgrundrechte lehrt die Erfahrung aus den USA, dass sie auch den Grundrechtsschutz gegenüber der Union selbst verbessern kann: Infolge der sogenannten Inkorporation ergab sich für den *U.S. Supreme Court* ein stetiger Zustrom von Fällen, der es ihm ermöglichte, seine Grundrechtsjudikatur zu entfalten. In einem zweiten Schritt wurden die Bundesgrundrechte sodann, auf der Grundlage der bereits entwickelten Doktrin, auch gegenüber dem Kongress angewandt.

III. Freiheitssicherung durch föderale Strukturen

13. Bei der Freiheitssicherung durch föderale Strukturen lassen sich in der Gegenwart insbesondere drei Wirkungsmechanismen unterscheiden: die föderale Gewaltenbalance, die sich am jeweiligen Schema der Kompetenzverteilung in den USA und Deutschland orientiert, der Wettbewerb zwischen den Gemeinwesen und die Verbesserung von Repräsentation und Partizipation.
14. Die einzelnen Modelle der Wirkungsweisen föderaler Strukturen zeigen alle mehr oder weniger explizite Bezüge zu Vorstellungen von Rechten, als Voraussetzung oder als Produkt der föderalen Strukturen. Rechte und Struktur sind daher nicht getrennt zu denken. Insbesondere können individuelle Rechte, die eine Ebene garantiert, Bedingungen der Autonomie einer anderen Ebene in der Struktur sein, gerade weil sie ein demokratisches »empowerment« bewirken können.
15. Vereinfacht gesagt geht die Tendenz in den USA dahin, die Wirkungsweisen des föderalen Freiheitsschutzes als Effekte zu begreifen, die den Grundrechtsschutz entlasten. Darin spiegelt sich die Dominanz von liberalen, staatsabwehrenden und ökonomischen, wettbewerbsorientierten Vorstellungen vom Zusammenhang von Föderalismus und Freiheit. In Deutschland dagegen überlagert und begrenzt der Grundrechtsschutz sowohl die Kompetenzteilung als Grundlage der föderalen Gewaltenbalance als auch die anderen Effekte.
16. In gewisser Weise sind die da wie dort dominierenden Verständnisse zu einseitig. Zum einen sind die Grundrechte zugleich Voraussetzungen des Freiheitsschutzes durch föderale Strukturen, insbesondere wenn man die republikanische Dimension der Freiheit mit einbezieht. Zum anderen sind Rechte aber auch das Produkt demokratischer Deliberation, die durch die föderale Struktur begünstigt wird.

17. Die unterschiedlichen Vorstellungen von einem Freiheitsschutz durch föderale Strukturen sind mit unterschiedlichen Vorstellungen von den Grundrechten verknüpft. Ein angemessener Freiheitsbegriff kann nicht auf die Freiheit von ungerechtfertigten privaten Zwängen verzichten, zu deren Schutz die Bundesbehörden neben den Staaten beitragen können.
18. Die Theorieangebote für die Freiheitssicherung durch föderale Strukturen erweisen sich letztlich insgesamt als unbefriedigend. Mit ihrem verengten negativen Freiheitsbegriff sind sie konzeptionell defizitär, und mit Blick auf die tatsächlichen Gefährdungslagen sind sie auch unterkomplex. Insbesondere halten sie mit der Entwicklung in Grundrechtstheorie und -dogmatik mit der objektiv-rechtlichen Dimension der Grundrechte, Schutz-, Verfahrens- und Teilhabeansprüchen nicht mit.
19. Einen Ausgangspunkt für eine Erneuerung der normativen Theorie des Föderalismus, die zugleich den einseitigen Fokus auf die Individuen oder die Einzelstaaten überwindet, bietet die Gleichursprünglichkeit von individueller und demokratischer Selbstbestimmung. Gegenstand dieser Theorie sind nicht nur Staaten und Individuen, sondern ist die plurale demokratische und individuelle Selbstbestimmung.

IV. Einzelstaatliche Grundrechtsjudikatur im föderalen Kompetenzgefüge

20. Trotz im Grundsatz vergleichbarer Strukturen der Grundrechtsföderalismen in den USA und in Deutschland und im Detail notwendiger Differenzierungen ist die relative Bedeutung der *state supreme courts* für die Grundrechtsjudikatur insgesamt größer als die der deutschen Landesverfassungsgerichte.

21. Die unterschiedlichen Spielräume und Entwicklungstendenzen der deutschen Landesverfassungsgerichte, der einzelstaatlichen Obergerichte in den USA und der mitgliedstaatlichen Grundrechtsgerichte in der Europäischen Union haben ihre Gründe im Grundrechtskollisionsrecht, in der materiellen Reichweite des Bundes- oder Unionsrechts und in der institutionellen Stellung und Methode der zentralen Grundrechtsgerichte auf Bundes- bzw. Unionsebene.

22. Sowohl in den USA als auch in Deutschland und der Europäischen Union überlagern sich die Grundrechtsgewährleistungen der verschiedenen Ebenen und begründen jedenfalls teilweise kumulative Grundrechtsbindungen. Die jeweiligen Grundrechtskollisionsregime führen dazu, dass die föderalen Grundrechte als Mindeststandard wirken. Dessen Bedeutung variiert

allerdings in Abhängigkeit vom Entwicklungsstand der föderalen Grundrechte.

23. In den drei verglichenen Rechtsordnungen sind bestehende Bundeskompetenzen in unterschiedlichem Umfang und mit unterschiedlicher Regelungstiefe in Anspruch genommen worden. Daher ist der Blick auf die Kompetenzverteilung für die verbleibenden Spielräume der Einzelstaaten und ihrer Grundrechtsgerichte von unterschiedlicher Relevanz.

24. In der Bundesrepublik ist die durch das Bundesverfassungsgericht bewirkte Unitarisierung maßgeblich auf die Grundrechtsjudikatur mit weitreichenden Grundrechtswirkungen und einem weiten Schutzbereichsverständnis zurückzuführen. Unitarische Tendenzen im Übrigen sind demgegenüber vor allem der Gesetzgebung zuzuschreiben. In der Europäischen Union dagegen beruht ein »pervasive effect of federalism« maßgeblich auf der Interpretation und Fortentwicklung des Primärrechts durch den EuGH, gerade auch dort, wo es an einschlägigem Sekundärrecht fehlt.

25. Die beschränkte legislative Grundrechtskompetenz in den USA und der EU wirkt sich unterschiedlich aus. Während der EuGH politische Defizite kompensiert und auf die Wahrung des föderalen (Anwendungs-)Vorrangs des Unionsrechts bedacht ist, sieht sich der *U.S. Supreme Court* stärker in einem Spannungsverhältnis zum politischen Prozess der Grundrechtsausgestaltung im Kongress. Gerade der Umstand, dass die Deutungshoheit über Grundrechte stärker umstritten ist, verbessert aber die Chancen einzelstaatlicher Grundrechtsgerichte, an dieser Deutung teilzuhaben.

V. Separation und Redundanz als Leitbilder für die verdoppelte Grundrechtsgerichtsbarkeit

26. Separation und Redundanz sind Leitbilder für die verdoppelte Grundrechtsgerichtsbarkeit im Grundrechtsföderalismus. Die Separation soll durch Entflechtung Abstimmungsprobleme und Reibungsverluste vermeiden und für Transparenz, Vorhersehbarkeit, Kohärenz sowie effektive Ressourcennutzung sorgen. Das Leitbild der Redundanz steht demgegenüber für das Anliegen, die Funktionsprinzipien der föderalen Organisation im Verflechtungsföderalismus auf die Grundrechte und die Grundrechtsjudikatur zu übertragen. Auf diese Weise soll das mit Vielfalt, Konkurrenz und Diversität verknüpfte Innovationspotential einer dynamischen Interaktion der Grundrechtsgerichte genutzt werden.

27. Modelle der Entlastung, der Orientierung an den Gesetzgebungszuständigkeiten und der Reservezuständigkeit zielen auf eine am Leitbild der Separation orientierte Aufgabenteilung. Demgegenüber sehen die Modelle der institutionellen Differenzierung, des föderalen Wettbewerbs und des diskursiven Verbunds den Mehrwert der föderalen Grundrechtsstruktur gerade in der Redundanz. Sie hängen in ihrer Funktionsweise teilweise sogar von einem Überlappen der Zuständigkeiten ab.
28. Modelle bereichsspezifischer Aufgabenteilung sind dem Einwand ausgesetzt, dass sich aus der materiellen Verteilung der Gesetzgebungszuständigkeiten nicht unmittelbar auf gerichtliche Jurisdiktionsverhältnisse schließen lässt. Vielmehr liegt in Bereichen, für die die Gesetzgebungskompetenz haben, nicht auch ohne weiteres eine föderale Zurückhaltung in der Grundrechtsjudikatur nahe.
29. Die weiteren am Leitbild der Separation orientierten Ansätze bieten nicht unbedingt eine normative Rechtfertigung für auch materiell-rechtlich eigenständige Grundrechtsordnungen innerhalb der föderalen Struktur. Stattdessen bemühen sich die föderalen Gerichte teilweise, die einzelstaatlichen Gerichte in die eigene Rechtsprechung einzubinden.
30. Demgegenüber führen die auf die Nutzung der Potentiale der Redundanz ausgerichteten Modelle nicht nur zu einer institutionellen Verflechtung der Grundrechtsgerichte. Zugleich verschleifen sie die Grundrechtsordnungen materiell-rechtlich. Mit dieser Verschleifung der Grundrechtsordnungen geht tendenziell eine gelockerte Textbindung der Grundrechtsjudikatur einher. Zudem führt sie, als Kehrseite der Dynamik, zu einem Verlust an Vorhersehbarkeit und Berechenbarkeit.
31. Es gibt im föderalen System durchaus strukturelle Gründe für die Annahme, dass mittelfristig aus systemischen Gründen eine Tendenz eher zur Ausweitung denn zur Restriktion verfassungsmäßiger Rechte besteht, gerade weil der Vorrang des Bundesrechts nur einseitig weitergehende Rechte in den Einzelstaaten zulässt, nicht aber ein Beschneiden bundesrechtlicher Gewährleistungen. Das Potential der Redundanz, das mit einer föderalen Struktur verbunden ist, realisieren aber nur Ansätze, die auf eine dynamische Interaktion der Gerichte setzen.

VI. Dogmatik und Strategien für föderale Grundrechtsvielfalt

32. Die Grundrechtsgerichte auf der föderalen Ebene können mit verschiedenen dogmatischen Figuren Zurückhaltung üben. Damit können sie föderale Grundrechtsvielfalt durch Separation der Grundrechtssphären ermög-

lichen oder aber das Potential der Redundanz für die Grundrechtsdynamik in der föderalen Struktur würdigen.

33. Im Gerichtsföderalismus der USA begrenzt der *U.S Supreme Court* seine Jurisdiktion im Verhältnis zu den *state courts* auf der Grundlage der *independent and adequate state grounds doctrine* und der *abstention doctrine*. Innerhalb seiner Jurisdiktion wendet der Gerichtshof die in den 14. Zusatzartikel inkorporierten Grundrechte sodann grundsätzlich ohne Abstriche auch auf die Einzelstaaten an.
34. Auf der Grundlage einer Analyse dieser Doktrinen lassen sich Ansätze für den EuGH analysieren und weiterentwickeln. Eine wesentliche Einsicht aus dem Verfassungsvergleich lautet dabei, dass es bei der Entwicklung von Kriterien für die Anwendung der Unionsgrundrechte auf die Mitgliedstaaten die richtigen Fragen zu stellen gilt, um die Prüfungsintensität des EuGH zu bestimmen.
35. Für den EuGH bietet sich ein dreigliedriges Modell variabler Prüfungsdichte an. Die Prüfungsintensität orientiert sich zum einen am Ausmaß des Konsenses zwischen den Mitgliedstaaten. Zum anderen unterscheidet sich die Prüfungsintensität in Abhängigkeit davon, ob substantielle oder prozedurale Grundrechtsaspekte betroffen sind.
36. Die Orientierung am Ausmaß des Konsenses kann den *U.S. Supreme Court* und den EGMR als Vorbilder heranziehen. Aber auch die Unterscheidung zwischen substanziellen und prozeduralen Grundrechtsaspekten kann sich am neuen prozessorientierten Ansatz für die Bestimmung einer *margin of appreciation* in der Rechtsprechung des EGMR orientieren. Der EGMR verknüpft die Orientierungsfunktion des europäischen Konsenses und prozedurale Kriterien. Diese Kombination aus konsensorientierten Argumenten und prozeduralem Ansatz zur Bestimmung der *margin of appreciation* überzeugt normativ mit Blick auf die demokratische Legitimation internationaler Gerichte.
37. Daran anknüpfend lässt sich auch für den EuGH ein Modell ›moderierter Redundanz‹ entwickeln. Auf dieser Grundlage ergibt sich eine Aufgabenverteilung, die das Potential der Redundanz der Grundrechtsgerichte und -ordnungen würdigt und einen Grundrechtsdialog zwischen den Gerichten, aber auch unter Einbeziehung der demokratischen Prozesse in den Mitgliedstaaten befördert. Dem EuGH fällt dabei eine durchaus ambitionierte Rolle zu, handelt es doch sich um ein Modell ›moderierter Redundanz‹, in dem der EuGH zugleich Dialogpartner wie Moderator des Dialogs ist.
38. Strategien der einzelstaatlichen Gerichte, im Grundrechtsföderalismus ihre Rolle als Grundrechtsgerichte zu stärken, können bei den Prüfungsmaßstäben und beim Prüfungsgegenstand ansetzen. Sie tragen dazu bei, die föderale Balance zwischen den Grundrechtsgerichten und ihre Dialogfähigkeit zu verbessern. Dies wiederum ist Voraussetzung dafür, dass sich das Po-

tential der Redundanz verwirklichen kann. Dass es die Position der einzelstaatlichen Grundrechtsgerichte stärken kann, wenn sie nicht nur die einzelstaatlichen Grundrechte, sondern auch die Bundesgrundrechte als Maßstab heranziehen können, zeigt das Beispiel der *state supreme courts* in den USA.

39. Die strategischen Möglichkeiten der deutschen Landesverfassungsgerichte, sich als Grundrechtsgerichte zu profilieren, sind im Vergleich dazu relativ begrenzt. Insbesondere hat der Gedanke des Hineinwirkens des Grundgesetzes in die Landesverfassungen keine überzeugende Grundlage für eine Rechtsprechungsexpansion der Landesverfassungsgerichte im Bereich der Grundrechte bieten können.
40. Das Bundesverfassungsgericht könnte die Unionsgrundrechte in seinen Prüfungsmaßstab einbeziehen. Allerdings hat auch dies einen Preis. Die Verankerung der Grundrechte in einem jeweils spezifischen verfassungsrechtlichen Diskurs in einem Mitgliedstaat, in Abgrenzung zu anderen Mitgliedstaaten und der europäischen Ebene und in Abgrenzung von Verfassungs- und Fachgerichtsbarkeit wird dadurch gelockert. Jedoch birgt gerade die Redundanz Chancen, die die damit verbundenen Risiken zumindest aufwiegen sollten.

Literaturverzeichnis

Abraham, Henry Julian/Perry, Barbara A., Freedom and the Court: Civil Rights and Liberties in the United States, 8. Aufl., Lawrence, Kan. 2003.

Abrahamson, Shirley S./Curtis, Charles G., Jr., State Constitutions and Individual Rights, in: Kermit L. Hall (Hrsg.), The Oxford Companion to the Supreme Court of the United States, 2. Aufl., Oxford/New York 2005, S. 961–964.

Achenbach, Jelena von, Demokratische Gesetzgebung in der Europäischen Union: Theorie und Praxis der dualen Legitimationsstruktur europäischer Hoheitsgewalt, Reihe Beiträge zum ausländischen öffentlichen Recht und Völkerrecht, Bd. 248, Heidelberg 2014.

Ackerman, Bruce A., We the People I: Foundations, Cambridge, MA 1991.

Ackerman, Bruce A., We the People II: Transformations, Cambridge, MA 1998.

Ackerman, Bruce A., We the People III: The Civil Rights Revolution, Cambridge, MA 2014.

Adair, Douglass, Fame and the Founding Fathers: Essays by Douglass Adair, New York 1974.

Aemisegger, Heinz, Art. 113 Grundsatz, in: Karl Spühler/Heinz Aemisegger/Annette Dolge/Dominik Vock (Hrsg.), Bundesgerichtsgesetz (BGG): Praxiskommentar, 2. Aufl., Zürich 2013, S. 579–585.

Aemisegger, Heinz, Art. 114 Vorinstanzen, in: Karl Spühler/Heinz Aemisegger/Annette Dolge/Dominik Vock (Hrsg.), Bundesgerichtsgesetz (BGG): Praxiskommentar, 2. Aufl., Zürich 2013, S. 586–587.

Aemisegger, Heinz, Art. 116 Beschwerdegründe, in: Karl Spühler/Heinz Aemisegger/Annette Dolge/Dominik Vock (Hrsg.), Bundesgerichtsgesetz (BGG): Praxiskommentar, 2. Aufl., Zürich 2013, S. 599–604.

Agresto, John, The Supreme Court and Constitutional Democracy, Ithaca/London 1984.

Åhman, Karin, Judicial Review in Sweden – Some General Observations Regarding the Case Law from the Swedish Domestic Courts, in: Joakim Nergelius/Eleonor Kristoffersson (Hrsg.), Human Rights in Contemporary European Law, Oxford 2014, S. 75–90.

Albers, Marion, Höchstrichterliche Rechtsfindung und Auslegung gerichtlicher Entscheidungen, VVDStRL 71 (2012), S. 257–295.

Albers, Marion/Reinhardt, Jörn, BVerfG, Urt. v. 2.3.2010 – 1 BvR 256/08, 1 BvR 263/08, 1 BvR 586/08 (Vorratsdatenspeicherung im Mehrebenensystem), ZJS 5 (2010) 6, S. 767–774.

Albi, Anneli, An Essay on How the Discourse on Sovereignty and on the Co-operativeness of National Courts has Diverted Attention from the Erosion of Classic Constitutional Rights in the EU, in: Monica Claes/Maartje de Visser/James G. Pope/Catherine J. Van de Heyning (Hrsg.), Constitutional Conversations in Europe: Actors, Topics and Procedures, Cambridge u.a. 2013, S. 41–70.

Albi, Anneli, Erosion of Constitutional Rights in EU Law: A Call for ›Substantive Co-operative Constitutionalism‹, Part 1, Vienna J. Int'l Const. L. 9 (2015) 2, S. 151–185.
Albi, Anneli, From the *Banana* saga to a Sugar Saga and Beyond: Could the Post-communist Constitutional Courts Teach the EU a Lesson in the Rule of Law?, CML Rev. 47 (2010) 3, S. 791–829.
Albi, Anneli, Supremacy of EC Law in the Member States: Bringing Parliaments into the Equation of ›Co-operative Constitutionalism‹, EuConst 3 (2007) 1, S. 25–67.
Albi, Anneli/Bardutzky, Samo (Hrsg.), National Constitutions in European and Global Governance: National Reports, The Hague 2019.
Alexander, Larry/Schauer, Frederick, On Extrajudicial Constitutional Interpretation, Harv. L. Rev. 110 (1997) 7, S. 1359–1387.
Alexy, Robert, Grundrechte als subjektive Rechte und als objektive Normen, Der Staat 29 (1990) 1, S. 49–68.
Alston, Philip/Weiler, Joseph H. H., An ›Ever Closer Union‹ in Need of a Human Rights Policy, EJIL 9 (1998) 4, S. 658–723.
Alter, Karen J., The European Court's Political Power: The Emergence of an Authoritative International Court in the European Union, in: The European Court's Political Power: Selected Essays, Oxford 2009, S. 92–108.
Alter, Karen J., Who Are the »Masters of the Treaty«? European Governments and the European Court of Justice, Int. Org. 52 (1998) 1, S. 121–147.
Althouse, Ann, Federalism, Untamed, Vand. L. Rev. 47 (1994) 5, S. 1207–1228.
Althouse, Ann, How to Build a Separate Sphere: Federal Courts and State Power, Harv. L. Rev. 100 (1987) 7, S. 1485–1538.
Althouse, Ann, Inside the Federalism Cases: Concern About the Federal Courts, Annals Am. Acad. Pol. & Soc. Sci. 2001, S. 132–142.
Althouse, Ann, Saying What Rights Are: In and Out of Context, Wis. L. Rev. 1991, S. 929–968.
Althouse, Ann, Tapping the State Court Resource, Vand. L. Rev. 44 (1991) 5, S. 953–1005.
Althouse, Ann, The Vigor of Anti-Commandeering Doctrine in Times of Terror, Brook. L. Rev. 69 (2004) 4, S. 1231–1276.
Althouse, Ann, Vanguard States, Laggard States: Federalism and Constitutional Rights, U. Pa. L. Rev. 152 (2004) 6, S. 1745–1828.
Althouse, Ann, Variations on a Theory of Normative Federalism: A Supreme Court Dialogue, Duke L.J. 42 (1993) 5, S. 979–1021.
Althusius, Johannes, Politik, Berlin 2003.
Amar, Akhil Reed, Five Views of Federalism: »Converse-1983« in Context, Vand. L. Rev. 47 (1994) 5, S. 1229–1250.
Amar, Akhil Reed, Of Sovereignty and Federalism, Yale L. J. 96 (1987) 7, S. 1425–1520.
Amar, Akhil Reed, Parity as a Constitutional Question, B.U. L. Rev. 71 (1991) 4, S. 645–650.
Amar, Akhil Reed, The Bill of Rights: Creation and Reconstruction, New Haven 1998.
Amar, Akhil Reed, The Bill of Rights and the Fourteenth Amendment, Yale L. J. 101 (1992) 6, S. 1193–1284.
Amar, Akhil Reed, The Bill of Rights as a Constitution, Yale L. J. 100 (1991) 5, S. 1131–1210.
Amar, Akhil Reed, The Law of the Land: A Grand Tour of Our Constitutional Republic, New York 2015.
Amar, Akhil Reed, Using State Law to Protect Federal Constitutional Rights: Some Questions and Answers About Converse-1983, U. Colo. L. Rev. 64 (1993) 1, S. 159–180.

Anschütz, Gerhard, Der deutsche Föderalismus in Vergangenheit, Gegenwart und Zukunft, VVDStRL 1 (1924), S. 11–34.

Anschütz, Gerhard, Die Verfassung des Deutschen Reiches vom 11. August 1919: Ein Kommentar für Wissenschaft und Praxis, 14. Aufl., Berlin 1933.

Anton, Thomas J., American Federalism and Public Policy: How the System Works, Reihe Random House Series in Political Science, New York 1989.

Apolte, Thomas, How Tame Will Leviathan Become in Institutional Competition? Competition among Governments in the Provision of Public Goods, Public Choice 107 (2001) 3/4, S. 359–381.

Arai-Takahashi, Yutaka, The margin of appreciation doctrine: a theoretical analysis of Strasbourg's variable geometry, in: Andreas Føllesdal/Birgit Peters/Geir Ulfstein (Hrsg.), Constituting Europe: The European Court of Human Rights in a National, European and Global Context, Cambridge 2013, S. 62–105.

Arai-Takahashi, Yutaka, The Margin of Appreciation Doctrine and the Principle of Proportionality in the Jurisprudence of the ECHR, Antwerp/Oxford/New York 2002.

Arendt, Hannah, On Revolution (1965), London 1990.

Arnardóttir, Oddný Mjöll, Organised Retreat? The Move from ›Substantive‹ to ›Procedural‹ Review in the ECtHR's Case Law on the Margin of Appreciation, ESIL Conference Paper Series 5 (2015) 4.

Arnull, Anthony, Judicial Dialogue in the European Union, in: Julie Dickson/Pavlos Eleftheriadis (Hrsg.), Philosophical Foundations of European Union Law, Oxford 2012, S. 109–132.

Arold Lorenz, Nina-Louisa/Groussot, Xavier/Petursson, Gunnar Thor/Friedman, Lawrence Meir, The European Human Rights Culture: A Paradox of Human Rights Protection in Europe?, Reihe Raoul Wallenberg Institute Human Rights Library, Bd. 44.

Asche, Josephine, Die Margin of Appreciation: Entwurf einer Dogmatik monokausaler richterlicher Zurückhaltung für den europäischen Menschenrechtsschutz, Reihe Beiträge zum ausländischen öffentlichen Recht und Völkerrecht, Bd. 267, Berlin 2018.

Auer, Andreas, The constitutional scheme of federalism, J.E.P.P. 12 (2005) 3, S. 419–431.

Auer, Andreas/Malinverni, Giorgio/Hottelier, Michel, Droit constitutionnel suisse. Volume II: Les droits fondamentaux, Reihe Précis de droit Stämpfli, 2. Aufl., Bern 2006.

Augsberg, Steffen, Von der Solange- zur Soweit-Rechtsprechung: Zum Prüfungsumfang des Bundesverfassungsgerichts bei richtlinienumsetzenden Gesetzen, DÖV 63 (2010) 4, S. 153–160.

Avbelj, Matej, Questioning EU Constitutionalisms, GLJ 9 (2008) 1, S. 1–26.

Avbelj, Matej, Theorizing Sovereignty and European Integration, Ratio Juris 27 (2014) 3, S. 344–363.

Avbelj, Matej/Komárek, Jan (Hrsg.), Constitutional Pluralism in the European Union and Beyond, Reihe Studies of the Oxford Institute of European and Compartive Law, Bd. 14, Oxford 2012.

Azoulai, Loïc, Introduction: The Question of Competence, in: Loïc Azoulai (Hrsg.), The Question of Competence in the European Union, Oxford 2014, S. 1–16.

Azoulai, Loïc, L'article II-113, in: Laurence Burgorgue-Larsen/Anne Levade/Fabrice Picod (Hrsg.), Traité établissant une Constitution pour l'Europe, Partie II: La Charte des droits fondamentaux de l'Union, Commentaire article par article, Bruxelles 2005, S. 689–714.

Azoulai, Loïc, The ›Retained Powers‹ Formula in the Case Law of the European Court of Justice: EU Law as Total Law?, EJLS 4 (2011) 2, S. 192–219.

Azoulai, Loïc, The Case of Fundamental Rights: A State of Ambivalence, in: Hans-Wolfgang Micklitz/Bruno de Witte (Hrsg.), The European Court of Justice and the autonomy of the member states, Cambridge 2012, S. 207–217.

Baade, Björnstjern, The ECtHR's Role as a Guardian of Discourse: Safeguarding a Decision-Making Process Based on Well-Established Standards, Practical Rationality, and Facts, LJIL 7 (2018) 1, S. 1–27.

Bäcker, Matthias, Das Grundgesetz als Implementationsgarant der Unionsgrundrechte, EuR 50 (2015) 4, S. 389–415.

Bäcker, Matthias, Solange IIa oder Basta I? Das Vorratsdaten-Urteil des Bundesverfassungsgerichts aus europarechtlicher Sicht, EuR 46 (2011) 1, S. 103–120.

Backmann, Jan L., Schleswig-Holsteinische Verfassungsbeschwerde, SchlHA 2009, S. 72–78.

Backmann, Jan L., Verfassungsbeschwerde für Schleswig-Holstein, NordÖR 12 (2009) 6, S. 229–235.

Bader Ginsburg, Ruth, Speaking in a Judicial Voice, N.Y.U. L. Rev. 67 (1992) 6, S. 1185–1209.

Badura, Peter, Stellenwert von Länderverfassungen und Verfassungskonflikten am bayerischen Beispiel, BayVBl. 138 (2007) 7, S. 193–198.

Badura, Peter, Zur Rechtfertigung des föderalistischen Prinzips und zum Subsidiaritätsprinzip, Bitburger Gespräche, Jahrbuch 1999/II, S. 53–63.

Baer, Susanne, Verfassungsvergleichung und reflexive Methode: Interkulturelle und intersubjektive Kompetenz, ZaöRV 64 (2004) 3, S. 735–758.

Baier, Gerald, Canada: Federal and Sub-national Constitutional Practices, in: Michael Burgess/G. A. Tarr (Hrsg.), Constitutional Dynamics in Federal Systems: Sub-national Perspectives, Montreal 2012, S. 174–192.

Baird, Vanessa/Jacobi, Tonja, How the Dissent Becomes the Majority: Using Federalism to Transform Coalitions in the U.S. Supreme Court, Duke L.J. 59 (2009) 2, S. 183–238.

Baker, Dennis, Not Quite Supreme: The Courts and Coordinate Constitutional Interpretation, Montreal 2010.

Baker, Thomas E., The *Ambiguous* Independent and Adequate State Ground in Criminal Cases: Federalism along a Möbius Strip, Ga. L. Rev. 19 (1985) 4, S. 799–860.

Baldus, Manfred, Landesverfassungsrecht und Bundesverfassungsrecht – Wie fügt sich das Gegenstrebige?, in: Die Verfassungsgerichte der Länder Brandenburg, Mecklenburg-Vorpommern, Sachsen, Sachsen-Anhalt und Thüringen (Hrsg.), 20 Jahre Verfassungsgerichtsbarkeit in den neuen Ländern, Berlin 2014, S. 19–52.

Bamforth, Nicholas, Social Sensitivity, Consensus and the Margin of Appreciation, in: Petr Agha (Hrsg.), Human Rights Between Law and Politics: The Margin of Appreciation in Post-National Contexts, Oxford/Portland, Oregon 2017, S. 129–144.

Banks, Christopher P./Blakeman, John C., The U.S. Supreme Court and New Federalism: From the Rehnquist to the Roberts Court, Lanham, Md. 2012.

Baquero Cruz, Julio, The Legacy of the Maastricht-Urteil and the Pluralist Movement, ELJ 14 (2008) 4, S. 389–422.

Barber, Benjamin R., Constitutional Rights – Democratic Instrument or Democratic Obstacle?, in: Robert A. Licht (Hrsg.), The Framers and Fundamental Rights, Washington, D.C. 1991, S. 23–36.

Barber, Sotirios A., Defending Dual Federalism: A Self-Defeating Act, in: James Fleming/Jacob T. Levy (Hrsg.), Federalism and Subsidiarity, New York 2014, S. 3–21.

Barber, Sotirios A., The Fallacies of States' Rights, Cambridge, MA/London 2013.

Barker, Lucius Jefferson/Barker, Twiley W., Jr./Combs, Michael W./Perry, H. W., Jr., Civil Liberties and the Constitution: Cases and Commentaries, 9. Aufl., Boston, MA 2011.

Barnard, Catherine, The Silence of the Charter: Social Rights and the Court of Justice, in: Sybe A. de Vries/Ulf Bernitz/Stephen Weatherill (Hrsg.), The EU Charter of Fundamental Rights as a Binding Instrument: Five Years Old and Growing, Oxford/Portland, OR 2015, S. 173–188.

Barnett, Randy E., Commandeering the People: Why the Individual Health Insurance Mandate Is Unconstitutional, N.Y.U. J.L. & Liberty 5 (2010) 3, S. 581–637.

Barnett, Randy E., Restoring the Lost Constitution: The Presumption of Liberty, Princeton, NJ/Oxford 2005.

Barriga, Stefan, Die Entstehung der Charta der Grundrechte der Europäischen Union: Eine Analyse der Arbeiten im Konvent und kompetenzrechtlicher Fragen, Reihe Schriftenreihe europäisches Recht, Politik und Wirtschaft, Bd. 291, Baden-Baden 2003.

Bartley, Numan V., The Rise of Massive Resistance: Race and Politics in the South During the 1950's, Baton Rouge 1969.

Bast, Jürgen, Don't Act Beyond Your Powers: The Perils and Pitfalls of the German Constitutional Court's Ultra Vires Review, GLJ 15 (2014) 2, 167–81.

Bast, Jürgen, Handlungsformen und Rechtsschutz, in: Armin von Bogdandy/Jürgen Bast (Hrsg.), Europäisches Verfassungsrecht: Theoretische und dogmatische Grundzüge, 2. Aufl., Dordrecht u.a. 2015, S. 489–557.

Bates, Ed, Analysing the Prisoner Voting Saga and the British Challenge to Strasbourg, HRLR 14 (2014) 3, S. 504–540.

Bator, Paul M., The State Courts and Federal Constitutional Litigation, Wm. & Mary L. Rev. 22 (1981) 4, S. 605–638.

Bauer, Hartmut, Art. 20 Bundesstaat, in: Horst Dreier (Hrsg.), Grundgesetz: Kommentar. Bd. II, Artikel 20–82, 3. Aufl., Tübingen 2015, S. 146–185.

Bauer, Hartmut, Art. 51 Mitgliedschaft; Stimmenzahl und Stimmabgabe, in: Horst Dreier (Hrsg.), Grundgesetz: Kommentar. Bd. II, Artikel 20–82, 3. Aufl., Tübingen 2015, S. 1394–1411.

Bauer, Hartmut, Entwicklungstendenzen und Perspektiven des Föderalismus in der Bundesrepublik Deutschland, DÖV 55 (2002) 20, S. 837–845.

Bauerschmidt, Jonathan, Das Bundesverfassungsgericht wagt mehr Föderalismus: Zur Entscheidung des Ersten Senates zum Thüringer Ladenöffnungsgesetz, DÖV 68 (2015) 15, S. 656–659.

Beard, Charles Austin, An Economic Interpretation of the Constitution of the United States, New York 1913.

Beaucamp, Guy, Aktuelle Rechtsprechung des U.S. Supreme Court zum Grundrecht auf Schusswaffenbesitz, JZ 67 (2012) 21, S. 1050–1058.

Beaud, Olivier, Droits de l'homme et du citoyen et formes politiques: Le cas particulier de la Fédération, RUDH 16 (2004) 1–4, S. 16–26.

Beaud, Olivier, Föderalismus und Souveränität: Bausteine zu einer Theorie der Föderation, Der Staat 35 (1996) 1, S. 45–66.

Beaud, Olivier, The Allocation of Competences in a Federation – A General Introduction, in: Loïc Azoulai (Hrsg.), The Question of Competence in the European Union, Oxford 2014, S. 19–38.

Beaud, Olivier, Théorie de la fédération, 2. Aufl., Paris 2009.

Beck, Gunnar, Legal Reasoning and the Court of Justice of the EU, Reihe Modern Studies in European Law, Bd. 36, Oxford/Portland, OR 2012.

Beck, J. Randy, The New Jurisprudence of the Necessary and Proper Clause, U. Ill. L. Rev. 2002, S. 581–650.

Becker, Joachim, Materielle Wirkung von Kompetenz-, Organisations- und Zuständigkeitsregelungen des Grundgesetzes, DÖV 55 (2002) 10, S. 397–406.

Bednar, Jenna, The Political Science of Federalism, Annu. Rev. Law. Soc. Sci. 7 (2011), S. 269–288.

Bednar, Jenna, The Robust Federation: Principles of Design, Reihe Political Economy of Institutions and Decisions, Cambridge 2009.

Beer, Samuel H., To Make a Nation: The Rediscovery of American Federalism, Cambridge, MA/London 1993.

Beimers, Thomas W., Searching for the Structural Vision of *City of Boerne v. Flores*: Vertical and Horizontal Tensions in the New Constitutional Architecture, Hastings Const. L.Q. 26 (1999) 4, S. 789–852.

Bell, Mark, Equality and the European Union Constitution, ILJ 33 (2004) 3, S. 242–260.

Bell, Mark, The Principle of Equal Treatment: Widening and Deepening, in: Paul Craig/Gráinne de Búrca (Hrsg.), The Evolution of EU Law, 2. Aufl., Oxford/New York 2011, S. 611–639.

Bellia, Anthony J., Federalism, Reihe Aspen Elective Series, New York 2011.

Benedict, Michael Les, Preserving Federalism: Reconstruction and the Waite Court, Sup. Ct. Rev. 1978, S. 39–80.

Bennett, Walter H., Freedom and Federalism. By Felix Morley. (Chicago: Henry Regnery Company, 1959. Pp. xii, 274. $5.00.), J. Pol. 22 (1960) 3, S. 553–555.

Benöhr, Hans-Peter, Das Recht auf Arbeit, F.A.Z. v. 07.04.1990, S. 15.

Benvenisti, Eyal, Margin of Appreciation, Consensus, and Universal Standards, N.Y.U. J. Int'l L. & Pol. 31 (1999) 4, S. 843–854.

Benz, Arthur, Föderalismus und Demokratie – Anmerkungen zu einem Spannungsverhältnis, Jahrbuch des Föderalismus 2015, S. 192–204.

Benz, Arthur, From Unitary to Asymmetric Federalism in Germany: Taking Stock after 50 Years, Publius 29 (1999) 4, S. 55.

Berg, Wilfried, Kassation gerichtlicher Urteile, die in bundesrechtlich geordneten Verfahren ergangen sind, in: Christian Starck/Klaus Stern (Hrsg.), Landesverfassungsgerichtsbarkeit, Baden-Baden 1983, S. 529–549.

Berger, Raoul, Government by Judiciary: The Transformation of the Fourteenth Amendment, Cambridge, MA/London 1977.

Bergmann, Jan, Neuerungen beim EU-Grundrechtsschutz, VBlBW 32 (2011) 5, S. 169–174.

Berkemann, Jörg, Ein Landesverfassungsgericht als Revisionsgericht – Der Streitfall Honecker, NVwZ 12 (1993) 5, S. 409–419.

Berlin, Isaiah, Two Concepts of Liberty, in: Four Essays on Liberty, Oxford 1969, S. 118–172.

Bermann, George A., The »Highest« Court in Federal Systems, in: Ingolf Pernice/Juliane Kokott/Cheryl Saunders (Hrsg.), The Future of the European Judicial System in a Comparative Perspective: 6th international ECLN-Colloquium IACL Round Table, Berlin, 2 – 4 November 2005, Baden-Baden 2006, S. 91–96.

Bermann, George A., The Role of Law in the Functioning of Federal Systems, in: Kalypso Nicolaidis/Robert Howse (Hrsg.), The Federal Vision: Legitimacy and Levels of Governance in the United States and the European Union, Oxford 2001, S. 191–212.

Besselink, Leonard F. M., General Report, in: Julia Laffranque (Hrsg.), The Protection of Fundamental Rights Post Lisbon: The Interaction between the Charter of Fundamental Rights of the European Union, the European Convention on Human Rights and National Constitutions, Tallinn 2012, S. 63–139.

Besselink, Leonard F. M., The Member States, The National Constitutions and the Scope of the Charter, MJ 8 (2001) 1, S. 68–80.

Besselink, Leonard F. M./Reestman, Jan-Herman, After *Åkerberg Fransson* and *Melloni*, EuConst 9 (2013) 2, S. 169–175.

Besson, Samantha, Droits de l'homme et fédéralisme une introduction thématique, in: Samantha Besson/Eva M. Belser (Hrsg.), La Convention européenne des droits de l'homme et les cantons, Zürich 2014, S. 7–40.

Besson, Samantha, European human rights, supranational judicial review and democracy: Thinking outside the judicial box, in: Patricia Popelier/Catherine J. Van de Heyning/Piet Van Nuffel (Hrsg.), Human rights protection in the European legal order: The interaction between the European and the national courts, Cambridge 2011, S. 97–145.

Besson, Samantha, Human Rights and Constitutional Law: Patterns of Mutual Validation and Legitimations, in: Rowan Cruft (Hrsg.), Philosophical Foundations of Human Rights, Oxford 2015, S. 279–299.

Besson, Samantha, Le droit international et européen des droits de l'homme et la forme politique fédérale – *Je t'aime, moi non plus*, in: Samantha Besson/Eva M. Belser (Hrsg.), La Convention européenne des droits de l'homme et les cantons, Zürich 2014, S. 215–247.

Besson, Samantha, Subsidiarity in International Human Rights Law—What is Subsidiary about Human Rights?, AmJJuris 61 (2016) 1, S. 69–107.

Best, Judith A., Fundamental Rights and the Structure of the Government, in: Robert A. Licht (Hrsg.), The Framers and Fundamental Rights, Washington, D.C. 1991, S. 37–56.

Beth, Loren P., The Slaughter-House Cases – Revisited, La. L. Rev. 23 (1963) 3, S. 487–505.

Bethge, Herbert, § 85 BVerfGG, in: Theodor Maunz/Bruno Schmidt-Bleibtreu/Franz Klein/u.a. (Hrsg.), Bundesverfassungsgerichtsgesetz, 45. Aufl., München 2015.

Bethge, Herbert, Die Grundrechtssicherung im föderativen Bereich, AöR 110 (1985) 2, S. 169–218.

Bethge, Herbert, Verfassungsgerichtsbarkeit für die neuen Länder, in: Paul Kirchhof/Klaus Offerhaus/Horst Schöberle (Hrsg.), Steuerrecht, Verfassungsrecht, Finanzpolitik: Festschrift für Franz Klein, Köln 1994, S. 179–194.

Bewley, Truman F., A critique of Tiebout's theory of local expenditures, Econometrica 49 (1981) 3, S. 713–740.

Bishop, Timothy S., The Privileges or Immunities Clause of the Fourteenth Amendment: The Original Intent, Nw. U. L. Rev. 79 (1984) 1, S. 142–190.

Black, Charles L., A New Birth of Freedom: Human Rights, Named and Unnamed, New York 1999.

Black, Charles L., Structure and Relationship in Constitutional Law, Reihe Edward Douglass White lecture series, Baton Rouge 1969.

Blackmun, Harry A., Section 1983 and Federal Protection of Individual Rights – Will the Statute Remain Alive or Fade Away?, N.Y.U. L. Rev. 60 (1985) 1, S. 1–29.

Bleckmann, Moritz, Nationale Grundrechte im Anwendungsbereich des Rechts der Europäischen Union: Die Kooperation des Grundrechtsschutzes in der Europäischen Union unter Berücksichtigung der besonderen Ausprägungen des nationalen Grundrechtsschutzes, Reihe Jus Internationale et Europaeum, Bd. 47, Tübingen 2011.

Bloch, Susan Low/Jackson, Vicki C., Federalism: A Reference Guide to the United States Constitution, Reihe Reference Guides to the United States Constitution, Santa Barbara, California 2013.

Bloch, Susan Low/Jackson, Vicki C./Krattenmaker, Thomas G., Inside the Supreme Court: The Institution and its Procedures, Reihe American Casebook Series, 2. Aufl., St. Paul, MN 2008.

Blumann, Claude, Les compétences de l'Union européenne en matière de droits fondamentaux, R.A.E. – L.E.A. 1 (2006) 1, S. 11–30.

Blumenthal, Julia von, Das Kopftuch in der Landesgesetzgebung: Governance im Bundesstaat zwischen Unitarisierung und Föderalisierung, Reihe Schriften zum Föderalismus, Bd. 1, Baden-Baden 2009.

Blumstein, James F., Federalism and Civil Rights: Complementary and Competing Paradigms, Vand. L. Rev. 47 (1994) 5, S. 1251–1301.

Bobek, Michal, Landtová, Holubec, and the Problem of an Uncooperative Court: Implications for the Preliminary Rulings Procedure, EuConst 10 (2014) 1, S. 54–89.

Böckenförde, Ernst-Wolfgang, Die deutsche verfassungsgeschichtliche Forschung im 19. Jahrhundert: Zeitgebundene Fragestellungen und Leitbilder, Reihe Schriften zur Verfassungsgeschichte, Bd. 1, 2. Aufl., Berlin 1995.

Böckenförde, Ernst-Wolfgang, Sozialer Bundesstaat und parlamentarische Demokratie: Zum Verhältnis von Parlamentarismus und Föderalismus unter den Bedingungen des Sozialstaats, in: Jürgen Jekewitz/Michael Melzer/Wolfgang Zeh (Hrsg.), Politik als gelebte Verfassung: Aktuelle Probleme des modernen Verfassungsstaates: Festschrift für Friedrich Schäfer, Opladen 1980, S. 182–199.

Böckenförde, Ernst-Wolfgang/Grawert, Rolf, Kollisionsfälle und Geltungsprobleme im Verhältnis von Bundesrecht und Landesverfassung, DÖV 24 (1971) 4, S. 119–127.

Boehl, Henner Jörg, Verfassungsgebung im Bundesstaat: Ein Beitrag zur Verfassungslehre des Bundesstaates und der konstitutionellen Demokratie, Reihe Schriften zum Öffentlichen Recht, Bd. 727, Berlin 1997.

Bogdandy, Armin von, Grundprinzipien, in: Armin von Bogdandy/Jürgen Bast (Hrsg.), Europäisches Verfassungsrecht: Theoretische und dogmatische Grundzüge, 2. Aufl., Dordrecht u.a. 2015, S. 13–71.

Bogdandy, Armin von, Grundrechtsgemeinschaft als Integrationsziel? Grundrechte und das Wesen der Europäischen Union, JZ 56 (2001) 4, S. 157–171.

Bogdandy, Armin von, The European Lesson for International Democracy: The Significance of Articles 9 to 12 EU Treaty for International Organizations, EJIL 23 (2012) 2, S. 315–334.

Bogdandy, Armin von/Bast, Jürgen, The Federal Order of Competences, in: Armin von Bogdandy/Jürgen Bast (Hrsg.), Principles of European Constitutional Law, 2. Aufl., Oxford 2010, S. 275–307.

Bogdandy, Armin von/Ioannidis, Michael, Das systemische Defizit: Merkmale, Instrumente und Probleme am Beispiel der Rechtsstaatlichkeit und des neuen Rechtsstaatlichkeitsaufsichtsverfahrens, ZaöRV 74 (2014) 2, S. 283–328.

Bogdandy, Armin von/Kottmann, Matthias/Antpöhler, Carlino/Dickschen, Johanna, et al., Ein Rettungsschirm für europäische Grundrechte: Grundlagen einer unionsrechtlichen Solange-Doktrin gegenüber Mitgliedstaaten, ZaöRV 72 (2012) 1, S. 45–78.

Bogdandy, Armin von/Kottmann, Matthias/Antpöhler, Carlino/Dickschen, Johanna, et al., Reverse Solange – Protecting the essence of fundamental rights against EU Member States, CML Rev. 49 (2012) 2, S. 489–519.

Bogdandy, Armin von/Schill, Stephan, Overcoming absolute primacy: Respect for national identity under the Lisbon Treaty, CML Rev. 48 (2011) 5, S. 1417–1454.

Bogdandy, Armin von/*Venzke, Ingo*, In wessen Namen? Internationale Gerichte in Zeiten globalen Regierens, Reihe Suhrkamp Taschenbuch Wissenschaft, Bd. 2088, Berlin 2014.

Boix, Carles, Democracy and Redistribution, Reihe Cambridge Studies in Comparative Politics, Cambridge/New York/Port Melbourne 2003.

Boldt, Hans, Die Wiederaufnahme der deutschen föderativen Tradition im Parlamentarischen Rat 1948/49, ZSE 1 (2003) 4, S. 505–526.

Boldt, Hans, Föderalismus als Grundstruktur deutscher Geschichte, in: Adolf M. Birke/Hermann Wentker (Hrsg.), Föderalismus im deutsch-britischen Meinungsstreit: Historische Dimension und politische Aktualität = The federalism debate in Britain and Germany, München u.a 1993, S. 33–50.

Bond, James Edward, No Easy Walk to Freedom: Reconstruction and the Ratification of the Fourteenth Amendment, Westport, CT/London 1997.

Bork, Robert H., The Tempting of America: The Political Seduction of the Law, New York 1991.

Borowsky, Martin, Artikel 51, in: Jürgen Meyer (Hrsg.), Kommentar zur Charta der Grundrechte der Europäischen Union, 4. Aufl., Baden-Baden 2014.

Borowsky, Martin, Artikel 53, in: Jürgen Meyer (Hrsg.), Kommentar zur Charta der Grundrechte der Europäischen Union, 4. Aufl., Baden-Baden 2014.

Bothe, Michael, Die Kompetenzstruktur des modernen Bundesstaates in rechtsvergleichender Sicht, Reihe Beiträge zum ausländischen öffentlichen Recht und Völkerrecht, Bd. 69, Berlin 1977.

Bothe, Michael, Konkurrenz, Kooperation oder Konflikt? Wandlungen der bundesstaatlichen Ordnung, in: Hans-Peter Schneider (Hrsg.), Das Grundgesetz in interdisziplinärer Betrachtung, Baden-Baden 2001, S. 21–34.

Bothe, Michael, The Limited Role of Judicial Federalism: Comparison and Comparative Lessons, in: Franz Greß/Detlef Fechtner/Matthias Hannes (Hrsg.), The American Federal System: Federal Balance in Comparative Perspective, Frankfurt am Main 1994, S. 83–89.

Bothe, Michael, Verfassungsrechtsprechung der Länder in der bundesstaatlichen Ordnung – Chancen für die Länderautonomie?, in: Marcel Dalibor/Alfred G. Debus/Florian Gröblinghoff/Franziska Kruse, et al. (Hrsg.), Perspektiven des öffentlichen Rechts: Festgabe 50 Jahre Assistententagung Öffentliches Recht, Baden-Baden 2011, S. 189–200.

Boysen, Sigrid, Gleichheit im Bundesstaat, Tübingen 2003.

Braibant, Guy (Hrsg.), La Charte des droits fondamentaux de l'Union européenne: Témoignage et commentaires, Reihe Points, Essais, Paris 2001.

Brauch, Jeffrey A., The Dangerous Search for an Elusive Consensus: What the Supreme Court *Should* Learn from the European Court of Human Rights, Howard L.J. 52 (2009) 2, S. 277–318.

Brems, Eva, Procedural protection: an examination of procedural safeguards read into substantive Convention rights, in: Eva Brems/Janneke H. Gerards (Hrsg.), Shaping Rights in the ECHR: The Role of the European Court of Human Rights in Determining the Scope of Human Rights, Cambridge 2013, S. 137–161.

Brems, Eva/Lavrysen, Laurens, Procedural Justice in Human Rights Adjudication: The European Court of Human Rights, Hum.Rts.Q. 35 (2013) 1, S. 176–200.

Brennan, William J., In Defense of Dissents, Hastings L. J. 37 (1986) 3, S. 427–438.

Brennan, William J., State Constitutions and the Protection of Individual Rights, Harv. L. Rev. 90 (1977) 3, S. 489–504.
Brennan, William J., The Bill of Rights and the States: The Revival of State Constitutions as Guardians of Individual Rights, N.Y.U. L. Rev. 61 (1986) 4, S. 535–553.
Breton, Albert, Competitive governments: An economic theory of politics and public finance, Cambridge/Melbourne 1996.
Breton, Albert, Federalism and Decentralization: Ownership Rights and the Superiority of Federalism, Publius 30 (2000) 2, S. 1–16.
Breyer, Stephen, Fundamental rights and federalism in the United States and the European Union, in: La tutela giurisdizionale dei diritti nel sistema comunitario, Bruxelles 1997, S. 55–66.
Bright, Stephen B./Keenan, Patrick J., Judges and the Politics of Death: Deciding between the Bill of Rights and the Next Election in Capital Cases, B.U. L. Rev. 75 (1995) 3, S. 759–835.
Britz, Gabriele, Bedeutung der EMRK für nationale Verwaltungsgerichte und Behörden: Erweiterte Bindungswirkung nach EuGH, Slg. 2002, I-6279 – Carpenter?, NVwZ 23 (2004) 2, S. 173–177.
Britz, Gabriele, Europäisierung des grundrechtlichen Datenschutzes?, EuGRZ 36 (2009) 1–4, S. 1–11.
Britz, Gabriele, Grundrechtsschutz durch das Bundesverfassungsgericht und den Europäischen Gerichtshof, EuGRZ 42 (2015) 9–11, S. 275–281.
Brody, David C., Criminal Procedure Under State Law: An Empirical Examination of Selective New Federalism, Just. Sys. J. 23 (2002) 1, S. 75–95.
Brosius-Gersdorf, Frauke, Bindung der Mitgliedstaaten an die Gemeinschaftsgrundrechte: Die Grundrechtsbindung der Mitgliedstaaten nach der Rechtsprechung des EuGH, der Charta der Grundrechte der Europäischen Union und ihre Fortentwicklung, Reihe Schriften zum Europäischen Recht, Bd. 116, Berlin 2005.
Brugger, Winfried, Der moderne Verfassungsstaat aus Sicht der amerikanischen Verfassung und des Grundgesetzes, AöR 126 (2001) 3, S. 337–402.
Brugger, Winfried, Einführung in das öffentliche Recht der USA, Reihe Schriftenreihe der Juristischen Schulung, Bd. 116, 2. Aufl., München 2001.
Brugger, Winfried, Verfassungsstabilität durch Verfassungsgerichtsbarkeit? Beobachtungen aus deutsch-amerikanischer Sicht, StWStP 4 (1993) 3, S. 319–347.
Brugger, Winfried, Wertordnung und Rechtsdogmatik im amerikanischen Verfassungsrecht, in: Ralf Dreier (Hrsg.), Rechtspositivismus und Wertbezug des Rechts: Vorträge der Tagung der Deutschen Sektion der Internationalen Vereinigung für Rechts- und Sozialphilosophie (IVR) in der Bundesrepublik Deutschland; Göttingen, 12.-14. Oktober 1988, Stuttgart 1990, S. 173–192.
Brunhöber, Beatrice, Die Erfindung »demokratischer Repräsentation« in den Federalist Papers, Reihe Grundlagen der Rechtswissenschaft, Bd. 14, Tübingen 2010.
Brunhöber, Beatrice, Die Erfindung »demokratischer Repräsentation« in den Federalist Papers, in: Roland Lhotta (Hrsg.), Die hybride Republik: Die Federalist Papers und die politische Moderne, Baden-Baden 2010, S. 59–79.
Brussack, Robert D., Of Laboratories and Liberties: State Court Protection of Political and Civil Rights, Ga. L. Rev. 10 (1976) 2, S. 533–564.
Bryde, Brun-Otto, Bundesverfassungsgericht und Landesverfassungsgerichte, NdsVBl. 12 (2005) Sonderheft zum 50-jährigen Bestehen des Niedersächsischen Staatsgerichtshofs, S. 5–7.

Bryde, Brun-Otto, The ECJ's Fundamental Rights Jurisprudence: A Milestone in Transnational Constitutionalism, in: Miguel P. Maduro/Loïc Azoulai (Hrsg.), The Past and Future of EU Law: The Classics of EU Law Revisited on the 50th Anniversary of the Rome Treaty, Oxford/Portland, OR 2010, S. 119–129.

Bryde, Brun-Otto, Verfassungsreform der Länder unter bundesverfassungsrechtlichem Unitarisierungsdruck, in: Hans Eichel/Klaus P. Möller (Hrsg.), 50 Jahre Verfassung des Landes Hessen: Eine Festschrift, Wiesbaden 1997, S. 433–444.

Buchanan, James M., Economic Freedom and Federalism: Prospects for the New Century, in: Federalism, Liberty, and the Law, Indianapolis/Ind 2001, S. 90–98.

Buchanan, James M., Federalism and Individual Sovereignty, Cato J. 15 (1995/96) 2–3, S. 259–268.

Buchanan, James M., Federalism as an Ideal Political Order and an Objective for Constitutional Reform, Publius 25 (1995) 2, S. 19–27.

Buchanan, James M., Federalism, Liberty, and the Law, Reihe The Collected Works of James M. Buchanan, Bd. 18, Indianapolis/Ind 2001.

Bueno de Mesquita, Bruce/Smith, Alsastair/Siverson, Randolph M./Morrow, James D., The Logic of Political Survival, Cambridge, MA/London 2005.

Bull, Thomas, Judges without a Court – Judicial Preview in Sweden, in: Tom Campbell/K. D. Ewing/Adam Tomkins (Hrsg.), The Legal Protection of Human Rights: Sceptical Essays, Oxford/New York 2011, S. 392–409.

Bulman-Pozen, Jessica, Executive Federalism Comes to America, Va. L. Rev. 102 (2016) 4, S. 953–1030.

Bulman-Pozen, Jessica, Federalism as a Safeguard of the Separation of Powers, Colum. L. Rev. 112 (2012) 3, S. 459–506.

Bulman-Pozen, Jessica, From Sovereignty and Process to Administration and Politics: The Afterlife of American Federalism, Yale L. J. 123 (2014) 6, S. 1920–1957.

Bulman-Pozen, Jessica, Partisan Federalism, Harv. L. Rev. 127 (2014) 4, S. 1077–1146.

Bulman-Pozen, Jessica/Gerken, Heather K., Uncooperative Federalism, Yale L. J. 118 (2009) 7, S. 1256–1311.

Bundesminister des Innern/Bundesministerium der Justiz, Staatszielbestimmungen, Gesetzgebungsaufträge: Bericht der Sachverständigenkommission 1983.

Bundesministerium der Justiz, Entlastung des Bundesverfassungsgerichts: Bericht der Kommission, Bonn 1998.

Búrca, Gráinne de, After the EU Charter of Fundamental Rights: The Court of Justice as a Human Rights Adjudicator?, MJ 20 (2013) 2, S. 168–184.

Burchardt, Dana, Belittling the Primacy of EU Law in Taricco II 2017, https://verfassungsblog.de/belittling-the-primacy-of-eu-law-in-taricco-ii/, geprüft am 31.1.2019.

Burgess, Michael/Gagnon, Alain-G, Introduction: Building on Traditions and Transitions, in: Michael Burgess/Alain-G Gagnon (Hrsg.), Comparative Federalism and Federation: Competing traditions and future directions, Toronto/Buffalo 1993, S. xiii–xix.

Burke, Edmund, Reflections on the Revolution in France (1790), Stanford, California 2001.

Burmeister, Günter C., Chancen und Risiken einer niedersächsischen Landesverfassungsbeschwerde: Eine vorläufige Bestandsaufnahme, NdsVBl. 5 (1998) 3, S. 53–63.

Burmeister, Joachim, Vorlagen an das Bundesverfassungsgericht nach Art. 100 Abs. 3 GG, in: Christian Starck/Klaus Stern (Hrsg.), Landesverfassungsgerichtsbarkeit, Baden-Baden 1983, S. 399–466.

Burrows, Noreen/Greaves, Rosa, The Advocate General and EC Law, Oxford 2007.

Burt, Robert A., The Constitution in Conflict, Cambridge, MA/London 1995.

Buschke, Albrecht, Die Grundrechte der Weimarer Verfassung in der Rechtsprechung des Reichsgerichts, Berlin 1930.

Byrnes, Andrew/Charlesworth, Hilary/McKinnon, Gabrielle, Bills of Rights in Australia: History, Politics and Law, Sydney 2009.

Cabrillac, Rémy (Hrsg.), Libertés et droits fondamentaux, 19. Aufl., Paris 2013.

Calhoun, John C., Union and Liberty (1811): The Political Philosophy of John C. Calhoun, Indianapolis 1992.

Calliess, Christian, Der EuGH als gesetzlicher Richter im Sinne des Grundgesetzes: Auf dem Weg zu einer kohärenten Kontrolle der unionsrechtlichen Vorlagepflicht?, NJW 66 (2013) 27, S. 1905–1910.

Calliess, Christian, Die Charta der Grundrechte der Europäischen Union – Fragen der Konzeption, Kompetenz und Verbindlichkeit, EuZW 12 (2001) 9, S. 261–268.

Calliess, Christian, Europäische Gesetzgebung und nationale Grundrechte: Divergenzen in der aktuellen Rechtsprechung von EuGH und BVerfG?, JZ 64 (2009) 3, S. 113–121.

Cameron, Iain/Bull, Thomas, Sweden, in: Janneke H. Gerards/Joseph Fleuren (Hrsg.), Implementation of the European Convention on Human Rights and of the Judgments of the ECtHR in National Case-Law: A Comparative Analysis, Cambridge 2014, S. 261–296.

Caminker, Evan H., Why Must Inferior Courts Obey Superior Court Precedents?, Stan. L. Rev. 46 (1994) 4, S. 817–874.

Campenhausen, Axel von/Unruh, Peter, Art. 142 GG, in: Hermann von Mangoldt/Friedrich Klein/Christian Starck (Hrsg.), Kommentar zum Grundgesetz, 6. Aufl., München 2010, S. 2417–2428.

Canor, Iris, *– Solange horizontal –* Der Schutz der EU-Grundrechte zwischen Mitgliedstaaten, ZaöRV 73 (2013) 2, S. 249–294.

Canor, Iris, *My brother's keeper?* Horizontal *solange*: »An ever closer distrust among the peoples of Europe«, CML Rev. 50 (2013) 2, S. 383–421.

Cappelletti, Mauro, Judicial Review in the Contemporary World, Indianapolis/Kansas-City/New York 1971.

Cappelletti, Mauro, The Judicial Process in Comparative Perspective, Oxford 1989.

Cariat, Nicolas, La Charte des droits fondamentaux et l'équilibre constitutionnel entre l'Union européenne et les États membres, Reihe Collection du Centre des Droits de l'Homme de l'Université Catholique de Louvain, Bd. 14, Bruxelles 2016.

Carney, Frederick S. u.a. (Hrsg.), Jurisprudenz, Politische Theorie und Politische Theologie: Beiträge des Herborner Symposiums zum 400. Jahrestag der Politica des Johannes Althusius 1603 – 2003, Reihe Beiträge zur politischen Wissenschaft, Bd. 131, Berlin 2004.

Carney, Gerard, The Constitutional Systems of the Australian States and Territories, Cambridge/New York 2006.

Carrera, Sergio/Somer, Marie de*/Petkova, Bilyana*, The Court of Justice of the European Union as a Fundamental Rights Tribunal: Challenges for the Effective Delivery of Fundamental Rights in the Area of Freedom, Security and Justice 2012, http://www.ceps.eu, geprüft am 31.1.2019.

Carruba, Clifford J./Gabel, Matthew/Hankla, Charles, Judicial Behavior under Political Constraints: Evidence from the European Court of Justice, Am. Pol. Sci. Rev. 102 (2008) 4, S. 435–452.

Carruba, Clifford J./Gabel, Matthew/Hankla, Charles, Understanding the Role of the European Court of Justice in European Integration, Am. Pol. Sci. Rev. 106 (2012) 1, S. 214–223.

Cartabia, Marta, Europe and Rights: Taking Dialogue Seriously, EuConst 5 (2009) 1, S. 5–31.

Casper, Gerhard, Changing Concepts of Constitutionalism: 18th to 20th Century, Sup. Ct. Rev. 1989, S. 311–332.

Casper, Gerhard, Die Karlsruher Republik, ZRP 35 (2002) 5, S. 214.

Cauthen, James Noah Greear, Expanding Rights under State Constitutions: A Quantitative Appraisal, Alb. L. Rev. 63 (2000), S. 1183–1204.

Chalmers, Damian, Looking Back at *ERT* and its Contribution to an EU Fundamental Rights Agenda, in: Miguel P. Maduro/Loïc Azoulai (Hrsg.), The Past and Future of EU Law: The Classics of EU Law Revisited on the 50th Anniversary of the Rome Treaty, Oxford/Portland, OR 2010, S. 140–150.

Chalmers, Damian/Trotter, Sarah, Fundamental Rights and Legal Wrongs: The Two Sides of the Same EU Coin, ELJ 22 (2016) 1, S. 9–39.

Charlesworth, Hilary, Australia's First Bill of Rights: The Australian Capital Territory's *Human Rights Act*, in: Tom Campbell/Jeffrey D. Goldsworthy/Adrienne Stone (Hrsg.), Protecting Rights Without a Bill of Rights: Institutional Performance and Reform in Australia, Aldershot 2006, S. 289–304.

Chemerinsky, Erwin, Constitutional Law, Reihe Aspen Casebook Series, 5. Aufl., New York 2017.

Chemerinsky, Erwin, Federal Jurisdiction, Reihe Aspen Student Treatise Series, 6. Aufl., New York 2012.

Chemerinsky, Erwin, Federalism Not as Limits, But as Empowerment, U. Kan. L. Rev. 45 (1997) 4, S. 1219–1240.

Chemerinsky, Erwin, Parity Reconsidered: Defining a Role for the Federal Judiciary, UCLA L. Rev. 36 (1988) 2, S. 233–328.

Chemerinsky, Erwin, The Values of Federalism, Fla. L. Rev. 47 (1995) 4, S. 499–540.

Chen, Paul, Federalism and Rights: A Neglected Relationship, S. Tex. L. Rev. 40 (1999) 3, S. 845–880.

Choper, Jesse H., Judicial Review and the National Political Process: A Functional Reconsideration of the Role of the Supreme Court, Chicago/London 1980.

Cichowski, Rachel A., Women's Rights, the European Court, and Supranational Constitutionalism, Law & Soc'y Rev. (2004) 3, S. 489–512.

Claes, Monica, The National Courts' Mandate in the European Constitution, Reihe Modern Studies in European Law, Bd. 5, Oxford/Portland, OR 2006.

Claes, Monica/Leenknegt, Gert Jan, The Netherlands. A Case of constitutional leapfrog. Fundamental rights protection under the Constitution, the ECHR and the EU Charter in the Netherlands, in: Patricia Popelier/Catherine J. Van de Heyning/Piet Van Nuffel (Hrsg.), Human rights protection in the European legal order: The interaction between the European and the national courts, Cambridge 2011, S. 287–308.

Classen, Claus Dieter, Das kirchliche Arbeitsrecht unter europäischem Druck – Anmerkungen zu den Urteilen des EuGH (jeweils GK) vom 17.04.2018 in der Rs. C-414/16 (Egenberger) und vom 11.09.2018 in der Rs. C-68/17 (IR), EuR 53 (2018) 6, S. 752–768.

Classen, *Claus Dieter*, Für ein sachgerechtes Miteinander von europäischem und nationalem Grundrechtsschutz: Zu Art. 51 GRC, in: Cordula Stumpf/Friedemann Kainer/Christian Baldus (Hrsg.), Privatrecht, Wirtschaftsrecht, Verfassungsrecht – Privatinitiative und Gemeinwohlhorizonte in der europäischen Integration: Festschrift für Peter-Christian Müller-Graff zum 70. Geburtstag am 29. September 2015, Baden-Baden 2015, S. 1378–1385.

Classen, *Claus Dieter*, Joined Cases C-465/00, C-138/01 and C-139/01, Österreichischer Rundfunk, CML Rev. 41 (2004) 5, S. 1377–1385.

Classen, *Claus Dieter*, Schwierigkeiten eines harmonischen Miteinanders von nationalem und europäischem Grundrechtsschutz, EuR 52 (2017) 3, S. 347–367.

Clausen, *Harald*, Landesverfassungsbeschwerde und Bundesstaatsgewalt, Reihe Studien und Materialien zur Verfassungsgerichtsbarkeit, Bd. 81, Baden-Baden 2000.

Cleave, *Rachel A. van*, State Constitutional Interpretation and Methodology, N.M. L. Rev. 28 (1998) 2, S. 199–225.

Coelln, *Christian* von, Anwendung von Bundesrecht nach Maßgabe der Landesgrundrechte? Zur Kontrolle bundesrechtlich determinierter Akte der Länder durch die Landesverfassungsgerichte, Reihe Studien und Materialien zur Verfassungsgerichtsbarkeit, Bd. 84, Baden-Baden 2001.

Coenen, *Dan T.*, Constitutional Law: The Commerce Clause, Reihe Turning Point Series, New York 2004.

Cohen, *Jeffrey C.*, The European Preliminary Reference and U.S. Supreme Court Review of State Court Judgments: A Study in Comparative Judicial Federalism, Am. J. Comp. L. 44 (1996) 3, S. 421–426.

Cohen-Eliya, *Moshe*/*Porat*, *Iddo*, Proportionality and the Culture of Justification, Am. J. Comp. L. 59 (2011) 2, S. 463–490.

Cohn, *D'Vera*/*Morin*, *Rich*, American Mobility: Who Moves? Who Stays Put? Where's Home?, Washington, D.C. 2008 https://www.pewsocialtrends.org/2008/12/17/who-moves-who-stays-put-wheres-home/, geprüft am 31.1.2019.

Condorcet Marquis de Caritat, *Marie Jean Antoine Nicolas*, Betrachtungen über das neun und zwanzigste Buch vom Geiste der Gesetze, in: Antoine L. C. Destutt de Tracy (Hrsg.), Kritischer Commentar über Montesquieu's Geist der Gesetze, Heidelberg 1820/1821, S. 197–231.

Cooke, Jacob E. (Hrsg.), The Federalist, Middletown, Conn. 1961.

Coppel, *Jason*/*O'Neill*, *Aidan*, The European Court of Justice: Taking Rights Seriously?, CML Rev. 29 (1992) 4, S. 669–692.

Correll, *Cathrin*/*Wagner*, *Julius*, Die Nichtraucherschutzgesetze der Länder in der Novellierung – Eine Bestandsaufnahme nach der Entscheidung des Bundesverfassungsgerichts vom 30. Juli 2008, DÖV 2009, S. 698–703.

Cortner, *Richard C.*, The Supreme Court and the Second Bill of Rights: The Fourteenth Amendment and the Nationalization of Civil Liberties, Madison 1981.

Corwin, *Edward Samuel*, The Passing of Dual Federalism, Va. L. Rev. 36 (1950) 1, S. 1–24.

Corwin, *Edward Samuel*, The Twilight of the Supreme Court: A History of our Constitutional Theory, Reihe The Storrs Lectures, New Haven 1934.

Cover, *Robert M.*, The Uses of Jurisdictional Redundancy: Interest, Ideology, and Innovation, Wm. & Mary L. Rev. 22 (1981) 4, S. 639–682.

Cover, *Robert M.*/*Aleinikoff*, *T. Alexander*, Dialectical Federalism: Habeas Corpus and the Court, Yale L. J. 86 (1977) 6, S. 1035–1102.

Craig, Paul, EU Administrative Law, Reihe Collected Courses of the Academy of European Law, Bd. XVI/1, 2. Aufl., Oxford 2012.

Craig, Paul, The ECJ and *Ultra vires* Action: A Conceptual Analysis, CML Rev. 48 (2011) 2, S. 395–437.

Cremer, Wolfram, Grundrechtsverpflichtete und Grundrechtsdimensionen nach der Charta der Grundrechte der Europäischen Union, EuGRZ 38 (2011) 19–21, S. 545–554.

Cremer, Wolfram, Zum Rechtsschutz des Einzelnen gegen abgeleitetes Unionsrecht nach dem Vertrag von Lissabon, DÖV 63 (2010) 2, S. 58–65.

Crocker, Lawrence, Positive Liberty: An Essay in Normative Political Philosophy, Reihe Melbourne International Philosophy Series, Bd. 7, Dordrecht 1980.

Crosskey, William Winslow, Charles Fairman, Legislative History and the Constitutional Limitations on State Authority, U. Chi. L. Rev. 22 (1954) 1, S. 1–143.

Cruz Villalón, Pedro, ›All the guidance‹, *ERT* and *Wachauf*, in: Miguel P. Maduro/Loïc Azoulai (Hrsg.), The Past and Future of EU Law: The Classics of EU Law Revisited on the 50th Anniversary of the Rome Treaty, Oxford/Portland, OR 2010, S. 162–169.

Curtis, Michael Kent, No State Shall Abridge: The Fourteenth Amendment and the Bill of Rights, Durham/N.C 1986.

Cushman, Barry, *Carolene Products* and Constitutional Structure, Sup. Ct. Rev. 2012, S. 321–377.

da Cruz Vilaça, José Luís/Silveira, Alessandra, The European Federalisation Process and the Dynamics of Fundamental Rights, in: Dimitry Kochenov (Hrsg.), EU Citizenship and Federalism: The Role of Rights, Cambridge 2017, S. 125–146.

Dahl, Robert Alan, Democracy and its Critics, New Haven 1989.

Dahl, Robert Alan, Federalism and the Democratic Process, in: James R. Pennock/John W. Chapman (Hrsg.), Liberal Democracy, New York 1983, S. 95–108.

Dalberg-Acton, John Emerich Edward, Letter to Bishop Mandell Creighton, April 5, 1887, in: John Neville Figgis/Reginald Vere Laurence (Hrsg.), Historical Essays and Studies, London 1907.

Dalberg-Acton, John Emerich Edward, Nationality, in: Essays on Freedom and Power, Boston, MA/Glencoe 1948, S. 166–195.

Damaška, Mirjan R., The Faces of Justice and State Authority: A Comparative Approach to the Legal Process, New Haven 1986.

Dann, Philipp, Die politischen Organe, in: Armin von Bogdandy/Jürgen Bast (Hrsg.), Europäisches Verfassungsrecht: Theoretische und dogmatische Grundzüge, 2. Aufl., Dordrecht u.a. 2015, S. 335–387.

Dann, Philipp, Parlamente im Exekutivföderalismus: Eine Studie zum Verhältnis föderaler Ordnung und parlamentarischer Demokratie in der Europäischen Union, Berlin/Heidelberg 2004.

Dannecker, Gerhard, Anmerkung, JZ 68 (2013) 12, S. 616–620.

Danter, Kai, Entlastung des Bundesverfassungsgerichts durch Regionalisierung von Kompetenzen zu den Landesverfassungsgerichten, DÖV 51 (1998) 6, S. 239–243.

Danwitz, Thomas von, Art. 53, in: Peter J. Tettinger/Klaus Stern (Hrsg.), Kölner Gemeinschaftskommentar zur Europäischen Grundrechte-Charta, München 2006, S. 815–821.

Danwitz, Thomas von, Grundrechtsschutz im Anwendungsbereich des Gemeinschaftsrechts nach der Charta der Grundrechte, in: Matthias Herdegen/Hans H. Klein/Hans-Jürgen Papier/Rupert Scholz (Hrsg.), Staatsrecht und Politik: Festschrift für Roman Herzog zum 75. Geburtstag, München 2009, S. 19–33.

Danwitz, Thomas von, Vertikale Kompetenzkontrolle in föderalen Systemen: Rechtsvergleichende und rechtsdogmatische Überlegungen zur vertikalen Abgrenzung von Legislativkompetenzen in der Europäischen Union, AöR 131 (2006) 4, S. 510–578.

Danwitz, Thomas von/Paraschas, Katherina, A Fresh Start for the Charter: Fundamental Questions on the Application of the European Charter of Fundamental Rights, Fordham Int'l L.J. 35 (2012) 5, S. 1396–1425.

Danz, Wilhelm August Friedrich, Deutschland, wie es war, wie es ist, und wie es vielleicht werden wird, Neues Patriotisches Archiv für Deutschland 2 (1794), S. 134–166.

Davies, Gareth, Does the Court of Justice own the Treaties? Interpretative pluralism as a solution to over-constitutionalisation, ELJ 24 (2018) 6, S. 358–375.

Davies, Julie A., *Pullman* and *Burford* Abstention: Clarifying the Roles of State and Federal Courts in Constitutional Cases, U.C. Davis L. Rev. 20 (1986) 1, S. 1–56.

Dawson, Mark, Constitutional Dialogue between Court and Legislatures in the European Union: Prospects and Limits, EPL 19 (2013) 2, S. 369–396.

Dawson, Mark, How Does the European Court of Justice Reason? A Review Essay on the Legal Reasoning of the European Court of Justice, ELJ 20 (2014) 3, S. 423–435.

Dawson, Mark, The Governance of EU Fundamental Rights, Reihe Cambridge Studies in European Law and Policy, Cambridge 2017.

Dawson, Mark u.a. (Hrsg.), Judicial Activism at the European Court of Justice: Causes, Responses and Solutions, Cheltenham/Northampton, MA 2013.

De Cecco, Francesco, Room to move? Minimum harmonization and fundamental rights, CML Rev. 43 (2006) 1, S. 9–30.

De Jesús Butler, Israel, Ensuring Compliance with the Charter of Fundamental Rights in Legislative Drafting: The Practice of the European Commission, E. L. Rev. 37 (2012) 4, S. 397–418.

Degenhart, Christoph, Art. 70, in: Michael Sachs (Hrsg.), Grundgesetz, 7. Aufl., München 2014, S. 1475–1497.

Degenhart, Christoph, Die Verfassungsgerichte der Deutschen Länder als Garanten ihrer Autonomie, RCDP 24 (2009) 39, S. 135–164.

Degenhart, Christoph, Staatsorganisationsrecht: Mit Bezügen zum Europarecht, Reihe Jura auf den Punkt gebracht, Bd. 1, 33. Aufl., Heidelberg 2017.

Dellinger, Walter E., Of Rights and Remedies: The Constitution As a Sword, Harv. L. Rev. 85 (1972) 8, S. 1532–1564.

Denninger, Erhard, Zum Verhältnis von Landesverfassung und Bundesrecht, in: Hans Eichel/Klaus P. Möller (Hrsg.), 50 Jahre Verfassung des Landes Hessen: Eine Festschrift, Wiesbaden 1997, S. 343–355.

Dervisopoulos, Joanna, § 7: Nichtigkeitsklagen, in: Hans-Werner Rengeling/Andreas Middeke/Martin Gellermann (Hrsg.), Handbuch des Rechtsschutzes in der Europäischen Union, 3. Aufl., München 2014, S. 111–171.

Detterbeck, Klaus, Idee und Theorie des Föderalismus, in: Klaus Detterbeck/Wolfgang Renzsch/Stefan Schieren (Hrsg.), Föderalismus in Deutschland, München u.a. 2010, S. 31–51.

Detterbeck, Steffen, Gemeinsame Zulässigkeitshürden von Bundes- und Landesverfassungsbeschwerde in der Praxis, AöR 136 (2011) 2, S. 222–265.

Deukmejian, George/Thompson, Clifford K., Jr., All Sail and No Anchor: Judicial Review Under the California Constitution, Hastings Const. L.Q. 6 (1979) 4, S. 975–1010.

Deutscher Bundestag/Bundesarchiv (Hrsg.), Der Parlamentarische Rat 1948–1949: Akten und Protokolle, München 1975–2009.

Devins, Neal, How State Supreme Courts Take Consequences into Account: Toward a State-Centered Understanding of State Constitutionalism, Stan. L. Rev. 62 (2010) 4, S. 1629–1694.

Devins, Neal, Same-Sex Marriage And The New Judicial Federalism: Why State Courts Should Not Consider Out-Of-State Backlash, in: James A. Gardner/Jim Rossi (Hrsg.), New Frontiers of State Constitutional Law: Dual Enforcement of Norms, Oxford/New York 2011, S. 81–102.

Devins, Neal/Fisher, Louis, The Democratic Constitution, Oxford/New York 2004.

Di Fabio, Udo, § 27: Gewaltenteilung, in: Josef Isensee/Paul Kirchhof (Hrsg.), Handbuch des Staatsrechts der Bundesrepublik Deutschland. Bd. II: Verfassungsstaat, 3. Aufl., Heidelberg 2004, S. 613–657.

Dickson, Brice, The United Kingdom. The influence of European law on the protection of fundamental human rights in United Kingdom law, in: Patricia Popelier/Catherine J. Van de Heyning/Piet Van Nuffel (Hrsg.), Human rights protection in the European legal order: The interaction between the European and the national courts, Cambridge 2011, S. 343.

Dietlein, Johannes, Das Verhältnis von Bundes- und Landesverfassungsrecht, in: Präsident des Verfassungsgerichtshofs für das Land Nordrhein-Westfalen (Hrsg.), Verfassungsgerichtsbarkeit in Nordrhein-Westfalen: Festschrift zum 50-jährigen Bestehen des Verfassungsgerichtshofs für das Land Nordrhein-Westfalen, Stuttgart 2002, S. 203–224.

Dietlein, Johannes, Der Schutz nichtehelicher Lebensgemeinschaften in den Verfassungen und Verfassungsentwürfen der neuen Bundesländer: Zu den bundesverfassungsrechtlichen Grenzen landesstaatlicher Grundrechtssetzung, DtZ 4 (1993) 5, S. 136–141.

Dietlein, Johannes, Die Grundrechte in den Verfassungen der neuen Bundesländer: Zugleich ein Beitrag zur Auslegung der Art. 31 und 142 GG, Reihe Studien zum öffentlichen Recht und zur Verwaltungslehre, Bd. 54, München 1993.

Dietlein, Johannes, Die Rezeption von Bundesgrundrechten durch Landesverfassungsrecht: Zum Verhältnis der Bundesgrundrechte zu den durch Rezeption geschaffenen Grundrechten der Länder, AöR 120 (1995) 1, S. 1–31.

Dietlein, Johannes, Landesgrundrechte im Bundesstaat, JURA 16 (1994) 2, S. 57–61.

Dietz, Sara, Die europarechtsfreundliche Verfassungsidentität in der Kontrolltrias des Bundesverfassungsgerichts, AöR 142 (2017) 1, S. 78–132.

Dietze, Gottfried, The Federalist: A Classic of Federalism and Free Government, Baltimore 1960.

Dinan, John J., Court-Constraining Amendments and the State Constitutional Tradition, Rutgers L.J. 38 (2007) 4, S. 983–1039.

Dinan, John J., Keeping the People's Liberties: Legislators, Citizens, and Judges as Guardians of Rights, Lawrence, Kan. 1998.

Dinan, John J., State Constitutional Amendments and Individual Rights in the Twenty-First Century, Alb. L. Rev. 76 (2013) 4, S. 2105–2140.

Dinan, John J., State Constitutionalism, in: Mark Tushnet/Sanford Levinson/Mark A. Graber (Hrsg.), The Oxford Handbook of the U.S. Constitution, Oxford 2015, S. 863–886.

Dinan, John J., State Constitutions and American Political Development, in: Michael Burgess/G. A. Tarr (Hrsg.), Constitutional Dynamics in Federal Systems: Sub-national Perspectives, Montreal 2012, S. 43–60.

Dinan, John J., The American State Constitutional Tradition, Lawrence 2006.

Dippel, Horst, Die amerikanische Verfassung in Deutschland im 19. Jahrhundert: Das Dilemma von Politik und Staatsrecht, Goldbach 1994.

Dippel, Horst, Die Konstitutionalisierung des Bundesstaats in Deutschland 1849–1949 und die Rolle des amerikanischen Modells, Der Staat 38 (1999), S. 221–239.

Discher, Thomas, Die Landesverfassungsgerichte in der bundesstaatlichen Rechtsprechungskompetenzordnung des Grundgesetzes: Zugleich ein Beitrag zur bundesstaatlichen Stufung des Rechts, Reihe Akademische Abhandlungen zu den Rechtswissenschaften, Berlin 1997.

Dixon, Rosalind, The Supreme Court of Canada, *Charter* Dialogue, and Deference, Osgoode Hall L. J. 47 (2009) 2, S. 235–286.

Dixon, Rosalind, Weak-Form Judicial Review and American Exceptionalism, OJLS 32 (2012) 3, S. 487–506.

Dodek, Adam M., A Tale of Two Maps: The Limits of Universalism in Comparative Judicial Review, Osgoode Hall L. J. 47 (2009) 2, S. 287–316.

Dogliani, Mario/Pinelli, Cesare, Italien, in: Armin von Bogdandy/Pedro Cruz Villalón/Peter M. Huber (Hrsg.), Handbuch Ius Publicum Europaeum: Bd. I: Grundlagen und Grundzüge des staatlichen Verfassungsrechts, Heidelberg 2007, S. 273–325.

Dombert, Matthias, Das Sondervotum in der Praxis des Landesverfassungsgerichts – Voraussetzungen und Anforderungen, in: Peter Macke (Hrsg.), Verfassung und Verfassungsgerichtsbarkeit auf Landesebene: Beiträge zur Verfassungsstaatlichkeit in den Bundesländern, Baden-Baden 1998, S. 167.

Dombert, Maximilian, Der Grundrechtsföderalismus der Vereinigten Staaten von Amerika: Eine Darstellung vor dem Hintergrund der Debatte um die Bindung der Mitgliedstaaten an die Grundrechte der Europäischen Union, Reihe Studien zum öffentlichen Recht, Bd. 21, Baden-Baden 2017.

Donath, Philipp B., Die Entscheidung des Hessischen Staatsgerichtshofs vom 10. Mai 2017 und das Verhältnis von Bundes- und Landesgrundrechten: Zur Autonomie der Hessischen Verfassung im Arbeitskampfrecht, KritV 100 (2017) 4, S. 309–330.

Donath, Philipp B., EuGH zum Verhältnis von EU-Recht und nationalem Recht: Unionsrecht hat nicht immer Vorrang 2017, https://www.lto.de/recht/hintergruende/h/eugh-urteil-c4217–vorrang-gesetz-europaeisches-nationales-recht-europa-eu-union/, geprüft am 31.1.2019.

Donnelly, Tom, Making Popular Constitutionalism Work, Wis. L. Rev. 2012, S. 159.

Dougan, Michael, The Treaty of Lisbon 2007: Winning minds, not hearts, CML Rev. 45 (2008) 3, S. 617–703.

Dreier, Horst, Art. 1 III, in: Horst Dreier (Hrsg.), Grundgesetz: Kommentar. Bd. I, Präambel, Artikel 1–19, 3. Aufl., Tübingen 2013, S. 280–329.

Dreier, Horst, Art. 142, in: Horst Dreier (Hrsg.), Grundgesetz: Kommentar. Bd. III, Artikel 83–146, 3. Aufl., Tübingen 2015, S. 1876–1925.

Dreier, Horst, Art. 28, in: Horst Dreier (Hrsg.), Grundgesetz: Kommentar. Bd. II, Artikel 20–82, 3. Aufl., Tübingen 2015, S. 657–762.

Dreier, Horst, Art. 31, in: Horst Dreier (Hrsg.), Grundgesetz: Kommentar. Bd. II, Artikel 20–82, 3. Aufl., Tübingen 2015, S. 804–837.

Dreier, Horst, Dimensionen der Grundrechte: Von der Wertordnungsjudikatur zu den objektiv-rechtlichen Grundrechtsgehalten, Reihe Schriftenreihe der Juristischen Studiengesellschaft Hannover, Bd. 23, Hannover 1993.

Dreier, Horst, Einheit und Vielfalt der Verfassungsordnungen im Bundesstaat, in: Karsten Schmidt (Hrsg.), Vielfalt des Rechts – Einheit der Rechtsordnung? Hamburger Ringvorlesung, Berlin 1994, S. 113–146.

Dreier, Horst, Grundrechtsschutz durch Landesverfassungsgerichte: Vortrag, gehalten vor der Juristischen Gesellschaft zu Berlin am 8. September 1999, Reihe Schriftenreihe der Juristischen Gesellschaft zu Berlin, Bd. 163, Berlin u.a. 2000.

Dreier, Horst, Vorbemerkungen vor Artikel 1 GG, in: Horst Dreier (Hrsg.), Grundgesetz: Kommentar. Bd. I, Präambel, Artikel 1–19, 3. Aufl., Tübingen 2013, S. 42–153.

Dreyer, Michael, Föderalismus als ordnungspolitisches und normatives Prinzip: Das föderative Denken der Deutschen im 19. Jahrhundert, Reihe Europäische Hochschulschriften: Reihe 31, Politikwissenschaft, Bd. 102, Frankfurt am Main 1987.

Dubout, Edouard, The Protection of Fundamental Rights and the Allocation of Competences in the EU: A Clash of Constitutional Logics, in: Loïc Azoulai (Hrsg.), The Question of Competence in the European Union, Oxford 2014, S. 193–211.

Dujardin, Vincent, La consécration des droits constitutionnels, in: Marc Verdussen/Nicolas Bonbled (Hrsg.), Les droits constitutionnels en Belgique: Les enseignement jurisprudentiels de la cour constitutionnelle, du conseil d'État et de la cour de cassation, Bruxelles 2011, S. 37–75.

Dumbauld, Edward, The Bill of Rights: And What It Means Today, Norman 1957.

Dworkin, Ronald, Law's Empire, Oxford 1998.

Dworkin, Ronald, Taking Rights Seriously, Cambridge, MA 1977.

Dye, Thomas R., American Federalism: Competition Among Governments, Lexington, MA/Toronto 1990.

Dyzenhaus, David, Proportionality and Deference in a Culture of Justification, in: Grant Huscroft/Bradley W. Miller/Grégoire C. N. Webber (Hrsg.), Proportionality and the Rule of Law: Rights, Justification, Reasoning, New York 2014, S. 234–258.

Dyzenhaus, David, What is a »Democratic Culture of Justification«?, in: Murray Hunt/Hayley J. Hooper/Paul Yowell (Hrsg.), Parliaments and Human Rights: Redressing the Democratic Deficit, Oxford/Portland, OR 2015, S. 425–445.

Dzehtsiarou, Kanstantsin, Does consensus matter? Legitimacy of European consensus in the case law of the European Court of Human Rights, P.L. 56 (2011) 3, S. 534–553.

Dzehtsiarou, Kanstantsin, European Consensus and the Evolutive Interpretation of the European Convention on Human Rights, GLJ 12 (2011) 10, S. 1730–1745.

Dzehtsiarou, Kanstantsin, European Consensus and the Legitimacy of the European Court of Human Rights, Cambridge 2015.

Eberle, Edward J., Dignity and Liberty: Constitutional Visions in Germany and the United States, Westport, CT 2002.

Eckhardt, Ernst, Die Grundrechte der Deutschen: Eine Darstellung der Behandlung der Grundrechte durch das Frankfurter und Erfurter Parlament, sowie der weiteren Entwicklung des Gedankens reichsrechtlicher Verbürgung von Freiheitsrechten, Reihe erw. u. erg. als: Abhandlungen aus dem Staats- und Verwaltungsrecht mit Einschluss des Kolonial und Völkerrechts, Bd. 30, Breslau 1913.

Edenharter, Andrea, Anmerkung zu BVerfG, Beschluss v. 19. 12. 2017 – 2 BvR 424/17, JZ 73 (2018) 6, S. 313–316.

Edenharter, Andrea, Auflösung von Jurisdiktionskonflikten durch eine Variierung der richterlichen Prüfungsdichte: Übertragung der Spielraumkonzepte des EGMR und des Schweizer Bundesgerichts auf die Rechtsprechung des EuGH, Der Staat 57 (2018) 2, S. 227–265.

Edenharter, Andrea, Grundrechtsschutz in föderalen Mehrebenensystemen: Inspiration des EU-Grundrechtsschutzes durch die Grundrechtsentwicklung in Deutschland und der Schweiz sowie durch die EMRK, Reihe Jus Publicum, Bd. 271, Tübingen 2018.
Editorial Comment, Fundamental rights and EU membership: Do as I say, not as I do!, CML Rev. 49 (2012) 2, S. 481–488.
Editorial Comment, The scope of application of the general principles of Union law: An ever expanding Union?, CML Rev. 47 (2010) 6, S. 1589–1596.
Eeckhout, Piet, The EU Charter of Fundamental Rights and the Federal Question, CML Rev. 39 (2002) 5, S. 945–994.
Eggeling, Christian, Das Sondervotum in der Verfassungsgerichtsbarkeit der neuen Bundesländer, Reihe Schriften zum Öffentlichen Recht, Bd. 1020, Berlin 2006.
Ehlers, Dirk, § 14: Allgemeine Lehren der Unionsgrundrechte, in: Dirk Ehlers/Ulrich Becker (Hrsg.), Europäische Grundrechte und Grundfreiheiten, 4. Aufl., Berlin 2014, S. 513–580.
Ehmke, Horst, Prinzipien der Verfassungsinterpretation, VVDStRL 20 (1963), S. 53–102.
Ehmke, Horst, »Staat« und »Gesellschaft« als verfassungstheoretisches Problem, in: Konrad Hesse/Siegfried Reicke/Ulrich Scheuner (Hrsg.), Staatsverfassung und Kirchenordnung: Festgabe für Rudolf Smend zum 80. Geburtstag am 15. Januar 1962, Tübingen 1962, S. 23–49.
Eisgruber, Christopher L., The Most Competent Branches: A Response to Professor Paulsen, Geo. L. J. 83 (1994) 2, S. 347–371.
Elazar, Daniel Judah, A Response to Professor Gardner's The Failed Discourse of State Constitutionalism, Rutgers L.J. 24 (1993) 4, S. 975–984.
Elazar, Daniel Judah, Exploring Federalism, Tuscaloosa, AL 1987.
Elazar, Daniel Judah, Federalism and the Way to Peace, Reihe Reflections paper, Bd. 13, Kingston 1994.
Ellis, Evelyn/Watson, Philippa, EU Anti-Discrimination Law, 2. Aufl., Oxford 2012.
Elsuwege, Peter van/Kochenov, Dimitry, On The Limits of Judicial Intervention: EU Citizenship and Family Reunification Rights, E.J.M.L. 13 (2011) 4, S. 443–466.
Ely, John Hart, Democracy and Distrust: A Theory of Judicial Review, Cambridge, MA 1980.
Enders, Christoph, Die neue Subsidiarität des Bundesverfassungsgerichts, JuS 41 (2001) 5, S. 462–467.
Engel, Christoph, The European Charter of Fundamental Rights: A Changed Political Opportunity Structure and its Normative Consequences, ELJ 7 (2001) 2, S. 151–170.
Engelbrecht, Kai, Die Kollisionsregel im föderalen Ordnungsverbund, Tübingen 2010.
Engels, Andreas, Die verfassungsrechtliche Dogmatik des Grundsatzes der Tarifeinheit, RdA 61 (2008) 6, S. 331–336.
Engels, Nicole, Chancengleichheit und Bundesstaatsprinzip, Reihe Schriften zum Öffentlichen Recht, Bd. 870, Berlin 2001.
Epp, Charles R., The Rights Revolution: Lawyers, Activists, and Supreme Courts in Comparative Perspective, Chicago/London 1998.
Epstein, David F., The Political Theory of the Federalist, Chicago/London 1984.
Epstein, Richard A., Takings: Private Property and the Power of Eminent Domain, Cambridge, MA 1985.

Erpenbach, André Frederik, Grenzen des Wettbewerbsföderalismus unter Berücksichtigung der Reform zur Modernisierung der bundesstaatlichen Ordnung, Reihe Europäische Hochschulschriften: Reihe 2, Rechtswissenschaft, Bd. 5093, Frankfurt am Main 2010.

Eskridge, William N., Jr./Ferejohn, John A., A Republic of Statutes: The New American Constitution, New Haven Conn./London 2010.

Eskridge, William N., Jr./Ferejohn, John A., Virtual Logrolling: How the Court, Congress, and the States Multiply Rights, S. Cal. L. Rev. 68 (1996) 6, S. 1545–1564.

Esler, Michael, Michigan v. Long: A Twenty Year Retrospective, Alb. L. Rev. 66 (2003) 3, S. 835–856.

Esler, Michael, State supreme court commitment to state law, Judicature 78 (1994) 1, S. 25–32.

Estin, Ann Laquer, Sharing Governance: Family Law in Congress and the States, Cornell J. L. and Pub. Pol'y 18 (2009) 2, S. 267–335.

EuGH, Jahresbericht 2017: Überblick über die Tätigkeit des Gerichtshofs, des Gerichts und des Gerichts für den öffentlichen Dienst der Europäischen Union, Luxemburg 2018.

Europäische Kommission, Monitoring the application of European Union law: 2017 Annual Report 2018.

Everling, Ulrich, Rechtsschutz in der Europäischen Union nach dem Vertrag von Lissabon, EuR-Bei 2009, S. 71–86.

Everling, Ulrich, Will Europe Slip on Bananas? The Bananas Judgment of the Court of Justice and National Courts, CML Rev. 33 (1996) 3, S. 401–437.

Fabbrini, Federico, Fundamental Rights in Europe: Challenges and Transformations in Comparative Perspective, Reihe Oxford Studies in European Law, Oxford 2014.

Fabbrini, Federico, The EU Charter of Fundamental Rights and the Right to Data Privacy: The EU Court of Justice as a Human Rights Court, in: Sybe A. de Vries/Ulf Bernitz/Stephen Weatherill (Hrsg.), The EU Charter of Fundamental Rights as a Binding Instrument: Five Years Old and Growing, Oxford/Portland, OR 2015, S. 261–286.

Fahey, Bridget A., Consent Procedures and American Federalism, Harv. L. Rev. 128 (2015) 6, S. 1561–1629.

Fahlbusch, Patricia/Gonzalez, Daniel, Michigan v. Long: The Inadequacies of Independent and Adequate State Grounds, U. Miami L. Rev. 42 (1987) 1, S. 159–202.

Fairman, Charles, Does the Fourteenth Amendment Incorporate the Bill of Rights? The Original Understanding, Stan. L. Rev. 2 (1949) 1, S. 5–139.

Fallon, Richard H., Jr., Some Confusions about Due Process, Judicial Review, and Constitutional Remedies, Colum. L. Rev. 93 (1993) 2, S. 309–373.

Fallon, Richard H., Jr., The »Conservative« Paths of the Rehnquist Court's Federalism Decisions, U. Chi. L. Rev. 69 (2002) 2, S. 429–494.

Fallon, Richard H., Jr., Why Abstention Is Not Illegitimate: An Essay on the Distinction between Legitimate and Illegitimate Statutory Interpretation and Judicial Lawmaking, Nw. U. L. Rev. 107 (2013) 2, S. 847–880.

Fallon, Richard H., Jr./Manning, John F./Meltzer, Daniel J./Shapiro, David L., Hart and Wechsler's The Federal Courts and the Federal System, 6. Aufl., New York 2009.

Farahat, Anuscheh, Das Bundesverfassungsgericht, in: Armin von Bogdandy/Sabino Cassese/Peter M. Huber (Hrsg.), Handbuch Ius Publicum Europaeum: Band VI: Verfassungsgerichtsbarkeit in Europa: Institutionen, Heidelberg 2016, S. 81–158.

Farahat, *Anuscheh*/*Krenn*, *Christoph*, Der Europäische Gerichtshof in der Eurokrise: Eine konflikttheoretische Perspektive, Der Staat 57 (2018) 3, S. 357–385.

Farber, *Daniel A.*, Retained by the People: The »Silent« Ninth Amendment and the Constitutional Rights Americans Don't Know They Have, New York 2007.

Farber, *Daniel A.*/*Eskridge*, *William N.*, *Jr.*/*Frickey*, *Philip P.*/*Schacter*, *Jane S.*, Cases and Materials on Constitutional Law: Themes for the Constitution's Third Century, Reihe American Casebook Series, 5. Aufl., St. Paul, MN 2013.

Farber, *Daniel A.*/*Frickey*, *Philip P.*, Law and Public Choice: A Critical Introduction, Chicago/London 1991.

Fastenrath, *Ulrich*, Erwiderung – Nochmals: Kontrolle der Vorlageverpflichtung nach Art. 267 Abs. 3 AEUV durch das BVerfG, JZ 68 (2013) 6, S. 299–302.

Feld, *Lars P.*, Der Wettbewerbsföderalismus als Rahmenbedingung und Impuls wirtschaftlichen Handelns, in: Hermann-Josef Blanke/Wito Schwanengel (Hrsg.), Zustand und Perspektiven des deutschen Bundesstaates, Tübingen 2005, S. 171–200.

Feld, *Lars P.*, Zur ökonomischen Theorie des Föderalismus: Eine prozessorientierte Sicht, in: Klaus Heine/Wolfgang Kerber (Hrsg.), Zentralität und Dezentralität von Regulierung in Europa, Stuttgart 2007, S. 31–54.

Fercot, *Céline*, Diversity of Constitutional Rights in Federal Systems: A Comparative Analysis of German, American and Swiss Law, EuConst 4 (2008) 2, S. 302–324.

Fercot, *Céline*, La protection des droits fondamentaux dans l'État fédéral: Étude de droit comparé allemand, américain et suisse, Reihe Collection des Thèses, Bd. 45, Clermont-Ferrand 2011.

Ferreres Comella, *Víctor*, Constitutional Courts and Democratic Values: A European Perspective, New Haven 2009.

Fiedler, *Kristina*, Verfassungsgerichtsbarkeit im Bundesstaat, Reihe Europäische Hochschulschriften: Reihe 2, Rechtswissenschaft, Bd. 4436, Frankfurt am Main 2006.

Field, *Martha A.*, Abstention in Constitutional Cases: The Scope of the Pullman Abstention Doctrine, U. Pa. L. Rev. 122 (1974) 5, S. 1071–1187.

Fischel, William A. (Hrsg.), The Tiebout Model at Fifty: Essays in Public Economics in Honor of Wallace Oates, Cambridge, MA 2006.

Fiss, *Owen M.*, Groups and the Equal Protection Clause, Phil. & Pub. Aff. 5 (1976), S. 107.

Fiss, *Owen M.*, Troubled Beginnings of the Modern State, 1888–1910, Reihe The Oliver Wendell Holmes Devise: History of the Supreme Court of the United States, Bd. VIII, Cambridge 2006.

Flack, *Horace Edgar*, The Adoption of the Fourteenth Amendment, Baltimore 1908.

Fleiner, *Thomas*, Rechtsvergleichung: Chancen und Lehren für den Föderalismus, in: Friedhelm Hufen (Hrsg.), Verfassungen – zwischen Recht und Politik: Festschrift zum 70. Geburtstag für Hans-Peter Schneider, Baden-Baden 2008, S. 255–271.

Fleming, *James E.*/*McClain*, *Linda C.*, Liberty, in: Mark Tushnet/Sanford Levinson/Mark A. Graber (Hrsg.), The Oxford Handbook of the U.S. Constitution, Oxford 2015, S. 479–500.

Fontanelli, *Filippo*, *Hic Sunt Nationes*: The Elusive Limits of the EU Charter and the German Constitutional Watchdog: Court of Justice of the European Union: Judgment of 26 February 2013, Case C-617/10 *Åklagaren* v. *Hans Åkerberg Fransson*, EuConst 9 (2013) 2, S. 315–334.

Fontanelli, *Filippo*, National Measures and the Application of the EU Charter of Fundamental Rights – Does *curia*.eu Know *iura*.eu?, HRLR 14 (2014) 2, S. 231–265.

Forsthoff, Ernst, Die öffentliche Körperschaft im Bundesstaat: Eine Untersuchung über die Bedeutung der institutionellen Garantie in den Artikeln 127 und 137 der Weimarer Verfassung, Reihe Beiträge zum öffentlichen Recht der Gegenwart, Bd. 3, Tübingen 1931.

Forsyth, Murray, Unions of States: The Theory and Practice of Confederation, Leicester 1981.

Fraenkel, Ernst, Das amerikanische Regierungssystem: Eine politologische Analyse, Köln 1960.

Frankenberg, Günter, Comparing constitutions: Ideas, ideals, and ideology--toward a layered narrative, I•CON 4 (2006) 3, S. 439–459.

Frankenberg, Günter, Critical Comparisons: Re-thinking Comparative Law New Directions in International Law, Harv.Int'l L.J. 26 (1985) 2, S. 411–456.

Frankenberg, Günter/Rödel, Ulrich, Von der Volkssouveränität zum Minderheitsschutz: Die Freiheit politischer Kommunikation im Verfassungsstaat, untersucht am Beispiel der Vereinigten Staaten von Amerika, Frankfurt am Main 1981.

Franzius, Claudio, Grundrechte als Verfassungsgefährdung? – Der Vertrag von Lissabon aus deutscher Perspektive –, DÖV 61 (2008) 22, S. 933–940.

Franzius, Claudio, Grundrechtsschutz in Europa, ZaöRV 75 (2015) 2, S. 383–413.

Fredman, Sandra, From Dialogue to Deliberation: Human Rights Adjudication and Prisoners' Rights to Vote, in: Murray Hunt/Hayley J. Hooper/Paul Yowell (Hrsg.), Parliaments and Human Rights: Redressing the Democratic Deficit, Oxford/Portland, OR 2015, S. 447–468.

Fredman, Sandra, Transformation or Dilution: Fundamental Rights in the EU Social Space, ELJ 12 (2006) 1, S. 41–60.

Freedom House, Freedom in the World 2018: The Annual Survey of Political Rights and Civil Liberties, Lanham, MD 2019.

Frenzel, Eike Michael, Die Charta der Grundrechte als Maßstab für mitgliedstaatliches Handeln zwischen Effektivierung und Hyperintegration, Der Staat 53 (2014) 1, S. 1–29.

Friedelbaum, Stanley H., Expressive Liberties in the State Courts: Their Permissible Reach and Sanctioned Restraints, Alb. L. Rev. 67 (2004) 4, S. 655–690.

Friedelbaum, Stanley H., Judicial Federalism: Current Trends and Long Term Prospects, Florida State Law Review 19 (1992) 4, S. 1053–1088.

Friedman, Barry, Dialogue and Judicial Review, Mich. L. Rev. 91 (1993) 4, S. 577–682.

Friedman, Barry, Federal Jurisdiction and Legal Scholarship: A (Dialogic) Reply, Nw. U. L. Rev. 85 (1991) 2, S. 478–493.

Friedman, Barry, The Birth of an Academic Obsession: The History of the Countermajoritarian Difficulty, Part Five, Yale L. J. 112 (2002) 2, S. 153–260.

Friedman, Barry, The Story of *Ex parte Young*: Once Controversial, Now Canon, in: Vicki C. Jackson/Judith Resnik (Hrsg.), Federal Courts Stories, New York 2010, S. 247–274.

Friedman, Barry, The Will of the People: How Public Opinion Has Influenced the Supreme Court and Shaped the Meaning of the Constitution, New York 2009.

Friedman, Barry, Under the Law of Federal Jurisdiction: Allocating Cases between Federal and State Courts, Colum. L. Rev. 104 (2004) 5, S. 1211–1279.

Friedman, Barry, Valuing Federalism, Minn. L. Rev. 82 (1997) 2, S. 317–412.

Friedman, Lawrence, The Constitutional Value of Dialogue and the New Judicial Federalism, Hastings Const. L.Q. 28 (2000) 1, S. 93–144.

Friedman, Lawrence Meir, A History of American Law, 3. Aufl., New York/London/Toronto/Sydney 2005.

Friedrich, Carl J., Der Verfassungsstaat der Neuzeit, Berlin u.a. 1953.

Friendly, Henry J., The Bill of Rights as a Code of Criminal Procedure, Cal. L. Rev. 53 (1965) 4, S. 929–956.

Friesen, Jennifer, State Constitutional Law: Litigating Individual Rights, Claims, and Defenses, 2 Bde, 4. Aufl., New York 2006.

Friesen, Jennifer, State Courts as Sources of Constitutional Law: How to Become Independently Wealthy, Notre Dame L. Rev. 72 (1997) 4, S. 1065–1096.

Friesenhahn, Ernst, Die Verfassungsgerichtsbarkeit in der Bundesrepublik Deutschland, in: Max-Planck-Institut für Ausländisches Öffentliches Recht und Völkerrecht (Hrsg.), Verfassungsgerichtsbarkeit in der Gegenwart: Länderberichte und Rechtsvergleichung. Internationales Kolloquium, Köln/Berlin 1962, S. 89–197.

Friesenhahn, Ernst, Zum Verhältnis von Bundes- und Landesverfassungsgerichtsbarkeit: Referat für die Konferenz der Präsidenten und Vizepräsidenten der Landesverfassungsgerichte mit den Mitgliedern des Bundesverfassungsgerichts am 20. April 1956 in Karlsruhe, Karlsruhe 1956.

Friesenhahn, Ernst, Zur Zuständigkeitsabgrenzung zwischen Bundesverfassungsgerichtsbarkeit und Landesverfassungsgerichtsbarkeit, in: Christian Starck (Hrsg.), Bundesverfassungsgericht und Grundgesetz: Festgabe aus Anlaß des 25jährigen Bestehens des Bundesverfassungsgerichts, Tübingen 1976, S. 748–799.

Fritz, Christian G., Interposition: An Overlooked Tool of American Constitutionalism, in: Neil H. Cogan (Hrsg.), Union & States' Rights: A History and Interpretation of Interposition, Nullification, and Secession 150 Years After Sumter, Akron, Ohio 2014, S. 165–203.

Fritz, Christian G., The American Constitutional Tradition Revisited: Preliminary Observations on State Constitution-Making in the Nineteenth-Century West, Rutgers L.J. 25 (1994) 4, S. 945–988.

Fröhlich, Johanna/Csink, Lóránt, Topics of Hungarian Constitutionalism, TvCR 3 (2012) 4, S. 424–439.

Funke, Andreas, Umsetzungsrecht: Zum Verhältnis von internationaler Sekundärrechtsetzung und deutscher Gesetzgebungsgewalt, Reihe Jus Publicum, Bd. 200, Tübingen 2010.

Gagliardo, John G., Reich and Nation: The Holy Roman Empire as Idea and Reality, 1763–1806, Bloomington/London 1980.

Galle, Brian/Leahy, Joseph, Laboratories of Democracy? Policy Innovation in Decentralized Governments, Emory L.J. 58 (2009) 6, S. 1333–1400.

Gallwas, Hans-Ulrich, Konkurrenz von Bundes- und Landesgrundrechten, JA 13 (1981) 10, S. 536–541.

Gardbaum, Stephen, New Deal Constitutionalism and the Unshackling of Government, U. Chi. L. Rev. 64 (1997) 2, S. 483–566.

Gardbaum, Stephen, The Myth and Reality of American Constitutional Exceptionalism, Mich. L. Rev. 107 (2008) 3, S. 391–466.

Gardbaum, Stephen, The New Commonwealth Model of Constitutionalism: Theory and Practice, Reihe Cambridge Studies in Constitutional Law, Bd. 5, Cambridge/New York 2013.

Gärditz, Klaus Ferdinand, § 189: Grundrechte im Rahmen der Kompetenzordnung, in: Josef Isensee/Paul Kirchhof (Hrsg.), Handbuch des Staatsrechts der Bundesrepublik Deutschland. Bd. IX: Allgemeine Grundrechtslehren, 3. Aufl., Heidelberg 2011, S. 225–264.

Gärditz, Klaus Ferdinand, Anmerkung, JZ 68 (2013) 12, S. 633–636.
Gärditz, Klaus Ferdinand, Entlastung durch Marginalisierung?, F.A.Z. v. 13.05.2015 Nr. 110, S. 7.
Gärditz, Klaus Ferdinand, Landesverfassungsrichter: Zur personalen Dimension der Landesverfassungsgerichtsbarkeit, JöR 61 (2013), S. 449–493.
Gardner, James A., Interpreting State Constitutions: A Jurisprudence of Function in a Federal System, Chicago u.a. 2005.
Gardner, James A., State Constitutional Rights as Resistance to National Power: Toward a Functional Theory of State Constitutions, Geo. L. J. 91 (2003) 5, S. 1003–1064.
Gardner, James A., State Courts as Agents of Federalism: Power and Interpretation in State Constitutional Law, Wm. & Mary L. Rev. 44 (2003) 4, S. 1725–1800.
Gardner, James A. (Hrsg.), State Expansion of Federal Constitutional Liberties, Reihe Controversies in constitutional law, New York u.a. 1999.
Gardner, James A., The »States-as-Laboratories« Metaphor in State Constitutional Law, Val. U. L. Rev. 30 (1996) 2, S. 475–492.
Gardner, James A., The Failed Discourse of State Constitutionalism, Mich. L. Rev. 90 (1992) 4, S. 761–837.
Gardner, James A., What is a State Constitution?, Rutgers L.J. 24 (1993) 4, S. 1025–1056.
Gardner, James A./Rossi, Jim, Dual Enforcement of Constitutional Norms, in: James A. Gardner/Jim Rossi (Hrsg.), New Frontiers of State Constitutional Law: Dual Enforcement of Norms, Oxford/New York 2011, S. 1–14.
Garland, David, Peculiar Institution: America's Death Penalty in the Age of Abolition, Cambridge, MA 2010.
Garlicki, Lech, Constitutional courts versus supreme courts, I•CON 5 (2007) 1, S. 44–68.
Garry, Patrick M., A One-Sided Federalism: The Unaddressed Constitutional Compromise on Federalism and Individual Rights, Setan Hall L. Rev. 36 (2006) 3, S. 851–893.
Garry, Patrick M., An Entrenched Legacy: How the New Deal Constitutional Revolution Continues to Shape the Role of the Supreme Court, University Park, Pa 2008.
Gehb, Jürgen, Bricht Berliner Landesrecht Bundesrecht?, DÖV 46 (1993) 11, S. 470–474.
Gehb, Jürgen, Verfassung, Zuständigkeiten und Verfahren des Hessischen Staatsgerichtshofs, Reihe Studien und Materialien zur Verfassungsgerichtsbarkeit, Bd. 38, Baden-Baden 1987.
Geiger, Willi, Die Bundesverfassungsgerichtsbarkeit in ihrem Verhältnis zur Landesverfassungsgerichtsbarkeit und ihre Einwirkung auf die Verfassungsordnung der Länder, in: Adolf Süsterhenn/Friedrich A. F. v. d. Heydte/Willi Geiger (Hrsg.), Verfassung und Verwaltung in Theorie und Wirklichkeit: Festschrift für Herrn Geheimrat Prof. Dr. Wilhelm Laforet anläßlich seines 75. Geburtstages, München 1952, S. 251–267.
Geiger, Willi, Die Verfassungsbeschwerde nach Bundes- und nach Landesrecht, DRiZ 47 (1969) 5, S. 137–141.
Geiger, Willi, Mißverständnisse um den Föderalismus: Vortrag gehalten vor der Berliner Juristischen Gesellschaft am 24. Januar 1962, Reihe Schriftenreihe der Juristischen Gesellschaft e.V. Berlin, Bd. 8, Berlin 1962.
Gerards, Janneke H., Margin of Appreciation and Incrementalism in the Case Law of the European Court of Human Rights, HRLR 2018.
Gerards, Janneke H., Pluralism, Deference and the Margin of Appreciation Doctrine, ELJ 17 (2011) 1, S. 80–120.

Gerards, Janneke H., Procedural Review by the ECtHR: A Typology, in: Janneke H. Gerards/Eva Brems (Hrsg.), Procedural Review in European Fundamental Rights Cases, Cambridge 2017, S. 127–160.
Gerken, Heather K., A New Progressive Federalism, Democracy J. 2012, S. 37–48.
Gerken, Heather K., Abandoning Bad Ideas and Disregarding Good Ones for the Right Reasons: Reflections on a Festschrift, Tulsa L. Rev. 48 (2013) 3, S. 535–550.
Gerken, Heather K., Dissenting by Deciding, Stan. L. Rev. 57 (2005) 6, S. 1745–1806.
Gerken, Heather K., Exit, Voice, and Disloyalty, Duke L.J. 62 (2013) 7, S. 1349–1386.
Gerken, Heather K., Federalism All the Way Down, Harv. L. Rev. 124 (2010) 1, S. 4–74.
Gerken, Heather K., Federalism as the New Nationalism: An Overview, Yale L. J. 123 (2014) 6, S. 1889–1918.
Gerken, Heather K., Our Federalism(s), Wm. & Mary L. Rev. 53 (2012) 5, S. 1549–1573.
Gerken, Heather K., The Loyal Opposition, Yale L. J. 123 (2014) 6, S. 1958–1994.
Gerken, Heather K., *Windsor's* Mad Genius: The Interlocking Gears of Rights and Structure, B.U. L. Rev. 95 (2015) 2, S. 587–613.
Giancarlo, Doria, The Paradox of Federal Bicameralism, EDAP 3 (2006) 5, S. 5–41.
Gibson, Edward L., Boundary Control: Subnational Authoritarianism in Democratic Countries, World Politics 58 (2005) 1, S. 101–132.
Gibson, Edward L., Boundary Control: Subnational Authoritarianism in Federal Democracies, Reihe Cambridge Studies in Comparative Politics, Cambridge 2012.
Gibson, James L., Pluralism, Federalism and the Protection of Civil Liberties, WPQ 43 (1990) 3, S. 511–533.
Gierke, Otto von, Labands Staatsrecht und die deutsche Rechtswissenschaft (1883), 2. Aufl., Darmstadt 1961.
Giese, Ferdinand, Die Grundrechte, Reihe Abhandlungen aus dem Staats-, Verwaltungs- und Völkerrecht, Bd. 1, Tübingen 1905.
Glendon, Mary Ann, Rights Talk: The Impoverishment of Political Discourse, New York/Toronto 1991.
Glendon, Mary Ann, Toward a Structural Approach to Constitutional Interpretation, in: Terry Eastland (Hrsg.), Benchmarks: Great Constitutional Controversies in the Supreme Court, Washington, D.C./Grand Rapids, Mich 1995, S. 141–176.
Glennon, Robert Jerome, The Jurisdictional Legacy of the Civil Rights Movement, Tenn. L. Rev. 61 (1994) 3, S. 869–932.
Gluck, Abbe R., Federalism From Federal Statutes: Health Reform, Medicaid, and the Old-Fashioned Federalists' Gamble, Fordham L. Rev. 81 (2013) 4, S. 1749–1776.
Gluck, Abbe R., Intrastatutory Federalism and Statutory Interpretation State Implementation of Federal Law in Health Reform and Beyond, Yale L. J. 121 (2011) 3, S. 534–623.
Gluck, Abbe R., Our [National] Federalism: Federalism's Domain and the Want of Doctrine, Yale L. J. 123 (2014) 6, S. 101–148.
Göbel-Zimmermann, Ralph, Asylrechte der Landesverfassungen im Verhältnis zum Bundesrecht, NVwZ 14 (1995) 8, S. 763–766.
Goerlich, Helmut, Wertordnung und Grundgesetz: Kritik einer Argumentationsfigur des Bundesverfassungsgerichts, Reihe Studien und Materialien zur Verfassungsgerichtsbarkeit, Baden-Baden 1973.
Goldstein, Leslie Friedman, Constituting Federal Sovereignty: The European Union in Comparative Context, Reihe The Johns Hopkins Series in Constitutional Thought, Baltimore 2001.

Goldstein, Leslie Friedman, State Resistance to Authority in Federal Unions: The Early United States (1790–1860) and the European Community (1958–94), SAPD 11 (1997) 1, S. 149–189.

Goldwin, Robert A., Congressman Madison Proposes Amendments to the Constitution, in: Robert A. Licht (Hrsg.), The Framers and Fundamental Rights, Washington, D.C. 1991, S. 57–85.

Grabenwarter, Christoph, Grundrechtsschutz im Bereich der europäischen Sicherheitspolitik, EuR-Bei 2009, S. 53–75.

Graber, Mark A., Enumeration and Other Constitutional Strategies for Protecting Rights: The View from 1787/1791, U. Pa. J. Const. L. 9 (2006) 2, S. 357–399.

Grawert, Rolf, § 81: Wechselwirkungen zwischen Bundes- und Landesgrundrechten, in: Detlef Merten/Hans-Jürgen Papier (Hrsg.), Handbuch der Grundrechte in Deutschland und Europa. Bd. III: Grundrechte in Deutschland – Allgemeine Lehren II, Heidelberg 2009, S. 1033–1095.

Greber, Anton R., Die vorpositiven Grundlagen des Bundesstaates, Reihe Publications de l'Institut du Fédéralisme Fribourg Suisse Études et colloques, Bd. 29, Basel 2000.

Greenburg, Jan Crawford, Supreme Conflict: The Inside Story of the Struggle for Control of the United States Supreme Court, New York 2007.

Greenhouse, Linda, The U.S. Supreme Court: A Very Short Introduction, Reihe Very Short Introductions, Bd. 306, New York 2012.

Greve, Holger, Das neue Bundesdatenschutzgesetz, NVwZ 36 (2017) 11, S. 737–744.

Greve, Michael S., Real Federalism: Why It Matters, How It Could Happen, Washington, D.C. 1999.

Greve, Michael S., The Upside-Down Constitution, Cambridge, MA/London 2012.

Griebel, Jörn, Doppelstandards des Bundesverfassungsgerichts beim Schutz europäischer Grundrechte, Der Staat 53 (2013) 3, S. 371–399.

Griebel, Jörn, Europäische Grundrechte als Prüfungsmaßstab der Verfassungsbeschwerde, DVBl. 129 (2014) 4, S. 204–211.

Grimm, Dieter, Der Datenschutz vor einer Neuorientierung, JZ 68 (2013) 12, S. 585–592.

Grimm, Dieter, Die Entwicklung der Grundrechtstheorie in der deutschen Staatsrechtslehre des 19. Jahrhunderts, in: Günter Birtsch (Hrsg.), Grund- und Freiheitsrechte von der ständischen zur spätbürgerlichen Gesellschaft, Göttingen 1987, S. 234–266.

Grimm, Dieter, Die Grundrechte im Entstehungszusammenhang der bürgerlichen Gesellschaft, in: Die Zukunft der Verfassung, Frankfurt am Main 1991, S. 67–100.

Grimm, Dieter, Die Zukunft der Verfassung, Reihe Suhrkamp Taschenbuch Wissenschaft, Bd. 968, Frankfurt am Main 1991.

Grimm, Dieter, Europa ja – aber welches? Zur Verfassung der europäischen Demokratie, München 2016.

Grimm, Dieter, The role of fundamental rights after sixty-five years of constitutional jurisprudence in Germany, I•CON 13 (2015) 1, S. 9–29.

Grimm, Dieter, Über einige Asymmetrien der europäischen Integration, in: Die Zukunft der Verfassung II: Auswirkungen von Europäisierung und Globalisierung, Berlin 2012, S. 262–274.

Grimm, Dieter, Verfassungsrecht, in: Dieter Grimm/Hans-Jürgen Papier (Hrsg.), Nordrhein-westfälisches Staats- und Verwaltungsrecht, Frankfurt am Main 1986, S. 1–62.

Groeben, Christian von der, Aida Torres Pérez. *Conflicts of Rights in the European Union. A Theory of Supranational Adjudication*, EJIL 22 (2011) 1, S. 296–300.

Groh, Kathrin, Demokratische Staatsrechtslehrer in der Weimarer Republik: Von der konstitutionellen Staatslehre zur Theorie des modernen demokratischen Verfassungsstaats, Reihe Jus Publicum, Bd. 197 2010.

Groß, Thomas, Gliedstaatliche Verfassungsautonomie im Vergleich, in: Manfred Aschke/Friedhelm Hase/Reimund Schmidt-De Caluwe (Hrsg.), Selbstbestimmung und Gemeinwohl: Festschrift zum 70. Geburtstag von Professor Friedrich von Zezschwitz, Baden-Baden 2005, S. 16–28.

Große Wentrup, Anna, Die Europäische Grundrechtecharta im Spannungsfeld der Kompetenzverteilung zwischen Europäischer Union und Mitgliedstaaten: Eine Untersuchung am Beispiel von Art. 14 und Art. 16 EuGRC, Reihe Schriften zum Europäischen Recht, Bd. 97, Berlin 2003.

Grothe, Ewald, Der organische Föderalismus bei Hugo Preuß, in: Eckart Conze (Hrsg.), Jahrbuch zur Liberalismus-Forschung: 25. Jahrgang 2013, Baden-Baden 2014, S. 343–352.

Groussot, Xavier/Pech, Laurent/Petursson, Gunnar Thor, The Reach of Fundamental Rights on Member State Action after Lisbon, in: Sybe A. de Vries/Ulf Bernitz/Stephen Weatherill (Hrsg.), The Protection of Fundamental Rights in the EU After Lisbon, Oxford/Portland, OR 2013, S. 97–118.

Groussot, Xavier/Pech, Laurent/Petursson, Gunnar Thor, The Scope of Application of EU Fundamental Rights on Member States' Action: In Search of Certainty in EU Adjudication, Eric Stein Working Paper 2011 No. 1.

Groussot, Xavier/Petursson, Gunnar Thor, The EU Charter of Fundamental Rights Five Years on: The Emergence of a New Constitutional Framework, in: Sybe A. de Vries/Ulf Bernitz/Stephen Weatherill (Hrsg.), The EU Charter of Fundamental Rights as a Binding Instrument: Five Years Old and Growing, Oxford/Portland, OR 2015, S. 135–153.

Grudin, Robert, On Dialogue: An Essay in Free Thought, Boston, MA 1996.

Grunert, Marlene, Widerborstiges Kalifornien: Der Küstenstaat kämpft mit allen Mitteln gegen Trump – vor allem vor Gericht, F.A.Z. v. 13.12.2017 Nr. 289, S. 10.

Grzeszick, Bernd, § 2: Der Gedanke des Föderalismus in der Staats- und Verfassungslehre vom Westfälischen Frieden bis zur Weimarer Republik, in: Ines Härtel (Hrsg.), Handbuch Föderalismus: Föderalismus als demokratische Rechtsordnung und Rechtskultur in Deutschland, Europa und der Welt. Bd. I: Grundlagen des Föderalismus und der deutsche Bundesstaat, Berlin u.a. 2012, S. 57–99.

Grzeszick, Bernd, Art. 20 Abschnitt IV, in: Theodor Maunz/Günter Dürig/Roman Herzog/Rupert Scholz (Hrsg.), Grundgesetz-Kommentar, München 2006.

Grzeszick, Bernd, Vom Reich zur Bundesstaatsidee: Zur Herausbildung der Föderalismusidee als Element des modernen deutschen Staatsrechts, Berlin 1996.

Guckelberger, Annette, Veröffentlichung der Leistungsempfänger von EU-Subventionen und unionsgrundrechtlicher Datenschutz, EuZW 22 (2011) 4, S. 126–130.

Guillén López, Enrique, Spain. The impact of the European Convention of Human Rights and the Charter of Fundamental rights of the European Union on Spanish constitutional law: Make a virtue of necessity, in: Patricia Popelier/Catherine J. Van de Heyning/Piet Van Nuffel (Hrsg.), Human rights protection in the European legal order: The interaction between the European and the national courts, Cambridge 2011, S. 309.

Gusy, Christoph, Die Grundrechte in der Weimarer Republik, ZNR 15 (1993), S. 163–183.

Gusy, Christoph, Die Weimarer Reichsverfassung, Tübingen 1997.

Gusy, Christoph, Richterliches Prüfungsrecht: Eine verfassungsgeschichtliche Untersuchung, Reihe Schriften zur Verfassungsgeschichte, Bd. 37, Berlin 1985.
Gusy, Christoph/Hueck, Ingo/Kugelmann, Dieter, Verfassung und Verfassungswirklichkeit in Deutschland, in: Thomas Kreuder (Hrsg.), Der orientierungslose Leviathan: Verfassungsdebatte, Funktion und Leistungsfähigkeit von Recht und Verfassung, Marburg 1992, S. 25–41.
Haack, Stefan, Organisation und Arbeitsweise der Landesverfassungsgerichte in Deutschland, NWVBl. 24 (2010) 6, S. 216–221.
Häberle, Peter, Die Kunst der kantonalen Verfassunggebung – das Beispiel einer Totalrevision in St. Gallen (1996), JöR 47 (1999), S. 149.
Häberle, Peter, Diskussionsbeitrag, VVDStRL 66 (2006), S. 97.
Häberle, Peter (Hrsg.), Entstehungsgeschichte der Artikel des Grundgesetzes: Neuausgabe des Jahrbuch des öffentlichen Rechts der Gegenwart, 2. Aufl., Tübingen 2010.
Häberle, Peter, Verfassungsgerichtsbarkeit zwischen Politik und Rechtswissenschaft: Recht aus Rezensionen; Verfassungsgerichtsbarkeit als politische Kraft; Zwei Studien, Königstein/Ts 1980.
Häberlin, Carl Friedrich, Ueber die Güte der deutschen Verfassung, Deutsche Monatsschrift 1793, S. 7–9.
Habermas, Jürgen, Faktizität und Geltung: Beiträge zur Diskurstheorie des Rechts und des demokratischen Rechtsstaats, Frankfurt am Main 1998.
Häfelin, Ulrich/Haller, Walter/Keller, Helen, Schweizerisches Bundesstaatsrecht, 8. Aufl., Zürich u.a. 2012.
Hailbronner, Michaela, Rethinking the rise of the German Constitutional Court: From anti-Nazism to value formalism, I•CON 12 (2014) 3, S. 626–649.
Hailbronner, Michaela, Tradition and Transformations: The Rise of German Constitutionalism, Oxford 2015.
Hain, Karl-Eberhard, Anmerkung zu BVerfG, Beschluß v. 15.10.1997 – 2 BvN 1/95, JZ 53 (1998) 12, S. 620–624.
Hain, Karl-Eberhard, Art. 79 Abs. 3, in: Hermann von Mangoldt/Friedrich Klein/Christian Starck (Hrsg.), Kommentar zum Grundgesetz, Bd. II, 6. Aufl., München 2010, S. 2230–2305.
Halberstam, Daniel, Comparative Federalism and the Role of the Judiciary, in: Keith E. Whittington/R. D. Kelemen/Gregory A. Caldeira (Hrsg.), The Oxford Handbook of Law and Politics, Oxford/New York 2008, S. 142–164.
Halberstam, Daniel, Constitutional Heterarchy: The Centrality of Conflict in the European Union and the United States, in: Jeffrey L. Dunoff/Joel P. Trachtman (Hrsg.), Ruling the World? Constitutionalism, International Law, and Global Governance, Cambridge/New York 2009, S. 326–355.
Halberstam, Daniel, »It's the Autonomy, Stupid!« A Modest Defense of *Opinion 2/13* on EU Accession to the ECHR, and a Way Forward, GLJ 16 (2015) 1, S. 105–146.
Halberstam, Daniel, Systems Pluralism and Institutional Pluralism in Constitutional Law: National, Supranational, and Global Governance, in: Matej Avbelj/Jan Komárek (Hrsg.), Constitutional Pluralism in the European Union and Beyond, Oxford 2012, S. 85–125.
Halberstam, Daniel/Hills, Roderick M., Jr., State Autonomy in Germany and the United States, Annals Am. Acad. Pol. & Soc. Sci. 2001, S. 173–184.
Hall, Robert. E./Jones, Charles I., Why Do Some Countries Produce So Much More Output per Worker than Others?, QJE 114 (1999) 1, S. 83–116.

Hallström, *Pär*, Balance or Clash of Legal Orders – Some Notes on *Margin of Appreciation*, in: Joakim Nergelius/Eleonor Kristoffersson (Hrsg.), Human Rights in Contemporary European Law, Oxford 2014, S. 59–73.

Haltern, *Ulrich R.*, Eine Lanze für Mangold: Bemerkungen zum *Mangold*-Urteil, zur Folgerechtsprechung und zur Kritik an beiden, in: Ulrich R. Haltern/Andreas Bergmann (Hrsg.), Der EuGH in der Kritik, Tübingen 2012, S. 25–71.

Haltern, *Ulrich R.*, Europarecht: Dogmatik im Kontext. Band II: Rule of Law – Verbunddogmatik – Grundrechte, 3. Aufl., Tübingen 2017.

Haltern, *Ulrich R.*, Verfassungsgerichtsbarkeit, Demokratie und Mißtrauen: Das Bundesverfassungsgericht in einer Verfassungstheorie zwischen Populismus und Progressivismus, Reihe Schriften zum Öffentlichen Recht, Bd. 751, Berlin 1998.

Hammerstein, *Christian* von, Das Verhältnis von Bundes- und Landesverfassungsgerichtsbarkeit. Dissertation, Göttingen 1960.

Hanschel, *Dirk*, Konfliktlösung im Bundesstaat: Die Lösung föderaler Kompetenz-, Finanz- und Territorialkonflikte in Deutschland, den USA und der Schweiz, Reihe Jus Publicum, Bd. 215, Tübingen 2012.

Harding, *Andrew*/*Leyland*, *Peter*/*Groppi*, *Tania*, Constitutional Courts: Forms, Functions and Practice in Comparative Perspective, in: Andrew Harding/Peter Leyland (Hrsg.), Constitutional Courts: A Comparative Study, London 2009, S. 1–27.

Harel, *Alon*/*Shinar*, *Adam*, Between judicial and legislative supremacy: A cautious defense of constrained judicial review, I•CON 10 (2012) 4, S. 950–975.

Harlan, *John Marshall*, Thoughts on a Dedication: Keeping the Judicial Function in Balance, A.B.A. J. 49 (1963) 10, S. 943–945.

Harms-Ziegler, *Beate*, Verfassungsrichterwahl in Bund und Ländern, in: Peter Macke (Hrsg.), Verfassung und Verfassungsgerichtsbarkeit auf Landesebene: Beiträge zur Verfassungsstaatlichkeit in den Bundesländern, Baden-Baden 1998, S. 191–214.

Härtel, *Ines*, Bundesstaat: Sein Grund und sein Ethos, in: Hanno Kube/Rudolf Mellinghoff/Georg Morgenthaler/Ulrich Palm, et al. (Hrsg.), Leitgedanken des Rechts: Paul Kirchhof zum 70. Geburtstag, Heidelberg 2013, S. 273–283.

Hart, *Henry Melvin*, *Jr.*, The Power of Congress to Limit the Jurisdiction of Federal Courts: An Exercise in Dialectic, Harv. L. Rev. 66 (1953) 8, S. 1362–1402.

Hartnett, *Edward*, Why Is the Supreme Court of the United States Protecting State Judges from Popular Democracy, Tex. L. Rev. 75 (1997) 5, S. 907–988.

Hartz, *Louis*, The Liberal Tradition in America: An Interpretation of American Political Thought Since the Revolution, New York 1955.

Hatzopoulos, *Vassilis*, Actively talking to each other: the Court and the political institutions, in: Mark Dawson/Bruno de Witte/Elise Muir (Hrsg.), Judicial Activism at the European Court of Justice: Causes, Responses and Solutions, Cheltenham/Northampton, MA 2013, S. 102–141.

Hayek, *Friedrich A. von*, Der Wettbewerb als Entdeckungsverfahren, Reihe Kieler Vorträge, Bd. N.F., 56, Kiel 1968.

Hayek, *Friedrich A. von*, Die Verfassung der Freiheit, Reihe Wirtschaftswissenschaftliche und wirtschaftsrechtliche Untersuchungen, Bd. 7, Tübingen 1971.

Hayek, *Friedrich A. von*, The Economic Conditions of Interstate Federalism, New Commonwealth Q. 5 (1939) 2, S. 131–149.

Hayek, *Friedrich A. von*, The Economic Conditions of Interstate Federalism, in: Individualism and Economic Order, Chicago/Ill 1948, S. 255–272.

Heck, Daniel, Rechtsschutz gegen durch EG-Richtlinien determiniertes Gesetzesrecht, NVwZ 27 (2008) 5, S. 523–526.

Heine, Klaus, Kompetitiver Föderalismus auch für das öffentliche Gut »Recht«?, VJWf 72 (2003) 3, S. 472–484.

Heintzen, Markus, Die Beidseitigkeit der Kompetenzverteilung im Bundesstaat, DVBl. 112 (1997) 11, S. 689.

Held, David, Models of Democracy, 3. Aufl., Cambridge 2006.

Hellman, Arthur, The Business of the Supreme Court Under the Judiciary Act of 1925: The Plenary Docket in the 1970s, Harv. L. Rev. 91 (1978) 8, S. 1711–1803.

Hempel, Wieland, Der demokratische Bundesstaat: Artikel 20 Absatz 1 des Grundgesetzes und seine Bedeutung für Zuständigkeitsvereinbarungen zwischen Bund und Ländern, Reihe Schriften zum Öffentlichen Recht, Bd. 96, Berlin 1969.

Hendrickson, Kimberly, Conservative Perspectives on American Federalism: Introduction, Publius 34 (2004) 4, S. 1–8.

Henkin, Louis, »Selective Incorporation« in the Fourteenth Amendment, Yale L. J. 73 (1963) 1, S. 74–88.

Hense, Ansgar, § 137: Rechtsprechungszuständigkeit, in: Josef Isensee/Paul Kirchhof (Hrsg.), Handbuch des Staatsrechts der Bundesrepublik Deutschland. Bd. VI: Bundesstaat, 3. Aufl., Heidelberg 2008, S. 811–835.

Herbst, Tobias, Gesetzgebungskompetenzen im Bundesstaat: Eine Rekonstruktion der Rechtsprechung des Bundesverfassungsgerichts, Reihe Jus Publicum, Bd. 231, Tübingen 2014.

Herdegen, Matthias, § 129: Strukturen und Institute des Verfassungsrechts der Länder, in: Josef Isensee/Paul Kirchhof (Hrsg.), Handbuch des Staatsrechts der Bundesrepublik Deutschland. Bd. VI: Bundesstaat, 3. Aufl., Heidelberg 2008, S. 271–315.

Herdegen, Matthias, Art. 1 Abs. 3 GG, in: Theodor Maunz/Günter Dürig/Roman Herzog/Rupert Scholz (Hrsg.), Grundgesetz-Kommentar, München 2005.

Herdegen, Matthias, Grundrechte der Europäischen Union, in: Josef Isensee/Paul Kirchhof (Hrsg.), Handbuch des Staatsrechts der Bundesrepublik Deutschland. Bd. X: Deutschland in der Staatengemeinschaft, 3. Aufl., Heidelberg 2012, S. 195–223.

Hermes, Georg, Das Grundrecht auf Schutz von Leben und Gesundheit: Schutzpflicht und Schutzanspruch aus Art. 2 Abs. 2 Satz 1 GG, Reihe Freiburger rechts- und staatswissenschaftliche Abhandlungen, Bd. 46, Heidelberg 1987.

Hermes, Georg, Verfassungsrecht und einfaches Recht – Verfassungsgerichtsbarkeit und Fachgerichtsbarkeit, VVDStRL 61 (2002), S. 119–151.

Hershkoff, Helen, Positive Rights and State Constitutions: The Limits of Federal Rationality Review, Harv. L. Rev. 112 (1999) 6, S. 1131–1196.

Hershkoff, Helen, State Common Law And The Dual Enforcement Of Constitutional Norms, in: James A. Gardner/Jim Rossi (Hrsg.), New Frontiers of State Constitutional Law: Dual Enforcement of Norms, Oxford/New York 2011, S. 151–172.

Hershkoff, Helen, State Courts and the ›Passive Virtues‹: Rethinking the Judicial Function, Harv. L. Rev. 114 (2001) 7, S. 1833–1942.

Herzmann, Karsten, Das spanische Verfassungsgericht und der Fall Melloni: Konsequenzen des EuGH-Urteils aus der Sicht seines Adressaten, EuGRZ 42 (2015) 12–14, S. 445.

Herzog, Roman, Das Problem der staatlichen Autorität im westdeutschen Verfassungssystem, ZfP N.F. 10 (1963) 2, S. 145–161.

Hesse, Konrad, Bundesstaat, in: Hermann Kunst/Roman Herzog/Wilhelm Schneemelcher (Hrsg.), Evangelisches Staatslexikon, 2. Aufl., Stuttgart/Berlin 1975, Sp. 258–265.

Hesse, Konrad, Der Rechtsstaat im Verfassungssystem des Grundgesetzes, in: Konrad Hesse/Siegfried Reicke/Ulrich Scheuner (Hrsg.), Staatsverfassung und Kirchenordnung: Festgabe für Rudolf Smend zum 80. Geburtstag am 15. Januar 1962, Tübingen 1962, S. 71–95.

Hesse, Konrad, Der unitarische Bundesstaat, Karlsruhe 1962.

Hesse, Konrad, Grundzüge des Verfassungsrechts der Bundesrepublik Deutschland, 20. Aufl., Heidelberg 1995.

Heuer, Jan, Art. 51 Abs. 1 Satz 1 GRC: Die Bindung der Mitgliedstaaten an die Unionsgrundrechte, Reihe Europäisches und Internationales Recht, Bd. 85, München 2014.

Heun, Werner, § 96: Der Föderalismus in den USA, in: Ines Härtel (Hrsg.), Handbuch Föderalismus: Föderalismus als demokratische Rechtsordnung und Rechtskultur. Bd. IV: Föderalismus in Europa und der Welt, Berlin 2012, S. 609–625.

Heun, Werner, Die Geburt der Verfassungsgerichtsbarkeit – 200 Jahre Marbury v. Madison, Der Staat 42 (2003) 2, S. 267–283.

Heun, Werner, Verfassungsrecht und einfaches Recht – Verfassungsgerichtsbarkeit und Fachgerichtsbarkeit, VVDStRL 61 (2002), S. 80–118.

Hill, Alfred, The Inadequate State Ground, Colum. L. Rev. 65 (1965) 6, S. 943–1000.

Hillgruber, Christian/Goos, Christoph, Verfassungsprozessrecht, Reihe Jura auf den [Punkt] gebracht, Bd. 22, 4. Aufl., Heidelberg 2015.

Hills, Roderick M., Jr., Against Preemption: How Federalism Can Induce the Legislative Process, N.Y.U. L. Rev. 82 (2007) 1, S. 1–68.

Hills, Roderick M., Jr., Back to the Future? How the Bill of Rights Might Be About Structure After All: The Bill of Rights: Creation and Reconstruction. By Akhil Reed Amar. Yale University Press, 1998, Nw. U. L. Rev. 93 (1999) 3, S. 977–1007.

Hills, Roderick M., Jr., Compared to What? Tiebout and the Comparative Merits of Congress and the States in Constitutional Federalism, in: William A. Fischel (Hrsg.), The Tiebout Model at Fifty: Essays in Public Economics in Honor of Wallace Oates, Cambridge, MA 2006, S. 239–263.

Hills, Roderick M., Jr., Counting States, Harv. J. L. & Pub. Pol'y 32 (2009) 1, S. 17–28.

Hills, Roderick M., Jr., Federalism as Westphalian Liberalism, Fordham L. Rev. 75 (2006) 2, S. 769–798.

Hippel, Ernst von, Gewaltenteilung im modernen Staate, Reihe Schriften zur Rechtslehre und Politik, Bd. 3, Koblenz 1950.

Hirschl, Ran, The Question of Case Selection in Comparative Constitutional Law, Am. J. Comp. L. 53 (2005) 1, S. 125–156.

Hirschman, Albert Otto, Exit, Voice, and Loyalty: Responses to Decline in Firms, Organizations, and States, Cambridge, MA 1970.

Hodes, W. William, Congressional Federalism and the Judicial Power: Horizontal and Vertical Tension Merge, Ind. L. Rev. 32 (1998) 1, S. 155–162.

Hoecke, Mark van, Law as Communication, Reihe European Academy of Legal Theory series, Bd. 4, Oxford 2002.

Hoetjeś, Bernard J. S., The European Tradition of Federalism: The Protestant Dimension, in: Michael Burgess/Alain-G Gagnon (Hrsg.), Comparative Federalism and Federation: Competing traditions and future directions, Toronto/Buffalo 1993, S. 117–137.

Höfelmann, Elke, Das Grundrecht auf informationelle Selbstbestimmung anhand der Ausgestaltung des Datenschutzrechts und der Grundrechtsnormen der Landesverfassungen, Frankfurt am Main/New York 1997.

Hofmann, Hasso, »Souverän ist, wer über den Ausnahmezustand entscheidet«, Der Staat 44 (2005) 2, S. 171–186.

Hofmann, Jens, Der Grundrechtsschutz durch BVerfG, EGMR und EuGH, in: Sigrid Emmenegger/Ariane Wiedmann (Hrsg.), Linien der Rechtsprechung des Bundesverfassungsgerichts – Erörtert von den wissenschaftlichen Mitarbeitern, Bd. 2, Berlin 2011, S. 573–603.

Hogg, Peter W., Constitutional Law of Canada: 2012 Student Edition, Toronto 2012.

Hogg, Peter W./Bushell, Allison A., The *Charter* Dialogue Between Courts and Legislatures (Or Perhaps The *Charter Of Rights* Isn't Such A Bad Thing After All), Osgoode Hall L. J. 35 (1997) 1, S. 75–124.

Hogg, Peter W./Bushell Thornton, Allison A./Wright, Wade K., *Charter* Dialogue Revisited – or »Much Ado About Metaphors«, Osgoode Hall L. J. 45 (2007) 1, S. 1–65.

Hoke, S. Candice, Preemption Pathologies and Civic Republican Values, B.U. L. Rev. 71 (1991) 5, S. 685–766.

Holland, Randy J./McAllister, Stephen R./Shaman, Jeffrey M./Sutton, Jeffrey S., State Constitutional Law: The Modern Experience, Reihe American Casebook Series, St. Paul, MN 2010.

Holmes, Oliver, Law and the Court: Speech at a Dinner of the Harvard Law School Association of New York on February 15, 1913, in: Collected Legal Papers, New York 2006, S. 291–297.

Holmes, Stephen/Sunstein, Cass R., The Cost of Rights: Why Liberty Depends on Taxes, New York 1999.

Holoubek, Michael, Das Verhältnis zwischen europäischer Gerichtsbarkeit und Verfassungsgerichtshof, in: Christoph Grabenwarter/Erich Vranes (Hrsg.), Kooperation der Gerichte im europäischen Verfassungsverbund – Grundfragen und neueste Entwicklungen: Österreichischer Europarechtstag 2012 veranstaltet vom Institut für Europarecht und Internationales Recht an der Wirtschaftsuniversität Wien, Wien 2013, S. 157–170.

Holste, Heiko, Der deutsche Bundesstaat im Wandel (1867–1933), Reihe Schriften zur Verfassungsgeschichte, Bd. 65, Berlin 2002.

Höreth, Marcus, Die Selbstautorisierung des Agenten: Der Europäische Gerichtshof im Vergleich zum U.S. Supreme Court, Reihe Recht und Politik, Baden-Baden 2008.

Höreth, Marcus, The European Court of Justice and the U.S. Supreme Court: Comparable Institutions?, in: Michael Gehler/Günter Bischof/Ludger Kühnhardt/Rolf Steininger (Hrsg.), Towards A European Constitution: A Historical and Political Comparison with the United States, Wien 2005, S. 143–162.

Höreth, Marcus, The least dangerous branch of European governance? The European Court of Justice under the checks and balances doctrine, in: Mark Dawson/Bruno de Witte/Elise Muir (Hrsg.), Judicial Activism at the European Court of Justice: Causes, Responses and Solutions, Cheltenham/Northampton, MA 2013, S. 32–55.

Höreth, Marcus, Warum der EuGH nicht gestoppt werden sollte und auch kaum gestoppt werden kann, in: Ulrich R. Haltern/Andreas Bergmann (Hrsg.), Der EuGH in der Kritik, Tübingen 2012, S. 73–112.

Horsley, Thomas, Reflections on the role of the Court of Justice as the »motor« of European integration: Legal limits to judicial lawmaking, CML Rev. 50 (2013) 4, S. 931–964.

Hottelier, Michel, Le nouveau fédéralisme judiciaire aux Etats-Unis: un modèle pour la Suisse?, in: Piermarco Zen-Ruffinen/Andreas Auer (Hrsg.), De la constitution: Études en l'honneur de Jean-François Aubert, Bâle u.a. 1996, S. 509–518.

Howard, Robert M./Graves, Scott E./Flowers, Julianne, State Courts, the U.S. Supreme Court, and the Protection of Civil Liberties, Law & Soc'y Rev. 40 (2006) 4, S. 845–870.

Huber, Ernst Rudolf, Bedeutungswandel der Grundrechte, AöR 23 (1932) 1, S. 1–98.

Huber, Ernst Rudolf, Deutsche Verfassungsgeschichte seit 1789, Bd. 1: Reform und Restauration. 1789 bis 1830, Stuttgart 1975.

Huber, Ernst Rudolf, Deutsche Verfassungsgeschichte seit 1789, Bd. 3: Bismarck und das Reich. 1830 bis 1850, 3. Aufl., Stuttgart 1988.

Huber, Ernst Rudolf (Hrsg.), Dokumente zur deutschen Verfassungsgeschichte, Bd. 1: Deutsche Verfassungsdokumente 1803–1850, Bd. 1, 3. Aufl., Stuttgart/Berlin/Köln/Mainz 1978.

Huber, Ernst Rudolf, Grundrechte im Bismarckschen Reichssystem, in: Bewahrung und Wandlung: Studien zur deutschen Staatstheorie und Verfassungsgeschichte, Berlin 1975, S. 132–151.

Huber, Peter M., Art. 142, in: Michael Sachs (Hrsg.), Grundgesetz, 7. Aufl., München 2014, S. 2613–2618.

Huber, Peter M., Art. 31, in: Michael Sachs (Hrsg.), Grundgesetz, 7. Aufl., München 2014, S. 1103–1111.

Huber, Peter M., Auslegung und Anwendung der Charta der Grundrechte, NJW 64 (2011) 33, S. 2385–2390.

Huber, Peter M., Art. 19, in: Hermann von Mangoldt/Friedrich Klein/Christian Starck (Hrsg.), Kommentar zum Grundgesetz, Bd. I, 6. Aufl., München 2010, S. 1759–1916.

Huber, Peter M., Die Landesverfassungsgerichtsbarkeit zwischen Anspruch und Wirklichkeit, ThürVBl. 12 (2003) 4, S. 73–79.

Huber, Peter M., Grundrechtsschutz durch Organisation und Verfahren als Kompetenzproblem in der Gewaltenteilung und im Bundesstaat, Reihe Rechtswissenschaftliche Forschung und Entwicklung, Bd. 150, München 1988.

Huber, Peter M., Grundrechtsschutz in Europa – Vermehrung, Verunsicherung, Kohärenz, in: Giovanni Biaggini/Oliver Diggelmann/Christine Kaufmann (Hrsg.), Polis und Kosmopolis: Festschrift für Daniel Thürer, Zürich 2015, S. 305–321.

Huber, Peter M., Unitarisierung durch Gemeinschaftsgrundrechte: Zur Überprüfungsbedürftigkeit der ERT-Rechtsprechung, EuR 43 (2008) 2, S. 190–199.

Huber, Peter M./Wollenschläger, Ferdinand, Immissionsschutz nach der Föderalismusreform I: Zur veränderten Kompetenzverteilung zwischen Bund und Ländern im Bereich des Lärmschutzes, NVwZ 28 (2009) 24, S. 1513–1520.

Hufeld, Ulrich/Rathke, Hannes, Der Grundrechtsschutz nach Lissabon im Wechselspiel zwischen der Charta der Grundrechte der Europäischen Union, Europäischer Menschenrechtskonvention und den nationalen Verfassungen, EuR-Bei 2013, S. 7–53.

Hufen, Friedhelm, Bundesverfassungsgericht und Landesverfassungsgerichte nach der Föderalismusreform: Zwischen Einheit und Eigenständigkeit der Verfassungsräume, NdsVBl. 17 (2010) 5, S. 122–129.

Hufen, Friedhelm, Der Regelungsspielraum des Landesgesetzgebers im »Kopftuchstreit«, NVwZ 23 (2004) 5, S. 575–578.

Hüglin, Thomas O., Federalism at the Crossroads: Old Meanings, New Significance, Can. J. Pol. Sci. 36 (2003) 2, S. 275–294.

Hüglin, Thomas O., Sozietaler Föderalismus: Die politische Theorie des Johannes Althusius, Reihe European University Institute, Bd. 13, Berlin 1991.

Hüglin, Thomas O./Fenna, Alan, Comparative Federalism: A Systematic Inquiry, Toronto/Ontario 2010.

Hunt, Murray, Introduction, in: Murray Hunt/Hayley J. Hooper/Paul Yowell (Hrsg.), Parliaments and Human Rights: Redressing the Democratic Deficit, Oxford/Portland, OR 2015, S. 1–25.

Husa, Jaakko, Guarding the Constitutionality of Laws in the Nordic Countries: A Comparative Perspective, Am. J. Comp. L. 48 (2000) 3, S. 345–382.

Hwang, Shu-Perng, Grundrechte unter Integrationsvorbehalt?, EuR 49 (2014) 4, S. 400–420.

Hwang, Shu-Perng, Verfassungsgerichtlicher Jurisdiktionsstaat? Eine rechtsvergleichende Analyse zur Kompetenzabgrenzung von Verfassungsgericht und Gesetzgeber in den USA und der Bundesrepublik Deutschland, Reihe Schriften zum Öffentlichen Recht, Bd. 984, Berlin 2005.

Iglesias Sánchez, Sara, Fundamental Rights and Citizenship of the Union at a Crossroads: A Promising Alliance or a Dangerous Liaison?, ELJ 20 (2014) 4, S. 464–481.

Ingold, Albert, Die verfassungsrechtliche Identität der Bundesrepublik Deutschland: Karriere – Konzept – Kritik, AöR 140 (2015) 1, S. 1–30.

Inman, Robert P., Federalism's Values and the Value of Federalism, CESifo Econ. Stud. 53 (2007) 4, S. 522–560.

Isensee, Josef, Chancen und Grenzen der Landesverfassung im Bundesstaat, SächsVBl. 2 (1994) 1, S. 28–35.

Isensee, Josef, Der Föderalismus und der Verfassungsstaat der Gegenwart, AöR 115 (1990) 2, S. 248–279.

Isensee, Josef, Idee und Gestalt des Föderalismus im Grundgesetz, in: Josef Isensee/Paul Kirchhof (Hrsg.), Handbuch des Staatsrechts der Bundesrepublik Deutschland. Bd. VI: Bundesstaat, 3. Aufl., Heidelberg 2008, S. 3–199.

Isensee, Josef, Subsidiaritätsprinzip und Verfassungsrecht: Eine Studie über das Regulativ des Verhältnisses von Staat und Gesellschaft. Mit Nachtrag: Die Zeitperspektive 2001. Subsidiarität – das Prinzip und seine Prämissen, 2. Aufl., Berlin 2001.

Jackson, Vicki C., Comparative Constitutional Law: Methodologies, in: Michel Rosenfeld/András Sajó (Hrsg.), The Oxford Handbook of Comparative Constitutional Law, Oxford 2012, S. 54–74.

Jackson, Vicki C., Federalism and the Uses and Limits of Law: *Printz* and Principle?, Harv. L. Rev. 111 (1998), S. 2180–2259.

Jacob, Marc, Precedents and Case-Based Reasoning in the European Court of Justice: Unfinished Business, Cambridge 2014.

Jacobs, Francis G., Human rights in the European Union: The role of the Court of Justice, E. L. Rev. 26 (2001) 4, S. 331–341.

Jacobs, Francis G., Judicial Dialogue and the Cross-Fertilization of Legal Systems: The European Court of Justice, Tex. Int'l L. J. 38 (2003) 3, S. 547–556.

Jacobs, Francis Geoffrey, Advocates General and Judges in the European Court of Justice: Some Personal Reflections, in: David O'Keeffe (Hrsg.), Judicial Review in European Union Law, The Hague 2000, S. 17–28.

Jacobsohn, Gary Jefrey, Contemporary Constitutional Theory, Federalism, and the Protection of Rights, in: Ellis Katz/G. A. Tarr (Hrsg.), Federalism and Rights, Lanham, MD/London 1996, S. 29–55.

Jaklic, Klemen, Constitutional Pluralism in the EU, Reihe Oxford Studies in European Law, Oxford 2013.

James, Joseph B., The Ratification of the Fourteenth Amendment, Macon, Ga 1984.

Jarass, Hans D., Art. 52, in: Hans D. Jarass (Hrsg.), Charta der Grundrechte der Europäischen Union: Unter Einbeziehung der vom EuGH entwickelten Grundrechte, der Grundrechtsregelungen der Verträge und der EMRK. Kommentar, 3. Aufl., München 2016, S. 485–522.

Jarass, Hans D., Die Bindung der Mitgliedstaaten an die EU-Grundrechte, NVwZ 31 (2012) 8, S. 457–461.

Jarass, Hans D., Die Grundrechte: Abwehrrechte und objektive Grundsatznormen: Objektive Grundrechtsgehalte, insbes. Schutzpflichten und privatrechtsgestaltende Wirkung, in: Peter Badura/Horst Dreier (Hrsg.), Festschrift 50 Jahre Bundesverfassungsgericht, Tübingen 2001, S. 35–53.

Jarass, Hans D., Die Kompetenzverteilung zwischen der Europäischen Gemeinschaft und den Mitgliedstaaten, AöR 121 (1996) 2, S. 173–199.

Jarass, Hans D./Pieroth, Bodo (Hrsg.), Grundgesetz für die Bundesrepublik Deutschland: Kommentar, Reihe Gelbe Erläuterungsbücher, 13. Aufl., München 2014.

Jefferson, Thomas, The Writings of Thomas Jefferson, 10 Bde, New York 1899.

Jellinek, Georg, Allgemeine Staatslehre, 3. Aufl., Berlin 1914.

Jellinek, Georg, System der subjektiven öffentlichen Rechte, Tübingen 1905.

Jellinek, Georg, System der subjektiven öffentlichen Rechte, 2. Aufl., Tübingen 1919.

Jellinek, Walter, § 12: Entstehung und Ausbau der Weimarer Reichsverfassung, in: Gerhard Anschütz/Richard Thoma (Hrsg.), Handbuch des Deutschen Staatsrechts, Tübingen 1930, S. 127–138.

Jestaedt, Matthias, § 29: Bundesstaat als Verfassungsprinzip, in: Josef Isensee/Paul Kirchhof (Hrsg.), Handbuch des Staatsrechts der Bundesrepublik Deutschland. Bd. II: Verfassungsstaat, 3. Aufl., Heidelberg 2004, S. 785–840.

Jestaedt, Matthias, Der Europäische Verfassungsverbund – Verfassungstheoretischer Charme und rechtstheoretische Insuffizienz einer Unschärferelation, in: Rüdiger Krause (Hrsg.), Recht der Wirtschaft und der Arbeit in Europa: Gedächtnisschrift für Wolfgang Blomeyer, Berlin 2004, S. 637–674.

Jimena Quesada, Luis, Social rights in the case-law of the Court of Justice of the European Union: the opening to the Turin Process 2017, https://rm.coe.int/168070391d, geprüft am 31.1.2019.

Johnson, Calvin H., Righteous Anger at the Wicked States: The Meaning of the Founders' Constitution, Cambridge/New York 2005.

Johnson, Herbert A., A Brief History of Canadian Federal Court Jurisdiction, S. C. L. Rev. 46 (1995) 5, S. 761–763.

Johnson, Olatunde C., The Local Turn; Innovation and Diffusion in Civil Rights Law, LCP 79 (2016) 3, S. 115–144.

Jouanjan, Olivier, § 2: Frankreich, in: Armin von Bogdandy/Pedro Cruz Villalón/Peter M. Huber (Hrsg.), Handbuch Ius Publicum Europaeum: Bd. I: Grundlagen und Grundzüge des staatlichen Verfassungsrechts, Heidelberg 2007, S. 87–150.

Jutzi, Siegfried, Grundrechte der Landesverfassungen und Ausführung von Bundesrecht, DÖV 36 (1983) 20, S. 836–841.

Jutzi, Siegfried, Kommentar zum Beschluß des BVerfG vom 15. Oktober 1997 – 2 BvN 1/95, NJ 52 (1998) 5, S. 253–254.

Jutzi, Siegfried, Landesverfassungsrecht und Bundesrecht: Kollisionslagen und Geltungsprobleme, exemplifiziert an sozialen und wirtschaftlichen Bestimmungen des Landesverfassungsrechts, Reihe Schriften zum Öffentlichen Recht, Bd. 411, Berlin 1982.

Kaczorowski, Robert J., Congress's Power to Enforce Fourteenth Amendment Rights: Lessons from Federal Remedies the Framers Enacted, Harv. J. on Legis. 42 (2005) 1, S. 187–283.

Kaczorowski, Robert J., The Nationalization of Civil Rights: Constitutional Theory and Practice in a Racist Society 1866 – 1883, Reihe American Legal and Constitutional History, New York/London 1987.

Kadelbach, Stefan, § 8: Individuelle Rechte und Pflichten, in: Reiner Schulze/Manfred Zuleeg/Stefan Kadelbach (Hrsg.), Europarecht. Handbuch für die deutsche Rechtspraxis, 3. Aufl., Baden-Baden 2015, S. 338–373.

Kadelbach, Stefan, Allgemeines Verwaltungsrecht unter europäischem Einfluß, Reihe Jus Publicum, Bd. 36, Tübingen 1999.

Kadelbach, Stefan, Die Bindung an die Grundrechte der Europäischen Union bei der Anwendung staatlichen Strafrechts: Anmerkungen zum Urteil des EuGH in der Rechtssache Åkerberg Fransson, KritV 96 (2013) 3, S. 277–292.

Kadelbach, Stefan, Grundrechtsdemokratie als Vorbild?, in: Claudio Franzius (Hrsg.), Strukturfragen der Europäischen Union, Baden-Baden 2010, S. 259–273.

Kadelbach, Stefan, Kapitel 29: Verbot der Mehrfachbestrafung, in: Oliver Dörr/Rainer Grote/Thilo Marauhn (Hrsg.), EMRK/GG: Konkordanzkommentar zum europäischen und deutschen Grundrechtsschutz, 2. Aufl., Tübingen 2013, S. 1869–1890.

Kaden, Lewis B., Politics, Money, and State Sovereignty: The Judicial Role, Colum. L. Rev. 79 (1979) 5, S. 847–897.

Kagan, Robert A., Adversarial Legalism: The American Way of Law, Cambridge, MA/London 2001.

Kagan, Robert A., American Courts and the Policy Dialogue: The Role of Adversarial Legalism, in: Mark C. Miller/Jeb Barnes (Hrsg.), Making policy, making law: An interbranch perspective, Washington, D.C. 2004, S. 13–34.

Kagan, Robert A., The Business of State Supreme Courts, 1870–1970, Stan. L. Rev. 30 (1977) 1, S. 121–166.

Kagan, Robert A., The Evolution of State Supreme Courts, Mich. L. Rev. 76 (1978) 6, S. 961–1005.

Kägi, Werner, Verfassungsgerichtbarkeit, in: Daniel Thürer/Jean-François Aubert/Jörg P. Müller (Hrsg.), Verfassungsrecht der Schweiz, Zürich 2001, S. 1167–1181.

Kägi-Diener, Regula, Grundrechtsschutz durch die Kantone, in: Daniel Thürer/Jean-François Aubert/Jörg P. Müller (Hrsg.), Verfassungsrecht der Schweiz, Zürich 2001, S. 837–848.

Kahana, Tsvi, The notwithstanding mechanism and public discussion: Lessons from the ignored practice of section 33 of the Charter, Can. Pub. Admin. 44 (2001) 3, S. 255–291.

Kahn, Paul W., Interpretation and Authority in State Constitutionalism, Harv. L. Rev. 106 (1993) 5, S. 1147–1168.

Kahn, Paul W., State Constitutionalism and the Problems of Fairness, Val. U. L. Rev. 30 (1996) 2, S. 459–474.

Kaila, Heidi, The Scope of Application of the Charter of Fundamental Rights of the European Union in the Member States, in: Pascal Cardonnel/Allan Rosas/Nils Wahl (Hrsg.), Constitutionalising the EU Judicial System: Essays in Honour of Pernilla Lindh, Oxford 2012, S. 291–315.

Kanitz, Ralf/Steinberg, Philipp, Grenzenloses Gemeinschaftsrecht? Die Rechtsprechung des EuGH zu Grundfreiheiten, Unionsbürgerschaft und Grundrechten als Kompetenzproblem, EuR 38 (2003) 6, S. 1013–1036.

Kanther, Wilhelm, Die neuen Landesverfassungen im Lichte der Bundesverfassung. Dissertation, Köln 1993.

Karlan, Pamela S., John Hart Ely and the Problem of Gerrymandering: The Lion in Winter, Yale L. J. 114 (2005) 6, S. 1329–1351.

Katz, Ellis, USA: Eine föderale Regierung mit begrenzter Macht, in: Raoul Blindenbacher/Abigail Ostien (Hrsg.), Kompetenzverteilung und Verantwortlichkeiten in Bundesstaaten, Montreal 2007, S. 39–42.

Kau, Marcel, United States Supreme Court und Bundesverfassungsgericht: Die Bedeutung des United States Supreme Court für die Errichtung und Fortentwicklung des Bundesverfassungsgerichts, Reihe Beiträge zum ausländischen öffentlichen Recht und Völkerrecht, Bd. 187, Berlin/Heidelberg 2007.

Kaufmann, Erich, Die Gleichheit vor dem Gesetz im Sinne des Art. 109 der Reichsverfassung, VVDStRL 3 (1927), S. 2–24.

Kaye, Judith S., Common Law and State Constitutional Law as Full Partners in the Protection of Individual Rights, Rutgers L.J. 23 (1992) 4, S. 727–752.

Keck, Thomas Moylan, The Most Activist Supreme Court in History: The Road to Modern Judicial Conservatism, Chicago/London 2004.

Kelley, William, The Duty to Protect and to Ensure Human Rights under the U.S. Constitution, in: Eckart Klein (Hrsg.), The Duty to Protect and to Ensure Human Rights: Colloquium, Potsdam, 1–3 July 1999, Berlin 2000, S. 93–135.

Kelly, Alfred H., Clio and the Court: An Illicit Love Affair, Sup. Ct. Rev. 1965, S. 119.

Kenner, Jeffrey, The Court of Justice of the European Union and Human Rights in 2010: Entering a Post-Lisbon Age of Maturity?, EYHR 3 (2011), S. 173–185.

Kenntner, Markus, Justitiabler Föderalismus: Zur Konzeption föderaler Kompetenzzuweisungen als subjektive Rechtspositionen, Reihe Tübinger Schriften zum Staats- und Verwaltungsrecht, Bd. 52, Berlin 2000.

Kersten, Jens, Art. 77 GG, in: Theodor Maunz/Günter Dürig/Roman Herzog/Rupert Scholz (Hrsg.), Grundgesetz-Kommentar, München 2018.

Kilpatrick, Claire, On the Rule of Law and Economic Emergency: The Degradation of Basic Legal Values in Europe's Bailouts, OJLS 35 (2015) 2, S. 325–353.

Kincaid, John, Felix Morley on Freedom and Federalism, Publius 34 (2004) 4, S. 69–88.

Kincaid, John, Values and Value Tradeoffs in Federalism, Publius 25 (1995) 2, S. 29–44.

King, Preston, Federalism and federation, London 2004.

Kingreen, Thorsten, Art. 16 AEUV, in: Christian Calliess/Matthias Ruffert (Hrsg.), EUV/AEUV-Kommentar: Das Verfassungsrecht der Europäischen Union mit Europäischer Grundrechtecharta, 5. Aufl., München 2016, S. 565–569.

Kingreen, Thorsten, Art. 51 GRCh, in: Christian Calliess/Matthias Ruffert (Hrsg.), EUV/AEUV-Kommentar: Das Verfassungsrecht der Europäischen Union mit Europäischer Grundrechtecharta, 5. Aufl., München 2016, S. 2949–2964.

Kingreen, Thorsten, Art. 53 GRCh, in: Christian Calliess/Matthias Ruffert (Hrsg.), EUV/AEUV-Kommentar: Das Verfassungsrecht der Europäischen Union mit Europäischer Grundrechtecharta, 5. Aufl., München 2016 , S. 2985–2989.

Kingreen, Thorsten, Die Grundrechte des Grundgesetzes im europäischen Grundrechtsföderalismus, JZ 68 (2013) 17, S. 801–811.

Kingreen, Thorsten, Die Struktur der Grundfreiheiten des Europäischen Gemeinschaftsrechts, Reihe Schriften zum Europäischen Recht, Bd. 56, Berlin 1999.

Kingreen, Thorsten, Grundfreiheiten und Grundrechte, in: Claudio Franzius (Hrsg.), Strukturfragen der Europäischen Union, Baden-Baden 2010, S. 218–230.

Kingreen, Thorsten, Grundrechtsverbund oder Grundrechtsunion?, EuR 45 (2010) 3, S. 338–363.

Kirchhof, Ferdinand, Art. 83 GG, in: Theodor Maunz/Günter Dürig/Roman Herzog/Rupert Scholz (Hrsg.), Grundgesetz-Kommentar, München 2009.

Kirchhof, Ferdinand, Art. 84 GG, in: Theodor Maunz/Günter Dürig/Roman Herzog/Rupert Scholz (Hrsg.), Grundgesetz-Kommentar, München 2018.

Kirchhof, Ferdinand, Die Kooperation zwischen Bundesverfassungsgericht und Europäischem Gerichtshof: Addierung oder Optimierung des Grundrechtsschutzes?, in: Matthias Herdegen/Hans H. Klein/Hans-Jürgen Papier/Rupert Scholz (Hrsg.), Staatsrecht und Politik: Festschrift für Roman Herzog zum 75. Geburtstag, München 2009, S. 155–171.

Kirchhof, Ferdinand, Grundrechtsschutz durch europäische und nationale Gerichte, NJW 64 (2011) 51, S. 3681–3686.

Kisker, Gunter, Ideologische und theoretische Grundlagen der bundesstaatlichen Ordnung in der Bundesrepublik Deutschland: Zur Rechtfertigung des Föderalismus, in: Ernst Benda (Hrsg.), Probleme des Föderalismus: Referate auf dem Symposium »Föderalismus in der SFR Jugoslawien und in der Bundesrepublik Deutschland – ein Vergleich« vom 19. bis 21. März 1984, Tübingen 1985, S. 23–37.

Klarman, Michael J., From Jim Crow to Civil Rights: The Supreme Court and the Struggle for Racial Equality, Oxford/New York 2004.

Klatt, Matthias, Die praktische Konkordanz von Kompetenzen: Entwickelt anhand der Jurisdiktionskonflikte im europäischen Grundrechtsschutz, Reihe Jus Publicum, Bd. 232, Tübingen 2014.

Klein, Eckart, Europäischer Grundrechtsschutz und nationale Identität, in: Matthias Niedobitek/Karl-Peter Sommermann (Hrsg.), Die Europäische Union als Wertegemeinschaft: Forschungssymposium zu Ehren von Siegfried Magiera, Berlin 2013, S. 59–75.

Klein, Eckart, Landesverfassung und Landesverfassungsbeschwerde, DVBl. 108 (1993) 24, S. 1329–1334.

Klein, Eckart, Zur Wechselwirkung von Bundes- und Landesgrundrechten, in: Wolfgang Knippel (Hrsg.), Verfassungsgerichtsbarkeit im Land Brandenburg: Festgabe zum 10jährigen Bestehen des Verfassungsgerichts des Landes Brandenburg, Baden-Baden 2003, S. 29–36.

Klein, Eckart/Haratsch, Andreas, Die Landesverfassungsbeschwerde – Ein Instrument zur Überprüfung der Anwendung von Bundesrecht?, JuS 40 (2000) 3, S. 209–215.

Klein, Hans Hugo, § 17: Der Bundesstaat in der Rechtsprechung des Bundesverfassungsgerichts, in: Ines Härtel (Hrsg.), Handbuch Föderalismus: Föderalismus als demokratische Rechtsordnung und Rechtskultur in Deutschland, Europa und der Welt. Bd. I: Grundlagen des Föderalismus und der deutsche Bundesstaat, Berlin u.a. 2012, S. 477–495.

Klein, Hans Hugo, Überlegungen zu einer Entlastung des Bundesverfassungsgerichts, in: Gerd Pfeiffer/Udo Burgermeister/Gerald Roth (Hrsg.), Der verfaßte Rechtsstaat: Festgabe für Karin Graßhof, Heidelberg 1998, S. 367–390.

Klein, Oliver, Fremdnützige Freiheitsgrundrechte: Analyse eines vermeintlich besonderen Grundrechtstypus, Reihe Studien und Materialien zur Verfassungsgerichtsbarkeit, Bd. 93, Baden-Baden 2002.

Kleinlein, Thomas, Consensus and Contestability: The ECtHR and the Combined Potential of European Consensus and Procedural Rationality Control, EJIL 28 (2017) 3, S. 871–893.

Kleinlein, Thomas, Constructive Consensus and Domestic Democracy, in: Panos Kapotas/Vassilis P. Tzevelekos (Hrsg.), Building Consensus on European Consensus: Judicial Interpretation of Human Rights in Europe and Beyond, Cambridge 2019, S. 210–235.

Kleinlein, Thomas, Federalisms, rights, and autonomies: The United States, Germany, and the EU, I•CON 15 (2017) 4, S. 1157–1173.

Kleinlein, Thomas, The Procedural Approach of the European Court of Human Rights: Between Subsidiarity and Dynamic Evolution, ICLQ 68 (2019) 1, S. 91–110.

Klement, Jan Henrik, Öffentliches Interesse an Privatheit: Das europäische Datenschutzrecht zwischen Binnenmarkt, Freiheit und Gemeinwohl, JZ 72 (2017) 4, S. 161–170.

Kluth, Winfried, Vorlagepflichten der Landesverfassungsgerichte nach Art. 100 Abs. 3 GG bei der Anwendung von Landesgrundrechten, NdsVBl. 17 (2010) 5, S. 130–134.

Kment, Martin, Australien auf dem Weg zu einer Grundrechtscharta? Hintergründe und Ausgestaltung einer ersten »Bill of Rights« in Australien, VRÜ 38 (2005) 3, S. 335–345.

Kmiec, Keenan D., Comment, The Origin and Current Meanings of »Judicial Activism«, Cal. L. Rev. 92 (2004) 5, S. 1441–1478.

Köbler, Judith, Die Konzeption der Grundrechte im finnischen Verfassungsrecht in rechtsvergleichender Sicht, Reihe Europäische Hochschulschriften: Reihe 2, Rechtswissenschaft, Bd. 4972, Frankfurt am Main 2009.

Kochenov, Dimitry, On Policing Article 2 TEU Compliance – Reverse *Solange* and Systemic Infringements Analyzed, Polish Y.B. Int'l L. 33 (2013), S. 145–170.

Kokott, Juliane, Anwältin des Rechts: Zur Rolle der Generalanwälte beim Europäischen Gerichtshof. Referat im Rahmen der Vortragsreihe »Rechtsfragen der Europäischen Integration«, Bonn, den 06.02.2006, Reihe Vorträge und Berichte, Bd. 152, Bonn 2006.

Kokott, Juliane/Sobotta, Christoph, Die Charta der Grundrechte der Europäischen Union nach dem Inkrafttreten des Vertrags von Lissabon, EuGRZ 37 (2010) 10–13, S. 265–271.

Koller, Peter, Grundlinien einer Theorie politischer Freiheit, in: Julian Nida-Rümelin/Wilhelm Vossenkuhl (Hrsg.), Ethische und politische Freiheit, Berlin/New York 1998, S. 476.

Komárek, Jan, Institutional Dimension of Constitutional Pluralism, in: Matej Avbelj/Jan Komárek (Hrsg.), Constitutional Pluralism in the European Union and Beyond, Oxford 2012, S. 231–247.

Komárek, Jan, Why National Constitutional Courts Should not Embrace EU Fundamental Rights, in: Sybe A. de Vries/Ulf Bernitz/Stephen Weatherill (Hrsg.), The EU Charter of Fundamental Rights as a Binding Instrument: Five Years Old and Growing, Oxford/Portland, OR 2015, S. 75–92.

Komesar, Neil K., Imperfect Alternatives: Choosing Institutions in Law, Economics, and Public Policy, Chicago/London 1994.

Kommers, Donald P., Die Verfassungsgerichtsbarkeit in den Gliedstaaten der Vereinigten Staaten von Amerika, in: Christian Starck/Klaus Stern (Hrsg.), Landesverfassungsgerichtsbarkeit, Baden-Baden 1983, S. 461–495.

Kommers, Donald P./Miller, Russell A., The Constitutional Jurisprudence of the Federal Republic of Germany, 3. Aufl., Durham, NC 2012.

Konstadinides, Theodore, Division of Powers in European Union Law: The Delimitation of Internal Competence Between the EU and the Member States, Reihe European Monographs, Bd. 66, Alphen aan den Rijn 2009.

Kopp, Ferdinand, Freiheit, Demokratie und Rechtsstaat – das Freiheitspotential des deutschen Föderalismus, in: Bernd Rill (Hrsg.), Freiheitliche Tendenzen der deutschen Geschichte, Regensburg 1989, S. 104–128.

Kopp, Ferdinand O., Die Grundrechte der deutschen Landesverfassungen, in: Richard Novak/Berthold Sutter/Gernot Hasiba (Hrsg.), Der Föderalismus und die Zukunft der Grundrechte, Wien 1982, S. 51–61.

Korioth, Stefan, Art. 142, in: Theodor Maunz/Günter Dürig/Roman Herzog/Rupert Scholz (Hrsg.), Grundgesetz-Kommentar, München 2008.

Korioth, Stefan, Art. 31 GG, in: Theodor Maunz/Günter Dürig/Roman Herzog/Rupert Scholz (Hrsg.), Grundgesetz-Kommentar, München 2018.

Korioth, Stefan, Evangelisch-theologische Staatsethik und juristische Staatslehre in der Weimarer Republik und der frühen Bundesrepublik, in: Pascale Cancik/Thomas Henne/Thomas Simon/Stefan Ruppert/Miloš Vec (Hrsg.), Konfession im Recht: Auf der Suche nach konfessionell geprägten Denkmustern und Argumentationsstrategien in Recht und Rechtswissenschaft des 19. und 20. Jahrhunderts, Frankfurt am Main 2009, S. 121–145.

Korioth, Stefan, Integration und Bundesstaat: Ein Beitrag zur Staats- und Verfassungslehre Rudolf Smends, Reihe Schriften zum Öffentlichen Recht, Bd. 587, Berlin 1990.

Korte, Stefan, Standortfaktor Öffentliches Recht: Integration und Wettbewerb in föderalen Ordnungen, Reihe Jus Publicum, Bd. 257, Tübingen 2015.

Kosař, David, Policing Separation of Powers: A New Role for the European Court of Human Rights?, EuConst 8 (2012) 1, S. 33–62.

Koselleck, Reinhart, Diesseits des Nationalstaats: Föderale Strukturen in der deutschen Geschichte, Transit, Europäische Revue 7 (1994), S. 63–76.

Kosta, Vasiliki, Fundamental Rights in EU Internal Market Legislation, Reihe Modern Studies in European Law, Bd. 58, Oxford/Portland, OR 2015.

Kotzur, Markus, Neuerungen auf dem Gebiet des Rechtsschutzes durch den Vertrag von Lissabon, EuR-Bei 2012, S. 7–22.

Koutnatzis, Stylianos-Ioannis G., § 3: Griechenland, in: Armin von Bogdandy/Pedro Cruz Villalón/Peter M. Huber (Hrsg.), Handbuch Ius Publicum Europaeum: Bd. I: Grundlagen und Grundzüge des staatlichen Verfassungsrechts, Heidelberg 2007, S. 151–215.

Kramer, Larry D., Foreword: We the Court, Harv. L. Rev. 115 (2001) 1, S. 5–169.

Kramer, Larry D., Madison's Audience, Harv. L. Rev. 112 (1999) 3, S. 611–679.

Kramer, Larry D., The People Themselves: Popular Constitutionalism and Judicial Review, New York u.a. 2004.

Kranenpohl, Uwe, Hinter dem Schleier des Beratungsgeheimnisses: Der Willensbildungs- und Entscheidungsprozess des Bundesverfassungsgerichts, Wiesbaden 2010.

Krappel, Thomas, Landesverfassungsbeschwerde und verfassungsgerichtliche Kontrollkompetenz im Bundesstaat: Zur Einführung einer Landesverfassungsbeschwerde in Baden-Württemberg, VBlBW 34 (2013) 4, S. 121–130.

Kratzer, Jakob, Art. 142 des Grundgesetzes und die Grundrechte in der Bayerischen Verfassung, in: Adolf Süsterhenn/Friedrich A. F. v. d. Heydte/Willi Geiger (Hrsg.), Verfassung und Verwaltung in Theorie und Wirklichkeit: Festschrift für Herrn Geheimrat Prof. Dr. Wilhelm Laforet anläßlich seines 75. Geburtstages, München 1952, S. 107–140.

Kreimer, Seth F., Federalism and Freedom, Annals Am. Acad. Pol. & Soc. Sci. 2001, S. 66–80.

Krieger, Heike, Bundesverfassungsgericht und Landesverfassungsgerichtsbarkeit: Was bleibt von der Föderalismusreform?, NdsVBl. 17 (2010) 5, S. 134–137.

Krieger, Leonard, The German Idea of Freedom: History of a Political Tradition, Boston, MA 1957.

Krisch, Nico, Beyond Constitutionalism: The Pluralist Structure of Postnational Law, Oxford 2010.

Krisch, Nico, The case for pluralism in postnational law, in: Gráinne de Búrca/Joseph H. H. Weiler (Hrsg.), The Worlds of European Constitutionalism, Cambridge 2011, S. 203–261.

Krisch, Nico, The Open Architecture of European Human Rights Law, MLR 71 (2008) 2, S. 183–216.

Kühling, Jürgen, Der Fall der Vorratsdatenspeicherungsrichtlinie und der Aufstieg des EuGH zum Grundrechtsgericht, NVwZ 33 (2014) 11, S. 681–685.

Kühling, Jürgen, Die Europäisierung des Datenschutzrechts: Gefährdung deutscher Grundrechtsstandards?, Reihe Schriften der Juristischen Studiengesellschaft Regensburg e.V., Bd. 37, Baden-Baden 2014.

Kühling, Jürgen, Grundrechte, in: Armin von Bogdandy/Jürgen Bast (Hrsg.), Europäisches Verfassungsrecht: Theoretische und dogmatische Grundzüge, 2. Aufl., Dordrecht u.a. 2015, S. 657–704.

Kühling, Jürgen, Kernelemente einer kohärenten EU-Grundrechtsdogmatik in der Post-Lissabon-Ära, ZÖR 68 (2013) 3, S. 469–485.

Kühling, Jürgen/Martini, Mario, Die Datenschutz-Grundverordnung: Revolution oder Evolution im europäischen und deutschen Datenschutzrecht?, EuZW 27 (2016) 12, S. 448–454.

Kuhn, Nicole/Rousseaux, Eric, La Cour Constitutionnelle luxembourgeoise: dernière pierre à l'édifice des cours constitutionnelles en Europe occidentale, RIDC 53 (2001) 2, S. 453–482.

Kühne, Jörg-Detlef, § 3: Von der bürgerlichen Revolution bis zum Ersten Weltkrieg, in: Detlef Merten/Hans-Jürgen Papier (Hrsg.), Handbuch der Grundrechte in Deutschland und Europa. Bd. I: Entwicklung und Grundlagen, Heidelberg 2004, S. 97–152.

Kühne, Jörg-Detlef, Bürgerrechte und Deutsches Verfassungsdenken 1848–1871, in: Hermann Wellenreuther/Claudia Schnurmann (Hrsg.), Die Amerikanische Verfassung und Deutsch-Amerikanisches Verfassungsdenken: Ein Rückblick über 200 Jahre, New York 1991, S. 230–266.

Kühne, Jörg-Detlef, Die Entstehung der Weimarer Reichsverfassung: Grundlagen und anfängliche Geltung, Reihe Schriften des Bundesarchivs, Bd. 78, Düsseldorf 2018.

Kühne, Jörg-Detlef, Die französische Menschen- und Bürgerrechtserklärung im Rechtsvergleich mit den Vereinigten Staaten und Deutschland, JöR 39 (1990), S. 1–53.

Kühne, Jörg-Detlef, Die Reichsverfassung der Paulskirche: Vorbild und Verwirklichung im späteren deutschen Rechtsleben, 2. Aufl., Neuwied 1998.

Kühne, Jörg-Detlef, Zum Neuerungsgehalt der Weimarer Grundrechte: Genetische Aspekte zu ihrer Platzierung und Textgestalt, in: Michael Sachs/Helmut Siekmann (Hrsg.), Der grundrechtsgeprägte Verfassungsstaat: Festschrift für Klaus Stern zum 80. Geburtstag, Berlin 2012, S. 59–80.

Kumm, Mattias, *Internationale Handelsgesellschaft*, *Nold* and the New Human Rights Paradigm, in: Miguel P. Maduro/Loïc Azoulai (Hrsg.), The Past and Future of EU Law: The Classics of EU Law Revisited on the 50th Anniversary of the Rome Treaty, Oxford/Portland, OR 2010, S. 106–118.

Kumm, Mattias, The Jurisprudence of Constitutional Conflict: Constitutional Supremacy Before and After the Constitutional Treaty, ELJ 11 (2005) 3, S. 262–307.

Kumm, Mattias, Who is the Final Arbiter of Constitutionality in Europe? Three Conceptions of the Relationship between the German Federal Constitutional Court and the European Court of Justice, CML Rev. 36 (1999) 2, S. 351–386.

Kunig, Philip, Art. 142 GG, in: Ingo von Münch/Philip Kunig (Hrsg.), Grundgesetz: Kommentar, 6. Aufl., München 2012, S. 1760–1769.

Kunig, Philip, Verfassungsrecht und einfaches Recht – Verfassungsgerichtsbarkeit und Fachgerichtsbarkeit, VVDStRL 61 (2006), S. 31–79.

Kurland, Philip B./Lerner, Ralph, The Founders' Constitution, 5 Bde, Indianapolis 2000.

Laband, Paul, Das Staatsrecht des Deutschen Reiches, Bd. 1, 5. Aufl., Tübingen 1911.

Labbé, Ronald M./Lurie, Jonathan, The Slaughterhouse Cases: Regulation, Reconstruction, and the Fourteenth Amendment, Reihe Landmark Law Cases & American Society, Lawrence, Kan. 2005.

LaCroix, Alison L., The Ideological Origins of American Federalism, Cambridge, MA/London 2010.

Ladenburger, Clemens, Art. 51, in: Peter J. Tettinger/Klaus Stern (Hrsg.), Kölner Gemeinschaftskommentar zur Europäischen Grundrechte-Charta, München 2006, S. 759–774.

Ladenburger, Clemens, European Union Institutional Report, in: Julia Laffranque (Hrsg.), The Protection of Fundamental Rights Post Lisbon: The Interaction between the Charter of Fundamental Rights of the European Union, the European Convention on Human Rights and National Constitutions, Tallinn 2012, S. 141–215.

Laffranque, Julia (Hrsg.), The Protection of Fundamental Rights Post Lisbon: The Interaction between the Charter of Fundamental Rights of the European Union, the European Convention on Human Rights and National Constitutions, Reihe Reports of the FIDE Congress Tallinn 2012, Universität Tartu, Bd. 1, Tallinn 2012.

Lain, Corinna Barrett, The Unexceptionalism of »Evolving Standards«, UCLA L. Rev. 57 (2009) 2, S. 365–419.

Lammers, Hans-Heinrich/Simons, Walter (Hrsg.), Die Rechtsprechung des Staatsgerichtshofs für das Deutsche Reich und des Reichsgerichts auf Grund Artikel 13 Absatz 2 der Reichsverfassung, Bd. III (Ergänzungsband), Berlin 1931.

Lange, Klaus, § 83: Grundrechtliche Besonderheiten in den Landesverfassungen, in: Detlef Merten/Hans-Jürgen Papier (Hrsg.), Handbuch der Grundrechte in Deutschland und Europa. Bd. III: Grundrechte in Deutschland – Allgemeine Lehren II, Heidelberg 2009, S. 1147–1183.

Lange, Klaus, Das Bundesverfassungsgericht und die Landesverfassungsgerichte, in: Peter Badura/Horst Dreier (Hrsg.), Festschrift 50 Jahre Bundesverfassungsgericht, Tübingen 2001, S. 289–310.

Lange, Klaus, Kontrolle bundesrechtlich geregelter Verfahren durch Landesverfassungsgerichte?, NJW 51 (1998) 18, S. 1278–1282.

Lash, Kurt T., Federalism, Individual Rights, and Judicial Engagement, Geo. Mason L. Rev. 19 (2012) 4, S. 873–886.

Lash, Kurt T., The Lost History of the Ninth Amendment, Oxford 2009.

Lasser, Mitchel S.-O.-L'E de, Judicial Deliberations: A Comparative Analysis of Judicial Transparency and Legitimacy, Oxford 2004.

Lasser, Mitchel S.-O.-L'E de, Judicial Transformations: The Rights Revolution in the Courts of Europe, Reihe Oxford Studies in European Law, Oxford 2009.

Latzer, Barry, A Critique of Gardner's Failed Discourse, Rutgers L.J. 24 (1993) 4, S. 1009–1018.

Latzer, Barry, California's Constitutional Counterrevolution, in: George A. Tarr (Hrsg.), Constitutional Politics in the States: Contemporary Controversies and Historical Patterns, Westport, CT/London 1996, S. 149–177.

Latzer, Barry, The Hidden Conservatism of the State Court »Revolution«, Judicature 74 (1991) 4, S. 190–197.

Laufer, Heinz, Verfassungsgerichtsbarkeit und politischer Prozeß: Studien zum Bundesverfassungsgericht der Bundesrepublik Deutschland, Tübingen 1968.

Lavender, Nicholas, The Problem of the Margin of Appreciation, E.H.R.L.R. 2 (1997) 4, S. 380–390.

Lavranos, Nikolaos, The ECJ's Judgments in Melloni and Åkerberg Fransson: Une ménage à trois difficulté, ELR 2013, S. 133–141.

Law, Sylvia Ann, In the Name of Federalism: The Supreme Court's Assault on Democracy and Civil Rights, U. Cin. L. Rev. 70 (2002) 2, S. 367–432.

Lawson, Gary/Granger, Patricia B., The »Proper« Scope of Federal Power: A Jurisdictional Interpretation of the Sweeping Clause, Duke L.J. 43 (1993) 2, S. 267–336.

Lehmbruch, Gerhard, Parteienwettbewerb im Bundesstaat: Regelsysteme und Spannungslagen im politischen System der Bundesrepublik Deutschland, 3. Aufl., Wiesbaden 2000.

Lehnert, Detlef/Müller, Christoph, Zur Einführung: Perspektiven und Probleme einer Wiederentdeckung von Hugo Preuß, in: Detlef Lehnert/Christoph Müller (Hrsg.), Vom Untertanenverband zur Bürgergenossenschaft: Symposium zum 75. Todestag von Hugo Preuß am 9. Oktober 2000, Nomos 2003, S. 11–48.

Leibholz, Gerhard, Die Gleichheit vor dem Gesetz: Eine Studie auf rechtsvergleichender und rechtsphilosophischer Grundlage, Reihe Öffentlich-rechtliche Abhandlungen, Bd. 6, Berlin 1925.

Leisner, Walter, Die bayerischen Grundrechte, Wiesbaden-Dotzheim 1968.

Leisner, Walter, Landesverfassungsgerichtsbarkeit als Wesenselement des Föderalismus: Zur Theorie von der Eigenstaatlichkeit der Länder, in: Hans Domcke (Hrsg.), Verfassung und Verfassungsrechtsprechung: Festschrift zum 25-jährigen Bestehen des Bayerischen Verfassungsgerichtshofs, München 1972, S. 183–193.

Lemos, Margaret H., State Enforcement of Federal Law, N.Y.U. L. Rev. 86 (2011) 3, S. 698–765.

Lenaerts, Koen, Constitutionalism and the Many Faces of Federalism, Am. J. Comp. L. 38 (1990) 2, S. 205–264.

Lenaerts, Koen, EU Federalism in 3-D, in: Elke Cloots/Geert De Baere/Stefan Sottiaux (Hrsg.), Federalism in the European Union, Oxford/Portland, OR 2012, S. 13–44.

Lenaerts, Koen, Exploring the Limits of the EU Charter of Fundamental Rights, EuConst 8 (2012) 3, S. 375–403.

Lenaerts, Koen, Federalism and the Rule of Law: Perspectives from the European Court of Justice, Fordham Int'l L.J. 33 (2010) 5, S. 1338–1387.

Lenaerts, Koen, Interlocking Legal Orders in the European Union and Comparative Law, ICLQ 52 (2003), S. 873–906.

Lenaerts, Koen, Le juge et la Constitution aux États-Unis d'Amérique et dans l'ordre juridique européen, Bruxelles 1988.

Lenaerts, Koen/Gutiérrez-Fons, José A., The Constitutional Allocation of Powers and General Principles of EU Law, CML Rev. 47 (2010) 6, S. 1629–1669.

Lepsius, Oliver, Die maßstabsetzende Gewalt, in: Das entgrenzte Gericht: Eine kritische Bilanz nach sechzig Jahren Bundesverfassungsgericht, Berlin 2011, S. 159–279.

Lepsius, Oliver, Die Religionsfreiheit als Minderheitenrecht in Deutschland, Frankreich und den USA, Leviathan 34 (2006) 3, S. 321–349.

Lepsius, Oliver, Die Wiederentdeckung Weimars durch die bundesdeutsche Staatsrechtslehre, in: Christoph Gusy (Hrsg.), Weimars lange Schatten – »Weimar« als Argument nach 1945, Baden-Baden 2003, S. 354–394.

Lepsius, Oliver, Grundrechtspluralismus in Europa, in: Johannes Masing/Matthias Jestaedt/David Capitant/Armel Le Divellec (Hrsg.), Strukturfragen des Grundrechtsschutzes in Europa: Grundrechtecharta – Grundrechtsbindung – Vertrauensschutz. Dokumentation des 6. Treffens des Deutsch-Französischen Gesprächskreises für Öffentliches Recht, Tübingen 2015, S. 45–65.

Lepsius, Oliver, The quest for middle-range theories in German public law, I•CON 12 (2014) 3, S. 692–709.

Lepsius, Oliver, Zur Bindungswirkung von Bundesverfassungsgerichtsentscheidungen, in: Rupert Scholz/Dieter Lorenz/Christian Pestalozza/Michael Kloepfer, et al. (Hrsg.), Realitätsprägung durch Verfassungsrecht: Kolloquium aus Anlass des 80. Geburtstages von Peter Lerche, Berlin 2008, S. 103.

Lerche, Peter, Föderalismus als nationales Ordnungsprinzip, VVDStRL 21 (1964), S. 66–104.

Lerche, Peter, Stil und Methode verfassungsgerichtlicher Entscheidungspraxis, in: Peter Badura/Horst Dreier (Hrsg.), Festschrift 50 Jahre Bundesverfassungsgericht, Tübingen 2001, S. 333–361.

Letsas, George, A Theory of Interpretation of the European Convention on Human Rights, Oxford 2007.

Letsas, George, Two Concepts of the Margin of Appreciation, OJLS 26 (2006) 4, S. 705–732.

Levi, Lucio/Casalegno, Lionello, Federalist Thinking, Lanham, MD 2008.

Levinson, Daryl J., Empire-Building Government in Constitutional Law, Harv. L. Rev. 118 (2005) 3, S. 915–972.

Levinson, Daryl J., Parchment and Politics: The Positive Puzzle of Constitutional Commitment, Harv. L. Rev. 124 (2011) 3, S. 657–746.

Levinson, Sanford, Constitutional Faith, Princeton, NJ 2011.

Levy, Jacob T., Federalism and the Old and New Liberalisms, SOY 24 (2007) 1, S. 306–326.

Levy, Jacob T., Federalism, Liberalism, and the Separation of Loyalties, Am. Pol. Sci. Rev. 101 (2007) 3, S. 459–477.

Lewis, Tom, *Animal Defenders International* v *United Kingdom*: Sensible Dialogue or a Bad Case of Strasbourg Jitters?, Mod. L. Rev. 77 (2014) 3, S. 460–474.

Lex, Hans Ritter von, Die Grundlagen unserer föderativen Staatsordnung, in: Theodor Maunz (Hrsg.), Vom Bonner Grundgesetz zur gesamtdeutschen Verfassung: Festschrift zum 75. Geburtstag von Hans Nawiasky, München 1956, S. 237–244.

Liebman, James, Slow Dancing with Death: The Supreme Court and Capital Punishment, Colum. L. Rev. 107 (2007) 1, S. 1–130.

Liisberg, Jonas Bering, Does the EU Charter of Fundamental Rights Threaten the Supremacy of Community Law?, CML Rev. 38 (2001) 5, S. 1171–1199.

Limbach, Jutta, Die Kooperation der Gerichte in der zukünftigen europäischen Grundrechtsarchitektur: Ein Beitrag zur Neubestimmung des Verhältnisses von Bundesverfassungsgericht, Gerichtshof der Europäischen Gemeinschaften und Europäischem Gerichtshof für Menschenrechte, EuGRZ 27 (2000) 14–16, S. 417–420.

Lincoln, Abraham, The Collected Works of Abraham Lincoln, 9 Bde, New Brunswick, N.J. 1953.

Linde, Hans A., First Things First: Rediscovering the States' Bills of Rights, U. Balt. L. Rev. 9 (1980) 3, S. 379–396.

Linde, Hans A., The State and the Federal Courts in Governance: *Vive la Difference!*, Wm. & Mary L. Rev. 46 (2005) 4, S. 1273–1288.

Linde, Hans A., Without »Due Process«: Unconstitutional Law in Oregon, Or. L. Rev. 49 (1970) 2, S. 125–187.

Lindner, Josef Franz, Art. 103, in: Josef F. Lindner/Markus Möstl/Heinrich A. Wolff (Hrsg.), Verfassung des Freistaates Bayern, 2. Aufl., München 2017, S. 757–789.

Lindner, Josef Franz, Art. 106, in: Josef F. Lindner/Markus Möstl/Heinrich A. Wolff (Hrsg.), Verfassung des Freistaates Bayern, 2. Aufl., München 2017, S. 798–807.

Lindner, Josef Franz, Die Grundrechte der Bayerischen Verfassung: Eine dogmatische Bestandsaufnahme, BayVBl. 135 (2004) 21, S. 641–652.

Lindner, Josef Franz, Die Rechtsprechung des Bayerischen Verfassungsgerichtshofs: Überblick über wichtige Entscheidungen aus den Jahren 2015 bis 2017, BayVBl. 149 (2018) 1, S. 1–15.

Lindner, Josef Franz, Grundrechtsschutz gegen gemeinschaftsrechtliche Öffnungsklauseln – zugleich ein Beitrag zum Anwendungsbereich der EU-Grundrechte, EuZW 18 (2007) 3, S. 71–75.

Lindner, Josef Franz, Vor Art. 98, in: Josef F. Lindner/Markus Möstl/Heinrich A. Wolff (Hrsg.), Verfassung des Freistaates Bayern, 2. Aufl., München 2017, S. 637–672.

Londras, Fiona de/Dzehtsiarou, Kanstantsin, Grand Chamber of the European Court of Human Rights, *A, B & C v Ireland*, decision of 17 December 2010, ICLQ 62 (2013) 1, S. 250–262.

Loughlin, Martin, The Idea of Public Law, Oxford 2004.

Löwer, Wolfgang, § 70: Zuständigkeiten und Verfahren des Bundesverfassungsgerichts, in: Josef Isensee/Paul Kirchhof (Hrsg.), Handbuch des Staatsrechts der Bundesrepublik Deutschland. Bd. III: Demokratie – Bundesorgane, 3. Aufl., Heidelberg 2005, S. 1285–1525.

Löwer, Wolfgang, Bundesverfassungstextliche Ergänzungen der Landesverfassungen zur Gewinnung landesverfassungsgerichtlicher Prüfungsmaßstäbe, NdsVBl. 17 (2010) 5, S. 138–144.

Lübbe-Wolff, Gertrude, Justiziabilität sozialer Grundrechte und Verfassungsaufträge, JöR 53 (2005), S. 1–25.

Lübbe-Wolff, Gertrude, Who Has the Last Word? National and Transnational Courts – Conflict and Cooperation, YEL 30 (2011) 1, S. 86–99.

Lücke, Jörg, Bundesfreundliches und bürgerfreundliches Verhalten: Zur bürgerbezogenen Ergänzungsbedürftigkeit des Grundsatzes des bundesfreundlichen Verhaltens, Der Staat 17 (1978) 3, S. 341–367.

Ludwig, Thomas Claus, Zum Verhältnis zwischen Grundrechtecharta und allgemeinen Grundsätzen – die Binnenstruktur des Art. 6 EUV n.F., EuR 46 (2011) 5, S. 715–734.

Lynch, G. Patrick, Protecting Individual Rights Through a Federal System: James Buchanan's View of Federalism, Publius 34 (2004) 4, S. 153–167.

MacCormick, Neil, Questioning Sovereignty: Law, State, and Nation in the European Commonwealth, Oxford 1999.

MacCormick, Neil, The Maastricht-Urteil: Sovereignty Now, ELJ 1 (1995) 3, S. 259–266.

Macdonald, Ronald S. J., The Margin of Appreciation, in: Ronald S. J. Macdonald/Franz Matscher/Herbert Petzold (Hrsg.), The European System for the Protection of Human Rights, Dordrecht u.a. 1993, S. 83–124.
MacKenzie, John P., New York's Old, and Fat, Constitution: What Does the Bloat Teach Us About Public Trust?, New York Times v. 20.04.1987, S. A18.
Madison, James, Report of 1800, in: William T. Hutchinson/David B. Mattern (Hrsg.), The Papers of James Madison: 17. 31 March 1797 – 3 March 1801, with a supplement 22 January 1778 – 9 August 1795, Charlottesville/London 1991, S. 303–351.
Madison, James, Speech in the House of Representatives, 8 June 1789, in: William T. Hutchinson/David B. Mattern (Hrsg.), The Papers of James Madison: 17. 31 March 1797 – 3 March 1801, with a supplement 22 January 1778 – 9 August 1795, Charlottesville/London 1991, S. 196–209.
Maduro, Miguel Poiares, Contrapunctual Law: Europe's Constitutional Pluralism in Action, in: Neil Walker (Hrsg.), Sovereignty in Transition, Oxford/Portland, OR 2003, S. 501–538.
Maduro, Miguel Poiares, We The Court: The European Court of Justice and the European Economic Constitution. A Critical Reading of Article 30 of the EC Treaty, Oxford 1998.
Mager, Ute, Einrichtungsgarantien: Entstehung, Wurzeln, Wandlungen und grundgesetzmäßige Neubestimmung einer dogmatischen Figur des Verfassungsrechts, Reihe Jus Publicum, Bd. 99, Tübingen 2003.
Maier, Benjamin, Grundrechtsschutz bei der Durchführung von Richtlinien: Eine Analyse im Spannungsfeld von Grundrechten der Europäischen Union, nationalen Grundrechten und EMRK-Rechten, Reihe Schriftenreihe europäisches Recht, Politik und Wirtschaft, Bd. 377, Baden-Baden 2014.
Maier, Hans, Der Föderalismus – Ursprünge und Wandlungen, AöR 115 (1990) 2, S. 213–230.
Malandrino, Corrado, Einführung: Politischer Calvinismus, Republikanismus, »Subsidiarität« und der politische Diskurs des Althusius, in: Corrado Malandrino/Dieter Wyduckel (Hrsg.), Politisch-rechtliches Lexikon der *Politica* des Johannes Althusius: Die Kunst der heilig-unverbrüchlichen, gerechten, angemessenen und glücklichen symbiotischen Gemeinschaft, Berlin 2010, S. 1–35.
Malandrino, Corrado, Foedus (Confoederatio), in: Corrado Malandrino/Dieter Wyduckel (Hrsg.), Politisch-rechtliches Lexikon der *Politica* des Johannes Althusius: Die Kunst der heilig-unverbrüchlichen, gerechten, angemessenen und glücklichen symbiotischen Gemeinschaft, Berlin 2010, S. 217–231.
Malecki, Michael, Do ECJ judges all speak with the same voice? Evidence of divergent preferences from the judgments of chambers, J.E.P.P. 19 (2012) 1, S. 59–75.
Maltz, Earl M., False Prophet – Justice Brennan and the Theory of State Constitutional Law, Hastings Const. L.Q. 15 (1988) 3, S. 429–449.
Maltz, Earl M., James Gardner and the Idea of State Constitutionalism, Rutgers L.J. 24 (1993) 4, S. 1019–1024.
Mangold, Anna Katharina, Gemeinschaftsrecht und deutsches Recht: Die Europäisierung der deutschen Rechtsordnung in historisch-empirischer Sicht, Reihe Jus Internationale et Europaeum, Bd. 55, Tübingen 2011.
Manthey, Leslie/Unseld, Christopher, Grundrechte vs. »effet utile« – Vom Umgang des EuGH mit seiner Doppelrolle als Fach- und Verfassungsgericht, ZEuS 14 (2011) 2, S. 323–341.

Marc, Alexandre, New and Old Federalism: Faithful to the Origins, Publius 9 (1979) 4, S. 117–130.

Marks, Susan, The European Convention on Human Rights and its »Democratic Society«, B.Y.B.I.L. 66 (1995), S. 209–238.

Marks, Thomas C./Cooper, John F., State Constitutional Law in a Nutshell, Reihe Nutshell Series, 2. Aufl., St. Paul, Minn. 2003.

Martínez-Pujalte, Antonio-Luis/Domingo, Tomás de, Los derechos fundamentales en el sistema constitucional: Teoría general e implicaciones prácticas, Reihe Colección Filosofía, derecho y sociedad, Bd. 27, Granada 2011.

Martinico, Giuseppe/Pollicino, Oreste, Italy. The impact of the European courts on the Italian Constitutional Court, in: Patricia Popelier/Catherine J. Van de Heyning/Piet Van Nuffel (Hrsg.), Human rights protection in the European legal order: The interaction between the European and the national courts, Cambridge 2011, S. 261–286.

März, Wolfgang, Bd. 2, Art. 31, in: Hermann von Mangoldt/Friedrich Klein/Christian Starck (Hrsg.), Kommentar zum Grundgesetz, 6. Aufl., München 2010, S. 713–760.

März, Wolfgang, Bundesrecht bricht Landesrecht: Eine staatsrechtliche Untersuchung zu Artikel 31 des Grundgesetzes, Reihe Tübinger Schriften zum Staats- und Verwaltungsrecht, Bd. 1, Berlin 1989.

März, Wolfgang, Landesverfassungsgericht und Bundesverfassungsgericht – Konkurrenz oder Kooperation beim Grundrechtsschutz?, in: Harald Koch (Hrsg.), Recht zwischen Verfahren und materieller Wertung: Rostocker Abschieds- und Antrittsvorlesungen 1999–2004, Berlin 2005, S. 93–123.

Masing, Johannes, Ein Abschied von den Grundrechten: Die Europäische Kommission plant per Verordnung eine ausnehmend problematische Neuordnung des Datenschutzes, SZ v. 09.01.2012, S. 10.

Masing, Johannes, Einheit und Vielfalt des Europäischen Grundrechtsschutzes, JZ 70 (2015) 10, S. 477–487.

Masing, Johannes, Herausforderungen des Datenschutzes, NJW 65 (2012) 32, S. 2305–2311.

Mason, Alpheus Thomas, Federalism: Historic Questions and Contemporary Meanings, The Role of the Court, in: Valerie Earle (Hrsg.), Federalism: Infinite variety in theory and practice, Ithaca, Ill 1968, S. 8–41.

Matasar, Richard A./Bruch, Gregory S., Procedural Common Law, Federal Jurisdictional Policy, and Abandonment of the Adequate and Independent State Grounds Doctrine, Colum. L. Rev. 86 (1986) 7, S. 1291–1390.

Matz-Lück, Nele, Europäische Rechtsakte und nationaler Grundrechtsschutz, in: Nele Matz-Lück/Mathias Hong (Hrsg.), Grundrechte und Grundfreiheiten im Mehrebenensystem – Konkurrenzen und Interferenzen, Berlin/Heidelberg 2012, S. 161–201.

Maurer, Hartmut, § 82: Landesgrundrechte im Bundesstaat, in: Detlef Merten/Hans-Jürgen Papier (Hrsg.), Handbuch der Grundrechte in Deutschland und Europa. Bd. III: Grundrechte in Deutschland – Allgemeine Lehren II, Heidelberg 2009, S. 1097–1145.

Maute, Judith L., Selecting Justice in State Courts: The Ballot Box or the Backroom, S. Tex. L. Rev. 41 (2000) 4, S. 1197–1246.

Mayer, Franz C., Constitutional comparativism in action. The example of general principles of EU law and how they are made – a German perspective, I•CON 11 (2013) 4, S. 1003–1020.

Mayer, Franz C., Der Einfluss mitgliedstaatlicher Grundrechtsgewährleistungen auf die Charta der Grundrechte – wie konsistent sind die gemeinsamen Verfassungsüberlieferungen der Mitgliedstaaten?, in: Doris König/Dirk Uwer (Hrsg.), Grenzen europäischer Normgebung: EU-Kompetenzen und Europäische Grundrechte, Hamburg 2015, S. 95–122.

Mayer, Franz C., Kompetenzüberschreitung und Letztentscheidung: Das Maastricht-Urteil des Bundesverfassungsgerichts und die Letztentscheidung über Ultra vires-Akte in Mehrebenensystemen. Eine rechtsvergleichende Betrachtung von Konflikten zwischen Gerichten am Beispiel der EU und der USA, Reihe Münchener Universitätsschriften. Reihe der Juristischen Fakultät, Bd. 150, München 2000.

Mayer, Franz C./Wendel, Mattias, § 4: Die verfassungsrechtlichen Grundlagen des Europarechts, in: Armin Hatje/Peter-Christian Müller-Graff (Hrsg.), Europäisches Organisations- und Verfassungsrecht: EnzEuR Bd. 1, Baden-Baden 2014, S. 163–258.

Mayer, Otto, Republikanischer und monarchischer Bundesstaat, AöR 18 (1903) 3, S. 337–372.

Mazmanyan, Armen/Popelier, Patricia/Vandenbruwaene, Werner, Constitutional Courts and Multilevel Governance in Europe: Editors' Introduction, in: Patricia Popelier/Armen Mazmanyan/Werner Vandenbruwaene (Hrsg.), The Role of Constitutional Courts in Multilevel Governance, Cambridge u.a. 2013, S. 1–17.

Mazzone, Jason, The Bill of Rights in the Early State Courts, Minn. L. Rev. 92 (2007) 1, S. 1–82.

Mazzone, Jason, When the Supreme Court is not Supreme, Nw. U. L. Rev. 104 (2010) 3, S. 979–1065.

McAffee, Thomas B., The Original Meaning of the Ninth Amendment, Colum. L. Rev. 90 (1990) 5, S. 1215–1320.

McCloskey, Robert G., The American Supreme Court, Reihe Chicago History of American Civilization, 6. Aufl., Chicago 2016.

McConnell, Michael W., Contract Rights and Property Rights: A Case Study in the Relationship Between Individual Liberties and Constitutional Structure, Cal. L. Rev. 76 (1988) 2, S. 267–295.

Medina Guerrero, Manuel, § 11: Spanien, in: Armin von Bogdandy/Pedro Cruz Villalón/Peter M. Huber (Hrsg.), Handbuch Ius Publicum Europaeum: Bd. I: Grundlagen und Grundzüge des staatlichen Verfassungsrechts, Heidelberg 2007, S. 625–685.

Meese, Edwin, III, Law of the Constitution, Tul. L. Rev. 61 (1987) 5, S. 979–990.

Mehde, Veith, Wettbewerb zwischen Staaten: Die rechtliche Bewältigung zwischenstaatlicher Konkurrenzsituationen im Mehrebenensystem, Reihe Neue Schriften zum Staatsrecht, Bd. 2, Baden-Baden 2005.

Meinel, Florian, Der Jurist in der industriellen Gesellschaft: Ernst Forsthoff und seine Zeit, Berlin 2011.

Meltzer, Daniel J., State Court Forfeitures of Federal Rights, Harv. L. Rev. 99 (1986) 6, S. 1128–1236.

Menéndez, Agustín José, The European Democratic Challenge: The Forging of a Supranational *Volonté Générale*, ELJ 15 (2009) 3, S. 277–308.

Menzel, Jörg, Art. 4, in: Wolfgang Löwer/Peter J. Tettinger (Hrsg.), Kommentar zur Verfassung des Landes Nordrhein-Westfalen, Stuttgart 2002, S. 128–139.

Menzel, Jörg, Landesverfassungsrecht: Verfassungshoheit und Homogenität im grundgesetzlichen Bundesstaat, Stuttgart/München/Hannover/Berlin/Weimar/Dresden 2002.

Menzel, Jörg, Verfahrensgrundrechte vor Landesverfassungsgerichten – Noch ein Kooperationsverhältnis?, NVwZ 18 (1999) 12, S. 1314–1317.
Merli, Franz, Umleitung der Rechtsgeschichte, JRP 20 (2012) 4, S. 355–361.
Merrill, Thomas W., The Landscape of Constitutional Property, Va. J. Int'l L. 86 (2000) 5, S. 885–1000.
Merritt, Deborah Jones, Federalism as Empowerment, Fla. L. Rev. 47 (1995), S. 541–555.
Merritt, Deborah Jones, The Guarantee Clause and State Autonomy: Federalism for a Third Century, Colum. L. Rev. 88 (1988) 1, S. 1–78.
Merton, Robert King, Social Theory and Social Structure, New York 1949.
Meyer, Hans, Die Föderalismusreform 2006: Konzeption, Kommentar, Kritik, Reihe Schriften zum Öffentlichen Recht, Bd. 1086, Berlin 2008.
Michael, Lothar, Partielle Verschärfung der Vorlagen-Kontrolldichte des BVerfG zugunsten des EuGH als »gesetzlichem Verfassungsrichter«, JZ 68 (2013) 6, S. 302–304.
Michelman, Frank I., Law's Republic, Yale L. J. 97 (1988) 8, S. 1493–1537.
Michelman, Frank I., On Protecting the Poor through the Fourteenth Amendment, Harv. L. Rev. 83 (1969) 1, S. 7–59.
Michelman, Frank I., The protective function of the state in the United States and Europe: the constitutional question, in: Georg Nolte (Hrsg.), European and US Constitutionalism, Cambridge 2005, S. 156–180.
Mickey, Robert, Paths Out of Dixie: The Democratization of Authoritarian Enclaves in America's Deep South, 1944–1972, Reihe Princeton Studies in American Politics: Historical, International, and Comparative Perspectives, Princeton, NJ 2014.
Micklitz, Hans-Wolfgang/Witte, Bruno de (Hrsg.), The European Court of Justice and the autonomy of the member states, Cambridge 2012.
Miller, Arthur S./Howell, Ronald F., Interposition, Nullification and the Delicate Division of Power in a Federal System, J. Pub. L. 5 (1956) 1, S. 2–49.
Miller, Geoffrey Parsons, Liberty and Constitutional Architecture: The Rights-Structure Paradigm, Harv. J. L. & Pub. Pol'y 16 (1993) 1, S. 87–94.
Miller, Geoffrey Parsons, Rights and Structure in Constitutional Theory, SOY 8 (1991) 2, S. 196–223.
Miller, Kenneth P., Defining Rights in the States: Judicial Activism and Popular Response, Alb. L. Rev. 76 (2013) 4, S. 2061–2104.
Miller, Kenneth P., Direct Democracy and the Courts, Cambridge/New York 2009.
Millet, François-Xavier, How much lenience for how much cooperation? On the first preliminary reference of the French constitutional council to the Court of Justice, CML Rev. 51 (2014) 1, S. 195–218.
Millican, Edward, One United People: The Federalist Papers and the National Idea, Lexington, Kentucky 1990.
Möllers, Christoph, Demokratie – Zumutungen und Versprechen, Reihe Politik bei Wagenbach, Bd. 1, 2. Aufl., Berlin 2009.
Möllers, Christoph, Der parlamentarische Bundesstaat – Das vergessene Spannungsverhältnis von Parlament, Demokratie und Bundesstaat, in: Josef Aulehner/Andreas Dengler/Karlheinz Konrad/Stefan Langer, et al. (Hrsg.), Föderalismus – Auflösung oder Zukunft der Staatlichkeit? 37. Tagung der Wissenschaftlichen Mitarbeiterinnen und Mitarbeiter der Fachrichtung »Öffentliches Recht«, Stuttgart 1997, S. 81–111.
Möllers, Christoph, Die drei Gewalten: Legitimation der Gewaltengliederung in Verfassungsstaat, Europäischer Integration und Internationalisierung, Weilerswist 2008.

Möllers, Christoph, Ein Kommentar zu Olivier Beaud, in: Johannes Masing/Olivier Jouanjan (Hrsg.), Terrorismusbekämpfung, Menschenrechtsschutz und Föderation: Deutsch-französische Gespräche zum Öffentlichen Recht. 3. Tagung des deutsch-französischen Gesprächskreises für Öffentliches Recht 2006, Tübingen 2008, S. 141–146.

Möllers, Christoph, Gewaltengliederung: Legitimation und Dogmatik im nationalen und internationalen Rechtsvergleich, Tübingen 2005.

Möllers, Christoph, Staat als Argument, Reihe Münchener Universitätsschriften. Reihe der Juristischen Fakultät, Bd. 154, 1. Aufl., München 2000.

Möllers, Christoph, Wandel der Grundrechtsjudikatur: Eine Analyse der Rechtsprechung des Ersten Senats des BVerfG, NJW 58 (2005) 28, S. 1973–1979.

Monaghan, Henry Paul, Supreme Court Review of State-Court Determinations of State Law in Constitutional Cases, Colum. L. Rev. 103 (2003) 8, S. 1919–1991.

Moncrieff, Abigail R./Dinerstein, Jonathan, Will Uncooperative Federalism Survive *NFIB*?, Mont. L. Rev. 76 (2015) 1, S. 75.

Monti, Giorgio, Legislative and Executive Competences in Competition Law, in: Loïc Azoulai (Hrsg.), The Question of Competence in the European Union, Oxford 2014, S. 101–124.

Morley, Felix, Freedom and Federalism, Indianapolis 1981.

Morrison, Stanley, Does the Fourteenth Amendment Incorporate the Bill of Rights? The Judicial Interpretation, Stan. L. Rev. 2 (1949) 1, S. 140–173.

Moser, Martin K., Allgemeine Rechtsgrundsätze in der Rechtsprechung des EuGH als Katalysatoren einer europäischen Wertegemeinschaft: Anmerkungen zu Entwicklung, Stand und Möglichkeiten der Europäischen Integration durch Recht(-sprechung), ZfRV 53 (2012) 1, S. 4–18.

Möstl, Markus, Bundesverfassungsrecht als Prüfungsmaßstab der Landesverfassungsgerichte: Neues aus Karlsruhe?, BayVBl. 148 (2017) 19, S. 659–666.

Möstl, Markus, Grenzen der Rechtsangleichung im europäischen Binnenmarkt: Kompetenzielle, grundfreiheitliche und grundrechtliche Schranken des Gemeinschaftsgesetzgebers, EuR 37 (2002) 3, S. 318–350.

Möstl, Markus, Landesverfassungsrecht – zum Schattendasein verurteilt? Eine Positionsbestimmung im bundesstaatlichen und supranationalen Verfassungsverbund, AöR 130 (2005) 3, S. 350–391.

Muir, Elise, Fundamental Rights: An Unsettling EU Competence, Hum Rights Rev 15 (2014) 1, S. 25–37.

Muir, Elise, The fundamental rights implications of EU legislation: Some constitutional challenges, CML Rev. 51 (2014) 1, S. 219–245.

Müller, Amrei, Domestic authorities' obligations to co-develop the rights of the European Convention on Human Rights, The International Journal of Human Rights 20 (2016) 8, S. 1058–1076.

Müller, Friedrich/Christensen, Ralph, Juristische Methodik: Band I: Grundlegung für die Arbeitsmethoden der Rechtspraxis, 11. Aufl., Berlin 2013.

Müller, Jörg Paul, Die Verfassungsgerichtsbarkeit im Gefüge der Staatsfunktionen, VVDStRL 39 (1981), S. 53–98.

Müller, Reinhard, Sturm auf Straßburg: Britannien wendet sich gegen den Menschenrechtsgerichtshof – und steht nicht ganz allein, F.A.Z. v. 26.01.2012 Nr. 22, S. 10.

Münch, Ursula, § 7: Politikwissenschaftliche Dimensionen von Entwicklung und Stand des bundesdeutschen Föderalismus, in: Ines Härtel (Hrsg.), Handbuch Föderalismus: Föderalismus als demokratische Rechtsordnung und Rechtskultur in Deutschland, Europa und der Welt. Bd. I: Grundlagen des Föderalismus und der deutsche Bundesstaat, Berlin u.a. 2012, S. 179–195.

Mureinik, Etienne, A Bridge to Where? Introducing the Interim Bill of Rights, S. Afr. J. on Hum. Rts. 10 (1994) 1, S. 31–48.

Murphy, Walter F., Who Shall Interpret? The Quest for the Ultimate Constitutional Interpreter, ROP 48 (1986) 3, S. 401–423.

Myerson, Roger B., Federalism and Incentives for Success of Democracy, QJPS 1 (2006) 1, S. 3–23.

Nadolski, Franz, Die Unterscheidung und Einteilung der Grundrechte in der neuesten deutschen staatsrechtlichen Literatur, Danzig 1931.

Nagel, Robert F., Constitutional Cultures: The Mentality and Consequences of Judicial Review, Berkeley/Los Angeles/London 1989.

Nagel, Robert F., Political Pressure and Judging in Constitutional Cases, U. Colo. L. Rev. 61 (1990) 4, S. 685–701.

Nawiasky, Hans, Bayerisches Verfassungsrecht, München/Berlin/Leipzig 1923.

Nawiasky, Hans, Grundprobleme der Reichsverfassung: Erster Teil – Das Reich als Bundesstaat, Berlin 1928.

Nelson, William Edward, The Fourteenth Amendment: From Political Principle to Judicial Doctrine, Cambridge, MA/London 1988.

Nergelius, Joakim, Human Rights in EU Law 2014: Two Key Cases of 2013, in: Joakim Nergelius/Eleonor Kristoffersson (Hrsg.), Human Rights in Contemporary European Law, Oxford 2014, S. 1–6.

Nettesheim, Martin, Art. 3 AEUV, in: Eberhard Grabitz/Meinhard Hilf/Martin Nettesheim (Hrsg.), Das Recht der Europäischen Union: Kommentar, 51. Aufl., München 2013.

Nettesheim, Martin, Art. 4 AEUV, in: Eberhard Grabitz/Meinhard Hilf/Martin Nettesheim (Hrsg.), Das Recht der Europäischen Union: Kommentar, 51. Aufl., München 2013.

Neubauer, Reinhard/Lörincz, Ernö, Nochmals: Verfassunggebung und Grundrechte – der Gestaltungsspielraum der Landesverfassunggeber, LKV 23 (2013) 3, S. 115–118.

Neuborne, Burt, Parity Revisited: The Uses of a Judicial Forum of Excellence, DePaul L. Rev. 44 (1995) 3, S. 797–810.

Neuborne, Burt, State Constitutions and the Evolution of Positive Rights, Rutgers L.J. 20 (1989) 4, S. 881–902.

Neuborne, Burt, The Myth of Parity, Harv. L. Rev. 90 (1976), S. 1105–1131.

Neumann, Franz L., Federalism and Freedom: A Critique, in: Arthur W. Macmahon (Hrsg.), Federalism Mature and Emergent, New York 1955, S. 44–57.

Neuwirth, Jessica/Steinem, Gloria, Equal Means Equal: Why the Time for an Equal Rights Amendment Is Now, New York 2015.

Nicol, Danny, Legitimacy of the Commons Debate on Prisoner Voting, PL 2011, S. 681–691.

Nierhaus, Michael, Art. 28, in: Michael Sachs (Hrsg.), Grundgesetz, 7. Aufl., München 2014, S. 1032–1072.

Nordmann, Christine, Rezipierte Grundrechte für Schleswig-Holstein, NordÖR 12 (2009) 3, S. 97–102.

Norton, Helen, Reshaping Federal Jurisdiction: Congress's Latest Challenge to Judicial Review, Wake Forest L. Rev 41 (2006) 4, S. 1003–1044.

Nourse, Victoria F., A Tale of Two *Lochners*: The Untold History of Substantive Due Process and the Idea of Fundamental Rights, Cal. L. Rev. 97 (2009), S. 751–799.

Nowak, Carsten, Grundrechtsberechtigte und Grundrechtsadressaten, in: Sebastian Heselhaus/Carsten Nowak (Hrsg.), Handbuch der Europäischen Grundrechte, München u.a. 2006, S. 212–254.

Nowak, John E./Rotunda, Ronald D., Constitutional Law, Reihe Hornbook Series, 8. Aufl., St. Paul, MN 2010.

Nugent, John Douglas, Safeguarding Federalism: How States Protect Their Interests in National Policymaking, Norman 2009.

Nußberger, Angelika, Procedural Review by the ECHR: View from the Court, in: Janneke H. Gerards/Eva Brems (Hrsg.), Procedural Review in European Fundamental Rights Cases, Cambridge 2017, S. 161–176.

Nusser, Julian, Die Bindung der Mitgliedstaaten an die Unionsgrundrechte: Vorgaben für die Auslegung von Art. 51 Abs. 1 S. 1 EuGrCh, Reihe Jus Internationale et Europaeum, Bd. 51, Tübingen 2011.

Nyikos, Stacy A., The Preliminary Reference Process: National Court Implementation, Changing Opportunity Structures and Litigant Desistment, EUP 4 (2003) 4, S. 397–419.

O'Neill, Kevin Francis, The Road Not Taken: State Constitutions as an Alternative Source of Protection for Reproductive Rights, N.Y.L. Sch. J. Hum. Rts. 11 (1993) 1, S. 1–78.

Oates, Wallace E., An Essay on Fiscal Federalism, JEL 37 (1999), S. 1120–1149.

Oates, Wallace E., Fiscal Federalism, Reihe The Harbrace Series in Business and Economics, New York 1972.

Oeter, Stefan, Erprobung der konstitutionellen politischen Ökonomie an Einzelfragen: Föderalismus, in: Christoph Engel/Martin Morlok (Hrsg.), Öffentliches Recht als ein Gegenstand ökonomischer Forschung: Die Begegnung der deutschen Staatsrechtlehre mit der Konstitutionellen Politischen Ökonomie, Tübingen 1998, S. 119–155.

Oeter, Stefan, Föderalismus und Demokratie, in: Armin von Bogdandy/Jürgen Bast (Hrsg.), Europäisches Verfassungsrecht: Theoretische und dogmatische Grundzüge, 2. Aufl., Dordrecht u.a. 2015, S. 73–120.

Oeter, Stefan, Integration und Subsidiarität im deutschen Bundesstaatsrecht: Untersuchungen zu Bundesstaatstheorie unter dem Grundgesetz, Tübingen 1998.

Oeter, Stefan, Neustrukturierung der konkurrierenden Gesetzgebungskompetenzen, Veränderung der Gesetzgebungskompetenz des Bundes, in: Christian Starck (Hrsg.), Föderalismusreform: Einführung, München 2007, S. 9–40.

Oeter, Stefan, Rechtsprechungskonkurrenz zwischen nationalen Verfassungsgerichten, Europäischem Gerichtshof und Europäischem Gerichtshof für Menschenrechte, VVDStRL 66 (2006), S. 361–391.

Ohler, Christoph, Grundrechtliche Bindungen der Mitgliedstaaten nach Art. 51 GRCh, NVwZ 32 (2013) 22, S. 1433–1438.

Olshausen, Henning von, Landesverfassungsbeschwerde und Bundesrecht: Zur Geltung und prozessualen Aktualisierung von Landesgrundrechten im Bundesstaat des Grundgesetzes, Reihe Studien und Materialien zur Verfassungsgerichtsbarkeit, Bd. 17, Baden-Baden 1980.

Onuf, Peter S., The Origins of the Federal Republic: Jurisdictional Controversies in the United States, 1775–1787, Philadelphia 1983.

Ossenbühl, *Fritz*, Probleme und Wege der Verfassungsauslegung, DÖV 18 (1965) 19, S. 649–661.

Ostrom, *Vincent*, Polycentricity (Part 2), in: Michael D. McGinnis (Hrsg.), Polycentricity and Local Public Economies: Readings from the Workshop in Political Theory and Policy Analysis, Ann Arbor 1999, S. 119–138.

Pabel, *Katharina*, Grundrechtecharta, Menschenrechtskonvention und nationale Grundrechte im Wechselspiel, in: Julia Laffranque (Hrsg.), The Protection of Fundamental Rights Post Lisbon: The Interaction between the Charter of Fundamental Rights of the European Union, the European Convention on Human Rights and National Constitutions, Tallinn 2012, S. 219–258.

Palermo, *Francesco/Kössler*, *Karl*, Comparative Federalism: Constitutional Arrangements and Case Law, Reihe Hart Studies in Comparative Public Law, Bd. 19, Oxford/Portland, OR 2017.

Papier, *Hans-Jürgen*, Die Bedeutung der Landesverfassungsgerichtsbarkeit im Verhältnis zur Bundesverfassungsgerichtsbarkeit, in: Helge Sodan (Hrsg.), Zehn Jahre Berliner Verfassungsgerichtsbarkeit: Ansprachen anläßlich des Festaktes am 24. Mai 2002, Köln u.a. 2002, S. 19–33.

Papier, *Hans-Jürgen*, Die wirtschaftlichen Freiheitsrechte der Landesverfassungen in der Rechtsprechung der Landesverfassungsgerichte, in: Christian Starck/Klaus Stern (Hrsg.), Landesverfassungsgerichtsbarkeit, Baden-Baden 1983, S. 319–359.

Papier, *Hans-Jürgen*, Verhältnis des Bundesverfassungsgerichts zu den Fachgerichtsbarkeiten, DVBl. 124 (2009) 8, S. 473–481.

Paulsen, *Michael Stokes*, The Most Dangerous Branch: Executive Power to Say What the Law Is, Geo. L. J. 83 (1994) 2, S. 217–345.

Pauly, *Walter*, Grundrechtslaboratorium Weimar: Zur Entstehung des zweiten Hauptteils der Reichsverfassung vom 14. August 1919, Tübingen 2004.

Pauly, *Walter*, Strukturfragen des unionsrechtlichen Grundrechtsschutzes: Zur konstitutionellen Bedeutung von Art. F II EUV, EuR 33 (1998) 3, S. 242–262.

Pavone, *Tommaso*, The Contested Political Power of the European Court of Justice and the United States Supreme Court: A Comparative Analysis 2012.

Peers, *Steve*, The Rebirth of the EU's Charter of Fundamental Rights, CYELS 13 (2012), S. 283–309.

Perju, *Vlad*, Reason and Authority in the European Court of Justice, Va. J. Int'l L. 49 (2009) 2, S. 307–377.

Pernice, *Ingolf*, Das Verhältnis europäischer zu nationalen Gerichten im europäischen Verfassungsverbund: Vortrag, gehalten vor der Juristischen Gesellschaft zu Berlin am 14. Dezember 2005, Reihe Schriftenreihe der Juristischen Gesellschaft zu Berlin, Bd. 180, Berlin 2006.

Pernice, *Ingolf*, Eine Grundrechte-Charta für die Europäische Union, DVBl. 115 (2000) 12, S. 847–859.

Pernice, *Ingolf*, Europäisches und nationales Verfassungsrecht, VVDStRL 60 (2001), S. 148–193.

Perry, *Michael J.*, The Constitution, the Courts, and Human Rights: An Inquiry into the Legitimacy of Constitutional Policymaking by the Judiciary, New Haven/London 1982.

Pestalozza, Christian, § 86: Bundesverfassungsgerichtsbarkeit und Landesverfassungsgerichtsbarkeit, in: Detlef Merten/Hans-Jürgen Papier (Hrsg.), Handbuch der Grundrechte in Deutschland und Europa. Bd. III: Grundrechte in Deutschland – Allgemeine Lehren II, Heidelberg 2009, S. 1257–1322.

Pestalozza, Christian, Verfassungsprozessrecht: Die Verfassungsgerichtsbarkeit des Bundes und der Länder mit einem Anhang zum Internationalen Rechtsschutz, 3. Aufl., München 1991.

Peters, Anne, Elemente einer Theorie der Verfassung Europas, Reihe Veröffentlichungen des Walther-Schücking-Instituts für Internationales Recht an der Universität Kiel, Bd. 137, Berlin 2001.

Peters, Anne, Wettbewerb von Rechtsordnungen, VVDStRL 69 (2010), S. 7–56.

Peters, Hans, Die Gewaltentrennung in moderner Sicht, Reihe Arbeitsgemeinschaft für Forschung des Landes Nordrhein-Westfalen: Geisteswissenschaften, Bd. 25, Köln/Opladen 1954.

Petersen, Niels, Deutsches und Europäisches Verfassungsrecht II: Grundrechte und Grundfreiheiten, Reihe Kurzlehrbücher für das Juristische Studium, 1. Aufl., München 2019.

Petkova, Bilyana, The Notion of Consensus as a Route to Democratic Adjudication?, CYELS 14 (2013), S. 663–695.

Pettit, Philip, Negative Liberty, Liberal and Republican, Eur J Philosophy 1 (1993) 1, S. 15–38.

Pettit, Philip, Republicanism: A Theory of Freedom and Government, Reihe Oxford Political Theory, Oxford 1997.

Pettys, Todd E., Competing for the People's Affection: Federalism's Forgotten Marketplace, Vand. L. Rev. 56 (2003) 2, S. 329–394.

Pfander, James E., The Story of *Bivens v. Six Unknown Named Agents of the Federal Bureau of Narcotics*, in: Vicki C. Jackson/Judith Resnik (Hrsg.), Federal Courts Stories, New York 2010, S. 275–299.

Pham, Huyen, The Constitutional Right Not to Cooperate? Local Sovereignty and the Federal Immigration Power, U. Cin. L. Rev. 74 (2006) 4, S. 1373–1414.

Pieroth, Bodo, § 25: Die Grundrechte des Grundgesetzes in der Verfassungstradition, in: Detlef Merten/Hans-Jürgen Papier (Hrsg.), Handbuch der Grundrechte in Deutschland und Europa. Bd. II: Grundrechte in Deutschland – Allgemeine Lehren I, Heidelberg 2006, S. 3–40.

Pieroth, Bodo, Art. 142, in: Hans D. Jarass/Bodo Pieroth (Hrsg.), Grundgesetz für die Bundesrepublik Deutschland: Kommentar, 13. Aufl., München 2014, S. 1251–1253.

Pieroth, Bodo, Art. 93, in: Hans D. Jarass/Bodo Pieroth (Hrsg.), Grundgesetz für die Bundesrepublik Deutschland: Kommentar, 13. Aufl., München 2014, S. 976–1017.

Pietzcker, Jost, § 134: Zuständigkeitsordnung und Kollisionsrecht im Bundesstaat, in: Josef Isensee/Paul Kirchhof (Hrsg.), Handbuch des Staatsrechts der Bundesrepublik Deutschland. Bd. VI: Bundesstaat, 3. Aufl., Heidelberg 2008, S. 515–564.

Pinello, Daniel R., Gay rights and American law: Daniel R. Pinello, Cambridge 2003.

Pinello, Daniel R., The Impact of Judicial-Selection Method on State-Supreme-Court Policy: Innovation, Reaction, and Atrophy, Reihe Contributions in Legal Studies, Bd. 80, Westport, CT/London 1995.

Piqani, Darinka, The *Simmenthal* revolution revisited: what role for constitutional courts?, in: Bruno de Witte/Juan A. Mayoral/Urszula Jaremba/Marlene Wind/Karolina Podstawa (Hrsg.), National Courts and the EU Law: New Issues, Theories and Methods, Cheltenham/Northampton, MA 2015, S. 26–48.

Pirker, Benedikt, Grundrechtsschutz im Unionsrecht zwischen Subsidiarität und Integration: Zur Anwendung der Unionsgrundrechte auf die Mitgliedstaaten, Reihe Neue Schriften zum Staatsrecht, Bd. 8, Baden-Baden 2018.

Pohlreich, Erol, Die Rechtsprechung des Bundesverfassungsgerichts zu seinem Verhältnis zu den Landesverfassungsgerichten in Verfassungsbeschwerdeverfahren, in: Yvonne Becker/Friederike V. Lange (Hrsg.), Linien der Rechtsprechung des Bundesverfassungsgerichts: Erörtert von den wissenschaftlichen Mitarbeitern, Berlin 2014, S. 37–62.

Poli, Maria Daniela, Bundesverfassungsgericht e Landesverfassungsgerichte: un modello »circolare« di giustizia costituzionale, Reihe Pubblicazioni del Dipartimento di Teoria dello Stato dell'Università degli Studi di Roma »La Sapienza«: Biblioteca di storia costituzionale e diritto costituzionale comparato Costantino Mortati, Bd. 22, Milano 2012.

Popelier, Patricia, Belgium. The supremacy dilemma: The Belgian Constitutional Court caught between the European Court of Human Rights and the European Court of Justice, in: Patricia Popelier/Catherine J. Van de Heyning/Piet Van Nuffel (Hrsg.), Human rights protection in the European legal order: The interaction between the European and the national courts, Cambridge 2011, S. 149–172.

Popelier, Patricia, The Court as Regulatory Watchdog: The procedural approach in the case law of the European Court of Human Rights, in: Patricia Popelier/Armen Mazmanyan/Werner Vandenbruwaene (Hrsg.), The Role of Constitutional Courts in Multilevel Governance, Cambridge u.a. 2013, S. 249–267.

Porterfield, Matthew C., State and Local Foreign Policy Initiatives and Free Speech: The First Amendment as an Instrument of Federalism, Stan. J. Int'l L. 35 (1999) 1, S. 1–48.

Poscher, Ralf, Grundrechte als Abwehrrechte: Reflexive Regelung rechtlich geordneter Freiheit, Reihe Jus Publicum, Bd. 98, Tübingen 2003.

Pöschl, Magdalena, Verfassungsgerichtsbarkeit nach Lissabon, ZÖR 67 (2012) 3, S. 587–609.

Posner, Richard A., Economic Analysis of Law, Reihe Aspen Casebook Series, 8. Aufl., New York 2011.

Post, Robert C., Federalism in the Taft Court Era: Can It Be Revived?, Duke L.J. 51 (2002) 5, S. 1513–1639.

Post, Robert C., Justice Brennan and Federalism, Const. Comment. 7 (1990), S. 227–238.

Post, Robert C./Siegel, Reva B., Equal Protection by Law: Federal Antidiscrimination Legislation After *Morrison* and *Kimel*, Yale L. J. 110 (2000) 3, S. 441–526.

Post, Robert C./Siegel, Reva B., Legislative Constitutionalism and Section Five Power: Policentric Interpretation of the Family and Medical Leave Act, Yale L. J. 112 (2003) 4, S. 1943–2059.

Post, Robert C./Siegel, Reva B., Popular Constitutionalism, Departmentalism, and Judicial Supremacy, Cal. L. Rev. 92 (2004) 4, S. 1027–1044.

Post, Robert C./Siegel, Reva B., *Roe* Rage: Democratic Constitutionalism and Backlash, Harv. C.R.-C.L. L. Rev. 42 (2007), S. 373–433.

Potacs, Michael, Rechte der EU-Grundrechte-Charta als verfassungsgesetzlich gewährleistete Rechte, JBl 134 (2012) 8, S. 509–511.

Pötters, Stephan/Christensen, Ralph, Das Unionsrecht als Hybridform zwischen case law und Gesetzesrecht, JZ 67 (2012) 6, S. 289–297.

Pötters, Stephan/Werkmeister, Christoph/Traut, Johannes, Rechtsakte mit Verordnungscharakter nach Art 263 Abs. 4 AEUV – eine passgenaue Ausweitung des Individualrechtsschutzes?, EuR 47 (2012) 5, S. 546–561.

Pozen, David E., Judicial Elections as Popular Constitutionalism, Colum. L. Rev. 110 (2010) 8, S. 2047–2134.

Pozen, David E., The Irony of Judicial Elections, Colum. L. Rev. 108 (2008) 2, S. 265–330.

Prakash, Saikrishna B./Yoo, John Choon, The Origins of Judicial Review, U. Chi. L. Rev. 70 (2003) 3, S. 887–982.

Prakke, Lucas/Kortmann, Constantijn, Constitutional Law of 15 EU Member States, Deventer 2004.

Prantl, Heribert, Das Hexeneinmaleins des Strafvollzugs: Warum die Föderalismusreform ein schwerer, historischer Fehler war, FS 56 (2007) 1, S. 22.

Prechal, Sacha, Competence Creep and General Principles of Law, REALaw 3 (2010) 1, S. 5–22.

Prechal, Sacha/Vries, Sybe Alexander de/Eijken, Hanneke van, The Principle of Attributed Powers and the ›Scope of EU Law‹, in: Leonard F. M. Besselink/Frans Pennings/Sacha Prechal (Hrsg.), The Eclipse of the Legality Principle in the European Union, Alphen aan den Rijn 2011, S. 213–247.

Preis, John, The False Promise of the Converse-1983 Action, Ind. L.J. 87 (2012) 4, S. 1697–1743.

Preuß, Hugo, Deutschlands Republikanische Reichsverfassung (1923), in: Detlef Lehnert (Hrsg.), Politik und Verfassung in der Weimarer Republik, Tübingen 2008, S. 307–363.

Preuß, Hugo, Die Lehre Gierkes und das Problem der preußischen Verwaltungsreform (1910), in: Dian Schefold/Detlef Lehnert/Christoph Müller (Hrsg.), Öffentliches Recht und Rechtsphilosophie im Kaiserreich, Tübingen 2009, S. 605–645.

Preuß, Hugo, Gemeinde, Staat, Reich als Gebietskörperschaften: Versuch einer deutschen Staatskonstruktion auf Grundlage der Genossenschaftstheorie, Berlin 1889.

Primus, Richard A., The American Language of Rights, Reihe Ideas in Context, Cambridge 1999.

Primus, Richard A., The Limits of Enumeration, Yale L. J. 124 (2014) 3, S. 576–642.

Proudhon, Pierre-Joseph, Du principe fédératif et œuvres diverses sur les problèmes politiques européens, Paris 1959.

Purcell, Edward A., Jr., Brandeis and the Progressive Constitution: *Erie*, the Judicial Power, and the Politics of the Federal Courts in Twentieth-Century America, New Haven/London 2000.

Purcell, Edward A., Jr., Evolving Understandings of American Federalism: Some Shifting Parameters, N.Y.L.Sch. L. Rev. 50 (2005) 3, S. 635–698.

Purcell, Edward A., Jr., *Ex parte Young* and the Transformation of the Federal Courts, 1890–1917, U. Tol. L. Rev. 40 (2009) 4, S. 931–970.

Purcell, Edward A., Jr., The Story of *Michigan v. Long*: Supreme Court Review and the Workings of American Federalism, in: Vicki C. Jackson/Judith Resnik (Hrsg.), Federal Courts Stories, New York 2010, S. 115–139.

Puttkamer, Ellinor von, Föderative Elemente im deutschen Staatsrecht seit 1648, Reihe Quellensammlung zur Kulturgeschichte, Bd. 7, Göttingen 1955.

Rakove, Jack N., Declaring Rights: A Brief History with Documents, Reihe The Bedford Series in History and Culture, Boston, MA/New York 1998.

Rakove, Jack N., Original Meanings: Politics and Ideas in the Making of the Constitution, New York 1996.

Rakove, Jack N., Parchment of barriers and the politics of rights, in: Michael J. Lacey/Knud Haakonssen (Hrsg.), A Culture of Rights: The Bill of Rights in philosophy, politics, and law – 1791 and 1991, Cambridge 1992, S. 98–143.

Rakove, Jack N., The Origins of Judicial Review: A Plea for New Contexts, Stan. L. Rev. 49 (1997) 5, S. 1031–1064.

Rakove, Jack N., Two Foxes in the Forest of History, Yale J.L. & Human. 11 (1999) 1, S. 191–213.

Randel, J. A. F., Summarische Uebersicht von Deutschland, Deutsche Monatsschrift 1792, S. 282–295.

Rapaczynski, Andrzej, From Sovereignty to Process: The Jurisprudence of Federalism after Garcia, Sup. Ct. Rev. 1985, S. 341–419.

Rasmussen, Hjalte, On Law and Policy in the European Court of Justice: A Comparative Study in Judicial Policymaking, Dordrecht/Boston, MA/Lancaster 1986.

Rasmussen, Hjalte, Plädoyer für ein Ende des judikativen Schweigens: Für Transparenz und abweichende Meinungen am EuGH, in: Ulrich R. Haltern/Andreas Bergmann (Hrsg.), Der EuGH in der Kritik, Tübingen 2012, S. 113–186.

Redish, Martin H., Abstention, Separation of Powers, and the Limits of the Judicial Function, Yale L. J. 94 (1984) 1, S. 71–116.

Redish, Martin H., Supreme Court Review of State Court Federal Decisions: A Study in Interactive Federalism, Ga. L. Rev. 19 (1985) 4, S. 861–916.

Reed, Douglas S., Popular Constitutionalism: Toward a Theory of State Constitutional Meanings, Rutgers L.J. 30 (1999) 4, S. 871–932.

Regan, Priscilla M./Deering, Christopher J., State Opposition to REAL ID, Publius 39 (2009) 3, S. 476–505.

Remmele, Konrad, Bürgerliche Freiheit ohne verfassungsrechtliche Freiheitsverbürgungen?: Zur Diskussion um das Fehlen der Grundrechte in der Verfassung des Deutschen Reiches von 1871, in: Gerhard Dilcher (Hrsg.), Grundrechte im 19. Jahrhundert, Frankfurt am Main 1982, S. 189–213.

Rengeling, Hans-Werner, § 135: Gesetzgebungszuständigkeit, in: Josef Isensee/Paul Kirchhof (Hrsg.), Handbuch des Staatsrechts der Bundesrepublik Deutschland. Bd. VI: Bundesstaat, 3. Aufl., Heidelberg 2008, S. 567–751.

Rengeling, Hans-Werner u.a. (Hrsg.), Handbuch des Rechtsschutzes in der Europäischen Union, 3. Aufl., München 2014.

Rennert, Dominik, Die verdrängte Werttheorie und ihre Historisierung: Zu »Lüth« und den Eigenheiten bundesrepublikanischer Grundrechtstheorie, Der Staat 53 (2014) 1, S. 31–59.

Rennert, Klaus, Die »geisteswissenschaftliche Richtung« in der Staatsrechtslehre der Weimarer Republik: Untersuchungen zu Erich Kaufmann, Günther Holstein und Rudolf Smend, Reihe Schriften zum Öffentlichen Recht, Bd. 518, Berlin 1987.

Rensmann, Thilo, Wertordnung und Verfassung: Das Grundgesetz im Kontext grenzüberschreitender Konstitutionalisierung, Reihe Jus Publicum, Bd. 156, Tübingen 2007.

Resnik, Judith, Accommodations, Discounts, and Displacement: The Variability of Rights as a Norm of Federalism(s), Jus Politicum 9 (2017) 17, S. 208–269.

Resnik, Judith, Categorical Federalism, Yale L. J. 111 (2001) 3, S. 619–680.

Resnik, Judith, Dependent Sovereigns: Indian Tribes, States, and the Federal Courts, U. Chi. L. Rev. 56 (1989) 2, S. 671–759.

Resnik, Judith, Federalism(s)' Forms and Norms, in: James Fleming/Jacob T. Levy (Hrsg.), Federalism and Subsidiarity, New York 2014, S. 363–434.

Resnik, Judith, Law's Migration: American Exceptionalism, Silent Dialogues, and Federalism's Multiple Ports of Entry, Yale L. J. 115 (2006) 7, S. 1564–1671.

Resnik, Judith, What's Federalism For?, in: Jack M. Balkin/Reva B. Siegel (Hrsg.), The Constitution in 2020, Oxford/New York 2009, S. 269–284.

Rhinow, René A./Schefer, Markus, Schweizerisches Verfassungsrecht, 2. Aufl., Basel 2009.

Riepe, Hilmar, Soziale Grundrechte in den Verfassungen der Länder Brandenburg, Mecklenburg-Vorpommern, Sachsen, Sachsen-Anhalt und Thüringen: Ein Beitrag zur Verfassungsentstehung in den neuen Bundesländern, Reihe Hamburger Studien zum Kulturverfassungs- und -verwaltungsrecht, Bd. 6, Hamburg 1996.

Riker, William H., Federalism, in: Fred I. Greenstein/Nelson W. Polsby (Hrsg.), Handbook of Political Science: Vol. 5: Governmental Institutions and Processes, Reading, MA 1975, S. 93–172.

Riker, William H., Federalism: Origin, Operation, Significance, Reihe Basic Studies in Politics, Boston, MA 1964.

Rinken, Alfred, Landesverfassungsgerichtsbarkeit im Bundesstaat: Zum 50jährigen Bestehen des Staatsgerichtshofs der Freien Hansestadt Bremen, NordÖR 3 (2000) 3, S. 89–96.

Rittstieg, Helmut, Eigentum als Verfassungsproblem: Zu Geschichte und Gegenwart des bürgerlichen Verfassungsstaates, Darmstadt 1975.

Rivers, Julian, Proportionality and Variable Intensity of Review, Cam. Law. J. 65 (2006) 1, S. 174–207.

Roach, Kent, Constitutional and Common Law Dialogues Between the Supreme Court and Canadian Legislatures, Can. Bar Rev. 80 (2001) 1–2, S. 481–533.

Roach, Kent, Constitutional, Remedial, and International Dialogues about Rights: The Canadian Experience, Tex. Int'l L. J. 40 (2005), S. 537–576.

Robel, Lauren, Riding the Color Line: The Story of Railroad Commission of *Texas v. Pullman Co.*, in: Vicki C. Jackson/Judith Resnik (Hrsg.), Federal Courts Stories, New York 2010, S. 163–189.

Robel, Lauren/Zoller, Elisabeth, Les états des Noirs: Fédéralisme et question raciale aux Etats-Unis, Paris 2000.

Robertson, Campbell, Alabama Simmers Before Vote on Its Constitution's Racist Language, New York Times v. 31.10.2012.

Robertson, David, The Judge as Political Theorist: Contemporary Constitutional Review, Princeton, NJ/Oxford 2010.

Robin-Olivier, Sophie, Fundamental Rights as a New Frame: Displacing the Acquis, EuConst 14 (2018) 1, S. 96–113.

Rodden, Jonathan/Rose-Ackerman, Susan, Does Federalism Preserve Markets?, Va. L. Rev. 83 (1997) 7, S. 1521–1572.

Rodriguez, Daniel B., State Constitutionalism and the Scope of Judicial Review, in: James A. Gardner/Jim Rossi (Hrsg.), New Frontiers of State Constitutional Law: Dual Enforcement of Norms, Oxford/New York 2011, S. 61–80.

Rodríguez, Cristina M., Negotiating Conflict through Federalism: Institutional and Popular Perspectives, Yale L. J. 123 (2014) 6, S. 2094–2133.

Rodríguez, Cristina M., The Significance of the Local in Immigration Regulation,, Mich. L. Rev. 106 (2008) 4, S. 567–642.

Rodríguez, Cristina M., Toward Détente in Immigration Federalism, J.L. & Pol. 30 (2015) 4, S. 505–525.

Roemheld, Lutz, Integraler Föderalismus: Modell für Europa – Ein Weg zur personalen Gruppengesellschaft, 2 Bde, München 1977/1978.

Röger, Ralf, Regelungsmöglichkeiten und -pflichten der Landesgesetzgeber nach Inkrafttreten des Umweltinformationsgesetzes des Bundes, NuR 17 (1995) 4, S. 175–184.

Roosevelt, Franklin D., Draft Speech on the Gold Clause Cases (Feb. 19, 1935), in: Elliott Roosevelt (Hrsg.), F.D.R., His Personal Letters, New York 1947–1950, S. 456–460.

Rosas, Allan, Der europäische Gerichtshof im Kontext: Formen und Modelle richterlichen Dialogs, EJLS 1 (2007) 2, S. 1–18.

Rosas, Allan, The Applicability of the EU Charter of Fundamental Rights at National Level, EYHR 13 (2013), S. 97–112.

Rose-Ackerman, Susan, Risk Taking and Reelection: Does Federalism Promote Innovation?, J. Legal Stud. 9 (1980) 3, S. 593–616.

Rosenfeld, Felicia A., Fulfilling the Goals of Michigan v. Long: The State Court Reaction, Fordham L. Rev. 56 (1988) 6, S. 1041–1084.

Rosenfeld, Michel, Comparing constitutional review by the European Court of Justice and the U.S. Supreme Court, I•CON 4 (2006) 4, S. 618–651.

Rosenfeld, Michel, Constitutional adjudication in Europe and the United States: paradoxes and contrasts, in: Georg Nolte (Hrsg.), European and US Constitutionalism, Cambridge 2005, S. 197–238.

Rossi, Matthias, Art. 78 AEUV, in: Christian Calliess/Matthias Ruffert (Hrsg.), EUV/AEUV-Kommentar: Das Verfassungsrecht der Europäischen Union mit Europäischer Grundrechtecharta, 5. Aufl., München 2016, S. 1101–1115.

Rossinelli, Michel, Les libertés non écrites: Contribution à l'étude du pouvoir créateur du juge constitutionnel, Reihe Collection juridique romande: Études et pratique, Lausanne 1987.

Rotunda, Ronald D., The Powers of Congress Under Section 5 of the Fourteenth Amendment After City of Boerne v. Flores, Ind. L. Rev. 32 (1998) 1, S. 163–191.

Rousseau, Jean-Jacques, Du contrat social où principes du droit politique (1775), in: Bernard Gagnebin/Marcel Raymond (Hrsg.), Œuvres complètes, Paris 1964, S. 349–470.

Rozek, Jochen, Bd. II, Art. 70, in: Hermann von Mangoldt/Friedrich Klein/Christian Starck (Hrsg.), Kommentar zum Grundgesetz, 6. Aufl., München 2010, S. 1803–1844.

Rozek, Jochen, Das Grundgesetz als Prüfungs- und Entscheidungsmaßstab der Landesverfassungsgerichte: Zugleich ein Beitrag zum Phänomen der in die Landesverfassung hineinwirkenden Bundesverfassung, Reihe Studien und Materialien zur Verfassungsgerichtsbarkeit, Bd. 54, Baden-Baden 1993.

Rozek, Jochen, Landesverfassungsgerichtsbarkeit, Landesgrundrechte und die Anwendung von Bundesrecht: Landesverfassungsgerichtliche Kontrolle der Anwendung von Bundesrecht durch Landesgerichte am Maßstab der Landesgrundrechte?, AöR 119 (1994) 3, S. 450–483.

Rubenfeld, Jed, Usings, Yale L. J. 102 (1993) 5, S. 1077.

Rubenstein, William B., The Myth of Superiority, Const. Comment. 16 (1999) 3, S. 599–626.

Rubin, Edward L./Feeley, Malcolm M., Federalism: Some Notes on a National Neurosis, UCLA L. Rev. 41 (1994) 4, S. 903–952.

Ruffert, Matthias, Anmerkung zum Gutachten 2/94 des Europäischen Gerichtshofes (Unvereinbarkeit eines Beitritts zur EMRK mit dem Gemeinschaftsrecht), JZ 51 (1996) 12, S. 624–627.

Ruffert, Matthias, Die künftige Rolle des EuGH im europäischen Grundrechtsschutzsystem: Bemerkungen zum EuGH-Urteil v. 20.5.2003, Rechnungshof/ORF u.a., EuGRZ 2003, 232, EuGRZ 31 (2004) 16–18, S. 466–471.

Rüfner, Wolfgang, Die persönlichen Freiheitsrechte der Landesverfassungen in der Rechtsprechung der Landesverfassungsgerichte, in: Christian Starck/Klaus Stern (Hrsg.), Landesverfassungsgerichtsbarkeit, Baden-Baden 1983, S. 247–269.

Rüfner, Wolfgang, Zum Verhältnis von Bundes- und Landesverfassungsgerichtsbarkeit im Bereich der Grundrechte, DÖV 20 (1967) 19, S. 668–672.

Ruger, William/Sorens, Jason, Freedom in the 50 States: An Index of Personal and Economic Freedom, Arlington 2013.

Ruppert, Stefan, § 6, in: Dieter C. Umbach/Thomas Clemens/Franz-Wilhelm Dollinger (Hrsg.), Bundesverfassungsgerichtsgesetz: Mitarbeiterkommentar und Handbuch, 2. Aufl., Heidelberg 2005, S. 207–216.

Ruppert, Stefan/Sperlich, Peter, § 90, in: Dieter C. Umbach/Thomas Clemens/Franz-Wilhelm Dollinger (Hrsg.), Bundesverfassungsgerichtsgesetz: Mitarbeiterkommentar und Handbuch, 2. Aufl., Heidelberg 2005, S. 1117–1163.

Rutland, Robert Allen, The Birth of the Bill of Rights, 1776–1791, New York 1966.

Ryan, Erin, Federalism and the Tug of War Within, Oxford/New York 2012.

Sabel, Charles F./Gerstenberg, Oliver, Constitutionalising an Overlapping Consensus: The ECJ and the Emergence of a Coordinate Constitutional Order, ELJ 16 (2010) 5, S. 511–550.

Sabel, Charles F./Zeitlin, Jonathan, Learning from Difference: The New Architecture of Experimentalist Governance in the EU, ELJ 14 (2008) 3, S. 271–327.

Sachs, Michael, Die Grundrechte im Grundgesetz und in den Landesverfassungen: Zur Voraussetzung des Normwiderspruchs im Bereich der Art. 31 und 142 GG, DÖV 38 (1985) 12, S. 469–479.

Sachs, Michael, Die Grundrechte innerhalb der Landesverfassung und neben denen des Grundgesetzes, in: Wolfgang Knippel (Hrsg.), Verfassungsgerichtsbarkeit im Land Brandenburg: Festgabe zum 10jährigen Bestehen des Verfassungsgerichts des Landes Brandenburg, Baden-Baden 2003, S. 103–124.

Sacksofsky, Ute, Art. 142, in: Rudolf Dolzer/Hans J. Abraham (Hrsg.), Bonner Kommentar zum Grundgesetz, Heidelberg 2004.

Sacksofsky, Ute, Die Kopftuch-Entscheidung – von der religiösen zur föderalen Vielfalt, NJW 50 (2003) 46, S. 3297–3301.

Sacksofsky, Ute, Landesverfassungen und Grundgesetz – am Beispiel der Entwicklung in den neuen Bundesländern, NVwZ 12 (1993) 3, S. 235–240.

Sadurski, Wojciech, Law's Legitimacy and ›Democracy-Plus‹, OJLS 26 (2006) 2, S. 377–409.

Sadurski, Wojciech, Rights Before Courts: A Study of Constitutional Courts in Postcommunist States of Central and Eastern Europe, 2. Aufl., Dordrecht/Heidelberg/New York/London 2014.

Safjan, Marek, Areas of Application of the Charter of Fundamental Rights of the European Union: Fields of conflict?, EUI Working Papers LAW 2012/22.

Sager, Lawrence Gene, Cool Federalism and the Life Cycle of Moral Progress, in: James A. Gardner/Jim Rossi (Hrsg.), New Frontiers of State Constitutional Law: Dual Enforcement of Norms, Oxford/New York 2011, S. 15–24.

Sager, Lawrence Gene, Cool Federalism and the Life-Cycle of Moral Progress, Wm. & Mary L. Rev. 46 (2005) 4, S. 1385–1398.

Sager, Lawrence Gene, State Courts and the Strategic Space between the Norms and Rules of Constitutional Law, Tex. L. Rev. 63 (1985) 6 & 7, S. 959–976.

Saiger, Aaron Jay, Constitutional Partnership and the States, Fordham L. Rev. 73 (2005) 4, S. 1439–1462.

Salmon, Pierre, Assigning Powers in the European Union in the Light of Yardstick Competition among Governments, in: Manfred J. Holler (Hrsg.), European Governance, Tübingen 2003, S. 197–216.

Salmon, Pierre, Decentralisation as an Incentive Scheme, Oxf. Rev. Econ. Pol. 3 (1987) 2, S. 24–43.

Salomon, Margot E., Of Austerity, Human Rights and International Institutions, ELJ 21 (2015) 4, S. 521–545.

Sandalow, Terence, Henry v. Mississippi and the Adequate State Ground: Proposals for a Revised Doctrine, Sup. Ct. Rev. 1965, S. 187–240.

Sărčević, Edin, Das Bundesstaatsprinzip: Eine staatsrechtliche Untersuchung zur Dogmatik der Bundesstaatlichkeit des Grundgesetzes, Reihe Jus Publicum, Bd. 55, Tübingen 2000.

Sarmiento, Daniel, Half a Case at a Time: Dealing with Judicial Minimalism at the European Court of Justice, in: Monica Claes/Maartje de Visser/James G. Pope/Catherine J. Van de Heyning (Hrsg.), Constitutional Conversations in Europe: Actors, Topics and Procedures, Cambridge u.a. 2013, S. 13–40.

Sarmiento, Daniel, To bow at the rhythm of an Italian tune 2017, https://despiteourdifferencesblog.wordpress.com/2017/12/05/to-bow-at-the-rhythm-of-an-italian-tune/, geprüft am 31.1.2019.

Sarmiento, Daniel, Who's afraid of the Charter? The Court of Justice, national courts and the new framework of fundamental rights protection in Europe, CML Rev. 50 (2013) 5, S. 1267–1304.

Sathanapally, Aruna, The Modest Promise of »Procedural Review« in Fundamental Rights Cases, in: Janneke H. Gerards/Eva Brems (Hrsg.), Procedural Review in European Fundamental Rights Cases, Cambridge 2017, S. 40–76.

Sauer, Heiko, Grundrechtskollisionsrecht für das europäische Mehrebenensystem: Konkurrenzbestimmung – Kollisionsvermeidung – Kohärenzsicherung, in: Nele Matz-Lück/Mathias Hong (Hrsg.), Grundrechte und Grundfreiheiten im Mehrebenensystem – Konkurrenzen und Interferenzen, Berlin/Heidelberg 2012, S. 1–68.

Sauer, Heiko, Jurisdiktionskonflikte in Mehrebenensystemen: Die Entwicklung eines Modells zur Lösung von Konflikten zwischen Gerichten unterschiedlicher Ebenen in vernetzten Rechtsordnungen, Reihe Beiträge zum ausländischen öffentlichen Recht und Völkerrecht, Bd. 195, Berlin 2008.

Sauer, Heiko, Staatsrecht III: Auswärtige Gewalt, Bezüge des Grundgesetzes zu Völker- und Europarecht, Reihe Lernbücher Jura, 5. Auflage, München 2018.

Sauerland, Dirk, Föderalismus zwischen Freiheit und Effizienz: Der Beitrag der ökonomischen Theorie zur Gestaltung dezentralisierter politischer Systeme, Reihe Schriften zur wirtschaftswissenschaftlichen Analyse des Rechts, Bd. 29, Berlin 1997.

Saul, Matthew, How and When Can the International Human Rights Judiciary Promote the Human Rights Role of National Parliaments?, in: Andreas Føllesdal/Geir Ulfstein/Matthew Saul (Hrsg.), The International Human Rights Judiciary and National Parliaments: Europe and Beyond, Cambridge 2017, S. 135.

Saul, Matthew, Structuring Evaluations of Parliamentary Processes by the European Court of Human Rights, The International Journal of Human Rights 20 (2016) 8, S. 1077–1096.

Saul, Matthew, The ECtHR's Margin of Appreciation and the Processes of National Parliaments, HRLR 15 (2015) 4, S. 745–774.

Saunders, Cheryl, The Constitution of Australia: A Contextual Analysis, Reihe Constitutional Systems of the World, Oxford 2011.

Sbragia, Alberta M., The United States and the European Union: Comparing Two *Sui Generis* Systems, in: Anand Menon/Martin Schain (Hrsg.), Comparative Federalism: The European Union and the United States in Comparative Perspective, Oxford/New York 2006, S. 15–33.

Schacter, Jane S., Courts and the Politics of Backlash: Marriage Equality Litigation, Then and Now, S. Cal. L. Rev. 82 (2009) 6, S. 1153–1224.

Schapiro, Robert A., Identity and Interpretation in State Constitutional Law, Va. L. Rev. 84 (1998) 3, S. 389–457.

Schapiro, Robert A., Interjurisdictional Enforcement of Rights In A Post-*Erie* World, in: James A. Gardner/Jim Rossi (Hrsg.), New Frontiers of State Constitutional Law: Dual Enforcement of Norms, Oxford/New York 2011, S. 103–126.

Schapiro, Robert A., Intersystemic Remedies for Governmental Wrongs, U. Tol. L. Rev. 41 (2009) 1, S. 153–168.

Schapiro, Robert A., Judicial Deference and Interpretive Coordinacy in State and Federal Constitutional Law, Cornell L. Rev. 85 (2000) 3, S. 656–716.

Schapiro, Robert A., Justice Stevens's Theory of Interactive Federalism, Fordham L. Rev. 74 (2006) 4, S. 2133–2175.

Schapiro, Robert A., Polyphonic Federalism: State Constitutions in the Federal Courts, Cal. L. Rev. 87 (1999), S. 1409–1468.

Schapiro, Robert A., Polyphonic Federalism: Toward the Protection of Fundamental Rights, Chicago, Ill. 2009.

Scharpf, Fritz W., Perpetual momentum: directed and unconstrained?, J.E.P.P. 19 (2012) 1, S. 127–139.

Schefold, Dian, Hugo Preuß (1860–1925): Von der Stadtverfassung zur Staatsverfassung der Weimarer Republik, in: Helmut Heinrichs/Harald Franzki/Klaus Schmalz/Michael Stolleis (Hrsg.), Deutsche Juristen jüdischer Herkunft, München 1993, S. 429–453.

Scheiber, Harry N., Federalism and the Constitution: The Original Understanding, in: Lawrence M. Friedman/Harry N. Scheiber (Hrsg.), American Law and the Constitutional Order: Historical Perspectives, Cambridge, MA/London 1988, S. 85–98.

Scheuing, Dieter H., Zur Grundrechtsbindung der EU-Mitgliedstaaten, EuR 40 (2005) 2, S. 162–191.

Scheuner, Ulrich, Das Grundgesetz in der Entwicklung zweier Jahrzehnte, AöR 95 (1970) 3, S. 353–408.

Scheuner, Ulrich, Die rechtliche Tragweite der Grundrechte in der deutschen Verfassungsentwicklung des 19. Jahrhunderts, in: Ernst Forsthoff/Werner Weber/Franz Wieacker (Hrsg.), Festschrift für Ernst Rudolf Huber zum 70. Geburtstag am 8. Juni 1973, Göttingen 1973, S. 139–165.

Scheuner, Ulrich, Struktur und Aufgabe des Bundesstaates in der Gegenwart: Zur Lehre vom Bundesstaat, DÖV 15 (1962) 17–18, S. 641–648.

Schilling, Theodor, Bestand und allgemeine Lehren der bürgerschützenden allgemeinen Rechtsgrundsätze des Gemeinschaftsrechts, EuGRZ 27 (2000) 1–4, S. 3–43.

Schlaich, Klaus/Korioth, Stefan, Das Bundesverfassungsgericht: Stellung, Verfahren, Entscheidungen, 11. Aufl., München 2018.

Schlüter, Karen, Föderale Kompetenzverteilung am Beispiel der Bundesrepublik Deutschland, in: Klaus Detterbeck/Wolfgang Renzsch/Stefan Schieren (Hrsg.), Föderalismus in Deutschland, München u.a. 2010, S. 53–86.

Schmahl, Stefanie, Grundrechtsschutz im Dreieck von EU, EMRK und nationalem Verfassungsrecht, EuR-Bei 2008, S. 7–41.

Schmidt, Walter, Das Verhältnis von Bund und Ländern im demokratischen Bundesstaat des Grundgesetzes, AöR 87 (1962) 3, S. 253–295.

Schmidt, Walter, Grundrechte – Theorie und Dogmatik seit 1946 in Westdeutschland, in: Dieter Simon (Hrsg.), Rechtswissenschaft in der Bonner Republik: Studien zur Wissenschaftsgeschichte der Jurisprudenz, Frankfurt am Main 1994, S. 188–226.

Schmitt, Carl, § 101: Inhalt und Bedeutung des zweiten Hauptteils der Reichsverfassung, in: Gerhard Anschütz/Richard Thoma (Hrsg.), Handbuch des Deutschen Staatsrechts, Tübingen 1930, S. 578–606.

Schmitt, Carl, Das Problem der innerpolitischen Neutralität des Staates, in: Verfassungsrechtliche Aufsätze aus den Jahren 1924–1954: Materialien zu einer Verfassungslehre, 4. Aufl., Berlin 2003, S. 40–59.

Schmitt, Carl, Das Reichsstatthaltergesetz, Reihe Das Recht der nationalen Revolution, Bd. 3, Berlin 1933.

Schmitt, Carl, Die Verfassungsmäßigkeit der Bestellung eines Reichskommissars für das Land Preußen, DJZ 37 (1932) 15, Sp. 953–958.

Schmitt, Carl, Verfassungslehre, 9. Aufl., Berlin 2003.

Schmitt, Nicolas, New Constitutions for All Swiss Cantons: A Contemporary Challenge, in: Michael Burgess/G. A. Tarr (Hrsg.), Constitutional Dynamics in Federal Systems: Sub-national Perspectives, Montreal 2012, S. 140–163.

Schneider, Catherine, Menschenrechte und Übertragung der Souveränität auf die Europäische Union: Folgen für die Definition und Entwicklung der Menschenrechte, in: Gret Haller/Klaus Günther/Ulfried Neumann (Hrsg.), Menschenrechte und Volkssouveränität in Europa: Gerichte als Vormund der Demokratie?, Frankfurt am Main 2011, S. 203–238.

Schneider, Hans-Peter, Die Landesverfassungsbeschwerde – ein Stiefkind bundesstaatlichen Grundrechtsschutzes?, NdsVBl. 12 (2005) Sonderheft zum 50-jährigen Bestehen des Niedersächsischen Staatsgerichtshofs, S. 26–35.

Schneider, Hans-Peter, Entlastung des Bundesverfassungsgerichtes durch Ausbau oder Umbau der Landesverfassungsgerichtsbarkeit?, in: Harald Bogs (Hrsg.), Urteilsverfassungsbeschwerde zum Bundesverfassungsgericht: Ein Grundrechts-Colloquium, Baden-Baden 1999, S. 103–113.

Schneider, Hans-Peter, Verfassungsgerichte der Länder – »Filter« für Karlsruhe?, NJW 49 (1996) 23, S. 1517–1518.

Schoch, Friedrich, Die Durchsetzung von Unionsgrundrechten durch europäisches Sekundärrecht – Strategien und Probleme, in: Uwe Kischel/Johannes Masing (Hrsg.), Unionsgrundrechte und Diskriminierungsverbote im Verfassungsrecht: Referate und Diskussionsbeiträge des 17. Deutsch-Polnischen Verwaltungskolloquiums vom 18.–21. September 2011 in Greifswald, Stuttgart 2012, S. 57–81.

Schodder, Thomas F. W., Föderative Gewaltenteilung in der Bundesrepublik Deutschland: Eine Untersuchung ihrer gegenwärtigen Wirkungen und Probleme, Reihe Europäische Hochschulschriften: Reihe 2, Rechtswissenschaft, Bd. 787, Frankfurt am Main 1989.

Schönberger, Christoph, Anmerkungen zu Karlsruhe, in: Das entgrenzte Gericht: Eine kritische Bilanz nach sechzig Jahren Bundesverfassungsgericht, Berlin 2011, S. 9–76.

Schönberger, Christoph, Das Parlament im Anstaltsstaat: Zur Theorie parlamentarischer Repräsentation in der Staatsrechtslehre des Kaiserreichs (1871–1918), Reihe Studien zur europäischen Rechtsgeschichte, Bd. 102, Frankfurt am Main 1997.

Schönberger, Christoph, Der Vorrang der Verfassung, in: Ivo Appel/Georg Hermes/Christoph Schönberger (Hrsg.), Öffentliches Recht im offenen Staat: Festschrift für Rainer Wahl zum 70. Geburtstag, Berlin 2011, S. 385–403.

Schönberger, Christoph, Unionsbürger: Europas föderales Bürgerrecht in vergleichender Sicht, Reihe Jus Publicum, Bd. 145, Tübingen 2005.

Schönberger, Christoph, Verfassungsvergleichung heute: Der schwierige Abschied vom ptolemäischen Weltbild, VRÜ 43 (2010) 1, S. 6–27.

Schotland, Roy A., New Challenges to States' Judicial Selection, Geo. L. J. 95 (2007) 4, S. 1077–1106.

Schreiber, Harry N., Police Power, in: Kermit L. Hall (Hrsg.), The Oxford Companion to the Supreme Court of the United States, 2. Aufl., Oxford/New York 2005, S. 740–745.

Schröder, Hans, Entfaltung der Hessischen Verfassung durch die Rechtsprechung des Staatsgerichtshofs, in: Erwin Stein (Hrsg.), 30 Jahre Hessische Verfassung: 1946–1976, Wiesbaden 1976, S. 293–315.

Schroeder, Christopher H., Supreme Court Preemption Doctrine, in: William W. Buzbee (Hrsg.), Preemption Choice: The Theory, Law, and Reality of Federalism's Core Question, Cambridge 2008, S. 119–143.

Schroeder, Werner, Das Gemeinschaftsrechtssystem: Eine Untersuchung zu den rechtsdogmatischen, rechtstheoretischen und verfassungsrechtlichen Grundlagen des Systemdenkens im Europäischen Gemeinschaftsrecht, Reihe Jus Publicum, Bd. 86, Tübingen 2002.

Schroeder, Werner, Die grundrechtliche Prüfungsdichte des EuGH seit dem Vertrag von Lissabon – entwickelt sich die bisherige Vertretbarkeitskontrolle zu einer strengen Verhältnismäßigkeitsprüfung?, in: Doris König/Dirk Uwer (Hrsg.), Grenzen europäischer Normgebung: EU-Kompetenzen und Europäische Grundrechte, Hamburg 2015, S. 83–94.

Schuler-Harms, Margarete, Rundfunkaufsicht im Bundesstaat: Die Arbeitsgemeinschaft der Landesmedienanstalten, Reihe Materialien zur interdisziplinären Medienforschung, Bd. 27, Baden-Baden/Hamburg 1995.

Schultze, Rainer-Olaf, Föderalismus, in: Dieter Nohlen/Rainer-Olaf Schultze/Suzanne S. Schüttemeyer (Hrsg.), Politische Begriffe, Frankfurt am Main 1999, S. 186–188.

Schumann, Ekkehard, Verfassungsbeschwerde (Grundrechtsklage) zu den Landesverfassungsgerichten, in: Christian Starck/Klaus Stern (Hrsg.), Landesverfassungsgerichtsbarkeit, Baden-Baden 1983, S. 149–230.

Schumann, Ekkehard, Verfassungsbeschwerden zum Bundesverfassungsgericht gegen Entscheidungen des Bayerischen Verfassungsgerichtshofs: Zugleich ein Beitrag über die Mitwirkung des Bayerischen Senats in verfassungsgerichtlichen Verfahren, in: Bayerischer Verfassungsgerichtshof (Hrsg.), Verfassung als Verantwortung und Verpflichtung: Festschrift zum 50-jährigen Bestehen des Bayerischen Verfassungsgerichtshofs, Stuttgart/München 1997, S. 201–227.

Schuppert, Gunnar Folke/Bumke, Christian, Die Konstitutionalisierung der Rechtsordnung: Überlegungen zum Verhältnis von verfassungsrechtlicher Ausstrahlungswirkung und Eigenständigkeit des »einfachen« Rechts, Reihe Forum Rechtswissenschaft, Bd. 29, Baden-Baden 2000.

Schütter, Friedrich, Neuere Rechtsprechung des Bundesverfassungsgerichts zum Verstoß gegen das Recht auf den gesetzlichen Richter bei Nichtvorlage an den EuGH, in: Yvonne Becker/Friederike V. Lange (Hrsg.), Linien der Rechtsprechung des Bundesverfassungsgerichts: Erörtert von den wissenschaftlichen Mitarbeitern, Berlin 2014, S. 365–388.

Schütze, Robert, Co-operative Federalism Constitutionalised: The Emergence of Complementary Competences in the EC Legal Order, E. L. Rev. 31 (2006) 2, S. 167–184.

Schütze, Robert, Federalism as Constitutional Pluralism: ›Letter from America‹, in: Matej Avbelj/Jan Komárek (Hrsg.), Constitutional Pluralism in the European Union and Beyond, Oxford 2012, S. 185–211.

Schütze, Robert, From Dual to Cooperative Federalism: The Changing Structure of European Law, Reihe Oxford Studies in European Law, Oxford/New York 2009.

Schütze, Robert, From Rome to Lisbon: »Executive Federalism« in the (new) European Union, CML Rev. 47 (2010) 5, S. 1385–1427.

Schwartz, Bernard, The Bill of Rights: A Documentary History, 2 Bde, New York 1971.

Schwartz, Bernard, The Great Rights of Mankind: A History of the American Bill of Rights, Madison 1992.

Schwartz, Bernard, The Roots of the Bill of Rights, 5 Bde, New York 1971.

Schwarze, Jürgen, Rechtsschutz Privater gegen »Rechtsakte mit Verordnungscharakter« gemäß Art. 263 Abs. 4 Var. 3 AEUV, in: Peter-Christian Müller-Graff/Stefanie Schmahl/Vassilios Skouris (Hrsg.), Europäisches Recht zwischen Bewährung und Wandel: Festschrift für Dieter H. Scheuing, Baden-Baden 2011, S. 190–207.

Schwerdtfeger, Angela, Art. 51, in: Jürgen Meyer/Sven Hölscheidt (Hrsg.), Charta der Grundrechte der Europäischen Union, 5. Aufl., Baden-Baden 2019, S. 904–940.

Schwerdtfeger, Angela, Europäisches Unionsrecht in der Rechtsprechung des Bundesverfassungsgerichts – Grundrechts-, ultra vires- und Identitätskontrolle, EuR 50 (2015) 3, S. 290–310.

Scott, Joanne/Sturm, Susan, Courts as Catalysts: Re-Thinking the Judicial Role in New Governance Narrowing the Gap: Law and New Approaches to Governance in the European Union, Colum. J. Eur. L. 13 (2007) 3, S. 565–594.

Senge, Lothar, § 53 StPO, in: Rolf Hannich (Hrsg.), Karlsruher Kommentar zur Strafprozessordnung: mit GVG, EGGVG und EMRK, 7. Aufl., München 2013, S. 293–309.

Shapiro, David L., *Ex Parte Young* and the Uses of History, N.Y.U. Ann. Surv. Am. L. 67 (2001) 1, S. 69–94.

Shapiro, David L., Federalism: A Dialogue, Evanston/Ill. 1995.

Shapiro, David L., Jurisdiction and Discretion, N.Y.U. L. Rev. 60 (1985) 4, S. 543–589.

Shapiro, Martin, Freedom of Expression – Transnational and State Interactions in the American Experience, in: Mauro Cappelletti/Monica Seccombe/Joseph H. H. Weiler (Hrsg.), Integration Through Law: Europe and the American Federal Experience. Forces and Potential for a European Identity, Berlin u.a. 1986, S. 249–277.

Shapiro, Martin, The US Supreme Court and the European Court of Justice Compared, in: Anand Menon/Martin Schain (Hrsg.), Comparative Federalism: The European Union and the United States in Comparative Perspective, Oxford/New York 2006, S. 195–220.

Shelly, Bryan, Rebels and Their Causes: State Resistance to No Child Left Behind, Publius 38 (2007) 3, S. 444–468.

Shugerman, Jed Handelsman, Economic Crisis and the Rise of Judicial Elections and Judicial Review, Harv. L. Rev. 123 (2010) 5, S. 1061–1150.

Shuibhne, Niamh Nic, The Court of Justice and Fundamental Rights: if Margin of Appreciation is the Solution, what is the Problem?, in: Oddný M. Arnardóttir/Antoine C. Buyse (Hrsg.), Shifting Centres of Gravity in Human Rights Protection: Rethinking Relations between the ECHR, EU, and National Legal Orders, Abingdon/New York 2016, S. 116–143.

Siemen, Birte, Grundrechtsschutz durch Richtlinien/Die Fälle Österreichischer Rundfunk u.a. und Lindqvist: Anmerkungen zu den Urteilen des Europäischen Gerichtshofes in den verbundenen Rechtssachen C-465/00, C-138/01 und C-139/01 und C-101/01, EuR 39 (2004) 2, S. 306–321.

Simitis, Spiros, Der EuGH und die Vorratsdatenspeicherung oder die verfehlte Kehrtwende bei der Kompetenzregelung, NJW 62 (2009) 25, S. 1782–1786.

Simon, Matthew G., Revisiting *Michigan v. Long* after Twenty Years, Alb. L. Rev. 66 (2003) 3, S. 969–992.

Skinner, Quentin, Liberty before Liberalism, Cambridge 1998.

Skouris, Vassilios, Es gibt nicht nur Karlsruhe: Gleichberechtigte Kooperation im europäischen Gerichtsverbund statt Kampf um das letzte Wort. Zum 60. Geburtstag des Bundesverfassungsgerichts., F.A.Z. v. 22.09.2011 Nr. 221, S. 8.

Skouris, Vassilios, L'influence du droit national et de la jurisprudence des juridictions des États membres sur l'interpretation du droit communautaire, in: Gerda Müller (Hrsg.), Festschrift für Günter Hirsch zum 65. Geburtstag, München 2008, S. 175–184.

Sloane, Robert D., The Scope of Executive Power in the Twenty-First Century: An Introduction, B.U. L. Rev. 88 (2008) 2, S. 341–352.

Smend, Rudolf, Bürger und Bourgeois im deutschen Staatsrecht (1933), in: Staatsrechtliche Abhandlungen und andere Aufsätze, 3. Aufl., Berlin 1994, S. 309–325.

Smend, Rudolf, Das Recht der freien Meinungsäußerung, VVDStRL 4 (1927), S. 44–72.

Smend, Rudolf, Ungeschriebenes Verfassungsrecht im monarchischen Bundesstaat, in: Staatsrechtliche Abhandlungen und andere Aufsätze, 3. Aufl., Berlin 1994, S. 39–59.

Smend, Rudolf, Verfassung und Verfassungsrecht, München/Leipzig 1928.

Smend, Rudolf, Verfassung und Verfassungsrecht (1928), in: Staatsrechtliche Abhandlungen und andere Aufsätze, 3. Aufl., Berlin 1994, S. 119–276.

Smismans, Stijn, The European Union's Fundamental Rights Myth, JCMS 48 (2010) 1, S. 45–66.

Smith, James Morton (Hrsg.), The Republic of Letters: The Correspondence between Thomas Jefferson and James Madison 1776–1826. Volume One 1776–1790, New York/London 1995.

Sobota, Katharina, Kompetenzen der Landesverfassungsgerichte im Bundesstaat: Zersplittert die Rechtseinheit?, DVBl. 109 (1994) 14, S. 793–803.

Sobotta, Christoph, Art. 16 AEUV, in: Eberhard Grabitz/Meinhard Hilf/Martin Nettesheim (Hrsg.), Das Recht der Europäischen Union: Kommentar, 51. Aufl., München 2013.

Sodan, Helge, § 84: Schutz der Landesgrundrechte durch die Landesverfassungsgerichtsbarkeit, in: Detlef Merten/Hans-Jürgen Papier (Hrsg.), Handbuch der Grundrechte in Deutschland und Europa. Bd. III: Grundrechte in Deutschland – Allgemeine Lehren II, Heidelberg 2009, S. 1185–1224.

Sodan, Helge, Die Individualverfassungsbeschwerde in der Landesverfassungsgerichtsbarkeit, NdsVBl. 12 (2005) Sonderheft zum 50-jährigen Bestehen des Niedersächsischen Staatsgerichtshofs, S. 32–35.

Sodan, Helge, Landesverfassungsgerichtsbarkeit in Berlin und den neuen Bundesländern, LKV 20 (2010) 10, S. 440–449.

Sodan, Helge, Staat und Verfassungsgerichtsbarkeit, Reihe Schönburger Gespräche zu Recht und Staat, Bd. 16, Paderborn/München/Wien/Zürich 2010.

Solimine, Michael E., Supreme Court Monitoring of State Courts in the Twenty-First Century, Ind. L. Rev. 35 (2002) 2, S. 335–364.

Solimine, Michael E., The Future of Parity, Wm. & Mary L. Rev. 46 (2005) 4, S. 1457–1497.

Solimine, Michael E./Walker, James L., Respecting State Courts: The Inevitability of Judicial Federalism, Reihe Contributions in Legal Studies, Bd. 92, Westport, CT 2000.

Solum, Lawrence B., How *NFIB v. Sebelius* Affects the Constitutional Gestalt, Wash. U.L. Rev. 91 (2013) 1, S. 1–58.

Somin, Ilya, Foot Voting, Federalism, and Political Freedom, in: James Fleming/Jacob T. Levy (Hrsg.), Federalism and Subsidiarity, New York 2014, S. 83–119.

Somin, Ilya, The Limits of Backlash: Assessing the Political Response to Kelo, Minn. L. Rev. 93 (2008) 6, S. 2100–2178.

Soucek, Brian, Marriage, morality, and federalism: The USA and Europe compared, I•CON 15 (2017) 4, S. 1098–1118.

Souza Silveira, Alessandra Aparecida, Citizenship of Rights and the Principle of the Highest Standard of Fundamental Rights' Protection: Notes on the *Melloni* Case, in: Elspeth Guild/Cristina J. Gortázar/Dora Kostakopoulou (Hrsg.), The Reconceptualization of European Union Citizenship, Leiden/Boston, MA 2014, S. 285–299.

Spano, Roberto, Universality or Diversity of Human Rights? Strasbourg in the Age of Subsidiarity, HRLR 14 (2014) 3, S. 487–502.

Spaventa, Eleanor, Federalisation versus Centralisation: Tensions in Fundamental Rights Discourse in the EU, in: Michael Dougan/Samantha Currie (Hrsg.), 50 Years of the European Treaties: Looking Back and Thinking Forward, Oxford/Portland, OR 2008, S. 343–364.

Spaventa, Eleanor, From *Gebhard* to *Carpenter*: Towards a (non-)economic European constitution, CML Rev. 41 (2004) 3, S. 743–773.

Staden, Andreas von, The democratic legitimacy of judicial review beyond the state: Normative subsidiarity and judicial standards of review, I•CON 10 (2012) 4, S. 1023–1049.

Starck, Christian, § 130: Verfassungsgerichtsbarkeit der Länder, in: Josef Isensee/Paul Kirchhof (Hrsg.), Handbuch des Staatsrechts der Bundesrepublik Deutschland. Bd. VI: Bundesstaat, 3. Aufl., Heidelberg 2008, S. 317–381.

Starck, Christian, Art. 1, in: Hermann von Mangoldt/Friedrich Klein/Christian Starck (Hrsg.), Kommentar zum Grundgesetz, Bd. I, 6. Aufl., München 2010, S. 25–173.

Starck, Christian, Der Honecker-Beschluß des Berliner Verfassungsgerichtshofs: Anwendung von Bundesprozeßrecht durch Landesgerichte unter Kontrolle der Landesverfassungsgerichte?, JZ 48 (1993) 5, S. 231–234.

Starski, Paulina, Der interföderale Verwaltungsakt: Eine rechtsvergleichende Studie, Reihe Studien und Beiträge zum öffentlichen Recht, Bd. 20, Tübingen 2014.

Starski, Paulina, Der Kampf der Zeugen Jehovas: Grundrechte vs. föderales Kompetenzgefüge 2015, https://verfassungsblog.de/der-kampf-der-zeugen-jehovas-grundrechte-vs-foederales-kompetenzgefuege/, geprüft am 31.1.2019.

Stein, Eric, Lawyers, Judges, and the Making of a Transnational Constitution, AJIL 75 (1981) 1, S. 1–27.

Stein, Torsten, Moritz Bleckmann: Nationale Grundrechte im Anwendungsbereich des Rechts der Europäischen Union, AöR 137 (2012) 3, S. 499–502.

Steinberg, Rudolf, Landesverfassungsgerichtsbarkeit und Bundesrecht, in: Hans Eichel/ Klaus P. Möller (Hrsg.), 50 Jahre Verfassung des Landes Hessen: Eine Festschrift, Wiesbaden 1997, S. 356–382.

Steinberger, Helmut, Historic Influences of American Constitutionalism upon German Constitutional Development: Federalism and Judicial Review, Colum. J. Transnat'l L. 36 (1997) 1–2, S. 189–208.

Steinberger, Helmut, Konzeption und Grenzen freiheitlicher Demokratie: Dargestellt am Beispiel des Verfassungsrechtsdenkens in den Vereinigten Staaten von Amerika und des amerikanischen Antisubversionsrechts, Reihe Beiträge zum ausländischen öffentlichen Recht und Völkerrecht, Bd. 60, Berlin 1974.

Stelkens, Ulrich, Schützen deutsche Grundrechte vor unionsrechtswidrigen Rechtsakten?, in: Heike Jochum/Michael Elicker/Steffen Lampert/Roberto Bartone (Hrsg.), Freiheit, Gleichheit, Eigentum – Öffentliche Finanzen und Abgaben: Festschrift für Rudolf Wendt zum 70. Geburtstag, Berlin 2015, S. 467–480.

Stephan, Alfred C., Toward a New Comparative Politics of Federalism, (Multi)Nationalism, and Democracy: Beyond Rikerian Federalism, in: Arguing Comparative Politics, Oxford/New York 2001, S. 315–361.

Stephenson, Scott, Federalism and Rights Deliberation, Melb. U. L. Rev. 38 (2014) 2, S. 709–754.

Stern, Klaus, Art. 100, in: Rudolf Dolzer/Hans J. Abraham (Hrsg.), Bonner Kommentar zum Grundgesetz, Heidelberg 1950.

Stern, Klaus, Das Staatsrecht der Bundesrepublik Deutschland, Bd. III/1: Grundlagen und Geschichte, nationaler und internationaler Grundrechtskonstitutionalismus, juristische Bedeutung der Grundrechte, Grundrechtsberechtigte, Grundrechtsverpflichtete, München 1988.

Stern, Klaus, Das Staatsrecht der Bundesrepublik Deutschland, Bd. III/2: Allgemeine Lehren der Grundrechte – Grundrechtstatbestand, Grundrechtsbeeinträchtigungen und Grundrechtsbegrenzungen, Grundrechtsverluste und Grundpflichten, Schutz der Grundrechte, Grundrechtskonkurrenzen, Grundrechtssystem, München 1994.

Stern, Klaus, Das Staatsrecht der Bundesrepublik Deutschland, Bd. V: Die geschichtlichen Grundlagen des deutschen Staatsrechts – Die Verfassungsentwicklung vom Alten Deutschen Reich zur wiedervereinigten Bundesrepublik Deutschland, München 2000.

Stern, Klaus, Die Verbindung von Verfassungsidee und Grundrechtsidee zur modernen Verfassung (1982), in: Helmut Siekmann (Hrsg.), Der Staat des Grundgesetzes: Ausgewählte Schriften und Vorträge, Köln 1992, S. 111–122.

Stern, Klaus, Einführung, in: Christian Starck/Klaus Stern (Hrsg.), Landesverfassungsgerichtsbarkeit, Baden-Baden 1983, S. 1–24.

Stern, Klaus, Nahtstellen zwischen Bundes- und Landesverfassungsgerichtsbarkeit, in: Dieter Dörr (Hrsg.), Die Macht des Geistes: Festschrift für Hartmut Schiedermair, Heidelberg 2001, S. 143–164.

Stern, Seth/Wermiel, Stephen, Justice Brennan: Liberal Champion, Boston/New York 2010.

Stewart, Richard B., Federalism and Rights, Ga. L. Rev. 19 (1985) 4, S. 917–980.

Stiens, Andrea, Chancen und Grenzen der Landesverfassungen im deutschen Bundesstaat der Gegenwart, Reihe Schriften zum Öffentlichen Recht, Bd. 728, Berlin 1997.

Stolleis, Michael, Die selbst auferlegte Beschränkung der Demokratie: Der Grundrechtsteil der Weimarer Verfassung/Zum 80. Jahrestag ihrer In-Kraft-Setzung, F.A.Z. v. 11.08.1999 Nr. 184, S. 7.

Stolleis, Michael, Geschichte des öffentlichen Rechts in Deutschland, Zweiter Band: Staatsrechtslehre und Verwaltungswissenschaft 1800–1914, Bd. 2, 4 Bde, München 1992.
Stone Sweet, Alec, Constitutional Courts, in: Michel Rosenfeld/András Sajó (Hrsg.), The Oxford Handbook of Comparative Constitutional Law, Oxford 2012, S. 816–830.
Stone Sweet, Alec, The European Court of Justice and the judicialization of EU governance, Living Rev. Euro. Gov. 5 (2010) 2, S. 1–50.
Stone Sweet, Alec, The Judicial Construction of Europe, Oxford 2004.
Stone Sweet, Alec, Why Europe Rejected American Judicial Review: And Why It May Not Matter, Mich. L. Rev. 101 (2003) 8, S. 2744–2780.
Stone Sweet, Alec/Brunell, Thomas, The European Court of Justice, State Noncompliance, and the Politics of Override, Am. Pol. Sci. Rev. 106 (2012) 1, S. 204–213.
Stone Sweet, Alec/Brunell, Thomas L., Trustee Courts and the Judicialization of International Regimes: The Politics of Majoritarian Activism in the European Convention on Human Rights, the European Union, and the World Trade Organization, JLC 1 (2013) 1, S. 61–88.
Stone Sweet, Alec/Mathews, Jud, Proportionality Balancing and Global Constitutionalism, Colum. J. Transnat'l L. 47 (2008) 1, S. 72–164.
Stone Sweet, Alec/Stranz, Kathleen, Rights adjudication and constitutional pluralism in Germany and Europe, J.E.P.P. 19 (2012) 1, S. 92–108.
Storing, Herbert J., The Constitution and the Bill of Rights, in: Robert A. Goldwin/William A. Schambra (Hrsg.), How Does the Constitution Secure Rights?, Washington, D.C. 1985, S. 15–35.
Storing, Herbert J., What the Anti-Federalists Were For: The political thought of the opponents of the Constitution, Chicago/London 1981.
Streinz, Rudolf, § 85: Die Kompetenzordnung in der föderalen Europäischen Union, in: Ines Härtel (Hrsg.), Handbuch Föderalismus: Föderalismus als demokratische Rechtsordnung und Rechtskultur. Bd. IV: Föderalismus in Europa und der Welt, Berlin 2012, S. 291–316.
Streinz, Rudolf, Bundesverfassungsgerichtlicher Grundrechtsschutz und Europäisches Gemeinschaftsrecht: Die Überprüfung grundrechtsbeschränkender deutscher Begründungs- und Vollzugsakte von Europäischem Gemeinschaftsrecht durch das Bundesverfassungsgericht, Reihe Studien und Materialien zur Verfassungsgerichtsbarkeit, Bd. 41, Baden-Baden 1989.
Streinz, Rudolf, Streit um den Grundrechtsschutz? Zum Grundrechtsschutz in der Europäischen Union nach den Urteilen des EuGH in den Fällen Åkerberg Fransson und Melloni und des EuGH zur Antiterrordatei, in: Daniela Heid/Rüdiger Stotz/Arsène Verny (Hrsg.), Festschrift für Manfred A. Dauses zum 70. Geburtstag, München 2014, S. 429–443.
Sullivan, Kathleen M./Gunther, Gerald, Constitutional Law, Reihe University Casebook Series, 17. Aufl., New York 2010.
Sunstein, Cass R., The Second Bill of Rights: FDR's Unfinished Revolution and Why We Need it More than Ever, New York 2004.
Süsterhenn, Adolf, Föderalismus und Freiheit, in: Adolf Süsterhenn (Hrsg.), Föderalistische Ordnung: Ansprachen und Referate der vom Bund Deutscher Föderalisten und vom Institut für Staatslehre und Politik e.V. am 9. und 10. März 1961 in Mainz veranstalteten staatswissenschaftlichen Arbeitstagung, Koblenz 1961, S. 27–41.
Sutton, Jeffrey S., *San Antonio Independent School District v. Rodriguez* and Its Aftermath, Va. L. Rev. 94 (2008) 8, S. 1963–1986.

Swaine, Edward T., Subsidiarity and Self-Interest: Federalism at the European Court of Justice, Harv.Int'l L.J. 41 (2000) 1, S. 1–133.

Swinton, Katherine, Federalism, the Charter, and the Courts: Rethinking Constitutional Dialogue in Canada, in: Karen Knop (Hrsg.), Rethinking Federalism: Citizens, Markets, and Governments in a Changing World, Vancouver 1995, S. 294–315.

Szczekalla, Peter, Grenzenlose Grundrechte, NVwZ 25 (2006) 9, S. 1019–1021.

Tarr, G. Alan, Introduction, in: George A. Tarr (Hrsg.), Constitutional Politics in the States: Contemporary Controversies and Historical Patterns, Westport, CT/London 1996, S. xiii–xxi.

Tarr, G. Alan, The New Judicial Federalism in Perspective, Notre Dame L. Rev. 72 (1997) 4, S. 1097–1118.

Tarr, G. Alan, Understanding State Constitutions, Princeton, NJ/Oxford 1998.

Tate, Pamela, Protecting Human Rights in a Federation, Monash U. L. Rev. 33 (2007) 2, S. 220–245.

Taylor, Charles, Negative Freiheit? Zur Kritik des neuzeitlichen Individualismus, Frankfurt am Main 1988.

Tettinger, Peter J., Die politischen und kulturellen Freiheitsrechte der Landesverfassungen in der Rechtsprechung der Landesverfassungsgerichte, in: Christian Starck/Klaus Stern (Hrsg.), Landesverfassungsgerichtsbarkeit, Baden-Baden 1983, S. 271–317.

Thiele, Alexander, Das Rechtsschutzsystem nach dem Vertrag von Lissabon – (K)ein Schritt nach vorn?, EuR 45 (2010) 1, S. 30–51.

Thoma, Richard, Das richterliche Prüfungsrecht, AöR 43 (1922) 3, S. 267–286.

Thoma, Richard, Die juristische Bedeutung der grundrechtlichen Sätze der Deutschen Reichsverfassung im allgemeinen, in: Hans C. Nipperdey (Hrsg.), Die Grundrechte und Grundpflichten der Reichsverfassung: Kommentar zum zweiten Teil der Reichsverfassung. Erster Band, Frankfurt am Main 1975, S. 1–53.

Thomas, Clarence, The Higher Law Background of the Privileges or Immunities Clause, Harv. J. L. & Pub. Pol'y 12 (1989) 1, S. 63–70.

Thomas, Clarence, Why Federalism Matters, Drake L. Rev. 48 (2000) 2, S. 231–238.

Thym, Daniel, Anmerkung zur Rs. C-400/10 PPU, JZ 66 (2011) 3, S. 148–152.

Thym, Daniel, Art. 78 AEUV, in: Eberhard Grabitz/Meinhard Hilf/Martin Nettesheim (Hrsg.), Das Recht der Europäischen Union: Kommentar, 51. Aufl., München 2015.

Thym, Daniel, Blaupausenfallen bei der Abgrenzung von Grundgesetz und Grundrechtecharta, DÖV 67 (2014) 22, S. 941–951.

Thym, Daniel, Die Reichweite der EU-Grundrechte-Charta – Zu viel Grundrechtsschutz?, NVwZ 32 (2013) 14, S. 889–896.

Thym, Daniel, Separation versus Fusion – or: How to Accommodate National Autonomy and the Charter? Diverging Visions of the German Constitutional Court and the European Court of Justice, EuConst 9 (2013) 3, S. 391–419.

Thym, Daniel, Vereinigt die Grundrechte!, JZ 70 (2015) 2, S. 53–63.

Tiebout, Charles M., A Pure Theory of Local Expenditures, JPE 64 (1956) 5, S. 416–424.

Tiedemann, Paul, Landesverfassung und Bundesrecht, DÖV 52 (1999) 5, S. 200–204.

Tiedemann, Paul, Lauschangriff und Landesverfassung, KJ 31 (1998) 4, S. 529–539.

Tietje, Christian, Die Stärkung der Verfassungsgerichtsbarkeit im föderalen System Deutschlands in der jüngeren Rechtsprechung des BVerfG, AöR 124 (1999) 2, S. 282–305.

Tilch, Horst, Inhaltsgleiches Bundes- oder Landesverfassungsrecht als Prüfungsmaßstab, in: Christian Starck/Klaus Stern (Hrsg.), Landesverfassungsgerichtsbarkeit, Baden-Baden 1983, S. 551–568.

Till, Dominik, Die Bedeutung gliedstaatlicher Verfassungsgerichtbarkeit in den USA, Jahrbuch des Föderalismus 2015, S. 179–191.

Tjarks, Eric, Zur Bedeutung der Landesgrundrechte: Materielle und prozessuale Probleme der Grundrechte in den deutschen Landesverfassungen, Reihe Studien und Materialien zur Verfassungsgerichtsbarkeit, Bd. 79, Baden-Baden 1999.

Tocqueville, Alexis de, Über die Demokratie in Amerika (1835): Beide Teile in einem Band, München 1976.

Torres Pérez, Aida, Conflicts of Rights in the European Union: A Theory of Supranational Adjudication, Reihe Oxford Studies in European Law, Oxford 2009.

Torres Pérez, Aida, Constitutional Dialogue on the European Arrest Warrant: The Spanish Constitutional Court Knocking on Luxembourg's Door; Spanish Constitutional Court, Order of 9 June 2011, ATC 86/2011, EuConst 8 (2012) 1, S. 105–127.

Torres Pérez, Aida, Melloni in Three Acts: From Dialogue to Monologue, EuConst 10 (2014) 2, S. 308–331.

Torres Pérez, Aida, The federalizing force of the EU Charter of Fundamental Rights, I•CON 15 (2017) 4, S. 1080–1097.

Treanor, William Michael, Taking Text Too Seriously: Modern Textualism, Original Meaning, and the Case of Amar's Bill of Rights, Mich. L. Rev. 106 (2007) 3, S. 487–543.

Tribe, Laurence H., American Constitutional Law, Volume One, 3. Aufl., New York 2000.

Tribe, Laurence H., The Puzzling Persistence of Process-Based Constitutional Theories, Yale L. J. 89 (1980) 6, S. 1063–1080.

Tridimas, Takis, The General Principles of EU Law, Reihe Oxford European Union Law Library, 2. Aufl., Oxford 2006.

Tridimas, Takis, The Role of the Advocate General in the Development of Community Law: Some Reflections, CML Rev. 34 (1997) 6, S. 1349–1387.

Tridimas, Takis/Gari, Gabriel, Winners and losers in Luxembourg: A statistical analysis of judicial review before the European Court of Justice and the Court of First Instance (2001–2005), E. L. Rev. 35 (2010) 2, S. 131–173.

Triepel, Heinrich, Der Weg der Gesetzgebung nach der neuen Reichsverfassung, AöR 39 (1920) 4, S. 456–546.

Trstenjak, Verica, Die Kooperation zwischen dem Gerichtshof der Europäischen Union und den nationalen Gerichten, insbesondere in Bezug auf die Grundrechtecharta, in: Christoph Grabenwarter/Erich Vranes (Hrsg.), Kooperation der Gerichte im europäischen Verfassungsverbund – Grundfragen und neueste Entwicklungen: Österreichischer Europarechtstag 2012 veranstaltet vom Institut für Europarecht und Internationales Recht an der Wirtschaftsuniversität Wien, Wien 2013, S. 13–34.

Truman, David B., Federalism and the Party System, in: Aaron B. Wildavsky (Hrsg.), American Federalism in Perspective: Readings, Boston 1967, S. 81–108.

Tschentscher, Axel, Dialektische Rechtsvergleichung: Zur Methode der Komparistik im öffentlichen Recht, JZ 62 (2007) 17, S. 807–816.

Tuleja, Piotr, § 8: Polen, in: Armin von Bogdandy/Pedro Cruz Villalón/Peter M. Huber (Hrsg.), Handbuch Ius Publicum Europaeum: Bd. I: Grundlagen und Grundzüge des staatlichen Verfassungsrechts, Heidelberg 2007, S. 451–506.

Tullock, Gordon, Federalism: Problems of scale, in: Ryan C. Amacher (Hrsg.), The economic approach to public policy: Selected readings, Ithaca u.a. 1976, S. 213–224.

Tuori, Kaarlo, Judicial Constitutional Review as a Last Resort, in: Tom Campbell/K. D. Ewing/Adam Tomkins (Hrsg.), The Legal Protection of Human Rights: Sceptical Essays, Oxford/New York 2011, S. 365–391.

Tuori, Kaarlo, The pluralism of European fundamental rights law, in: Sionaidh Douglas-Scott/Nicholas Hatzis (Hrsg.), Research Handbook on EU Law and Human Rights, Northampton, MA 2017, S. 35–57.

Tushnet, Mark, Some Reflections on Method in Comparative Constitutional Law, in: Sujit Choudhry (Hrsg.), The Migration of Constitutional Ideas, Cambridge 2006, S. 67–83.

Tushnet, Mark, Taking the Constitution Away from the Courts, Princeton, NJ 2000.

Tushnet, Mark, The Possibilities of Comparative Constitutional Law, Yale L. J. 108 (1999) 6, S. 1225–1310.

Uerpmann, Robert, HessStGH, 11.4.2002 – P.St. 1688. Zum Verhältnis von Verfassungsbeschwerde und landesrechtlicher Grundrechtsklage, JZ 57 (2002) 19, S. 942–944.

Uerpmann, Robert, Landesrechtlicher Grundrechtsschutz und Kompetenzordnung, Der Staat 35 (1996) 3, S. 428–440.

Uhle, Arnd, Art. 70, in: Theodor Maunz/Günter Dürig/Roman Herzog/Rupert Scholz (Hrsg.), Grundgesetz-Kommentar, München 2018.

Uhle, Arnd, Art. 72, in: Theodor Maunz/Günter Dürig/Roman Herzog/Rupert Scholz (Hrsg.), Grundgesetz-Kommentar, München 2018.

Ule, Carl-Hermann, Über die Auslegung der Grundrechte, AöR 60 (1932) 1, S. 37–123.

Ullner, Rudolf, Die Idee des Föderalismus im Jahrzehnt der deutschen Einigungskriege: dargestellt unter besonderer Berücksichtigung des Modells der amerikanischen Verfassung für das deutsche politische Denken, Reihe Historische Studien, Bd. 393, Lübeck/Hamburg 1965.

Ungern-Sternberg, Antje von, Autonome und funktionale Grundrechtskonzeptionen – Unter besonderer Berücksichtigung der Rechtsprechung des Europäischen Gerichtshofs für Menschenrechte, in: Nele Matz-Lück/Mathias Hong (Hrsg.), Grundrechte und Grundfreiheiten im Mehrebenensystem – Konkurrenzen und Interferenzen, Berlin/Heidelberg 2012, S. 69–108.

United States, Constitutional Convention, The Records of the Federal Convention of 1787, 4 Bde, New Haven/London 1966.

Utter, Robert F., State Constitutional Law, the United States Supreme Court, and Democratic Accountability: Is There a Crocodile in the Bathtub?, Wash. L. Rev. 64 (1989) 1, S. 19–50.

Van de Heyning, Catherine J., No place like home: Discretionary space for the domestic protection of fundamental rights, in: Patricia Popelier/Catherine J. Van de Heyning/Piet Van Nuffel (Hrsg.), Human rights protection in the European legal order: The interaction between the European and the national courts, Cambridge 2011, S. 65–96.

Van de Heyning, Catherine J., The European Perspective: from *lingua franca* to a common language, in: Monica Claes/Maartje de Visser/James G. Pope/Catherine J. Van de Heyning (Hrsg.), Constitutional Conversations in Europe: Actors, Topics and Procedures, Cambridge u.a. 2013, S. 181–204.

Van de Heyning, Catherine J., The Natural ›Home‹ of Fundamental Rights Adjudication: Constitutional Challenges to the European Court of Human Rights, YEL 31 (2012) 1, S. 128–161.

Van den Brink, Martijn, The Origins and the Potential Federalising Effects of the Substance of Rights Test, in: Dimitry Kochenov (Hrsg.), EU Citizenship and Federalism: The Role of Rights, Cambridge 2017, S. 85–107.

Verchick, Robert R.M./Mendelson, Nina, Preemption and Theories of Federalism, in: William W. Buzbee (Hrsg.), Preemption Choice: The Theory, Law, and Reality of Federalism's Core Question, Cambridge 2008, S. 13–32.

Vermeule, Adrian, The Atrophy of Constitutional Powers, OJLS 32 (2012) 3, S. 421–444.

Visser, Maartje de, Constitutional Review in Europe: A Comparative Analysis, Reihe European and National Constitutional Law Series, Bd. 1, Oxford/Portland, OR 2013.

Vitzthum, Wolfgang Graf, Die Bedeutung gliedstaatlichen Verfassungsrechts in der Gegenwart, VVDStRL 46 (1987), S. 7–56.

Vogel, Hans-Heinrich, § 9: Schweden, in: Armin von Bogdandy/Pedro Cruz Villalón/Peter M. Huber (Hrsg.), Handbuch Ius Publicum Europaeum: Bd. I: Grundlagen und Grundzüge des staatlichen Verfassungsrechts, Heidelberg 2007, S. 507–564.

Vogel, Hans-Jochen, Die bundesstaatliche Ordnung des Grundgesetzes, in: Ernst Benda/Werner Maihofer/Hans-Jochen Vogel (Hrsg.), Handbuch des Verfassungsrechts der Bundesrepublik Deutschland, 2. Aufl., Berlin/New York 1994, S. 1041–1102.

Volckart, Oliver, Die Ursachen der deutschen Kleinstaaterei, in: Uwe Vollmer (Hrsg.), Ökonomische und politische Grenzen von Wirtschaftsräumen, Berlin 2006, S. 49–71.

Volkmann, Uwe, § 256: Geltungsanspruch und Wirksamkeit des Grundgesetzes, in: Josef Isensee/Paul Kirchhof (Hrsg.), Handbuch des Staatsrechts der Bundesrepublik Deutschland. Bd. XII: Normativität und Schutz der Verfassung, 3. Aufl., Heidelberg 2014, S. 85–105.

Volkmann, Uwe, Doppelt genäht hält besser? Zur Rolle der Grundrechte im europäischen Verfassungsverbund, in: Max-Emanuel Geis/Markus Winkler/Christian Bickenbach (Hrsg.), Von der Kultur der Verfassung: Festschrift für Friedhelm Hufen zum 70. Geburtstag, München 2015, S. 127–136.

Volkmann, Uwe, Fremdbestimmung – Selbstbehauptung – Befreiung – Das BVerfG in der Frage der Sicherungsverwahrung, JZ 66 (2011) 17, S. 835–842.

Volkmann, Uwe, Grundzüge einer Verfassungslehre der Bundesrepublik Deutschland, Tübingen 2013.

Volkmann, Uwe, Verfassungsrecht zwischen normativem Anspruch und politischer Wirklichkeit, VVDStRL 67 (2007), S. 57–93.

Voßkuhle, Andreas, Art. 93, in: Hermann von Mangoldt/Friedrich Klein/Christian Starck (Hrsg.), Kommentar zum Grundgesetz, Bd. III, 6. Aufl., München 2010, S. 665–787.

Voßkuhle, Andreas, Der Rechtsanwalt und das Bundesverfassungsgericht – Aktuelle Herausforderungen der Verfassungsrechtsprechung, NJW 66 (2013) 19, S. 1329–1336.

Voßkuhle, Andreas, Die Landesverfassungsgerichtsbarkeit im föderalen und europäischen Verfassungsgerichtsverbund: Am Beispiel des Staatsgerichtshofs der Freien Hansestadt Bremen, JöR N.F. 59 (2011), S. 215–243.

Voßkuhle, Andreas, Hugo Preuß als Vordenker einer Verfassungstheorie des Pluralismus, Der Staat 50 (2011) 2, S. 251–267.

Vries, Sybe Alexander de, Balancing Fundamental Rights with Economic Freedoms According to the European Court of Justice, Utrecht L. Rev. 9 (2013) 1, S. 169–192.

Vries, Sybe Alexander de, The Charter of Fundamental Rights and the EU's 'creeping' competences: Does the Charter have a centrifucal effect for fundamental rights in the EU?, in: Sionaidh Douglas-Scott/Nicholas Hatzis (Hrsg.), Research Handbook on EU Law and Human Rights, Northampton, MA 2017, S. 58–98.

Wagner, Roland, Die Konkurrenzen der Gesetzgebungskompetenzen von Bund und Ländern, Reihe Schriften zum öffentlichen Recht, Bd. 1181, Berlin 2011.

Wagner, William Joseph, The Role of Basic Values in the Contemporal Constitutional Hermeneutics of Germany and the United States, ZaöRV 56 (1996) 1–2, S. 178–204.

Wahl, Rainer, § 19: Die objektiv-rechtliche Dimension der Grundrechte im internationalen Vergleich, in: Detlef Merten/Hans-Jürgen Papier (Hrsg.), Handbuch der Grundrechte in Deutschland und Europa. Bd. I: Entwicklung und Grundlagen, Heidelberg 2004, S. 745–781.

Wahl, Rainer, Grundrechte und Staatszielbestimmungen im Bundesstaat, AöR 112 (1987) 1, S. 26–53.

Wahl, Rainer, Verfassungsvergleichung als Kulturvergleichung, in: Verfassungsstaat, Europäisierung, Internationalisierung, Frankfurt am Main 2003, S. 96–118.

Waldron, Jeremy, Law and Disagreement, Oxford 1999.

Walker, David Bradstreet, The Rebirth of Federalism: Slouching toward Washington, Chatham, NJ 1995.

Walker, Neil, The Idea of Constitutional Pluralism, MLR 65 (2002) 3, S. 317–359.

Wallerath, Maximilian, Landesverfassungsgerichtsbarkeit in den »neuen« Bundesländern, NdsVBl. 12 (2005) Sonderheft zum 50-jährigen Bestehen des Niedersächsischen Staatsgerichtshofs, S. 43–56.

Walter, Christian, Kapitel 31: Nationale Durchsetzung, in: Oliver Dörr/Rainer Grote/Thilo Marauhn (Hrsg.), EMRK/GG: Konkordanzkommentar zum europäischen und deutschen Grundrechtsschutz, 2. Aufl., Tübingen 2013, S. 2002–2052.

Warren, Earl, Constitutional Reform and the Development of State Government: Address to the Legislative Joint Interim Committee on Constitutional Revision and its Advisory Committees, Santa Barbara, California October 29, 1947, in: Henry M. Christman (Hrsg.), The Public Papers of Chief Justice Earl Warren, New York 1959, S. 3–10.

Watkins, William J., Jr., Reclaiming the American Revolution: The Kentucky and Virginia Resolutions and Their Legacy, New York 2004.

Watts, Ronald L., Comparing Federal Systems, 3. Aufl., Montréal u.a. 2008.

Watts, Ronald L., Executive Federalism: A Comparative Analysis, Reihe Research Papers of the Institute of Intergovernmental Relations, Bd. 26, Kingston/Ontario 1989.

Watts, Ronald L., States, Provinces, Länder, and Cantons: International Variety among Subnational Constitutions, Rutgers L.J. 31 (2000) 4, S. 941–959.

Weatherill, Stephen, Law and Values in the European Union, Reihe Clarendon Law Series, Oxford 2016.

Weber, Albrecht, Die Grundrechte im Integrationsprozeß der Gemeinschaft in vergleichender Perspektive, JZ 44 (1989) 21, S. 965–973.

Weber, Max, Parlament und Regierung im neugeordneten Deutschland: Zur politischen Kritik des Beamtentums und Parteiwesens (1918), in: Johannes Winckelmann (Hrsg.), Max Weber, Gesammelte Politische Schriften, 5. Aufl., Tübingen 1988, S. 306–443.

Weber, Werner, Die Gegenwartslage des deutschen Föderalismus, in: Spannungen und Kräfte im westdeutschen Verfassungssystem, 3. Aufl., Berlin 1970, S. 288–313.

Weber, Werner, Fiktionen und Gefahren des westdeutschen Föderalismus, in: Spannungen und Kräfte im westdeutschen Verfassungssystem, 3. Aufl., Berlin 1970, S. 57–83.

Weber, Werner, Weimarer Verfassung und Grundgesetz, in: Spannungen und Kräfte im westdeutschen Verfassungssystem, 3. Aufl., Berlin 1970, S. 9–35.

Weichlein, Siegfried, § 3: Föderalismus und Bundesstaat zwischen dem Alten Reich und der Bundesrepublik Deutschland, in: Ines Härtel (Hrsg.), Handbuch Föderalismus: Föderalismus als demokratische Rechtsordnung und Rechtskultur in Deutschland, Europa und der Welt. Bd. I: Grundlagen des Föderalismus und der deutsche Bundesstaat, Berlin u.a. 2012, S. 101–127.

Weidemann, Clemens, »Solange II« hoch 3? Inzidentkontrolle innerstaatlicher Normen, NVwZ 25 (2006) 6, S. 623–629.

Weiler, Joseph H. H., Epilogue: Judging the Judges – Apology and Critique, in: Maurice Adams/Henri de Waele/Johan Meeusen/Gert Straetmans (Hrsg.), Judging Europe's Judges: The Legitimacy of the Case Law of the European Court of Justice Examined, Oxford 2013, S. 235–252.

Weiler, Joseph H. H., Eurocracy and Distrust: Some Questions Concerning the Role of the European Court of Justice in the Protection of Fundamental Human Rights within the Legal Order of the European Communities, Wash. L. Rev. 61 (1986) 3, S. 1103–1144.

Weiler, Joseph H. H., Federalism Without Constitutionalism: Europe's *Sonderweg*, in: Kalypso Nicolaidis/Robert Howse (Hrsg.), The Federal Vision: Legitimacy and Levels of Governance in the United States and the European Union, Oxford 2001, S. 54–70.

Weiler, Joseph H. H., Fundamental Rights and Fundamental Boundaries: On the Conflict of Standards and Values in the Protection of Human Rights in the European Legal Space, in: Joseph H. H. Weiler (Hrsg.), The Constitution of Europe: »Do the new clothes have an emperor?« and other essays on European Integration, Cambridge 1999, S. 102–129.

Weiler, Joseph H. H., Prologue: global and pluralist constitutionalism – some doubts, in: Gráinne de Búrca/Joseph H. H. Weiler (Hrsg.), The Worlds of European Constitutionalism, Cambridge 2011, S. 8–18.

Weiler, Joseph H. H., The Community System: the Dual Character of Supranationalism, YEL 1 (1981), S. 267–306.

Weiler, Joseph H. H., The Transformation of Europe, Yale L. J. 100 (1991) 8, S. 2403–2483.

Weiler, Joseph H. H./Fries, Sybilla C., A Human Rights Policy for the European Community and Union: The Question of Competences, in: Philip Alston (Hrsg.), The EU and Human Rights, Oxford 1999, S. 147–165.

Weiler, Joseph H. H./Lockhart, Nicolas J. S., »Taking Rights Seriously« Seriously: The European Court and Its Fundamental Rights Jurisprudence – Part I, CML Rev. 32 (1995) 1, S. 51–94.

Weiler, Joseph H. H./Lockhart, Nicolas J. S., »Taking Rights Seriously« Seriously: The European Court and Its Fundamental Rights Jurisprudence – Part II, CML Rev. 32 (1995) 2, S. 579–627.

Weingast, Barry R., Constitutions as Governance Structures: The Political Foundations of Secure Markets, JITE 149 (1993) 1, S. 286–311.

Weingast, Barry R., The Economic Role of Political Institutions: Market-Preserving Federalism and Economic Development, JLEO 11 (1995) 1, S. 1–31.

Weinmann, Georg, Das Kopftuch als Ländersache: Integration durch Vielfalt?, in: Europäisches Zentrum für Föderalismus-Forschung (Hrsg.), Jahrbuch des Föderalismus 2007: Föderalismus, Subsidiarität und Regionen in Europa, Baden-Baden 2008, S. 267–278.

Weinstock, Daniel, Towards a normative theory of federalism, Int'l Soc.Sci.J. 53 (2002) 167, S. 75–83.

Weisse, Christian Ernst, Von den Vortheilen der teutschen Reichsverbindung: Nebst einem kleinen Beytrage zum Staatsrechts des Mittelalters, nach Anleitung der schwäbischen Dichter, Leipzig 1790.

Wells, Michael, The Impact of Substantive Interests on the Law of Federal Courts, Wm. & Mary L. Rev. 30 (1989) 3, S. 499–540.

Wells, Michael, Who's Afraid of Henry Hart?, Const. Comment. 14 (1997) 1, S. 175–208.

Wells, Michael, Why Professor Redish is Wrong about Abstention, Ga. L. Rev. 19 (1985) 4, S. 1097–1134.

Welsh, Robert C., Reconsidering the Constitutional Relationship Between State and Federal Courts: A Critique of Michigan v. Long, Notre Dame L. Rev. 59 (1984) 5, S. 1118–1144.

Welsh, Robert C., Whose Federalism? – The Burger Court's Treatment of State Civil Liberties Judgments, Hastings Const. L.Q. 10 (1983) 4, S. 819–876.

Wendel, Mattias, Neue Akzente im europäischen Grundrechtsverbund: Die fachgerichtliche Vorlage an den EuGH als Prozessvoraussetzung der konkreten Normenkontrolle, EuZW 23 (2012) 6, S. 213–218.

Wendel, Mattias, Permeabilität im europäischen Verfassungsrecht: Verfassungsrechtliche Integrationsnormen auf Staats- und Unionsebene im Vergleich, Reihe Verfassungsentwicklung in Europa, Bd. 4, Tübingen 2011.

Wendt, Rudolf, Die Rüge der Verletzung im Grundgesetz verbürgter Rechte vor den Landesverfassungsgerichten, NdsVBl. 17 (2010) 5, S. 150–153.

Wenzel, Max, § 53. Die rechtlichen Grundlagen des Landesverfassungsrechts, in: Gerhard Anschütz/Richard Thoma (Hrsg.), Handbuch des Deutschen Staatsrechts, Tübingen 1930, S. 604–619.

Werkmeister, Christoph/Pötters, Stephan/Traut, Johannes, Regulatory Acts within Article 263(4) TFEU–A Dissonant Extension of *Locus Standi* for Private Applicants, CYELS 13 (2010–2011), S. 311–332.

Wermeckes, Bernd, Der erweiterte Grundrechtsschutz in den Landesverfassungen: Zu Erscheinungsformen, Wirksamkeit und Bestand weitergehender Landesgrundrechte im Bundesstaat des Grundgesetzes. Zugleich ein Beitrag zur Verfassungsrechtsvergleichung im Bundesstaat, Reihe Düsseldorfer rechtswissenschaftliche Schriften, Bd. 13, Baden-Baden 2000.

Wheeler, Russel, Judicial Independence in the United States of America, in: Anja Seibert-Fohr (Hrsg.), Judicial independence in Transition, Berlin/New York 2012, S. 521–565.

Whittington, Keith E., Extrajudicial Constitutional Interpretation: Three Objections and Responses, N.C. L. Rev. 80 (2002) 2, S. 773–852.

Whittington, Keith E., Political Foundations of Judicial Supremacy: The Presidency, the Supreme Court, and Constitutional Leadership in U.S. History, Reihe Princeton Studies in American Politics, Princeton, NJ/Oxford 2007.

Wieland, Joachim, Art. 100, in: Horst Dreier (Hrsg.), Grundgesetz: Kommentar. Bd. III, Artikel 83–146, 3. Aufl., Tübingen 2015, S. 677–700.

Wigard, Franz, Reden für die deutsche Nation 1848/1849, Bd. 1: Stenographischer Bericht über die Verhandlungen der Deutschen Constituirenden Nationalversammlung zu Frankfurt am Main, Gräfelfing vor München 1988.

Wilke, Dieter, Landesverfassungsgerichtsbarkeit und Einheit des Bundesrechts. Bemerkungen aus Anlaß des Honecker-Beschlusses des Berliner Verfassungsgerichtshofs, NJW 46 (1993) 14, S. 887–889.

Wilke, Felix M., Nicht-materielle Grundlagen verfassungsgerichtlicher Entscheidungstechniken: Ein Vergleich zwischen Bundesverfassungsgericht und US Supreme Court, JöR 63 (2015), S. 625–642.

Wilkinson, J. Harvie, III, Gay Rights and American Constitutionalism: What's a Constitution For?, Duke L.J. 56 (2006) 2, S. 545–581.

Wilkinson, J. Harvie, III, Justice John M. Harlan and the Values of Federalism, Va. L. Rev. 57 (1971) 7, S. 1185–1221.

Williams, Andrew, EU Human Rights Policies: A Study in Irony, Reihe Oxford Studies in European Law, Oxford 2004.

Williams, Robert F., Rights, in: G. A. Tarr/Robert F. Williams (Hrsg.), State Constitutions for the Twenty-first Century: Volume 3: The Agenda of State Constitutional Reform, Albany, NY 2006, S. 7–35.

Williams, Robert Forrest, In the Supreme Court's Shadow: Legitimacy of State Rejection of Supreme Court Reasoning and Result, S. C. L. Rev. 35 (1984) 3, S. 353–404.

Williams, Robert Forrest, Methodology Problems in Enforcing State Constitutional Rights, Ga. St. U. L. Rev. 3 (1987) 1, S. 143–178.

Williams, Robert Forrest, State Constitutional Law: Cases and Materials, 4. Aufl., Charlottesville, VA 2006.

Williams, Robert Forrest, The Law of American State Constitutions, Oxford/New York 2009.

Williams, Ryan C., The Ninth Amendment as a Rule of Construction, Colum. L. Rev. 111 (2011) 3, S. 498–573.

Winkelblech, Karl Georg, Untersuchungen über die Organisation der Arbeit oder System der Weltökonomie, Kassel 1850 ff.

Winkler, Sebastian, Art. 352 AEUV, in: Eberhard Grabitz/Meinhard Hilf/Martin Nettesheim (Hrsg.), Das Recht der Europäischen Union: Kommentar, 51. Aufl., München 2013.

Winter, Ralph K., Jr., Poverty, Economic Equality, and the Equal Protection Clause, Sup. Ct. Rev. 1972, S. 41–102.

Wischmeyer, Thomas, Nationale Identität und Verfassungsidentität: Schutzgehalte, Instrumente, Perspektiven, AöR 140 (2015) 3, S. 415–460.

Witte, Bruno de, A competence to protect: The pursuit of nonmarket aims through internal market legislation, in: Phil Syrpis (Hrsg.), The Judiciary, the Legislature and the EU Internal Market, Cambridge/New York 2012, S. 25–46.

Witte, Bruno de, Article 53 – Level of Protection, in: Steve Peers/Tamara K. Hervey/Jeff Kenner/Angela Ward (Hrsg.), The EU Charter of Fundamental Rights: A Commentary, Oxford/Portland, OR 2014, S. 1523–1538.

Witte, Bruno de, Non-market values in Internal Market Legislation, in: Niamh Nic Shuibhne (Hrsg.), Regulating the Internal Market, Cheltenham, UK/Northampton, MA 2006, S. 61–86.

Witte, Bruno de, The Scope of Application of the EU Charter of Fundamental Rights, in: Maribel González Pascual/Aida Torres Pérez (Hrsg.), The Right to Family Life in the European Union 2017, S. 29–39.

Wittmayer, Leo, Die Weimarer Reichsverfassung, Tübingen 1922.

Wittreck, Fabian, Art. 16a, in: Horst Dreier (Hrsg.), Grundgesetz: Kommentar. Bd. I, Präambel, Artikel 1–19, 3. Aufl., Tübingen 2013, S. 1559–1631.

Wittreck, Fabian, Das Bundesverfassungsgericht und die Kassationsbefugnis der Landesverfassungsgerichte: Anmerkungen zu BVerfGE 96, 345, DÖV 52 (1999) 15, S. 634–642.

Wittreck, Fabian, Die Anfänge der verfassungsgerichtlichen Normenkontrolle in Deutschland: Das Danziger Obergericht als Normenprüfungsinstanz 1923–1939, ZRG GA 121 (2004), S. 415–470.

Wittreck, Fabian, Nachrangklauseln und »normative Selbstbescheidung« der Landesverfassung: Konsequenz oder Umgehung des Art. 31 GG?, DVBl. 115 (2000) 20, S. 1492–1500.

Wittreck, Fabian, Zur Einleitung: Verfassungsentwicklung zwischen Novemberrevolution und Gleichschaltung, in: Fabian Wittreck (Hrsg.), Weimarer Landesverfassungen: Die Verfassungsurkunden der deutschen Freistaaten 1918–1933; Textausgabe mit Sachverzeichnis und einer Einführung, Tübingen 2004, S. 1–55.

Woehrling, José, The Relationship between Federalism and the Protection of Rights and Freedoms, in: Stephan Breitenmoser (Hrsg.), Human Rights, Democracy and the Rule of Law – Menschenrechte, Demokratie und Rechtsstaat – Droits de l'homme, démocratie et Etat de droit: Liber amicorum Luzius Wildhaber, Zürich u.a. 2007, S. 895–914.

Wolff, Bodo von, Das Grundgesetz als prinzipaler Entscheidungsmaßstab bei der Landesverfassungsbeschwerde: Zugleich ein Beitrag zur vorrangigen, aber nicht ausschließlichen Entscheidungszuständigkeit des Bundesverfassungsgerichts, Reihe Europäische Hochschulschriften: Reihe 2, Rechtswissenschaft, Bd. 3254, Frankfurt am Main 2001.

Wolff, Heinrich Amadeus, Art. 91, in: Josef F. Lindner/Markus Möstl/Heinrich A. Wolff (Hrsg.), Verfassung des Freistaates Bayern, 2. Aufl., München 2017, S. 574–585.

Wolf-Niedermaier, Anita, Der Europäische Gerichtshof zwischen Recht und Politik: Der Einfluß des EuGH auf die föderale Machtbalance zwischen der Europäischen Gemeinschaft und ihren Mitgliedstaaten, Reihe Schriftenreihe europäisches Recht, Politik und Wirtschaft, Bd. 197, Baden-Baden 1997.

Wollenschläger, Ferdinand/Coester-Waltjen, Dagmar, Ehe für Alle: Die Öffnung der Ehe für gleichgeschlechtliche Paare aus verfassungsrechtlicher und rechtsvergleichender Perspektive, Tübingen 2018.

Wood, Gordon S., The Creation of the American Republic: 1776–1787, Chapel Hill/London 1998.

Woolhandler, Ann, Between the Acts: Federal Court Abstention in the 1940s and 50s, N.Y.L.Sch. L. Rev. 59 (2014) 1, S. 211–240.

Woolhandler, Ann/Collins, Michael, The Story of Tarble's Case: State Habeas and Federal Detention, in: Vicki C. Jackson/Judith Resnik (Hrsg.), Federal Courts Stories, New York 2010, S. 141–161.

Wrase, Michael, Kopftuch revisited – Karlsruhe ebnet Weg für religiöse Vielfalt in der Schule 2015, http://www.juwiss.de/15-2015/, geprüft am 31.1.2019.

Yackle, Larry W., The Story of *Fay v. Noia*: Another Case About Federalism, in: Vicki C. Jackson/Judith Resnik (Hrsg.), Federal Courts Stories, New York 2010, S. 191–218.

Yarbrough, Jean, Federalism and Rights in the American Founding, in: Ellis Katz/G. A. Tarr (Hrsg.), Federalism and Rights, Lanham, MD/London 1996, S. 57–73.

Yarbrough, Jean, Rethinking »*The Federalist*'s View of Federalism«, Publius 15 (1985) 1, S. 31–53.

Yoo, John Choon, Federalism and Judicial Review, in: Mark R. Killenbeck (Hrsg.), The Tenth Amendment and State Sovereignty: Constitutional History and Contemporary Issues, Lunham, MD u.a. 2002, S. 131–179.

Yoo, John Choon, Sounds of Sovereignty: Defining Federalism in the 1990s, Ind. L. Rev. 32 (1998) 1, S. 27–44.

Yoo, John Choon, The Judicial Safeguards of Federalism, S. Cal. L. Rev. 70 (1997) 5, S. 1311–1406.

Young, Alison L., In Defence of Due Deference, M.L.R. 72 (2009) 4, S. 554–580.

Young, Ernest A., A Research Agenda for Uncooperative Federalists, Tulsa L. Rev. 48 (2013) 2, S. 427–453.

Young, Ernest A., Dual Federalism, Concurrent Jurisdiction, and the Foreign Affairs Exception, Geo. Wash. L. Rev. 69 (2001) 2, S. 139–188.

Young, Ernest A., Institutional Settlement in a Globalizing Judicial System, Duke L.J. 54 (2005) 5, S. 1143–1261.

Young, Ernest A., The Conservative Case for Federalism, Geo. Wash. L. Rev. 74 (2006) 5, S. 874–887.

Young, Ernest A., The Constitution Outside the Constitution, Yale L. J. 177 (2007) 3, S. 408–473.

Young, Ernest A., »The Ordinary Diet of the Law«: The Presumption Against Preemption in the Roberts Court, Sup. Ct. Rev. 2011, S. 253–344.

Young, Ernest A., The Puzzling Persistence of Dual Federalism, in: James Fleming/Jacob T. Levy (Hrsg.), Federalism and Subsidiarity, New York 2014, S. 34–82.

Young, Ernest A., The Supreme Court and the Constitutional Structure, Reihe University Casebook Series, New York 2012.

Young, Ernest A., Two Cheers for Process Federalism, Vill. L. Rev. 46 (2001), S. 1349–1395.

Young, Ernest A., *United States v. Windsor* and the Role of State Law in Defining Rights Claims, Va. L. Rev. Online 99 (2013) 1, S. 39–47.

Young, Ernest A., Welcome to the Dark Side: Liberals Rediscover Federalism in the Wake of the War on Terror, Brook. L. Rev. 69 (2004) 4, S. 1277–1312.

Zackin, Emily J., Looking for Rights in All the Wrong Places: Why State Constitutions Contain America's Positive Rights, Reihe Princeton Studies in American Politics, Princeton, NJ/Oxford 2013.

Zehnpfennig, Barbara (Hrsg.), Die Federalist Papers, Reihe Beck'sche Reihe, Bd. 1734, München 2007.

Zeppos, Nicholas S., The Dynamics of Democracy Travel, Premature Predation, and the Components of Political Identity, Vand. L. Rev. 50 (1997) 2, S. 445–458.

Ziblatt, Daniel, Structuring the State: The Formation of Italy and Germany and the Puzzle of Federalism, Princeton, NJ/Oxford 2006.

Ziegenhorn, Gero, Kontrolle von mitgliedstaatlichen Gesetzen »im Anwendungsbereich des Unionsrechts« am Maßstab der Unionsgrundrechte, NVwZ 29 (2010) 13, S. 803–808.

Zierlein, Karl-Georg, Prüfungs- und Entscheidungskompetenzen der Landesverfassungsgerichte bei Verfassungsbeschwerden gegen landesrechtliche Hoheitsakte, die auf Bundesrecht beruhen oder in einem bundesrechtlich geregelten Verfahren ergangen sind, AöR 120 (1995) 2, S. 205–247.

Zimmermann, Andreas, Das neue Grundrecht auf Asyl: Verfassungs- und völkerrechtliche Grenzen und Voraussetzungen, Reihe Beiträge zum ausländischen öffentlichen Recht und Völkerrecht, Bd. 115, Berlin/New York 1994.

Zimmermann, Bettina, Kanadische Verfassungsinstitutionen im Wandel: Unitarisierung durch Grundrechtsschutz, Reihe Schriften zum Internationalen Recht, Bd. 57, Berlin 1992.

Zoller, Elisabeth, Aspects internationaux de droit constitutionnel: Contribution à la fédération d'Etats, RdC 294 (2002), S. 39–166.

Zuck, Rüdiger, Das Recht der Verfassungsbeschwerde, Reihe NJW-Praxis, Bd. 15, 4. Aufl., München 2013.

Zuleeg, Manfred, Bananen und Grundrechte – Anlaß zum Konflikt zwischen europäischer und deutscher Gerichtsbarkeit, NJW 50 (1997) 18, S. 1201–1207.

Sachregister

Jus Publicum

Beiträge zum Öffentlichen Recht

Die Schriftenreihe *Jus Publicum. Beiträge zum öffentlichen Recht* (JusPubl) soll den öffentlichrechtlichen Habilitationsschriften, aber auch Monographien der Ordinarien, eine ansprechende Heimstatt geben. Die Reihe deckt die „klassischen" Felder des öffentlichen Rechts ab, insbesondere also das Verfassungsrecht (einschließlich Grundrechtstheorie, Methodenlehre und Allgemeiner Staatslehre) und das Verwaltungsrecht. Das schließt fächerübergreifende, aber auch fachgebietsübergreifende Themenstellungen nicht aus, solange der Schwerpunkt der Arbeit im Öffentlichen Recht zu finden ist. Kaum eine Arbeit beschränkt sich auf das deutsche Recht, denn die Fragestellungen sind oft vom Europarecht beeinflusst und auch der rechtsvergleichende Blick in fremde Rechtsordnungen gewinnt zunehmend an Bedeutung; dies gilt auch für das Völkerrecht. Die anspruchsvolle und auch äußerlich ansprechende Reihe bietet mehr als nur einen zufälligen Ausschnitt gegenwärtiger Forschung im öffentlichen Recht: Sie spiegelt auch den Standard dessen wider, was (öffentlichrechtliche) Rechtswissenschaft gegenwärtig in Deutschland bedeutet und ist deshalb schon in kurzer Zeit im In- und Ausland zu einem Begriff geworden.

ISSN: 0941-0503
Zitiervorschlag: JusPubl

Alle lieferbaren Bände finden Sie unter *www.mohrsiebeck.com/juspubl*

Mohr Siebeck
www.mohrsiebeck.com